DIE KOCH-BIBEL

DIE KOCH-BIBEL

Chefredaktion

Victoria Blashford-Snell

DORLING KINDERSLEY

Inhalt

DORLING KINDERSLEY
London, New York, Melbourne, München und Delhi

Für Dorling Kindersley produziert von **Carroll & Brown Limited, London**
www.carollandbrown.co.uk

Für Dorling Kindersley
Projektleitung Laura Nickoll
Leitung Gestaltung Susan Downing
Cheflektorat Dawn Henderson
Chefdesigner Christine Keilty
Produktionsleitung Jenny Woodcock
Produktionsberatung Wendy Penn
Technische Beratung Sonia Charbonnier

Filmproduktion Spicer and Moore www.spicerandmoore.com
DVD-Produktion Pink Pingeon www.pinkpingeon.net

Für die deutsche Ausgabe
Programmleitung Monika Schlitzer
Projektbetreuung Elke Homburg
Herstellungsleitung Dorothee Whittaker
Herstellung Petra Kühner

Bibliografische Information Der Deutschen Bibliothek
Die Deutsche Bibliothek verzeichnet diese Publikation in der Deutschen Nationalbibliografie; detaillierte bibliografische Daten sind im Internet über http://dnb.ddb.de abrufbar.

Titel der englischen Originalausgabe: THE COOKING BOOK

Der Originaltitel erschien 2008 in Großbritannien bei
Dorling Kindersley Limited, London
Ein Unternehmen der Penguin Gruppe

Übersetzung Angelika Feilhauer, Susanne Kammerer, Karine von Rumohr
Lektorat Carmen Söntgerath
Covergestaltung Ines Tuszynski
Satz Verena Marquart

Deutsche DVD-Fassung
Technische Realisation Video-art & Networks, München
Tonstudio Orange Sound, München
Sprecher Sabine Gutberlet

ISBN: 978-3-8310-1484-2
Colour reproduction by Alta Image, UK
Printed and bound in China by Hung Hing
Besuchen Sie uns im Internet
www.dk.com

Vorwort

Ich koche und esse leidenschaftlich gern und genieße alles, was dazugehört. So zählen auch das Schmökern in Kochbüchern und Food-Magazinen, die Suche nach besonderen Zutaten, das Ausprobieren alter und neuer Rezepte und der Austausch mit Gleichgesinnten zu meinen Lieblingsbeschäftigungen. Es macht mir Spaß, Familienrezepte zu variieren, bis sie perfekt sind. Und ich liebe es, mich an neuen Rezepten zu versuchen, wenn Freunde zu Besuch kommen.

Ich betreibe einen Partyservice, gebe Kochkurse, schreibe über Food-Themen und habe – wie so viele andere – eine Familie zu versorgen. Zeit ist also knapp. Auch wenn ich am liebsten den ganzen Tag in der Küche herumwerkeln möchte, so ist doch bei der Planung des Speisezettels perfekte Organisation wichtig – zumal bei uns daheim am Mittagstisch oft sieben hungrige Menschen sitzen, die alle rasch verköstigt werden wollen.

Genügend gute Gründe also, um mich voller Begeisterung in die Arbeit an diesem Buch zu stürzen. Es hilft nicht nur all jenen, die ebenso wie ich wenig Zeit haben, aber trotzdem Wert darauf legen, selbst zu kochen. Jeder kann damit gesunde und wohlschmeckende Mahlzeiten zubereiten, indem er ganz einfach den leicht verständlichen Rezepten folgt. Im Mittelpunkt steht eine großartige Sammlung von Rezepten aus aller Welt mit Küchenklassikern für jeden Tag, besonderen Ideen für Einladungen und modernen Varianten, die neue Geschmackserlebnisse ermöglichen.

Doch *Die Kochbibel* bietet mehr als nur Rezepte: In den einzelnen Kapiteln und im Anhang finden sich zahllose Tipps für Kochanfänger genauso wie für erfahrene Köche – das geballte Wissen der Küchenprofis. Damit alles reibungslos klappt und Sie noch mehr Spaß in der Küche haben!

Einleitung von Victoria Blashford-Snell

Wer über ein solides Küchenwissen verfügt, kann jederzeit köstliche Mahlzeiten zubereiten. Dieses Buch hilft Ihnen dabei.

Bei der Lektüre dieses Buches werden Sie ein breites Spektrum von Rezepten entdecken, die Sie in die Lage versetzen, eine Vielzahl fantasievoller und köstlicher Mahlzeiten zuzubereiten. Vom einfachen Alltagsgericht bis zum stilvollen Abendessen für Gäste – mithilfe dieses Buches bewältigen Sie jede Herausforderung. Es enthält eine Sammlung von Rezepten der internationalen Küche, darunter viele Klassiker, aber auch Gerichte, für die man sonst Spezialliteratur heranziehen müsste. Überdies gibt es zu vielen Rezepten Varianten, sodass Sie Gerichte immer wieder auf unterschiedliche Art zubereiten können.

Bei allen Rezepten wird angegeben, wie viel Zeit für die Zubereitung und das Garen notwendig ist, oder ob ein Gericht im Voraus zubereitet und tiefgekühlt werden kann. Auch besonders fettarme Rezepte sind ausgewiesen. Das Buch weist zudem darauf hin, wenn spezielle Utensilien gebraucht werden. Außerdem bietet es folgende Besonderheiten:

Menüplaner Eine Fotogalerie von Gerichten, die sich für bestimmte Anlässe eignen, bestimmte Zutaten enthalten oder bestimmte Vorgaben erfüllen, erleichtert die Planung und steht den einzelnen Kapiteln voran. So findet man – übersichtlich präsentiert – Vorschläge für Hauptmahlzeiten mit einer Zubereitungszeit unter 30 Minuten, für vegetarische Gerichte, einen Sonntagsbrunch, ein Abendessen mit Gästen und vieles mehr.

Themenseiten mit Profitipps für die Zubereitung bestimmter Gerichte – hier erfahren Sie, wie man ein luftiges Omelett herstellt, perfekte Steaks brät oder die ultimative Schokoladentorte bäckt.

Kochschule Im Anhang wird Schritt für Schritt der richtige Umgang mit einer Vielzahl von Zutaten wie Gemüse, Obst, Nüssen, Eiern, Fisch und Meeresfrüchten, Nudeln und Reis demonstriert.

Planung

Beim Durchblättern des Buches werden Sie Lust bekommen, viele der Gerichte auszuprobieren – schon allein deshalb, weil sie köstlich aussehen. Doch welche Gerichte Sie tatsächlich zubereiten, kann auch von anderen Dingen abhängen – etwa dem Angebot an frischem Fisch oder der Tatsache, dass Ihnen ein Nachbar Gemüse aus seinem Garten geschenkt hat. Oder Sie möchten Speisen für einen bestimmten Anlass wie etwa einen Brunch oder ein Abendessen zubereiten. Mitunter gibt es besondere Situationen – vielleicht haben Sie Gäste am Tisch, die kein Fleisch essen, oder Sie veranstalten eine Party oder einen Grillabend. Zudem kann eine Rolle spielen, wie viel Zeit Sie haben oder welche Kochutensilien Ihnen zur Verfügung stehen. Auch die Anzahl der Gäste muss natürlich berücksichtigt werden, genauso wie das Budget, das für die Einkäufe zur Verfügung steht. Für ein intimes Abendessen zu zweit leistet man sich vielleicht einen Hummer, doch wenn es eine große Zahl von Gästen zu bewirten gilt, ist ein Auflauf preiswerter und einfacher zuzubereiten.

Bei der Planung einer Mahlzeit sollten Sie überdies Konsistenz, Farbe und Aroma der Zutaten berücksichtigen, die zusammenpassen müssen. Das ist nur eine Frage der Übung: Je häufiger Sie kochen, desto besser werden Sie wissen, was zusammenpasst. Heutzutage wird nicht zwingend erwartet, dass man ein Menü in drei Gängen serviert. Für die täglichen Mahlzeiten ist ein Hauptgericht mit Salat und/oder Gemüse, gefolgt von Obst oder einem einfachen Dessert völlig ausreichend.

Wenn Sie Rezepte für einen bestimmten Anlass suchen oder bestimmte Voraussetzungen erfüllt werden müssen, werden Sie den Menüplaner in diesem Buch bald zu schätzen wissen: Rezeptempfehlungen vor jedem Hauptkapitel, die Ihnen bei der Auswahl helfen.

Einkauf

Einkaufen sollte keine Last sein. Es geht darum, die besten Zutaten zu finden, ohne zu viele Läden aufsuchen zu müssen. Gehen Sie in gute Geschäfte, um sich den Anblick von welkem Gemüse oder altem Fisch zu ersparen, und kaufen Sie nach Möglichkeit Produkte aus der Region. Vielleicht ist die Auswahl kleiner, doch Frische und Qualität machen dies wett. Versuchen Sie Fleisch stets bei einem guten Metzger und Fisch bei einem guten Fischhändler zu kaufen, denn die Unterstützung kleiner Geschäfte vor Ort ist wichtig, wenn Sie auch in Zukunft hochwertige Lebensmittel finden möchten. Sobald Sie wissen, für wie viele Personen Sie kochen, können Sie eine Einkaufsliste erstellen und wichtige Zutaten vorbestellen.

Mengenangaben

Mitunter ist ein Rezept nicht für die Anzahl der Personen vorgesehen, die Sie bekochen möchten, und Umrechnen kann verwirrend sein. Wenn Sie Rezepte halbieren, verdoppeln oder mehr als nur einen Gang servieren, orientieren Sie sich an folgenden Mengen:

- **175 g Fleisch oder Fisch pro Person,** wenn Sie nur ein Hauptgericht servieren
- **125 g pro Person,** wenn Sie zwei Gänge servieren
- **100 g pro Person,** wenn Sie drei Gänge servieren

Aufbewahrung

Nach dem Einkaufen ist es wichtig, die Lebensmittel richtig zu lagern, damit sie nicht verderben. Zarte Salate und Kräuter dürfen nicht hinten im Kühlschrank aufbewahrt werden, da hier Kälteschäden drohen. Getrocknete oder konservierte Produkte können an einen kühlen, dunklen Platz gestellt werden. Wurzelgemüse sollten an einem kühlen, gut gelüfteten Platz lagern, müssen aber nicht notwendigerweise in den Kühlschrank. Bestimmte Lebensmittel wie Tomaten werden am besten an einem hellen Platz aufbewahrt, etwa in einem Korb oder einer Schale auf einem Fensterbrett.

Weiche Früchte wie Beeren halten trocken und kühl gelagert mehrere Tage. Harte Früchte wie Äpfel, Birnen oder Ananas lassen sich bis zu einer Woche an einem kühlen, schattigen Platz, an dem sie nicht zu schnell nachreifen, aufbewahren.

Fleisch und Fisch können auf einem Teller, locker mit Frischhaltefolie abgedeckt, im Kühlschrank 1–2 Tage gelagert werden. Achten Sie darauf, dass keine Abtropfflüssigkeit auf andere Produkte gelangt.

Milchprodukte wie Sahne, Butter und Joghurt müssen gekühlt werden. Weichkäse sollte man bei Zimmertemperatur lagern, falls er noch reifen muss. Hartkäse kann entweder im Kühlschrank oder an einem kühlen Platz aufbewahrt werden. Eier lagert man am besten mit dem runden Ende nach oben an einem kühlen Platz.

Tiefkühlen

Werden Zutaten nicht sofort verwendet, sollte man sie einfrieren, solange sie frisch sind. Einfrieren ist auch nützlich, um Reste für spätere Mahlzeiten haltbar zu machen.

Ein Thermometer im Gefriergerät erlaubt es, die konstante Temperatur von -18 °C zu überwachen.

Für gleichmäßiges Gefrieren das Gerät nur zu drei Vierteln füllen.

Gefriergut vor dem Tiefkühlen sorgfältig verpacken und beschriften, damit es nicht austrocknet und verdirbt oder später unidentifizierbar ist.

Milch und Sahne lassen sich schlecht tiefkühlen, da sich beim Auftauen oft die Molke absetzt.

Keine Gerichte einfrieren, die Mayonnaise oder rohes Ei enthalten.

Aufgetaute Lebensmittel nicht wieder einfrieren.

Gefriergut langsam auftauen, am besten im Kühlschrank oder an einem kühlen Platz, niemals aber nahe einer Wärmequelle.

Kochen für viele

Viele Köche scheuen sich, für eine große Zahl von Gästen zu kochen. Wichtig ist, dass Sie sich nicht überfordern. Stimmen Sie Ihre Planung darauf ab, wie viel Platz Sie zur Aufbewahrung vorbereiteter Speisen haben und welche Möglichkeiten Ihnen für die Zubereitung zur Verfügung stehen. Weitere Tipps:

Beim Duplizieren von Zutatenmengen müssen Sie darauf achten, dass Sie Speisen nicht überwürzen oder übergaren oder zu viel Flüssigkeit hinzufügen.

Ein Auflauf für zwölf Personen benötigt etwa die gleiche Garzeit wie ein Auflauf für sechs Personen, selbst wenn die Zutatenmengen verdoppelt wurden.

Zu wenig Essen vorbereitet zu haben, ist vielleicht peinlich, doch ein Berg übrig bleibender Speisen kann die Atmosphäre verderben. Daher sollten die Mengen sorgfältig geplant werden.

Werden verschiedene Gerichte serviert, essen die Gäste von jedem nur kleine Portionen.

Bei Stehpartys essen die Gäste stets weniger als bei einer Mahlzeit am Tisch.

Servieren

Ganz wichtig ist das Aussehen der Speisen, die Sie servieren. Ich will damit nicht sagen, dass alles mit Tomatenröschen garniert werden muss, doch es sieht schöner aus, wenn man Saucentropfen vom Tellerrand abwischt und bei bestimmten Gerichten eine Zitronenspalte dazulegt oder frische Kräuter darüberstreut. Hier einige Tipps:

Gerichte mit Sauce sollten heiß serviert werden, damit sich keine hässliche Haut bildet.

Konsistenzen und Farben sollten sich ergänzen. Servieren Sie grüne Bohnen mit Kartoffelpüree, pürierte Möhren mit Brokkoli oder Erbsen mit Pastinaken.

Salat wird erst unmittelbar vor dem Servieren angemacht, damit er knackig bleibt.

Scharfes Anbraten verleiht Fleisch nicht nur eine schönere Farbe, sondern auch einen besseren Geschmack.

Garnituren sollten Sie sparsam verwenden – vor allem, wenn sie nicht essbar sind.

Desserts und Gebäck sehen mit etwas Puderzucker bestäubt stets ansprechender aus.

Nützliche Informationen

Symbole

Den Rezepten in diesem Buch gehen verschiedene Symbole voran, die Ihnen wichtige Informationen geben.

Zeigt an, für wie viele Personen das Rezept vorgesehen ist oder welche Menge es ergibt.

Gibt die Zeit an, die für Zubereitung und Garen des Gerichtes notwendig ist, und möglicherweise die Wartezeit für das Marinieren, Gehenlassen oder Abkühlen. Um herauszufinden, wie viel Zeit Sie genau einplanen müssen, sollten Sie das Rezept unbedingt vollständig lesen.

Weist auf fettarme Gerichte oder einen niedrigen GI (glykämischen Index) hin.

Ein besonders wichtiges Symbol, das darauf aufmerksam macht, welche Arbeitsschritte notwendig sind, bevor mit der Zubereitung eines Gerichts begonnen werden kann.

Zeigt an, dass spezielle Küchenutensilien wie etwa eine Fritteuse erforderlich sind. Wenn möglich, werden Alternativen aufgeführt.

Hier finden sich Informationen zum Tiefkühlen.

Fleisch im Backofen garen

Da alle Fleischstücke unterschiedlich sind, können die hier angegebenen Zeiten nur eine Orientierungshilfe sein. Bei Stücken, die weniger als 1,25 kg wiegen, muss man für die Ermittlung der Garzeit 500 g dazurechnen. Heizen Sie stets den Backofen vor und prüfen Sie die Kerntemperatur des gegarten Fleisches mit einem Fleischthermometer, das (nicht in der Nähe von Knochen) an der dicksten Stelle in das Fleisch geschoben wird. Wenn das Thermometer die angegebene Kerntemperatur anzeigt, ist der Braten fertig. Vor dem Tranchieren unbedingt 15–30 Min. ruhen lassen.

FLEISCH		OFENTEMPERATUR	GARZEIT	KERNTEMPERATUR
Rind	blutig	180 °C	15 Min. pro 500 g	60 °C
	rosa	180 °C	20 Min. pro 500 g	70 °C
	durchgebraten	180 °C	25 Min. pro 500 g	80 °C
Kalb	durchgebraten	180 °C	25 Min. pro 500 g	80 °C
Lamm	rosa	180 °C	20 Min. pro 500 g	70 °C
	durchgebraten	180 °C	25 Min. pro 500 g	85 °C

Geflügel im Backofen garen

Betrachten Sie die angegebenen Zeiten lediglich als Orientierungshilfe, da jedes Tier ein anderes Gewicht hat. Heizen Sie den Backofen vor und stellen Sie vor dem Servieren sicher, dass das Geflügel durchgegart ist: Einen Spieß oder eine Messerspitze in den dicksten Teil der Keule stechen; wenn der austretende Saft klar ist, können Sie das Gefügel aus dem Ofen nehmen.

GEFLÜGEL		OFENTEMPERATUR	GARZEIT
Stubenküken		190 °C	15 Min. pro 500 g + 15 Min.
Hähnchen		200 °C	20 Min. pro 500 g + 20 Min.
Ente		180 °C	20 Min. pro 500 g + 20 Min.
Gans		180 °C	20 Min. pro 500 g + 20 Min.
Fasan		200 °C	50 Min. Gesamtzeit
Pute	5–6 kg	190 °C	3½–4 Std. Gesamtzeit

Haltbarkeit in Kühlschrank und Gefriergerät (Richtwerte)

LEBENSMITTEL	KÜHLSCHRANK	GEFRIERGERÄT (3-STERNE-FACH)
Geflügel, Fisch, Fleisch, roh (kleine Stücke)	2–3 Tage	3–6 Monate
Rinder- und Geflügelhackfleisch, roh	1–2 Tage	3 Monate
Ganzer Braten, ganzes Geflügel, gegart	2–3 Tage	9 Monate
Geflügelteile, gegart	1–2 Tage	1 Monat (in Fond oder Sauce 6 Monate)
Brot	-	3 Monate
Eiscreme	-	1–2 Monate
Suppen und Eintöpfe	2–3 Tage	1–3 Monate
Schmorgerichte	2–3 Tage	2–4 Wochen

Küchenutensilien

Man muss kein Vermögen für Küchenutensilien ausgeben, um gut kochen zu können, denn die Qualität des Essens bestimmen die Zutaten und der Koch. Eine Grundaustattung muss allerdings in jeder Küche vorhanden sein.

Backbleche
Backpinsel
Beschichtete Bratpfanne
Bräter für Fleisch
Durchschlag
Eisportionierer
Elektrisches Handrührgerät
Fischheber
Knoblauchpresse
Kochlöffel
Kuchengitter
Kuchenformen
Küchenschere
Küchenwaage
Messbecher
Messer
- 1 großes Kochmesser
- 1 kleines Messer mit Wellenschliff
- 1 Brotmesser
- 1 Tranchiermesser

Nudelholz
Ofenfeste Formen
Ofenhandschuhe
Reibe
Rührschüsseln
Salatschleuder
Schaumlöffel
Schneebesen
Schneidebrett
Schöpfkelle
Siebe in verschiedenen Größen
Sparschäler
Töpfe mit Deckeln in verschiedenen Größen
Zestenreißer
Zitruspresse

Fachbegriffe

Wie jedes andere Tätigkeitsfeld hat auch die Küche ihr eigenes Vokabular. Obwohl in diesem Buch auf fachsprachliche Formulierungen nach Möglichkeit verzichtet wurde, kann es hilfreich sein, die genaue Bedeutung bestimmter Begriffe zu kennen.

VORBEREITUNG DER SPEISEN

Hacken Zutaten in kleine, unregelmäßige, etwa erbsengroße Stücke zerkleinern. Die Zutaten dazu am besten zunächst grob zerkleinern, dann auf dem Schneidebrett zusammenschieben. Spitze und Griff eines Kochmessers festhalten und die Stücke mit dem Messer in einer wiegenden Bewegung hacken. »Fein gehackt« bedeutet, dass die entstehenden Stücke kleiner als 3 mm sind.

Julienne Etwa 5 cm lange, feine Gemüsestreifen. Dazu Scheiben oder Stücke der jeweiligen Zutat auf die richtige Länge zurechtschneiden und dann aufeinandergelegt in 3 mm breite Streifen schneiden.

Marinieren Einlegen in eine Flüssigkeit, um Zutaten mehr Geschmack zu geben und/oder sie zarter zu machen.

Prise Die Menge einer trockenen, pulverförmigen Zutat, die zwischen Daumen und Zeigefinger passt.

Pürieren Zutaten oder Speisen in einer Küchenmaschine, mit dem Stabmixer oder im Passiergerät zu einem glatten Brei (Püree) zerkleinern.

Unterheben Eine leichte, luftige Masse mithilfe eines Löffels oder eines Schneebesens vorsichtig unter eine schwerere Masse mischen.

Würfeln Zutaten in gleichmäßige Würfel von etwa 5 mm Größe schneiden. Dazu die jeweilige Zutat zunächst in Stäbchen schneiden und diese wiederum quer in Würfel gleicher Größe.

Zesten Feine Streifen aus der Schale von Zitrusfrüchten, verwendet wird nur der farbige Teil.

GAREN DER SPEISEN

Anbraten Fleisch in heißem Fett bei starker Hitze rundum bräunen, damit es Farbe annimmt, die Poren sich schließen und der Geschmack erhalten bleibt.

Anschwitzen Beispielsweise Zwiebeln oder Knoblauch in etwas Fett bei geringer Hitze anbraten, sodass sie weich werden, aber keine Farbe annehmen.

Blanchieren Lebensmittel mit kochendem Wasser übergießen oder kurz in kochendes Wasser legen.

Blindbacken Einen Teigboden ohne Füllung im Ofen vorbacken. Dabei stabilisiert eine Lage Backpapier mit getrockneten Hülsenfrüchten den Teig. Die Hülsenfrüchte können mehrfach verwendet werden.

Dämpfen Garen im geschlossenen Topf über einem Wasserbad. Die Speisen garen im heißen Dampf und kommen nicht mit dem Wasser in Berührung.

Dünsten Garen im geschlossenen Topf in wenig Wasser oder im eigenen Saft, meist unter Zugabe von etwas Fett.

Gratinieren Überbacken unter dem Grill oder bei starker Oberhitze im Backofen.

Köcheln Eine Flüssigkeit am Sieden halten. Auch hier entstehen Luftblasen, aber sie steigen gleichmäßig nach oben, sind sehr viel kleiner und an der Oberfläche gerade sichtbar.

Kochen Garen in kochender Flüssigkeit. Die Flüssigkeit so weit erhitzen, dass sie den Siedepunkt bei 100 °C erreicht und ununterbrochen große Luftblasen an die Oberfläche steigen.

Pochieren Garen in einer Flüssigkeit knapp unterhalb des Siedepunkts.

Reduzieren Auch Einkochen genannt. Eine Flüssigkeit unter Rühren sprudelnd kochen lassen, damit sich die Masse verringert, bis sie stark konzentriert ist. Dient der Geschmacksverstärkung.

Schmoren Gargut zunächst bei hoher Temperatur in Fett kräftig anbraten, dann Flüssigkeit hinzugeben und mit aufgelegtem Deckel bei geringer Hitze garen.

VORSPEISEN UND SNACKS

Fisch und Meeresfrüchte

Räucheraal-Mousse
Meerrettich bringt hier den rauchigen Geschmack des Fisches wunderbar heraus
10 Min. 1 Mon. **Seite 29**

Lachs-Rillettes
Pikante französische Spezialität mit grober und buttriger Konsistenz
15 Min. 1 Mon. **Seite 30**

Taramosalata
Mit Dorschrogen zubereiteter Dip, wunderbar als Snack oder für Appetithäppchen geeignet
15 Min. **Seite 31**

Jakobsmuscheln mit Schinken
In Muschelschalen serviert perfekt für Gäste
15 Min. **Seite 39**

Marinierter Lachs
Die Marinierzeit beträgt zwei Tage, doch das Ergebnis ist die Mühe wert
20 Min. **Seite 39**

Lachs-Kartoffel-Küchlein
Beliebt und rasch zubereitet
20 Min. **Seite 40**

Marinierte Sardellen
Boquerones en vinagre sind eine spanische Spezialität, die als Teil einer Tapas-Tafel, serviert mit knusprigem Brot, wunderbar schmecken
24 Std. **Seite 42**

Garnelen mit Parmesan
Riesengarnelen in einer cremig-sahnigen Sauce
25 Min. **Seite 41**

Garnelencocktail mexikanisch
Klassiker mit südamerikanischer Note
20–25 Min. **Seite 41**

Frittierte Sardellen
Diese winzigen Fische, die man im Ganzen isst, werden am besten frittiert
35 Min. **Seite 43**

Garnelen mit Minze, Chili und Ingwer
Schnell gemacht und ideal für Gäste
10 Min. **Seite 45**

Fischstäbchen
So schmeckt Fisch der ganzen Familie
35 Min. **Seite 46**

Ceviche
Roh marinierter Fisch, sehr erfrischend
35 Min. **Seite 46**

Leckereien mit Brot

Crostini mit Räucherlachs und Pancetta
Der Geschmack von geräuchertem Lachs harmoniert perfekt mit Crème fraîche und leicht salziger Pancetta
25 Min. Seite 48

Sardellencrostini
Hier können eingelegte Sardellen aus dem Glas verwendet werden
15 Min. Seite 42

Crostini mit grüner Tapenade
Die Olivenpaste ist im Handumdrehen fertig
10 Min. Seite 47

Crostini mit Jakobsmuscheln
Stilvolle Canapés oder eine edle Vorspeise für ein besonderes Essen
15–20 Min. Seite 49

Sesam-Garnelen-Toast
Frische thailändische Aromen bestimmen die Kombination
30 Min. Seite 50

Crostini mit Bohnenpaste
Sehen fabelhaft aus und schmecken auch so
30 Min. Seite 54

Auberginen-Ziegenkäse-Crostini
Knusprige Crostini mit pikantem Belag
30 Min. Seite 56

Croque-monsieur
Gratiniertes Schinken-Käse-Sandwich auf französische Art
25 Min. Seite 88

Welsh rarebit
Goldbraun überbackener Käsetoast
15–20 Min. Seite 157

Sardellen-Oliven-Bruschetta
Frisch aus dem Ofen sind diese herzhaften Häppchen zum Aperitif am besten
15 Min. Seite 49

Wochenendbrunch

Würziger Zwiebelkuchen
Sardellen geben dieser würzigen Tarte eine salzige Note
1 Std. 30 Min. 3 Mon. Seite 57

Siebenkornbrot
Gesundes Brot aus sieben verschiedenen Getreidesorten
1 Std. 3 Mon. Seite 68

Walnussbrot
In Frankreich wird dieses kräftige Brot gern zum Käse gereicht
1 Std. 5 Min. 3 Mon. Seite 69

Brioche
Süßes Frühstücksgebäck, schmeckt warm am besten
55–60 Min. Seite 70

Muffins
Very british – aus Hefeteig, in der Pfanne gebacken
1 Std. 20 Min. Seite 76

Croissants
In der Zubereitung zeitaufwändig, aber das Warten lohnt sich
1 Std. 25 Min. Seite 79

Milchbrötchen
So liebt man sie im Süden der USA
25–30 Min. Seite 80

Schottische Pfannkuchen
Dicke kleine Pfannkuchen, die mit Ahornsirup beträufelt köstlich schmecken
25 Min. 1 Mon. Seite 81

Bagels mit Räucherlachs und Rahmfrischkäse
Brunch-Sandwich nach amerikanischer Art
10 Min. Seite 86

Pizza bianca
Leckere Pizza, die nicht mit Tomatensauce, sondern mit frischen Tomaten, Feigen und Parmaschinken zubereitet wird
55 Min. Seite 99

Flammkuchen
Pizzaähnlicher Kuchen aus dem Elsass mit süßlich-pikantem Belag
1 Std. 10 Min. — **Seite 101**

Tortilla
Variante des traditionellen spanischen Omeletts mit Brokkoli und Erbsen
1 Std. — **Seite 136**

Ziegenkäse-Frittata
Omelett auf italienische Art
20 Min. — **Seite 137**

Eier Benedikt
Für ein üppiges Frühstück *american style*
10–15 Min. — **Seite 138**

Rührei mit Räucherlachs
Ultimatives Rezept für einen Wohlfühl-Brunch
20 Min. — **Seite 139**

Arme Ritter
Eine heiße und sehr süße Leckerei, die nicht nur zum Dessert schmeckt
25 Min. — **Seite 144**

Pochierte Eier auf Friséesalat
Extrafrische Eier sind die wichtigste Zutat für dieses beliebte französische Gericht
35 Min. — **Seite 147**

Parsische Eier
Rührei mit Frühlingszwiebeln, Tomaten und einem Hauch Curry und Koriander
35 Min. — **Seite 145**

Quiche lorraine
Das Originalrezept des französischen Klassikers
1 Std. 10 Min. — **Seite 146**

Eier in Sahnesauce
Mit viel frischem Schnittlauch im Backofen goldgelb gratiniert
35 Min. — **Seite 148**

Piperade
Pikantes Rührei mit Paprikaschoten und Schinken
25 Min. — **Seite 150**

Omelett Arnold Bennett
Ein Schaumomelett mit geräuchertem Schellfisch
25 Min. — **Seite 151**

Ricotta-Speck-Tarte
Knusprige Tarte mit einer leichten Käsefüllung
1 Std. 10 Min. 3 Mon. — **Seite 163**

Gesunde Snacks

Hummus
Dip aus Kichererbsen und Sesampaste
10 Min. **Seite 32**

Dicke-Bohnen-Püree
Aus getrockneten Bohnen, die über Nacht eingeweicht werden
1 Std. 35 Min. **Seite 32**

Artischocken-Zwiebel-Dip
Mit Zutaten aus dem Vorratsschrank im Handumdrehen zubereitet
5 Min. **Seite 34**

Gefüllte Weinblätter
Griechische *dolmadakia* mit einer vegetarischen Füllung
1 Std. 10 Min. **Seite 37**

Wraps mit Kräutercreme und Garnelen
Variante des klassischen Garnelensandwiches
15 Min. **Seite 44**

Parmaschinken mit Melone und Nektarinen
Eine unschlagbare Kombination
15 Min. **Seite 67**

Tzatziki
Frischer Dip auf Joghurtbasis, köstlich mit rohem Gemüse und warmem Fladenbrot
40 Min. **Seite 28**

Gazpacho
Erfrischende kalte Suppe aus Spanien
1 Std. 15 Min 1 Mon. **Seite 104**

Warmer Geflügelsalat
Französischer *salade tiède* mit Hähnchenbrust und grünem Spargel
18 Min. **Seite 119**

Brunnenkresse-Walnuss-Salat
Passt gut zu pikanten Tartes aller Art
25 Min. **Seite 123**

Vietnamesischer Salat mit Garnelen und Papaya
Limette, Minze und Chili geben ihm Aroma
18 Min. **Seite 124**

Salat von Garnelen, Grapefruit und Avocado
Sieht gut aus und steckt voller Vitamine
15 Min. **Seite 124**

Taboulé
Erfrischende libanesische Spezialität mit viel Minze und Petersilie
20 Min. **Seite 125**

Rote Bete mit Bresaola

Frisch gegarte, zarte, kleine Knollen verleihen diesem Salat seine leuchtende Farbe

25 Min. **Seite 126**

Orientalischer Gurkensalat mit Räucherlachs

Frische Gurke passt perfekt zu Lachs

10 Min. **Seite 127**

Möhren-Orangen-Salat

Eine Vitaminbombe, leicht und farbenfroh

20 Min. **Seite 128**

Fenchelsalat

Fein geschnittener Fenchel, angemacht mit altem Balsamico-Essig

10 Min. **Seite 129**

Salat von Spinat, Birne und Chicorée

Frische Birnen passen wunderbar zu Spinat

10 Min. **Seite 129**

Salat von Avocado, Tomate und Mozzarella

Ein Salat in den italienischen Nationalfarben

20 Min. **Seite 130**

Warmer Bohnensalat

Feine grüne Bohnen und Zuckerschoten mit Sesam und Ingwer

25 Min. **Seite 131**

Griechischer Salat

Aromatische, sonnengereifte Tomaten sind ein Muss für dieses Rezept

20 Min. **Seite 133**

Krebsfleischsalat

Wenn Sie das Fleisch aus dem Taschenkrebs selbst auslösen, dauert es etwas länger

15 Min. **Seite 129**

Salat von Paprikaschoten

Für dieses spanische Gericht werden rote Paprikaschoten sanft gegart und dann kalt serviert

35 Min. **Seite 131**

Partyhäppchen

Frühlingsrollen mit Garnelen
Pikante kleine Happen, die man mit süßer Chilisauce genießt
40 Min. **Seite 40**

Räucherlachs-Blinis
Stilvolles Fingerfood, das mit anderen Häppchen auf einer Platte gereicht werden kann
40 Min. **Seite 44**

Zwiebel-Bhajis
Dieser knusprige Zwiebelsnack wird mit Kichererbsenmehl zubereitet
30 Min. **Seite 50**

Samosas mit Gemüse
Teigtaschen, wie man sie in Indien liebt
1 Std. 35 Min. 1 Mon. **Seite 51**

Börek
Türkisches Käsegebäck, traditionell in Zigarrenform zubereitet
35–40 Min. **Seite 53**

Käsestangen
Eine feine Knabberei aus luftigem Blätterteig
35 Min. **Seite 55**

Pizzette
Kleine Party-Pizzas, deren Belag man nach Lust und Laune variieren kann
35 Min. **Seite 100**

Vol-au-vents mit Pilzen
Knusprige Hüllen umschließen hier eine pikante Pilzfüllung
35 Min. **Seite 55**

Räucherforellentörtchen
Genau das Richtige für einen formellen Anlass
1 Std. 1 Mon. **Seite 56**

Geröstete Mandeln
Eine kleine Knabberei zu einem Glas Wein oder Sekt
30 Min. **Seite 60**

Hähnchenleber in Sherry
Diese mit Sherry gesüßte Leber verführt auch Feinschmeckergaumen
10-15 Min. **Seite 60**

Chicken Wings »Buffalo«
Knusprig gebratene Hähnchenflügel mit einem Roquefortdip
45 Min. **Seite 61**

Hähnchenbrust-Satay
Ideal für Partys, da man weder Teller noch Messer und Gabel dafür braucht
25 Min. **Seite 62**

Devils on Horseback
Herzhafte Häppchen, gut zu einem Aperitif vor dem Essen
25–30 Min. Seite 63

Chinesische Teigtaschen
Lassen sich ausgezeichnet vorbereiten und tiefgekühlt auf Vorrat halten
30 Min. 1 Mon. Seite 63

Räucherlachsröllchen
Schnell gerollt und noch schneller aufgegessen
30 Min. Seite 64

Asiatische Fleischbällchen mit Erdnuss-Sauce
Süße Erdnuss-Sauce ist ein perfekter Dip
35 Min. Seite 65

Krebsfleisch-Croustaden
Die knusprige Teighüllen, gefüllt mit Krebsfleisch, gewürzt mit Ingwer, Limette und etwas Chili, sind einfacher herzustellen, als es den Anschein hat
10 Min. Seite 59

Eingelegte Feigen mit Parmaschinken
Mundgerecht aufgespießt: hier bilden süßsaure Feigen einen interessanten Kontrast zum Schinken
10 Min. Seite 64

Grissini
Dünne italienische Brotstangen, perfekt zu Antipasti
35–40 Min. 2 Mon. Seite 84

Nachos
Einfach und rasch zubereitet, aber immer lecker
15 Min. Seite 52

Käsebällchen
Pikanter Snack zum Dippen, den jeder mag
1 Std. 45 Min. 3 Mon. Seite 155

Feta-Ecken
Fingerfood für zwanglose Anlässe
35 Min. Seite 159

Zum Mitnehmen

Guacamole
Beliebt als Dip mit Tortillachips oder zu Tacos und Sandwiches
25 Min. — **Seite 28**

Teigtaschen mit Hähnchenfleisch und Spinat
Diese Taschen schmecken heiß oder kalt
45 Min. 1 Mon. — **Seite 53**

Wurströllchen
Mundgerechte Happen, perfekt für ein Picknick im Grünen
40–45 Min. 3 Mon. — **Seite 66**

Schinken-Croissants
Schnell gemacht mit Fertigteig und gekochtem Schinken
20–25 Min. — **Seite 79**

Pan bagnat
Ein üppig belegtes Doppeldecker-Sandwich
20 Min. — **Seite 87**

Coronation rolls
Kein britisches Picknick ohne diese Brötchen
20 Min. — **Seite 89**

Tomaten-Paprika-Foccacia
Vegetarisches Sandwich, gefüllt mit klassisch italienischen Zutaten
40 Min. — **Seite 94**

Erdnussbutter-Sandwich de luxe
Mit fruchtigen Bananenscheiben
10 Min. — **Seite 97**

Reuben Sandwich
Ein Verkaufsschlager in den Feinkostgeschäften von New York
20–25 Min. — **Seite 97**

Flammkuchen
Pizzaähnlicher Kuchen aus dem Elsass mit einem Belag aus Speck und Zwiebeln
1 Std. 10 Min. — **Seite 101**

Kartoffelsalat mit Schinken
Passt in jede Tupperdose
35 Min. — **Seite 117**

Salat von Räucherforelle und Speck
Das Dressing erst vor Ort dazugeben
20 Min. — **Seite 123**

Krebsfleischsalat
Krebsfleisch und Avocado, kombiniert zu einer leichten Mahlzeit
15 Min. — **Seite 129**

Ensaladilla russa
Gemüsesalat mit hart gekochten Eiern und Mayonnaise
40 Min. — **Seite 130**

Schottische Eier
Mit Chutney oder Ketchup großartig für ein Picknick oder ein Mittagessen zum Mitnehmen
40 Min. — **Seite 139**

Salade niçoise mit Nudeln
Die Aromen des Sommers auf einem Teller
35 Min. — **Seite 117**

Suppen

Brunnenkressesuppe
Samtig-glatte Suppe mit Parmesan

25 Min. Seite 104

Steinpilzsuppe
Herzhafte italienische Suppe mit intensivem Aroma

1 Std. 20 Min. 3 Mon. Seite 108

Weiße-Bohnen-Suppe
Diese nahrhafte Suppe aus dem Norden Italiens schützt garantiert vor Winterkälte

2 Std. 30 Min. Seite 108

Fischsuppe mit Safran und Fenchel
Rustikale Fischsuppe nach mediterraner Art

1 Std. 10 Min. Seite 110

Ungarische Gulaschsuppe
Fleisch, Zwiebeln und viel Paprika sind die traditionellen Zutaten

2 Std. 15 Min. Seite 111

Toskanische Bohnensuppe
Eine dicke, nahrhafte Suppe aus Italien, wo sie *ribollita* heißt

1 Std. 35 Min. Seite 111

New England Clam chowder
Frische Venusmuscheln sind der Hauptbestandteil dieser Suppe

50 Min. Seite 113

Minestrone
Ein leichtes Mittag- oder Abendessen, zubereitet aus dem frischesten Gemüse der Saison

2 Std. 5 Min. 1 Mon. Seite 112

Französische Zwiebelsuppe
Dieser Klassiker aus Paris erhält durch etwas Weinbrand besonderen Pfiff

80 Min. 1 Mon. Seite 112

Bouillabaisse
Enthält verschiedene Fische und Meeresfrüchte

1 Std. 25 Min. Seite 114

Vegetarische Vorspeisen

Baba ganoush
Cremiger Dip aus gerösteten Auberginen
40 Min. **Seite 30**

Avocadocreme mit Limette
Luftig-leicht und erfrischend
15 Min. **Seite 31**

Tapenade
Würzige mediterrane Paste aus Oliven
15 Min. **Seite 34**

Zucchinistäbchen
Mit einer wunderbar knusprigen Parmesankruste
30 Min. **Seite 35**

Gegrillte Pilze mit Ziegenkäse
Auf knusprigen Brotscheiben serviert
35 Min. **Seite 36**

Artischockensalat
Frische Artischocken mit pfeffrigem Rucola und Parmesan
30 Min. **Seite 36**

Gegrillter Spargel mit Sauce hollandaise
Zwei, die gut zusammenpassen
20 Min. **Seite 37**

Gefüllte Weinblätter
Griechische *dolmadakia* mit einer Füllung aus Reis, Kräutern und Tomaten
1 Std. 10 Min. **Seite 37**

Pilztörtchen mit Schnittlauch-Hollandaise
Als Vorspeise oder mit Salat als kleine Mahlzeit
1 Std. 20 Min. **Seite 52**

Borschtsch
Klassiker aus Russland, der den Magen wärmt
1 Std. 45 Min. **Seite 105**

Eingelegter Ziegenkäse
Wunderbare Vorspeise für ein Abendessen mit Gästen
25 Min. **Seite 120**

Weiße-Bohnen-Suppe
Vertreibt garantiert jeden Anflug von Winterkälte
Std. 30 Min. **Seite 108**

Möhren-Orangen-Suppe
Erfrischend und mild gewürzt, eine Suppe für den Sommer
50 Min. **Seite 107**

Salat mit Parmesan
Feine Parmesanspäne auf zarten Blättern
30–35 Min. **Seite 120**

Geröstete Tomaten mit Crème fraîche
Süße Schmortomaten mit cremigem Dressing
2 Std. 15 Min. **Seite 121**

Waldorfsalat
Ein Klassiker, benannt nach einem berühmten New Yorker Hotel
20 Min. **Seite 121**

Salat aus gegrillten Zucchini und Paprikaschoten
Bunter Gemüsemix in einer Vinaigrette
40 Min. **Seite 122**

Auberginensalat
Süße Tomaten ergänzen diesen säuerlichen Salat perfekt
35 Min. **Seite 128**

Spinat-Timbalen
Luftige Becherpasteten aus Gemüse und Ei
40 Min. 3 Mon. **Seite 144**

Pfannkuchen mit Spinat und Pilzen
Mit cremiger Käsesauce golbraun überbacken
1 Std. 40 Min. 3 Mon. **Seite 148**

Eier fu yung
Leichte, leckere chinesische Vorspeise, mit Garnelen und Gemüse zubereitet
35 Min. **Seite 149**

Käsesoufflé
Unter den pikanten Soufflés das beliebteste
55 Min. **Seite 150**

Spinat-Feta-Pastete
Knusprige Teigblätter umhüllen eine köstliche Füllung aus Spinat, Schafskäse und Pinienkernen
1 Std. 50 Min. **Seite 158**

Doppelt gebackenes Käsesoufflé
Gelingt auch Anfängern ohne Probleme
30–35 Min. 3 Mon. **Seite 153**

Käseroulade
Ricottafüllung in leichtem Biskuit
45 Min. **Seite 161**

Gebackener Halloumi mit Kräutern
Griechischer Käse aus Schaf- und Ziegenmilch
10 Min. **Seite 162**

Käsefondue
Ein Essen aus einem Topf für eine gesellige Runde
25 Min. **Seite 163**

Panir-Spieße
Panir ist ein indischer Käse, der ähnlich wie Tofu die Aromen anderer Zutaten aufnimmt
30 Min. **Seite 165**

Quiche mit Gruyère
Vegetarische Tarte mit einem knusprigen Boden, die warm und kalt köstlich schmeckt
1 Std. 10 Min. **Seite 165**

Tzatziki

Dieser frische Dip aus Griechenland ist mit rohem Gemüse ein guter Beginn für eine leichte Mahlzeit

für 4 Personen
Zub. 10 Min. + Wartezeit

- 1 Salatgurke, geschält und geraspelt
- Salz
- 350 g griechischer Joghurt
- 3 Knoblauchzehen, gehackt
- 2 EL gehackte Minze oder Dill
- 2 EL bestes Olivenöl
- 1 EL Rotweinessig

Vorbereitung Der Dip kann 1 Tag im Voraus zubereitet werden. Im Kühlschrank aufbewahren und vor dem Servieren umrühren.

1 Die Gurkenraspel in eine Schüssel geben und mit Salz bestreuen; 30 Min. stehen lassen.

2 Das Salz sorgfältig abspülen, dann die Gurke gut ausdrücken.

3 In einer Schüssel die Gurkenraspel mit dem Joghurt verrühren, dann Knoblauch, Kräuter, Öl und Essig untermischen. Das Tzatziki mit Frischhaltefolie abgedeckt bis zur Verwendung kalt stellen.

Dazu passen warmes Pitabrot und Streifen von rohem Gemüse, etwa Möhre, Staudensellerie, Fenchel und Paprikaschote. Ebenfalls gut zu gegrilltem Lammfleisch oder Bratwürsten.

Reste halten sich abgedeckt im Kühlschrank aufbewahrt 1 Tag.

Guacamole

Grün, scharf, mexikanisch – der beliebte Partysnack aus Avocados

als Vorspeise für 6 Personen, als Beilage für 12 Personen
Zub. 25 Min.

- 3 reife Avocados
- Saft von ½ Limette
- ½ Zwiebel, fein gehackt
- 1 reife Tomate, entkernt und gehackt
- 1 rote Chilischote, Samen entfernt, fein gehackt
- 10 Stängel Koriandergrün, Blättchen abgezupft und gehackt, plus Korianderblättchen zum Garnieren
- Salz
- 2 EL Sauerrahm (nach Belieben)

Vorbereitung Zwiebel, Tomate und Chilischote können im Voraus gehackt werden. Die Zutaten aber erst unmittelbar vor dem Servieren mit der Avocado vermischen.

1 Avocados schälen und entsteinen, das Fleisch mit einem Löffel herauslösen und in einer Schüssel mit einer Gabel grob zerdrücken.

2 Den Limettensaft hinzufügen, dann Zwiebel, Tomate und Chilischote. Die Zutaten sorgfältig mischen. Gehackten Koriander sowie Salz nach Geschmack unterrühren.

3 Den Sauerrahm, sofern verwendet, untermischen. Die Guacamole in eine Schüssel füllen und mit Koriandergrün garniert sofort servieren.

Dazu passen Tortillachips.

Reste können als Brotaufstrich verwendet oder auf Tacos und Quesadillas gegeben werden.

Hähnchenleberpastete

Klassisch französisch, mit den Aromen von Rotwein und Thymian

- für 4 Personen
- Zub. 10 Min. + Wartezeit • Garzeit 15 Min.
- tiefgekühlte Hähnchenleber ist etwa 3 Mon. haltbar

- 350 g Hähnchenleber, Tiefkühlware aufgetaut
- 120 g Butter
- ¼ TL getrockneter Thymian
- 150 ml Rotwein
- 10 Halme Schnittlauch, gehackt
- Salz und schwarzer Pfeffer
- Thymianzweige zum Garnieren

Vorbereitung Die Pastete am besten 1 Tag im Voraus zubereiten, damit sich die Aromen entfalten können, maximal aber 3 Tage. Im Kühlschrank aufbewahren.

1 Die Leber waschen und mit Küchenpapier trocken tupfen. Sehnen und grünliche Stellen mit einer kleinen Schere entfernen, dann die Lebern halbieren.

2 Die Hälfte der Butter in einer großen Pfanne bei mittlerer Temperatur zerlassen, bis sie zu schäumen beginnt. Die Leber darin unter häufigem Rühren etwa 4 Min. braten, bis sie gebräunt ist.

3 Thymian, Wein und Schnittlauch hinzufügen. Den Pfanneninhalt zum Kochen bringen und nach Reduzieren der Hitze unter gelegentlichem Rühren etwa 4 Min. garen, bis der Wein etwas eingekocht und die Leber gerade gar ist.

4 Die Pfanne von der Kochstelle nehmen und zum Abkühlen für 10 Min. beiseitestellen. Die Leber salzen und pfeffern, mit der Garflüssigkeit in den Mixer geben und glatt pürieren, nochmals abschmecken. Die Masse in eine Servierschüssel füllen, glatt streichen und beiseitestellen.

5 Die restliche Butter bei mittlerer Temperatur zerlassen und über die Pastete gießen. Die Pastete nicht abdecken und für mindestens 2 Std. kalt stellen. Mit Thymianzweigen garniert servieren.

Dazu passen in Scheiben geschnittenes, getoastetes Baguette und Cornichons, die in Frankreich üblichen Beilagen.

Räucheraal-Mousse

Meerrettich bringt hier den rauchigen Geschmack des Fisches wunderbar heraus

- für 4 Personen
- Zub. 10 Min.
- Küchenmaschine
- ohne Paprikapulver tiefgekühlt 1 Monat haltbar

- 250 g Räucheraalfilet, gehäutet
- 100 g Quark oder Ricotta
- 1–2 TL Sahnemeerrettich
- Saft von ½ Zitrone
- schwarzer Pfeffer
- Paprikapulver zum Garnieren

Vorbereitung Die Mousse kann bis zu 24 Std. im Voraus zubereitet werden. Bewahren Sie sie in einem luftdicht verschlossenen Behälter im Kühlschrank auf und streuen Sie das Paprikapulver erst vor dem Servieren darüber.

1 Den Fisch in 2,5 cm große Stücke schneiden. Mit Quark, Meerrettich, Zitronensaft und Pfeffer nach Geschmack in die Küchenmaschine geben und glatt pürieren.

2 Die Räucheraal-Mousse in eine Servierschüssel füllen und mit Paprikapulver bestreuen.

Dazu passen dünne Toastscheiben, geröstetes Baguette oder Vollkornbrot.

VARIANTE

Räucherlachs-Mousse

Dafür ersetzt man den Aal durch Räucherlachs. Außerdem sind auch andere Räucherfische geeignet wie Forelle, Makrele oder Heilbutt.

Lachs-Rillettes

Diese pikante Spezialität aus Frankreich sollte eine eher grobe Konsistenz haben

für 4 Personen
Zub. 15 Min.
tiefgekühlt 1 Mon. haltbar

- 60 g weiche Butter
- 250 g Stremellachs oder Räucherlachs, gehäutet
- 4 EL griechischer Joghurt
- abgeriebene Schale und Saft von ½ unbehandelten Zitrone
- 2 EL Schnittlauchröllchen
- 50 g Lachskaviar
- 1 Handvoll Brunnenkresse zum Garnieren
- Limettenspalten zum Beträufeln

Vorbereitung Die Rillettes können bis zu 24 Std. im Voraus zubereitet werden. Abgedeckt im Kühlschrank aufbewahren.

1 Die Butter in einer Schüssel mit einem Holzlöffel glatt rühren. Den Lachs in kleine Stücke teilen, in die Schüssel geben und alles mit einer Gabel gut durcharbeiten.

2 Joghurt, Zitronenschale, Zitronensaft und Schnittlauch sorgfältig untermischen.

3 Die Rillettes auf Servierteller verteilen und den Kaviar daraufsetzen, mit Kresse und Limettenspalten anrichten.

Dazu passen kleine, runde Scheiben Pumpernickel, um attraktive Canapés anzubieten.

VARIANTE

Rillettes von pochiertem Lachs

Die gleiche Menge pochiertes frisches Lachsfilet verwenden. Nach dem Pochieren das Filet häuten.

Baba ganoush

Ein cremiger Dip aus Auberginen, der im Nahen Osten auf keiner Vorspeisentafel fehlen darf

für 6 Personen
Zub. 10 Min. + Wartezeit • Garzeit 25–30 Min.

- Öl für das Blech
- 1 kg Auberginen, längs halbiert
- 2 große Knoblauchzehen, gehackt
- 2 EL bestes Olivenöl
- 2 EL Naturjoghurt
- 3–4 EL Tahin (Sesampaste)
- 2–3 EL Zitronensaft
- Salz und schwarzer Pfeffer
- Koriandergrün zum Garnieren

Vorbereitung Der Dip kann 1 Tag im Voraus zubereitet werden. Abgedeckt im Kühlschrank aufbewahren und vor dem Servieren wieder auf Zimmertemperatur bringen.

1 Den Backofen auf 220 °C vorheizen und ein Backblech einölen. Die Auberginenhälften in der Mitte einschneiden, aber die Schale nicht durchtrennen. Mit den Schnittflächen nach unten auf das Blech legen und für 25–30 Min. in den Backofen schieben, bis das Fruchtfleisch sehr weich ist.

2 Auberginen in einem Durchschlag für etwa 15 Min. beiseitestellen, bis sie für die Weiterverarbeitung genügend abgekühlt sind.

3 Das Fleisch in eine Küchenmaschine oder den Mixer schaben und mit Knoblauch, Öl, Joghurt, 3 EL Tahin und 2 EL Zitronensaft glatt pürieren. Probieren und bei Bedarf noch Tahin und Zitronensaft hinzufügen. Den Dip nach Geschmack salzen und pfeffern und mit dem Koriander garniert servieren.

Dazu passt in Streifen geschnittenes warmes Pitabrot.

Reste halten sich abgedeckt im Kühlschrank 2 Tage.

Alternativen

Man kann die Auberginen auch über einer Gasflamme rösten oder auf dem Holzkohlengrill garen, so entsteht ein rauchiges Aroma. Auch ein Elektro- oder Backofengrill ist geeignet, ebenso eine Grillpfanne. Wer keine Küchenmaschine hat, püriert die Zutaten im Mörser.

Avocadocreme mit Limette

Luftig-leicht und erfrischend als kalte Vorspeise oder leichte Mahlzeit im Sommer

- für 4 Personen
- Zub. 15 Min. + Wartezeit
- 4 Förmchen à 100 ml

2 reife Avocados

abgeriebene Schale und Saft von 1 unbehandelten Limette

100 g fettarmer Frischkäse

Salz und schwarzer Pfeffer

2 TL gemahlene Gelatine

1 Eiweiß (nach Belieben)

Vorbereitung Die Creme kann bis zu 12 Std. im Voraus zubereitet werden. Frischhaltefolie darauflegen und andrücken, damit sie nicht braun wird. Im Kühlschrank aufbewahren.

1 Die Avocados halbieren und entsteinen. Das Fleisch mit einem Löffel herauslösen und in eine kleine Schüssel geben. Schale und Saft der Limette hinzufügen und die Zutaten mit dem Stabmixer glatt pürieren.

2 Den Käse unterrühren und die Mischung pfeffern und salzen.

3 In eine kleine, hitzebeständige Schüssel 2 EL Wasser geben. Das Gelatinepulver hineinstreuen und 1 Min. quellen lassen, dann in einen Topf mit heißem Wasser stellen und rühren, bis sich die Gelatine aufgelöst hat.

4 Das Eiweiß (sofern verwendet) in einer Schüssel zu weichem Schnee schlagen. Die aufgelöste Gelatine über die Avocadomischung träufeln und sorgfältig untermischen. Den Eischnee vorsichtig unterheben, damit die Creme luftig wird.

5 Die Creme in Portionsförmchen füllen und locker mit Frischhaltefolie abgedeckt etwa 2 Std. kalt stellen, bis sie fest ist.

Taramosalata

Taramas ist die Bezeichnung für den gesalzenen Meeräschenrogen, der traditionell für dieses Rezept verwendet wird

- für 4–6 Personen
- Zub. 15 Min. + Wartezeit
- Semmelbrösel 15 Min. vor Zubereitungsbeginn einweichen

250 g geräucherter Dorschrogen

Saft von 1 Zitrone

60 g frische Semmelbrösel, in 3 EL kaltem Wasser eingeweicht

75 ml bestes Olivenöl

1 kleine Zwiebel, fein gerieben, auf Küchenpapier abgetropft

Paprikapulver zum Bestreuen

Vorbereitung Das Gericht kann bis zu 2 Tage im Voraus zubereitet werden. Abgedeckt im Kühlschrank aufbewahren.

1 Den Rogen mit einem scharfen Messer in der Mitte aufschneiden und die Haut abziehen, dann mit Zitronensaft und eingeweichten Semmelbrösel im Mixer sorgfältig vermischen.

2 Bei laufendem Motor das Öl in einem dünnen Strahl ganz langsam hinzufügen, bis die Mischung die Konsistenz von Mayonnaise hat.

3 Die Taramosalata in eine kleine Servierschüssel füllen und die Zwiebel untermischen. Abgedeckt 30 Min. kalt stellen, dann mit Paprikapulver bestreut servieren.

Dazu passen Oliven, griechisches oder türkisches Brot und knackige Gemüsestreifen.

VARIANTE

Käse-Taramosalata

Anstelle von Semmelbröseln und Öl 150 g Weichkäse verwenden. Den Käse zusammen mit dem Zitronensaft unter den Rogen mischen.

Hummus

Ein Dip aus Kichererbsen und Sesam und eines der bekanntesten Gerichte aus dem Nahen Osten

für 4 Personen
Zub. 10 Min.

1 Dose Kichererbsen (400 g)
3 EL Tahin (Sesampaste)
Saft von 3 Zitronen
3 Knoblauchzehen, gehackt
½ TL Salz und Pfeffer
Paprikapulver zum Bestreuen

Vorbereitung Der Dip kann bis zu 24 Std. im Voraus zubereitet werden. Abgedeckt in den Kühlschrank stellen, 30 Min. vor dem Servieren herausnehmen.

1 Die Kichererbsen abgießen, dabei 4–6 EL der Flüssigkeit aus der Dose auffangen. Die Kichererbsen abspülen und mit 3 EL der aufgefangenen Flüssigkeit in den Mixer geben.

2 Tahin, Zitronensaft und Knoblauch hinzufügen und die Zutaten glatt pürieren, bei Bedarf noch etwas Flüssigkeit hinzufügen.

3 Hummus salzen und pfeffern, in eine kleine Schüssel füllen, mit Paprikapulver bestreuen und mit Zimmertemperatur servieren.

Dazu passen Pitabrot und Streifen von roher Möhre, Gurke, Staudensellerie und Paprikaschote. Traditionell wird Hummus mit Olivenöl beträufelt.

VARIATION

Paprika-Hummus

Den Backofengrill auf höchster Stufe vorheizen. Eine kleine rote Paprikaschote halbieren, Stielansatz, Samen und Scheidewände entfernen, und die Schoten mit der Hautseite nach oben für etwa 4–5 Min. unter den Grill legen, bis die Haut leicht verkohlt ist. Die Paprikaschote in einem Folienbeutel etwas abkühlen lassen, dann die Haut abziehen. Das Fleisch grob hacken und mit den Kichererbsen in den Mixer geben, dann wie oben fortfahren. Abhängig vom Saftgehalt der Paprikaschote ist weniger Flüssigkeit aus der Dose notwendig. Mit Kreuzkümmel würzen.

Dicke-Bohnen-Püree

Wenn man frische Dicke Bohnen verwendet, müssen die Kerne blanchiert und gehäutet werden

für 6–8 Personen
Zub. 20 Min. + Wartezeit • Garzeit 1 Std. 15 Min.
fettarm
Bohnen über Nacht in kaltem Wasser einweichen

250 g getrocknete Dicke Bohnen ohne Haut, über Nacht eingeweicht
3 Zwiebeln
6 Knoblauchzehen
1 Bund Koriandergrün, gehackt, plus Korianderblättchen zum Garnieren
1 Bund glatte Petersilie, gehackt, plus Petersilie zum Garnieren
2 EL gehackte Minze
1 TL gemahlener Kreuzkümmel
Salz und schwarzer Pfeffer
1–3 EL Olivenöl
Saft von 1 Zitrone

Vorbereitung Das Püree kann bis zu 2 Std. im Voraus zubereitet werden. Mit Frischhaltefolie abgedeckt im Kühlschrank aufbewahren.

1 Die Bohnen abtropfen lassen, in einen großen Topf geben und mit kaltem Wasser bedecken. 1 Zwiebel und 3 Knoblauchzehen grob hacken und in den Topf geben. Das Wasser zum Kochen bringen und Schaum abschöpfen. Die Hitze reduzieren und die Bohnen zugedeckt etwa 1 Std. köcheln lassen, bis sie weich sind.

2 Die Bohnen abtropfen lassen, das Kochwasser auffangen. Die Bohnen mit Koriander, Petersilie, Minze, Kreuzkümmel sowie Salz und Pfeffer nach Geschmack im Mixer oder der Küchenmaschine glatt pürieren, dabei so viel Garflüssigkeit hinzufügen, dass das Püree nicht zu trocken ist. In eine Servierschüssel füllen und warm stellen.

3 Die restlichen Zwiebeln in Scheiben schneiden. In einer Pfanne 1 EL Öl erhitzen und die Zwiebeln darin bei mittlerer Temperatur unter häufigem Rühren 10–15 Min. braten, bis sie goldbraun und leicht karamellisiert sind. Den restlichen Knoblauch fein hacken, in die Pfanne geben und 1 Min. unter Rühren braten.

4 Gebratene Zwiebeln und Knoblauch auf dem Püree verteilen, dann mit Zitronensaft und dem restlichen Öl beträufeln.

Enteconfit

Die Zubereitung dieser Spezialität aus der Gascogne erfordert etwas Zeit, aber die Mühe lohnt sich

- für 4 Personen
- Zub. 15 Min. + Wartezeit • Garzeit 1 Std. 30 Min.
- 4 Gläser mit Schraubverschluss
- tiefgekühlt 6 Mon. haltbar

4 ganze Entenkeulen oder 8 Oberschenkel

175 g grobes Meersalz

30 g weiße Pfefferkörner

1 TL Koriandersamen

5 Wacholderbeeren

4 Knoblauchzehen, geschält und zerdrückt

1 EL gehackte Thymianblätter

1 kg Enten- oder Gänsefett, ausgelassen

Vorbereitung Das Confit kann bis zu 4 Wochen im Voraus zubereitet und im Kühlschrank aufbewahrt werden. Mit der Zubereitung aber mindestens 1 Tag vor dem Servieren beginnen.

1 Die Ententeile abspülen und trocken tupfen. Salz, Pfefferkörner, Koriandersamen, Wacholderbeeren, Knoblauch und Thymian im Mörser zu einer groben Paste zerstoßen und in die Entenhaut reiben. Die Keulen mit der Hautseite nach unten in ein korrosionsbeständiges Gefäß legen und mit Frischhaltefolie bedeckt für 12 Std. kalt stellen.

2 Den Backofen auf 140 °C vorheizen. Die Keulen abspülen und trocken tupfen, in eine ofenfeste Form legen, in der sie gerade Platz haben, und mit dem Fett übergießen.

3 Die Entenkeulen etwa 90 Min. garen, bis sie weich sind und ein Metallspieß leicht eindringt.

4 Die Keulen auf Gläser verteilen und das Fett durch ein feines Sieb darübergießen, den Bratensatz nicht verwenden. Das Fleisch mit mindestens 2,5 cm Fett bedecken, abkühlen lassen und im Kühlschrank aufbewahren. Wenn Sie das Confit einfrieren wollen, die Entenkeulen in eine Gefrierbox legen und mit dem durchgesiebten Fett übergießen.

5 Zum Servieren die Entenkeulen aus dem Fett nehmen und in einer Pfanne knusprig braten.

Dazu passen Blattsalat und im Backofen gegarte Rote Bete.

Brandade de morue

Ein Püree aus Klippfisch, wie es in allen Mittelmeerländern beliebt ist, vor allem im Süden Frankreichs

- für 4 Personen
- Zub. 20 Min.+ Wartezeit • Garzeit 20 Min.
- den Klippfisch vor der Verwendung mindestens 24 Std. wässern

500 g Klippfisch

2 Knoblauchzehen, gehackt

200 ml Olivenöl

100 ml abgekochte Milch

Zum Servieren

Olivenöl zum Beträufeln

schwarzer Pfeffer

2 EL gehackte glatte Petersilie

Brotdreiecke, in Olivenöl gebraten

schwarze Oliven

1 Den Fisch in einer Schüssel mit kaltem Wasser 24 Std.wässern, dabei das Wasser drei- oder viermal wechseln.

2 Den Fisch abtropfen lassen und in einem großen, flachen Topf mit kaltem Wasser bedecken. Das Wasser zum Köcheln bringen und den Fisch 10 Min. garen. Von der Kochstelle nehmen und10 Min. im Wasser abkühlen lassen.

3 Den Fisch abtropfen lassen. Haut und Gräten entfernen, das Fleisch zerteilen und in einer Schüssel mit dem Knoblauch zu einer Paste zerreiben.

4 Die Paste in einem kleinen Topf bei niedriger Temperatur erhitzen, dabei nach und nach so viel Olivenöl und Milch unterschlagen, dass eine cremige weiße Masse entsteht, die aber auf keinen Fall auseinanderfließen darf.

5 Das Gericht mit etwas Olivenöl beträufeln und mit schwarzem Pfeffer und der Petersilie bestreuen. Mit den Brotdreiecken und schwarzen Oliven heiß auf den Tisch bringen.

Sorgfältig arbeiten

Öl und Milch müssen sehr langsam unter das Fischpüree geschlagen werden, weil sich die Mischung anderenfalls trennt. Sollte dies passieren, die Brandade in eine Schüssel geben und kräftig durchschlagen, damit sie wieder Bindung erhält.

Geflügelleberterrine

Eine rustikale Fleischpastete für viele Gelegenheiten

für 8 Personen
Zub. 30 Min. + Wartezeit • Garzeit 1 Std. 30 Min.
1,2 l Terrinenform mit Deckel
tiefgekühlt 1 Mon. haltbar

- 350 g durchwachsener Speck, in Scheiben geschnitten ohne Schwarte
- 250 g Hähnchenleber
- 300 g Schweinehackfleisch
- 450 g Kalbshackfleisch
- 1 Zwiebel, fein gehackt
- 2 Knoblauchzehen, durchgepresst
- 1 TL getrockneter Oregano
- ½ TL gemahlenes Piment
- 120 g Butter, zerlassen
- 120 ml trockener Sherry
- Salz und schwarzer Pfeffer

Vorbereitung Mit der Zubereitung sollte am Vortag begonnen werden. Je länger die Terrine mit einem schweren Gewicht gepresst wird, desto besser sind Geschmack und Konsistenz.

1 Den Backofen auf 180 °C vorheizen. Die Terrinenform mit den Speckscheiben auslegen, die Enden über die Seiten herabhängen lassen.

2 Die Hähnchenleber hacken und mit Schweinefleisch, Kalbfleisch, Zwiebel, Knoblauch, Oregano, Piment und zerlassener Butter mischen. Den Sherry unterrühren und die Masse salzen und pfeffern.

3 Den Fleischteig in die Form füllen und die Enden der Speckscheiben darüberlegen. Die Form mit dem Deckel oder Alufolie fest verschließen und in einen Bräter stellen, dann so viel heißes Wasser dazugießen, dass sie zur Hälfte im Wasser steht.

4 Die Terrine für 90 Min. in den Backofen schieben. Herausnehmen, mit sauberer Alufolie abdecken, ein passendes Brettchen oder eine kräftige Pappe darauflegen und mit einem Gewicht – beispielsweise einer Konservendose – beschweren. Bis zu 24 Std. stehen lassen, dann stürzen und in Scheiben schneiden.

Dazu passen warmes knuspriges Brot oder Toast, Gewürzgürkchen und Silberzwiebeln.

Tapenade

Würzige mediterrane Paste aus Oliven

für 4–6 Personen
Zub. 15 Min.

- 2 große Knoblauchzehen
- 250 g schwarze Oliven, entsteint
- 1½ EL Kapern, abgespült und abgetropft
- 4 Sardellenfilets in Olivenöl, abgetropft
- 1 TL Thymianblätter
- 1 TL gehackter Rosmarin
- 2 EL Zitronensaft
- 2 EL bestes Olivenöl
- 1 TL Dijonsenf
- schwarzer Pfeffer
- 12 Scheiben getoastetes Baguette zum Servieren

1 Knoblauch, Oliven, Kapern, Sardellen, Thymian und Rosmarin in der Küchenmaschine glatt pürieren.

2 Zitronensaft, Öl, Senf und Pfeffer nach Geschmack hinzufügen und alles zu einer dicken Paste verarbeiten. In eine Schüssel füllen und bis zur Verwendung kalt stellen.

3 In einer kleinen Schüssel mit dem getoasteten Brot servieren.

Dazu passen knackige, frische Gemüsestreifen und andere mediterrane Appetithäppchen.

Artischocken-Zwiebel-Dip

Im Handumdrehen zubereitet

für 6 Personen
Zub. 5 Min.

- 1 Dose Artischockenherzen (390 g), abgetropft
- 1 Knoblauchzehe, halbiert
- 3 Frühlingszwiebeln, grob gehackt
- 2 EL Mayonnaise
- Salz und schwarzer Pfeffer

Vorbereitung Der Dip kann bis zu 24 Std. im Voraus zubereitet werden. Mit Frischhaltefolie abgedeckt im Kühlschrank aufbewahren.

1 Artischocken, Knoblauch, Frühlingszwiebeln und Mayonnaise in der Küchenmaschine oder im Mixer glatt pürieren.

2 Das Püree nach Geschmack salzen und pfeffern, in eine Servierschüssel füllen und bis zum Servieren abgedeckt kalt stellen.

Dazu passen Pitabrot, Streifen von rohem Gemüse oder Grissini. Gut schmeckt das Püree auch mit knusprigem Baguette.

Zucchinistäbchen

Diese knusprigen Gemüsestäbchen sind ein wunderbarer vegetarischer Partysnack

für 6 Personen
Zub. 15 Min. • Garzeit 15 Min.
Fritteuse

- 3 große Zucchini
- 100 g frische Semmelbrösel
- 20 g Petersilie, gehackt
- 120 g Parmesan, gerieben
- Salz und schwarzer Pfeffer
- abgeriebene Schale von ½ unbehandelten Zitrone
- 2 Eier
- Mehl zum Wenden
- Sonnenblumenöl zum Frittieren

Vorbereitung Die Zucchini können am Vortag paniert und abgedeckt im Kühlschrank aufbewahrt werden.

1 Die Zucchini waschen, abtrocknen und in Stäbchen schneiden.

2 Semmelbrösel, Petersilie, Parmesan, Salz und Pfeffer nach Geschmack sowie Zitronenschale in einer flachen Schale gut mischen.

3 In einer zweiten Schale die Eier mit einer Gabel verschlagen, das Mehl in eine dritte Schale geben.

4 Die Zuchinistäbchen zunächst gleichmäßig mit Mehl, dann mit Ei und schließlich mit der Semmelbröselmischung überziehen.

5 Die Stäbchen portionsweise in der Fritteuse oder in einer Pfanne im heißen Sonnenblumenöl goldbraun frittieren. Auf einem mit Küchenpapier belegten Backblech abtropfen lassen und warm stellen, bis die letzte Portion fertig ist.

Gefüllte Pilze

Große Champignons mit offenen Hüten eignen sich zum Füllen am besten

für 4 Personen
Zub. 15 Min. • Garzeit 20 Min.

- 2 EL Olivenöl plus Öl für die Form
- 8 Champignons mit offenen Hüten, Stiele entfernt
- 4 Schalotten, fein gehackt
- 2 Knoblauchzehen, fein gehackt
- 120 g Pinienkerne, geröstet
- 4 EL grob zerzupftes Basilikum
- 4 EL fein gehackte Petersilie
- Salz und schwarzer Pfeffer
- 175 g fester Ziegenkäse
- 8 Scheiben durchwachsener Speck

1 Den Backofen auf 190 °C vorheizen. Die Pilze mit der Öffnung nach oben in eine geölte ofenfeste Form legen.

2 Das Olivenöl in einer Pfanne erhitzen und die Schalotten darin bei mittlerer Temperatur unter Rühren etwa 2–3 Min. anschwitzen, bis sie weich sind. Knoblauch, Pinienkerne, Basilikum, Petersilie sowie Salz und Pfeffer nach Geschmack hinzufügen.

3 Die Mischung in die Pilze füllen und jeweils ein Stück Ziegenkäse darauflegen.

4 Jeden Pilz mit 1 Scheibe Speck umwickeln.

5 Die Pilze für 15–20 Min. in den Backofen schieben, bis sie weich sind und der Speck knusprig ist, dann sofort servieren.

Dazu passt ein kleiner Salat aus jungen Mangold- oder Spinatblättchen mit Balsamico-Essig.

Gegrillte Pilze mit Ziegenkäse

Mit würzigem Ziegenkäse überbacken und auf knusprigen Brotscheiben serviert, sind diese Champignons ein besonderer Genuss

für 6 Personen
Zub. 20 Min. • Garzeit 15 Min.

- Baguette oder anderes Weißbrot
- Olivenöl
- 6 große Champignons
- 150 g Ziegenrolle
- Balsamico-Essig zum Beträufeln
- Salz und schwarzer Pfeffer

Dressing

- 1 EL Thymianblätter
- 2 EL Balsamico-Essig
- 4 EL natives Olivenöl extra
- 1 TL Dijonsenf
- 1 Knoblauchzehe, gehackt
- 12 schwarze Oliven, gehackt

Vorbereitung Pilze und Dressing können am Vortag vorbereitet werden. Im Kühlschrank aufbewahren.

1 Den Backofen auf 180 °C vorheizen. Die Zutaten für das Dressing verrühren. Das Dressing beiseitestellen.

2 Das Brot schräg in sechs 1 cm dicke Scheiben schneiden. Die Scheiben auf beiden Seiten mit Olivenöl einpinseln, auf ein Backblech legen und für etwa 10 Min. in den Backofen schieben, bis sie knusprig, aber nicht zu braun sind.

3 Die Stiele der Pilze entfernen. Den Ziegenkäse in sechs Scheiben schneiden. Auf jeden Pilz eine Scheibe Käse legen. Den Backofengrill auf mittlerer Stufe vorheizen. Die Pilze in eine feuerfeste Form setzen, mit etwas Olivenöl und Balsamico-Essig beträufeln, dann salzen und pfeffern und für etwa 5 Min. unter den Grill stellen, bis der Käse schmilzt und die Pilze weich sind.

4 Zum Servieren jeweils eine Brotscheibe auf einen Servierteller legen. Einen Pilz daraufsetzen und mit Dressing beträufeln. Das Gericht heiß servieren.

Dazu passt ein Beilagensalat aus pfeffrigem Rucola, Chicorée und Radicchio.

VARIATION

Pilze mit Blauschimmelkäse

Anstelle von Ziegenkäse einen milden Blauschimmelkäse wie Roquefort oder Gorgonzola verwenden.

Artischockensalat

Der typische Geschmack von Artischocken harmoniert gut mit Rucola und Parmesan

für 4 Personen
Zub. 25 Min. + Abkühlen • Garzeit 10 Min.

- 4 große Artischocken
- 3 Zitronen
- Salz
- 2 große Handvoll Rucola
- 25 g Parmesan
- 2 EL natives Olivenöl extra
- 1 EL Balsamico-Essig
- schwarzer Pfeffer

1 Die Artischocken schälen und die Herzen herauslösen, in eine Schüssel geben und mit dem Saft von 2 Zitronen beträufeln.

2 In einem Topf Wasser zum Kochen bringen. 1 TL Salz und den Saft der übrigen Zitrone hineingeben. Die Artischockenherzen in den Topf geben und etwa 10 Min. garen, bis sie weich sind. Gut abtropfen lassen und zum Abkühlen beiseitestellen.

3 Die Artischockenherzen vorsichtig in Viertel schneiden.

4 Rucola und Artischockenherzen auf Servierteller verteilen und mit einem Sparschäler Parmesan darüberhobeln. Zum Servieren den Salat mit Olivenöl und Balsamico-Essig beträufeln und nach Geschmack salzen und pfeffern.

Gefüllte Weinblätter

Eine Füllung aus Reis, Kräutern und Tomaten steckt in dieser vegetarischen Variante der griechischen *dolmadakia*

- für 6 Personen
- Zub. 20 Min. • Garzeit 50 Min.
- frische Weinblätter 5 Min. blanchieren; konservierte Blätter für 5 Min. in heißes Wasser legen und dann abspülen, um die Lake zu entfernen
- hitzebeständiger Teller

2 EL Olivenöl

2 Zwiebeln, fein gehackt

½ TL gemahlenes Piment

200 g Langkornreis

600 ml Gemüsebrühe

3 Tomaten, geschält, entkernt und gehackt

1 EL gehackter Dill

1 EL gehackte Minze

Salz und schwarzer Pfeffer

40 Weinblätter

Saft von 1 Zitrone

1 In einer Pfanne das Öl erhitzen und die Zwiebeln darin anschwitzen. Die Temperatur erhöhen, dann Piment und Reis hinzufügen und 2 Min. unter Rühren braten.

2 Die Brühe angießen und den Reis etwa 10 Min. köcheln lassen, bis er die Flüssigkeit aufgenommen hat. Die Pfanne von der Kochstelle nehmen, dann Tomaten, Dill, Minze sowie Salz und Pfeffer unterrühren.

3 Die Weinblätter mit der glänzenden Seite nach unten auf die Arbeitsfläche legen und etwas Reis in die Mitte setzen. Die Seiten zur Mitte umschlagen und die Blätter aufrollen.

4 Die Weinblätter dicht an dicht in einen großen Topf legen, mit dem Zitronensaft beträufeln und so viel kaltes Wasser hinzufügen, dass sie gerade bedeckt sind. Einen hitzebeständigen Teller mit einem Gewicht darauflegen und die Blätter 30 Min. köcheln lassen, bei Bedarf Wasser nachfüllen. Die Weinblätter abtropfen lassen und warm oder kalt servieren.

Gegrillter Spargel mit Sauce hollandaise

Wer sichergehen will, dass die Sauce gelingt, bereitet sie im Wasserbad zu

- für 4 Personen
- Zub. 10 Min. • Garzeit 10 Min.
- Grillpfanne

500 g frischer grüner Spargel

1 EL Olivenöl

Sauce hollandaise

2 EL Weißweinessig

4 Eigelb

120 g Butter, zerlassen

Salz und schwarzer Pfeffer

Saft von ½ Zitrone

1 Die holzigen Enden des Spargels abschneiden. Die Grillpfanne mit Öl einpinseln und erhitzen. Wenn sie sehr heiß ist, den Spargel hineinlegen und, je nach Dicke, 5–6 Min. grillen, bis er etwas gebräunt und gerade weich ist, zwischendurch einmal wenden.

2 In der Zwischenzeit für die Sauce in einem kleinen Topf den Essig erhitzen und auf die Hälfte einkochen lassen. Von der Kochstelle nehmen und 2 EL Wasser hinzufügen, dann ein Eigelb nach dem anderen unterschlagen.

3 Den Topf bei sehr schwacher Hitze wieder auf den Herd stellen und die Mischung weiterschlagen, bis sie cremig und dick ist. Von der Kochstelle nehmen und nach und nach die zerlassene Butter unterschlagen. Die Sauce nach Geschmack salzen und pfeffern, dann mit Zitronensaft abschmecken.

4 Den Spargel mit der Sauce auf Serviertellern anrichten.

Kartoffeln mit Käse-Speck-Füllung

Eine sättigende Vorspeise oder mit einem kleinen Salat serviert eine leichte Mahlzeit

für 4 Personen

Zub. 30 Min. • Garzeit 1 Std. 20 Min.

- 4 mehlig kochende Kartoffeln, gebürstet
- 200 g Speckwürfel
- 2 Schalotten, fein gehackt
- 25 g Butter plus Butter für die Form
- 100 ml Milch
- 75 g Gouda, gerieben
- Salz und schwarzer Pfeffer
- 2 EL gehackte glatte Petersilie

1 Den Backofen auf 200 °C vorheizen. Die Kartoffeln rundum mit einer Gabel einstechen und etwa 45 Min. im Backofen garen, bis sie weich sind. Beiseitestellen und die Backofentemperatur auf 180 °C reduzieren.

2 In der Zwischenzeit eine Pfanne erhitzen und die Speckwürfel darin ohne Fett 2–3 Min. goldbraun braten. Die Schalotten unterrühren und weitere 1–2 Min. braten.

3 Das obere Drittel der Kartoffeln abschneiden und das Kartoffelfleisch mit einem Löffel in eine große Schüssel schaben. Die ausgehöhlten Kartoffeln in eine gefettete ofenfeste Form setzen.

4 Das Kartoffelfleisch zerstampfen, dann sorgfältig Milch und Butter unterschlagen. Käse, Speck und Schalotten hinzufügen und die Mischung nach Geschmack salzen und pfeffern.

5 Die Füllung in die Kartoffeln geben und die Kartoffeln noch einmal für 20–25 Min. in den Backofen schieben, bis die Füllung heiß und goldbraun ist. Die Kartoffeln mit Petersilie bestreut sofort servieren.

VARIANTEN

Kartoffeln mit Krabben

Das Kartoffelfleisch mit 150 g Nordseekrabben, 3 in schmale Ringe geschnittenen Frühlingszwiebeln, 1 fein gewürfelten roten Chilischote und 4 EL Crème fraîche vermischen. Die fertigen Kartoffeln mit gehacktem Koriandergrün bestreut servieren.

Kartoffeln mit Chorizo

Das Kartoffelfleisch mit 150 g gehackter Chorizo, 1 gehäuteten, entkernten und gewürfelten Tomate und 150 g gewürfeltem Mozzarella vermischen. Mit gehacktem Oregano anrichten.

Jakobsmuscheln mit Schinken

In Muschelschalen serviert

für 6 Personen
Zub. 10 Min. • Garzeit 5 Min.
Jakobsmuschelschalen

- 18 Jakobsmuscheln, ausgelöst
- 25 g Butter, zerlassen
- Saft von 1 Limette
- 2 Knoblauchzehen, gehackt
- 1 Handvoll gehackte Kräuter, etwa Basilikum, Petersilie, Schnittlauch und Koriander, plus gehackte Kräuter zum Servieren
- Salz und schwarzer Pfeffer
- 3 dünne Scheiben luftgetrockneter Schinken, in Streifen geschnitten
- 1 Limette, in Spalten geschnitten

1 Das weiße Muskelfleisch auf 6 gesäuberte Muschelschalen oder ofenfeste Förmchen verteilen. Den Backofengrill auf höchster Stufe vorheizen.

2 Butter, Knoblauch, Limettensaft und Kräuter mischen und über die Muscheln geben.

3 Die Muscheln salzen und pfeffern und mit Schinkenstreifen belegen. Die Muscheln für 5 Min. unter den Grill setzen, dann sofort mit den Limettenspalten und gehackten Kräutern bestreut servieren.

Marinierter Lachs

Aus Skandinavien kommt diese erfrischende Alternative zum Räucherlachs

für 6–8 Personen
Zub. 20 Min. + Wartezeit
den Lachs mindestens 48 Std. im Voraus zubereiten

- 2 Lachsfilets mit Haut à etwa 140 g
- 3 EL grobes Meersalz
- 3 EL Zucker
- 1 EL grob zerstoßene schwarze Pfefferkörner
- 3 EL Aquavit oder Wodka
- 4 EL gehackter Dill plus Dill zum Garnieren
- 1 Zitrone, in Spalten geschnitten

Senfsauce

- 4 EL Dijonsenf
- 4 EL Sonnenblumenöl
- 3 EL Zucker
- 2 EL Branntweinessig
- 1 TL Sauerrahm
- 1 Prise Salz

1 Die Fischfilets auf der Hautseite mehrmals etwa 3 mm tief schräg einschneiden.

2 Salz, Zucker und Pfeffer vermischen und ein Viertel der Mischung in eine flache korrosionsbeständige Form streuen. Ein Lachsfilet mit der Hautseite nach unten in die Form legen. Ein weiteres Viertel der Würzmischung sowie die Hälfte des Aquavits darübergeben. 2 EL Dill gleichmäßig auf dem Filet verteilen.

3 Das zweite Filet auf der Innenseite mit einem Viertel der Würzmischung bestreuen und mit der Haut nach oben auf das erste Filet legen. Die restliche Würzmischung in die Haut reiben und den verbliebenen Aquavit darüberträufeln.

4 Den Lachs fest in Frischhaltefolie wickeln, dann einen großen, flachen Teller oder ein Brett daraufsetzen und mit Gewichten (etwa Konservendosen) beschweren. Den Fisch für 24 Stunden in den Kühlschrank stellen, alle 5–6 Stunden im Gefäß angesammelte Flüssigkeit abgießen. Die Filets umdrehen und für weitere 24 Stunden in den Kühlschrank stellen, während dieser Zeit zweimal wenden.

5 Für die Senfsauce die Zutaten verrühren, bis die Mischung glatt und cremig ist. Abgedeckt für mindestens 1 Std. kalt stellen. Kurz vor dem Servieren 2 EL gehackten Dill unterrühren.

6 Zum Servieren Gewürze und Dill vom Lachs abschaben. Den Lachs mit der Hautseite nach unten auf ein Tranchierbrett legen und von der Haut weg schräg in dünne Scheiben schneiden. Mit Zitronenspalten und Dillstängeln garniert servieren, die Senfsauce dazureichen.

Dazu passt Buttertoast oder geröstetes Roggenbrot.

Reste schmecken gut mit Rahmfrischkäse auf getoasteten Bagels.

Frühlingsrollen mit Garnelen

Frühlingsrollen werden in China zu Neujahr gegessen, das man dort am ersten Frühlingstag feiert

ergibt 12 Stück
Zub. 25 Min. • Garzeit 15 Min.

- 250 g rohe Garnelen, geschält und gehackt
- ½ rote Paprikaschote, Stielansatz, Samen und Scheidewände entfernt, fein gehackt
- 120 g Champignons, gehackt
- 4 Frühlingszwiebeln, in feine Ringe geschnitten
- 120 g Sojabohnenkeime
- 2 cm frischer Ingwer, gerieben
- 1 EL Reisessig
- 1 EL Sojasauce
- Pflanzenöl zum Braten
- 250 g gegartes Hähnchenfleisch, gehackt
- 1 EL Maisstärke
- 12 Reisteigplatten für Frühlingsrollen
- 6 Chinakohlblätter, halbiert
- süße Chilisauce zum Servieren

1 In einer Schüssel Garnelen, Paprikaschote, Pilze, Frühlingszwiebeln, Bohnenkeimlinge, Ingwer, Essig und Sojasauce vermischen.

2 In einer Pfanne 2 EL Öl erhitzen und die Mischung darin 3 Min. unter Rühren braten. Abkühlen lassen, dann das Hähnchenfleisch untermischen.

3 In einer kleinen Schüssel die Maisstärke mit 4 EL kaltem Wasser glatt rühren.

4 Ein Teigblatt auf die Arbeitsfläche legen und ½ Kohlblatt sowie 1 EL Garnelenmischung daraufgeben. Die Teigränder mit Maisstärke bestreichen. Die Seiten über die Füllung schlagen und die Hülle fest aufrollen, dabei die Ränder gut zusammendrücken. Mit den restlichen Zutaten ebenso verfahren.

5 Die Rollen in heißem Öl braten, bis sie rundum goldbraun sind. Auf Küchenpapier abtropfen lassen, dann sofort servieren, die Chilisauce dazureichen.

VARIANTE

Frühlingsrollen mit Fleischfüllung

Für die Füllung statt Garnelen in kleine Stücke geschnittenes gegartes Fleisch oder Schinken und Gemüse (Erbsen, gehackte grüne Bohnen) verwenden.

Lachs-Kartoffel-Küchlein

Beliebte und rasch zubereitete Vorspeise

für 6 Personen
Zub. 10 Min. • Garzeit 10 Min.

- 500 g festkochende Kartoffeln
- 250 g Räucherlachs, fein gehackt
- 1 Handvoll gehackte Petersilie
- 3 Frühlingszwiebeln, fein gehackt
- 1 TL abgeriebene Zitronenschale
- 1 Ei, verquirlt
- 120 g Semmelbrösel
- 1 EL gehackter frischer Dill
- 2 EL gehackte frische Petersilie
- Sonnenblumenöl zum Braten
- Brunnenkresse oder Rucola zum Garnieren
- 1 Zitrone, in Spalten geschnitten

Dillmayonnaise

- 1 EL Dijonsenf
- 2 Eigelb
- 1 TL Zucker
- Saft von ½ Zitrone
- 200 ml Sonnenblumenöl
- 1 Handvoll gehackter frischer Dill
- Salz und schwarzer Pfeffer

1 Für die Mayonnaise Senf, Eigelbe, Zucker und Zitronensaft in der Küchenmaschine sorgfältig verrühren. Bei laufendem Motor langsam das Öl dazugeben, bis eine dicke, cremige Mayonnaise entstanden ist. Den Dill sowie Salz und Pfeffer nach Geschmack unterrühren. Die Mayonnaise bis zur Verwendung in den Kühlschrank stellen.

2 Die Kartoffeln schälen und 5 Min. in Salzwasser blanchieren. Abtropfen und abkühlen lassen, dann in eine große Schüssel reiben.

3 Lachs, Petersilie, Frühlingszwiebeln, Zitronenschale, Ei sowie Salz und Pfeffer nach Geschmack sorgfältig untermischen. In einer flachen Schale Semmelbrösel, Dill und Petersilie vermischen.

4 Aus der Kartoffelmasse sechs Küchlein formen und in der Semmelbröselmischung wälzen.

5 In einer beschichteten Pfanne das Öl erhitzen und die Küchlein darin auf beiden Seiten goldbraun braten.

6 Die Küchlein noch warm mit Brunnenkresse oder Rucola und Zitronenspalten garniert servieren, die Mayonnaise dazureichen.

Garnelencocktail mexikanisch

Mais und Avocado verleihen diesem Klassiker eine südamerikanische Note

für 4 Personen

Zub. 20 Min. • Garzeit 1–2 Min.

die gegarten Garnelen schälen und den Darm entfernen

- 1 EL Olivenöl
- 250 g rohe Tigergarnelen mit Schale
- Saft von 1 Limette
- 1 TL Tabasco
- 1 EL Paste von sonnengetrockneten Tomaten
- 1 EL gehacktes Koriandergrün plus Koriandergrün zum Garnieren
- 4 EL Mayonnaise
- 2 EL Sauerrahm
- ¼ Eisbergsalat, gewaschen und in Streifen geschnitten
- 1 kleine Avocado, entsteint, geschält, gewürfelt und mit Limettensaft beträufelt, damit sie sich nicht verfärbt
- 2 EL Mais aus der Dose, abgetropft

Vorbereitung Schritt 1 kann einige Stunden im Voraus erfolgen.

1 Das Öl in einer Pfanne erhitzen und die Garnelen bei hoher Temperatur 1–2 Min. braten, bis sie rosa werden. In eine Schüssel geben, mit Limettensaft und Tabasco beträufeln und sorgfältig durchheben. Zum Abkühlen beiseitestellen.

2 Tomatenpaste und gehackten Koriander mit Mayonnaise und Sauerrahm verrühren.

3 Den Eisbergsalat auf vier Dessertgläser verteilen.

4 Falls gewünscht, 4 Garnelen mit Schwanzfächern als Garnitur beiseitestellen. Die restlichen Garnelen schälen, Därme entfernen. Garnelen in die Schüssel zurückgeben, mit Avocado und Mais vermischen und alles in die Dessertgläser füllen.

5 Die Mayonnaise darübergeben und den Cocktail mit den zurückgestellten Garnelen und mit Korianderblättchen garnieren.

Dazu passen Tortillachips oder leicht getoastetes Fladenbrot.

Garnelen mit Parmesan

Gebratene Riesengarnelen in einer cremig-sahnigen Sauce

für 6 Personen

Zub. 10 Min. • Garzeit 15 Min.

- 2 EL Olivenöl
- 120 g Pancetta oder durchwachsener Speck, gewürfelt
- 1 Bund Frühlingszwiebeln, in Ringe geschnitten
- 2 Knoblauchzehen, fein gehackt
- 24 rohe Riesengarnelen, geschält, Därme entfernt
- 4 EL Crème fraîche
- Saft von 1 Zitrone
- Salz und schwarzer Pfeffer
- geriebener Parmesan zum Garnieren
- 1 Handvoll Spinat zum Garnieren

1 Das Öl in einer großen Pfanne erhitzen und die Pancettawürfel darin bei mittlerer Temperatur unter häufigem Rühren 5 Min. braten. Frühlingszwiebeln und Knoblauch untermischen und etwa 3 Min. garen, bis sie gerade weich werden.

2 Die Garnelen hinzufügen und einige Min. braten, bis sie rosa werden, aber nicht übergaren.

3 Die Crème fraîche dazugeben und zum Kochen bringen. Zitronensaft sowie Salz und Pfeffer nach Geschmack untermischen. Die Hitze reduzieren und die Zutaten 1–2 Min. köcheln lassen.

4 Das fertige Gericht in eine vorgewärmte Servierschüssel füllen und mit Parmesan und Spinatblättern garnieren.

VARIANTE

Nudeln mit Garnelen

Auf Spaghetti serviert wird daraus ein Hauptgericht für 4 Personen. Ein Spritzer Chilisauce verleiht den Garnelen Schärfe.

Marinierte Sardellen

Boquerones en vinagre sind eine spanische Spezialität, die am besten mit einem guten Sherryessig zubereitet wird

für 4 Personen
Zub. 20 Min.
+ 24–48 Std. Wartezeit

- 500 g frische Sardellenfilets
- 3 TL Salz
- 120 ml Sherryessig oder Weinessig
- 75 ml natives Olivenöl extra
- 2 Knoblauchzehen, in Scheiben geschnitten
- 3 EL gehackte Petersilie

Vorbereitung Die Sardellenfilets müssen mindestens 24 Std. in der Marinade bleiben, sie können aber bis zu 48 Std. mariniert werden.

1 Die Fischfilets waschen und nach Bedarf entgräten, dann mit Küchenpapier trocken tupfen.

2 Die Hälfte der Filets nebeneinander in ein flaches Gefäß legen und mit 1½ TL Salz bestreuen. Die restlichen Filets im rechten Winkel darauflegen, mit dem verbliebenen Salz bestreuen und den Essig darübergießen. Die Sardellen abgedeckt für mindestens 24 Std. in den Kühlschrank stellen.

3 Vor dem Servieren den Essig abgießen. Die Filets unter fließendem kaltem Wasser abspülen und mit Küchenpapier trocken tupfen. In einer flachen Servierschüssel anrichten, mit dem Olivenöl übergießen und mit Knoblauch und Petersilie bestreuen.

Dazu passt in Scheiben geschnittenes knuspriges Brot, das leicht getoastet, mit Knoblauch eingerieben und mit Olivenöl beträufelt wurde.

VARIANTE

Sardellen in Zitronenmarinade

Die Sardellen mit abgeriebener Schale und Saft von 2 unbehandelten Zitronen übergießen und 2 Std. marinieren, dann mit Schritt 3 fortfahren.

Konservierte Sardellen

Sardellen werden in Salz, Öl oder Lake konserviert. Eingelegte Sardellen sind praktisch, für manche Gerichte aber zu salzig. Um ihnen Salz zu entziehen, die Filets aus der Einlegeflüssigkeit nehmen, abspülen und für 20–30 Min. in Milch legen.

Sardellencrostini

Blitzschnell zubereitet mit eingelegten Sardellen

für 4 Personen
Zub. 10 Min. • Garzeit 5 Min.

- 2 Baguettebrötchen
- 4 reife Tomaten
- 100 g Sardellenfilets in Öl, abgetropft
- 2 EL natives Olivenöl extra
- schwarzer Pfeffer
- 1 Schalotte, fein gehackt
- 2 EL gehackte glatte Petersilie

1 Den Backofengrill auf höchster Stufe vorheizen. Die Baguettebrötchen waagrecht halbieren und von beiden Seiten rösten.

2 2Tomaten halbieren und mit den Hälften die Schnittflächen der Baguettes einreiben, dabei Samen und Fleisch herausdrücken. Die Schalen wegwerfen. Die Hälfte der Sardellen auf die Baguettes legen.

3 Die verbliebenen Tomaten in dünne Scheiben schneiden, auf den Broten verteilen, mit Öl beträufeln, salzen und pfeffern und mit Schalotte und Petersilie bestreuen. Die restlichen Sardellen obenauf legen und die Crostini servieren.

Dazu passt grüner Salat. Die Sardellencrostini können als Vorspeise oder als kleiner Imbiss serviert werden.

Räucherfisch-Frikadellen mit Petersilie

Fischfrikadellen sind lecker und außerdem eine gute Resteverwertung für übrig gebliebenes Kartoffelpüree

für 6 Personen

Zub. 10 Min. + Wartezeit • Garzeit 30 Min.

300 geräuchertes Schellfischfilet, ohne Haut und Gräten

140 g Kartoffelpüree

½ TL Dijonsenf

3 Frühlingszwiebeln, fein gehackt

abgeriebene Schale und Saft von ½ unbehandelten Zitrone

30 g gehackte Petersilie

Salz und schwarzer Pfeffer

50 g Mehl

1 Ei, verquirlt

75 g Semmelbrösel

Sonnenblumenöl

Vorbereitung Bis einschließlich Schritt 3 mehrere Std. im Voraus möglich. Die Masse kalt stellen.

1 Den Backofen auf 190 °C vorheizen. Den Fisch mit 2–3 EL Wasser in eine ofenfeste Form geben und mit Alufolie abgedeckt für 15 Min. in den Ofen schieben. Herausnehmen und abkühlen lassen, dann zerteilen.

2 Kartoffelpüree, Senf, Frühlingszwiebeln, Zitronenschale, Zitronensaft, Petersilie und Fisch in einer Schüssel sorgfältig vermischen. Die Masse nach Geschmack salzen und pfeffern.

3 Aus der Masse zwölf Frikadellen gleicher Größe formen. Mehl, Ei und Semmelbrösel getrennt in flache Schalen geben. Die Frikadellen erst im Mehl, dann im Ei und schließlich in den Semmelbröseln wenden.

4 Die Frikadellen in heißem Öl portionsweise etwa 5–7 Min. braten, bis sie rundum goldbraun und knusprig sind, zwischendurch einmal wenden. Auf Küchenpapier abtropfen lassen und heiß servieren.

Dazu passen ein einfacher Salat aus Rucola und Brunnenkresse sowie Mayonnaise.

Frittierte Sardellen

Frittieren ist die perfekte Garmethode für diese winzigen Fische, die im Ganzen gegessen werden

für 4 Personen

Zub. 15 Min. • Garzeit 20 Min.

Sonnenblumenöl zum Frittieren

50 g Mehl

1 TL Cayennepfeffer

1 TL Salz

500 g Sardellen oder andere kleine Fische

1 Zitrone, geviertelt, zum Servieren

1 Das Öl in einem tiefen Topf oder Wok erhitzen, bis ein Stück altbackenes Brot darin in weniger als 1 Min. gebräunt wird.

2 In der Zwischenzeit Mehl, Cayennepfeffer und Salz in einer großen Schüssel mischen.

3 Die Sardellen in dem gewürzten Mehl wenden, bis sie gleichmäßig überzogen sind. In ein Sieb geben und überschüssiges Mehl abschütteln.

4 Die Sardellen portionsweise etwa 2–3 Min. frittieren, bis sie goldbraun sind. Mit dem Schaumlöffel herausheben und auf Küchenpapier abtropfen lassen.

5 Die Fische sofort mit den Zitronenspalten zum Beträufeln servieren.

Dazu passt frisches Weißrot mit Butter.

Fische frittieren

Durch das portionsweise Frittieren wird verhindert, dass die Fische zusammenkleben und zu viel Fett aufnehmen.

Räucherlachs-Blinis

Blinis zergehen fast auf der Zunge und eignen sich wunderbar als Fingerfood

ergibt 20 Stück

Zub. 20 Min. + Wartezeit • Garzeit 20 Min.

- 100 g Buchweizenmehl
- ¼ TL Backpulver
- ¼ TL Salz
- 1 Ei, getrennt
- 100 ml Milch
- Pflanzenöl
- 120 g Crème fraîche
- 100 g Räucherlachs
- schwarzer Pfeffer
- 1 kleines Bund Dill
- 1 Zitrone, in Spalten geschnitten

1 Mehl, Backpulver und Salz in eine Schüssel sieben und in die Mitte eine Mulde drücken. Das Eigelb und die Hälfte der Milch hineingeben und mit einem Holzlöffel verrühren, nach und nach das Mehl untermischen.

2 Die restliche Milch hinzufügen und weiterrühren, bis ein glatter Teig entstanden ist. Das Eiweiß steif schlagen und unter den Teig ziehen.

3 Eine Pfanne mit Öl einpinseln und bei mittlerer Temperatur erhitzen. Mit reichlich Abstand einige Teelöffel Teig hineingeben und backen, bis sich Blasen bilden, dann wenden und noch einmal etwa 2 Min. backen, bis die Blinis goldbraun sind. Herausnehmen und mit dem restlichen Teig ebenso verfahren.

4 Die Blinis abkühlen lassen, dann ein wenig Crème fraîche, ein Stück Lachs, 1 Prise Pfeffer und etwas Dill daraufgeben. Auf einer Servierplatte mit Zitronenspalten zum Beträufeln anrichten.

VARIANTE

Räucherlachs-Mais-Küchlein

In einem großen Topf mit kochendem Wasser 3 Maiskolben etwa 5–7 Min. garen, bis sie weich sind. Abtropfen und abkühlen lassen, dann die Körner abschneiden. 50 g Polenta, 50 g Mehl, ½ TL Backpulver, 1 Prise Cayennepfeffer sowie Salz und Pfeffer nach Geschmack in einer großen Schüssel vermischen. In einer zweiten Schüssel 150 ml Crème double und 2 große Eigelbe verschlagen. Zusammen mit den Maiskörnern, 2 EL zerlassener Butter und 2 EL Schnittlauchröllchen zu der Mehlmischung geben und sorgfältig mischen. Den Teig abgedeckt für 30 Min. beiseitestellen, dann wie oben jede Seite etwa 3–4 Min. braten, bis die Küchlein goldbraun sind.

Wraps mit Kräutercreme und Garnelen

Eine einfache Abwandlung des klassischen Garnelensandwiches

ergibt 18 Stück

Zub. 15 Min.

- 175 g Ziegenfrischkäse
- 1 Handvoll zarte Kräuter, etwa Kerbel, Dill oder Schnittlauch, gehackt
- abgeriebene Schale von 1 unbehandelten Zitrone
- Salz und schwarzer Pfeffer
- 3 große Weizentortillas
- 200 g geschälte kleine Garnelen

Vorbereitung Die Wraps können 1–2 Std. im Voraus zubereitet und im Kühlschrank aufbewahrt werden.

1 Ziegenkäse mit Kräutern, Zitronenschale sowie Salz und Pfeffer nach Geschmack verrühren.

2 Die Tortillas mit der Käsecreme bestreichen. Die Garnelen darauf verteilen und die Tortillas fest aufrollen. Bis zum Servieren kalt stellen.

3 Vor dem Servieren die Wraps auf Zimmertemperatur bringen und schräg in jeweils sechs Stücke schneiden.

Wraps mit Räucherforelle und Ziegenkäse

Die orange-weiß-grün gefüllten Röllchen sind auch optisch ein Genuss

ergibt 14 Stück

Zub. 15 Min.

- 150 g Ziegenfrischkäse
- 15 g gehackter Kerbel oder Dill
- abgeriebene Schale von 1 unbehandelten Zitrone
- Salz und schwarzer Pfeffer
- 2 große Weizentortillas
- 2 rote Paprikaschoten, gegrillt, gehäutet, Fruchtfleisch in Streifen geschnitten
- 120 g Räucherforelle, in dünne Streifen geschnitten

Vorbereitung Die Wraps können bis zu 4 Std. im Voraus zubereitet und im Kühlschrank aufbewahrt werden.

1 Ziegenkäse, Kerbel, abgeriebene Zitronenschale sowie Salz und Pfeffer in einer Schüssel verrühren.

2 Die Tortillas auf die Arbeitsfläche legen und mit der Käsemischung bestreichen. Paprikastreifen und Forelle gleichmäßig auf den Tortillas verteilen und diese sofort fest aufrollen. Die Wraps bis zum Servieren abgedeckt in den Kühlschrank stellen.

3 Die Wraps vor dem Servieren auf Zimmertemperatur bringen und schräg in jeweils sieben Stücke schneiden.

Garnelen mit Minze, Chili und Ingwer

Die bereits gegarten Garnelen müssen in einer würzigen Marinade gut durchziehen

für 6 Personen

Zub. 10 Min. + Wartezeit

- 36 gegarte Riesengarnelen, geschält
- 18 kleine Chicoréeblätter
- 1 Bund Brunnenkresse
- 1 Limette, in Spalten geschnitten

Marinade

- Saft von 1 Limette
- 30 g Minzeblätter, zerzupft
- 2 EL geriebener frischer Ingwer
- 3 kleine rote Chilischoten, Samen entfernt, fein gehackt
- 1 Knoblauchzehe, gehackt
- 4 EL Olivenöl
- Salz und schwarzer Pfeffer

1 Alle Zutaten für die Marinade in einer großen Schüssel mischen. Die Garnelen von den Därmen befreien und hineingeben, durchheben und für mindestens 15 Min., maximal aber 60 Min. zum Marinieren beiseitestellen.

2 Zum Servieren die Chicoréeblätter auf Servierteller verteilen. Die Garnelen mit Marinade daraufschöpfen und mit der Brunnenkresse garnieren, dann mit den Limettenspalten servieren.

Dazu passen Grissini mit Sesam oder indisches Naan.

Reste schmecken mit Mayonnaise oder Crème fraîche vermischt gut auf einem Sandwich.

Fischstäbchen

So schmeckt Fisch nicht nur den lieben Kleinen

für 4–6 Personen
Zub. 20 Min. • Garzeit 10–15 Min.

- 120 g frische Semmelbrösel
- 1 Handvoll Petersilie, gehackt
- ½ TL Paprikapulver
- Salz und schwarzer Pfeffer
- 90 g Mehl
- 1 großes Ei
- 250 g Filet von Schellfisch, Kabeljau oder Scholle, ohne Haut und Gräten
- Sonnenblumenöl zum Braten
- Petersilie zum Garnieren
- Zitronenspalten zum Garnieren

1 Semmelbrösel, Petersilie, Paprikapulver sowie Salz und Pfeffer nach Geschmack in einer Schüssel sorgfältig vermischen.

2 Das Mehl in eine zweite Schüssel geben, in einer dritten Schüssel das Ei mit 1 EL Wasser verquirlen.

3 Das Fischfilet in schmale Streifen schneiden. Die Streifen mit Mehl bestäuben, in das Ei tauchen und in den Brotkrumen wenden, bis sie vollständig überzogen sind. Auf einen Teller legen und bis zur Verwendung kalt stellen.

4 In eine Pfanne 2,5 cm hoch Öl füllen. Das Öl erhitzen, sodass es zischt, wenn die Fischstreifen hineingegeben werden. Die Streifen auf jeder Seite etwa 1 Min. braten, bis sie knusprig sind. Auf Küchenpapier abtropfen lassen, mit Petersilie und Zitronenspalten garniert servieren.

Dazu passt mit Kräutern oder Gewürzgurken verfeinerte Mayonnaise.

Ceviche

Für Ceviche wird roher Fisch nur kurz mariniert, damit der frische Geschmack erhalten bleibt

für 4 Personen
Zub. 20 Min. + Wartezeit
den Fisch in Frischhaltefolie gewickelt 1 Std. tiefkühlen, damit das Fleisch fest wird und sich leicht schneiden lässt

- 500 g sehr frisches Fischfilet mit festem Fleisch, etwa von Lachs, Steinbutt, Heilbutt oder Seeteufel
- 1 rote Zwiebel, in dünne Scheiben geschnitten
- Saft von 2 Zitronen oder Limetten
- 1 EL Olivenöl
- ½ TL scharfes Paprikapulver
- 1 Chilischote, Samen entfernt, fein gehackt
- Salz und schwarzer Pfeffer
- 2 EL fein gehackte Petersilie

1 Den Fisch mit einem scharfen Messer in sehr dünne Scheiben schneiden.

2 Die Zwiebelscheiben auf dem Boden eines korrosionsbeständigen flachen Gefäßes verteilen, mit Zitronen- oder Limettensaft und Öl übergießen und mit Paprikapulver und Chili bestreuen.

3 Die Fischscheiben auf die Zwiebel legen und behutsam wenden, um sie vollständig mit Marinade zu überziehen.

4 Den Fisch für mindestens 20 Min. in den Kühlschrank stellen, besser aber länger als 1 Std. Nach Geschmack salzen und pfeffern, dann mit der Petersilie bestreut servieren.

Torteletts mit Chorizo

Einfach, aber eindrucksvoll

für 6 Personen
Zub. 45 Min. • Garzeit 20 Min.
6 Tortelettförmchen

- 12 Blätter Filo-Teig, 30 x 40 cm groß
- Olivenöl
- 3 rote Paprikaschoten, Stielansatz, Samen und Scheidewände entfernt
- 300 g Chorizo (spanische Paprikawurst), in Scheiben geschnitten
- ½ rote Zwiebel, in dünne Scheiben geschnitten
- 150 g Feta, zerkrümelt

1 Den Backofen auf 180 °C vorheizen. Die Teigblätter mit Öl einpinseln und halbieren. Jeweils 4 Hälften übereinander in ein Förmchen legen, dabei nach jedem Blatt um 90 Grad drehen. Die Ränder andrücken. Die Böden etwa 10 Min. backen, bis sie knusprig sind.

2 Den Backofengrill auf höchster Stufe vorheizen. Die Paprikaschoten grillen, bis die Haut schwarz ist. In einem Folienbeutel abkühlen lassen, häuten und in Streifen schneiden.

3 Die Chorizo in wenig Öl knusprig braten. Abtropfen lassen.

4 Paprika, Zwiebel und Käse auf die Torteletts verteilen und die Chorizo daraufsetzen.

Empanadas

Knusprige spanische Teigtaschen

ergibt 24 Stück
Zub. 45 Min. + Wartezeit • Garzeit 40–50 Min.
9 cm große, runde Ausstechform

- 450 g Mehl
- 90 g Butter, gewürfelt
- 2 Eier, verquirlt, plus Ei zum Bestreichen
- 1 EL Olivenöl plus Öl für das Blech
- 1 Zwiebel, fein gehackt
- 120 g Tomatenstücke aus der Dose, abgetropft
- 2 TL Tomatenmark
- 140 g Thunfisch aus der Dose, abgetropft
- 2 EL fein gehackte Petersilie
- Salz und schwarzer Pfeffer

1 Für den Teig das Mehl mit ½ TL Salz in eine Schüssel sieben. Mit den Händen die Butter einarbeiten, bis feine Krümel entstanden sind. Die verquirlten Eier sowie 4–6 EL Wasser hinzufügen und alles rasch verkneten. Den Teig in Frischhaltefolie gewickelt 30 Min. kalt stellen.

2 In der Zwischenzeit das Öl in einer Pfanne erhitzen und die Zwiebel bei mittlerer Temperatur unter Rühren 5–8 Min. braten, bis sie glasig ist. Tomaten, Tomatenmark, Thunfisch, Petersilie sowie Salz und Pfeffer nach Geschmack dazugeben und bei reduzierter Hitze 10–12 Min. unter gelegentlichem Rühren köcheln lassen.

3 Den Backofen auf 190 °C vorheizen. Den Teig 3 mm dick ausrollen und 24 Kreise ausstechen. Auf jeden Kreis 1 TL Füllung setzen. Die Ränder mit Wasser bestreichen, aufeinanderlegen und gut zusammendrücken.

4 Die Empanadas auf ein geöltes Backblech legen, mit Ei bestreichen und 25–30 Min. backen, bis sie goldbraun sind. Warm servieren.

VARIANTE

Empanaditas

Kleinere Kreise ausstechen, um mundgerechte Teigtaschen herzustellen. Den Thunfisch durch 140 g gegartes Hähnchenfleisch oder Chorizo ersetzen. Die Taschen 15–20 Min. backen, bis sie goldbraun sind.

Crostini mit grüner Tapenade

Besonders lecker mit selbst gemachter Tapenade

ergibt 12 Stück
Zub. 10 Min.

- 2 TL Olivenöl
- 1 Knoblauchzehe
- 100 g entsteinte grüne Oliven
- abgeriebene Schale von ½ unbehandelten Zitrone
- einige Basilikumblätter
- schwarzer Pfeffer
- ½ Baguette, in 12 Scheiben geschnitten und getoastet
- 6 gelbe oder rote Kirschtomaten, gegrillt, zum Garnieren (nach Belieben)
- glatte Petersilie zum Garnieren (nach Belieben)

1 Öl, Knoblauch, Oliven, Zitronenschale, Basilikum und Pfeffer im Mixer pürieren.

2 Die Paste auf die Brotscheiben streichen und nach Belieben jede Scheibe mit ½ Kirschtomate und Petersilie garnieren.

Crostini mit Räucherlachs und Pancetta

Crostini, die kleinen italienischen Appetithäppchen, bestehen aus geröstetem Weißbrot, das mit Pasten bestrichen oder belegt wird – dabei sind der Fantasie keine Grenzen gesetzt

ergibt 12 Stück

Zub. 10 Min. • Garzeit 15 Min.

- 12 Scheiben Baguette
- 5 EL Olivenöl
- 6 Scheiben Pancetta (*s. Anmerkung*)
- 200 g Räucherlachs
- 200 g Crème fraîche
- 2 EL körniger Senf
- 3 EL Kapern, abgespült, abgetropft und fein gehackt
- 1 TL abgeriebene Schale von einer unbehandelten Zitrone
- 1 TL Zitronensaft
- schwarzer Pfeffer
- 12 Halme Schnittlauch, in 2,5 cm lange Stücke geschnitten, zum Garnieren

Vorbereitung Die Brotscheiben können 2 Std. im Voraus geröstet, die Crème-fraîche-Mischung bis zu 24 Std. im Voraus zubereitet werden.

1 Den Backofengrill auf höchster Stufe vorheizen. Die Brotscheiben beidseitig mit Olivenöl einpinseln und von beiden Seiten rösten, bis sie knusprig sind. Herausnehmen und abkühlen lassen.

2 Die Pancetta einige Minuten knusprig grillen. Auf Küchenpapier abtropfen lassen.

3 In der Zwischenzeit den Räucherlachs in etwa 2 cm breite Streifen schneiden.

4 Die Crème fraîche mit Senf, Kapern, Zitronenschale, Zitronensaft und schwarzem Pfeffer nach Geschmack verrühren.

5 Die Brotscheiben auf einen Servierteller legen und mit der Crème-fraîche-Mischung bestreichen. Den Räucherlachs darauflegen und die Crostini mit Pancettastücken und Schnittlauch garnieren.

VARIANTE

Klassische italienische Crostini

Die Brotscheiben mit Knoblauch einreiben und mit Olivenöl einpinseln. Mozzarella in Scheiben schneiden und etwas Pfeffer daraufgeben. Auf jede Scheibe ein Blatt Basilikum legen. Die Mozzarellascheiben in ½ Scheibe Schinken wickeln und auf die Brotscheiben legen. Die Crostini 3–5 Min. unter dem heißen Grill überbacken, bis der Käse geschmolzen ist.

Pancetta

Pancetta ist luftgetrockneter Speck. Er ist in italienischen Lebensmittelgeschäften erhältlich, ersatzweise kann man jedoch in dünne Scheiben geschnittenen durchwachsenen Speck verwenden. Der Senf kann durch etwas geriebenen Meerrettich ersetzt werden, der im Geschmack gut mit Lachs und Pancetta harmoniert.

Sardellen-Oliven-Bruschetta

Herzhafte Häppchen zum Aperitif

ergibt 12 Stück

Zub. 10 Min. • Garzeit 5 Min.

- 12 Scheiben italienisches Brot, etwa Ciabatta, 2 cm dick
- 1 Knoblauchzehe
- natives Olivenöl extra
- 6 EL Tomatensauce aus dem Glas
- Salz und schwarzer Pfeffer
- 120 g Mozzarella, abgetropft und in 12 dünne Scheiben geschnitten
- 1 TL getrockneter Oregano
- 6 schwarze Oliven, entsteint und in Scheiben geschnitten
- 12 Sardellenfilets in Olivenöl, abgetropft und längs halbiert

Vorbereitung Schritt 1 und 2 können 2 Std. im Voraus erledigt werden.

1 Den Backofengrill auf höchster Stufe vorheizen. Den Rost 10 cm unter den Heizstäben einschieben.

2 Die Brotscheiben auf beiden Seiten goldbraun rösten. Auf einer Seite mit einer Knoblauchzehe einreiben und mit etwas Olivenöl einpinseln.

3 Jede Brotscheibe mit 2 TL Tomatensauce bestreichen und nach Geschmack salzen und pfeffern. Mit 1 Scheibe Mozzarella belegen, Oregano darüberstreuen und zum Schluss Olivenscheiben und 2 Sardellenfilets daraufsetzen.

4 Die Bruschetta 2–3 Min. grillen, bis der Mozzarella geschmolzen ist, sofort servieren.

Dazu passt ein Glas gut gekühlter Prosecco oder kaltes Bier.

Crostini mit Jakobsmuscheln

Eine edle Version für einen besonderen Anlass

ergibt 12 Stück

Zub. 10 Min. • Garzeit 7 Min.

- 12 Scheiben italienisches Brot, etwa Ciabatta, 2 cm dick
- 1 Knoblauchzehe
- 3 EL Olivenöl
- 6 Jakobsmuscheln, aus der Schale gelöst
- 1 EL Zitronensaft
- Salz und schwarzer Pfeffer
- 2 EL Pesto aus dem Glas
- 2 EL Tomatenmark
- 12 Basilikumblätter zum Garnieren

Vorbereitung Schritt 1 kann 1–2 Std. im Voraus ausgeführt werden.

1 Den Grill auf höchster Stufe vorheizen. Die Brotscheiben auf beiden Seiten goldbraun rösten. Eine Seite mit Knoblauch einreiben und dünn mit Olivenöl einpinseln. Das Brot beiseitestellen.

2 Das restliche Öl in einer großen Pfanne bei mittlerer Temperatur erhitzen. Die Muscheln hineingeben, mit Zitronensaft beträufeln und nach Geschmack salzen und pfeffern, dann auf jeder Seite 2 Min. braten, bis sie gar, aber noch saftig sind. Warm stellen.

3 Je eine Hälfte der Crostini mit Pesto, die andere mit Tomatenmark bestreichen.

4 Die Muscheln waagrecht halbieren und auf die Crostini legen. Schwarzen Pfeffer darübergeben und ein Basilikumblatt daraufsetzen, sofort servieren.

Zwiebel-Bhajis

Diese knusprigen Zwiebelküchlein werden mit *besan* zubereitet, Kichererbsenmehl, das in asiatischen Lebensmittelgeschäften erhältlich ist

- für 4 Personen
- Zub. 15 Min. • Garzeit 15 Min.
- Fritteuse oder zur Hälfte mit Öl gefüllter großer Topf

- 250 g Zwiebeln, gehackt
- 125 g Besan (Kichererbsenmehl)
- 2 TL Kreuzkümmelsamen
- ½ TL Kurkuma
- 1 TL gemahlene Koriandersamen
- 1 grüne oder rote Chilischote, Samen entfernt, sehr fein gehackt
- Pflanzenöl zum Frittieren

Vorbereitung Die Bhajis können bis einschließlich Schritt 3 bis zu 4 Std. im Voraus zubereitet werden.

1 In einer großen Schüssel Zwiebeln, Mehl, Kreuzkümmel, Kurkuma, Koriander und Chilischote vermischen. So viel kaltes Wasser (etwa 8 EL) hinzufügen, dass ein dicker Teig entsteht.

2 Das Öl auf 190 °C erhitzen, dann vorsichtig Teigportionen von der Größe eines Golfballes hineingeben und frittieren, bis sie rundum goldgelb sind, zwischendurch wenden.

3 Die Bhajis mit dem Schaumlöffel herausnehmen und auf Küchenpapier abtropfen lassen.

4 Die Bhajis wieder in das Öl geben und noch einmal kurz frittieren, bis sie rundum knusprig und goldbraun sind.

5 Auf Küchenpapier abtropfen lassen und heiß servieren.

Dazu passt eine Sauce aus Naturjoghurt, gehackter Minze und etwas Zitronensaft.

VARIANTE

Gemüse-Bhajis

Ein Drittel der Zwiebeln durch in Streifen geschnittenen Spinat oder geraspelte Möhren ersetzen.

Sesam-Garnelen-Toast

Eine wunderbar harmonische Kombination von Aromen

- für 4 Personen
- Zub. 15 Min. • Garzeit 15 Min.
- Fritteuse oder zur Hälfte mit Öl gefüllter großer Topf

- 250 g rohe Tigergarnelen, geschält, Därme entfernt, grob gehackt
- 2 Frühlingszwiebeln, grob gehackt
- 2 cm frischer Ingwer, geschält und gerieben
- 1 TL helle Sojasauce
- ½ TL Zucker
- ½ TL Sesamöl
- Eiweiß von 1 kleinen Ei, verquirlt
- schwarzer Pfeffer
- 3 große Scheiben Toastbrot, Rinde entfernt
- 2 EL Sesam
- Pflanzenöl zum Frittieren
- Koriandergrün, gehackt, zum Garnieren

Vorbereitung Die Toasts können bis einschließlich Schritt 2 bis zu 4 Std. im Voraus zubereitet werden.

1 Garnelen und Frühlingszwiebeln in der Küchenmaschine kurz pürieren. Die Paste in eine Schüssel geben und mit Ingwer, Sojasauce, Zucker und Sesamöl vermischen. So viel Eiweiß hinzufügen, dass die Mischung zusammenhält. Die Masse mit schwarzem Pfeffer würzen.

2 Die Brotscheiben in jeweils 4 Dreiecke schneiden. Jedes Dreieck dick mit Garnelenpaste bestreichen und gleichmäßig mit Sesam bestreuen.

3 Das Öl auf 180 °C erhitzen. Die Toasts mit der bestrichenen Seite nach unten portionsweise 2 Min. frittieren, dann vorsichtig umdrehen und noch einmal 2 Min. frittieren, bis sie goldbraun und knusprig sind.

4 Die Toasts mit dem Schaumlöffel herausheben, auf Küchenpapier abtropfen lassen und mit Korianderblättern garniert warm servieren.

Dazu passen süße Chilisauce und gekühlter Sake (Reiswein).

Samosas mit Gemüse

Diese indischen Teigtaschen können heiß oder kalt serviert werden. In Indien würde man sie in Ghee ausbacken, geklärter Butter, die stark erhitzt werden kann, Pflanzenöl eignet sich aber ebenso gut

- für 4 Personen
- Zub. 45 Min. + Wartezeit • Garzeit 35–40 Min.
- Fritteuse oder zur Hälfte mit Öl gefüllter großer Topf
- ungegart tiefgekühlt 1 Mon. haltbar; vor dem Frittieren auftauen lassen und gut trocken tupfen

Teig

- 350 g Mehl plus Mehl zum Bestäuben
- Salz
- 6 EL Pflanzenöl oder Ghee plus Öl zum Frittieren

Füllung

- 500 g Kartoffeln
- 250 g Blumenkohl, gehackt
- 175 g Erbsen, Tiefkühlware aufgetaut
- 3 EL Pflanzenöl oder Ghee
- 2 Schalotten, in Scheiben geschnitten
- 2 EL Currypulver oder Currypaste
- 2 EL gehacktes Koriandergrün
- 1 EL Zitronensaft

Vorbereitung Die Samosas können 1 Tag im Voraus zubereitet werden. Im Kühlschrank aufbewahren.

1 Für den Teig das Mehl mit ½ TL Salz in eine Schüssel sieben. Öl oder Ghee unterrühren, dann nach und nach 120 ml warmes Wasser hinzufügen.

2 Den Teig auf der bemehlten Arbeitsfläche kneten, bis er glatt ist. In Frischhaltefolie wickeln und 30 Min. ruhen lassen.

3 Für die Füllung die Kartoffeln mit Schale in kochendem Wasser weich garen. Abtropfen und etwas abkühlen lassen, dann in kleine Stücke hacken.

4 Den Blumenkohl 2–3 Min. in kochendem Wasser blanchieren, bis er gerade weich ist, dann abtropfen lassen. Werden frische Erbsen verwendet, diese zusammen mit dem Blumenkohl blanchieren.

5 Öl oder Ghee in einer großen Pfanne erhitzen und die Schalotten darin 3–4 Min. unter häufigem Rühren garen, bis sie weich sind. Kartoffeln, Blumenkohl, Erbsen, Currypulver oder -paste, Koriander und Zitronensaft dazugeben und bei schwacher Hitze unter gelegentlichem Rühren 2–3 Min. garen. Die Füllung um Abkühlen beiseitestellen.

6 Den Teig in 8 Stücke teilen und diese zu 18 cm großen Kreisen ausrollen. Die Kreise halbieren und die Hälften zu Kegeln formen, dabei die Ränder leicht mit Wasser anfeuchten. Etwas Füllung in jeden Kegel geben. Die oberen Ränder der Kegel ebenfalls anfeuchten und sorgfältig über der Füllung zusammendrücken.

7 Das Öl in der Fritteuse auf 180 °C erhitzen und die Samosas portionsweise 3–4 Min. frittieren, bis sie rundum goldbraun sind. Auf Küchenpapier abtropfen lassen und heiß oder kalt servieren.

Dazu passt eine Schale Chutney oder Raita. Werden die Teigtaschen als Vorspeise serviert, jeweils zwei Samosas mit Gurkenstreifen und etwas Raita auf einem Servierteller anrichten.

VARIANTE

Lammfleisch-Samosas

Die Hälfte der Kartoffeln durch 250 g mageres Hackfleisch vom Lamm ersetzen. Das Hackfleisch zusammen mit den Schalotten gut anbräunen, bevor die anderen Zutaten in die Pfanne gegeben werden. Dann wie oben fortfahren.

Pilztörtchen mit Schnittlauch-Hollandaise

Diese Törtchen sind eine gute Wahl, wenn es eine vegetarische Vorspeise sein soll

für 6 Personen

Zub. 40 Min. + Wartezeit • Garzeit 40 Min.

6 Torteletttförmchen mit herausnehmbarem Boden, Backbohnen

Teig

- 175 g Mehl plus Mehl für die Arbeitsfläche
- 80 g kalte Butter, gewürfelt, plus Butter für die Förmchen
- 1 kleines Ei

Füllung

- 15 g getrocknete Waldpilze
- 25 g Butter
- 1 kleine Zwiebel, gehackt
- 400 g Champignons, in Scheiben geschnitten
- Saft von ½ Zitrone
- Salz und schwarzer Pfeffer
- 175 g Frischkäse

Sauce hollandaise

- 225 g Butter
- 4 Eigelb
- schwarzer Pfeffer
- 1 EL Weißweinessig
- 1 Bund Schnittlauch

1 Für den Teig Mehl und Butter in der Küchenmaschine kneten, bis feine Krümel entstanden sind. Das Ei dazugeben und die Maschine laufen lassen, bis eine Teigkugel entstanden ist – möglicherweise sind hierfür noch einige Tropfen kaltes Wasser notwendig. Den Teig auf die bemehlte Arbeitsfläche legen, in sechs Stücke teilen, ausrollen, in die gefetteten Tortelettförmchen geben, andrücken und mehrmals mit einer Gabel einstechen, dann für mindestens 30 Min. kalt stellen.

2 Den Backofen auf 200 °C vorheizen. Die Teigböden mit Backpapier bedecken, mit Backbohnen beschweren und 10 Min. blindbacken. Papier und Bohnen entfernen und die Böden noch einmal etwa 5 Min. backen, bis sie knusprig sind. Die Förmchen herausnehmen und beiseitestellen. Den Backofen nicht ausschalten.

3 Für die Füllung die getrockneten Pilze mit etwas kochendem Wasser übergießen und 10 Min. quellen lassen. In der Zwischenzeit die Butter in einer Pfanne erhitzen. Zwiebel und Champignons darin bei mittlerer Hitze braten. Die getrockneten Pilze abtropfen lassen, hacken und in die Pfanne geben. Sobald alle Pilze zusammengefallen sind, die Hitze erhöhen und die Zutaten garen, bis die gesamte Flüssigkeit verdampft ist. Zitronensaft sowie Salz und Pfeffer nach Geschmack untermischen. Die Pilze von der Kochstelle nehmen und abkühlen lassen.

4 Die Pilze mit dem Käse in einer Küchenmaschine relativ glatt pürieren und nochmals mit Salz und Pfeffer abschmecken.

5 Für die Hollandaise die Butter in einem kleinen Topf zerlassen. Eigelbe, Pfeffer und Essig in der Küchenmaschine 1 Min. verrühren, dann nach und nach bei laufendem Motor die Butter dazugeben, bis eine dicke Sauce entstanden ist. Nach Bedarf noch Salz und Pfeffer hinzufügen. Die Sauce in einer Schüssel beiseitestellen.

6 Die Backofentemperatur auf 190 °C reduzieren. Die Pilzmasse in die Tortelettböden füllen und mit der Hollandaise übergießen. Die Torteletts für 10 Min. in den Backofen schieben, bis sie goldbraun sind. Aus den Förmchen lösen und mit Schnittlauch garniert heiß servieren.

Waldpilze

Die meisten Waldpilze wachsen vom Sommer an bis zum ersten Frost. Wenn Sie selber Pilze sammeln möchten, sollten Sie sich unbedingt zunächst mit den verschiedenen Arten vertraut machen, da viele Pilze giftig sind.

Nachos

Rasch zubereiteter Snack für eine gesellige Runde

für 4 Personen

Zub. 10 Min. • Garzeit 5 Min.

- 200 g Tortillachips
- 200 g Tomatenstücke aus der Dose
- 4 Frühlingszwiebeln, fein gehackt
- 75 g Jalapeño-Chilischoten in Lake, abgetropft und in Ringe geschnitten
- 1 Avocado, gewürfelt
- 100 g Gouda, gerieben
- 2 EL gehacktes Koriandergrün zum Garnieren
- 300 g Sauerrahm zum Servieren

1 Den Backofengrill auf mittlerer Stufe vorheizen.

2 Die Tortillachips auf einer großen, hitzebeständigen Platte verteilen und die gehackten Tomaten darüber verteilen. Frühlingszwiebeln, Chilischoten und Avocado daraufgeben und mit dem Käse bestreuen.

3 Die Platte für 4–5 Min. unter den Grill stellen, bis der Käse geschmolzen ist.

4 Die Nachos mit dem Koriander bestreut sofort servieren, den Sauerrahm dazureichen.

Börek

Dieses türkische Gebäck wird traditionell zu Röllchen oder Dreiecken geformt

ergibt 24 Stück

Zub. 25 Min. • Garzeit 10–12 Min.

- 175 g Feta, fein zerkrümelt
- 1 Prise geriebene Muskatnuss
- 1 TL getrocknete Minze
- schwarzer Pfeffer
- 8 Blätter Filo-Teig, 30 x 40 cm groß, Tiefkühlware aufgetaut
- 50 g Butter, zerlassen, plus Butter für das Blech
- Mehl für die Arbeitsfläche

Vorbereitung Die Röllchen können 24 Std. vor dem Backen gefüllt werden.

1 Den Backofen auf 180 °C vorheizen. In einer Schüssel den Feta mit Muskatnuss und Minze mischen und mit Pfeffer würzen.

2 Jeweils 2 Teigblätter aufeinanderlegen und der Länge nach in 3 Streifen von 10 cm Breite schneiden.

3 Einen Teigstreifen mit Butter einpinseln und auf ein Ende 1 gehäuften TL Käsefüllung setzen. Den Teig wie eine Zigarre aufrollen, dabei nach etwa einem Drittel die Ränder über die Füllung schlagen, um sie vollständig zu umschließen. Darauf achten, dass die Enden fest verschlossen werden.

4 Die Arbeitsfläche leicht mit Mehl bestäuben und die fertigen Röllchen aufeinandergelegt mit einem feuchten Tuch abdecken, während die restlichen Röllchen gefüllt werden.

5 Die Röllchen mit etwas Abstand auf ein gefettetes Backblech legen, mit der restlichen Butter einpinseln und 10–12 Min. backen, bis sie goldbraun und knusprig sind. Am besten heiß oder lauwarm servieren.

VARIANTE

Spinat-Börek

Im ersten Arbeitsschritt 2 gehackte Frühlingszwiebeln in 1 EL Olivenöl anbraten. 150 g jungen Spinat unterrühren und garen, bis er zusammengefallen ist. Abtropfen und abkühlen lassen, dann fein hacken. Mit 1 EL gehacktem Dill und 75 g zerkrümeltem Feta vermischen. Mit dieser Masse die Teigstreifen füllen.

Teigtaschen mit Hähnchenfleisch und Spinat

Diese kleinen Taschen schmecken sowohl heiß als auch kalt

für 6 Personen

Zub. 25 Min. • Garzeit 20 Min.

ungebacken tiefgekühlt 1 Mon. haltbar

- 250 g frischer Spinat
- Olivenöl
- 4 Frühlingszwiebeln, fein gehackt
- 120 g geräuchertes Hähnchenfleisch
- 80 g Crème fraîche
- 1 EL gehackter Estragon
- 60 g Pinienkerne, geröstet
- 1 TL Dijonsenf
- abgeriebene Schale von 1 unbehandelten Zitrone
- schwarzer Pfeffer
- 200 g Filo-Teig
- 50 g Butter, zerlassen
- 25 g Parmesan, gerieben

Vorbereitung Die Taschen können am Vortag zubereitet werden. Bis zum Backen im Kühlschrank aufbewahren.

1 Den Backofen auf 180 °C vorheizen. Den Spinat waschen und Stiele entfernen. Den Spinat in etwas Olivenöl garen, bis er zusammengefallen ist. Gut abtropfen und abkühlen lassen. Mit Frühlingszwiebeln, Hähnchenfleisch, Crème fraîche und Estragon in der Küchenmaschine grob zerkleinern. Pinienkerne, Senf und Zitronenschale sowie Pfeffer nach Geschmack untermischen.

2 Den Teig auf die Arbeitsfläche legen und mit einem feuchten Küchenhandtuch abdecken, damit er nicht austrocknet. Ein Blatt mit Butter einpinseln, ein zweites Blatt darauflegen und ebenfalls einpinseln. Den Teig in etwa 7,5 cm breite Streifen schneiden. Nahe am oberen Ende 1 gehäuften TL Spinatmischung auf einen Teigstreifen setzen. Die rechte Ecke des Teiges schräg über die Füllung falten, sodass ein Dreieck entsteht. Nun das Dreieck immer wieder umfalten, bis das Ende des Streifens erreicht ist. Die Tasche mit Butter bestreichen, mit Parmesan bestreuen und auf ein mit Backpapier ausgelegtes Backblech setzen.

3 Auf die gleiche Weise mit den übrigen Zutaten elf weitere Teigtaschen herstellen. Die Taschen 20 Min. backen, dann zum Abkühlen auf ein Kuchengitter legen.

Dazu passen vielerlei Dips.

Käse-Spinat-Pastete

Eine knusprige Pastete, wie man sie in Griechenland liebt; dort heißt sie *spanakopita* und wird gewöhnlich in Rauten oder Quadrate geschnitten serviert

ergibt 12 Stücke

Zub. 35 Min. + Wartezeit • Garzeit 1 Std. 30 Min.

flache, ofenfeste Form, etwa 23 x 28 cm groß

- 4 EL Olivenöl
- 1 Zwiebel, gehackt
- 1 Bund Frühlingszwiebeln, gehackt
- 1 kg Spinat, geputzt und in Streifen geschnitten
- 1 kleines Bund Dill, gehackt, oder 4 TL getrockneter Dill
- 1 kleines Bund glatte Petersilie, gehackt
- 225 g Feta, fein zerkrümelt
- 4 Eier, verquirlt
- schwarzer Pfeffer
- 150 g Butter, zerlassen
- 250 g Filo-Teig oder mindestens 14 Blätter, etwa 30 x 40 cm groß, Tiefkühlware aufgetaut

Vorbereitung Den Spinat unter fließendem kaltem Wasser gut waschen, schleudern und mit Küchenpapier trocken tupfen.

1 Das Olivenöl in einem großen Topf erhitzen. Zwiebel und Frühlingszwiebeln darin 5 Min. unter gelegentlichem Rühren garen, bis sie weich, aber noch nicht gebräunt sind.

2 Den Spinat unterrühren und bei reduzierter Hitze zugedeckt 7–8 Min. unter gelegentlichem Rühren garen, bis er zusammengefallen ist.

3 Die Kräuter untermischen und die Temperatur erhöhen. Die Zutaten ohne Deckel weitere 15 Min. unter Rühren garen, bis die Flüssigkeit verdampft ist. Den Topfinhalt in eine mit Küchenpapier ausgelegte Schüssel geben und abkühlen lassen.

4 Das Papier entfernen. Käse und Eier unter den Spinat rühren und die Mischung großzügig pfeffern.

5 Den Backofen auf 170 °C vorheizen. Die Form dick einbuttern. Ein Filo-Blatt hineinlegen und sorgfältig an die Ränder und in die Ecken drücken, dann mit Butter einpinseln. Ein zweites Teigblatt darauflegen. Wie oben fortfahren, bis die Hälfte der Teigblätter verbraucht ist.

6 Die Spinatmischung in der Form verteilen. Ein Teigblatt darauflegen und mit Butter einpinseln. Mit den übrigen Teigblättern ebenso verfahren. Überstehende Teigränder mit einer Schere abschneiden. Die restliche Butter auf der Oberfläche verteilen und die Pastete auf mittlerer Schiene etwa 60 Min. backen, bis der Teig goldbraun und knusprig ist.

7 Die Pastete in Stücke schneiden und heiß oder lauwarm servieren.

Dazu passen andere leichte griechische oder nahöstliche Gerichte wie Hummus oder Taramosalata, als Vorspeise oder Teil eines Buffets.

VARIANTE

Spinat-Eier-Pastete

Die Hälfte des Spinats auf dem Teigboden verteilen, mit 500 ml kalter Béchamelsauce bestreichen und mit 2 gehackten hart gekochten Eiern bestreuen. Den restlichen Spinat gleichmäßig verteilen, dann mit Schritt 6 fortfahren.

FILO-TEIG VERARBEITEN

Die Teigblätter während der Zubereitung der Pastete mit einem feuchten Tuch bedecken, damit sie nicht austrocknen, und bei Bedarf einzeln herausnehmen.

Crostini mit einer Paste aus Dicken Bohnen

Machen Sie sich die Mühe, die Bohnenkerne zu häuten

ergibt 12 Stück

Zub. 15 Min. • Garzeit 15 Min.

- 12 Scheiben Baguette
- 3 EL natives Olivenöl extra
- Salz und schwarzer Pfeffer
- 100 g enthülste Dicke Bohnen
- 1 kleine Schalotte
- 1 Knoblauchzehe
- 1 kleines Bund Estragon

1 Den Backofen auf 150 °C vorheizen. Die Baguettescheiben beidseitig mit 2 EL Olivenöl einpinseln, dann salzen und pfeffern. Die Scheiben auf ein Backblech legen und für etwa 15 Min. in den Ofen schieben, bis sie sehr knusprig sind.

2 In der Zwischenzeit die Bohnen in einem Topf mit kochendem Wasser 2 Min. blanchieren, dann abtropfen lassen und in kaltem Wasser abschrecken. Die weiße Haut entfernen. Einige Bohnen zum Garnieren beiseitestellen, die übrigen mit Schalotte, Knoblauch, 1 EL Olivenöl und Estragon in der Küchenmaschine grob pürieren. Die Paste nach Geschmack salzen und pfeffern.

3 Die Paste auf die Brotscheiben streichen. Crostini mit den Bohnenkernen dekorieren und mit schwarzem Pfeffer bestreuen.

Käsestangen

Eine feine Knabberei zu einem Glas Wein oder Bier – luftiger Blätterteig, mit Käse überbacken

ergibt 28 Stück

Zub. 20 Min. • Garzeit 15 Min.

- 375 g Blätterteig
- Mehl für die Arbeitsfläche
- 2 TL scharfer Senf
- 60 g alter Gouda, gerieben
- 30 g Parmesan, gerieben
- 1 Eigelb
- 1 EL Milch

Vorbereitung Die Stangen können am Vortag geformt werden. Bis zum Backen im Kühlschrank aufbewahren.

1 Den Backofen auf 190 °C vorheizen. Den Teig auf der leicht bemehlten Arbeitsfläche zu einem 25 x 35 cm großen Rechteck ausrollen. Die Ränder gerade schneiden.

2 Auf eine Hälfte der Teigplatte den Senf streichen, dabei rundum einen gut 1 cm breiten Rand lassen. Die geriebenen Käse darüberstreuen.

3 Eigelb und Milch verrühren und auf die Teigränder streichen.

4 Die unbestrichene Teighälfte über die bestrichene klappen und die Ränder zusammendrücken. Den Teig vorsichtig zu einem 28 x 35 cm großen Rechteck ausrollen.

5 Den Teig in gut 1 cm breite Streifen schneiden. Die Streifen spiralförmig drehen und mit reichlich Abstand auf ein gefettetes Backblech legen.

6 Die Stangen 12–15 Min. backen, bis sie schön aufgegangen und goldbraun sind. Herausnehmen und auf einem Kuchengitter etwas abkühlen lassen.

VARIANTE

Stilton-Stangen

75 g zerkrümelten Stilton oder anderen Blauschimmelkäse mit 50 g fein gehackten Walnusskernen vermischen und gleichmäßig auf einer Hälfte der Teigplatte verteilen, dann wie oben fortfahren.

Vol-au-vents mit Pilzen

Von den klassischen französischen Blätterteigpastetchen inspiriert sind diese luftigen Häppchen

ergibt 20 Stück

Zub. 20 Min. • Garzeit 15 Min.

runde Ausstechformen mit 4,5 und 6 cm Durchmesser

- 20 kleine Champignons
- 4 EL Olivenöl
- 2 EL Zitronenthymianblätter, gehackt
- Salz und schwarzer Pfeffer
- 4 EL Tapenade
- 2 EL Crème fraîche
- 375 g Blätterteig
- Mehl für die Arbeitsfläche
- 1 Ei, verquirlt

1 Den Backofen auf 200 °C vorheizen. Pilze, Öl, Thymian sowie Salz und Pfeffer nach Geschmack in einer Schüssel vermischen.

2 In einer zweiten Schüssel Tapenade und Crème fraîche verrühren.

3 Den Teig auf der leicht bemehlten Arbeitsfläche ausrollen und mit dem größeren Ausstecher 20 Kreise ausstechen, dann mit dem kleineren eine Kerbe in jeden Kreis drücken.

4 Die Kreise auf ein Backblech legen und etwas Tapenade-Mischung in die Mitte geben, je einen Pilz daraufsetzen.

5 Die Ränder der Teigkreise mit Ei bestreichen. Die Vol-au-vents für etwa 15 Min. in den Backofen schieben, bis sie aufgegangen und goldbraun sind.

VARIANTEN

Vol-au-vents mit Hähnchen und Pesto

6 EL Basilikumpesto mit 2 EL Crème fraîche verrühren und auf die Teigkreise geben. 125 g gegartes und gewürfeltes Hähnchenfleisch darauf verteilen, dann 2 EL Pinienkerne darüberstreuen.

Vol-au-vents mit Räucherlachs und Ricotta

150 g grob zerkleinerten Räucherlachs mit 4 EL Ricotta und 2 EL gehacktem Dill vermischen.

Auberginen-Ziegenkäse-Crostini

Mit frischer Minze und Ziegenkäse

ergibt 12 Stück

Zub. 10 Min. • Garzeit 20 Min.

- 12 Scheiben Baguette
- 2 EL Olivenöl
- 1 Knoblauchzehe, halbiert
- 1 feste Aubergine
- 2 EL gehackte Minze
- 1 EL Balsamico-Essig
- Salz und schwarzer Pfeffer
- 60 g weicher Ziegenkäse

1 Den Backofen auf 180 °C vorheizen. Die Brotscheiben beidseitig mit Öl einpinseln und 10 Min. rösten, bis sie knusprig sind, zwischendurch wenden. Die Scheiben mit dem Knoblauch einreiben.

2 Den Backofengrill vorheizen. Die Aubergine in 5 mm dicke Scheiben schneiden, diese beidseitig mit Öl bestreichen und auf beiden Seiten grillen, bis sie weich sind.

3 Die Scheiben halbieren oder vierteln und in einer Schüssel mit dem restlichen Öl, Minze und Essig mischen, dann nach Geschmack salzen und pfeffern.

4 Die Crostini mit dem Ziegenkäse bestreichen, die Auberginenstücke darauflegen und servieren.

Bruschetta mit Pilzen

Eine winterliche Vorspeise

ergibt 12 Stück

Zub. 10 Min. • Garzeit 20 Min.

- 12 Scheiben Ciabatta
- Olivenöl zum Einpinseln
- 60 g Butter
- 4 Schalotten, fein gehackt
- 2 Knoblauchzehen, fein gehackt
- 500 g Champignons, in Scheiben
- 60 ml Marsala (Süßwein)
- 100 g Crème double
- 3 EL geriebener Parmesan
- 2 EL fein gehackte Petersilie
- Salz und schwarzer Pfeffer

1 Den Backofen auf 110 °C vorheizen. Die Brotscheiben mit Öl einpinseln und etwa 10 Min. knusprig rösten, einmal wenden.

2 Die Butter in einer Pfanne zerlassen. Schalotten und Knoblauch darin 5 Min. anbraten. Die Pilze hinzufügen und garen. Den Marsala dazugeben, zum Kochen bringen und köcheln lassen, bis er auf 1 TL eingekocht ist.

3 Die Hitze reduzieren. Die Crème double dazugeben und 5 Min. köcheln lassen. Parmesan und Petersilie sowie Salz und Pfeffer nach Geschmack unterrühren. Die Crostini auf eine Servierplatte setzen und die Pilze daraufschöpfen.

Torteletts mit Räucherforelle

Solche Torteletts eignen sich gut für ein Picknick

ergibt 6 Stück

Zub. 30 Min.+ Wartezeit • Garzeit 30 Min.

6 Tortelettförmchen, 10 cm groß, Backbohnen

tiefgekühlt 1 Mon. haltbar

Teig

- 125 g Mehl
- 75 g kalte Butter, gewürfelt, plus Butter für die Förmchen
- 1 kleines Ei

Füllung

- 120 g Crème fraîche
- 1 TL Sahnemeerrettich
- ½ TL Zitronensaft
- abgeriebene Schale von ½ unbehandelten Zitrone
- 1 TL Kapern, abgespült und gehackt
- Salz und schwarzer Pfeffer
- 4 Eigelb, verquirlt
- 200 g Räucherforelle, zerteilt
- 1 Bund Dill, gehackt

1 Für den Teig Mehl und Butter mit 1 Prise Salz in der Küchenmaschine verarbeiten, bis feine Krümel entstanden sind. Das Ei unterkneten, bis der Teig homogen ist.

2 Den Teig ausrollen, in die gefetteten Tortelettförmchen legen, mit Backpapier abdecken und mit Backbohnen beschweren, dann für 30 Min. kalt stellen.

3 Den Backofen auf 200 °C vorheizen. Die Teigböden 10 Min. blindbacken. Papier und Bohnen entfernen und die Böden weitere 5 Min. backen.

4 Crème fraîche, Meerrettich, Zitronensaft, Zitronenschale, Kapern sowie Salz und Pfeffer nach Geschmack in einer Schüssel mischen. Eigelbe, Fisch und Dill unterrühren.

5 Die Mischung in die Förmchen füllen und diese für weitere 10–15 Min. in den Backofen schieben, bis die Füllung fest geworden ist. Die Törtchen 5 Min. abkühlen lassen, dann aus den Formen nehmen und servieren.

Dazu passt gemischter Blattsalat.

Enchiladas

Eine mexikanische Spezialität mit einer Dosis scharfem Chili

für 4 Personen

Zub. 10 Min. • Garzeit 30 Min.

- 2 TL Olivenöl plus Öl für die Form
- 1 kleine rote Zwiebel, fein gehackt
- 1 rote Paprikaschote, Stielansatz, Samen und Scheidewände entfernt, Fruchtfleisch gehackt
- 4 Weizentortillas
- 225 g Käse, gerieben

Sauce

- 2 EL Olivenöl
- 1 Zwiebel, gehackt
- 1 Knoblauchzehe, gehackt
- 1 TL Cayennepfeffer
- 3 EL Tomatenmark
- 150 ml Hühnerfond
- Salz und schwarzer Pfeffer
- 1 TL gemahlener Kreuzkümmel

1 Für die Sauce das Olivenöl im Topf erhitzen und die Zwiebel darin 10 Min. braten, bis sie goldbraun ist. Knoblauch, Cayennepfeffer, Tomatenmark und Fond dazugeben und 5 Min. köcheln lassen, mit Salz, Pfeffer und Kreuzkümmel würzen.

2 Den Backofen auf 180 °C vorheizen. Das Öl in einer Pfanne erhitzen. Rote Zwiebel und Paprikaschote darin etwa 5 Min. braten.

3 Die Tortillas auf die Arbeitsfläche legen und mit je 1 EL Sauce bestreichen, dann Zwiebel und Paprikaschote und zwei Drittel des Käses darüberstreuen. Die Seiten der Tortillas einschlagen. Die Tortillas aufrollen und mit der Nahtstelle nach unten in eine gefettete ofenfeste Form legen.

4 Mit der restlichen Sauce übergießen und dem übrigen Käse bestreuen. Die Tortillas etwa 15 Min. backen, bis der Käse geschmolzen ist.

VARIANTE

Hähnchen-Enchiladas

In Schritt 3 auf der Sauce 120 g in Streifen geschnittenes gewürztes Hühnerfleisch verteilen.

Würziger Zwiebelkuchen

Sardellen geben dieser würzigen Tarte eine salzige Note

für 4–6 Personen

Zub. 15 Min. + Wartezeit • Garzeit 1. Std. 15 Min.

20 cm große Tarte-Form oder Springform, Backbohnen

ohne Sardellen tiefgekühlt 3 Mon. haltbar

- 350 g fertiger Mürbeteig
- Mehl für die Arbeitsfläche
- 2 EL Olivenöl
- 30 g Butter plus Butter für die Form
- 500 g Zwiebeln, in dünne Scheiben geschnitten
- 750 g Quark
- 120 ml Milch
- 2 große Eier
- 1 TL Kreuzkümmelsamen oder Kümmel, zerstoßen (nach Belieben)
- Salz und schwarzer Pfeffer
- 60 g Sardellenfilets, längs halbiert

Vorbereitung Der Kuchen kann am Vortag zubereitet werden. Abgedeckt im Kühlschrank aufbewahren. Vor dem Servieren etwa 10 Min. im heißen Backofen wieder erhitzen.

1 Den Teig auf der bemehlten Arbeitsfläche dünn ausrollen und in die gefettete Form legen. 30 Min. kalt stellen.

2 Öl und Butter in einer Pfanne erhitzen und die Zwiebeln darin abgedeckt bei niedriger Temperatur unter gelegentlichem Rühren etwa 20 Min. garen, bis sie weich sind, dann ohne Deckel weitere 4–5 Min. goldbraun braten. Zum Abkühlen beiseitestellen.

3 Den Backofen auf 200 °C vorheizen. Den Teigboden mit Backpapier abdecken, mit Backbohnen beschweren und 15 Min. blindbacken. Papier und Bohnen entfernen, den Boden weitere 10 Min. backen, dann herausnehmen.

4 Die Ofentemperatur auf 180 °C reduzieren. Die Zwiebeln gleichmäßig auf dem Boden verteilen. Quark, Milch, Eier, sofern verwendet Kreuzkümmel sowie Salz und Pfeffer nach Geschmack verrühren und in die Form gießen. Die Sardellen in einem Gittermuster darauflegen. Den Kuchen 25 Min. backen, bis der Teig goldbraun und die Füllung fest geworden ist. Warm servieren.

Croustaden mit Chèvre

Für diese exquisiten kleinen Happen müssen Sie nicht lange in der Küche stehen. Wenn Sie mehrere Sorten herstellen, verwenden Sie unterschiedliche Ausstechformen

ergibt 12 Stück
Zub. 10 Min. • Garzeit 30 Min.
5 cm große Ausstechform, Muffin-Blech mit 12 Löchern

Hüllen

4 Scheiben frisches Weißbrot oder braunes Weizenbrot
1 EL zerlassene Butter oder Olivenöl

Füllung

6 Kirschtomaten
Olivenöl zum Beträufeln
Salz und schwarzer Pfeffer
100 g cremiger Ziegenkäse
6–12 Minzeblätter

Vorbereitung Die Hüllen halten sich in einem luftdicht verschlossenen Behälter 1 Monat, die gegarten Tomaten im Kühlschrank 3 Tage.

1 Den Backofen auf 180 °C vorheizen. Die Rinde der Brotscheiben entfernen. Die Scheiben mit dem Rollholz flach drücken und mit Butter oder Öl einpinseln.

2 Mit der Ausstechform aus jeder Brotscheibe drei Kreise ausstechen. Diese mit der eingefetteten Seite nach unten fest in die Mulden der Muffin-Form drücken und 12–14 Min. backen, bis sie goldbraun und knusprig sind. Aus der Form nehmen und abkühlen lassen.

3 Die Kirschtomaten halbieren, mit Öl beträufeln, salzen und pfeffern, dann 25 Min. im Backofen garen. Herausnehmen und abkühlen lassen.

4 In jede Hülle 1 EL Ziegenkäse geben. 1 Tomatenhälfte und Minzeblätter daraufsetzen. Die Croustaden nach dem Füllen innerhalb von 1 Std. servieren.

Croustaden mit Räucherlachs

Eine besonders edle Version mit Kaviar

ergibt 12 Stück
Zub. 10 Min. + Wartezeit • Garzeit 30 Min.

120 g Crème fraîche
1 EL Sahnemeerrettich
schwarzer Pfeffer
12 Croustaden-Hüllen (siehe links)
60 g Räucherlachs, in Scheibchen geschnitten
25 g roter Deutscher Kaviar
25 g schwarzer Deutscher Kaviar
einige Kerbelstängel zum Garnieren

1 Crème fraîche, Meerrettich sowie Salz und Pfeffer nach Geschmack verrühren und 30 Min. kalt stellen.

2 Die Hüllen mit 1 TL Crème-fraîche-Mischung füllen. Etwas Räucherlachs darauflegen und ein wenig Kaviar hinzufügen. Mit Kerbel garniert innerhalb von 1 Std. servieren.

VARIANTE

Lachs-Estragoncreme-Croustaden

120 g Crème fraîche mit 150 g fein gehacktem Räucherlachs, 2 EL gehacktem Estragon, 1 EL abgeriebener Zitronenschale und Peffer nach Geschmack verrühren und 30 Min. kalt stellen, dann auf die Hüllen verteilen.

Croustaden mit Bohnen

Damit die Hülle knusprig bleibt, erst unmittelbar vor dem Servieren füllen

ergibt 12 Stück
Zub. 10 Min.

100 g tiefgekühlte Dicke Bohnen
1 kleine Schalotte
1 Knoblauchzehe
1 EL Olivenöl
1 kleines Bund Basilikum
Salz und schwarzer Pfeffer
12 Croustaden-Hüllen (siehe links)

Vorbereitung Die Füllung kann mehrere Stunden im Voraus zubereitet werden. Erst kurz vor dem Servieren in die Hüllen geben.

1 Die tiefgekühlten Bohnen 2 Min. in leicht gesalzenem kochendem Wasser blanchieren. Abgießen, abschrecken und abtropfen lassen. Die weißen Häute entfernen.

2 Die Bohnen mit Schalotte, Knoblauch, Olivenöl und Basilikum (einige Blätter als Garnitur zurücklegen) in der Küchenmaschine glatt pürieren. Das Püree nach Geschmack salzen und pfeffern.

3 Das Püree kurz vor dem Servieren auf die Hüllen verteilen und mit Basilikumblättern garnieren.

Hähnchen-Croustaden

Hähnchenfleisch wird gern mit Estragon kombiniert

ergibt 12 Stück
Zub. 15 Min.

- 1 Hähnchenbrustfilet, gegart
- 2 EL Mayonnaise
- 1 TL gehackter Estragon plus Estragonblätter zum Garnieren
- 1 TL körniger Senf
- 1 TL Zitronensaft
- Salz und schwarzer Pfeffer
- 12 Croustaden-Hüllen (siehe Croustaden mit Chèvre, S. 58)

Vorbereitung Die Füllung kann mehrere Stunden im Voraus zubereitet werden. Im Kühlschrank aufbewahren.

1 Das Fleisch fein hacken und beiseitestellen.

2 In einer Schüssel Mayonnaise, Estragon, Senf, Zitronensaft sowie Salz und Pfeffer nach Geschmack verrühren. Das Fleisch hinzufügen und sorgfältig untermischen.

3 Die Mischung auf die Hüllen verteilen und mit Estragonblättern garnieren. Die Croustaden innerhalb von 1 Std. servieren.

Croustaden mit Rinderfilet

Zarte Scheibchen von rosa gebratenem Rinderfilet, kombiniert mit Senfmayonnaise

ergibt 12 Stück
Zub. 15 Min.

- 250 g Rinderfilet
- 3 EL Olivenöl
- Salz und schwarzer Pfeffer
- 12 Kirschtomaten
- 1 TL Zucker
- 12 Croustaden-Hüllen (siehe Croustaden mit Chèvre, S. 58)
- 6 Stängel Schnittlauch, in Stücke geschnitten

Senfmayonnaise

- 1 Eigelb
- 1 TL Weißweinessig
- 2 TL milder Senf
- 1 TL Zucker
- 150 ml Sonnenblumenöl

1 Den Backofen auf 200 °C vorheizen. Einen Bräter bei hoher Temperatur erhitzen und 2 EL Olivenöl hineingeben. Das Fleisch salzen und pfeffern und 2–3 Min. anbraten, bis es rundum gebräunt ist, dann im Backofen weitere 10 Min. garen. Herausnehmen, abkühlen lassen und in Streifen schneiden.

2 In der Zwischenzeit die Tomaten halbieren und mit den Schnittflächen nach oben in eine feuerfeste Form legen. Mit Salz, Pfeffer und Zucker bestreuen, mit dem restlichen Öl beträufeln und für 30 Min. in den Backofen schieben.

3 Für die Mayonnaise Eigelb, Essig, Senf und Zucker in der Küchenmaschine kurz verschlagen. Bei laufendem Motor langsam das Öl hinzufügen, um eine dicke Mayonnaise herzustellen.

4 Jeweils zwei Fleischstreifen in 1 Hülle legen. 1 TL Mayonnaise, 2 Tomatenhälften und etwas Schnittlauch daraufgeben. Innerhalb von 1 Std. servieren.

Krebsfleisch-Croustaden

Mit dem weißen Fleisch aus den Taschenkrebsscheren

ergibt 12 Stück
Zub. 10 Min.

- 200 g weißes Krebsfleisch
- 1,5 cm frischer Ingwer, geschält und gerieben
- abgeriebene Schale und Saft von 1 unbehandelten Limette
- 3 EL Mayonnaise
- 1 EL gehacktes Koriandergrün
- 2 Frühlingszwiebeln, fein gehackt
- Salz und schwarzer Pfeffer
- 12 Croustaden-Hüllen (siehe Croustaden mit Chèvre, S. 58)
- 1 rote Chilischote, Samen entfernt, fein gehackt, zum Garnieren

Vorbereitung Die Füllung kann mehrere Stunden im Voraus zubereitet werden. Im Kühlschrank aufbewahren.

1 In einer Schüssel Krebsfleisch, Ingwer, Limettenschale, Limettensaft, Mayonnaise, Koriander, Frühlingszwiebeln sowie Salz und Pfeffer nach Geschmack vermischen.

2 Die Mischung auf die Hüllen verteilen und mit Chiliwürfelchen bestreuen. Innerhalb von 1 Std. nach dem Füllen servieren.

Dicke Bohnen mit Schinken

Habas con jamón aus zarten Bohnen und salzigem Serranoschinken dürfen auf keinem Tapabüffet fehlen

als Tapa für 6 Personen, als Vorspeise für 4 Personen

Zub. 10 Min. • Garzeit 30 Min.

- 2 EL Olivenöl
- 1 Zwiebel, fein gehackt
- 200 g Serranoschinken, gewürfelt
- 2 Knoblauchzehen, fein gehackt
- 500 g Dicke Bohnen
- 120 ml trockener Weißwein
- 200 ml Hühnerfond
- 1 EL gehackte glatte Petersilie zum Garnieren (nach Belieben)

Vorbereitung Die Bohnen können 48 Std. im Voraus zubereitet werden und schmecken aufgewärmt noch besser.

1 Das Öl in einem Topf erhitzen und die Zwiebel darin bei mittlerer Temperatur unter Rühren braten, bis sie glasig ist. Die Hitze etwas erhöhen, dann Schinken und Knoblauch hinzufügen und braten, bis der Schinken Farbe annimmt.

2 Bohnen und Wein hinzufügen und unter gelegentlichem Rühren 8–10 Min. garen.

3 Die Hitze reduzieren und den Fond angießen. Gut umrühren und den Topfinhalt 10 Min. köcheln lassen. In eine Servierschüssel füllen und, sofern verwendet, mit der Petersilie bestreut servieren.

Dazu passen weitere Tapas, knuspriges Brot und ein Glas gut gekühlter Sherry.

Geröstete Mandeln

Köstlich zu einem trockenen Sherry

für 8 Personen

Zub. 5 Min. • Garzeit 15–25 Min.

- 500 g abgezogene ganze Mandeln
- 2 EL Meersalz
- 2 TL Paprikapulver

1 Den Backofen auf 220 °C vorheizen.

2 Die Mandeln auf einem Backblech verteilen und mit etwas Wasser benetzen. Wenn das Wasser später verdampft ist, haften die Gewürze. Die Mandeln mit Salz und Paprikapulver bestreuen und darin wenden, um sie vollständig zu überziehen. Die Mandeln noch einmal gleichmäßig verteilen.

3 Die Mandeln je nach angestrebtem Bräunungsgrad für 15–25 Min. in den Backofen schieben, aber darauf achten, dass sie nicht verbrennen.

VARIANTE

Gewürznüsse

Eine Nussmischung etwa aus Cashewkernen, Haselnuss- und Paranusskernen verwenden und das Paprikapulver durch gemahlenen Kreuzkümmel, gemahlenen Koriander oder Cayennepfeffer ersetzen.

Hähnchenleber in Sherry

Bei *higadillos al Jeréz* ergänzt süßer Sherry das Fleisch perfekt

für 4 Personen

Zub. 5 Min. • Garzeit 8 Min.

- 200 ml süßer Sherry
- 2 TL Olivenöl
- 1 Knoblauchzehe, fein gehackt
- 250 g Hähnchenleber, pariert
- Salz und schwarzer Pfeffer
- 2 EL gehackte Petersilie

1 Den Sherry in einem kleinen Topf zum Kochen bringen und sirupartig einkochen lassen.

2 Das Öl bei mittlerer Temperatur in einer Pfanne erhitzen und den Knoblauch darin 1 Minute garen, dann die Temperatur erhöhen und die Leber unter Rühren 3–4 Min. braten. Die Leber sollte außen braun und knusprig, innen aber noch leicht rosa sein. Nach Geschmack salzen und pfeffern.

3 Die Leber auf eine Servierplatte heben, mit dem Sherry beträufeln und mit Petersilie bestreuen.

Dazu passen kleine Scheiben geröstetes Brot. Man kann die Leber auch auf Spieße stecken und als Fingerfood servieren.

Erbsen mit Schinken

Ebenfalls eine klassische Tapa

für 4 Personen
Zub. 5 Min. • Garzeit 15 Min.

- 2 EL Olivenöl
- 1 Zwiebel, fein gewürfelt
- 200 g Serranoschinken, gewürfelt
- 200 ml passierte Tomaten
- 1 TL edelsüßes Paprikapulver
- 500 g Erbsen
- 150 ml trockener Weißwein
- 1 Knoblauchzehe, durchgepresst
- 1 EL fein gehackte Petersilie
- Salz und schwarzer Pfeffer

1 Das Öl in einer Pfanne erhitzen und die Zwiebel unter Rühren 5 Min. braten, bis sie weich ist.

2 Die Temperatur erhöhen und den Schinken anbraten, dann passierte Tomaten und Paprikapulver dazugeben. Aufkochen und bei reduzierter Hitze 3 Min. köcheln lassen. Die Erbsen unterrühren.

3 Den Wein mit Knoblauch, Petersilie und 2 TL Salz mischen und in die Pfanne gießen. Das Gericht nach Geschmack pfeffern und weitere 5 Min. köcheln lassen, dann in eine vorgewärmte Schüssel füllen und heiß servieren.

Chicken wings »Buffalo«

Knusprig gebratene Hähnchenflügel mit einem Roquefortdip

für 4 Personen
Zub. 20 Min. + Wartezeit • Garzeit 25 Min.
Gefrierbeutel mit Zippverschluss

- 2 EL Olivenöl plus Öl für die Form
- 1 Schalotte, fein gehackt
- 1 Knoblauchzehe, fein gehackt
- 2 EL Tomatenmark
- 1 EL getrockneter Oregano
- einige Tropfen Tabasco
- 2 TL brauner Zucker
- Salz und schwarzer Pfeffer
- 12 Hähnchenflügel, Spitzen entfernt

Dip

- 150 g Sauerrahm
- 75 g Roquefort oder anderer Blauschimmelkäse, zerkrümelt
- Saft von ½ Zitrone
- 2 EL Schnittlauchröllchen

Vorbereitung Die Hähnchenflügel können mehrere Stunden in der Marinade bleiben.

1 Olivenöl, Schalotte, Knoblauch, Tomatenmark, Oregano, Tabasco, Zucker sowie Salz und Pfeffer nach Geschmack im Mixer glatt pürieren. Die Mischung in den Folienbeutel geben und die Hähnchenflügel hinzufügen. Den Beutel verschließen und schütteln, bis das Fleisch gut mit der Marinade überzogen ist. Für mindestens 30 Min. zum Marinieren in den Kühlschrank legen.

2 Den Backofen auf 180 °C vorheizen. Die Hähnchenflügel aus dem Beutel nehmen und in eine geölte ofenfeste Form legen. 10 Min. im Backofen garen, dann wenden und noch einmal etwa 15 Min. braten, bis sie gar sind.

3 In der Zwischenzeit die Zutaten für den Dip verrühren. Die Chicken wings heiß servieren, den Dip dazureichen.

Hähnchenbrust-Satay

Authentisch wird das Gericht mit der indonesischen Sojasauce Kecap manis zubereitet, man kann aber auch chinesische oder japanische Sojasauce verwenden

für 6 Personen

Zub. 20 Min. + Wartezeit • Garzeit 5 Min.

Holzspieße für mindestens 30 Min. in kaltes Wasser legen, damit sie unter dem Grill nicht verbrennen

Holzspieße

- 3 Hähnchenbrustfilets
- ½ TL Salz
- 2 cm frischer Ingwer, geschält und gerieben
- 2 Knoblauchzehen, durchgepresst
- ½ TL gemahlener Kreuzkümmel
- 2 TL gemahlener Koriander
- 1 TL Zitronengraspaste
- 4 TL brauner Zucker
- Saft von ½ Limette
- 2 EL Kecap manis oder Sojasauce
- Pflanzenöl

Sauce

- 250 g Erdnussbutter
- 2 Knoblauchzehen, durchgepresst
- 30 g Kokoscreme, grob gehackt
- 1 EL dunkle Sojasauce
- 1 EL brauner Zucker
- 1 cm frischer Ingwer, geschält und fein gehackt
- 1 EL Zitronensaft
- Cayennepfeffer
- Salz und schwarzer Pfeffer
- Limettenspalten zum Garnieren

Vorbereitung Schritt 1 und 2 können bis zu 24 Std. im Voraus ausgeführt, die Sauce kann am Vortag zubereitet und später wieder erhitzt werden.

1 Das Fleisch mit der Faser in lange, dünne Scheiben schneiden und in einem korrosionsbeständigen, flachen Gefäß verteilen.

2 In einer kleinen Schüssel Salz, Ingwer, Knoblauch, Kreuzkümmel, Koriander, Zitronengraspaste, Zucker, Limettensaft, Sojasauce und 2 TL Öl verrühren. Die Mischung über die Fleischscheiben geben und diese sorgfältig darin wenden. Das Gefäß mit Frischhaltefolie abgedeckt über Nacht in den Kühlschrank stellen.

3 Für die Sauce die Erdnussbutter mit der Hälfte des Knoblauchs in einem kleinen Topf bei niedriger Temperatur 2 Min. erhitzen. 175 ml Wasser, Kokoscreme, Sojasauce, Zucker und Ingwer hinzufügen und 2 Min. rühren, bis eine glatte Sauce entstanden ist.

4 Zitronensaft, restlichen Knoblauch sowie Cayennepfeffer, Salz und schwarzen Pfeffer nach Geschmack untermischen. Die Sauce abkühlen lassen und mit Frischhaltefolie abgedeckt kalt stellen.

5 Zum Garen die Fleischscheiben ziehharmonikaartig auf Holzspieße stecken. Die Sauce bei niedriger Temperatur wieder erhitzen, dabei häufig umrühren, damit keine Klümpchen entstehen.

6 Den Backofengrill vorheizen. Das Fleisch mit Öl einpinseln und 5 Min. grillen, bis es gar ist, zwischendurch einmal wenden. Die Fleischspieße mit den Limettenspalten garniert servieren, die heiße Sauce dazureichen.

VARIANTE

Rindfleisch-Satay

500 g pariertes Rinderfilet in Streifen schneiden, dann wie im Rezept oben fortfahren.

Falafel

Knusprige Bällchen aus pürierten Kichererbsen

ergibt 12 Stück

Zub. 25 Min. + Wartezeit • Garzeit 15 Min.

- 250 g getrocknete Kichererbsen, über Nacht in kaltem Wasser eingeweicht
- 1 EL Tahin (Sesampaste)
- 1 Knoblauchzehe, durchgepresst
- 1 TL Salz
- 1 TL gemahlener Kreuzkümmel
- 1 TL gemahlene Kurkuma
- 1 TL gemahlener Koriander
- ½ TL Cayennepfeffer
- 2 EL fein gehackte Petersilie
- Saft von 1 kleinen Zitrone
- Pflanzenöl zum Frittieren

1 Die Kichererbsen abtropfen lassen und mit den übrigen Zutaten in einer Küchenmaschine fein hacken, aber nicht pürieren.

2 Die Mischung für mindestens 30 Min. (maximal 8 Std.) in einer Schüssel abgedeckt in den Kühlschrank stellen.

3 Mit angefeuchteten Händen aus der Mischung zwölf Bällchen formen und etwas flach drücken.

4 In einen tiefen Topf oder Wok 5 cm hoch Öl gießen. Das Öl erhitzen und die Falafel darin portionsweise 3–4 Min. garen, bis sie goldbraun sind. Auf Küchenpapier abtropfen lassen, heiß servieren.

Chinesische Teigtaschen

Wan-tans lassen sich ausgezeichnet vorbereiten und einfrieren

- ergibt 20 Stück
- Zub. 20 Min. • Garzeit 10 Min.
- Dämpfeinsatz aus Draht oder Bambus
- ungegart tiefgekühlt 1 Mon. haltbar

175 g Schweinehackfleisch
2 Frühlingszwiebeln, fein gehackt
120 g Shiitakepilze, fein gehackt
1 cm frischer Ingwer, geschält und gerieben
½ TL Sesamöl
1 EL gehacktes Koriandergrün
1 EL helle Sojasauce
schwarzer Pfeffer nach Geschmack
20 Wan-tan-Teigblätter
1 Ei, verquirlt
Kopfsalat oder Chinakohl zum Dämpfen

Vorbereitung Schritt 1 und 2 können mehrere Stunden im Voraus ausgeführt werden. Die Teigtaschen abgedeckt im Kühlschrank aufbewahren.

1 Für die Füllung Fleisch, Frühlingszwiebeln, Pilze, Ingwer, Sesamöl, Koriander, Sojasauce, Pfeffer mischen.

2 Die Teigblätter auf die Arbeitsfläche legen und etwas Füllung daraufgeben. Die Ränder dünn mit Ei bestreichen. Die Teigblätter diagonal falten und die Ränder gut zusammendrücken.

3 Einen Topf zu einem Viertel mit Wasser füllen und das Wasser zum Kochen bringen. Den Dämpfeinsatz mit Salatblättern auslegen und die Teigtaschen hineingeben. Den Dämpfkorb so im Topf platzieren, dass er über dem Wasser hängt oder steht und die Teigtaschen mit dem Wasser nicht in Berührung kommen. Im geschlossenen Topf 10 Min. dämpfen, sofort servieren.

Dazu passen Sojasauce oder ein Dip nach Wahl.

VARIANTE

Wan-tan-Suppe

Dafür die Teigtaschen zu kleinen »Geldbeuteln« formen und in einer Brühe mit Pak choi, Maiskölbchen oder Chinesischem Brokkoli garen.

Devils on Horseback

Deftige Häppchen, die gern zum Aperitiv serviert werden

- ergibt 16 Stück
- Zub. 15 Min. • Garzeit 12 Min.
- Zahnstocher

1 TL scharfer Senf
1 Prise Cayennepfeffer
3 EL Mangochutney
Salz und schwarzer Pfeffer
16 Trockenpflaumen, entsteint
8 Scheiben durchwachsener Speck
4 Scheiben Weißbrot
Butter

Vorbereitung Schritt 1 und 2 können im Voraus ausgeführt werden. Die Pflaumen in eine ofenfeste Form legen und in den Kühlschrank stellen.

1 Den Backofen auf 220 °C vorheizen. Senf, Cayennepfeffer, Chutney sowie Salz und Pfeffer nach Geschmack in einer Schüssel verrühren.

2 In jede Pflaume einen Schlitz machen und etwas von der Chutneymischung hineinfüllen. Die Speckscheiben quer halbieren. Jeweils eine Hälfte um eine Pflaume wickeln und mit einem Zahnstocher feststecken.

3 Die Pflaumen in eine gefettete ofenfeste Form legen und für 10–12 Min. in den Backofen schieben, bis der Speck knusprig ist, nach der Hälfte der Zeit wenden.

4 Das Brot im Toaster goldbraun rösten. Die Rinde abschneiden. Mit einer kleinen, runden Ausstechform aus jeder Scheibe vier Kreise ausstechen und mit Butter bestreichen. Auf jedes Brotstück 1 eingewickelte Pflaume setzen. Die Canapés mit etwas Cayennepfeffer bestreut sofort servieren.

VARIANTE

Angels on Horseback

Anstelle der Pflaumen aus der Schale gelöste Austern verwenden. Die Austern pfeffern, mit Speck umwickeln und mit einem Zahnstocher feststecken. Die Austern in eine gefettete ofenfeste Form setzen und für 5–7 Min. in den Backofen schieben, aber nicht übergaren. Mit frisch gepresstem Zitronensaft beträufeln und sofort servieren.

Räucherlachsröllchen

Schnell gemacht und ideal als Fingerfood zu einem Glas Wein oder mit einem Salat als Vorspeise

- ergibt 16 Stück
- Zub. 30 Min.
- niedriger GI

350 g Räucherlachs in Scheiben
½ Salatgurke
100 g Frischkäse
1 TL gehackter Dill
2 EL Zitronenmayonnaise
1 TL Sahnemeerrettich
Zitronenspalten zum Servieren
Dillstängel zum Garnieren

Vorbereitung Falls die Häppchen im Voraus zubereitet werden, die fertigen Röllchen auf einen großen Teller legen und mit Frischhaltefolie abdecken, damit sie nicht austrocknen. Bis zum Servieren in den Kühlschrank stellen.

1 Den Räucherlachs in 16 Streifen von etwa 4 x 12 cm teilen. Die Gurke in 0,5 x 4 cm große Stäbchen schneiden. Lachs und Gurke beiseitestellen.

2 Den Fischkäse in einer Schüssel mit Dill, Mayonnaise und Meerrettich sorgfältig verrühren.

3 Die Lachsstreifen auf die Arbeitsfläche legen und mit der Käsemischung bestreichen, dabei an einem Ende 2,5 cm frei lassen. Auf das mit Käse bestrichene Ende jedes Streifens ein Gurkenstäbchen legen und die Streifen von diesem Ende aus fest aufrollen.

4 Die Röllchen auf einer Servierplatte anrichten und mit Zitronenspalten und Dill garnieren.

VARIANTEN

Lachs-Spargel-Röllchen
Wie oben verfahren, die Gurkenstäbchen jedoch durch gegarte Spargelspitzen ersetzen. Die Spargelspitzen noch warm in etwas Vinaigrette wenden und abkühlen lassen.

Lachs-Garnelen-Röllchen
Gegarte Garnelen mit einem Dressing aus Mayonnaise, etwas Tomatenmark, Zitronensaft und Tabasco anmachen und in die Lachsstreifen wickeln. Die Röllchen mit Dill garniert servieren.

Lachs-Ei-Röllchen
4 hart gekochte Eier hacken und mit Senfmayonnaise mischen. Die Räucherlachsstreifen damit füllen und mit Kresse garniert servieren.

Umgedrehte Lachsröllchen
Von einer Gurke mit einem Sparschäler breite Streifen abhobeln. Die Streifen auf die Arbeitfläche legen, mit der Käsemischung bestreichen, mit etwas fein gehacktem Räucherlachs bestreuen und aufrollen.

Eingelegte Feigen mit Parmaschinken

Bei diesen Partyhäppchen ergänzen sich süßsaure Feigen und salziger Parmaschinken

- ergibt 24 Stück
- Zub. 10 Min.
- Zahnstocher

12 kleine eingelegte Feigen
6 große Scheiben Parmaschinken
24 große Rucolablätter plus Rucola zum Garnieren
schwarzer Pfeffer
gehobelter Parmesan zum Servieren

Vorbereitung Diese Häppchen können einige Stunden im Voraus zubereitet werden.

1 Die Feigen halbieren, die Schinkenscheiben in jeweils vier lange Streifen schneiden. Feigen, Schinkenstreifen und Rucolablätter auf Zahnstocher stecken und pfeffern.

2 Die Spieße mit Parmesan und Rucola garniert servieren.

VARIANTE

Frische Feigen mit Parmaschinken
Die eingelegten Feigen durch 6 frische, geviertelte Feigen ersetzen.

Kibbeh

Knusprig frittierte Fleischbällchen aus dem Nahen Osten

- ergibt 12 Stück
- Zub. 30 Min. + Wartezeit • Garzeit 25 Min.
- den Bulgur 20 Min. in kaltem Wasser einweichen, dann abtropfen lassen und sorgfältig ausdrücken
- Fritteuse

Füllung

2 EL Olivenöl

1 kleine Zwiebel, fein gehackt

100 g mageres Rinder- oder Lammhackfleisch

1 EL Pinienkerne, leicht geröstet

½ TL gemahlener Zimt

Salz und schwarzer Pfeffer

Hülle

1 kleine Zwiebel, grob gehackt

175 g Bulgur (Hartweizengrütze), 20 Min. in kaltem Wasser eingeweicht

½ TL gemahlenes Piment

250 g mageres Rinder- oder Schweinehackfleisch

Pflanzenöl zum Frittieren

1 Für die Füllung das Öl in einer Pfanne erhitzen und die Zwiebel darin braten, bis sie weich ist. Das Fleisch hinzufügen und leicht bräunen, dabei zerteilen. Pinienkerne, Zimt sowie Salz und Pfeffer nach Geschmack unterrühren.

2 Für die Hüllen die Zwiebel in der Küchenmaschine pürieren. Ausgedrückten Bulgur, Piment, Hackfleisch sowie Salz und Pfeffer nach Geschmack hinzufügen und sorgfältig untermischen.

3 Mit angefeuchteten Händen von der Masse ein Stück in der Größe eines Hühnereis abnehmen und zu einem 5 mm dicken Kreis flach drücken. Etwas Füllung daraufsetzen und die Hüllmasse rundherum zu einer Rolle formen. Mit den restlichen Zutaten elf weitere Bällchen herstellen. Mindestens 1 Std. kalt stellen.

4 Das Öl auf 180 °C erhitzen und die Bällchen portionsweise frittieren, bis sie goldbraun sind. Auf Küchenpapier abtropfen lassen und heiß servieren.

Dazu passt Tzatziki mit Minze oder ein Salat aus Tomaten, roten Zwiebeln und Petersilie.

Asiatische Fleischbällchen mit Erdnuss-Sauce

Die süße Erdnuss-Sauce ergänzt die pikanten Häppchen perfekt

- für 6–8 Personen
- Zub. 15 Min. • Garzeit 20 Min.

Fleischbällchen

500 g mageres Rinder- oder Schweinehackfleisch oder gemischtes Hackfleisch

1 Knoblauchzehe, fein gehackt

1 TL Zitronengraspaste

1 EL gehacktes Koriandergrün

1 EL rote Currypaste

1 EL Zitronensaft

1 EL thailändische Fischsauce

1 Ei

Salz und schwarzer Pfeffer

Mehl zum Bestäuben

Sonnenblumenöl zum Braten

Limettenspalten zum Garnieren

Erdnuss-Sauce

1 EL Pflanzenöl

1 TL rote Currypaste

2 EL Erdnussbutter mit Stücken

1 EL brauner Zucker

1 EL Zitronensaft

250 ml Kokosmilch

Vorbereitung Die Fleischbällchen können am Vortag zubereitet werden. Abgedeckt im Kühlschrank aufbewahren und erst unmittelbar vor dem Braten mit Mehl bestäuben.

1 Für die Erdnuss-Sauce das Öl in einem kleinen Topf erhitzen und die Currypaste darin 1 Minute braten. Nach und nach die restlichen Zutaten unterrühren. Die Sauce zum Kochen bringen und bei reduzierter Hitze etwa 5 Min. köcheln lassen, bis sie dick geworden ist. Sollte sie zu dick sein, etwas Wasser hinzufügen.

2 Für die Fleischbällchen Hackfleisch, Knoblauch, Zitronengraspaste, Koriander, Currypaste, Zitronensaft, Fischsauce, Ei sowie Salz und Pfeffer nach Geschmack vermischen. Aus der Masse walnussgroße Bällchen formen und diese mit Mehl bestäuben.

3 Das Öl in einer Pfanne erhitzen und die Bällchen portionsweise darin braten, bis sie gebräunt und gar sind.

4 Die Bällchen auf Küchenpapier abtropfen lassen, dann heiß mit den Limettenspalten garniert servieren, dazu die warme Erdnuss-Sauce reichen.

Wurströllchen

Perfekt als Fingerfood oder für ein Picknick im Grünen

ergibt 24 Stück

Zub. 30 Min. + Wartezeit
• Garzeit 10–12 Min.

ungegart tiefgekühlt
3 Mon. haltbar

- 400 g Blätterteig, Tiefkühlware aufgetaut
- 675 g Wurstbrät
- 1 kleine Zwiebel, fein gehackt
- 1 EL gehackter frischer Thymian
- 1 EL abgeriebene Schale von einer unbehandelten Zitrone
- 1 TL Dijonsenf
- 1 Eigelb
- Salz und schwarzer Pfeffer
- Mehl für die Arbeitsfläche
- 1 Ei, verquirlt, zum Bestreichen

1 Den Backofen auf 200 °C vorheizen. Eine ofenfeste Form mit Backpapier auslegen und kalt stellen.

2 Den Blätterteig längs halbieren und jedes Stück zu einem 15 x 30 cm großen Rechteck ausrollen. Mit Frischhaltefolie abgedeckt kalt stellen.

3 In der Zwischenzeit Brät, Zwiebel, Thymian, Zitronenschale, Senf, Eigelb sowie Salz und Pfeffer nach Geschmack in einer Schüssel mischen.

4 Den Teig auf die bemehlte Arbeitsfläche legen. Die Brätmischung zu zwei dünnen Rollen formen und auf die Mitte der Teigplatten setzen. Die Teigplatten mit dem verquirlten Ei bestreichen und aufrollen, den Rand fest andrücken. Die Rollen in jeweils zwölf Stücke schneiden.

5 Die Stücke in die gekühlte Form legen, mit einer Schere oben zweimal einschneiden und mit Ei einpinseln, dann für 10–12 Min. in den Backofen schieben, bis der Teig goldbraun ist. Warm oder kalt servieren.

Mousse aus geräucherter Hähnchenbrust und Estragon

Chicoréeblätter sind eine leichte und gesunde Alternative zu Kräckern oder Brot

für 10–12 Personen

Zub. 10 Min.

- 250 g geräuchertes Hähnchenbrustfilet
- abgeriebene Schale und Saft von ½ unbehandelten Zitrone
- 1 EL gehackter frischer Estragon
- 3 EL Mayonnaise
- 2 EL Dijonsenf
- Meersalz und schwarzer Pfeffer
- 1 Stange roter Chicorée
- 1 Stange weißer Chicorée
- Schnittlauch zum Garnieren (nach Belieben)

Vorbereitung Die Mousse kann am Vortag zubereitet und abgedeckt im Kühlschrank aufbewahrt werden.

1 Das Hähnchenbrustfilet in kleine Stücke schneiden, dann mit Zitronenschale, Zitronensaft, Estragon, Mayonnaise und Senf in der Küchenmaschine fein zerkleinern und nach Geschmack salzen und pfeffern.

2 Zum Servieren die Chicoréeblätter trennen und nach Bedarf zurechtschneiden. Jeweils 1 TL Creme auf das untere Ende der Blätter setzen und, sofern verwendet, mit Schnittlauch garnieren.

Reste eignen sich gut als Aufstrich für Vollkorntoast oder Knäckebrot.

Parma-schinken mit Melone und Nektarine

Eine unschlagbare Kombination und ganz einfach zuzubereiten

- für 8–12 Personen
- Zub. 15 Min.
- Zahnstocher

1 kleine Honigmelone

4 Nektarinen, halbiert und entsteint

250 g Parmaschinken

schwarzer Pfeffer (nach Belieben)

Vorbereitung Diese Häppchen können mehrere Stunden im Voraus zubereitet werden. Bis zum Servieren kalt stellen.

1 Die Melone in 16 Spalten schneiden und schälen. Die Nektarinen in Spalten schneiden.

2 Den Parmaschinken in schmale Streifen schneiden. Jeweils 1 Schinkenstreifen auf einen Zahnstocher fädeln und die Zahnstocher in Melonen- oder Nektarinenspalte stecken.

3 Die Häppchen auf einer Platte anrichten und servieren.

VARIANTE

Salat von Melone, Feigen und Schinken

Auf vier kleinen Tellern Rucolablätter anrichten. Die Melone wie oben aufschneiden und auf die Teller verteilen. 4 Feigen vierteln, ohne das untere Ende zu durchtrennen, wie Blüten öffnen und in die Mitte der Teller setzen. 8 Scheiben Parmaschinken längs halbieren und zwischen die Melonenspalten legen. Mit Pfeffer, Balsamico-Essig und 75 g gehobeltem Pecorino bestreuen.

Siebenkornbrot

Darin steckt das Beste aus verschiedenen Getreidesorten: Hirse, Hafer, Mais, Quinoa, Reis, Roggen und Weizen

- ergibt 2 Brote
- Zub. 20 Min. + Wartezeit • Backzeit 35–40 Min.
- 2 Kastenformen
- tiefgekühlt 3 Mon. haltbar

- 85 g Bulgur (Hartweizengrütze))
- 50 g Polenta
- 50 g Hirse
- 50 g Quinoa
- 450 g Weizenmehl Type 1050
- 250 g Weizenvollkornmehl
- 75 g Haferflocken
- 75 g Roggenflocken
- 2 Päckchen Trockenhefe
- 2 TL Salz
- 50 g gegarter brauner Langkornreis
- 4 EL Honig oder Ahornsirup
- 250 ml warme Milch
- 2 EL Sonnenblumenöl plus Öl zum Einpinseln

1 Die ersten vier Zutaten in einer hitzebeständigen Schüssel mit 400 ml kochendem Wasser übergießen, durchrühren und mit einem Küchenhandtuch abgedeckt etwa 15 Min. stehen lassen.

2 Die nächsten sechs Zutaten in einer zweiten Schüssel sorgfältig vermischen. Die Bulgurmischung mit nicht aufgenommenem Wasser und dem Reis unterrühren.

3 Honig oder Ahornsirup und Milch in einem Topf bei niedriger Temperatur erwärmen, bis sich der Honig vollständig aufgelöst hat. Die Flüssigkeit zusammen mit dem Sonnenblumenöl zu der Körner-Mehl-Mischung geben und sorgfältig unterrühren. Nach und nach bis zu 200 ml handwarmes Wasser hinzufügen, bis ein weicher, klebriger Teig entstanden ist. Die Arbeitsfläche mit Mehl bestäuben. Den Teig 10 Min. kneten, bis er elastisch ist. Bei Bedarf noch etwas Mehl hinzufügen.

4 Eine Schüssel mit Sonnenblumenöl auspinseln. Den Teig zu einer Kugel formen und in der Schüssel wenden, um ihn mit Öl zu überziehen. Die Schüssel mit Frischhaltefolie abgedeckt an einen warmen, zugfreien Platz stellen, bis der Teig sein Volumen verdoppelt hat. Die Kastenformen einfetten und mit Mehl ausstreuen.

5 Den Teig auf der bemehlten Arbeitsfläche noch einmal 1 Min. durchkneten (er wird wieder klebrig sein), dann in zwei Stücke gleicher Größe teilen und diese mit dem bemehlten Nudelholz zu zwei Rechtecken mit der Breite und doppelten Länge der Formen ausrollen. Die Enden zur Mitte umschlagen und die Ränder zusammendrücken. Den Teig in die Formen legen, mit Küchenhandtüchern abdecken und noch einmal gehen lassen, bis er den Rand der Formen erreicht hat. In der Zwischenzeit den Backofen auf 220 °C vorheizen.

6 Die aufgegangenen Brote mit Sonnenblumenöl einpinseln und 10 Min. backen. Die Hitze auf 190 °C reduzieren und die Laibe weitere 25–30 Min. backen, bis sie beim Klopfen auf die Unterseite hohl klingen. Andernfalls für weitere 5–10 Min. in den Backofen schieben.

VARIANTE

Siebenkornbrötchen

Den gegangenen Teig zu Brötchen formen und dann mit Schritt 5 fortfahren. Die Brötchen etwa 20 Min. backen, bis sie beim Klopfen auf die Unterseite hohl klingen.

Walnussbrot

Ein kräftiges Brot, wie es in Frankreich traditionell zum Käse geschätzt wird

ergibt 2 Brote

Zub. 20 Min.+ Wartezeit • Backzeit 35–45 Min.

tiefgekühlt 3 Mon. haltbar

350 g Weizenvollkornmehl

200 g Weizenmehl Type 1050 plus Mehl zum Bestäuben und für Küchengerät

1 Päckchen Trockenhefe

1½ TL Salz

1 TL Zucker

1 EL Walnussöl plus Walnussöl für die Schüssel

150 g Walnusskerne, grob gehackt

1 Die ersten fünf Zutaten in einer großen Schüssel vermischen und in die Mitte eine Mulde drücken. 360 ml lauwarmes Wasser und das Walnussöl hineingeben und unterrühren. Nach und nach noch bis zu 100 ml Wasser hinzufügen, bis ein weicher Teig entstanden ist.

2 Den Teig auf die leicht bemehlte Arbeitsfläche setzen und 5–8 Min. kneten, bis er glatt und elastisch ist. Zu einer Kugel formen.

3 Eine saubere Schüssel einölen, den Teig hineinsetzen und mit Frischhaltefolie abgedeckt an einem warmen Platz gehen lassen, bis er sein Volumen verdoppelt hat. In der Zwischenzeit ein Backblech dünn mit Mehl bestäuben.

4 Den Teig auf der bemehlten Arbeitsfläche noch einmal 1 Min. durchkneten, dann zu einem Rechteck formen und mit den Walnusskernen bestreuen. Noch einmal kurz kneten, bis die Kerne gleichmäßig verteilt sind.

5 Aus dem Teig zwei Kugeln formen, auf das Backblech legen, flach drücken und mit einem Küchenhandtuch abgedeckt weitere 15 Min. gehen lassen. Den Backofen auf 220 °C vorheizen.

6 Die Laibe mit Mehl bestäuben und 5 mm tief quadratisch einritzen. Die Brote 10 Min. backen, dann die Temperatur auf 190 °C reduzieren und weitere 25–35 Min. backen, bis die Brote beim Klopfen auf die Unterseite hohl klingen. Auf einem Kuchengitter auskühlen lassen.

Kräuter-Oliven-Brot

Mit einem Schälchen Olivenöl zum Eintauchen und etwas Salz ein ganz großer Genuss

ergibt 2 Brote

Zub. 15 Min.+ Wartezeit • Backzeit 25–30 Min.

750 g Weizenmehl Type 1050 plus Mehl zum Bestäuben

1 Päckchen Trockenhefe

1½ TL Salz

2 EL Olivenöl plus Öl zum Einpinseln

150 g schwarze Oliven, entsteint und gehackt

4 EL fein gehackte mediterrane Kräuter wie Oregano, glatte Petersilie, Rosmarin oder Thymian

1 Mehl, Hefe und Salz in einer großen Schüssel vermischen und in die Mitte eine Vertiefung drücken. Olivenöl und 360 ml lauwarmes Wasser hineingeben und unterrühren. Nach und nach noch bis zu 100 ml Wasser hinzufügen, bis ein weicher Teig entstanden ist.

2 Den Teig auf die bemehlte Arbeitsfläche setzen und etwa 5–8 Min. kneten, bis er glatt und elastisch ist. Den Teig zu einem Rechteck flach drücken und mit Oliven und Kräutern bestreuen. Aufrollen und noch einmal kurz durchkneten, bis Oliven und Kräuter gleichmäßig verteilt sind, dann zu einer Kugel formen.

3 Eine saubere Schüssel mit Olivenöl einfetten. Den Teig hineinlegen und mit Frischhaltefolie abgedeckt an einem warmen, zugfreien Platz gehen lassen, bis er sein Volumen verdoppelt hat. In der Zwischenzeit ein Backblech mit Mehl bestäuben.

4 Den Teig auf der leicht bemehlten Arbeitsfläche noch einmal 1 Min. kneten, dann in zwei Stücke gleicher Größe teilen und diese zu 25 cm lange Rollen formen. Die Brote auf das Backblech legen, etwas abflachen und mit einem Küchenhandtuch abgedeckt weitere 15 Min. gehen lassen, oder bis sie ihr Volumen verdoppelt haben. In der Zwischenzeit den Backofen auf 220 °C vorheizen.

5 Die Laibe mit Olivenöl einpinseln und die Oberfläche fünfmal einritzen. Die Brote für 25 Min. in den Backofen schieben, bis sie goldbraun sind und beim Klopfen auf die Unterseite hohl klingen. Auf einem Kuchengitter auskühlen lassen.

Dazu passt eine Schale Olivenöl zum Eintunken.

Hefezopf

Das saftige Rosinenbrot passt auf den Frühstückstisch oder zum Nachmittagskaffee

ergibt 1 Brot

Zub. 35 Min.+ Wartezeit
• Backzeit 40 Min.

- 250 g Sahne
- 500 g Mehl plus Mehl zum Bestäuben und für die Arbeitsplatte
- 1 Päckchen Trockenhefe
- 80 g Zucker
- einige Tropfen Vanilleextrakt
- abgeriebene Schale von 1 unbehandelten Zitrone
- 1 Prise Salz
- 3 Eier
- Öl für das Blech
- 200 g Rosinen
- 2 TL Milch

1 Für den Teig die Sahne in einem kleinen Topf behutsam erwärmen. Mehl und Hefe in einer großen Schüssel mischen, dann Zucker, Vanilleextrakt, Zitronenschale und Salz unterrühren.

2 Eines der Eier trennen und das Eigelb beiseitestellen. Das Eiweiß, die restlichen Eier und die warme Sahne mit einem Holzlöffel oder den Knethaken des Handrührgerätes unter das Mehl mischen und den Teig etwa 5 Min. kneten, bis er glatt ist. Mit einem Küchenhandtuch abgedeckt an einem warmen Platz gehen lassen, bis er sein Volumen verdoppelt hat.

3 Ein Backblech einfetten. Den Teig mit Mehl bestäuben und die Rosinen dazugeben. Den Teig auf der leicht bemehlten Arbeitsfläche kurz durchkneten, bis die Rosinen gleichmäßig verteilt sind. Zwei Drittel des Teiges zu drei 40 cm langen Rollen formen und diese miteinander verflechten. Den Zopf auf das Backblech legen und mit dem Rollholz längs eine Vertiefung hineindrücken.

4 Zurückgestelltes Eigelb und Milch verrühren und etwas von der Mischung in die Vertiefung pinseln. Den restlichen Teig zu drei etwa 35 cm langen Rollen formen. Die Rollen verflechten und in die Vertiefung des größeren Zopfes legen. Die Oberfläche des ganzen Zopfes mit der Eimischung einpinseln.

5 Den Zopf ohne Abdeckung noch einmal an einem warmen Platz gehen lassen, bis er sein Volumen verdoppelt hat. In der Zwischenzeit den Backofen auf 180 °C vorheizen. Den Zopf etwa 40 Min. backen, bis er goldbraun und aufgegangen ist. Herausnehmen und auf einem Kuchengitter auskühlen lassen.

Dazu passen Butter und Erdbeerkonfitüre.

VARIANTE

Hefezopf mit Cranberrys und Korinthen

Anstelle von Rosinen jeweils 100 g getrocknete Cranberrys und Korinthen verwenden.

Brioche

Süßes Frühstücksgebäck, schmeckt warm am besten

ergibt 12 Stück

Zub. 35–45 Min. + Wartezeit
• Backzeit 10–12 Min.

12 Briocheförmchen

- 375 g Weizenmehl Type 550
- 50 g Zucker
- 1 Päckchen Trockenhefe
- 1 TL Salz
- 100 ml warme Milch
- 4 Eier, davon 1 Ei verquirlt
- 175 g weiche Butter
- Öl zum Einfetten

1 Mehl, Zucker, Hefe und Salz verrühren, die Milch und 3 Eier untermischen. Den Teig 10 Min. kneten. Die Butter hinzufügen und den Teig weitere 10 Min. kneten, dann in eine dünn eingeölte Schüssel legen und über Nacht kalt stellen.

2 Die Förmchen fetten. Den Teig noch einmal kurz durchkneten, dann in zwölf Portionen teilen. Jeweils ein Viertel abnehmen und beide Stücke zu Kugeln formen. Die großen Kugeln in die Formen legen, die kleineren daraufsetzen und fixieren, indem der bemehlte Stiel eines Kochlöffels auf die Mitte gedrückt wird.

3 Die Brioches abgedeckt 30 Min. an einem warmen Platz gehen lassen. Den Ofen auf 190 °C vorheizen. Die Oberseiten mit dem verquirlten Ei einpinseln und die Brioches etwa 10–12 Min. backen, bis sie goldbraun sind. Auf einem Kuchengitter auskühlen lassen.

Focaccia

In Italien wird diese Spezialität im Holzofen gebacken

ergibt 1 Brot

Zub. 15 Min. + Wartezeit • Backzeit 30–35 Min.

tiefgekühlt 2 Mon. haltbar

- 500 g Mehl Type 1050
- 1 Päckchen Trockenhefe
- 1 TL Salz
- 4 EL Olivenöl plus Öl zum Einfetten
- 3 EL natives Olivenöl extra
- ½–1 EL grobes Meersalz

1 Das Mehl mit Hefe und Salz in einer Schüssel mischen. Die 4 EL Olivenöl und 300 ml lauwarmes Wasser verrühren und mit dem Mehl zu einem weichen Teig verarbeiten, bei Bedarf noch Wasser hinzufügen. Den Teig auf der bemehlten Arbeitsfläche 8–10 Min. kneten, bis er glatt und elastisch ist. Locker mit eingeölter Frischhaltefolie bedeckt an einem warmen Platz 90 Min. gehen lassen, bis er sein Volumen verdoppelt hat.

2 Den Teig zu einem 25 x 40 cm großen Rechteck ausrollen. Auf eine Hälfte 2 EL von dem guten Olivenöl pinseln. Die Ränder der anderen Hälfte mit Wasser bestreichen und den Teig zu einem 20 x 25 cm großen Rechteck zusammenfalten. in eine passende geölte Backform legen und mit den Fingerknöcheln mehrmals eindrücken. Mit einem Handtuch abgedeckt noch einmal 30–40 Min. an einem warmen Platz gehen lassen.

3 Den Backofen auf 200 °C vorheizen. Den Teig mit dem restlichen Olivenöl beträufeln, mit dem Salz bestreuen und für 30–35 Min. auf der mittleren Schiene in den Backofen schieben, bis er aufgegangen und goldbraun ist.

4 Die Focaccia aus dem Ofen nehmen und auf einem Kuchengitter abkühlen lassen. Noch am selben Tag in Stücke geschnitten warm oder kalt servieren. Hefegebäck schmeckt frisch am besten.

Knuspriges Weißbrot

Nach diesem Grundrezept kann man Brote in verschiedenen Formen backen, es eignet sich auch für Brötchen

ergibt 1 großes Brot

Zub. 35 Min. + Wartezeit • Backzeit 40 Min.

Kastenform

tiefgekühlt 1 Mon. haltbar

- 500 g Weizenmehl Type 550 plus Mehl zum Bestäuben
- 1 Päckchen Trockenhefe
- 1 TL Salz
- 1 TL Zucker
- 1 EL Pflanzenöl sowie Öl zum Einfetten

1 Mehl und Hefe in einer großen Schüssel verrühren, dann Salz und Zucker untermischen. In der Mitte eine Mulde machen. Das Öl und 300 ml lauwarmes Wasser hineingießen und rühren, bis ein weicher Teig entstanden ist, bei Bedarf noch etwas Wasser hinzufügen.

2 Den Teig auf der leicht bemehlten Arbeitsfläche 5–10 Min. kneten, bis er glatt und elastisch ist. Die Ränder zur Mitte umschlagen, um eine Kugel zu formen. Mit der glatten Seite nach oben in eine eingeölte Schüssel legen. Locker mit eingeölter Frischhaltefolie abgedeckt 60 Min. an einem warmen Platz gehen lassen, bis der Teig sein Volumen verdoppelt hat.

3 Die Form einölen und mit Mehl ausstreuen, Überschuss herausklopfen. Den Teig noch einmal kurz durchkneten und zu einem Rechteck formen. Erst die schmaleren, dann die längeren Seiten einschlagen und den Teig mit der glatten Seite nach oben in die Form legen. Locker mit eingeölter Frischhaltefolie abgedeckt weitere 30 Min. gehen lassen.

4 Den Backofen auf 220 °C vorheizen. Das Brot mit Mehl bestäuben, mit einem scharfen Messer einritzen und 20 Min. backen. Die Temperatur auf 200 °C reduzieren und das Brot weitere 20 Min. backen, bis es aufgegangen ist und eine goldbraune Kruste hat. Herausnehmen und auf die Unterseite klopfen. Wenn es hohl klingt, ist es fertig. Auf einem Kuchengitter auskühlen lassen.

Dazu passen Butter und Konfitüre. Oder mit pikantem Belag für Sandwiches verwenden.

Sauerteigbrot mit Fenchelsamen

Den Sauerteig muss man nicht unbedingt selbst herstellen. Ein Sauerteigstarter, den man im Bioladen oder Reformhaus kaufen kann, vereinfacht die Arbeit

ergibt 1 großes Brot
Zub. 40 Min. + Wartezeit • Backzeit 35–40 Min.
tiefgekühlt 1 Mon. haltbar

Vorteig

225 g Weizenmehl Type 1050
1 Päckchen Trockenhefe

Brotteig

675 g Weizenmehl Type 1050 plus Mehl zum Bestäuben
1 Päckchen Trockenhefe
1 EL Zucker
1 TL Salz
1 EL Fenchelsamen
Öl zum Einfetten

Vorbereitung Den Vorteig mindestens 2 Tage im Voraus ansetzen.

1 Für den Vorteig Mehl und Hefe in einer großen Schüssel mischen. Mit einem Holzlöffel nach und nach 600 ml lauwarmes Wasser unterrühren, bis ein glatter Teig entstanden ist. Mit einem feuchten Tuch abgedeckt 2 Tage stehen lassen, dabei täglich umrühren und bei Bedarf das Tuch wieder anfeuchten.

2 Für das Brot Mehl, Hefe, Zucker, Salz und Fenchelsamen in einer großen Schüssel mischen, dann in die Mitte eine Vertiefung drücken. Den Vorteig glatt rühren, 150 ml abmessen und mit 360 ml lauwarmem Wasser in die Mulde geben.

3 Rühren, bis ein weicher, geschmeidiger Teig entstanden ist, bei Bedarf noch 1–2 EL Wasser hinzufügen. Den Teig auf der leicht bemehlten Arbeitsfläche etwa 10 Min. kneten, bis er glatt und elastisch ist. Zu einer Kugel formen, in eine eingeölte Schüssel legen und locker abgedeckt an einem warmen Platz etwa 60 Min. gehen lassen, bis er sein Volumen verdoppelt hat.

4 Ein Backblech einfetten. Den Teig noch einmal kurz durchkneten, dann zu einem flachen, runden Laib formen und auf das Blech legen. Mit einem feuchten Tuch abgedeckt weitere 60 Min. gehen lassen, bis er sein Volumen erneut verdoppelt hat.

5 Den Backofen auf 220 °C vorheizen. Das Brot dünn mit Mehl bestäuben und die Oberseite mit einem scharfen Messer rautenförmig einritzen. 15 Min. backen, dann die Temperatur auf 190 °C reduzieren und das Brot noch einmal 20–25 Min. backen, bis es goldbraun ist und beim Klopfen auf die Unterseite hohl klingt. Auf einem Kuchengitter auskühlen lassen.

Reste vom Vorteig sind bei richtiger Behandlung unbegrenzt haltbar, wenn man alle 1–2 Tage 150 ml Vorteig abnimmt und durch die gleiche Menge Mehl und Wasser ersetzt. Den Vorteig abgedeckt im Kühlschrank aufbewahren. Vor der Verwendung 4–6 Std. bei Zimmertemperatur stehen lassen.

VARIANTE

Bauernbrot

Die Hälfte des Weizenmehls für das Brot durch Roggenmehl ersetzen. Falls gewünscht anstelle von Trockenhefe frische Hefe verwenden – jeweils 15 g für Vorteig und Brotteig. In beiden Fällen die frische Hefe mit etwas warmem Wasser in einer Schüssel vermischen, dann restliches Wasser, Mehl und andere Zutaten unterrühren.

Brötchen

Für ein besonders schönes Sonntagsfrühstück

ergibt 16 Stück
Zub. 40 Min. + Wartezeit • Backzeit 20 Min.
tiefgekühlt 3 Mon. haltbar

500 g Weizenmehl Type 550
2 TL brauner Zucker
1 Päckchen Trockenhefe
2 TL Salz
Öl zum Einfetten

1 Mehl, Zucker, Hefe und Salz in einer großen Schüssel mischen. Etwa 275 ml lauwarmes Wasser hinzufügen, sodass ein geschmeidiger Teig entsteht. Etwa 10 Min. kräftig kneten, dann in eine eingeölte Schüssel legen und locker abgedeckt 60 Min. an einem warmen Platz gehen lassen, bis der Teig sein Volumen verdoppelt hat.

2 Den Teig auf der leicht bemehlten Arbeitsfläche kurz durchkneten, in 16 Stücke teilen und zu Kugeln formen. Die Brötchen auf zwei geölte Backbleche setzen, dabei genug Zwischenraum lassen. 30 Min. an einem warmen Platz gehen lassen, bis sie ihr Volumen verdoppelt haben.

3 Den Backofen auf 200 °C vorheizen und die Brötchen 20 Min. backen, bis sie beim Klopfen auf die Unterseite hohl klingen.

Crumpets

Die englischen Hefeküchlein schmecken zum Frühstück oder zum Nachmittagstee mit süßem oder pikantem Belag

- ergibt 8 Stück
- Zub. 10 Min. + Wartezeit • Garzeit 20–26 Min.
- 4 Metallringe oder Ausstecher mit 10 cm Durchmesser
- tiefgekühlt 1 Mon. haltbar

- 125 g Weizenmehl Type 450
- 125 g Weizenmehl Type 550
- ½ TL Trockenhefe
- 175 ml lauwarme Milch
- ½ TL Salz
- ½ TL Backpulver
- Öl zum Braten

1 Beide Mehlsorten und Hefe mischen. Milch und 175 ml lauwarmes Wasser unterrühren. Den Teig etwa 2 Std. gehen lassen, bis sich Blasen gebildet haben und wieder zusammengefallen sind. Salz und Backpulver mit 2 EL lauwarmem Wasser vermischen und unterrühren. Den Teig 5 Min. stehen lassen.

2 Die Metallringe einölen und in eine ebenfalls geölte große, schwere Pfanne setzen.

3 Die Pfanne bei mittlerer Temperatur erhitzen und in jeden Ring 1–2 cm hoch Teig gießen. Die Crumpets 8–10 Min. backen, bis der Teig fest und die Oberfläche mit Löchern bedeckt ist. Sollten sich keine Bläschen bilden, ist der Teig zu trocken. In diesem Fall noch etwas Wasser unter den restlichen Teig rühren.

4 Die Ringe entfernen. Die Crumpets wenden und weitere 2–3 Min. backen, bis sie goldbraun sind. Mit dem restlichen Teig ebenso verfahren. Die warmen Crumpets mit Butter bestrichen servieren. Wenn sie erst später verwendet werden, im Toaster wieder erwärmen.

Stottie cakes

Eigentlich kein Kuchen, sondern ein Brot aus dem Nordosten Englands

- ergibt 8 Stück
- Zub. 20 Min. + Gehen • Backzeit 12–15 Min.
- tiefgekühlt 3 Mon. haltbar

- 500 g Weizenmehl Type 550 plus Mehl zum Bestäuben
- 1 Päckchen Trockenhefe
- 1 TL Zucker
- 1½ TL Salz
- 50 g Butter
- 150 ml lauwarme Vollmilch
- Öl zum Bestreichen

1 Mehl und Hefe in einer großen Schüssel mischen, dann Zucker und Salz hinzufügen. Mit den Händen die Butter einarbeiten. In die Mitte eine Vertiefung drücken. Die Milch und 150 ml lauwarmes Wasser hineingießen und einen weichen, geschmeidigen Teig herstellen. Den Teig etwa 10 Min. kneten, bis er glatt und elastisch ist, dann in eine eingeölte Schüssel legen und locker abgedeckt an einem warmen Platz etwa 60 Min. gehen lassen, bis er sein Volumen verdoppelt hat.

2 Die Arbeitsfläche mit Mehl bestäuben und den Teig kurz durchkneten, dann in acht Stücke teilen und diese zu 10 cm großen Fladen ausrollen. Zwei Backbleche dünn mit Mehl bestreuen. Jeweils vier Fladen darauflegen und mit etwas Mehl bestäuben.

3 Den Backofen auf 220 °C vorheizen. In der Zwischenzeit den Stiel eines Kochlöffels in die Mitte jedes Fladens drücken, sodass ein kleines Loch entsteht. Die Fladen mit einer Gabel einstechen, mit eingeölter Frischhaltefolie bedeckt für 20 Min. an einen warmen Platz stellen, bis sie etwas aufgegangen sind.

4 Die Stottie cakes 12–15 Min. backen, bis sie aufgegangen und goldbraun sind. Auf einem Kuchengitter auskühlen lassen.

Dazu passen süße und pikante Beläge. Die Stottie cakes waagerecht durchschneiden und nach Wahl bestreichen.

Reste können gut zu Semmelbröseln verarbeitet werden und eignen sich außerdem wunderbar für Brotpudding.

Kräftiges Weizenbrot

Eine Mischung aus Weißmehl und Vollkornmehl macht das Brot leicht und saftig

ergibt 1 Brot

Zub. 35 Min. + Wartezeit
• Backzeit 40 Min.

Kastenform

- 225 g Weizenmehl Type 550 plus Mehl zum Kneten
- 225 g Vollkornmehl plus Mehl zum Bestäuben
- 1½ TL Trockenhefe
- 1 TL Salz
- 1 EL Pflanzenöl plus Öl zum Einfetten
- 1 EL Honig
- 200 ml lauwarme Milch
- 1 Ei, verquirlt, zum Bestreichen

1 Beide Mehlsorten, Hefe und Salz in einer großen Schüssel mischen und in die Mitte eine Mulde drücken. Öl, Honig, Milch und 150 ml lauwarmes Wasser verrühren, bis sich der Honig aufgelöst hat. Die Mischung in die Mulde gießen und rühren, bis ein leicht klebriger Teig entstanden ist. 10 Min. ruhen lassen.

2 Die Arbeitsfläche mit Mehl bestäuben und den Teig etwa 5–10 Min. kneten, bis er glatt und elastisch ist. Zu einer Kugel formen, in eine eingeölte Schüssel legen und locker mit eingeölter Frischhaltefolie abgedeckt für etwa 60 Min. an einen warmen Platz stellen, bis er sein Volumen verdoppelt hat. In der Zwischenzeit die Kastenform einölen und mit Mehl ausstreuen, überschüssiges Mehl herausklopfen.

3 Den Teig auf der leicht bemehlten Arbeitsfläche kurz durchkneten und zu einem Rechteck auseinanderdrücken. Erst die Schmal-, dann die Längsseiten einschlagen. Den Teig mit der glatten Seite nach oben in die Form legen und locker mit eingeölter Frischhaltefolie abgedeckt etwa 30 Min. gehen lassen, bis er sein Volumen nochmals verdoppelt hat.

4 Den Backofen auf 220 °C vorheizen. Etwas Vollkornmehl sieben, die Kleie im Sieb lassen. Das Brot mit dem Ei einpinseln, mit der Kleie bestreuen und mit einem scharfen Messer einritzen. 20 Min. backen, dann die Hitze auf 200 °C reduzieren und das Brot weitere 20 Min. backen, bis es aufgegangen und goldbraun ist. Aus der Form nehmen und auf einem Kuchengitter auskühlen lassen.

Marokkanisches Fladenbrot

Schmeckt frisch aus dem Ofen am besten, kann aber auch im Toaster oder auf dem Grill aufgebacken werden

ergibt 8 Stück

Zub. 25 Min. + Wartezeit
• Backzeit 15 Min.

- 1½ TL Kreuzkümmelsamen plus Kreuzkümmel zum Verzieren
- 1½ TL gemahlener Koriander
- 450 g Mehl Type 550 plus Mehl zum Kneten
- 1 TL Trockenhefe
- 1 TL Salz
- 1 kleines Bund Koriandergrün, die Blättchen grob gehackt
- 200 g Kichererbsen aus der Dose, abgetropft und grob zerdrückt
- 150 g Naturjoghurt, zimmerwarm
- 1 EL Olivenöl plus Öl zum Einpinseln

1 Kreuzkümmel und Koriander in einer Pfanne ohne Fett 1 Min. rösten, bis sie aromatisch duften. Mehl, Hefe und Salz in einer großen Schüssel mischen. Gewürze, Koriandergrün und Kichererbsen unterrühren. In die Mitte eine Mulde drücken. Mit Joghurt, Öl und 300 ml lauwarmem Wasser rasch zu einem klebrigen Teig verarbeiten und 10 Min. ruhen lassen.

2 Den Teig auf der leicht bemehlten Arbeitsfläche 5 Min. kneten. Zu einer Kugel formen, in eine geölte Schüssel legen und locker mit eingeölter Frischhaltefolie abgedeckt für etwa 60 Min. an einem warmen Platz gehen lassen, bis er sein Volumen verdoppelt hat.

3 Zwei Backbleche leicht mit Mehl bestäuben. Den Backofen auf 220 °C vorheizen. Den Teig auf die bemehlte Arbeitsfläche setzen und in acht Stücke teilen. Die Stücke zu etwa 5 mm dicken ovalen Fladen ausrollen, auf die Backbleche legen, mit etwas Öl einpinseln und mit einigen Kreuzkümmelsamen bestreuen. Die Brote etwa 15 Min. backen, bis sie goldbraun und schön aufgegangen sind.

Passt zu Lammköfte, Hummus, Tapenade aus schwarzen Oliven und Salaten.

Fougasse

Fougasse ist das französische Pendant zur italienischen Focaccia. Diese Variante wird mit Schinken und Zwiebeln zubereitet

ergibt 3 kleine Brote

Zub. 30–35 Min. + Wartezeit • Backzeit 15 Min.

- 1 EL Öl zum Braten
- 1 Zwiebel, fein gehackt
- 2 dickere Scheiben Lachsschinken, fein gehackt
- 400 g Weizenmehl Type 550
- 1 Päckchen Trockenhefe
- 1 TL Salz
- 4 EL Olivenöl sowie Öl zum Einpinseln
- grobes Meersalz zum Bestreuen

1 Das Öl in einer Pfanne erhitzen. Zwiebel und Schinken darin braten, bis sie gebräunt sind. Herausnehmen und beiseitestellen.

2 Die Hälfte des Mehls mit der Hefe in einer Schüssel mischen. Etwa 150 ml lauwarmes Wasser hinzufügen und 3–4 Min. rühren. Den Teig abgedeckt etwa 4 Std. stehen lassen, bis er aufgegangen und wieder zusammengefallen ist.

3 Restliches Mehl, Salz, weitere 150 ml lauwarmes Wasser und Olivenöl sorgfältig untermischen. Den Teig auf der leicht bemehlten Arbeitsfläche kneten, bis er glatt ist. Wieder in die Schüssel legen und etwa 60 Min. gehen lassen, bis er sein Volumen verdoppelt hat.

4 Drei Backbleche mit Backpapier auslegen. Den Teig kurz durchkneten. Zwiebel und Speck dazugeben und sorgfältig unterkneten. Den Teig in drei Stücke teilen und diese zu etwa 2,5 cm dicken runden Fladen ausrollen.

5 Den Backofen auf 230 °C vorheizen. Die Brote auf die Bleche legen und mit einem scharfen Messer zweimal in der Mitte und dann rechts und links davon dreimal schräg einschneiden, um das traditionelle Blattmuster entstehen zu lassen. Den Teig dabei außer an den Rändern ganz durchschneiden. Die Brote mit Olivenöl einpinseln, mit Meersalz bestreuen und weitere 60 Min. gehen lassen, bis sie ihr Volumen wiederum verdoppelt haben.

6 Die Brote 15 Min. backen, bis sie goldbraun sind. Aus dem Backofen nehmen und vor dem Servieren auskühlen lassen.

Ciabatta

Wer dieses klassische italienische Weißbrot backen will, muss am Tag zuvor den Teig ansetzen

ergibt 1 Brot

Zub. 30 Min. + Wartezeit • Backzeit 40 Min.

Vorteig

- 175 g italienisches Hartweizenmehl (Farina 00)
- ¼ TL Trockenhefe

Teig

- 450 g italienisches Hartweizenmehl
- 1½ TL Trockenhefe
- 2 TL Olivenöl sowie Öl zum Einpinseln
- 1 TL Salz

Vorbereitung Den Vorteig 1 Tag vorher ansetzen.

1 Für den Vorteig Mehl, Hefe und 100 ml lauwarmes Wasser in eine Schüssel geben und einige Min. sorgfältig verrühren, bis eine Teigkugel entsteht. Den Teig in eine eingeölte Schüssel legen und wenden, um ihn mit Öl zu überziehen. Abgedeckt über Nacht an einen warmen Platz stellen.

2 Am nächsten Tag für das Brot Mehl, Hefe, Öl, Salz und 360 ml lauwarmes Wasser mischen. Den Vorteig dazugeben und kneten, bis ein feuchter, klebriger Teig entstanden ist.

3 Den Teig in eine dünn eingeölte Schüssel legen und wenden, um ihn mit Öl zu überziehen, dann für etwa 2 Std. an einem warmen Platz gehen lassen, bis er sein Volumen verdoppelt hat.

4 Den Backofen auf 220 °C vorheizen. Den Teig noch einmal 10 Min. durchkneten, bis er glatt und elastisch ist. Zu einem flachen, breiten Laib formen und auf ein eingeöltes Backblech legen. 10 Min. backen, dann die Hitze auf 190 °C reduzieren und das Brot weitere 30 Min. backen, bis eine Kruste entstanden ist und der Laib hohl klingt, wenn man auf die Unterseite klopft. Das Brot auf einem Kuchengitter auskühlen lassen.

Passt zu italienischem Schinken und Käse, schmeckt aber auch mit gutem Olivenöl und grobem Salz.

Zwiebel-Kräuter-Brot

Ein Hefeteig mit Rosmarin umhüllt eine deftige Zwiebelfüllung

ergibt 1 Brot

Zub. 35 Min. + Wartezeit • Garzeit 55 Min.

- 550 g Weizenmehl Type 550 plus Mehl zum Bestäuben
- 1 TL Trockenhefe
- 1 gehäufter TL Salz
- 1 EL fein gehackter Rosmarin plus 1–2 Zweige, mit Öl eingepinselt
- 5 EL natives Olivenöl extra
- 1 Ei, verquirlt

Füllung

- 2 EL Olivenöl
- 2 Zwiebeln, in Scheiben geschnitten
- ½ TL Salz
- ½ TL grob zerstoßener Pfeffer
- 1 EL Balsamico-Essig
- 3 EL Zucker
- 1 EL Rosmarin, fein gehackt

1 In einer Schüssel 225 g Mehl mit 300 ml lauwarmem Wasser und der Hefe vermischen. 60 Min. stehen lassen, dann restliches Mehl, Salz, gehackten Rosmarin und Öl hinzufügen und einen weichen Teig herstellen. Auf der bemehlten Arbeitsfläche etwa 10 Min. kneten.

2 Eine Kugel formen, in eine geölte Schüssel legen und mit geölter Frischhaltefolie abgedeckt für 60 Min. an einen warmen Platz stellen, bis das Volumen verdoppelt ist.

3 Für die Füllung das Öl in einer Pfanne erhitzen. Die Zwiebeln mit Salz und Pfeffer hineingeben und bei mittlerer Temperatur etwa 10 Min. braten. Die restlichen Zutaten unterrühren und 2–4 Min. garen, bis die Mischung dunkel und klebrig ist.

4 Den Teig auf der bemehlten Arbeitsfläche kurz durchkneten und zu einem großen Rechteck auseinanderdrücken. Die Füllung darauf verteilen. Erst die Schmalseiten einschlagen, dann die Längsseiten übereinanderschlagen. Den Teig umgedreht auf ein bemehltes Backblech legen. Die Enden des Laibes leicht zuspitzen. Das Brot locker abgedeckt etwa 30 Min. gehen lassen, bis er sein Volumen verdoppelt hat. Den Backofen auf 220 °C vorheizen.

5 Das Brot mit Ei einpinseln, mit Mehl bestäuben und mit einem scharfen Messer so tief einschneiden, dass die Füllung sichtbar wird. Die Rosmarinzweige darauflegen. Das Brot 20 Min. backen, dann die Hitze auf 200 °C reduzieren und das Brot noch einmal etwa 20 Min. backen, bis es aufgegangen und goldbraun ist.

Weizenvollkornbrötchen

Gesund und lecker

ergibt 16 Stück

Zub. 20–25 Min. + Wartezeit • Garzeit 15–20 Min.

- 225 g Weizenmehl Type 550
- 225 g Weizenvollkornmehl
- 1 Päckchen Trockenhefe
- 1 TL Salz
- 1 EL Öl plus Öl zum Einfetten
- 1 EL Honig
- 200 ml lauwarme Milch
- 1 Ei, verquirlt
- Haferflocken zum Bestreuen

1 Beide Mehlsorten, Hefe und Salz in einer Schüssel mischen. Öl, Honig, Milch und 150 ml laumwarmes Wasser unterrühren.

2 Den Teig 10 Min. kneten, bis er nicht mehr klebt. Zu einer Kugel formen, in eine eingeölte Schüssel legen und locker mit Frischhaltefolie abgedeckt für 60 Min. an einen warmen Platz stellen, bis er sein Volumen verdoppelt hat.

3 Den Teig nochmals kurz durchkneten und 16 Kugeln formen. Auf ein geöltes Backblech legen und locker abgedeckt 60 Min. an einen warmen Platz stellen, bis sie ihr Volumen verdoppelt haben. Den Backofen auf 200 °C vorheizen.

4 Die Brötchen mit Ei einpinseln und mit Haferflocken bestreuen, dann 15–20 Min. backen, bis sie schön aufgegangen sind. Auf einem Kuchengitter auskühlen lassen.

Muffins

Very british – aus Hefeteig, in der Pfanne gebacken

ergibt 10 Stück

Zub. 25–30 Min. + Wartezeit • Backzeit 50 Min.

- 450 g Weizenmehl Type 550
- 1 TL Trockenhefe
- 1 TL Salz
- 30 g Butter, zerlassen
- 30 g Hartweizengrieß
- Öl zum Einfetten

1 Mehl, Hefe und Salz in einer großen Schüssel mischen. Zerlassene Butter und 300 ml lauwarmes Wasser dazugeben und einen weichen, geschmeidigen Teig herstellen.

2 Den Teig 5 Min. kneten, zu einer Kugel formen, in eine eingeölte Schüssel legen und locker mit eingeölter Frischhaltefolie abgedeckt 60 Min. an einem warmen Platz gehen lassen, bis er sein Volumen verdoppelt hat. Ein Küchenhandtuch mit zwei Dritteln der Grießkörner bestreuen.

3 Den Teig kurz durchkneten, zehn Kugeln formen, auf das Küchentuch setzen und flach drücken. Mit dem restlichen Grieß bestreuen, mit einem zweiten Tuch abgedeckt weitere 20–30 Min. gehen lassen.

4 Eine Pfanne mit Deckel einölen und erhitzen, die Muffins portionsweise zugedeckt 10–12 Min. sanft garen, bis sie aufgegangen und die Unterseiten goldbraun sind. Umdrehen und weitere 3–4 Min. backen. Auf einem Kuchengitter auskühlen lassen.

Früchtebrötchen

Mit Trockenfrüchten und weihnachtlichen Gewürzen

ergibt 12 Stück

Zub. 30 Min + Wartezeit
• Backzeit 15 Min.

- 500 g Weizenmehl Type 550 plus Mehl zum Bestäuben
- 1 Päckchen Trockenhefe
- 1 TL Lebkuchengewürz
- ½ TL geriebene Muskatnuss
- 1 TL Salz
- 6 EL Zucker
- 60 g Butter plus Butter zum Einfetten
- 240 ml lauwarme Milch
- 150 g gemischte Trockenfrüchte
- 2 EL Puderzucker
- einige Tropfen Vanilleextrakt

1 Mehl, Hefe, Gewürze, Salz und Zucker in einer großen Schüssel mischen und mit den Händen die Butter einarbeiten. So viel Milch hinzufügen, dass ein weicher Teig entsteht. Den Teig 10 Min. kneten, zu einer Kugel formen, in eine bemehlte Schüssel legen und locker abgedeckt 60 Min. an einem warmen Platz gehen lassen.

2 Den Teig auf der leicht bemehlten Arbeitsfläche durchkneten, die Trockenfrüchte unterkneten. Zwölf Kugeln formen und mit reichlich Abstand auf gefettete Backbleche setzen. Locker abgedeckt für 30 Min. an einem warmen Platz gehen lassen, bis sie ihr Volumen verdoppelt haben.

3 Den Backofen auf 200 °C vorheizen. Die Brötchen 15 Min. backen, bis sie beim Klopfen auf die Unterseite hohl klingen. Auf ein Kuchengitter legen. Puderzucker, Vanilleextrakt und 1 EL kaltes Wasser verrühren und die noch heißen Brötchen damit glasieren.

VARIANTE

Pekannuss-Brötchen
Den Zucker durch 3 EL Ahornsirup, die Trockenfrüchte durch 120 g gehackte Pekannusskerne ersetzen.

Roggen-Weizen-Brot

Ein saftiges Graubrot mit Roggenmehl und Kümmel, das lange frisch bleibt

ergibt 1 großes Brot

Zub. 25 Min. + Wartezeit
• Backzeit 40–50 Min.

Vorteig

- 150 g Roggenmehl
- 150 g Joghurt mit Lebendkulturen
- 1 TL Trockenhefe
- 1 EL dunkler Zuckerrohrsirup
- 1 TL Kümmel, grob zerstoßen

Teig

- 150 g Roggenmehl
- 200 g Weizenmehl Type 550 plus Mehl zum Bestäuben
- 2 TL Salz
- 1 Ei, verquirlt
- 1 TL Kümmel zum Bestreuen

Vorbereitung Der Vorteig muss 1 Tag vor der Zubereitung des Brotes angesetzt werden.

1 Zutaten für den Vorteig mit 250 ml lauwarmem Wasser vermischen. Den Vorteig abdecken und über Nacht stehen lassen.

2 Am nächsten Tag beide Mehlsorten und Salz mischen, dann in den Vorteig rühren. Einen Teig herstellen, bei Bedarf noch etwas Wasser hinzufügen.

3 Den Teig auf die leicht bemehlte Arbeitsfläche setzen und etwa 5–10 Min. kneten, bis er glatt und elastisch ist. Zu einer Kugel formen, in eine eingeölte Schüssel legen und locker mit eingeölter Frischhaltefolie abgedeckt für etwa 60 Min. an einem warmen Platz gehen lassen, bis er sein Volumen verdoppelt hat.

4 Ein Backblech mit Mehl bestäuben. Den Teig gut durchkneten, dann zu einem Laib formen. Auf das Blech legen, locker abdecken und noch einmal 30 Min. gehen lassen. Den Backofen auf 220 °C vorheizen.

5 Den Laib mit Ei einpinseln, mit Kümmel bestreuen und längs mit einem scharfen Messer einritzen. 20 Min. backen, dann die Hitze auf 200 °C reduzieren und das Brot weitere 20–30 Min. backen, bis es goldbraun ist und eine feste, glänzende Kruste hat. Auf einem Kuchengitter auskühlen lassen.

Käse-Knoblauch-Rolle

Mozzarella, Knoblauch und Basilikum in saftigem Teig

ergibt 1 Brot

Zub. 30 Min. + Wartezeit
• Backzeit 40–45 Min.

500 g Weizenmehl Type 550 plus Mehl zum Bestäuben

1½ TL Salz

1 EL Zucker

1 Päckchen Trockenhefe

2 EL Olivenöl plus Öl zum Einfetten

15 g Butter, zerlassen

Füllung

8 Frühlingszwiebeln, in Ringe geschnitten

4 Knoblauchzehen, gehackt

8 Basilikumblätter, in Streifen geschnitten

200 g Mozzarella, gewürfelt

1 Mehl, Salz, Zucker, Hefe und Öl in einer Schüssel mit 240 ml lauwarmem Wasser zu einem weichen, geschmeidigen Teig verarbeiten. Den Teig 10 Min. kneten, in eine eingeölte Schüssel legen und locker abgedeckt an einem warmen Platz 60 Min. gehen lassen, bis er sein Volumen verdoppelt hat.

2 Den Teig auf der leicht bemehlten Arbeitsfläche kurz durchkneten, dann zu einem 23 x 35 cm großen Rechteck ausrollen.

3 Alle Zutaten für die Füllung mischen. Die Füllung auf dem Teig verteilen, dabei an den Längsseiten einen 2,5 cm breiten Rand und an einer der Schmalseiten einen 5 cm breiten Rand lassen.

4 Den Teig von der anderen Schmalseite aufrollen und den Rand festdrücken, um die Füllung zu umschließen. Das Brot mit der Nahtstelle nach unten auf ein gefettetes Backblech legen, locker mit eingeölter Frischhaltefolie abdecken und an einem warmen Platz 60 Min. gehen lassen, bis es sein Volumen verdoppelt hat.

5 Den Backofen auf 200 °C vorheizen. Das Brot etwa 40–45 Min. backen, bis es beim Klopfen auf die Unterseite hohl klingt. Auf ein Kuchengitter setzen, noch heiß mit der zerlassenen Butter einpinseln und auskühlen lassen.

Sesambrötchen

Probieren Sie diese kleinen Brötchen zu selbst gemachten Hamburgern vom Grill

ergibt 8 Stück

Zub. 30 Min. + Wartezeit
• Backzeit 20 Min.

450 g Weizenmehl Type 550 plus Mehl zum Bestäuben

1 TL Salz

1 TL Trockenhefe

1 EL Sonnenblumenöl oder mildes Olivenöl plus Öl zum Einfetten

1 Ei, verquirlt

4 EL Sesam

1 Mehl, Salz und Hefe in einer großen Schüssel mischen und in die Mitte eine Mulde drücken. Das Öl mit 260 ml lauwarmem Wasser verrühren, in die Mulde gießen und rasch unterrühren. Den Teig 10 Min. stehen lassen.

2 Den Teig auf der leicht bemehlten Arbeitsfläche 5 Min. kneten, bis er glatt und elastisch ist, dabei immer wieder mit sanftem Druck umfalten. Die Ränder zur Mitte umschlagen, eine Kugel formen und umgedreht in eine eingeölte Schüssel legen. Locker mit eingeölter Frischhaltefolie abgedeckt an einem warmen Platz etwa 60 Min. gehen lassen, bis der Teig sein Volumen verdoppelt hat. In der Zwischenzeit ein Backblech mit Mehl bestäuben.

3 Den Teig auf die leicht bemehlte Arbeitsfläche setzen, mit etwas Mehl bestäuben und kurz durchkneten. Acht Kugeln gleicher Größe formen und mit reichlich Abstand auf das Backblech setzen. Etwa 30 Min. gehen lassen. Den Backofen auf 200 °C vorheizen.

4 Die aufgegangenen Brötchen dünn mit verquirltem Ei einpinseln und mit jeweils ½ EL Sesam bestreuen, dann etwa 20 Min. backen, bis sie goldbraun sind. Herausnehmen, auf ein Kuchengitter setzen und auskühlen lassen.

Dazu passen Hamburger und ein gemischter Salat.

Ficelle

Dünnes Weißbrot mit viel knuspriger Kruste

ergibt 4 Stück

Zub. 15 Min. + Wartezeit
• Backzeit 15–20 Min.

500 g Weizenmehl Type 550

4 TL Salz

1 Päckchen Trockenhefe

1 Mehl, 1 TL Salz und Hefe in eine Schüssel geben und mit 360 ml lauwarmem Wasser zu einem Teig verarbeiten. Den Teig auf der leicht bemehlten Arbeitsfläche 10 Min. kneten.

2 Den Teig in vier Stücke teilen und diese zu 30 cm langen Rollen formen. Mit einem scharfen Messer mehrmals schräg einschneiden und locker abgedeckt an einem warmen Platz 60 Min. gehen lassen, bis die Brote ihr Volumen verdoppelt haben.

3 Den Backofen auf 220 °C vorheizen. Das restliche Salz in 150 ml kochendem Wasser auflösen. Die Brote mit dem Salzwasser einpinseln und 15–20 Min. backen, bis sie goldbraun sind.

4 Herausnehmen und auf einem Kuchengitter auskühlen lassen. Wie alle Hefebrote schmecken Ficelles frisch am besten.

VARIANTE

Ficelle mit Körnern

Die Brote nach dem Einpinseln mit dem Salzwasser mit 1–2 EL Mohn oder Sesam bestreuen.

Croissants

Buttrige, selbst gemachte Croissants sind ein lohnendes Projekt, wenn man genug Zeit hat

ergibt 10 Stück

Zub. 60 Min. + Wartezeit
• Backzeit 20–25 Min.

300 g Mehl Type 550 plus Mehl zum Bestäuben

1 TL Salz

30 g Zucker

1 Päckchen Trockenhefe

250 g kalte Butter

1 Ei, verquirlt

Vorbereitung Mit der Zubereitung am Vortag beginnen.

1 Mehl, Salz, Zucker und Hefe in eine große Schüssel geben. Mit einem Tafelmesser nach und nach so viel Wasser untermischen, dass ein weicher Teig entsteht. Den Teig auf der leicht bemehlten Arbeitsfläche kneten, bis er elastisch wird. Zurück in die Schüssel legen und abgedeckt für 60 Min. kalt stellen.

2 Den Teig zu einem Rechteck von 15 x 30 cm ausrollen. Die Butter zu einem 1 cm dicken Rechteck flach drücken, das kleiner als die Teigplatte ist. Die Butter bei Bedarf noch einmal kalt stellen. Das Butterstück in die Mitte des Teiges legen und die Teigränder über die Butter schlagen, gut andrücken. 60 Min. kalt stellen.

3 Den Teig auf der bemehlten Arbeitsfläche wiederum zu einem 15 x 30 cm großen Rechteck ausrollen. Das rechte Drittel zur Mitte umschlagen, das linke Drittel darüberlegen, sodass drei Schichten entstehen; 60 Min. kalt stellen.

4 Schritt 3 noch zweimal wiederholen. Den Teig in Frischhaltefolie eingewickelt über Nacht kalt stellen.

5 Am nächsten Tag den Teig auf der leicht bemehlten Arbeitsfläche zu einer 3 mm dicken quadratischen Platte ausrollen. Diese in fünf 10 cm große Quadrate schneiden und die Quadrate in Dreiecke. Die Dreiecke aufrollen, dabei behutsam an den Spitzen ziehen. Die Spitzen sollten sich nicht auf der Unterseite der Croissants befinden. Nötigenfalls die Croissants noch einmal lockerer aufrollen. Die Croissants mit reichlich Abstand auf ein Backblech legen und zu Halbmonden biegen. Mit eingeölter Frischhaltefolie abgedeckt etwa 60 Min. gehen lassen, bis sie ihr Volumen verdoppelt haben.

6 Den Backofen auf 240 °C vorheizen. Die Croissants mit verquirltem Ei einpinseln und 10 Min. backen, dann die Hitze auf 190 °C reduzieren und die Croissants weitere 10–15 Min. backen, bis sie goldbraun sind. Auf einem Kuchengitter auskühlen lassen.

Schinkencroissants

Mit Fertigteig rasch zubereitet

ergibt 6 Stück

Zub. 10 Min.
• Backzeit 10–12 Min.

250 g Croissantteig, gekühlt

1 TL flüssiger Honig

1 EL körniger Senf

Salz und schwarzer Pfeffer

6 Scheiben gekochter Schinken

Öl zum Einfetten

1 kleines Ei, verquirlt

1 Den Backofen auf 200 °C vorheizen. Den Teig entrollen und die Dreiecke trennen.

2 In einer kleinen Schüssel Honig, Senf sowie Salz und Pfeffer nach Geschmack verrühren und auf die Teigdreiecke streichen.

3 Auf jedes Dreieck 1 Scheibe Schinken legen. Es macht nichts, wenn die Scheiben etwas größer als die Teigdreiecke sind, da der Teig beim Backen aufgeht. Die Dreiecke an der langen Seite beginnend zur Spitze hin aufrollen.

4 Die Croissants mit reichlich Abstand auf ein gefettetes Backblech legen und mit dem verquirlten Ei bestreichen.

5 Die Croissants 10–12 Min. backen, bis sie aufgegangen und goldbraun sind, dann sofort servieren.

Milchbrötchen

Dieses Hefegebäck aus dem Süden der USA wird am besten direkt aus dem Backofen serviert

ergibt 8–10 Stück
Zub. 12 Min. • Garzeit 15 Min.
5,5 cm große runde Ausstechform

500 g Weizenmehl Type 550 plus Mehl zum Bestäuben
1½ TL Trockenhefe
1 TL Zucker
1½ TL Salz
50 g Butter
150 ml lauwarme Vollmilch

1 Mehl und Hefe in einer großen Schüssel vermischen. Zucker und Salz hinzufügen und mit den Händen die Butter einarbeiten. In die Mitte eine Vertiefung drücken. Milch und 150 ml lauwarmes Wasser hineingießen und alle Zutaten mit einem Rührlöffel oder den Knethaken des Handrührgeräts vermischen. Den Teig etwa 5 Min. kneten, bis er glatt ist. Mit einem Küchenhandtuch abgedeckt an einem warmen Platz etwa 60 Min. gehen lassen, bis er sein Volumen verdoppelt hat.

2 Den Teig auf der bemehlten Arbeitsfläche noch einmal kurz durchkneten und dann ausrollen. Mit einer Ausstechform acht bis zehn Kreise ausstechen. Zwei Backbleche dünn mit Mehl bestäuben und jeweils vier oder fünf Kreise darauflegen.

3 Den Backofen auf 220 °C vorheizen. In der Zwischenzeit mit dem Stiel eines Holzlöffels eine kleine Vertiefung in die Mitte der Brötchen drücken. Den Teig leicht mit einer Gabel einstechen, dann die Brötchen mit eingeölter Frischhaltefolie abgedeckt für etwa 20 Min. an einen warmen Platz stellen, bis sie etwas aufgegangen sind.

4 Die Brötchen 12–15 Min. backen, bis sie aufgegangen und goldbraun sind. Auf einem Kuchengitter auskühlen lassen.

Dazu passt süßer oder pikanter Belag.

Reste können zu Semmelbröseln verarbeitet werden, aber sie eignen sich auch gut für die Zubereitung von Brotpudding und anderen Desserts.

Irisches Natronbrot

Das schnellste Brot der Welt enthält weder Hefe noch Sauerteig, der Teig wird mit Natron oder Backpulver gelockert

ergibt 1 Brot
Zub. 10 Min. • Garzeit 30–35 Min.

450 g Weizenmehl Type 550 plus Mehl zum Bestäuben
1 Päckchen Backpulver
1 TL Salz
60 g Butter oder Schmalz, gewürfelt
300 ml Buttermilch

1 Den Backofen auf 220 °C vorheizen und ein Backblech mit Mehl bestäuben. Mehl, Backpulver und Salz in eine Schüssel sieben und mischen. Butter oder Schmalz mit den Fingerspitzen einarbeiten, sodass feine Krümel entstehen.

2 In die Mitte eine Mulde drücken. Die Buttermilch hineingießen und untermischen, um einen weichen Teig herzustellen. Den Teig auf die leicht bemehlte Arbeitsfläche setzen und kurz kneten, dann zu einer Kugel formen und rollen, um die Oberfläche zu glätten.

3 Die Kugel auf das vorbereitete Backblech setzen, etwas abflachen und dünn mit Mehl bestäuben, dann mit einem bemehlten Messer in sechs Spalten teilen, aber den Teig nicht vollständig durchschneiden.

4 Das Brot 30–35 Min. backen, bis es gut aufgegangen und goldbraun ist und beim Klopfen auf die Unterseite hohl klingt. Herausnehmen und auf einem Kuchengitter auskühlen lassen.

Passt zu einem Teller heißer Suppe, einem Stück gutem Bauernkäse und gekochtem Schinken.

Reste werden nach 1 Tag trocken, eignen sich aber gut für Toast und Croûtons. Oder man verarbeitet sie für andere Gerichte zu Semmelbröseln und friert sie bis zur Verwendung ein.

VARIANTE

Vollkornbrot

Das Weißmehl ganz oder zur Hälfte durch Vollkorn- oder Dinkelmehl ersetzen und nach Bedarf etwas mehr Flüssigkeit hinzugeben.

Kartoffel-Scones

Eine Mischung aus Pfannkuchen und Kartoffelpuffer, die in Schottland sehr beliebt ist

ergibt 8 Stück
Zub. 30 Min. • Garzeit 8–10 Min.
zwischen einzelnen Lagen Butterbrotpapier tiefgekühlt 6 Mon. haltbar

450 g mehlig kochende Kartoffeln, geschält, gewürfelt und gegart

1 Prise Salz

50 g Mehl mit 1 Msp. Backpulver vermischt plus Mehl zum Bestäuben

Pflanzenöl

1 Die Kartoffeln trocken tupfen und in einer Schüssel mit dem Kartoffelstampfer zerkleinern oder durch die Kartoffelpresse drücken.

2 Solange die Masse noch warm ist, Salz dazugeben. Das Mehl in die Schüssel sieben und mit einem Holzlöffel behutsam untermischen, wobei ein geschmeidiger Teig entstehen sollte.

3 Den Teig auf der leicht bemehlten Arbeitsfläche behutsam kneten, bis er glatt ist, dann zu einem 20 cm großen Quadrat ausrollen. Den Teig in Viertel und diese schräg in jeweils zwei Dreiecke teilen.

4 Eine Grillpfanne dünn mit Öl einpinseln und erhitzen. Vier Scones darin auf jeder Seite etwa 2 Min. braten, bis sie goldbraun sind. Warm stellen, während die restlichen Scones gebraten werden. Die Scones am besten warm servieren.

Dazu passen Knoblauch-Kräuter-Käse und eine Schnittlauchgarnitur oder Butter und Konfitüre. Auch gut geeignet als Ersatz für Reis oder Kartoffeln sowie als herzhafte Beilage zu Suppen und Eintöpfen.

VARIANTE

Zwiebel-Kräuter-Scones

Die Scones wie oben zubereiten, aber vor dem Ausrollen des Teiges 1 fein gehackte kleine Zwiebel und 1 kleine Handvoll Thymianblätter (ohne Stiele) unterkneten.

Schottische Pfannkuchen

Diese dicken Pfannkuchen werden auch *drop scones* genannt, da man den Teig in die Pfanne tropfen lässt

ergibt 12 Stück
Zub. 10 Min. • Garzeit 15 Min.
tiefgekühlt 1 Mon. haltbar

225 g Mehl

4 EL Backpulver

1 großes Ei

2 TL Golden Syrup (heller Zuckerrohrsirup)

200 ml Milch

Pflanzenöl

1 Eine schwere Pfanne bei mittlerer Temperatur erhitzen. Ein Küchenhandtuch in der Mitte zusammenfalten und auf ein Backblech legen.

2 Mehl und Backpulver in eine Schüssel sieben und in die Mitte eine Vertiefung drücken. Ei, Sirup und Milch hineingeben und sorgfältig unterschlagen, um einen Teig von der Konsistenz dicker Sahne herzustellen. Nach Bedarf noch etwas Milch hinzufügen.

3 Die Temperatur der Pfanne prüfen: Etwas auf den Boden gestreutes Mehl sollte langsam braun werden. Falls es verbrennt, ist die Pfanne zu heiß. Wenn die Temperatur stimmt, vorsichtig das Mehl entfernen und die Pfanne mit einem in Pflanzenöl getauchten Stück Küchenpapier auswischen, dabei die Hände mit Ofenhandschuhen schützen.

4 Von dem Teig 1 EL abnehmen, dabei den Löffelrücken am Rand der Schüssel abstreifen. Den Teig über den vorderen Löffelrand in die Pfanne laufen lassen, sodass eine runde Form entsteht. So fortfahren, aber Platz zwischen den Pfannkuchen lassen, da sie noch aufgehen.

5 Wenn die Blasen, die sich auf der Oberfläche gebildet haben, zu platzen beginnen, die Pfannkuchen behutsam wenden. Dann mit dem Wender flach drücken, damit sie gleichmäßig bräunen. Die fertigen Pfannkuchen in das zusammengefaltete Küchenhandtuch legen, damit sie weich bleiben, während die restlichen Pfannkuchen braten.

6 Nach jeder Portion die Pfanne neu einölen und die Temperatur überwachen. Sollten die Pfannkuchen blass sein und lange zum Garen brauchen, die Hitze erhöhen. Sollten sie zu rasch bräunen und innen noch roh sein, die Temperatur reduzieren. Die Pfannkuchen am besten frisch zubereitet und warm servieren.

Chapatis

In Indien bereitet man dieses Fladenbrot in einer Pfanne mit gewölbtem Boden, einer so genannten *tava*, zu

ergibt 8 Brote
Zub. 30 Min. + Wartezeit • Garzeit 10 Min.
Tava oder schwere gusseiserne Pfanne

250 g Chapatimehl oder Vollkornmehl plus Mehl zum Bestäuben
1 TL Salz
Ghee oder zerlassene Butter zum Einpinseln

1 Das Mehl in eine Schüssel sieben, im Sieb verbliebene Kleie wegwerfen. In der Mitte eine Mulde formen. 40 ml kaltes Wasser hineingießen und untermischen. Das Salz einrühren, dann weitere 60 ml kaltes Wasser untermischen.

2 Nach und nach weitere 60 ml kaltes Wasser hinzufügen, bis ein klebriger Teig entsteht. Den Teig in der Schüssel kneten, bis er fest und elastisch geworden ist.

3 Den Teig mit einem Küchenhandtuch abgedeckt etwa 15 Min. ruhen lassen, bis er nicht mehr klebt.

4 Die Hände mit Mehl bestäuben. Eigroße Stücke vom Teig abnehmen, zu Kugeln formen und dann zu 18 cm großen Fladen ausrollen.

5 Die Pfanne ohne Fett erhitzen und die Chapatis darin auf jeder Seite 30 Sek. backen, bis sie goldbraun und gefleckt sind. Herausnehmen, mit Ghee oder zerlassener Butter einpinseln und warm stellen, während die übrigen Chapatis gebacken werden.

Pitabrot

Warmes Fladenbrot ist im Nahen Osten als Beilage zu Salaten oder Dips unverzichtbar

ergibt 8 Stück
Zub. 20 Min. + Wartezeit • Garzeit 10 Min.
einzeln verpackt tiefgekühlt 3 Mon. haltbar

500 g Weizenmehl Type 550 plus Mehl zum Bestäuben
1 TL Trockenhefe
1 TL Zucker
1 TL Salz
4 EL Olivenöl plus Öl zum Einfetten

1 Mehl, Hefe, Zucker und Salz in einer großen Schüssel mischen und in die Mitte eine Mulde drücken. Olivenöl und 300 ml lauwarmes Wasser hineingeben und alle Zutaten mit einem Holzlöffel sorgsam verrühren, dann etwa 5 Min. kneten, bis ein glatter Teig entstanden ist. Mit einem Küchenhandtuch abgedeckt für etwa 60 Min. an einen warmen Platz stellen, bis er sein Volumen verdoppelt hat.

2 Die Arbeitsfläche mit Mehl bestäuben und den Teig kurz durchkneten, bis er glatt ist, dann in acht Stücke gleicher Größe teilen. Die Stücke zu etwa 20 cm langen, dünnen, ovalen Fladen ausrollen. Zwei Backbleche einfetten und jeweils vier Brote darauflegen. Mit eingeölter Frischhaltefolie abgedeckt für 20 Min. an einen warmen Platz stellen, bis sie etwas aufgegangen sind.

3 Den Backofen auf 220 °C vorheizen. Die Oberseiten der Brote mit etwas Olivenöl einpinseln und die Brote etwa 10 Min. backen, bis sie aufgegangen und goldbraun sind.

4 Vorsichtig auf ein Kuchengitter legen und noch warm servieren.

Passen zu Dips und Salaten. Man kann sie aber auch aufschneiden und mit Salatstreifen und Falafel füllen.

VARIANTE

Gewürzpita

Die Pitas vor dem Backen mit grob zerstoßenen Koriander-, Kreuzkümmel- oder Fenchelsamen bestreuen oder dem Teig vor dem Gehen 2 EL gerösteten Sesam hinzufügen.

Vollkorn-Pooris

Dieses frittierte indische Fladenbrot passt perfekt zu Currys. Chapatimehl ist in Asialäden erhältlich

ergibt 8 Stück

Zub. 15 Min. + Wartezeit • Garzeit 16 Min.

- 250 g Vollkorn-Chapatimehl oder anderes Vollkornmehl
- 1 TL Salz
- ½ TL Zucker
- 1 TL Schwarzkümmelsamen
- ½ TL Kreuzkümmelsamen
- 2 TL Ghee (Butterschmalz) oder Butter, zerlassen
- Pflanzenöl zum Frittieren

Vorbereitung Der Teig kann 4 Std. im Voraus zubereitet werden, die Pooris aber erst kurz vor dem Servieren ausrollen und in heißem Öl frittieren.

1 Mehl, Salz, Zucker, Schwarzkümmel und Kreuzkümmel in einer großen Schüssel mischen, dann mit den Fingerspitzen das Ghee oder die Butter einarbeiten.

2 Nach und nach 120 ml kaltes Wasser untermischen. Den Teig kneten, bis er glatt ist, dann in Frischhaltefolie eingewickelt mindestens 30 Min. ruhen lassen.

3 Den Teig in acht Stücke teilen und diese zu Kugeln rollen. Das Öl in der Fritteuse oder in einem tiefen Topf auf 180 °C erhitzen.

4 Die Kugeln auf der leicht bemehlten Arbeitsfläche zu etwa 12 cm großen Fladen ausrollen und diese nacheinander 2 Min. frittieren, bis sie auf beiden Seiten knusprig und goldbraun sind. Auf Küchenpapier abtropfen lassen und heiß servieren.

Naan

Ebenfalls aus Indien kommt dieses Fladenbrot, das traditionell in einem Tandoor-Ofen gebacken wird

ergibt 4 Stück

Zub. 20 Min. + Wartezeit • Garzeit 9 Min.

einzeln eingepackt tiefgekühlt 3 Mon. haltbar

- 500 g Weizenmehl Type 550 plus Mehl zum Bestäuben
- 1 ¼ TL Trockenhefe
- 1 TL Zucker
- 1 ½ TL Salz
- 2 TL Schwarzkümmelsamen
- 100 ml Vollmilchjoghurt
- 50 g Ghee oder Butter, zerlassen

1 Mehl und Hefe in einer großen Schüssel mischen, dann Zucker, Salz und Schwarzkümmel hinzufügen.

2 In der Mitte der Mischung eine Mulde machen. 200 ml lauwarmes Wasser, Joghurt und zerlassenes Ghee oder Butter hineingeben und die Zutaten mit einem Holzlöffel etwa 5 Min. verrühren, bis ein glatter Teig entstanden ist. Die Schüssel mit einem Küchenhandtuch abgedeckt für etwa 60 Min. an einen warmen Platz stellen, bis der Teig sein Volumen verdoppelt hat.

3 Den Backofen auf Höchsttemperatur vorheizen und zwei Backbleche hineinschieben. Die Arbeitsfläche mit Mehl bestäuben und den Teig kurz kneten, bis er glatt ist, dann in vier Stücke gleicher Größe teilen und diese zu ovalen Fladen von etwa 24 cm Länge ausrollen.

4 Die Brote vorsichtig auf die heißen Bleche legen und für etwa 6–7 Min. in den Backofen schieben, bis sie gut aufgegangen sind.

5 Den Backofengrill auf höchster Stufe vorheizen. Die Brote auf jeder Seite 30–40 Sek. grillen, bis sie gebräunt und blasig sind. Die Brote nicht zu dicht unter den Grill schieben, da sie sonst verbrennen können.

6 Die Brote vorsichtig auf ein Kuchengitter legen und noch warm servieren.

Grissini

Dünne, knusprige Stangen aus Hefeteig werden in Italien gern zu Antipasti serviert

ergibt 20–24 Stück
Zub. 25 Min. + Wartezeit • Garzeit 10–12 Min.
tiefgekühlt 2 Mon. haltbar

- 250 g Weizenmehl Type 550
- 1 TL Salz
- 1 TL Zucker
- ½ TL Trockenhefe
- 1 EL Olivenöl
- 1 Ei, verquirlt, zum Einpinseln
- Sesam zum Bestreuen
- grobes Meersalz zum Bestreuen

Vorbereitung In einem luftdicht verschlossenen Behälter aufbewahrt, halten Grissini mehrere Wochen.

1 Mehl, Salz, Zucker und Hefe in einer großen Schüssel mischen. 120 ml lauwarmes Wasser hinfügen und einen weichen, geschmeidigen Teig herstellen. Den Teig 10 Min. kneten, dann in eine dünn eingeölte Schüssel legen und locker mit eingeölter Frischhaltefolie abgedeckt 60 Min. an einem warmen Platz gehen lassen.

2 Zwei Backbleche einfetten. Den Backofen auf 220 °C vorheizen. Den Teig auf die leicht bemehlte Arbeitsfläche setzen und kurz durchkneten. Walnussgroße Stücke abnehmen und zu langen Stangen etwa von der Dicke eines Bleistiftes rollen. Mit etwas Abstand auf die Bleche legen.

3 Die Brotstangen mit verquirltem Ei einpinseln und mit Sesam und Meersalz bestreuen, dann sofort für 12–15 Min. in den Backofen schieben, bis sie goldbraun und knusprig sind. Sie sollten leicht brechen und innen nicht mehr teigig sein.

4 Die Grissini auf ein Kuchengitter legen und vollständig auskühlen lassen.

Passen zum Aperitif oder zu Dips wie Tomatensalsa oder einem Schnittlauch-Sauerrahm-Dip.

Maisbrot

Goldgelb und frisch aus dem Ofen besonders lecker

ergibt 1 Brot
Zub. 5 Min. • Backzeit 30 Min.
etwa 16 x 21 cm große ofenfeste Form

- Sonnenblumenöl zum Einfetten
- 200 g Maismehl oder mittelfeine Polenta
- 75 g Weizenmehl
- 1 TL Backpulver
- 1 TL Salz
- 1½ EL Zucker
- 300 ml Milch
- 25 g Butter, zerlassen
- 1 Ei

1 Den Backofen auf 190 °C vorheizen. Die Form mit Sonnenblumenöl einfetten.

2 Das Maismehl in eine große Schüssel geben. Weizenmehl, Backpulver, Salz und Zucker in die Schüssel sieben und untermischen. In die Mitte eine Mulde drücken. Milch, Butter und Ei verschlagen, in die Mulde gießen und sorgfältig verrühren, um einen Teig herzustellen. Den Teig in die Form füllen und glatt streichen.

3 Das Brot in den Backofen schieben und 25–30 Min. backen, bis es an den Rändern gebräunt ist und ein in die Mitte eingestochener Spieß sauber wieder herauskommt.

4 Das Maisbrot in Quadrate schneiden und warm servieren.

Dazu passt Chilibutter.

Fladenbrot

Dazu braucht man nicht einmal einen Backofen

ergibt 8 Stück
Zub. 10 Min. + Wartezeit • Backzeit 40 Min.

- 500 g Weizenmehl Type 550 plus Mehl zum Bestäuben
- 2 TL Salz
- 1 Päckchen Trockenhefe
- 3 EL Olivenöl plus Öl zum Einfetten

1 Alle Zutaten in einer großen Schüssel mischen. 250–300 ml lauwarmes Wasser unterrühren. Den Teig gut durchkneten, in eine eingeölte Schüssel legen und locker mit eingeölter Frischhaltefolie abgedeckt an einem warmen Platz etwa 45 Min. gehen lassen, bis er sein Volumen verdoppelt hat.

2 Den Teig auf der leicht bemehlten Arbeitsfläche nochmals kurz durchkneten, dann in acht Stücke teilen und diese zu 1 cm dicken, runden Fladen flach drücken. Mit einem Rollholz noch etwas dünner ausrollen. Auf ein bemehltes Backblech legen und 10 Min. gehen lassen.

3 Eine große Pfanne bei mittlerer Temperatur erhitzen. Ein Fladenbrot hineinlegen und 3 Min. bräunen, dann umdrehen und die andere Seite 2 Min. backen. Auf ein Kuchengitter legen und die restlichen Brote backen, dann servieren.

Passt zu Currys und marokkanischen Gerichten.

Waffeln

Schnell gebacken und perfekt zur Kaffeestunde oder als Dessert geeignet

- ergibt 6–8 Stück
- Zub. 10 Min. • Backzeit 20–25 Min.
- Waffeleisen
- tiefgekühlt 1 Mon. haltbar

175 g Mehl
1 TL Backpulver
2 EL Zucker
300 ml Milch
75 g Butter, zerlassen
1 TL Vanilleextrakt
2 große Eier, getrennt

Vorbereitung Waffeln schmecken frisch am besten, sie können aber bis zu 24 Std. im Voraus zubereitet und im Toaster wieder erhitzt werden.

1 Mehl, Backpulver und Zucker in der Küchenmaschine mischen. In einem Krug Milch, zerlassene Butter, Vanilleextrakt und Eigelbe verrühren, dann in der Küchenmaschine rasch unter die trockenen Zutaten mischen. Falls keine Küchenmaschine vorhanden ist, die trockenen Zutaten in eine Schüssel geben und in der Mitte eine Mulde formen. Die Milchmischung hineingießen und unterschlagen.

2 Das Waffeleisen erhitzen. Das Eiweiß in einer großen Schüssel zu weichem Schnee schlagen. Den Eischnee vorsichtig unter den vorbereiteten Teig ziehen.

3 Den Backofen auf 130 °C vorheizen. Eine kleine Kelle Teig (oder die vom Hersteller empfohlene Menge) auf das heiße Waffeleisen schöpfen und fast bis zum Rand verteilen. Das Eisen schließen und die Waffel goldbraun backen. Mit dem restlichen Teig ebenso verfahren. Die Waffeln sofort servieren oder nebeneinandergelegt im Backofen warm halten.

Dazu passen Zucker und Zimt, gesüßte Schlagsahne oder Eiscreme und Sauerkirschkompott, frisches Obst, Ahornsirup oder Butter und Konfitüre.

VARIANTE

Buttermilchwaffeln

Die Milch durch Buttermilch ersetzen und noch 1 TL Backpulver hinzufügen.

Gewürzwaffeln

Zu den trockenen Zutaten 2 TL Lebkuchengewürz hinzufügen.

Scones

Nichts schmeckt besser zu einer guten Tasse Tee als frisch gebackene Scones

- ergibt 8 Stück
- Zub. 25 Min. • Garzeit 12–15 Min.
- 7 cm große runde Ausstechform

225 g Mehl plus Mehl zum Bestäuben
½ Päckchen Backpulver
½ TL Salz
50 g Sultaninen
30 g Zucker
60 g Butter, gewürfelt, plus Butter zum Einfetten
150 ml Milch
1 Ei, verquirlt

1 Den Backofen auf 220 °C vorheizen. Mehl, Backpulver und Salz in eine Schüssel sieben, dann Sultaninen und Zucker untermischen. Die Butter mit den Fingerspitzen einarbeiten, bis grobe Krümel entstanden sind. In die Mitte eine Mulde drücken. Die Milch hineingießen und alles gut vermischen.

2 Den weichen, klebrigen Teig auf die leicht bemehlte Arbeitsfläche setzen und kneten, bis er glatt ist, dann zu einem 2,5 cm dicken, runden Fladen formen.

3 Die Ausstechform in Mehl tauchen und aus dem Teig Kreise ausstechen. Den restlichen Teig immer wieder zusammendrücken.

4 Die Scones auf ein gefettetes Backblech setzen und mit verquirltem Ei bestreichen. Auf oberster Schiene in den Backofen schieben und 12–15 Min. backen, bis sie goldbraun sind. Herausnehmen und auf einem Kuchengitter etwas abkühlen lassen, noch warm servieren.

Dazu passen Erdbeer- oder Himbeerkonfitüre und Crème double oder Mascarpone.

Scones formen

Den Ausstecher gerade halten und beim Herausziehen aus dem Teig nicht drehen, um sicherzustellen, dass die Scones später gleichmäßig gebacken werden.

Club Sandwich

Dieses üppig belegte Brot mit gegarter Hähnchenbrust, Speck, Tomaten und Salat besiegt garantiert jede Hungerattacke

für 4 Personen

Zub. 15 Min. + Wartezeit
• Garzeit 15 Min.

- 1 Knoblauchzehe, durchgepresst
- 1 TL mediterrane Kräuter
- 2 EL Olivenöl
- Salz und schwarzer Pfeffer
- 3 Hähnchenbrusfilets mit Haut
- 16 Scheiben durchwachsener Speck
- 12 Scheiben Toastbrot
- 4 EL Mayonnaise
- 1 TL körniger Senf
- 4 reife Tomaten, in Scheiben geschnitten
- 2 Salatherzen, in Streifen geschnitten
- 8 Cornichons

Vorbereitung Schritt 1 und 5 können mehrere Stunden im Voraus ausgeführt werden.

1 In einer Schüssel Knoblauch, Kräuter, 1 EL Olivenöl sowie Salz und Pfeffer nach Geschmack mischen. Die Hähnchenbrust in der Marinade wenden und für mindestens 30 Min. beiseitestellen.

2 In der Zwischenzeit das restliche Öl in einer großen Pfanne erhitzen. Den Speck darin portionsweise etwa 2–3 Min. braten, bis er goldbraun und knusprig ist. Auf Küchenpapier abtropfen lassen.

3 In derselben Pfanne die Hähnchenbrüste mit der Hautseite nach unten etwa 4–5 Min. braten, bis sie gebräunt sind. Umdrehen und noch einmal etwa 4–5 Min. braten, bis das Fleisch gar ist. Auf einen Teller heben und beiseitestellen.

4 In der Zwischenzeit die Brotscheiben toasten und auf einem großen Schneidebrett nebeneinander auslegen. Falls gewünscht die Rinde entfernen.

5 In einer Schüssel Mayonnaise, Senf sowie Salz und Pfeffer nach Geschmack verrühren.

6 Die Toastscheiben mit der Senfmayonnaise bestreichen. Die Hähnchenbrust in Scheiben schneiden und die Hälfte der Streifen auf 4 Toastscheiben verteilen. Die Speckstreifen halbieren und die Hälfte auf dem Fleisch verteilen. Darauf Tomatenscheiben und schließlich Salatstreifen geben. Einen zweiten Toast darauflegen und die restlichen Zutaten wie oben ergänzen. Zum Schluss die verbliebenen Toastscheiben aufsetzen.

7 Die Sandwiches schräg halbieren und die Cornichons darauflegen. Jeweils einen Cocktailspieß durch die Mitte der Sandwichhälften stecken, damit sie nicht auseinanderfallen.

Dazu passen eingelegte Gurken und andere Pickles als Beilage.

VARIANTE

Fisch-Sandwich

Anstelle von Hähnchenbrust gebratenes Filet von weißfleischigem Fisch wie etwa Kabeljau oder Schellfisch verwenden. Die Mayonnaise durch Sauce tartare ersetzen.

Bagels mit Räucherlachs und Rahmfrischkäse

Für ein herzhaftes Frühstück oder einen amerikanischen Sonntagsbrunch

für 4 Personen

Zub. 10 Min.

- 200 g Rahmfrischkäse
- 1 EL fein gehackter Dill
- 1 TL Tafelmeerrettich
- 4 Bagels (einfach, mit Mohn oder mit Sesam), aufgeschnitten und getoastet
- 175 g Räucherlachs
- schwarzer Pfeffer
- Zitronenspalten zum Servieren

1 In einer Schüssel Rahmfrischkäse, Dill und Meerrettich verrühren.

2 Die unteren Hälften der Bagels mit der Käsemischung bestreichen, dann den Räucherlachs darauflegen.

3 Frisch gemahlenen schwarzen Pfeffer darübergeben und die oberen Bagelhälften aufsetzen. Die Bagels mit den Zitronenspalten zum Beträufeln des Lachses servieren.

Mozzarella-Sandwich

Unbedingt heiß servieren, so schmeckt der Käse am besten

für 4 Personen

Zub. 10 Min. • Garzeit 8–12 Min.

- 8 Scheiben Sauerteigbrot
- Olivenöl zum Beträufeln
- 150 g Mozzarella, in Scheiben geschnitten
- 12 getrocknete Tomaten, grob gehackt
- 2 Handvoll Basilikum, zerzupft
- Salz und schwarzer Pfeffer
- 1 Handvoll Rucolablätter zum Servieren (nach Belieben)
- 1 EL Balsamico-Essig (nach Belieben)

1 Die Brotscheiben nebeneinander auf die Arbeitsfläche legen und auf beiden Seiten mit etwas Olivenöl beträufeln.

2 Auf 4 der Brotscheiben Mozzarella, Tomaten und Basilikum verteilen und nach Geschmack salzen und pfeffern.

3 Die restlichen Brotscheiben auflegen und fest mit der Hand zusammendrücken, dabei aber darauf achten, dass der Belag nicht herausquillt.

4 Eine große Pfanne erhitzen und 1 EL Olivenöl hineingeben. Vorsichtig zwei Sandwiches in die Pfanne legen und auf jeder Seite 2–3 Min. braten, bis sie goldbraun sind. Herausnehmen und warm stellen, während die restlichen Sandwiches gebraten werden.

5 Die Brote halbieren. Falls gewünscht, als Garnitur mit Balsamico-Essig beträufelten Rucola verwenden.

Pan bagnat

Das »nasse Brot«, ein traditionelles Arbeiteressen, ist in der Gegend um Nizza sehr beliebt

für 4 Personen

Zub. 20 Min. + Wartezeit

- 4 Baguettebrötchen
- 2 Knoblauchzehen, halbiert
- 2 EL Olivenöl
- 1 TL Weißweinessig
- Salz und schwarzer Pfeffer
- 1 hart gekochtes Ei, in Scheiben
- 2 große Tomaten, in Scheiben geschnitten
- ¼ Salatgurke, in Scheiben geschnitten
- 12 Sardellenfilets
- 100 g Thunfisch aus der Dose
- ½ grüne Paprikaschote, Stielansatz, Samen und Scheidewände entfernt, Fruchtfleisch in Streifen geschnitten
- 2 Frühlingszwiebeln, gehackt
- 60 g gekochte grüne Bohnen
- 8 schwarze Oliven, entsteint
- 8 Basilikumblätter

Vorbereitung Mindestens 1 Std. im Voraus zubereiten, damit das Brot durchziehen kann.

1 Die Baguettebrötchen aufschneiden und die weiche Krume teilweise entfernen. Die Innenseiten mit den Knoblauchzehen einreiben, mit Olivenöl und Essig beträufeln und nach Geschmack salzen und pfeffern.

2 Ei, Tomaten, Gurke, Sardellen, Thunfisch, Paprika, Frühlingszwiebeln, Bohnen, Oliven und Basilikum gleichmäßig auf die Baguettebrötchen verteilen.

3 Die Brötchen in Frischhaltefolie wickeln und vor dem Servieren für mindestens 1 Std. in den Kühlschrank legen.

Thunfischsandwich

In Amerika ein Favorit bei Groß und Klein. Mit Pickles und Relishes servieren

für 4 Personen
Zub. 15 Min. • Garzeit 10 Min.

- 4 englische Muffins (siehe Seite 76)
- 1 EL Olivenöl
- 2 Schalotten, fein gehackt
- 1 rote Paprikaschote, Stielansatz, Samen und Scheidewände entfernt, Fruchtfleisch fein gehackt
- 4 Frühlingszwiebeln, in schmale Ringe geschnitten
- 2 Dosen Thunfisch à 185 g, abgetropft
- 2 EL Tomatenketchup
- 6 EL Mayonnaise
- 4 dünne Scheiben alter Cheddar oder Edamer, schräg halbiert

Vorbereitung Schalotten, Paprika und Frühlingszwiebeln können im Voraus zerkleinert werden, die Sandwiches aber erst unmittelbar vor dem Servieren zusammensetzen.

1 Den Backofengrill auf hoher Stufe vorheizen. Die Muffins aufschneiden und die Schnittflächen rösten.

2 Das Öl in einer Pfanne erhitzen. Schalotten, Paprika und Frühlingszwiebeln darin unter häufigem Rühren anbraten, bis sie weich, aber noch nicht gebräunt sind. Den Thunfisch hinzufügen, mit einer Gabel zerteilen und 1 Minute garen, bis er heiß ist. Die Pfanne von der Kochstelle nehmen, dann Tomatenketchup und 2 EL Mayonnaise unterrühren.

3 Die restliche Mayonnaise auf die Muffins streichen. Die Thunfischmischung darauf verteilen und mit dem Käse bedecken.

4 Die Muffins unter den Grill stellen, bis der Käse geschmolzen ist. Die Deckel aufsetzen und die Muffins sofort servieren.

Dazu passen eingelegte Gurken oder ein Maisrelish.

Croque-monsieur

Überbackenes Käse-Schinken-Sandwich *à la française*. Ein Klassiker der schnellen Küche

für 4 Personen
Zub. 15 Min. • Garzeit 10 Min.

- 400 g Gruyère
- 50 g Butter plus Butter zum Bestreichen
- 2 EL Mehl
- 2 TL Dijonsenf
- 150 ml Milch
- 8 Scheiben Toastbrot
- 8 dünne Scheiben gekochter Schinken

Vorbereitung Schritt 1 und 2 können am Vortag ausgeführt werden. Die Sandwiches aber erst unmittelbar vor dem Servieren zusammensetzen und überbacken.

1 Von dem Käse 120 g in dünne Scheiben schneiden, den Rest reiben.

2 Die Butter bei schwacher Hitze in einem Topf zerlassen. Von der Kochstelle nehmen und das Mehl unterrühren. Den Topf wieder auf den Herd stellen und das Mehl 1 Min. anschwitzen. Den Topf wieder vom Herd ziehen. Geriebenen Käse, Senf und Milch hineingeben. Die Mischung glatt rühren und beiseitestellen.

3 Die Hälfte der Brotscheiben auf einer Seite rösten. Die ungerösteten Seiten dünn mit Butter bestreichen, mit Schinken- und Käsescheiben belegen. Die restlichen Brotscheiben daraufsetzen, andrücken und mit der Käsecreme bestreichen.

4 Die Sandwiches überbacken, bis die Käsemasse goldbraun ist, dann sofort servieren.

Dazu passen ein kleiner Salat und Pommes frites, und schon haben Sie ein rasch zubereitetes, aber sättigendes Mittagessen auf dem Teller.

VARIANTE

Croque-madame

Auf jedes gegrillte Sandwich ein Spiegelei oder pochiertes Ei setzen.

Coronation rolls

In Großbritannien sind diese Brötchen auf Sommerpicknicks und Gartenpartys nicht wegzudenken

für 4 Personen
Zub. 15 Min. + Wartezeit • Garzeit 5 Min.

- 1 EL Sonnenblumenöl
- 1 Schalotte, fein gehackt
- 1 TL Currypaste (nach Geschmack mild oder scharf)
- 1 EL Tomatenmark
- 1 Spritzer Worcestersauce
- 120 g Mayonnaise
- 6 Aprikosenhälften aus der Dose, abgetropft
- 350 g gegartes Hähnchenfleisch, in kleine Stücke geschnitten
- 8 längliche, weiche Brötchen, aufgeschnitten und, falls gewünscht, mit Butter bestrichen
- 2 EL gehackte Petersilie

Vorbereitung Der Belag kann 1 Tag im Voraus zubereitet und 1–2 Std. vor dem Servieren auf die Brötchen gegeben werden.

1 Das Öl in einem kleinen Topf erhitzen und die Schalotte darin braten, bis sie weich, aber noch nicht gebräunt ist. Die Currypaste hinzufügen und bei schwacher Hitze 1 Minute garen, dann Tomatenmark und Worcestersauce unterrühren. Die Mischung von der Kochstelle nehmen und abkühlen lassen.

2 Zwiebelmischung mit Mayonnaise und Aprikosen in der Küchenmaschine glatt pürieren. In eine Schüssel geben und das Fleisch untermischen. Abgedeckt bis zur Verwendung in den Kühlschrank stellen.

3 Zum Servieren die Mischung auf die Brötchen geben und mit der Petersilie bestreuen.

VARIANTE

Ei-Mayonnaise-Brötchen

4 gehackte hart gekochte Eier in die Mayonnaisemischung oder, falls gewünscht, in einfache Mayonnaise rühren. Die Brötchen mit Brunnenkresse oder Gartenkresse garnieren.

Gurkensandwiches

Keine stilvolle Einladung zum Tee ohne diese feinen traditionellen Sandwiches

für 4 Personen
Zub. 15 Min. + Wartezeit

- 1 Salatgurke, geschält
- ½ TL Salz
- 2 TL Weißweinessig
- 8 dünne Scheiben Weißbrot
- weiche Butter zum Bestreichen
- schwarzer Pfeffer
- 1 Schale Kresse zum Garnieren

Vorbereitung Schritt 1 kann 1 Std. im Voraus ausgeführt werden. Die Gurkenscheiben abgedeckt in den Kühlschrank stellen.

1 Die Gurke mit einem scharfen Messer in höchstens 3 mm dicke Scheiben schneiden. Die Scheiben in einen Durchschlag geben und mit dem Salz bestreuen. Die Gurkenscheiben zum Entwässern für 20–30 Min. beiseitestellen. Vor der Verwendung die Scheiben mit dem Essig beträufeln.

2 Die Brotscheiben mit der Butter bestreichen. Auf der Hälfte der Scheiben die Gurkenscheiben verteilen. Etwas schwarzen Pfeffer darübergeben und die restlichen Brotscheiben daraufsetzen.

3 Von den Brotscheiben die Kruste rundum entfernen. Die Sandwiches in Quadrate, Dreiecke oder Stäbchen schneiden, auf einem Servierteller anrichten und mit der Kresse garniert sofort servieren.

VARIANTE

Käse-Gurken-Sandwiches

Die Brote anstatt mit Butter mit Rahmfrischkäse bestreichen.

Sandwiches

Wenn Sie hungrig und in Eile sind, machen Sie sich schnell ein Sandwich. Ob zum Frühstück, als Mittagessen, am Abend oder zwischendurch – es gibt Sandwiches für jede Gelegenheit. Lassen Sie Ihrer Kreativität freien Lauf, und erfinden Sie neue fantastische Aromenkombinationen.

Für jeden Geschmack

Wunderbarerweise gibt es für die Zubereitung von Sandwiches keine Regeln. Sie können warm oder kalt, leicht und fein oder herzhaft und sättigend sein. Geben Sie gegrillte Gemüse mit Ziegenfrischkäse in ein Fladenbrot oder füllen Sie knuspriges Baguette mit Entenbrust und süßen Früchten. Wenn Sie Anregungen brauchen, halten Sie sich an Klassiker wie das Sandwich ganz unten.

Schnittchen
Dafür wird nur eine Scheibe Brot verwendet. Um sie besser in die Hand nehmen zu können, sollten sie mit einem Brot zubereitet werden, das eine feste Krume hat.

Für unterwegs

- Zum Frischhalten die Sandwiches sofort nach der Zubereitung in Papier, Alufolie oder Folienbeutel verpacken.
- Knackige Salatblätter als Schutz zwischen Brot und feuchte Zutaten wie Tomaten legen.
- Mit Fleisch, Geflügel oder Milchprodukten belegte Sandwiches nie länger als 2 Std. ungekühlt aufbewahren.

Doppeldecker
Um solche Doppeldecker zu essen, braucht man beide Hände. Sie bestehen aus Baguettebrötchen, gefüllt mit in dünne Scheiben geschnittenem Fleisch, Gemüse, Salat und Pickles.

BROTSORTEN

Nur mit gutem Brot lassen sich auch gute Sandwiches zubereiten. Probieren Sie einmal diese Sorten:

Baguette Der vielseitige französische Klassiker.

Sauerteigbrot Schmeckt gut mit Fisch, Meeresfrüchten, Käse oder Pastete.

Pitabrot oder türkisches Fladenbrot lassen sich gut aufschneiden und mit Salaten füllen.

Ciabatta Knuspriges italienisches Brot für großartige Panini.

Mehrkornbrot Idealer Partner für gepökeltes Fleisch, Räucherfisch und würzige Aufstriche.

Panini
Die oft mit Ciabatta zubereiteten Panini sind getoastete Sandwiches aus Italien. Um sie noch schmackhafter zu machen, kann man leicht schmelzenden Käse hinzufügen.

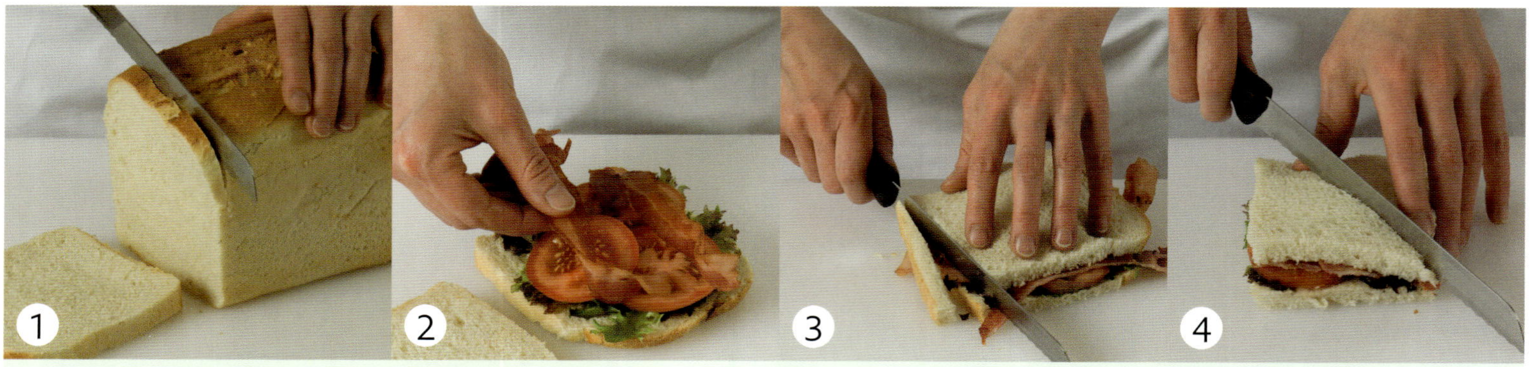

Klassisches Sandwich

1 Von einem frischen Kastenweißbrot zwei gleich dicke Scheiben abschneiden. Eine Scheibe mit Mayonnaise bestreichen.

2 Speckscheiben grillen oder braten, bis sie knusprig sind, dann auf Küchenpapier abtropfen lassen. Salatblätter auf das bestrichene Brot legen, Tomatenscheiben und Speck darauf verteilen.

3 Die zweite Brotscheibe ebenfalls mit Mayonnaise bestreichen und auf die erste legen. Das Sandwich gut festhalten und mit einem scharfen Messer vorsichtig rundum die Rinde entfernen.

4 Das Sandwich mit dem Brotmesser schräg in zwei gleich große Dreiecke schneiden.

Sandwiches zubereiten

Geröstetes Sandwich

1 Zwei Scheiben Brot auf beiden Seiten mit Butter bestreichen. Auf eine Scheibe Käse, Tomatenscheiben und Basilikum legen und die zweite Scheibe daraufsetzen.

2 Eine Pfanne bei mittlerer Temperatur erhitzen. Das Sandwich hineinlegen und etwa 2–3 Min. rösten, bis die Unterseite gebräunt ist.

3 Das Sandwich mit einem Pfannenwender umdrehen und auch die zweite Seite etwa 2–3 Min. rösten, bis sie gebräunt und der Käse geschmolzen ist.

4 Das Sandwich vorsichtig herausnehmen, auf ein Brett legen und mit einem Brotmesser in zwei Hälften schneiden.

Alternative

Köstliche Käsesandwiches können auch unter dem Backofengrill oder in einem Sandwich-Maker zubereitet werden. Den Grill auf höchster Stufe vorheizen und das Sandwich auf beiden Seiten grillen, bis es goldbraun und der Käse geschmolzen ist. Oder das Sandwich in einem elektrischen Sandwich-Maker nach Gebrauchsanweisung toasten.

Dünne Sandwiches

1 Um das Brot dünn aufschneiden zu können, ohne dass es zerfällt, die Schnittfläche zunächst mit Rahmfrischkäse bestreichen und dann mit dem Brotmesser eine dünne Scheibe abschneiden.

2 Die Brotscheibe mit Räucherlachs belegen, mit Schnittlauchröllchen bestreuen und eine zweite Scheibe Brot mit der bestrichenen Seite nach unten darauflegen. Mit den weiteren Scheiben ebenso verfahren.

3 Zwei Sandwiches auf einem Schneidebrett aufeinanderlegen und mit dem Brotmesser die Rinde entfernen, dabei die Sandwiches mit der anderen Hand gut festhalten.

4 Die Sandwiches mit dem Brotmesser schräg in Hälften schneiden und die Hälften wiederum in Dreiecke.

Alternative

Für Fingerfood Räucherlachs und Schnittlauch auf den Brotscheiben verteilen, dann die Rinde abschneiden. Die Scheiben aufrollen und fest in Frischhaltefolie wickeln. Die Enden der Folie sorgfältig zusammendrehen und die Rollen bis zu 24 Std. kalt stellen. Zum Servieren auswickeln und mit dem Brotmesser in 5 mm dicke Scheiben schneiden.

Sandwiches

Käse und Chutney

Probieren Sie diese Zutaten auf knusprig getoasteten Baguettescheiben.

- weiche Butter
- Cheddar, in Scheiben geschnitten
- Apfelchutney

Avocado und Speck

Zwei Scheiben Mehrkornbrot mit Mayonnaise bestreichen. Eine Scheibe mit Salat, Avocado und Speck belegen. Die zweite Scheibe mit der bestrichenen Seite nach unten daraufsetzen und das Sandwich zusammendrücken.

- Mayonnaise
- Salatblätter
- Avocado, geschält, entsteint und in Scheiben geschnitten
- durchwachsener Speck in Scheiben, knusprig gebraten und gut abgetropft

Hummus spezial

Vollkornbrotscheiben mit Hummus bestreichen, dann Gemüse, Salat und eine zweite Scheibe Brot daraufsetzen.

- Hummus
- Paprikastreifen
- Möhre, geraspelt
- Tomatenscheiben
- Salatblätter

Fisch und Käse

Ein Brötchen aufschneiden und mit Sauce tatare bestreichen. Auf die untere Hälfte Salatstreifen und heiße Fischstäbchen legen, dann Käsescheiben. Die obere Hälfte aufsetzen und das Brötchen zusammendrücken.

- Sauce tartare
- Salatblätter, in Streifen geschnitten
- Fischstäbchen, gebraten
- Gouda in Scheiben

Schinken und Käse

Für diesen französischen Klassiker ein Baguette aufschneiden, mit Butter bestreichen und mit Schinken und Käse belegen.

- weiche Butter
- Parmaschinken
- Emmentaler in Scheiben

Panino mit Aubergine

Ein großes Stück Ciabatta aufschneiden. Die untere Hälfte mit Pesto bestreichen, dann Aubergine, Tomate, Käse und Rucola darauflegen. Die obere Brothälfte aufsetzen und den Panino unter dem Grill toasten.

- Pesto
- gegrillte Aubergine, in Scheiben geschnitten
- Tomatenscheiben
- Provolone, in Scheiben geschnitten
- Rucolablätter

Tartine mit Pâté

Getoastete Scheiben Sauerteigbrot mit Pastete bestreichen und in Scheiben geschnittene Gewürzgurken dazugeben.

- Hähnchenleberpastete
- Gewürzgurken, in Scheiben geschnitten

Thunfisch und Mais

Thunfisch und Mayonnaise verrühren. Mais, Petersilie sowie Salz und Pfeffer nach Geschmack untermischen. Die Creme auf Vollkornbrot streichen und eine zweite Brotscheibe daraufsetzen.

- Thunfisch aus der Dose, abgetropft und zerteilt
- Mayonnaise
- Maiskörner aus der Dose, abgetropft
- Petersilie, gehackt
- Salz und Pfeffer

Mozzarella-Panino

Ciabatta aufschneiden und mit Öl einpinseln. Die restlichen Zutaten hinzufügen, toasten.

- Olivenöl
- Mozzarellascheiben
- getrocknete Tomaten
- Basilikumblätter

Griechische Pitataschen

Pitabrot toasten, aufschneiden und die Füllung hineingeben.

- gegartes Lammfleisch
- Feta, zerkrümelt
- rote Paprika, gewürfelt
- Salatgurke, gewürfelt

Frühstückssandwich

Ein Brötchen toasten, dann Rührei, Wurst und Tomate daraufgeben.

- Rührei
- Bratwurst in Scheiben
- Tomatenscheiben

Hähnchen-Wrap

Joghurt und Limettenschale mischen, auf einer Weizentortilla verteilen und die anderen Zutaten hinzufügen. Die Tortilla fest aufrollen.

- fester Joghurt
- Limettenschale
- Hähnchenfleisch
- Gurkenscheiben
- Rucolablätter

FÜR JEDEN ETWAS
Wenn es in der Mittagspause schnell gehen muss, ist ein einfaches, aber leckeres Sandwich, das mit verschiedensten Brotsorten und Belägen (siehe links) zubereitet werden kann, unschlagbar.

Tomaten-Paprika-Focaccia

Ein vegetarisches Sandwich mit klassisch italienischen Zutaten

für 4 Personen
Zub. 20 Min. + Wartezeit • Garzeit 20 Min.

- 2 orangefarbene oder gelbe Paprikaschoten
- 4 Portionsstücke Focaccia
- 4 EL Paste von sonnengetrockneten Tomaten
- 8 Kirschtomaten, halbiert, plus Kirschtomaten zum Garnieren
- 2 EL natives Olivenöl extra
- schwarzer Pfeffer
- 225 g Büffel-Mozzarella, gehackt
- 1 Handvoll Basilikumblätter plus Basilikum zum Garnieren

1 Den Backofengrill auf höchster Stufe vorheizen. Den Grillrost mit Alufolie abdecken. Die Paprikaschoten darauflegen und grillen, bis die Haut schwarz wird, dabei regelmäßig wenden. Den Grill eingeschaltet lassen.

2 Die Schoten in einen Folienbeutel geben und den Beutel verschließen, damit der entstehende Dampf die Haut löst. Sobald die Schoten genügend abgekühlt sind, die Haut abziehen, Stielansatz, Samen und Scheidewände entfernen. Das Fleisch in dicke Streifen schneiden.

3 Die Focaccia-Stücke waagerecht halbieren. Die Stücke auf beiden Seiten leicht toasten und die Schnittflächen mit der Tomatenpaste bestreichen.

4 Den Grillrost mit frischer Alufolie abdecken. Die Tomatenhälften mit den Schnittflächen nach oben daraufsetzen und mit dem Öl beträufeln, dann salzen und pfeffern und etwa 5 Min. grillen, bis sie weich sind, aber noch nicht zerfallen.

5 Tomaten und Paprikastreifen auf die unteren Brothälften legen, Mozzarella und ganze oder zerzupfte Basilikumblätter daraufgeben, und den Tomatensaft von der Alufolie darüberträufeln. Die oberen Brothälften aufsetzen und mit den zusätzlichen Tomaten und Basilikumblättern garniert servieren.

Zeit sparen

Schneller geht es mit gegrillten Paprikaschoten aus dem Glas. Sie müssen vor dem Schneiden gut abtropfen.

BLT

Englischer Klassiker mit *bacon, lettuce* und *tomato,* also Schinken, Salat und Tomate

für 4 Personen
Zub. 10 Min. • Garzeit 10 Min.

- 12 Scheiben durchwachsener Speck
- 8 dicke Scheiben Brot
- Butter zum Bestreichen
- Mayonnaise zum Bestreichen
- ¼ Kopf Eisbergsalat, in Streifen geschnitten
- 2 Tomaten, in Scheiben geschnitten
- schwarzer Pfeffer

1 Den Speck in einer großen Pfanne 4–6 Min. braten, bis er knusprig ist, dabei einmal wenden. Auf Küchenpapier abtropfen lassen.

2 Die Brotscheiben auf beiden Seiten leicht toasten.

3 Die Scheiben mit etwas Butter bestreichen, dann die Hälfte mit Mayonnaise. Etwas Salat, 3 Scheiben Speck, wieder etwas Salat und schließlich die Tomatenscheiben daraufgeben. Mit Salz und Pfeffer nach Geschmack bestreuen und die übrigen Brotscheiben auflegen. Die Sandwiches halbieren und mit Zahnstochern zusammenstecken, dann sofort servieren.

Quesadillas mit Salsa mexicana

Traditionell verwendet man für Quesadillas ungegarte Tortillas, die mit Käse gefüllt und frittiert werden

für 8 Personen
Zub. 10 Min. • Garzeit 20 Min.

- 8 Weizentortillas
- 200 g geriebener Käse
- Guacamole zum Servieren

Salsa

- 2 Tomaten, fein gehackt
- ½ Zwiebel, fein gehackt
- 1 grüne Chilischote, Samen entfernt, fein gehackt
- 1 Handvoll Koriandergrün, gehackt
- 1 TL Salz
- Saft von ½ Limette

1 Eine schwere Pfanne bei mittlerer Temperatur erhitzen. In der Zwischenzeit alle Zutaten für die Salsa in einer Schüssel vermischen. Die Salsa beiseitestellen.

2 Eine Tortilla in die Pfanne legen und 30 Sekunden erhitzen. Umdrehen, mit 25 g Käse bestreuen, in der Mitte zusammenklappen und mit dem Pfannenwender behutsam flach drücken.

3 Die Quesadilla wenden und backen, bis sie auf beiden Seiten gebräunt und der Käse geschmolzen ist. Mit den übrigen Tortillas ebenso verfahren.

4 Die Quesadillas halbieren, sodass Dreiecke entstehen, und sofort mit der Salsa und Guacamole als Beilage servieren.

VARIANTE

Hähnchenfleisch-Käse-Quesadillas

225 g gegartes und in Streifen geschnittenes Hähnchenfleisch mit 2 EL Grillsauce vermischen und in Schritt 2 mit dem Käse auf den Tortillas verteilen. Die Tortillas statt mit Guacamole mit Sauerrahm servieren.

Steaksandwich

Eine vollständige kleine Mahlzeit, mit der Sie gut durch den Tag kommen

für 4 Personen
Zub. 15 Min. • Garzeit 10 Min.
Grillpfanne

- 4 knusprige Brötchen oder kleine Baguettes, aufgeschnitten
- 4 Rumpsteaks oder Sirloinsteaks, jeweils 140 g schwer
- 2 EL Öl
- Salz und Pfeffer
- 2 TL Tafelmeerrettich
- 120 g Frischkäse
- 120 g Blauschimmelkäse wie Roquefort oder Stilton, zerkrümelt
- 4 Salatblätter
- 2 Tomaten, in Scheiben geschnitten
- 2 EL milder Senf
- 1 Zwiebel, in Ringe geschnitten
- 8 Scheiben Dillgurke

1 Die Pfanne bei hoher Temperatur erhitzen. Die Brötchen mit den Schnittflächen nach unten portionsweise hineinlegen und leicht rösten. Aus der Pfanne nehmen und beiseitestellen. Die Steaks mit Öl einpinseln, nach Geschmack salzen und pfeffern und auf jeder Seite 3–4 Min. braten.

2 In der Zwischenzeit Meerrettich, Rahmfrischkäse und Blauschimmelkäse mischen. Die Mischung auf die getoasteten Brötchen streichen, dann die unteren Brötchenhälften mit Salatblättern und Tomatenscheiben belegen.

3 Die abgekühlten Steaks auf die Brötchen verteilen und etwas Senf dazugeben. Zwiebelringe und Gurkenscheiben darauflegen. Die oberen Brötchenhälften aufsetzen. Cocktailspieße durch die Brötchen stecken, dann servieren.

Canapés

Feine Schnittchen mit leckerem Belag für jede Gelegenheit

für 4 Personen
Zub. 10 Min.

- 2 EL Mayonnaise
- 2 TL Dijonsenf
- 12 Scheiben Brot (Weißbrot, Vollkornbrot und Mehrkornbrot gemischt)

Belag

- 1 Ei, hart gekocht
- gegrillte Aubergine
- Mozzarella
- Zitrone
- Tomate
- 3 Scheiben gekochter Schinken
- gemischte Salatblätter
- gegarte und geschälte Garnelen
- Salz und Pfeffer

1 Mayonnaise und Senf in einer Schüssel verrühren. Ei, Aubergine, Mozzarella, Zitrone und Tomate in Scheiben schneiden. Die Brotscheiben mit der Senf-Mayonnaise bestreichen.

2 Auf 3 Brotscheiben Schinken, Ei und einige Salatblätter legen. Auf 3 weiteren Scheiben die Garnelen mit Salatblättern und ½ Zitronenscheibe zum Beträufeln verteilen. Auf die restlichen Scheiben Aubergine, Mozzarella und Tomatenscheiben schichten.

3 Die Canapés mit weiteren Salatblättern garnieren, nach Geschmack salzen und pfeffern und auf einer Servierplatte anrichten, sodass sich jeder Gast selbst bedienen kann.

Erdnussbutter-Sandwich de luxe

Diese aufgepeppte Version eines beliebten Klassikers schmeckt auch Vegetariern

für 4 Personen
Zub. 10 Min.

- 120 g Erdnussbutter
- 2 EL Orangenmarmelade
- 3 reife Bananen
- 8 Scheiben Mehrkornbrot, getoastet

1 In einer kleinen Schüssel Erdnussbutter und Marmelade sorgfältig verrühren. Die Bananen schälen und längs halbieren, dann jede Hälfte waagrecht in zwei Stücke schneiden.

2 Die Erdnussbutter gleichmäßig auf 4 Brotscheiben streichen. Die Bananenstücke darauflegen und dann jeweils mit einer zweiten Brotscheibe bedecken.

3 Nach Belieben die Sandwiches schräg halbieren.

Dazu passen Apfelspalten oder eine reife Birne.

Reuben Sandwich

Ein Verkaufsschlager in den Feinkostgeschäften von New York und in ganz Amerika populär

für 4 Personen
Zub. 5 Min. • Garzeit 8–10 Min.

- 225 g Sauerkraut
- 8 Scheiben Roggenbrot
- 4 EL Thousand-Island-Dressing
- 8 Scheiben gepökeltes Rindfleisch à 30 g
- 8 dicke Scheiben Emmentaler
- 4 EL Butter

1 Das Sauerkraut in einem Sieb unter fließendem kaltem Wasser abspülen. Mit einem kleinen Teller beschwert abtropfen lassen.

2 4 Brotscheiben auf die Arbeitsfläche legen. Jeweils ½ EL Dressing, 2 Scheiben Rindfleisch, ein Viertel des Sauerkrautes und 2 Scheiben Käse daraufgeben. Die restlichen Brotscheiben mit jeweils ½ EL Dressing bestreichen und mit der bestrichenen Seite nach unten auf die Sandwiches setzen.

3 In einer großen Pfanne 1 EL Butter zerlassen. Die Sandwiches darin in zwei Portionen mit einem Teller beschwert bei mittlerer Hitze etwa 2–3 Min. braten, bis die Unterseiten gebräunt sind.

4 Die Sandwiches behutsam wenden, 1 EL Butter hinzufügen, und die Sandwiches noch einmal 2–3 Min. garen, bis die zweite Seite gebräunt und der Käse geschmolzen ist. Die Sandwiches halbieren und warm servieren.

Dazu passen süßsauer eingelegte Pickles.

Tacos

Kleine knusprige Tortillas aus Maismehl, die mit pikanten Zutaten gefüllt werden

für 4 Personen
Zub. 15 Min. • Garzeit 25 Min.

- 2 EL Sonnenblumenöl
- 500 g mageres Rinderhackfleisch
- 2–3 EL Tacogewürz
- 12 Tacohüllen (Fertigprodukt)
- Salatstreifen zum Servieren
- Käse, gerieben, zum Servieren

1 Den Backofen auf 150 °C vorheizen. Das Öl in einer großen Pfanne erhitzen und das Hackfleisch darin unter gelegentlichem Rühren braten, bis es gleichmäßig gebräunt ist. Tacogewürz und 120 ml Wasser hinzufügen und das Fleisch bei schwacher Hitze etwa 10 Min. köcheln lassen, bis die Mischung dick geworden ist.

2 Kurz vor Ende der Garzeit die Tacos im Backofen 3–4 Min. erwärmen.

3 Das Fleisch in die Tacos füllen, dann Salatstreifen und geriebenen Käse daraufgeben.

Dazu passen Tomatensalsa, Chilischoten und Sauerrahm.

Grundteig für Pizza

Ausgangsbasis für zahllose wunderbare Rezepte

- für 4 Personen
- Zub. 15 Min. + Wartezeit • Garzeit 20–25 Min.

500 g Weizenmehl Type 550 (oder Pizzamehl) plus Mehl zum Bestäuben

2 Päckchen Trockenhefe

½ TL Salz

2 EL Olivenöl

Vorbereitung Der Teig kann am Vortag zubereitet werden. Anschließend im Kühlschrank aufbewahren. Die Kälte hemmt die Aktivität der Hefe.

1 Das Mehl in einer Schüssel mit Hefe und Salz mischen. Das Öl und 360 ml lauwarmes Wasser unterrühren. Den Teig auf der bemehlten Arbeitsfläche 10 Min. kneten.

2 Zu einer Kugel formen, in eine dünn eingeölte Schüssel legen und locker mit eingeölter Frischhaltefolie abgedeckt an einen warmen Platz stellen, bis der Teig sein Volumen verdoppelt hat.

3 Den Backofen auf 200 °C vorheizen. Den Teig auf die dünn bemehlte Arbeitsfläche setzen, kurz durchkneten, in vier Stücke teilen und diese zu 23 cm großen Fladen ausrollen. Mit einem Belag nach Wahl weiterverarbeiten.

Pissaladière

Diese Variante der italienischen Pizza hat ihren Namen von *pissala*, einer Paste aus Sardellen

- als Hauptgericht für 4 Personen, als Vorspeise für 8 Personen
- Zub. 20 Min. + Wartezeit • Garzeit 1 Std. 15 Min.
- ofenfeste Form, etwa 23 x 32 cm groß
- tiefgekühlt 3 Mon. haltbar; bei Zimmertemperatur auftauen und im Backofen wieder erhitzen

225 g Weizenmehl Type 550 plus Mehl zum Bestäuben

Salz und schwarzer Pfeffer

1 TL brauner Zucker

1 TL Trockenhefe

1 EL Olivenöl plus Öl zum Einfetten

Belag

4 EL Olivenöl

1 kg Zwiebeln, in dünne Scheiben geschnitten

3 Knoblauchzehen

Thymianzweig

1 TL Kräuter der Provence

1 Lorbeerblatt

1 Glas Sardellen in Öl (100 g)

12 entsteinte schwarze Oliven

schwarzer Pfeffer

1 Für den Boden Mehl, 1 TL Salz und schwarzen Pfeffer in einer Schüssel mischen. In eine zweite Schüssel 150 ml lauwarmes Wasser gießen und zunächst den Zucker, dann die Hefe unterrühren. Die Mischung 10 Min. stehen lassen, mit dem Olivenöl zum Mehl gießen.

2 Alles gut mischen, dabei nach Bedarf noch etwas Wasser hinzufügen. Den Teig auf der bemehlten Arbeitsfläche etwa 10 Min. kneten, bis er glatt und elastisch ist. Zu einer Kugel formen, wieder in die Schüssel legen und mit einem Küchenhandtuch abgedeckt an einem warmen Platz etwa 60 Min. gehen lassen, bis er sein Volumen verdoppelt hat.

3 Für den Belag das Öl bei niedriger Temperatur in einem Topf erhitzen. Die Zwiebeln mit Knoblauch, Kräutern und Lorbeerblatt darin zugedeckt 60 Min. unter gelegentlichem Rühren köcheln lassen, bis sie fast zerfallen sind. Sie dürfen aber nicht ansetzen, daher bei Bedarf etwas Wasser hinzufügen. Gut abtropfen lassen und beiseitestellen, das Lorbeerblatt wegwerfen.

4 Den Backofen auf 180 °C vorheizen. Den Teig auf der bemehlten Arbeitsfläche kurz durchkneten und ausrollen. In die gefettete Form legen und mit einer Gabel einstechen.

5 Die Zwiebeln auf dem Boden verteilen. Die Sardellen abtropfen lassen, dabei 3 EL Öl auffangen. Die Filets längs halbieren. Die Oliven in den Teig drücken und die Sardellen in einem Gittermuster auf die Zwiebeln legen. Das aufgefangene Sardellenöl darüberträufeln und alles mit Pfeffer bestreuen.

6 Die Pissaladière etwa 25 Min. backen, bis der Teig gebräunt ist, die Zwiebeln sollten aber weder braun noch trocken werden. In Rechtecke oder Dreiecke geschnitten warm oder abgekühlt servieren.

Pizza bianca

Eine Pizza ohne Tomatensauce, aber voller frischer mediterraner Aromen

für 4 Personen

Zub. 25 Min. • Backzeit 25–30 Min.

2 große oder 4 kleinere Backbleche

- Grundteig für Pizza (s. S. 98), zu 4 Böden ausgerollt
- 4 EL natives Olivenöl extra plus Öl zum Einfetten
- 140 g Gorgonzola, nach Entfernen der Rinde zerkrümelt
- 12 Scheiben Parmaschinken, in Streifen zerzupft
- 4 frische Feigen, in jeweils 8 Spalten geschnitten
- 2 Tomaten, Samen entfernt, und gewürfelt
- 120 g Rucola
- schwarzer Pfeffer

1 Den Backofen auf 200 °C vorheizen. Die Pizzaböden auf die eingefetteten Backbleche legen, mit der Hälfte des Olivenöls bestreichen und den Käse darüberstreuen.

2 Die Böden etwa 20 Min. backen, bis sie knusprig sind und goldbraun werden. Aus dem Backofen nehmen.

3 Schinken, Feigen und Tomaten auf den Böden verteilen und die Pizzas noch einmal etwa 8 Min. backen, bis der Belag heiß ist und die Böden goldbraun sind.

4 Die Pizzas herausnehmen, mit Rucola bestreuen, großzügig pfeffern und mit dem restlichen Olivenöl beträufelt sofort servieren.

VARIANTE

Pizza bianca mit Gruyère

Den Gorgonzola durch 120 g Gruyère ersetzen, mit Fontina bestreuen.

Pizza quattro stagioni

Diese Pizza hat vier verschiedene Beläge, die die Jahreszeiten repräsentieren

für 4 Personen

Zub. 15 Min. • Backzeit 20 Min.

- Grundteig für Pizza (s. S. 98)
- 2 EL natives Olivenöl extra plus Öl zum Einfetten
- 400 ml Passata (passierte Tomaten)
- 175 g Mozzarella, in dünne Scheiben geschnitten
- 120 g Champignons, in dünne Scheiben geschnitten
- 2 gegrillte Paprikaschoten, in schmale Streifen geschnitten
- 8 Sardellenfilets, längs halbiert
- 120 g scharfe Salami, in Scheiben geschnitten
- 2 EL Kapern
- 8 eingelegte Artischockenherzen, abgetropft und halbiert
- 12 schwarze Oliven

1 Den Pizzateig in vier Stücke teilen und zu 23 cm großen Böden ausrollen. Auf eingefettete Backbleche legen.

2 Den Backofen auf 200 °C vorheizen. Die Passata auf den Böden verteilen, dabei einen 2 cm breiten Rand lassen. Die Mozzarellascheiben auf der Tomatensauce verteilen.

3 Auf einem Viertel jeder Pizza die Pilze verteilen und mit dem Olivenöl einpinseln. Auf dem nächsten Viertel die Paprikastreifen arrangieren und die Sardellen darauflegen. Das dritte Viertel mit Salamischeibchen und Kapern bedecken, das letzte Viertel mit Artischockenherzen und schwarzen Oliven.

4 Die Pizzas 20 Min. backen, bis sie goldbraun sind. Heiß servieren.

Pizzette

Kleine Partypizzas, deren Belag beliebig variiert werden kann

- ergibt 24 Stück
- Zub. 20 Min. + Wartezeit • Garzeit 12–15 Min.
- 7,5 cm große Ausstechform
- gebacken tiefgekühlt 1 Mon. haltbar

- Grundteig für Pizza (s. S. 98)
- 3 EL Basilikumpesto
- 3 EL Paste von sonnengetrockneten Tomaten
- 60 g scharfe Salami, in Streifen geschnitten
- 6 entsteine schwarze Oliven, halbiert
- 60 g Mozzarella, in Scheiben geschnitten
- 30 g Rucola, gehackt
- 2 EL Pinienkerne
- natives Olivenöl extra zum Beträufeln plus Öl zum Einfetten

Vorbereitung Die Pizzette können bis zu 24 Std. im Voraus zubereitet und zum Servieren wieder erwärmt werden.

1 Den Teig auf der leicht bemehlten Arbeitsfläche kneten und etwa 5 mm dick ausrollen. Mit der Ausstechform 24 Kreise ausstechen, dabei nach Bedarf Teigreste wieder zusammenkneten und neu ausrollen. Die Böden auf eingefettete Backbleche legen.

2 Die Hälfte der Böden mit Pesto bestreichen, die anderen mit der Tomatenpaste. Auf der Pesto Salami, Oliven und Mozzarella verteilen, auf der Tomatenpaste Rucola und Pinienkerne.

3 Die Pizzette mit dem Olivenöl beträufeln und für etwa 20 Min. beiseitestellen, bis sie schön aufgegangen sind.

4 Den Backofen auf 220 °C vorheizen und die Pizette 12–15 Min. backen, bis sie aufgegangen und goldbraun sind.

Tipp zum Einfrieren

Diese kleinen Pizzas können Sie gut auf Vorrat herstellen. Tiefgekühlt und vor dem Servieren aufgebacken, schmecken sie wie frisch gemacht.

Pizza fiorentina

Mit frischem Spinat und einem ganzen Ei

- für 4 Personen
- Zub. 15 Min. • Garzeit 20 Min.

- Grundteig für Pizza (s. S. 98)
- 350 g Tomatensauce
- 225 g Spinat, gegart und gehackt
- 1 Prise geriebene Muskatnuss
- 1 TL Thymianblätter
- 175 g Mozzarella, in Scheiben geschnitten
- 4 Eier
- 4 EL geriebener Parmesan
- schwarzer Pfeffer

1 Den Backofen auf 200 °C vorheizen. Den Teig in vier Stücke teilen und zu 23 cm großen Böden ausrollen. Die Böden auf eingefettete Backbleche legen und mit der Tomatensauce bestreichen, dabei einen 2,5 cm breiten Rand lassen.

2 Den Spinat gleichmäßig auf den Böden verteilen und mit Muskatnuss und Thymian bestreuen. Die Mozzarellascheiben darauflegen und in die Mitte jeder Pizza 1 Ei schlagen. Mit Parmesan bestreuen. Die Pizzas etwa 20 Min. backen, bis die Ränder knusprig sind, dann nach Geschmack pfeffern und servieren.

Flammkuchen

Pizzaähnliches Gebäck aus dem Elsass mit dünnem Boden und einem Belag aus Speck und Zwiebeln

für 4 Personen

Zub. 20 Min. + Wartezeit • Garzeit 50 Min.

2 ofenfeste Formen, etwa 23 x 32 cm groß

- Grundteig für Pizza (s. S. 98)
- 2 EL Pflanzenöl plus Öl zum Einfetten
- 30 g Butter
- 4 Gemüsezwiebeln, in dünne Scheiben geschnitten
- 200 g Sauerrahm
- 2 EL Maisstärke
- 2 Eier
- 1 EL Crème fraîche
- 125 g durchwachsener Speck, in kleine Stücke geschnitten

1 Den Backofen auf 200 °C vorheizen. Den Teig halbieren, ausrollen und die beiden eingefetteten Formen damit auslegen.

2 Öl und Butter in einem großen Topf erhitzen. Die Zwiebeln hinzufügen und bei niedriger Temperatur zugedeckt anschwitzen, bis sie weich sind. Auf mittlere Hitze heraufschalten und die Zwiebeln ohne Deckel unter gelegentlichem Rühren braten, bis sie goldbraun sind. Herausnehmen und abkühlen lassen.

3 Sauerrahm, Maisstärke und Eier glatt rühren. So viel Crème fraîche hinzufügen, dass sich die Masse gut verstreichen lässt.

4 Die Mischung auf die Böden geben, dann Zwiebeln und Speck darauf verteilen. Die Kuchen etwa 30 Min. backen, bis der Belag goldbraun und der Boden knusprig ist.

Calzone

Diese Teigtaschen können mit fast jedem Pizzabelag gefüllt werden, dieser ist aber besonders beliebt

für 4 Personen

Zub. 20 Min. + Wartezeit • Garzeit 25–30 Min.

- Grundteig für Pizza (s. S. 98)
- 3 EL Olivenöl
- 6 Scheiben durchwachsener Speck, gehackt
- 1 Hähnchenbrustfilet, in kleine Stücke geschnitten
- 1 grüne Paprikaschote, Stielansatz, Samen und Scheidewände entfernt, Fruchtfleisch gehackt
- 4 EL Paste von sonnengetrockneten Tomaten
- 200 g Mozzarella, in Scheiben geschnitten
- 4 EL gehackte glatte Petersilie
- schwarzer Pfeffer
- 1 Ei, verquirlt, zum Bestreichen

1 Den Teig zu vier 23 cm großen Böden ausrollen. Die Böden auf eingefettete Backbleche legen.

2 Den Backofen auf 200 °C vorheizen. In einer Pfanne 1 EL Öl erhitzen. Speck, Hähnchenbrust und Paprikaschote darin unter häufigem Rühren etwa 5 Min. braten, bis Speck und Fleisch leicht gebräunt sind. Die Zutaten aus der Pfanne nehmen und abkühlen lassen.

3 Eine Hälfte jedes Bodens mit der Tomatenpaste bestreichen, dabei einen Rand lassen. Speck, Fleisch, Paprikaschote, Mozzarella und Petersilie darauf verteilen und großzügig pfeffern.

4 Die Teigränder mit dem verquirlten Ei bestreichen. Die freien Teilhälften über die Füllung klappen und die Ränder mit den Fingern oder einer Gabel fest zusammendrücken.

5 Die Teigtaschen mit dem restlichen Olivenöl einpinseln und 20–25 Min. backen, bis sie aufgegangen, knusprig und goldbraun sind. Heiß servieren.

Dazu passt grüner Salat.

VARIANTE

Scharfe Calzone

Für zusätzliche Schärfe im zweiten Arbeitsschritt 1–2 TL Chiliflocken zu der Fleischmischung geben.

Brauner Fond

Der Fond kann mit Rinder- oder Lammknochen zubereitet werden

ergibt 2,5 l
Zub. 10 Min. • Garzeit 3½–4½ Std.
tiefgekühlt 6 Mon. haltbar

- 1,3 kg rohe oder gegarte Rinder- oder Lammknochen
- 2–3 Zwiebeln, ungeschält halbiert
- 2–3 Möhren, halbiert
- Gemüseabschnitte, etwa Champignonstiele, Staudensellerieblätter oder Tomatenschalen
- Speckschwarte
- 1 Bouquet garni aus 1 Stange Staudensellerie, 1 Lorbeerblatt, etwas Thymian und Petersilie
- 1 EL schwarze Pfefferkörner

Vorbereitung Der Fond kann bis zu 2 Tage im Voraus zubereitet werden. Bis zur Verwendung im Kühlschrank aufbewahren.

1 Rohe Knochen mit Zwiebeln und Möhren in einen Bräter geben und etwa 30 Min. im 200 °C heißen Backofen rösten, bis sie gebräunt sind, dabei wenden. Bei Verwendung gegarter Knochen entfällt dieser Arbeitsschritt.

2 Knochen, Zwiebeln und Möhren in einen großen Topf heben. Gemüseabschnitte, Speckschwarte und Bouquet garni hinzufügen.

3 Die Zutaten mit kaltem Wasser bedecken. Das Wasser zum Kochen bringen und den Schaum von der Oberfläche abschöpfen. Die Hitze reduzieren, die Pfefferkörner dazugeben und den Topfinhalt 3–4 Std. köcheln lassen.

4 Den Fond abkühlen lassen und in eine Schüssel oder einen Krug seihen. Die Aromazutaten wegwerfen. Den Fond über Nacht kalt stellen, dann das verfestigte Fett abheben.

Gemüsebrühe

Übrig gebliebene Brühe kann eingefroren und für Suppen oder Eintöpfe verwendet werden

ergibt 1,2 l
Zub. 10 Min. • Garzeit 60 Min.
tiefgekühlt 6 Mon. haltbar

- 3 große Möhren, gebürstet und grob gehackt
- 3 große Zwiebeln, grob gehackt
- 3 große Stangen Staudensellerie mit Blättern, grob gehackt
- 2 Stangen Lauch, gehackt
- 10 schwarze Pfefferkörner, grob zerstoßen
- 1 Bund glatte Petersilie
- 2 Lorbeerblätter
- ½ TL Salz

Vorbereitung Im Kühlschrank aufbewahrt, hält sich die Brühe 2 Tage. Im Kühlschrank aufbewahren und vor der Verwendung aufkochen.

1 Möhren, Zwiebeln, Sellerie und Lauch mit 1,7 l Wasser in einen großen Topf geben. Das Wasser zum Kochen bringen und den Schaum von der Oberfläche abschöpfen. Die Hitze reduzieren und die restlichen Zutaten hinzufügen. Den Topfinhalt mit halb aufgelegtem Deckel etwa 45 Min. köcheln lassen.

2 Die Brühe in eine große Schüssel seihen, die Aromazutaten wegwerfen.

Fischfond

Nur ganz frische Fischreste verwenden

ergibt 1,2 l

Zub. 10 Min. • Garzeit 20 Min.

tiefgekühlt 6 Mon. haltbar

- 3 Fischköpfe sowie Gräten und/oder Fischabschnitte, Blut abgespült, Gräten angedrückt
- 2 Zwiebeln, grob gehackt
- 1 Stange Staudensellerie, gehackt
- einige Zweige Thymian
- einige Stängel glatte Petersilie
- 1 Lorbeerblatt
- 1 Prise Salz

Vorbereitung Der Fond kann bis zu 2 Tage im Voraus zubereitet werden. Im Kühlschrank aufbewahren und vor der Verwendung aufkochen.

1 Fischabschnitte und Zwiebeln mit 1,7 l Wasser in einen großen Topf geben und bei hoher Temperatur erhitzen, bis das Wasser beinahe kocht. Schaum von der Oberfläche abschöpfen.

2 Die restlichen Zutaten hinzufügen und den Fond mit halb aufgelegtem Deckel 20 Min. köcheln lassen.

3 Die Flüssigkeit durch ein Sieb in eine große Schüssel gießen, die Aromazutaten wegwerfen. Der Fond ist nun fertig zum Gebrauch.

Fettfische

Möglichst keine Fische mit fettem Fleisch wie Hering oder Makrele verwenden, da der Fond sonst trüb wird und einen zu intensiven Geschmack erhält.

Hühnerfond

Für einen klaren Fond das Huhn vor dem Garen vom Fett befreien. Eine Zwiebel mit Schale verleiht der Brühe eine schöne goldgelbe Farbe

ergibt 1 l

Zub. 10 Min. • Garzeit 60 Min.

tiefgekühlt 6 Mon. haltbar

- 1 Hühnerkarkasse, Haut und Fett entfernt
- 2 Stangen Staudensellerie, grob gehackt
- 1 Zwiebel, geviertelt
- einige Stängel glatte Petersilie
- einige Zweige Thymian
- 1 Lorbeerblatt
- ½ TL Salz
- 5 schwarze Pfefferkörner, grob zerstoßen

Vorbereitung Der Hühnerfond kann bis zu 2 Tage im Voraus zubereitet werden. Abkühlen lassen und kalt stellen. Vor der Verwendung den Fond wieder aufkochen.

1 Karkasse, Sellerie, Zwiebel, Kräuter und Salz mit 2 l kaltem Wasser in einen großen Topf geben und das Wasser bei hoher Temperatur zum Kochen bringen. Mit dem Schaumlöffel Schaum von der Oberfläche abschöpfen, dann die Hitze reduzieren und die Pfefferkörner hinzufügen. Den Fond mit halb aufgelegtem Deckel etwa 60 Min. köcheln lassen.

2 Die Flüssigkeit durch ein Sieb in eine große Schüssel gießen, die Aromazutaten wegwerfen. Der Fond kann nun verwendet werden.

VARIANTE

Putenfond

Anstelle einer Hühnerkarkasse Hals, Flügel und Innereien einer Pute verwenden.

Gazpacho

Ideal für heiße Sommertage ist diese erfrischende kalte Gemüsesuppe aus Spanien

für 4 Personen
Zub. 15 Min. + Wartezeit

ohne Garnitur tiefgekühlt 1 Mon. haltbar

- 1 kg Tomaten plus Tomate zum Servieren
- 1 kleine Gurke, geschält und fein gehackt, plus Gurke zum Servieren
- 1 kleine rote Paprikaschote, Stielansatz, Samen und Scheidewände entfernt, Fruchtfleisch gehackt, plus Paprikaschote zum Servieren
- 2 Knoblauchzehen, durchgepresst
- 4 EL Sherryessig
- Salz und schwarzer Pfeffer
- 120 ml bestes Olivenöl plus Olivenöl zum Servieren
- 1 hart gekochtes Ei, Eiweiß und Eigelb getrennt gehackt, zum Servieren

1 Die Tomaten in einer hitzebeständigen Schüssel mit kochendem Wasser übergießen und etwa 20 Sek. stehen lassen, bis die Haut aufplatzt. Abtropfen lassen, unter fließendem kaltem Wasser abschrecken und vorsichtig die Haut abziehen. Die Tomaten halbieren, entkernen und hacken.

2 Tomaten, Gurke, Paprikaschote, Knoblauch, Essig sowie Salz und Pfeffer in der Küchenmaschine oder im Mixer glatt pürieren. Das Öl hinzufügen und untermischen. Die Suppe bei Bedarf mit etwas Wasser verdünnen, in eine Schüssel gießen und mit Frischhaltefolie abgedeckt für mindestens 1 Std. kalt stellen.

3 Zum Servieren zusätzliche Tomate, Gurke und Paprikaschote fein hacken. Tomate, Gurke, Paprika, Eigelb und Eiweiß getrennt in Schälchen anrichten, ebenso eine Flasche Olivenöl. Die Suppe in Schalen schöpfen und servieren, die Garnitur fügen die Gäste selbst hinzu.

Brunnenkressesuppe

Samtig und glatt püriert, mit geriebenem Parmesan bestreut heiß servieren

für 4 Personen
Zub. 10 Min. • Garzeit 15 Min.
vor Hinzufügen der Sahne tiefgekühlt 3 Mon. haltbar

- 25 g Butter
- 1 Zwiebel, fein gehackt
- 175 g Brunnenkresse
- 3 reife Birnen, entkernt und grob gehackt
- 1 l Gemüsebrühe
- Salz und schwarzer Pfeffer
- 200 g Sahne
- Saft von ½ Zitrone
- Parmesan, gerieben, zum Servieren
- Olivenöl zum Beträufeln

Vorbereitung Die Suppe kann bis zu 4 Std. im Voraus zubereitet werden. Bis zum Servieren kalt stellen.

1 Die Butter in einem Topf zerlassen und die Zwiebel darin etwa 10 Min. anbraten, bis sie weich ist, dabei ab und zu umrühren.

2 In der Zwischenzeit die Brunnenkresse verlesen, dabei Blätter und Stiele trennen. Die Stiele mit Birnen, Brühe sowie Salz und Pfeffer nach Geschmack in den Topf zu der Zwiebel geben.

3 Den Topfinhalt zum Kochen bringen und zugedeckt 15 Min. köcheln lassen, dann zusammen mit den Brunnenkresseblättern in den Mixer geben und vollkommen glatt pürieren.

4 Sahne und Zitronensaft unterrühren. Die Suppe mit Salz und Pfeffer abschmecken, dann mit dem geriebenen Parmesan bestreut und mit etwas Olivenöl beträufelt servieren.

VARIANTE

Spinatsuppe

Anstelle der Kresse 175 g geputzten und verlesenen Spinat verwenden und die Birnen weglassen. Die Sahne durch 200 ml Kokosmilch ersetzen. Die Suppe warm servieren.

Curry-Pastinaken-Suppe

Milder Curry verfeinert den Geschmack

für 4 Personen
Zub. 10 Min. • Garzeit 50 Min.

- 1 Zwiebel
- 300 g Pastinaken
- 1 Möhre
- 1 Kartoffel
- 50 g Butter
- 2 EL Mehl
- 2 EL mildes Currypulver
- 1,2 l Gemüsebrühe oder Wasser
- Crème fraîche zum Servieren
- Petersilie, gehackt, zum Servieren

1 Die Gemüse schälen und grob hacken, die Zwiebel getrennt aufbewahren.

2 Die Butter in einem großen Topf bei mittlerer Temperatur erhitzen. Die Zwiebel darin unter häufigem Rühren anbraten, bis sie weich, aber noch nicht gebräunt ist. Die anderen Gemüse, dann Mehl und Currypulver hinzufügen und 2 Min. unter Rühren garen.

3 Nach und nach Brühe oder Wasser dazugeben und sorgfältig unterrühren. Die Temperatur erhöhen und den Topfinhalt zum Kochen bringen, dann die Hitze so weit reduzieren, dass er gerade noch köchelt. Zugedeckt etwa 40 Min. garen, bis die Gemüse weich sind.

4 Den Herd ausschalten und die Suppe ohne Deckel etwas abkühlen lassen, dann in den Mixer oder die Küchenmaschine gießen und vollkommen glatt pürieren.

5 Zum Servieren die Suppe wieder erhitzen, in Portionsschalen gießen, etwas Crème fraîche darauf geben und mit gehackter Petersilie bestreuen.

Dazu passt am besten knuspriges frisches Brot.

Borschtsch

Was gibt es besseres an einem kalten Wintertag als einen Teller mit dampfendem Eintopf?

für 4 Personen
Zub. 15 Min. • Garzeit 90 Min.
Musselin

- 2 große Rote-Bete-Knollen
- 1 Zwiebel
- 1 Möhre
- 1 Stange Staudensellerie
- 50 g Butter oder Gänseschmalz
- 1 Dose Tomatenstücke (400 g)
- 1 Knoblauchzehe, durchgepresst (nach Belieben)
- 1,7 l Gemüsebrühe
- 2 Lorbeerblätter
- 4 Nelken
- 2 EL Zitronensaft
- Salz und schwarzer Pfeffer
- 200 g Sauerrahm

1 Rote Bete, Zwiebel, Möhre und Sellerie grob raspeln.

2 Die Butter in einem großen Topf zerlassen. Die Gemüse darin unter Rühren 5 Min. anbraten.

3 Tomaten und, sofern verwendet, Knoblauch hinzufügen und 2–3 Min. unter häufigem Rühren garen, dann die Brühe dazugießen.

4 Lorbeerblätter und Nelken in ein kleines Stück Musselin binden und in den Topf geben. Die Suppe zum Kochen bringen und bei reduzierter Hitze 80 Min. zugedeckt köcheln lassen.

5 Das Musselinsäckchen herausnehmen und wegwerfen. Zitronensaft sowie Salz und Pfeffer nach Geschmack in die Suppe rühren.

6 Die Suppe in vorgewärmte Schalen schöpfen und etwas Sauerrahm dazugeben.

Dazu passen eine Garnitur aus Möhrenraspeln und kräftiges Roggenbrot.

VARIANTE

Leichter Borschtsch

Für eine leichtere Variante die Suppe glatt pürieren und etwas Brühe oder Milch hinzufügen. Heiß oder kalt mit etwas Naturjoghurt und gehackter Petersilie garniert servieren.

Vichyssoise

Trotz ihres französischen Namens stammt diese Cremesuppe aus Amerika. Sie schmeckt heiß oder kalt

für 4 Personen
Zub. 15 Min. • Garzeit 45 Min.
tiefgekühlt 3 Mon. haltbar; wenn die Suppe tiefgekühlt werden soll, die Sahne erst nach dem Auftauen und Wiederaufkochen hinzufügen

- 30 g Butter
- 3 große Stangen Lauch, nach Entfernen der grünen Teile in dünne Ringe geschnitten
- 2 Kartoffeln (etwa 175 g), geschält und fein gewürfelt
- 1 Stange Staudensellerie, grob gehackt
- 1,2 l Gemüsebrühe
- Salz und schwarzer Pfeffer
- 150 g Crème double plus Crème double zum Garnieren
- 2 EL Schnittlauchröllchen

1 Die Butter in einem schweren Topf bei mittlerer Temperatur erhitzen und den Lauch hinzufügen. Zugedeckt etwa 15 Min. dünsten, bis er weich und goldgelb ist, zwischendurch ab und zu den Topf behutsam schütteln.

2 Kartoffeln, Sellerie, Brühe sowie Salz und Pfeffer nach Geschmack hinzufügen, aufkochen, durchrühren und zugedeckt 30 Min. köcheln lassen, bis alles weich ist.

3 Etwas abkühlen lassen, dann im Mixer, bei Bedarf portionsweise, vollkommen glatt pürieren. Die Suppe nach Geschmack salzen und pfeffern, vollständig abkühlen lassen, dann die Crème double unterrühren. Vor dem Servieren für mindestens 3 Std. kalt stellen.

4 Zum Servieren in Teller gießen. Etwas Crème double hineinrühren und mit Schnittlauch und Pfeffer bestreuen.

Tomatensuppe

Mit Tomaten aus der Dose eine Suppe für Frühling, Sommer, Herbst und Winter

für 4 Personen
Zub. 20 Min. • Garzeit 55 Min.
fettarm

- 1 EL Olivenöl
- 1 Zwiebel, gehackt
- 1 Knoblauchzehe, in Scheiben geschnitten
- 2 Stangen Staudensellerie, grob gehackt
- 1 Möhre, grob gehackt
- 1 Kartoffel, gewürfelt
- 1 Dose Tomaten (400 g)
- 750 ml Gemüsebrühe oder Hühnerfond
- 1 Lorbeerblatt
- 1 TL Zucker
- Salz und schwarzer Pfeffer

Vorbereitung Die Suppe kann bis zu 48 Std. im Voraus zubereitet werden.

1 Das Öl in einem großen Topf bei mittlerer Temperatur erhitzen. Zwiebel, Knoblauch und Sellerie darin unter häufigem Rühren anbraten, bis sie weich, aber noch nicht braun sind.

2 Möhre und Kartoffel hinzufügen und 1 Min. rühren, dann Tomaten mit Saft, Brühe, Lorbeerblatt, Zucker sowie Salz und Pfeffer nach Geschmack dazugeben. Den Topfinhalt zum Kochen bringen und nach Reduzieren der Hitze zugedeckt etwa 45 Min. köcheln lassen, bis die Gemüse sehr weich sind.

3 Von der Kochstelle nehmen, das Lorbeerblatt entfernen, etwas abkühlen lassen und im Mixer oder in der Küchenmaschine, bei Bedarf portionsweise, glatt pürieren. Die Suppe mit Salz und Pfeffer abschmecken, wieder erhitzen und servieren.

VARIANTE

Paprika-Tomaten-Suppe

2 rote Paprikaschoten in den vorgeheizten Backofen oder unter den heißen Grill legen, bis ihre Haut schwarz wird. In einem Folienbeutel etwas abkühlen lassen, dann die schwarze Haut abziehen und Samen und Trennhäute entfernen. Die Kartoffel weglassen. In Schritt 3 die Paprikaschoten mit in den Mixer geben. Die Suppe mit ½ TL geräuchertem Paprikapulver würzen.

Pilzsuppe

Eine Mischung aus Wald- und Zuchtpilzen verleiht dieser Suppe intensives Aroma

für 4 Personen
Zub. 10 Min. • Garzeit 45 Min.
tiefgekühlt 3 Mon. haltbar

- 30 g Butter
- 1 Zwiebel, gehackt
- 2 Stangen Staudensellerie, gehackt
- 1 Knoblauchzehe, zerdrückt
- 500 g gemischte Pilze, grob gehackt
- 200 g Kartoffeln, geschält und gewürfelt
- 1 l Gemüsebrühe
- Salz und schwarzer Pfeffer
- 2 EL fein gehackte Petersilie zum Garnieren

Vorbereitung Die Suppe kann abgedeckt bis zu 3 Tage im Kühlschrank aufbewahrt werden. Vor dem Servieren wieder erhitzen.

1 Die Butter in einem großen Topf zerlassen. Zwiebel, Sellerie und Knoblauch darin 3–4 Min. anbraten, bis sie weich sind.

2 Die Pilze unterrühren und 5–6 Min. braten. Kartoffeln und Brühe hinzufügen. Den Topfinhalt zum Kochen bringen und bei reduzierter Hitze 30 Min. köcheln lassen.

3 Die Suppe mit dem Stabmixer, bei Bedarf portionsweise, glatt pürieren.

4 Salz und Pfeffer nach Geschmack unterrühren, dann die Suppe mit der Petersilie bestreut sofort servieren.

Dazu passen etwas Sahnemeerrettich in jeder Tasse und warme, knusprige Brötchen.

Möhren-Orangen-Suppe

Erfrischend und mild gewürzt – eine perfekte Vorspeise für ein sommerliches Essen

für 4 Personen
Zub. 10 Min. • Garzeit 40 Min.
fettarm

- 2 TL Olivenöl oder Sonnenblumenöl
- 1 Stange Lauch, grob gehackt
- 500 g Möhren, grob gehackt
- 1 Kartoffel (etwa 120 g), gewürfelt
- ½ TL gemahlener Koriander
- 1 Prise gemahlener Kreuzkümmel
- 300 ml Orangensaft
- 500 ml Gemüsebrühe oder Hühnerfond
- 1 Lorbeerblatt
- Salz und schwarzer Pfeffer
- 2 EL gehacktes Koriandergrün zum Garnieren

Vorbereitung Kann 1 Tag im Voraus zubereitet und im Kühlschrank aufbewahrt werden. Vor dem Servieren gründlich erhitzen.

1 Das Öl in einen großen Topf geben, Lauch und Möhren darin bei schwacher Hitze unter häufigem Rühren 5 Min. anbraten, bis der Lauch weich ist. Kartoffel, Koriander und Kreuzkümmel hinzufügen, dann Orangensaft, Brühe und Lorbeerblatt.

2 Die Temperatur heraufschalten. Die Suppe zum Kochen bringen und nach Reduzieren der Hitze zugedeckt etwa 40 Min. köcheln lassen, bis die Gemüse sehr weich sind, ab und zu umrühren.

3 Die Suppe etwas abkühlen lassen, das Lorbeerblatt entfernen, dann im Mixer oder in der Küchenmaschine, bei Bedarf portionsweise, glatt pürieren.

4 Die Suppe wieder in den Topf gießen und nach Bedarf mit etwas zusätzlicher Brühe oder Wasser verdünnen. Nach Geschmack würzen. Zum Köcheln bringen, dann in vorgewärmte Servierschalen gießen und mit dem Koriandergrün bestreut servieren.

Dazu passt eine Garnitur aus etwas fettarmem Joghurt oder Sahne.

VARIANTE

Süßkartoffelsuppe

Einen Teil oder alle Möhren durch Süßkartoffeln ersetzen. Anstelle von Orangensaft Apfelsaft verwenden, Koriander und Kreuzkümmel durch 1 TL Paprikapulver ersetzen.

Steinpilzsuppe

Herzhafte italienische Suppe mit intensivem Aroma

- für 4 Personen
- Zub. 20 Min. + Wartezeit • Garzeit 60 Min.
- fettarm, niedriger GI
- ohne Brot tiefgekühlt 3 Mon. haltbar

- 30 g getrocknete Steinpilze
- 3 EL natives Olivenöl extra plus etwas Öl zum Servieren
- 2 Zwiebeln, fein gehackt
- 2 TL gehackte Rosmarinblätter
- 1 TL Thymianblätter
- 2 Knoblauchzehen, in dünne Scheiben geschnitten
- 120 g braune Champignons, in Scheiben geschnitten
- 2 Stangen Staudensellerie mit Blättern, fein gehackt
- 1 Dose Tomatenstücke (400 g)
- 750 ml Gemüsebrühe
- Salz und schwarzer Pfeffer
- ½ altbackenes Ciabatta, in Stücke gebrochen

Vorbereitung Kann bis einschließlich Schritt 3 am Vortag zubereitet und im Kühlschrank aufbewahrt werden. Vor dem Servieren gründlich erhitzen.

1 Die Steinpilze in einer hitzebeständigen Schüssel mit 300 ml kochendem Wasser übergießen und 30 Min. einweichen. Abtropfen lassen, dabei das Wasser auffangen. Die Pilze in grobe Stücke hacken.

2 Das Öl in einem Topf erhitzen und die Zwiebel darin zugedeckt etwa 10 Min. anbraten. Rosmarin, Thymian, Knoblauch, Champignons und Sellerie hinzufügen und offen weitergaren, bis der Sellerie weich ist.

3 Tomaten, Steinpilze und Brühe hinzufügen. Das Einweichwasser durch ein mit Musselin ausgelegtes Sieb in den Topf gießen. Die Flüssigkeit zum Kochen bringen und die Suppe bei reduzierter Hitze 45 Min. köcheln lassen.

4 Die Suppe salzen und pfeffern und das Brot hinzufügen. Von der Kochstelle nehmen und zugedeckt 10 Min. stehen lassen. Zum Servieren in tiefe Schalen schöpfen und mit Olivenöl beträufeln.

Dazu passen würzige Oliven und knuspriges Weißbrot.

VARIANTE

Suppe von frischen Steinpilzen

Die getrockneten Steinpilze durch 120 g frische Steinpilze ersetzen. Die Pilze in Scheiben schneiden und mit den Champignons in den Topf geben. Zusätzlich weitere 250 ml Gemüsebrühe verwenden.

Weiße-Bohnen-Suppe

Diese nahrhafte Suppe aus dem Norden Italiens schützt garantiert vor Winterkälte

- für 4 Personen
- Zub. 30 Min. + Wartezeit • Garzeit 2 Std.
- die Bohnen über Nacht einweichen

- 3 EL Olivenöl
- 2 Zwiebeln, fein gehackt
- 2 Knoblauchzehen, durchgepresst
- 250 g getrocknete weiße Bohnen, über Nacht eingeweicht
- 1 Stange Staudensellerie, gehackt
- 1 Lorbeerblatt
- 3–4 Stängel Petersilie ohne Blätter
- 1 EL Zitronensaft
- 1,2 l Gemüsebrühe
- Salz und schwarzer Pfeffer
- 3 Schalotten, gehackt
- 60 g Pancetta, gehackt (nach Belieben)
- 80 g Fontina oder Taleggio, fein gewürfelt

1 In einem Topf 2 EL Olivenöl erhitzen und die Zwiebeln darin bei niedriger Temperatur etwa 10 Min. unter gelegentlichem Rühren anbraten, bis sie weich sind. Den Knoblauch hinzufügen, noch 1 Min. garen.

2 Die Bohnen abtropfen lassen und mit Sellerie, Lorbeerblatt, Petersilie, Zitronensaft und Brühe in den Topf geben. Die Zutaten zum Kochen bringen und zugedeckt 90 Min. köcheln lassen, bis die Bohnen weich sind, dabei gelegentlich umrühren.

3 Das Lorbeerblatt herausnehmen und die Suppe portionsweise im Mixer pürieren oder durchpassieren. Den Topf auswaschen. Die Suppe wieder in den Topf gießen und nach Geschmack salzen und pfeffern.

4 In einer kleinen Pfanne das restliche Öl erhitzen. Schalotten und Pancetta darin goldbraun und knusprig braten, dabei häufig rühren, damit sie nicht ansetzen.

5 Die Suppe wieder erhitzen und bei Bedarf mit etwas Brühe oder Wasser verdünnen. Den Käse hineinrühren. Die Suppe in Teller schöpfen, dann mit Schalotten und Pancetta bestreut servieren.

Hummerbisque

Eine *bisque* ist eine Cremesuppe von Krustentieren, die ursprünglich von der spanischen Biscayaküste stammen soll

für 4 Personen

Zub. 45 Min. • Garzeit 1 Std. 10 Min.

tiefgekühlt 3 Mon. haltbar; bei Zimmertemperatur auftauen lassen und wieder erhitzen

- 1 gekochter Hummer von etwa 1 kg
- 50 g Butter
- 1 Zwiebel, fein gehackt
- 1 Möhre, fein gehackt
- 2 Stangen Staudensellerie, fein gehackt
- 1 Stange Lauch, fein gehackt
- ½ Fenchelknolle, fein gehackt
- 1 Lorbeerblatt
- 1 Stängel Estragon
- 2 Knoblauchzehen, zerdrückt
- 75 g Tomatenmark
- 4 Tomaten, grob gehackt
- 120 ml Cognac oder Weinbrand
- 100 ml trockener Weißwein oder Wermut
- 1,7 l Fischfond
- 120 g Sahne
- 1 Prise Cayennepfeffer
- Salz und schwarzer Pfeffer
- Saft von ½ Zitrone
- Schnittlauch zum Garnieren

Vorbereitung Schritte 1–5 können mehrere Stunden im Voraus ausgeführt werden. Das Hummerfleisch bis zur Verwendung kühl stellen.

1 Den Hummer halbieren. Das Fleisch aus der Schale lösen und in kleine Stücke hacken. Scheren und Beine abdrehen, die Scheren an den Gelenken aufbrechen und die Schalen mit dem Rücken eines Messers anknacken. Die Schalen in grobe Stücke hacken.

2 Die Butter bei mittlerer Hitze in einem großen Topf zerlassen. Gemüse, Kräuter und Knoblauch hineingeben und unter gelegentlichem Rühren etwa 10 Min. garen.

3 Die gehackten Hummerschalen hinzufügen. Tomatenmark, gehackte Tomaten, Cognac oder Weinbrand, Weißwein oder Wermut und Fischfond unterrühren. Den Topfinhalt zum Kochen bringen und 60 Min. köcheln lassen.

4 Etwas abkühlen lassen, in die Küchenmaschine geben und das Gerät immer wieder kurz einschalten, bis die Schalen in sehr kleine Stücke zerhackt sind.

5 Die Suppe durch ein grobes Sieb gießen und möglichst viel Flüssigkeit aus den festen Zutaten drücken. Dann die Suppe durch ein feines Sieb in einen Topf streichen und wieder auf den Herd stellen.

6 Die Suppe zum Kochen bringen, die Hummerstückchen hinzufügen, dann Sahne, Cayennepfeffer sowie Salz, Pfeffer und Zitronensaft nach Geschmack. In vorgewärmten Tellern mit Schnittlauch garniert servieren.

VARIANTE

Krebsbisque

Anstelle von Hummer einen etwa 1 kg schweren gegarten Taschenkrebs oder eine Meerspinne verwenden. In Schritt 2 mit den Gemüsen ein 2,5 cm großes Stück geschälten und fein gehackten Ingwer hinzufügen.

Salmorejo

Kalte Suppe aus Spanien, ähnlich einem Gazpacho

für 4 Personen

Zub. 15 Min. + Wartezeit

- 120 g altbackenes Weißbrot ohne Rinde, in Stücke zerzupft
- 3 EL Olivenöl plus Öl zum Servieren
- 2 EL Rotweinessig
- 1 Zwiebel, grob gehackt
- 3 Knoblauchzehen
- 1 rote Paprikaschote, Stielansatz, Samen und Scheidewände entfernt, Fruchtfleisch gehackt
- 5 Tomaten, geschält und entkernt
- 1 Salatgurke, geschält, entkernt und gehackt
- Salz und schwarzer Pfeffer
- 2 Eier, hart gekocht und gehackt
- 2 Scheiben Serranoschinken, in Streifen geschnitten

1 Das Brot in einer Schüssel mit Öl und Essig mischen. Für 10 Min. beiseitestellen.

2 Zwiebel, Knoblauch, Paprika, Tomaten und drei Viertel der Gurke mit 90 ml Wasser im Mixer glatt pürieren. Das Brot untermixen, dann Salz und Pfeffer nach Geschmack.

3 Die Suppe für mindestens 30 Min. kalt stellen, dann in Teller gießen und Ei, Schinken, restliche Gurke in Würfelchen und etwas Olivenöl daraufgeben.

Fischsuppe mit Safran und Fenchel

Nach mediterraner Art mit Muscheln, Garnelen und saftigen Fischstücken, aromatisiert mit Orangenschale und Fenchel

für 4–6 Personen
Zub. 10 Min. • Garzeit 60 Min.

- 30 g Butter
- 3 EL Olivenöl
- 1 große Fenchelknolle, fein gehackt
- 2 Knoblauchzehen, durchgepresst
- 1 kleine Stange Lauch, in Ringen
- 4 reife Eiertomaten, gehackt
- 3 EL Weinbrand
- 1 Prise Safranfäden, in etwas heißem Wasser eingeweicht
- abgeriebene Schale von ½ unbehandelten Orange
- 1 Lorbeerblatt
- 1,7 l Fischfond
- 300 g Kartoffeln, gewürfelt und 5 Min. vorgegart
- 4 EL trockener Weißwein
- 500 g Miesmuscheln, gebürstet und entbartet
- Salz und schwarzer Pfeffer
- 500 g Seeteufel, in mundgerechte Stücke geschnitten
- 6 ganze rohe Tigergarnelen
- gehackte Petersilie zum Garnieren

1 Butter und 2 EL Olivenöl in einem großen Topf erhitzen. Fenchel, Knoblauch und Lauch darin bei mäßiger Temperatur unter gelegentlichem Rühren 5 Min. anbraten, bis sie weich und leicht gebräunt sind.

2 Tomaten und Weinbrand hinzufügen und 2 Min. kräftig kochen lassen. Safran, Orangenschale, Lorbeerblatt, Fond und Kartoffeln untermischen. Den Topfinhalt zum Kochen bringen, die Hitze reduzieren und Schaum abschöpfen. Einen Deckel auflegen und 20 Min. köcheln lassen, bis die Kartoffeln weich sind. Das Lorbeerblatt entfernen.

3 In der Zwischenzeit restliches Öl und Wein in einem großen, tiefen Topf zum Kochen bringen. Die Muscheln darin zugedeckt bei starker Hitze 2–3 Min. garen, bis sie sich öffnen, dabei häufig durchschütteln. Geschlossene Muscheln wegwerfen. Die Garflüssigkeit abseihen und in die Suppe geben.

4 Die Suppe salzen und pfeffern und zum Kochen bringen. Seeteufel und Garnelen hineingeben und nach Reduzieren der Hitze zugedeckt 5 Min. köcheln lassen, bis sie gerade gar sind. Die Muscheln hinzufügen und die Suppe nochmals bis fast zum Siedepunkt bringen.

5 Die Suppe mit der Petersilie bestreut servieren.

Stracciatella mit Nudeln

Heiße Brühe mit Nudeln, Ei und Parmesan

für 4–6 Personen
Zub. 10 Min. • Garzeit 20 Min.

- 1,5 l Hühnerfond
- 100 g Suppennudeln
- 4 Eier
- Salz und schwarzer Pfeffer
- ½ TL geriebene Muskatnuss
- 2 EL geriebener Parmesan
- 1 EL gehackte Petersilie
- 1 EL Olivenöl

1 Den Fond in einem großen Topf zum Kochen bringen. Die Nudeln hineingeben und nach Anweisung auf der Verpackung bissfest garen.

2 Die Eier in eine kleine Schüssel schlagen und mit Muskatnuss sowie Salz und Pfeffer nach Geschmack verquirlen. Parmesan und Petersilie hinzufügen.

3 Das Olivenöl in den köchelnden Fond geben. Auf schwache Hitze reduzieren und die Suppe durchrühren, sodass ein kleiner »Strudel« entsteht. Nach und nach das Ei hinzufügen und ohne zu kochen 1 Min. garen, sodass dünne Fäden entstehen. Die Suppe vor dem Servieren 1 Min. stehen lassen.

Toskanische Bohnensuppe

Wie alle Eintöpfe schmeckt auch die *ribollita,* die wiederaufgekochte Suppe, am nächsten Tag am besten

für 4 Personen
Zub. 15 Min.
• Garzeit 1 Std. 20 Min.

- 4 EL natives Olivenöl extra plus Öl zum Beträufeln
- 1 Zwiebel, gehackt
- 2 Möhren, in Scheiben geschnitten
- 1 Stange Lauch, in Scheiben geschnitten
- 2 Knoblauchzehen, gehackt
- 1 Dose Tomatenstücke (400 g)
- 1 EL Tomatenmark
- 1 l Hühnerfond
- Salz und schwarzer Pfeffer
- 1 Dose weiße Bohnen (400 g), abgetropft und abgespült
- 250 g junger Spinat, in Streifen geschnitten
- 8 Scheiben Ciabatta
- Parmesan, gerieben zum Bestreuen

Vorbereitung 1 Tag im Voraus zubereiten und bei niedriger Temperatur wieder erhitzen.

1 Das Öl in einem großen Topf erhitzen. Zwiebel, Möhre und Lauch darin bei niedriger Temperatur 10 Min. anschwitzen, bis sie weich, aber noch nicht gebräunt sind. Den Knoblauch dazugeben und 1 Min. braten. Tomaten, Tomatenmark, Fond, Salz und Pfeffer hinzufügen.

2 Die Hälfte der Bohnen mit einer Gabel zerdrücken und in den Topf geben. Den Topfinhalt zum Kochen bringen und nach Reduzieren der Hitze 30 Min. köcheln lassen.

3 Restliche Bohnen und Spinat hinzufügen und alles noch einmal 30 Min. köcheln lassen.

4 Die Brotscheiben goldbraun rösten. Jeweils 2 in eine Suppenschale legen und mit Olivenöl beträufeln.

5 Die Suppe daraufschöpfen, mit dem Parmesan bestreuen und mit etwas Olivenöl beträufeln.

Ungarische Gulaschsuppe

Fleisch, Zwiebeln und Paprika sind die traditionellen Zutaten für dieses gehaltvolle Essen

für 6–8 Personen
Zub. 15 Min. • Garzeit 2 Std.

- 120 ml Olivenöl
- 750 g Zwiebeln, in Scheiben geschnitten
- 2 Knoblauchzehen, gehackt
- 750 g Rinderschulter, in 5 cm große Würfel geschnitten
- Salz und schwarzer Pfeffer
- 2 EL Paprikapulver
- 1 TL Kümmel
- 1 TL Cayennepfeffer plus Cayennepfeffer zum Bestreuen
- 4 EL Tomatenmark
- 1 l Rinderfond
- Sauerrahm zum Servieren

1 In einer Kasserolle 3 EL Olivenöl bei mittlerer Temperatur erhitzen und die Zwiebeln etwa 10 Min. goldbraun anbraten, dabei gelegentlich umrühren. Nach 8 Min. den Knoblauch hinzufügen.

2 In der Zwischenzeit in einem zweiten Topf das restliche Öl erhitzen und das Fleisch rundum anbraten.

3 Das Fleisch salzen, mit Gewürzen und Tomatenmark zu den Zwiebeln geben und 5 Min. unter Rühren garen. Den Fond hinzufügen.

4 Die Suppe 1 Std. 45 Min. köcheln lassen, bis das Fleisch sehr weich ist, dann nach Geschmack salzen und pfeffern. Mit einem Klecks Sauerrahm und etwas Cayennepfeffer und schwarzem Pfeffer bestreut servieren.

VARIANTE

Gulaschsuppe mit Klößchen

Klößchen sind eine traditionelle Beigabe. Dafür 125 g Mehl, 2,5 g Backpulver und 50 g gehackten Rindertalg mischen. So viel kaltes Wasser hinzufügen, dass ein glatter, elastischer Teig entsteht. Mit bemehlten Händen zwölf Klößchen daraus formen und 25–30 Min. vor Ende der Garzeit in die Suppe geben und gar ziehen lassen.

Französische Zwiebelsuppe

Ein Löffel Weinbrand in jeder Portion gibt diesem Klassiker der Pariser Bistroküche besonderen Pfiff

- für 4 Personen
- Zub. 10 Min. • Garzeit 80 Min.
- ofenfeste Suppenschalen
- ohne Brot und Käse tiefgekühlt 1 Mon. haltbar

- 30 g Butter
- 1 EL Sonnenblumenöl
- 650 g Zwiebeln, in dünne Scheiben geschnitten
- 1 TL Zucker
- Salz und schwarzer Pfeffer
- 120 ml trockener Rotwein
- 2 EL Mehl
- 1,5 l Rinderfond
- 4 EL Weinbrand
- 1 Knoblauchzehe, halbiert
- 4 Scheiben Baguette, jeweils etwa 2 cm dick, geröstet
- 120 g Gruyère, gerieben

Vorbereitung Kann bis einschließlich Schritt 2 am Vortag zubereitet werden. Abgedeckt kalt stellen.

1 Butter und Öl in einem großen Topf bei niedriger Temperatur erhitzen. Zwiebeln, Zucker sowie Salz und Pfeffer nach Geschmack hineinrühren. Ein angefeuchtetes Stück Butterbrotpapier daraufdrücken und die Zwiebeln etwa 40 Min. garen, bis sie goldbraun sind. Gelegentlich umrühren und darauf achten, dass sie nicht ansetzen.

2 Das Papier entfernen und den Wein unterrühren. Auf mittlere Temperatur erhöhen und die Zwiebeln etwa 5 Min. rühren. Das Mehl einstreuen und weitere 2 Min. rühren. Den Fond untermischen, aufkochen. Auf schwache Hitze reduzieren und die Suppe 30 Min. köcheln lassen, abschmecken.

3 In der Zwischenzeit den Backofengrill auf höchster Stufe vorheizen. Die Suppe auf vier ofenfeste Schalen verteilen und jeweils 1 EL Weinbrand unterrühren. Die Brotscheiben mit der Knoblauchzehe einreiben und auf die Suppe legen. Den Käse darüberstreuen und die Schalen für 2–3 Min. unter den Grill setzen, bis der Käse goldbraun ist, sofort servieren.

Minestrone

Ein leichtes Mittag- oder Abendessen, zubereitet aus frischen Gemüsen der Saison

- für 4–6 Personen
- Zub. 20 Min. + Wartezeit • Garzeit 1 Std. 45 Min.
- die Bohnen im Voraus einweichen
- vor Hinzufügen der Nudeln in Schritt 4 tiefgekühlt 1 Mon. haltbar

- 100 g getrocknete weiße Bohnen
- 2 EL Olivenöl
- 2 Stangen Staudensellerie, fein gehackt
- 2 Möhren, fein gehackt
- 1 Zwiebel, fein gehackt
- 1 Dose Tomatenstücke (400 g)
- 750 ml Hühnerfond oder Gemüsebrühe
- Salz und schwarzer Pfeffer
- 50 g kleine, kurze Nudeln
- 4 EL gehackte glatte Petersilie
- 50 g Parmesan, gerieben

Vorbereitung Schritt 1 und 2 können am Vortag ausgeführt werden.

1 Die Bohnen in einer großen Schüssel mit kaltem Wasser bedecken und mindestens 6 Std. oder über Nacht einweichen.

2 Die Bohnen abtropfen lassen, in einen großen Topf geben und mit kaltem Wasser bedecken. Das Wasser zum Kochen bringen, Schaum abschöpfen. Die Bohnen 10 Min. kochen lassen, dann bei schwacher Hitze mit halb aufgelegtem Deckel etwa 60 Min. köcheln lassen, bis sie gerade weich sind. Gut abtropfen lassen und beiseitestellen.

3 Den Topf auswaschen und das Öl bei mittlerer Temperatur erhitzen. Sellerie, Möhren und Zwiebel darin unter gelegentlichem Rühren etwa 5 Min. garen, bis sie weich sind. Bohnen, Tomaten, Fond oder Brühe sowie Salz und Pfeffer nach Geschmack hinzufügen. Die Suppe zum Kochen bringen, umrühren und zugedeckt 20 Min. köcheln lassen.

4 Die Nudeln dazugeben und nach Packungsanweisung garen. Petersilie und die Hälfte des Parmesans unterrühren. Die Suppe abschmecken und mit dem restlichen Parmesan bestreut heiß servieren.

New England Clam chowder

Amerikanischer Suppenklassiker, der mit frischen Venusmuscheln zubereitet wird

- für 4 Personen
- Zub. 15 Min. • Garzeit 35 Min.
- frische Muscheln am Tag des Einkaufs garen

- 36 Venusmuscheln
- 1 EL Olivenöl
- 120 g dicke Scheiben durchwachsener Speck ohne Schwarte, gewürfelt
- 1 Zwiebel, fein gehackt
- 2 mehlig kochende Kartoffeln, geschält und in 1 cm große Würfel geschnitten
- 2 EL Mehl
- 600 ml Vollmilch
- Salz und schwarzer Pfeffer
- 125 g Sahne
- 2 EL fein gehackte glatte Petersilie

1 Nur fest geschlossene Muscheln verwenden. Die rohen Muscheln auslösen und das Muschelfleisch hacken. Die Flüssigkeit aus den Schalen auffangen, mit Wasser auf 600 ml ergänzen und beiseitestellen.

2 Das Öl in einem großen Topf erhitzen und den Speck darin bei mittlerer Hitze unter häufigem Rühren etwa 5 Min. braten, bis er knusprig ist. Mit dem Schaumlöffel herausheben, auf Küchenpapier abtropfen lassen und beiseitestellen.

3 Zwiebeln und Kartoffeln in den Topf geben und etwa 5 Min. braten, bis die Zwiebel weich ist. Das Mehl dazugeben, 2 Min. rühren.

4 Muschelflüssigkeit, Milch sowie Salz und Pfeffer nach Geschmack unterrühren. Den Deckel auflegen, die Hitze reduzieren und den Topfinhalt 20 Min. köcheln lassen, bis die Kartoffeln weich sind. Das Muschelfleisch hinzufügen und unbedeckt 5 Min. köcheln lassen.

5 Sahne unterrühren, noch einmal erhitzen, aber nicht mehr aufkochen. Das Chowder heiß mit Speck und Petersilie bestreut servieren.

VARIANTE

Manhattan Clam chowder

Im Gegensatz zum New England Clam chowder enthält dieses Rezept Tomaten. Milch und Sahne durch 2 Dosen Tomatenstücke mit Saft (jeweils 400 g) ersetzen und die Suppe mit etwas Thymian garnieren. Dazu schmecken Cracker.

Cock-a-leekie

Traditionell wird für die Suppe ein ganzes Huhn langsam gegart, sie lässt sich aber auch rascher und einfacher zubereiten

- für 4 Personen
- Zub. 10 Min. • Garzeit 60 Min.
- fettarm
- tiefgekühlt 3 Mon. haltbar

- 500 g Hähnchenbrust und Hähnchenschenkel, gehäutet
- 2 Lorbeerblätter
- 1 l Hühnerfond oder Gemüsebrühe
- 60 g Langkornreis
- 2 Stangen Lauch, in dünne Ringe geschnitten
- 2 Möhren, geraspelt
- 1 Prise gemahlene Nelken
- 1 EL gehackte Petersilie
- 1 TL Meersalz

1 Die Hähnchenteile mit den Lorbeerblättern in einen Topf legen. Den Fond dazugießen und zum Kochen bringen, dann die Hitze reduzieren und das Fleisch zugedeckt 30 Min. köcheln lassen.

2 Schaum von der Oberfläche abschöpfen. Reis, Gemüse, Nelken, Petersilie und Salz in den Topf geben und alles wieder zum Kochen bringen. Nach Reduzieren der Hitze zugedeckt weitere 30 Min. köcheln lassen.

3 Die Lorbeerblätter herausnehmen und wegwerfen. Falls gewünscht die Hähnchenteile herausnehmen, das Fleisch von den Knochen lösen und wieder in die Suppe geben.

4 Die Suppe in eine vorgewärmte Suppenterrine oder Portionsschalen schöpfen und heiß servieren.

Dazu passt reichlich warmes, knuspriges Brot. Für eine noch gehaltvollere Mahlzeit vor dem Servieren einige gekochte Kartoffeln hinzufügen.

VARIANTE

Cock-a-leekie nach alter Art

Ursprünglich gehörten Trockenpflaumen zum Rezept, die der Suppe wunderbare Süße verleihen. Dafür in Schritt 2 mit den Gemüsen einige Pflaumen hinzufügen. Zudem kann man die Suppe auch mit Putenfleisch zubereiten und andere Gemüse wie Erbsen, Bohnen oder Rüben verwenden.

Bouillabaisse

Ursprünglich ein Arme-Leute-Essen, mit dem die Fischer die Reste ihres Fangs verwerteten, ist die Bouillabaisse heute eines der großen Gerichte der provenzalischen Küche

für 4 Personen
Zub. 20 Min. • Garzeit 45 Min.

- 4 EL Olivenöl
- 1 Zwiebel, in dünne Scheiben geschnitten
- 2 Stangen Lauch, in dünne Ringe geschnitten
- 1 kleine Fenchelknolle, in dünne Scheiben geschnitten
- 2–3 Knoblauchzehen, fein gehackt
- 4 Tomaten, geschält, entkernt und gehackt
- 1 EL Tomatenmark
- 250 ml trockener Weißwein
- 1,5 l Fischfond oder Hühnerfond
- 1 Prise Safranfäden
- 1 Streifen Schale von einer unbehandelten Orange, dünn abgeschält
- 1 Bouquet garni
- Salz und schwarzer Pfeffer
- 1,5 kg Weißfische, Fettfische und Schalentiere wie Knurrhahn, Petersfisch, Seeteufel, Rotbarbe, Garnelen und Miesmuscheln, Köpfe und Gräten entfernt
- 2 EL Pernod
- 8 dünne Scheiben altbackenes Baguette, getoastet, zum Servieren

Rouille

- 125 g Mayonnaise
- 1 kleine. scharfe rote Chilischote, Samen entfernt, grob gehackt
- 4 Knoblauchzehen, grob gehackt
- 1 EL Tomatenmark
- ½ TL Salz

Vorbereitung Die Rouille kann bis zu 2 Tage im Voraus zubereitet werden. Abgedeckt kalt stellen.

1 Das Öl in einem großen Topf bei mittlerer Temperatur erhitzen. Zwiebel, Lauch, Fenchel und Knoblauch hinzufügen und unter häufigem Rühren etwa 5–8 Min. braten, bis sie weich, aber noch nicht gebräunt sind. Tomaten, Tomatenmark und Wein unterrühren.

2 Fond, Safran, Orangenschale, Bouquet garni sowie Salz und Pfeffer hinzufügen. Den Topfinhalt zum Kochen bringen und bei reduzierter Hitze mit halb aufgelegtem Deckel unter gelegentlichem Rühren 30 Min. köcheln lassen.

3 Für die Rouille alle Zutaten im Mixer oder in der Küchenmaschine glatt pürieren. Die Rouille in eine Schüssel füllen und mit Frischhaltefolie abgedeckt bis zur Verwendung kalt stellen.

4 Kurz vor Ende der Garzeit der Suppe den Fisch in Stücke schneiden. Orangenschale und Bouquet garni aus der Suppe nehmen und zuerst den festfleischigen Fisch hineingeben. Auf schwache Hitze reduzieren und 5 Min. köcheln lassen. Die zarteren Fischsorten hinzufügen und noch etwa 2–3 Min. köcheln lassen, bis alles gar ist und sich leicht zerteilen lässt. Pernod sowie Salz und Pfeffer nach Geschmack unterrühren.

5 Zum Servieren die Brotscheiben mit Rouille bestreichen und jeweils 2 Scheiben in eine Suppenschale legen. Traditionell wird zunächst nur die Brühe serviert, dann der Fisch separat. Man kann aber auch Brühe und Fisch zusammen in die Teller schöpfen.

Dazu passen dicke Scheiben leicht getoastetes Baguette.

Wintergemüsesuppe

Wird mitunter auch »Penny Soup« genannt, weil die Gemüsescheiben an Münzen erinnern

für 4 Personen
Zub. 15 Min. • Garzeit 25 Min.

- 1 Stange Lauch
- 300 g kleine Kartoffeln
- 250 g große Möhren
- 175 g kleine Süßkartoffeln
- 25 g Butter
- 1 EL Olivenöl
- 600 ml Gemüsebrühe
- 1 EL gehackte Petersilie
- Salz und schwarzer Pfeffer

Vorbereitung Am Vortag zubereiten und abgedeckt kalt stellen. Vor dem Servieren wieder erhitzen.

1 Alle Gemüse in 2–3 mm dicke Scheiben schneiden. Die Kartoffeln können geschält oder ungeschält verwendet werden.

2 Butter und Öl in einem Topf erhitzen und den Lauch darin bei mittlerer Temperatur etwa 3–4 Min. unter häufigem Rühren garen, bis er weich ist. Die restlichen Gemüse hinzufügen und unter Rühren noch 1 Min. garen.

3 Die Brühe angießen und zum Kochen bringen. Den Topfinhalt zugedeckt 18–20 Min. garen, bis die Gemüse weich sind, aber noch Biss haben.

4 Etwa ein Drittel der Gemüse mit etwas Kochflüssigkeit im Mixer oder in der Küchenmaschine glatt pürieren und wieder in den Topf geben. Petersilie sowie Salz und Pfeffer nach Geschmack unterrühren, dann die Suppe mit einem kleinen Gemüseberg in der Mitte servieren.

Sopa de tortilla

Limettensaft, Koriander und scharfe Chilischoten verleihen dieser Tomatensuppe ihre mexikanische Note

für 4 Personen
Zub. 15 Min. • Garzeit 50 Min.

- 5 EL Sonnenblumenöl
- ½ Zwiebel, fein gehackt
- 2 große Knoblauchzehen, fein gehackt
- 500 g Tomaten, geschält
- 1,5 l Hühnerfond oder Gemüsebrühe
- 1–2 getrocknete Poblano-Chilischoten, Samen entfernt
- 2 Maistortillas, in Streifen geschnitten
- 3 EL gehacktes Koriandergrün
- 2 EL Limettensaft
- Salz und schwarzer Pfeffer
- 75 g Gruyère, gerieben
- 2 Limetten, in Spalten geschnitten

1 In einem großen Topf 1 EL Öl bei mittlerer Temperatur erhitzen und die Zwiebel darin etwa 5 Min. unter Rühren braten, bis sie weich ist. Den Knoblauch hinzufügen und 30 Sek. rühren. Die Mischung mit den Tomaten in den Mixer oder die Küchenmaschine geben und glatt pürieren.

2 Das Püree wieder in den Topf geben und 8–10 Min. unter ständigem Rühren köcheln lassen. Den Fond unterrühren und zum Kochen bringen. Die Hitze reduzieren und die Suppe mit halb aufgelegtem Deckel 15 Min. köcheln lassen.

3 Eine beschichtete Pfanne bei mittlerer Temperatur erhitzen. Die Chilischoten hineingeben und mit einem Pfannenwender flach drücken, bis sich Blasen bilden. Mit der anderen Seite ebenso verfahren. Herausnehmen, in kleine Stücke schneiden und beiseitestellen.

4 Das restliche Öl in der Pfanne stark erhitzen. Die Tortillastreifen portionsweise darin braten, bis sie gerade knusprig sind. Herausheben und auf Küchenpapier abtropfen lassen.

5 Zum Servieren Chili in die Suppe geben. Die Suppe zum Kochen bringen und etwa 3 Min. köcheln lassen, bis die Schoten weich sind. Koriander, Limettensaft sowie Salz und Pfeffer nach Geschmack unterrühren. Die Tortillastreifen auf vier tiefe Teller verteilen. Die Suppe darüberschöpfen. Mit Käse bestreut und den Limettenspalten servieren.

Mexikanische Nudelsuppe

Die würzige mexikanische *sopa seca de fideos* wird mit sehr feinen Bandnudeln zubereitet und mit Chili gewürzt

für 4 Personen
Zub. 20 Min. • Garzeit 15 Min.
die getrockneten Chilischoten 30 Min. in Wasser einweichen
fettarm

- 2 große, reife Tomaten, geschält und Samen entfernt
- 2 Knoblauchzehen
- 1 kleine Zwiebel, grob gehackt
- 2 getrocknete Chipotle-Chilischoten, eingeweicht und Samen entfernt
- 1 l Hühnerfond
- 3 EL Pflanzenöl
- 2 Hähnchenbrustfilets, gewürfelt
- 200 g mexikanische Fideo-Nudeln oder andere dünne Nudeln
- 4 EL Sauerrahm zum Servieren
- 1 Avocado, entsteint und gewürfelt, zum Servieren

Vorbereitung Die Tomatengrundlage für die Suppe kann am Vortag zubereitet werden. Bis zur Verwendung im Kühlschrank aufbewahren.

1 Tomaten, Knoblauch, Zwiebel, Chilischoten und 2 EL Fond in der Küchenmaschine oder im Mixer glatt pürieren und beiseitestellen.

2 In einem großen Topf 2 EL Öl erhitzen und die Hähnchenbrust darin etwa 2–3 Min. unter Rühren braten, bis sie gerade gar ist. Aus dem Topf heben, auf Küchenpapier abtropfen lassen und beiseitestellen.

3 Das restliche Öl in den Topf geben. Die Nudeln hinzufügen und bei schwacher Hitze unter ständigem Rühren braten, bis sie goldbraun sind.

4 Das Tomatenpüree dazugeben und rühren, um die Nudeln damit zu überziehen. Den Fond angießen und die Hähnchenbrust wieder in den Topf geben. Die Nudeln etwa 2–3 Min. garen, bis sie gerade weich sind.

5 Zum Servieren die Suppe in tiefe Teller schöpfen und mit etwas Sauerrahm und Avocadowürfeln garnieren.

VARIANTE

Chinesische Nudelsuppe

40 g chinesische Trockenpilze mit 300 ml kochendem Wasser übergießen und 30 Min. quellen lassen. Das Einweichwasser durch ein Sieb in einen großen Topf gießen und 600 ml Hühnerfond dazugeben. Die Pilze in Streifen schneiden. 2 Hähnchenbrustfilets in mundgerechte Stücke oder schmale Streifen teilen. 180 g getrocknete dünne Reisnudeln in kurze Stücke brechen und in den Fond rühren. Den Fond zum Köcheln bringen und die Nudeln 2 Min. garen, dann Pilze, Fleisch und 100 g Maiskörner hinzufügen und weitere 2 Min. köcheln lassen. Die Suppe in Schalen schöpfen und heiß servieren.

Linsensuppe

Mit mildem Curry, wie man sie in der indischen Küche bevorzugt

für 4 Personen
Zub. 20 Min. • Garzeit 35 Min.
fettarm

- 1 EL Olivenöl
- 2 Zwiebeln, gehackt
- 2 Stangen Staudensellerie, gehackt
- 2 Möhren, gehackt
- 2 Knoblauchzehen, gehackt
- 1–2 EL Currypulver
- 150 g rote Linsen
- 1,5 l Gemüsebrühe
- 120 ml Tomatensaft oder Gemüsesaft
- Salz und schwarzer Pfeffer

1 Das Öl in einem großen Topf bei mittlerer Temperatur erhitzen. Zwiebeln, Sellerie und Möhren darin etwa 5 Min. unter Rühren anbraten, bis die Zwiebeln weich sind.

2 Knoblauch und Currypulver hinzufügen und noch 1 Min. rühren, dann Linsen, Brühe und Tomaten- oder Gemüsesaft dazugeben.

3 Den Topfinhalt zum Kochen bringen und nach Reduzieren der Hitze zugedeckt etwa 25 Min. köcheln lassen, bis die Gemüse weich sind. Die Suppe nach Geschmack salzen und pfeffern und heiß servieren.

Dazu passen 1 EL Naturjoghurt und knuspriges Brot.

Kartoffelsalat mit Schinken

Für eine größere Zahl von Gästen die Zutaten einfach verdoppeln

für 6 Personen
Zub. 10 Min. • Garzeit 20 Min.

- 700 g kleine neue Kartoffeln
- 1 EL Kümmel
- 6 Scheiben Parmaschinken, in schmale Streifen geschnitten
- 3–4 EL fein gehackte Petersilie oder Schnittlauch

Dressing

- 2 Schalotten oder Frühlingszwiebeln, fein gehackt
- 150 g Sauerrahm
- 1 TL Dijonsenf
- 1 EL Rotweinessig
- 1 Knoblauchzehe, durchgepresst
- Salz und schwarzer Pfeffer
- 3 EL Olivenöl

1 Die Kartoffeln in einem großen Topf mit kaltem Wasser bedecken und ½ TL Salz hinzufügen. Bei mittlerer Hitze abgedeckt 12–15 Min. köcheln lassen, bis sie weich sind. Gut abtropfen lassen und zum Abkühlen beiseitestellen.

2 In der Zwischenzeit eine kleine Pfanne bei mittlerer Temperatur erhitzen. Den Kümmel hinzufügen und unter Rühren etwa 2 Min. anrösten. Beiseitestellen.

3 Für das Dressing Schalotten, Sauerrahm, Senf, Essig, Knoblauch sowie Salz und Pfeffer nach Geschmack in einer kleinen Schüssel verrühren, dann das Öl unterschlagen.

4 Die Kartoffeln halbieren und in eine große Schüssel geben. Kümmel und Parmaschinken hinzufügen und das Dressing darübergeben. Die Petersilie bis auf 1 EL vorsichtig unterheben.

5 Den Salat auf einer Servierplatte anrichten und mit der restlichen Petersilie bestreuen.

Salade niçoise mit Nudeln

Anstelle von Kartoffeln wird der sommerliche Salat hier mit Nudeln zubereitet

für 4 Personen
Zub. 20 Min. • Garzeit 15 Min.

- 350 g Conchiglie (Muschelnudeln)
- Salz und schwarzer Pfeffer
- 150 g feine grüne Bohnen
- 4 Thunfischsteaks (insgesamt 400 g)
- Olivenöl zum Einpinseln
- 2 Eier, hart gekocht und geschält
- 2 Salatherzen
- 200 g Kirschtomaten, halbiert
- 50 g Sardellenfilets, abgespült
- 100 schwarze Oliven, entsteint

Dressing

- 4 EL bestes Olivenöl
- 1 EL Zitronensaft
- 1 EL Balsamico-Essig
- 1 TL körniger Senf

Vorbereitung Die Schritte 1–4 können einige Stunden vor dem Servieren ausgeführt werden. Die Schüssel mit Frischhaltefolie abgedeckt in den Kühlschrank stellen.

1 Die Nudeln in einem großen Topf mit leicht gesalzenem kochendem Wasser 8–10 Min. bissfest garen. Abtropfen lassen und unter fließendem kaltem Wasser abschrecken.

2 In der Zwischenzeit die Bohnen in einem Topf mit leicht gesalzenem Wasser etwa 4–5 Min. garen, sodass sie gar, aber noch knackig sind. Abtropfen lassen und unter fließendem kaltem Wasser abschrecken.

3 Eine Pfanne oder Grillpfanne erhitzen. Den Thunfisch mit Öl einpinseln, salzen und pfeffern und, je nach Dicke, auf jeder Seite 2–3 Min. garen. Innen sollte er noch leicht rosa sein.

4 Den Thunfisch grob zerteilen und in einer großen Schüssel mit Nudeln und Bohnen mischen. Die Eier vierteln und mit den grob zerzupften Salatblättern in die Schüssel geben. Tomaten, Sardellen und Oliven unterheben.

5 Alle Zutaten für das Dressing in einem Glas mit Schraubverschluss sorgfältig durchschütteln. Das Dressing mit Salz und Pfeffer abschmecken, über den Salat gießen und gut unterheben, dann servieren.

Caesar salad

Sardellen und Parmesan verdankt dieser Klassiker seinen typischen salzigen Geschmack

für 6 Personen
Zub. 10 Min. • Garzeit 2 Min.

- 2 kleine Köpfe Romanasalat, in Stücke gezupft
- 100 g fertig gekaufte Croûtons
- 2 große, sehr frische Eier
- 60 g Parmesan, gehobelt oder gerieben

Dressing

- 2 Knoblauchzehen, durchgepresst
- 2 Sardellenfilets in Olivenöl, abgetropft und fein gehackt
- 1 EL Zitronensaft
- 1 TL Worcestersauce
- 120 ml bestes Olivenöl
- schwarzer Pfeffer nach Geschmack

Vorbereitung Das Dressing kann bis zu 1 Woche im Voraus zubereitet werden. In einem luftdicht verschlossenen Gefäß im Kühlschrank aufbewahren.

1 Für das Dressing Knoblauch und Sardellenfilets zu einer Paste zerreiben, mit den restlichen Zutaten gut verrühren und beiseitestellen.

2 Salatblätter und Croûtons in einer Schüssel mischen. In einem kleinen Topf Wasser zum Kochen bringen. Auf mittlere Hitze reduzieren. Die Eier hineinlegen und 2 Min. kochen, dann unter fließendem kaltem Wasser abschrecken.

3 Die Eier aufschlagen, das weiche Innere herauslöffeln und unter den Salat heben. Das Dressing noch einmal durchschütteln und ebenfalls unterheben. Den Salat mit dem Parmesan bestreut sofort servieren.

Passt zu gegrilltem Fleisch. Besonders gut ist Caesar salad als Vorspeise oder mit frischem Baguette als kleines Mittagessen.

VARIANTE

Caesar salad mit Hähnchen

Für ein Hauptgericht 300 g in Streifen oder Scheiben geschnittenes Hähnchenfleisch hinzufügen.

Rucolasalat mit Parmesan

Frische Rauke und Parmesan – viel mehr braucht man nicht für einen schnellen ersten Gang

für 4 Personen
Zub. 10 Min.

- 100 ml natives Olivenöl extra
- 4 EL Zitronensaft
- 2 TL Meersalz
- 1 großes Bund Rucola
- schwarzer Pfeffer
- 50 g Parmesan

Vorbereitung Rucola waschen und in Küchenpapier eingewickelt in den Kühlschrank legen.

1 Olivenöl, Zitronensaft und Meersalz in einer großen, korrosionsbeständigen Schüssel verrühren. Rucola hinzufügen und unterheben.

2 Die Rucolablätter auf einer Servierplatte anrichten.

3 Den Parmesan mit einem Sparschäler dünn hobeln und über den Rucola streuen. Großzügig frisch gemahlenen schwarzen Pfeffer darübergeben, dann servieren.

Passt zu gegrilltem Fleisch, Fisch, Meeresfrüchten, vegetarischen Hauptgerichten. Oder als Vorspeise mit Brot und Oliven servieren.

VARIANTE

Brunnenkressesalat

Anstelle von Rucola Brunnenkresse verwenden, nach Geschmack etwas Radicchio hinzufügen. Gehobelten geräucherten Gouda darübergeben, um die leichte Bitterkeit der Brunnenkresse auszugleichen.

Geschichteter Heringssalat

Fertig eingelegte Heringsfilets aus der Kühltheke erleichtern die Zubereitung und sparen Zeit

für 6–10 Personen
Zub. 15 Min. + Wartezeit

- 1 milde Zwiebel, in dünne Scheiben geschnitten
- 250 g Sauerrahm
- 120 g Naturjoghurt
- 1 EL Zitronensaft
- 1 Prise feiner Zucker
- 2 säuerliche Tafeläpfel, geschält, entkernt und in Scheiben geschnitten
- 2 Dillgurken, gehackt
- Salz und schwarzer Pfeffer
- 300 g eingelegte Heringsfilets, abgetropft
- 2 Kartoffeln, gekocht und gewürfelt (nach Belieben)
- 1 Rote Bete, gekocht und in Scheiben geschnitten (nach Belieben)
- 1 EL gehackter Dill zum Garnieren

Vorbereitung Der Salat ist am besten, wenn er bis zu 2 Tage im Voraus zubereitet wird. Kalt stellen.

1 Die Zwiebel in einer Schüssel mit kaltem Wasser bedecken und 15 Min. stehen lassen. Gut abtropfen lassen, dann mit Sauerrahm, Joghurt, Zitronensaft und Zucker mischen. Äpfel, Gurken sowie Salz und Pfeffer nach Geschmack unterrühren.

2 Die Hälfte der Heringsfilets in eine Servierschüssel legen. Die Hälfte der Kartoffeln und Rote Bete (sofern verwendet) darauf verteilen und mit der Hälfte der Sauerrahmmischung bedecken. Mit den restlichen Zutaten ebenso verfahren.

3 Den Salat fest mit Frischhaltefolie abgedeckt für mindestens 5 Std. kalt stellen. Vor dem Servieren mit dem Dill bestreuen.

Dazu passt ein gutes Roggenbrot mit frischer Butter.

Warmer Geflügelsalat

Salat muss nicht immer kalt sein, wie dieser französische *salade tiède* beweist

für 4 Personen
Zub. 10 Min. • Garzeit 8 Min.

- 4 EL bestes Olivenöl
- 4 Hähnchenbrustfilets à etwa 150 g, in schmale Streifen geschnitten
- 1 Knoblauchzehe, fein gehackt
- Salz und schwarzer Pfeffer
- 60 g sonnengetrocknete Tomaten, in schmale Streifen geschnitten
- 1 kleiner Kopf Radicchio, in kleine Stücke zerzupft
- 250 g grüner Spargel, geputzt und in jeweils 3 Stücke geschnitten
- 2 EL Himbeeressig
- ½ TL Zucker

1 In einer großen, beschichteten Pfanne 2 EL Öl bei mittlerer Temperatur erhitzen. Fleisch und Knoblauch darin 5–7 Min. unter Rühren braten, bis das Fleisch gar ist. Tomaten sowie Salz und Pfeffer nach Geschmack untermischen.

2 In der Zwischenzeit den Radicchio in eine große Servierschüssel geben. Die Hähnchenbrust mit dem Schaumlöffel in die Schüssel heben.

3 Den Spargel in die Pfanne geben und unter ständigem Rühren etwa 1–2 Min. braten, bis er gerade gar ist. Zur Hähnchenbrust geben.

4 Restliches Öl, Essig und Zucker verschlagen, in die Pfanne gießen und bei hoher Temperatur schnell verrühren. Das Dressing über den Salat gießen und rasch, aber sorgfältig unterheben, dann den Salat sofort servieren.

Salat mit Parmesan

Knackige Salatblätter und fein gehobelte Parmesanspäne in würzigem Dressing

für 6 Personen
Zub. 20 Min. • Garzeit 15 Min.

120 g Baguette
3 EL Olivenöl
Salz und schwarzer Pfeffer
3 Romanasalatherzen
gehobelter Parmesan zum Servieren

Dressing

2 Eigelb
1 Ei
1 TL feiner Zucker
1 TL Dijonsenf
1 Knoblauchzehe, geschält
Saft von ½ Zitrone
1 TL Worcestersauce
2 Sardellen, abgespült und abgetropft
150 ml Sonnenblumenöl
60 g Parmesan, gerieben

Vorbereitung Geröstete Croûtons sind in einem luftdicht verschlossenen Behälter aufbewahrt mindestens 1 Woche haltbar, das Dressing im Kühlschrank 3 Tage.

1 Den Backofen auf 180 °C vorheizen. Das Brot in dünne Scheiben schneiden und die Scheiben vierteln. Die Stücke in Olivenöl wenden, salzen und pfeffern und auf einem Backblech 10-15 Min. rösten, bis sie knusprig sind. Beiseitestellen.

2 Die Zutaten für das Dressing bis auf Öl und Käse in der Küchenmaschine sorgfältig verrühren. Nach und nach das Öl hinzufügen, bis eine leicht flüssige Mayonnaise entstanden ist. Bei Bedarf etwas Wasser hinzufügen. Das Dressing nach Geschmack salzen und pfeffern, den geriebenen Parmesan untermischen. Das Dressing abgedeckt kalt stellen.

3 Die Salatblätter waschen, trocken tupfen, zerzupfen, in eine große Schüssel geben, mit dem Dressing übergießen und durchheben. Zum Servieren mit Croûtons und gehobeltem Parmesan bestreuen.

Eingelegter Ziegenkäse

Einfache, aber stilvolle Vorspeise, die sich wunderbar für ein Abendessen mit Gästen eignet

für 6 Personen
Zub. 15 Min. + Wartezeit • Garzeit 5 Min.

2 Knoblauchzehen, gehackt
1 kleines Bund Basilikum, Blätter in Streifen geschnitten
1 EL abgeriebene Schale von einer unbehandelten Zitrone
2 rote Chilischoten, Samen entfernt, fein gehackt
Salz und schwarzer Pfeffer
150 ml Olivenöl plus Öl zum Einpinseln
6 feste kleine Ziegenkäse
1 Baguette
2 Stangen Chicorée, Blätter getrennt
1 Bund Brunnenkresse, gewaschen
50 g schwarze Oliven, entsteint und halbiert

Vorbereitung Der Ziegenkäse kann bis zu 24 Std. im Voraus eingelegt werden.

1 Für die Marinade Knoblauch, Basilikum, Zitronenschale, Chili sowie Salz und Pfeffer nach Geschmack vermischen, dann das Olivenöl unterrühren.

2 Die Käse in ein flaches, korrosionsbeständiges Gefäß legen und mit der Marinade übergießen, dabei darauf achten, dass sie gleichmäßig überzogen werden. Abgedeckt 24 Std. kalt stellen.

3 Am nächsten Tag den Backofen auf 180 °C vorheizen. Das Baguette in zwölf dicke Scheiben schneiden, mit Olivenöl einpinseln und im Ofen rösten, bis es goldbraun und knusprig ist.

4 Den Backofengrill auf höchster Stufe vorheizen. Die Ziegenkäse waagrecht halbieren, auf ein Backblech legen und etwa 5 Min. grillen, bis sie goldbraun sind. Zum Servieren Chicorée, Brunnenkresse und Oliven auf sechs Teller verteilen. Auf jeden Teller zwei Baguettescheiben legen und den gegrillten Käse daraufsetzen. Mit Marinade besprenkeln.

Geröstete Tomaten mit Crème fraîche

Durch die lange Garzeit bei relativ niedriger Temperatur entfalten die Tomaten ein sehr intensives Aroma und eine milde Süße, die ausgezeichnet mit der Sahne harmonieren

für 4 Personen
Zub. 15 Min. • Garzeit 2 Std.

- 6 große Eiertomaten
- 2 EL Olivenöl
- Meersalz und schwarzer Pfeffer
- 2 Bund Frühlingszwiebeln
- 150 g Crème fraîche
- mit Zitrone aromatisiertes Olivenöl oder anderes gutes Olivenöl

Vorbereitung Die Tomaten können im Voraus, die Frühlingszwiebeln 1 Std. vorher gegart werden.

1 Den Backofen auf 140 °C vorheizen. Die Tomaten halbieren, entkernen, mit den Schnittflächen nach oben auf ein Backblech setzen, mit 1 EL Olivenöl beträufeln, salzen und pfeffern und für 2 Std. in den Backofen schieben. Die Frühlingszwiebeln putzen, dann einmal längs und einmal quer halbieren.

2 Eine schwere Pfanne erhitzen. Die Zwiebeln in dem restlichen Olivenöl wenden und 1–2 Min. braten, bis sie gerade zusammengefallen sind. Nach Geschmack salzen und beiseitestellen.

3 Wenn die Tomaten abgekühlt sind, jeweils 3 Hälften auf einem Teller anrichten. 1 Löffel Crème fraîche und die Frühlingszwiebeln hinzufügen. Die Tomaten mit dem Zitronenöl beträufeln, nach Geschmack pfeffern und servieren.

Dazu passen Ciabatta, Oliven und gegrillte Paprikaschoten.

VARIANTE

Tomaten mit Balsamico-Essig auf Toast

Die Tomaten wie oben garen, noch warm mit Balsamico-Essig beträufeln und auf Vollkorntoast servieren.

Waldorfsalat

Nach dem berühmten Waldorf Astoria Hotel in New York benannter Klassiker

für 4 Personen
Zub. 20 Min. + Wartezeit

- 500 g knackige rotschalige Äpfel, entkernt und gewürfelt
- Saft von ½ Zitrone
- 4 Stangen Staudensellerie, in dicke Scheiben geschnitten
- 150 g Mayonnaise
- Salz und schwarzer Pfeffer
- 80 g Walnusskerne, grob gehackt
- Schnittlauchstücke zum Garnieren

1 Die Apfelwürfel in einer Schüssel in Zitronensaft wenden, damit sie sich nicht verfärben.

2 Sellerie, Mayonnaise sowie Salz und Pfeffer nach Geschmack unterheben. Den Salat abgedeckt kalt stellen.

3 Zum Servieren die Walnusskerne untermischen und den Schnittlauch darüberstreuen.

Salat aus gegrillten Zucchini und Paprikaschoten

Lauwarm mit Vinaigrette angemacht

für 6 Personen
Zub. 30 Min. • Garzeit 10 Min.
Grillpfanne

- 6 Zucchini
- Olivenöl zum Einpinseln
- 3 rote oder gelbe Parpikaschoten
- 4 Frühlingszwiebeln, in schmale Ringe geschnitten
- 4 Eiertomaten (nach Belieben)

Vinaigrette

- 1 unbehandelte Zitrone
- 15 g Koriandergrün, gehackt
- 1 EL Kreuzkümmelsamen, geröstet
- 1 EL flüssiger Honig
- 2 Knoblauchzehen, gehackt
- 150 ml Olivenöl
- Salz und schwarzer Pfeffer

1 Die Schale von der Zitrone dünn abreiben, den Saft auspressen. Mit den übrigen Zutaten für die Vinaigrette verquirlen, beiseitestellen.

2 Die Pfanne erhitzen und den Backofengrill vorheizen. Die Zucchini längs in dünne Scheiben schneiden, mit Olivenöl einpinseln und portionsweise in der Pfanne grillen, bis sie auf beiden Seiten dunkle Streifen haben. Auf Küchenpapier abtropfen lassen. Die Paprikaschoten vierteln, Stielansatz, Samen und Scheidewände entfernen und mit der Haut nach oben unter den Grill legen und rösten, bis die Haut schwarz wird. In einem Folienbeutel etwas abkühlen lassen, dann häuten und in Streifen schneiden.

3 Paprika, Zucchini, Frühlingszwiebeln und, sofern verwendet, in Spalten geschnittene Tomaten anrichten und mit der Vinaigrette beträufeln.

Toskanischer Brotsalat

Für dieses erfrischende Gericht, das auf italienisch *panzanella* heißt, können Ciabattareste verwendet werden

für 4 Personen
Zub. 25 Min. + Wartezeit

- ½ Ciabatta (etwa 300 g), in mundgerechte Stücke geschnitten
- 400 g kleine, reife Eiertomaten, geviertelt oder in Stücke geschnitten
- ½ rote Zwiebel, in dünne Scheiben geschnitten
- ½ Salatgurke, geschält und in Stücke geschnitten
- 1 EL Rotweinessig
- 3 EL natives Olivenöl extra
- grobes Meersalz und schwarzer Pfeffer
- 1 kleines Bund glatte Petersilie, grob gehackt
- 8 Basilikumblätter, in kleine Stücke gezupft

Vorbereitung Wird der Salat 30–40 Min. im Voraus zubereitet, kann das Brot das Dressing und den Saft von Tomaten und Gurke besser aufnehmen. Die Kräuter erst kurz vor dem Servieren untermischen.

1 Brot, Tomaten, Zwiebel und Gurke in eine Servierschüssel geben, mit Essig und Öl beträufeln, nach Geschmack salzen und pfeffern und gut durchheben. Den Salat 30–40 Min. durchziehen lassen, dabei ein- oder zweimal mischen, um sicherzustellen, dass das Brot vorhandene Flüssigkeit vollständig aufnimmt.

2 Direkt vor dem Servieren die Kräuter über den Salat streuen.

Passt zu kaltem Fleisch oder einer Käseplatte.

Brotstücke
Anstelle von Ciabatta kann auch jedes andere helle Brot verwendet werden.

Salat von Räucherforelle und Speck

Hier harmonieren leicht bittere Salate und Radieschen wunderbar mit geräuchertem Fisch

für 6 Personen
Zub. 10 Min. • Garzeit 10 Min.

- 350 g Räucherforellenfilet
- 12 Scheiben durchwachsener Speck
- 2 Bund Brunnenkresse, geputzt
- 2 Stangen Chicorée, Blätter getrennt
- 140 g Feta, gewürfelt
- 5 Radieschen, in dünne Scheiben geschnitten
- 2 Schalotten, in dünne Scheiben geschnitten

Dressing

- 1 EL Rotweinessig
- 90 ml bestes Olivenöl
- 1 TL feiner Zucker
- Saft von ½ Zitrone
- 1 TL Dijonsenf
- Salz und schwarzer Pfeffer

1 Die Forelle bei Bedarf häuten und entgräten, aber möglichst vorsichtig, damit das Fleisch nicht zerfällt. Eine Pfanne erhitzen und den Speck darin 5 Min. braten, bis er knusprig ist.

2 Die Zutaten für das Dressing mit Salz und Pfeffer nach Geschmack verrühren. Brunnenkresse und Chicorée auf einer Servierplatte anrichten. Das Forellenfilet grob zerteilt darübergeben, dann Feta, Speck, Radieschen und Schalotten hinzufügen. Den Salat mit Dressing beträufeln und servieren.

VARIANTE

Räuchermakrelensalat

Anstelle von Forelle gepfefferte Räuchermakrele verwenden. Die Radieschen weglassen.

Brunnenkresse-Walnuss-Salat

Passt gut zu pikanten Tartes aller Art

für 6 Personen
Zub. 15 Min. • Garzeit 10 Min.

- 100 g Walnusskerne
- 2 Bund Brunnenkresse, gewaschen und trocken getupft
- 2 Schalotten, fein gehackt

Dressing

- 1 TL Dijonsenf
- 1 EL Rotweinessig
- 1 TL brauner Zucker
- Salz und schwarzer Pfeffer
- 4 EL Walnussöl

1 Den Backofen auf 180 °C vorheizen. Die Walnusskerne auf einem Backblech verteilen und 10 Min. rösten, bis sie gut gebräunt sind. Herausnehmen, abkühlen lassen und mit den Händen grob zerdrücken, dann beiseitestellen.

2 Für das Dressing Senf, Essig und Zucker sowie Salz und Pfeffer nach Geschmack in einer Schüssel verrühren, dann langsam das Walnussöl unterschlagen.

3 Brunnenkresse, Schalotten und Walnusskerne in eine Schüssel geben. Vor dem Servieren das Dressing unterheben.

Vietnamesischer Salat mit Garnelen und Papaya

Die vietnamesische Küche ist undenkbar ohne Limette, Minze, Chilischoten und Fischsauce

für 4 Personen
Zub. 15 Min. • Garzeit 2–3 Min.
fettarm

- 12 große rohe Garnelen
- 2 EL Pflanzenöl
- 1 TL Reisessig
- 1 TL Zucker
- 1 rote Chilischote, Samen entfernt, sehr fein gehackt
- 2 Knoblauchzehen, durchgepresst
- 2 EL vietnamesische oder thailändische Fischsauce
- 1 EL Limettensaft
- 1 EL gehackte *rau-ram-* (vietnamesischer Koriander) oder Minzeblätter
- 1 grüne Papaya, längs geviertelt, entkernt und in dünne Scheiben geschnitten
- ½ Salatgurke, Samen entfernt und in schmale Stifte geschnitten

Vorbereitung Schritt 1 und 2 können mehrere Stunden im Voraus ausgeführt werden. Den Salat bis zum Servieren abgedeckt kalt stellen.

1 Den Backofengrill vorheizen. Die Garnelen schälen und Köpfe, Schwanzflossen und Därme entfernen. Die Garnelen auf einen mit Alufolie abgedeckten Grillrost legen, mit Öl einpinseln und 2–3 Min. grillen, bis sie sich rosa färben.

2 In der Zwischenzeit Reisessig, Zucker, Chilischote, Knoblauch, Fischsauce, Limettensaft und 75 ml kaltes Wasser in einer Schüssel verschlagen, bis sich der Zucker aufgelöst hat. Die Garnelen hinzufügen und durchheben, bis sie mit dem Dressing überzogen sind. Vollständig abkühlen lassen.

3 Gehackten Koriander oder Minze, Papaya und Gurke dazugeben und unterheben. Den Salat auf einer Servierplatte anrichten.

Grüne Payapa

Grüne, noch unreife Papaya sind knackig und weniger süß als die reifen, orangefleischigen Früchte.

Salat von Garnelen, Grapefruit und Avocado

Pikanter Salat mit asiatischer Note, der alle Liebhaber von Meeresfrüchten begeistern wird

für 6 Personen
Zub. 15 Min.

- 30 Riesengarnelen, Därme entfernt, gegart und geschält
- 2 große rosafleischige Grapefruits, filetiert
- 1 Handvoll Minzeblätter, zerzupft
- 3 Radieschen, in dünne Scheiben geschnitten
- 3 Frühlingszwiebeln, schräg in schmale Ringe geschnitten
- 2 Avocados, geschält und gewürfelt
- 1 Bund Brunnenkresse
- Salatblätter

Dressing

- 3 EL thailändische Fischsauce
- 3 EL Limettensaft
- 2 EL feiner Zucker
- 2 EL Olivenöl

Vorbereitung Das Dressing kann mehrere Tage im Voraus zubereitet und im Kühlschrank aufbewahrt werden.

1 Alle Zutaten für das Dressing in einem Glas mit Schraubverschluss kräftig schütteln.

2 Die Garnelen mit Küchenpapier trocken tupfen, dann in etwas Dressing wenden.

3 Die übrigen Salatzutaten in einer Schüssel sorgfältig mischen und auf sechs Portionsteller verteilen. Jeweils 5 Garnelen darauf anrichten und etwas von dem restlichen Dressing über den Salat träufeln, dann servieren.

VARIANTE

Hummer-Krebs-Salat

Die Garnelen durch die gleiche Menge in mundgerechte Stücke geschnittenes Hummer- und Krebsscherenfleisch ersetzen.

Coleslaw

Aus frischem Kohl und knackigen Möhren selbst gemachter Krautsalat schmeckt viel besser als jeder fertig gekaufte

für 4 Personen
Zub. 15 Min.
Küchenreibe oder eine Küchenmaschine mit Reibeaufsatz

250 g Weißkohl
2 große Möhren, geraspelt
2 Stangen Staudensellerie, in dünne Scheiben geschnitten
2 Frühlingszwiebeln, in schmale Ringe geschnitten
120 g Mayonnaise
4 TL Milch
Saft von 1 kleinen Zitrone
1 EL gehackte glatte Petersilie
1 EL Schnittlauchröllchen
Salz und schwarzer Pfeffer

Vorbereitung Kann bis zu zwei Tage im Voraus zubereitet werden. Im Kühlschrank aufbewahren.

1 Den Kohl nach Entfernen des Strunkes in möglichst feine Streifen schneiden oder raspeln und in eine große Schüssel geben. Möhren, Sellerie und Frühlingszwiebeln untermischen.

2 In einer kleinen Schüssel Mayonnaise und Milch verrühren, dann Zitronensaft, Petersilie, Schnittlauch sowie Salz und Pfeffer nach Geschmack hinzufügen. Das Dressing über die Gemüse geben und sorgfältig unterheben. Den Salat abgedeckt einige Stunden stehen lassen, damit sich die Aromen entfalten können.

Dazu passt eine Ofenkartoffel. Oder als Sandwichbelag verwenden.

VARIANTE

Frucht-Nuss-Coleslaw

50 g geröstete und gehackte Walnusskerne oder Pekannüsse und 50 g Sultaninen oder Rosinen hinzufügen.

Taboulé

Erfrischende libanesische Spezialität aus Bulgur, Petersilie, Minze und Tomaten

für 4 Personen
Zub. 20 Min. + Wartezeit

120 g Bulgur (Hartweizengrütze)
Saft von 2 Zitronen
75 ml bestes Olivenöl
Salz und schwarzer Pfeffer
225 g glatte Petersilie, dicke Stängel entfernt
75 g Minzeblätter, dicke Stängel entfernt
4 Frühlingszwiebeln, fein gehackt
2 große Tomaten, entkernt und gewürfelt
1 Salatherz, Blätter getrennt

1 Den Bulgur in eine große Schüssel geben, mit kaltem Wasser bedecken und etwa 15 Min. stehen lassen, bis er die Flüssigkeit aufgenommen hat.

2 Zitronensaft, Olivenöl sowie Salz und Pfeffer nach Geschmack hinzufügen und untermischen.

3 Kurz vor dem Servieren Petersilie und Minze fein hacken und mit Frühlingszwiebeln und Tomatenwürfeln unter den Bulgur mischen.

4 Die Salatblätter auf einer Servierplatte anrichten und das Taboulé hineinfüllen.

VARIANTE

Früchte-Taboulé

Die Tomaten durch 2–3 EL Granatapfelkerne oder pralle, saftige Rosinen und die gleiche Menge geröstete Pinienkerne ersetzen.

Salade niçoise

Ein mediterraner Salat, der auch als Hauptgericht schmeckt

für 4 Personen
Zub. 25 Min. • Garzeit 10 Min.

- 150 g feine grüne Bohnen, geputzt
- 4 Thunfischsteaks, jeweils etwa 150 g
- 150 ml bestes Olivenöl plus Öl zum Einpinseln
- Salz und schwarzer Pfeffer
- 2 TL Dijonsenf
- 1 Knoblauchzehe, fein gehackt
- 3 EL Weißweinessig
- Saft von ½ Zitrone
- 8 Sardellenfilets in Olivenöl, abgetropft
- 1 rote Zwiebel, in dünne Scheiben geschnitten
- 250 g Eiertomaten, längs geviertelt
- 12 schwarze Oliven, entsteint
- 2 Salatherzen, geputzt und in mundgerechte Stücke zerzupft
- 8–10 Basilikumblätter
- 4 Eier, hart gekocht

1 Die Bohnen in köchelndem Salzwasser etwa 3–4 Min. garen, sodass sie knackig bleiben. Abtropfen lassen und rasch in eine Schüssel mit Eiswasser geben.

2 Eine Grillpfanne bei mittlerer Temperatur erhitzen. Die Thunfischsteaks mit 1–2 EL Olivenöl einpinseln, salzen und pfeffern und auf jeder Seite 2 Min. braten. In der Mitte sind sie dann noch leicht rosa. Die Steaks beiseitestellen. Die Bohnen abtropfen lassen.

3 In der Zwischenzeit für die Vinaigrette Senf, Knoblauch, Essig, 150 ml Olivenöl, Zitronensaft sowie Salz und Pfeffer nach Geschmack verquirlen.

4 Grüne Bohnen, Sardellen, Zwiebel, Tomaten, Oliven, Salat und Basilikum in eine große Schüssel geben. Die Vinaigrette darüberträufeln und behutsam unterheben.

5 Den Salat auf vier Tellern anrichten. Die Eier schälen, vierteln und auf die Teller verteilen. Die Thunfischsteaks halbieren und auf den Salat setzen.

VARIANTE

Salat mit Huhn

Den Thunfisch durch 4 gegrillte Hähnchenbrustfilets ersetzen. Beiden Varianten können Kapern und gekochte und in Scheiben geschnittene neue Kartoffeln hinzugefügt werden.

Rote Bete mit Bresaola

Frisch gegarte, zarte kleine Knollen verleihen diesem Gericht seine leuchtende Farbe

für 6 Personen
Zub. 10 Min. • Garzeit 45 Min.

- 18 sehr kleine Rote-Bete-Knollen
- 2 Zweige Thymian
- 3 EL natives Olivenöl extra
- Salz und schwarzer Pfeffer
- 2 EL Rotweinessig
- 1 Handvoll Rucolablätter
- 12 Scheiben Bresaola
- Schnittlauch zum Garnieren

Dressing

- 1 EL geriebener Meerrettich
- 5 EL Crème fraîche oder Sauerrahm
- 1 EL Weißwein- oder Reisessig
- abgeriebene Schale und Saft von 1 unbehandelten Zitrone

Vorbereitung Das Dressing kann 2 Tage im Voraus zubereitet, die Rote-Bete-Knollen können am Vortag gegart werden.

1 Den Backofen auf 200 °C vorheizen. Die Rote-Bete-Knollen mit Thymian und Olivenöl auf ein großes Stück extrastarke Alufolie geben, salzen und pfeffern und fest in die Folie einwickeln. Für etwa 45 Min. in den Backofen legen, bis sie sich mit einem Messer leicht einstechen lassen.

2 Die Knollen auswickeln. Die Stielansätze abschneiden und die Schale abziehen, dann die Knollen in Scheiben schneiden, in eine Schüssel geben und mit dem Essig beträufeln.

3 Die Zutaten für das Dressing in einer kleinen Schüssel verrühren.

4 Zum Servieren die Rauke auf sechs Portionsteller verteilen und mit dem Dressing beträufeln. Rote-Bete-Scheiben und jeweils 2 Scheiben Bresaola darauf anrichten, mit dem Schnittlauch garnieren.

Tipp

Beim Schälen der Rote-Bete-Knollen unbedingt Gummihandschuhe tragen, um Verfärbungen der Hände vorzubeugen.

Orientalischer Gurkensalat mit Räucherlachs

Nicht nur optisch ein Genuss ist diese Kombination aus Gurke und Räucherlachs in Chili-Koriander-Dressing

für 6 Personen
Zub. 10 Min.

2 große Salatgurken

Salz und schwarzer Pfeffer

400 g Räucherlachs, in Streifen geschnitten

1 Limette, in 12 Spalten geschnitten, zum Garnieren (nach Belieben)

Dressing

1 Knoblauchzehe, fein gehackt

1 EL thailändische Fischsauce

2 EL Erdnussöl

60 ml Weißweinessig

1 EL thailändische süße Chilisauce

2 EL gehacktes Koriandergrün

1 Die Gurken mit einem Sparschäler der Länge nach in Streifen schneiden, die Kerne in der Mitte wegwerfen.

2 Die Streifen in eine Schüssel legen und beiseitestellen. Die Zutaten für das Dressing sorgfältig verrühren.

3 Die Gurkenstreifen 10 Min. vor dem Servieren mit dem Dressing übergießen und nach Geschmack salzen und pfeffern.

4 Zum Servieren den Gurkensalat auf Portionsteller verteilen und den Räucherlachs darauf anrichten. Den Salat mit Pfeffer bestreut und, falls verwendet, mit den Limettenspalten garniert servieren.

Möhren-Orangen-Salat

Dieser leichte, farbenfrohe Salat passt zu warmem oder kaltem Fleisch oder zu einem Sandwich

für 4 Personen
Zub. 20 Min.

- 2 große Möhren
- 2 große Orangen
- 1 Fenchelknolle
- 80 g Brunnenkresse

Dressing

- 3 EL fruchtiges Olivenöl
- 3 EL Traubenkernöl oder Sonnenblumenöl
- 1 EL Zitronensaft
- 3 EL Orangensaft
- 1 TL flüssiger Honig
- Salz und schwarzer Pfeffer
- 2 TL Sesam, leicht geröstet

Vorbereitung Der Salat kann 3–6 Std. im Voraus zubereitet werden. Abgedeckt im Kühlschrank aufbewahren und vor dem Servieren mit dem Dressing anmachen. Den Fenchel in etwas Zitronensaft wenden, damit er sich nicht verfärbt.

1 Die Möhren schälen und mit einem Sparschäler in dünne Streifen hobeln.

2 Die Orangen schälen und filetieren, dabei über eine Schüssel halten, um den Saft aufzufangen. Den Fenchel putzen und in dünne Scheiben schneiden. Die Brunnenkresse verlesen.

3 Möhren, Orangen, Fenchel und Brunnenkresse in eine Servierschüssel geben. Die Zutaten für das Dressing verrühren. Das Dressing über den Salat gießen und unterheben, dann servieren.

Auberginensalat

Die Auberginen sind überhaupt nicht fettig, denn sie werden nicht gebraten, sondern gedämpft

für 6 Personen
Zub. 15 Min. • Garzeit 20 Min.

- 2 mittelgroße Auberginen, geschält
- 60 g Ziegenweichkäse, zerkrümelt
- 2 Tomaten, entkernt und gewürfelt
- 1 kleine rote Zwiebel, gewürfelt
- 1 Handvoll glatte Petersilie, fein gehackt
- 60 g Walnusskerne, leicht geröstet und grob gehackt
- 1 EL Sesam, leicht geröstet
- Salz und schwarzer Pfeffer

Dressing

- 1 Knoblauchzehe, durchgepresst
- Salz und schwarzer Pfeffer
- 4 EL Walnussöl
- Saft von 1 Zitrone

Vorbereitung Das Dressing kann am Vortag zubereitet, die Zutaten können bis zu 24 Std. im Voraus zerkleinert werden. Im Kühlschrank aufbewahren.

1 Die Auberginen in 2 cm große Würfel schneiden und zugedeckt 10 Min. dämpfen. Während des Abkühlens vorsichtig ausdrücken, um möglichst viel Wasser zu entfernen.

2 Alle Salatzutaten in einer Schüssel behutsam vermischen. Die Zutaten für das Dressing verrühren und das Dressing unter den Salat heben. Den Salat nach Geschmack salzen und pfeffern.

VARIANTE

Auberginensalat mit Feta und Pinienkernen

Ziegenkäse und Sesam durch Feta und Pinienkerne ersetzen.

Krebsfleischsalat

Vor allem die großen Scheren der Taschenkrebse enthalten viel saftiges weißes Fleisch

für 4 Personen
Zub. 15 Min.
frisches Krebsfleisch erst am Tag der Zubereitung kaufen

einige Minzeblätter, grob gehackt
1 Handvoll Korianderblätter, grob gehackt
1 Handvoll gemischte Blattsalate wie Rucola, Spinat und Brunnenkresse
1 Schalotte, fein gehackt
350 g Krebsfleisch, nach Möglichkeit helles und dunkles Fleisch getrennt
1 Avocado, in Scheiben geschnitten

Dressing

1 reife Mango, grob gehackt
½ unbehandelte Limette
3 EL Olivenöl

1 Für das Dressing Mango, abgeriebene Schale und Saft der Limette und Olivenöl in der Küchenmaschine glatt pürieren. Das Dressing bei Bedarf mit etwas Wasser verdünnen.

2 Für den Salat Kräuter, Salatblätter und Schalotte mischen und etwas Dressing unterheben. Den Salat auf vier Teller verteilen. Daneben jeweils einen Löffel helles und dunkles Krebsfleisch und die Avocadoscheiben anrichten, dann servieren. Das restliche Dressing dazureichen.

Dazu passt warmes Natronbrot oder Bauernbrot und Butter.

Reste eignen sich perfekt als Garnitur für gemischten Salat oder als Füllung für Sandwiches.

Fenchelsalat mit Balsamico

Nicht nur als Vorspeise, sondern auch als Beilage gut, vor allem zu Fisch

für 6 Personen
Zub. 10 Min. + Wartezeit

1 Fenchelknolle, in dünne Scheiben geschnitten
½ EL alter Balsamico-Essig
3 EL natives Olivenöl extra
1 Knoblauchzehe, durchgepresst
Salz und schwarzer Pfeffer
150 g gemischte Blattsalate wie Brunnenkresse, junger Spinat, Rucola oder Feldsalat

1 Harte Außenblätter und Wurzelscheibe der Fenchelknolle entfernen, den Rest mit einem Sägeschliffmesser in möglichst dünne Scheiben schneiden. Die Scheiben in einigen Tropfen Balsamico-Essig, 1 EL Olivenöl und dem Knoblauch wenden, dann salzen und pfeffern. Für 60 Min. zum Durchziehen beiseitestellen.

2 Zum Servieren Salatblätter und Fenchel mit restlichem Öl und Essig mischen, dann nach Geschmack salzen und pfeffern. Den Salat auf Portionstellern anrichten und servieren.

Dazu passen feine Parmesanspäne, die über den Salat gestreut werden.

Salat von Spinat, Birne und Chicorée

Aromatische, süße Birnen passen sehr gut zum leicht bitteren Chicorée

für 6 Personen
Zub. 10 Min.

200 g junger Spinat
2 Stangen Chicorée, Blätter getrennt
2 feste, aber reife Birnen, entkernt, geschält und in Scheiben geschnitten
3 Schalotten, in dünne Scheiben geschnitten

Vinaigrette

1 EL flüssiger Honig
½ EL Dijonsenf
6 EL bestes Olivenöl
2 EL Rotweinessig
Salz und schwarzer Pfeffer

1 Die Zutaten für die Vinaigrette in einem Glas mit Schraubverschluss gut durchschütteln oder in einer Schüssel sorgfältig verrühren.

2 Spinat, Chicorée und Birnen in eine Salatschüssel geben. Die Vinaigrette darüberträufeln und behutsam unterheben, dann servieren.

Salat von Avocado, Tomate und Mozzarella

Rot, Weiß und Grün sind die Farben der italienischen Flagge, die sich in diesem Salat wiederfinden

für 4 Personen
Zub. 15 Min. • Garzeit 5 Min.

- 200 g kleine Eiertomaten
- Salz und schwarzer Pfeffer
- 2 Knoblauchzehen, in dünne Scheiben geschnitten
- 2 Frühlingszwiebeln, fein gehackt
- 60 ml natives Olivenöl extra
- 2 EL Balsamico-Essig plus Essig zum Beträufeln
- 2 EL kleine Kapern, abgetropft und abgespült
- 150 g Mini-Mozzarella-Kugeln aus Büffelmilch, halbiert
- 1 Handvoll Basilikumblätter, grob gehackt
- 2 reife Avocados

1 Den Backofengrill auf höchster Stufe vorheizen. Die Tomaten nebeneinander in eine ofenfeste Form legen, nach Geschmack salzen und pfeffern, mit Knoblauch und Frühlingszwiebeln bestreuen und mit dem Olivenöl beträufeln.

2 Die Tomaten für etwa 4–5 Min. unter den heißen Grill setzen, bis sie gerade weich sind und der Knoblauch goldbraun wird.

3 Die heißen Tomaten mit Saft, Knoblauch und Frühlingszwiebeln in eine Schüssel geben. Essig, Kapern, Mozzarella und Basilikum hinzufügen und unterheben.

4 Die Avocados schälen, entsteinen und vierteln. Auf jeden Servierteller zwei Viertel legen.

5 Die Tomatenmischung um die Avocados verteilen. Den Salat mit Balsamico-Essig beträufeln und sofort servieren.

Ensaladilla russa

Ein spanischer Gemüsesalat mit Mayonnaise, der auf keinem Tapa-Büffet fehlen darf

für 4 Personen
Zub. 15 Min. • Garzeit 25 Min.

- 500 g fest kochende Kartoffeln, gebürstet
- Salz und schwarzer Pfeffer
- 1 Möhre, fein gewürfelt
- 120 g tiefgekühlte Erbsen
- 100 ml Mayonnaise
- 2 eingelegte, gegrillte rote Paprikaschoten, abgetropft und in schmale Streifen geschnitten
- 1 Dose Thunfisch in Öl (200 g), abgetropft (nach Belieben)
- 2 Eier, hart gekocht und geviertelt
- 2 EL gehackte glatte Petersilie zum Garnieren

Vorbereitung Schritt 1 und 2 können bis zu 4 Std. im Voraus ausgeführt werden. Die Gemüse kalt stellen und vor Verwendung auf Zimmertemperatur bringen.

1 Die Kartoffeln in einem Topf mit Salzwasser etwa 15–18 Min. kochen, bis sie weich sind. Abgießen und etwas abkühlen lassen, dann schälen und in Würfel schneiden.

2 In der Zwischenzeit in einem kleinen Topf mit kochendem Salzwasser die Möhre etwa 5–6 Min. blanchieren, bis sie fast weich ist. Die Erbsen hinzufügen und weitere 2 Min. garen. Die Gemüse abgießen und unter fließendem kaltem Wasser abschrecken.

3 Die Mayonnaise in eine Schüssel geben. Kartoffeln, Möhre, Erbsen, den größten Teil der Paprikastreifen und, sofern verwendet, den Thunfisch hinzufügen. Den Salat behutsam durchheben und nach Geschmack mit Salz und Pfeffer würzen.

4 Den Salat in einer Servierschüssel anrichten. Mit den Eiern und restlichen Paprikastreifen garnieren, dann mit der Petersilie bestreut servieren.

Warmer Bohnensalat

Feine grüne Bohnen und Zuckerschoten mit Sesam und Ingwer

für 6 Personen
Zub. 15 Min. • Garzeit 10 Min.

- 3 EL Sesam
- 500 g feine grüne Bohnen, geputzt
- 250 g Zuckerschoten
- 3 Schalotten oder Frühlingszwiebeln, fein gehackt
- 1 Knoblauchzehe, gehackt
- 1 EL Sojasauce
- ½ EL Sesamöl
- ½ EL flüssiger Honig
- 2,5 cm frischer Ingwer, geschält und gerieben
- Salz und schwarzer Pfeffer

Vorbereitung Bohnen und Dressing können bis zu 4 Std. im Voraus zubereitet werden. Die Bohnen vor Verwendung wieder erhitzen.

1 Den Backofen auf 180 °C vorheizen. Den Sesam in einer ofenfesten Form verteilen und etwa 8 Min. rösten, bis er gut gebräunt ist, aber im Auge behalten, da er leicht verbrennt.

2 In einem großen Topf Salzwasser zum Kochen bringen. Die Bohnen darin 3 Min. blanchieren, dann die Zuckerschoten hinzufügen und 1 Min. blanchieren.

3 Bohnen und Zuckerschoten in einem Durchschlag abtropfen lassen und überschüssiges Wasser abschütteln. Die restlichen Zutaten in einer großen Servierschüssel vermischen. Bohnen und Zuckerschoten dazugeben und sorgfältig durchheben, um sie mit dem Dressing zu überziehen, dann mit dem Sesam bestreut servieren.

Blanchieren

Bohnen und Zuckerschoten nach dem Blanchieren sofort in eine Schüssel mit Eiswasser geben, damit der Garprozess beendet wird und sie ihre leuchtend grüne Farbe behalten.

Salat von Paprikaschoten

Für die spanische *ensaladilla de pimientos* werden rote Paprikaschoten sanft gegart und dann kalt serviert

für 4 Personen
Zub. 10 Min. • Garzeit 30 Min.

- 3 EL Olivenöl
- 6 rote Paprikaschoten, Stielansatz, Samen und Scheidewände entfernt, Fleisch in breite Streifen geschnitten
- 2 Knoblauchzehen, fein gehackt
- 250 g reife Tomaten, geschält, entkernt und gehackt
- 2 EL gehackte Petersilie
- Salz und schwarzer Pfeffer
- 1 EL Sherryessig

Vorbereitung Das Gericht kann bis zu 2 Tage im Voraus zubereitet werden. Bis zum Servieren kalt stellen.

1 Das Öl in einer großen Pfanne erhitzen. Paprika und Knoblauch hinzufügen und bei schwacher Hitze 5 Min. unter Rühren garen. Die Tomaten dazugeben. Die Temperatur erhöhen und die Zutaten zum Köcheln bringen. Die Temperatur wieder reduzieren und den Pfanneninhalt 12–15 Min. garen.

2 Petersilie sowie reichlich Salz und Pfeffer unterrühren und die Zutaten weitere 2 Min. garen.

3 Die Paprika mit einem Schaumlöffel in eine Servierschüssel heben.

4 Den Essig in die Pfanne geben, die Temperatur erhöhen und die Sauce 5–7 Min. köcheln lassen, bis sie dick geworden ist.

5 Die Sauce über die Paprikaschoten gießen und abkühlen lassen.

VARIANTE

Paprikadressing

Die abgekühlte *ensaladilla de pimientos* in die Küchenmaschine geben und glatt pürieren, dann genügend Olivenöl unterrühren, um ein Dressing herzustellen. Das Dressing zum Anmachen von grünen Salaten verwenden.

Salat mit Hummer und Brunnenkresse

Salat vom Feinsten, ein exquisites Entree

für 4 Personen

Zub. 20 Min.

½ rote Zwiebel, in dünne Scheiben geschnitten

1 TL Rotweinessig

4 gegarte Hummerschwänze, halbiert

1 großes Bund Brunnenkresse

½ Fenchelknolle, in sehr dünne Scheiben geschnitten

8 getrocknete Tomaten, gewürfelt

frische Kräuter wie Kerbel, Dill oder Schnittlauch zum Garnieren

Dressing

1 Ei

1 Eigelb

2 TL Dijonsenf

abgeriebene Schale und Saft von 1 unbehandelten Zitrone

400 ml Sonnenblumenöl

10 g Kerbel oder Schnittlauch

Salz und schwarzer Pfeffer

1 Für das Dressing Ei, Eigelb, Senf, Zitronenschale und -saft im Mixer bei niedriger Geschwindigkeit verrühren, dann das Öl hinzufügen. Mit Kerbel, Salz und Pfeffer würzen.

2 Die Zwiebel mit Essig beträufeln und 10 Min. stehen lassen.

3 Das Hummerfleisch möglichst in einem Stück auslösen.

4 Die Brunnenkresse auf Tellern anrichten. Fenchel, abgetropfte Zwiebel und Tomaten darüberstreuen. Das Hummerfleisch darauf verteilen, mit dem Dressing beträufeln und mit den Kräutern garnieren.

Spinatsalat mit Speck und Roquefortdressing

Mit Zimmertemperatur servieren, damit sich die Aromen entfalten

für 4 Personen
Zub. 15 Min.
• Garzeit 10–12 Min.

- 8 Scheiben durchwachsener Speck
- 250 g junger Spinat
- 250 g Champignons, in Scheiben geschnitten
- 2 Frühlingszwiebeln, in Ringe geschnitten

Dressing

- 3 EL Olivenöl
- 2 EL Rotweinessig
- 50 g Roquefort, zerkrümelt
- 2 TL Dijonsenf
- 2 TL fein gehackte Schalotten
- Salz und schwarzer Pfeffer
- 1 Prise Zucker

Vorbereitung Das Dressing kann bis zu 48 Std. im Voraus zubereitet werden. Im Kühlschrank aufbewahren.

1 Eine Pfanne erhitzen und den Speck darin knusprig braten, dabei ab und zu wenden. Auf Küchenpapier abtropfen und abkühlen lassen, dann zerbröseln und beiseitestellen.

2 In einer großen Salatschüssel Spinat, Pilze und Zwiebeln mischen. Den Speck hinzufügen.

3 Für das Dressing alle Zutaten gut verrühren. Das Dressing über den Salat geben und durchheben.

VARIANTE

Geflügelsalat mit Roquefortdressing

Den Speck durch 2 gegarte und in Scheiben geschnittene Hähnchenbrustfilets ersetzen.

Griechischer Salat

Aromatische, sonnengereifte Tomaten sind ein Muss für diesen sommerlichen Teller

für 4–6 Personen
Zub. 20 Min.

- 500 g reife Eiertomaten
- ½ Salatgurke
- 200 g Feta
- 100 g schwarze Oliven, entsteint
- Saft von ½ Zitrone
- 1 Handvoll Buschbasilikum oder anderes Basilikum
- 3–4 EL bestes Olivenöl
- Salz und schwarzer Pfeffer

Vorbereitung Der Salat kann 1–2 Std. im Voraus zubereitet werden, das Basilikum aber erst kurz vor dem Servieren hinzufügen.

1 Die Tomaten in Spalten schneiden. Von der Gurkenschale Streifen entfernen. Die Gurke längs vierteln, entkernen und in Stücke schneiden. Mit den Tomaten auf einer Servierplatte anrichten.

2 Den Feta in kleine Würfel schneiden und mit den Oliven über Tomaten und Gurke streuen.

3 Den Zitronensaft über den Salat geben und das Basilikum darüberstreuen. Den Salat mit dem Olivenöl beträufeln und nach Geschmack salzen und pfeffern, dann servieren.

Basilikum

Buschbasilikum hat sehr viel kleinere Blätter als andere Sorten und einen intensiven Geschmack. Für diesen Sommersalat eignet es sich ideal. Sollte es nicht erhältlich sein, anderes Basilikum in kleine Stücke zupfen.

Roquefortdressing

Dieses cremige Dressing mit Blauschimmelkäse schmeckt mit jungen Blattsalaten köstlich

ergibt 250 ml
Zub. 10 Min.

- 200 g Sauerrahm
- 100 g Roquefort, zerkrümelt
- 1 Knoblauchzehe, durchgepresst
- 1 TL Dijonsenf
- 2 EL Weißweinessig
- 1 EL Schnittlauchröllchen
- Salz und schwarzer Pfeffer

Vorbereitung Das Dressing kann 3 Tage im Voraus zubereitet werden. Im Kühlschrank aufbewahren.

1 Sauerrahm, Käse, Knoblauch, Senf, Essig und 3 EL Wasser in der Küchenmaschine glatt pürieren. Die Mischung in eine Schüssel geben, dann Schnittlauch sowie Salz und Pfeffer nach Geschmack unterrühren.

2 Das Dressing in eine Servierschüssel füllen und bis zur Verwendung kalt stellen.

Passt zu grünem Salat oder gedämpften neuen Kartoffeln.

VARIANTE

Cheddardressing

Den Roquefort (der durch jeden beliebigen Blauschimmelkäse ersetzt werden kann) durch die gleiche Menge gewürfelten Cheddar ersetzen.

Vinaigrette

Eine für alle: Diese simple Sauce schmeckt zu Salaten aller Art

ergibt 200 ml
Zub. 5 Min.

- 1 EL Dijonsenf
- 3 EL Weißweinessig
- 150 ml bestes Olivenöl
- Salz und schwarzer Pfeffer

1 Senf und Essig in eine kleine Schüssel geben und sorgfältig verrühren.

2 Nach und nach das Öl unterschlagen, bis eine dicke, glatte Emulsion entstanden ist. Das geht am besten mit einem Schneebesen. Die Vinaigrette nach Geschmack mit Salz und Pfeffer würzen und über Salat geben oder als leichte Sauce zu gegrillten Gemüsen reichen.

VARIANTE

Knoblauchvinaigrette

1 Knoblauchzehe mit etwas Salz zu einer Paste zerreiben und in Schritt 1 dem Dressing beifügen.

Perfekte Vinaigrette

Wenn das Rezept genau befolgt wird, indem man zuerst Senf und Essig vermischt und dann mit einem Schneebesen das Öl unterschlägt, entsteht eine dicke Emulsion, die sich selbst dann nicht trennt, wenn sie eine Zeit lang aufbewahrt wird.

Thousand-Island-Dressing

Passt nicht nur zu Blattsalaten, sondern auch zu Meeresfrüchten ganz ausgezeichnet

ergibt 250 ml
Zub. 15 Min.

- 150 ml Mayonnaise
- 2 EL Tomatenketchup
- einige Tropfen Tabasco
- 1 TL Worcestersauce
- 1 kleine rote Paprikaschote, Stielansatz, Samen und Scheidewände entfernt, Fruchtfleisch fein gehackt
- 1 Schalotte, fein gehackt
- 2 kleine Gewürzgurken, fein gehackt
- 1 EL fein gehackte Petersilie
- Salz und schwarzer Pfeffer

Vorbereitung Das Dressing kann 2 Tage im Voraus zubereitet werden. Im Kühlschrank aufbewahren.

1 Mayonnaise, Ketchup, Tabasco, Worcestersauce, Paprika, Schalotte, Gurken, Petersilie sowie Salz und Pfeffer in einer Schüssel mischen.

2 Das Dressing bis zur Verwendung kalt stellen.

Passt zu Salaten, die Garnelen, Krebsfleisch oder Avocado enthalten.

Joghurtdressing

Mit fettarmem Joghurt zubereitet eine leichte Alternative zu Mayonnaise

ergibt 150–200 ml
Zub. 10 Min.

- 150 g Naturjoghurt
- 1 Stück eingelegter Ingwer, fein gehackt
- 1 TL Ingwersirup aus dem Glas
- 1 EL fein gehackte glatte Petersilie
- 1 EL fein gehackter Dill
- abgeriebene Schale und Saft von 1 kleinen unbehandelten Zitrone
- Salz und schwarzer Pfeffer

Vorbereitung Kann bis zu 4 Tage im Voraus zubereitet werden. Im Kühlschrank aufbewahren.

1 Joghurt, Ingwer, Sirup, Kräuter, Zitronenschale, Zitronensaft sowie Salz und Pfeffer nach Geschmack in einer Schüssel sorgfältig verrühren.

2 Das Dressing bis zur Verwendung kalt stellen.

Passt zu Falafel, gegrilltem Lammfleisch und jeder Art von Salat.

Mayonnaise

Keine gekaufte Mayonnaise kann mit einer selbst gemachten konkurrieren. Probieren Sie es aus!

ergibt 360 ml
Zub. 10 Min.
vor Beginn der Zubereitung alle Zutaten auf Zimmertemperatur bringen, damit die Mayonnaise nicht gerinnt

- 2 Eigelb
- 2 EL Weißweinessig
- 1 TL Dijonsenf
- 300 ml neutrales Pflanzenöl
- Saft von ½ Zitrone
- Salz und schwarzer Pfeffer

1 Die Eigelbe mit Essig und Senf in die Küchenmaschine geben und etwa 1–2 Min. rühren, bis die Masse hell und cremig ist, oder von Hand mit einem Schneebesen oder einem Holzlöffel in einer Schüssel sorgfältig verrühren.

2 Bei laufendem Motor oder unter ständigem Rühren langsam das Öl in einem gleichmäßigen dünnen Strahl hinzufügen, bis eine dicke, glatte Mayonnaise entstanden ist.

3 Die Mayonnaise in eine Schüssel füllen und mit Zitronensaft sowie Salz und Pfeffer nach Geschmack würzen.

VARIANTE

Basilikum-Zitronen-Mayonnaise
2 EL Pflanzenöl durch mit Zitrone aromatisiertes Olivenöl ersetzen und im dritten Arbeitsschritt 1 Handvoll frisch gehacktes Basilikum unterrühren.

Tortilla

Neben den üblichen Kartoffeln und Zwiebeln enthält diese Variante des traditionellen spanischen Omeletts auch Brokkoli und Erbsen

für 4 Personen
Zub. 15 Min. • Garzeit 45 Min.
23 cm große beschichtete Pfanne

- 120 g frische oder tiefgekühlte Erbsen
- 120 g Brokkoliröschen
- 6 EL Olivenöl
- 350 g mehlig kochende Kartoffeln, geschält und in 2 cm große Würfel geschnitten
- 2 kleine rote Zwiebeln, fein gehackt
- 6 Eier
- Salz und schwarzer Pfeffer

Vorbereitung Das Omelett kann 1 Tag im Voraus zubereitet werden.

1 In einem Topf leicht gesalzenes Wasser zum Kochen bringen. Die Erbsen hineingeben und etwa 5 Min. garen, bis sie gerade weich sind. Mit dem Schaumlöffel in eine Schüssel mit kaltem Wasser heben. Das Wasser wieder zum Kochen bringen, den Brokkoli hineingeben und etwa 4 Min. garen. Zum Abkühlen zu den Erbsen geben und beide Gemüse gut abtropfen lassen.

2 In der beschichteten Pfanne bei mittlerer Temperatur 4 EL Öl erhitzen. Kartoffeln und Zwiebeln hineingeben und unter häufigem Rühren 10–15 Min. braten, bis die Kartoffeln weich sind.

3 Die Eier in einer großen Schüssel verquirlen, dann salzen und pfeffern.

4 Kartoffeln und Zwiebeln mit dem Schaumlöffel aus der Pfanne heben und zu den Eiern geben. Erbsen und Brokkoli hinzufügen und behutsam unterrühren. Die Pfanne säubern.

5 Das restliche Öl bei hoher Temperatur in der Pfanne erhitzen. Die Eimischung hineingeben, dann sofort auf schwache Hitze reduzieren. Die Mischung glatt streichen und 20–25 Min. braten, bis die Tortilla oben zu stocken beginnt und die Unterseite goldbraun ist.

6 Die Tortilla auf einen Teller gleiten lassen und einen zweiten Teller daraufsetzen. Die Tortilla umdrehen, wieder in die Pfanne geben und weitere 5 Min. garen, bis beide Seiten goldbraun und fest sind.

7 Die Tortilla mindestens 5 Min. stehen lassen, dann in Spalten schneiden und warm oder kalt servieren.

VARIANTE

Schnelle Tortilla

Erbsen und Brokkoli weglassen. Fest kochende Kartoffeln verwenden und diese in streichholzgroße Stifte schneiden, um den Garprozess zu beschleunigen.

Eiersalat mit Mayonnaise

Köstlich als Vorspeise oder als Belag für Sandwiches

für 4 Personen
Zub. 10 Min. • Garzeit 7 Min.

- 4 EL Mayonnaise
- 2 Frühlingszwiebeln, in schmale Ringe geschnitten
- 1 EL Schnittlauchröllchen
- Salz und schwarzer Pfeffer
- 4 große Eier, hart gekocht

1 Mayonnaise, Frühlingszwiebeln, Schnittlauch sowie Salz und Pfeffer nach Geschmack in einer kleinen Schüssel verrühren.

2 Die Eier schälen, zu der Mayonnaise geben und mit einer Gabel zerdrücken.

Dazu passen kleine Salatblätter und gebutterte Brotstreifen.

Eier

Die Eier nach dem Garen rasch abkühlen, da sich sonst ein dunkler Rand um das Eigelb bildet. Die Eier in kaltem Wasser pellen, so löst sich die Schale am besten.

Scharfe Eier

Ein kleiner Partysnack, für den das hart gekochte Eigelb mit Senf und Paprikapulver gewürzt wird

für 4 Personen
Zub. 10 Min. • Garzeit 8 Min.

- 6 Eier
- 3 EL Mayonnaise
- 1 TL Senf
- 1 TL scharfes Paprikapulver plus Paprikapulver zum Bestreuen
- Salz und schwarzer Pfeffer
- 3 Kirschtomaten, geviertelt
- 1 EL Schnittlauchröllchen

Vorbereitung Die Eier können bis zu 24 Std. im Voraus zubereitet werden. Im Kühlschrank aufbewahren.

1 Die Eier 8 Min. garen. Zum Abkühlen in kaltes Wasser legen, dann schälen und längs halbieren.

2 Die Eigelbe herauslösen, zerdrücken und mit Mayonnaise, Senf, Paprikapulver sowie Salz und Pfeffer nach Geschmack vermischen.

3 Die Masse in die Eihälften füllen. Auf jede Hälfte ein Tomatenviertel setzen und etwas Schnittlauch und Paprikapulver darüberstreuen.

Dazu passen runde Toastscheiben mit Butter und etwas Salat.

Ziegenkäse-Frittata

So bereitet man in Italien ein Omelett zu. Die Zutaten lassen sich nach Lust und Laune variieren

für 4 Personen
Zub. 10 Min. • Garzeit 25 Min.
23 cm große beschichtete Pfanne mit Deckel und ofenfestem Griff

- 6 Eier
- 4 Salbeiblätter, fein gehackt
- Salz und schwarzer Pfeffer
- 3 EL Olivenöl plus Olivenöl zum Einpinseln
- 1 Schalotte, gehackt
- 10 Kirschtomaten, halbiert
- 120 g Ziegenkäse, Rinde entfernt, zerkrümelt

1 Den Backofengrill auf höchster Stufe vorheizen und den Rost 10 cm unter den Heizstäben einschieben. Die Eier mit Salbei sowie Salz und Pfeffer nach Geschmack in einer Schüssel verquirlen und beiseitestellen.

2 Das Öl bei mittlerer Temperatur in einer Pfanne erhitzen. Die Schalotte hineingeben und unter ständigem Rühren etwa 3 Min. braten, bis sie weich, aber noch nicht gebräunt ist.

3 Die Eier in die Pfanne geben und behutsam durchrühren. Die Hitze reduzieren und die Eimasse zugedeckt 10–15 Min. sanft garen, dann den Deckel abnehmen. Die Oberseite der Frittata sollte noch flüssig sein.

4 Tomaten und Ziegenkäse auf der Frittata verteilen und mit etwas Olivenöl einpinseln. Die Pfanne für 5 Min. unter den Grill stellen, bis die Frittata gestockt und leicht gebräunt ist. 5 Min. stehen lassen, dann in Stücke schneiden und warm oder kalt servieren.

Dazu passen italienisches Brot und ein Tomatensalat.

VARIANTE

Paprika-Salami-Frittata

Im zweiten Arbeitsschritt 1 entkernte und in Streifen geschnittene rote Paprikaschote und 80 g in Streifen geschnittene Salami hinzufügen. Ziegenkäse und Tomaten durch 120 g geriebenen Fontina oder anderen Reibkäse ersetzen. Die Frittata wie oben 5 Min. grillen.

Wachteleier mit Curry

Die leichte Schärfe der Currymayonnaise passt perfekt zu den wachsweich gekochten Eiern

für 4 Personen
Zub. 15 Min. • Garzeit 3 Min.

- 4 Wachteleier
- 2 Scheiben Vollkorntoast
- 2 EL Mayonnaise
- 4 EL fettarmer Naturjoghurt
- 1 TL milde Currypaste
- 2 EL gehacktes Koriandergrün
- Salz und schwarzer Pfeffer

Zum Servieren

- 1 TL Zitronensaft
- 1 TL Sonnenblumenöl
- 1 Bund Koriandergrün, Stängel entfernt
- 1 Bund glatte Petersilie, Stängel entfernt

Vorbereitung Eier und Sauce können mehrere Stunden im Voraus zubereitet werden. Bis zur Verwendung getrennt im Kühlschrank aufbewahren.

1 In einem kleinen Topf Wasser zum Kochen bringen. In der Zwischenzeit eine Schüssel mit kaltem Wasser bereitstellen. Die Wachteleier im kochenden Wasser 2½ Min. garen, dann sofort mit dem Schaumlöffel in das kalte Wasser heben. Die Eier schälen und beiseitestellen.

2 Den Backofengrill auf höchster Stufe vorheizen. Das Brot von beiden Seiten leicht rösten. Aus jeder Scheibe zwei Kreise oder Ovale ausschneiden und diese auf vier Teller legen.

3 Mayonnaise, Joghurt, Currypaste, gehackten Koriander sowie Salz und Pfeffer nach Geschmack in einer Schüssel glatt rühren. Die Sauce beiseitestellen.

4 Zitronensaft und Sonnenblumenöl in einer Schüssel verrühren. Die Kräuter hinzufügen und untermischen.

5 Die Eier halbieren, auf die Brotscheiben setzen und mit der Currysauce beschöpfen, dann mit den angemachten Kräutern garniert sofort servieren.

Reste von Eiern und Currysauce schmecken auch auf gedünstetem Spinat vorzüglich.

Hühnereier
Das Rezept eignet sich ebenso für hart gekochte Hühnereier. Dafür 2 Eier 6 Min. kochen, schälen und vierteln.

Eier Benedikt

Unverzichtbar für ein üppiges Frühstück *american style*

für 4 Personen
Zub. 10 Min. • Garzeit 11 Min.

- 8 große Eier
- 4 englische Muffins (s. S. 76)
- Butter zum Bestreichen
- Sauce hollandaise (s. S. 282)

1 In zwei großen Töpfe auf dem Herd 5 cm hoch Wasser zum Kochen bringen. Wenn sich am Topfboden Bläschen bilden, vorsichtig in jeden Topf jeweils 4 Eier schlagen.

2 Die Töpfe nach 1 Min. vom Herd nehmen. Die Eier in dem heißen Wasser genau 6 Min. gar ziehen lassen, dann mit dem Schaumlöffel herausnehmen und auf Küchenpapier abtropfen lassen.

3 In der Zwischenzeit den Backofengrill auf höchster Stufe vorheizen. Die Muffins aufschneiden und auf beiden Seiten rösten.

4 Die Muffinhälften mit Butter bestreichen und jeweils 2 Hälften auf einen Servierteller legen. Auf jede Hälfte 1 pochiertes Ei setzen und mit reichlich warmer Sauce hollandaise bedecken.

Dazu passt Schinken oder knusprig gegrillter Frühstücksspeck.

Rührei mit Räucherlachs

Was wäre ein Sonntagsbrunch ohne diesen Klassiker?

für 4 Personen
Zub. 10 Min. • Garzeit 10 Min.

6 große Eier
2 EL Milch
Salz und schwarzer Pfeffer
50 g Butter
250 g Räucherlachs, in schmale Streifen geschnitten, oder Stremellachs, zerteilt
2 EL Schnittlauchröllchen
4 englische Muffins, aufgeschnitten und getoastet (s. S. 76)

1 Die Eier mit Milch sowie Salz und Pfeffer nach Geschmack verquirlen.

2 Die Butter in einer mittelgroßen, beschichteten Pfanne zerlassen. Wenn sie schäumt, die Eimasse hineingießen und bei mittlerer Hitze mit einem Holzlöffel rühren, bis sie fast gestockt ist, dann den Lachs untermischen.

3 Die Eier garen, bis sie gerade fest sind, dann pfeffern und mit Schnittlauch bestreut sofort auf den Muffinhälften servieren.

VARIANTE

Rührei mit Pilzen

Den Lachs durch 250 g in Butter gebratene ganze oder in Scheiben geschnittene gemischte Waldpilze ersetzen.

Rührei mit grüner Paprika und Tomaten

Den Lachs durch 1 gehackte und in Olivenöl gebratene grüne Paprikaschote und 3 geschälte, entkernte und fein gehackte Tomaten ersetzen.

Schottische Eier

Ein rustikaler kleiner Snack, ideal für den Picknick-Koffer. Ein Löffel Chutney schmeckt gut dazu

für 4 Personen
Zub. 25 Min. • Garzeit 15 Min.

3 Frühlingszwiebeln, fein gehackt
300 g Wurstbrät aus Schweinefleisch
1 Prise Chiliflocken
2 TL gehackte Kräuter
Salz und schwarzer Pfeffer
4 Eier, hart gekocht und geschält
30 g Mehl
Pflanzenöl zum Frittieren
1 Ei, verquirlt
100 g Semmelbrösel

1 In einer großen Schüssel Frühlingszwiebeln, Wurstbrät, Chiliflocken, Kräuter sowie Salz und Pfeffer nach Geschmack mischen.

2 Die Eier in Mehl wenden. Die Brätmischung in vier Portionen teilen, flach drücken und jeweils 1 Ei in die Mitte setzen. Die Eier mit dem Brät vollständig umhüllen.

3 Das Öl in einen großen Topf gießen und erhitzen, bis ein hineingeworfener Brotwürfel brutzelt und nach 1 Min. goldbraun ist. Verquirltes Ei und Semmelbrösel auf getrennte Teller geben. Die Eier zuerst in verquirltes Ei tauchen und dann in den Semmelbröseln wenden.

4 Die Eier vorsichtig in das heiße Öl gleiten lassen und etwa 3–4 Min. frittieren, bis sie goldbraun sind. Auf Küchenpapier abtropfen und auf einem Gitter abkühlen lassen.

VARIANTE

Schottische Eier vegetarisch

Das Wurstbrät durch grüne Bohnen ersetzen. Den Inhalt einer 400-g-Dose abspülen und abtropfen lassen, mit 60 g Ziegenweichkäse im Mixer glatt pürieren. In einer großen Schüssel mit Frühlingszwiebeln, Chiliflocken, Kräutern und 3 EL Semmelbröseln vermischen. Mit dieser Masse die Eier umhüllen und wie oben beschrieben fortfahren.

Omeletts

Köche in aller Welt haben unterschiedliche Rezepte für Omeletts. Doch was auch immer man hineingibt, sie sind jederzeit rasch zubereitet und man kann sie selbst zum Nachtisch essen!

Wachtel
Winziges, geflecktes Ei, das am besten gekocht wird

Bantam
Bantams sind eine Zwerghuhnrasse und legen auch kleinere Eier.

Leghorn
Es gibt braune und weiße Leghorn, und entsprechend sind auch die Eier gefärbt.

Welsumer
Ursprünglich holländische Rasse mit großen, rotbraunen Eiern.

Rhodeländer
Bräunlich gefärbt sind die Eier der ursprünglich amerikanischen Rasse.

Araucana
Die Eier dieser südamerikanischen Hühnerrasse sind pastellgrün.

Ente
Größer als die meisten Hühnereier und im Geschmack intensiver.

Gans
Diese großen Eier haben ebenfalls einen kräftigeren Geschmack als Hühnereier.

Eier einkaufen

Die wichtigste Zutat für jedes gute Omelett sind frische Eier.
Auf den Verpackungen finden sich Informationen über die enthaltenen Eier einschließlich Mindesthaltbarkeitsdatum, einer Empfehlung für die Lagerung, Gewichtsklasse und Güteklasse. Innerhalb der Europäischen Gemeinschaft dürfen nur Eier der Güteklasse A vermarktet werden. Zudem muss sich direkt auf der Eierschale ein Stempel befinden, der Aufschluss über Erzeuger, Herkunftsland und Haltungsart gibt.

- Die erste Zahl bezeichnet die Art der Hennenhaltung:
0 = Biohaltung, 1 = Freilandhaltung,
2 = Bodenhaltung, 3 = Käfighaltung
- Dieser Zahl folgen zwei Buchstaben für das Herkunftsland:
DE = Deutschland, AT = Österreich,
BE = Belgien, DK = Dänemark,
ES = Spanien, FI = Finnland,
FR = Frankreich, GR = Griechenland,
IE = Irland, IT = Italien,
LU = Luxemburg, NL = Niederlande,
PT = Portugal, SE = Schweden,
UK = Vereinigtes Königreich.
- Dem schließt sich eine Zahlenkombination aus sieben Ziffern an, die Legebetrieb und Stall angeben. Gibt man diese Kombination im Internet unter *www.was-steht-auf-dem-Ei.de* ein, erhält man detaillierte Informationen über den Legebetrieb.

Überprüfen Sie Eier beim Kauf, um sicherzugehen, dass sie unbeschädigt sind.

Aufbewahrung

- Eier im Kühlschrank lagern.
- Da Eierschalen porös sind, Eier in der Verpackung oder in einem geschlossenen Fach im Kühlschrank aufbewahren, damit sie keine Gerüche aufnehmen.
- Die Eier mit dem schmaleren Ende nach unten lagern.
- Das Haltbarkeitsdatum beachten.

IST DAS EI FRISCH?

Achten Sie stets auf das Mindesthaltbarkeitsdatum auf der Verpackung. Sollten Sie diese weggeworfen haben, machen Sie einen einfachen Frischetest: Legen Sie das Ei in ein Glas mit Wasser. Ein älteres Ei enthält mehr Luft und weniger Flüssigkeit als ein frisches und schwimmt. Alte Eier nicht mehr verwenden.

frisch — grenzwertig — alt

Omeletts zubereiten

Einfaches Omelett

1 In einer 20 cm großen beschichteten Pfanne bei hoher Temperatur 15–30 g Butter erhitzen, bis sie schäumt, aber noch nicht braun ist. 3 verquirlte Eier hineingießen und die Pfanne schwenken, um die Eiermasse gleichmäßig zu verteilen. Mit einer flach gehaltenen Gabel 20–30 Sek. rühren, bis das Ei gestockt, aber noch weich ist.

2 Mithilfe der Gabel die vordere Hälfte des Omeletts wie einen Brief umschlagen. Den Griff der Pfanne von unten anfassen und die Pfanne im Winkel von 45 Grad hochheben. Dicht an der Pfanne kräftig auf den Griff klopfen, damit sich das Omelett über den gefalteten Teil legt. Den »Brief« mit der Gabel vollständig schließen.

3 Einen vorgewärmten Teller unter die Pfanne halten und die Pfanne kippen, sodass das Omelett auf den Teller fällt, dann sofort servieren.

Omelett mit Belag

1 Die Zutaten für den Belag in einer 20–25 cm großen Pfanne mit hitzebeständigem Griff garen. Die verquirlten und gewürzten Eier darübergießen und rühren, um die Zutaten zu vermischen. Das Omelett ungestört garen, bis das Ei fast gestockt und auf der Unterseite goldbraun ist. In der Zwischenzeit den Backofengrill auf höchster Stufe vorheizen.

2 Das Omelett am Rand mit einer Palette anheben, um festzustellen, ob die Unterseite gestockt ist. Dann für etwa 2–3 Min. unter den Grill setzen, bis auch die Oberseite fest und goldbraun ist.

3 Das Omelett aus dem Ofen nehmen und mit Käse und/oder anderen Zutaten bestreuen. Zurück unter den Grill setzen, bis der Käse geschmolzen und leicht gebräunt ist und die anderen Zutaten gar sind. Das Omelett entweder auf einem vorgewärmten Teller heiß servieren oder beiseitestellen, abkühlen lassen und kalt servieren.

Schaumomelett

1 Für das Omelett 2 Eier trennen. Die Eigelbe mit 1 EL Zucker, 1 EL Wasser und ½ TL Vanilleextrakt mischen. Das Eiweiß steif schlagen und unter das Eigelb ziehen. Den Backofengrill auf höchster Stufe vorheizen. 15–30 g geklärte Butter in einer 18–20 cm großen, ofenfesten Omelettpfanne bei hoher Temperatur erhitzen, bis sie schäumt.

2 Auf mittlere Hitze herunterschalten. Die Eimasse hineingeben, verteilen und 30–45 Sek. garen, bis die Unterseite gestockt ist. Unter den Grill setzen und 1 Min. garen, bis auch die Oberseite fest ist. Rasch auf einer Hälfte des Omeletts eine süße Füllung (s. S. 142) verteilen, dann das Omelett zusammenklappen.

3 Das Omelett auf einen vorgewärmten Servierteller gleiten lassen und mit Puderzucker bestäuben. Das Omelett entweder sofort servieren oder vorher noch mit einem glühenden Metallspieß Muster in den Zucker zeichnen.

Mehr Geschmack

Die Möglichkeiten, einem Omelett zusätzliches Aroma zu verleihen, sind unerschöpflich. Fügen Sie dem verquirlten Ei unmittelbar vor dem Garen zusammen mit Salz und Pfeffer nach Geschmack eine der folgenden Zutaten hinzu.

Käse Geriebener Gouda, Parmesan, Gruyère oder Emmentaler, aber auch zerkrümelter Feta oder Ziegenkäse machen ein Omelett sättigender.

Gewürze Rühren Sie eine Prise Cayennepfeffer, Paprika, Senfpulver, mildes Currypulver oder, für eine schöne Farbe, Kurkuma unter.

Fertigsaucen Ein Spritzer Sojasauce, Worcestersauce oder Tabasco gibt dem Omelett Würze.

Knoblauch und Zwiebeln Zu flachen Omeletts passen gut durchgepresste, mit etwas fein gehackter Zwiebel angebratene Knoblauchzehen, fein gehackte Frühlingszwiebeln, entkernte und gehackte Chilischote oder in schmale Streifen geschnittene eingelegte rote Paprikaschote.

Kräuter Für frischen Geschmack 1 EL gehackten Kerbel, Schnittlauch, Petersilie, Estragon oder eine Mischung dazugeben. Falls frische Kräuter fehlen, sind tiefgekühlte oder getrocknete eine gute Alternative.

Die Eier *mit Salz und Pfeffer und anderen Aromazutaten verquirlen.*

Omeletts

Füllungen für ein einfaches Omelett

Spinat, Käse und Speck

Das Omelett garen, den Spinat darauf verteilen, mit Speck und Käse bestreuen, mit Salz und Pfeffer nach Geschmack würzen. Das Omelett zusammenklappen und aus der Pfanne gleiten lassen.

- 50 g gegarter und gehackter Spinat, warm gestellt
- 2 Scheiben durchwachsener Speck, knusprig gebraten, abgetropft, zerbröselt und warm gestellt
- 30 g Cheddar, gerieben
- Salz und schwarzer Pfeffer

Räucherschinken und Senf

Den Senf unter die verquirlten Eier schlagen. Das Omelett garen, mit dem Räucherschinken belegen, zusammenklappen und aus der Pfanne gleiten lassen.

- 1 EL körniger Senf
- 30 g hauchdünn geschnittener Räucherschinken

Füllungen für ein Schaumomelett

Kirsche und Mandel

Die Konfitüre in einem kleinen Topf erwärmen, mit dem Kirschwasser verrühren und auf einer Hälfte des gegarten Omeletts verteilen. Die Mandeln darüberstreuen und das Omelett zusammenklappen.

- 4 EL Kirschkonfitüre
- ½ EL Kirschwasser
- 30 g abgezogene Mandeln, grob gehackt

Aprikose und Vanille

Die Konfitüre erwärmen, mit dem Vanilleextrakt verrühren und auf einer Hälfte des Omeletts verteilen. Das Omelett zusammenklappen und mit dem Puderzucker bestäuben.

- 4 EL Aprikosenkonfitüre
- 2–3 Tropfen Vanilleextrakt
- 1 EL Puderzucker

Beläge für ein flaches Omelett

Zucchini und Feta

Zwiebel und Paprikaschote 3 Min. in Olivenöl braten. Zucchini mit Salz und Pfeffer nach Geschmack hinzufügen und 3–5 Min. braten, bis die Gemüse weich sind. Die verquirlten Eier darübergießen und garen, bis die Unterseite des Omeletts gestockt ist. Das Omelett unter den vorgeheizten Backofengrill setzen, bis die Oberseite gestockt ist, dann mit dem Käse bestreuen und wieder unter den Grill schieben, bis der Käse geschmolzen und leicht gebräunt ist.

- 1 Zwiebel, gewürfelt
- 1 rote Paprikaschote, Stielansatz, Samen und Scheidewände entfernt, Fruchtfleisch gewürfelt
- 1 EL Olivenöl
- 2 Zucchini, gewürfelt
- Salz und schwarzer Pfeffer
- 50 g Feta, abgetropft und zerkrümelt

Tomate und Spargel

Spargel und Zwiebel in Öl braten, bis sie weich sind. Die verquirlten Eier darübergießen und garen, bis sie gestockt sind. Das Omelett mit Käse, Tomate sowie Salz und Pfeffer nach Geschmack bestreuen und grillen.

- 120 g Spargelspitzen
- 1 Zwiebel, in Scheiben geschnitten
- 1 EL Olivenöl
- 50 g Emmentaler, gerieben
- 1 Tomate, in Spalten geschnitten
- Salz und schwarzer Pfeffer

PERFEKTE OMELETTS

- Ein Omelett für 1 Person lässt sich einfacher zubereiten als ein größeres Omelett für 2 Personen. Für 1 Person 3 Eier verwenden. Ein Schaumomelett aus 2 großen Eiern reicht für 1–2 Personen.
- Eine beschichtete Pfanne oder eine Omelettpfanne verwenden, in der nur Eierspeisen zubereitet werden.
- Für ein Omelett aus 3 Eiern ist eine 18–20 cm große Pfanne am geeignetsten. Schräge Wände lassen das fertige Omelett leicht herausgleiten.
- Schaumomeletts am besten in geklärter Butter braten. So lässt es sich vermeiden, dass die Unterseite zu dunkel wird, bevor die Oberseite gestockt ist.
- Die Eier in einer Schüssel mit einer Gabel sorgfältig verschlagen, nach Geschmack salzen und pfeffern und Aromazutaten wie Kräuter hinzufügen. Anregungen dazu auf S. 141 und oben.
- Wenn Sie mit der Zubereitung beginnen, einen Servierteller vorwärmen.

Omeletts der Welt

Tortilla

Neben den üblichen Kartoffeln und Zwiebeln enthält diese Variante des traditionellen spanischen Omeletts auch Brokkoli und Erbsen

1 Std. S. 136

Ziegenkäse-Frittata

So bereitet man in Italien ein Omelett zu. Die Zutaten lassen sich nach Lust und Laune variieren

35 Min. S. 137

Omelett Arnold Bennett

Von den Köchen des Londoner Savoy Hotels für den berühmten englischen Schriftsteller kreiert

25 Min. S. 151

Spinat-Timbalen

Eine *timbale* ist eine luftige französische Becherpastete aus Gemüse und Ei, die vor dem Servieren gestürzt wird

für 4 Personen
Zub. 10 Min. • Garzeit 30 Min.
4 Timbalen-Förmchen oder andere ofenfeste Förmchen
tiefgekühlt 3 Mon. haltbar; zum Servieren im Ofen erhitzen

- 50 g Butter plus Butter für die Förmchen
- 1 Zwiebel, fein gehackt
- 1 Knoblauchzehe, durchgepresst
- 300 g Sahne
- Salz und schwarzer Pfeffer
- ½ TL geriebene Muskatnuss
- 125 g fester Ziegenkäse, zerkrümelt
- 125 g Spinat
- 5 Eier
- 25 g Semmelbrösel

Salat

- 2 EL bestes Olivenöl
- 1 EL Balsamico-Essig
- 1 Knoblauchzehe, durchgepresst
- Salz und schwarzer Pfeffer
- 60 g Friséesalat
- ½ Salatgurke, in Stifte geschnitten

1 Den Backofen auf 180 °C vorheizen, die Förmchen dünn einfetten. Die Hälfte der Butter in einem Topf zerlassen. Zwiebel und Knoblauch darin zugedeckt bei schwacher Hitze etwa 10 Min. anschwitzen, bis sie weich, aber noch nicht gebräunt sind.

2 Die Sahne mit Salz, Pfeffer und Muskatnuss dazugeben und zum Kochen bringen. Von der Kochstelle nehmen. Den Käse hinzufügen und rühren, bis er geschmolzen ist.

3 In einem zweiten Topf die restliche Butter zerlassen und den Spinat darin garen, bis er zusammenfällt, dann zu der Sahnemischung geben. Eier und Semmelbrösel unterziehen.

4 Die Mischung im Mixer glatt pürieren und in die Förmchen gießen. Die Förmchen in eine Fettpfanne oder einen Bräter setzen und so viel kochendes Wasser angießen, dass sie zur Hälfte im Wasser stehen. Die Timbalen 15–20 Min. im Backofen garen, bis sie aufgegangen und gerade fest sind.

5 In der Zwischenzeit Olivenöl, Balsamico-Essig, Knoblauch sowie Salz und Pfeffer nach Geschmack verrühren. Die fertigen Timbalen auf Servierteller stürzen. Salatblätter und Gurke auf denTellern anrichten und das Dressing über den Salat träufeln, sofort servieren.

Arme Ritter

In den USA als *french toast* vor allem zum Frühstück beliebt

für 4 Personen
Zub. 5 Min. • Garzeit 20 Min.

- 3 große Eier
- 300 ml Milch
- 300 g Sahne
- 1 TL Vanilleextrakt
- 2 TL Zucker
- 8 Scheiben Toastbrot
- 75 g Butter
- Ahornsirup zum Servieren

1 In einem flachen Gefäß Eier, Milch, Sahne, Vanilleextrakt und Zucker verquirlen. Die Brotscheiben in die Mischung tauchen, um sie zu überziehen.

2 In einer großen Pfanne etwas Butter zerlassen und die Brotscheiben portionsweise auf jeder Seite etwa 2 Min. braten, bis sie goldbraun sind, zwischendurch noch etwas Butter hinzufügen. Fertige Scheiben warm stellen, während die restlichen Scheiben gegart werden.

3 Die Scheiben diagonal halbieren und jeweils vier Stücke auf einem Servierteller anrichten. Mit Ahornsirup beträufelt servieren.

Dazu passen frische Beeren und ein Löffel Naturjoghurt.

Galettes

Diese Buchweizenpfannkuchen sind in der Bretagne beliebt, wo die regionale Küche von kräftigen, rustikalen Aromen geprägt ist

für 4 Personen

Zub. 25 Min. + Wartezeit • Garzeit 30 Min.

20–23 cm große Crêpepfanne

ungefüllt tiefgekühlt 3 Mon. haltbar

- 75 g Buchweizenmehl
- 75 g Weizenmehl
- 2 Eier, verquirlt
- 250 ml Milch
- Sonnenblumenöl zum Braten

Füllung

- 2 EL Sonnenblumenöl
- 2 rote Zwiebeln, in dünne Scheiben geschnitten
- 200 g Räucherschinken, gewürfelt
- 1 TL Thymianblätter
- 120 g Brie, gewürfelt
- 100 g Crème fraîche

Vorbereitung Der Teig kann einige Stunden im Voraus zubereitet werden. Sollte er zu dick werden, etwas Wasser unterrühren.

1 Beide Mehlsorten in eine Schüssel sieben und in die Mitte eine Mulde drücken. Die Eier hineingeben und mit einem Holzlöffel nach und nach unterrühren, dann die Milch und 100 ml Wasser hinzufügen, um einen glatten Teig herzustellen. Abgedeckt 2 Std. ruhen lassen.

2 Das Öl in einer kleinen Pfanne erhitzen. Die Zwiebeln darin anbraten, bis sie weich sind. Schinken und Thymian hinzufügen. Die Pfanne von der Kochstelle nehmen.

3 Den Backofen auf 150 °C vorheizen. Die Crêpepfanne erhitzen und dünn einölen. 2 EL Teig hineingeben und die Pfanne schwenken, um ihn zu verteilen. Etwa 1 Min. garen, bis die Unterseite leicht gebräunt ist, dann umdrehen und noch einmal 1 Min. garen. Sieben weitere Galettes herstellen, dabei die Pfanne zwischendurch neu einfetten.

4 Brie und Crème fraîche in die Zwiebelmischung rühren und diese auf die Galettes verteilen. Die Galettes aufrollen oder falten und vor dem Servieren im Backofen 10 Min. erwärmen.

Parsische Eier

Dieses indische Gericht hat seine Ursprünge im alten Persien

für 4 Personen

Zub. 10 Min. • Garzeit 30 Min.

- 50 g Butter
- 4 Frühlingszwiebeln, in schmale Ringe geschnitten
- 1 TL geriebener frischer Ingwer
- 1 große rote Chilischote, Samen entfernt, fein gehackt
- 2 TL mildes Currypulver
- 4 Tomaten, entkernt und gehackt
- 8 große Eier
- 2 EL Milch
- Salz und schwarzer Pfeffer
- 2 EL gehacktes Koriandergrün

1 In einer beschichteten Pfanne 30 g Butter zerlassen. Zwiebeln, Ingwer und Chilischote darin bei schwacher Hitze 2 Min. unter Rühren garen, bis sie weich sind.

2 Currypulver und Tomaten hinzufügen und 1 Min. garen. Die Mischung aus der Pfanne nehmen und beiseitestellen.

3 Die restliche Butter in die Pfanne geben. Die Eier mit der Milch verquirlen, dann nach Geschmack salzen und pfeffern. Die Eimasse in die Pfanne gießen und rühren, bis sie halb gestockt ist. Die Tomatenmischung hinzufügen, gut umrühren und die Eier garen, bis sie fertig gestockt sind. Mit Koriander bestreuen und sofort servieren.

Dazu passen Blattsalate, leicht getoastetes Naan oder Chapatis.

VARIANTE

Parsische Eier mit Speck

Im ersten Arbeitsschritt 120 g gewürfelten Speck mit in die Pfanne geben.

Quiche lorraine

Das Originalrezept des französischen Klassikers

Für 4–6 Personen

Zub. 35 Min. + Wartezeit • Garzeit 55 Min.

23 cm große Tarte-Form oder Springform

Teig

- 250 g Mehl plus Mehl zum Bestäuben
- 125 g Butter, gewürfelt, plus Butter zum Einfetten
- 1 Eigelb

Füllung

- 200 g durchwachsener Speck, gewürfelt
- 1 Zwiebel, fein gehackt
- 75 g Gruyère, gerieben
- 4 große Eier, verquirlt
- 150 g Sahne
- 150 ml Milch
- schwarzer Pfeffer

Vorbereitung Kann bis zu 48 Std. im Voraus zubereitet werden. Im Kühlschrank aufbewahren und vor dem Servieren bei 160 °C etwa 15–20 Min. erwärmen.

1 Für den Teig Mehl und Butter in der Küchenmaschine zu feinen Krümeln verarbeiten. Eigelb und so viel kaltes Wasser (3–4 EL) hinzufügen, dass ein glatter Teig entsteht. Oder die Butter mit den Fingerspitzen einarbeiten, dann Eigelb und Wasser untermischen. Den Teig auf die bemehlte Arbeitsfläche setzen und kurz durchkneten, dann abgedeckt für mindestens 30 Min. kalt stellen. Den Backofen auf 190 °C vorheizen.

2 Den Teig auf der bemehlten Arbeitsfläche ausrollen. In die gefettete Form legen und andrücken. Den Boden mit einer Gabel einstechen, mit Backpapier belegen und mit Backbohnen beschweren. 12 Min. blindbacken, dann Papier und Bohnen entfernen und den Boden weitere etwa 10 Min. backen.

3 In der Zwischenzeit den Speck in einer Pfanne ohne Fett 3–4 Min. braten. Die Zwiebel hinzufügen und 2–3 Min. braten. Die Mischung auf dem Boden verteilen und den Käse darüberstreuen.

4 Eier, Sahne, Milch und schwarzen Pfeffer nach Geschmack verquirlen und in die Form gießen. Die Quiche 25–30 Min. backen, bis sie goldbraun und gerade fest ist. Kurz ruhen lassen, dann in Stücke schneiden und warm servieren.

VARIANTE

Quiche mit Pilzen

In einer großen Pfanne 2 EL Olivenöl erhitzen und 1 fein gehackte Zwiebel darin anbraten, dann 300 g in Scheiben geschnittene Mischpilze und 1 durchgepresste Knoblauchzehe hinzufügen und 3–4 Min. braten. Die Mischung auf dem Boden verteilen. Mit geriebenem Parmesan und gehackter Petersilie bestreuen, dann mit Schritt 4 fortfahren.

Pochierte Eier auf Muffins

Frühstückseier nach feiner englischer Art

für 4 Personen

Garzeit 4–6 Min.

- 4 sehr frische große Eier
- 1 Spritzer Essig oder Zitronensaft
- 4 englische Muffins (s. S. 76), aufgeschnitten und getoastet

1 In einem großen, flachen Topf Wasser erhitzen, bis es zu köcheln beginnt und Bläschen an die Oberfläche steigen. Essig oder Zitronensaft hineingeben.

2 Ein Ei in eine Untertasse schlagen. Das Wasser mit einem großen Schaumlöffel rühren, dann das Ei in das Wasser gleiten lassen, während der Rand der Untertasse das Wasser berührt, damit es nicht spritzt. Mit den übrigen Eiern ebenso verfahren.

3 Die Eiweiße mit dem Schaumlöffel behutsam über die Eigelbe heben, bis sie gerade gestockt sind. Die Eier 3–5 Min. garen lassen, bis das Eiweiß fest ist.

4 Die Eier vorsichtig herausheben und kurz auf Küchenpapier abtropfen lassen, dabei kleine Fäden aus Eiweiß entfernen. Die Eier auf den getoasteten Muffins sofort servieren.

Pochierte Eier auf Frisée

Vorspeise oder leichte Mahlzeit

- Für 4 Personen
- Zub. 15 Min. • Garzeit 20 Min.
- niedriger GI

Salat

- 175 g dicke Scheiben durchwachsener Speck, gewürfelt
- 1 Friséesalat, geputzt
- 8 Kirschtomaten, halbiert
- ¼ Salatgurke, in Scheiben geschnitten
- 75 g Walnusskerne, gehackt
- 4 sehr frische Eier
- 1 Spritzer Essig oder Zitronensaft

Dressing

- 2 EL Apfelessig
- 1 TL körniger Senf
- 1 EL grob gehackter Estragon
- 6 EL bestes Olivenöl
- Salz und schwarzer Pfeffer

Vorbereitung Das Dressing kann mehrere Tage im Voraus zubereitet werden. In einem Glas mit Schraubverschluss aufbewahren und vor der Verwendung kräftig durchschütteln.

1 Alle Zutaten für das Dressing verrühren.

2 Eine beschichtete Pfanne bei mittlerer Temperatur erhitzen und die Speckwürfel darin ohne Fett braten, bis sie braun sind.

3 In der Zwischenzeit den Frisée in kleine Stücke zerteilen und mit Tomatenhälften, Gurkenscheiben und Walnusskerne auf vier Serviertellern anrichten.

4 Die Eier pochieren und jeweils ein Ei in die Mitte jedes Tellers setzen. Den heißen Speck darüberstreuen. Den Salat mit dem Dressing beträufeln, dann sofort servieren.

Florentiner Eier

Zu einem ausgedehnten Brunch gehört dieses Gericht aus Spinat, einem pochierten Ei und Käsesauce

- für 4 Personen
- Zub. 15 Min. • Garzeit 10 Min.
- 4 ofenfeste, flache Förmchen

- 60 g Butter
- 30 g Mehl
- 300 ml Milch
- Salz und schwarzer Pfeffer
- 2 Eigelb
- 2 EL Sahne
- 120 g Gruyère, gerieben
- 1 Spritzer Essig oder Zitronensaft
- 4 Eier
- 2 Schalotten, gehackt
- 500 g frischer Spinat
- 4 Scheiben Toast, gebuttert, zum Servieren

1 Die Hälfte der Butter in einem kleinen Topf zerlassen. Das Mehl einrühren und 1 Min. anschwitzen. Von der Kochstelle nehmen und die Milch unterrühren. Den Topf wieder auf die Kochstelle setzen und rühren, bis die Sauce dick wird, salzen und pfeffern. Eigelbe, Sahne und fast den gesamten Käse hinzufügen und rühren, bis er geschmolzen ist. Die Sauce warm stellen.

2 In einem großen, flachen Topf Wasser zum Köcheln bringen und den Essig hinzufügen. Auf starke Hitze erhöhen. Ein Ei in eine Untertasse schlagen. Das Wasser mit einem großen Schaumlöffel rühren, dann das Ei in das Wasser gleiten lassen, wobei der Rand der Untertasse das Wasser berührt, damit es nicht spritzt. Mit den restlichen Eiern ebenso verfahren. Die Eiweiße mit dem Schaumlöffel über die Eigelbe heben, bis sie gerade gestockt sind, dann die Eier 3–5 Min. garen, bis das Eiweiß fest ist. Die Eier herausheben und kurz auf Küchenpapier abtropfen lassen.

3 In der Zwischenzeit die restliche Butter in einem großen Topf zerlassen und die Schalotten darin bei mittlerer Hitze 2–3 Min. braten, bis sie weich sind. Den Spinat hinzufügen und zugedeckt etwa 2–3 Min. garen, bis er zusammengefallen ist, dann gut abtropfen lassen. Den Backofengrill auf hoher Stufe vorheizen.

4 Den Spinat auf vier Förmchen verteilen. Jeweils ein pochiertes Ei daraufsetzen. Die Sauce über die Eier gießen, sodass sie vollkommen bedeckt sind. Mit dem restlichen Käse bestreuen. Die Eier unter den Grill stellen, bis die Oberfläche goldbraun ist. Heiß servieren, dazu den Toast reichen.

Pfannkuchen mit Spinat und Pilzen

Pikante gefüllte Pfannkuchen in einer cremigen Käsesauce lassen sich gut vorbereiten und im letzten Moment überbacken

- für 4 Personen
- Zub. 30 Min. • Garzeit 1 Std. 10 Min.
- vor dem Überbacken tiefgekühlt 3 Mon. haltbar

Pfannkuchen

- 120 g Mehl
- 1 Ei
- 1 Eigelb
- 300 ml Milch
- 1 EL zerlassene Butter oder Öl plus Öl zum Braten

Füllung

- 2 EL zerlassene Butter oder Olivenöl
- 200 g Champignons, gehackt
- 1 Prise geriebene Muskatnuss
- 250 g gegarter Spinat, gehackt
- 600 ml Béchamelsauce (s. S. 518)
- 80 g Emmentaler, gerieben
- ½ TL Senfpulver
- Salz und schwarzer Pfeffer
- 2 Tomaten, in Scheiben geschnitten
- 3 EL geriebener Parmesan

Vorbereitung Die Pfannkuchen können bis zu 12 Std. im Voraus gefüllt werden. Im Kühlschrank aufbewahren.

1 Für die Pfannkuchen das Mehl in eine Schüssel sieben und in die Mitte eine Vertiefung drücken. Ei, Eigelb und etwas Milch hineingeben und glatt rühren. Restliche Milch und 1 EL Butter oder Öl unterschlagen. Den Teig in einen Krug gießen.

2 Eine 15–18 cm große, schwere Pfanne dünn einfetten. Etwas Teig hineingeben und die Pfanne schwenken, um ihn gleichmäßig zu verteilen. Den Pfannkuchen braten, bis die Unterseite goldbraun ist. Umdrehen und die andere Seite backen. Den Pfannkuchen auf einen Teller gleiten lassen. Auf diese Weise elf weitere Pfannkuchen herstellen, die Pfanne zwischendurch neu einfetten.

3 Für die Füllung Öl oder Butter in einer Pfanne erhitzen und die Pilze darin anbraten. Abtropfen lassen, in einer Schüssel mit Muskatnuss, Spinat und 4 EL Béchamelsauce vermischen.

4 Den Backofen auf 190 °C vorheizen. Die Füllung auf die Pfannkuchen verteilen. Die Pfannkuchen aufrollen und in eine ofenfeste Form legen.

5 Käse und Senfpulver unter die restliche Sauce rühren. Die Sauce salzen und pfeffern und gleichmäßig über die Pfannkuchen verteilen. Die Tomatenscheiben darauflegen und den Parmesan darüberstreuen. Die Form für 30 Min. in den Backofen schieben, heiß servieren.

VARIANTE

Spinat-Ricotta-Pfannkuchen

Die Pilze durch 300 g Ricotta ersetzen. Den Ricotta mit dem gegarten Spinat vermischen.

Eier in Sahnesauce

Einfach und sehr lecker

- für 4 Personen
- Zub. 10 Min. + Wartezeit • Garzeit 25 Min.
- 4 ofenfeste 150-ml-Förmchen

- 2 EL Olivenöl
- 4 Schalotten, fein gehackt
- 2 Knoblauchzehen, durchgepresst
- 1 EL gehackter Estragon
- 175 g Sahne
- 4 große Eier
- 3 EL geriebener Gruyère
- 1 EL Semmelbrösel
- 1 EL Schnittlauchröllchen
- schwarzer Pfeffer

1 Den Backofen auf 160 °C vorheizen. Das Öl in einer Pfanne erhitzen. Schalotten und Knoblauch bei niedriger Temperatur darin braten, bis sie weich sind. Die Hitze etwas erhöhen und die Schalotten goldbraun anrösten. Estragon und 2 EL Sahne unterrühren.

2 Die Schalottenmischung auf die Förmchen verteilen und in der Mitte eine Mulde formen. Jeweils 1 Ei hineinschlagen, dann die restliche Sahne vorsichtig darübergießen.

3 Käse, Semmelbrösel, Schnittlauch und reichlich Pfeffer vermischen. Die Mischung auf die Eier setzen. Die Förmchen für 15 Min. in den Backofen schieben, dann sofort servieren.

Spinatsoufflés

Diese Soufflés sind wunderbar goldbraun und locker und schmecken ebenso gut wie sie aussehen

für 4 Personen
Zub. 20 Min. • Garzeit 20 Min.
4 ofenfeste 200-ml-Förmchen

250 g Spinat
50 g Butter plus Butter zum Einfetten
50 g Mehl
360 ml Milch
75 g Parmesan, gerieben
1 Prise geriebene Muskatnuss
Salz und schwarzer Pfeffer
4 große Eier, getrennt

1 Den gewaschenen Spinat in einen großen Topf geben und bei mittlerer Hitze zugedeckt etwa 2–3 Min. garen, bis er zusammengefallen ist. Abtropfen lassen und überschüssiges Wasser herausdrücken.

2 Den Backofen auf 200 °C vorheizen. Die Förmchen buttern unc in den Ofen schieben.

3 Die Butter in einem Topf zerlassen. Das Mehl hinzufügen und 1 Min. anschwitzen, dann nach und nach die Milch unterrühren. Die Mischung zum Kochen bringen und 3–4 Min. köcheln lassen. Den Parmasan bis auf 2 EL mit Muskatnuss sowie Salz und Pfeffer nach Geschmack unterrühren. Die Sauce in eine große Schüssel füllen.

4 Den Spinat grob hacken und unter die Sauce mischen. Die Sauce auf Zimmertemperatur abkühlen lassen, dann die Eigelbe unterrühren.

5 Das Eiweiß steif schlagen. 2 EL Eischnee in die Spinatmischung rühren, den restlichen Eischnee behutsam unterheben.

6 Die Masse vorsichtig in die gefetteten Förmchen schöpfen. Mit einem Messer um den Rand fahren, damit sie gleichmäßig aufgeht. Den restlichen Parmesan darüberstreuen und die Soufflés 20–25 Min. backen, bis sie schön aufgegangen und goldbraun sind.

Eier fu yung

Ein chinesisches Gericht mit Garnelen und pfannengerührtem Gemüse

für 4 Personen
Zub. 15 Min. • Garzeit 20 Min.
Wok

200 ml Gemüsebrühe
1 EL Austernsauce
1 EL helle Sojasauce
1 EL chinesischer Reiswein
Pflanzenöl zum Braten
3 Schalotten, in dünne Scheiben geschnitten
2 Knoblauchzehen, durchgepresst
1 grüne Paprikaschote, Stielansatz, Samen und Scheidewände entfernt, Fruchtfleisch gehackt
1 Stange Staudensellerie, gehackt
80 g Bohnenkeimlinge
120 g Garnelen, Därme entfernt, geschält
5 Eier, verquirlt
2 TL Maisstärke
gekochter Reis zum Servieren

1 In einem kleinen Topf Brühe, Austernsauce, Sojasauce und Reiswein mischen.

2 In einem Wok 2 EL Öl erhitzen. Schalotten, Knoblauch, Paprikaschote und Sellerie darin 3 Min. unter Rühren braten. Die Bohnenkeimlinge hinzufügen, 2 Min. unter Rühren braten, die Garnelen zugeben und 1 Min. unter Rühren braten. Das Gemüse beiseitestellen.

3 Wenn die Mischung abgekühlt ist, die Eier unterrühren. Den Wok mit Küchenpapier auswischen.

4 Den Wok wieder auf den Herd stellen und 5 cm hoch Öl hineingießen. Wenn das Öl heiß ist, ein Viertel der Garnelenmischung hineingeben und etwa 2 Min. garen, bis sie leicht gebräunt ist, dabei mit Öl beschöpfen, damit auch die Oberseite fest wird.

5 Das Küchlein umdrehen und die andere Seite bräunen, abtropfen lassen und warm stellen. Mit der restlichen Mischung ebenso verfahren.

6 Die Maisstärke mit etwas Wasser glatt rühren und unter die Brühe mischen. Den Topfinhalt unter Rühren zum Kochen bringen, bis er dick und glatt ist. 1 Min. köcheln lassen, dann über die Küchlein schöpfen. Mit Reis als Beilage servieren.

Käsesoufflé

Das beliebsteste unter den pikanten Soufflés. Man kann dafür jeden würzigen Hartkäse verwenden, etwa Gouda, Emmentaler oder Gruyère

für 4 Personen
Zub. 20 Min.
• Garzeit 30–35 Min.
1,2 l fassende Souffléform

- 50 g Butter plus Butter zum Einfetten
- 50 g Mehl
- 225 ml Milch
- Salz und schwarzer Pfeffer
- 120 g Käse, gerieben
- ½ TL Dijonsenf
- 5 große Eier, getrennt
- 1 EL geriebener Parmesan

Vorbereitung Schritt 1 kann bis zu 1 Tag im Voraus ausgeführt werden. Die Sauce abgedeckt in den Kühlschrank stellen.

1 Die Butter in einem kleinen Topf zerlassen. Das Mehl unterrühren und bei mittlerer Hitze 1 Min. anschwitzen, dann die Milch unterschlagen. Die Mischung unter ständigem Rühren köcheln lassen, bis sie dick und glatt ist. Die Sauce von der Kochstelle nehmen und nach Geschmack salzen und pfeffern, dann Käse und Senf untermischen.

2 Nacheinander 4 Eigelbe unterrühren. Das restliche Eigelb anderweitig verwenden.

3 Den Backofen auf 190 °C vorheizen. Das gesamte Eiweiß in einer großen Schüssel zu sehr steifem Schnee schlagen. 1 EL Eischnee unter die Käsemischung rühren, um sie zu lockern, den Rest vorsichtig unterheben.

4 Die Masse in die gut gebutterte Souffléform gießen und den Parmesan darüberstreuen. Die Form in den Backofen schieben und das Soufflé 25–30 Min. garen, bis es schön aufgegangen und goldbraun ist, dann sofort in der Form servieren.

Dazu passen grüner Salat und reichlich knuspriges Brot.

VARIANTEN

Pilzsoufflé

Geriebenen Käse und Senf durch 175 g fein gehackte und mit 1 fein gehackten Schalotte angebratene Champignons ersetzen. Die Pilze nach dem Braten gut abtropfen lassen und mit 2 EL gehackter Petersilie vermischen, dann zu der Soufflémasse geben und wie im Rezept oben fortfahren.

Brunnenkressesoufflé

Geriebenen Käse und Senf durch 2 Bund Brunnenkresse ersetzen. Harte Stiele und gelbe Blätter entfernen, den Rest sehr fein hacken und mit 5 Halmen fein gehacktem Schnittlauch in die Sauce rühren, dann wie im Rezept oben fortfahren.

Möhrensoufflé

Geriebenen Käse und Senf durch 175 g gegarte und pürierte Möhren und die abgeriebene Schale von 1 kleinen unbehandelten Orange ersetzen, dann wie im Rezept oben fortfahren.

Piperade

Pikantes Rührei, wie man es im französischen Baskenland schätzt

für 4 Personen
Zub. 5 Min. • Garzeit 20 Min.

- 2 EL Olivenöl
- 1 große Zwiebel, in dünne Scheiben geschnitten oder gehackt
- 2 Knoblauchzehen, durchgepresst
- je 1 rote und grüne Paprikaschote, Stielansatz, Samen und Scheidewände entfernt, Fruchtfleisch gehackt
- 80 g Serranoschinken oder Bayonner Schinken, gehackt
- 4 Tomaten, gehackt
- 8 Eier, verquirlt
- Salz und schwarzer Pfeffer
- 2 EL gehackte Petersilie zum Garnieren

1 Das Öl in einer großen Pfanne erhitzen und die Zwiebel darin bei niedriger Temperatur anschwitzen, bis sie weich ist. Knoblauch und Paprikaschoten hinzufügen und unter gelegentlichem Rühren weitere 5 Min. braten.

2 Den Schinken dazugeben und 2 Min. garen, dann die Tomaten hinzufügen und 2–3 Min. köcheln lassen, bis die gesamte Flüssigkeit verdampft ist.

3 Die Eier in die Pfanne gießen und unter häufigem Rühren stocken lassen, salzen und pfeffern und mit der Petersilie bestreut servieren.

Schaumomelett

Besonders locker und luftig, herzhaft gefüllt mit Käse und Schinken

für 4 Personen
Zub. 10 Min. • Garzeit 5 Min.
ofenfeste Omelettpfanne

- 2 Eier, getrennt
- Salz und schwarzer Pfeffer
- 20 g Butter
- 30 g alter Cheddar, gerieben
- 30 g Gruyère, gerieben
- 30 g Schinken, in Streifen geschnitten
- gehackter Schnittlauch

1 Den Backofengrill auf höchster Stufe vorheizen. Die Eigelbe in einer kleinen Schüssel schaumig schlagen, dann Salz und Pfeffer nach Geschmack und 2 EL Wasser unterrühren. Das Eiweiß in einer kleinen Schüssel zu weichem Schnee schlagen.

2 Die Butter in einer ofenfesten Omelettpfanne bei mittlerer Temperatur erhitzen. In der Zwischenzeit mit einem Schneebesen das Eigelb und die Hälfte des Käses rasch unter den Eischnee heben.

3 Wenn die Butter schäumt, die Eimasse in die Pfanne gießen und die Pfanne schwenken, um alles gleichmäßig zu verteilen. Das Omelett 1 Min. garen, dann mit der Palette um den Rand fahren, um es von der Pfanne zu lösen. Restlichen Käse und Schinken darüberstreuen. Das Omelett 1 Min. unter den heißen Grill setzen, bis die Oberseite fest ist.

4 Das Omelett mit dem Schnittlauch bestreuen. Zum Servieren wieder mit der Palette um den Rand des Omeletts fahren. Das Omelett zusammenklappen und auf einen vorgewärmten Teller gleiten lassen.

Dazu passt ein Salat aus Rucola und Brunnenkresse.

Omelett Arnold Bennett

Von den Köchen des Londoner Savoy Hotels für den berühmten englischen Schriftsteller kreiert

für 4 Personen
Zub. 5 Min. • Garzeit 20 Min.

- 8 große Eier, getrennt
- 150 g Sahne
- 350 g geräuchertes Schellfischfilet, gegart, gehäutet und zerteilt
- 4 EL frisch geriebener Parmesan
- schwarzer Pfeffer
- 60 g Butter

1 Die Eigelbe mit 2 EL Sahne in einer Schüssel schaumig rühren. In einer zweiten Schüssel die Eiweiße zu weichem Schnee schlagen. 1 EL Eischnee unter die Eigelbmischung rühren, um sie zu lockern, den Rest zusammen mit dem Fisch und der Hälfte des Käses vorsichtig unterheben. Die Mischung nach Geschmack großzügig pfeffern.

2 Den Backofengrill auf höchster Stufe vorheizen. Die Butter in einer großen, ofenfesten Omelettpfanne zerlassen. Wenn sie schäumt, die Eimasse hineingeben und garen, bis die Unterseite gestockt ist, dabei die gestockten Ränder des Omeletts mit einem Spatel zur Mitte anheben, sodass ungegarte Eimasse in die Pfanne läuft.

3 Wenn die Unterseite fest ist, den restlichen Käse auf das Omelett streuen und die restliche Sahne darübergießen. Die Pfanne unter den heißen Grill setzen, bis das Omelett fest und leicht gebräunt ist, dann sofort servieren.

Geräucherter Schellfisch

Smoked haddock ist eine Spezialität von den britischen Inseln und bei uns eher selten zu finden. Seine gelbe Farbe erhielt er ursprünglich vom Rauch eines Torffeuers, heute ist oft Lebensmittelfarbe im Spiel. Inzwischen wird vielfach gefärbter und ungefärbter Schellfisch angeboten, geschmacklich unterscheiden sie sich nicht. Im Gegensatz zu anderen Räucherfischen muss der Schellfisch vor der Weiterverarbeitung kurz gegart werden. Weitere Informationen dazu auf S. 43 im Rezept für Räucherfisch-Frikadellen.

Eier nach Art der Rancheros

Huevos rancheros werden in Mexiko traditionell zum Frühstück gegessen. Die übliche Beilage dazu heißt *frijoles refritos*, ein Bohnenpüree

für 4 Personen
Zub. 25 Min. • Garzeit 35 Min.

2 EL Sonnenblumenöl
4 Maistortillas
4 Eier
1 Avocado, geschält und in Scheiben geschnitten
1 EL gehacktes Koriandergrün

Bohnenpüree

2 Dosen Kidneybohnen (à 400 g)
3 EL Schmalz oder Sonnenblumenöl
1 Zwiebel, gehackt
3 Knoblauchzehen, gehackt
1 Würfel Gemüsebrühe oder Salz nach Geschmack

Sauce

750 g reife Tomaten, geschält
4 kleine, getrocknete, scharfe rote Pequín-Chilischoten, in 4 EL kochendes Wasser gebröselt
2 Knoblauchzehen, gehackt
1 Zwiebel, gehackt
1 EL Sonnenblumenöl
2 EL Tomatenmark
1 TL gemahlener Kreuzkümmel
1 TL getrockneter Oregano
2 EL Weißweinessig
½ TL Zucker

1 Für das Bohnenpüree die Bohnen abtropfen lassen, dabei etwas Flüssigkeit aus der Dose auffangen. Die Bohnen abspülen und beiseitestellen. Schmalz oder Öl in einer Pfanne erhitzen. Zwiebel und Knoblauch darin bei mittlerer Temperatur 5–10 Min. braten, bis sie goldbraun sind. Die Hitze erhöhen und löffelweise unter raschem Rühren die Bohnen hinzufügen – Vorsicht, es könnte spritzen.

2 Die Bohnen mit dem Kartoffelstampfer zu einem groben Püree zerdrücken, dabei nach Bedarf etwas Flüssigkeit aus der Dose hinzufügen. Brühwürfel oder Salz dazugeben und die Bohnen bei schwacher Hitze unter häufigem Rühren köcheln, bis das Püree dick wird.

3 Für die Sauce Tomaten, Chilischoten, Knoblauch und Zwiebel im Mixer oder in der Küchenmaschine pürieren. Das Öl erhitzen und die Paste unter häufigem Rühren 5 Min. garen. Tomatenmark, Kreuzkümmel, Oregano, Essig und Zucker hinzufügen. Die Sauce 10 Min. köcheln lassen, falls sie zu dick wird, etwas Wasser hinzufügen.

4 In einer Pfanne 1 EL Öl sehr heiß werden lassen. Die Tortillas auf jeder Seite etwa 30 Sek. braten, bis sie heiß, aber noch nicht knusprig sind. Warm stellen. Das restliche Öl in die Pfanne geben und die Eier braten.

5 Zum Servieren die Tortillas auf vorgewärmte Teller legen und jeweils 1 Ei daraufsetzen. Großzügig heiße Sauce auf die Eier schöpfen. Bohnenmus und Avocadoscheiben hinzufügen und die Eier mit etwas Koriander bestreut servieren. Die restliche Sauce in einer Schüssel dazureichen.

Yorkshirepudding

Gehört in England unbedingt zu einem guten Rinderbraten, passt aber auch zu Schmorgerichten

für 4 Personen
Zub. 10 Min. + Wartezeit • Garzeit 20–25 Min.
Blech für Muffins

120 g Mehl
1 Prise Salz
1 Ei
300 ml Milch
50 g Butter oder Schmalz zum Einfetten

1 Mehl und Salz in eine große Schüssel sieben und in die Mitte eine Mulde drücken. Das Ei hineinschlagen und 100 ml Milch hinzufügen. Ei und Milch mit einem Holzlöffel verrühren, dann nach und nach das Mehl untermischen.

2 Die Hälfte der restlichen Milch dazugeben und weiterrühren, bis ein glatter Teig entstanden ist, dann die übrige Milch untermischen. Den Teig 30 Min. ruhen lassen.

3 Den Backofen auf 220 °C vorheizen. Das Blech großzügig mit Butter oder Schmalz einfetten und für 3–5 Min. in den Backofen stellen, bis es sehr heiß ist. Den Teig in die Mulden gießen und sofort in den Backofen schieben. 20–25 Min. backen, bis die Yorkshirepuddings gut aufgegangen, goldbraun und knusprig sind, dann sofort servieren.

Windbeutel mit Käse

Luftige Brandteigbällchen, gefüllt mit einer Creme aus Kräuterfrischkäse

ergibt 16 Stück

Zub. 10 Min. • Garzeit 50 Min.

ungefüllt tiefgekühlt sind die Windbeutel 1 Mon. haltbar

60 g Butter plus Butter zum Einfetten

75 g Mehl, gesiebt

1 Prise Salz

2 große Eier, verquirlt

30 g Parmesan, gerieben

Füllung

150 g fettreduzierter Fischkäse mit Knoblauch und Kräutern

2 EL Milch

1 TL Zitronensaft

mildes Chilipulver nach Geschmack

schwarzer Pfeffer nach Geschmack

Parmesan, Gorgonzola, Stilton oder alter Cheddar nach Geschmack, gerieben oder zerkrümelt

1 Den Backofen auf 200 °C vorheizen. Die Butter mit 120 ml Wasser zum Kochen bringen. Vom Herd nehmen und mit einem Holzlöffel Mehl und Salz unterschlagen. Den Teig bei schwacher Hitze auf dem Herd rühren, bis er glatt ist und sich von der Topfwand löst. Nach und nach verquirlte Eier und den Parmesan unterrühren. Der Teig soll dick und glänzend sein. Von der Kochstelle nehmen.

2 Wenn der Teig genügend abgekühlt ist, mit zwei Esslöffeln 16 Kugeln daraus formen und mit reichlich Abstand auf ein gefettetes Backblech setzen. Die Windbeutel 20–25 Min. backen, bis sie aufgegangen und goldbraun sind.

3 Aus dem Backofen nehmen und seitlich mit einem scharfen Messer etwas einschneiden, damit der Dampf entweichen kann. Auf einem Kuchengitter auskühlen lassen.

4 Die Zutaten für die Füllung verrühren und die Füllung in die abgekühlten Windbeutel geben.

VARIANTE

Lachs-Rührei-Füllung

Geriebenen Edamer oder Gouda in heißes Rührei mischen, dann etwas gehackten Räucherlachs unterziehen. Die Mischung in warme Windbeutel füllen.

Doppelt gebackenes Käsesoufflé

Lässt sich sehr gut vorbereiten und ist daher ideal für ein Essen mit Gästen

für 4 Personen

Zub. 20 Min. • Garzeit 45 Min.

4 ofenfeste 150-ml-Förmchen

bis einschließlich Schritt 4 zubereitet tiefgekühlt 3 Mon. haltbar. Bei Zimmertemperatur auftauen lassen, dann fertigbacken

30 g Butter plus Butter zum Einfetten

30 g Mehl

250 ml Milch

2 Eier, getrennt

125 g Ziegenfrischkäse

schwarzer Pfeffer

200 g Sahne

1 EL Dijonsenf

50 g Parmesan, gehobelt

Rucola zum Servieren

rotes Zwiebelchutney zum Servieren

Vorbereitung Das Soufflé kann bis einschließlich Schritt 4 mehrere Stunden in Voraus zubereitet werden.

1 Den Backofen auf 180 °C vorheizen. Die Förmchen dünn ausbuttern und aus Backpapier ausgeschnittene Kreise auf den Boden legen.

2 Die Butter in einem Topf zerlassen und das Mehl hineinrühren. Nach und nach die Milch unterrühren, bis eine glatte, dicke Sauce entstanden ist.

3 Die Sauce etwas abkühlen lassen, dann Eigelbe und Ziegenkäse hinzufügen. Die Mischung großzügig pfeffern. Das Eiweiß mit dem elektrischen Handrührgerät in einer Schüssel steif schlagen. 2 EL Eischnee in die Sauce rühren, dann die Sauce vorsichtig über den restlichen Eischnee gießen und behutsam unterheben. Die Masse in die Förmchen füllen.

4 Die Förmchen in einen Bräter setzen und so viel heißes Wasser dazugießen, dass sie zur Hälfte im Wasser stehen. Die Soufflés etwa 15 Min. backen, bis sie fest sind. Aus dem Bräter nehmen und abkühlen lassen, dann mit einem Messer am Rand entlangfahren. Die Soufflés vorsichtig auf ein Backblech stürzen.

5 Die Ofentemperatur auf 200 °C erhöhen. Die Sahne mit Pfeffer und Senf in einen Topf geben, zum Kochen bringen und einkochen lassen, bis sie dick ist. 2 EL Sahne und etwas Parmesan auf jedes Soufflé geben. Die Soufflés noch einmal 20–25 Min. überbacken, bis sie goldbraun sind, dann mit Rucola und Zwiebelchutney servieren.

Käse-Paprika-Pastete

Aus tiefgekühltem Blätterteig und eingelegten Paprikaschoten im Handumdrehen zubereitet

für 4 Personen
Zub. 20 Min. • Garzeit 25 Min.

- 500 g Blätterteig, Tiefkühlware aufgetaut
- Mehl zum Bestäuben
- 3 EL Paste von sonnengetrockneten Tomaten
- 120 g mittelalter Gouda, gerieben
- 1 Glas gemischte Paprikaschoten in Öl (280 g), abgetropft und in Streifen geschnitten
- 120 g Mozzarella, in 1 cm große Würfel geschnitten oder gerieben
- Salz und schwarzer Pfeffer
- 1 Ei verquirlt oder Milch

1 Den Backofen auf 220 °C vorheizen. Knapp die Hälfte des Teiges auf der leicht bemehlten Arbeitsfläche 15 x 30 cm groß ausrollen. Die Teigplatte auf ein befeuchtetes Backblech legen. Den restlichen Teig 18 x 30 cm groß ausrollen, dünn mit Mehl bestäuben, der Länge nach zusammenfalten und an der gefalteten Kante schräge Schnitte ansetzen, im Abstand von 1 cm, die etwa 2,5 cm vom äußeren Rand entfernt enden.

2 Die nicht eingeschnittene Teigplatte mit der Tomatenpaste bestreichen und mit Käse bestreuen, dabei einen 2,5 cm breiten Rand lassen. Die Paprikaschoten mit Küchenpapier abtupfen und auf dem Käse verteilen. Mozzarella sowie Salz und Pfeffer darüberstreuen.

3 Die Teigränder mit Wasser anfeuchten. Vorsichtig die zweite Teigplatte wieder entfalten und darauflegen, die Ränder zusammendrücken, überschüssigen Teig abschneiden. Die Teigtasche mit dem verquirlten Ei oder Milch einpinseln und etwa 25 Min. backen, bis sie goldbraun und knusprig ist. Etwas abkühlen lassen, dann in Scheiben geschnitten servieren.

VARIANTE

Zwiebel-Ziegenkäse-Pastete

350 g in dünne Scheiben geschnittene rote Zwiebeln in 20 g Butter und 1 EL Olivenöl bei schwacher Hitze unter häufigem Rühren etwa 10 Min. braten. 1 EL Balsamico-Essig und jeweils 1 Prise Zucker und Kräuter der Provence unterrühren. In eine Schüssel geben, abkühlen lassen und mit 120 g zerkrümeltem Ziegenkäse vermischt als Füllung verwenden.

Stilton-Rarebit mit Birne und Walnusskernen

Das leckere Käsebrot ist eine Variante des *welsh rarebit,* was in etwa »leichter Happen« bedeutet

für 4 Personen
Zub. 10 Min. • Garzeit 20 Min.

- 4–8 Scheiben Walnussbrot
- 1 Schalotte, fein gehackt
- 75 ml trockener Apfelwein
- 25 g Butter
- 25 g Mehl
- 150 ml Milch
- 100 g Stilton, zerkrümelt
- 50 g Cheddar, gerieben
- 1 TL scharfer Senf
- 2 Eigelb
- 2 reife Birnen, entkernt und in Scheiben geschnitten
- 1 kleines Bund Brunnenkresse
- 50 g Walnusskerne, grob gehackt
- 1 EL Balsamico-Essig
- 2 EL bestes Olivenöl
- schwarzer Pfeffer

Vorbereitung Die Käsecreme kann mehrere Stunden im Voraus zubereitet werden. Erst unmittelbar vor dem Überbacken auf die Brote streichen.

1 Je nach Größe 1 oder 2 Scheiben Brot pro Person leicht toasten.

2 Schalotte und Apfelwein in einen kleinen Topf geben und bei schwacher Hitze köcheln lassen, bis der Apfelwein fast vollständig verdampft ist. Die Schalotte aus dem Topf nehmen und beiseitestellen.

3 Den Topf säubern, dann die Butter hineingeben und bei mittlerer Hitze zerlassen. Das Mehl hineinrühren und 1 Min. unter Rühren anschwitzen. Den Topf vom Herd nehmen und nach und nach die Milch zugießen. Die Sauce wieder auf die Kochstelle setzen und unter ständigem Rühren etwa 2–3 Min. köcheln, bis sie dick wird. Den Käse hinzufügen und rühren, bis er geschmolzen ist. Die Sauce von der Kochstelle nehmen. Senf, Eigelbe und abgekühlte Schalotte untermischen. Die Käsesauce dick auf die Brote streichen.

4 Den Backofengrill auf höchster Stufe vorheizen und die Brote 2 Min. überbacken, bis die Sauce goldbraun ist.

5 Birnen, Brunnenkresse und Walnusskerne auf vier Tellern anrichten. Etwas Essig, Öl und Pfeffer darübergeben. Die Brote danebensetzen und sofort servieren.

Labné

Eine frische Vorspeise aus Joghurt

für 4 Personen
Zub. 10 Min. + Wartezeit
Musselin

500 g griechischer Joghurt

½ TL Salz

1 Den Joghurt sorgfältig mit dem Salz verrühren und auf ein großes, quadratisches Stück Musselin schöpfen. Den Musselin über dem Joghurt zusammennehmen und mit Schnur zusammenbinden, sodass ein Beutel entsteht.

2 Den Beutel über eine Schüssel hängen und den Joghurt mindestens 12 Std. abtropfen lassen.

3 Den Joghurt aus dem Tuch nehmen und zu einer Kugel formen.

Dazu passen Kräuter oder Gewürze wie etwa fein gehackte Minze oder Petersilie und geröstetes Fladenbrot. Als süße Variante mit Honig beträufeln, mit Zimt bestäuben und mit gehackten Pistazien bestreuen.

Käsebällchen

Kleine, cremige Käsehappen – besonders gut schmecken sie mit einem feurigen Chilidip

für 4 Personen
Zub. 45 Min. + Wartezeit
• Garzeit 60 Min.
gegart oder ungegart tiefgekühlt sind die Bällchen 3 Mon. haltbar

80 g Butter

80 g Mehl plus Mehl zum Wenden

600 ml Milch

3 Eigelb

Salz und schwarzer Pfeffer

1 Prise geriebene Muskatnuss

250 g Emmentaler, gerieben

2 Eier, verquirlt

140 g frische Semmelbrösel

Sonnenblumenöl zum Braten

Chilidip

1 EL Olivenöl

1 Knoblauchzehe, durchgepresst

1 rote Paprikaschote, Stielansatz, Samen und Scheidewände entfernt, Fruchtfleisch gehackt

1 große rote Chilischote, Samen entfernt, gehackt

1 Dose Tomatenstücke (400 g)

1 TL Zucker

100 g Sahne

Vorbereitung Dip und Käsemasse können am Vortag zubereitet werden.

1 Für den Dip das Öl in einer Pfanne erhitzen. Knoblauch, Paprikaschote und Chilischote darin bei mittlerer Hitze unter häufigem Rühren braten, bis sie weich sind. Tomatenstücke und Zucker hinzufügen und zugedeckt 30 Min. köcheln lassen. Die Zutaten pürieren, dann die Sahne unterrühren.

2 Für die Käsebällchen die Butter in einem Topf zerlassen. Das Mehl einrühren und 1 Min. anschwitzen. Den Topf von der Kochstelle nehmen und nach und nach die Milch hinzufügen. Die Sauce wieder auf den Herd setzen und unter ständigem Rühren köcheln lassen, bis sie dick und glatt ist. Etwa 5 Min. sanft garen.

3 Die Sauce etwas abkühlen lassen und nacheinander die Eigelbe untermischen. Mit Salz, Pfeffer und Muskatnuss würzen und den Käse hineinrühren. Die Mischung etwa 2 cm dick in ein flaches, rechteckiges Gefäß streichen und über Nacht in den Kühlschrank stellen.

4 Die Masse in etwa 2 x 5 cm große Stücke schneiden und zu Bällchen formen. Die Bällchen in Mehl wenden, rundum mit verquirltem Ei einpinseln und in den Semmelbröseln wenden. Für 1 Std. kalt stellen.

5 Die Bällchen in heißem Öl braten, bis sie rundum goldbraun sind, dabei immer wieder wenden. Auf Küchenpapier abtropfen lassen und heiß mit dem kalten oder erwärmten Dip servieren.

Passen zu Drinks vor dem Essen. Oder als Teil eines Büffets servieren.

VARIANTE

Kräuter-Käse-Bällchen

Zusammen mit dem Käse 2 EL gehackte Kräuter wie Petersilie, Schnittlauch und Thymian in die Mischung rühren. Als Geschmacksvariation kann anstelle von Emmentaler auch anderer Käse wie etwa Gruyère oder Cheddar verwendet werden.

Käse-Mais-Auflauf

Dieser Auflauf schmeckt im Sommer am besten, wenn es auf dem Markt frische Maiskolben gibt

für 8 Personen
Zub. 10 Min. • Garzeit 45 Min.
ofenfeste Form mit etwa 1,5 l Fassungsvermögen

- 5 Maiskolben, Maiskörner abgeschnitten, oder 2 Dosen Mais (à 400 g), abgetropft
- 300 g alter Cheddar, gerieben
- 20 g Butter, zerlassen, plus Butter zum Einfetten
- 2 große Eier
- 4 EL Mehl
- 2 EL Zucker
- 1 Prise TL Salz
- 1 Prise Cayennepfeffer

Vorbereitung Die Maiskörner können am Vorabend von den Kolben abgeschnitten werden. Abgedeckt im Kühlschrank aufbewahren. Der Auflauf kann einige Stunden im Voraus in die Form gefüllt werden, den restlichen Käse aber erst unmittelbar vor dem Backen darüberstreuen.

1 Den Backofen auf 160 °C vorheizen und die Auflaufform einfetten. Drei Viertel der Maiskörner im Mixer pürieren. Drei Viertel des Käses sowie Butter, Eier, Mehl, Zucker und Salz hinzufügen und untermischen.

2 Die Maismischung in die vorbereitete Form füllen und die restlichen Maiskörner untermischen. Die Oberfläche glatt streichen, dann übrigen Käse und Cayennepfeffer darüberstreuen.

3 Den Auflauf für etwa 45 Min. in den Backofen schieben, bis er goldbraun ist. 5 Min. stehen lassen, dann in der Form heiß servieren.

Passt zu gebratenem Hähnchen, Pute oder Schinken. Reste lassen sich im Backofen aufwärmen.

Panir mit Erbsen

Panir ist ein indischer Frischkäse, ersatzweise kann man Tofu verwenden

für 4 Personen
Zub. 15 Min. • Garzeit 35 Min.

- Erdnussöl oder Sonnenblumenöl zum Braten
- 1 große Zwiebel, in dünne Scheiben geschnitten
- 2 große Knoblauchzehen, grob gehackt
- 1 grüne Chilischote, Samen entfernt (nach Belieben), gehackt
- 1 cm frischer Ingwer, geschält und grob gehackt
- 2 TL Garam masala
- Salz und schwarzer Pfeffer
- 1 Dose Tomatenstücke (400 g)
- 250 g Panir oder Tofu, in mundgerechte Stücke geschnitten
- 500 g tiefgekühlte Erbsen

1 Eine große, schwere Pfanne bei mittlerer Temperatur erhitzen und 3 EL Öl hineingeben. Wenn das Öl heiß ist, die Zwiebel darin unter häufigem Rühren 8–10 Min. braten, bis sie goldbraun ist, sie darf aber nicht anbrennen.

2 In der Zwischenzeit Knoblauch, Chilischote und Ingwer im Mixer pürieren. Garam masala sowie Salz und Pfeffer nach Geschmack hinzufügen.

3 Die Würzmischung zu den Zwiebeln geben und 2–3 Min. rühren. Die Mischung mit den Tomatenstücken und 150 ml Wasser in einen großen, schweren Topf geben und unter Rühren zum Kochen bringen. Auf schwache Hitze reduzieren und den Topfinhalt köcheln lassen, bis er dick wird, zwischendurch gelegentlich umrühren.

4 Die Pfanne säubern. Bei hoher Temperatur erhitzen und so viel Öl hineingeben, dass der Boden gerade bedeckt ist. Wenn das Öl heiß ist, den Panir portionsweise 5 Min. braten, bis die Stücke rundum goldbraun sind, dabei mit der Küchenzange wenden. Gebratene Stücke in die köchelnde Tomatenmischung heben.

5 Zum Schluss die gefrorenen Erbsen hinzufügen. Die Temperatur erhöhen und die Erbsen etwa 5 Min. garen. Vorsichtig umrühren, damit der Käse nicht zerfällt. Nach Bedarf salzen und pfeffern.

Welsh rarebit

Ein schmackhafter Käsetoast, der mit *rabbits* oder Hasen nichts zu tun hat

für 4 Personen

Zub. 10 Min. • Garzeit 6 Min.

das Backblech vor dem Garen mit Alufolie belegen, da die Käsesauce flüssig ist und tropft

- 4 Scheiben Weißbrot oder Graubrot
- 25 g Butter
- 250 g kräftiger Cheddar, gerieben, oder alter Gouda
- 1 EL Senfpulver
- 3 EL Bier
- Worcestersauce nach Geschmack

1 Den Backofengrill auf hoher Stufe vorheizen. Das Brot 10 cm unter den Heizstäben rösten, bis es goldbraun ist, dann umdrehen und die andere Seite rösten. Die Brotscheiben herausnehmen und auf dem Backblech verteilen. Den Grill nicht ausschalten.

2 In der Zwischenzeit die Butter bei niedriger Temperatur in einem Topf zerlassen. Käse, Senfpulver und Bier hinzufügen und unter häufigem Rühren erhitzen, bis die Mischung cremig ist.

3 Die Sauce auf die gerösteten Brotscheiben streichen und einige Tropfen Worcestersauce daraufgeben. Die Brote noch einmal für einige Minuten unter den Grill schieben, bis die Käsesauce goldbraun ist und Blasen wirft. Die Scheiben halbieren, dann servieren.

Dazu passt ein Salat. Reichhaltiger wird der Rarebit, wenn man zunächst eine Scheibe gekochten Schinken auf das Brot legt, bevor die Käsesauce aufgestrichen wird.

Reste können in Würfel geschnitten und anstelle von Croûtons in Suppen und Salate gegeben oder über Nudelgerichte gestreut werden.

VARIANTE

Golden bucks

Den Cheddar durch Lancashirekäse ersetzen. Auf jeden Toast ein pochiertes Ei oder Spiegelei legen.

Gorgonzola mit Feigen

Das Grillen intensiviert die natürliche Süße der Feigen, der Käse bildet den perfekten Kontrast

für 4 Personen

Zub. 10 Min. • Garzeit 10 Min.

- 12 reife Feigen, halbiert
- 175 g Gorgonzola, zerkrümelt
- flüssiger Honig zum Servieren

1 Eine Grillpfanne bei mittlerer Temperatur erhitzen. Die Feigen mit den Schnittflächen nach oben hineinlegen und etwa 5 Min. grillen, bis sie gebräunt sind.

2 Wenn die Schnittflächen dunkle Streifen haben, die Hälften behutsam wenden und die andere Seite einige Minuten grillen.

3 Die Feigen herausnehmen und in eine flache Servierschale legen. Mit dem Gorgonzola bestreuen und mit dem Honig beträufeln, dann sofort servieren.

Passen zu einem Glas Wein als Entree, aber auch als Dessert.

VARIANTE

Pikanter Feigensalat

Den Honig durch rohen Schinken ersetzen und einen milderen Käse wie etwa Provolone verwenden.

Spinat-Feta-Pastete

Knusprige Teigblätter umhüllen eine köstliche Füllung aus Spinat, Schafkäse und Pinienkernen

für 6 Personen
Zub. 30 Min. + Wartezeit • Garzeit 60 Min.
20 cm große, ofenfeste Form

- 1 kg frischer Spinat
- 100 g Butter
- 1 TL gemahlener Kreuzkümmel
- 1 TL gemahlener Koriander
- 1 TL gemahlener Zimt
- 2 rote Zwiebeln, fein gehackt
- 60 g Trockenaprikosen, gehackt
- 60 g Pinienkerne, geröstet
- 6 Blätter Filo-Teig, 30 x 40 cm groß, Tiefkühlware aufgetaut
- Salz und schwarzer Pfeffer
- 300 g Feta, zerkrümelt
- glatte Petersilie zum Garnieren
- 1 unbehandelte Zitrone

1 Den Spinat putzen und waschen und überschüssiges Wasser abschütteln. Den Spinat in einem großen Topf zugedeckt bei mittlerer Hitze 8–10 Min. garen, bis er zusammenfällt, dabei gelegentlich umrühren. In einem Sieb oder Durchschlag gut abtropfen lassen und möglichst viel Wasser herausdrücken. Im Sieb beiseitestellen und abkühlen lassen.

2 In der Zwischenzeit 25 g Butter erhitzen, bis sie schäumt. Gewürze und Zwiebeln bei niedriger Temperatur unter gelegentlichem Rühren etwa 7–8 Min. anschwitzen, bis die Zwiebeln weich, aber noch nicht gebräunt sind. Aprikosen und Pinienkerne unterrühren. Die Mischung beiseitestellen. Den Backofen auf 200 °C vorheizen.

3 Die restliche Butter zerlassen, die Springform auspinseln und mit Backpapier auslegen. Ein Teigblatt hineinlegen, die Ränder über den Rand der Form hängen lassen. Den Teig mit Butter bepinseln. Mit 5 weiteren Teigblättern ebenso verfahren.

4 Den abgekühlten Spinat mit Küchenpapier abtupfen, fein hacken und mit Salz und Pfeffer nach Geschmack unter die abgekühlte Zwiebelmischung rühren. Die Hälfte der Mischung in die Form geben und gleichmäßig verteilen.

5 Den Käse darüberstreuen, dann die restliche Spinatmischung daraufgeben. Nacheinander die Teigblätter über den Spinat falten, dabei jedes mit Butter einpinseln. Restliche Butter auf die Oberfläche streichen. Die Form auf ein Backblech stellen und für 35–40 Min. in den Backofen schieben, bis der Teig knusprig und goldbraun ist. Die Pastete 10 Min. ruhen lassen, dann vorsichtig aus der Form nehmen.

6 Die Pastete in Stücke geschnitten heiß oder warm servieren und mit Petersilie und dünnen Streifen Zitronenschale garniert servieren.

Dazu passen ein knackiger Salat oder Gemüse der Saison.

VARIANTE

Spinat-Blauschimmelkäse-Pastete

Den Feta durch zerkrümelten Blauschimmelkäse wie Roquefort oder Gorgonzola ersetzen. Wenn das Gericht nicht vegetarisch sein soll, den Käse durch die gleiche Menge gegartes und gehacktes Hähnchenfleisch oder angebratenes Lammhackfleisch ersetzen.

Kräuter-Käse-Aufstrich

Damit wird aus einer Scheibe Brot ein Leckerbissen

für 4 Personen
Zub. 10 Min. + Wartezeit

- 125 g Ziegenweichkäse
- 2–3 EL Crème légère
- 1 TL gehackter Thymian
- 1 TL Schnittlauchröllchen
- 1 EL gehackte Petersilie
- 1 in Öl eingelegte sonnengetrocknete Tomate, fein gehackt
- 1 Knoblauchzehe, durchgepresst
- 1 Prise geriebene Muskatnuss
- schwarzer Pfeffer
- Schnittlauch zum Garnieren

Vorbereitung Der Aufstrich kann 1 Tag im Voraus zubereitet werden. Abgedeckt im Kühlschrank aufbewahren.

1 Ziegenkäse und Crème légère in einer Schüssel glatt rühren.

2 Kräuter, Tomate und Knoblauch untermischen. Muskatnuss und Pfeffer hinzufügen und sorgfältig verrühren.

3 Den Aufstrich in eine Servierschüssel füllen und bis zur Verwendung kalt stellen. Mit frisch geschnittenem Schnittlauch garniert servieren.

Feta-Ecken

Gebäck mit Schafkäse und Mohn – eine nette Begleitung zu einem Glas Wein mit Freunden

ergibt 72 Stück
Zub. 10 Min. • Garzeit 25 Min.
tiefgekühlt 1 Mon. haltbar

- 125 g weiche Butter plus Butter zum Einfetten
- 120 ml bestes Olivenöl
- 120 ml Milch
- 1½ TL Backpulver
- 250 g Feta, zerkrümelt
- 400 g Mehl
- 1 EL Mohn
- 1 TL Cayennepfeffer

Vorbereitung Die Kekse sind in einem luftdicht verschlossenen Behälter aufbewahrt 1 Woche haltbar. Vor dem Servieren aufbacken.

1 Den Backofen auf 180 °C vorheizen und zwei Backbleche einfetten. Die Butter in der Küchenmaschine glatt rühren. Bei laufendem Motor durch den Einfüllschacht nach und nach das Olivenöl hinzufügen. Milch, Backpulver und Käse dazugeben und das Gerät zwei- oder dreimal kurz einschalten, bis die Mischung homogen ist.

2 Die Hälfte des Mehls untermischen, dann das restliche Mehl hinzufügen. Die Mischung auf der Arbeitsfläche 2 Min. kneten.

3 Den Teig halbieren und die Hälften zu zwei Quadraten von etwa 15 x 15 cm Größe und 3 mm Dicke auseinanderdrücken. Mit Mohn und Cayennepfeffer bestreuen und mit einem scharfen Messer in etwa 2,5 cm große Quadrate schneiden.

4 Die Kekse 20–25 Min. backen, bis sie leicht gebräunt sind. Aus dem Backofen nehmen und die Ränder gerade schneiden, solange die Kekse noch warm sind. Die Kekse auf einem Kuchengitter auskühlen lassen. In einem luftdicht verschlossenen Behälter aufbewahren.

Gebackener Ricotta mit Tomaten

Sonnengereifte Tomaten und gutes Olivenöl fangen die Aromen des Mittelmeers ein

als Vorspeise für 4 Personen
Zub. 15 Min. • Garzeit 25 Min.

- 1 große rote Paprikaschote
- natives Olivenöl extra
- 7 reife Kirschtomaten, halbiert
- Salz und schwarzer Pfeffer
- 250 g Ricotta, abgetropft
- 20 g Parmesan, gerieben

Vorbereitung Das Gericht schmeckt heiß am besten, kann aber auch bis zu 4 Std. im Voraus zubereitet und mit Zimmertemperatur serviert werden.

1 Den Backofengrill auf höchster Stufe vorheizen. Die Paprikaschote etwa 4–5 Min. grillen, bis sie schwarz wird, zwischendurch wenden. In einem Folienbeutel etwas abkühlen lassen, dann die Haut abziehen. Die Paprika halbieren, Stielansatz, Samen und Scheidewände entfernen, Fleisch in schmale Streifen schneiden. Beiseitestellen.

2 Den Backofen auf 220 °C vorheizen. Eine kleine, feuerfeste Form dünn einölen. 2 Tomatenhälften zurückstellen, die übrigen mit den Schnittflächen nach oben in die Form legen, mit 2 EL Olivenöl beträufeln, salzen und pfeffern. Für 7–10 Min. in den Backofen schieben, bis sie weich sind. Herausnehmen und beiseitestellen. Den Backofen nicht ausschalten.

3 Den Ricotta waagrecht halbieren. Die Tomaten aus der Form nehmen. Die untere Hälfte des Ricottas mit der Schnittfläche nach oben hineinlegen und etwas salzen und pfeffern. Die Paprikastreifen darauf verteilen, dann die Tomaten daraufgeben und leicht andrücken. Olivenöl darüberträufeln und die obere Ricottahälfte mit der Schnittfläche nach unten daraufsetzen.

4 Den Parmesan und etwas Olivenöl darübergeben. Die Form für etwa 15 Min. in den Backofen schieben, bis der Käse heiß und goldbraun ist. Herausnehmen, die zurückgestellten Tomatenhälften daraufsetzen und etwas schwarzen Pfeffer darüberstreuen, dann servieren.

Ziegenkäsecreme mit gegrillten Paprikaschoten

Wunderbares kaltes Gericht für heiße Sommertage

für 4 Personen
Zub. 20 Min. + Wartezeit • Garzeit 45–55 Min.
4 ofenfeste Förmchen

- 2 EL Olivenöl plus Öl zum Einfetten
- je 1 rote, gelbe und grüne Paprikaschote, Stielansatz, Samen und Scheidewände entfernt, geviertelt
- 1 Spritzer Balsamico-Essig
- 1 Knoblauchzehe, fein gehackt
- 2 EL gehacktes Basilikum
- Salz und schwarzer Pfeffer
- 3 Eier
- 250 g Sahne
- 100 g cremiger Ziegenkäse
- 30 g Parmesan, gerieben
- geriebene Muskatnuss nach Geschmack

Vorbereitung Die Creme kann bis zu 2 Tage im Voraus zubereitet werden. Abgedeckt kalt stellen.

1 Den Backofengrill auf höchster Stufe vorheizen. Die Förmchen dünn einölen.

2 Die Paprikaviertel unter dem Grill etwa 4–5 Min. rösten, bis die Haut schwarz wird, zwischendurch wenden. In einem Folienbeutel etwas abkühlen lassen, dann herausnehmen und die Haut abziehen. Die Paprika in Streifen schneiden und in eine Schüssel geben. Olivenöl, Essig, Knoblauch, Basilikum sowie Salz und Pfeffer nach Geschmack hinzufügen. Die Paprika zum Marinieren für 60 Min. beiseitestellen.

3 In der Zwischenzeit den Backofen auf 180 °C vorheizen. Eier, Sahne, Ziegenkäse, Parmesan, Muskatnuss sowie Salz und Pfeffer nach Geschmack in der Küchenmaschine sorgfältig verrühren. Die Mischung in die Förmchen füllen.

4 Die Förmchen in einen Bräter setzen und so viel kochendes Wasser hinzufügen, dass sie zur Hälfte im Wasser stehen. Für 30–40 Min. in den Backofen schieben, bis die Creme fest ist. Herausnehmen, aus dem Bräter heben, abkühlen lassen und mehrere Stunden kalt stellen.

5 Zum Servieren mit einem stumpfen Messer am Innenrand der Förmchen entlangfahren und die Cremes auf Portionsteller stürzen. Die Paprikastreifen rundum verteilen und mit dem Dressing beträufeln.

Dazu passt knuspriges Brot.

Fonduta

Eine Variation des Klassikers aus Norditalien, wo man lieber Polenta als Pasta isst

für 4 Personen
Zub. 5 Min. • Garzeit 25 Min.

- 175 g Instantpolenta
- 2 EL Butter
- 175 g Fontina, grob gerieben
- 125 ml Milch
- 3 große Eigelb
- Salz und weißer Pfeffer
- Champignons, in Scheiben geschnitten, zum Servieren
- kleine Möhren zum Servieren

1 Für die Polenta in einem mittelgroßen Topf 1 l Wasser zum Kochen bringen. Die Polenta in einer Schüssel mit 250 ml von dem kochenden Wasser verrühren und anschließend in den Topf geben, unter ständigem Rühren etwa 5 Min. garen, bis sie dick wird. Auf schwache Hitze herunterschalten und die Polenta zugedeckt weitere 5 Min. garen. Von der Kochstelle nehmen.

2 In der Zwischenzeit die Butter in einem kleinen Topf im Wasserbad schmelzen. Wenn sie flüssig geworden ist, Käse und Milch hinzufügen und rühren, bis der Käse ebenfalls schmilzt. Die Eigelbe dazugeben und die Mischung weiterrühren, bis sie glatt ist, dann nach Geschmack salzen und pfeffern.

3 Die Polenta auf vier Teller häufen. Mit einem Löffelrücken eine Mulde in die Mitte drücken und die Käsesauce hineingießen. Champignons und Möhren neben der Polenta anrichten, dann sofort servieren.

Garen im Wasserbad

Im Haushalt verwendet man dazu in der Regel eine hitzebeständige Schüssel, die auf einem Topf mit köchelndem Wasser steht. Für eine besonders schonende Behandlung darauf achten, dass der Boden der Schüssel die Wasseroberfläche nicht berührt. Die Methode eignet sich gut, um Eiersaucen zuzubereiten oder, wie hier, Käse zu schmelzen, denn übergarter Käse wird hart und verbindet sich nicht mit den anderen Zutaten.

Käseroulade

Sowohl als Vorspeise wie als leichte Mahlzeit geeignet, warm oder mit Zimmertemperatur

für 4–6 Personen

Zub. 20 Min. • Garzeit 25 Min.

etwa 23 x 33 cm große Backform

- 50 g Butter plus Butter zum Einfetten
- 50 g Mehl
- 300 ml Milch
- 75 g Parmesan, gerieben
- 2 TL Dijonsenf
- Salz und schwarzer Pfeffer
- 4 Eier, getrennt
- 225 g Ricotta
- 120 g Brunnenkresse, harte Stängel entfernt

Vorbereitung Die Roulade kann bis einschließlich Schritt 4 mehrere Stunden im Voraus zubereitet, die fertige Roulade bis zu 24 Std. im Kühlschrank aufbewahrt werden.

1 Den Backofen auf 190 °C vorheizen. Die Backform einfetten und mit Backpapier auslegen.

2 Die Butter in einem großen Topf zerlassen und das Mehl sorgfältig unterrühren. Den Topf von der Kochstelle nehmen und nach und nach die Milch hineinrühren. Die Sauce zurück auf die Kochstelle setzen, zum Kochen bringen und ununterbrochen rühren, bis sie dick und glatt ist. Wieder von der Kochstelle nehmen und die Hälfte des Parmesans, Senf sowie Salz und Pfeffer nach Geschmack unterrühren. Die Sauce etwas abkühlen lassen, dann die Eigelbe unterschlagen.

3 Die Eiweiße in einer großen Schüssel steif schlagen. 1 großen Löffel Eischnee unter die Sauce mischen. Die Sauce behutsam auf den restlichen Eischnee gießen und vorsichtig, aber rasch unterheben. Die Mischung gleichmäßig in der vorbereiteten Form verstreichen.

4 Die Form für 15–20 Min. in den Backofen schieben, bis der Teig goldbraun ist und sanft nachgibt, wenn man vorsichtig auf die Oberfläche drückt. Ein großes Stück Backpapier mit dem restlichen Parmesan bestreuen und die warme Teigplatte behutsam daraufstürzen.

5 Das obere Papier abziehen und die knusprigen Ränder der Teigplatte abschneiden. Den Ricotta auf den Teig streichen, dabei an einer der Längsseiten einen 2,5 cm breiten Rand lassen. Die Brunnenkresse darüberstreuen. Die Roulade mit Hilfe des Backpapiers aufrollen und zum Servieren in Scheiben schneiden.

VARIANTE

Tomaten-Spinat-Roulade

Den Ricotta mit 1 Prise Muskatnuss verrühren, bevor er auf die Teigplatte gestrichen wird. Die Brunnenkresse durch Spinat ersetzen und vor dem Aufrollen der Roulade 80 g grob gehackte Tomaten daraufstreuen.

Feta-Kürbis-Taschen

Fingerfood auf orientalische Art aus knusprigem Filo-Teig und einer süß-würzigen Füllung

ergibt 24 Stück

Zub. 20 Min. + Wartezeit • Garzeit 30 Min.

- 100 g Kürbis, geschält und entkernt
- 30 g Rosinen, gehackt
- 100 g Feta, fein zerkrümelt
- Salz und schwarzer Pfeffer
- ½ TL gemahlener Zimt
- 6 Blätter Filo-Teig, 30 x 40 cm groß, Tiefkühlware aufgetaut
- 50 g Butter, zerlassen, plus Butter zum Einfetten
- Mehl zum Bestäuben

Vorbereitung Die Taschen können bis zu 24 Std. im Voraus zubereitet werden. Bis zum Backen im Kühlschrank aufbewahren.

1 Das Kürbisfleisch fein würfeln, in einen kleinen Topf geben und knapp mit Wasser bedecken. Das Wasser zum Kochen bringen und den Kürbis zugedeckt etwa 5 Min. köcheln lassen, bis er weich ist. Gut abtropfen und abkühlen lassen.

2 Den Backofen auf 180 °C vorheizen. Den Kürbis mit Rosinen und Feta mischen, salzen und pfeffern und mit Zimt würzen, dann beiseitestellen.

3 Die Teigblätter aufeinanderlegen und in vier lange Streifen mit etwa 7,5 cm Breite schneiden. Die Streifen aufeinanderlegen und mit angefeuchtetem Küchenpapier abdecken.

4 Einen Teigstreifen hervorholen und mit Butter einpinseln. 2,5 cm von einem Ende entfernt 1 gehäuften EL Kürbismischung platzieren. Das Ende des Teigstreifens über die Füllung schlagen.

5 Eine Ecke des Teigs schräg umfalten, sodass eine dreieckige Tasche entsteht. Nun den Teig immer wieder abwechselnd von einer Seite zur anderen umschlagen, bis das andere Ende des Streifens erreicht ist, dabei darauf achten, dass keine Lufteinschlüsse entstehen.

6 Die Arbeitsfläche leicht mit Mehl bestäuben. Fertige Teigtaschen aufeinanderlegen und mit einem feuchten Küchenhandtuch abdecken, damit sie nicht austrocknen, während die anderen Taschen gefüllt werden.

7 Die fertigen Taschen auf ein eingefettetes Backblech legen, mit der restlichen Butter einpinseln und für 20–25 Min. in den Backofen schieben, bis sie goldbraun und knusprig sind. Warm servieren.

Dazu passen weitere *mezze* aus Griechenland oder dem Nahen Osten, wenn Sie ein Vorspeisenbuffet zusammenstellen wollen.

VARIANTE

Käse-Kartoffel-Taschen

Den Kürbis durch fein gewürfelte Kartoffeln oder Süßkartoffeln ersetzen.

Gebackener Halloumi mit Kräutern

Halloumi wird aus Schaf- und Ziegenmilch hergestellt

für 4–6 Personen

Zub. 5 Min. • Garzeit 3–5 Min.

den Halloumi vor Verwendung abspülen, um Salz zu entfernen, mit Küchenpapier trocken tupfen

- 500 g Halloumi
- Mehl zum Bestäuben
- 120 ml Olivenöl plus Öl zum Beträufeln
- 2 Handvoll Thymian- oder Oreganoblätter
- Saft von 2 Zitronen
- 1 Zitrone, in Spalten geschnitten, zum Servieren

1 Den Halloumi in 1 cm dicke Scheiben schneiden und mit Mehl bestäuben. Das Öl in einer beschichteten Pfanne bei hoher Temperatur erhitzen und den Käse auf jeder Seite etwa 2–3 Min. braten, bis er goldbraun ist.

2 Den Käse aus der Pfanne nehmen und Thymian oder Oregano und Zitronensaft darübergeben. Den Halloumi sofort mit etwas zusätzlichem Öl beträufelt und den Zitronenspalten servieren.

Ricotta-Speck-Tarte

Macht Eindruck und ist dabei einfach zuzubereiten

- für 4 Personen
- Zub. 35 Min. + Wartezeit • Garzeit 1 Std. 20 Min.
- 23 cm große Form, Backbohnen
- tiefgekühlt 3 Mon. haltbar

Teig

180 g Mehl plus Mehl zum Bestäuben

90 g Butter, gewürfelt, plus Butter zum Einfetten

Füllung

20 g Butter

1 mittelgroße Zwiebel, gehackt

120 g magerer Speck, in kleine Stücke geschnitten

250 g Ricotta

2 Eier

90 ml Milch

3 EL frisch geriebener Parmesan

1 EL Schnittlauchröllchen

2 EL gehackter Thymian

Salz und schwarzer Pfeffer

1 Das Mehl in eine große Schüssel sieben. Mit den Fingerspitzen die Butter einarbeiten, bis grobe Krümel entstanden sind. Etwa 3 EL kaltes Wasser hinzufügen und alles rasch zu einem festen Teig verkneten. Den Teig auf der bemehlten Arbeitsfläche ausrollen und die gefettete Backform damit auslegen. Den Boden für mindestens 20 Min. kalt stellen.

2 Den Backofen auf 200 °C vorheizen. Den Teig mit der Gabel einstechen, mit Backpapier abdecken, mit Backbohnen beschweren und 10 Min. blindbacken. Papier und Bohnen entfernen und den Boden weitere 5 Min. backen. Herausnehmen und auskühlen lassen. Die Ofentemperatur auf 180 °C reduzieren.

3 In der Zwischenzeit die Butter in einem Topf zerlassen. Die Zwiebel hinzufügen und bei schwacher Hitze zugedeckt unter gelegentlichem Rühren 10–15 Min. garen, bis sie weich und glasig ist. Den Speck hinzufügen und ohne Deckel bei mittlerer Hitze braten, bis er leicht gebräunt ist, dabei ab und zu umrühren.

4 Den Ricotta mit Eiern und Milch mischen. Parmesan, Kräuter sowie Salz und Pfeffer hinzufügen, dann Zwiebeln und Speck unterrühren. Die Mischung in die Form füllen und glatt streichen. Die Tarte für etwa 35 Min. in den Backofen schieben, bis die Füllung fest ist. Die Tarte in der Form etwas abkühlen lassen, dann auf eine Servierplatte heben.

Käsefondue

Ein Essen aus einem Topf für eine gesellige Runde

- für 4 Personen
- Zub. 15 Min. • Garzeit 10 Min.
- Fondue-Set

1 große Knoblauchzehe, halbiert

350 ml trockener Weißwein

200 g Gruyère, gerieben

200 g Emmentaler, gerieben

2 TL Maisstärke

3 EL Kirschwasser oder Weinbrand

1 EL Zitronensaft

schwarzer Pfeffer

1 großes Baguette, in mundgerechte Stücke geschnitten

1 Den Fonduetopf mit den Schnittflächen der Knoblauchzehe ausreiben. Den Knoblauch wegwerfen.

2 Den Wein in den Topf gießen und bei mittlerer Hitze zum Kochen bringen. Die Hitze reduzieren und eine Handvoll Käse nach der anderen in den Topf geben, dabei rühren, bis der Käse geschmolzen ist.

3 Maisstärke in Kirschwasser und Zitronensaft auflösen und unter den Käse rühren. Die Mischung bei schwacher Hitze 2–3 Min. rühren, bis sie dick und cremig ist. Von der Kochstelle nehmen und pfeffern.

4 Ist das Fondue zu dünn, weiteren Käse hinzufügen oder noch etwas aufgelöste Maisstärke unterrühren. Ist sie zu dick, etwas erwärmten Weißwein untermischen.

5 Zum Servieren den Topf auf einem Rechaud auf den Tisch stellen. Das Brot auf Fonduegabeln spießen und in den Käse tauchen.

Ziegenkäse-Quiche

Rundum gesund – im Teig stecken Haferflocken und die leichte Füllung kombiniert Ziegenkäse mit Joghurt

für 4 Personen

Zub. 25 Min. + Wartezeit • Garzeit 35–40 Min.

4 Tortelettförmchen mit herausnehmbarem Boden, etwa 12,5 cm groß, Backbohnen

Teig

80 g Mehl plus Mehl zum Bestäuben

1 Prise Salz

30 g Haferflocken

60 g kalte Butter, gewürfelt, plus Butter zum Einfetten

2 EL Eiswasser

Füllung

2 große Eier

100 g griechischer Joghurt

150 ml Milch

2 EL Schnittlauchröllchen

Salz und schwarzer Pfeffer

80 g Ziegenkäse, zerkrümelt

Vorbereitung Der Teig kann bis zu 1 Tag im Voraus zubereitet werden. Die fertigen Törtchen halten sich abgedeckt im Kühlschrank aufbewahrt bis zu 48 Std.

1 Für den Teig Mehl und Salz in eine große Schüssel sieben und die Haferflocken untermischen. Mit den Fingerspitzen die Butter einarbeiten, bis Krümel entstanden sind, dann mit einem Messer das Eiswasser untermischen. Den Teig zusammennehmen und auf der bemehlten Arbeitsfläche kurz kneten, bis er glatt ist. In Frischhaltefolie eingewickelt für 30 Min. kalt stellen.

2 Den Backofen auf 200 °C vorheizen und ein Backblech hineinschieben. Den Teig in vier Stücke teilen, auf der leicht bemehlten Arbeitsfläche dünn ausrollen und in die gefetteten Tortelettförmchen legen. Die Böden mit einer Gabel einstechen, mit Backpapier abdecken und mit Backbohnen beschweren. 10 Min. backen. Papier und Bohnen entfernen und die Böden weitere 5 Min. backen. Herausnehmen und die Ofentemperatur auf 180 °C reduzieren.

3 Eier, Joghurt, Milch, Schnittlauch sowie Salz und Pfeffer nach Geschmack verrühren. Den Käse auf den Böden verteilen und vorsichtig die Eimischung darübergießen. Die Torteletts 20–25 Min. backen, bis die Füllung fest und leicht gebräunt ist.

4 Die Törtchen etwas abkühlen lassen und aus den Formen nehmen. Warm oder mit Zimmertemperatur servieren.

Dazu passen Blattsalat und geröstete Pinienkerne.

VARIANTE

Tomaten-Ziegekäse-Quiche

Einige sonnengetrocknete Tomaten in Streifen schneiden und mit dem Ziegenkäse auf den Böden verteilen oder jeweils 1 EL gutes Tomaten-Chutney daraufstreichen, bevor die Eimischung hineingegossen wird.

Ziegenkäse in Kräuteröl

Mehrere kleine oder einen großen Käse verwenden

für 4 Personen

Zub. 10 Min.

500 ml fassendes Glas mit Schraubverschluss

250 g Ziegenkäse, 1 großer Käse in vier Scheiben geschnitten

2 Knoblauchzehen, halbiert

1 EL bunte Pfefferkörner

2–3 Zweige Rosmarin

4–5 Zweige Thymian

2–4 getrocknete Chilischoten (nach Belieben)

350 ml bestes Olivenöl

Vorbereitung Den Käse mindestens 3–4 Tage vor dem Servieren einlegen. Eingelegt ist er drei Monate haltbar.

1 Den Käse behutsam in das saubere Glas legen. Knoblauch, Pfefferkörner, Kräuter und, sofern verwendet, Chilis ringsum verteilen.

2 Die Zutaten vollständig mit Olivenöl bedecken. Das Glas verschließen.

3 Den Käse einige Stunden bei Zimmertemperatur stehen lassen, dann in den Kühlschrank stellen. Rechtzeitig vor dem Servieren wieder auf Zimmertemperatur bringen.

Dazu passen Brot oder Kräcker. Der Käse kann aber auch gegrillt und auf Chicoréeblättern angerichtet als Vorspeise serviert werden.

Panir-Spieße

Panir ist ein indischer Frischkäse, als Ersatz eignet sich Tofu

für 4 Personen

Zub. 20 Min. + Wartezeit • Garzeit 10 Min.

die Holzspieße vor Verwendung 30 Min. in kaltes Wasser legen, damit sie nicht verbrennen

Holzspieße

- 150 g fester Naturjoghurt
- 1 EL Tandoori-Currypaste
- 1 EL Zitronensaft
- 250 g Panir oder Tofu, in 2,5 cm große Würfel geschnitten
- 1 rote Paprikaschote, Samen entfernt, in 2,5 cm große Stücke geschnitten
- 12 kleine Champignons
- 1 Zucchini, in 1 cm dicke Scheiben geschnitten
- 2 EL Pflanzenöl

Vorbereitung Mit der Zubereitung 1 Tag im Voraus beginnen.

1 Joghurt, Currypaste und Zitronensaft verrühren. Den Käse oder Tofu hineinlegen und abgedeckt für bis zu 24 Std. kalt stellen.

2 Die Käsewürfel abwechselnd mit Paprikastücken, Pilzen und Zucchinischeiben auf Spieße stecken. Die Spieße mit Öl einpinseln und etwa 10 Min. grillen, bis die Gemüse gar sind.

Quiche mit Gruyère

Diese vegetarische Tarte mit knusprigem Boden schmeckt warm ebenso köstlich wie kalt

für 6 Personen

Zub. 25 Min. + Wartezeit • Garzeit 55 Min.

etwa 12 x 35 cm große Backform, Backbohnen

Teig

- 140 g Mehl plus Mehl zum Bestäuben
- 60 g Vollkornmehl
- 125 g kalte Butter, gewürfelt, plus Butter zum Einfetten
- 1 TL gehackter Thymian
- 3-4 EL Eiswasser

Füllung

- 20 g Butter
- 1 EL Olivenöl
- 1 große Zwiebel, in dünne Scheiben geschnitten
- 1 Prise geriebene Muskatnuss
- 1 TL Zucker
- 120 g Gruyère, gerieben
- 3 Eier
- 100 g Sahne
- 60 ml Milch
- 1 TL Dijonsenf
- Salz und schwarzer Pfeffer

Vorbereitung Teig und Zwiebelmischung können bis zu 24 Std. im Voraus zubereitet werden. Abgedeckt kalt stellen und vor dem Servieren auf Zimmertemperatur bringen.

1 Für den Teig beide Mehlsorten in einer Schüssel mischen. Mit den Fingerspitzen die Butter einarbeiten. Den Thymian zufügen. Mit einem Messer 3-4 EL Eiswasser untermischen, um einen festen Teig herzustellen. Den Teig auf der leicht bemehlten Arbeitsfläche kurz durchkneten. In Frischhaltefolie gewickelt für 30 Min. kalt stellen.

2 In der Zwischenzeit Butter und Öl in einer großen Pfanne erhitzen. Die Zwiebel darin bei niedriger Temperatur 15 Min. unter häufigem Rühren anschwitzen, bis sie weich ist. Muskatnuss und Zucker untermischen. Die Zwiebel weitere 2–3 Min. braten, bis sie Farbe annimmt. Aus der Pfanne nehmen und abkühlen lassen.

3 Den Teig auf der leicht bemehlten Arbeitsfläche ausrollen, in die gefettete Form legen und noch einmal 15 Min. kalt stellen.

4 Den Backofen auf 200 °C vorheizen und ein Backblech hineinschieben. Den Teigboden mit einer Gabel einstechen, mit Backpapier abdecken, mit Backbohnen beschweren und 15 Min. backen. Papier und Bohnen entfernen und den Boden weitere 5–10 Min. backen, bis er knusprig ist. Die Ofentemperatur auf 190 °C reduzieren.

5 Die Hälfte des Käses in die abgekühlte Zwiebelmischung rühren und auf dem Boden verteilen. Den restlichen Käse darüberstreuen. Eier, Sahne, Milch und Senf verrühren, nach Geschmack salzen und pfeffern und über Käse und Zwiebeln gießen. Die Quiche 30 Min. backen, bis die Füllung fest wird.

6 Die Quiche 10 Min. abkühlen lassen, dann vorsichtig aus der Form nehmen. Warm oder kalt servieren.

Dazu passen ein Salat aus Brunnenkresse oder Rucola, Eiertomaten und schwarzen Oliven mit einem Zitronendressing.

VARIANTE

Roquefort-Walnuss-Quiche

Die Zwiebel durch 2 in dünne Scheiben geschnittene Stangen Lauch, den Gruyère durch zerkrümelten Roquefort ersetzen. Dem Teig bei der Herstellung 50 g fein gehackte und geröstete Walnusskerne hinzufügen.

Mangochutney

Im Gegensatz zum herkömmlichen Chutney bleiben die Zutaten in diesem Fall roh und schmecken wunderbar frisch

für 4–6 Personen
Zub. 15 Min.
fettarm, niedriger GI

2 reife Mangos

1 rote Chilischote, Samen entfernt, gehackt

2 TL brauner Zucker

2 TL Weißweinessig

4 TL Rapsöl oder Olivenöl

Salz und schwarzer Pfeffer

1 große Prise gemahlener Koriander

1 EL gehackte Minze

Vorbereitung Das Chutney mindestens 2 Std. im Voraus zubereiten, damit sich die Aromen entfalten können.

1 Die Mangos schälen. Das Fleisch mit einem scharfen Messer von den Steinen abschneiden, fein würfeln und in eine Schüssel geben.

2 Chilischote, Zucker, Essig und Öl sorgfältig untermischen. Das Chutney mit Salz, Pfeffer und Koriander würzen.

3 Das Chutney in einen luftdicht verschließbaren Behälter füllen und kalt stellen, damit sich die Aromen entfalten können. Vor dem Servieren bei Bedarf nachwürzen und die Minze unterrühren. Das Chutney innerhalb von 3 Tagen verzehren.

Dazu passen warmes oder kaltes Fleisch und Käse.

VARIANTE

Glattes Mangochutney

Das Chutney bis einschließlich Schritt 2 wie beschrieben zubereiten und in die Küchenmaschine geben. Je 1 EL Kokosflocken und gehacktes Koriandergrün hinzufügen. Das Chutney glatt pürieren, bei Bedarf etwas Wasser hinzufügen. Es sollte die Konsistenz von Crème double haben. Mit einigen zerzupften Korianderblättern bestreut sofort servieren. Dieses Chutney passt zu gebratenem Lachs oder kann als exotisches Dressing für eine Vorspeise aus Räucherfisch verwendet werden.

Eingelegte Gemüse

Die frischesten Gemüse der Saison, am besten aus dem eigenen Garten, in Essig eingelegt

ergibt 5–6 Gläser
Zub. 20 Min. + Wartezeit
5–6 Gläser mit Bügelverschluss und 500 ml Fassungsvermögen

1 kg gemischte Gemüse der Saison wie Einlegegurken, Perlzwiebeln, Blumenkohl, grüne Bohnen, Möhren und kleine grüne Tomaten

Salz

Würzessig

1 l Weißweinessig

4 Lorbeerblätter

8 Nelken

1 kleine Handvoll Pfefferkörner

1 kleines Stück frischer Ingwer, geschält und zerdrückt

12 Pimentkörner

1 TL Chiliflocken

Vorbereitung Die Gemüse mindestens 1 Monat im Voraus einlegen, damit sich die Aromen entfalten können. Der Gewürzessig hält sich im Kühlschrank bis zu 2 Monate.

1 Den Essig mit allen Aromazutaten in eine Flasche oder ein Glas geben. Den Deckel fest verschließen und den Essig mindestens 2 Wochen stehen lassen. Oder zur sofortigen Verwendung die Zutaten in eine über kochendes Wasser gesetzte Schüssel geben, 10 Min. erhitzen und zum Abkühlen abgedeckt an einen kühlen Platz stellen.

2 Die Gemüse putzen, in mundgerechte Stücke schneiden, in eine tiefe Glasschüssel geben und großzügig mit Salz bestreuen. Abgedeckt für 24 Std. an einen kühlen Platz stellen.

3 Die Gemüse abspülen, sorgfältig abtropfen lassen und in die heiß ausgespülten Gläser schichten. Den Essig durch ein Sieb darübergießen, die Aromazutaten wegwerfen. Die Gläser verschließen, beschriften und für mindestens 1 Monat an einen kühlen, dunklen Platz stellen. Die Pickles nach dem Öffnen im Kühlschrank aufbewahren und innerhalb von etwa 1 Woche verbrauchen.

Passt zu warmem oder kaltem Fleisch und Käse. Oder die Pickles in Salate geben oder mit Sandwiches und Hamburgern servieren.

Apfel-Birnen-Chutney

Dieses fruchtige Chutney am besten zur Erntezeit zubereiten

ergibt 4–5 Gläser

Zub. 60 Min. • Garzeit 45 Min.

4–5 Gläser mit Bügel- oder Schraubverschluss und 500 ml Fassungsvermögen

- 1 kg Äpfel, geschält, geviertelt und das Kerngehäuse entfernt
- 500 g Birnen, geschält, geviertelt und das Kerngehäuse entfernt
- 250 g Zwiebeln, geviertelt
- 250 g kernlose Rosinen
- 500 g Sultaninen
- 4 Knoblauchzehen, geschält
- 60 g frischer Ingwer, geschält und gehackt
- 1 frische Chilischote, Samen entfernt, gehackt, oder 10 g Chiliflocken
- 1 unbehandelte Zitrone, geviertelt, Kerne entfernt
- 15 g Senfkörner
- 600 ml Weinessig
- 500 g brauner Zucker
- 2 TL Salz

1 Äpfel, Birnen, Zwiebeln, Rosinen, Sultaninen, Knoblauch, Ingwer, Chili und Zitrone in einer Küchenmaschine oder von Hand grob zerkleinern. In den Topf geben und die restlichen Zutaten hinzufügen.

2 Den Topfinhalt unter ständigem Rühren zum Kochen bringen, dann ohne Deckel 40 Min. garen, dabei ab und zu umrühren, damit das Chutney nicht ansetzt.

3 In der Zwischenzeit den Backofen auf 180 °C vorheizen und die sauberen Gläser für 10 Min. hineinstellen.

4 Die heißen Gläser mit dem Chutney füllen und sofort verschließen. Die Gläser beschriften und an einen kühlen Platz stellen. Das Chutney nach dem Öffnen im Kühlschrank aufbewahren und innerhalb 1 Woche verbrauchen.

Passt zu Brot, Käse, Schinken und kaltem Fleisch wie gebratenem Schweinefleisch, Lamm, Huhn oder Ente.

Eingelegte Limetten

Eingelegte Limetten verfeinern Currys und Pilaws und schmecken wunderbar zu Fisch oder Hähnchen

ergibt 1–2 Gläser

Zub. 20 Min. + Wartezeit • Garzeit 5 Min.

1–2 Gläser mit Schraubverschluss

- 600 ml Olivenöl
- 1 EL Kreuzkümmelsamen
- 1 EL getrocknete Chilischoten, gehackt
- 1 EL schwarze Pfefferkörner
- 1 EL Koriandersamen
- 10 unbehandelte Limetten, in Spalten geschnitten
- 3 EL Meersalz
- 1 TL gemahlener Ingwer
- 4 ganze Nelken
- 3 Knoblauchzehen, zerdrückt
- 2 Lorbeerblätter

Vorbereitung Die Limetten mindestens vier Wochen vor Verwendung einlegen.

1 Das Öl in einem Topf erhitzen, bis es sehr heiß ist, aber noch nicht raucht. Den Herd ausschalten und das Öl langsam abkühlen lassen.

2 Kreuzkümmel, Chilischoten, Pfeffer und Koriander im Mörser grob zerstoßen.

3 Die Limetten in eine Schüssel legen. Mit Salz und zerstoßenen Gewürzen bestreuen, dann die restlichen Zutaten hinzufügen. Sorgfältig umrühren und die Mischung 30 Min. durchziehen lassen.

4 Limetten und Gewürze in die Gläser füllen und mit dem abgekühlten Öl bedecken. Mit Musselin abgedeckt für 6 Tage an einen warmen Platz stellen, dabei täglich umrühren.

5 Die Gläser fest verschließen und für mindestens 3 Wochen an einen kühlen, dunklen Platz stellen, damit sich die Aromen entfalten können. Die Limetten halten bis zu 6 Monate.

Passt zu Fisch, Huhn, Currys und Reisgerichten oder in Salate.

VARIANTE

Eingelegte Zitronen

Die Limetten durch 6 Zitronen ersetzen und wie oben verfahren.

Chutney von grünen Tomaten

Durch Äpfel, Ingwer und milde Zwiebeln schmeckt dieses Chutney eher süß als würzig

ergibt 5–6 Gläser

Zub. 30 Min.
• Garzeit 2 Std. 10 Min.

großer Edelstahltopf, 5–6 Gläser mit Schraubverschluss und 500 ml Fassungsvermögen

- 1 kg grüne Tomaten, grob gehackt
- 675 g Gemüsezwiebeln, gehackt
- 1 kg Äpfel, entkernt und gehackt
- 450 g brauner Zucker
- 1 EL gemahlener Ingwer
- 1 EL schwarze oder bunte Pfefferkörner
- 600 ml Malz- oder Weinessig

Vorbereitung Das Chutney am besten frisch zubereiten, Tomaten und Zwiebeln können jedoch bis zu 24 Std. im Voraus vermischt werden. Bis zur Verwendung abgedeckt an einem kühlen Platz aufbewahren.

1 Tomaten, Zwiebeln und Äpfel im Topf vermischen und die restlichen Zutaten unterrühren.

2 Die Zutaten zum Kochen bringen, dabei ständig rühren, damit sich der Zucker gleichmäßig auflöst. Den Topfinhalt 1 Std. 45 Min. schwach köcheln lassen, bis er dick und musig ist, dabei regelmäßig mit einem Holzlöffel umrühren, damit das Chutney nicht ansetzt.

3 In der Zwischenzeit die Gläser sorgfältig waschen und zum Sterilisieren für 20 Min. in den 180 °C heißen Backofen stellen.

4 Gläser auf ein Backblech setzen und vorsichtig das heiße Chutney hineinfüllen. Dazu das Chutney am besten in einen hitzebeständigen Krug mit breiter Tülle füllen und dann in die Gläser gießen. Die Gläser sofort fest verschließen, dabei die Hände mit Ofenhandschuhen schützen. Das Chutney abkühlen lassen.

5 Die Gläser beschriften und an einen kühlen, dunklen Platz stellen. Nach dem Öffnen das Chutney im Kühlschrank aufbewahren und innerhalb von 1 Woche verbrauchen.

VARIANTE

Bananen-Tomaten-Chutney

Die Äpfel durch Bananen ersetzen, anstelle der Gewürze 1 EL mildes Currypulver, 1 gehäuften TL Piment und 1 TL gemahlenen Ingwer verwenden und wie beschrieben zubereiten. Dieses Chutney passt gut zu indischen Gerichten.

Maisrelish

Nur kurz gegart, behält es seine frische Würze

für 4 Personen

Zub. 15 Min. + Wartezeit
• Garzeit 10 Min.

- 2 TL Olivenöl
- 1 rote Zwiebel, fein gehackt
- 250 g Kirschtomaten
- 1 kleine rote Chilischote, Samen entfernt, gehackt
- 1 TL Cayennepfeffer
- 1 TL brauner Zucker oder Honig
- 1 EL Tomatenketchup
- 2 TL Weißweinessig
- 1 Dose Mais (450 g), abgetropft
- Salz und schwarzer Pfeffer
- 1 EL gehacktes Koriandergrün

1 Das Öl in einem Topf erhitzen und die Zwiebel darin unter ständigem Rühren etwa 2 Min. braten, bis sie weich ist.

2 Kirschtomaten, Chilischote, Cayennepfeffer und Zucker oder Honig untermischen. Die Zutaten zugedeckt bei schwacher Hitze einige Minuten garen, bis die Tomaten weich sind.

3 Von der Kochstelle nehmen und abkühlen lassen, dann Ketchup, Essig, Mais sowie Salz und Pfeffer nach Geschmack untermischen. Das Relish für mindestens 12 Std. kalt stellen. Vor dem Servieren den Koriander unterrühren. Gekühlt ist das Relish bis zu 1 Woche haltbar.

Passt zu Ofenkartoffeln und gegrilltem Hähnchen oder mit Thunfisch als Füllung für ein Sandwich.

VARIANTE

Gurken-Mais-Relish

Für ein erfrischend mildes Relish Chilischote und Cayennepfeffer weglassen und zusammen mit dem Mais ½ ungeschälte, gewürfelte Salatgurke dazugeben.

Piccalilli

Wird auch englisches Senfgemüse oder Senfpickles genannt

- ergibt 5–6 Gläser
- Zub. 20 Min. + Wartezeit • Garzeit 10 Min.
- fettarm, niedriger GI
- mindestens 4 Wochen vor Verwendung zubereiten, damit sich die Aromen entfalten können
- großer Edelstahltopf, 5–6 Gläser mit Schraubverschluss und 250 ml Fassungsvermögen

1 kg frische Gemüse der Saison wie Blumenkohl, Schalotten, Gurke, feine grüne Bohnen und Möhren

50 g Salz

Würzessig

15 kleine ganze Chilischoten

600 ml Malz- oder Weinessig

175 g Zucker

50 g Senfpulver

15 g gemahlene Kurkuma

3 EL Maisstärke

1 Die Gemüse in mundgerechte Stücke schneiden und in eine Glasschüssel geben. Mit dem Salz bestreuen und abgedeckt über Nacht an einen kühlen Platz stellen.

2 Am folgenden Tag die Gemüse abspülen und abtropfen lassen. Die Chilischoten 2 Min. im Essig kochen. Den Essig 30 Min. abkühlen lassen, dann die Schoten herausnehmen und wegwerfen.

3 Zucker, Senfpulver, Kurkuma und Maisstärke mit etwas abgekühltem Essig in einer Schüssel zu einer glatten Paste verrühren. Den restlichen Essig aufkochen, nach und nach mit der Paste vermischen.

4 Die Flüssigkeit zurück in den Topf gießen und bei mittlerer bis hoher Temperatur unter ständigem Rühren 3 Min. kochen. Von der Kochstelle nehmen, das Gemüse hinzugeben.

5 Die Mischung in die Gläser füllen. Die Gläser sofort fest verschließen, abkühlen lassen, beschriften und an einen dunklen, kühlen Platz stellen. Das Piccalilli mindestens 1 Monat stehen lassen, damit sich die Aromen entfalten und die Gemüse weich werden. Nach dem Öffnen im Kühlschrank aufbewahren und innerhalb von 1 Woche verbrauchen.

Passt zu knusprigem Brot und herzhaftem Käse oder kaltem Fleisch und Pastete.

Pflaumenchutney

Die Süße der Früchte wird durch die Würze von Ingwer, Zimt und Piment ausgeglichen

- ergibt 5–6 Gläser
- Zub. 15 Min. • Garzeit 1 Std. 15 Min.
- großer Edelstahltopf, 5–6 Gläser mit Schraubverschluss und 500 ml Fassungsvermögen

1,5 kg Pflaumen, entsteint und geviertelt

2 Äpfel, geschält, entkernt und gehackt

2 Zwiebeln, gehackt

1 EL gemahlener Ingwer

1 EL gemahlener Zimt

1 EL Piment

2 TL Salz

450 ml Apfelessig

350 g brauner Zucker

Vorbereitung Das Chutney am besten einige Wochen im Voraus zubereiten, damit sich die Aromen entfalten können.

1 Alle Zutaten in den Topf geben und unter ständigem Rühren zum Kochen bringen.

2 Die Hitze reduzieren und die Mischung 60 Min. köcheln lassen, bis sie weich und dick ist, dabei häufig mit einem großen Holzlöffel umrühren. Das Chutney abschmecken und nach Bedarf nachwürzen.

3 In der Zwischenzeit die Gläser gründlich spülen und zum Sterilisieren für 20 Min. in den auf 180 °C vorgeheizten Backofen stellen.

4 Die Gläser mit Ofenhandschuhen auf ein Backblech setzen und vorsichtig das heiße Chutney einfüllen. Dazu das Chutney am besten in einen großen, hitzebeständigen Krug mit breiter Tülle schöpfen und dann in die Gläser gießen. Die Gläser sofort fest verschließen.

5 Die Gläser abwischen, nach dem Abkühlen beschriften und an einen kühlen, dunklen Platz stellen, im Idealfall einige Wochen, damit sich die Aromen entfalten können. Nach dem Öffnen das Chutney im Kühlschrank aufbewahren und innerhalb von 1 Woche verbrauchen.

HAUPTGERICHTE UND BEILAGEN

Schnelle Hauptgerichte

Pasta alla carbonara
Mit knusprig ausgebratenem Speck, Eiern und viel frisch geriebenem Parmesan
20 Min. Seite 202

Spaghetti alla romana
Über diese Pasta freut sich die hungrige Meute
25 Min. Seite 190

Nudeln Singapur
Ein schneller Mix aus asiatischen Aromen
25 Min. Seite 191

Orecchiette mit Räucherspeck
Durch viel Gemüse leicht und bunt
20 Min. Seite 196

Fettucine Alfredo
Ein schlichter Klassiker, der nach besten Zutaten verlangt
20 Min. Seite 192

Linguine alle vongole
Pasta mit Venusmuscheln in Tomatensauce
25 Min. Seite 188

Gegrillter Heilbutt mit grüner Sauce
Frisch im Geschmack und schnell auf dem Tisch
10–15 Min. Seite 264

Gedämpfter Wolfsbarsch
Auf chinesische Art im Bambuskorb gegart
35 Min. Seite 270

Seezungenröllchen
Gesund und köstlich: Sanft gedämpfter Fisch in Pak choi
25 Min. Seite 272

Kurz gebratener Thunfisch mit Gurke und Fenchel
Der Fisch brät nur eine halbe Minute auf jeder Seite, so bleibt er saftig und ist im Handumdrehen zubereitet
20–25 Min. Seite 270

Curry mit Meeresfrüchten
Schnelles Curry mit Kokosmilch, Chili und Limette
25 Min. — Seite 274

Shrimps diabolo
Garnelen in scharfer Tomatensauce
25 Min. — Seite 275

Muscheln in Weißwein
In Frankreich heißen sie *moules marinières*, Muscheln nach Seemannsart
25 Min. — Seite 275

Grünes Thaicurry mit Hähnchen
Mit Currypaste aus dem Asialaden im Nu fertig
20 Min. — Seite 288

Feurige Putenstreifen
Mageres Geflügelfleisch, mit Gemüse kurz gebraten
25 Min. — Seite 308

Pfeffersteak
Ein Klassiker der Restaurantküche, aber auch zu Hause ganz einfach zuzubereiten
20–25 Min. — Seite 320

Rinderfilet mit Walnusspesto
Ein feines Gericht für den Herbst, wenn es frische Walnusskerne im Überfluss gibt
25 Min. — Seite 334

Scaloppine di vitello
Zarte Kalbsschnitzelchen auf italienische Art
15–20 Min. — Seite 321

Frikadeller
Mit dem frischen Aroma von Thymian und Zitrone
25 Min. 3 Mon. — Seite 336

Schweinekoteletts in Pfeffersauce
Milder grüner Pfeffer sorgt für eine leichte Schärfe
25 Min. — Seite 337

Schweinekoteletts mit Blauschimmelkäse
Pekannusskerne verleihen der Füllung Biss
25–30 Min. — Seite 337

Lamm mit Blaubeeren
Süße Blaubeeren und frische Minze ergänzen den kräftigen Fleischgeschmack
20–25 Min. — Seite 340

Gebratene Leber mit Speck und Zwiebeln
Aus zarten Streifen von der Kalbsleber
20 Min. — Seite 351

Für Vegetarier

Penne mit Kürbis
Ein Genuss: Süße Kürbisstücke mit Käsesauce
55 Min. **Seite 194**

Ravioli mit Ricotta und Spinat
Spinat und der italienische Frischkäse sind ein ideales Paar
1 Std. 15 Min. **Seite 195**

Cannelloni mit Spinat
Gefüllte Nudeln, mit Béchamel- und Tomatensauce überbacken
1 Std. **Seite 195**

Penne primavera
Vereint die schönsten Frühlingsaromen
45 Min. **Seite 197**

Risotto mit Pilzen
Cremiger Risotto mit dem erdigen Geschmack frischer Champignons
50 Min. **Seite 207**

Mediterrane Lasagne
Überbackene Nudelblätter mit italienischen Aromen und viel Gemüse
1 Std. 30 Min. **Seite 203**

Quinoa-Taboulé
Gesunder Salat mit frischen Aromen und knackigem Quinoa
30 Min. **Seite 208**

Grüne Linsen mit Thymian und Ziegenkäse
Schmecken warm oder kalt
40 Min. **Seite 209**

Buchweizenpilaw
Leckere Beilage zu orientalischen Gerichten oder ein vegetarisches Hauptgericht
30 Min. **Seite 211**

Vegetarische Kohlrouladen
In den Wirsingblättern verbirgt sich eine herzhafte Füllung aus Pfifferlingen
2 Std. 10 Min. **Seite 220**

Scharfe Tofupfanne
Tofu ist geschmacksneutral und nimmt die Aromen der übrigen Zutaten auf
25 Min. **Seite 221**

Mexikanische Paprikaschoten
Auch mit Tofu statt Hackfleisch ein Genuss
1 Std. 1 Mon. **Seite 222**

Walnusstarte mit Parmesan
Ein nussiger Teig mit cremiger Füllung
1 Std. 10 Min. **Seite 223**

Gefüllte Auberginen

In der Türkei heißt dieses Gericht *imam bayildi*, der Imam fiel in Ohnmacht – vermutlich, weil er zu viel davon gegessen hatte

20 Min. 1 Mon. Seite 226

Gemüsecurry

Wärmt durch Kardamom, Nelken, Koriander und Kreuzkümmel

1 Std. 5 Min. 3. Mon. Seite 224

Kartoffel-Fenchel-Puffer mit Pilzen

Besonders gut mit frischen Waldpilzen

1 Std. 45 Min. Seite 225

Tofu Stroganow

Das traditionelle Gericht einmal vegetarisch

35 Min. Seite 225

Zwiebeltarte mit Thymian

Schnell gebacken und herzhaft

1 Std. 10 Min. Seite 226

Auberginenauflauf

Melanzane parmigiana – Auberginen, wie man sie in Italien liebt

1 Std. 10 Min. 1 Mon. Seite 228

Gemüsereis auf indische Art

Schmeckt nicht nur Vegetariern

1 Std. 15 Min. Seite 227

Gemüse-Moussaka

Mit Linsen und Joghurt anstelle von Lamm und Béchamelsauce

1 Std. 50 Min. Seite 227

Flamiche mit Lauch und Käse

Herzhafte Blätterteigpastete

1 Std. 15 Min. 1 Mon. Seite 229

Kürbis-Gorgonzola-Tarte

Köstlich mit mildem oder würzigem Gorgonzola

1 Std. 50 Min. 1 Mon. Seite 229

Vegetarische Beilagen

Buchweizenpilaw
Köstliche Beilage zu orientalischen Speisen oder vegetarisches Hauptgericht
30 Min. Seite 211

Reis mit Erbsen
In der Karibik kocht man den Reis mit *gungo-* oder *pigeon peas*
55 Min. Seite 216

Thailändischer Kokosreis
Traditionelles Reisgericht mit Kokosmilch und Kaffirlimette
1 Std. 5 Min. Seite 215

Risottobällchen
Außen knusprig, innen weich und cremig
40 Min. 2 Mon. Seite 216

Reis-Timbalen
Der mild gewürzte Reis wird in Förmchen gepresst und gestürzt
40 Min. Seite 218

Gewürzpilaw
Ein Reisgericht wie aus Tausendundeiner Nacht
30 Min. Seite 211

Kartoffelgnocchi
Federleichte Kartoffelklößchen mit feiner Salbei-Butter-Sauce
55 Min. Seite 218

Apfelrotkohl
Aufgewärmt am allerbesten
1 Std. 50 Min. Seite 234

Ausgebackene Zucchini
Knusprig frittierte Zucchinischeiben
40 Min. Seite 235

Gegrilltes Gemüse
Paprika, Zucchini, Auberginen und Fenchel mit Balsamico-Marinade
30 Min. Seite 235

Rosenkohl mit Orange
Zitrusaroma frischt das Wintergemüse auf
20–25 Min. Seite 237

Gerösteter Eichelkürbis
Mit Butter und Zucker gebackene Kürbishälften
45 Min. Seite 237

Ratatouille
Mediterraner Gemüseeintopf, der warm oder kalt ein Genuss ist
55 Min. Seite 236

Geschmorter Chicorée
Wenn man ihn lange schmort, verliert der Chicorée seine Bitterkeit
35 Min. **Seite 238**

Glasierte Rotweinschalotten
Schmeckt auch mit anderen Zwiebeln, aber klein sollten sie sein
50 Min. **Seite 240**

Pak choi mit Austernsauce
Das asiatische Blattgemüse ist ganz schnell gar
15 Min. **Seite 239**

Gratin von Wurzelgemüse
Ein cremiger Genuss mit goldener Käsekruste
1 Std. 10 Min. **Seite 241**

Gebackene Artischocken mit Tomaten und Knoblauch
Voller mediterraner Farben und Aromen
1 Std. 5 Min. **Seite 242**

Kartoffelgratin
Herrlich sahniges *gratin dauphinois*, mit Knoblauch und Muskatnuss gewürzt
1 Std. 50 Min. **Seite 242**

Gebackene Süßkartoffeln mit Sesam
Mit Honig und Sojasauce gewürzt
1 Std. **Seite 243**

Kartoffel-Parmesan-Küchlein
Eine feine Alternative zum gewöhnlichen Kartoffelpüree
45 Min. **Seite 245**

Süßkartoffelgratin mit Salbei
Wärmt den Magen und die Seele – ein Wohlfühlessen für kalte Wintertage
1 Std. 20 Min. **Seite 241**

Gegrillte Auberginen mit Granatapfel-Vinaigrette
Granatapfelkerne sorgen für Farbe und Frische
20 Min. **Seite 245**

Kartoffelpuffer
Schmecken gut mit Apfelkompott oder Rübenkraut
50 Min. **Seite 246**

Süßkartoffelpüree mit Meerrettich
Leichte Schärfte unterstützt den Geschmack
1 Std. 20 Min. 3 Mon. **Seite 247**

Rahmspinat mit Pinienkernen
Mit dem ersten frischen Spinat aus neuer Ernte
10–15 Min. **Seite 247**

Leichte Küche

Nudeln Singapur
Mit Hähnchenfleisch, Garnelen und viel Gemüse
25 Min. **Seite 191**

Linsensalat mit Zitronen und Mandeln
Eingelegte Zitronen geben Aroma und Biss
30 Min. **Seite 205**

Eiernudeln mit Zitrone und Kräutern
Voller frischer asiatischer Aromen
25 Min. **Seite 212**

Rote-Bete-Salat mit Feta
Farbenfroh und köstlich
1 Std. 25 Min. **Seite 221**

Gebackener Lachs mit Gurken-Dill-Sauce
Joghurt macht die Sauce sommerlich leicht, der Lachs kann heiß oder kalt serviert werden
20 Min. **Seite 257**

Scharfe Tofupfanne
Gemüse und Tofu in würziger Sauce
25 Min. **Seite 221**

Gemüsereis auf indische Art
Currypaste darf dabei nicht fehlen
1 Std. 15 Min. **Seite 227**

Kürbis-Gorgonzola-Tarte
Würziger Blauschimmelkäse ergänzt den süßen Kürbis
1 Std. 55 Min. 1 Mon. **Seite 229**

Lachsküchlein
Saftige Küchlein, knusprig ausgebraten
1 Std. 1 Mon. **Seite 255**

Makrele mit Gurkensalat
Alle Fische mit fettem Fleisch eignen sich gut für das sommerliche Grillvergügen
40 Min. **Seite 265**

Meeresfrüchtesalat
Ein willkommener Begleiter beim Picknick oder für ein Abendessen im Garten
45 Min. **Seite 268**

Seezungenröllchen
Sanft gedämpfter Fisch in Pak choi
25 Min. **Seite 272**

Calamarisalat mit Minze und Dill
Gegrillte Tintenfischchen in Kräutermarinade
25 Min. **Seite 274**

Hähnchenpilaw
Alles in einem Topf: Hähnchen, Reis und Kichererbsen

55 Min. Seite 205

Venusmuscheln in Weißwein
Rund um das Mittelmeer beliebt

25 Min. Seite 276

Hähnchen auf Jägerart
Mit Pilzen, Tomaten und schwarzen Oliven sanft geschmort

1 Std. Seite 298

Hähnchen mit Balsamico
Muss über Nacht im Kühlschrank durchziehen

1 Std. 10 Min. Seite 299

Hähnchen-Jalfrezi
Scharfes, würziges Geflügelcurry

45 Min. 3 Mon. Seite 310

Wachteln mit Äpfeln und Calvados
Speckstreifen schützen das zarte Fleisch

35–40 Min. 3 Mon. Seite 317

Salat mit Rinderfilet
Rosa gebraten, mit Ofentomaten und Balsamico

1 Std. 25 Min. Seite 324

Rindfleischsalat mit karamellisierten Walnusskernen
Kann warm oder kalt serviert werden

80 Min. Seite 333

Lamm-Gemüse-Spieße
Das marinierte Fleisch zergeht auf der Zunge

30 Min. Seite 343

Schwertfisch aus dem Ofen
Im Ofen gebacken und mit aromatischen Mittelmeerkräutern gewürzt

40 Min. Seite 272

Aus dem Vorratsschrank

Nudelauflauf mit Thunfisch
Ein Paket Nudeln und eine Dose Thunfisch hat man immer zur Hand
50 Min. — Seite 190

Kartoffelgnocchi
Luftige Klößchen aus Kartoffeln, Mehl und Eiern
55 Min. — Seite 218

Käsemakkaroni
Mit fertigen Nudeln und Käse aus dem Vorrat schnell gemacht
55 Min. — Seite 191

Fettucine Alfredo
Wenige gute Zutaten machen den Charme dieses Rezepts aus
20 Min. — Seite 192

Spaghetti alla puttanesca
Frisch und mediterran, mit Sardellen, Oliven und Kapern aus dem Glas
40 Min. — Seite 201

Linsensalat mit Zitronen und Mandeln
Hülsenfrüchte sind vielseitig verwendbar
30 Min. — Seite 205

Gebratener Reis mit Ei
Dieses beliebte chinesisch angehauchte Gericht ist eine gute Verwertung für Reisreste
15 Min. — Seite 212

Reis und Erbsen
Die Zutaten für diese Beilage sind lange haltbar und Retter in der Not
55 Min. — Seite 216

Linguine alle vongole
Venusmuscheln in Gläsern oder Dosen kann man gut auf Vorrat lagern
25 Min. — Seite 188

Polenta
Für diese leckere Beilage braucht man vor allem gelbes Maismehl, dazu etwas frisch geriebenen Parmesan zum Bestreuen
20 Min. — Seite 214

Aus einem Topf

Nudelauflauf mit Thunfisch
Goldgelb gratiniert aus dem Backofen
50 Min. Seite 190

Nudelpfanne mit Hähnchen
Buntes Gemüse sorgt für Farbe und Biss in diesem einfachen chinesischen Gericht
30 Min. Seite 204

Gemüsereis auf indische Art
Mit Curry gewürzt, schmeckt dieser Reis nicht nur Vegetariern
1 Std. 15 Min. Seite 227

Paella marinera
Diese Variante des spanischen Klassikers verwendet gemischte Meeresfrüchte
40 Min. Seite 206

Hoppin' John
Reis mit Bohnen und Schweinehachse, ein Traditionsgericht aus den Südstaaten der USA
3 Std. 45 Min. Seite 206

Kedgeree
Anglo-indisches Reisgericht mit geräuchertem Schellfisch und Lachs
40 Min. Seite 209

Jambalaya
Kreolischer Eintopf mit Reis, Geflügel, Garnelen und Wurst
1 Std. 15 Min. Seite 210

Hähnchen aus dem Topf
Zart und saftig, in trockenem Apfelwein geschmort
2 Std. 3 Mon. Seite 289

Reis mit Hähnchen
Der bunte *arroz con pollo* wird im selben Topf gekocht und serviert
1 Std. 5 Min. Seite 294

Hähnchen Chow mein
In China beliebt: Nudeln mit bunt gemischtem Gemüse und Hähnchen
30 Min. 3 Mon. Seite 296

Hähnchentopf mit Kräuterklößen
Ein herzhaftes, wärmendes Wintergericht
1 Std. 5 Min. Seite 302

Hähnchenreis auf indische Art
Mit Rosinen, Zimt und Kardamom
50 Min. Seite 305

Lammbraten mit Bohnen
Perfekt als Sonntagsbraten: Fleisch und Bohnen frisch aus dem Ofen
1 Std. 55 Min. Seite 343

Für die Familie

Überbackene Pasta mit Salsiccia und Tomaten
Schmeckt auch mit grober Bratwurst gut
1 Std. 10 Min. **Seite 189**

Käsemakkaroni
Einfach und gut vorzubereiten
55 Min. **Seite 191**

Auberginenauflauf
Mit Tomatensauce, Mozzarella und Parmesan goldbraun gratiniert
1 Std. 10 Min. 1 Mon. **Seite 228**

Irish Stew
Aromatisch und butterzart: Lammfleisch, Kartoffeln und Möhren aus dem Ofen
1 Std. **Seite 342**

Fish and Chips
Selbst gemachte dicke Pommes frites und knuspriger Backfisch
50 Min. **Seite 252**

Kabeljau mit Tomatensauce
Fischfilet ohne Haut und Gräten auf einem Tomaten-Zwiebel-Bett
40 Min. **Seite 263**

Gegrillter Heilbutt mit grüner Sauce
Die Kräutersauce schmeckt herrlich frisch
10–15 Min. **Seite 264**

Lachs im Paket
Die Papierhülle sorgt dafür, dass der Lachs schön saftig bleibt
40 Min. **Seite 268**

Tandoori-Hähnchen
Zart und aromatisch – und garantiert ohne Farbstoff
50 Min. **Seite 294**

Southern fried chicken
Knusprige Hähnchenstücke, die garantiert alle mögen
45 Min. **Seite 295**

Hähnchen-Korma
Eine Art mildes Curry mit sahniger Sauce
1 Std. 5 Min. **Seite 297**

Chinesisches Zitronenhähnchen
Zartes Fleisch, in Ausbackteig frittiert
50 Min. **Seite 297**

Chicken nuggets
Vom Aufwand her nicht gerade Fastfood, aber auf jeden Fall die Mühe wert
50 Min. 3 Mon. **Seite 299**

Hackbraten
Für ein einfaches Essen unter der Woche, mit den Resten kann man Brote belegen
50 Min. **Seite 322**

Bratwürstchen mit Bohnen
Macht die ganze Familie satt und glücklich
40 Min. 3 Mon. **Seite 352**

Pie mit Würstchen, Speck und Ei
Eine Pastete mit reichhaltiger Füllung
1 Std. 5 Min. **Seite 353**

Gefüllte Hähnchenbrust
Mit sonnengetrockneten Tomaten und reichlich Basilikum
1 Std. 1 Mon. Seite 302

Hähnchen in Knoblauchsauce
Durch die lange Schmorzeit wird der Knoblauch schön mild
50 Min. 3 Mon. Seite 307

Truthahn mit Cranberry-Pistazien-Füllung
Ein Festtagsbraten für viele
4 Std. 15 Min. 3 Mon. Seite 312

Hähnchen Tikka Masala
Ein Rezept, das indische und europäische Vorlieben verbindet
45 Min. 3 Mon. Seite 314

Entenbrust mit Kirschen
Gebratene Entenbrust mit frischen Kirschen – etwas Besonderes für ein schönes Abendessen
40 Min. Seite 311

Herbstlicher Wildeintopf
Mit Pilzen und Apfelwein geschmort
1 Std. 50 Min. 3 Mon. Seite 317

Schwedische Fleischbällchen
Das weit über Skandinavien hinaus beliebte schwedische Nationalgericht
50 Min. 3 Mon. Seite 321

Rotes Thaicurry mit Rindfleisch
Höllenscharf durch Chilischoten
35 Min. Seite 324

Rinderbraten
Ein Sonntagsbraten wie aus dem Bilderbuch
1 Std. 50 Min. – 2 Std. 20 Min. Seite 333

Ungarisches Gulasch
Ein wärmendes Essen für kalte Tage, das man auch gut wieder aufwärmen kann
2 Std. 55 Min. 3 Mon. Seite 326

Lammbraten mit Bohnen
Die Bohnen werden mit dem Fleisch gegart und sind eine gute Abwechslung zu Kartoffeln
1 Std. 55 Min. Seite 343

Fleisch-Kartoffel-Auflauf
Die *shepherd's pie* ist eine fabelhafte Resteverwertung für Fleisch und Kartoffeln
1 Std. Seite 344

Provenzalisches Kaninchen
Französische Bistroküche von ihrer besten Seite
1 Std. 30 Min. Seite 356

Stars für den Grill

Gemüsespieße
Bunt und gesund – und besonders lecker vom Holzkohlengrill
30 Min. **Seite 223**

Mediterranes Gemüseduo
Gegrillte Zucchini- und Auberginenscheiben
45 Min. **Seite 244**

Schwertfischspieße mit Rucolasalsa
Der festfleischige Fisch lässt sich gut grillen
20–25 Min. **Seite 262**

Gegrilltes Honig-Senf-Hähnchen
Knusprige Hähnchenschenkel, süß-scharf gewürzt
40 Min. **Seite 284**

Safranhähnchen-Spieße
Zum Grillen und Braten
20 Min. **Seite 286**

Feine Lammspieße
Zartes Lammfleisch mit frischer Tomatenvinaigrette
20 Min. **Seite 348**

Knoblauchhähnchen
Das Fleisch wird mit Joghurt und Gewürzen mariniert und dann gegrillt oder gebacken
50 Min. 1 Mon. **Seite 298**

Hähnchen Piri-Piri
Scharf gewürzt mit Chilischoten und Paprika
1 Std. 25 Min. **Seite 314**

Wachteln mit Ingwerglasur
Grillen für Fortgeschrittene
30 Min. 1 Mon. **Seite 316**

Hamburger
Schmecken vom Holzkohlengrill viel besser als aus der Pfanne
25 Min. 3 Mon. **Seite 322**

Mit Ingwer und Honig marinierte Rindfleischspieße
Die Marinade macht das Fleisch besonders zart
25–30 Min. **Seite 335**

BBQ Spare ribs
Die knusprigen, würzigen Rippchen sind bei Groß und Klein beliebt
1 Std. 35 Min. **Seite 339**

Putenspieße
Gewürfelt und aufgespießt: Pute, Paprika und Zucchini mit Joghurtsauce
30–35 Min. **Seite 313**

Für viele Gäste

Makkaroniauflauf mit Schinken und Paprika
Für ein gemütliches Abendessen mit Freunden
40 Min. **Seite 192**

Lasagne al forno
Gut vorzubereiten und damit ideal, wenn man Gäste bewirtet
2 Std. **Seite 202**

Couscous royal
Ein marokkanisches Festmahl
1 Std. 30 Min. 1 Mon. **Seite 207**

Hähnchen mit Okraschoten
Die Zutaten für dieses Gericht sind einfach zu verdoppeln oder zu verdreifachen
1 Std. 10 Min. **Seite 301**

Truthahn à la King
Gute Resteverwertung für den Weihnachstruthahn
35 Min. 3 Mon. **Seite 304**

Herbstlicher Wildeintopf
Sowohl Feder- als auch Haarwild kann für dieses feine Rezept verwendet werden
1 Std. 50 Min. 3 Mon. **Seite 317**

Ungarisches Gulasch
Lässt sich vollständig vorbereiten und im letzten Augenblick noch einmal erhitzen
2 Std. 55 Min. 3 Mon. **Seite 326**

Hähnchen in Rotwein
Verwenden Sie für den *coq au vin* einen guten Rotwein. Das Hähnchen schmeckt am besten, wenn es wieder aufgewärmt wird
2 Std. 3 Mon. **Seite 315**

Bœuf bourgignon
Stundenlang in Rotwein geschmortes Rindfleisch
2 Std. 55 Min. 3 Mon. **Seite 326**

Geschmortes Rindfleisch mit Pilzen
Durch die lange Garzeit wird das Fleisch mürbe
2 Std. 30 Min. 3 Mon. **Seite 327**

Chili con carne
Dieser preiswerte Tex-Mex-Klassiker lässt sich leicht in größeren Mengen zubereiten
55 Min. 3 Mon. **Seite 332**

Cassoulet
Ein deftiges Fleischgericht mit Bohnen aus dem französischen Südwesten
3 Std. 45 Min. **Seite 338**

Lammeintopf
Traditionell wird der französische *navarin d'agneau* mit Frühlingsgemüse zubereitet
2 Std. 3 Mon. **Seite 342**

Für besondere Anlässe

Paella marinera
Goldgelber Safranreis und Meeresfrüchte in Hülle und Fülle
40 Min. 3 Mon. **Seite 206**

Ausgebackenes Gemüse
Japanisch inspiriert: knackiges Gemüse in Tempurateig
30 Min. **Seite 228**

Gegrillter Thunfisch mit Tomatensalsa
Frische Salsa auf saftigem Thunfischsteak
1 Std. 20 Min. **Seite 253**

Forelle mit Mandeln
Während des Backens nimmt die Forelle das Zitrus- und Mandelaroma auf
35 Min. **Seite 254**

Rochen mit brauner Butter
Diese Rochenflügel gehören zu den Klassikern der französischen Küche
20 Min. **Seite 255**

Lachs im Blätterteig
Von der buttrigen Teighülle umschlossen, bleibt der Fisch herrlich saftig
55 Min. **Seite 262**

Heilbutt mit Paprikasauce
Mit den Aromen von Paprika, Mandeln, Olivenöl und Knoblauch
30 Min. **Seite 266**

Lachs im Paket
In der Papierhülle gegart, bleibt der Fisch schön saftig
40 Min. **Seite 268**

Kurz gebratener Thunfisch mit Gurke und Fenchel
Ein leichtes, sommerliches Vergnügen
20 Min. **Seite 270**

Hummer Thermidor
Das Hummerfleisch wird ausgelöst und mit feiner Sauce überbacken
45 Min. **Seite 273**

Muscheln in Weißwein
Klassisch zubereitet mit Zwiebeln und Lorbeer
25 Min. **Seite 275**

Hähnchen in Estragonsahne
Ein Traumpaar: frischer Estragon und Sahne
45 Min. 1 Mon. **Seite 288**

Hähnchenschnitzel
So liebt es jeder: außen goldbraun und innen saftig
50–55 Min. 3 Mon. **Seite 289**

Ente mit Schalottenconfit
Eine winterliche Leckerei mit Gewürzen und Honig
50 Min. **Seite 304**

Hähnchen in Parmaschinken mit Salbei
Lässt sich gut vorbereiten
1 Std. 35 Min. **Seite 306**

Perlhuhn mit scharf-würzigen Linsen
Perlhuhnfleisch hat ein zartes Wildaroma
1 Std. 35 Min. **Seite 308**

Orangenente mit Chili
Zitrusaroma und leichte Schärfe passen gut zur Ente
50 Min. **Seite 310**

Wachteln mit Äpfeln und Calvados
Mit Speck umwickelt, bleiben sie schön saftig
40 Min. 3 Mon. **Seite 317**

Geschmorter Fasan
Durch das Schmoren in Rotwein trocknet der Wildvogel nicht aus
2 Std. 20 Min. **Seite 318**

Rinderfilet im Blätterteig
Beeindrucken Sie Ihre Gäste mit einem klassischen Filet Wellington
1 Std. 30 Min. **Seite 325**

Filetgulasch Stroganow
Rinderfilet und Pilze mit Crème fraîche – ein russischer Klassiker
40 Min. **Seite 323**

Kalbsragout
Fein und leicht, in einer sahnigen Gemüsesauce
1 Std. 45 Min. **Seite 325**

Rinderfilet mit Johannisbeerjus
Die fruchtige Sauce sorgt für viel Geschmack
1 Std. 40 Min. **Seite 335**

Ossobuco
Langsam geschmorte Scheiben von der saftigen Kalbhachse
2 Std. 1 Mon. **Seite 327**

Hirschragout mit Waldpilzen
Hier konzentriert sich das kräftige Aroma von Wild und Pilzen
2 Std. 15 Min. 3 Mon. **Seite 357**

Geschmortes Lamm
Die Sauce aus Tomaten, Oliven und Kräutern ist herrlich aromatisch
1 Std. 50 Min. 1 Mon. **Seite 341**

Honiglamm mit Möhrensalsa
Mariniertes Lamm mit frischer, knackiger Salsa
35 Min. **Seite 345**

Provenzalisches Kaninchen
In würziger Tomaten-Wein-Sauce geschmort und mit Mittelmeerkräutern abgeschmeckt
1 Std. 30 Min. **Seite 356**

Kaninchen in Cidre
Zartes, mageres Fleisch, herber Apfelwein und etwas Crème fraîche
55 Min. **Seite 357**

Linguine alle vongole

Variationen des Klassikers mit Pasta und Venusmuscheln werden überall an der italienischen Mittelmeerküste gekocht

für 4 Personen
Zub. 5 Min. • Garzeit 20 Min.

- 2 EL Olivenöl
- 1 Zwiebel, fein gehackt
- 2 Knoblauchzehen, fein gehackt
- 1 Dose Tomatenstücke (400 g)
- 2 EL Tomatenmark
- 125 ml trockener Weißwein
- 250 g Venusmuscheln aus der Dose, Flüssigkeit aufgefangen
- Salz und Pfeffer
- 350 g Linguine
- 4 EL fein gehackte glatte Petersilie plus Petersilie zum Bestreuen

Vorbereitung Sie können die Tomatensauce (Schritt 1) am Vortag zubereiten und aufwärmen, bevor Sie Muscheln und Petersilie zugeben.

1 Das Öl in einem großen Topf bei mittlerer Temperatur erhitzen. Zwiebel und Knoblauch darin unter häufigem Rühren 5 Min. anschwitzen. Tomatenstücke mit Saft, Tomatenmark, Wein und die aufgefangene Muschelflüssigkeit hinzugeben sowie Salz und Pfeffer nach Geschmack. Die Sauce unter Rühren aufkochen und bei reduzierter Temperatur mit halb aufgelegtem Deckel 10–15 Min köcheln lassen, dabei gelegentlich umrühren.

2 Für die Nudeln Wasser in einen großen Topf geben, salzen und aufkochen. Die Linguine hineingeben, umrühren und nach Packungsanweisung bissfest kochen. In ein großes Sieb abgießen.

3 Muscheln und gehackte Petersilie zur Sauce geben und weitere 1–2 Min. köcheln. Mit Salz und Pfeffer abschmecken.

4 Die Linguine zur Sauce geben und alles mit zwei Gabeln gleichmäßig vermischen. Mit der Petersilie bestreuen und sofort servieren.

Dazu passen knuspriges italienisches Brot und ein grüner Salat.

Venusmuscheln aus der Dose

Muscheln aus der Dose sind ideal für den Vorratsschrank, aber natürlich schmecken frische Muscheln besser. In diesem Fall die Nudeln vor dem Servieren mit ein paar Muscheln in der Schale garnieren.

Tomatensauce

Schnell gemacht und ein echter Verwandlungskünstler

ergibt 600 ml
Zub. 5 Min. • Garzeit 30 Min.
tiefgekühlt 1 Mon. haltbar

- 4 EL Sonnenblumenöl
- 1 Zwiebel, gehackt
- 1 Knoblauchzehe, gehackt
- 4 EL Tomatenmark
- 2 Dosen Tomatenstücke (800 g)
- 8 Basilikumblätter, klein gezupft
- Salz und Pfeffer

1 Das Öl in einem großen Topf bei mittlerer Temperatur erhitzen, Zwiebel und Knoblauch dazugeben und unter gelegentlichem Rühren 5–8 Min. weich und goldbraun braten.

2 Tomatenmark und -stücke mit Flüssigkeit und die Hälfte des Basilikums einrühren und mit Salz und Pfeffer abschmecken. Bei reduzierter Temperatur ohne Deckel 20 Min. köcheln lassen, bis die Sauce dickflüssig ist.

3 Das restliche Basilikum unmittelbar vor dem Servieren einrühren.

VARIANTE

Tomatensauce mit Chili
Mit den Tomaten 1 gehackte frische rote Chilischote zur Sauce geben.

Überbackene Pasta mit Salsiccia und Tomaten

Kurze Röhrennudeln wie Pennette sind am besten geeignet. Anstelle von Salsiccia schmeckt auch grobe Bratwurst

für 4 Personen
Zub. 20 Min. • Garzeit 50 Min.
4 ofenfeste kleinere Formen oder eine große (23 x 33 cm) Auflaufform

- 500 g Salsiccia oder grobe Bratwurst, mit der Gabel eingestochen
- 2 EL Öl
- 2 große Zwiebeln, grob gehackt
- 2 Knoblauchzehen, fein gehackt
- 2 Dosen Tomatenstücke (800 g)
- 2 EL gehacktes Basilikum
- Salz und Pfeffer
- 500 g Pennette
- 125 g Mozzarella, geraspelt
- Basilikumblätter zum Garnieren

1 In einem tiefen Topf Wasser zum Kochen bringen. Die Würstchen darin 2 Min. köcheln lassen, bis die Haut hell wird. Abgießen und etwas abkühlen lassen. Dann die Haut abziehen und das Wurstbrät zerkrümeln.

2 Den Topf säubern, wieder auf den Herd stellen und das Wurstbrät in dem Öl 5 Min. anbraten. Zwiebeln und Knoblauch hinzufügen und weitere 3 Min. braten.

3 Tomaten und Basilikum einrühren und die Sauce mit Salz und Pfeffer abschmecken. Unter gelegentlichem Rühren 10 Min. köcheln lassen, bis sie dickflüssig ist.

4 Den Backofen auf 180 °C vorheizen. Für die Nudeln Wasser in einen großen Topf geben, salzen und aufkochen. Die Nudeln hinzufügen, umrühren und 3 Min. vor Ende der auf der Packung angegebenen Garzeit in ein großes Sieb abgießen. Zurück in den Topf geben.

5 Den Großteil der Sauce mit der Pasta vermischen und auf vier kleinere oder eine große Auflaufform verteilen. Die restliche Sauce darübergeben und mit dem geraspelten Käse bestreuen.

6 20 Min. backen, bis der Käse goldbraun ist. Mit Basilikumblättern garnieren und heiß servieren.

Linguine mit Jakobsmuscheln

Überraschen Sie Ihre Gäste mit gegrillten Jakobsmuscheln und einem Hauch von Chili und Limette

für 4 Personen
Zub. 10 Min. • Garzeit 8 Min.
Grillpfanne

- 400 g Linguine
- Salz und Pfeffer
- frisch gepresster Saft von 1 Limette
- 5 EL Olivenöl plus Öl zum Einpinseln
- 1 frische rote Chilischote, Samen entfernt, fein gehackt
- 2 EL gehacktes Koriandergrün
- 12 große Jakobsmuscheln, ausgelöst

Vorbereitung Sie können das Dressing (Schritt 2) eine Stunde im Voraus zubereiten.

1 Für die Nudeln Wasser in einen großen Topf geben, salzen und aufkochen. Die Linguine hineingeben, umrühren und nach Packungsanweisung bissfest kochen. In ein großes Sieb abgießen und bis zur weiteren Verwendung warm halten.

2 In der Zwischenzeit den Limettensaft mit 5 EL Öl verquirlen. Die gehackte Chilischote und die Hälfte des gehackten Korianders einrühren und mit Salz und Pfeffer abschmecken. Die Sauce mit den abgetropften Linguine vermischen, beiseitestellen und warm halten.

3 Eine große Grill- oder Bratpfanne mit dickem Boden bei hoher Temperatur erhitzen. Die Jakobsmuscheln mit Olivenöl einpinseln und in der Pfanne 3 Min. braten, dabei einmal wenden. Nicht zu lange braten, sonst werden sie zäh.

4 Die Linguine auf Teller verteilen und die Jakobsmuscheln darauf anrichten. Mit dem restlichen Koriander bestreuen und sofort servieren.

Dazu passt Rucolasalat mit Olivenöldressing und Parmesanspänen.

Nudelauflauf mit Thunfisch

Fast alles, was man dafür braucht, lässt sich gut auf Vorrat halten

für 6 Personen
Zub. 10 Min. • Garzeit 40 Min.

- 200 g Orecchiette
- Butter zum Einfetten
- 1 Dose Pilzcremesuppe (300 g)
- 120 ml Milch
- 200 g in Salzlake eingelegter Thunfisch, abgegossen und zerzupft
- 200 g Mais aus der Dose, abgespült und abgetropft
- 1 Zwiebel, fein gehackt
- 1 rote Paprikaschote, Stielansatz, Samen und Scheidewände entfernt, Fruchtfleisch fein gehackt
- 4 EL gehackte glatte Petersilie
- 1 Prise Cayennepfeffer (nach Belieben)
- 120 g Käse, gerieben
- Salz und Pfeffer

Vorbereitung Der Auflauf kann mehrere Stunden im Voraus in die gefettete Form gegeben und abgedeckt kühl gestellt werden. Mindestens 10 Min. vor dem Überbacken aus dem Kühlschrank nehmen.

1 Die Nudeln in kochendem Salzwasser 2 Min. kürzer als auf der Packung angegeben kochen. Abgießen und beiseitestellen.

2 In der Zwischenzeit den Backofen auf 220 °C vorheizen und eine 1,5 Liter fassende, ofenfeste Form einfetten.

3 Pilzcremesuppe und Milch bei niedriger Temperatur erwärmen. Thunfisch, Mais, Zwiebel, Paprika, Petersilie, Cayennepfeffer (falls verwendet) und die Hälfte des Käses unterrühren. Sobald die Suppe warm ist, die Nudeln hinzugeben und mit Salz und Pfeffer abschmecken.

4 Die Mischung in die vorbereitete Form füllen, glatt streichen und mit dem restlichen Käse bestreuen. 30–35 Min. im Ofen backen, bis der Auflauf goldbraun ist. Heiß servieren.

Dazu passen warmes Knoblauchbrot und grüner Salat.

VARIANTE

Nudelauflauf mit Hähnchen

Statt Thunfisch 200 g gekochte Hähnchenbrust hacken und vor den Nudeln zur Suppe geben.

Spaghetti alla romana

Im Handumdrehen vorbereitet und schnell gekocht – ideal, wenn die Zeit knapp ist

für 4 Personen
Zub. 10 Min. • Garzeit 15 Min.

- 4 EL Olivenöl
- 2 kleine Zwiebeln, in feine Scheiben geschnitten
- 175 g Pancetta oder durchwachsener Speck, ohne Schwarte, in feine Streifen geschnitten
- 150 ml trockener Weißwein
- 2 Dosen Tomatenstücke (800 g)
- Salz und Pfeffer
- 400 g Spaghetti
- 150 g reifer Pecorino, gerieben

Vorbereitung Die Sauce können Sie am Vortag zubereiten und aufwärmen, bevor sie zu den Nudeln gegeben wird.

1 Das Öl in einem großen Topf bei mittlerer Temperatur erhitzen, die Zwiebeln darin 5 Min. unter Rühren anschwitzen, bis sie weich, aber noch nicht braun sind. Den Speck hinzufügen und weitere 5 Min. unter Rühren knusprig braten.

2 Den Wein angießen und kochen, bis er zur Hälfte verdampft ist. Die Tomaten einrühren, bei niedriger Temperatur 15 Min. köcheln lassen, bis die Sauce dickflüssig ist. Mit Salz und Pfeffer abschmecken.

3 Inzwischen für die Nudeln Wasser in einen großen Topf geben, salzen und aufkochen. Die Spaghetti hineingeben, umrühren und nach Packungsanweisung bissfest kochen. In ein großes Sieb abgießen, dann mit der Sauce gut vermischen. Den Käse einrühren und bei Bedarf nachwürzen. Servieren.

Nudeln Singapur

Für dieses Gericht gibt es kein Originalrezept, dafür aber ungezählte Variationen

- für 4 Personen
- Zub. 15 Min. • Garzeit 10 Min.
- fettarm
- frische Garnelen am Tag des Einkaufs zubereiten
- Wok

2 EL Pflanzenöl

150 g Hähnchenbrustfilet, entbeint und ohne Haut, in dünnen Streifen

150 g rohe Garnelen, geschält, Därme entfernt

1 Zwiebel, in feine Scheiben geschnitten

½ rote Paprikaschote, Stielansatz, Samen und Scheidewände entfernt, Fruchtfleisch in Streifen geschnitten

1 Pak choi, in feine Streifen geschnitten

2 Knoblauchzehen, fein gehackt

1 frische rote Chilischote, Samen entfernt, fein gehackt

125 g Bohnensprossen

1 EL Currypaste

2 EL helle Sojasauce

150 g dünne Eiernudeln (Vermicelli), nach Packungsanweisung gegart

2 große Eier, verquirlt

Koriandergrün zum Garnieren

Vorbereitung Einige Stunden im Voraus das Hähnchen und Gemüse zerkleinern und die Garnelen vorbereiten. In einzelnen Schalen mit Frischhaltefolie bedeckt bis zur Verwendung kühl stellen.

1 Die Hälfte des Öls im Wok erhitzen, das Fleisch darin 1 Min. unter Rühren anbraten. Dann die Garnelen hinzufügen und weitere 2 Min. braten. Beides aus dem Wok nehmen und beiseitestellen.

2 Das restliche Öl in den Wok geben, die Zwiebel hinzufügen und 2 Min. unter Rühren braten, dann Paprika, Pak choi, Knoblauch und Chilischote dazugeben und weitere 2 Min. braten.

3 Die Bohnensprossen zugeben und 30 Sek. mitbraten, dann Currypaste und Sojasauce einrühren und nach 1 Min. die Nudeln hinzufügen. Die Eier dazugeben und alles 1 Min. gut mischen, bis das Ei stockt.

4 Das Hähnchenfleisch und die Garnelen zurück in den Wok geben und 1 Min. mitbraten. Mit Koriander bestreuen und servieren.

Käsemakkaroni

Ein einfaches Essen, das der ganzen Familie schmeckt

- für 6 Personen
- Zub. 20 Min. • Garzeit 35 Min.

400 g Makkaroni

80 g Butter plus Butter zum Einfetten

100 g frische Semmelbrösel

4 EL Mehl

1 TL Senfpulver

1 Prise gemahlene Muskatnuss

400 ml warme Milch

175 g Käse, gerieben

100 g Mozzarella, abgetropft und fein gewürfelt

50 g Parmesan, grob gerieben

Vorbereitung Das gesamte Gericht kann am Vortag zubereitet und bis zur letzten Minute im Kühlschrank aufbewahrt werden. Die Semmelbrösel und den Käse erst kurz vor dem Backen darüberstreuen.

1 Für die Nudeln Wasser in einen großen Topf geben, salzen und aufkochen. Die Makkaroni hineingeben, umrühren und 2 Min. kürzer als auf der Packung angegeben kochen. In ein großes Sieb abgießen, das restliche Wasser abschütteln und beiseitestellen.

2 In der Zwischenzeit den Ofen auf 200 °C vorheizen und eine Auflaufform einfetten. 20 g Butter in einem kleinen Topf zerlassen, die Semmelbrösel einrühren und den Topf beiseitestellen.

3 Die restliche Butter in einem großen Topf bei mittlerer Temperatur zerlassen, das Mehl einstreuen und 30 Sek. anschwitzen. Senfpulver und Muskatnuss hinzufügen, dann den Topf vom Herd nehmen und die Milch langsam einrühren. Wieder auf den Herd stellen und unter Rühren 2–3 Min. kochen, bis die Sauce dickflüssig wird. Vom Herd nehmen. Käse untermischen, bis er geschmolzen und glatt ist, dann Makkaroni und Mozzarella unterheben.

4 Die Masse in die vorbereitete Form füllen und glatt streichen. Die Semmelbrösel mit Parmesan vermischen und über den Auflauf streuen. Für 25 Min. in den Backofen schieben, bis der Auflauf durchgehend heiß und die Oberfläche goldbraun ist. Vor dem Servieren 2 Min. ruhen lassen, dann in der Form auf den Tisch bringen.

Dazu passt grüner Salat mit Radieschen und Schnittlauch.

Makkaroniauflauf mit Schinken und Paprika

Überbackene Nudeln mit knuspriger Käsekruste sind auch für ein gemütliches Abendessen mit Freunden gut geeignet

für 4 Personen
Zub. 10 Min.
• Garzeit 25–30 Min.

- 400 g Makkaroni
- Salz und Pfeffer
- 1 EL Olivenöl
- 1 rote Zwiebel, in feine Scheiben geschnitten
- 1 Knoblauchzehe, durchgepresst
- 1 rote Paprika, Stielansatz, Samen und Scheidewände entfernt, Fruchtfleisch in dünne Streifen geschnitten
- 1 Dose Tomatenstücke (400 g)
- 250 g geräucherter Schinken, gewürfelt
- 3 EL trockener Weißwein oder Brühe
- 2 TL getrockneter Oregano
- 75 g frische Semmelbrösel
- 3 EL frisch geriebener Parmesan
- 2 EL zerlassene Butter

Vorbereitung Bis zum Ende von Schritt 3 zubereiten, dann die Masse in die Form geben und mit der Semmelbröselmischung bestreuen. Abkühlen lassen, mit Alufolie abdecken und für bis zu 8 Std. kühl stellen. Mit der Folie 15 Min. backen, dann die Folie abnehmen und weitere 10–15 Min. backen, bis der Auflauf durch und durch heiß und die Oberfläche goldbraun ist.

1 Den Backofen auf 200 °C vorheizen. Für die Nudeln Wasser in einen großen Topf geben, salzen und aufkochen. Die Makkaroni hineingeben, umrühren und nach Packungsanweisung bissfest kochen. In ein großes Sieb abgießen.

2 Inzwischen das Öl in einem Topf erhitzen, Zwiebel, Knoblauch und Paprika hinzufügen und unter häufigem Rühren bei mittlerer Temperatur 5 Min. braten, bis sie weich, aber nicht braun sind.

3 Tomaten, Schinken, Wein und Oregano hinzufügen und aufkochen. Weitere 2–3 Min. ohne Deckel köcheln und reduzieren lassen. Vom Herd nehmen, die Makkaroni einrühren und mit Salz und Pfeffer abschmecken.

4 Die Masse in eine gefettete ofenfeste Form füllen und glatt streichen. Die Semmelbrösel mit Parmesan und Butter mischen und darüberstreuen. Für 15–20 Min. in den Backofen schieben und goldbraun backen, dann in der Form servieren.

Dazu passt ein Salat aus Rucola oder Spinat.

Fettucine Alfredo

Ein simples Rezept, das nach besten Zutaten verlangt

für 4 Personen
Zub. 5 Min. • Garzeit 15 Min.

- 600 g frische oder 400 g getrocknete Fettucine
- 125 g Butter, gewürfelt
- 250 g Sahne
- 80 g Parmesan, frisch gerieben, plus einige Späne zum Servieren
- Salz und Pfeffer

1 Für die Nudeln Wasser in einen großen Topf geben, salzen und aufkochen. Die Fettucine hineingeben, umrühren und bissfest kochen: 1–2 Min. für frische Fettucine, 10–12 Min. für getrocknete. In ein großes Sieb abgießen, wieder in den Topf geben und zum Warmhalten den Deckel auflegen.

2 In einem anderen Topf die Butter zerlassen, dann die Sahne hinzugeben und erwärmen, aber nicht kochen. Die Temperatur auf niedrige Stufe schalten, die gekochte Pasta und den geriebenen Parmesan hinzugeben und mit Pfeffer abschmecken. Vorsichtig vermengen, bis alles mit Sauce bedeckt ist. Mit Parmesanspänen bestreut sofort servieren.

VARIANTE

Alfredo light

Die Nudeln mit 4 EL nativem Olivenöl extra und 125 g Parmesan statt mit Butter und Sahne mischen.

Pappardelle al ragù

Diese reichhaltige, langsam gegarte Fleischsauce passt zu Spaghetti, Tagliatelle oder Lasagne

für 4 Personen
Zub. 15 Min. • Garzeit 2 Std.
tiefgekühlt 3 Mon. haltbar

- 30 g Butter
- 2 EL Olivenöl
- 100 g Pancetta oder durchwachsener Speck, gewürfelt
- 1 kleine Zwiebel, fein gehackt
- 1 Stange Sellerie, fein gehackt
- 1 Möhre, fein gehackt
- 2 Knoblauchzehen, durchgepresst
- 400 g mageres Rinderhackfleisch
- 100 ml Fleischbrühe
- 2 EL Tomatenmark
- 1 Dose Tomatenstücke (400 g)
- Salz und Pfeffer
- 75 ml Milch, erwärmt
- 400 g Pappardelle
- Parmesan, gerieben, zum Servieren

1 Butter und Öl in einem tiefen Topf mit dickem Boden zerlassen, Pancetta hinzufügen und 1–2 Min. anbraten. Zwiebel, Sellerie, Möhre und Knoblauch hinzugeben und weitere 10 Min. unter gelegentlichem Umrühren anbraten.

2 Das Fleisch einrühren, größere Brocken zerteilen und 1 weitere Min. unter häufigem Rühren braten, bis es eine gleichmäßige Farbe hat. Brühe, Tomatenmark und Tomaten hinzufügen, mit Salz und Pfeffer abschmecken und aufkochen.

3 Die Temperatur auf sehr niedrige Stufe reduzieren, Deckel auflegen und 1 Std. 30 Min. leicht köcheln lassen. Ab und zu umrühren, damit nichts ansetzt, bei Bedarf Brühe hinzufügen. Dann die Milch ins Ragù rühren, Deckel auflegen und weitere 30 Min. köcheln lassen.

4 Für die Nudeln Wasser in einen großen Topf geben, salzen und aufkochen. Die Pappardelle hineingeben, umrühren und nach Packungsanweisung bissfest kochen. In ein großes Sieb abgießen, mit der Sauce mischen und mit frisch geriebenem Parmesan servieren.

VARIANTE

Pappardelle alla bolognese

Für eine reichhaltigere Sauce die Hälfte des Rinderhackfleischs durch 200 g mageres Schweinehackfleisch und zusätzliche 10 g eingeweichte getrocknete Steinpilze ersetzen.

Schweizer Käsespätzle

Wer die Spätzle nicht vom Brett schaben will, kann einen Spätzlehobel verwenden

Für 4 Personen
Zub. 20 Min. • Garzeit 10 Min.

- 400 g Mehl
- 1½ EL Gries
- 6 Eier
- 100 ml Milch
- ½ TL geriebene Muskatnuss
- 60 g Butter
- 120 g Gruyère, gerieben
- Pfeffer
- 2 Frühlingszwiebeln, in Ringe geschnitten

1 Das Mehl in eine Schüssel sieben, und mit dem Gries mischen. In einer zweiten Schüssel 4 Eier mit Milch, Muskatnuss und 100 ml kaltem Wasser verquirlen. Mit dem Mehl zu einem elastischen Teig verarbeiten. Bei Bedarf mehr Mehl hinzugeben.

2 In einem großen Topf Wasser zum Kochen bringen. Den Teig portionsweise von einem feuchten Brett ins kochende Wasser schaben. Man kann auch einen Spätzlehobel verwenden oder den Teig durch ein Sieb mit größeren Löchern in das kochende Wasser pressen.

3 Die Spätzle portionsweise 2–3 Min. garen, bis sie an die Oberfläche steigen. Abtropfen und mit kaltem Wasser abschrecken, damit sie nicht weitergaren.

4 In einer großen Pfanne die Butter erwärmen und die Spätzle darin schwenken. Bei niedriger Temperatur unter ständigem Rühren braten, bis sie Farbe annehmen. Den Käse darüberstreuen. Die restlichen 2 Eier verquirlen und über die Spätzle geben. Mit Pfeffer abschmecken und 1–2 Min. garen, bis der Käse schmilzt und die Eier fest werden. Mit Frühlingszwiebeln bestreuen und servieren.

Spaghetti frutti di mare

Muscheln, Tintenfische und Garnelen gehören zu diesem italienischen Klassiker

für 4 Personen

Zub. 25 Min. • Garzeit 20 Min.

auf die Muscheln klopfen, nicht schließende wegwerfen

- 3 EL Olivenöl
- 1 kleine Zwiebel, fein gehackt
- 2 Knoblauchzehen, fein gehackt
- 500 ml passierte Tomaten
- 1 Prise Chiliflocken
- 450 g Miesmuscheln, geputzt
- 450 g kleine Tintenfische, geputzt, Körper in Ringe geschnitten
- 4 EL trockener Weißwein
- ½ unbehandelte Zitrone, in Scheiben geschnitten
- 400 g Spaghetti
- Salz und Pfeffer
- 12 große rohe Tigergarnelen, geschält und Därme entfernt
- 3 EL gehackte glatte Petersilie

1 Das Öl in einem großen Topf erhitzen, Zwiebel und Knoblauch hinzufügen und bei niedriger Temperatur unter Rühren 3–4 Min. anbraten. Tomaten und Chiliflocken hinzufügen, 1 Min. köcheln lassen.

2 Muscheln und Tintenfische mit Wein und Zitronenscheiben in einen großen Topf geben, Deckel fest auflegen und aufkochen. 3–4 Min. garen, bis sich die Muscheln geöffnet haben, dabei gelegentlich durchrütteln. Vom Herd nehmen, die Flüssigkeit durch ein feines Sieb in eine Schüssel gießen. Die Zitronenscheiben und die ungeöffneten Muscheln wegwerfen. Einige Muscheln in den Schalen lassen, die übrigen herausnehmen.

3 In einem großen Topf Wasser mit Salz zum Kochen bringen. Die Spaghetti hineingeben, umrühren und nach Packungsanweisung bissfest kochen. In ein Sieb abgießen.

4 Die aufgefangene Muschelflüssigkeit zur Sauce geben und 2–3 Min. offen köcheln und leicht reduzieren lassen. Die Garnelen hinzugeben und unter Rühren 2 Min. köcheln lassen, bis sie gerade rosa sind. Muscheln und Tintenfische hinzufügen, Petersilie einrühren und mit Salz und Pfeffer abschmecken.

5 Die Spaghetti zurück in den Topf geben, mit den Meeresfrüchten und der Sauce vermischen. In eine Schüssel füllen, mit den Muscheln in Schale garnieren und servieren.

Penne mit Kürbis

Der salzige Käse ergänzt den süßen, gerösteten Kürbis

für 6 Personen

Zub. 15 Min. • Garzeit 40 Min.

- 1 kg Kürbis, geschält und gewürfelt
- 2 rote Zwiebeln, grob gehackt
- 2 Knoblauchzehen, zerdrückt
- Olivenöl zum Beträufeln
- 2 EL Balsamico-Essig
- Salz und Pfeffer
- 600 g Penne
- 150 g Gruyère, gerieben
- 6 EL Crème fraîche
- 10 Salbeiblätter, grob gehackt
- Parmesan, gerieben, zum Servieren

1 Den Backofen auf 190 °C vorheizen. Kürbis, Zwiebeln und Knoblauch in eine große, ofenfeste Form legen, gut mit Olivenöl und Balsamico-Essig beträufeln und mit Salz und Pfeffer würzen. 40 Min. backen, bis der Kürbis weich ist, dabei gelegentlich wenden.

2 In der Zwischenzeit für die Nudeln Wasser in einen großen Topf geben, salzen und aufkochen. Die Penne hineingeben, umrühren und nach Packungsanweisung bissfest kochen. In ein großes Sieb abgießen. Gruyère und Crème fraîche mit dem Gemüse aus dem Ofen verrühren, die Salbeiblätter hinzufügen.

3 Die Sauce mit etwas Olivenöl über die Pasta geben, mit geriebenem Parmesan bestreuen und servieren.

Cannelloni mit Spinat

Die gefüllten Cannelloni werden mit cremiger Béchamel- und fruchtiger Tomatensauce überbacken

für 4 Personen
Zub. 25 Min. • Garzeit 35 Min.

- 500 g gegarter Spinat
- 250 g Ricotta
- 1 Ei, verquirlt
- 60 g Parmesan, gerieben
- 1 Prise geriebene Muskatnuss
- Salz und Pfeffer
- 16 Cannelloni
- 1 Portion Béchamelsauce (s. S. 518)

Napoli-Sauce

- 1 EL natives Olivenöl extra
- 1 kleine rote Zwiebel, fein gehackt
- 1 Stange Sellerie, fein gehackt
- 2 Knoblauchzehen, durchgepresst
- 1 Dose Tomatenstücke (400 g)
- 75 ml Gemüsebrühe
- 1 Handvoll Basilikumblätter, zerzupft

1 Eine Auflaufform leicht einölen. Den Spinat gut abtropfen lassen und mit den Händen ausdrücken, dann grob hacken. Den Ricotta in einer Schüssel mit dem verquirlten Ei und der Hälfte des geriebenen Parmesans vermischen. Den Spinat unterrühren und mit Muskatnuss, Salz und Pfeffer abschmecken. Die Cannelloni damit füllen und nebeneinander in die Auflaufform legen.

2 Für die Napoli-Sauce das Öl in einem Topf erhitzen, die Zwiebel hinzufügen und 5–6 Min. anbraten. Sellerie und Knoblauch dazugeben und 2 Min. mitdünsten, dann Tomaten und Brühe einrühren und 15 Min. köcheln lassen, bis das Gemüse weich und die Sauce etwas reduziert ist. Das Basilikum unterrühren.

3 Den Backofen auf 190 °C vorheizen. Die Béchamelsauce über die Cannelloni geben, dann die Napoli-Sauce darauf verteilen und mit dem restlichen Parmesan bestreuen. Für 35 Min. backen, bis die Oberfläche goldbraun ist und Blasen wirft und die Cannelloni gar sind.

Dazu passt ein frischer grüner Salat.

Ravioli mit Ricotta und Spinat

In manchen Regionen Italiens isst man diese gefüllten Teigtaschen traditionell zu Weihnachten

für 4 Personen
Zub. 30 Min. + Wartezeit • Garzeit 10–15 Min.

- 200 g Mehl
- 1 Prise Salz
- 2 Eier, verquirlt
- 1 EL Olivenöl

Füllung

- 350 g Spinat
- 200 g Ricotta
- 50 g Parmesan, gerieben
- 1 Ei plus 1 Ei, verquirlt, zum Einpinseln
- ¼ TL geriebene Muskatnuss
- Salz und Pfeffer
- Butter, zerlassen, oder Olivenöl zum Servieren

Vorbereitung Sie können die Ravioli mehrere Stunden im Voraus zubereiten und mit Frischhaltefolie abgedeckt im Kühlschrank aufbewahren.

1 Mehl und Salz auf die Arbeitsfläche sieben, in die Mitte eine Vertiefung drücken und Eier und Öl hineingeben. Mit den Fingerspitzen das Mehl in die Mitte ziehen und nach und nach mit der ganzen Flüssigkeit zu einem klebrigen Teig verarbeiten. Etwa 10 Min. kneten, bis der Teig ganz glatt und elastisch ist. In eingeölte Frischhaltefolie wickeln und 30 Min. ruhen lassen.

2 Inzwischen für die Füllung den Spinat in einen schweren Topf geben, Deckel auflegen und 2–3 Min. kochen, bis die Blätter zusammenfallen. Den Spinat abtropfen lassen und gut ausdrücken, dann fein hacken. In einer Schüssel Spinat, Ricotta, Parmesan, Ei und Muskatnuss vermischen und mit Salz und Pfeffer abschmecken.

3 Den Nudelteig halbieren und jedes Stück zu einem 3 mm dicken Rechteck ausrollen. Die eine Hälfte mit einem Geschirrtuch abdecken, während die andere verarbeitet wird. Jeweils 1 TL Füllung im Abstand von 4 cm auf die eine Teigplatte setzen. Etwas verquirltes Ei gitterartig um die Füllung streichen, dann die zweite Teigplatte darauflegen. Mit den Fingerspitzen den Teig gut andrücken und dabei die Luft herausdrücken.

4 An den Linien entlang mit einem Teigrad oder scharfen Messer 4 cm große Quadrate ausschneiden. Auf einem bemehlten Geschirrtuch 1 Std. trocknen lassen. Wasser in einen großen Topf füllen, salzen und aufkochen. Die Ravioli portionsweise 4–5 Min. kochen, bis sie an der Oberfläche schwimmen. Mit einem Schaumlöffel herausnehmen und mit zerlassener Butter oder Olivenöl und schwarzem Pfeffer servieren.

Sobanudeln mit Garnelen und Avocado

Die aus Buchweizenmehl hergestellten Sobanudeln stammen aus Japan und werden mit heißer oder kalter Brühe, leichter Sauce oder Dressing serviert

für 4 Personen
Zub. 15 Min. + Wartezeit • Garzeit 15 Min.

- 250 g Soba-Nudeln
- 50 g getrocknete Wakame-Algen
- 2 EL Pflanzen- oder Erdnussöl
- 16 rohe Tigergarnelen, geschält, Schwanzflosse intakt, Darm entfernt
- 6 Shiitakepilze, in Scheiben
- 4 Kirschtomaten, halbiert
- 2 EL eingelegter Ingwer, abgespült und fein gehackt
- 4 EL Mirin (süßer Reiswein)
- 2 EL Reisessig
- 2 EL japanische Sojasauce
- 1 Avocado, geschält und in Scheiben geschnitten
- 2 EL Sesamsamen
- 2 EL grob gehacktes Koriandergrün

Vorbereitung Da dieses Gericht kalt serviert wird, können Sie bis auf die Avocado alles mehrere Stunden im Voraus zubereiten. Diese erst kurz vor dem Servieren schälen und in Scheiben schneiden.

1 Für die Nudeln Wasser in einen großen Topf geben, salzen und aufkochen. Die Nudeln hineingeben, umrühren und nach Packungsanweisung bissfest kochen. In ein großes Sieb abgießen und mit fließendem kaltem Wasser abkühlen. Abtropfen lassen, dann in einer Schüssel beiseitestellen.

2 Die Algen in kaltem Wasser einweichen. Wenn sie weich sind, abgießen, in Streifen schneiden und beiseitestellen.

3 Das Öl in einer Bratpfanne oder einem Wok erhitzen, Garnelen und Pilze hinzufügen und 1 Min. unter rühren braten. Die Kirschtomaten dazugeben und 1 weitere Min. braten, bis die Garnelen rosa werden und Pilze und Tomaten weich sind. Beiseitestellen und abkühlen lassen, dann zu den Nudeln geben.

4 Für das Dressing Ingwer, Mirin, Essig und Sojasauce verrühren. Dressing, Algen und Avocado zu den Nudeln und dem Gemüse geben und vorsichtig miteinander vermengen.

5 Auf vier Teller verteilen, Sesamsamen und gehackten Koriander darüberstreuen und servieren.

VARIANTE

Sobanudeln mit Tofu

250 g festen Tofu in 8 Würfel schneiden und in einer heißen Grillpfanne auf allen Seiten braun braten. Anstelle der Garnelen in Schritt 3 dazugeben, dann wie oben fortfahren.

Japanische Zutaten

Sobanudeln, Wakame-Algen, eingelegten Ingwer und Mirin, einen süßen Reiswein, der zum Kochen verwendet wird, finden Sie in den meisten Asialäden.

Orecchiette mit Räucherspeck

Leicht und schnell gekocht

für 4 Personen
Zub. 10 Min. • Garzeit 10 Min.

- 400 g Orecchiette
- 2 EL Olivenölplus Öl zum Beträufeln
- 180 g Räucherspeck, gehackt
- 2 Zucchini, gehackt
- 3 Knoblauchzehen, durchgepresst
- ½ – 1 TL Chiliflocken
- 180 g tiefgekühlte Erbsen
- Salz und Pfeffer
- 6 EL geriebener Pecorino oder Parmesan
- 3 EL gehackte glatte Petersilie

1 Die Nudeln in kochendem Salzwasser nach Packungsanweisung bissfest garen.

2 In der Zwischenzeit das Öl in einer großen Pfanne erhitzen, Speck hineingeben und hellgolden anbraten. Zucchini, Knoblauch, Chiliflocken und gefrorene Erbsen dazugeben und 2–3 Min. mitbraten, bis die Erbsen vollständig durchgewärmt sind.

3 Die gekochten Orecchiette abgießen und zum Gemüse in die Pfanne geben. Mit Salz und Pfeffer würzen und gut vermischen. Käse und Petersilie darüberstreuen und mit Olivenöl beträufelt servieren.

Penne primavera

Je nach Angebot können Sie verschiedene Frühlingsgemüse verwenden wie Erbsen, Zucchini oder Blumenkohl

für 4–6 Personen
Zub. 20 Min. • Garzeit 25 Min.

- 500 g Penne
- 350 g Brokkoliröschen
- 180 g grüner Spargel (nur die Spitzen verwenden)
- 125 g Zuckerschoten, Spitzen und Stielansätze entfernt
- 2 große Möhren, in feine Streifen geschnitten
- 2 EL gehacktes Basilikum oder Oregano

Vinaigrette

- 175 ml Olivenöl
- 6 EL Weinessig
- 1 EL Dijonsenf
- 1 Knoblauchzehe, fein gehackt
- Salz und Pfeffer

1 Die Nudeln in kochendem Salzwasser nach Packungsanweisung bissfest garen.

2 Inzwischen in einem zweiten Topf das Gemüse 5–6 Min. dämpfen, sodass es noch knackig ist. Gut abtropfen lassen, in eine große Schüssel geben und das Basilikum hinzufügen.

3 Für die Vinaigrette alle Zutaten in einer kleinen Schüssel verquirlen und über Gemüse und Kräuter geben. Die Penne gut abtropfen lassen, hinzufügen und vorsichtig vermengen.

Dazu passt warmes, knuspriges Knoblauchbaguette.

VARIANTE

Cremige Pasta primavera

Gemüse und Nudeln statt mit der Vinaigrette mit 200 g Crème fraîche und 1 TL körnigem Senf verrühren und servieren.

Spaghetti mare e monti

Der Name sagt es: Hier treffen sich Zutaten aus dem Meer und aus den Bergen

für 4 Personen
Zub. 15 Min. + Wartezeit • Garzeit 15 Min.
fettarm

- 15 g getrocknete Steinpilze
- 6 reife Fleischtomaten
- 2 EL natives Olivenöl extra
- 150 g kleine Champignons
- 2 Knoblauchzehen, fein gehackt
- 1 Lorbeerblatt
- 150 ml Weißwein
- 250 g gekochte Tigergarnelen, Tiefkühlware aufgetaut
- Salz und Pfeffer
- 400 g Spaghetti

1 Die Steinpilze abspülen, in einer Schüssel mit 150 ml kochendem Wasser übergießen und 30 Min. einweichen. Dann durch ein Sieb abgießen, das Einweichwasser auffangen und beiseitestellen. Die Steinpilze hacken.

2 In der Zwischenzeit die Tomaten in eine hitzebeständige Schüssel legen. Mit einem scharfen Messer einritzen, dann mit kochendem Wasser bedecken. Nach 30 Sekunden abgießen, enthäuten, von den Samen befreien und grob hacken.

3 Das Öl in einer großen Pfanne erhitzen, Steinpilze und Champignons hinzufügen und unter Rühren goldbraun braten. Den Knoblauch dazugeben und 30 Sekunden mitbraten. Das Einweichwasser und das Lorbeerblatt hinzufügen und kräftig sprudelnd kochen, bis die Flüssigkeit sirupartig ist. Die Temperatur herunterschalten.

4 Wein und Tomaten dazugeben und 7–8 Min. köcheln lassen, bis die Flüssigkeit etwas reduziert ist und die Tomaten auseinanderfallen. Das Lorbeerblatt entfernen, die Garnelen hinzufügen und 1 Min. garen, bis sie vollständig durchgewärmt sind. Mit Salz und Pfeffer abschmecken.

5 In der Zwischenzeit die Spaghetti in einem großen Topf mit kochendem Salzwasser nach Packungsanweisung bissfest garen. In ein großes Sieb abgießen, dann zurück in den Topf geben. Mit der Sauce vermischen und sofort servieren.

Knusprige Reisnudeln mit Rindfleisch

Gut kombiniert mit Spargel und asiatischen Aromen

für 4 Personen

Zub. 20 Min. • Garzeit 15 Min.

- Erdnussöl zum Frittieren
- 150 g dünne Reisnudeln
- 2 EL Austernsauce
- 3 EL dunkle Sojasauce
- 1 EL brauner Zucker
- 350 g Rindersteak, in Streifen
- 2 Knoblauchzehen, in dünne Scheiben geschnitten
- 1 TL geriebener frischer Ingwer
- 12 dünne Stangen grüner Spargel, in 2,5 cm lange Stücke geschnitten
- 6 Frühlingszwiebeln, in 2,5 cm lange Stücke geschnitten
- geröstetes Sesamöl
- 2 EL geröstete Cashewnusskerne, gehackt

1 In einem großen Topf 5 cm Öl auf 190 °C erhitzen. Die Nudeln in kurze Stücke schneiden und portionsweise kurz frittieren, bis sie weiß und knusprig sind. Auf Küchenpapier abtropfen lassen und warm stellen.

2 Austernsauce, Sojasauce, Zucker und 1 EL Wasser verrühren. Im Wok 2 EL Öl erhitzen, das Fleisch darin 2 Min. unter ständigem Rühren braun braten. Herausnehmen.

3 Noch etwas Öl in den Wok geben und Knoblauch und Ingwer darin 30 Sek. anbraten. Gemüse dazugeben und 2 Min. unter Rühren braten, dann die Sauce und das Fleisch hinzufügen. 1 Min. garen, mit Sesamöl beträufeln.

4 Gemüse und Fleisch auf den Nudeln anrichten, mit Cashews bestreut servieren.

Fideuà

Spanisches Nudelgericht mit vielen köstlichen Meeresfrüchten

für 4 Personen
Zub. 15 Min. • Garzeit 25 Min.
fettarm

- 1 Prise Safranfäden
- 750 ml Fischfond, erhitzt
- 2–3 EL Olivenöl
- 1 Zwiebel, fein gehackt
- 2 Knoblauchzehen, durchgepresst
- 3 reife Tomaten, gehäutet, entkernt und gehackt
- 1 TL edelsüßes Paprikapulver
- 300 g Spaghetti oder Linguine, in 5 cm lange Stücke gebrochen
- 225 g rohe Garnelen, geschält, Därme entfernt
- 8 kleine Jakobsmuscheln, halbiert
- 12 Venus- oder Miesmuscheln
- 225 g fester weißer Fisch wie Kabeljau, Schellfisch oder Seeteufel, in 2 cm große Stücke geschnitten
- 150 g tiefgekühlte Erbsen
- Salz und Pfeffer
- 2 EL gehackte frische Petersilie

1 Die Safranfäden in 2 EL heißem Fischfond in einer kleinen Schüssel einweichen und beiseitestellen.

2 In einer großen Brat- oder Paellapfanne bei mittlerer Temperatur das Öl erhitzen. Zwiebel und Knoblauch hineingeben und unter häufigem Rühren in 5–8 Min. weich und glasig braten. Tomaten und Paprikapulver hinzugeben und weitere 5 Min. garen. Den Safran mit der Einweichflüssigkeit und die Hälfte des restlichen Fonds hinzufügen und aufkochen.

3 Die Spaghetti dazugeben und bei reduzierter Temperatur unter gelegentlichem Rühren ohne Deckel 5 Min. köcheln lassen. Garnelen, Jakobsmuscheln, Venus- oder Miesmuscheln, Fisch und Erbsen hinzufügen und weitere 5 Min. köcheln lassen, bis Pasta und Fisch gar sind. Falls die Mischung zu trocken wird, noch etwas Fond angießen. Mit Salz und Pfeffer abschmecken, mit Petersilie bestreuen und heiß aus der Pfanne servieren.

Dazu passen Aioli und knuspriges Brot zum Auftunken der Sauce.

Tagliatelle all'amatriciana

Herzhafter Pancetta und fein gehackte Chilischote würzen die frische Tomatensauce

Für 4 Personen
Zub. 20 Min. • Garzeit 25 Min.

- 1 kg reife, aromatische Tomaten
- 2 EL natives Olivenöl extra
- 125 g Pancetta oder durchwachsener Speck, gewürfelt
- 1 Zwiebel, fein gehackt
- 1 Stange Sellerie, fein gehackt
- 2 Knoblauchzehen, durchgepresst
- 1 scharfe rote Chilischote, Samen entfernt, fein gehackt
- Salz und Pfeffer
- 600 g frische oder 400 g getrocknete Tagliatelle

1 Die Tomaten in eine hitzebeständige Schüssel legen. Mit einem scharfen Messer einritzen, dann mit kochendem Wasser übergießen. 30 Sek. stehen lassen, abgießen, häuten, Samen entfernen, grob hacken.

2 Das Öl in einem schweren Topf erhitzen, Pancetta hineingeben und bei mittlerer Temperatur 2–3 Min. anbraten. Mit einem Schaumlöffel herausnehmen und auf Küchenpapier abtropfen lassen.

3 Die Temperatur reduzieren. Zwiebel und Sellerie in die Pfanne geben und 5–6 Min. anschwitzen. Knoblauch und Chili einrühren und 1 Min. mitbraten, dann die gehackten Tomaten hinzugeben und mit Salz und Pfeffer abschmecken. Unter gelegentlichem Rühren 15 Min. köcheln lassen, bis die Sauce dickflüssig ist.

4 In der Zwischenzeit für die Nudeln Wasser in einen großen Topf geben, salzen und aufkochen. Die Nudeln hineingeben, umrühren und bissfest kochen: 1–2 Min. für frische Nudeln, nach Packungsanweisung für getrocknete. In ein großes Sieb abgießen.

5 Die Pasta zurück in den Topf geben, den Speck hinzufügen und die Sauce darübergießen. Vorsichtig mischen, mit Salz und Pfeffer abschmecken und servieren.

Tomaten

Wenn Sie keine reifen, aromatischen Tomaten finden, nehmen Sie stattdessen 2 Dosen (800 g) geschälte Tomaten. Kosten Sie die Sauce, wenn sie fertig ist, und schmecken Sie sie bei Bedarf mit 1 EL Tomatenmark ab.

Thailändische Nudelpfanne

Reisnudeln, Gemüse und Hähnchenfleisch, gewürzt mit Zitronengras und Ingwer

für 4 Personen
Zub. 20 Min. • Garzeit 15 Min.
fettarm

- 175 g dünne Reisnudeln
- 1 Stängel Zitronengras
- 3 EL Erdnuss- oder Pflanzenöl
- 3 Hähnchenbrustfilets, entbeint und ohne Haut, in Streifen geschnitten
- 1 Zwiebel, in Scheiben geschnitten
- 1 TL fein geriebener Ingwer
- 1 frische rote Chilischote, Samen entfernt, fein gehackt
- 1 orangefarbene Paprikaschote, Samen und Scheidewände entfernt, Fruchtfleisch in Streifen geschnitten
- 125 g Shiitakepilze, in Streifen geschnitten
- 2 Köpfe Pak choi, in feine Streifen geschnitten
- 2 EL helle Sojasauce
- 1 EL thailändische Fischsauce
- 1 TL süße Chilisauce

1 Die Nudeln in einer Schüssel mit kochendem Wasser nach Packungsangaben einweichen, dann abgießen und beiseitestellen. Das Zitronengras von den äußeren Blättern und dem holzigen Ende befreien und fein hacken.

2 Im Wok 2 EL Öl erhitzen, das Hähnchenfleisch hinzufügen und 2–3 Min. bei hoher Temperatur unter ständigem Rühren hellbraun braten. Herausnehmen und beiseitestellen.

3 Die Temperatur auf mittlere Stufe stellen, das restliche Öl in den Wok geben und die Zwiebel darin 2 Min. anbraten. Zitronengras, Ingwer, Chilischote, Paprikaschote und Pilze dazugeben und 2 Min. unter Rühren braten.

4 Den Pak choi hinzugeben und 2 Min. mitbraten, dann Hähnchenfleisch und Nudeln hinzufügen. Soja-, Fisch- und Chilisauce einrühren und für 2–3 Min. unter Rühren braten, bis alles dampfend heiß und das Hähnchen gar ist. Sofort servieren.

Hokkiennudeln mit Schweinefleisch Char siu

Char sui ist nach einem Rezept der kantonesischen Küche mariniertes und gegrilltes Schweinfleisch

für 4 Personen
Zub. 20 Min. + Wartezeit • Garzeit 10 Min.

- 50 g getrocknete chinesische Pilze wie Wolkenohren
- 2 EL Austernsauce
- 2 EL helle Sojasauce
- 1 TL flüssiger Honig
- 2 EL Erdnuss- oder Pflanzenöl
- 2 Knoblauchzehen, durchgepresst
- 2 TL fein geriebener frischer Ingwer
- 1 rote Paprikaschote, Stielansatz, Samen und Scheidewände entfernt, Fruchtfleisch in Streifen geschnitten
- 150 g Zuckerschoten, der Länge nach halbiert
- 500 g frische Hokkiennudeln (dicke Eiernudeln)
- 350 g Schweinefleisch Char siu, in feine Scheiben geschnitten

1 Die Pilze mit kochendem Wasser bedecken und 30 Min. stehen lassen. Abgießen und in dünne Streifen schneiden.

2 Für die Nudeln Wasser in einem Topf zum Kochen bringen. In einer kleinen Schüssel Austern-, Sojasauce und Honig vermischen.

3 Das Öl im Wok oder in einer großen Pfanne erhitzen, Knoblauch und Ingwer 30 Sekunden unter Rühren braten. Die Paprika dazugeben, braten und nach 3 Min. Zuckerschoten und Pilze hinzufügen und 1 Min. weiterrühren.

4 Die Nudeln ins sprudelnd kochende Wasser geben und 1 Min. weich kochen. In der Zwischenzeit das Fleisch in den Wok geben, die Sauce darübergießen und 1 Min. durchrühren, bis alles dampfend heiß ist. Die Nudeln abgießen, mit Fleisch und Gemüse vermischen und sofort servieren.

Schweinefleisch Char siu

1 kg durchwachsenen Schweinebraten mit einer Marinade aus 2 EL Hoisin-Sauce, 2 EL Gelbe-Bohnen-Paste, 4 EL Sojasauce, 6 EL Zucker, 1 EL Reiswein und 1 TL Pökelsalz einpinseln und 4 Std. durchziehen lassen. Im Backofen oder auf dem Holzkohlengrill garen, den fertigen Braten sofort mit 2 EL Honig bestreichen.

Spaghetti alla puttanesca

Dieses scharfe Gericht ist in Italien sehr beliebt

für 4 Personen
Zub. 15 Min. • Garzeit 25 Min.

- 4 EL natives Olivenöl extra
- 2 Knoblauchzehen, fein gehackt
- ½ frische rote Chilischote, Samen entfernt, fein gehackt
- 6 eingelegte Sardellen, abgetropft und fein gehackt
- 125 g schwarze Oliven, entsteint und gehackt
- 1–2 EL Kapern, abgespült und abgetropft
- 500 g Tomaten, gehäutet, entkernt und gehackt
- 400 g Spaghetti
- Salz
- Petersilie, gehackt, zum Servieren
- Parmesan zum Servieren

1 Das Öl in einem Topf erhitzen, Knoblauch und Chili hinzugeben und 2 Min. dünsten, bis der Knoblauch etwas Farbe bekommt. Die übrigen Saucenzutaten einrühren, dabei die Sardellen zu einer Paste zerdrücken.

2 Die Temperatur reduzieren und die Sauce ohne Deckel unter häufigem Rühren 10–15 Min. köcheln lassen, bis sie dickflüssig ist.

3 Für die Spaghetti Wasser in einen großen Topf geben, salzen und aufkochen. Die Nudeln hineingeben, umrühren und nach Packungsanweisung bissfest kochen. In ein großes Sieb abgießen.

4 Die Spaghetti mit der Sauce vermischen, Petersilie und Parmesan darüberstreuen und servieren.

Dazu passen ein Salat aus jungen Spinatblättern und knuspriges Brot.

VARIANTE

Spaghetti all'arrabiata

Wie oben, aber ohne Oliven, Kapern und Sardellen. Verwenden Sie statt ½ frischen roten Chilischote 1 ganze und ersetzen Sie die Petersilie durch dieselbe Menge Basilikumblätter.

Vietnamesischer Nudelsalat mit Rindfleisch

Grüne, unreife Papayas sind Bestandteil vieler Salate aus Südostasien

für 4 Personen
Zub. 20 Min. + Wartezeit
• Garzeit 8 Min.

- 350 g Rinderfilet oder dickes Rumpsteak
- 200 g dünne Reisnudeln
- 250 g grüne Papaya, geschält, entkernt und in feine Streifen geschnitten oder grob geraspelt
- 4 EL geröstete, ungesalzene Erdnusskerne, grob gehackt

Dressing

- 1 TL Zitronengraspüree
- 1 TL fein geriebener frischer Ingwer
- 2 EL gehacktes Koriandergrün
- 2 EL vietnamesische Nuoc Mam oder thailändische Fischsauce
- 2 EL gehackte Minze
- Saft von 2 Limetten
- 1 TL brauner Zucker
- 2 frische rote Chilischoten, Samen entfernt, fein gehackt

Vorbereitung Das Fleisch mehrere Stunden zuvor grillen und erst kurz vor dem Anrichten aufschneiden.

1 Den Grill auf hoher Temperatur vorheizen. Das Fleisch vom Fett befreien und auf jeder Seite 3–4 Min. grillen, bis es außen gebräunt und innen noch rosa ist. Vor dem Aufschneiden mindestens 15 Min. ruhen lassen.

2 Die Nudeln in einer Schüssel mit kochendem Wasser übergießen. Wenn sie weich sind, durch ein Sieb abgießen und mit kaltem Wasser abspülen, dann mit der Küchenschere in kürzere Stücke schneiden, beiseitestellen.

3 Für das Dressing Zitronengraspüree, Ingwer, Koriander, Fischsauce, Minze, Limettensaft, Zucker und Chilischoten verrühren.

4 Nudeln, Papaya und Fleisch auf einer Servierplatte anrichten und das Dressing darübergeben. Leicht vermischen und vor dem Servieren mit den Erdnusskernen bestreuen.

Lasagne al forno

Teigblätter, die nicht vorgekocht werden müssen, erleichtern die Zubereitung

für 4 Personen

Zub. 25 Min. • Garzeit 1 Std. 35 Min.

flache, ofenfeste Form, etwa 20 x 30 cm groß

- 1 EL Olivenöl
- 1 große Zwiebel, gehackt
- 2 Stangen Sellerie, gehackt
- 2 kleine Möhren, gehackt
- 50 g Pancetta oder durchwachsener Speck, gewürfelt
- 500 g Rinderhackfleisch
- 1 Dose Tomatenstücke (400 g)
- 1 TL getrockneter Oregano
- 50 g Butter plus Butter zum Einfetten
- 50 g Mehl
- 600 ml Milch
- Salz und Pfeffer
- 150 g Ricotta
- 12 Lasagneblätter
- 50 g Parmesan, gerieben

1 Für die Fleischsauce das Öl in einem Topf erhitzen, Zwiebel, Sellerie, Möhren und Pancetta hineingeben und in 5 Min. anbräunen. Das Hackfleisch hinzugeben und ebenfalls anbraten, mit dem Löffelrücken zerbröseln. Tomaten, Oregano und 150 ml Wasser einrühren und aufkochen, dann die Temperatur reduzieren und die Sauce 40 Min. köcheln lassen.

2 In der Zwischenzeit für die Béchamelsauce die Butter in einem kleinen Topf zerlassen und das Mehl einrühren. Etwa 1 Min. bei niedriger Temperatur anschwitzen, dann vom Herd nehmen und nach und nach die Milch einrühren. Wieder auf den Herd stellen und unter ständigem Rühren kochen, bis die Sauce dick wird. Mit Salz und Pfeffer abschmecken, dann den Ricotta untermischen.

3 Den Backofen auf 190 °C vorheizen. Etwas Béchamelsauce auf dem Boden der eingefetteten Form verteilen und eine Schicht Lasagneblätter darauflegen. Die Nudeln mit einem Drittel der Fleischsauce bestreichen. 1 oder 2 Löffel Béchamelsauce darüber träufeln und mit Lasagneblättern bedecken.

4 Wiederholen, bis Blätter und Sauce verbraucht sind, und mit einer dicken Schicht Béchamelsauce abschließen. Die Oberfläche mit Parmesan bestreuen und die Lasagne 45 Min. backen, bis sie Lasagne dampfend heiß ist und die Sauce an den Rändern Blasen wirft.

VARIANTE

Vegetarische Lasagne

Ersetzen Sie die Fleischsauce durch eine Ratatouille: 1 gehackte Zwiebel und 2 gehackte Selleriestangen in 2 EL Olivenöl anbraten. 2 in Scheiben geschnittene Zucchini, 1 rote entkernte und gehackte Paprika und 1 kleine, gewürfelte Aubergine hinzufügen und 20 Min. dünsten, bis sie weich sind und Farbe annehmen. 2 EL Tomatenmark, 1 Dose (400 g) Tomatenstücke, 1 Brühwürfel und 200 ml Wasser einrühren. Aufkochen, Temperatur herunterschalten, Deckel auflegen und 20 Min. köcheln lassen.

Pasta alla carbonara

Mit Eiern und Pancetta

für 4–6 Personen

Zub. 10 Min. • Garzeit 10 Min.

- 400 g Tagliatelle, Spaghetti oder Linguine
- 4 EL Olivenöl
- 180 g Pancetta oder luftgetrockneter Speck, ohne Schwarte, fein gewürfelt
- 2 Knoblauchzehen, durchgepresst
- 5 große Eier
- 80 g Parmesan, gerieben, plus Parmesan zum Bestreuen
- 80 g Pecorino, gerieben, plus Pecorino zum Bestreuen
- Salz und Pfeffer
- Thymianzweige zum Garnieren

1 Für die Nudeln Wasser in einen großen Topf geben, salzen und aufkochen. Die Nudeln hineingeben, umrühren und nach Packungsanweisung bissfest kochen.

2 In der Zwischenzeit die Hälfte des Öls in einer großen Pfanne bei mittlerer Temperatur erhitzen. Pancetta und Knoblauch hineingeben und unter Rühren 5–8 Min. braten, bis der Speck knusprig ist.

3 Eier und Käse in einer Schüssel verquirlen und mit Pfeffer abschmecken. Die Nudeln in ein Sieb abgießen und zurück in den Topf geben. Eier, Pancetta und das restliche Öl untermischen. Mit Käse bestreuen und mit Thymianzweigen garnieren. Heiß servieren.

Pad thai

Das thailändische Nationalgericht wird oft in ein dünnes Omelett gerollt serviert

für 4 Personen
Zub. 20 Min. • Garzeit 10 Min.

- 2 EL gehacktes Koriandergrün
- 1 scharfe rote Chilischote, Samen entfernt, fein gehackt
- 4 EL Pflanzenöl
- 250 g rohe Tigergarnelen, geschält, Därme entfernt
- 4 Schalotten, fein gehackt
- 1 EL Zucker
- 4 große Eier, verquirlt
- 2 EL Austernsauce
- 1 EL thailändische Fischsauce
- Saft von 1 Limette
- 350 g flache Reisnudeln, nach Packungsanweisung gekocht
- 250 g Bohnensprossen
- 4 Frühlingszwiebeln, in Ringen
- 125 g ungesalzene, geröstete Erdnusskerne, grob gehackt
- 1 Limette, geviertelt, zum Servieren

1 Koriander, Chili und Pflanzenöl verrühren. Die Hälfte davon im Wok erhitzen, die Garnelen zugeben und 1 Min. unter Rühren braten. Herausnehmen und beiseitestellen.

2 Das restliche Öl in den Wok geben, die Schalotten hinzufügen und 1 Min. unter Rühren braten. Zucker und Eier dazugeben und 1 Min. mitbraten, dabei die Eier gut durchrühren.

3 Austernsauce, Fischsauce, Limettensaft, Nudeln und Bohnensprossen einrühren und die Garnelen dazugeben. 2 Min. unter Rühren braten, dann die Frühlingszwiebeln und die Hälfte der Erdnusskerne beifügen. Weitere 1–2 Min. rühren, bis alles dampfend heiß ist.

4 Auf vier Schalen verteilen, mit den restlichen Erdnusskerne bestreuen und mit Limettenvierteln servieren.

Dazu passt ein frischer Salat aus Bohnensprossen und geraspelten Möhren, mit Limettensaft angemacht.

Mediterrane Lasagne

Eine vegetarische Variante mit saftigen Auberginen

für 4 Personen
Zub. 20 Min. • Garzeit 1 Std. 10 Min.
flache, ofenfeste Form, etwa 15 x 20 cm

- 6 kleine Auberginen, der Länge nach halbiert
- 1 rote Paprikaschote, Stielansatz, Samen und Scheidewände entfernt, Fruchtfleisch in Streifen geschnitten
- 2 große Champignons, in Stücke geschnitten
- Salz und Pfeffer
- 375 g frische Lasagneblätter
- Öl zum Einfetten
- 500 ml Tomatensauce (s. S. 188)
- 350 g Mozzarella, in dünne Scheiben geschnitten
- 225 g Ricotta
- 4 EL geriebener Parmesan

Vorbereitung Die Lasagne kann bis zu 24 Std. im Voraus zubereitet und kühl gestellt werden. Die Backzeit verlängert sich in diesem Fall um 10–15 Min.

1 Den Backofengrill auf höchster Stufe vorheizen. Auberginen, Paprika und Pilze 5–10 Min. grillen, bis sie weich sind, salzen und pfeffern. Den Backofen auf 190 °C vorheizen.

2 Die Lasagneblätter kurz in eine Schüssel mit lauwarmem Wasser legen, dann abtropfen lassen. Die Form einölen und eine Kelle Tomatensauce hineingeben. Mit einer Schicht Nudeln, Gemüse und einer weiteren Kelle Sauce bedecken, dann Mozzarella und Ricotta darüberstreuen. Wiederholen, bis alles aufgebraucht ist, und mit einer Schicht Sauce und etwas Gemüse abschließen. Die Oberfläche mit Parmesan bestreuen.

3 Die Form mit eingeölter Alufolie abdecken, gut verschließen, damit die Lasagne beim Backen nicht austrocknet. Für 30–40 Min. in den Backofen schieben.

4 Die Folie entfernen und weitere 15 Min. backen, bis die Oberfläche goldbraun ist und die Sauce an den Rändern Blasen wirft. Vor dem Servieren 10 Min. ruhen lassen.

Dazu passen Knoblauchbrot und grüner Salat.

Nudelpfanne mit Hähnchen

Auf dem Konstrast von Aromen und Texturen basiert dieser Klassiker der chinesischen Küche

für 4 Personen
Zub. 20 Min. • Garzeit 10 Min.
Wok

- Pflanzenöl zum Frittieren
- 2 Hähnchenbrustfilets, entbeint und ohne Haut, in Würfel geschnitten
- je ½ rote, grüne und gelbe Paprikaschote, Stielansatz, Samen und Scheidewände entfernt, Fruchtfleisch gehackt
- 2,5 cm frischer Ingwer, geschält und gerieben
- 125 g Shiitakepilze, geviertelt
- 125 ml Hühnerbrühe
- 2 EL Tomatenketchup
- 2 EL helle Sojasauce
- 1 TL Maisstärke
- 350 g frische Eiernudeln
- einige Tropfen geröstetes Sesamöl
- 2 EL Sesamsamen zum Garnieren

1 Im Wok 1 EL Pflanzenöl erhitzen, das Hähnchen hineingeben und 3 Min. unter Rühren braten. Herausnehmen und beiseitestellen.

2 Paprika, Ingwer und Pilze in den Wok geben und 3 Min. unter Rühren braten.

3 Hühnerbrühe, Ketchup, Sojasauce und Maisstärke in einer Schüssel glatt rühren. Das Hähnchenfleisch zurück in den Wok geben, die Nudeln hinzufügen und die Brühemischung darübergießen. 3 Min. unter Rühren garen, bis alles dampfend heiß ist.

4 Unmittelbar vor dem Servieren mit einigen Tropfen Sesamöl beträufeln und mit den Sesamsamen bestreuen.

VARIANTE

Nudelpfanne mit Gemüse

In Schritt 2 mit dem Ingwer 125 g zarten Broccoli und 1 in Scheiben geschnittene gelbe Zucchini anbraten. In Schritt 3 zusammen mit den Nudeln 4 halbierte Kirschtomaten in den Wok geben (nicht vorher, damit sie nicht auseinanderfallen). Auch in Scheiben geschnittene Zwiebeln passen gut.

Spaghetti mit Venusmuscheln

Dieses schlichte Gericht lässt das frische, salzige Aroma der Venusmuscheln wunderbar hervortreten

für 4 Personen
Zub. 20 Min. • Garzeit 15 Min.

- 1 kg frische Venusmuscheln
- 20 g Butter
- 5 EL Olivenöl
- 2 Knoblauchzehen, grob gehackt
- 125 g frische Semmelbrösel
- Salz und Pfeffer
- 350 g Spaghetti
- ½ TL zerdrückte rote Chilischoten
- 75 ml trockener Weißwein
- 1 EL natives Olivenöl extra
- 2 EL geriebener Parmesan
- 4 EL gehackte Petersilie

1 Die Muscheln unter fließendem Wasser waschen und abbürsten; alle wegwerfen, die beim Klopfen auf die Schale nicht geschlossen bleiben.

2 Die Butter mit 2 EL Olivenöl in einer Pfanne erhitzen, die Hälfte des Knoblauchs und die Semmelbrösel hinzufügen und unter Rühren 2 Min. goldbraun braten. Vom Herd nehmen, salzen und pfeffern.

3 Die Nudeln in einem großen Topf in kochendem Salzwasser nach Packungsanweisung bissfest kochen. In ein großes Sieb abgießen.

4 Das restliche Öl in einem großen Topf erhitzen, den restlichen Knoblauch und Chilischote hinzufügen und bei mäßiger Hitze 1 Min. unter Rühren anbraten. Den Wein zugießen, mit Salz und Pfeffer würzen, aufkochen und die Muscheln hinzufügen. Abgedeckt bei hoher Temperatur 4–5 Min. kochen, gelegentlich rütteln, bis die Muscheln sich öffnen.

5 Die Muscheln mit einem Schaumlöffel herausnehmen, dann die Flüssigkeit auf die Hälfte reduzieren.

6 Die Muscheln mit den Spaghetti zurück in den Topf geben, vorsichtig vermischen, mit Öl beträufeln und mit Knoblauch-Semmelbröseln, geriebenem Parmesan und gehackter Petersilie bestreut servieren.

Hähnchenpilaw

Alles aus einem Topf: Hähnchen, Reis und Kichererbsen

für 4 Personen
Zub. 20 Min. • Garzeit 35 Min.
fettarm

1 Prise Safranfäden
2 TL Pflanzenöl
6 Hähnchenoberschenkel, entbeint und ohne Haut, gewürfelt
2 TL gemahlene Koriandersamen
1 TL gemahlener Kreuzkümmel
1 Zwiebel, in Scheiben geschnitten
1 rote Paprikaschote, Stielansatz, Samen und Scheidewände entfernt, Fruchtfleisch gehackt
2 Knoblauchzehen, durchgepresst
225 g Langkornreis
750 ml heiße Hühnerbrühe
2 Lorbeerblätter
1 Dose Kichererbsen (400 g), abgespült und abgetropft
50 g Sultaninen
50 g Mandelblättchen, geröstet
3 EL gehackte glatte Petersilie

1 Die Safranfäden in einer kleinen Schüssel in 2 EL kochendem Wasser etwa 10 Min. einweichen.

2 Inzwischen in einem großen Topf die Hälfte des Öls erhitzen. Hähnchen, Koriander und Kreuzkümmel hineingeben und 3 Min. unter häufigem Umrühren bei mittlerer Temperatur anbraten. Aus dem Topf nehmen und beiseitestellen. Die Temperatur reduzieren und das restliche Öl in den Topf geben. Zwiebel, Paprika und Knoblauch hinzufügen und 5 Min. garen.

3 Den Reis einrühren, das Fleisch zurück in den Topf geben und etwa drei Viertel der Brühe angießen. Die Lorbeerblätter und den Safran samt Einweichwasser hinzufügen und aufkochen. Etwa 15 Min. köcheln lassen, bis der Reis fast gar ist, bei Bedarf mehr Brühe dazugeben. Kichererbsen und Sultaninen einrühren und garen, bis der Reis fertig ist. Auf eine warme Servierplatte geben und heiß, mit gerösteten Mandeln und gehackter Petersilie bestreut servieren.

Linsensalat mit Zitronen und Mandeln

Grüne Linsen in Verbindung mit den erfrischenden Aromen von Koriander und eingelegter Zitrone

für 4 Personen
Zub. 10 Min. + Wartezeit • Garzeit 15–20 Min.

400 g grüne Linsen
2 eingelegte Zitronen, abgespült, die Schale gewürfelt
2 EL gehacktes Koriandergrün
2 Frühlingszwiebeln, in dünne Ringe geschnitten
3 EL Rotweinessig
100 ml natives Olivenöl extra
Salz und Pfeffer
4 EL Mandelblättchen, geröstet
Koriandergrün zum Servieren

1 Für die Linsen Wasser in einen großen Topf füllen und aufkochen. Die Linsen hineingeben, Temperatur herunterschalten und bei aufgelegtem Deckel 15–20 Min. köcheln lassen, bis sie gerade weich sind. Abgießen, kurz mit kaltem Wasser abspülen und gut abtropfen lassen.

2 Die Linsen in eine große Schüssel geben und mit der gewürfelten Zitronenschale, gehacktem Koriander und der Hälfte der Frühlingszwiebeln vermengen. Essig und Öl sowie Salz und Pfeffer nach Geschmack hinzufügen und alles gut unterheben.

3 Den Salat abdecken und 20 Min. durchziehen lassen, damit sich die Aromen entfalten.

4 Die Mandeln mit den restlichen Frühlingszwiebeln und dem Koriandergrün mischen, über den Salat streuen und servieren.

Dazu passt gegrilltes Hähnchen, Lammkotelett oder weißer Fisch, etwa Kabeljau oder Seeteufel.

Eingelegte Zitronen

Unbehandelte Zitronen werden mit grobem Meersalz und Gewürzen in Gläser geschichtet und müssen dann mindestens 3 Monate durchziehen. Verwendet wird nur die Schale. Wer sie nicht selbst einlegen will, findet gebrauchsfertige in arabischen Lebensmittelläden.

Paella marinera

Das spanische Reisgericht vereint in dieser Version Fisch und Meeresfrüchte

für 4 Personen
Zub. 10 Min. • Garzeit 30 Min.
auf die Muscheln klopfen, nicht schließende wegwerfen

- 1,2 l heißer Fischfond
- 1 große Prise Safranfäden
- 2 EL Olivenöl
- 1 Zwiebel, fein gehackt
- 2 Knoblauchzehen, durchgepresst
- 2 große Tomaten, enthäutet und gewürfelt
- 12 Riesengarnelen, geschält, Därme entfernt
- 225 g Tintenfische, in Ringen
- 400 g Paellareis
- 100 g Erbsen
- 4 Kaisergranate
- 12–16 Miesmuscheln, geputzt
- 1 EL gehackte Petersilie zum Garnieren

1 Die Safranfäden in etwas heißem Fischfond einweichen. Das Öl in einer Paella- oder Bratpfanne erhitzen, Zwiebel und Knoblauch darin anbraten. Die Tomaten 2 Min. mitgaren, dann Garnelen und Tintenfische hineingeben und 1–2 Min. garen, bis die Garnelen rosa werden.

2 Den Reis, die Safranflüssigkeit, Erbsen und 900 ml Fond einrühren. Ohne Deckel bei geringer Hitze 12–14 Min. köcheln lassen, bis die Flüssigkeit verdampft und der Reis gerade weich ist, dabei nicht umrühren. Bei Bedarf mehr Fond zugeben.

3 Inzwischen die Kaisergranate in 150 ml Fond 3–4 Min. garen, herausnehmen und warm halten. Die Muscheln in den Fond geben, Deckel auflegen und 2–3 Min. bei hoher Temperatur kochen, bis sie sich geöffnet haben. Mit dem Schaumlöffel aus dem Topf nehmen, geschlossene Muscheln wegwerfen.

4 Acht Muschlen beiseitelegen, die übrigen aus der Schale lösen und unter die Paella rühren. Die restlichen Muscheln und die Kaisergranate auf der Paella anrichten und mit Petersilie garnieren.

Hoppin' John

Ein traditionelles Neujahrsgericht aus den Südstaaten der USA

Für 4 Personen
Zub. 12 Min. • Garzeit 3–3½ Std.
Hitzebeständiger Topf mit fest schließendem Deckel

- 1 gepökelte, geräucherte Schweinehachse von etwa 1 kg
- 1 frisches Bouquet garni aus Sellerie, Thymianzweigen und 1 Lorbeerblatt
- 2 große Zwiebeln, gehackt
- 1 getrocknete rote Chilischote, Samen entfernt, gehackt (nach Belieben)
- 1 EL Erdnuss- oder Sonnenblumenöl
- 200 g Langkornreis
- 2 Dosen Augenbohnen (800 g), abgegossen und abgespült
- Salz und Pfeffer
- Chilisauce zum Servieren

Vorbereitung Schritt 1 kann am Vortag erledigt werden. Das Fleisch kühl stellen.

1 Die Schweinehachse in einem Topf mit kaltem Wasser bedecken und dieses langsam zum Kochen bringen, dabei den Schaum von der Oberfläche abschöpfen. Die Temperatur reduzieren und das Bouquet garni, die Hälfte der Zwiebeln und die Chilischote hinzugeben. Abgedeckt für 2½ –3 Std. köcheln lassen, bis das Fleisch beim Einstechen mit einer Messerspitze sehr weich ist.

2 Das Kochwasser durch ein Sieb in eine große, hitzebeständige Schüssel abgießen. Das Fleisch beiseitestellen und abkühlen lassen.

3 Das Öl in einem ofenfesten Topf bei mittlerer Temperatur erhitzen. Die restliche Zwiebel hineingeben und 5 Min. braten, bis sie weich, aber nicht braun ist, gelegentlich umrühren. Den Reis einrühren.

4 450 ml des Kochwassers und die Bohnen dazugeben. Mit Salz und Pfeffer abschmecken. Zum Kochen bringen, dann auf niedrige Temperatur schalten, Deckel fest auflegen und 20 Min. köcheln lassen, dabei den Deckel nicht abnehmen.

5 In der Zwischenzeit das Fleisch vom Knochen schneiden und in große Stücke teilen.

6 Den Topf vom Herd nehmen und 5 Min. stehen lassen, ohne den Deckel abzunehmen. Mit einer Gabel das Fleisch untermischen und mit einer Flasche scharfer Chilisauce servieren.

VARIANTE

Spicy Hoppin' John

Für noch mehr Würze 1 gute Prise kreolisches oder Cajun-Gewürz in Schritt 4 dazugeben. Zusätzlich mit 1 Dose Tomatenstücke (400 g) das Gericht verlängern.

Couscous royal

Ein reich gewürztes marokkanisches Festessen

- für 6 Personen
- Zub. 10 Min. • Garzeit 1 Std. 20 Min.
- großer Topf
- tiefgekühlt 1 Mon. haltbar

2 EL Olivenöl

500 g magere Lammkeule, in Würfel geschnitten

6 Hähnchenkeulen

1 große rote Zwiebel, in Scheiben geschnitten

2 Knoblauchzehen, fein gehackt

1 rote Paprikaschote, Stielansatz, Samen und Scheidewände entfernt, Fruchtfleisch gewürfelt

1 Aubergine, gewürfelt

4 TL Harissa-Paste

1 EL Paprikapulver

1 TL gemahlene Kurkuma

2 Zucchini, in Scheiben geschnitten

200 ml Hühnerbrühe

1 Dose Kichererbsen (400 g), abgetropft

1 Dose Tomatenstücke (400 g)

175 g Chorizo oder Merguez-Würstchen, in dicke Scheiben geschnitten

Salz und Pfeffer

1 großer Zweig frischer Thymian

1 Lorbeerblatt

500 g Couscous, nach Packungsanweisung zubereitet und warm gestellt

Koriandergrün, gehackt, zum Garnieren

1 Das Öl in einem großen Topf erhitzen und darin portionsweise Lamm und Hähnchen braun anbraten, dabei gelegentlich wenden. Aus dem Topf nehmen und auf Küchenpapier abtropfen lassen.

2 Zwiebel, Knoblauch, Paprika und Aubergine in den Topf geben und 3–4 Min. unter Rühren anbraten. Harissa, Paprikapulver und Kurkuma einrühren und 1 weitere Min. braten.

3 Das Fleisch, Zucchini, Hühnerbrühe, Kichererbsen, Tomaten und Wurst hinzufügen und mit Salz und Pfeffer abschmecken. Aufkochen, Thymian und Lorbeerblatt dazugeben, die Temperatur reduzieren und den Deckel fest auflegen. Bei niedriger Hitze 60 Min. köcheln lassen, bis das Fleisch zart ist.

4 Die Flüssigkeit durch ein Sieb in einen breiten Topf abgießen und kochen, bis sie leicht reduziert ist.

5 Fleisch und Gemüse mit dem gekochten Couscous vermischen. Die reduzierte Flüssigkeit darübergeben und vor dem Servieren mit gehacktem Koriander bestreuen.

Risotto mit Pilzen

Verwenden Sie echten italienischen Rundkornreis wie Arborio oder Carnaroli, damit der Risotto richtig cremig wird

- für 6 Personen
- Zub. 10 Min. • Garzeit 40 Min.

4 EL Sonnenblumenöl

1 Zwiebel, gehackt

400 g Arborio- oder Carnaroli-Reis

1,5 l Gemüsebrühe oder Wasser, köchelnd

50 g Butter, gewürfelt

500 g braune Champignons, in Scheiben geschnitten

50 g Parmesan, gerieben, plus einige Späne zum Garnieren

1 Das Öl in einem großen Topf mit dickem Boden bei mittlerer Temperatur erhitzen, die Zwiebel darin unter Rühren 5 Min. goldbraun braten. Den Reis einstreuen und 2 Min. unter Rühren anbraten. 120 ml Brühe angießen und rühren, bis die Flüssigkeit aufgesogen ist. Nach und nach die restliche Brühe kellenweise dazugeben und rühren, dabei darauf achten, dass die Flüssigkeit vollständig aufgesogen ist, bevor die nächste Kelle dazukommt. Es dauert etwa 20 Min., bis der Reis gar, aber noch bissfest ist.

2 In der Zwischenzeit die Butter in einer Pfanne bei mittlerer Temperatur zerlassen. Die Champignons darin unter häufigem Rühren 10 Min. braten, bis sie gebräunt sind und ihre Flüssigkeit verdampft.

3 Die Champignons unter den Reis mischen und den Herd abschalten. Den Käse einrühren, dann abgedeckt 5 Min. ruhen lassen. Auf vorgewärmte Teller geben und mit Parmesanspänen garnieren.

Reste können zu Frikadellen geformt, mit Semmelbröseln paniert und in der Pfanne gebraten werden.

VARIANTE

Steinpilzrisotto

20 g getrocknete Steinpilze 20 Min. in heißem Wasser einweichen, dann das Wasser durch ein Sieb in eine Schüssel abgießen. Die Steinpilze statt der Champignons verwenden und das Einweichwasser anstelle der letzten Kelle Brühe einrühren.

Quinoa-Taboulé

Quinoa stammt aus Südamerika und wird auch Andenhirse oder Inkareis genannt

für 4 Personen
Zub. 10 Min. • Garzeit 20 Min.

- 200 g Quinoa
- ½ TL Salz
- Saft von 1 großen Zitrone
- 250 ml Olivenöl
- 1 große Gurke, geschält, entkernt und gehackt
- 1 große rote Zwiebel, gehackt
- 50 g Petersilie, gehackt
- 50 g Minze, gehackt
- 125 g Feta, zerkrümelt
- 100 g schwarze Oliven, entsteint
- Salz und Pfeffer

1 Quinoa in einem feinen Sieb gründlich abspülen. Abtropfen lassen und in einen schweren Topf geben. Erhitzen, dabei ständig rühren, bis sich die Körner voneinander trennen und braun werden.

2 600 ml Wasser und das Salz hinzugeben und unter Rühren aufkochen. Quinoa bei reduzierter Temperatur 15 Min. köcheln lassen, bis die Flüssigkeit aufgesogen ist. In einer Schüssel abkühlen lassen.

3 Für das Dressing Zitronensaft und 1 EL Öl in einer Tasse verrühren und beiseitestellen.

4 Das restliche Öl, Gurke, Zwiebel, Petersilie und Minze in eine große Schüssel geben. Quinoa und Dressing hinzufügen und alles gut mischen. Mit Feta und Oliven bestreuen und mit Salz und Pfeffer abschmecken.

Buchweizenpfanne mit Gemüse

Buchweizen ist lecker und gesund und kann in vielen Variationen ähnlich wie Risotto zubereitet werden

für 4 Personen
Zub. 10 Min. • Garzeit 40 Min.

- 2 EL Olivenöl
- 1 Zwiebel, fein gehackt
- 1 Möhre, fein gehackt
- 1 Knoblauchzehe, fein gehackt
- 2 Riesenchampignons, in Scheiben geschnitten
- 1 Stange Staudensellerie, gehackt
- 500 g Buchweizen
- 125 ml trockener Weißwein
- 1,2 l heiße Gemüsebrühe oder Wasser
- 1 Rote Bete, gedämpft oder im Ofen gebacken, gehackt
- 2 EL gehackte Petersilie
- 50 g Ziegenkäse, zerkrümelt

1 Das Öl in einem Topf erhitzen. Zwiebel, Möhre, Knoblauch, Champignons und Sellerie darin 8–10 Min. unter häufigem Rühren braun braten. Buchweizen hinzufügen und weitere 2–3 Min. unter Rühren braten. Den Wein dazugeben und rühren, bis er aufgesogen ist.

2 Nach und nach die Gemüsebrühe angießen, jeweils eine Schöpfkelle voll, dazwischen rühren, bis die Flüssigkeit absorbiert ist. Etwa 20 Min. kochen, bis der Buchweizen weich und saftig ist.

3 Die gehackte Rote Bete untermischen und den Topf vom Herd nehmen. Mit Petersilie und Ziegenkäse bestreut servieren.

Dazu passt knuspriges Brot.

Grüne Linsen mit Thymian und Ziegenkäse

Die besten grünen Linsen kommen aus Le Puy im französischen Zentralmassiv

für 4 Personen
Zub. 10 Min. • Garzeit 30 Min.

- 350 g grüne Linsen, abgespült
- 1 Möhre, geschält und gewürfelt
- 1 Schalotte oder kleine Zwiebel, fein gehackt
- 2 Zweige Thymian
- 1 Lorbeerblatt
- 175 g schwarze Oliven, entsteint und gehackt
- 100 g Ziegenkäse ohne Rinde, zerkrümelt
- 2 EL bestes Olivenöl
- Salz und Pfeffer

Vorbereitung Sie können Schritt 1 im Voraus erledigen und später die Linsen vorsichtig aufwärmen oder das ganze Gericht fertig zubereiten und kalt als Salat servieren.

1 In einen großen Topf 1,2 l Wasser geben, Linsen, Möhren, Schalotte, Thymian und Lorbeerblatt hinzufügen und 15–20 Min. köcheln lassen, bis die Linsen weich sind.

2 Abgießen, Gemüse in eine Servierschüssel geben und Lorbeerblatt und Thymian entfernen. Oliven, Ziegenkäse und Öl unterheben, alles mit Salz und Pfeffer abschmecken und warm servieren.

Dazu passen gegrillte würzige Würstchen, Lamm- oder Schweinekoteletts oder für Vegetarier ein gemischter grüner Salat.

VARIANTE

Balsamico-Linsen

Schritt 1 wie oben zubereiten. Die Linsen abtropfen lassen und mit 2 EL Balsamico-Essig und Olivenöl vermischen und mit Salz und Pfeffer abschmecken. Vor dem Servieren gehackte Petersilie unterrühren.

Kedgeree

Traditionell bereitet man dieses anglo-indische Gericht zum Brunch und nur mit geräuchertem Schellfisch zu, hier gibt jedoch Lachsfilet zusätzlich Farbe und Geschmack

für 4 Personen
Zub. 20 Min. • Garzeit 20 Min.

- 300 g ungefärbter, geräucherter Schellfisch (s. S. 151)
- 300 g Lachsfilet
- 200 g Basmatireis
- 1 Prise Safranfäden
- 50 g Butter
- 4 Eier, hartgekocht
- Salz und Pfeffer
- 2 EL gehackte Petersilie plus Petersilie zum Garnieren
- 1 Zitrone, in Achtel geschnitten

1 Die Fischstücke nebeneinander in eine große Pfanne legen, mit Wasser bedecken und vorsichtig zum Köcheln bringen. 5 Min. ziehen lassen, dann abgießen.

2 In der Zwischenzeit den Reis zusammen mit Safranfäden nach Packungsanweisung in gesalzenem Wasser kochen, dann abgießen und die Butter unterrühren.

3 Den Fisch von Haut und Gräten befreien, in große Stücke zupfen und zum Reis geben.

4 Die Eigelbe aus den hart gekochten Eiern nehmen und beiseitestellen. Die Eiweiße hacken und unter den Reis mischen. Die gehackte Petersilie hinzufügen, mit Salz und Pfeffer abschmecken.

5 Den Reis auf vorgewärmten Tellern anrichten und die Eigelbe darüberkrümeln. Mit gehackter Petersilie bestreuen und mit Zitronenschnitzen garniert servieren.

Dazu passt in Dreiecke geschnittener, gebutterter Vollkorntoast.

Jambalaya

In der kreolischen Küche mischen sich europäische, karibische und afrikanische Traditionen

für 4–6 Personen
Zub. 30 Min. • Garzeit 45 Min.
großer Schmortopf

- 50 g Pflanzenfett oder 4 EL Sonnenblumenöl
- 4 Hähnchenkeulen, entbeint und ohne Haut, in Würfel geschnitten
- 250 g Mettwurst (nach Belieben auch geräuchert und mit Knoblauch), in dicke Scheiben geschnitten
- 1 Zwiebel, fein gehackt
- 2 Knoblauchzehen, fein gehackt
- je 1 rote und grüne Paprikaschote, Stielansatz, Samen und Scheidewände entfernt, Fruchtfleisch fein gehackt
- 1 Stange Staudensellerie, in feine Scheiben geschnitten
- 1 Chilischote (vorzugsweise Scotch bonnet), Samen entfernt, gehackt
- 350 g Langkornreis
- 1 TL Cayennepfeffer
- 1 TL Worcestersauce
- 2 EL Tomatenmark
- 2 Lorbeerblätter
- 2 TL getrockneter Thymian
- 1 TL Salz
- ½ TL Paprikapulver
- 1 Prise Zucker
- Pfeffer
- 1 Dose Tomatenstücke (400 g)
- 600 ml Hühnerfond, Gemüsebrühe oder Wasser
- 12 große rohe Garnelen, geschält und von den Därmen befreit
- Chilisauce zum Servieren

1 In einem Schmortopf bei hoher Temperatur die Hälfte des Öls erhitzen. Die Hähnchenstücke darin unter gelegentlichem Rühren 10 Min. anbraten, bis sie braun sind und klarer Saft austritt. Das Fleisch mit einem Schaumlöffel herausnehmen und auf Küchenpapier abtropfen lassen.

2 Das restliche Öl erhitzen, die Würstchen (mit Ausnahme der geräucherten) unter Rühren 5 Min. braten, bis sie angebräunt sind. Mit dem Schaumlöffel herausnehmen und zum Hähnchen legen.

3 Zwiebel, Knoblauch, Paprikawürfel, Sellerie und Chilischote in den Topf geben und unter häufigem Rühren 5 Min. anschwitzen, dann Reis und Cayennepfeffer einrühren und 1–2 Min. braten. Worcestersauce und Tomatenmark dazugeben und noch 1 Min. weiterrühren.

4 Hähnchenfleisch, Würstchen (auch die geräucherten, falls verwendet), Lorbeerblätter, Thymian, Salz, Paprikapulver und Zucker in den Topf geben und mit Pfeffer abschmecken. Die Tomaten mit ihrer Flüssigkeit und die Brühe dazugießen und unter Rühren aufkochen. Bei niedriger Temperatur 12–15 Min. köcheln lassen, bis die Paprikaschote weich ist.

5 Die Garnelen hinzugeben, Deckel auflegen und 3–5 Min. garen, bis sie rosa sind. Der Reis sollte jetzt gar sein, die Konsistenz leicht suppig. Das Jambalaya mit der Chilisauce servieren.

Dazu passt kräftiges Brot, um die Sauce aufzutunken.

Semmelknödel mit Speck

Gut zu Fleischgerichten und mit Pilzragout

für 4 Personen
Zub. 20 Min. • Garzeit 15 Min.

- 2 altbackene Brötchen
- 1 EL Sonnenblumenöl
- 2 Scheiben durchwachsener Speck, fein gewürfelt
- 1 kleine Zwiebel, fein gehackt
- 1 EL fein gehackte Petersilie
- 1 TL getrockneter Majoran
- 1 großes Ei
- 100 ml Milch
- Salz

1 Die Brötchen mit der Kruste in kleine Würfel schneiden.

2 Das Öl in einem Topf erhitzen, Speck und Zwiebel hineingeben und hellbraun braten. Die Kräuter einrühren, alles abkühlen lassen. Ei und Milch in einer großen Schüssel verquirlen, Brotwürfel und Speckmischung unterrühren. Die Masse sollte fest genug sein, um Klöße zu formen.

3 Mit feuchten Händen aus dem Teig acht kleine Knödel formen. In einen Topf mit kochendem Salzwasser geben und bei geringer Hitze und halb aufgelegtem Deckel 10 Min. ziehen lassen, bis sie gar sind. Abtropfen lassen und servieren.

Reste schneidet man in dicke Scheiben und brät sie in einer Pfanne mit Butter, bis sie goldbraun sind.

Gewürzpilaw

Reis mit Gewürzen wie aus Tausendundeiner Nacht

für 4 Personen
Zub. 5 Min. • Garzeit 25 Min.

- 2 TL Sonnenblumenöl
- 1 TL schwarze Senfsamen
- Butter zum Braten
- 1 kleine Zwiebel, fein gehackt
- 1 TL Kardamomkapseln
- 1 TL gemahlener Koriandersamen
- 250 g Basmatireis
- 500 ml Gemüsebrühe, Hühnerfond oder Wasser mit etwas Salz
- 1 EL gehacktes Koriandergrün

1 Das Öl in einem großen Topf bei mittlerer Temperatur erhitzen. Die Senfsamen darin 1 Min. anbraten, bis sie zu springen beginnen, dabei die Pfanne rütteln.

2 Butter und Zwiebel dazugeben und unter ständigem Rühren 5 Min. anbraten. Kardamom, Koriander und Reis beifügen und unter Rühren 1 Min. weiterbraten.

3 Brühe angießen, aufkochen, Deckel auflegen und den Reis 10–12 Min. köcheln lassen, bis er die Flüssigkeit aufgenommen hat.

4 Den Pilaw in eine vorgewärmte Schüssel geben und mit Koriandergrün bestreut heiß servieren.

Passt zu gegrilltem Fleisch, Currys und Schmorgerichten.

VARIANTE

Persischer Reis

Wie oben zubereiten, dabei Zwiebel und Gewürze durch ½ TL Salz ersetzen. Den Reis aus dem Topf nehmen und warm halten. Den noch heißen Topf auswischen, dann mit 2 TL Öl auspinseln und 25 g Butterflocken verteilen. Mit einer Schicht dünner, roher Kartoffelscheiben auslegen. Den Reis zurück in den Topf geben und weitere 25 g Butterflocken darauf verteilen. Ein Geschirrtuch über den Topf legen, mit einem Deckel verschließen und auf niedrigster Temperatur 45 Min. garen. Den Topf vom Herd nehmen, den Deckel nicht öffnen. Vor dem Servieren bis zu 2 Std. ruhen lassen.

Buchweizenpilaw

Zu orientalischen Speisen

für 4–6 Personen
Zub. 5 Min. • Garzeit 25 Min.

- 2 EL Butter
- 1 große Zwiebel, gehackt
- 2 Stangen Staudensellerie, in Scheiben geschnitten
- 1 großes Ei
- 200 g grobe Buchweizengrütze oder Buchweizen
- 1 TL getrockneter Salbei
- 1 TL getrockneter Thymian
- 125 g Rosinen
- 125 g Walnusskerne, grob gehackt
- Salz

1 In einer großen Pfanne die Butter zerlassen, Zwiebel und Sellerie hineingeben und 3 Min. anbraten.

2 In einer kleinen Schüssel das Ei mit dem Buchweizen vermischen, dann in die Pfanne geben. 1 Min. unter Rühren braten, bis die Körner trocken sind und sich voneinander lösen. 500 ml Wasser, Salbei und Thymian dazugeben. Aufkochen, dann die Temperatur reduzieren, Deckel auflegen und 10–12 Min. köcheln lassen.

3 Rosinen und Walnusskerne in den Pilaw rühren. Weitere 4–5 Min. ziehen lassen, bis der Buchweizen weich ist und die ganze Flüssigkeit aufgenommen hat. Mit Salz abschmecken.

Gebratener Reis mit Ei

Resteverwertung auf chinesische Art – so kommt übrig gebliebener Reis zu neuen Ehren

- für 4–6 Personen
- Zub. 5 Min. • Garzeit 10 Min.
- den Reis kochen und schnell abkühlen lassen
- Wok

- 1 EL Erdnuss- oder Sonnenblumenöl
- 1 Zwiebel, gewürfelt
- 1 rote Paprikaschote, Stielansatz, Samen und Scheidewände entfernt, Fruchtfleisch gewürfelt
- 500–650 g gekochter, kalter Reis
- 2 Eier, verquirlt
- 2 EL Sojasauce

1 Einen Wok oder eine große Pfanne bei hoher Temperatur erhitzen. Das Öl darin verteilen. Zwiebel und Paprika 3–5 Min. unter Rühren braten, bis sie weich, aber nicht braun geworden sind.

2 Den Reis dazugeben und rühren, bis er mit dem Gemüse vermischt und ganz heiß ist, an die Seite schieben. Die Eier in die Pfanne gießen und rühren, bis sie gestockt sind.

3 Sobald die Eier die Konsistenz von Rührei haben, alle Zutaten vermischen, die Sojasauce dazugeben und sofort servieren.

VARIANTE

Gebratener Gemüsereis

Verwenden Sie zusätzlich gehackten Sellerie, Erbsen, Mais, kleingeschnittenen Kohl, entkernte und in Ringe geschnittene milde Jalapeño-Chilischoten oder anderes, übrig gebliebenes Gemüse, außerdem Würfel oder Streifen von gebratenem Fleisch oder Geflügel. Bohnensprossen erst im letzten Augenblick dazugeben, sonst verlieren sie ihren Biss.

Eiernudeln mit Zitrone und Kräutern

Sommerlich-leicht, mit asiatischen Noten von Zitronengras und Ingwer

- für 4 Personen
- Zub. 10 Min. • Garzeit 5 Min.
- fettarm
- Wok

- 2 EL Pflanzenöl
- 4 Frühlingszwiebeln, in feine Ringe geschnitten
- 1 Stängel Zitronengras, in sehr feine Scheiben geschnitten
- 2,5 cm frischer Ingwer, geschält und gerieben
- 350 g frische oder 175 g getrocknete Eiernudeln, gekocht
- 2 EL helle Sojasauce
- Saft von 1 Zitrone
- 1 Prise Zucker
- 2 EL Schnittlauchröllchen
- 2 EL gehackte Petersilie
- etwas Schale von 1 unbehandelten Zitrone, in feine Streifen geschnitten, zum Garnieren
- 1 Frühlingszwiebel, in feine Streifen geschnitten, zum Garnieren

1 Das Öl im Wok oder in einer großen Pfanne erhitzen, Frühlingszwiebeln, Zitronengras und Ingwer darin 1 Min. unter Rühren anbraten.

2 Die Nudeln hinzufügen und weitere 2 Min. unter Rühren braten. Sojasauce, Zitronensaft und Zucker mischen und zu den Nudeln geben. Weitere 2 Min. braten und rühren, bis die Nudeln heiß sind.

3 Schnittlauch und Petersilie untermischen und die Nudeln in eine Servierschüssel geben. Mit Zitronenschale und Frühlingszwiebel garnieren und sofort servieren.

Reste ergeben gehackt mit Möhrenraspeln und dünn geschnittener Gurke einen erfrischenden Salat.

Zitronen- und Frühlingszwiebellocken

Vor dem Auspressen mit dem Sparschäler die Zitronenschale abschälen und in feine Streifen schneiden. Eine Frühlingszwiebel in 5 cm lange Stücke und diese in feine Streifen schneiden. Zitronenschale und Frühlingszwiebel in einer Schale mit kaltem Wasser für 60 Min. in den Kühlschrank stellen, sodass sie sich ringeln. Erst kurz vor der Verwendung abgießen.

Gewürzreis

Köstliche Beilage aus Südindien

für 4 Personen
Zub. 10 Min. • Garzeit 15 Min.

- 3 EL Pflanzenöl
- 1 TL gelbe Senfsamen
- 6 grüne Kardamomkapseln, aufgebrochen
- 10 Curryblätter
- 2 rote Chilischoten, halbiert, Samen entfernt
- ½ TL Kurkuma
- 1 cm frischer Ingwer, fein gehackt
- 1 Knoblauchzehe, durchgepresst
- 3 EL Zitronensaft (oder nach Belieben)
- 300 g Basmatireis, nach Packungsanweisung zubereitet, erkaltet
- 50 g Cashewnusskerne, leicht geröstet
- 2 EL gehacktes Koriandergrün

1 Das Öl in einer großen Pfanne erhitzen, die nächsten sieben Zutaten hineingeben und unter Rühren 2 Min. anbraten, bis alles duftet.

2 Den Zitronensaft hinzufügen, 1 Min. köcheln lassen, dann den Reis einrühren und braten, bis er durch und durch heiß ist.

3 Zitronenreis auf eine Servierplatte geben, mit Nusskernen und Koriander bestreuen, sofort servieren.

Polenta mit Steinpilzen

Der kräftige, erdige Geschmack der getrockneten Steinpilze passt ideal zur sanften Polenta

für 4 Personen
Zub. 5 Min. + Wartezeit • Garzeit 20 Min.

- ½ TL Salz
- 275 g Instant-Polenta

Pilze

- 15 g getrocknete Steinpilze
- 4 EL Olivenöl
- 1 Knoblauchzehe, gehackt
- 500 g braune Champignons, abgebürstet, geputzt und in Scheiben geschnitten
- Salz und Pfeffer
- einige Zweige Thymian

1 Die getrockneten Pilze in eine hitzebeständige Schüssel geben, mit kochendem Wasser bedecken und 20 Min. einweichen. Ein feines Sieb mit Musselin oder Küchenpapier auslegen und das Pilzwasser durch das Sieb in einen Krug abgießen. Die Pilze abspülen und mit dem Einweichwasser beiseitestellen.

2 In der Zwischenzeit das Öl in einem großen Topf bei mittlerer Temperatur erhitzen. Den Knoblauch darin 2–3 Min. unter Rühren goldbraun braten. Die Champignons beifügen und mit Salz und Pfeffer abschmecken. Die Steinpilze mit dem Einweichwasser hinzugeben und 3 Min. rühren, bis die Pilze hellbraun sind und die Flüssigkeit fast verdampft ist.

3 In einem großen Topf 1,7 l Wasser (oder nach Packungsangabe) mit Salz zum Kochen bringen. Die Polenta unter ständigem Rühren einrieseln lassen. Vorsicht, das kann spritzen! Die Temperatur reduzieren und rühren, bis die Polenta weich und das gesamte Wasser aufgesogen ist. Mit Salz und Pfeffer abschmecken.

4 Die Polenta auf vier Teller oder Portionsschalen verteilen und jeweils in die Mitte eine kleine Mulde drücken. Die Pilze hineingeben, mit Thymian garnieren und die heiße Polenta sofort servieren.

Dazu passt ein gemischter grüner Salat – als Hauptgericht oder Vorspeise.

VARIANTE

Polenta mit Parmesan

Diese Polenta wird ohne Pilzgemüse serviert. Die Polenta kochen wie beschrieben. Wenn sie fertig ist, 75 g Butterwürfel und 75 g geriebenen Parmesan einrühren. Polenta mit Parmesan als Beilage zu gegrilltem Fleisch servieren.

Linsen auf spanische Art

Der herzhafte *cocido de lentejas* vereint braune Linsen mit Speck, Chorizo und Paprika

für 4 Personen
Zub. 15 Min. • Garzeit 1 Std.

- 500 g braune Linsen, abgespült und abgetropft
- 2 Lorbeerblätter
- 100 g Chorizo (spanische Paprikawurst), in Scheiben geschnitten
- 2 EL Olivenöl
- 2 Knoblauchzehen, in Scheiben geschnitten
- 1 kleine Scheibe Brot
- Salz
- 1 Zwiebel, fein gehackt
- 75 g durchwachsener Speck, in Streifen geschnitten
- 1 EL Mehl
- 1 TL edelsüßes Paprikapulver
- 100 ml Gemüsebrühe

Vorbereitung Sie können das gesamte Gericht am Vortag zubereiten, abgedeckt kühl stellen und vor dem Servieren aufwärmen.

1 Die Linsen mit 1 l Wasser, den Lorbeerblättern und der Chorizo in einen großen Topf geben und aufkochen. 35–40 Min. köcheln lassen, bis die Linsen weich sind.

2 In einer Pfanne 1 EL Öl erhitzen und den Knoblauch 30 Sek. anbraten. Herausnehmen.

3 Das Brot in die Pfanne geben und bei mäßiger Hitze auf beiden Seiten leicht anbräunen. Herausnehmen, zusammen mit dem Knoblauch in die Küchenmaschine geben, salzen und zu groben Bröseln verarbeiten.

4 Die fertigen Linsen abgießen und zurück in den Topf geben. Die Brösel untermischen.

5 Das restliche Öl zusammen mit der Zwiebel und dem Speck in die Pfanne geben und 3–4 Min. braten, bis die Zwiebel weich und der Speck knusprig ist. Mehl und Paprikapulver hinzufügen und 1 Min. unter Rühren mitbraten, dann die Brühe einrühren. Aufkochen und 2 Min. köcheln lassen, dann die Linsen untermischen.

6 Bei Bedarf etwas Brühe oder Wasser nachgeben, damit die Linsen saftig bleiben und heiß werden. In eine vorgewärmte Servierschüssel geben.

Dazu passt knuspriges Brot.

Reste können am nächsten Tag als kräftige Suppe serviert werden, wenn man noch etwas Brühe hinzugibt.

Polenta

Aus fein gemahlenem Mais stellt man in Norditalien Polenta her. Sie schmeckt mit Käse oder zu Fleischgerichten

für 4–6 Personen
Zub. 10 Min. • Garzeit 10 Min.

- 2 l Hühnerfond oder Gemüsebrühe
- 350 g Instant-Polenta
- 25 g Butter
- 75 g Parmesan, gerieben, plus Parmesan zum Bestreuen
- Pfeffer

1 In einem großen Topf die Brühe bis kurz vor dem Siedepunkt erhitzen.

2 Nach und nach die Polenta einrühren. Weiterrühren, bis die Masse dick und cremig ist, nach Bedarf etwas Brühe oder Wasser hinzufügen.

3 Butter und Parmesan in die Polenta rühren und mit Pfeffer abschmecken. Mit etwas Parmesan bestreuen und sofort servieren.

Reste in eine flache Form geben, glatt streichen und kalt und fest werden lassen. Zum Servieren in Scheiben oder Rauten schneiden und in etwas Butter auf beiden Seiten goldbraun braten.

Reisbrei

Der Reis muss sehr weich werden für dieses Gericht, das in China zum Frühstück serviert wird

für 4 Personen

Zub. 20 Min. + Wartezeit • Garzeit 60 Min.

fettarm

- 6 getrocknete chinesische Pilze
- 2 EL Pflanzenöl
- 1 cm frischer Ingwer, geschält und gerieben
- 1 Knoblauchzehe, fein gehackt
- 1 Möhre, in feine Streifen geschnitten
- ½ TL getrocknete Chiliflocken
- 200 g Langkornreis
- 1 l Hühnerfond
- 2 Hähnchenbrustfilets, entbeint und ohne Haut, gewürfelt
- 4 Frühlingszwiebeln, gehackt
- 2 EL helle Sojasauce
- Pfeffer
- 2 EL gehacktes Koriandergrün

Vorbereitung Das Gericht schmeckt frisch am besten. Sie können es jedoch auch im Voraus zubereiten und aufwärmen, dabei etwas Brühe oder Wasser zugeben.

1 Die Pilze in einer hitzebeständigen Schüssel mit kochendem Wasser bedecken und 20 Min. einweichen. Das Einweichwasser durch ein Sieb in eine Schüssel abgießen, die Pilze in Stücke schneiden.

2 Das Öl in einem Wok oder einer großen Pfanne erhitzen, Ingwer, Knoblauch, Möhre und Chili dazugeben und 5 Min. leicht anbraten. Den Reis einrühren und den Fond angießen. 150 ml Pilzwasser abmessen und dazugeben.

3 Alles aufkochen und 20 Min. köcheln lassen, dann Hähnchenfleisch und Pilze zugeben und weitere 30 Min. garen, bis der Reis eine breiartige Konsistenz hat. Frühlingszwiebeln und Sojasauce einrühren und mit Pfeffer abschmecken. Mit gehacktem Koriander bestreut heiß servieren.

Thailändischer Kokosreis

Duftender Jasminreis, wie man ihn in Thailand schätzt: in Kokosmilch gegart und mit Kaffirlimettenblättern gewürzt

für 4–6 Personen

Zub. 25 Min. • Garzeit 40 Min.

- 10 g Koriandergrün
- 2 EL Olivenöl
- 25 g Butter
- 1 rote Chilischote, Samen entfernt, gehackt
- 2 Schalotten, fein gehackt
- 75 g rote thailändische Currypaste
- abgeriebene Schale von 1 unbehandelten Limette
- 400 g Jasminreis
- 1½ TL Salz
- 1 Dose Kokosmilch (400 ml)
- 1 große Prise gehackte Kaffirlimettenblätter
- 2 Frühlingszwiebeln, in Ringen

1 Die Korianderblätter vom Stängel zupfen. Stängel fein hacken, Blätter beiseitelegen.

2 Öl und Butter bei niedriger Temperatur in einer großen Pfanne mit aufgelegtem Deckel erhitzen. Chilischote und Schalotten zugeben und 5 Min. unter Rühren goldbraun braten. Die Currypaste einrühren und 30 Sek. mitbraten.

3 Limettenschale, Korianderstängel, Reis und Salz hinzufügen und gut vermischen. Die Kokosmilch und 400 ml Wasser einrühren. Bei mittlerer Temperatur zum Köcheln bringen, gelegentlich umrühren, damit der Reis nicht ansetzt. Die Kaffirlimettenblätter darüberstreuen und den Topfinhalt ohne Deckel 5 Min. köcheln lassen.

4 Den Reis gründlich umrühren, den Deckel auflegen und bei sehr niedriger Temperatur in 15 Min. fertig garen. Wenn die Flüssigkeit aufgesogen, der Reis aber noch nicht weich ist, etwas Wasser zugeben. Zum Servieren die Frühlingszwiebeln unterrühren und Koriandergrün nach Geschmack darüberstreuen.

Passt zu rotem oder grünem Thaicurry, gebackenem Fisch in Sojamarinade oder Hähnchen.

Kokosmilch
gibt es in den meisten Supermärkten. Probieren Sie für gesünderes Essen auch die fettärmeren Produkte.

Reis mit Erbsen

Aus der Karibik und nur echt mit *gungo* oder *pigeon peas,* die es bei uns im Asialaden gibt

Für 4 Personen

Zub. 10 Min. • Garzeit 45 Min.

- 1 Dose Gungo- oder Pigeonerbsen, ersatzweise Augenbohnen (400 g), abgegossen und abgespült
- 1 Dose Kokosmilch (400 ml)
- 1 große Zwiebel, fein gehackt
- 1 grüne Paprikaschote, Stielansatz, Samen und Scheidewände entfernt, Fruchtfleisch gehackt
- Salz und Pfeffer
- 125 g Langkornreis
- Cayennepfeffer zum Bestreuen

Vorbereitung Sie können das Gericht im Voraus zubereiten und in einer flachen, ofenfesten Form, mit Alufolie gut abgedeckt, bei 180 °C im Backofen aufwärmen.

1 Erbsen oder Bohnen, Kokosmilch, Zwiebel und Paprika in einen Topf geben. Mit Salz und Pfeffer würzen und bei niedriger Temperatur 5 Min. köcheln lassen.

2 Den Reis einrühren, Deckel auflegen und 35 Min. köcheln lassen, bis der Reis weich ist, dabei gelegentlich umrühren. Mit Cayennepfeffer bestreut servieren.

Passt zu gegrilltem oder gebratenem Fleisch und Geflügel oder zu gebratenem Fisch.

Risottobällchen

Außen knusprig und innen schön cremig sind diese frittierten Reisbällchen. Sie schmecken als Beilage, aber auch solo mit einem Tomaten- oder süßen Chilidip

für 4–6 Personen

Zub. 15 Min. • Garzeit 20–25 Min.

unfrittiert tiefgekühlt 2 Mon. haltbar

- 175 g Risottoreis
- 1 Würfel Gemüsebrühe
- 50 g Gruyère, gerieben
- 2 EL Pesto
- 50 g Semmelbrösel
- Öl zum Braten
- Basilikumblätter zum Garnieren (nach Belieben)

Vorbereitung Die Bällchen können am Vortag zubereitet und bis zur Verwendung in einem luftdichten Behälter im Kühlschrank aufbewahrt werden.

1 Reis und Brühwürfel in einen Topf geben und 1 l Wasser hinzufügen. Bei hoher Temperatur zum Kochen bringen und 15 Min. köcheln lassen, bis der Reis gerade weich ist.

2 Den Reis abgießen und gut abtropfen lassen, dann Käse und Pesto untermischen und zum Abkühlen beiseitestellen.

3 Mit feuchten Händen den Reis zu walnussgroßen Bällchen formen. In den Semmelbröseln wälzen, bis die Oberfläche damit bedeckt ist.

4 In einer Pfanne etwa 1 cm Öl erhitzen. Die Bällchen darin 5–10 Min. braten, bis sie rundum knusprig und golden sind. Auf Küchenpapier abtropfen lassen und mit den Basilikumblättern (nach Belieben) servieren. Sie können die Bällchen auch 2–3 Min. goldgelb frittieren.

Passt zu Brathähnchen, Schinken oder Schweinebraten.

Kartoffelröllchen

Wie die klassischen Klöße passen sie gut zu Gulasch und anderen Schmorgerichten mit Fleisch

für 4 Personen
Zub. 15 Min. + Wartezeit
• Garzeit 35 Min.

- 350 g mehlig kochende Kartoffeln
- 1 Ei, verquirlt
- 25 g Mehl
- 50 g Grieß
- ½ TL Kümmelsamen
- Salz und Pfeffer

Vorbereitung Die Röllchen kann man 60 Min. im Voraus formen und bis zur Verwendung kühl stellen.

1 Die Kartoffeln schälen, in gleich große Stücke schneiden und in Salzwasser garen. Abgießen, zurück in den Topf geben und bei niedriger Temperatur 1 Min. ausdampfen lassen. Dann zerstampfen und zum Abkühlen beiseitestellen.

2 Die kalten Kartoffeln in eine große Schüssel geben. Ei, Mehl, Grieß und Kümmel hinzufügen und mit Salz und Pfeffer würzen. Gut vermischen. Der Teig sollte formbar sein; wenn er zu weich ist, mehr Mehl dazugeben.

3 Mit bemehlten Händen in 12 Portionen teilen und zu kleinen Rollen formen. Nebeneinander auf einen Teller legen und bis zur weiteren Verwendung kühl stellen.

4 In einem großen Topf Wasser zum Kochen bringen, die Röllchen hineingeben und die Temperatur herunterschalten. Etwa 15 Min. köcheln lassen, bis die Klöße aufgehen und an die Oberfläche steigen. Herausheben und servieren.

Passt zu Sauerbraten mit Rotkohl.

Reste in Scheiben schneiden und in Butter goldbraun braten.

Couscous mit Pinienkernen und Mandeln

Eine orientalische Alternative zu Reis, schmeckt heiß als Beilage oder kalt als Salat

für 4 Personen
Zub. 15 Min. + Wartezeit

- 175 g Couscous
- 1 rote Paprikaschote, Stielansatz, Samen und Scheidewände entfernt, Fruchtfleisch gehackt
- 100 g Rosinen
- 100 g getrocknete Aprikosen, gehackt
- ½ Gurke, entkernt und gewürfelt
- 12 schwarze Oliven, entsteint
- 50 g blanchierte Mandeln, leicht geröstet
- 50 g Pinienkerne, leicht geröstet
- 4 EL Olivenöl
- Saft von ½ Zitrone
- 1 EL gehackte Minze
- Salz und Pfeffer

Vorbereitung Wenn der Couscous kalt serviert werden soll, kann man ihn mehrere Stunden im Voraus zubereiten.

1 Couscous in eine Schüssel geben und so viel kochendes Wasser hinzufügen, dass es den Couscous 2,5 cm hoch bedeckt. 15 Min. quellen lassen, bis das Wasser vollständig aufgesogen ist, dann mit einer Gabel leicht auflockern.

2 Paprikaschote, Rosinen, Aprikosen, Gurke, Oliven, Mandeln und Pinienkerne untermischen.

3 Olivenöl, Zitronensaft und Minze mischen und mit Salz und Pfeffer abschmecken. In den Couscous einrühren und sofort warm servieren oder abkühlen lassen.

Passt zu gegrilltem Fleisch, Geflügel oder Fisch.

Kartoffelgnocchi

Federleichte Kartoffelklößchen mit feiner Salbei-Butter-Sauce

für 4 Personen
Zub. 30 Min. • Garzeit 25 Min.

750 g mehlig kochende Kartoffeln
2 Eier, verquirlt
200 g Mehl

Sauce

150 g Butter
20 Salbeiblätter, gehackt, plus Salbei zum Garnieren
Saft von ½ Zitrone
Salz und Pfeffer

Vorbereitung Die Gnocchi können bis einschließlich Schritt 3 bis zu 2 Std. im Voraus zubereitet werden. Bis zur Verwendung mit einem feuchten Tuch abdecken.

1 Die ungeschälten Kartoffeln in Salzwasser garen, abgießen und ausdampfen lassen. Wenn sie kühl genug zum Anfassen sind, schälen und durch eine Kartoffelpresse oder ein Metallsieb drücken, sodass ein feines Püree entsteht.

2 Die warme Masse in eine Schüssel geben. Eine Vertiefung in die Mitte drücken und die verquirlten Eier und ein Viertel des Mehls hineingeben. Mit den Händen zu einem Teig verarbeiten, bei Bedarf noch ein wenig Mehl hinzufügen. Der Teig sollte gerade fest genug zum Formen, aber nicht klebrig sein.

3 Den Teig in drei Stücke teilen. Mit den Händen diese auf der leicht bemehlten Arbeitsfläche zu einer 2 cm dicken Rolle formen. In 3 cm lange Stücke schneiden und nach Belieben mit den Zinken einer Gabel ein Muster hineindrücken.

4 In einem Topf Wasser zum Kochen bringen, salzen, die Gnocchi hineingeben und 2 Min. kochen, bis sie an die Oberfläche steigen.

5 Inzwischen für die Sauce die Butter mit den Salbeiblättern in einem Topf erhitzen. Den Zitronensaft zugeben und mit viel Pfeffer würzen.

6 Die Gnocchi abgießen und in der Sauce schwenken. Sofort auf Teller verteilen und mit einigen Salbeiblättern garniert servieren.

Reis-Timbalen

Formvollendet: Der Reis wird in Förmchen gepresst und dann gestürzt

für 4 Personen
Zub. 20 Min. • Garzeit 20 Min.
4 Souffléförmchen

2 EL Olivenöl
½ rote Paprikaschote, Stielansatz, Samen und Scheidewände entfernt, Fruchtfleisch fein gehackt
2 Schalotten, fein gehackt
2 TL gemahlener Koriandersamen
1 TL gemahlener Kreuzkümmel
1 TL Sesamsamen
½ TL getrockneter Oregano
300 g Langkornreis
600 ml heißer Hühnerfond
4 EL Olivenöl zum Servieren
Schale und Saft von 1 unbehandelten Zitrone
2 EL gehackte Petersilie
Butter zum Einfetten

1 Das Öl in einem Topf erhitzen, Paprikaschote und Schalotten hineingeben und 5 Min. anbraten. Koriander, Kreuzkümmel, Sesam und Oregano hinzufügen und weitere 2 Min. braten. Den Reis einrühren, die Brühe angießen und zum Kochen bringen. Bei reduzierter Temperatur 10–12 Min. garen, bis der Reis weich ist und die Brühe aufgenommen hat.

2 In der Zwischenzeit Olivenöl, Zitronenschale und -saft in einem Topf aufkochen, dann die Petersilie zugeben und warm halten.

3 Die Förmchen einfetten. Den Reis hineingeben und mit einem Löffel andrücken. Die Timbalen auf Teller stürzen und mit dem heißen Zitronenöl beträufelt servieren.

Passt zu Fleisch-, Geflügel- und Fischgerichten.

VARIANTE

Vegetarische Timbalen

Für eine vegetarische Alternative den Hühnerfond durch Gemüsebrühe ersetzen. Dem Rezept wie oben folgen und die Timbalen mit mediterranem Gemüse servieren.

Grießklößchen

Was wäre eine gute Fleischbrühe ohne die lockeren kleinen Klößchen?

für 4 Personen
Zub. 20 Min. • Garzeit 25 Min.

- 15 g Butter
- 150 ml Milch
- 1 Prise geriebene Muskatnuss
- 60 g Grieß
- 1 Ei
- Salz und Pfeffer
- Hühner- oder Gemüsesuppe zum Servieren

Vorbereitung Sie können die Klößchen mehrere Stunden im Voraus formen und mit Frischhaltefolie bedeckt aufbewahren.

1 Butter, Milch und Muskatnuss in einen Topf geben und zum Köcheln bringen. Vom Herd nehmen, den Grieß einstreuen und rühren, bis ein weicher, glatter Teig entsteht.

2 Das Ei untermischen und mit Salz und Pfeffer würzen. Bei Bedarf mehr Grieß oder Milch zugeben, damit der Teig die richtige Konsistenz erhält: Er sollte weich sein, aber fest genug, um ihn formen zu können.

3 Mit zwei Löffeln den Teig zu kleinen Nocken formen und vorsichtig in einen großen Topf mit heißer Suppe geben. Etwa 10 Min. köcheln lassen. Die Suppe in tiefe Teller geben und die Klößchen verteilen.

Risoni mit Spinat

Diese kleinen Nudeln sehen aus wie Reiskörner; man kennt sie auch als *kritharáki*, *manestra* oder *orzo*

für 4–6 Personen
Zub. 5 Min. • Garzeit 25 Min.
fettarm

- 200 g Risoni
- 1 ½ EL Olivenöl
- 1 Zwiebel, fein gehackt
- 2 Knoblauchzehen, fein gehackt
- 1 TL gemahlener Koriandersamen
- ½ TL gemahlener Kreuzkümmel
- 1 Prise Cayennepfeffer
- 150 g junge Spinatblätter
- 4 EL gehacktes Koriandergrün oder glatte Petersilie
- Salz und Pfeffer

Vorbereitung Wenn das Gericht kalt serviert werden soll, kann man es am Vortag zubereiten und im Kühlschrank aufbewahren.

1 In einem großen Topf Wasser mit Salz zum Kochen bringen. Die Nudeln nach Packungsanweisung bissfest kochen.

2 In einem zweiten großen Topf das Olivenöl erhitzen. Die Zwiebel hineingeben und bei mittlerer Hitze 3 Min. anschwitzen, bis sie weich ist, aber noch keine Farbe angenommen hat. Knoblauch, Koriandersamen, Kreuzkümmel und Cayennepfeffer einrühren und noch 1 Min. braten.

3 Den Spinat waschen und ohne Abtropfen in den Topf geben. 3 Min. unter Rühren garen, bis er zusammenfällt.

4 Die Nudeln abgießen und gut abtropfen lassen, dann zum Spinat geben und mit zwei Löffeln oder Gabeln alles gut vermengen. Das Koriandergrün unterrühren, mit Salz und Pfeffer abschmecken. Risoni in eine Schüssel geben und servieren.

VARIANTE

Risoni-Spinat-Salat

Wie oben zubereiten und abkühlen lassen. Mit frisch ausgepresstem Zitronensaft abschmecken und etwas natives Olivenöl extra einrühren. Mit Feta-Krümeln bestreuen und mit warmem Pittabrot servieren.

Vegetarische Kohlrouladen

In den Wirsingblättern verbirgt sich eine herzhafte Füllung aus Pfifferlingen

für 4 Personen
Zub. 45–50 Min. • Garzeit 1 Std. 20 Min.
niedriger GI

- 1 EL Öl plus Öl zum Einfetten
- 1 Stange Lauch, nur der weiße Teil, fein gehackt
- 125 g Pfifferlinge, fein gehackt
- 1 Stange Staudensellerie, fein gehackt
- 125 g frische Vollkorn-Semmelbrösel
- 1 Ei
- 2 EL gehackte frische Petersilie
- 1 Prise gemahlener Koriandersamen
- 1 EL Zitronensaft
- Salz und Pfeffer
- 8 große Wirsing- oder Weißkohlblätter, Strünke entfernt
- 150 ml Gemüsebrühe

Sauce

- 1 EL Olivenöl
- 1 Zwiebel, fein gehackt
- 2 Knoblauchzehen, durchgepresst
- 1 Dose passierte Tomaten (400 g)

1 Das Öl in einer Pfanne erhitzen, Lauch, Pilze und Sellerie hineingeben und bei niedriger Temperatur 5 Min. anbraten, bis sie weich, aber nicht braun geworden sind.

2 Die Pfanne vom Herd nehmen und Semmelbrösel, Ei, Petersilie, Koriander und Zitronensaft einrühren und mit Salz und Pfeffer abschmecken. Bis zur weiteren Verwendung beiseitestellen.

3 Den Backofen auf 160 °C vorheizen. Die Kohlblätter in kochendem Salzwasser 2 Min. blanchieren, dann mit kaltem Wasser abschrecken und gut abtropfen lassen.

4 Die Blätter flach ausbreiten und die Füllung darauf verteilen. Die Seiten über die Füllung schlagen und die Blätter der Länge nach aufrollen. Eine ofenfeste Form einölen und die Rouladen eng nebeneinander hineinlegen. Die Gemüsebrühe angießen und die Form für 45–55 Min. in den Backofen stellen.

5 In der Zwischenzeit für die Tomatensauce das Öl bei mittlerer Temperatur in einer Pfanne erhitzen. Zwiebel und Knoblauch hineingeben und unter häufigem Rühren 4–5 Min. anschwitzen. Die passierten Tomaten unterrühren und bei niedriger Temperatur 10 Min. köcheln lassen, dabei gelegentlich umrühren. Mit Salz und Pfeffer abschmecken.

6 Mit einem Schaumlöffel die Rouladen aus der Form nehmen und die Brühe wegschütten. Etwas Tomatensauce auf vier Tellern verteilen und die Rouladen darauf anrichten. Sofort servieren und die restliche Sauce separat reichen.

Dazu passen Bratkartoffeln, brauner Reis oder knuspriges Brot.

VARIANTE

Kohlrouladen mit Fleischfüllung

Für die Füllung 250 g Rinder- oder Schweinehackfleisch, 50 g frische Semmelbrösel und 1 Ei vermischen und mit Salz und Pfeffer würzen. Die Kohlblätter damit füllen wie oben beschrieben, die Rouladen mit Küchengarn umwickeln, damit sie ihre Form behalten. Nebeneinander in einen Topf legen, 100 g gehackten, kurz angebratenen Räucherspeck darüberstreuen und mit Tomatensauce bedecken. Die Rouladen bei niedriger Temperatur 40 Min. köcheln, bis sie gar sind.

Timbalen mit Sellerie

Gut mit Schmorgemüse

für 4 Personen
Zub. 10 Min. • Garzeit 35 Min.
4 Souffléförmchen à 200 ml

- 400 g Knollensellerie, geschält und gewürfelt
- 200 g Kartoffeln, geschält und gewürfelt
- 3 Eier
- 1 Eigelb
- 150 g Sahne
- 1 Knoblauchzehe
- 1 Prise geriebene Muskatnuss
- Salz und Pfeffer
- Butter für die Förmchen

1 Den Backofen auf 190 °C vorheizen. Sellerie und Kartoffeln in einen Topf mit kaltem Wasser geben. Aufkochen, einen Deckel auflegen und 8–10 Min. garen. Abgießen und gut abtropfen lassen.

2 Sellerie und Kartoffeln mit Eiern, Eigelb, Sahne, Knoblauch und Muskatnuss in die Küchenmaschine geben, mit Salz und Pfeffer würzen und pürieren.

3 Die Selleriemasse in die gebutterten Förmchen geben. Die Förmchen in die Fettpfanne des Backofens stellen und so viel kochendes Wasser angießen, dass sie zur Hälfte im Wasser stehen. Mit Alufolie abdecken und 25 Min. backen. Die Timbalen auf Teller stürzen und servieren.

Scharfe Tofupfanne

Tofu ist reich an Proteinen, dabei eher geschmacksneutral, und nimmt die Aromen der übrigen Zutaten auf

für 4 Personen
Zub. 10 Min. • Garzeit 15 Min.
Wok

- 2 EL Sonnenblumenöl
- 100 g ungesalzene Cashewnusskerne
- 300 g fester Tofu, gewürfelt
- 1 Zwiebel, in Scheiben geschnitten
- 2 Möhren, in Streifen geschnitten
- 1 rote Paprikaschote, Stielansatz, Samen und Scheidewände entfernt, Fruchtfleisch gehackt
- 1 Stange Staudensellerie, gehackt
- 4 braune Champignons, in Scheiben
- 175 g Bohnensprossen
- 2 TL Chilisauce
- 2 EL helle Sojasauce
- 1 TL Maisstärke
- 175 ml Gemüsebrühe

1 Das Öl im Wok erhitzen, die Cashewnusskerne darin 30 Sek. unter Rühren anrösten, herausnehmen und beiseitestellen.

2 Den Tofu in den Wok geben und unter Rühren goldgelb braten; herausnehmen. Zwiebel und Möhren in den Wok geben und 5 Min. unter Rühren braten, dann Paprika, Sellerie und Pilze hinzufügen und 3–4 Min. unter Rühren braten. Zum Schluss die Bohnensprossen zugeben und 2 Min. mitbraten. Die Temperatur die ganze Zeit auf hoher Stufe lassen, damit das Gemüse schnell gart.

3 Cashewnüsse und Tofu zurück in den Wok geben und alles mit Chilisauce würzen. In einer kleinen Schüssel die Maisstärke mit Sojasauce glatt rühren und zusammen mit der Brühe zum Gemüse geben. Noch 2–3 Min. auf der Kochstelle rühren, bis die Sauce kocht.

Rote-Bete-Salat mit Feta

Nicht nur eine Gaumenfreude, sondern auch ein Augenschmaus ist dieser köstliche bunte Salat

für 4 Personen
Zub. 10 Min. • Garzeit 60 Min.

- 6 kleine Rote-Bete-Knollen
- Olivenöl
- Salz und Pfeffer
- 1 rote Zwiebel, in Würfel geschnitten
- 50 g Rucola
- 100 g Feta, gewürfelt
- 1 Handvoll Minzeblätter, zerzupft, zum Garnieren

Dressing

- 3 EL Olivenöl
- 1 EL Balsamico-Essig
- 1 EL Dijonsenf
- 1 TL flüssiger Honig

Vorbereitung Bis zu 3 Tage im Voraus können die Rote Bete geröstet und das Dressing angerührt werden. Bis zur Verwendung abgedeckt im Kühlschrank aufbewahren.

1 Den Backofen auf 200 °C vorheizen. Die Rote-Bete-Knollen in eine ofenfeste Form legen. Etwas Wasser angießen, die Rote Bete mit Olivenöl beträufeln und mit Salz und Pfeffer würzen, dann gut mit Alufolie abdecken und etwa 60 Min. garen, bis die Knollen weich sind.

2 Die Rote Bete aus dem Ofen nehmen und abkühlen lassen. Schälen und in große Würfel schneiden.

3 Die Zutaten für das Dressing verrühren. Rote Bete und Zwiebel in eine Schüssel geben und das Dressing unterheben, dann Rucola darüberstreuen. Fetawürfel hinzufügen, mit Minze garnieren und servieren.

VARIANTE

Rote-Bete-Salat mit Ziegenkäse

Statt Feta 100 g harten, krümeligen Ziegenkäse verwenden. Man kann auch 1 kleine Handvoll Granatapfelkerne oder geröstete Pinienkerne über den Salat streuen.

Mexikanische Paprikaschoten

In Mexiko verwendet man für diese *chillies en nogada* herzförmigen, grünen Poblano-Chili, das Gericht lässt sich aber auch mit mildem Gemüsepaprika zubereiten

für 4 Personen

Zub. 30 Min. + Wartezeit • Garzeit 30 Min.

ohne Sauce und Garnitur tiefgekühlt 3 Mon. haltbar

- 250 g geräucherter Tofu, gehackt
- Saft von ½ Limette
- Salz und Pfeffer
- 1 EL Pflanzenöl
- 1 Zwiebel oder 2 Schalotten, fein gehackt
- 1 Knoblauchzehe, durchgepresst
- 2 große grüne oder rote Chilischoten, Samen entfernt, gehackt
- 1 rote Paprikaschote, Stielansatz, Samen und Scheidewände entfernt, Fruchtfleisch gehackt
- 8 grüne Oliven, entsteint und gehackt
- 2 EL Rosinen
- 4 EL Tomatenmark
- 250 ml Gemüsebrühe
- 4 Poblano-Chilischoten oder grüne Paprikaschoten
- ¼ Eisbergsalat, in Streifen geschnitten
- 4 EL Granatapfelkerne
- 1 EL gehacktes Koriandergrün

Sauce

- 50 g gemahlene Walnusskerne oder Mandeln
- 150 g Sauerrahm
- 50 g Frischkäse

Vorbereitung Sie können die Paprikaschoten bis zu 24 Std. im Voraus füllen und kühl stellen. Erst zum Servieren Sauce und Garnierung zugeben.

1 Für die Füllung den Tofu mit Limettensaft vermischen und mit Salz und Pfeffer würzen. Das Öl in einer Pfanne erhitzen, Zwiebel, Knoblauch, Chili und rote Paprikaschote hineingeben und bei niedriger Temperatur 5 Min. anschwitzen, dabei häufig umrühren.

2 Den Tofu einrühren, dabei die Stücke mit einem Löffel zerkrümeln, dann bei hoher Temperatur unter häufigem Rühren kurz braten, bis der Tofu heiß ist. Alles herausnehmen und beiseitestellen. Oliven, Rosinen, Tomatenmark und Brühe in die Pfanne geben und 10 Min. unter gelegentlichem Rühren köcheln lassen, bis die Flüssigkeit verdampft und die Masse dicklich ist. Die Tofumischung einrühren. Zum Abkühlen beiseitestellen.

3 Den Backofengrill auf höchster Stufe vorheizen und die Fettpfanne mit Alufolie auslegen. Die grünen Paprika- oder Poblano-Chilischoten grillen, bis die Haut auf allen Seiten angebrannt ist. Die Alufolie fest um die Schoten wickeln und etwas abkühlen lassen. Die Haut von den Schoten abziehen, dabei die Stiele nicht entfernen.

4 Die Schoten aufschneiden, aber nicht durchtrennen. Samen und Scheidewände entfernen, die Füllung hineingeben und in Form drücken.

5 Für die Sauce die gemahlenen Nusskerne mit Sauerrahm und Frischkäse verrühren.

6 Auf einer Servierplatte die gefüllten Paprikaschoten auf einem Salatbett anrichten. Mit Granatapfelkernen bestreuen und die Sauce neben die Schoten geben. Mit etwas gehacktem Koriander garnieren.

Gefüllte Tomaten

Fleischtomaten eignen sich gut zum Füllen

für 4 Personen

Zub. 20 Min. + Wartezeit • Garzeit 15–20 Min.

- 4 große, reife Fleischtomaten
- Salz und Pfeffer
- 1 EL Olivenöl
- 2 Sardellen, fein gehackt
- 1 Knoblauchzehe, durchgepresst
- 4 EL frische Semmelbrösel
- 4 EL Mascarpone
- 125 g Ricotta
- 2 EL fein gehackte Basilikumblätter

1 Die Tomaten waagerecht halbieren. Trennwände und Samen entfernen, die Tomatenhälften salzen und mit der Schnittseite nach unten 30 Min. abtropfen lassen.

2 Den Backofen auf 220 °C vorheizen. Das Öl in einem Topf erhitzen, Sardellen und Knoblauch hineingeben und 30 Sek. anbraten. Die Semmelbrösel hinzufügen und weitere 2 Min. braten.

3 Mascarpone, Ricotta und Basilikum vermischen und mit Pfeffer würzen. Die Tomaten damit füllen und mit der Semmelbröselmischung bestreuen.

4 Die Tomaten in eine flache, ofenfeste Form setzen und 15–20 Min. gratinieren, bis der Käse schmilzt und die Oberfläche goldbraun ist.

Gemüsespieße

Schmecken vom Holzkohlengrill besonders gut

für 4 Personen

Zub. 15 Min. • Garzeit 15 Min.

Holzspieße vor der Verwendung 30 Min. in kaltes Wasser legen, damit sie nicht verbrennen

Holzspieße

- 1 Zucchini
- je 1 rote und grüne Paprikaschote
- 1 rote Zwiebel
- 8 Kirschtomaten
- 8 kleine Champignons
- 5 EL Olivenöl
- 1 Knoblauchzehe, durchgepresst
- ½ TL getrockneter Oregano
- 1 Prise Chiliflocken

Vorbereitung Schritt 1 und 2 können mehrere Stunden im Voraus ausgeführt werden.

1 Die Zucchini putzen und in acht Stücke schneiden. Die Paprikaschoten von Stielansatz, Samen und Scheidewänden befreien und in 2,5 cm große Stücke schneiden. Die Zwiebel schälen und in Schnitze teilen, dabei das untere Ende nicht entfernen, damit die Schichten nicht auseinanderfallen.

2 Das Gemüse auf 4 lange oder 8 kürzere Spieße verteilen. Die übrigen Zutaten in einer kleinen Schüssel verquirlen.

3 Den Backofengrill auf mittlerer bis hoher Stufe vorheizen. Die Spieße auf den Grillrost legen und großzügig mit dem aromatisierten Öl bestreichen. 10–15 Min. grillen, bis das Gemüse gerade weich wird, dabei häufig wenden und mit Öl bestreichen. Restliches Öl über die fertigen Spieße träufeln.

Passt zu Hamburgern, gegrilltem Fleisch oder Fisch.

Reste schmecken mit Balsamico-Essig beträufelt auch kalt.

VARIANTE

Pilzspieße

Probieren Sie auch einmal Spieße, auf die Sie abwechselnd Champignons oder gemischte Waldpilze und Zwiebelschnitze stecken.

Walnusstarte mit Parmesan

Nichts für Kalorienzähler: Der nussige Teig enthält eine üppige Füllung

für 6–8 Personen

Zub. 25 Min. + Wartezeit • Garzeit 45 Min.

Tarteform (23 cm oder 35 x 11 cm) mit herausnehmbarem Boden, Backbohnen

tiefgekühlt 3 Mon. haltbar

- 50 g Walnusskernhälften
- 225 g Mehl plus Mehl zum Bestäuben
- 125 g kalte gesalzene Butter, gewürfelt, plus Butter zum Einfetten
- 450 g Sahne
- 2 große Eier
- 2 große Eigelb
- 150 g Parmesan, gerieben
- Pfeffer
- 1 Prise geriebene Muskatnuss

Vorbereitung Die Tarte kann bis zu 2 Tage im Voraus gebacken werden.

1 Den Backofen auf 200 °C vorheizen. Die Walnusskerne in der Küchenmaschine fein mahlen, dann Mehl und Butter zugeben und zu feinen Krümeln verarbeiten. Mit 2–3 EL kaltem Wasser alles rasch zu einem festen Teig kneten.

2 Den Teig auf der bemehlten Arbeitsfläche ausrollen und die gefettete Tarteform damit auslegen. Mit einer Gabel einstechen und für 30 Min. kühl stellen.

3 Backpapier und getrocknete Bohnen in die Tarteform legen und 10 Min. blindbacken. Dann Papier und Bohnen entfernen und weitere 10 Min. knusprig backen. Die Temperatur auf 180 °C reduzieren.

4 Sahne, Kartoffelpüree, Eier und Eigelbe vermischen. Käse, etwas Pfeffer und Muskatnuss unterrühren. In den vorgebackenen Boden füllen und 25 Min. backen, bis die Füllung gestockt ist. Die Tarte 10 Min. ruhen lassen, dann vorsichtig aus der Form nehmen. Aufschneiden und warm servieren.

Dazu passen Blattsalate und ein mildes Chutney oder ein Tomatensalat.

Gemüsecurry

In der indischen Küche gelten Kardamom, Nelken, Koriander und Kreuzkümmel als den Körper von innen wärmende Gewürze – ideal für Wintergerichte

- für 4–6 Personen
- Zub. 20 Min. • Garzeit 35–45 Min.
- tiefgekühlt 3 Mon. haltbar

- 4 EL Ghee (geklärtes Butterfett) oder Sonnenblumenöl
- 300 g fest kochende Kartoffeln, gewürfelt
- 5 grüne Kardamomkapseln, aufgebrochen
- 3 Nelken
- 1 Zimtstange, in zwei Hälften gebrochen
- 2 TL Kreuzkümmelsamen
- 1 Zwiebel, fein gehackt
- 2 TL frischer geriebener Ingwer
- 2 große Knoblauchzehen, durchgepresst
- 1 ½ TL Kurkuma
- 1 TL gemahlener Koriandersamen
- Salz und Pfeffer
- 1 Dose Tomatenstücke (400 g)
- 1 Prise Zucker
- 2 Möhren, geschält und gewürfelt
- 2 grüne Chilischoten, Samen entfernt, in Streifen geschnitten
- 150 g Wirsing oder Weißkohl, in Streifen geschnitten
- 150 g Blumenkohlröschen
- 150 g Erbsen
- 2 EL gehacktes Koriandergrün
- Mandelblättchen, geröstet, zum Bestreuen

Vorbereitung Sie können das Gericht am Vortag zubereiten und zum Servieren aufwärmen. Nach Bedarf etwas Wasser zugeben.

1 In einer großen, tiefen Pfanne bei hoher Temperatur das Ghee erhitzen. Die Kartoffeln zugeben und 5 Min. unter Rühren goldbraun braten. Mit dem Schaumlöffel aus der Pfanne nehmen und auf Küchenpapier abtropfen lassen.

2 Die Temperatur auf mittlere Stufe schalten, Kardamom, Nelken, Zimt und Kreuzkümmel in die Pfanne geben und rühren, bis der Kreuzkümmel zu platzen beginnt. Die Zwiebel hinzufügen und 5–8 Min. unter Rühren anschwitzen. Ingwer, Knoblauch, Kurkuma und gemahlenen Koriander zugeben, mit Salz und Pfeffer abschmecken und 1 Min. braten.

3 Tomaten und Zucker einrühren. Die Kartoffeln zurück in die Pfanne geben, Möhren, Chilischoten und 250 ml Wasser hinzufügen und unter häufigem Rühren aufkochen. Die Temperatur auf niedrige Stufe schalten und alles 15 Min. köcheln lassen, bis die Möhren gerade weich sind, dabei gelegentlich umrühren. Bei Bedarf etwas Wasser zugeben.

4 Wirsing, Blumenkohl und Erbsen einrühren und die Temperatur auf mittlere Stufe schalten. Weitere 5–10 Min. köcheln lassen, bis das Gemüse weich ist. Das Koriandergrün hinzugeben und noch einmal abschmecken. Die Kardamomkapseln und Nelken entfernen. Das Curry in eine Schüssel geben und mit den Mandelblättchen bestreuen.

Dazu passt viel frisch gekochter Basmatireis oder indisches Naan.

VARIANTE

Gemüsecurry mit Käse

300 g Panir (indischer Käse, ersatzweise Tofu verwenden) würfeln. Etwas Sonnenblumenöl in einer großen Pfanne bei hoher Temperatur erhitzen und den Käse von allen Seiten goldbraun braten. Auf Küchenpapier abtropfen lassen und in Schritt 4 zum Curry geben.

Gefüllte rote Paprika

Schön leicht, mit Reis und frischen Kräutern

- für 4 Personen
- Zub. 15 Min. • Garzeit 75 Min.

- 4 rote Paprikaschoten
- 125 g Basmatireis
- 1 EL gehackte Petersilie
- 1 EL gehackter Schnittlauch
- 1 TL gehackter Liebstöckel
- 1 EL Zitronensaft
- Salz und Pfeffer
- Olivenöl zum Beträufeln
- 150 ml Gemüsebrühe
- 100 g Käse, gerieben, zum Servieren

1 Den oberen Teil der Paprikaschoten wie einen Deckel abschneiden und beiseitestellen, Samen und Scheidewände entfernen. Den Reis nach Packungsanweisung garen, mit Kräutern und Zitronensaft mischen, salzen und pfeffern.

2 Den Backofen auf 160 °C vorheizen. In einem großen Topf Salzwasser zum Kochen bringen. Die Paprikaschoten darin 2–3 Min. blanchieren, dann abgießen und in eine ofenfeste Form stellen.

3 Den Reis in die Paprika füllen, die Deckel auflegen, mit Öl beträufeln. Die Brühe in die Form gießen, mit Alufolie abdecken und 60 Min. backen. Mit Reibkäse servieren.

Kartoffel-Fenchel-Puffer mit Pilzen

Besonders gut mit frischen Waldpilzen

für 4 Personen
Zub. 15 Min. • Garzeit 90 Min.

- 3 große mehlig kochende Kartoffeln
- Öl und Butter zum Braten
- 1 Zwiebel, fein gehackt
- 1 Fenchelknolle, geputzt und fein gehackt
- 2 EL Mehl
- 2 Eier
- 1 Prise geriebene Muskatnuss
- Salz und Pfeffer
- 1 Knoblauchzehe, durchgepresst
- 250 g gemischte Pilze
- 1 Spritzer Zitronensaft
- 2 EL Thymianblätter
- 2 EL gehackte Petersilie
- Parmesanspäne zum Servieren
- 4 EL Crème fraîche zum Servieren

1 Die Kartoffeln in einem großen Topf mit Salzwasser zum Kochen bringen und abgedeckt 3 Min. köcheln lassen. Abgießen, abkühlen lassen und schälen. Die Kartoffeln reiben, in eine Schüssel geben und beiseitestellen.

2 Etwas Öl und Butter in einer Pfanne erhitzen, die Zwiebel hineingeben und 5 Min. anschwitzen. Den Fenchel hinzugeben und 5 Min. garen. Abkühlen lassen, dann mit Kartoffeln, Mehl, Eiern und Muskatnuss mischen und mit Salz und Pfeffer abschmecken.

3 In einer beschichteten Pfanne etwas Butter und Öl erhitzen. Sobald das Fett heiß ist, jeweils 1 gehäuften EL der Masse in die Pfanne geben und flach drücken. Von jeder Seite 5 Min. braten. Fertige Puffer im Backofen warm halten.

4 Wenn alle Puffer fertig sind, in der Pfanne etwas frisches Öl und Butter erhitzen, den Knoblauch hineingeben und bei niedriger Temperatur anschwitzen. Die Pilze hinzufügen und 5 Min. braten, bis sie weich und sehr heiß sind. Mit Salz und Pfeffer würzen, den Zitronensaft dazugeben und Thymian und Petersilie darüberstreuen.

5 Die Puffer und die Pilze auf vier Teller verteilen und mit Parmesan und Crème fraîche servieren.

Dazu passt ein grüner Salat.

Tofu Stroganow

Die vegetarische Variante des russischen Klassikers verwendet Paprikaschoten anstelle der Gewürzgurken

für 4 Personen
Zub. 15 Min. • Garzeit 20 Min.

- 2 EL Sonnenblumenöl
- 350 g fester Tofu, in Streifen oder Würfel geschnitten
- 1 rote Zwiebel, in dünne Ringe geschnitten
- 2 Knoblauchzehen, durchgepresst
- je 1 rote und orangefarbene Paprikaschote, Stielansatz, Samen und Scheidewände entfernt, Fruchtfleisch in Streifen geschnitten
- 250 g gemischte Pilze, geviertelt
- 2 EL Tomatenmark
- 2 EL glatte Erdnussbutter
- 150 ml Gemüsebrühe
- 2 TL Maisstärke
- 200 g Crème fraîche oder Sauerrahm
- Salz und Pfeffer
- Schnittlauch zum Bestreuen
- 200 g gekochter Langkornreis zum Servieren

1 In einer großen Pfanne oder einem Wok 1 EL Öl erhitzen und den Tofu bei hoher Temperatur unter ständigem Rühren goldgelb anbraten. Aus der Pfanne nehmen und beiseitestellen.

2 Das restliche Öl in die Pfanne geben, Temperatur reduzieren, Zwiebel und Knoblauch anschwitzen, dann Paprika und Pilze hinzufügen und unter häufigem Rühren 5 Min. braten.

3 Tomatenmark und Erdnussbutter hinzufügen und den Tofu zurück in die Pfanne geben. Die Brühe angießen.

4 Die Maisstärke mit etwas Wasser glatt rühren. In die Pfanne geben und alles 2–3 Min. köcheln lassen.

5 Crème fraîche oder Sauerrahm einrühren, Salz und Pfeffer nach Geschmack zugeben, noch 2 Min. köcheln lassen. Mit Schnittlauch bestreuen und mit Reis servieren.

Zwiebeltarte mit Thymian

Dieser herzhafte Kuchen gelingt ganz einfach und schnell und sogar ohne Blindbacken

- für 4–6 Personen
- Zub. 40 Min. • Garzeit 30 Min.
- runde Kuchenform (20 cm) mit herausnehmbarem Boden

Teig

- 125 g Butter plus Butter zum Einfetten
- 3 EL Milch
- 150 g Mehl, mit 1 TL Backpulver vermischt

Füllung

- 3 EL Olivenöl
- 3 Zwiebeln, in feine Scheiben geschnitten
- 1 TL Zucker
- 2 EL gehackte Thymianblätter
- Salz und Pfeffer
- 250 g Sahne
- 3 Eier, verquirlt
- 50 g Parmesan, gerieben
- 2 EL Tapenade aus schwarzen Oliven

1 Für den Teig Butter und Milch in einem Topf erwärmen, bis die Butter geschmolzen ist. Das Mehl hinzugeben und rühren, bis sich eine Kugel bildet. Wenn der Teig etwas abgekühlt ist, die gefettete Backform damit auskleiden und 30 Min. kühl stellen.

2 Den Backofen auf 190 °C vorheizen. Das Öl in einer schweren Pfanne erhitzen, die Zwiebeln hineingeben und bei hoher Temperatur 5 Min. anschwitzen. Zucker, Thymian und 1 TL Salz hinzugeben, Temperatur reduzieren und die Zwiebeln unter gelegentlichem Rühren 30 Min. köcheln lassen, bis sie sehr weich und leicht karamellisiert sind. In der Zwischenzeit Sahne, Eier, Pfeffer und Parmesan verquirlen.

3 Die Kuchenform auf ein Backblech stellen und die Tapenade auf den Boden streichen. Die Zwiebeln darauf verteilen und die Sahnemischung hineingießen. Die Tarte 30 Min. backen, bis die Füllung gestockt ist. Entweder warm servieren oder vollständig abkühlen lassen.

Dazu passt Rucolasalat mit Walnussvinaigrette.

Gefüllte Auberginen

In der Türkei heißt dieses populäre Gericht *imam bayildi,* der Imam fiel in Ohnmacht

- für 4 Personen
- Zub. 20 Min. + Wartezeit • Garzeit 1 Std. 10 Min.
- niedriger GI
- tiefgekühlt 1 Mon. haltbar

- 4 Auberginen
- 6 EL Olivenöl
- 2 große Zwiebeln, in feine Scheiben geschnitten
- 3 Knoblauchzehen, durchgepresst
- 1 EL gemahlener Koriandersamen
- 1 EL gemahlener Kreuzkümmel
- 1 TL gemahlene Kurkuma
- ½ TL gemahlener Kardamom
- 2 Dosen Tomatenstücke (800 g)
- 100 g Sultaninen
- 2 EL gehacktes Koriandergrün
- 1 EL gehackte Minze
- 1 EL gehackte Petersilie

Vorbereitung Dieses Gericht schmeckt am besten, wenn man es am Vortag zubereitet und abgedeckt kühl stellt.

1 Den Backofen auf 180 °C vorheizen. Die Auberginen der Länge nach halbieren und kreuzweise mit einem scharfen Messer einschneiden.

2 Die Auberginen mit der Schnittfläche nach oben in eine ofenfeste Form legen und mit 4 EL Öl bestreichen. 30–35 Min. backen.

3 Die Auberginenhälften abkühlen lassen, denn das Fleisch herauskratzen und hacken. Dabei die Schale nicht beschädigen und eine dünne Schicht Fleisch stehen lassen.

4 Das restliche Öl in einem großen, schweren Topf erhitzen, Zwiebeln und Knoblauch hineingeben und bei mittlerer bis niedriger Temperatur anschwitzen. Die Gewürze hineingeben und anbraten, bis sie duften, dabei gelegentlich umrühren.

5 Die Tomaten einrühren, aufkochen, dann die Sauce bei reduzierter Temperatur 30 Min. unter gelegentlichem Rühren köcheln lassen, bis sie dick geworden ist. Sultaninen und Auberginenfleisch hinzufügen und unter Rühren weitere 10 Min. durchwärmen. Abkühlen lassen, dann Koriandergrün, Minze und Petersilie einrühren.

6 Die Masse in die Auberginenschalen füllen und mindestens 3 Std., am besten jedoch über Nacht, kühl stellen.

Dazu passen ein Kräutersalat und griechischer Joghurt.

Gemüsereis auf indische Art

So schmeckt *biryani* nicht nur Vegetariern

für 4 Personen
Zub. 30 Min. • Garzeit 45 Min.
fettarm

- 350 g Basmatireis
- 1 große Möhre, in Scheiben geschnitten
- 2 Kartoffeln, geschält und gewürfelt
- ½ Blumenkohl, in Röschen zerteilt
- 3 EL Pflanzenöl
- 1 rote Zwiebel, gehackt
- je 1 rote und grüne Paprikaschote, Stielansatz, Samen und Scheidewände entfernt, Fruchtfleisch gehackt
- 1 Zucchini, gehackt
- 100 g tiefgekühlte Erbsen
- 1 TL gemahlene Kurkuma
- 1 TL Paprikapulver
- 2 TL gemahlener Koriandersamen
- 2 TL milde Currypaste
- 1 TL Kreuzkümmel
- 150 ml Gemüsebrühe
- 50 g Cashewnusskerne, leicht geröstet

1 Den Reis nach Packungsanweisung bissfest kochen. Abgießen und beiseitestellen.

2 Möhre und Kartoffeln in kochendem Wasser 5 Min. blanchieren. Blumenkohl dazugeben und garen, bis das Gemüse weich ist. Abgießen.

3 Das Öl in einer großen Pfanne erhitzen, die Zwiebel hineingeben und bei mittlerer bis niedriger Temperatur anschwitzen. Paprika und Zucchini zugeben und unter gelegentlichem Rühren 5 Min. braten.

4 Das gekochte Gemüse und die Erbsen hinzufügen, dann Kurkuma, Paprikapulver, Koriander, Currypaste und Kreuzkümmel einrühren und weitere 5 Min. braten, schließlich die Brühe angießen. Den Backofen auf 180 °C vorheizen.

5 Die Hälfte des Reises in eine Auflaufform geben und das Gemüse darauf verteilen, mit dem restlichen Reis bedecken. Die Form mit Alufolie verschließen und für 30 Min. in den Backofen schieben. Mit Cashewkernen bestreuen und servieren.

Dazu passen indisches Naan, Mangochutney, eingelegte Limetten.

Gemüse-Moussaka

Eine leichte Variante des griechischen Klassikers: Linsen und Joghurt statt Lamm und Béchamelsauce

für 4–6 Personen
Zub. 20 Min. • Garzeit 90 Min.

- 2 Auberginen, zusammen 600 g, in 1 cm dicke Scheiben geschnitten
- 2 Zucchini, in dicke Scheiben geschnitten
- 2 Zwiebeln, in dicke Ringe geschnitten
- 2 rote Paprikaschoten, Stielansatz, Samen und Scheidewände entfernt, Fruchtfleisch in dicke Streifen geschnitten
- 4 EL Olivenöl
- Salz und Pfeffer
- 2 Knoblauchzehen, grob gehackt
- 1 EL gehackte Thymianblätter
- 1 Dose Tomatenstücke (400 g)
- 1 Dose grüne Linsen (300 g), abgegossen und abgespült
- 2 EL gehackte glatte Petersilie
- 2 Eier, leicht verquirlt
- 300 g griechischer Joghurt
- 1 Prise Paprikapulver
- 100 g Feta, zerkrümelt
- 2 EL Sesamsamen

1 Den Backofen auf 220 °C vorheizen. Auberginen, Zucchini, Zwiebeln und Paprikaschoten in der Fettpfanne verteilen und mit Olivenöl beträufeln. Gut vermischen, dann mit Salz und Pfeffer würzen.

2 Das Gemüse 10 Min. rösten, Knoblauch und Thymian dazugeben und weitere 30–35 Min. rösten, bis alles weich ist. Die Temperatur auf 180 °C reduzieren.

3 Die Tomaten mit ihrem Saft, die Linsen und die Petersilie unter das Gemüse mischen. Abschmecken und bei Bedarf nachwürzen. Alles in eine etwa 23 cm große, quadratische ofenfeste Form füllen.

4 Eier und Joghurt mit dem Paprikapulver verquirlen und mit Salz und Pfeffer würzen. Auf dem Gemüse verteilen und mit Feta-Krümeln bestreuen. Die Auflaufform auf einem Backblech in den Ofen schieben und 40 Min. backen. Die Sesamsamen darüberstreuen und weitere 10 Min. backen, bis die Oberfläche goldbraun ist. Einige Minuten stehen lassen, dann noch warm servieren.

Dazu passen ein grüner Salat als Beilage und knuspriges Brot zum Auftunken der Sauce.

Ausgebackenes Gemüse

Eine Spezialität der japanischen Küche, die auch Fisch oder Meeresfrüchte in Tempura-Teig verpackt

für 4 Personen

Zub. 10–20 Min. • Garzeit 10 Min.

Fritteuse oder ein großer, tiefer Topf, zur Hälfte mit Öl gefüllt

750–1000 ml Sonnenblumenöl zum Frittieren

200 g Mehl

450 ml Eiswasser

1 Eigelb

gemischtes knackiges Gemüse, etwa Brokkoli, Möhren, grüne Bohnen und Frühlingszwiebeln, geputzt und in dünne Scheiben oder kleine Stücke geschnitten

1 Frühlingszwiebel, in feine Streifen geschnitten, zum Garnieren

Dip

2 EL Sake (Reiswein)

2 EL Sojasauce

2 EL Zucker

Vorbereitung Den Dip kann man 2 Tage im Voraus anrühren und bis zur Verwendung abgedeckt im Kühlschrank aufbewahren.

1 Für den Dip Sake, Sojasauce, Zucker und 2 EL Wasser in einer kleinen Schüssel verrühren und beiseitestellen.

2 Das Öl 7,5 cm hoch in einen schweren Topf geben und auf 190 °C erhitzen, sodass ein Würfel trockenes Brot in 1 Min. braun wird. In der Zwischenzeit Mehl, Eiswasser und Eigelb in einer Schüssel leicht verquirlen. Der Teig sollte etwas klumpig bleiben, denn so wird das Tempura besonders luftig.

3 Die Gemüsestücke portionsweise in den Teig tauchen, überschüssigen Teig über der Schüssel abtropfen lassen. Das Gemüse ins heiße Öl geben und 1–2 Min. rundum goldbraun frittieren. Mit einem Schaumlöffel herausnehmen und auf Küchenpapier gut abtropfen lassen. Warm halten, während das restliche Gemüse ausgebacken wird.

4 Mit Frühlingszwiebeln garnieren und sofort mit kleinen Schälchen Sauce servieren.

Auberginenauflauf

Melanzane parmigiana wie in Italien, mit Tomatensauce, Mozzarella und Parmesan überbacken

für 4 Personen

Zub. 40 Min. • Garzeit 30 Min.

ofenfeste Form

in der Auflaufform (aber ungebacken) tiefgekühlt 1 Mon. haltbar; dann backen wie in Schritt 4

2 große Eier

Salz und Pfeffer

50 g Mehl

2 Auberginen, der Länge nach in dünne Scheiben geschnitten

4 EL Sonnenblumenöl

500 ml Tomatensauce (s. S. 188)

50 g Parmesan, gerieben

1 Bund Basilikum, ein paar Blätter zum Garnieren zur Seite gelegt

300 g Mozzarella, in Scheiben geschnitten

Vorbereitung Sie können Schritt 1–3 am Vortag ausführen und das Gericht es erst kurz vor dem Servieren in den Backofen schieben.

1 Den Backofen auf 160 °C vorheizen. Die Eier in einer flachen Schüssel verquirlen und mit Salz und Pfeffer würzen. Das Mehl auf einen Teller geben. Die Auberginenscheiben im Mehl wenden, überschüssiges Mehl abklopfen, dann in die Eiermasse tauchen, überflüssige Flüssigkeit zurück in die Schüssel tropfen lassen.

2 In einer großen Pfanne bei mittlerer Temperatur das Öl erhitzen. Die Auberginenscheiben portionsweise von jeder Seite 5 Min. goldbraun braten. Auf Küchenpapier abtropfen lassen.

3 Tomatensauce, Auberginenscheiben, Parmesan, Basilikumblätter und Mozzarella abwechselnd in eine flache, ofenfeste Form schichten, mit einer Schicht Tomatensauce und Käse abschließen. Mit Salz und Pfeffer würzen.

4 Die Form auf ein Backblech stellen und für 30 Min. in den Ofen stellen, bis die Sauce Blasen wirft und der Käse geschmolzen ist. Mit den restlichen Basilikumblättern garnieren und heiß servieren.

Dazu passt ein einfacher Salat, wenn der Auflauf als Hauptgang serviert wird. Er schmeckt aber auch als Beilage zu gegrilltem Fleisch.

VARIANTE

Zucchiniauflauf

Die Auberginen durch Zucchini ersetzen, der Länge nach in dicke Scheiben geschnitten.

Flamiche mit Lauch und Käse

Im Norden Frankreichs bäckt man diese Pastete mit sahniger Lauchfüllung

- für 6 Personen
- Zub. 30 Min. • Garzeit 45 Min.
- tiefgekühlt 1 Mon. haltbar

400 g Blätterteig, Tiefkühlware aufgetaut
50 g Butter
500 g Lauch, in Ringe geschnitten
150 g Frischkäse
4 EL Crème fraîche
2 EL Schnittlauchröllchen
50 g Parmesan, gerieben
1 Prise geriebene Muskatnuss
Pfeffer
1 Eigelb, verquirlt

Vorbereitung Die Flamiche kann bis zu 2 Tage im Voraus zubereitet und mit Frischhaltefolie abgedeckt kühl aufbewahrt werden.

1 Den Backofen auf 200 °C vorheizen. Ein Backblech mit Backpapier auslegen. Den Blätterteig halbieren und jede Hälfte zu einem 20 x 30 cm großen Rechteck ausrollen. Eine Teighälfte auf das Backblech legen und kühl stellen. Die andere Hälfte in Frischhaltefolie wickeln und ebenfalls kühl stellen.

2 In einer Pfanne die Butter zerlassen, den Lauch darin unter gelegentlichem Rühren 15 Min. sanft garen. Abkühlen lassen.

3 Frischkäse, Crème fraîche, Schnittlauch, Parmesan, Muskat und 1 Prise Pfeffer verrühren und unter den Lauch mischen. Die Lauchmischung auf dem Blätterteigboden verteilen, dabei rundherum einen Rand von 2 cm lassen. Den Rand mit Eigelb bestreichen.

4 Die zweite Teigplatte wie einen Deckel auf den Lauch legen und die Ränder andrücken. Die Oberfläche mit Eigelb einpinseln und mit einem Messer in der Mitte einige Male einstechen, damit beim Backen der Dampf austreten kann. Die übrige Fläche mithilfe eines Messerrückens mit einem Rautenmuster verzieren. Die Flamiche für 30 Min. in den Backofen schieben und vor dem Servieren 10 Min. abkühlen lassen.

Dazu passt Blattsalat oder ein Tomatensalat mit Zwiebeln.

Kürbis-Gorgonzola-Tarte

Zu dieser Tarte passt von cremig-mild bis würzig-fest jede Art von Gorgonzola

- für 6 Personen
- Zub. 25 Min. + Wartezeit • Garzeit 1 Std. 30 Min.
- Backform mit herausnehmbarem Boden (24 cm), Backbohnen
- der ungebackene Boden ist tiefgekühlt 1 Mon. haltbar

250 g Mehl
125 g Butter, gekühlt, plus Butter zum Einfetten
Eiswasser
500 g Kürbis, geschält und entkernt
Olivenöl
400 g Spinat
2 große Eier
1 Eigelb
300 g Sahne
50 g Parmesan, gerieben
geriebene Muskatnuss
Salz und Pfeffer
125 g Gorgonzola, zerkrümelt

1 Für den Teig Mehl und Butter in die Küchenmaschine geben und zu einer feinkrümeligen Masse verarbeiten. Mit etwas Eiswasser verkneten, ausrollen und die gefettete Form mit dem Teig auslegen. Für 30 Min. kühl stellen.

2 Den Backofen auf 180 °C vorheizen. Den Tarteboden mit einer Gabel mehrmals einstechen, mit Backpapier bedecken und mit Backbohnen beschweren. Den Boden 10 Min. blindbacken, Papier und Backbohnen entfernen und weitere 10 Min. knusprig backen.

3 Den Kürbis in dicke Scheiben schneiden, in eine ofenfeste Form legen, mit etwas Olivenöl einpinseln und 30 Min. backen, bis er weich ist. In der Zwischenzeit den Spinat mit etwas Olivenöl in einen Topf geben und bei mittlerer Temperatur 4 Min. garen. Abtropfen und abkühlen lassen. Eier, Eigelb, Sahne, Parmesan und Muskat verrühren und mit Salz und Pfeffer abschmecken.

4 Den abgekühlten Spinat gut ausdrücken und auf dem Boden der Tarte ausbreiten, die Kürbisscheiben darauf verteilen und mit Gorgonzola bestreuen. Die Eiermasse angießen und die Tarte 30–40 Min. backen, bis die Füllung gestockt ist. Aus dem Ofen nehmen und vor dem Servieren 10 Min. ruhen lassen.

Kartoffeln

Kartoffeln sind große Verwandlungskünstler in der Küche. Sie sind preiswert, vielseitig und schmecken allen. Von den ersten Frühkartoffeln, die vor allem aus südlichen Ländern kommen, bis zur einheimischen Ernte gibt es reichlich Auswahl.

Auswahl

Kartoffeln gibt es in vielen Formen, Größen und Farben, aber sie sind alle, in unterschiedlichen Abstufungen, entweder fest- oder mehlig kochend, was jeweils zu unterschiedlichen Zubereitungsarten passt. Festkochende Kartoffeln behalten beim Kochen ihre Form und sind ideal für Salz- und Pellkartoffeln, gebraten, im Salat oder als Gratin. Mehlig kochende Kartoffeln werden weich und locker, sie eignen sich besser für Klöße, Püree, Reibekuchen, zum Backen im Ofen und für Pommes frites.

Lagerung

Kartoffeln sollten an einem kühlen, dunklen Ort lagern, aber möglichst nicht im Kühlschrank. Durch zu viel Licht können grüne, giftige Stellen entstehen. Kartoffeln nicht in Plastiktüten aufbewahren, sonst faulen sie leicht.

VORWIEGEND FESTKOCHENDE SORTEN

La Bonotte
Die Königin der französischen Kartoffeln. Runde Knolle mit gelber Schale, gelbem Fleisch und hervorragendem Geschmack. Mittelfrühe Sorte.

Süßkartoffeln
Botanisch gehören sie nicht zu den Kartoffeln, können aber genauso zubereitet werden wie vorwiegend festkochende Sorten. Ihr Fleisch ist weiß oder orangefarben und von deutlicher Süße.

Roseval
Relativ große, ovale Knolle mit rötlicher Schale und kräftig gelbem Fleisch. Angenehmer Geschmack. Mittlere bis späte Sorte.

Hela
Ovale Knolle mit gelber Schale und gelbem Fleisch, mild im Geschmack. Sehr frühe Sorte, aber gut lagerfähig.

MEHLIG KOCHENDE SORTEN

Bintje
Niederländische Sorte, die auch in der Pommes-frites-Herstellung Verwendung findet. Große gelbschalige Knollen mit gelbem Fleisch. Reifezeit mittelfrüh.

Ackersegen
Deutsche Sorte mit gelber Schale und gelbem Fleisch. Die Knollen sind rund mit ausgezeichnetem, buttrigem Geschmack. Spät reifende Sorte.

Odenwälder Blaue
Traditionsreiche deutsche Sorte mit blauer Schale. Das Fruchtfleisch ist gelb, der Geschmack angenehm würzig. Die Reifezeit ist mittelspät.

FESTKOCHENDE SORTEN

Rosa Tannenzapfen
Kleine, längliche Kartoffeln mit leicht rosiger Schale und gelbem Fleisch. Würziger Geschmack. Spät reifende Sorte aus England.

Charlotte
Die kleine, längliche Kartoffel ist wegen ihres feinen Geschmacks beliebt. Sie hat eine gelbe Schale und tiefgelbes aromatisches Fleisch. Frühe Sorte.

Sieglinde
Traditionsreiche deutsche Sorte mit gelber Schale und gelbem Fleisch. Feiner Geschmack. Eine der frühesten Kartoffeln im Handel.

Nicola
Die kleine, ovale Kartoffel hat eine glatte, weiche Schale und hellgelbes Fleisch. Sie gehört zu den mittelfrühen Sorten.

Linda
Für viele die Königin unter den deutschen Kartoffeln. Gelbe Schale mit hellgelbem Fleisch. Mittelfrühe Sorte mit hohen Erträgen.

Vor- und Zubereitung

Waschen

Viele Rezepte verlangen ungeschälte Kartoffeln. In diesem Fall müssen die Knollen gut gebürstet werden: In kaltem Wasser waschen und mit einer Gemüsebürste die Erde gründlich abreiben, ohne die Schale zu verletzen.

Schälen

Kartoffeln können vor oder nach dem Kochen geschält werden. Gekochte Kartoffeln zunächst etwas abkühlen lassen und dann pellen. Rohe Kartoffeln mit dem Sparschäler oder mit einem kleinen scharfen Messer schälen.

Scheiben schneiden

Wichtig ist dabei vor allem, dass die Scheiben in der gewünschten Stärke möglichst gleichmäßig geschnitten werden, damit sie bei der weiteren Verarbeitung auch gleich schnell garen.

Stäbchen schneiden

Für gute, saftige Pommes frites große, mehlig kochende Kartoffeln zunächst in 1 cm dicke Scheiben schneiden. Die Scheiben in etwa 7,5 cm lange Stäbchen teilen.

Würfeln

Für gleich große Würfel die Scheiben (siehe oben) übereinanderlegen und der Länge nach in der gewünschten Breite schneiden. Die Streifen um 90 Grad drehen und in gleich große Würfel schneiden.

Reiben

Manche Rezepte verlangen geriebene Kartoffeln. Je nach Verwendungszweck nimmt man rohe oder gekochte Kartoffeln und reibt sie auf der groben oder der feinen Seite der Küchenreibe in eine Schüssel.

Kochen

1 Die geschälten Kartoffeln in gleich große Stücke schneiden, in einen Topf geben und mit kaltem Wasser bedecken. Salzen, Deckel auflegen und bei hoher Temperatur zum Kochen bringen.

2 Sobald das Wasser kocht, die Temperatur reduzieren, den Deckel halb auflegen und die Kartoffeln köcheln lassen, bis sie beim Einstechen mit einer Messerspitze keinen Widerstand mehr bieten.

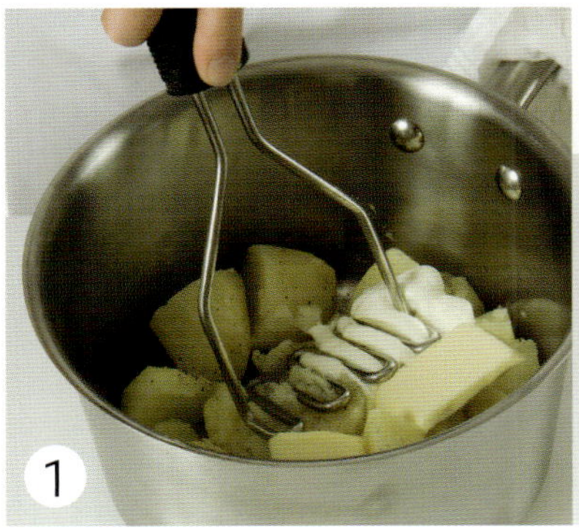

Stampfen

1 Die Kartoffeln kochen (siehe oben). In ein Sieb abgießen, abtropfen lassen und zurück in den Topf geben. Butter und Sahne hinzugeben sowie Salz, Pfeffer und Muskat nach Geschmack. Deckel auflegen und 5 Min. ruhen lassen.

2 Mit dem Kartoffelstampfer die Kartoffeln zu einem glatten, luftigen Brei zerdrücken. Noch einmal abschmecken und nach Belieben mehr Butter und Sahne zugeben. Bis zum Servieren warm halten.

Kartoffeln

Backen

1 Den Backofen auf 220 °C vorheizen. Ungeschälte große, mehlig kochende Kartoffeln waschen, abbürsten und trocken tupfen. Mit einer Gabel mehrmals einstechen, damit die Garzeit kürzer ist, dann mit Oliven- oder Sonnenblumenöl einreiben.

2 Die Kartoffeln auf das Backblech legen und 60 Min. backen, bis sie sich beim Zusammendrücken oder Einstechen weich anfühlen. Aus dem Backofen nehmen, oben kreuzweise einschneiden und aufdrücken. Mit dem gewünschten Belag heiß servieren.

Frittieren

1 Für zweimal frittierte goldene Pommes frites ausreichend Öl in einer Fritteuse auf 160 °C erhitzen. Die Kartoffelstäbchen hineingeben und 5–6 Min. hellbraun frittieren. Herausnehmen, gut abtropfen und abkühlen lassen.

2 Das Öl auf 180 °C erhitzen und die Kartoffeln nochmals 1–2 Min. knusprig und goldbraun frittieren. Aus dem Öl nehmen und auf Küchenpapier abtropfen lassen. Salzen und heiß servieren.

Rösten

1 Die Kartoffeln schälen, in gleich große Stücke schneiden und in einen Topf geben. Mit Wasser bedecken, salzen und 10 Min. kochen. Abgießen und etwas abkühlen lassen. Mit einer Gabel die Kartoffeln rundherum einstechen.

2 In der Zwischenzeit eine ofenfeste Form mit etwas Pflanzenöl oder Entenfett im Backofen bei 200 °C erhitzen. Die Kartoffeln im heißen Fett wenden, dann 60 Min. im Ofen rösten, bis sie knusprig sind. Aus der Form nehmen und auf Küchenpapier abtropfen lassen. Salzen und heiß servieren.

Braten

1 Eine dünne Schicht Sonnenblumen- oder Olivenöl in einer Pfanne erhitzen. Auf mittlere Hitze schalten, die Kartoffelscheiben portionsweise nebeneinander in die Pfanne legen und 8–10 Min. auf der Unterseite golden braten.

2 Die Scheiben wenden und weitere 5 Min. braten, bis beide Seiten goldbraun sind und beim Einstechen einer Messerspitze keinen Widerstand mehr bieten. Auf Küchenpapier abtropfen lassen, salzen und heiß servieren.

Ideen für Reste

BRATKARTOFFELN

Roh gebraten oder aus übrig gebliebenen Pellkartoffeln – mit Olivenöl, Knoblauch und Rosmarin immer ein Genuss.

Kartoffeln mit Käse-Speck-Füllung

Mit übrig gebliebenen Ofenkartoffeln verkürzt sich die Garzeit

1 Std. 50 Min. Seite 38

Kartoffelsalat mit Schinken

Salat aus kleinen neuen Kartoffeln und feinem Parmaschinken

30 Min. Seite 117

Kartoffel-Parmesan-Küchlein

Besser kann man übrig gebliebenes Kartoffelpüree nicht verwerten

45 Min. Seite 245

Fleisch-Kartoffel-Auflauf

Die obere Schicht besteht aus Kartoffelpüree, darunter verbirgt sich Lammfleisch

1 Std. Seite 344

Möhren-Pastinaken-Püree mit Estragon

Mit Gemüsebrühe statt Milch oder Sahne wird das Püree leichter

für 4 Personen
Zub. 10 Min. • Garzeit 10–15 Min.
Mixer oder Küchenmaschine

- 5 große Möhren, geschält und gehackt
- 2 große Pastinaken, geschält und gehackt
- 1 große mehlig kochende Kartoffel, geschält und gehackt
- 1 EL Olivenöl
- 100 ml Vollmilch oder Sahne
- 2 TL gehackter Estragon
- Salz und Pfeffer

Vorbereitung Sie können das Püree am Vortag zubereiten und vorsichtig aufwärmen.

1 Wasser in einen großen Topf füllen, salzen und zum Kochen bringen. Möhren hineingeben und 5 Min. garen, dann Pastinaken und Kartoffel zugeben und wieder aufkochen. Temperatur reduzieren und weitere 5 Min. köcheln lassen, bis das Gemüse sehr weich ist.

2 Das Gemüse abgießen und gut abtropfen lassen.

3 Das Gemüse mit dem Olivenöl in die Küchenmaschine geben und pürieren. Nach und nach Milch oder Sahne hinzufügen.

4 Das Püree in eine vorgewärmte Schüssel füllen und den Estragon einrühren. Mit Salz und Pfeffer abschmecken und heiß servieren.

Passt zu gebratenem oder gegrilltem Fleisch, Geflügel und Wild.

Apfelrotkohl

Wie die meisten Gerichte mit Kohl schmeckt er am besten, wenn er langsam gekocht und wieder aufgewärmt wird

für 4 Personen
Zub. 10 Min. • Garzeit 1 Std. 25 Min.

- 2 Scheiben durchwachsener Speck, gewürfelt
- 1 Zwiebel, fein gehackt
- 1 EL Zucker
- 1 großer Kochapfel, geschält, entkernt und gehackt
- 1 kg Rotkohl, Strunk entfernt, Blätter geviertelt und quer in feine Streifen geschnitten
- 50 ml Rotweinessig
- Salz

1 In einem schweren Topf bei milder Hitze den Speck ausbraten. Die Zwiebel hinzugeben und etwa 5 Min. anschwitzen. Den Zucker einrühren und 5 Min. braten, bis die Masse golden ist, dann den Apfel zugeben. Einen Deckel auflegen und unter gelegentlichem Rühren 3–4 Min. garen.

2 Den Rotkohl in den Topf geben. Gut mit dem Speckfett vermischen, dann den Essig unterrühren. Abgedeckt bei niedriger Temperatur 10 Min. garen, bis der Kohl seine Farbe ändert.

3 Salzen, 150 ml Wasser zugeben und den Deckel wieder auflegen. Unter gelegentlichem Rühren 60–75 Min. schmoren lassen, bis der Kohl sehr weich ist. Bei Bedarf etwas Wasser zugeben. Vor dem Servieren mit Salz abschmecken.

Passt zu deftigen Braten aller Art, vor allem Schwein, Ente, Gans und Wild.

Ausgebackene Zucchini

Diese köstlich knusprigen Zucchinischeiben passen bestens auf ein Partybüffet

für 4 Personen
Zub. 15 Min. • Garzeit 15 Min.

1 Päckchen (7 g) Trockenhefe

50 g Mehl

Salz und Pfeffer

150 ml Sonnenblumenöl

2 Zucchini, diagonal in Scheiben geschnitten

1 Die Hefe in einer kleinen Schüssel mit 250 ml warmem Wasser verrühren und 10 Min. stehen lassen, bis sich Bläschen bilden.

2 In einer Schüssel Mehl mit Salz und Pfeffer vermischen und eine Mulde in die Mitte drücken. Das Hefewasser hineingeben und nach und nach mit dem Mehl zu einem Teig verarbeiten.

3 Das Öl in einer großen Pfanne oder einem Wok bei mittlerer Temperatur erhitzen. Die Zucchinischeiben portionsweise in den Teig tauchen, etwas abtropfen lassen und 5 Min. ausbacken, bis sie auf beiden Seiten goldbraun sind.

4 Die Zucchini auf Küchenpapier abtropfen lassen und salzen. Auf eine vorgewärmte Platte legen und sofort servieren.

Dazu passt ein Dip nach Wahl, etwa süße Chilisauce, Tomatenketchup, Barbecuesauce oder mit etwas Essig verrührte Sojasauce. Die ausgebackenen Zucchini schmecken auch als Vorspeise oder als Beilage zu gegrilltem oder gebratenem weißen Fisch und Geflügel.

Gegrilltes Gemüse

Einfacher geht es nicht: frisches Gemüse vom Grill in Balsamico-Olivenöl-Marinade

für 4 Personen
Zub. 20 Min. + Wartezeit • Garzeit 6–10 Min.
großes korrosionsbeständiges Gefäß, Backpinsel

2 Zucchini, der Länge nach halbiert

je 1 große rote und gelbe Paprikaschote, Stielansatz, Samen und Scheidewände entfernt, Fruchtfleisch der Länge nach geviertelt

1 große Aubergine, in Scheiben geschnitten

1 Fenchelknolle, der Länge nach geviertelt

125 ml Olivenöl plus Öl für den Grillrost

3 EL Balsamico-Essig

2 Knoblauchzehen, gehackt

4 EL grob gehackte glatte Petersilie plus Petersilie zum Servieren

Salz und Pfeffer

Vorbereitung Das Gemüse kann bis zu 4 Std. mariniert oder vollständig am Vortag zubereitet und zimmerwarm serviert werden.

1 Das Gemüse mit der Schnittseite nach oben in eine große, korrosionsbeständige Form legen. Öl, Essig, Knoblauch und Petersilie verrühren und mit Salz und Pfeffer abschmecken. Die Marinade über das Gemüse geben und mindestens 30 Min. durchziehen lassen.

2 Den Grill oder Backofengrill auf höchster Stufe vorheizen. Den Grillrost einfetten.

3 Das Gemüse aus der Marinade nehmen und etwa 3–5 Min. auf jeder Seite grillen, bis es weich und leicht gebräunt ist, dabei mit Marinade einpinseln. Mit Petersilie bestreuen, mit restlicher Marinade beträufeln und servieren.

Maiskolben mit Kräuterbutter

Frische Gartenkräuter und Knoblauch würzen die Butter, die der Mais zum Schmelzen bringt

für 8 Personen
Zub. 10 Min. • Garzeit 15 Min.

- 8 Maiskolben
- Salz und Pfeffer

Kräuterbutter

- 125 g weiche Butter
- 1 TL Dijonsenf
- Saft von ½ kleinen Zitrone
- 1 Knoblauchzehe, fein gehackt
- 1 Schalotte, fein gehackt
- 1 EL gehackter Schnittlauch
- 1 EL gehackte Petersilie
- 1 EL gehacktes Basilikum
- 1 EL gehackte Minze

1 Für die Kräuterbutter alle Zutaten vermischen. Die Butter auf ein Stück Backpapier geben und zu einer Rolle formen. Mit dem Papier umwickeln, die Enden wie bei einem Bonbon zusammendrehen. Die Butter in den Kühlschrank stellen, bis sie fest genug zum Schneiden ist.

2 Für den Mais in einem großen Topf Wasser zum Kochen bringen. Die Blätter und Fäden von den Maiskolben entfernen, die Kolben ins kochende Wasser legen und abdecken.

3 Sobald das Wasser wieder kocht, den Herd abschalten und den Mais im geschlossenen Topf 5 Min. garen lassen.

4 Die Kolben mit der Küchenzange herausnehmen und auf eine Servierplatte legen, salzen und pfeffern. Die Butter in 8 Scheiben schneiden und auf dem Mais verteilen.

Ratatouille

Der Geschmack des Sommers

für 4 Personen
Zub. 15 Min. • Garzeit 40 Min.

- 4 EL Olivenöl
- 1 Zwiebel, gehackt
- 1 Knoblauchzehe, gehackt
- 1 Zucchini, in Scheiben geschnitten
- 1 kleine Aubergine von etwa 225 g, gewürfelt
- 1 rote Paprikaschote, Stielansatz, Samen und Scheidewände entfernt, Fruchtfleisch in 2,5 cm große Stücke geschnitten
- 150 ml Gemüsebrühe
- 1 Dose Tomatenstücke (400 g)
- 2 TL gehackter Oregano plus 2–3 Zweige zum Servieren
- Salz und Pfeffer

1 Das Öl in einem großen Topf bei mittlerer Temperatur erhitzen. Die Zwiebel darin 5 Min. anschwitzen. Knoblauch, Zucchini, Aubergine und Paprikaschote hineingeben und 5 Min. unter Rühren braten.

2 Die Brühe, Tomatenstücke mit Saft und Oregano hinzufügen und aufkochen. Die Temperatur auf niedrige Stufe schalten und den Deckel halb auflegen. Köcheln lassen, bis das Gemüse weich ist, dabei gelegentlich umrühren.

3 Die Ratatouille mit Salz und Pfeffer abschmecken. Das Gemüse in eine Servierschüssel geben und mit Oreganozweigen garniert sofort auf den Tisch bringen oder abgedeckt in den Kühlschrank stellen und kalt servieren.

Dazu passt eine Schüssel geriebener Käse zum Bestreuen, falls die Ratatouille heiß serviert wird, oder eine Flasche fruchtiges Olivenöl zum Beträufeln, wenn man das Gemüse kalt isst.

Gerösteter Eichelkürbis

Ein Winterkürbis mit süßem Fruchtfleisch

für 4 Personen
Zub. 10 Min. • Garzeit 35 Min.

2 Eichelkürbisse, halbiert und entkernt

50 g weiche Butter

4 EL brauner Zucker

Vorbereitung Sie können Schritt 1 und 2 mehrere Stunden im Voraus erledigen.

1 Den Backofen auf 190 °C vorheizen. Das Innere der Kürbisse mit der Hälfte der Butter bestreichen und mit 1 TL Zucker bestreuen.

2 Die Kürbishälften aufrecht und mit der Schnittseite nach oben in eine ofenfeste Form stellen und Wasser bis zur Höhe von 2,5 cm hineingießen.

3 Die Form für 35 Min. in den Ofen schieben. Nach der Hälfte der Garzeit die restliche Butter und den restlichen Zucker auf den Kürbishälften verteilen. Weiterbacken, bis der Kürbis braun ist und eine Messerspitze leicht eindringt.

Passt zu Braten aller Art oder gebackenem Schinken.

Reste aufwärmen oder zu Suppe verarbeiten.

Überbackene Zucchini

Köstlich und blitzschnell zubereitet

für 4 Personen
Zub. 5 Min. • Garzeit 15 Min.

4 kleine Zucchini, gewaschen und der Länge nach halbiert

1 EL Olivenöl

2 Knoblauchzehen, sehr fein gehackt

50 g Parmesan, gerieben

Salz und Pfeffer

Vorbereitung Sie können Schritt 1 mehrere Stunden im Voraus erledigen und die Zucchini erst kurz vor dem Servieren überbacken.

1 Den Backofen auf 200 °C vorheizen. Die Zucchini mit der Schnittseite nach oben nebeneinander in eine ofenfeste Form legen. Dünn mit Öl bestreichen, dann mit Knoblauch, Parmesan, Salz und Pfeffer bestreuen.

2 Die Form für 15 Min. in den Backofen stellen, bis die Zucchini weich sind und der Käse goldbraun ist.

Passt zu einem saftigen Braten von der Lammkeule.

Rosenkohl mit Orange

Abgeriebene Orangenschale und Limettensaft frischen das Wintergemüse auf

für 4 Personen
Zub. 15 Min. • Garzeit 20 Min.

500 g Rosenkohl

Salz und Pfeffer

25 g Butter

1 Schalotte, fein gehackt

abgeriebene Schale und Saft von 1 unbehandelten Orange

1 EL frisch gepresster Limettensaft

Vorbereitung Sie können Schritt 1 und 2 mehrere Stunden im Voraus ausführen. Dann den Rosenkohl abgießen und sofort in eine Schüssel mit Eiswasser geben, damit er die grüne Farbe behält und nicht weitergart. Abgießen und abgedeckt kühl stellen.

1 Mit einem kleinen Messer die äußeren Blätter des Rosenkohls entfernen und am Stielansatz kreuzweise einschneiden, so gart er schneller und gleichmäßiger.

2 In einem großen Topf Salzwasser zum Kochen bringen. Den Rosenkohl hineingeben, aufkochen lassen und 8 Min. blanchieren. Abgießen und gut abtropfen lassen. Etwas abkühlen lassen, dann halbieren und beiseitestellen.

3 In einer großen Pfanne bei mittlerer Temperatur die Butter zerlassen. Die Schalotte darin unter Rühren 3–5 Min. braun braten. Den Rosenkohl hinzufügen und weitergaren, bis er weich ist.

4 Orangenschale und -saft dazugeben und alles 2 Min. köcheln lassen, bis die Flüssigkeit auf die Hälfte reduziert ist. Den Rosenkohl vom Herd nehmen und mit Salz und Pfeffer würzen, mit Limettensaft beträufeln. Heiß servieren.

Passt zu Schweinebraten, gebackenem Schinken oder Truthahn.

Reste in dünne Streifen schneiden und mit Blattsalat und Vinaigrette mischen.

Überbackener Blumenkohl

Wärmt den Magen und die Seele und macht sich auch gut als vegetarisches Hauptgericht

für 4–6 Personen
Zub. 15 Min. • Garzeit 15 Min.

- 1 Blumenkohl, äußere Blätter entfernt, in größere Röschen zerteilt
- Salz und Pfeffer
- 100 g frische Semmelbrösel

Käsesauce

- 25 g Butter, gewürfelt
- 3 EL Weizen- oder Vollkornmehl
- 1½ TL Senfpulver
- 450 ml Milch
- 125 g Gouda, gerieben

1 Für den Blumenkohl in einem großen Topf Salzwasser zum Kochen bringen. Die Blumenkohlröschen hineingeben und 7 Min. blanchieren. Abgießen und mit kaltem Wasser abschrecken. In eine ofenfeste Form geben.

2 Den Backofengrill auf höchster Stufe vorheizen. Für die Käsesauce die Butter zerlassen und Mehl und Senfpulver einrühren. Etwa 2 Min. köcheln lassen, dabei ständig rühren. Vom Herd nehmen und die Milch einrühren. Den Topf wieder auf den Herd stellen und erhitzen, bis die Sauce zu kochen beginnt, dann die Temperatur reduzieren und die Sauce 1–2 Min. eindicken lassen. Den Topf von der Kochstelle nehmen und zwei Drittel des Käses in der Sauce schmelzen lassen. Mit Salz und Pfeffer abschmecken, dann über den Blumenkohl geben.

3 Den restlichen Käse mit den Semmelbröseln vermischen und über den Blumenkohl streuen. Für 10 Min. unter den Grill setzen, bis die Sauce Blasen wirft und die Oberfläche golden ist. Heiß direkt aus der Form servieren.

Passt zu Braten aller Art, gegrilltem Speck oder Würstchen.

Reste halten sich 1 Tag im Kühlschrank. Im auf 180 °C vorgeheizten Backofen aufwärmen, dabei mit Alufolie abdecken, die glänzende Seite nach unten.

VARIANTE

Überbackener Blumenkohl mit Kräutern

Blumenkohl und Käsesauce wie oben vorbereiten. Die Semmelbrösel in etwas Öl knusprig und golden braten. 1 Handvoll gehackte Kräuter, etwa glatte Petersilie, Schnittlauch und Thymian, dazugeben, mit dem restlichen Käse mischen und vor dem Backen über den Blumenkohl streuen.

Geschmorter Chicorée

Wenn man ihn lange genug gart, schmeckt er nicht bitter

für 4 Personen
Zub. 5 Min. • Garzeit 30 Min.

- 2 EL Olivenöl
- 4 Köpfe Chicorée
- 1 Schalotte, gehackt
- 2 Zweige Thymian
- 1 Lorbeerblatt
- Salz und Pfeffer

1 Das Öl in einer großen, tiefen Pfanne bei mittlerer Temperatur erhitzen. Chicorée, Schalotte und Lorbeerblatt hineingeben und 2 Min. goldgelb anbraten.

2 2 EL Wasser dazugeben, die Temperatur auf niedrige Stufe schalten, Deckel auflegen und 20–25 Min. schmoren lassen, bis der Chicorée beim Einstechen mit einem Messer keinen Widerstand bietet. Mit Salz und Pfeffer würzen, dann mit der Flüssigkeit aus der Form beträufelt und frischen Thymianzweigen garniert servieren.

Passt zu gegrillten Lammkoteletts, zu Fisch oder kalt in Scheiben geschnitten mit Orangenstücken und Vinaigrette als Salat.

Kichererbsen mit Spinat

Die spanische Küche kennt eine Vielzahl von Zubereitungen für Kichererbsen

für 4 Personen
Zub. 15 Min. • Garzeit 10 Min.

- 3 EL Olivenöl
- 1 dicke Scheibe knuspriges Weißbrot, zerkrümelt
- 750 g Blattspinat
- 1 Dose Kichererbsen (250 g), abgespült und abgetropft
- 2 Knoblauchzehen, fein gehackt
- Salz und Pfeffer
- 1 TL Paprikapulver
- 1 TL gemahlener Kreuzkümmel
- 1 EL Sherryessig

1 In einer Pfanne 1 EL Öl erhitzen und die Brotkrümel unter Rühren knusprig braten. Auf Küchenpapier abtropfen lassen.

2 Den Spinat putzen und waschen und das Wasser abschütteln. In einen Topf geben und bei niedriger Temperatur garen, den Topf gelegentlich schütteln. Sobald der Spinat zusammengefallen ist, in ein Sieb geben und mit einem Holzlöffel möglichst viel Wasser herauspressen, dann auf einem Schneidebrett grob hacken.

3 Das restliche Öl in der Pfanne erhitzen, den Spinat hineingeben und warm werden lassen, dann Kichererbsen und Knoblauch beifügen. Mit Salz und Pfeffer würzen, Paprikapulver und Kreuzkümmel dazugeben, dann die Brotkrümel untermischen.

4 Den Essig und 2 EL Wasser unterrühren und das Gemüse auf dem Herd mehrere Minuten durchziehen lassen. Auf vier Portionsschalen verteilen und sofort servieren.

Pak choi mit Austernsauce

Halten Sie Ausschau nach besonders kleinen Pak-choi-Köpfen, sogenanntem Babygemüse

für 4 Personen
Zub. 10 Min. • Garzeit 5 Min.
Wok

- 500 g Pak choi, kleine Köpfe halbiert, große in Scheiben geschnitten
- 1 EL Pflanzenöl
- 2,5 cm frischer Ingwer, geschält und gerieben
- 2 Knoblauchzehen, gehackt
- 3 EL Austernsauce
- 1 EL helle Sojasauce
- 1 EL Reiswein oder trockener Sherry
- 1 Prise Zucker
- 125 ml Gemüsebrühe
- 2 TL Maisstärke

Vorbereitung Schritt 1 kann mehrere Stunden im Voraus erledigt werden.

1 In einem großen Topf Wasser zum Kochen bringen und den Pak choi darin 1 Min. blanchieren. Abgießen und mit kaltem Wasser abschrecken, damit er seine Farbe behält.

2 Das Öl in einem Wok oder einer schweren Pfanne erhitzen, Ingwer und Knoblauch hineingeben und 30 Sek. unter Rühren braten. Den Pak choi hinzufügen und 1 Min. mitbraten.

3 Austern- und Sojasauce, Reiswein oder Sherry, Zucker, Gemüsebrühe und Maisstärke glatt rühren. In den Wok gießen und rühren, bis die Sauce angedickt ist und den Pak choi überzieht. Auf eine Platte geben und sofort servieren.

Passt zu vielen chinesischen Gerichten sowie gegrilltem Fleisch und Fisch.

Erbsen auf französische Art

Am besten im Frühsommer, mit frischen, süßen Markerbsen und dem ersten Kopfsalat

für 4–6 Personen
Zub. 10 Min. • Garzeit 10 Min.

- 250 g kleine weiße Zwiebeln
- 75 g weiche Butter
- 500 g Erbsen, frisch enthülst oder tiefgekühlt
- 125 ml Gemüsebrühe oder Wasser
- 1 TL Zucker
- Salz und Pfeffer
- 1 EL Mehl
- 2 EL fein gehackte Minze oder Petersilie
- 2 Salatherzen, geputzt und in feine Streifen geschnitten
- 1 Lorbeerblatt

Vorbereitung Die Zwiebeln können mehrere Stunden im Voraus geschält und bis zur Verwendung im Kühlschrank aufbewahrt werden.

1 Die Zwiebeln in einer Schüssel mit kochendem Wasser überbrühen, abgießen. Die Schalen abziehen, den Wurzelansatz nicht verletzen.

2 In einem großen Topf 50 g Butter zerlassen und die Zwiebeln hineingeben. Bei mittlerer Temperatur 2 Min. anschwitzen.

3 Erbsen und Brühe hinzufügen und aufkochen. Bei Bedarf Schaum abschöpfen, dann Zucker dazugeben und mit Salz und Pfeffer abschmecken. Die Temperatur reduzieren und das Gemüse weitere 5–8 Min. köcheln lassen.

4 Die restliche Butter mit dem Mehl zu einer glatten Paste verkneten. Zu den Erbsen geben und unter Rühren die Sauce andicken. Weiterrühren, bis sich die Mehlbutter vollständig aufgelöst hat. Zuletzt Kräuter und Salat unterrühren.

Passt zu kaltem oder heißem gekochten Schinken, zu Braten oder gegrilltem Lammfleisch.

Glasierte Rotweinschalotten

Neben den bekannten länglichen Sorten gibt es auch kleine, rundliche Schalotten

für 4 Personen
Zub. 10 Min. • Garzeit 40 Min.
tiefgekühlt 3 Mon. haltbar

- 50 g Butter
- 500 g kleine Schalotten, geschält
- 350 ml Rotwein
- 2 EL Rotweinessig
- 1 TL Zucker
- Salz
- 1 Zweig Thymian
- 1 Lorbeerblatt

Vorbereitung Sie können die Schalotten einige Stunden im Voraus zubereiten und vor dem Servieren vorsichtig aufwärmen.

1 Einen breiten, flachen Topf erhitzen und 30 g Butter zusammen mit den Schalotten hineingeben. Bei mittlerer Temperatur goldgelb anbraten, dabei gelegentlich umrühren.

2 Wein, Essig, Zucker, Salz, Thymian und Lorbeerblatt hinzufügen. Bei niedriger Temperatur 30 Min. köcheln lassen, bis die Zwiebeln weich sind.

3 Die Schalotten mit einem Schaumlöffel herausnehmen und in eine Servierschüssel geben. Die Flüssigkeit bei hoher Temperatur sirupartig einkochen, dann die restliche Butter unterrühren.

4 Thymian und Lorbeerblatt entfernen und die Sauce über die Schalotten geben. Sofort servieren.

Gratin von Wurzelgemüse

Ein sahniger Genuss mit goldener Käsekruste

- für 4–6 Personen
- Zub. 10 Min. • Garzeit 60 Min.
- ofenfeste Form

- Butter zum Einfetten
- 200 g Pastinaken, geschält und in dünne Scheiben geschnitten
- 200 g Kartoffeln, geschält und in dünne Scheiben geschnitten
- 200 g Knollensellerie, geschält und in dünne Scheiben geschnitten
- 150 ml Milch
- 500 g Sahne
- 1 Knoblauchzehe, durchgepresst
- Salz und Pfeffer
- 1 Prise geriebene Muskatnuss
- 50 g Gruyère, gerieben

1 Den Backofen auf 180 °C vorheizen. Die Form einfetten; je eine Schicht Pastinaken, Kartoffeln und Sellerie einfüllen.

2 Milch, Sahne und Knoblauch vermischen, mit Salz, Pfeffer und Muskat abschmecken und über das Gemüse gießen. Die Oberfläche mit Käse bestreuen und das Gratin 60 Min. backen, bis das Gemüse weich und die Kruste goldbraun ist.

Süßkartoffelgratin mit Salbei

Wärmend und zum Schwelgen, vor allem an kalten Wintertagen

- für 6 Personen
- Zub. 20 Min. • Garzeit 60 Min.
- ofenfeste Form, 24 x 18 cm

- 300 g Sahne oder Sauerrahm
- 2 Prisen geriebene Muskatnuss
- 2 EL gehackter Salbei
- Salz und Pfeffer
- 50 g Butter plus Butter zum Einfetten
- 1 kg Süßkartoffeln, geschält und in dünne Scheiben geschnitten

Vorbereitung Bis zu 2 Tage im Voraus zubereiten, im Kühlschrank aufbewahren und zum Servieren im Backofen erhitzen.

1 Den Backofen auf 200 °C vorheizen. Die Sahne mit Muskat und Salbei verquirlen und mit Salz und Pfeffer würzen. Die Auflaufform einfetten und eine Schicht Süßkartoffelscheiben hineinlegen. Mit der Sahnemischung beträufeln. Mit den restlichen Zutaten ebenso verfahren, bis alles aufgebraucht ist, dabei mit Sahne abschließen. Auf die Oberfläche Butterflöckchen setzen.

2 Mit Alufolie abdecken und 60 Min. backen, bis die Kartoffeln beim Einstechen mit dem Messer keinen Widerstand mehr bieten.

Passt zu Lammbraten, Geflügel und Rind oder gekochtem Schinken.

VARIANTE

Greyerzer Gratin

Das Gratin mit Gruyère überbacken und mit einem knackigen Salat als vegetarisches Hauptgericht servieren.

Kartoffel-Galette

Passt zu gebratenem und gegrilltem Fleisch

- für 6 Personen
- Zub. 20 Min. • Garzeit 25 Min.

- 500 g Kartoffeln, geschält, gekocht, abgegossen und abgekühlt
- 1 kleine Zwiebel, fein gehackt
- 1 Handvoll Kräuter, etwa Petersilie, Thymian und Schnittlauch
- 1 Prise geriebene Muskatnuss
- 1 Ei
- 2 EL Mehl
- Salz und Pfeffer
- Oliven- oder Sonnenblumenöl zum Braten

1 Den Backofen auf 180 °C vorheizen. Die Kartoffeln reiben und mit allen Zutaten außer dem Öl vermischen.

2 Etwas Öl in einer Pfanne erhitzen. Die Kartoffelmasse hineingeben und gleichmäßig verteilen. Bei mittlerer Temperatur 5 Min. schön braun anbraten. Die Galette mithilfe eines großen Topfdeckels wenden, zurück in die Pfanne gleiten lassen und weitere 5 Min. von der anderen Seite bräunen. In den Backofen schieben und 15 Min. garen, bis die Galette außen knusprig und innen weich ist. Sofort servieren.

Kartoffelpüree auf neue Art

Mit pikanter Note

für 6 Personen
Zub. 10 Min. • Garzeit 45 Min.

- 1,5 kg mehlig kochende Kartoffeln
- 2 EL Sahne
- 2 EL Milch
- 100 g Butter
- 125 g Käse, gerieben
- 1 EL Meerrettich
- 4 Frühlingszwiebeln, gehackt
- 2 EL gehackte Petersilie
- 2 EL gehackter Schnittlauch
- Salz und Pfeffer

1 Die Kartoffeln schälen und in gleich große Stücke schneiden, in einen großen Topf legen und mit Wasser bedecken. Aufkochen, salzen, Deckel auflegen und 25 Min. köcheln lassen, bis die Kartoffeln mit einer Messerspitze leicht einzustechen sind.

2 Die Kartoffeln abgießen und etwas ausdampfen lassen.

3 Sahne, Milch und Butter zu den heißen Kartoffeln in den Topf geben. Mit dem Kartoffelstampfer zerdrücken. Die restlichen Zutaten hinzufügen, alles gut vermischen und servieren.

Kartoffelgratin

Knoblauch und Muskatnuss würzen das cremige *gratin dauphinois*

Für 4–6 Personen
Zub. 20 Min. • Garzeit 90 Min.
Gemüsehobel oder Küchenmaschine mit Schneideblatt für feine Scheiben, ofenfeste Form

- 50 g zimmerwarme Butter plus Butter zum Einfetten
- 1 kg gleich große fest kochende Kartoffeln
- Salz und Pfeffer
- 600 g Sahne
- 1 Knoblauchzehe, halbiert
- 1 Prise geriebene Muskatnuss

Vorbereitung Sie können die Kartoffeln mehrere Stunden im Voraus schälen und hobeln und in kaltem Wasser aufbewahren.

1 Den Backofen auf 180 °C vorheizen. Die Form einfetten.

2 Die Kartoffeln schälen und mit dem Gemüsehobel oder der Küchenmaschine in 3 mm dicke Scheiben hobeln. Mit kaltem Wasser abspülen, abtropfen lassen und mit Küchenpapier trocken tupfen.

3 Die Kartoffeln in die ofenfeste Form schichten und mit Salz und Pfeffer würzen.

4 Die Sahne mit Knoblauch und Muskatnuss in einem Topf aufkochen, dann über die Kartoffeln gießen. Auf der Oberfläche Butterflocken verteilen.

5 Die Form mit Alufolie abdecken und für 60–90 Min. in den Backofen stellen, bis die Kartoffeln weich sind. Während der letzten 10 Min. die Alufolie entfernen und die Temperatur erhöhen, damit die Oberfläche schön golden und knusprig wird. Heiß direkt aus dem Ofen servieren.

Passt zu geräuchertem Fisch und gegrilltem oder gebratenem Fleisch, aber auch zu einem Salat als vegetarische Mahlzeit.

VARIANTE

Kartoffelgratin mit Käse

In Schritt 4 zur Sahne 2 fein gehackte Sardellen geben. 125 g geriebenen Gruyère zwischen die einzelnen Kartoffelschichten und auf die Oberfläche streuen.

Gebackene Artischocken und Tomaten mit Knoblauch

Diese schlichte Beilage ist herrlich aromatisch und farbenfroh

für 4 Personen
Zub. 5 Min. • Garzeit 60 Min.

- 1 Dose Artischockenherzen (400 g), abgetropft
- 8 kleine Rispentomaten, Rispe nicht entfernt
- 12 Knoblauchzehen, ungeschält
- 2 EL Olivenöl
- 2 TL Balsamico-Essig
- einige Zweige Thymian
- Salz und Pfeffer

1 Den Backofen auf 140 °C vorheizen.

2 Die Artischocken mit den Tomaten an der Rispe in eine ofenfeste Form legen und die Knoblauchzehen dazwischen verteilen. Mit Öl und Essig beträufeln, Thymian hinzugeben und mit Salz und Pfeffer würzen.

3 Im Backofen 60 Min. rösten, bis das Gemüse gar ist, dann servieren.

Passt zu gebratenem oder gegrilltem Fleisch, herzhaften Tartes und frischem Brot.

Gebackene Süßkartoffeln mit Sesam

Mit Honigglasur im Ofen gebacken schmecken sie noch süßer

für 6 Personen

Zub. 10 Min. • Garzeit 50 Min.

- 5 Süßkartoffeln mit orangefarbenem Fleisch, geschält
- 2 EL Olivenöl
- Salz und Pfeffer
- 1 EL flüssiger Honig
- 1 EL helle Sojasauce
- 2 EL Sesamsamen

1 Den Backofen auf 200 °C vorheizen. Die Kartoffeln in große Stücke schneiden, auf einem Backblech verteilen, mit Olivenöl beträufeln und mit Salz und Pfeffer würzen. 30 Min. im Ofen backen, nach der Hälfte der Zeit wenden.

2 Honig, Sojasauce und Sesamsamen verrühren und gut mit den Kartoffelstücken mischen. Weitere 20 Min. rösten, bis die Kartoffeln eine schöne Farbe haben.

Passt zu Brathähnchen oder Schweinebraten.

Möhren-Timbalen mit Estragon

Der aromatische Estragon durchdringt diese luftigen Möhren-Käse-Küchlein

für 4 Personen

Zub. 10 Min. • Garzeit 25 Min.

Souffléförmchen

In den Förmchen tiefgekühlt 3 Mon. haltbar

- Butter zum Einfetten
- 350 g Möhren, geschält und grob geraspelt
- 2 Eier, leicht verquirlt
- 175 g Gruyère, gerieben
- ½ TL Senf
- 2 EL Crème fraîche
- 2 EL Estragon, fein gehackt
- Pfeffer

Vorbereitung Sie können die Timbalen mehrere Stunden im Voraus in die Förmchen füllen und bis zur Verwendung abgedeckt im Kühlschrank aufbewahren.

1 Den Backofen auf 200 °C vorheizen. Die Souffléförmchen einfetten. Aus Backpapier acht Kreise schneiden, buttern und vier davon jeweils auf den Boden der Förmchen legen.

2 Die geraspelten Möhren in einem Topf mit kochendem Wasser 30 Sek. blanchieren, dann in ein Sieb abgießen und unter kaltem Wasser abspülen. Die Möhrenraspel gut auspressen, dann in eine Rührschüssel geben.

3 Eier, Käse, Senf, Crème fraîche und Estragon mit den Möhren mischen. Mit Pfeffer würzen und in die vorbereiteten Förmchen füllen. Die restlichen vier Backpapierkreise jeweils auf die Oberfläche legen.

4 Die Förmchen in einen tiefen Bräter stellen und so viel heißes Wasser hineingießen, dass es bis zur halben Höhe der Förmchen reicht. Den Bräter für 25 Min. in den Backofen schieben, bis die Timbalen gerade gestockt und an der Oberfläche fest sind.

5 Die Förmchen herausnehmen und mit einem stumpfen Messer am Rand entlangfahren, um die Timbalen zu lösen. Das Papier entfernen, einen kleinen Teller auf jedes Förmchen legen und stürzen. Förmchen und Bodenpapiere vor dem Servieren entfernen.

Passt zu Brathähnchen oder Rinderbraten oder zu einem Tomatensalat als Vorspeise.

VARIANTE

Süßkartoffel-Timbalen

Die Möhren durch Süßkartoffeln ersetzen und einen milderen Käse verwenden. Probieren Sie statt Estragon auch einmal Petersilie, Salbei oder Schnittlauch.

Mediterranes Gemüseduo

Schmeckt am besten zimmerwarm, denn dann nimmt das Gemüse das Dressing richtig auf

für 6 Personen

Zub. 15 Min. + Wartezeit • Garzeit 30 Min.

Grillpfanne

- 2 Auberginen, der Länge nach in dünne Scheiben geschnitten
- Salz und Pfeffer
- 2 Knoblauchzehen, gehackt
- 1 EL Balsamico-Essig
- 2 EL natives Olivenöl extra plus Öl zum Einpinseln
- 4 Zucchini, in Scheiben geschnitten
- Minzeblätter zum Garnieren

1 Die Auberginenscheiben salzen und für 30 Min. beiseitestellen, damit sie Bitterstoffe abgeben.

2 Für das Dressing Knoblauch, Essig und Öl verrühren und mit Salz und Pfeffer abschmecken.

3 Die Grillpfanne stark erhitzen. Die Zucchinischeiben mit Öl einpinseln und mit Salz und Pfeffer würzen. In der heißen Pfanne portionsweise von beiden Seiten grillen, bis sie weich sind, dann auf eine große Servierplatte geben.

4 Die Auberginen abspülen und mit Küchenpapier trocken tupfen, dann mit Öl einpinseln und portionsweise auf jeder Seite einige Minuten grillen. Die fertigen Auberginen zu den Zucchini geben, mit Dressing beträufeln. Die Minzeblätter untermischen und das Gemüse vor dem Servieren 15 Min. durchziehen lassen, damit sich die Aromen verbinden.

Passt zu gebratenem oder gegrilltem Fleisch.

Glasierte Möhren mit Thymian

Gute Beilage zu Braten von Rind, Schwein, Lamm oder Geflügel

für 4 Personen

Zub. 10 Min. • Garzeit 15 Min.

- 500 g Möhren, geschält und in dünne Scheiben geschnitten
- abgeriebene Schale und Saft von 1 unbehandelten Orange
- 25 g Butter
- 1 EL brauner Zucker
- 1 Knoblauchzehe, durchgepresst
- Salz und Pfeffer
- ½ TL Thymianblätter

Vorbereitung Schritte 1 und 2 können mehrere Stunden im Voraus erledigt werden, die Möhren kurz vor dem Servieren fertig garen.

1 Die Möhren mit Orangenschale und -saft, Butter, Zucker und Knoblauch in einen kleinen Topf geben und mit Salz und Pfeffer abschmecken. Knapp mit Wasser bedecken.

2 Zum Kochen bringen, Deckel auflegen und bei mittlerer bis hoher Temperatur 8–10 Min. garen.

3 Deckel abnehmen und weiter köcheln lassen, bis die Flüssigkeit verdampft ist und die Möhren karamellisiert und an den Rändern goldbraun sind, dabei gelegentlich am Topf rütteln, damit nichts ansetzt. Mit Thymianblättchen betreut servieren.

Reste mit frischer Petersilie fein hacken und in Kartoffelpüree rühren.

Kartoffel-Parmesan-Küchlein

Die Alternative zum gewöhnlichen Kartoffelpüree

für 4 Personen
Zub. 20 Min. • Garzeit 25 Min.

750 g mehlig kochende Kartoffeln, geschält und in Stücke geschnitten
1 großes Eigelb
50 g Parmesan, fein gerieben
Salz und Pfeffer
50 g Mehl
Sonnenblumen- oder Pflanzenöl zum Braten
1 EL Kapern
1 Zitrone, in Schnitze geschnitten

Vorbereitung Die Küchlein lassen sich ungebraten bis zu 3 Tage im Kühlschrank aufbewahren.

1 Die Kartoffeln in Salzwasser 15 Min. kochen. Gut abtropfen lassen, dann durch eine Kartoffelpresse oder ein Sieb in eine Schüssel pressen oder mit dem Kartoffelstampfer zerdrücken.

2 Eigelb und Käse zu den Kartoffeln geben, mit Salz und Pfeffer abschmecken und alles gut vermischen. Acht Kugeln formen und zu kleinen Küchlein von 5 cm Durchmesser flach drücken. Das Mehl auf einen Teller geben, salzen und pfeffern, dann die Küchlein darin wenden und bis zur weiteren Verwendung kühl stellen.

3 In einer Pfanne etwa Öl bei mittlerer Temperatur erhitzen. Die Küchlein portionsweise auf jeder Seite 2 Min. goldbraun braten. Aus der Pfanne nehmen und auf Küchenpapier abtropfen lassen.

4 Die Temperatur erhöhen und in der Pfanne die Kapern 45 Sek. braten, bis sie knusprig sind. Auf Küchenpapier abtropfen lassen. Die Küchlein auf vorgewärmte Teller legen, die Kapern darübergeben und mit Zitronenschnitzen servieren.

Gegrillte Auberginen mit Granatapfel-Vinaigrette

Leuchtend rote Granatapfelkerne sorgen für Farbe und Frische

für 6 Personen
Zub. 10 Min. • Garzeit 10 Min.
Grillpfanne

6 EL Olivenöl plus Öl zum Einpinseln
3 EL Granatapfelsirup
3 EL gehacktes Koriandergrün
Salz und Pfeffer
3 große Auberginen, in 1 cm dicke Scheiben geschnitten
2 Schalotten, in sehr dünne Ringe geschnitten
frische Granatapfelkerne zum Bestreuen

1 Für die Vinaigrette Öl, Granatapfelsirup und Koriander verrühren und mit Salz und Pfeffer nach Geschmack würzen. Bis zum Servieren beiseitestellen.

2 Die Grillpfanne stark erhitzen. Die Auberginenscheiben mit Öl einpinseln, mit Salz und Pfeffer würzen, dann auf beiden Seiten grillen.

3 Die Auberginen und Schalotten auf einer Servierplatte anrichten und die Vinaigrette darübergeben. Mit den Granatapfelkernen bestreuen und servieren.

VARIANTE

Gegrillte Auberginen mit Feta und Granatapfel-Vinaigrette

Statt der Schalotten eine in feine Scheiben geschnittene rote Zwiebel und 50 g Feta-Krümel über die Auberginen streuen.

Kartoffelpuffer

Auch als Reibekuchen haben sie einen Stammplatz auf deutschen Speisezetteln

für 4 Personen

Zub. 20 Min. + Wartezeit • Garzeit 30 Min.

niedriger GI

- 4 große Kartoffeln
- 2 Zwiebeln, gerieben oder fein gehackt
- 2 Eier, verquirlt
- 1–2 EL Mehl oder Haferflocken
- Salz und Pfeffer
- Pflanzenöl zum Braten
- Apfelmus zum Servieren (nach Belieben)
- Sauerrahm zum Servieren (nach Belieben)

1 Die Kartoffeln schälen, reiben und in ein Sieb geben. Mit kaltem Wasser abspülen, 10 Min. abtropfen lassen und das Wasser in einer Schüssel auffangen und beiseitestellen, bis sich die Stärke am Boden abgesetzt hat. Die Kartoffeln in ein sauberes Geschirrtuch oder Stück Musselin geben und möglichst viel Flüssigkeit auspressen.

2 Die ausgepressten Kartoffeln in eine große Schüssel geben, Zwiebeln und Eier hinzufügen und gut vermischen. Mehl oder Haferflocken einrühren und mit Salz und Pfeffer würzen. Das Abtropfwasser vorsichtig abgießen und die Stärkerückstände zur Kartoffelmasse geben.

3 In eine Pfanne 5 mm hoch Öl gießen, erhitzen und die Kartoffelmasse löffelweise hineingeben. Mit dem Pfannenwender flach drücken und bei mittlerer Temperatur 3–4 Min. braten, bis die Puffer auf beiden Seiten goldbraun sind. Auf Küchenpapier abtropfen lassen und warm halten. Den restlichen Teig ebenso verarbeiten.

4 Nach Belieben mit Apfelmus und Sauerrahm servieren.

Dazu passen auch Rüben- oder Apfelkraut und Schwarzbrot. Mit Räucherlachs wird aus den Reibekuchen eine feine Vorspeise.

VARIANTE

Schwedische Puffer

Raggmunk werden ähnlich zubereitet, aber in Butter gebraten und mit gebratenem Pökelfleisch und Preiselbeeren serviert. 100 g Mehl mit 350 ml Milch verrühren, dann 800 g geriebene Kartoffeln einrühren und kräftig würzen. 50 g Butter in einer Pfanne zerlassen und die Puffer portionsweise braten, dabei flach drücken, damit sie dünn und knusprig werden.

Mais mit Paprika

Bunt, bei Kindern beliebt und eine gute Beilage für jeden Tag

für 4 Personen

Zub. 15 Min. • Garzeit 8 Min.

- 4 Maiskolben
- 2 EL Butter
- 2 Frühlingszwiebeln, in Ringe geschnitten
- je ½ kleine grüne und rote Paprika, Stielansatz, Samen und Scheidewände entfernt, Fruchtfleisch gewürfelt
- Salz und Pfeffer

1 Die Hüllblätter und Fäden von den Maiskolben entfernen. Mit einem scharfen Messer die Körner von den Kolben schneiden. Zusammenhängende Körner auseinanderbrechen.

2 In einem großen Topf die Butter bei mittlerer Temperatur zerlassen. Mais, Frühlingszwiebeln, Paprika und 50 ml Wasser hinzufügen und aufkochen. Unter gelegentlichem Rühren 5 Min. kochen, bis das Wasser verdampft und der Mais weich ist. Mit Salz und Pfeffer abschmecken und servieren.

Tiefkühl- oder Dosenmais

Wenn es schnell gehen soll, einfach 250 g tiefgekühlten Mais oder Maiskörner aus der Dose verwenden.

Süßkartoffelpüree mit Meerrettich

Etwas Meerrettich bringt die Süße der Kartoffeln ins Gleichgewicht

für 4–6 Personen
Zub. 10 Min. • Garzeit 45–60 Min.
tiefgekühlt 3 Mon. haltbar

- 1 kg Süßkartoffeln, mit einer Gabel eingestochen
- Salz und Pfeffer
- 4 EL Olivenöl
- 150 g Sahne plus Sahne zum Beträufeln
- 1 EL Sahnemeerrettich

1 Den Backofen auf 220 °C vorheizen. Die Kartoffeln auf ein mit Alufolie ausgelegtes Backblech geben und 45–60 Min. backen, bis sie weich sind. Abkühlen lassen, dann schälen.

2 Das Fruchtfleisch in die Küchenmaschine geben, mit Salz und Pfeffer nach Geschmack würzen und pürieren. Nach und nach Öl und Sahne untermischen.

3 Zum Servieren den Meerrettich einrühren und das Püree mit etwas Sahne beträufeln.

Fenchel mit Remoulade

Zum knackigen Fenchel passt eine frisch-würzige Sauce

für 6 Personen
Zub. 15 Min.

- 1 große Fenchelknolle
- 2 Schalotten, fein gehackt
- 2 EL fein gehackte glatte Petersilie
- 2 EL fein gehackter Estragon
- 2 EL Dijonsenf
- 1 TL Kapern, abgespült
- ½ TL gehackte Cornichons
- 3 EL Mayonnaise
- Saft von 1 Zitrone
- Salz und Pfeffer

1 Wurzelansatz und harte Außenblätter des Fenchels entfernen. Die Fenchelknolle in der Küchenmaschine oder mit einem scharfen Messer in sehr feine Streifen schneiden.

2 Die Fenchelstreifen in eine große Schüssel geben, sorgfältig mit den übrigen Zutaten vermischen und mit Salz und Pfeffer nach Geschmack würzen.

Passt zu Krabbenküchlein, geräuchertem Fisch oder kaltem Braten.

VARIANTE

Sellerie mit Remoulade

Knollensellerie schälen und in kochendem Salzwasser 2 Min. blanchieren, abgießen, trocken tupfen und in feine Streifen schneiden oder raspeln. Anstelle des Fenchels verwenden.

Rahmspinat mit Pinienkernen

Selbst bekennende Spinathasser werden davon begeistert sein

für 4 Personen
Zub. 10 Min. • Garzeit 3–4 Min.

- 650 g frischer Spinat
- 3 EL Crème fraîche
- ½ TL geriebene Muskatnuss
- Salz und Pfeffer
- 50 g Pinienkerne, geröstet

1 Den Spinat von harten Stielen befreien und gelbe Blätter aussortieren, dann mit kaltem Wasser abspülen und trocken schütteln.

2 Spinat in einen großen Topf geben, Deckel auflegen und bei niedriger Temperatur garen, bis die Blätter zusammenfallen.

3 Crème fraîche und Muskatnuss einrühren und Salz und Pfeffer nach Geschmack hinzufügen.

4 Den Spinat in eine Servierschüssel geben, mit Pinienkernen bestreuen und sofort servieren.

Passt zu gebratenem Fleisch, Geflügel und aromatischem Fisch, etwa Lachs oder Thunfisch.

Steckrübenpüree

Die rustikale Steckrübe ist eine gute Alternative zur Kartoffel

für 4–6 Personen
Zub. 10 Min. • Garzeit 25 Min.

- 1 kg Steckrüben, geschält und in Stücke geschnitten
- Salz und Pfeffer
- 50 g Butter
- 2–3 EL Sahne
- 1 Prise geriebene Muskatnuss

Vorbereitung Um bei einem großen Essen Zeit zu sparen, können Sie das Püree bis zu 2 Tage im Voraus zubereiten. Bis zur Verwendung kühl stellen und zum Servieren vorsichtig aufwärmen.

1 Die Steckrüben in einen großen Topf geben, mit kaltem Wasser bedecken und salzen. Zum Kochen bringen, Deckel auflegen und bei reduzierter Temperatur 20 Min. garen, bis die Rüben weich sind, dann abgießen.

2 Die abgetropften Steckrüben zurück in den Topf geben und auf sehr niedrige Temperatur schalten. Die Butter hinzufügen, alles gut zerstampfen, dann Sahne und Muskatnuss unterrühren. Mit Salz und Pfeffer abschmecken.

Passt zu Braten, gegrilltem Fleisch und vegetarischen Gerichten.

Ratatouille auf spanische Art

Pisto manchego schmeckt besonders gut mit gebratener Paprikawurst

für 4–6 Personen
Zub. 10 Min. • Garzeit 30 Min.

- 2 EL Olivenöl
- 1 Knoblauchzehe, gehackt
- 2 Zwiebeln, fein gehackt
- 2 grüne und 1 rote Paprikaschote, Samen und Scheidewände entfernt, Fruchtfleisch in Streifen geschnitten
- 3 Zucchini, in Stücke geschnitten
- 250 g reife Tomaten, gehäutet und geviertelt
- ½ TL Zucker
- 1 EL Rotweinessig
- Salz und Pfeffer
- 2 EL gehackte Petersilie

Vorbereitung Die Ratatouille kann bis zu 2 Tage im Voraus zubereitet und im Kühlschrank aufbewahrt werden.

1 Das Öl in einer Pfanne bei mittlerer Temperatur erhitzen. Knoblauch und Zwiebeln hinzugeben und unter häufigem Rühren 5 Min. anschwitzen.

2 Die Paprikastreifen hinzufügen und unter Rühren weitere 5 Min. garen. Zucchini dazugeben, wiederum 5 Min. garen, dann Tomaten, Zucker und Essig hinzufügen und unter gelegentlichem Rühren 15 Min. köcheln lassen.

3 Mit Salz und Pfeffer abschmecken, in eine vorgewärmte Servierschüssel geben und mit Petersilie bestreuen.

Passt zu gegrilltem Fleisch und Fisch, schmeckt aber auch mit Scheiben von gebratener Chorizo und hart gekochten, gehackten Eiern.

Zwiebelconfit

Süß-pikante Beilage zu Braten oder Grillgerichten

Ergibt 750 g
Zub. 5 Min. • Garzeit 35–45 Min.

- 30 g Butter
- 1 kg Zwiebeln, in feine Ringe geschnitten
- 100 g brauner Zucker
- 3 EL Sherryessig
- 1½ EL Crème de Cassis (Johannisbeerlikör; nach Belieben)
- 2 TL Salz

Vorbereitung Das Confit lässt sich bis zu 1 Woche im Voraus zubereiten und bis zur Verwendung im Kühlschrank aufbewahren.

1 Die Butter in einem schweren Topf zerlassen und die Zwiebeln hineingeben, unter Rühren 5 Min. anschwitzen.

2 Die restlichen Zutaten hinzufügen, gut umrühren und ohne Deckel 30–40 Min. köcheln lassen, dabei gelegentlich rühren, damit nichts ansetzt.

Passt zu gegrilltem oder gebratenem Fleisch und Geflügel.

Reste schmecken gut in einem Sandwich mit gekochtem Schinken oder Hähnchen und 1 Handvoll Rucola.

Louisiana-kartoffeln

In den Südstaaten der USA schätzt man Knoblauch und scharfe Gewürze

für 6 Personen

Zub. 10 Min.
• Garzeit 35–45 Min.

- 4 Kartoffeln, ungeschält
- 1 Zitrone, in Sechstel geschnitten
- 12 Knoblauchzehen, ungeteilt
- 3 rote Zwiebeln, in Achtel geschnitten
- 4 Lorbeerblätter
- 3 EL Zitronensaft
- 1 EL Tomatenmark
- Salz und Pfeffer
- 1 TL Paprikapulver
- ½ TL Cayennepfeffer
- 1 TL getrockneter Oregano
- 1 TL getrockneter Thymian
- ½ TL gemahlener Kreuzkümmel
- 6 EL Olivenöl

Vorbereitung Die Kartoffeln lassen sich bis einschließlich Schritt 2 mehrere Stunden im Voraus vorbereiten.

1 Den Backofen auf 200 °C vorheizen. Die Kartoffeln der Länge nach vierteln oder achteln und in Salzwasser 3 Min. blanchieren, dann abgießen und mit Zitrone, Knoblauch, Zwiebeln und Lorbeerblättern in eine große, ofenfeste Form geben.

2 Die restlichen Zutaten mit 6 EL Wasser verrühren und gleichmäßig über die Kartoffeln geben, gut durchmischen.

3 Die Form für 30–40 Min. in den Backofen schieben, bis die Kartoffeln weich sind und die Flüssigkeit aufgesogen haben, dabei gelegentlich wenden. Heiß servieren.

Pilze in Sahnesauce

Mit Speckwürfelchen und Zwiebeln schmecken sie am besten

für 4 Personen
Zub. 10 Min. • Garzeit 25 Min.

- 125 g durchwachsener Speck, fein gewürfelt
- 50 g Butter
- 1 Zwiebel, fein gehackt
- 2 Knoblauchzehen, durchgepresst
- 500 g gemischte Pilze wie Champignons, Braunkappen und Shiitakepilze
- 125 ml Weißwein
- 1 Prise geriebene Muskatnuss
- 300 g Crème fraîche
- 1 EL Maisstärke
- Salz und Pfeffer
- 1 EL gehackter Estragon
- geröstetes Ciabatta zum Servieren
- Kirschtomaten zum Servieren

1 Den Speck in einem großen Topf auslassen und hellbraun anbraten, herausnehmen und warm halten.

2 Die Butter im Topf zerlassen und Zwiebel und Knoblauch einige Minuten hellbraun anbraten.

3 Große Pilze halbieren, dann alle Pilze in den Topf geben und unter häufigem Rühren 10 Min. braten, bis sie weich sind. Wein und Muskatnuss hinzufügen und alles aufkochen. Abgedeckt 5 Min. köcheln lassen.

4 Crème fraîche und angebratenen Speck einrühren. Die Maisstärke mit 1 EL Wasser glatt rühren und in die Sauce geben. Mit Salz und Pfeffer abschmecken und unter Rühren die Sauce eindicken lassen. Kurz vor dem Servieren den Estragon unterrühren. Die Pilze auf geröstetem Ciabatta mit den Kirschtomaten servieren.

Spargel mit Senfsauce

Der grüne Spargel wird nur kurz gegart, damit er leuchtend grün und schön knackig bleibt

für 4 Personen
Zub. 15 Min. • Garzeit 3–4 Min.

- 750 g grüner Spargel
- 2 EL gehackte rote Zwiebel

Senfsauce

- 50 ml Olivenöl
- 1 EL Weißweinessig
- 1 EL Dijonsenf
- 2 EL griechischer Joghurt
- Salz und Pfeffer

Vorbereitung Spargel und Sauce können mehrere Stunden im Voraus zubereitet werden. Bis zur Verwendung getrennt kühl stellen.

1 Die holzigen Enden des Spargels entfernen und das untere Drittel der Stangen mit dem Sparschäler schälen. In eine große Pfanne 1,5 cm hoch Wasser füllen und bei hoher Temperatur aufkochen. Den Spargel hineingeben, die Temperatur reduzieren und den Spargel 3–4 Min. kochen, sodass er bissfest bleibt. Abgießen, mit kaltem Wasser abschrecken, dann mit Küchenpapier trocken tupfen und abkühlen lassen.

2 In einer kleinen Schüssel Öl, Essig und Senf verrühren, mit dem Joghurt mischen, dann mit Salz und Pfeffer abschmecken.

3 Den Spargel auf vier Tellern anrichten, mit Senfsauce beträufeln und mit Zwiebelwürfeln bestreuen. Die restliche Sauce separat servieren.

VARIANTE

Spargel mit Knoblauchsauce

150 g Naturjoghurt, 1 EL gehackten Schnittlauch, 1 Knoblauchzehe, ½ TL fein geriebene Schale einer unbehandelten Zitrone und 1 Prise Cayennepfeffer verrühren. Mindestens 2 Std. kühl stellen; vor dem Servieren die Knoblauchzehe entfernen.

Gerösteter Kürbis

Frischer Ingwer verleiht ihm Schärfe und Aroma

für 3–4 Personen
Zub. 20 Min. • Garzeit 40 Min.

- 1 Butternusskürbis, geschält
- 5 EL Olivenöl
- 1 TL Salz
- 2 rote Chilischoten, Samen entfernt, fein gehackt
- 50 g frischer Ingwer, gerieben oder in feine Scheiben geschnitten
- 1 EL flüssiger Honig
- Pfeffer
- 1 Handvoll Minzeblätter, klein gezupft
- 2 Limetten, in Schnitze geteilt

1 Den Backofen auf 180 °C vorheizen. Den Kürbis in lange, dicke Streifen schneiden und in eine ofenfeste Form legen. 2 EL warmes Wasser, Olivenöl, Salz, Chilischoten, Ingwer, Honig und Pfeffer verrühren und gut mit dem Kürbis vermischen.

2 Den Kürbis 40 Min backen, bis er weich ist, dabei gelegentlich wenden, damit er nicht am Boden ansetzt. Wenn er zu trocken wird, noch etwas Olivenöl zugeben.

3 Den warmen Kürbis auf eine große Servierplatte legen und die gezupfte Minze darüberstreuen. Mit den Limettenschnitzen zum Auspressen servieren.

Tomaten-Auberginen-Confit

Das sanfte Garen in Fett war usrpünglich eine Methode, um Fleisch zu konservieren

für 6 Personen
Zub. 5 Min. + Wartezeit • Garzeit 10 Min.

- 2 EL Olivenöl
- 5 EL neutrales Pflanzenöl
- 300 g Auberginen, in 7,5 cm lange Stäbchen geschnitten
- 4 EL Knoblauchöl
- 125 g Kirschtomaten, halbiert
- 10 Basilikumblätter, in Stücke gezupft, plus einige ganze Blätter
- Salz und Pfeffer

1 Das Oliven- und Pflanzenöl in einer großen Pfanne erhitzen, bis es raucht. Die Auberginenstäbchen unter häufigem Rühren 3 Min. goldbraun braten. Auf Küchenpapier abtropfen lassen.

2 Das Knoblauchöl in die Pfanne geben, die Tomaten hinzufügen und 2 Min. garen.

3 Die Auberginen in eine große Schüssel geben. Basilikum und Tomaten hinzufügen und alles vorsichtig vermischen. Abdecken und bei Zimmertemperatur 60 Min. durchziehen lassen.

4 Mit Salz und Pfeffer würzen, mit Basilikum garnieren und zimmerwarm servieren.

Gebratener Brokkoli mit Sesam

Asiatische Würze bekommt den grünen Röschen gut

für 4 Personen
Zub. 5 Min. • Garzeit 6 Min.

- 1 EL Sesamsamen
- 1 EL Pflanzenöl
- 1 EL helle Sojasauce
- 1 Prise getrocknete Chiliflocken
- 650 g Brokkoliröschen und -stiele
- 50 ml Gemüsebrühe oder Wasser
- Salz und Pfeffer

1 Eine große, beschichtete Pfanne oder einen Wok erhitzen. Den Sesam hineingeben und 1–2 Min. rösten, bis er golden ist, dabei immer wieder an der Pfanne rütteln. Die Sesamsamen auf einen Teller geben.

2 Öl, Sojasauce und Chiliflocken in die Pfanne geben und rühren. Den Brokkoli hinzufügen und 2 Min. unter Rühren braten.

3 Die Brühe angießen und einen Deckel auflegen. Das Gemüse 1–2 Min. köcheln lassen, sodass der Brokkoli weich ist, aber noch Biss hat. Den Sesam einrühren und das Gemüse mit Salz und Pfeffer abschmecken.

Passt zu gegrilltem Fleisch, Geflügel und Fisch.

Fish and chips

Ein Grundpfeiler britischer Esskultur: Backfisch mit Pommes frites

für 4 Personen

Zub. 20 Min. + Wartezeit • Garzeit 30 Min.

Fritteuse oder großer Topf

- 100 g Mehl plus Mehl zum Wenden
- 1 Prise Zucker
- 1 Päckchen (7 g) Trockenhefe
- 50 ml lauwarme Milch
- 1 kg mehlig kochende Kartoffeln
- Pflanzenöl zum Frittieren
- 650 g Kabeljaufilet, enthäutet und in 4 Stücke geschnitten
- Salz und Pfeffer

Vorbereitung Da der Teig gehen muss, Schritt 1 bis zu 1 Stunde im Voraus ausführen. Auch Schritt 2 kann bereits zu diesem Zeitpunkt erledigt werden.

1 Für den Teig das Mehl in einer Schüssel mit Zucker und Hefe mischen. Die Milch und 125 ml lauwarmes Wasser dazugeben und alles zu einem glatten Teig verarbeiten. Abgedeckt an einem warmen Platz 60 Min. gehen lassen.

2 Die Kartoffeln schälen und in 1 x 6 cm große Stäbchen schneiden. Abspülen, abtropfen lassen und mit Küchenpapier trocken tupfen.

3 Das Öl in der Fritteuse auf 160 °C erhitzen oder einen großen Topf zur Hälfte mit Öl füllen und erhitzen, sodass ein Würfel trockenes Brot in weniger als 1 Min. braun wird. Die Hälfte der Kartoffelstäbchen in den Frittierkorb geben und vorsichtig ins heiße Öl senken. 5 Min. frittieren, bis sie weich, aber nicht braun sind. Die Pommes frites abtropfen lassen, dann die zweite Hälfte zubereiten.

4 Den Backofen auf 130 °C vorheizen. Die Fischstücke mit Salz und Pfeffer würzen und in Mehl wenden. Die Temperatur der Fritteuse auf 190 °C erhöhen. Den Teig durchrühren und den Fisch gleichmäßig damit überziehen. Jeweils 2 Fischstücke im heißen Öl 5 Min. ausbacken, bis sie goldgelb und knusprig sind. Auf Küchenpapier abtropfen lassen und im Ofen warm halten.

5 Die Chips nochmals 3–4 Min. frittieren. Abtropfen lassen, salzen und mit dem Fisch servieren.

Frittierte Petersilie

Mehrere Stängel mit einem Faden zusammenbinden, in heißem Öl 5 Sek. ausbacken, bis die Petersilie dunkel und knusprig wird. Den Faden entfernen, die Stängel auf dem Teller anrichten oder die Petersilie über den Fisch krümeln. Als Garnierung eignen sich auch rohe Petersilie und Zitronenschnitzen.

Meeresfrüchte-Eintopf

Mit Fisch, Garnelen und Jakobsmuscheln

für 4 Personen

Zub. 10 Min. • Garzeit 30 Min.

- 2 EL Olivenöl
- 2 Schalotten, fein gehackt
- 1 Stange Staudensellerie, fein gehackt
- 2 Knoblauchzehen, gehackt
- 2 Sardellen, abgespült
- 1 Prise Cayennepfeffer
- Salz und Pfeffer
- 1 Dose Tomatenstücke (300 g)
- 250 ml Weißwein
- 200 ml Fisch- oder Hühnerfond
- 500 g rohe Garnelen, Jakobsmuscheln und Seeteufel, gemischt
- Schale und Saft von 1 unbehandelten Zitrone
- 1 TL kleine Kapern, abgespült und abgetropft

1 Das Öl in einem Topf erhitzen. Schalotten, Sellerie, Knoblauch, Sardellen und Cayennepfeffer hineingeben. Mit Salz und Pfeffer würzen und unter Rühren 5 Min. braten.

2 Tomaten, Wein und Fond hinzufügen. Bei mittlerer Temperatur 15–25 Min. kochen, bis die Sauce etwas reduziert ist. Garnelen, Jakobsmuscheln, Seeteufel, Zitronenschale und -saft sowie Kapern hineingeben und weitere 5 Min. garen.

Gegrillter Thunfisch mit Tomatensalsa

Am besten schmeckt der Thunfisch, wenn er innen noch leicht rosa und saftig ist

für 4 Personen

Zub. 10 Min. + Wartezeit • Garzeit 10 Min.

Grillpfanne

- 2 Thunfischsteaks à 400–600 g
- 6 EL Olivenöl
- 2 Knoblauchzehen, fein gehackt
- Saft von 1 Limette oder Zitrone
- 1 Zweig Rosmarin, fein gehackt
- Salz und Pfeffer
- 300 g Tomaten, halbiert, entkernt und gehackt
- 4 Frühlingszwiebeln, fein gehackt
- 1 Prise getrocknete Chiliflocken (nach Belieben)
- 1 Handvoll Rucola, gehackt
- Limetten- oder Zitronenschnitze zum Garnieren

1 Den Thunfisch in eine korrosionsbeständige Schüssel legen. 4 EL Öl mit der Hälfte des Knoblauchs und des Limettensafts und dem Rosmarin vermischen und mit Pfeffer würzen. Gleichmäßig über den Fisch träufeln, dann die Schüssel mit Frischhaltefolie abdecken und für 60 Min. in den Kühlschrank stellen.

2 In der Zwischenzeit für die Salsa Tomaten, Frühlingszwiebeln und Chiliflocken (falls verwendet) in eine zweite Schüssel geben. 2 EL Öl, den restlichen Knoblauch und Limettensaft unterrühren und mit Salz und Pfeffer abschmecken. Abdecken und bis zur Verwendung kühl stellen.

3 Thunfisch und Salsa 10 Min. vor dem Grillen aus dem Kühlschrank nehmen. Die Grillpfanne bei hoher Temperatur erhitzen und mit etwas Marinade auspinseln.

4 Den Thunfisch in die Pfanne legen und 3 Min. grillen, dabei mit der Marinade einpinseln. Vorsichtig wenden und weitere 2–4 Min. grillen, bis der Fisch außen braun und innen noch leicht rosa ist.

5 Die Fischstücke 2 Min. ruhen lassen, dann halbieren und auf Tellern anrichten. Rucolablätter mit der Salsa vermischen und neben dem Fisch anrichten. Mit Limettenschnitzen garniert sofort servieren.

Schellfischgratin

Frischer Spinat und pochierter Schellfisch unter einer knusprigen Kruste

für 4 Personen

Zub. 25 Min. • Garzeit 25 Min.

tiefgekühlt 1 Mon. haltbar

- 650 g Schellfischfilet, gehäutet und in 4 gleich große Stücke geschnitten
- 150 ml Fischfond oder Wasser
- 300 ml Milch
- 50 g Butter plus Butter zum Einfetten
- 50 g Mehl
- 125 g Gouda, gerieben
- Salz und Pfeffer
- 250 g Spinat, gehackt
- 1 Prise geriebene Muskatnuss
- 50 g frische Vollkorn-Semmelbrösel
- 2 EL gehackte Petersilie
- 50 g Parmesan, gerieben

Vorbereitung Sie können das Gericht am Vortag zubereiten und bei 180 °C im Backofen 25–30 Min. aufwärmen, dann unter dem heißen Grill überbacken.

1 Den Schellfisch in eine tiefe Pfanne legen, Fond und Milch dazugießen. Die Flüssigkeit langsam zum Kochen bringen, dann die Temperatur herunterschalten, Deckel auflegen und 6–8 Min. köcheln lassen, bis der Fisch gar ist. Den Fisch aus der Pfanne nehmen, warm stellen und die Flüssigkeit aufbewahren.

2 Die Butter in einem Topf zerlassen und das Mehl einrühren, sodass keine Klumpen entstehen. 1 Min. anschwitzen, dann nach und nach die Garflüssigkeit des Fisches einrühren. Unter Rühren köcheln lassen, bis die Sauce gebunden und glatt ist. Käse hinzugeben und schmelzen lassen, die Sauce mit Salz und Pfeffer würzen und vom Herd nehmen.

3 Den Spinat in einen Topf geben, Deckel auflegen und bei niedriger Temperatur 1 Min. kochen, bis er zusammengefallen ist. Mit Muskatnuss würzen und in eine gefettete ofenfeste Form geben. Den Backofengrill vorheizen.

4 Den pochierten Schellfisch auf das Spinatbett legen und mit der Käsesauce überziehen. Semmelbrösel, Petersilie und Parmesan gründlich vermischen und auf die Sauce streuen. Unter dem Grill goldgelb überbacken.

VARIANTE

Gratinierter geräucherter Schellfisch

Sie können für dieses Gericht auch geräucherten Schellfisch verwenden. Würzen Sie dann vorsichtig, denn der Fisch ist bereits gesalzen.

Kokos-Fisch-Eintopf

Die brasilianische *moqueca de peixe* erhält durch Palmöl ihren besonderen Geschmack und die orangerote Farbe

für 4 Personen
Zub. 15 Min. • Garzeit 35 Min.

- 4 EL Olivenöl
- 1 Zwiebel, in dünne Scheiben geschnitten
- 3 reife Tomaten, gehäutet, entkernt und gehackt
- je 1 rote und grüne Paprikaschote, Stielansatz, Samen und Scheidewände entfernt, Fruchtfleisch in dünne Streifen geschnitten
- Salz und Pfeffer
- 300 ml Kokosmilch
- 3 TL Tomatenmark
- 800 g weißer Fisch, in große Stücke oder Streifen geschnitten
- 3 EL Palmöl (nach Belieben)
- 1 EL gehacktes Koriandergrün

Chilisalsa

- 1 reife Tomate, gehäutet, entkernt und gehackt
- 1 kleine rote Zwiebel, fein gehackt
- 1 Knoblauchzehe, fein gehackt
- 1 EL Rotweinessig
- 1 EL frischer Limettensaft
- 1 EL Sonnenblumenöl
- 1 EL gehackte glatte Petersilie
- 1 TL Chilisauce

Vorbereitung Schritt 1 am Vortag ausführen, das Gemüse kühl stellen. Auch die Salsa können Sie am Vortag zubereiten, dann im letzten Moment die Petersilie einrühren.

1 Das Öl in einer tiefen Pfanne bei mittlerer Temperatur erhitzen. Die Zwiebel darin unter häufigem Rühren 5 Min. anschwitzen. Tomaten und Paprikaschoten dazugeben, die Temperatur reduzieren und das Gemüse unter gelegentlichem Rühren 20 Min. garen. Mit Salz und Pfeffer abschmecken, Kokosmilch und Tomatenmark einrühren und wieder aufkochen.

2 In der Zwischenzeit für die Chilisalsa alle Zutaten vermischen, in eine Servierschüssel geben und beiseitestellen.

3 Den Fisch zum Gemüse geben und je nach Größe der Fischstücke 5–10 Min. köcheln lassen, bis er gar ist, dabei gelegentlich umrühren. Nicht zu lange garen. Falls verwendet, zum Schluss das Palmöl einrühren.

4 Den Eintopf in eine Servierschüssel geben und mit Koriander bestreuen. Mit der Salsa servieren.

Dazu passen gekochter weißer Reis und *farofa de dendê*.

BEILAGE

Farofa de dendê

Für diese traditionelle Beilage 25 g Palmöl in einer Pfanne erhitzen und 1 große gehackte Zwiebel darin anschwitzen. 50 g Tapiokamehl, 15 eingeweichte, fein gehackte, getrocknete Krabben hinzugeben und 5 Min. braten. Vorsichtig salzen, da die Krabben bereits Salz enthalten.

Forelle mit Mandeln

Weißwein und Zitrone dürfen dabei nicht fehlen

für 4 Personen
Zub. 10 Min. • Garzeit 25 Min.

- 4 frische Forellen, ausgenommen und abgespült
- 2 unbehandelte Zitronen, halbiert und in dünne Scheiben geschnitten
- 125 g zerlassene Butter
- 50 g Mandelblättchen
- 100 ml trockener Weißwein
- Salz und Pfeffer
- 3 EL fein gehackte glatte Petersilie

1 Den Backofen auf 200 °C vorheizen. Die Forellen auf beiden Seiten drei- oder viermal 5 mm tief diagonal einschneiden, dann nebeneinander in eine flache, ofenfeste Form legen. Die halben Zitronenscheiben in die Einschnitte stecken.

2 Die Hälfte der Butter zerlassen und darüberträufeln und die Fische 20 Min. backen, bis sie mit der Gabel leicht zu zerteilen sind.

3 Die restliche Butter zerlassen und die Mandelblättchen darin leicht anbräunen. Den Wein hinzufügen, mit Salz und Pfeffer würzen. Die Sauce 1–2 Min. kochen lassen. Die Petersilie unterrühren und die Sauce über die Forelle geben. Sofort servieren.

Rochen mit brauner Butter

Bei diesem *raie au beurre noisette* ist es wichtig, dass die Butter nicht verbrennt, sondern ganz langsam braun wird

für 4 Personen

Zub. 10 Min. • Garzeit 25 Min.

4 kleine Rochenflügel, gehäutet

175 g Butter

4 TL frischer Zitronensaft

3 EL fein gehackte glatte Petersilie

2 EL eingelegte Kapern, abgespült und abgetropft

Kochsud

5 EL trockener Weißwein

1 Knoblauchzehe, durchgepresst

½ unbehandelte Zitrone, in Scheiben geschnitten

½ Zwiebel, in dicke Ringe geschnitten

5 schwarze Pfefferkörner, zerdrückt

2 Stängel glatte Petersilie

2 Zweige Thymian

1 Lorbeerblatt

1 TL Salz

Vorbereitung Sie können den Kochsud bis zu 3 Tage im Voraus zubereiten, abseihen und kühl stellen oder bis zu 3 Monate tiefgekühlt aufbewahren.

1 In einen großen Topf 1 l Wasser sowie alle Zutaten für den Kochsud geben und langsam aufkochen. Bei geringer Hitze 10 Min. köcheln lassen. Die Flüssigkeit abkühlen lassen, bis sie gerade noch warm ist.

2 Den Fisch in eine große Pfanne oder 2 mittlere Pfannen legen und mit dem Kochsud bedecken. Die Flüssigkeit bis kurz vor den Siedepunkt bringen, Deckel auflegen und den Fisch 7–10 Min. pochieren, bis sich der dicke Teil des Fleisches auf der oberen Seite leicht von der Mittelgräte löst. Aus der Pfanne heben und gut abtropfen lassen. Auf vorgewärmte Teller verteilen und warm halten.

3 Die Butter in einem großen Topf bei mittlerer bis hoher Temperatur zerlassen, dabei den Topf schwenken. Haselnussbraun werden lassen; zunächst sprudelt die Butter, dann schäumt sie. Die gebräunte Butter vom Herd nehmen und den Zitronensaft hineingeben.

4 Petersilie und Kapern über die Rochenflügel streuen, dann mit der braunen Butter begießen. Sofort servieren.

Lachsküchlein

Viel Dill und Frühlingszwiebeln geben ihnen Würze

für 6 Personen

Zub. 30 Min. + Wartezeit
• Garzeit 30 Min.

gebratene Küchlein tiefgekühlt 1 Mon. haltbar

500 g Kartoffeln

1 kg Lachsfilet, ohne Haut und Gräten

1 Zwiebel, halbiert

2–3 Lorbeerblätter

1 TL schwarze Pfefferkörner

4 Frühlingszwiebeln, fein gehackt

2 EL Sahnemeerrettich

Salz und Pfeffer

Saft und Schale von 1 unbehandelten Zitrone

1 große Handvoll Dill, gehackt

1 Prise Cayennepfeffer

Panade

250 g frische Semmelbrösel

2 EL gehackter Schnittlauch

2 EL gehackte Petersilie

Mehl zum Wenden

2 Eier, verquirlt

Sonnenblumenöl zum Braten

1 Die Kartoffeln schälen, würfeln und sehr weich kochen, dann abgießen und zerstampfen.

2 Den Lachs mit Zwiebel, Lorbeerblättern und Pfefferkörnern in einen Topf mit kaltem Wasser geben. Aufkochen, 2 Min. köcheln lassen, vom Herd nehmen und 20 Min. ziehen lassen. Den Fisch abgießen, gut abtropfen und auskühlen lassen.

3 Den Lachs in Stücke zupfen und in eine große Schüssel geben. Das abgekühlte Kartoffelpüree und die übrigen Lachsküchlein-Zutaten unterheben. Alles gut vermischen und zu 12 runden Küchlein formen. Vor dem Panieren wenn möglich für 60 Min. kühl stellen.

4 Die Semmelbrösel mit den Kräutern gut vermischen. Mehl, Eier und Semmelbrösel jeweils auf einzelne Teller geben. Die Lachsküchlein erst in Mehl, dann in verquirltem Ei und schließlich in den Semmelbröseln wenden.

5 Das Sonnenblumenöl in einer Pfanne erhitzen und die Lachsküchlein von jeder Seite 3–4 Min. braten, bis sie knusprig und durch und durch heiß sind. Auf Küchenpapier abtropfen lassen und sofort servieren.

Fisch-Kartoffel-Auflauf

Die *fisherman's pie* ist in Großbritannien sehr beliebt

für 4 Personen
Zub. 25 Min. • Garzeit 50 Min.
Pie-Form oder große, ofenfeste Form mit breitem Rand

- 500 g mehlig kochende Kartoffeln, geschält und in Stücke geschnitten
- 450 ml Milch
- 100 g Butter plus Butter für Flöckchen
- Salz und Pfeffer
- 300 g rohe Garnelen, ungeschält
- 400 g frisches Schellfischfilet
- 200 g ungefärbtes, geräuchertes Schellfischfilet
- 4 schwarze Pfefferkörner, leicht zerdrückt
- 1 Lorbeerblatt
- einige Stängel glatte Petersilie
- 4 EL Mehl
- 1 Spritzer Zitronensaft
- 2 EL Sahne
- 4 EL gehackte glatte Petersilie
- 1 Prise Cayennepfeffer

Vorbereitung Sie können am Vortag Schritt 1 erledigen und den Fisch pochieren, dann abdecken und kühl stellen und die Milch bis zur weiteren Verwendung aufbewahren. Die Garnelen mehrere Stunden im Voraus schälen und vom Darm befreien und bis zur Verwendung kühl stellen.

1 Die Kartoffeln in Salzwasser 15 Min. kochen, bis sie weich sind. Abgießen und gut abtropfen lassen. Zu einem glatten Püree zerstampfen, dann 150 ml Milch und 50 g Butter untermischen. Mit Salz und Pfeffer abschmecken und beiseitestellen.

2 In der Zwischenzeit die Garnelen schälen, Schalen aufbewahren. Därme entfernen, Garnelen beiseitestellen.

3 Den frischen und den geräucherten Fisch mit der restlichen Milch in eine Pfanne geben, zum Köcheln bringen und 10 Min. garen, bis das Fleisch leicht zu lösen ist. Den Fisch mit dem Schaumlöffel herausnehmen und beiseitestellen. Garnelenschalen, Pfefferkörner, Lorbeerblatt und Petersilienstängel zur Milch geben und bei sehr niedriger Temperatur 10 Min. köcheln lassen.

4 In der Zwischenzeit den Backofen auf 220 °C vorheizen. In einem Topf die restliche Butter bei mittlerer Temperatur zerlassen. Das Mehl einstreuen, 1 Min. anschwitzen und von der Kochstelle ziehen. Die Milch nach und nach durch ein Sieb in den Topf gießen. Zurück auf den Herd stellen und köcheln lassen, bis die Sauce dick wird. Zitronensaft und Sahne einrühren und mit Salz und Pfeffer abschmecken. Gehackte Petersilie, Cayennepfeffer und Garnelen unterrühren, dann den Fisch hineinzupfen.

5 Die Fischmasse in die ofenfeste Form geben, mit dem Kartoffelpüree bedecken und Butterflocken darauf verteilen. Die Form auf ein Backblech stellen und für 20–25 Min. in den Ofen schieben, bis die Oberfläche golden und die Füllung beim Einstechen mit einem Messer heiß ist. Aus dem Ofen nehmen und sofort servieren.

Dazu passen am besten mit Minze aromatisierte, frische grüne Erbsen.

Fisch für den Auflauf

Dieses Rezept verwendet frischen und geräucherten Schellfisch, aber auch Kabeljau, Hecht, Heilbutt, Lachs und Seeteufel passen gut. Mit einer Jakobsmuschel pro Person wird der Auflauf luxuriöser.

Thunfisch-carpaccio

Der Klassiker einmal nicht mit Rindfleisch

für 4 Personen
Zub. 10–15 Min. • Garzeit 20 Min.

- 1 Zweig Thymian, Blätter gehackt
- 2 TL fein geriebene Schale von einer unbehandelten Zitrone
- 5 EL natives Olivenöl extra
- 5 festkochende Kartoffeln, ungeschält
- Salz
- 4 EL Mayonnaise
- 1 gehäufter EL kleine Kapern, abgespült und abgetropft
- 2 EL Olivenöl zum Braten
- 400 g Thunfischfilet für Sashimi, in 8 gleich große Stücke geschnitten

1 Thymian, Zitronenschale und natives Olivenöl extra verrühren.

2 Die Kartoffeln kochen, abgießen und pellen. In dicke Scheiben schneiden und in eine Schüssel geben. Salzen, etwas Kräuteröl darüberträufeln, mit der Mayonnaise vermischen und beiseitestellen.

3 Die Kapern mit Küchenpapier trocken tupfen. In Olivenöl 2 Min. braten, das Öl abgießen.

4 Die Thunfischstücke zwischen zwei Lagen Frischhaltefolie sehr dünn klopfen, dann die Folie abziehen. Den Fisch auf Teller verteilen, mit Kapern bestreuen, würzen und das restliche Kräuteröl darüberträufeln. Mit dem Kartoffelsalat servieren.

Schollenfilet mit Speck

Besonders zart, saftig und wohlschmeckend ist die Scholle im Frühjahr

für 4 Personen
Zub. 10 Min. • Garzeit 20 Min.
niedriger GI

- 2 EL Olivenöl plus Öl zum Bestreichen
- 4 Scheiben durchwachsener Speck, gewürfelt
- 3 Frühlingszwiebeln, gehackt
- 4 Schollenfilets à 175 g
- Pfeffer
- 50 g Butter
- Saft von ½ großen Zitrone
- 1 EL gehackte Petersilie

1 Den Backofen auf 200 °C vorheizen. Das Öl in einer großen ofenfesten Pfanne erhitzen, Speck und Frühlingszwiebeln darin unter häufigem Rühren 2 Min. anbraten. Die Scholle mit der Haut nach unten in die Pfanne legen, mit Öl bestreichen und mit Pfeffer würzen.

2 Die Pfanne für 15 Min. in den Backofen stellen, dabei den Fisch noch ein- oder zweimal mit Öl einpinseln.

3 Den Fisch auf vorgewärmte Teller geben. Speck und Frühlingszwiebeln aus der Pfanne nehmen und beiseitestellen.

4 Die Butter in einem kleinen Topf goldbraun werden lassen. Zitronensaft, Speckwürfel und Frühlingszwiebeln hinzugeben und die Petersilie einrühren. Über den Fisch gießen und sofort servieren.

Dazu passt frischer Blattspinat.

Gebackener Lachs mit Gurken-Dill-Sauce

Sommerlich leicht mit Joghurt und im Handumdrehen zubereitet

für 4 Personen
Zub. 10 Min. + Wartezeit • Garzeit 10 Min.

- ½ Gurke
- Salz und Pfeffer
- 250 g Joghurt
- 2 TL Dijonsenf
- 1 Frühlingszwiebel, fein gehackt
- 1 EL gehackter Dill
- 4 Lachssteaks oder -filets, gehäutet
- 2 TL Olivenöl
- Saft von ½ Zitrone

Vorbereitung Sie können die Sauce bis zu 2 Tage im Voraus zubereiten und abgedeckt kühl stellen. Der Lachs lässt sich bis zu 24 Std. im Voraus zubereiten, falls er kalt serviert wird. Bis zur Verwendung im Kühlschrank aufbewahren.

1 Die Gurke fein würfeln und in ein Sieb über eine Schüssel geben. Salzen und 60 Min. abtropfen lassen. Mit kaltem Wasser spülen und mit Küchenpapier trocken tupfen. Die Gurkenwürfel mit Joghurt verrühren und Senf, Frühlingszwiebel sowie Dill hinzufügen. Mit Salz und Pfeffer abschmecken und beiseitestellen.

2 Den Backofen auf 200 °C vorheizen. Den Lachs in eine ofenfeste Form legen, mit Öl bestreichen und mit Salz und Pfeffer würzen.

3 Zitronensaft über den Lachs träufeln und je nach Dicke 8–10 Min. backen, bis der Fisch gerade durch, aber innen noch saftig ist. Aus dem Ofen nehmen und den Saft aus der Form in die Joghurtsauce einrühren.

4 Heiß oder kalt servieren, die Sauce über den Lachs geben.

VARIANTE

Nudelsalat mit Lachs

Den Lachs in kleine Stücke zupfen und mit gekochten, kalten Nudeln vermischen. Die Sauce unterheben – fertig ist der schnelle Nudelsalat.

Fisch

Frischer Fisch ist ein gesunder Genuss. Der Fischhändler übernimmt das Abschuppen, Ausnehmen und Filetieren, sodass Sie damit keine Arbeit haben. Wenn Sie also ganz schnell ein gutes Essen zubereiten wollen, denken Sie an Fisch – und wir haben auch noch ein paar Vorschläge für die Resteverwertung!

Einkauf

Beim Fischkauf ist Frische das wichtigste Kriterium. Wenn der Fisch »fischig« riecht, sollten Sie ihn keinesfalls kaufen. Drei Grundtypen sind zu unterscheiden:

Fette Rundfische haben einen langgestreckten Körper mit rundem Querschnitt. Ihr fettreiches Fleisch lässt sich grillen und braten.

Weiße Rundfische besitzen zartes und fettarmes Fleisch, das zum Pochieren und Dämpfen geeignet ist.

Plattfische haben einen flachen Querschnitt und weißes, flockiges, wohlschmeckendes Fleisch

FETTE RUNDFISCHE

Makrele
Der vielseitige Fisch schmeckt gebraten und gegrillt. Aufgrund seines relativ hohen Fettgehalts lässt er sich auch gut räuchern.

Lachs
Die meisten Lachse im Handel stammen inzwischen aus Aquakultur, Wildfang ist selten. Lachs eignet sich für alle Zubereitungsarten.

Thunfisch
Thunfische sind sehr groß und werden meist in Portionsstücken verkauft. Das rote Fleisch lässt sich grillen und braten, aber auch roh oder getrocknet verzehren.

Sardine
Im Ganzen oder als Filet verwendet, ist die Sardine gegrillt am allerbesten.

WEISSE RUNDFISCHE

Schellfisch
Sein schmackhaftes weißes Fleisch eignet sich zum Kochen und Dünsten.

Wolfsbarsch
Beliebt als Portionsfisch und ideal zum Dämpfen, Grillen und Braten.

PLATTFISCHE

Rotzunge
Diesen Verwandten der Seezunge sollte man schonend garen, damit er nicht austrocknet.

Steinbutt
Der feinste und teuerste Plattfisch schmeckt gebraten besonders gut.

DARAUF SOLLTEN SIE ACHTEN

Lagerung

Bringen Sie den Fisch nach dem Einkauf sofort nach Hause, am besten in einer Kühltasche. Nicht eingeschweißten Fisch mit kaltem Wasser abspülen und trocken tupfen. Auf einen Teller mit Rand legen, mit Frischhaltefolie abdecken und ganz unten in den Kühlschrank stellen, damit keine Flüssigkeit auf andere Lebensmittel tropfen kann. Innerhalb eines Tages verwenden. Abgepackten Fisch aus dem Supermarkt in der Verpackung lassen. Zuhause sofort in den Kühlschrank legen und vor dem Verfallsdatum verbrauchen.

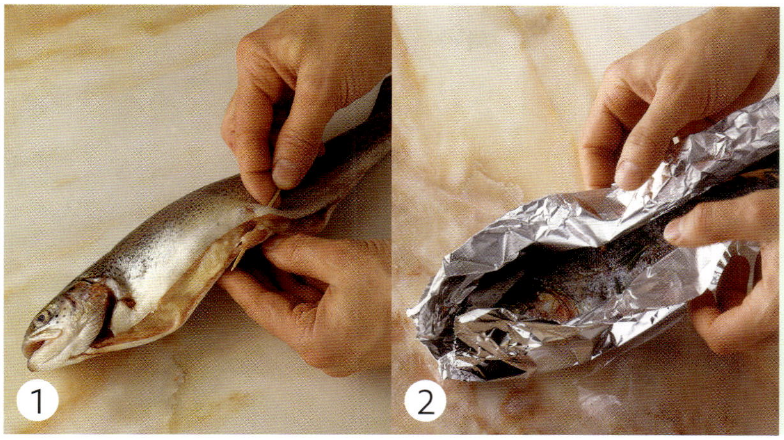

In Folie backen

1 Diese Technik ist zu empfehlen, wenn Sie einen ganzen Fisch garen wollen. Falls das Rezept eine Füllung vorsieht, die Füllung in den Fisch geben, dann mit 1 oder 2 Holzspießchen zusammenstecken.

2 Den Fisch in geölte oder gebutterte Alufolie einschlagen. Das gut verschlossene Päckchen im auf 180 °C vorgeheizten Backofen 25 Min. (kleine Fische) oder 35–40 Min. (große Fische) garen, bis das Fleisch an der Mittelgräte nicht mehr glasig ist.

Dämpfen

1 Wenn Sie einen Bambuskorb verwenden, den Wok bis knapp unterhalb des Korbs mit Wasser füllen. Aromazutaten, etwa Zitronen und Kräuter, ins Wasser geben, dann zum Köcheln bringen. Den Bambuseinsatz in den Wok stellen, dabei darauf achten, dass sein Boden das Wasser nicht berührt.

2 Den Fisch in den Dämpfeinsatz legen und mit weiteren Aromazutaten bestreuen. Gut abdecken und dämpfen, bis das Fleisch nicht mehr glasig, aber bereits leicht zu zerteilen ist. Das dauert etwa 3–4 Min. für Filets, 6–8 Min. für ganze Fische von bis zu 350 g und 12–15 Min. für Fische bis etwa 1 kg.

Grillen

1 Einen Grillrost mit Pflanzenöl bestreichen. Den Fisch darauflegen, mit etwas Öl bestreichen und mit Salz und Pfeffer würzen. Den Rost 10 cm von der Hitzequelle entfernt platzieren und den Fisch zunächst die Hälfte der im Rezept angegebenen Zeit grillen.

2 Mit der Küchenzange vorsichtig den Fisch wenden und von der anderen Seite grillen, bis das Fleisch leicht zu zerteilen ist.

Braten

1 Öl und Butter zu gleichen Teilen bei mittlerer bis hoher Temperatur in einer schweren Pfanne erhitzen, bis sie schaumig sind. Den Fisch würzen, dann mit der Haut nach unten in die Pfanne legen und die Hälfte der im Rezept angegebenen Zeit braten. Mit dem Pfannen- oder Fischheber wenden.

2 Nun von der anderen Seite braten, bis der Fisch goldbraun und leicht mit einer Gabel zu zerteilen ist.

Fisch

Grillmarinaden

Teriyaki-Marinade

Alle Zutaten verrühren und den Fisch bis zu 2 Std. darin marinieren. Während des Grillens mit Marinaderesten bestreichen.

- 3 EL Sojasauce
- 1 EL Sesamöl
- 1 EL süßer Sherry
- 1 EL Sonnenblumenöl
- 1 EL gehackte Frühlingszwiebel
- 2 TL abgeriebene Schale einer unbehandelten Orange
- 1 Knoblauchzehe, zerdrückt
- 1 Prise gemahlener Ingwer

Joghurtmarinade

Alle Zutaten verrühren und den Fisch bis zu 2 Std. darin marinieren. Den Fisch herausnehmen und vor dem Grillen die Rückstände abschaben.

- 150 g Joghurt
- 2 EL Olivenöl
- 2 EL gehackte Minze
- 1 EL abgeriebene Schale von einer unbehandelten Zitrone
- ¼ TL gemahlener Koriandersamen
- ¼ TL gemahlener Kreuzkümmel
- Salz und Pfeffer

Saucen

Balsamico-Sauce

Alle Zutaten miteinander aufkochen und bei geringer Hitze unter Rühren eindicken lassen.

- 1 EL brauner Zucker
- 2 EL Balsamico-Essig
- 1 TL Maisstärke
- 1 Würfel Gemüsebrühe, zerkrümelt
- 150 ml Wasser

Estragonsauce

Alle Zutaten verrühren und die Sauce bis zur Verwendung abgedeckt kühl stellen.

- 150 g Sauerrahm
- 4 EL gehackter Estragon
- 1 TL Dijonsenf
- 1 Spritzer Zitronensaft
- Salz und Pfeffer

Aromatisierte Butter

Sardellenbutter

Alle Zutaten verrühren, die Butter in Backpapier einrollen und bis zur Verwendung kühl stellen.

- 50 g weiche Butter
- 2 Sardellenfilets, abgetropft und fein gehackt
- ½ EL abgeriebene Schale von einer unbehandelten Zitrone
- 1 Prise Cayennepfeffer
- Pfeffer

Kräuterbutter

Alle Zutaten verrühren, die Butter in Backpapier einrollen und bis zur Verwendung kühl stellen.

- 50 g weiche Butter
- 6 Spinatblätter, blanchiert, trocken getupft und sehr fein gehackt
- 1 Schalotte, fein gehackt
- je 1 TL fein gehackter Kerbel, Petersilie und Estragon
- Salz und Pfeffer

FRISCHE WÜRZIDEEN

- **Zitrusaroma** Dünne Scheiben von unbehandelter Zitrone, Limette oder Orange direkt vor dem Backen auf Fischfilets legen oder pochierten oder gebratenen Fisch zum Servieren mit einem Spritzer Zitrone aufpeppen.
- **Asiatisch** Geriebenen frischen Ingwer, fein geschnittene Frühlingszwiebeln, dünn geschnittene, entkernte Chilischoten und einen Spritzer Sojasauce beim Backen oder Pochieren dazugeben, besonders bei fettem Fisch wie Makrele und Lachs.
- **Mexikanisch** Gegrillten Fisch mit würziger Tomatensalsa, frischem Koriander und Limettensaft servieren.
- **Kräuter** Wenn Sie Kräuter verwenden, geben Sie die ebenfalls duftenden Stängel mit ins Wasser, in dem der Fisch pochiert wird.
- **Mediterran** Gegrillten oder gebratenen Fisch mit Rouille (s. S. 114), Salsa verde (s. S. 281) oder Aioli (s. S. 280) servieren.

würzen & weiterverwerten

IM PAPIER GEBACKEN

In Backpapier oder Alufolie, zusammen mit Kräutern, Gemüse, etwas Fond, Weißwein oder Wasser gegart, wird der Fisch garantiert wunderbar zart und saftig.

Ideen für Reste

Lachs-Rillettes

Aus gekochtem oder geräuchertem Lachs läßt sich ein cremiger Aufstrich herstellen

15 Min. **Seite 30**

Räucherfisch-Frikadellen mit Petersilie

Statt Schellfisch passt auch anderer weißer Fisch

40 Min. **Seite 43**

Fischfond

Reste wie Gräten und Köpfe ergeben einen Fischfond

30 Min. **Seite 103**

Nudelsalat mit Thunfisch

Anstelle von Thunfisch eignen sich auch Schwertfisch oder Lachs

35 Min. **Seite 117**

Kedgeree

Geben Sie klein gezupften Kabeljau, Seeteufel oder Forelle in dieses Brunch-Gericht

40 Min. **Seite 209**

Lachsküchlein

Eine gute Verwertung für Reste von Lachs oder anderem fettreichem Fisch

60 Min. **Seite 255**

Fisch-Kartoffel-Auflauf

Eine wunderbare Resteverwertung, wenn größere Stücke Fisch übrig geblieben sind

75–85 Min. **Seite 256**

Meeresfrüchtesalat

Mischen Sie klein gezupftes Fischfleisch unter diesen bunten Salat mit würzigem Dressing

40 Min. **Seite 268**

Schwertfischspieße mit Rucolasalsa

Zart und aromatisch: Diese Spieße können Sie auf dem Grill oder im Ofen zubereiten

für 4 Personen

Zub. 15 Min. + Wartezeit • Garzeit 5–8 Min.

8 lange Metallspieße

- 6 EL Olivenöl plus Öl zum Einfetten
- Saft von 1 Zitrone
- 4 EL fein gehackte glatte Petersilie
- ½ – 1 TL Cayennepfeffer (nach Geschmack)
- 4 Schwertfischsteaks à ca. 225 g, ohne Haut und Gräten, in 2,5 cm große Würfel geschnitten
- 2 orange, gelbe oder rote Paprikaschoten, von Trennwänden und Samen befreit und in 2,5 cm große Stücke geschnitten

Rucolasalsa

- 1 Bund Rucola, fein gehackt
- 2 Knoblauchzehen, fein gehackt
- 125 ml natives Olivenöl extra
- 4 EL Balsamico-Essig
- Salz und Pfeffer

1 Olivenöl, Zitronensaft, Petersilie und Cayennepfeffer in einer großen, korrosionsbeständigen Schüssel verrühren. Die Schwertfischstücke hineingeben und vorsichtig in der Marinade wenden. Abgedeckt im Kühlschrank 30–60 Min. marinieren, dabei die Würfel nochmals wenden.

2 In der Zwischenzeit für die Rucolasalsa Rucola, Knoblauch, Olivenöl und Essig verrühren. Mit Salz und Pfeffer abschmecken und beiseitestellen.

3 Für die Spieße den Backofengrill auf höchster Stufe vorheizen, den Grillrost 10 cm von den Heizstäben entfernt einschieben und acht lange Metallspieße einfetten. Fisch und Gemüse abwechselnd aufspießen und 5–8 Min. grillen, bis der Fisch gar und leicht zu zerteilen ist, dabei ein- oder zweimal mit Marinade einpinseln und wenden.

4 Die restliche Marinade in einen kleinen Topf geben und 1 Min. stark kochen lassen. Die Spieße damit beträufeln und mit der Rucolasalsa servieren.

Lachs im Blätterteig

En croûte gebacken, bleibt der Lachs besonders saftig

für 4 Personen

Zub. 25 Min. • Garzeit 30 Min.

- 100 g Brunnenkresse, dicke Stängel entfernt
- 125 g Frischkäse
- Salz und Pfeffer
- 600 g Lachsfilet ohne Haut
- 400 g Blätterteig, Tiefkühlware aufgetaut
- Mehl zum Bestäuben
- 1 Ei, verquirlt
- Öl zum Einfetten

Vorbereitung Sie können das Gericht bis einschließlich Schritt 3 bis zu 12 Std. im Voraus vorbereiten. Mit Frischhaltefolie abdecken und bis zum Backen kühl stellen.

1 Den Backofen auf 200 °C vorheizen. Die Brunnenkresse sehr fein hacken, in eine Schüssel geben und den Frischkäse hinzufügen. Mit Salz und Pfeffer würzen, gut vermischen.

2 Das Lachsfilet in 2 Stücke teilen. Den Blätterteig auf einer leicht bemehlten Arbeitsfläche 3 mm dick ausrollen. Der Teig sollte etwa 7,5 cm länger und etwas mehr als doppelt so breit sein wie die Lachsstücke. Die Teigränder gerade schneiden. Auf ein eingefettetes Backblech legen.

3 Ein Stück Lachs in die Mitte des Blätterteigs legen. Die Brunnenkressemasse darauf verteilen, dann das zweite Lachsstück auflegen. Die Teigränder mit etwas Wasser bestreichen, dann die beiden Längsseiten über dem Lachs verschließen. Die Schmalseiten leicht überlappend einschlagen und gut zusammendrücken. Nach Belieben die Oberseite mit Teigresten verzieren. Mit verquirltem Ei bestreichen und mit einem Spießchen mehrmals einstechen, damit beim Backen der Dampf entweichen kann.

4 Etwa 30 Min. backen, bis der Teig schön aufgegangen und goldbraun ist. Prüfen, ob der Lachs gar ist: Dafür einen Spieß für 4–5 Sek. bis zur Hälfte in den dicksten Teil stechen. Er sollte nach dem Herausziehen heiß sein.

5 Lachs aus dem Ofen nehmen und einige Minuten ruhen lassen, dann aufschneiden und servieren.

Hering in Hafermehl mit Stachelbeersauce

Stachelbeersauce passt gut zu fettreichem Fisch wie Hering, Makrele, Thunfisch und Schwertfisch

für 4 Personen
Zub. 10 Min. • Garzeit 15 Min.
Stachelbeersauce ist tiefgekühlt 6 Mon. haltbar

4 Heringe, ausgenommen, Flossen entfernt
125 g feines Hafermehl

Stachelbeersauce

350 g frische oder tiefgekühlte Stachelbeeren
25 g Butter
25 g Zucker
1 Prise geriebene Muskatnuss
Salz und Pfeffer

Vorbereitung Die Sauce kann mehrere Stunden im Voraus zubereitet werden.

1 Stachelbeeren mit 1–2 EL Wasser in einen Topf geben und 4–5 Min. kochen, bis sie weich sind. In der Küchenmaschine pürieren, dann Butter, Zucker und Muskatnuss hinzufügen sowie Salz und Pfeffer nach Geschmack. Die Sauce beiseitestellen.

2 Die Köpfe der Heringe entfernen, die Körper bis zum Schwanz aufschlitzen. Flach aufklappen und mit der Haut nach oben auf ein Schneidebrett legen. Die Fische mit dem Handballen an der Mittelgräte entlang flach drücken, bis sie wie Schmetterlinge ganz platt auf dem Brett liegen. Umdrehen und die Mittelgräte entfernen, am Schwanzende mit der Schere abschneiden. Mit einer Pinzette restliche kleine Gräten entfernen. Man kann aus den Fischen auch jeweils zwei Filets schneiden.

3 Den Backofengrill auf höchster Stufe vorheizen. Das Hafermehl auf einen großen Teller geben und gut würzen. Die Heringe darin wenden und das Mehl festdrücken. Die Fische in eine ofenfeste Form geben und 6–8 Min. grillen, bis sie weich und leicht zu zerteilen sind, dabei einmal wenden.

4 Die Stachelbeersauce vorsichtig erwärmen und mit den Heringen servieren.

Kabeljau mit Tomatensauce

Tomaten und Wein verleihen diesem spanischen Gericht Süße

für 4 Personen
Zub. 10 Min. • Garzeit 30 Min.

2 EL Olivenöl
1 kg Kabeljaufilet, ohne Haut, in 4 Stücke geschnitten
1 große Zwiebel, in feine Scheiben geschnitten
1 Knoblauchzehe, fein gehackt
4 große Fleischtomaten, gehäutet, entkernt und gehackt
2 EL Tomatenmark
1 TL Zucker
300 ml Fischfond
125 ml trockener Weißwein
2 EL gehackte Petersilie
Salz und Pfeffer

1 Den Backofen auf 200 °C vorheizen. Das Öl in einem ofenfesten Topf erhitzen, in dem der Fisch nebeneinander Platz hat. Den Kabeljau mit der Hautseite nach unten bei mittlerer bis hoher Temperatur 1 Min. braten, bis die Haut knusprig ist. Wenden, wiederum 1 Min. braten, dann herausnehmen.

2 Zwiebel und Knoblauch in den Topf geben und bei mittlerer Temperatur unter häufigem Rühren 4–5 Min. anschwitzen. Tomaten, Tomatenmark, Zucker, Fond und Wein hinzufügen, alles zum Köcheln bringen und unter Rühren 10–12 Min. garen.

3 Den Fisch auf die Sauce legen und für 5 Min. in den Backofen schieben. Den fertigen Fisch aus dem Topf nehmen und warm halten.

4 Den Topf wieder auf den Herd stellen und die Sauce bei mittlerer bis hoher Temperatur 3–4 Min. dick einkochen lassen. Die Hälfte der Petersilie einrühren sowie Salz und Pfeffer nach Geschmack. Die Sauce auf vier Teller verteilen und den Fisch darauflegen. Mit der restlichen Petersilie bestreuen und sofort servieren.

VARIANTE

Heilbutt mit Tomatensauce

Statt Kabeljau dieselbe Menge Heilbutt verwenden und das fertige Gericht mit Basilikum und getrockneten Chiliflocken statt Petersilie bestreuen.

Sardinen in Weinblättern

Eine Reis-Kräuter-Füllung nimmt das intensive Aroma der frischen Sardinen gut auf

für 4 Personen
Zub. 10 Min. • Garzeit 25 Min.

Füllung

50 g Rundkornreis
50 g Pinienkerne, geröstet
50 g Korinthen
3 EL gehackte Petersilie
1 EL gehackte Minze
1 EL gehackter Dill
Saft von ½ Zitrone
Salz
1 Prise Cayennepfeffer

Fisch

12 ganze Sardinen, geputzt
12 große eingelegte Weinblätter, mit kaltem Wasser abgespült
2 EL Olivenöl
Zitronenschnitze zum Servieren

1 Wasser in einen großen Topf füllen, salzen und aufkochen und den Reis 20 Min. garen, bis er gerade weich ist. Abgießen, mit kaltem Wasser abschrecken und abtropfen lassen.

2 Den Reis in eine Schüssel geben, Pinienkerne, Korinthen, Petersilie, Minze, Dill und Zitronensaft unterrühren. Mit Salz und Cayennepfeffer abschmecken.

3 Die Füllung gleichmäßig in die Bäuche der Sardinen geben. Jeden Fisch in ein Weinblatt wickeln und mit etwas Öl bestreichen.

4 Den Backofengrill auf höchster oder den Holzkohlengrill auf hoher Stufe vorheizen. Die Sardinen 4–5 Min. grillen, dabei einmal wenden. Auf einer Platte mit Zitronenschnitzen zum Auspressen servieren.

Dazu passen neue Kartoffeln und ein knackiger, frischer Salat.

Gegrillter Heilbutt mit grüner Sauce

In Minutenschnelle auf dem Tisch

für 6 Personen
Zub. 10 Min. • Garzeit 4 Min.

Sauce

50 g gemischte Kräuter wie Petersilie, Schnittlauch, Minze, Estragon und Kerbel
2 Knoblauchzehen
8 EL Olivenöl
1 EL Estragonessig
Salz und Pfeffer
1 Prise Zucker

Fisch

6 dicke Heilbuttsteaks à 150 g
1 EL Olivenöl
Zitronenschnitze zum Servieren

1 Alle Zutaten für die Sauce in der Küchenmaschine fein pürieren. Mit Salz, Pfeffer und Zucker abschmecken und bis zur Verwendung kühl stellen.

2 Den Backofengrill auf höchster, den Holzkohlengrill auf hoher Stufe vorheizen. Den Heilbutt mit etwas Öl bestreichen und mit Salz und Pfeffer würzen. Auf jeder Seite 2 Min. grillen. Mit der grünen Sauce und Zitronenschnitzen zum Auspressen servieren.

VARIANTE

Gegrillter Lachs mit grüner Sauce

Statt Heilbutt 6 Lachsfilets verwenden und ohne Öl wie oben grillen. Mit der Sauce servieren.

Frittierter Fisch

Am besten mit festem, weißem Fisch, aber Sie können auch Tintenfischringe verwenden

für 4 Personen
Zub. 20 Min. • Garzeit 10 Min.

Sauce

- 50 g Rucola plus Rucola zum Servieren
- 1 Knoblauchzehe, durchgepresst
- 100 ml Mayonnaise
- 1 TL Zitronensaft
- Salz und Pfeffer

Fisch

- 4 EL Mehl
- 2 Eier, leicht verquirlt
- 100 g weiße Semmelbrösel oder Panko-Paniermehl
- 125 g Kabeljaufilet, ohne Haut
- 125 g Lachsfilet, ohne Haut
- 125 g Snapperfilet, ohne Haut
- 12 rohe Riesengarnelen, geschält, Därme und Köpfe entfernt
- Öl zum Frittieren

1 Alle Zutaten für die Sauce in der Küchenmaschine glatt pürieren.

2 Das Mehl mit Salz und Pfeffer würzen. Mehl, verquirlte Eier und Semmelbrösel jeweils in eine Schale geben. Jedes Fischfilet in 4 Stücke schneiden. Fisch und Garnelen in Mehl wenden, dann in verquirltes Ei tauchen und zum Schluss mit Semmelbröseln umhüllen.

3 Das Öl in einer großen Pfanne oder in der Fritteuse auf 180 °C erhitzen. Den panierten Fisch und die Garnelen portionsweise 2–3 Min. frittieren und dann auf Küchenpapier abtropfen lassen.

4 Einige Rucolablätter auf jedem Teller anrichten und darauf den Fisch legen. Sofort mit der Sauce servieren.

Paniermehl

Japanisches Panko-Paniermehl ist leicht knusprig und ideal zum Frittieren. Es ist in großen Supermärkten oder im Asialaden erhältlich.

Makrele mit Gurkensalat

Makrelen eignen sich gut zum Grillen, weil ihr Fleisch vergleichsweise viel Fett enthält

für 4 Personen
Zub. 30 Min. • Garzeit 10 Min.

- 1 Gurke
- 1 Schalotte, fein gehackt
- 1 EL gehackter Dill plus Dill zum Garnieren
- ½ grüne Paprikaschote, Stielansatz, Samen und Scheidewände entfernt, Fruchtfleisch gehackt
- Saft von ½ Zitrone
- ½ TL Dijonsenf
- 4 EL Olivenöl plus Öl zum Schwenken
- Salz und Pfeffer
- 4 ganze Makrelen, ohne Gräten
- gekochte neue Kartoffeln zum Servieren

1 Für den Salat die Gurke putzen. Mit einem Sparschäler der Länge nach in dünne Streifen schneiden und in eine Schüssel geben. Schalotte, Dill und Paprikawürfel hinzufügen.

2 Zitronensaft, Senf und Olivenöl verquirlen und mit Salz und Pfeffer abschmecken. Die Sauce über den Salat geben und vorsichtig unterheben. Beiseitestellen.

3 Den Grill auf mittlerer bis hoher Stufe vorheizen. Den Fisch auf jeder Seite zwei- bis dreimal einschneiden. 5 Min. grillen, dann wenden und weitere 3–4 Min. von der anderen Seite garen.

4 Die gegrillten Makrelen heiß mit Gurkensalat und neuen, in Olivenöl geschwenkten Kartoffeln servieren, mit etwas Dill garnieren.

Heilbutt mit Paprikasauce

Von der katalanischen *romesco* inspiriert, mit Paprika, Mandeln, Olivenöl und Knoblauch

für 6 Personen
Zub. 10 Min. • Garzeit 30 Min.

- 3 EL natives Olivenöl extra plus Öl zum Einfetten
- 1 kg Heilbuttfilet, 2 cm dick
- Salz und Pfeffer
- 2 Knoblauchzehen, fein gehackt
- 75 g Mandeln, grob gehackt
- 125 g Semmelbrösel
- 3 EL gehackte glatte Petersilie

Sauce

- 1 Glas gegrillte rote Paprikaschoten (350 g), abgespült, trocken getupft und grob gehackt
- 1 EL Sherryessig
- 1 Prise Cayennepfeffer
- 1 Prise edelsüßes Paprika

1 Den Backofen auf 230 °C vorheizen. Den Boden einer ofenfesten Form mit Öl bestreichen, dann den Fisch mit der Haut nach unten hineinlegen. Mit Salz und Pfeffer würzen.

2 In einer schweren Pfanne 2 EL Öl erhitzen. Knoblauch, Mandeln und Semmelbrösel hineingeben und bei mittlerer Temperatur unter Rühren 6–8 Min. braten, bis sie gerade goldgelb sind. Die Petersilie untermischen und alles über den Fisch streuen.

3 Den Fisch 5 Min. backen, dann locker mit Alufolie abdecken und weitere 15 Min. backen, bis er gerade gar ist. Der Fisch ist fertig, wenn er sich leicht zerteilen lässt. Den Fisch aus dem Backofen nehmen und mit 1 EL Olivenöl beträufeln.

4 In der Zwischenzeit alle Zutaten für die Sauce vermischen. Über den Fisch geben oder in einer Schale separat servieren.

Seeteufel mit Miesmuscheln und Pancetta

Der feste, leicht süßliche Seeteufel schmeckt köstlich mit salzigem Pancetta und frischen Tomaten

für 4 Personen
Zub. 20 Min. • Garzeit 30 Min.
auf die Muscheln klopfen und nicht schließende wegwerfen

- 1 EL Olivenöl
- 25 g Butter
- 1 Zwiebel, gehackt
- 1 Prise Salz
- 3 Knoblauchzehen, gehackt
- 400 g Tomaten, gehäutet, Samen entfernt, gehackt
- 500 g Seeteufel, in Stücke geschnitten
- 125 ml trockener Weißwein
- 100 g Pancetta oder durchwachsener Speck, in Scheiben geschnitten
- 1 kg Miesmuscheln, geputzt
- 100 g Sahne
- Saft von ½ Zitrone
- 1 Handvoll Petersilie, gehackt

1 Öl und Butter in einem großen Topf erhitzen, Zwiebel, Knoblauch und Salz hineingeben und bei niedriger Temperatur 5 Min. anschwitzen. Tomaten dazugeben, 5 Min. köcheln lassen, dann Seeteufel und Wein hinzufügen und weitere 10 Min. köcheln lassen.

2 In der Zwischenzeit in einem zweiten Topf die Pancetta knusprig braten, dann grob hacken.

3 Die Muscheln zu den Tomaten und dem Fisch in den Topf geben und einen Deckel auflegen. Nach 2 Min. den Topf rütteln, dann weitere 4 Min. köcheln lassen, bis sich die Muscheln geöffnet haben, geschlossene Exemplare wegwerfen.

4 Muscheln und Fisch mit dem Schaumlöffel in eine große, vorgewärmte Servierschüssel geben. Die Kochflüssigkeit weiterköcheln lassen, Pancetta, Sahne, Zitronensaft und die Hälfte der Petersilie hineingeben. Wieder zum Köcheln bringen, dann über die Muscheln gießen. Mit der restlichen Petersilie bestreuen und servieren.

Dazu passen ein knackiger grüner Salat und knuspriges Brot.

Gebackene Brasse

Der klassische spanische *besugo al horno* besteht aus Fisch und Kartoffeln

für 4 Personen

Zub. 10 Min. + Wartezeit • Garzeit 1 Std.

- 2 Brassen à 600 g
- 1 EL Tapenade
- 2 dicke Scheiben von einer unbehandelten Zitrone
- Saft von 1 Zitrone
- 3 EL Olivenöl
- 700 g Kartoffeln, in sehr dünne Scheiben geschnitten
- 1 Zwiebel, in dünne Scheiben geschnitten
- 2 Paprikaschoten, Stielansatz, Samen und Scheidewände entfernt, Fruchtfleisch in dünne Ringe geschnitten
- 4 Knoblauchzehen, gehackt
- 2 EL gehackte Petersilie
- 1 TL rosenscharfes Paprikapulver
- 125 ml trockener Weißwein
- Salz und Pfeffer

1 Die Fische auf beiden Seiten an der dicksten Stelle zweimal diagonal einschneiden. In eine korrosionsbeständige Form legen und innen und außen mit Tapenade bestreichen. Eine Zitronenscheibe hinter die Kiemen stecken, mit Zitronensaft beträufeln und im Kühlschrank 60 Min. marinieren.

2 Den Backofen auf 190 °C vorheizen. Eine ofenfeste Form mit 1 EL Olivenöl einfetten. Die Hälfte der Kartoffelscheiben hineinschichten und mit Zwiebeln und Paprika bedecken. Knoblauch, Petersilie und Paprikapulver darüberstreuen, dann mit den restlichen Kartoffeln abschließen. Das restliche Öl und 2–3 EL Wasser darüberträufeln. Mit Alufolie abdecken und 40 Min. backen, bis die Kartoffeln weich und goldbraun sind.

3 Die Temperatur auf 220 °C erhöhen. Den Fisch auf die Kartoffeln legen, mit dem Wein beträufeln und mit Salz und Pfeffer würzen. Ohne Folie 20 Min. backen, bis der Fisch gar ist. Sofort servieren.

Geschmorter Klippfisch mit Gemüse

Dieser *bacalao a la cazuela* schmeckt köstlich nach Knoblauch, Lorbeer und Safran

für 4 Personen

Zub. 20 Min. + Wartezeit • Garzeit 40 Min.

den Fisch mit Wasser bedecken und mindestens 24 Std. einweichen, dabei zwei- bis dreimal das Wasser wechseln

- 3 EL Olivenöl
- 1 Zwiebel, fein gewürfelt
- 2 Stangen Lauch, nur der weiße Teil, in feine Scheiben geschnitten
- 3 Knoblauchzehen, zerdrückt
- 3 Tomaten, gehäutet, Samen entfernt, gehackt
- 500 g Kartoffeln, geschält und gewürfelt
- Salz und Pfeffer
- 2 Lorbeerblätter
- 1 große Prise Safranfäden
- 800 g Klippfisch, eingeweicht und in 4 Stücke geschnitten
- 125 ml trockener Weißwein
- 2 EL gehackte Petersilie

1 Das Öl in einem großen, flachen Topf erhitzen. Zwiebel und Lauch hineingeben und unter ständigem Rühren 5 Min. anschwitzen.

2 Knoblauch und Tomaten hinzufügen und unter ständigem Rühren weitere 2 Min. garen. Kartoffeln dazugeben, mit Salz und Pfeffer würzen und Lorbeerblätter und Safran beifügen.

3 Den Fisch mit der Haut nach oben auf das Gemüse legen. Wein und 250 ml Wasser dazugießen, zum Köcheln bringen und 25–30 Min. garen. Gelegentlich leicht am Topf rütteln, damit sich die Gelatine aus dem Fisch löst und die Sauce andickt.

4 Den fertigen Fisch mit gehackter Petersilie bestreuen und sofort servieren.

Lachs im Paket

In der Papierhülle gart der Fisch besonders schonend und bleibt saftig

für 4 Personen
Zub. 25 Min. • Garzeit 15 Min.

- Olivenöl zum Einfetten
- 4 Tomaten, in Scheiben geschnitten
- 4 Lachssteaks oder -filets à 175 g
- 2 unbehandelte Zitronen, in Scheiben geschnitten
- 8 Zweige Estragon
- Pfeffer

Vorbereitung Sie können die Lachspakete mehrere Stunden im Voraus vorbereiten und bis zur Verwendung kühl stellen.

1 Aus Backpapier acht Rechtecke ausschneiden. Sie sollten so groß sein, dass jeweils 1 Fischfilet bequem darin eingepackt werden kann. Je zwei Rechtecke übereinanderlegen und das obere mit etwas Olivenöl bestreichen.

2 Den Backofen auf 160 °C vorheizen. Die Tomatenscheiben auf den Papierstücken verteilen. Den Lachs daraufsetzen, dann Zitronenscheiben und Estragon dazugeben. Mit Pfeffer würzen. Die Päckchen fest verschließen, bei Bedarf helfen Büroklammern aus Metall. Auf ein Backblech legen und 15 Min. backen.

3 Die Päckchen öffnen, den Inhalt auf vorgewärmte Teller verteilen und sofort servieren.

Dazu passt *Beurre blanc*, eine klassische Buttersauce, über den Fisch gegossen oder separat gereicht.

Meeresfrüchtesalat

Für die Mittagspause, beim Picknick oder als leichtes Abendessen im Garten: ein ideales Sommergericht

für 4 Personen
Zub. 20 Min. • Garzeit 25 Min.

- 3 EL Olivenöl
- 8 kleine Jakobsmuscheln
- 8 rohe Tigergarnelen, geschält, Därme entfernt, Schwanzflossen intakt
- 500 g Lachsfilet, in Streifen geschnitten
- 100 g Brunnenkresse
- ½ Gurke, der Länge nach halbiert, entkernt und in Scheiben geschnitten

Dressing

- 1 rote Chilischote, Samen entfernt, in feine Scheiben geschnitten
- 1 EL flüssiger Honig
- abgeriebene Schale und Saft von 1 unbehandelten Zitrone
- Saft von 1 Limette
- Salz und Pfeffer
- 2 EL gehacktes Koriandergrün

1 Für das Dressing alle Zutaten mit 2 EL Olivenöl verrühren und beiseitestellen.

2 In einer schweren Pfanne 1 EL Olivenöl erhitzen. Die Jakobsmuscheln darin 1–2 Min. auf jeder Seite braten, bis sie gerade durch sind. In eine Schüssel geben. Die Garnelen in der Pfanne 2–3 Min. braten, bis sie rosa werden, dann zu den Jakobsmuscheln geben. Schließlich den Lachs 2–3 Min. braten, dabei den Fisch möglichst ganz lassen; bei Bedarf mehr Öl hinzufügen. Zusammen mit der Hälfte des Dressings unter die Meeresfrüchte mischen und beiseitestellen.

3 Zum Servieren Brunnenkresse und Gurke auf einer großen Servierplatte verteilen und mit dem restlichen Dressing beträufeln. Lachs und Meeresfrüchte darauf anrichten.

Gegrillte Sardinen mediterrane Art

Rund um die Mittelmeerküste ist diese simple Zubereitungsweise beliebt

für 4 Personen

Zub. 15 Min. + Wartezeit • Garzeit 5 Min.

- 8 große ganze Sardinen, geputzt
- 8 Zweige Thymian oder Zitronenthymian plus einige Blättchen zum Garnieren
- 4 unbehandelte Zitronen
- 3 EL Olivenöl
- 2 Knoblauchzehen, durchgepresst
- 1 TL gemahlener Kreuzkümmel

Vorbereitung Damit sich die Aromen gut entfalten können, die Sardinen vor dem Grillen mindestens 2 Std. marinieren. Bis zur Verwendung kühl stellen.

1 Die Sardinen abspülen und trocken tupfen. Einen Zweig Thymian in jeden Fisch stecken und die Sardinen in eine flache, korrosionsbeständige Form legen. Die Schale von 3 Zitronen abreiben, den Saft auspressen und in eine kleine Schüssel geben. Mit Öl, Knoblauch und Kreuzkümmel verrühren und über die Sardinen träufeln. Die Form abdecken und für mindestens 2 Std. in den Kühlschrank stellen.

2 Den Backofengrill vorheizen und die Sardinen 2–3 Min. auf jeder Seite grillen.

3 Die letzte Zitrone in 8 Schnitze teilen. Die Sardinen auf eine vorgewärmte Servierplatte legen und sofort mit Zitrone und Thymian garniert servieren.

Thunfisch-Eintopf

Der baskische *marmitako de bonito* stillte früher auf See den Hunger der Fischer

für 4 Personen

Zub. 10 Min. • Garzeit 35 Min.

- 1 kg Kartoffeln
- 750 g frischer Thunfisch
- 1 Glas gegrillte rote Paprikaschoten (350 g)
- 3 EL Olivenöl
- 1 große Zwiebel, in feine Scheiben geschnitten
- 2 Knoblauchzehen, durchgepresst
- 1 Lorbeerblatt
- Salz und Pfeffer
- 1 Dose Tomatenstücke (400 g)
- 300 g tiefgekühlte Erbsen
- 2 EL gehackte Petersilie

1 Die Kartoffeln schälen und in dicke Scheiben schneiden. Den Thunfisch in Stücke von ungefähr der gleichen Größe schneiden, die Paprika in Streifen schneiden.

2 Das Öl in einem Topf erhitzen, Zwiebel, Knoblauch und Lorbeerblatt darin unter Rühren anschwitzen, bis die Zwiebeln glasig sind. Die Kartoffeln hinzugeben, gut umrühren, mit Salz und Pfeffer würzen, dann mit Wasser bedecken. 10 Min. kochen lassen, bis die Kartoffeln fast weich sind, dann die Tomaten hinzufügen und weitere 5 Min. garen.

3 Die Temperatur reduzieren, Thunfisch hinzufügen und weitere 5 Min. köcheln. Dann Erbsen und Paprika dazugeben und noch 10 Min. köcheln lassen. Zum Servieren mit Petersilie bestreuen.

VARIANTE

Meeresfrüchte-Eintopf

Wird wie oben zubereitet, enthält aber statt Thunfisch 750 g gemischte Meeresfrüchte, etwa Kabeljau, Schellfisch und große, geschälte Garnelen.

Gedämpfter Wolfsbarsch

Mit einem ganzen Fisch, auf chinesische Art zubereitet, kann man Gäste beeindrucken

für 4 Personen
Zub. 15 Min. • Garzeit 20 Min.
Dampfgarer oder Wok mit Dämpfeinsatz und Deckel

- 8 EL Sojasauce
- 8 EL chinesischer Reiswein oder trockener Sherry
- 6 EL geschälter und in dünne Scheiben geschnittener frischer Ingwer
- 4 kleine Wolfsbarsche, ausgenommen und abgespült
- 2 EL Sesamöl
- 1 TL Salz
- 4 Frühlingszwiebeln, in feine Streifen geschnitten
- 8 EL Sonnenblumenöl
- 4 Knoblauchzehen, gehackt
- 2 kleine rote Chilischoten, Samen entfernt, in feine Streifen geschnitten
- Schale von 2 unbehandelten Limetten, in feine Streifen geschnitten

1 Wasser in den Dampfgarer oder Wok geben, dabei den Dämpfeinsatz so in den Wok stellen, dass er das Wasser nicht berührt. Wasser zum Kochen bringen.

2 Sojasauce, Reiswein und 4 EL Ingwer verrühren. Den Fisch auf beiden Seiten im Abstand von 2,5 cm diagonal einschneiden, aber nicht bis auf die Gräten. Innen und außen mit Sesamöl und Salz einreiben.

3 Ein Viertel der Frühlingszwiebeln auf eine hitzebeständige Servierplatte geben, auf die 2 Fische passen und die Platz im Dämpfeinsatz hat. Die beiden Fische hineinlegen und die Hälfte der Sauce darübergeben.

4 Die Platte in den Dämpfeinsatz stellen, Deckel auflegen und etwa 10 Min. dämpfen, bis der Fisch gar ist. Fisch herausnehmen, abdecken und warm halten. Mit den restlichen Fischen wiederholen.

5 In der Zwischenzeit das Sonnenblumenöl erhitzen. Die restlichen Frühlingszwiebeln, Ingwer, Knoblauch, Chili und Limettenschale über den fertigen Fisch streuen, mit dem heißen Öl beträufeln und servieren.

Kurz gebratener Thunfisch mit Gurke und Fenchel

Der Thunfisch bleibt in diesem Rezept ziemlich roh, deshalb muss er sehr frisch sein

für 4 Personen
Zub. 15 Min. + Wartezeit • Garzeit 6 Min.

- 6 EL Olivenöl plus Öl zum Einpinseln
- 4 Thunfischsteaks à 150 g
- Salz und Pfeffer
- 1 Fenchelknolle, in Scheiben geschnitten
- 2 Schalotten, fein gehackt
- 1 Gurke, geschält, entkernt und fein gehackt
- 25 g Minze-, Petersilien- und Kerbelblätter, zerzupft und vermischt
- Saft von 1 Zitrone
- 8 Sardellenfilets
- Zitronenschnitze zum Servieren

1 Die Thunfischsteaks mit 2 EL Olivenöl einreiben und pfeffern.

2 In einem Topf 2 EL Olivenöl erhitzen und den Fenchel darin 4–5 Min. anschwitzen. Mit Salz und Pfeffer würzen, in eine Schüssel geben und etwas abkühlen lassen.

3 Schalotten, Gurke und Kräuter zum Fenchel geben. Zitronensaft und das restliche Öl einrühren.

4 Eine schwere Brat- oder Grillpfanne sehr stark erhitzen. Die Thunfischsteaks mit etwas Öl einpinseln, dann 30 Sek. anbraten. Auf die Oberseite noch etwas mehr Öl streichen, die Fischstücke wenden und weitere 30 Sek. braten.

5 Die Steaks auf Teller verteilen, den Fenchel darübergeben und jede Portion mit 2 Sardellenfilets garnieren. Mit der restlichen Marinade aus der Salatschüssel beträufeln und mit Zitronenschnitzen servieren.

Dazu passen neue Kartoffeln mit Petersilienbutter.

Fischpfanne mit Garnelen

Ein gutes Beispiel für die Küche Singapurs

für 4 Personen
Zub. 30 Min. • Garzeit 20 Min.

- 1 kleine Zwiebel, grob gehackt
- 2 Knoblauchzehen, durchgepresst
- 2 rote Chilischoten, Samen entfernt, grob gehackt
- 25 g getrocknete Krabben
- 1 TL Krabbenpaste
- 150 ml Erdnussöl
- 1 rote Zwiebel, in dünne Ringe geschnitten
- je 1 rote und grüne Paprikaschote, Stielansatz, Samen und Scheidewände entfernt, Fruchtfleisch gehackt
- 125 g Babymaiskolben, der Länge nach halbiert
- 350 g festes weißes Fischfilet, etwa Seeteufel, gehäutet und in mundgerechte Bissen geschnitten
- 16 rohe Tigergarnelen, geschält

1 Zwiebel, Knoblauch, Chilischoten, getrocknete Krabben und Krabbenpaste mit 75 ml Öl im Mixer glatt pürieren.

2 Im Wok oder in einer großen Pfanne 2 EL Öl erhitzen, die Paste hineingeben und bei eher niedriger Temperatur unter häufigem Rühren 10 Min. anschwitzen. Aus dem Wok herausschaben und beiseitestellen.

3 Den Wok auswischen, 2 EL Öl hineingeben und die rote Zwiebel darin 2 Min. unter Rühren braten. Die Paprikaschoten hinzufügen, 3 Min. braten, dann den Mais zugeben und weitere 2 Min. braten. Das Gemüse herausnehmen und beiseitestellen.

4 In den Wok 1 EL Öl geben, Fisch und Garnelen hinzufügen und 1–2 Min. unter Rühren braten, bis der Fisch nicht mehr glasig ist und die Garnelen rosa sind. Paste und Gemüse zurück in den Wok geben und 1 Min. vermischen. Sofort servieren.

Dazu passen Reis oder Nudeln und Wokgemüse.

Reste fein hacken und als Füllung für Blätterteigpasteten oder in Filo-Teig gebacken als Häppchen zum Aperitif verwenden.

Gratinierter Räucherfisch mit Spinat und Speck

Für ein gemütliches Abendessen

für 6 Personen
Zub. 10 Min.
• Garzeit 15–20 Min.

- 25 g Butter plus Butter zum Einfetten
- 1 EL Olivenöl
- 1 Zwiebel, fein gehackt
- 100 g durchwachsener Speck, gewürfelt
- 500 g Spinat
- 100 g Crème fraîche
- Salz und Pfeffer
- 75 g Parmesan, gerieben
- 800 g geräuchertes Schellfischfilet oder anderer Räucherfisch mit magerem weißem Fleisch, gehäutet
- Saft von ½ Zitrone
- 25 g frische Semmelbrösel

Vorbereitung Das Gericht kann 1 Tag im Voraus in die Form geschichtet und bis zum Backen im Kühlschrank aufbewahrt werden. Rechtzeitig herausnehmen.

1 Den Backofen auf 190 °C vorheizen und eine ofenfeste Form buttern. Öl und Butter in einer Pfanne zerlassen, Zwiebel und Speck darin 5 Min. anbraten.

2 Den Spinat hinzufügen und rühren, bis er zusammenfällt. Dann Crème fraîche, Gewürze und drei Viertel des Parmesans unterrühren. Köcheln lassen, bis alles etwas eingedickt ist.

3 Die Spinatmasse in die Auflaufform geben, den Fisch darauflegen und mit Zitronensaft beträufeln. Semmelbrösel und restlichen Parmesan darüberstreuen und die Form für 15–20 Min. in den Backofen schieben, bis der Fisch gar ist und sich leicht zerteilen lässt.

Seezungenröllchen

Sanft gedämpfte Fischröllchen mit asiatischen Aromen

für 4 Personen
Zub. 15 Min. • Garzeit 10 Min.
fettarm

- 4 TL Zitronensaft
- 4 TL Sojasauce
- 2 TL frischer geriebener Ingwer
- Sesamöl zum Beträufeln
- 4 Seezungenfilets à 175 g
- 1 Prise gemahlener weißer Pfeffer
- 16–20 große Pak-choi-Blätter, dicke Stiele entfernt

1 In einer Tasse Zitronensaft, Sojasauce, Ingwer und ein wenig Sesamöl verrühren und die Fischfilets damit beträufeln. Vorsichtig der Länge nach aufrollen.

2 In einen großen Topf, der einen Dämpfeinsatz aufnehmen kann, 2,5 cm Wasser füllen, aufkochen und die Temperatur reduzieren.

3 Die Pak-choi-Blätter einige Sekunden im köchelnden Wasser blanchieren, dann kurz in eine Schüssel mit Eiswasser geben.

4 Jedes Seezungenröllchen in 4–5 Pak-choi-Blätter wickeln, bei Bedarf mit einem Zahnstocher befestigen. Die Röllchen auf einen hitzebeständigen Teller legen. Den Teller mit dem Fisch in den Dämpfeinsatz stellen, einen Deckel auflegen und 8–10 Min. dämpfen, bis der Fisch nicht mehr glasig ist.

Dazu passt Gemüse aus dem Wok oder gekochter weißer Reis.

VARIANTE

Seezunge im Spinatmantel

Statt Pak choi große Spinatblätter verwenden, aber nicht blanchieren. Sojasauce, Ingwer und Sesamöl durch Butterflöckchen ersetzen, den Fisch mit Kräutern bestreuen.

Schwertfisch aus dem Ofen

Mittelmeerkräuter wie Thymian und Rosmarin passen gut zu den kräftigen Aromen dieses Gerichts

für 4 Personen
Zub. 20 Min. • Garzeit 15–20 Min.
fettarm

- 4 Schwertfischsteaks à 175 g, gehäutet
- Pfeffer
- 2 EL natives Olivenöl extra plus Öl zum Einfetten
- 1 Fenchelknolle, in dünne Scheiben geschnitten
- 4 Tomaten, in Scheiben geschnitten
- 1 unbehandelte Zitrone, in Scheiben geschnitten
- 4 EL gehackte glatte Petersilie
- 1 EL gehackte Minze
- 4 Zweige Thymian
- 2 TL gehackter Rosmarin
- 100 ml trockener Weißwein

1 Den Backofen auf 180 °C vorheizen. Den Fisch mit viel Pfeffer würzen. Eine ofenfeste Form einölen und die Fenchelscheiben nebeneinander hineinlegen.

2 Den Fisch auf dem Fenchel verteilen, darauf Tomaten- und Zitronenscheiben geben. Petersilie, Minze, Thymian und Rosmarin darüberstreuen und dann den Wein angießen. Mit Olivenöl beträufeln und gut mit Alufolie abdecken.

3 Die Form für 15–20 Min. in den Ofen schieben, bis der Fisch gerade gar ist. Sofort mit der Garflüssigkeit beträufelt servieren.

Dazu passen gedämpfte neue Kartoffeln und grünes Gemüse, etwa Brokkoli oder Bohnen.

VARIANTE

Thunfisch mit Kräutern

Statt Schwertfisch dieselbe Menge Thunfischsteaks verwenden. Zusätzlich 1 Handvoll entsteinte schwarze Oliven mit in die Form geben und wie oben backen.

Tigergarnelen mit Chili und Käse

Für ein schnelles, gemütliches Abendessen mit Freunden

für 6 Personen
Zub. 10 Min. + Wartezeit • Garzeit 15–16 Min.
ofenfeste Form

- 600 g rohe Tigergarnelen, geschält, Därme entfernt
- Saft von 2 Limetten
- einige Tropfen Tabasco
- 2 EL Olivenöl
- 2 rote Zwiebeln, in feinen Scheiben
- 3 rote Chilischoten, Samen entfernt, fein gehackt
- 3 Knoblauchzehen, durchgepresst
- Salz und Pfeffer
- 250 g Sahne
- 100 g Gruyère oder Parmesan, gerieben

1 Die Garnelen in eine korrosionsbeständige Schüssel geben, mit Limettensaft und Tabasco vermischen, abdecken und im Kühlschrank 30 Min. marinieren.

2 Den Backofengrill auf höchster Stufe vorheizen. Das Öl in einer Pfanne erhitzen, die Zwiebeln hineingeben und 5 Min. anschwitzen. Chilischoten und Knoblauch hinzufügen und weitere 5 Min. braten.

3 Die Zwiebelmischung in der ofenfesten Form verteilen. Garnelen abgießen, über die Zwiebeln geben und mit Salz und Pfeffer würzen. Mit Sahne übergießen und mit dem Käse bestreuen.

4 Unter den vorgeheizten Backofengrill schieben und 5–6 Min. überbacken, bis die Garnelen rosa werden und der Käse goldbraun ist und Blasen wirft. Sofort servieren.

Dazu passen frisches Brot und ein knackiger grüner Salat.

Backen statt Grillen

Man kann die Garnelen im Ofen auch 20 Min. bei 200 °C überbacken.

Hummer Thermidor

Das Fleisch aus Hummerschwanz und Scheren wird ausgelöst und mit einer feinen Sauce überbacken

für 4 Personen
Zub. 25 Min. • Garzeit 20 Min.

- 2 gekochte Hummer à 650 g
- Paprikapulver zum Bestreuen
- Zitronenschnitze zum Servieren

Sauce

- 25 g Butter
- 2 Schalotten, fein gehackt
- 125 ml Weißwein
- 125 ml Fischfond
- 150 g Sahne
- ½ TL scharfer Senf
- 1 EL frischer Zitronensaft
- 2 EL gehackte Petersilie
- 2 TL Estragon, gehackt
- Salz und Pfeffer
- 75 g Gruyère, gerieben

1 Die Hummer der Länge nach halbieren. Fleisch und Corail (Rogen) aus Scheren, Schwanz und Kopf herauslösen und würfeln. Die Hummerschalen säubern und beiseitestellen.

2 Für die Sauce die Butter in einem kleinen Topf zerlassen, die Schalotten darin anschwitzen. Den Wein hinzugeben und 2–3 Min. kochen, bis er auf die Hälfte reduziert ist.

3 Fond und Sahne in den Topf geben und unter Rühren stark kochen, bis die Flüssigkeit reduziert und leicht dickflüssig ist. Senf, Zitronensaft und Kräuter einrühren, dann mit Salz und Pfeffer abschmecken und die Hälfte des Käses untermischen.

4 Den Backofengrill auf höchster Stufe vorheizen. Das Hummerfleisch mit der Sauce vermischen, dann in die gesäuberten Schalenhälften füllen. Mit dem restlichen Käse bestreuen.

5 Die Hummerhälften in eine mit Alufolie ausgelegte Fettpfanne geben und 2–3 Min. grillen, bis die Oberfläche goldgelb ist und die Sauce Blasen wirft. Mit Paprikapulver bestäuben und heiß mit Zitronenschnitzen servieren.

Calamarisalat mit Minze und Dill

Gegrillte Tintenfische in Kräutermarinade, lauwarm serviert

für 4 Personen
Zub. 20 Min. + Wartezeit • Garzeit 5 Min.

1 kg kleine Kalmare, geputzt

Marinade

- 4 EL Olivenöl
- 2 EL gehackte glatte Petersilie
- 1 EL gehackte Minze
- 1 Knoblauchzehe, zerdrückt
- 2 TL gemahlener Koriandersamen
- 1 TL gemahlener Kreuzkümmel
- 2 TL Paprikapulver

Salat

- 100 g Feldsalat oder Brunnenkresse
- 12 Stängel Minze
- 1 kleine rote Zwiebel, in dünne Scheiben geschnitten
- Saft von 1 Limette
- 2 EL gehackter Dill
- 4 EL natives Olivenöl extra
- Salz und Pfeffer

1 Die Tentakel der Kalmare abschneiden und den schnabelähnlichen Mund aus der Mitte entfernen. Den Körper der Länge nach halbieren und das Fleisch kreuzweise diagonal einschneiden. Tentakel in Stücke schneiden. Alles in eine Schüssel geben.

2 Für die Marinade das Öl sorgfältig mit den übrigen Zutaten verrühren. Die Kalmare in der Marinade wenden, abdecken und für mindestens 30 Min. im Kühlschrank marinieren.

3 Den Feldsalat mit Minze und Zwiebel mischen und beiseitestellen.

4 Den Backofengrill auf höchster Stufe vorheizen. Die Kalmare in eine mit Alufolie ausgelegte, ofenfeste Form geben und 4–5 Min. garen, dabei einmal wenden. Mit Salz und Pfeffer würzen und mit etwas Limettensaft beträufeln.

5 Den restlichen Limettensaft mit Dill, Öl, Salz und Pfeffer verquirlen. Über den Salat geben und mit den gegrillten Kalmaren servieren.

Curry mit Meeresfrüchten

Schnelles Curry mit Kokosmilch, Chili und Limette

für 4 Personen
Zub. 15 Min. • Garzeit 12 Min.

- 600 g weißer Fisch, etwa Kabeljau oder Schellfisch, gehäutet und ohne Gräten, in Stücke geschnitten, abgespült und trocken getupft
- Salz und Pfeffer
- ½ TL Kurkuma
- ½ Zwiebel, gehackt
- 1 cm frischer Ingwer, geschält und grob gehackt
- 1 Knoblauchzehe, durchgepresst
- 2 EL Sonnenblumenöl
- 1 TL schwarze Senfsamen
- 4 grüne Kardamomkapseln, aufgebrochen
- 2–4 getrocknete rote Chilischoten, zerdrückt
- 100 g Kokosmilchcreme, mit 500 ml kochendem Wasser vermischt
- 12 Riesengarnelen, geschält, Därme entfernt
- 2 EL frischer Limettensaft
- Koriandergrün zum Garnieren
- Zitronenschnitze zum Garnieren

1 Den Fisch in eine korrosionsbeständige Schüssel geben, ½ TL Salz und Kurkuma darüberstreuen und alles vorsichtig vermischen. Beiseitestellen.

2 Zwiebel, Ingwer und Knoblauch in der Küchenmaschine fein pürieren. Eine tiefe Pfanne bei hoher Temperatur stark erhitzen. Das Öl hineingeben, dann die Temperatur auf mittlere Stufe reduzieren, die Zwiebelpaste darin unter Rühren 3–4 Min. braten, bis sie Farbe annimmt. Senfsamen, Kardamom und Chilischoten einrühren und 30 Sek. braten.

3 Die verdünnte Kokosmilch unterrühren und 2 Min. kochen lassen, dann die Temperatur auf mittlere bis niedrige Stufe schalten, den Fisch und die Flüssigkeit aus der Schüssel hinzufügen und alles vorsichtig vermischen. 2 Min. köcheln lassen, dabei ein- oder zweimal den Fisch mit der Sauce beschöpfen.

4 Die Garnelen hinzufügen und 2 Min. garen, bis sie rosa werden und der Fisch leicht zu zerteilen ist. Limettensaft einrühren, mit Salz und Pfeffer abschmecken. Das Curry mit Koriandergrün und Zitronenschnitzen garniert servieren.

Shrimps diabolo

Rasch zubereitet: Garnelen in scharfer Tomatensauce

für 4 Personen

Zub. 5 Min. • Garzeit 20 Min.

- 2 EL Olivenöl
- 1 Zwiebel, gehackt
- 1 rote Paprikaschote, Stielansatz, Samen und Scheidewände entfernt, Fruchtfleisch in Streifen geschnitten
- 3 Knoblauchzehen, durchgepresst
- 125 ml trockener Weißwein oder Fond
- 250 ml passierte Tomaten
- 500 g gekochte, geschälte Tigergarnelen, Tiefkühlware aufgetaut
- 1–2 EL Chilisauce
- 2 TL Worcestersauce

Vorbereitung Sie können die Sauce bis zu 2 Stunden im Voraus zubereiten. Die Garnelen kurz vor dem Servieren hinzufügen.

1 Das Öl in einem großen Topf erhitzen, die Zwiebel darin 5 Min. anbraten, bis sie weich ist und Farbe annimmt. Paprikaschote zugeben und weitere 5 Min. garen.

2 Den Knoblauch hinzufügen und einige Sekunden anbraten. Den Wein angießen und 1–2 Min. kochen lassen.

3 Tomatenpüree einrühren, unter Rühren aufkochen, bei reduzierter Temperatur 5 Min. köcheln lassen.

4 Die Garnelen hinzufügen und rühren, bis sie heiß sind. Nicht zu lange garen, da sie sonst zäh werden. Mit Chili- und Worcestersauce abschmecken, sofort servieren.

Dazu passt gekochter Reis.

VARIANTE

Shrimps à la basquaise

Die rote und 1 grüne Paprikaschote würfeln. Wie oben zubereiten, aber Chili- und Worcestersauce weglassen.

Muscheln in Weißwein

Diese klassischen *moules marinières* werden in Wein, mit Kräutern und Knoblauch gekocht

für 4 Personen

Zub. 15 Min. • Garzeit 10 Min.

auf die Muschelschalen klopfen, nicht schließende wegwerfen

- 50 g Butter
- 2 Zwiebeln, fein gehackt
- 3,5 kg frische Miesmuscheln, geputzt
- 2 Knoblauchzehen, durchgepresst
- 500 ml trockener Weißwein
- 4 Lorbeerblätter
- 2 Zweige Thymian
- Salz und Pfeffer
- 2–4 EL gehackte Petersilie

1 Die Butter in einem sehr großen, schweren Topf zerlassen, die Zwiebel hineingeben und leicht anbräunen. Muscheln, Knoblauch, Wein, Lorbeerblätter und Thymian hinzufügen und mit Salz und Pfeffer würzen. Deckel auflegen, zum Kochen bringen und 5–6 Min. garen, bis sich die Muscheln geöffnet haben, dabei den Topf mehrfach rütteln. Sie können die Muscheln auch in zwei Töpfen kochen, falls Sie keinen großen haben.

2 Die Muscheln mit dem Schaumlöffel herausnehmen, nicht geöffnete wegwerfen. In vorgewärmte Schüsseln geben, abdecken und warm halten.

3 Die Kochflüssigkeit durch ein feines Sieb in einen Topf gießen und aufkochen. Mit Salz und Pfeffer abschmecken und die Petersilie einrühren. Über die Muscheln geben und sofort servieren.

Dazu passt viel Baguette zum Auftunken der Sauce.

Reste kalt zu einem Salat geben oder mit Flüssigkeit vorsichtig aufwärmen und mit Pasta vermischen.

Muscheln servieren

Denken Sie an zusätzliche Teller für die leeren Schalen und Fingerschälchen mit warmem Wasser und Zitronenscheiben.

Garnelen süßsauer

Ungewöhnlich: Garnelen aus dem Wok mit einer Sauce aus Chili, Knoblauch und Ingwer

für 4 Personen
Zub. 20 Min. • Garzeit 10 Min.
Wok

3 EL Reisessig
2 EL flüssiger Honig
1 EL Zucker
2 EL helle Sojasauce
2 EL Tomatenketchup
2 EL Pflanzenöl
3 Schalotten, in Scheiben
2 cm frischer Ingwer, gerieben
1 rote Chilischote, Samen entfernt, fein gehackt
1 Knoblauchzehe, durchgepresst
1 kleine Möhre, in Stifte geschnitten
1 Stange Sellerie, in Stifte geschnitten
1 grüne Paprikaschote, Stielansatz, Samen und Scheidewände entfernt, Fruchtfleisch in Streifen geschnitten
500 g rohe Tigergarnelen, geschält, Därme entfernt
2 Frühlingszwiebeln, der Länge nach in Streifen geschnitten, zum Garnieren

Vorbereitung Sie können Schritt 1 mehrere Stunden im Voraus erledigen.

1 Die ersten fünf Zutaten in einem kleinen Topf erwärmen, bis Honig und Zucker schmelzen. Vom Herd nehmen und beiseitestellen.

2 Das Öl im Wok erwärmen, Schalotten, Ingwer, Chilischote, Knoblauch, Möhre, Sellerie und Paprikaschote hineingeben und 4 Min. unter Rühren braten.

3 Die Garnelen hinzufügen und weitere 2 Min. rühren und braten, bis sie rosa werden. Die Essig-Zucker-Mischung zugeben und 1 Min. rühren, bis alles gut vermischt ist.

4 Zum Servieren auf eine Platte geben und mit Frühlingszwiebeln garnieren.

Dazu passt gekochter Reis.

VARIANTE

Fisch süßsauer

Würfel von festem, weißem Fisch wie Seeteufel oder Streifen von Seezunge, Scholle oder Wolfsbarsch passen ebenfalls sehr gut zu diesem Rezept.

Venusmuscheln in Weißwein

Diese kleinen Muscheln sind auch tiefgekühlt im Handel

für 4–6 Personen
Zub. 10 Min. + Wartezeit • Garzeit 15 Min.
die Muscheln 1 Std. wässern; bereits geöffnete Muscheln wegwerfen

2 EL Olivenöl
1 mittelgroße Zwiebel, fein gewürfelt
2 Knoblauchzehen, fein gehackt
1 kg kleine Venusmuscheln, gründlich geputzt
2 Lorbeerblätter
1 TL frischer Thymian (oder 1 Prise getrockneter Thymian)
125 ml trockener Weißwein
1 EL gehackte Petersilie

1 Das Öl in einem großen Topf erhitzen. Zwiebel und Knoblauch hineingeben und unter Rühren 4–5 Min. glasig anschwitzen.

2 Muscheln, Lorbeerblätter und Thymian hinzufügen und gründlich rühren. Deckel auflegen und 3–4 Min. kochen, bis sich die Muscheln geöffnet haben.

3 Den Weißwein angießen und weitere 3–4 Min. kochen lassen, dabei einige Male durchrütteln.

4 Die Muscheln mit Petersilie bestreuen und direkt aus dem Topf servieren.

Dazu passt knuspriges Brot zum Auftunken.

Küchlein aus Krebsfleisch

Ein thailändisches Rezept, für das man frisches oder konserviertes Krebsfleisch verwenden kann

- ergibt 20 Stück
- Zub. 30 Min. + Wartezeit • Garzeit 20 Min.
- tiefgekühlt 1 Mon. haltbar; aufgetautes Krebsfleisch nicht noch einmal einfrieren

500 g weißes Krebsfleisch

125 g grüne Bohnen, geputzt und fein gehackt

1 grüne oder rote Chilischote, Samen entfernt, sehr fein gehackt

1 TL Zitronengraspaste

abgeriebene Schale von 1 unbehandelten Limette

1 EL thailändische Fischsauce

1 EL fein gehackter Chinesischer oder gewöhnlicher Schnittlauch

1 Eiweiß, leicht verquirlt

Mehl zum Bestäuben

Pflanzenöl zum Frittieren

Vorbereitung Sie können Schritt 1 und 2 mehrere Stunden im Voraus erledigen. Die Küchlein bis zur weiteren Verwendung im Kühlschrank aufbewahren.

1 Das Krebsfleisch in eine Schüssel krümeln, dabei kleine Schalenreste entfernen. Bohnen, Chilischote, Zitronengraspaste, Limettenschale, Fischsauce und Schnittlauch hinzufügen und alles gut vermischen.

2 Das Eiweiß zum Binden unterrühren. Die Hände bemehlen und den Teig zu 20 kleinen Kugeln formen. Die Kugeln flach drücken, mit etwas Abstand auf einen Teller legen, damit sie nicht aneinanderkleben, und für 60 Min. in den Kühlschrank stellen, damit sie fest werden.

3 In einer großen, tiefen Pfanne das Öl auf 160 °C erhitzen. Die Küchlein mit Mehl bestäuben und portionsweise 3 Min. goldgelb frittieren. Auf einem mit Küchenpapier ausgelegten Teller abtropfen lassen und warm servieren.

Dazu passen ein würziger Dip und dünne Reisnudeln mit Chilischote und Kräutern. Die Krebsküchlein ergeben mit einem Blattsalat eine leichte Mahlzeit.

Scharfer Tintenfisch

Calamares con pimentón picante werden mit rosenscharfem Paprikapulver zubereitet

- für 4 Personen
- Zub. 5 Min. • Garzeit 5 Min.
- bereits geputzte Kalmare kaufen

500 g Kalmare, geputzt

2 EL Olivenöl

2 Knoblauchzehen, fein gehackt

Salz

2 TL rosenscharfes Paprikapulver

1 EL frischer Zitronensaft

Zitronenschnitze zum Servieren

1 Den Körper der Kalmare in Ringe schneiden, die Tentakel halbieren.

2 Das Öl bei mittlerer Temperatur in einer Pfanne erhitzen, den Knoblauch darin unter Rühren 1 Min. anbraten. Die Temperatur erhöhen und den Kalmar zum Knoblauch geben. 3 Min. unter häufigem Rühren braten.

3 Mit Salz würzen, dann Paprikapulver und Zitronensaft einrühren.

4 Die Tintenfische auf kleine Teller geben und sofort mit Zitronenschnitzen zum Auspressen servieren.

Überbackene Jakobsmuscheln

Klassisch und edel: Mit *coquilles St. Jacques* beeindrucken Sie Ihre Gäste

für 4 Personen

Zub. 20 Min. • Garzeit 50 Min.

4 Jakobsmuschelschalen oder ofenfeste Förmchen, Spritzbeutel

tiefgekühlt 3 Mon. haltbar

8 Jakobsmuscheln, das weiße Fleisch ausgelöst, orangefarbener Rogen entfernt, 4 Schalen gesäubert

6 EL halbtrockener Weißwein

1 Lorbeerblatt

7,5 cm Selleriestange

4 schwarze Pfefferkörner

1 kleiner Zweig Thymian

Salz und Pfeffer

250 g kleine Champignons

Saft von ½ Zitrone

50 g Butter

1 EL Mehl

6 EL Crème double oder Crème fraîche

50 g Gruyère oder Emmentaler, gerieben

Kartoffelpüree

500 g mehlig kochende Kartoffeln, geschält und in Stücke geschnitten

25 g Butter

1 große Prise geriebene Muskatnuss

Salz und Pfeffer

3 Eigelb

Vorbereitung Sie können das Gericht bis einschließlich Schritt 5 mehrere Stunden im Voraus zubereiten. Bis zur weiteren Verwendung im Kühlschrank aufbewahren.

1 Die Kartoffeln kochen und mit Butter und Muskatnuss zerstampfen. Mit Salz und Pfeffer abschmecken, dann bei niedriger Temperatur schaumig schlagen. Vom Herd nehmen und die Eigelbe einrühren. Das Püree etwas abkühlen lassen, dann in einen Spritzbeutel mit glatter Tülle füllen. Einen großzügigen Rand in jede Muschel oder Form spritzen.

2 Den Backofen auf 220 °C vorheizen. Das Muschelfleisch in einen kleinen Topf geben, 150 ml Wasser, Wein, Lorbeerblatt, Sellerie, Pfefferkörner, Thymian und 1 gute Prise Salz hinzufügen. Langsam zum Kochen bringen, Deckel auflegen und 1–2 Min. köcheln lassen, bis die Muscheln nicht mehr glasig sind. In eine Schüssel geben, den Sud durchsieben und beiseitestellen.

3 Pilze, Zitronensaft und 2 EL Wasser in einen Topf geben, mit Salz und Pfeffer würzen und abgedeckt 5–7 Min. garen, Kochflüssigkeit verdampfen lassen. Die Pilze zu den Muscheln geben.

4 Die Butter in einem Topf zerlassen. Das Mehl einrühren und 1 Min. unter ständigem Rühren anschwitzen. Den Topf vom Herd nehmen und nach und nach den Muschelsud einrühren. Langsam aufkochen und unter Rühren eindicken lassen. Mit Salz und Pfeffer abschmecken und 4–5 Min. köcheln lassen. Die Temperatur reduzieren und Crème double und die Hälfte des Käses unterrühren.

5 Jede Muschel in 2–3 Stücke schneiden und mit den Pilzen zur Sauce geben.

6 Das Muschel-Pilz-Ragout in die Muschelschalen oder Förmchen geben und mit dem restlichen Käse bestreuen. Etwa 15 Min. überbacken, bis Sauce und Kartoffelrand goldgelb sind. Sofort servieren.

Frittierte Garnelen

Besser können frittierte Garnelen nicht schmecken

für 4 Personen

Zub. 20 Min. + Wartezeit • Garzeit 15 Min.

Fritteuse oder zur Hälfte mit Öl gefüllter großerTopf

12 EL getrocknete Semmelbrösel

6 EL Polenta

2 TL getrockneter Majoran

2 TL getrockneter Thymian

Pfeffer

24 rohe Riesengarnelen, geschält, Därme entfernt, Schwanzflossen intakt

Mehl zum Bestäuben

3–4 Eier, verquirlt

Sonnenblumenöl zum Frittieren

1 Semmelbrösel, Polenta, Majoran, Thymian und Pfeffer vermischen und auf einen Teller geben.

2 Garnelen trocken tupfen und mit Mehl bestäuben, die Schwanzflossen freilassen. Mit verquirltem Ei bepinseln, in den Semmelbröseln wenden, 30 Min. kühl stellen.

3 Das Öl auf 180 °C erhitzen. Die Garnelen portionsweise 2–3 Min. frittieren, bis die Panade goldbraun und knusprig ist. Auf Küchenpapier abtropfen lassen und sofort servieren.

Dazu passen dünne Reisnudeln mit Kräutern und Chilischote.

Muscheln mit Tomaten und Chili

Probieren Sie dieses Rezept auch mit *pimentón dulce,* geräuchertem mildem Paprikapulver

für 4 Personen
Zub. 15 Min. • Garzeit 10 Min.
auf die Muschelschalen klopfen, nicht schließende wegwerfen

- 2 EL natives Olivenöl extra
- 25 g Butter
- 2 Schalotten, fein gehackt
- ½ TL edelsüßes Paprikapulver
- 1 Stange Staudensellerie, gehackt
- 1 Knoblauchzehe, durchgepresst
- 1 große rote Chilischote, Samen entfernt, fein gehackt
- 1,5 kg Miesmuscheln
- 2 Tomaten, gehackt
- 100 ml trockener Weißwein
- 2 EL gehackte glatte Petersilie

1 Öl und Butter in einem großen, tiefen Topf mit gut schließendem Deckel erhitzen. Schalotten, Paprikapulver, Sellerie, Knoblauch und Chilischote hineingeben und bei niedriger Temperatur anschwitzen, bis die Schalotten weich sind.

2 Muscheln, Tomaten und Wein hinzufügen und die Temperatur auf mittlere bis hohe Stufe schalten. Deckel auflegen und 2–3 Min. kochen, bis sich die Muscheln geöffnet haben. Nicht geöffnete Exemplare wegwerfen.

3 Die Muscheln in Suppenteller geben und mit Petersilie bestreut sofort servieren.

Dazu passen Pommes frites oder warmes, knuspriges Brot.

Muscheln kochen

Die Muscheln während des Garens ein- oder zweimal umrühren, denn die unteren öffnen sich schneller, weil sie stärker der Hitze ausgesetzt sind.

Austern Rockefeller

Traditionelles Brunchgericht aus New Orleans

für 4 Personen
Zub. 15 Min. • Garzeit 30 Min.
Austernmesser, 4 große, ofenfeste Servierschalen

- 100 g junger Spinat
- 24 lebende Austern in ihrer Schale
- 75 g Schalotten
- 1 Knoblauchzehe
- 4 EL gehackte glatte Petersilie
- 125 g Butter
- 50 g Mehl
- 2 Sardellenfilets, abgetropft und fein gehackt
- 1 Prise Cayennepfeffer
- Salz und Pfeffer
- grobes Meersalz
- 3 EL Pernod

1 Den Spinat nach dem Waschen sofort in einen Topf geben und bei mittlerer Temperatur unter gelegentlichem Rühren 5 Min. garen, bis er zusammenfällt. Abgießen, restliches Wasser ausdrücken und beiseitestellen.

2 In der Zwischenzeit offene Austern aussortieren. Die übrigen Austern öffnen, die Flüssigkeit in einer Schüssel sammeln und die Austern in ihrer Schale kühl stellen. Die Flüssigkeit bis zur Verwendung ebenfalls kühl stellen.

3 Spinat, Schalotten und Knoblauch so fein wie möglich hacken und beiseitestellen.

4 Die Butter in einem kleinen Topf bei mittlerer Temperatur zerlassen. Das Mehl hineingeben und 2 Min. anschwitzen, nicht braun werden lassen. Nach und nach die Austernflüssigkeit einrühren. Dann Spinat, Schalotten, Knoblauch, Petersilie und Sardellen hinzufügen und mit Cayennepfeffer, Salz und Pfeffer abschmecken (Denken Sie daran, dass die Sardellen bereits salzig sind). Deckel auflegen und die Sauce 15 Min. köcheln lassen.

5 In der Zwischenzeit den Backofen auf 200 °C vorheizen. Eine dicke Schicht Meersalz in die Servierschalen geben und kurz im Ofen erwärmen.

6 Den Deckel vom Topf nehmen und den Pernod einrühren. Die Sauce kosten und bei Bedarf nachwürzen. Die Servierschalen aus dem Ofen nehmen und jeweils 6 Austern in ihrer Schale darauf anrichten. (Das Salz hält die Austern während des Backens waagerecht.) Die Sauce über die Austern geben und 5–10 Min. backen, bis die Sauce heiß ist. Sofort servieren.

Grüne Kräutermayonnaise

Frische Gartenkräuter, gemischt oder solo, spielen darin die Hauptrolle

ergibt 450 ml
Zub. 10 Min.

- 2 EL Weißweinessig
- 1 Ei
- 2 Eigelb
- 1 EL Dijonsenf
- 1 EL brauner Zucker
- 1 Knoblauchzehe
- Salz und Pfeffer
- 300 ml Sonnenblumenöl
- 25 g grüne Kräuter, etwa Basilikum, Dill, Koriander oder Sauerampfer, fein gehackt

Vorbereitung Alle Zutaten rechtzeitig auf Zimmertemperatur bringen, damit die Mayonnaise nicht gerinnt.

1 Essig, Ei, Eigelbe, Senf, Zucker und Knoblauch in die Küchenmaschine geben und je ½ TL Salz und Pfeffer hinzufügen. Bei laufendem Motor das Öl langsam einfließen lassen, bis die Sauce dick und cremig ist.

2 Die gehackten Kräuter gründlich untermischen.

Aioli

Knoblauchmayonnaise nach spanischer Art

ergibt 450 ml
Zub. 10 Min.

- 2 EL Weißweinessig
- 1 Ei
- 2 Eigelb
- 1 EL Dijonsenf
- 1 EL brauner Zucker
- Salz und Pfeffer
- 300 ml Sonnenblumenöl
- 3 Knoblauchzehen, durchgepresst
- 2 EL Zitronensaft

1 Essig, Ei, Eigelbe, Senf und Zucker in die Küchenmaschine geben. Mit Salz und Pfeffer abschmecken und verrühren. Bei laufendem Motor das Öl langsam einfließen lassen.

2 Sobald die Sauce cremig ist, Knoblauch und Zitrone hinzufügen und glatt rühren.

VARIANTE

Klassische Aioli

Die traditionelle Zubereitungsweise: den Knoblauch im Mörser zerstoßen und zusammen mit Essig, Ei und Eigelben (alle zimmerwarm), Senf, Zucker, Salz und Pfeffer in eine kleine Schüssel geben, die auf einem zusammengefalteten Geschirrhandtuch steht. Mit dem Schneebesen gründlich verrühren, dann esslöffelweise das Öl zugeben, zum Schluss mit Zitronensaft abschmecken.

Sauce tartare

Mit Kapern, Gürkchen und Kräutern gewürzte Mayonnaise

ergibt 350 ml
Zub. 10 Min. + Wartezeit

- 300 g Mayonnaise
- 2 EL Kapern, fein gehackt
- 6 Cornichons, fein gehackt
- 1 Schalotte, fein gehackt
- 2 EL fein gehackte Petersilie
- 2 EL fein gehackter Estragon
- Saft von ½ Zitrone
- Salz und Pfeffer

Vorbereitung Sie können die Sauce am Vortag zubereiten und bis zur Verwendung im Kühlschrank aufbewahren.

1 Alle Zutaten in eine Schüssel geben und gut verrühren. Mit Salz und Pfeffer abschmecken.

2 Vor dem Servieren mindestens 20 Min. stehen lassen, damit sich die Aromen entfalten können.

Passt zu gebratenem oder gegrilltem Fisch, Schalentieren und Krebs- oder Fischküchlein.

Beurre blanc

Klassische warme Sauce zu Fisch und Meeresfrüchten

ergibt 275 ml
Zub. 5 Min. • Garzeit 10 Min.

- 200 ml trockener Weißwein
- 1 Schalotte, fein gehackt
- 1 EL gehackte glatte Petersilie
- 1 Lorbeerblatt
- 4 schwarze Pfefferkörner
- 175 g eiskalte Butter, gewürfelt
- Salz und Pfeffer

1 Wein, Schalotte, Petersilie, Lorbeerblatt und Pfefferkörner in einen kleinen Topf geben. Zum Kochen bringen und 4–5 Min. köcheln lassen, bis die Flüssigkeit auf die Hälfte reduziert ist. Den Topf vom Herd nehmen.

2 Die Flüssigkeit durch ein Sieb in eine hitzebeständige Schüssel gießen. Auf einen Topf mit leise köchelndem Wasser stellen und unter ständigem Rühren mit dem Schneebesen zügig einen Butterwürfel nach dem anderen einarbeiten. Sobald die Sauce gebunden ist mit Salz und Pfeffer abschmecken.

Der richtige Weisswein zum Kochen

Falls ein Rezept trockenen Weißwein verlangt, sind Sie immer gut beraten, den Wein zu verwenden, den Sie zu diesem Essen trinken wollen. Ansonsten eignet sich für eine Fischsauce gut ein Sauvignon blanc oder ein Chablis, sahnigen Saucen gibt Riesling die richtige Balance.

Salsa verde

Eine italienische Kräutersauce, intensiv im Geschmack und vielseitig verwendbar

ergibt 350 ml
Zub. 15 Min.

- 6 Frühlingszwiebeln, fein gehackt
- 1 Knoblauchzehe, durchgepresst
- 3 EL Kapern, gehackt
- 4 Sardellen, gehackt
- 3 EL gehackte glatte Petersilie
- 2 EL gehacktes Basilikum
- 2 EL gehackte Minze
- 2 TL Dijonsenf
- 2 EL Sherryessig
- 8 EL natives Olivenöl extra
- Salz und Pfeffer

Vorbereitung Die Sauce kann bis zu 24 Std. im Voraus zubereitet und im Kühlschrank aufbewahrt werden.

1 Frühlingszwiebeln, Knoblauch, Kapern und Sardellen in eine Schüssel geben und mit Petersilie, Basilikum und Minze vermischen.

2 Mit einer Gabel erst den Senf, dann den Essig unterrühren. Nach und nach das Öl hinzugeben.

3 Mit Salz und Pfeffer abschmecken und in eine Servierschüssel füllen. Zimmerwarm servieren.

Passt zu gegrilltem, fettreichem Fisch, gegrilltem Hähnchen oder Schweinefleisch, aber auch als Salatsauce.

Reste ergeben mit frisch gekochten, heißen Nudeln vermischt ein schnelles kleines Essen. Die Salsa muss nicht erwärmt werden, denn sie nimmt die Wärme der Nudeln auf.

Chimichurri-Sauce

Die würzige argentinische Sauce passt zu gegrilltem Lachs

ergibt 250 ml
Zub. 5 Min.

- 6 Knoblauchzehen
- 175 g Petersilie, dicke Stängel entfernt
- 6 EL natives Olivenöl extra
- 2 EL weißer Balsamico-Essig oder Weißweinessig
- 1 EL gehackter Oregano
- 1 Prise Chiliflocken
- Salz und Pfeffer

Vorbereitung Sie können die Sauce bis zu 3 Tage im Voraus zubereiten und abgedeckt im Kühlschrank aufbewahren.

1 Alle Zutaten mit 2 EL kaltem Wasser in der Küchenmaschine zu einer glatten Sauce pürieren.

2 Mit Salz und Pfeffer würzen und bis zur Verwendung abdecken. Vor dem Servieren mit Olivenöl oder Wasser verdünnen.

Passt zu Lachs, aber auch zu Steaks und Hähnchen, zu gegrilltem Gemüse oder gedämpftem Brokkoli.

Chilibutter

Passt überall, wo noch etwas Schärfe gebraucht wird

ergibt 250 g
Zub. 10 Min. + Wartezeit

- 250 g weiche Butter
- 1 EL gemahlene rote Chilischoten oder nach Geschmack
- 2 TL gemahlener Kreuzkümmel
- 2 Knoblauchzehen, durchgepresst
- 4 EL fein gehacktes Koriandergrün oder Petersilie
- Salz und Pfeffer

Vorbereitung Sie können die Butter bis zu 3 Tage im Voraus zubereiten und bis zur Verwendung kühl aufbewahren.

1 Butter, Chili, Kreuzkümmel, Knoblauch und Kräuter in einer Schüssel sorgfältig vermischen. Mit Salz und Pfeffer abschmecken und noch einmal gut durchrühren. Die Butter auf ein Blatt Backpapier geben und zu einer Rolle formen.

2 Das Backpapier um die Butter wickeln und an den Seiten sorgfältig zusammendrehen. Im Kühlschrank 60 Min. ruhen lassen, bis die Butter fest genug zum Aufschneiden ist.

Passt zu jedem gegrillten Fisch, aber auch zu Maiskolben und Ofenkartoffeln.

Reste bis zur Verwendung im Backpapier im Kühlschrank aufbewahren. Die Butter in Scheiben schneiden, mit frisch gekochten Nudeln und gekochten Garnelen vermischen und alles heiß werden lassen. Gut durchheben, bis alles mit Butter überzogen ist.

Sauce hollandaise

Schnelle Version des Klassikers

ergibt 200 ml
Zub. 10 Min. • Garzeit 5 Min.

- 1 EL Weißweinessig
- Saft von ½ Zitrone
- 3 große Eigelb
- Salz und Pfeffer
- 175 g Butter

1 Essig und Zitronensaft in einen kleinen Topf geben. Zum Kochen bringen, dann vom Herd nehmen.

2 Die Eigelbe in die Küchenmaschine oder den Mixer geben, mit etwas Salz und Pfeffer würzen und 1 Min. rühren. Während die Maschine läuft, nach und nach die Saft-Essig-Mischung hineinträufeln.

3 Die Butter in den Topf geben und bei niedriger Temperatur zerlassen. Sobald sie schaumig wird, vom Herd nehmen. Während die Küchenmaschine läuft, nach und nach die Butter zu den Eiern geben, bis eine cremige Sauce entstanden ist. Sofort servieren.

Passt zu weißem Fisch, Lachs, pochierten Eiern oder gedämpftem Gemüse, etwa Spargel.

Béchamelsauce

Diese weiße Sauce basiert auf der klassischen Mehlschwitze; sie ist die Basis für viele Gratins

ergibt 300 ml
Zub. 5 Min. + Wartezeit • Garzeit 5 Min.
tiefgekühlt 6 Mon. haltbar

- 300 ml Milch
- 1 Zwiebel, in Ringe geschnitten
- 1 Lorbeerblatt
- 2–3 Stängel Petersilie
- 6 schwarze Pfefferkörner
- 50 g Butter
- 50 g Mehl
- 1 Prise geriebene Muskatnuss
- Salz und weißer Pfeffer

Vorbereitung Sie können Schritt 1 mehrere Stunden im Voraus erledigen und die Sauce bis zur weiteren Verwendung kühl stellen.

1 Milch mit Zwiebel, Lorbeerblatt, Petersilie und Pfefferkörnern in einen Topf geben. Langsam aufkochen, vom Herd nehmen und 20 Min. durchziehen lassen. Die Milch durch ein Sieb abgießen, die Rückstände wegwerfen.

2 In einem sauberen Topf bei niedriger Temperatur die Butter zerlassen, das Mehl hineingeben und 1–2 Min. anschwitzen. Vom Herd nehmen.

3 Unter ständigem Rühren nach und nach die Milch in den Topf gießen. Bei niedriger Temperatur auf den Herd zurückstellen und unter ständigem Rühren köcheln lassen, bis die Sauce glatt und sämig ist. 1 Prise Muskatnuss hinzugeben und mit Salz und Pfeffer abschmecken.

VARIANTEN

Käsesauce
In die fertige Sauce 75 g geriebenen Gouda einrühren.

Petersiliensauce
Zum Schluss 2 EL fein gehackte Petersilie unterziehen.

Senfsauce
Sauce mit1 EL Dijonsenf verrühren.

Rouille

Eine moderne Version der klassischen Sauce zur Fischsuppe

ergibt 450 ml
Zub. 10 Min.

- 1 Prise Safranfäden
- 2 EL Weißweinessig
- 1 Ei
- 2 Eigelb
- 1 EL Dijonsenf
- 1 EL brauner Zucker
- 4 Knoblauchzehen, durchgepresst
- 1 Prise Cayennepfeffer
- Salz und Pfeffer
- 300 ml Sonnenblumenöl

1 Die Safranfäden in eine kleine Schale geben, 2 EL heißes Wasser hinzufügen und 5 Min. einweichen.

2 Den Safran mit dem Einweichwasser, Essig, Ei, Eigelben, Senf, Zucker, Knoblauch, Cayennepfeffer und je ½ TL Salz und Pfeffer in die Küchenmaschine geben und alles gut verrühren. Dann bei laufendem Motor sehr langsam das Öl hinzufügen, bis die Sauce dick und cremig ist. Die Rouille bis zur Verwendung kühl stellen.

Gurken-Dill-Sauce

Erfrischend zu heißen wie zu kalten Fischgerichten

Ergibt 300 ml
Zub. 5 Min.

- 150 g Sauerrahm
- 2 EL Mayonnaise
- abgeriebene Schale von ½ unbehandelten Zitrone
- einige Stängel frischer oder ½ TL getrockneter Dill
- Salz und weißer Pfeffer
- 150 g Gurke, der Länge nach halbiert, entkernt und in feine Scheiben geschnitten
- 1 TL fein gehackte milde Zwiebel

1 Sauerrahm, Mayonnaise, Zitronenschale und Dill in einer Schüssel gut verrühren. Mit Salz und Pfeffer abschmecken.

2 Gurke und Zwiebel untermischen. Die Sauce bis zur Verwendung kühl stellen.

Stubenküken mit Zitrone und Paprika

Dieses herrlich würzige Gericht verweist auf die Tradition der spanisch-maurischen Küche

- für 4 Personen
- Zub. 15 Min. • Garzeit 45 Min.
- fettarm
- tiefgekühlt 2 Mon. haltbar

4 unbehandelte Zitronen plus einige Schnitze zum Servieren

4 große, reife Tomaten, enthäutet und gewürfelt, oder 1 Dose Tomatenstücke (250 g)

1 große Zwiebel, fein gehackt

1 EL Paprikapulver

Salz

flüssiger Honig oder brauner Zucker

Cayennepfeffer

4 Lorbeerblätter plus Lorbeer zum Servieren

4 Stubenküken, innen und außen abgespült

8 Knoblauchzehen

1–2 TL Balsamico-Essig

1 Den Backofen auf 200 °C vorheizen. 2 der Zitronen halbieren und in dicke Scheiben schneiden. Tomaten, Zwiebel und Zitronenscheiben auf den Boden eines Schmortopfs geben, Paprikapulver darüberstreuen und alles vermengen. Salzen und mit Honig beträufeln oder mit braunem Zucker bestreuen. Nach Geschmack mit Cayennepfeffer würzen und die Lorbeerblätter hinzugeben.

2 Die restlichen 2 Zitronen vierteln. Je 2 Viertel zusammen mit 2 Knoblauchzehen in ein Stubenküken stecken. Auf das Tomatenbett in den Topf legen und salzen.

3 Den Deckel auflegen und den Schmortopf auf mittlerer Schiene für 20 Min. in den Ofen schieben, dann die Temperatur auf 180 °C reduzieren. Die Stubenküken ohne Deckel weitere 25 Min. bräunen. Aus dem Ofen nehmen, auf eine Servierplatte legen und warm halten.

4 Das Fett aus dem Topf abschöpfen, Zitronen und Lorbeerblätter entfernen. Den Rest in der Küchenmaschine glatt pürieren. Balsamico-Essig hinzufügen und mit Salz und Pfeffer abschmecken. Die Stubenküken mit der Sauce und mit Lorbeerblättern und Zitronenscheiben garniert servieren.

Gegrilltes Honig-Senf-Hähnchen

Mit köstlicher Glasur aus süßem Honig und scharfem, körnigem Senf

- für 4 Personen
- Zub. 10 Min. + Wartezeit • Garzeit 30 Min.

8 Hähnchenunterschenkel

125 ml Tomatenketchup

2 EL Olivenöl

125 ml Orangensaft

50 ml Balsamico-Essig

1 TL getrockneter Oregano

1 Prise Pfeffer

1 Knoblauchzehe, durchgepresst

Glasur

2 EL flüssiger Honig

2 EL körniger Senf

abgeriebene Schale von 1 unbehandelten Zitrone

Vorbereitung Sie können das Hähnchen bis zu 24 Std. marinieren.

1 Jedes Hähnchenstück zwei- oder dreimal einschneiden und in eine große Schüssel legen. Für die Marinade Ketchup, Olivenöl, Orangensaft, Essig, Oregano, Pfeffer und Knoblauch sorgfältig verrühren und das Fleisch damit vollständig bedecken. Für mindestens 6 Std., am besten über Nacht, in den Kühlschrank stellen, dabei gelegentlich wenden.

2 Den Backofengrill auf mittlerer Stufe vorheizen. Das Fleisch aus der Marinade nehmen, Marinade aufbewahren. Bei mittlerer bis niedriger Temperatur 15 Min. grillen, dabei einmal wenden und mehrmals mit der Marinade bestreichen.

3 Für die Glasur Honig, Senf und Zitronenschale verrühren und die Hähnchenstücke damit bestreichen. Weitere 10–15 Min. grillen, bis das Fleisch gebräunt und knusprig ist: Dann sollte der austretende Fleischsaft klar und das Fleisch innen beim Einstechen mit einem Messer oder einem Spieß nicht mehr rosa sein.

VARIANTE

Schweinefleisch mit Honig-Senf-Glasur

Statt Hähnchen eine vergleichbare Menge Schweinefleisch verwenden. Grillen, bis der austretende Saft klar und die Oberfläche gebräunt ist.

Hähnchen mit Kräuterkruste und grüner Sauce

Durch die Kräuterkruste trocknet das Fleisch nicht aus

für 6 Personen

Zub. 20 Min. • Garzeit 20–30 Min.

tiefgekühlt bis zu 2 Mon. haltbar

- 6 Hähnchenbrustfilets à 175 g, entbeint und ohne Haut
- 2 EL Mehl
- 350 g Semmelbrösel
- 2 EL gehackter Thymian
- 2 EL gehackte Petersilie
- Salz und Pfeffer
- 175 g Parmesan, fein gerieben
- 2 Eier, verquirlt
- 4 EL Olivenöl
- 4 EL Sonnenblumenöl

Grüne Sauce

- 2 EL Weißweinessig
- 2 Eigelb
- 1 Ei
- 1 EL Dijonsenf
- 1 EL Zucker
- Salz und Pfeffer
- 300 ml Sonnenblumenöl
- 25 g gemischte Kräuter, etwa Petersilie, Basilikum, Dill, Brunnenkresse, Koriander und Schnittlauch, grob gehackt

1 Für die Sauce Essig, Eigelbe, Ei, Senf und Zucker in die Küchenmaschine oder den Mixer geben. Bei laufendem Motor nach und nach das Öl hinzugeben und eine dicke, cremige Mayonnaise herstellen. Sobald das Öl verarbeitet ist, die Kräuter beifügen. Mit Salz und Pfeffer abschmecken und beiseitestellen.

2 Die Fleischstücke halbieren und mit etwas Mehl bestäuben. Die Semmelbrösel mit Thymian, Petersilie und Parmesan in eine Schüssel geben, mit Salz und Pfeffer würzen und gut vermischen. Das Fleisch zuerst ins Ei tauchen, dann in den Semmelbröseln wenden.

3 Von beiden Ölen etwas in die Pfanne geben und erhitzen. Das Fleisch portionsweise 5 Min. auf jeder Seite braten, bis es knusprig und golden ist, nach jeder Portion Öl hineingeben. Abtropfen lassen, dann mit grüner Sauce servieren.

Perlhuhn mit Wirsing und Walnusskernen

Auf diese Weise zubereitet, bleibt das Perlhuhn saftig und voller Geschmack

für 4 Personen

Zub. 20 Min. • Garzeit 1 Std.

- 2 Perlhühner à 1,25 kg
- Salz und Pfeffer
- 25 g Butter
- 2 EL Olivenöl
- 1 kleine Zwiebel, fein gehackt
- 1 Stange Lauch, in dünne Scheiben geschnitten
- 2 Stangen Staudensellerie, in Scheiben geschnitten
- 100 g durchwachsener Speck, gewürfelt
- 100 g Walnusskerne, halbiert
- 1 kleiner Wirsing von etwa 500 g
- 100 ml heiße Hühnerbrühe

1 Den Backofen auf 200 °C vorheizen. Das Perlhuhn mit Salz und Pfeffer würzen.

2 Die Butter mit der Hälfte des Öls in einem großen, tiefen, ofenfesten Topf erhitzen und die Perlhühner darin bei mittlerer Temperatur 10 Min. auf allen Seiten braun braten. Den Topf vom Herd ziehen und die Vögel herausnehmen.

3 Das restliche Öl in den Topf geben, Zwiebel, Lauch, Sellerie und Speck beifügen und unter Rühren 2–3 Min. leicht anbräunen. Die Walnusskerne hinzugeben und die Perlhühner darauflegen.

4 Den Wirsing in Achtel schneiden, die Blätter sollen nicht auseinanderfallen. Das Gemüse locker zwischen den Perlhühnern verteilen. Die heiße Brühe angießen und alles leicht würzen. Den Topfinhalt zum Kochen bringen, einen Deckel auflegen und die Perlhühner im Ofen 40–45 Min. garen, bis das Gemüse weich ist und aus dem Fleisch beim Einstechen klarer Saft austritt.

5 Vor dem Servieren etwa 10 Min. ruhen lassen. Die Perlhühner halbieren, auf Tellern anrichten und mit Braten- und Schmorfond direkt aus dem Topf servieren.

Reste grob hacken, mit gekochtem Reis mischen und in Timbale-Förmchen pressen.

Hähnchen-Pie

Ein schönes Familienessen und eine gute Art der Resteverwertung

- für 4 Personen
- Zub. 25 Min. • Garzeit 20 Min.
- Pie-Form oder andere niedrige, ofenfeste Form
- die abgekühlte Füllung (nach Schritt 3) ist tiefgekühlt 3 Mon. haltbar; aufgetautes Hähnchen nicht noch einmal einfrieren

- 2 Möhren, in Scheiben geschnitten
- 2 Pastinaken, in Scheiben geschnitten
- 600 ml heiße Hühnerbrühe
- 25 g Butter
- 1 Zwiebel, fein gehackt
- 2 Stangen Staudensellerie, grob gehackt
- 25 g Mehl
- 280 g tiefgekühlte Erbsen, aufgetaut
- ¼ – ½ TL Senfpulver
- Salz und Pfeffer
- 350 g gegartes Hähnchenfleisch, ohne Haut und Knochen, gewürfelt
- 250 g Sahne
- 250 g Blätterteig
- 1 Ei, verquirlt, zum Bestreichen

Vorbereitung Sie können die Pie am Vortag vorbereiten, im Kühlschrank aufbewahren und dann backen.

1 Den Backofen auf 200 °C vorheizen. Möhren, Pastinaken und Brühe in einen großen Topf geben und bei hoher Temperatur zum Kochen bringen. Das Gemüse 5 Min. kochen, bis es gerade weich ist. Abgießen, die Brühe auffangen.

2 In einem zweiten Topf die Butter bei mittlerer Temperatur zerlassen. Zwiebel und Sellerie hineingeben und unter häufigem Rühren 5 Min. anschwitzen. Das Mehl hinzufügen und 2 Min. durchrühren.

3 Nach und nach die Brühe einrühren und aufkochen. Die Sauce bei reduzierter Temperatur 2 Min. köcheln lassen. Erbsen, Senfpulver sowie Salz und Pfeffer nach Geschmack unterrühren. Abkühlen lassen, dann mit Wurzelgemüse, Hähnchen und Sahne vermischen. In eine 1,5 l fassende Pie-Form oder Auflaufform füllen.

4 Den Blätterteig auf der leicht bemehlten Arbeitsfläche 5 mm dick ausrollen. Ein Stück ausschneiden, das etwas größer als die Pie-Form ist. Den Rand der Form mit Wasser bestreichen, dann den Teig auf die Füllung legen, am Rand gut festdrücken und überstehenden Teig nach oben umschlagen. Den Teigrand wellenförmig eindrücken, die Oberfläche mit dem verquirlten Ei bestreichen und ein kleines Loch in die Mitte stechen, damit der Dampf entweichen kann.

5 Die Pie auf ein Backblech stellen und 20 Min. backen, bis der Teig aufgegangen und goldgelb und die Füllung heiß ist. Einige Minuten ruhen lassen, dann servieren.

Dazu passen gedämpfter Brokkoli und, für hungrigere Gäste, gekochte neue Kartoffeln.

VARIANTE

Hähnchen-Lauch-Pie

Für einen etwas anderen Geschmack die Zwiebel durch gehackten Lauch ersetzen und anderes Gemüse hinzufügen, etwa Dicke Bohnen oder Mais.

Safranhähnchen-Spieße

Ideal zum Grillen im Sommer

- für 6 Personen
- Zub. 10 Min. + Wartezeit • Garzeit 10 Min.
- Holzspieße vor der Verwendung 30 Min. wässern
- 12 Holzspieße

- 6 Hähnchenbrustfilets à 175 g, entbeint und ohne Haut, gewürfelt
- 2 EL Olivenöl
- Schale und Saft von 3 unbehandelten Zitronen
- Salz und Pfeffer
- 4 Prisen Safranpulver, in 1 EL kochendem Wasser aufgelöst
- 2 rote Zwiebeln, in dünne Scheiben geschnitten
- 25 g Butter
- Basilikum zum Garnieren

1 Das Fleisch in eine große Schüssel geben. Öl, Zitronenschale, den Saft von 2 Zitronen, Salz und Pfeffer und den Safran verrühren. Die Zwiebeln hinzufügen und alles über das Hähnchen geben. Gut vermischen und für 2 Std. oder über Nacht kühl stellen.

2 Die Butter mit dem restlichen Zitronensaft zerlassen.

3 Den Backofengrill auf hoher Stufe vorheizen. Die Fleischwürfel auf die Spieße stecken und mit den Zwiebeln unter den Grill stellen. Wenden und mit Zitronenbutter bestreichen. Mit Basilikum bestreut servieren.

Hähnchen-Tajine mit Aprikosen

Die *tajine* ist eine Keramikform mit spitzem Deckel, aber auch ein Schmortopf leistet hier gute Dienste

- für 4 Personen
- Zub. 15 Min. • Garzeit 35–40 Min.
- Tajine oder Schmortopf

2 EL Sonnenblumenöl
1 Zwiebel, fein gehackt
1 Knoblauchzehe, fein gehackt
1 TL gemahlener Ingwer
1 TL gemahlener Kreuzkümmel
1 TL Kurkuma
1 Prise gemahlener Zimt
1 Prise Chiliflocken (nach Belieben)
1 EL Tomatenmark
600 ml Hühnerbrühe
4 EL frisch gepresster Orangensaft
250 g gemischte Trockenfrüchte, etwa Aprikosen und Rosinen
Salz und Pfeffer
650 g Hähnchenbrustfilet und -keulen, entbeint und ohne Haut, in große Stücke geschnitten
2 EL gehacktes Koriandergrün

Vorbereitung Sie können das Gericht bis zu 2 Tage im Voraus zubereiten, abkühlen lassen und im Kühlschrank aufbewahren, dann vorsichtig erwärmen.

1 Das Öl in einem Schmortopf bei mittlerer Temperatur erhitzen. Zwiebel, Knoblauch, gemahlene Gewürze und Chiliflocken, falls verwendet, hineingeben und 5 Min. unter Rühren anschwitzen. Tomatenmark und Brühe einrühren und zum Kochen bringen.

2 Orangensaft, Trockenfrüchte sowie Salz und Pfeffer nach Geschmack hinzufügen. Die Temperatur herunterschalten, Deckel halb auflegen und die Flüssigkeit 15 Min. köcheln lassen, bis sie leicht reduziert ist und die Früchte weich sind.

3 Das Hähnchen dazugeben, abgedeckt weitere 20 Min. köcheln lassen, bis das Fleisch gar ist und klarer Saft austritt. Abschmecken, mit Koriander garnieren und servieren.

Dazu passt Couscous.

Hähnchen-Paprikasch

Edelsüßes Paprikapulver gibt diesem herzhaften ungarischen Eintopf Würze und Farbe

- für 4 Personen
- Zub. 10 Min. • Garzeit 40–45 Min.
- Schmortopf
- ohne Petersilie und Sauerrahm tiefgekühlt, ist das Paprikasch 1 Mon. haltbar; bei Raumtemperatur auftauen

2 EL Sonnenblumenöl
2 kleine rote Zwiebeln, in Scheiben geschnitten
1 Knoblauchzehe, fein gehackt
1 EL edelsüßes Paprikapulver
1 Msp. Kümmel
8 Hähnchenoberschenkel
250 ml heiße Hühnerbrühe
1 EL Rotweinessig
1 EL Tomatenmark
1 TL Zucker
Salz und Pfeffer
250 g Kirschtomaten
gehackte glatte Petersilie zum Garnieren
Sauerrahm zum Servieren

Vorbereitung Sie können Schritt 1 und 2 bis zu 2 Tage im Voraus erledigen und das Fleisch wieder aufwärmen.

1 Das Öl in einem großen Schmortopf bei mittlerer Temperatur erhitzen. Zwiebeln, Knoblauch, Paprikapulver und Kümmel hineingeben und unter Rühren etwa 5 Min. anschwitzen, bis die Zwiebeln weich sind. Mit einem Schaumlöffel alles herausnehmen und zur Seite stellen.

2 Das Fleisch mit der Haut nach unten in das im Topf verbliebene Öl legen und 3 Min. anbraten, dann wenden und weitere 2 Min. braten. Zwiebeln und Gewürze zurück in den Topf geben.

3 Brühe mit Essig, Tomatenmark, Zucker, Salz und Pfeffer verrühren und über das Hähnchen gießen. Aufkochen, Deckel auflegen und bei reduzierter Hitze 25 Min. köcheln lassen, bis das Fleisch gar ist.

4 Kirschtomaten hinzufügen, Deckel auflegen und weitere 5 Min. köcheln lassen. Mit Petersilie bestreuen und mit Sauerrahm servieren.

Dazu passen sahniges Kartoffelpüree oder Butternudeln.

Grünes Thaicurry mit Hähnchen

Mit fertiger Currypaste ist dieses aromatische Gericht im Handumdrehen zubereitet

für 4 Personen
Zub. 10 Min. • Garzeit 10 Min.

- 1 EL Olivenöl
- 4 TL rote oder grüne Currypaste (für mehr Schärfe mehr Paste verwenden)
- 4 Hähnchenbrustfilets à 150 g, entbeint und ohne Haut, gewürfelt
- 2 EL helle Sojasauce
- 1 Dose Kokosmilch (400 g)
- 175 g Champignons, in Scheiben geschnitten
- 6 Frühlingszwiebeln, geputzt, schräg in 5 mm dicke Scheiben geschnitten
- Salz und Pfeffer
- gehacktes Koriandergrün zum Garnieren

Vorbereitung Bis zu 24 Std. im Voraus zubereiten und aufwärmen.

1 Das Öl in einer großen Pfanne bei mittlerer Temperatur erhitzen. Currypaste hineingeben und braten, dann das Hähnchenfleisch hinzufügen und 2 Min. unter Rühren braten, bis es hellbraun ist.

2 Sojasauce und Kokosmilch angießen und aufkochen. Die Temperatur herunterschalten, die Pilze und den Großteil der Frühlingszwiebeln einrühren und mit Salz und Pfeffer abschmecken. 8 Min. köcheln lassen, bis das Fleisch gar ist.

3 Mit Koriander und den restlichen Frühlingszwiebeln garnieren und heiß servieren.

Dazu passt gekochter oder gedämpfter Reis oder Nudeln.

Hähnchen in Estragonsahne

Ein Traumpaar: frischer Estragon und Sahne

für 4 Personen
Zub. 10 Min. • Garzeit 35 Min.
Schmortopf
nach Schritt 2, vollständig abgekühlt, tiefgekühlt 1 Mon. haltbar; bei Raumtemperatur auftauen und nach Rezept fertig garen

- 25 g Butter
- 1 EL Rapsöl
- 4 Hähnchenbrustfilets, am Knochen
- 250 g Schalotten, in Scheiben geschnitten
- 1 TL getrockneter Estragon
- 2 Knoblauchzehen, fein gehackt
- Salz und Pfeffer
- 250 ml heiße Hühnerbrühe
- 125 ml trockener Weißwein
- 250 g Crème fraîche
- 2 EL gehackter Estragon plus einige Zweige zum Garnieren

Vorbereitung Sie können das Gericht bis einschließlich Schritt 2 bis zu 2 Tage im Voraus zubereiten und in einem luftdichten Behälter im Kühlschrank aufbewahren. Aufwärmen und Crème fraîche einrühren.

1 Die Butter mit dem Öl in einem großen Schmortopf bei mittlerer bis hoher Temperatur zerlassen. Hähnchenbrustfilets mit der Haut nach unten hineinlegen und 3 Min. goldbraun anbraten. Wenden und weitere 2 Min. bräunen.

2 Das Fleisch mit der Haut nach oben in der Pfanne lassen, dann Schalotten, Estragon, Knoblauch sowie Salz und Pfeffer nach Geschmack darüberstreuen. Brühe und Wein angießen und zum Kochen bringen. Die Temperatur auf niedrige Stufe schalten, Deckel auflegen und 25 Min. köcheln lassen, bis das Fleisch gar ist und beim Einstechen mit einem Messer klarer Saft austritt. Das Fleisch herausnehmen und zur Seite stellen, dann die Sauce auf die Hälfte einkochen.

3 Crème fraîche und frischen Estragon unterrühren und die Sauce unter Rühren kochen, bis sie cremig ist. Falls sie zu dick wird, mehr Brühe hinzugeben; bei Bedarf nachwürzen. Zum Servieren das Hähnchen in Scheiben vom Knochen schneiden, mit Sauce und Estragonzweigen garniert servieren.

Dazu passen Reis oder Kartoffelpüree und junge Erbsen.

Hähnchen aus dem Topf

Apfelwein und Wurzelgemüse verleihen dem Schmorsud ein köstliches Aroma

- für 4 Personen
- Zub. 10 Min. • Garzeit 2 Std.
- großer, ofenfester Topf
- nach Schritt 3 vollständig erkaltet tiefgekühlt 3 Mon. haltbar; bei Raumtemperatur auftauen, dann aufwärmen

- 2 EL Sonnenblumenöl
- 1 ofenfertiges Hähnchen von 1,5 kg
- 1 EL Mehl
- 500 ml trockener Cidre oder Apfelwein
- 250 ml Hühnerfond
- 1 Bouquet garni
- Salz und Pfeffer
- 350 g junge Möhren, geschält
- 350 g neue Kartoffeln
- 2 Stangen Lauch, in dicke Scheiben geschnitten
- 2 EL gehackte Petersilie

Vorbereitung Sie können das Gericht bis zu 2 Tage im Voraus zubereiten und wieder erwärmen.

1 Den Backofen auf 170 °C vorheizen. Das Öl in einem ofenfesten Topf bei mittlerer Temperatur erhitzen. Das Hähnchen hineingeben und auf allen Seiten anbräunen, dann herausnehmen und beiseitelegen. Das Mehl in den Topf streuen und 2 Min. unter Rühren anschwitzen. Cidre und Fond unterrühren und aufkochen.

2 Das Hähnchen mit der Brust nach oben zurück in den Topf legen und das Bouquet garni sowie Salz und Pfeffer hinzugeben. Den Topf verschließen und für 1 Std. 15 Min. in den Ofen stellen.

3 Das Gemüse in den Topf geben und das Hähnchen mit seinem Saft begießen. Weitere 30–45 Min. im Ofen garen, bis das Gemüse weich ist und beim Einstechen in den dicksten Teil eines Hähnchenbeins klarer Saft austritt.

4 Aus dem Ofen nehmen und das Hähnchen 10 Min. in der Brühe ruhen lassen, dann noch einmal abschmecken. Mit Petersilie bestreuen und heiß servieren.

Hähnchenschnitzel

Schnell zubereitet für ein Abendessen im Familienkreis

- für 4 Personen
- Zub. 10 Min. + Wartezeit • Garzeit 12 Min.
- tiefgekühlt 3 Mon. haltbar; bei Raumtemperatur auftauen, dann aufwärmen

- 50 g Mehl
- 1 Ei, verquirlt
- 50 g feine Semmelbrösel
- 4 Hähnchenbrustfilets, entbeint und ohne Haut
- Salz und Pfeffer
- 6 EL Rapsöl
- 2 Zitronen, halbiert, zum Servieren

Vorbereitung Sie können das Hähnchen bis einschließlich Schritt 3 bis zu 8 Std. im Voraus zubereiten und abgedeckt kühl stellen.

1 Mehl, Ei und Semmelbrösel jeweils in eine flache Schale geben und beiseitestellen.

2 Die Filets zwischen zwei Blätter Backpapier legen und mit dem Nudelholz sehr dünn klopfen. Mit Salz und Pfeffer würzen.

3 Das Fleisch zuerst in Mehl, dann in verquirltem Ei und schließlich in den Semmelbröseln wenden, dabei die Brösel auf allen Seiten gut andrücken. Die Filets nebeneinander in eine Backform oder auf einen Teller legen und für mindestens 30 Min. unabgedeckt in den Kühlschrank stellen.

4 In einer beschichteten Pfanne 3 EL Öl bei mittlerer bis hoher Temperatur erhitzen. 2 Schnitzel hineingeben und auf jeder Seite 3 Min. goldbraun braten. Auf Küchenpapier abtropfen lassen und warm halten.

5 Das restliche Öl in die Pfanne geben und die beiden übrigen Schnitzel ebenso braten.

6 Sofort mit den Zitronenhälften zum Auspressen servieren.

Dazu passen Bratkartoffeln und grüne Bohnen oder ein Kartoffelsalat.

VARIANTE

Kalbsschnitzel

Statt der Hähnchenbrustfilets 4 dünne Kalbsschnitzel verwenden und wie oben zubereiten.

Brathähnchen

Wenn Sie die Zubereitung eines Brathähnchens mit ähnlich viel Sorgfalt und Konzentration betreiben wie eine komplexe kulinarische *tour de force*, zahlt sich das auf jeden Fall aus. Wie so oft in der Küche ist auch hier das Austrocknen die größte Gefahr. Sie können sie mit kleinen Aufmerksamkeiten bekämpfen: der richtigen Temperatur im Ofen und der richtigen Einschubhöhe, einer nicht zu gering bemessenen Menge von Butter oder Öl und einer präzisen Garzeit.

für 6 Personen

Zub. 15 Min. • Garzeit 20 Min. pro 500 g, + 15 Min. Wartezeit

fettarm

1 ofenfertiges Hähnchen von etwa 2,2 kg

25 g Butter oder 2 EL Olivenöl

Salz und Pfeffer

300 g Füllung nach Wahl (nach Belieben, siehe S. 360–361)

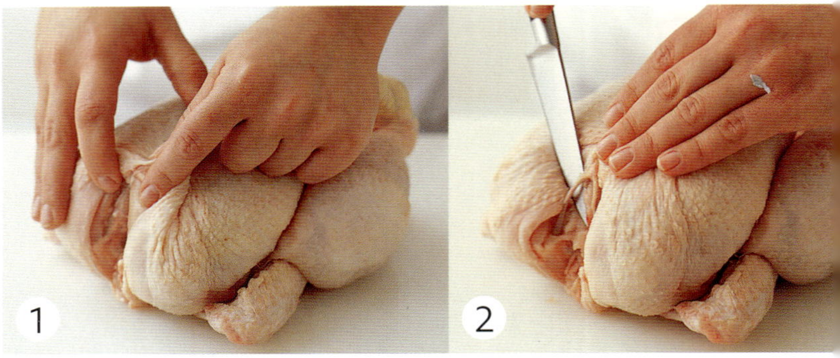

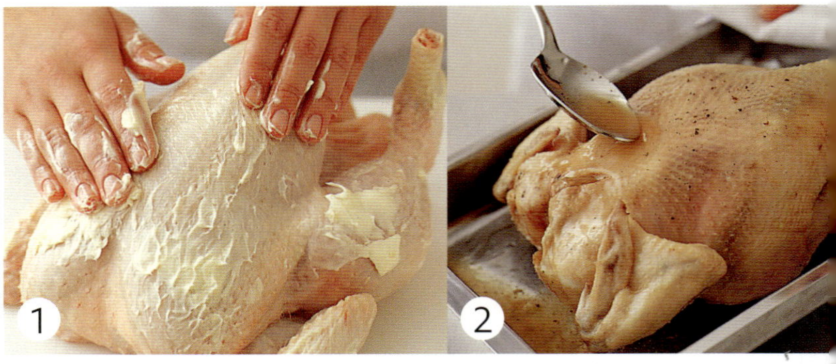

GEFLÜGEL EINKAUFEN

Ob ein Hähnchen gutes Fleisch entwickelt, darüber entscheidet zunächst das Futter, das es bekommt. Wichtig ist aber auch, dass es sich bewegen kann und in welchem Alter es geschlachtet wurde. Der Handel bietet verschiedene Güteklassen mit zum Teil erheblichen Preisunterschieden an.

Die gebräuchlichsten Bezeichnungen in der Geflügelhaltung sind:

Bodenhaltung
Die Tiere werden im Stall bei künstlicher Beleuchtung gehalten und können sich dort frei bewegen, picken, scharren, im Staub baden und mit den Flügeln schlagen. Pro Quadratmeter nutzbarer Stallfläche darf das Lebendgewicht der Tiere 35 kg nicht übersteigen.

Freilandhaltung
Freilandhühner haben neben ihrem Stall mit Sitzstangen und Einstreu tagsüber Auslauf im Freien. Hier können sie ihre natürlichen Verhaltensweisen und ihr Bewegungsbedürfnis ausleben. Der Auslauf muss überwiegend begrünt sein.

Ökologische Erzeugung
Biohühner müssen mindestens vier Quadratmeter Auslauf ins Freie haben. Vorgeschrieben sind auch ständig Frischluft und viel Tageslicht. Die Tiere bekommen ökologisch erzeugtes Futter, jedes Tier hat Raum zum Ruhen, Laufen, Picken, Scharren, Staub- und Sandbaden. Pro Quadratmeter Stallfläche darf das Lebendgewicht der Tiere 21 kg nicht übersteigen.

Wenn Sie ein Hähnchen kaufen, legen Sie es zu Hause sofort in der Verpackung auf einen Teller mit Rand oder in eine verschließbare Dose und stellen Sie es ganz unten in den Kühlschrank, damit keine Flüssigkeit auf andere Lebensmittel tropfen kann.

ÜBLICHE BEZEICHNUNGEN

Suppenhuhn

Hähnchen

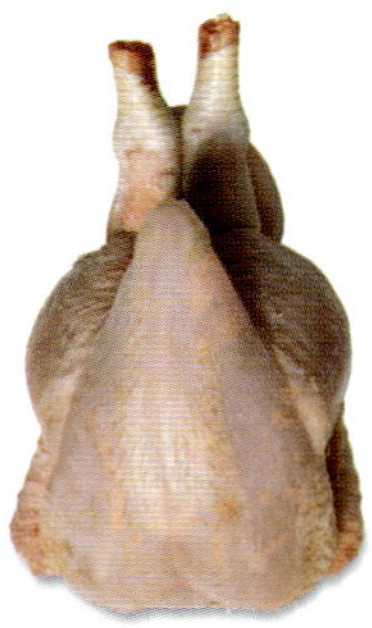

Stubenküken

Füllen

Sie können die Füllung statt in die Bauchhöhle unter die Haut stopfen, damit das Brustfleisch während des Bratens saftig bleibt. Die Zutaten vermischen (siehe rechts), dann vorsichtig die Haut von der Brust lösen und dann die Füllung vom Hals aus vorsichtig unter der Haut verteilen (siehe ganz rechts). Auf diese Weise wird die Füllung auch garantiert gar.

zubereiten & zerlegen

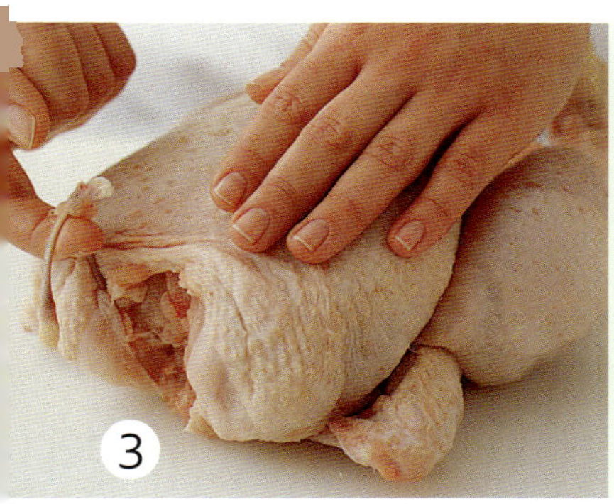

Das Gabelbein entfernen

1 Das rohe Tier auf ein großes, sauberes Schneidebrett legen und die Haut vom Hals aus zurückziehen. Das Gabelbein mit dem Zeigefinger ertasten und durch kleine Bewegungen lockern.

2 Mit einem kleinen, scharfen Messer hinter dem Knochen einstechen und vorsichtig bis hinunter zum Ende eines der »Arme« des Gabelbeins fahren, dann den Knochen vom Fleisch lösen. Bei älteren Tieren ist das Gabelbein ziemlich fest.

3 Den Finger in die Mitte des Gabelbeins einhaken und den Knochen vorsichtig herausziehen. Wenn Sie ihn vor dem Braten entfernen, ist das Hähnchen später leichter zu zerlegen.

Vorbereiten, begießen und braten

1 Das Hähnchen außen mit Butter oder Öl einreiben, dann innen und außen gut mit Salz und Pfeffer würzen. Falls Sie den Vogel füllen, die Füllung unter der Brusthaut verteilen oder in die Bauchhöhle geben.

2 Das Hähnchen in regelmäßigen Abständen mit dem Bratensaft begießen. Nach den ersten 30 Min. mit der Brust nach unten drehen, damit der Bratensaft das Brustfleisch tränkt.

3 Für die letzten 20 Min. wieder mit der Brust nach oben legen, damit die Haut knusprig und braun wird. Das Hähnchen ist fertig, wenn beim Einstechen in den dicksten Teil der Keule klarer Saft austritt.

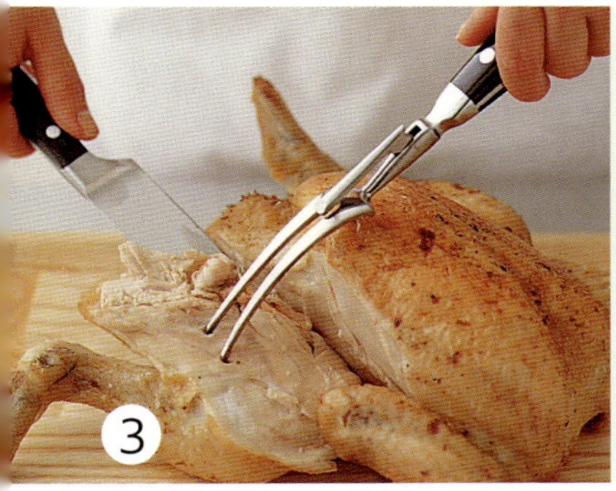

Ruhen lassen und zerlegen

1 Das Hähnchen mit der Brust nach oben auf ein Schneidebrett legen und mit Alufolie bedecken. Etwa 15 Min. an einem warmen Ort ruhen lassen. Dadurch verteilt sich der Bratensaft im Fleisch und das Hähnchen bleibt saftig.

2 Zum Zerlegen zunächst die Keulen abtrennen. Dafür die Haut zwischen Beinen und Körper durchtrennen und das Messer bis zum Gelenk führen. Das geht am leichtesten, wenn Sie die Schneide leicht schräg zum Körper halten.

3 Das Messer etwas hin und her bewegen, um das Gelenk zu lockern, dann mit einer sägenden Bewegung das Gelenk durchschneiden und die Keule abtrennen. Auf eine vorgewärmte Servierplatte legen und mit der anderen Keule ebenso verfahren.

Portionieren

1 Für die Bruststücke das Messer auf der Mitte ansetzen und einschneiden. Sobald das Messer auf den Knochen trifft, daran entlang zur Seite schneiden; das ganze Fleisch lösen; auf der anderen Seite wiederholen.

2 Die Bruststücke mit der Schnittseite nach unten auf ein Tranchierbrett legen und schräg in Scheiben schneiden. Die Flügel werden mit einem Stück Brustfleisch serviert.

3 Die Keulen in Ober- und Unterschenkel teilen. Dafür nicht den Knochen durchtrennen, sondern die Messerklinge sauber am Gelenk angesetzen und den Schenkel in zwei Stücke zerlegen.

Bratensauce

Mit einem großen Löffel (siehe rechts) den größten Teil des Fetts aus der Form abschöpfen. 1 EL Mehl mit 1 EL Hähnchenfett mischen und unter den Bratensaft in der Röstschale rühren. 300 ml Brühe oder Wasser hinzufügen und aufkochen, dabei ständig mit dem Schneebesen rühren. Die Sauce durch ein Sieb in eine Sauciere gießen und heiß servieren.

Brathähnchen

Das passt dazu

Röstkartoffeln (s. S. 232) und frisches Gemüse sind die üblichen Beilagen zu Brathähnchen, aber es gibt noch viele andere Möglichkeiten. Probieren Sie zur Abwechslung auch diese Rezepte:

- Gewürzreis (s. S. 213)
- Rosenkohl mit Orange (s. S. 237)
- Erbsen auf französische Art (s. S. 240)
- Kartoffelpüree (s. S. 242)
- Kartoffelgratin (s. S. 242)
- Mais mit Paprika (s. S. 246)
- Rahmspinat mit Pinienkernen (s. S. 247)
- Gegrilltes Gemüse (s. S. 235)
- Überbackener Blumenkohl (s. S. 238)
- Brotsauce (s. S. 358)

Mehr Geschmack

Cranberry-Salbei-Sauce

Diese schnelle, einfache Sauce peppt jedes Brathähnchen auf. Sie können sie zubereiten, während das Hähnchen ruht.

6 EL Cranberrygelee

3 EL Zitronensaft

2 EL gehackter frischer Salbei

Salz und Pfeffer

Alle Zutaten in einem kleinen Topf bei mittlerer Temperatur vermischen. Unter Rühren köcheln lassen, bis das Gelee sich aufgelöst hat. Einige Löffel Bratensaft hinzugeben und mit Salz und Pfeffer abschmecken. Heiß mit dem zerlegten Hähnchen servieren.

STUBENKÜKEN BRATEN

Je nach Größe reicht 1 Stubenküken für 2 Personen. Die Garzeit beträgt etwa 15 Min. pro 500 g Gewicht plus 15 Min. Ruhezeit. Da der Geschmack bei kleinen Tieren weniger Zeit hat, um sich zu entfalten, sollten Sie an zusätzliche Würze denken. Das Fleisch trocknet schnell aus. Wenn Sie vor dem Braten einige Streifen Frühstücksspeck um das Stubenküken wickeln, bleibt es schön saftig und bekommt mehr Aroma.

BRATHÄHNCHEN SERVIEREN

Das tranchierte Hähnchen auf einer vorgewärmten Platte anrichten und die Bratensauce separat reichen.

Ideen für Reste

Hähnchen-Croustaden
So werden Hähnchenreste zu schicken Partysnacks
15 Min. — **Seite 59**

Coronation rolls
Die köstlichen Sandwiches mit Curry sind wunderbar für ein Picknick
20 Min. — **Seite 89**

Club Sandwich
Mit Hähnchenresten brauchen Sie weniger als halb so lang für dieses klassische Sandwich
30 Min. — **Seite 86**

Hühnerfond
Mit übrig gebliebenen Knochen können Sie einen aromatischen Fond zubereiten
1 Std. 10 Min. — **Seite 103**

Cock-a-leekie
Kräftige Brühe mit Hähnchen und Lauch
1 Std. 10 Min. — **Seite 113**

Nudelpfanne mit Hähnchen
Das schnelle Gericht ist mit Fleischresten noch schneller zubereitet
30 Min. — **Seite 204**

Jambalaya
Aromatische Verbindung: gekochtes Hähnchen, würzige Würstchen und Garnelen
1 Std. 15 Min. — **Seite 210**

Grünes Thaicurry
Mit fertiger Currypaste und Fleischresten im Nu zubereitet
20 Min. — **Seite 288**

Chicken nuggets
Ideal als Snack zum Aperitif oder für ein einfaches Abendessen
50 Min. — **Seite 299**

Tandoori-Hähnchen

Zart, aromatisch und garantiert ohne Farbstoff – ein Klassiker der indischen Küche

für 4 Personen

Zub. 10–15 Min. + mindestens 3 Std. Wartezeit • Garzeit 25–35 Min.

8 Hähnchenstücke, ohne Haut

Erdnussöl zum Bestreichen

50 g Ghee (Butterschmalz) oder Butter, zerlassen

1 rote Zwiebel, in dünne Scheiben geschnitten, zum Servieren

Zitronenschnitze zum Servieren

Tandoori-Marinade

1 Zwiebel, grob gehackt

2 große Knoblauchzehen

1 cm frischer Ingwer, grob gehackt

3 EL frischer Zitronensaft

1 Prise Salz

1¼ – 1½ TL Cayennepfeffer

1 TL Garam masala (Würzmischung)

1 Prise Kurkuma

1 Prise Kaschmir-Chilipulver

1 Prise Safranpulver

Vorbereitung Sie können das Hähnchen bis zu 24 Std. im Kühlschrank marinieren.

1 Mit einer Gabel die Fleischstücke rundherum einstechen und in eine korrosionsbeständige Schüssel legen.

2 Für die Marinade Zwiebel, Knoblauch und Ingwer im Mixer oder in der Küchenmaschine glatt pürieren. Zitronensaft, Salz und Gewürze untermischen.

3 Die Marinade über das Fleisch geben und gut einreiben. Die Schüssel mit Frischhaltefolie abdecken und das Fleisch mindestens 3 Std. im Kühlschrank marinieren, dabei gelegentlich wenden.

4 Den Backofen auf 220 °C vorheizen und das Fleisch aus dem Kühlschrank nehmen. Einen Grillrost in eine mit Alufolie ausgelegte Fettpfanne legen und einfetten. Das Fleisch auf den Rost legen und mit dem zerlassenen Ghee bestreichen. 20–25 Min. garen, bis der austretende Saft klar ist.

5 Den Backofengrill auf höchster Stufe vorheizen. Den Bratensaft aus der Fettpfanne abgießen. Das Hähnchen noch einmal mit Ghee bestreichen und für 5–10 Min. unter den Grill stellen, bis die Ränder sehr dunkel sind. Mit den Zwiebelscheiben und Zitronenschnitzen servieren.

Reis mit Hähnchen

Der bunte *arroz con pollo* aus Südamerika wird im selben Topf gekocht und serviert

für 4 Personen

Zub. 20 Min. • Garzeit 45 Min.

fettarm

2 EL Olivenöl

8 Hähnchenoberschenkel

1 Zwiebel, in dünne Scheiben geschnitten

je 1 grüne und rote Paprikaschote, Stielansatz, Kerne und Scheidewände entfernt, Fruchtfleisch gehackt

2 Knoblauchzehen, fein gehackt

1 TL edelsüßes Paprikapulver

1 Lorbeerblatt

1 Dose Tomatenstücke (250 g)

1 TL Thymianblätter

1 TL getrockneter Oregano

175 g Langkornreis

1 Prise Safranfäden

750 ml Hühnerbrühe

2 EL Tomatenmark

Saft von ½ Zitrone

Salz und Pfeffer

100 g tiefgekühlte Erbsen

1 Den Backofen auf 180 °C vorheizen. Die Hälfte des Öls in einem großen, ofenfesten Topf bei hoher Temperatur erhitzen, die Hähnchenteile hineingeben und unter häufigem Wenden gleichmäßig braun anbraten. Aus dem Topf nehmen, abtropfen lassen und zur Seite stellen.

2 Das restliche Öl in den Topf geben, die Temperatur herunterschalten und die Zwiebel anschwitzen. Paprikaschoten und Knoblauch hinzugeben und 5 Min. braten, bis sie weich werden. Paprikapulver, Lorbeerblatt, Tomaten, Thymian und Oregano beifügen. Den Reis einstreuen und 1–2 Min. unter ständigem Rühren anbraten.

3 Safran, Brühe, Tomatenmark und Zitronensaft hinzufügen und alles mit Salz und Pfeffer würzen.

4 Die Hähnchenteile zurück in den Topf geben und in den Reis drücken, Deckel auflegen und für 15 Min. in den Ofen stellen. Die Erbsen dazugeben und weitere 10 Min. backen, bis der Reis weich ist und die ganze Flüssigkeit aufgesogen hat. Heiß direkt aus dem Topf servieren.

Hähnchen Kiew

Besonders saftig durch eine Füllung aus aromatischer Knoblauchbutter

für 4 Personen

Zub. 25 Min. + Wartezeit • Garzeit 8–10 Min.

- 100 g weiche Butter
- 2 Knoblauchzehen, durchgepresst
- abgeriebene Schale von 1 unbehandelten Zitrone
- 2 EL gehackte Petersilie
- Salz und Pfeffer
- 4 Hähnchenbrustfilets, entbeint und ohne Haut
- 3 EL Mehl
- 1 Ei, verquirlt
- 150 g frische Semmelbrösel
- Sonnenblumenöl zum Frittieren

Vorbereitung Die Knoblauchbutter kann am Vortag zubereitet und im Kühlschrank aufbewahrt werden.

1 Die Butter in eine Schüssel geben und mit Knoblauch, Zitronenschale und Petersilie vermischen. Mit Salz und Pfeffer abschmecken. Zu einem rechteckigen Stück formen, in Frischhaltefolie wickeln und im Kühlschrank fest werden lassen.

2 Die Hähnchenbrustfilets zwischen 2 Lagen Frischhaltefolie legen und mit dem Nudelholz flach klopfen.

3 Die Butter in 4 Streifen schneiden und auf die Fleischstücke verteilen. Die Fleischstücke zusammenklappen, sodass die Butter vollständig bedeckt ist.

4 Das Mehl mit Salz und Pfeffer würzen. Das Fleisch zuerst in Mehl, dann in verquirltem Ei und schließlich in Semmelbröseln wenden, dabei gut zusammendrücken.

5 Das Öl auf 180 °C erhitzen. Das Fleisch 6–8 Min. frittieren.

6 Herausnehmen und auf Küchenpapier abtropfen lassen. Heiß servieren.

Dazu passen ein frischer gemischter Salat und Bratkartoffeln.

Southern fried chicken

Zu diesen knusprigen Hähnchenstücken reicht man in den Südstaaten eine leichte Sauce

4 Personen

Zub. 20 Min. + Wartezeit • Garzeit 25 Min.

Gefrierbeutel; Fritteuse oder großer, tiefer Topf, zur Hälfte mit Öl gefüllt

- 250 g Mehl
- Salz und Pfeffer
- 1 TL getrockneter Thymian
- 1 TL Cajun-Gewürz
- 1 TL Zucker
- 4 Hähnchenkeulen, halbiert
- 1 Ei, verquirlt
- Pflanzenöl zum Frittieren

Sauce

- 1½ EL Mehl
- 250 ml Vollmilch

Vorbereitung Sie können Schritt 1 und 2 bereits 60 Min. oder mehr im Voraus erledigen.

1 Die ersten fünf Zutaten in einen Gefrierbeutel geben, gut verschließen und gründlich schütteln.

2 Die Fleischstücke nacheinander in den Beutel geben und durch Schütteln mit der Mehlmischung überziehen.

3 Die Stücke ins Ei tauchen, dann Schritt 2 wiederholen. Die Fleischstücke nebeneinander auf einen Teller legen und 30 Min. kühl stellen.

4 Das Öl auf 170 °C erhitzen und das Fleisch 15–20 Min. goldbraun frittieren. Auf Küchenpapier abtropfen lassen.

5 Für die Sauce 2 EL des Frittieröls in einen Topf geben und das Mehl einrühren. Bei niedriger Temperatur 1 Min. anschwitzen, dann nach und nach die Milch einrühren, mit Pfeffer abschmecken. Bei niedriger Temperatur andicken lassen.

Dazu passen Kartoffelpüree und Maiskolben.

Hähnchen Chow mein

Alles aus einem Topf: Das beliebte chinesische Gericht vereint Nudeln, Hähnchen, Pilze und Gemüse

für 4 Personen
Zub. 15 Min. • Garzeit 15 Min.
fettarm

- 4 TL Pflanzenöl
- 4 Frühlingszwiebeln, schräg in 2,5 cm lange Stücke geschnitten
- 2 cm frischer Ingwer, gerieben
- 150 g Shiitake- oder Austernpilze, in Scheiben geschnitten
- 1 rote Paprikaschote, Stielansatz, Samen und Scheidewände entfernt, Fruchtfleisch gehackt
- 6 Hähnchenoberschenkel, in mundgerechte Stücke geschnitten
- 125 g grüne Bohnen, in 2,5 cm lange Stücke geschnitten
- 350 g frische dünne Eiernudeln
- 1 TL Maisstärke
- 4 EL helle Sojasauce plus Sojasauce zum Servieren
- 1 EL Reiswein oder trockener Sherry
- 125 ml Geflügelfond
- Salz und Pfeffer

Vorbereitung Sie können Gemüse und Fleisch mehrere Stunden im Voraus klein schneiden und in abgedeckten Schüsseln im Kühlschrank aufbewahren.

1 Die Hälfte des Öls in einem Wok oder einer großen Pfanne erhitzen, Frühlingszwiebeln, Ingwer, Pilze und Paprikaschote hineingeben und bei hoher Temperatur 5 Min. unter Rühren braten. Herausnehmen und beiseitestellen.

2 Das restliche Öl in den Wok geben und das Fleisch darin bei hoher Temperatur 3 Min. unter Rühren braten, bei Bedarf in mehreren Portionen. Herausnehmen und beiseitestellen.

3 Die grünen Bohnen hineingeben und 2 Min. braten und rühren. Nudeln hinzufügen und Hähnchen und Gemüse zurück in den Wok geben. Salzen und pfeffern.

4 Die Maisstärke mit Sojasauce, Wein und Fond glatt rühren, dann in die Pfanne geben und 2 Min. durchmischen, bis alles sehr heiß ist.

5 Sofort mit Sojasauce zum Beträufeln servieren.

Passt zu anderen chinesischen Gerichten bei einem Themenmenü.

VARIANTE

Garnelen Chow mein

Das Hähnchen durch 250 g rohe Garnelen ersetzen. Die Garnelen schälen und von den Därmen befreien. In Schritt 2 die Garzeit auf 1–2 Min. reduzieren. In Schritt 3 nach Geschmack zusammen mit den grünen Bohnen Sojasprossen hinzufügen.

Wok-Nudeln

Frische Nudeln immer erst gegen Ende der Garzeit hinzufügen. Sie werden klitschig, wenn man sie zu lange kocht. Getrocknete Nudeln erst kochen, dann abspülen und abtropfen lassen.

Hähnchen mit Speck

Oliven und Kapern geben ihm eine mediterrane Note

für 4 Personen
Zub. 15 Min. • Garzeit 45 Min.

- 2 EL Mehl
- Salz und Pfeffer
- 6 Hähnchenbrustfilets à 175 g
- 4 EL Olivenöl
- 4 EL Butter
- 4 Knoblauchzehen, gehackt
- 200 g durchwachsener Speck, gewürfelt
- 2 EL Weißweinessig
- 4 EL Kapern, abgespült
- 12 entsteinte schwarze Oliven, gehackt
- 2 EL gehackter Thymian
- 125 g Sahne

1 Das Mehl mit Salz und Pfeffer würzen, das Fleisch darin wenden. Öl und Butter in einer großen Pfanne erhitzen, Knoblauch und Speck darin 3–4 Min. anbraten. Herausnehmen und beiseitestellen.

2 Das Fleisch in der Pfanne auf beiden Seiten braun braten. Speck und Knoblauch hineingeben, Essig, Kapern, Oliven und Thymian hinzufügen. Bei niedriger Temperatur abgedeckt 35 Min. garen.

3 Das Hähnchen herausnehmen und warm halten. Sahne in der Pfanne eindicken lassen. Sauce über das Hähnchen geben und servieren.

Chinesisches Zitronenhähnchen

Ungewöhnlich für die chinesische Küche:
Dieses Rezept aus Hongkong verwendet Zitronen

- für 4 Personen
- Zub. 20 Min. + Wartezeit • Garzeit 30 Min.
- Fritteuse oder großer Topf

200 g Mehl, mit 5 g Backpulver vermischt
Salz
4 Hähnchenbrustfilets, entbeint und ohne Haut
Pflanzenöl zum Frittieren

Zitronensauce

25 g Maisstärke
125 ml frisch gepresster Zitronensaft
350 ml Geflügelfond
2 EL flüssiger Honig
4 EL brauner Zucker
1 cm frischer Ingwer, gerieben

Vorbereitung Sie können den Teig bis zu 2 Std. im Voraus zubereiten. Falls er zu dick wird, etwas Wasser zugeben.

1 Mehl mit Backpulver und Salz in eine große Schüssel sieben, mit 300 ml kaltem Wasser zu einem glatten Teig verarbeiten. 30 Min. ruhen lassen.

2 Zum Frittieren das Öl auf 180 °C erhitzen. Das Fleisch im Teig wenden, dann portionsweise 5 Min. goldbraun frittieren. Auf Küchenpapier abtropfen lassen.

3 Für die Sauce Maisstärke mit Zitronensaft glatt rühren. In einen kleinen Topf geben und Fond, Honig, Zucker sowie Ingwer hinzufügen. Bei niedriger Temperatur rühren, bis die Sauce kocht. 1 Min. köcheln lassen, bis sie dick und klar wird.

4 Das Hähnchen auf einer Servierplatte anrichten und die heiße Sauce darübergeben.

Dazu passen Reis und Pak choi oder gedämpftes Gemüse, als köstliches Mittag- oder Abendessen oder in einem chinesischen Menü.

Reste von der Haut befreien, mit gehacktem Koriandergrün, Crème fraîche und gewürfelter Gurke mischen und kalt servieren.

Hähnchen-Korma

Eine Art mildes Curry mit aromatischer Sahnesauce,
wie es in Europa serviert wird

- für 4 Personen
- Zub. 20 Min. • Garzeit 45 Min.
- tiefgekühlt 1 Mon. haltbar

4 EL Pflanzenöl oder Ghee (Butterschmalz)
8 Hähnchenoberschenkel, entbeint und ohne Haut, in 2,5 cm große Stücke geschnitten
2 Zwiebeln, in Scheiben geschnitten
1 EL gemahlener Koriandersamen
1 EL gemahlener Kreuzkümmel
1 TL gemahlene Kurkuma
½ TL gemahlener Ingwer
1 TL Cayennepfeffer
1 TL gemahlener Kardamomsamen
2 Knoblauchzehen, durchgepresst
150 g dickflüssiger Joghurt
1 EL Mehl
300 ml Geflügelfond
150 g Sahne
1 EL frischer Zitronensaft
Salz

1 Die Hälfte des Öls in einem großen Topf erhitzen, das Fleisch portionsweise hineingeben und bei hoher Temperatur auf beiden Seiten leicht anbräunen. Herausnehmen und beiseitestellen.

2 Die Temperatur herunterschalten, das restliche Öl in den Topf geben und die Zwiebeln darin anschwitzen. Gewürze und Knoblauch dazugeben und unter gelegentlichem Rühren 2 Min. braten.

3 Nach und nach den Joghurt einrühren. Das Mehl mit etwas Fond in einer kleinen Schale glatt rühren und mit dem restlichen Fond in den Topf geben. Unter ständigem Rühren aufkochen, dann die Temperatur reduzieren. Das Fleisch wieder in den Topf geben und unter gelegentlichem Rühren 15 Min. köcheln lassen.

4 Sahne und Zitronensaft einrühren, salzen und weitere 5 Min. köcheln lassen, dann servieren.

Dazu passen mit Kräutern vermischter Reis, Naan und eine Auswahl von Chutneys.

Knoblauchhähnchen

Dieses Gericht auf Basis des klassischen indischen *murg massalam* können Sie im Ofen backen oder grillen

für 4 Personen
Zub. 10 Min. + Wartezeit • Garzeit 30–40 Min.
tiefgekühlt 1 Mon. haltbar

1 mittelgroßes ganzes Hähnchen, in 8 Portionen geteilt, ohne Haut

Marinade

1 EL flüssiger Honig oder Golden Syrup (heller Zuckerrohrsirup)

2 Knoblauchzehen, durchgepresst

1 TL gemahlener Ingwer

½ TL gemahlener Kardamomsamen

½ TL gemahlener Koriandersamen

1 Prise gemahlener Kreuzkümmel

1 Prise gemahlene Kurkuma

2 EL frischer Zitronensaft

1 TL Salz

4 EL Magerjoghurt

1 Mit einem scharfen Messer das Fleisch mehrmals einschneiden, damit es gleichmäßig gart.

2 Für die Marinade alle Zutaten in einer großen Schüssel gründlich verrühren. Das Fleisch hineingeben und wenden, abgedeckt mindestens 60 Min. im Kühlschrank durchziehen lassen.

3 Den Backofen auf 200 °C vorheizen und eine tiefe Fettpfanne mit Alufolie auslegen. Die Fleischstücke hineinlegen und etwa 150 ml kaltes Wasser hinzufügen. Restliche Marinade über das Fleisch geben und 30–40 Min. backen, bis es außen golden und knusprig und innen weich und zart ist.

4 Auf eine vorgewärmte Servierplatte geben und heiß oder vollständig abgekühlt servieren.

Dazu passt mit einer Zimtstange und einigen Kardamomkapseln gekochter Basmatireis.

VARIANTE

Gegrilltes Knoblauchhähnchen

Soll das Hähnchen über Holzkohle gegrillt werden, das Fleisch zunächst 30 Min. im Ofen backen, dann auf dem Grill braun und knusprig werden lassen. Es kann auch unter dem Backofengrill gegart werden, zunächst bei niedriger Temperatur unter häufigem Wenden, bis es weich ist, zum Schluss bei hoher Temperatur die Haut bräunen.

Hähnchen nach Jägerart

Zum *pollo cacciatore* reicht man in Italien traditionell Polenta, um die köstliche Sauce aufzunehmen

für 4 Personen
Zub. 20 Min. • Garzeit 35–40 Min.
fettarm
Schmortopf

4 Hähnchenkeulen, insgesamt etwa 1,5 kg

Salz und Pfeffer

2 EL Olivenöl

2 Knoblauchzehen, in Scheiben geschnitten

1 mittelgroße Zwiebel, gehackt

200 ml trockener Weißwein

1 Stange Staudensellerie, gehackt

200 g kleine Champignons, in Scheiben geschnitten

1 Dose Tomatenstücke (400 g)

150 ml Geflügelfond

1 EL Tomatenmark

2 TL gehackter Rosmarin

2 TL gehackter Salbei

8 entsteinte schwarze Oliven, halbiert

1 Die Hähnchenkeulen von Fett befreien und mit Salz und Pfeffer würzen. Die Hälfte des Öls in einem Schmortopf erhitzen und das Fleisch portionsweise auf allen Seiten anbräunen. Herausnehmen und warm halten. Das Fett aus dem Topf abgießen.

2 Das restliche Öl in den Schmortopf geben, Knoblauch und Zwiebel hinzufügen und 3–4 Min. anschwitzen. Wein angießen und 1 Min. kochen. Sellerie, Pilze, Tomaten, Fond, Tomatenmark, Rosmarin und Salbei einrühren.

3 Das Fleisch zurück in den Topf geben, Deckel auflegen und bei niedriger Temperatur 30 Min. köcheln lassen, bis es gar ist.

4 Die Oliven hinzufügen und mit aufgelegtem Deckel noch 5–10 Min. köcheln lassen. Heiß servieren.

Dazu passen weiche Polenta und ein gemischter Blattsalat.

Chicken nuggets

Außen knusprig, innen ganz zart:
Die goldenen Hähnchenstücke sind allseits beliebt

- für 4 Personen
- Zub. 30 Min. • Garzeit 20 Min.
- tiefgekühlt 3 Mon. haltbar

- 100 g Butter
- 125 g Mehl
- 750 ml Milch
- 400 g gegartes Hähnchenfleisch, fein gehackt
- 2 TL Tomatenmark
- Salz und Pfeffer
- 8–9 EL feine Semmelbrösel
- 3 Eier, verquirlt
- Öl zum Braten

Vorbereitung Sie können die Béchamelsauce im Voraus zubereiten und abkühlen lassen. Die Nuggets bis zu 24 Std. im Voraus vorbereiten und unmittelbar vor dem Servieren braten.

1 Die Butter bei mittlerer bis niedriger Temperatur in einem Topf zerlassen. Unter ständigem Rühren das Mehl hinzufügen und 1–2 Min. anschwitzen, dann die Milch angießen und rühren, bis die Sauce glatt und cremig ist.

2 Hähnchenfleisch und Tomatenmark hinzufügen und mit Salz und Pfeffer würzen. Weitere 5 Min. köcheln lassen, bis die Masse dick wird. Vom Herd nehmen und vollständig abkühlen lassen.

3 Mit zwei Löffeln etwa 3–4 cm lange Nuggets formen. Zuerst in den Semmelbröseln, dann in Ei und schließlich noch einmal in den Bröseln wenden.

4 Das Öl in einer schweren Pfanne erhitzen. Portionsweise die Nuggets hineingeben und unter häufigem Wenden auf allen Seiten 5 Min. golden braten. Mit einem Schaumlöffel herausnehmen und auf Küchenpapier abtropfen lassen.

5 Die fertigen Nuggets auf eine vorgewärmte Platte legen und noch heiß servieren.

Dazu passt Knoblauchmayonnaise oder *salsa rosa* aus 2 Teilen Mayonnaise und 1 Teil Tomatenketchup. Kalt eignen sich die Nuggets gut für ein Picknick.

Hähnchen in Balsamico-Essig

Kalt angerichtet, mit einem Hauch Süße von Balsamico-Essig und Rosinen

- für 6 Personen
- Zub. 50 Min. + Wartezeit • Garzeit etwa 20 Min.

- 4 Hähnchenbrustfilets, entbeint und ohne Haut
- Salz und Pfeffer
- 200 ml Weißwein
- 4 EL Balsamico-Essig
- 200 ml fruchtiges Olivenöl plus Öl zum Einfetten
- 2 EL gehacktes Basilikum oder Estragon
- Schale von 1 unbehandelten Zitrone
- 4 EL Rosinen, in kochendem Wasser eingeweicht und abgetropft
- Rucola zum Servieren
- Brunnenkresse zum Servieren
- 1 Zitrone, in Schnitze geschnitten, zum Servieren
- 50 g Pinienkerne, geröstet, zum Servieren

1 Den Backofen auf 190 °C vorheizen. Die Hähnchenbrustfilets in eine eingeölte, flache, ofenfeste Form legen und mit Salz und Pfeffer würzen. Den Wein darübergießen, ein Stück Backpapier auflegen und das Fleisch 20 Min. im Ofen garen. Herausnehmen und in der Form abkühlen lassen.

2 Balsamico-Essig und Öl vermischen, dann 2 EL der Garflüssigkeit unterrühren. Basilikum oder Estragon, Zitronenschale und Rosinen hinzufügen. Das Hähnchen in eine Schüssel legen, mit der Marinade übergießen und für 12 Std. oder über Nacht in den Kühlschrank stellen, einmal wenden.

3 Zum Servieren auf Zimmertemperatur bringen, dünn aufschneiden und auf einer Servierplatte anrichten. Mit der Marinade beträufeln, mit Rucola, Brunnenkresse und Zitronenschnitzen garnieren, dann die Pinienkerne darüberstreuen.

Dazu passen geröstete Kirschtomaten an der Rispe und neue Kartoffeln mit Butter.

Geflügelpastete

Eine ganze Mahlzeit im Teigpaket

für 4 Personen

Zub. 30 Min. + Wartezeit • Garzeit 35–40 Min.

Teig

- 350 g Mehl
- 175 g kalte Butter, gewürfelt
- 2 Eier
- Öl zum Einfetten

Füllung

- 125 g Frischkäse
- 6 Frühlingszwiebeln, in Scheiben
- 2 EL gehackte Petersilie
- Salz und Pfeffer
- 2–3 Hähnchenbrustfilets, insgesamt etwa 350 g, in 2 cm große Stücke geschnitten
- 1 Kartoffel von etwa 150 g, in 1 cm große Würfel geschnitten
- 1 Süßkartoffel von etwa 150 g, in 1 cm große Würfel geschnitten

1 Das Mehl in eine Schüssel sieben, dann mit der Butter vermischen, bis feine Krümel entstehen. Eier und 3 EL kaltes Wasser verquirlen. 1 EL zum Bestreichen aufbewahren, den Rest zu den Krümeln geben und zu einem Teig verarbeiten. In eingeölte Frischhaltefolie wickeln und 20 Min. kühl stellen.

2 Für die Füllung Frischkäse, Frühlingszwiebeln und Petersilie vermischen und mit Salz und Pfeffer abschmecken. Hähnchen, Kartoffel und Süßkartoffel unterheben.

3 Den Backofen auf 200 °C vorheizen. Den Teig in vier Stücke teilen. Auf der leicht bemehlten Arbeitsfläche ausrollen und mit Hilfe eines kleinen Tellers vier Kreise von 20 cm Durchmesser ausschneiden.

4 Jeweils ein Viertel der Füllung auf die Kreise verteilen, die Ränder mit Wasser bepinseln. Die Kreise zur Hälfte zusammenklappen, die Ränder wellenförmig eindrücken.

5 Die Pasteten auf ein geöltes Blech legen. Die Oberfläche mit verquirltem Ei bestreichen und einstechen. Die Pasteten 10 Min. backen, die Temperatur auf 180 °C reduzieren, weitere 25–30 Min. backen.

6 Aus dem Ofen nehmen und heiß oder kalt servieren.

Gänsebraten

Gänsefleisch ist sehr aromatisch und perfekt für ein Abendessen mit Gästen oder als Festtagsbraten

für 4 Personen

Zub. 20 Min. • Garzeit 3 Std.

das gegarte Fleisch ist tiefgekühlt 3 Mon. haltbar

- 1 große, ofenfertige Gans, etwa 5 kg
- Salz und Pfeffer
- 2 kleine Zwiebeln, halbiert
- 1 EL Olivenöl
- 150 ml Rotwein
- Salbeizweige zum Garnieren

1 Den Backofen auf 180 °C vorheizen. Die Gans wiegen und die Gardauer berechnen: etwa 30 Minuten pro kg plus weitere 20 Minuten. Die Haut rundherum mit einer Gabel einstechen, mit Salz einreiben und mit Pfeffer würzen. Die Hälfte der Zwiebeln in die Brusthöhle geben, die andere in die Bauchhöhle. Mit Olivenöl einpinseln.

2 Die Gans mit der Brust nach oben auf einen Rost über eine Fettpfanne legen, mit Alufolie bedecken und die berechnete Zeit braten.

3 Etwa 40 Minuten vor Ende der Garzeit die Alufolie entfernen und die Gans aus dem Ofen nehmen. Möglichst viel Fett vom Bratensaft abschöpfen. Die Gans mit Bratensaft einpinseln. Wieder in den Ofen schieben und alle 15 Min. einpinseln, bis die Gans die Farbe von Bernstein hat.

4 Prüfen, ob die Gans gar ist: Dafür einen Metallspieß oder ein dünnes Messer in den dicksten Teil des Beins stechen. Wenn der austretende Saft noch rosa ist, weitere 15 Min. braten, dann noch einmal prüfen.

5 Die Gans herausnehmen, mit Alufolie bedecken und vor dem Zerlegen 15–20 Min. ruhen lassen. Den Bratensaft in einen kleinen Topf gießen und entfetten. Die Rückstände in der Fettpfanne mit Rotwein lösen und dazugeben. Die Flüssigkeit etwas einkochen lassen. Die Gans mit Salbeizweigen garnieren und mit der Sauce servieren.

Reste mit in Scheiben geschnittenen Frühlingszwiebeln, Gurke und Hoisin-Sauce in chinesische Pfannkuchen rollen.

Knusprige Entenbrust in Pilzsauce

Rosa gebratene Entenbrust mit Champignons und Frühlingszwiebeln

für 4 Personen
Zub. 20 Min. • Garzeit 25 Min.
Grillpfanne

- 2 EL Olivenöl
- 4 Frühlingszwiebeln, gehackt
- 175 g kleine Champignons, halbiert oder geviertelt
- 1 EL frischer Zitronensaft
- 1 EL Tomatenpüree aus sonnengetrockneten Tomaten
- 1 TL Maisstärke
- 300 ml Geflügelfond
- 2 EL gehackte Petersilie plus Petersilie zum Garnieren
- Salz und Pfeffer
- 4 Entenbrustfilets
- 2–3 EL Weißwein

1 Das Öl in einer Pfanne erhitzen, Frühlingszwiebeln und Pilze hineingeben und 3 Min. anschwitzen. Zitronensaft und Tomatenpüree einrühren.

2 Maisstärke in etwas Fond auflösen. Den restlichen Fond in die Pfanne geben und zum Kochen bringen, dann nach und nach die Maisstärke zugeben und rühren, bis die Sauce angedickt und glatt ist. Petersilie hinzufügen und mit Salz und Pfeffer abschmecken. Beiseitestellen und warm halten.

3 Die Haut der Entenbrüste mehrmals mit einem scharfen Messer einritzen. Eine Grillpfanne bei mittlerer bis hoher Temperatur erhitzen, das Fleisch hineingeben und 10 Min. grillen oder bis sie den gewünschten Gargrad erreicht haben, dabei einmal wenden.

4 Entenbrüste aus der Pfanne nehmen und warm halten. Das Fett aus der Pfanne abgießen, den Bratensatz mit Wein ablöschen und 2 Min. kochen, dabei den Bodensatz in der Pfanne lösen, dann in die Sauce einrühren.

5 Sauce über die Entenbrust geben, mit Petersilie bestreuen und sofort servieren.

Hähnchen mit Okraschoten

Gumbo wird in Louisiana normalerweise mit Meeresfrüchten zubereitet

für 4 Personen
Zub. 20 Min. • Garzeit 50 Min.

- 1 EL Sonnenblumenöl
- 1 Zwiebel, gehackt
- 2 Stangen Staudensellerie, gehackt
- 1 grüne Paprikaschote, Stielansatz, Samen und Scheidewände entfernt, Fruchtfleisch gehackt
- 1 Knoblauchzehe, gehackt
- 500 g Hähnchenbrustfilet, entbeint und ohne Haut, gewürfelt
- ½ TL getrockneter Oregano
- 2 TL rosenscharfes Paprikapulver
- ½ TL gemahlener Kreuzkümmel
- 1 EL Mehl
- 100 g Chorizo, in Scheiben
- 1 Dose Tomatenstücke (400 g)
- 450 ml Geflügelfond
- Salz und Pfeffer
- 200 g Okraschoten, in Scheiben geschnitten, oder kleine Zucchini

1 Das Öl in einem großen Topf erhitzen, Zwiebel, Sellerie und Paprikaschote hineingeben und bei mittlerer Temperatur unter häufigem Rühren 5 Min. braten. Knoblauch hinzufügen und kurz anschwitzen.

2 Das Hähnchenfleisch in die Pfanne geben und unter häufigem Wenden gleichmäßig braun braten. Oregano, Paprikapulver, Kreuzkümmel und Mehl darüberstreuen. Gut umrühren und 1 Min. braten, dann Wurst, Tomaten und Fond hinzugeben und nach Geschmack salzen und pfeffern.

3 Den Topfinhalt unter häufigem Rühren zum Kochen bringen und bei reduzierter Temperatur 20 Min. köcheln lassen. Okraschoten dazugeben, wieder aufkochen und weitere 20 Min. köcheln lassen.

VARIANTE

Pikanter Meeresfrüchte-Eintopf

Statt Hähnchen 500 g große rohe Garnelen verwenden und in Schritt 3 mit den Okraschoten dazugeben.

Hähnchentopf mit Kräuterklößen

Alles in einem Topf: Dieses herzhafte Wintergericht ist eine vollständige Mahlzeit

- für 4 Personen
- Zub. 15 Min. • Garzeit 50 Min.
- Schmortopf
- ohne Klößchen tiefgekühlt 3 Mon. haltbar

1 EL Mehl

Salz und Pfeffer

4 Hähnchenkeulen, im Gelenk geteilt

2 EL Olivenöl

2 Möhren, in Scheiben geschnitten

2 Stangen Lauch, gewürfelt

2 Stangen Staudensellerie, in Scheiben geschnitten

½ Steckrübe, gewürfelt

500 ml Geflügelfond

2 EL Worcestersauce

Klößchen

125 g Mehl, mit 1 TL Backpulver vermischt

50 g helles Nierenfett, gehackt

1 EL gehackte Petersilie

1 EL getrocknete gemischte Kräuter

Salz und Pfeffer

1 Das Mehl mit Salz und Pfeffer würzen. Die Hähnchenstücke darin wenden. Die Hälfte des Öls in einem Topf erhitzen, das Fleisch darin unter häufigem Wenden 6 Min. auf allen Seiten anbraten. Herausnehmen und warm halten. Das Fett aus dem Topf abgießen.

2 Das restliche Öl, Möhren, Lauch, Sellerie und Steckrübe in den Topf geben und unter Rühren 3–4 Min. leicht anbräunen. Das Fleisch zurück in den Topf legen und Fond und Worcestersauce hinzufügen. Aufkochen, Temperatur herunterschalten und mit Deckel 20 Min. köcheln lassen.

3 In der Zwischenzeit für die Klößchen das Mehl in eine Schüssel geben. Nierenfett, Petersilie und getrocknete Kräuter einrühren und mit Salz und Pfeffer würzen. Mit 5–6 EL kaltem Wasser zu einem weichen, nicht klebrigen Teig verarbeiten. Mit bemehlten Händen 12 Kugeln formen.

4 Die Klößchen auf Gemüse und Hähnchen legen. Mit aufgelegtem Deckel weitere 20 Min. köcheln lassen, bis die Klößchen aufgegangen und luftig sind. Sofort servieren.

Gefüllte Hähnchenbrust

Leicht, gesund und einfach zubereitet: mit mediterranen Aromen gegarte Hähnchenbrust

- für 4 Personen
- Zub. 20 Min. • Garzeit 40 Min.
- fettarm
- tiefgekühlt 1 Mon. haltbar

4 Hähnchenbrustfilets, ohne Haut

Salz und Pfeffer

1 Knoblauchzehe, durchgepresst

25 g Basilikumblätter plus Basilikum zum Garnieren

100 g sonnengetrocknete, in Öl eingelegte Tomaten, abgetropft

1 EL Olivenöl

200 ml passierte Tomaten

200 ml trockener Weißwein

gekochte Nudeln zum Servieren

Vorbereitung Bis einschließlich Schritt 3 zubereiten, dann bis zum Backen abgedeckt in den Kühlschrank stellen

1 Den Backofen auf 200 °C vorheizen. Das Hähnchen zwischen zwei Lagen Frischhaltefolie mit dem Nudelholz klopfen, bis es eine Stärke von etwa 5 mm erreicht hat.

2 Das Fleisch mit Salz und Pfeffer würzen, dann mit Knoblauch bestreichen und gleichmäßig mit Basilikum und Tomaten belegen.

3 Die Filets vom kurzen Ende aus aufrollen und mit Küchengarn oder Zahnstochern fixieren. Das Öl in einer Pfanne erhitzen, die Hähnchenrollen hineinlegen und auf allen Seiten anbräunen. In eine flache, ofenfeste Form legen. Mit Öl einpinseln und für 20–25 Min. in den Ofen schieben.

4 Passierte Tomaten und Wein in einen Topf geben und 10 Min. köcheln lassen, bis die Sauce etwas angedickt ist. Das fertige Fleisch aus der Form nehmen und den Bratensaft zur Sauce geben.

5 Die Hähnchenrollen aufschneiden. Mit Pasta und Sauce auf Tellern anrichten und mit Basilikum garnieren.

Dazu passen statt Nudeln ebenso neue Kartoffeln oder Reis.

Reste hacken, mit Pasta und Sauce vermischen und im Ofen aufwärmen.

Hähnchen süßsauer

Den Klassiker aus Hong Kong servieren chinesische Restaurants auf der ganzen Welt

für 4 Personen

Zub. 30 Min. + Wartezeit • Garzeit 25 Min.

Fritteuse oder großer, tiefer Topf, zur Hälfte mit Öl gefüllt; Wok

Pflanzenöl zum Frittieren und Braten

4 Hähnchenbrustfilets, entbeint und ohne Haut, in 2,5 cm große Stücke geschnitten

Mehl zum Bestäuben

2 EL ungesalzene Cashewnusskerne oder ganze, blanchierte Mandeln

½ rote Paprikaschote, Stielansatz, Samen und Scheidewände entfernt, Fruchtfleisch gehackt

8 Frühlingszwiebeln, in 2,5 cm lange Stücke geschnitten

1 Scheibe Ananas, in Stücke geschnitten

Teig

125 g Mehl, mit 1½ TL Backpulver vermischt

1 Prise Salz

250 ml Bier

Sauce

125 ml Geflügelfond

3 EL helle Sojasauce

1 EL flüssiger Honig

3 EL Reisessig

2 EL Tomatenketchup

2 cm frischer Ingwer, gerieben

1 TL Maisstärke

Vorbereitung Schritt 1 und 2 können Sie mehrere Stunden im Voraus erledigen.

1 Für den Teig Mehl und Salz in eine große Schüssel sieben. In die Mitte eine Mulde drücken und die Hälfte des Biers hineingeben. Nach und nach vermischen, dann mit dem restlichen Bier zu einem glatten Teig verarbeiten. 30 Min. ruhen lassen.

2 Für die Sauce bis auf die Maisstärke alle Zutaten in einem Topf mischen und bei niedriger Temperatur rühren, bis der Honig schmilzt. Die Maisstärke in etwas kaltem Wasser auflösen, dann in den Topf geben. Rühren, bis die Sauce eingedickt und glatt ist und 1 Min. köcheln lassen, dann beiseitestellen. Den Backofen auf 130 °C vorheizen.

3 Zum Frittieren das Öl auf 180 °C erhitzen. Die Hähnchenstücke mit Mehl bestäuben, in den Teig tauchen und portionsweise 3–4 Min. goldbraun und knusprig frittieren. Auf Küchenpapier abtropfen lassen und im Backofen warm halten.

4 Im Wok 2 EL Öl erhitzen, die Nusskerne hineingeben und 30 Sek. unter Rühren golden rösten. Herausnehmen und auf Küchenpapier abtropfen lassen. Paprikaschote in den Wok geben und 3 Min. unter Rühren braten. Frühlingszwiebeln und Ananas hinzufügen und 1 Min. weiterbraten.

5 Die Sauce in den Wok geben, das Hähnchen gut untermischen und alles 2 Min. köcheln lassen. Mit den Nüssen bestreut sofort servieren.

Öltemperatur prüfen

Wenn Sie kein Küchenthermometer haben, mit einem Brotwürfel vom Vortag die Temperatur prüfen: Wenn der Brotwürfel im heißen Öl in weniger als 1 Min. braun wird, ist die Temperatur richtig.

Hähnchen mit Kräutersauce

Viel Aroma für Geflügel

für 4 Personen

Zub. 10 Min. • Garzeit 30 Min.

4 Hähnchenbrustfilets à 175 g, entbeint und ohne Haut

1 kleine Zwiebel, in Scheiben geschnitten

1 Möhre, gehackt

1 Stange Staudensellerie, gehackt

einige Stängel Petersilie

Sauce

50 g Petersilie

50 g Basilikum

1 Knoblauchzehe

2 Sardellen

1 EL Kapern, abgespült

1 EL Rotweinessig

Salz und Pfeffer

125 ml Olivenöl

1 Den Backofen auf 190 °C vorheizen. Das Fleisch in eine ofenfeste Form legen, Gemüse und Petersilie dazugeben, mit Wasser bedecken. Die Form mit Alufolie verschließen und für 30 Min. in den Ofen schieben. Herausnehmen und das Fleisch in der Garflüssigkeit abkühlen lassen.

2 Für die Sauce alle Zutaten bis auf das Olivenöl in der Küchenmaschine pürieren. Bei laufendem Motor das Öl langsam einfließen lassen.

3 Zum Servieren das Fleisch dünn aufschneiden und die Sauce über die Hähnchenscheiben geben.

Ente mit Schalottenconfit

Eine winterliche Leckerei mit Gewürzen und Honig

für 6 Personen
Zub. 10 Min. • Garzeit 40 Min.

- 6 Entenbrustfilets
- 1 EL Honig
- ½ TL Fünf-Gewürze-Pulver
- Salz und Pfeffer

Schalottenconfit

- 25 g frischer Ingwer, geschält und zerdrückt oder fein gerieben
- 225 g Schalotten, in Scheiben geschnitten
- 150 ml flüssiger Honig
- 150 ml Rotweinessig

Vorbereitung Sie können das Schalottenconfit bis zu 3 Tage im Voraus zubereiten und abgedeckt kühl stellen.

1 Für das Confit Ingwer, Schalotten und Honig bei mittlerer Temperatur in einen Topf geben. Etwa 10 Min. unter häufigem Rühren garen, bis die Schalotten weich sind.

2 Den Essig einrühren und aufkochen. Die Temperatur herunterschalten und das Confit 5–10 Min. köcheln lassen, bis es reduziert und sirupartig ist, gelegentlich umrühren.

3 150 ml Wasser hinzufügen und 5–10 Min. kochen, bis die Masse golden und etwas eingedickt ist.

4 In der Zwischenzeit den Backofen auf 200 °C vorheizen. Überschüssiges Fett von der Entenbrust entfernen und eine schwere Pfanne bei hoher Temperatur erhitzen. Das Fleisch mit der Haut nach unten hineinlegen und 5 Min. braun braten. Wenden und auf der anderen Seite anbräunen.

5 Die Entenbrust in eine ofenfeste Form legen und mit Honig einpinseln. Mit Fünf-Gewürze-Pulver, Salz und Pfeffer bestreuen und für 8–10 Min. in den Ofen stellen.

6 Das Fleisch herausnehmen und 5 Min. ruhen lassen. Aufschneiden und mit dem Schalottenconfit servieren.

Dazu passt Süßkartoffelpüree.

Truthahn à la King

So verwertet man in den Staaten gerne Reste vom Weihnachtstruthahn

für 4 Personen
Zub. 15 Min. • Garzeit 20 Min.
tiefgekühlt 3 Mon. haltbar; vor dem Aufwärmen auftauen lassen

- 2 EL Sonnenblumenöl
- 50 g Butter
- 1 Zwiebel, in feine Scheiben geschnitten
- je 1 grüne und rote Paprikaschote, Stielansatz, Samen und Scheidewände entfernt, Fruchtfleisch gehackt
- 175 g Pilze, in Scheiben geschnitten
- 25 g Mehl
- 1 TL Paprikapulver
- Salz und Pfeffer
- 500 ml Milch
- 500 g gegartes Truthahnfleisch, in kleine Stücke geschnitten

Vorbereitung Sie können das Gericht bis zu 24 Std. im Voraus zubereiten und zum Servieren gründlich aufwärmen.

1 Öl und Butter in einem großen Topf erhitzen, die Zwiebeln hineingeben und anschwitzen. Die Paprikaschoten hinzufügen und 5 Min. braten.

2 Die Pilze einrühren und weitere 5 Min. braten, bis Paprika und Pilze weich geworden sind.

3 Mehl und Paprikapulver darüberstreuen, mit Salz und Pfeffer würzen und den Topf vom Herd nehmen. Nach und nach die Milch einrühren, dann zurück auf den Herd stellen. Die Sauce aufkochen und rühren, bis sie dick und cremig ist.

4 Das Fleisch einrühren und unter gelegentlichem Rühren 5 Min. köcheln lassen, bis alles sehr heiß ist. Servieren.

VARIANTE

Hähnchen à la King

Statt Truthahn dieselbe Menge Hähnchen verwenden. Die Hälfte der Milch durch Geflügelfond, die Pilze durch in Scheiben geschnittene Zucchini ersetzen.

Hähnchenpastete

Sieht beeindruckend aus und ist mit fertigem Blätterteig und Fleischresten ganz schnell zubereitet

für 4 Personen
Zub. 25 Min. • Garzeit 25 Min.

- 25 g Butter
- 2 Stangen Lauch, in dünne Scheiben geschnitten
- 1 TL gehackter frischer oder ½ TL getrockneter Thymian
- 1 TL Mehl plus Mehl zum Bestäuben
- 100 ml Geflügelfond
- 1 TL Zitronensaft
- 1 Paket Blätterteig (500 g)
- 300 g gegartes Hähnchenfleisch, entbeint und ohne Haut, gehackt
- Salz und Pfeffer
- 1 Ei, verquirlt, zum Bestreichen

1 Die Butter in einem Topf zerlassen. Den Lauch hineingeben und bei niedriger Temperatur unter häufigem Rühren 5 Min. anschwitzen. Thymian und Mehl hinzufügen und alles vermischen. Nach und nach den Fond einrühren und aufkochen. Rühren, bis die Sauce eingedickt ist. Vom Herd nehmen, Zitronensaft zufügen und abkühlen lassen.

2 In der Zwischenzeit den Backofen auf 220 °C vorheizen. Etwas weniger als die Hälfte des Blätterteigs auf einer leicht bemehlten Arbeitsfläche zu einem 25 x 15 cm großen Rechteck ausrollen. Auf ein angefeuchtetes Backblech legen. Den restlichen Teig zu einem 25 x 18 cm großen Rechteck ausrollen, leicht mit Mehl bestäuben, dann der Länge nach zusammenklappen. Beide Teiglagen im Abstand von 1 cm schräg einschneiden, die Schnitte enden 2,5 cm von den Rändern entfernt.

3 Das gehackte Hähnchen unter die Lauchsauce mischen und großzügig mit Salz und Pfeffer würzen. Die Masse gleichmäßig auf dem Pastetenboden verteilen, dabei einen 2,5 cm breiten Rand lassen. Den Rand mit Wasser bestreichen. Das zweite Stück Blätterteig auf den Lauch legen, auseinanderfalten und die Ränder fest zusammendrücken, überstehenden Teig abschneiden. Die Oberfläche mit verquirltem Ei bestreichen. Für 25 Min. in den Backofen schieben, bis die Pastete goldbraun und knusprig ist. Vor dem Servieren einige Minuten abkühlen lassen.

Hähnchenreis auf indische Art

Zu besonderen Anlässen wird dieses klassische indische Gericht mit Blattsilber verziert

für 4 Personen
Zub. 20 Min. • Garzeit 30 Min.
fettarm

- 2 EL Pflanzenöl
- 25 g Butter oder Ghee (Butterschmalz)
- 1 große Zwiebel, in dünne Scheiben geschnitten
- 2 Knoblauchzehen, durchgepresst
- 6 Curryblätter
- 6 Kardamomkapseln
- 1 Zimtstange, in 2 oder 3 Stücke gebrochen
- 1 TL gemahlene Kurkuma
- ½ TL gemahlener Kreuzkümmel
- 4 Hähnchenbrustfilets, entbeint und ohne Haut, in 2,5 cm große Stücke geschnitten
- 3 EL milde Currypaste
- 300 g Basmatireis
- 100 g Sultaninen
- 900 ml Geflügelfond
- 2 EL Mandelblättchen, geröstet

Vorbereitung Das Gericht schmeckt am besten ganz frisch. Sie können es aber im Voraus zubereiten, in eine ofenfeste Form geben, mit etwas mehr zerlassener Butter beträufeln, gut abdecken und dann im Backofen vollständig durchwärmen.

1 Öl und Butter in einem großen, tiefen Topf erhitzen, Zwiebel und Knoblauch hineingeben und braten, bis sie weich sind und Farbe annehmen. Curryblätter, Kardamomkapseln und Zimtstange hinzufügen und unter gelegentlichem Rühren 5 Min. braten.

2 Kurkuma und Kreuzkümmel beifügen und 1 Min. anbraten, dann das Fleisch hinzugeben und die Currypaste einrühren.

3 Reis und Sultaninen unterrühren, Fond angießen. Alles zum Kochen bringen und bei reduzierter Temperatur 10–12 Min. köcheln lassen, bis der Reis gar ist.

4 In eine Servierschüssel geben, mit einer Gabel den Reis etwas auflockern, mit Mandelblättchen bestreut servieren.

Hähnchen in Parmaschinken mit Salbei

Zu diesem leichten, eleganten Hauptgericht können Sie gegrillte Paprikaschoten und Oliven reichen

für 6 Personen

Zub. 20 Min.
• Garzeit 1 Std. 15 Min.

- 12 kleine Eiertomaten, halbiert
- 3 EL Olivenöl plus Öl zum Beträufeln
- Salz und Pfeffer
- 3 große Hähnchenbrustfilets, entbeint und ohne Haut
- 12 Salbeiblätter
- 12 Scheiben Parmaschinken
- Salatherzen, Feldsalat oder Rucola

Dressing

- 100 ml Olivenöl
- 2 EL Apfelessig
- 2 TL gehackte glatte Petersilie
- 1 Schalotte, fein gehackt
- 1 TL brauner Zucker
- Salz und Pfeffer

Vorbereitung Sie können das Fleisch am Vortag in Schinken wickeln und mit Frischhaltefolie abgedeckt im Kühlschrank aufbewahren. Das Dressing hält sich luftdicht verschlossen im Kühlschrank aufbewahrt maximal 1 Woche.

1 Den Backofen auf 150 °C vorheizen. Tomaten in eine ofenfeste Form legen, mit Olivenöl beträufeln und mit Salz und Pfeffer würzen. Im Ofen 60 Min. rösten, bis sie leicht schrumplig und karamellisiert sind.

2 Für das Dressing alle Zutaten gut verrühren und mit Salz und Pfeffer abschmecken.

3 Die Hähnchenbrustfilets jeweils in vier Stücke schneiden. Je 1 Salbeiblatt darauflegen, dann möglichst fest in 1 Scheibe Schinken wickeln.

4 Olivenöl in einer großen Pfanne erhitzen, das Fleisch hineingeben und auf allen Seiten anbraten. Temperatur herunterschalten und die Hähnchenstücke unter Wenden 10 Min. braten, bis sie gar sind.

5 Mit Salat und gerösteten Tomaten anrichten und etwas Dressing darübergeben.

Französisches Brathähnchen

Häufiges Begießen macht das Geflügel besonders schön saftig

für 4 Personen

Zub. 15 Min.
• Garzeit 1 Std. 30 Min.

- 4 EL gehackte frische Kräuter, etwa Estragon und glatte Petersilie
- 2 Knoblauchzehen, fein gehackt
- 125 g weiche Butter
- 1 Hähnchen von etwa 1,5 kg
- 1 unbehandelte Zitrone, mit der Gabel eingestochen
- 125 ml trockener Weißwein
- 500 ml Geflügelfond
- Salz und Pfeffer

Vorbereitung Kräuterbutter bis zu 1 Tag im Voraus zubereiten und kühl stellen.

1 Den Backofen auf 190 °C vorheizen. Kräuter und Knoblauch mit der Butter vermischen. Mit den Fingern die Haut des Hähnchens etwas vom Brustfleisch lösen, aber nicht zerreißen, und mit den Fingerspitzen die Butter unter der Haut verteilen. Zitrone in die Bauchhöhle legen, dann das Hähnchen dressieren.

2 Das Hähnchen auf einem Rost über einer Fettpfanne in den Backofen schieben. Wein und drei Viertel des Fonds in die Fettpfanne gießen und mit Salz und Pfeffer würzen. Das Hähnchen 1 Std. 25 Min. braten, bis beim Einstechen in den dicksten Teil der Keule klarer Saft austritt. Während des Garens immer wieder mit dem Bratensaft begießen. Falls die Flüssigkeit in der Fettpfanne verdampft, etwas Wein zugeben.

3 Hähnchen aus dem Ofen nehmen, mit Alufolie bedecken und 10 Min. ruhen lassen. Den Bratensaft entfetten und in einen Topf gießen, restlichen Fond dazugeben, alles etwas einkochen lassen, dann in eine Sauciere füllen und mit dem Hähnchen servieren.

Geschmortes Hähnchen

Durch die lange Garzeit wird das Fleisch so weich, dass es von den Knochen fällt

- für 4 Personen
- Zub. 15 Min. • Garzeit 1 Std. 15 Min.
- fettarm

2 EL Olivenöl
2 EL Mehl
Salz und Pfeffer
4 Hähnchenkeulen, im Gelenk zerteilt, Haut entfernt
125 g kleine Champignons
4 Schalotten, in Scheiben geschnitten
2 Knoblauchzehen, durchgepresst
4 fest kochende Kartoffeln, geschält und in kleine Stücke geschnitten
2 TL fein gehackte Rosmarinnadeln
150 ml trockener Weißwein
300 ml Geflügelfond
1 Lorbeerblatt

1 Öl in einem großen, tiefen Topf erhitzen. Mehl mit Salz und Pfeffer würzen. Die Fleischstücke darin wenden, in den Topf geben und bei mittlerer bis hoher Temperatur goldbraun braten, dabei häufig wenden. Herausnehmen und beiseitestellen.

2 Pilze in Scheiben schneiden. Schalotten in den Topf geben und unter häufigem Rühren 2–3 Min. anschwitzen. Knoblauch, Pilze, Kartoffeln und Rosmarin hinzufügen und 2 Min. anbraten.

3 Wein angießen, aufkochen und 1 Min. reduzieren lassen, dann den Fond hinzufügen und nochmals aufkochen. Das Fleisch wieder in den Topf geben, Lorbeerblatt hinzufügen und Deckel fest auflegen. Bei reduzierter Temperatur 45 Min. köcheln lassen, bis das Fleisch sehr weich ist. Lorbeerblatt entfernen, bei Bedarf nachwürzen. Heiß servieren.

VARIANTE

Hühnerfrikassee

1 Spritzer Zitronensaft, 1 Prise geriebene Muskatnuss und 1 Spritzer Worcestersauce hinzufügen und 45–50 Min. schmoren. Gegen Ende der Garzeit 1 Dose (200 g) abgetropfte Erbsen unterrühren. Den Topf vom Herd nehmen, 1 Eigelb und 75 g Schlagsahne vermischen und in das Frikassee rühren. Mit Reis servieren.

Hähnchen in Knoblauchsauce

Lassen Sie sich nicht von der Knoblauchmenge abschrecken, denn er schmeckt am Ende ganz mild

- für 4 Personen
- Zub. 10 Min. • Garzeit 40 Min.
- ofenfester Schmortopf
- ohne Sahne und Thymian tiefgekühlt 3 Mon. haltbar

15 Knoblauchzehen, ungeschält
Salz und Pfeffer
2 EL Olivenöl
25 g Butter
4 Hähnchenbrustfilets mit Haut
1 Lorbeerblatt
400 ml trockener Cidre oder Apfelwein
200 ml Apfelsaft
200 g Sahne
1 EL Thymianblätter

1 Den Backofen auf 180 °C vorheizen. Die Knoblauchzehen in kochendem Salzwasser 4 Min. blanchieren. Abgießen, leicht abkühlen lassen, schälen und beiseitestellen.

2 Öl und Butter in einem ofenfesten Schmortopf erhitzen. Das Fleisch mit der Haut nach unten in das brutzelnde Fett legen und 4–5 Min. braten, bis es goldbraun ist. Wenden und Knoblauchzehen, Lorbeerblatt, Apfelwein und -saft hinzufügen. Einen Deckel auflegen und den Topf für 20–25 Min. in den Backofen schieben, bis die Hähnchenbrust gar ist.

3 Das Fleisch aus dem Topf nehmen. Die Hälfte der Knoblauchzehen und das Lorbeerblatt wegwerfen, Bratensaft aufkochen. Mit einer Gabel den Knoblauch zerdrücken und mit der Sauce vermischen, dann kochen, bis die Sauce reduziert und dicklich ist.

4 Sahne hinzufügen, mit Salz und Pfeffer abschmecken und 1 Min. köcheln lassen. Hähnchen zurück in den Topf geben und mit der Sauce begießen, mit Thymian bestreuen und sofort servieren.

Dazu passen gekochte neue Kartoffeln und grüne Bohnen.

Feurige Putenstreifen

Servieren Sie die scharfen, kurz gebratenen Putenstreifen als gesundes Mittag- oder Abendessen

für 4 Personen
Zub. 10 Min. • Garzeit 15 Min.

- 2 EL körniger Senf
- 2 EL Mangochutney
- 2 EL Worcestersauce
- 1 Prise Paprikapulver
- 3 EL frischer Orangensaft
- 1 rote Chilischote, Samen entfernt, gehackt (nach Belieben)
- 2 EL Olivenöl
- 500 g Putenschnitzel, in Streifen geschnitten
- 1 Zwiebel, fein gehackt
- 2 gelbe Paprikaschoten, Stielansatz, Samen und Scheidewände entfernt, Fruchtfleisch in Streifen geschnitten
- 1 Knoblauchzehe, durchgepresst
- Salz

1 Senf, Chutney, Worcestersauce, Paprikapulver, Orangensaft und evtl. die Chilischote gut verrühren.

2 Öl in einer Pfanne oder im Wok erhitzen, das Fleisch bei hoher Temperatur anbräunen. Aus der Pfanne nehmen und abgedeckt warm halten.

3 Zwiebel in die Pfanne geben und 2–3 Min. braten, bis sie Farbe annimmt. Paprikaschoten und Knoblauch hinzufügen und unter ständigem Rühren 3–4 Min. garen, bis sie weich sind.

4 Die Senfmischung einrühren und das Putenfleisch zurück in die Pfanne geben. Etwa 5 Min. braten, bis alles sehr heiß und das Fleisch gar ist. Nach Geschmack salzen.

Dazu passen Spinat und Reis oder Nudeln.

VARIANTE

Feuriges Hähnchen

Das Rezept schmeckt statt mit Putenschnitzel auch gut mit derselben Menge Hähnchenbrustfilet, in Streifen geschnitten.

Perlhuhn mit scharf-würzigen Linsen

Ein deftiges Gericht, das nicht nur im Winter schmeckt

für 4 Personen
Zub. 20 Min.
• Garzeit 1 Std. 15 Min.

- 1 Perlhuhn von etwa 1,3 kg
- 2 Möhren, in Stücke geschnitten
- 2 Stangen Staudensellerie, halbiert
- 2 Schalotten, halbiert
- 1 Lorbeerblatt
- 10 schwarze Pfefferkörner
- 2 EL Olivenöl
- 150 g durchwachsener Speck, fein gewürfelt
- 1 Knoblauchzehe, durchgepresst
- 1 kleine rote Chilischote, Samen entfernt, fein gehackt
- 300 g grüne Puy-Linsen, abgespült und gut abgetropft
- 4 EL gehackte glatte Petersilie
- Salz und Pfeffer

1 Perlhuhn mit Möhren, Sellerie, Schalotten, Lorbeerblatt und Pfefferkörnern in einen Topf geben. Mit kaltem Wasser bedecken, aufkochen und mit aufgelegtem Deckel 45 Min. köcheln lassen.

2 Das Perlhuhn auf einen Teller legen und warm halten. Pochierflüssigkeit durch ein Sieb zurück in den Topf gießen und 10 Min. kochen, bis sie etwas reduziert ist.

3 In der Zwischenzeit das Öl in einem Topf erhitzen und den Speck darin anbraten. Knoblauch und Chilischote hinzufügen, 2–3 Min. anschwitzen. Die Linsen dazugeben.

4 400 ml der Pochierflüssigkeit zu den Linsen gießen. Aufkochen, dann ohne Deckel 15 Min. köcheln lassen. Gehackte Petersilie hinzufügen und mit Salz und Pfeffer abschmecken.

5 Währenddessen das Perlhuhn von der Haut befreien und tranchieren.

6 Das Fleisch auf den Linsen anrichten und servieren.

Zitronen-Honig-Hähnchen mit Senfmayonnaise

Schlicht, aber überaus köstlich

für 6 Personen

Zub. 25 Min. + Wartezeit • Garzeit 15–20 Min.

- 6 Hähnchenbrustfilets à 175 g, entbeint und ohne Haut
- 2 EL flüssiger Honig
- 2 Knoblauchzehen, durchgepresst
- 2 frische rote Chilischoten, Samen entfernt, fein gehackt
- Saft von 1 Zitrone
- 3 EL helle Sojasauce
- 3 EL Olivenöl
- 4 EL Balsamico-Essig
- Salz und Pfeffer

Senfmayonnaise

- 2 Eigelb
- ½ EL milder Senf
- 2 EL Sherryessig
- 200 ml Sonnenblumenöl
- 2 EL Zitronensaft
- 1 großes Bund Basilikum, gehackt

Vorbereitung Sie können die Mayonnaise am Vortag zubereiten und das Fleisch über Nacht marinieren.

1 Jedes Hähnchenbrustfilet auf einer Seite kreuzweise einritzen. In eine flache Schale legen. Honig, Knoblauch, Chilischoten, Zitronensaft, Sojasauce, Öl und Essig verrühren und mit Pfeffer abschmecken. Über das Hähnchen geben, das Fleisch darin wenden. Abdecken und 2 Std. kühl stellen.

2 Für die Mayonnaise Eigelbe, Senf und Essig in die Küchenmaschine geben und mit Salz und Pfeffer würzen. Bei laufendem Motor nach und nach das Öl hineingeben, bis die Masse cremig ist. Mit Zitronensaft abschmecken und das Basilikum hinzufügen. Für mindestens 60 Min. kühl stellen.

3 Den Backofengrill auf hoher Stufe vorheizen. Das Fleisch aus der Marinade nehmen und 15–20 Min. grillen, bis es eine schöne goldbraune Farbe angenommen hat und gar ist, dabei alle 5 Min. wenden und gut mit der Marinade bestreichen. In Scheiben schneiden, Mayonnaise darübergeben und servieren.

Brathähnchen mit Thymian und Zitrone

Zitrone und Thymian passen gut zu gebratenem Geflügel, und auch etwas Butter gehört unbedingt dazu

für 4 Personen

Zub. 15 Min. + Wartezeit • Garzeit 60 Min.

fettarm

- 1 Hähnchen von etwa 1,8 kg, in 8 Stücke geteilt
- 1 unbehandelte Zitrone
- 2 Knoblauchzehen, durchgepresst
- 25 g Butter
- 1 EL Olivenöl
- 1 kleines Bund Thymian, Blätter abgezupft
- Salz und Pfeffer
- 125 ml trockener Weißwein

1 Den Backofen auf 200 °C vorheizen. Hähnchenstücke nebeneinander in eine ofenfeste Form legen.

2 Von der Zitrone 2 TL Schale fein abreiben, Zitrone zur Seite legen. Geriebene Zitronenschale mit Knoblauch, Butter, Öl und Thymian in eine Schüssel geben und mit Salz und Pfeffer würzen. Mit einem Holzlöffel gründlich vermischen.

3 Zitronenbutter in Flocken auf dem Hähnchen verteilen. Die Zitrone in Stücke schneiden und um das Hähnchen verteilen, dann den Wein angießen.

4 Das Hähnchen 50–60 Min. im Ofen braten, dabei gelegentlich wenden und begießen, bis es goldbraun und gar ist und beim Einstechen mit einem Messer klarer Saft austritt. Etwas Wein zugeben, falls zuviel Bratensaft verdampft.

Dazu passen ein gemischter Salat und im Ofen gebackene Kartoffelschnitze.

Reste fein hacken und kalt auf gemischtem Salat, in einem Sandwich, auf Ofenkartoffeln oder in einer Pastete servieren.

Hähnchen-Jalfrezi

Mit Chili und Senfsamen – ein Curry für alle Fans scharfer Gerichte

- für 4 Personen
- Zub. 20 Min. • Garzeit 25 Min.
- fettarm
- tiefgekühlt 3 Mon. haltbar

- 2 EL Sonnenblumenöl
- 2 TL gemahlener Kreuzkümmel
- 2 TL gelbe Senfsamen
- 1 TL gemahlene Kurkuma
- 2 EL Masala-Currypaste
- 2,5 cm frischer Ingwer, fein gehackt
- 3 Knoblauchzehen, durchgepresst
- 1 Zwiebel, in Scheiben geschnitten
- 1 rote und ½ grüne Paprikaschote, Samen und Scheidewände entfernt, Fruchtfleisch in Streifen geschnitten
- 2 grüne Chilischoten, Samen entfernt, fein gehackt
- 650 g Hähnchenfleisch, entbeint und ohne Haut, in Stücke geschnitten
- 1 Dose Tomatenstücke (225 g)
- 3 EL gehacktes Koriandergrün

Vorbereitung Sie können das Curry bis zu 2 Tage im Voraus zubereiten, kühl aufbewahren und zum Servieren aufwärmen.

1 Öl in einem großen Topf bei mittlerer Temperatur erhitzen, Kreuzkümmel, Senfsamen, Kurkuma und Currypaste hineingeben und 1–2 Min. unter ständigem Rühren anbraten.

2 Ingwer, Knoblauch und Zwiebel hinzufügen und unter häufigem Rühren anschwitzen, bis die Zwiebel weich wird. Paprika- und Chilischoten dazugeben und 5 Min. braten.

3 Temperatur auf mittlere bis hohe Stufe schalten, Fleischstücke in den Topf geben und braten, bis sie Farbe annehmen. Tomaten und Koriander hinzugeben und bei reduzierter Temperatur 10 Min. köcheln lassen, bis das Fleisch gar ist, dabei häufig umrühren. Heiß servieren.

Dazu passen Basmatireis und Papadams.

Orangenente mit Chili

Die traditionelle Kombination von Ente und Orange wird hier mit Chili modern interpretiert

- für 6 Personen
- Zub. 15–20 Min. • Garzeit 25–30 Min.

- 6 kleine Entenbrustfilets à 200 g
- Salz und Pfeffer
- 2 EL flüssiger Honig
- Olivenöl zum Braten
- 2 Frühlingszwiebeln, geputzt

Sauce

- 3 große unbehandelte Orangen
- 100 g Zucker
- 1 EL geriebener frischer Ingwer
- 1 rote Chilischote, Samen entfernt, in feine Scheiben geschnitten
- 2 Anissterne
- 1 Zimtstange
- 1 EL süße Chilisauce
- 1 EL thailändische Fischsauce
- 1 EL Reisessig
- 4 EL Rotwein

Vorbereitung Sauce am Vortag zubereiten und kühl stellen. Die Entenbrust bis zu 2 Std. im Voraus anbraten und ebenfalls kühl stellen. Zum Servieren den Backofen auf 220 °C vorheizen und das Fleisch 6–10 Min. garen.

1 Den Backofen auf 220 °C vorheizen. Für die Sauce mit einem Sparschäler die Schale von 1 Orange abschälen und in dünne Streifen schneiden. Aus den Orangen 350 ml Saft auspressen. Schale und Saft mit den restlichen Zutaten für die Sauce in einem kleinen Topf mischen und unter Rühren aufkochen. Die Flüssigkeit unter gelegentlichem Rühren 12 Min. köcheln lassen, bis sie sirupartig wird.

2 Entenbrust von überflüssigem Fett befreien, mit Salz und Pfeffer würzen und mit etwas Honig bestreichen. Öl in einer ofenfesten Pfanne erhitzen, Temperatur auf mittlere bis hohe Stufe schalten. Die Entenbrust mit der Haut nach unten in die Pfanne legen und 3–4 Min. knusprig und golden braten. Wenden, dann für 8–10 Min. in den Ofen schieben, bis das Fleisch gar, aber innen noch rosa ist. Vor dem Servieren 5 Min. ruhen lassen.

3 Die Frühlingszwiebeln in fingerlange Stücke, dann in dünne Streifen schneiden. Entenbrust aufschneiden, auf vorgewärmten Tellern anrichten und mit Frühlingszwiebelstreifen bestreuen. Die Sauce darübergeben.

Dazu passen Süßkartoffelpüree und knackige, gedämpfte grüne Bohnen.

Entenbrust mit Kirschen

Ein elegantes Abendessen, wenn im Sommer die Süßkirschen reif sind

für 4 Personen
Zub. 15 Min. • Garzeit 25 Min.

- 4 große Entenbrustfilets à 350 g
- Salz und Pfeffer

Sauce

- 25 g Butter
- 1 Schalotte, fein gehackt
- 1 EL Ahornsirup
- 1 Zweig Rosmarin
- 75 ml dunkler Portwein
- 100 ml Geflügelfond
- 400 g frische Süßkirschen, entsteint

Vorbereitung Die Sauce bis zu 2 Tage im Voraus zubereiten und kühl stellen, bis die Entenbrust zubereitet wird.

1 Die Haut der Brustfilets einschneiden und Salz und Pfeffer in die Einschnitte reiben.

2 Eine schwere Pfanne erhitzen. Entenbrust mit der Haut nach unten hineinlegen und bei mittlerer bis hoher Temperatur 3–4 Min. braten. Wenden und weitere 2 Min. braten. Temperatur herunterschalten und in 6–8 Min. fertig garen. Vom Herd nehmen und 5 Min. ruhen lassen.

3 Für die Sauce Butter in einem Topf bei mäßiger Temperatur zerlassen. Schalotte hineingeben und 2–3 Min. anschwitzen, dabei ständig rühren.

4 Ahornsirup, Rosmarin und Portwein einrühren und aufkochen. Etwa 30 Sek. köcheln lassen, dann Fond hinzufügen und ohne Deckel 3–4 Min. einkochen. Die Kirschen hinzufügen und 2 Min. erhitzen. Die Sauce mit Salz und Pfeffer abschmecken. Entenbrust aufschneiden, mit Sauce übergießen und servieren.

Kirschen
Das Gericht schmeckt auch mit tiefgekühlten oder konservierten Kirschen.

Putenschnitzel alla milanese

Inspiriert von einem italienischen Klassiker: feine Schnitzel mit einer Sauce aus Tomaten und Artischocken

für 4 Personen
Zub. 10 Min. • Garzeit 20–25 Min.

- 4 EL Mehl
- Salz und Pfeffer
- 4 Putenschnitzel à 125 g
- 3 EL Olivenöl
- 1 kleine Zwiebel, gehackt
- 50 ml trockener Weißwein
- 200 g eingelegte Artischockenherzen, abgetropft
- 1 Dose Fleischtomaten (150 g), abgetropft
- einige Basilikumblätter, klein gezupft

1 Das Mehl und jeweils ½ TL Salz und Pfeffer auf einem Teller mischen. Die Fleischstücke darin wenden und überschüssiges Mehl abschütteln.

2 In einer großen Pfanne bei mittlerer bis hoher Temperatur 1 EL Öl erhitzen. Jeweils 2 Schnitzel hineingeben und 2–3 Min. auf jeder Seite braten, bis sie goldbraun und gar sind. Aus der Pfanne nehmen und warm halten. Für die zweite Portion 1 weiteren EL Öl in die Pfanne geben.

3 Das restliche Öl in die Pfanne geben, Zwiebel hinzufügen und 4–5 Min. anschwitzen, bis sie weich ist. Wein angießen und aufkochen, dabei kräftig rühren und den Bodensatz lösen. Artischocken, Tomaten und Basilikum hinzufügen und noch einmal zum Kochen bringen. Die Sauce zum Servieren über die Schnitzel gießen.

Dazu passen Tagliatelle oder andere Bandnudeln mit Butter.

Reste schmecken heiß auf getoastetem Ciabatta, mit der Sauce und schmelzendem Provolone-Käse überbacken.

VARIANTE

Kalb alla milanese
Für die Originalversion dieses Rezepts statt Putenbrust dieselbe Menge Kalbsschnitzel verwenden und wie oben beschrieben zubereiten.

Truthahn mit Cranberry-Pistazien-Füllung

Die leichte Füllung schmeckt köstlich, wenn sie im Truthahn gart, kann aber auch separat als Beilage zubereitet werden

- für 6–8 Personen
- Zub. 30 Min. • Garzeit 3 Std. 45 Min.
- fettarm
- gegarte Pute mit Füllung tiefgekühlt 3 Mon. haltbar

1 Pute von etwa 4,5 kg, ofenfertig

25 g Butter

8 Streifen durchwachsener Speck

frische Kräuter zum Garnieren (nach Belieben)

Füllung

50 g Butter

1 Zwiebel, fein gehackt

125 g frische weiße Semmelbrösel

2 EL fein gehackte Petersilie

100 g Cranberrys, frisch oder tiefgekühlt, grob gehackt

50 g Pistazien, gehackt

Salz und Pfeffer

2 Eiweiß

1–2 EL Milch

1 Für die Füllung die Butter in einer Pfanne zerlassen, Zwiebel hineingeben und bei mittlerer Temperatur unter gelegentlichem Rühren 3–4 Min. anschwitzen.

2 Pfanne vom Herd nehmen und Semmelbrösel, Petersilie, Cranberrys und Pistazien einrühren. Mit Salz und Pfeffer abschmecken. Die Masse abkühlen lassen und mit Eiweiß und etwas Milch binden.

3 Den Backofen auf 180 °C vorheizen. Durch die Halsöffnung den Vogel füllen, Reste zur Seite stellen. Gefüllte Pute wiegen und die Gardauer berechnen: etwa 20 Minuten pro 500 g plus 20 Minuten extra.

4 Die Pute mit zerlassener Butter bestreichen und mit Salz und Pfeffer würzen. Die Flügel unter den Körper stecken, die Keulen zusammenbinden. Die Pute in eine Fettpfanne legen und locker mit Alufolie bedecken. Für die berechnete Gardauer braten, bis beim Einstechen in den dicksten Teil der austretende Saft nicht mehr rosa ist. Gelegentlich begießen und für die letzten 30–40 Min. die Alufolie entfernen, damit die Haut knusprig wird.

5 Aus der restlichen Füllung 8 walnussgroße Klößchen formen. Speckstreifen mit dem Messerrücken dünn ausstreichen, dann quer halbieren. Die Stücke jeweils um die Klößchen wickeln und in eine gefettete Backform legen.

6 Die fertige Pute aus dem Ofen nehmen, mit Alufolie bedecken und für mindestens 20 Min. ruhen lassen, dann zerlegen. Die Ofentemperatur auf 200 °C erhöhen und die Klößchen 15–20 Min. backen, bis sie goldbraun sind. Pute mit Klößchen und nach Belieben mit Kräutern garniert servieren.

Dazu passen die üblichen Beilagen wie Röstkartoffeln, Rosenkohl, Möhren und Bratensauce.

Reste von Pute und Füllung schmecken köstlich kalt mit Salat oder in einem Sandwich.

Bratensauce

Den Bratensaft nicht wegschütten; er ergibt eine köstliche Sauce. Dazu entweder nur das Fett abschöpfen und den Bratensatz lösen oder mit etwas in Fond angerührtem Mehl binden, sodass die Sauce schön sämig wird.

Stubenküken

Für die Grillsaison oder aus dem Backofen

- für 4 Personen
- Zub. 5 Min. • Garzeit 30–35 Min.

2 Stubenküken à 800 g

2 EL Butter, zerlassen

1 EL Zitronensaft

1 EL Worcestersauce

½ TL getrockneter Estragon, zerrieben

½ TL getrockneter Thymian, zerrieben

1 Prise Salz

1 Aus den Stubenküken die Wirbelsäule herausschneiden, Knochen wegwerfen. Vogel umdrehen, öffnen und kräftig auf das Brustbein drücken, damit er ganz flach liegt. Den Backofengrill auf hoher Stufe vorheizen.

2 Zerlassene Butter in eine Schüssel geben. Zitronensaft, Worcestersauce, Kräuter und Salz einrühren. Stubenküken mit der Haut nach unten auf den Grillrost legen. Mit der Hälfte der Buttermischung bestreichen und 12 cm von den Heizstäben entfernt unter den Grill schieben. In 12–18 Min. auf einer Seite hellbraun und fast gar grillen. Wenden, mit der restlichen Buttermischung einpinseln und weitere 10–15 Min. grillen, bis beim Einstechen klarer Saft austritt.

Würzige Putenburger

Ein fettarmer Snack

für 4 Personen

Zub. 10 Min. • Garzeit 6 Min.

- 500 g Putenhackfleisch
- 2 EL fein gehackte Zwiebel
- 2 EL gehackte Petersilie
- 2 TL Dijonsenf
- 2 Knoblauchzehen, fein gehackt
- 50 g frische Semmelbrösel
- 1 Eiweiß
- Salz und Pfeffer
- 1 EL Pflanzenöl
- 4 Hamburgerbrötchen mit Sesam
- 1 große, reife Tomate, in Scheiben geschnitten
- 2 Handvoll in Streifen geschnittener Salat

1 Hackfleisch, Zwiebel, Petersilie, Senf, Knoblauch, Semmelbrösel und Eiweiß in einer Schüssel mischen und mit Salz und Pfeffer würzen. 4 Frikadellen von 1 cm Dicke formen.

2 Öl in einer Pfanne erhitzen. Die Frikadellen in 3–4 Min. auf beiden Seiten braun und gar braten. Währenddessen die Brötchen rösten.

3 Die Frikadellen mit 1–2 Tomatenscheiben und etwas Salat in die Brötchen geben.

Dazu passen dicke Pommes oder Pickles und Kartoffelchips.

Knusprig geröstete Ente

In China ist eine solche Ente besonderen Anlässen vorbehalten; eine Spezialbehandlung macht die Haut schön knusprig

für 4 Personen

Zub. 1 Std. 15 Min. + Wartezeit • Garzeit 1 Std. 35 Min.

Fleischerhaken oder Küchengarn

- 1 Ente von etwa 1,8 kg
- 1 TL Fünf-Gewürze-Pulver
- 3 EL Austernsauce
- 1 TL Salz

Glasur

- 3 EL Honig
- 1 EL dunkle Sojasauce
- 2 EL Reiswein oder trockener Sherry

Vorbereitung Sie können mit der Zubereitung am Vortag beginnen und bis einschließlich Schritt 4 den Anweisungen folgen.

1 Ente außen und innen abspülen und trocken tupfen. Fünf-Gewürze-Pulver, Austernsauce und Salz mischen. Die Ente außen und innen damit einreiben.

2 Den Fleischerhaken durch die Halsöffnung stecken oder Küchengarn um den Hals binden, damit die Ente aufgehängt werden kann. In einem Sieb ins Waschbecken stellen, mit kochendem Wasser übergießen, dann mit Küchenpapier trocken tupfen. Diesen Arbeitsschritt fünfmal wiederholen.

3 Für die Glasur Honig, Sojasauce, Reiswein und 50 ml Wasser in einem Topf aufkochen. Bei reduzierter Temperatur 10 Min. köcheln lassen, bis die Flüssigkeit sirupartig ist. Die Ente damit einpinseln.

4 Ente für 4–5 Std. an einem gut belüfteten Ort über eine Fettpfanne oder ein Backblech hängen, bis die Haut trocken ist.

5 Den Backofen auf 230 °C vorheizen. Die Ente mit der Brust nach oben in eine Fettpfanne legen und 150 ml kaltes Wasser angießen. Die Ente 20 Min. braten, dann die Temperatur auf 180 °C reduzieren und weitere 75 Min. garen, bis die Haut knusprig und golden ist.

6 Die Ente 10 Min. ruhen lassen, dann zerlegen und auf einer Servierplatte anrichten. Sofort servieren.

Dazu passen chinesische Pfannkuchen, fein geschnittene Frühlingszwiebeln, Gurkenstäbchen und Hoisin-Sauce.

Putenspieße

Ideal zum Grillen

für 6 Personen

Zub. 20 Min. + Wartezeit • Garzeit 10–12 Min.

Holzspieße 30 Min. wässern

6 Holz- oder Metallspieße

- 50 ml helle Sojasauce
- 2 EL Olivenöl
- 2 Knoblauchzehen, fein gehackt
- ¾ EL gemahlener Ingwer
- 1 Prise Chiliflocken
- 650 g Putenbrustfilet ohne Haut, in 2,5 cm große Würfel geschnitten
- je 1 rote und grüne Paprikaschote, Stielansatz, Samen und Scheidewände entfernt, Fruchtfleisch in 2,5 cm große Stücke geschnitten
- 1 große Zucchini, in 2,5 cm dicke Scheiben geschnitten
- 250 g Joghurt
- 2 EL gehackte Minze
- ½ TL gemahlener Kreuzkümmel

1 Sojasauce, Öl, Knoblauch, Ingwer und Chili verrühren. Putenstücke in der Marinade wenden. Abgedeckt mindestens 60 Min. kalt stellen.

2 Fleischwürfel, Paprika und Zucchini abwechselnd auf Spieße stecken und mit Marinade bestreichen. Auf jeder Seite 5–6 Min. grillen, bis die Spieße gar sind.

3 Joghurt, Minze und Kreuzkümmel verrühren und zu den fertigen Spießen servieren.

Hähnchen Piri-Piri

Piri-Piri heißen in Portugal die scharfen Chilischoten

für 4 Personen
Zub. 20 Min. + Wartezeit • Garzeit 1 Std. 5 Min.

- 1 Hähnchen von etwa 1,5 kg
- 6 frische rote oder grüne Chilischoten
- 3 Knoblauchzehen
- ½ TL getrockneter Oregano
- 2 TL Paprikapulver
- 125 ml Olivenöl
- 4 EL Rotweinessig
- 1 TL Salz

1 Backofen auf 190 °C vorheizen. Das Hähnchen entlang des Brustbeins durchschneiden und flach drücken, Hals und Bürzel entfernen.

2 Chilisschoten auf ein Backblech legen, 15 Min. rösten und abkühlen lassen.

3 Chilischoten von den Stielansätzen befreien, mit den restlichen Zutaten in einen kleinen Topf geben und bei niedriger Temperatur unter häufigem Rühren 3–5 Min. braten. Abkühlen lassen, dann pürieren.

4 Hähnchen mit Chilipaste einreiben, in eine Schüssel legen, abdecken und mindestens 60 Min. im Kühlschrank marinieren.

5 Den Backofen auf 200 °C vorheizen. Das Hähnchen 45 Min. rösten, dabei einmal wenden und häufig begießen. Heiß servieren.

Hähnchen Tikka Masala

Hier treffen sich indische und europäische Vorlieben

für 4 Personen
Zub. 20 Min. + Wartezeit • Garzeit 25 Min.
tiefgekühlt 3 Mon. haltbar

- 8 Hähnchenoberschenkel, ohne Haut und Knochen
- 2 Knoblauchzehen, grob gehackt
- 2,5 cm frischer Ingwer, grob gehackt
- Saft von 1 Limette
- 1 rote Chilischote, Samen entfernt
- 2 EL grob gehacktes Koriandergrün plus Koriander zum Garnieren
- 2 EL Pflanzenöl
- 1 rote Zwiebel, gehackt
- 1 TL gemahlene Kurkuma
- 1 TL gemahlener Kreuzkümmel
- 1 EL Tomatenmark
- 300 g Sahne
- 1 EL frischer Zitronensaft
- Salz und Pfeffer

Vorbereitung Sie können das Gericht am Vortag zubereiten, abkühlen lassen und abgedeckt bis zur Verwendung kühl stellen.

1 Hähnchenteile nebeneinander in ein flaches Gefäß legen. Die nächsten fünf Zutaten und 1 EL Öl in der Küchenmaschine zu einer Paste verarbeiten und das Hähnchen damit bestreichen. Für mindestens 2 Std. zum Marinieren kühl stellen.

2 Das restliche Öl in einer Pfanne erhitzen, Zwiebel hineingeben und braten, bis sie weich ist und Farbe annimmt. Kurkuma und Kreuzkümmel hinzufügen und 2–3 Min. braten, dann beiseitestellen.

3 Den Backofengrill auf höchster Stufe vorheizen. Hähnchen aus der Marinade nehmen und auf einen mit Alufolie bedeckten Grillrost legen. Etwa 5 Min. grillen, bis das Fleisch fast gar und an den Rändern leicht angebrannt ist, dabei einmal wenden.

4 Tomatenmark und Sahne mit der restlichen Marinade in die Pfanne geben. Zitronensaft hinzufügen und bei mittlerer Temperatur verrühren. Hähnchen dazugeben, mit der Sauce begießen und 5 Min. köcheln lassen, bis das Fleisch gar ist. Mit Salz und Pfeffer abschmecken, mit Koriander bestreuen und servieren.

Gebratenes Perlhuhn mit Senfsauce

Perlhuhn hat einen leichten Wildgeschmack

für 4 Personen
Zub. 40 Min. • Garzeit 25 Min.

- 1 EL Sonnenblumenöl
- 4 Perlhuhnbrustfilets, ohne Haut
- Salz und Pfeffer
- 150 ml Wermut oder Sherry
- 150 ml Geflügelfond
- 200 g Sahne
- 2 TL körniger Senf
- 4–5 Halme Schnittlauch, gehackt

1 Den Backofen auf 240 °C vorheizen. Öl in einer Pfanne erhitzen, Fleisch hineingeben und anbräunen. In eine ofenfeste Form legen und mit Salz und Pfeffer würzen. Etwa 8–10 Min. backen, bis beim Einstechen klarer Saft austritt. Abdecken und 5 Min. ruhen lassen.

2 Für die Sauce Wermut oder Sherry in einem Topf aufkochen und auf die Hälfte reduzieren. Fond hinzufügen, aufkochen und wiederum einkochen lassen. Sahne dazugeben und köcheln lassen, bis die Sauce einen Löffelrücken überzieht.

3 Senf und Schnittlauch in die Sauce rühren und mit Salz und Pfeffer abschmecken. Fleisch aufschneiden und die Sauce darübergeben.

Hähnchen mit Chorizo

Die spanische Paprikawurst gibt es in verschiedenen Varianten, sowohl zum Kochen wie für Aufschnitt

für 4 Personen

Zub. 10 Min.
• Garzeit 1 Std. 10 Min.

tiefgekühlt 1 Mon. haltbar

- 3 EL Olivenöl
- 4 Hähnchenkeulen ohne Haut
- 250 g Koch-Chorizo, in kleine Stücke geschnitten
- 1 rote Zwiebel, in dünne Scheiben geschnitten
- 1 TL gemahlener Koriandersamen
- 1 TL gehackter Thymian
- je 1 rote und gelbe Paprikaschote, gehäutet, Stielansatz, Samen und Scheidewände entfernt, Fruchtfleisch gehackt
- 1 Zucchini, in Scheiben geschnitten
- 2 Knoblauchzehen, durchgepresst
- 1 Dose Tomatenstücke (400 g)
- 200 ml Geflügelfond
- 50 ml trockener Sherry
- Pfeffer

1 Den Backofen auf 180 °C vorheizen. Das Öl in einer großen Pfanne erhitzen, Hähnchenkeulen hineingeben und unter häufigem Wenden 5–8 Min. braten, bis sie von beiden Seiten braun sind. In einen ofenfesten Schmortopf legen.

2 Die Wurst in die Pfanne geben und 2–3 Min. unter häufigem Rühren leicht anbräunen. Herausnehmen und zum Fleisch geben. Temperatur herunterschalten, Zwiebel in die Pfanne geben und 5 Min. anschwitzen. Koriander hinzufügen, 1 Min. anbraten, dann Thymian, Paprikaschoten, Zucchini und Knoblauch dazugeben und 5 Min. braten.

3 Tomaten, Fond und Sherry hinzufügen. Mit Pfeffer abschmecken und aufkochen. Die Mischung ebenfalls zum Fleisch geben, Deckel auflegen und für 40 Min. in den Ofen schieben, bis das Hähnchen gar ist.

VARIANTE

Würziger Hähnchen-Topf

In Schritt 2 statt Chorizo 250 g gewürfelte neue Kartoffeln dazugeben. In Schritt 3 statt Sherry 1 Prise getrocknete Chiliflocken hinzufügen.

Hähnchen in Rotwein

Der klassische *coq au vin* aus dem Burgund ist ideal für Gäste

für 4 Personen

Zub. 30 Min.
• Garzeit 1 Std. 30 Min.

Schmortopf

tiefgekühlt 3 Mon. haltbar

- 2 EL Mehl
- Salz und Pfeffer
- 1 großes Hähnchen, zerlegt
- 50 g Butter
- 125 g durchwachsener Speck, in dicke, kurze Streifen geschnitten
- 2 Knoblauchzehen, durchgepresst
- 1 Möhre, gewürfelt
- 1 Stange Stangensellerie, gehackt
- 4 EL Brandy oder Cognac
- 750 ml Rotwein, vorzugsweise Burgunder oder Beaujolais
- 1 Lorbeerblatt
- 4–5 Zweige Thymian
- 1 EL Olivenöl
- 500 g Perlzwiebeln
- 1 TL brauner Zucker
- 1 TL Rotweinessig
- 250 g kleine Champignons

Vorbereitung Sie können das Gericht am Vortag zubereiten und abgedeckt im Kühlschrank durchziehen lassen.

1 Mehl mit Salz und Pfeffer würzen. Hähnchenteile mit 1 EL Mehl bestäuben. Die Hälfte der Butter im Schmortopf zerlassen, das Fleisch darin auf allen Seiten langsam goldbraun anbraten.

2 Speck, Knoblauch, Möhre und Sellerie hinzufügen und anbraten, mit dem restlichen Mehl bestreuen und 1–2 Min. anschwitzen. Brandy und Wein einrühren und dabei den Bodensatz loskratzen. Lorbeerblatt und Thymian hinzufügen, Deckel auflegen und das Hähnchen 60 Min. köcheln lassen.

3 In der Zwischenzeit Butter und Olivenöl in einer Pfanne erhitzen. Zwiebeln hineingeben und anbräunen, dann Zucker, Essig und 1 EL Wasser unterrühren.

4 Zwiebeln und Pilze zum Hähnchen geben und weitere 30 Min. mit Deckel köcheln lassen, bis Fleisch und Gemüse gar sind.

5 Hähnchen und Gemüse in eine vorgewärmte Servierschüssel füllen. Lorbeerblatt und Thymian entfernen. Die Schmorflüssigkeit entfetten und 3–5 Min. einkochen. Über das Hähnchen geben und servieren.

Dazu passen Kartoffelpüree und grünes Gemüse.

Wachteln mit Ingwerglasur

Vergessen Sie Bratwürste und üben Sie mit diesen Wachteln das Grillen für Fortgeschrittene

- für 4 Personen
- Zub. 15 Min. + Wartezeit • Garzeit 15 Min.
- in der Marinade tiefgekühlt 1 Mon. haltbar

8 Wachteln

Salz

Limettenschnitze zum Servieren

Glasur

1 Knoblauchzehe, durchgepresst

1 EL fein geriebener frischer Ingwer

3 EL süße Chilisauce

Saft von 1 Limette

1 EL Sesamöl

3 EL fein gehacktes Koriandergrün

Vorbereitung Die Wachteln können in der Marinade bis zu 2 Tage abgedeckt im Kühlschrank aufbewahrt werden.

1 Mit der Küchenschere die Wachteln vom Hals bis zum Bürzel an der Wirbelsäule entlang durchschneiden. Öffnen, mit der Haut nach oben auf ein Schneidebrett legen und mit der Hand flach drücken. Das Brustfleisch mehrmals einschneiden.

2 Alle Zutaten für die Marinade verquirlen. Wachteln gleichmäßig damit bestreichen, dabei Marinade in die Einschnitte drücken. Mindestens 60 Min. oder über Nacht im Kühlschrank marinieren.

3 Den Grill vorheizen. Wachteln in eine mit Alufolie ausgelegte Grillschale geben, salzen und 12–15 Min. grillen, dabei einmal wenden, bis sie goldbraun sind und der Fleischsaft beim Einstechen klar bleibt.

4 Heiß mit Limettenschnitzen zum Auspressen servieren.

VARIANTE

Wachteln mit Hoisin-Sauce

Chilisauce durch Hoisin-Sauce und Sesamöl durch 1 zerdrückte Knoblauchzehe ersetzen.

Geschmortes Rebhuhn mit Rotkohl

Das Schmoren im Topf konzentriert alle Aromen und ist für Rebhühner mit ihrem feinen Geschmack besonders geeignet

- für 4 Personen
- Zub. 15 Min. • Garzeit 60 Min.
- ofenfester Schmortopf

4 junge, ofenfertige Rebhühner

Salz und Pfeffer

25 g Butter

1 EL Sonnenblumenöl

4 Scheiben magerer, ungeräucherter Frühstücksspeck, gehackt

2 Zwiebeln, in dünne Scheiben geschnitten

1 Knoblauchzehe, durchgepresst

2 saure Kochäpfel, entkernt, in Scheiben geschnitten

6 Wacholderbeeren, zerdrückt

1 Streifen dünn abgeschälte Schale einer unbehandelten Orange

175 ml Apfelsaft

500 g Rotkohl, in sehr feine Streifen geschnitten

3 EL rotes Johannisbeergelee

2 EL Rotweinessig

1 Den Backofen auf 200 °C vorheizen. Die Rebhühner von allen Seiten mit Salz und Pfeffer würzen. Butter im Schmortopf zerlassen, die Rebhühner unter gelegentlichem Wenden rundherum anbräunen. Herausnehmen und beiseitestellen.

2 Öl im Topf erhitzen, Speck, Zwiebeln und Knoblauch darin bei mittlerer Temperatur 3–4 Min. anbraten, bis der Speck braun wird. Äpfel, Wacholderbeeren, Orangenschale, Apfelsaft und Kohl hinzufügen und alles aufkochen. Deckel auflegen, Temperatur herunterschalten und 10 Min. köcheln lassen.

3 Gelee und Essig einrühren, dann die Rebhühner auf dem Kohl verteilen. Mit Deckel im Ofen 25–30 Min. schmoren.

4 Herausnehmen und vor dem Servieren 10 Min. ruhen lassen.

Herbstlicher Wildeintopf

Gemischtes Wildfleisch verleiht dem Gericht einen wunderbar kräftigen Geschmack

- für 4 Personen
- Zub. 20 Min. • Garzeit 1 Std. 30 Min.
- ofenfester Schmortopf
- tiefgekühlt 3 Mon. haltbar

- 2 EL Olivenöl
- 500 g gemischtes Wildfleisch, etwa Fasan, Rebhuhn, Reh, Kaninchen und Taube, gewürfelt
- 1 Zwiebel, in Scheiben geschnitten
- 1 Möhre, in Scheiben geschnitten
- 1 Pastinake, in Scheiben geschnitten
- 1 Fenchelknolle, in Scheiben geschnitten, Blätter aufbewahrt
- 2 EL Mehl
- 200 ml trockener Cidre oder Apfelsaft
- 200 ml Geflügelfond
- 250 g braune Champignons, in dicke Scheiben geschnitten
- ½ TL Fenchelsamen
- Salz und Pfeffer

Vorbereitung Sie können den Eintopf bis zu 2 Tage im Voraus zubereiten, abkühlen lassen und kühl stellen. Aufwärmen und servieren.

1 Den Backofen auf 160 °C vorheizen. Das Öl in einem Schmortopf erhitzen, die Fleischstücke hineingeben und unter gelegentlichem Rühren 3–4 Min. leicht anbräunen. Herausnehmen und warm halten.

2 Zwiebel, Möhre, Pastinake und Fenchel in den Topf geben und unter Rühren 4–5 Min. leicht anbräunen. Mit Mehl bestäuben und nach und nach Apfelwein und Fond einrühren. Pilze und Fenchelsamen hinzufügen, dann das Fleisch zurück in die Kasserolle geben.

3 Würzen und aufkochen, dann einen Deckel auflegen und den Topf für 80 Min. in den Ofen schieben, bis Fleisch und Gemüse gar sind.

4 Dein Eintopf mit den aufbewahrten Fenchelblättern oder gehackter Petersilie bestreut servieren.

Wachteln mit Äpfeln und Calvados

In Speck gewickelt bleibt das Fleisch schön saftig. Äpfel und Calvados geben dem Gericht eine fruchtige Note

- für 4 Personen
- Zub. 10 Min. • Garzeit 25–30 Min.
- fettarm
- tiefgekühlt 3 Mon. haltbar

- 8 Wachteln
- ½ TL geriebene Muskatnuss
- Salz und Pfeffer
- 1 kleines Bund Salbeiblätter
- 16 Scheiben durchwachsener Speck
- 2 knackige Kochäpfel, entkernt und in Scheiben geschnitten
- 25 g zerlassene Butter
- 2 TL brauner Zucker
- 4 EL Calvados oder Apfelbrand

Vorbereitung Nach Schritt 1 die Wachteln in eine ofenfeste Form legen, mit Frischhaltefolie abdecken und für bis zu 24 Std. kühl stellen.

1 Den Backofen auf 200 °C vorheizen. Die Wachteln innen und außen mit Muskatnuss, Salz und Pfeffer würzen und einige Salbeiblätter in die Bauchhöhlen stecken. Jede Wachtel mit 2 Streifen Speck umwickeln, die Enden liegen unten.

2 Die Äpfel in der zerlassenen Butter wenden und mit Zucker bestreuen. In eine ofenfeste Form geben, dann die Wachteln darauf verteilen und unter gelegentlichem Wenden im Backofen 25–30 Min. braten, bis alles goldbraun ist.

3 Wachteln und Äpfel auf eine vorgewärmte Servierplatte legen. Calvados in die Form geben, um den Bratensatz zu lösen. Kurz aufkochen lassen, dann zum Servieren über die Wachteln geben.

Dazu passen Röstkartoffeln und grüne Bohnen.

Geschmorter Fasan

So zubereitet, wird der Fasan garantiert nicht trocken

für 6 Personen
Zub. 40 Min. • Garzeit 1 Std. 40 Min.
ofenfester Schmortopf

- 2 EL Olivenöl
- 50 g kalte Butter
- 2 Fasane à etwa 750 g
- Salz und Pfeffer
- 250 g braune Champignons
- 2 EL gehackter frischer Thymian
- 1 große Zwiebel, fein gehackt
- 100 g durchwachsener Speck, fein gewürfelt
- 750 ml Rotwein

Vorbereitung Sie können das Gericht bis zu 1 Tag im Voraus zubereiten und abgedeckt kühl aufbewahren.

1 Die Hälfte von Butter und Öl in einer großen Pfanne erhitzen. Die Fasane darin gleichmäßig anbräunen, mit Salz und Pfeffer würzen und in den Schmortopf geben.

2 Pilze und Thymian in die Pfanne geben und 5 Min. anbräunen, dann zu den Fasanen in den Schmortopf geben.

3 Den Backofen auf 190 °C vorheizen. Das restliche Öl in der Pfanne erhitzen, Zwiebel und Speck hineingeben und 5 Min. anschwitzen, bis die Zwiebel weich ist. Zwiebel und Speck ebenfalls zu den Fasanen geben, dann den Wein angießen. Den Schmortopf verschließen und für 90 Min. in den Ofen schieben, bis die Fasane gar und die Beine leicht vom Körper zu lösen sind. Den Bratensaft durch ein Sieb gießen.

4 Während das Fleisch ruht, den Bratensaft entfetten, aufkochen und 10 Min. stark kochen lassen, bis er um ein Drittel reduziert ist. Die restliche Butter mit dem Schneebesen einrühren, damit die Sauce glänzt. Die Fasane zerlegen und mit der heißen Bratensauce auf vorgewärmten Tellern servieren.

Dazu passen Möhren-Steckrüben-Püree und grüne Bohnen.

Rebhuhnbrust mit Weintrauben in Weißwein

Ein Süßwein passt gut zum kräftigen Wildgeschmack

für 6 Personen
Zub. 60 Min. + Wartezeit • Garzeit 35 Min.

- 6 Rebhühner
- 50 g Butter
- 6 Salbeiblätter
- 6 Scheiben durchwachsener Speck oder Parmaschinken
- Olivenöl zum Anbraten

Sauce

- 350 ml edelsüßer Weißwein
- 125 weiße, kernlose Trauben, halbiert
- 2 Schalotten, fein gehackt
- 350 ml Geflügelfond
- Salz und Pfeffer
- 25 g kalte Butter, gewürfelt

Vorbereitung Die Trauben mit Weißwein übergießen und mindestens 60 Min. ziehen lassen.

1 Von den Rebhühnern die Brüste auslösen. Auf die flache Seite jeweils 1 Stückchen Butter und 1 Salbeiblatt legen, dann die Brüste mit je 1 Speckstreifen umwickeln. Keulen und Karkasse anderweitig verwenden.

2 In einer Pfanne bei hoher Temperatur etwas Olivenöl erhitzen, Bruststücke hineinlegen und auf beiden Seiten anbräunen. In eine ofenfeste Form legen und beiseitestellen.

3 Den Backofen auf 190 °C vorheizen. Für die Sauce die Schalotten in die Pfanne geben und anschwitzen. Den Wein durch ein Sieb dazugießen, die Trauben beiseitestellen. Den Wein aufkochen, 10 Min. köcheln lassen, bis er reduziert ist. Fond hinzufügen und wieder zum Kochen bringen. Wenn die Sauce erneut reduziert ist, die Trauben dazugeben und bis zum Servieren köcheln lassen.

4 Die Rebhuhnbrust für 12 Min. in den Ofen schieben, dabei einmal wenden. Kurz vor dem Servieren die Sauce noch einmal aufkochen, würzen und die Butter mit dem Schneebesen einrühren. Rebhuhn mit Sauce servieren.

VARIANTE

Fasanenbrust mit Trauben in Weißwein

Statt Rebhuhn 6 Fasane und jeweils 2 Salbeiblätter und 2 Streifen Frühstücksspeck verwenden. Das Fleisch 15 Min. garen.

Taubenbrust auf Ciabatta

Ein Luxusprodukt der Gourmetküche – überraschend schnell und einfach in der Zubereitung

für 4 Personen
Zub. 10 Min. + Wartezeit • Garzeit 10 Min.

- 8 Taubenbrustfilets
- Salz und Pfeffer
- 2 EL Olivenöl
- 2 Schalotten, gewürfelt
- 100 g luftgetrockneter Speck, gewürfelt
- 25 g Butter
- 8 Scheiben Ciabatta
- 2 EL Dijonsenf
- 1 Handvoll Rucola

Marinade

- 50 ml Rotwein
- 2 EL Balsamico-Essig
- abgeriebene Schale und Saft von 1 unbehandelten Orange

1 Für die Marinade alle Zutaten verrühren. Taubenbrust hineingeben und abgedeckt mindestens 8 Std. kühl stellen.

2 Taubenbrust aus der Marinade nehmen, mit Salz und Pfeffer würzen. Marinade beiseitestellen. Die Hälfte des Öls in einer Pfanne erhitzen, Schalotten und Speckwürfel hineingeben und bei mäßiger Temperatur 3–4 Min. braten, bis sie goldbraun sind. Herausnehmen und warm halten.

3 Den Backofengrill auf höchster Stufe vorheizen. Butter in der Pfanne zerlassen, Taubenbrust hineingeben und 4–5 Min. braten, dabei einmal wenden. Die Brotscheiben mit dem restlichen Öl beträufeln und unter dem Grill rösten. Den Senf auf das Brot streichen.

4 Taubenbrust aus der Pfanne nehmen, mit Alufolie bedecken und warm halten. Die aufbewahrte Marinade in die Pfanne geben, aufkochen und 1–2 Min. stark kochen lassen, bis sie auf die Hälfte reduziert ist.

5 Rucola auf vier Teller verteilen und das Brot darauflegen. Die Bruststücke diagonal halbieren und mit Speckwürfeln und Schalotten auf dem Brot anrichten. Mit Marinade beträufelt sofort servieren.

Moorhuhn mit Knoblauchsauce

Junge Tiere eignen sich für dieses Rezept am besten

für 4 Personen
Zub. 15 Min. • Garzeit 35 Min.
tiefgekühlt 3 Mon. haltbar

- 1 Knoblauchknolle
- ½ EL Olivenöl
- 4 junge Moorhühner oder Hähnchen, ofenfertig
- Salz und Pfeffer
- 25 g Butter
- 5 kleine Zweige frischer Thymian
- 8 Scheiben durchwachsener Speck
- 150 ml trockener Weißwein
- 250 g Sahne
- geriebene Muskatnuss

1 Den Backofen auf 200 °C vorheizen. Die lockeren Schalen von der Knoblauchknolle entfernen. In Höhe von etwa 5 mm von oben die Spitzen abschneiden, um das Fleisch offenzulegen. Die Knolle mit Olivenöl beträufeln und in Alufolie wickeln.

2 Die Moorhühner mit Salz und Pfeffer würzen, auf jedes 1 Stückchen Butter und 1 Zweig Thymian legen, dann mit jeweils 2 Speckstreifen umwickeln, sodass das zarte Brustfleisch vor dem Austrocknen geschützt ist.

3 Moorhühner und Knoblauch in eine ofenfeste Form legen und 25–30 Min. rösten, nach der Hälfte der Zeit das Fleisch mit dem Bratensaft begießen.

4 Die Moorhühner aus dem Ofen nehmen und auf eine vorgewärmte Servierplatte legen. Mit Alufolie bedecken, damit sie nicht auskühlen. Den Bratensatz in der Form mit Wein lösen und in einen kleinen Topf gießen. Den letzten Zweig Thymian hinzufügen und kochen, bis die Flüssigkeit auf die Hälfte reduziert ist. Sahne hinzufügen, unter Rühren wieder aufkochen und noch 3 Min. köcheln lassen, bis die Sauce wieder reduziert ist. Thymianzweig entfernen.

5 Den Knoblauch aus der Folie nehmen und das weiche Fruchtfleisch herausdrücken. Mit einer Gabel zerdrücken, dann in die Sauce rühren. Mit Salz, Pfeffer und Muskatnuss abschmecken. Die Moorhühner mit der Sauce servieren.

Dazu passen geröstete Kirschtomaten und Kartoffelpüree.

Spanische Fleischbällchen

In Spanien dürfen diese Bällchen, *albóndigas* genannt, auf keiner Tapa-Theke fehlen

- ergibt 48 Stück
- Zub. 20 Min. • Garzeit 60 Min.
- große Schmorpfanne
- tiefgekühlt 3 Mon. haltbar

- 750 g Kalbshackfleisch
- 250 g Schweinehackfleisch
- 2 Knoblauchzehen, fein gehackt
- 100 g Petersilie, fein gehackt
- Salz und schwarzer Pfeffer
- ½ TL geriebene Muskatnuss
- 5 EL Semmelbrösel
- 100 ml Milch
- 2 EL Olivenöl
- 3 Zwiebeln, fein gehackt
- 1 EL Mehl plus Mehl zum Bestäuben
- 400 ml Rotwein oder Weißwein
- 2 große Eier, verquirlt
- 250 ml Sonnenblumenöl oder Erdnussöl zum Anbraten
- 2 EL gehackte Petersilie zum Garnieren

Vorbereitung Die Fleischbällchen können bis zu 2 Tage im Voraus fertig gestellt und abgedeckt im Kühlschrank aufbewahrt werden. Vor dem Servieren die Bällchen in der Sauce sorgfältig erhitzen.

1 Das Hackfleisch vom Kalb und vom Schwein, den Knoblauch und die Petersilie in einer Schüssel gründlich vermischen. Mit Salz, Pfeffer und Muskatnuss würzen und beiseitestellen.

2 Die Semmelbrösel in eine weitere Schüssel geben, mit Milch übergießen und quellen lassen.

3 Das Olivenöl bei mittlerer Temperatur in der Schmorpfanne erhitzen, die Zwiebeln darin unter Rühren 4–5 Min. anbraten, bis sie weich sind. Mit dem Mehl bestäuben, dann 1 weitere Min. braten. Den Wein zugießen und mit Salz und Pfeffer abschmecken. Die Flüssigkeit zum Kochen bringen, die Temperatur reduzieren und die Sauce 15 Min. köcheln lassen, bis sie etwas reduziert ist. Die Sauce durch ein Sieb gießen, zurück in die Pfanne geben und bei niedriger Temperatur warm halten.

4 Die Semmelbrösel gut ausdrücken und zusammen mit den Eiern und 3 EL der eingekochten Sauce gründlich mit der Hackfleischmasse vermischen. Zu golfballgroßen Klößchen formen und mit etwas Mehl bestäuben.

5 Das Sonnenblumenöl in einer großen Bratpfanne erhitzen. Die Fleischbällchen portionsweise unter häufigem Wenden 5 Min. braten, bis sie rundum gleichmäßig gebräunt sind. Auf Küchenpapier abtropfen lassen und in die Schmorpfanne geben.

6 Die Fleischbällchen etwa 20 Min. sanft in der Sauce pochieren, bis sie im Inneren nicht mehr rosafarben sind, wenn sie aufgeschnitten werden. Mit der Sauce übergießen, mit Petersilie garnieren und warm servieren.

Dazu passen knuspriges Brot oder Kartoffelpüree mit Kräutern und Oliven sowie grüne Bohnen.

Reste grob hacken, mit der Sauce mischen, aufwärmen und als Füllung für geröstetes Pitabrot verwenden.

Fleischbällchen aus dem Backofen

Die Fleischbällchen können alternativ auch 30 Min. auf einem Backblech im auf 180 °C vorgeheizten Ofen gebacken werden.

Pfeffersteak

Ein Klassiker der Restaurantküche, auch zu Hause schnell gemacht

- für 4 Personen
- Zub. 10 Min. • Garzeit 12 Min.

- 4 Sirloinsteaks oder Filetsteaks vom Rind à etwa 225 g
- ½ TL Senfpulver
- Salz
- 1–2 TL schwarze oder grüne Pfefferkörner, zerstoßen
- 2 EL Sonnenblumenöl
- 4 EL Sherry oder Weinbrand
- 150 g Crème fraîche

1 Das Fleisch von Fett befreien. Filetsteaks mit einem Fleischklopfer oder einer Teigrolle leicht plattieren. Mit Senfpulver bestreuen, salzen, dann die Pfefferkörner beidseitig fest in das Fleisch drücken.

2 Eine Pfanne bei hoher Temperatur erhitzen, das Öl hineingeben und die Steaks darin braten: 2–3 Min. pro Seite für *rare* (blutig), 4 Min. für *medium* (rosa) und 5–6 Min. für *well done* (durchgebraten). Aus der Pfanne nehmen und ruhen lassen.

3 Den Bratensatz in der Pfanne mit Sherry loskochen, die Crème fraîche hinzufügen und unter Rühren 2–3 Min. einkochen lassen. Die Steaks mit der Sauce anrichten.

Scaloppine di vitello

Zarte Kalbsschnitzel, zubereitet auf italienische Art

für 4 Personen

Zub. 10 Min. • Garzeit 12 Min.

- 50 g Mehl
- Salz und schwarzer Pfeffer
- 4 Kalbsschnitzel à etwa 150 g
- 60 g Butter
- 2 EL Olivenöl
- 60 ml trockener Weißwein
- 250 ml Kalbsfond oder Hühnerfond
- 2 EL gehackte glatte Petersilie
- 1 Limette, in Spalten geschnitten, zum Servieren

Vorbereitung Die Schnitzel können im Voraus plattiert und bis zur Verwendung abgedeckt im Kühlschrank aufbewahrt werden.

1 Den Backofen auf niedrigster Stufe vorheizen. Das Mehl mit Salz und Pfeffer würzen. Die Schnitzel zwischen zwei Lagen Backpapier mit einer Teigrolle flach klopfen. Danach in Mehl wenden, von überschüssigem Mehl befreien, beiseitestellen.

2 Zwei Drittel der Buttermenge mit dem Öl in einer großen Pfanne bei mittlerer Hitze zerlassen. 2 Schnitzel hineingeben und von jeder Seite 1–2 Min. anbraten, bis sie goldbraun sind, dabei das Fleisch mit dem Pfannenwender nach unten drücken, damit es so flach wie möglich bleibt. Die Schnitzel auf eine Platte legen und im Ofen warm halten. Die restlichen Schnitzel auf dieselbe Weise braten und ebenfalls im Ofen warm stellen.

3 Den Wein in die Pfanne gießen, die Temperatur erhöhen, 1 Min. kräftig kochen lassen. Den Fond und den Fleischsaft, der sich auf der Platte mit den Schnitzeln angesammelt hat, hinzufügen und auf die Hälfte einkochen lassen. Die Petersilie und die restliche Butter unterrühren und mit Salz und Pfeffer abschmecken.

4 Die Schnitzel auf Teller verteilen, mit der Sauce übergießen, mit Limettenspalten zum Beträufeln anrichten und sofort servieren.

Dazu passen sautierter Spinat und Reis oder Kartoffeln.

Schwedische Fleischbällchen

Köttbullar sind das weit über Skandinavien hinaus beliebte schwedische Nationalgericht

für 4 Personen

Zub. 30 Min. + Wartezeit • Garzeit 20 Min.

tiefgekühlt ohne Sauce (gegart oder roh) 3 Mon. haltbar

- 60 g frische Semmelbrösel
- 120 g Sahne
- 60 g Butter
- 1 kleine Zwiebel, fein gehackt
- 200 g mageres Rinderhackfleisch
- 200 g mageres Lammhackfleisch
- 1 Prise geriebene Muskatnuss
- 1 Ei, verquirlt
- Salz und schwarzer Pfeffer

Sauce

- 120 ml Rinder- oder Lammfond
- 200 g Sahne

1 Die Semmelbrösel in eine Schüssel geben, mit der Sahne vermischen und quellen lassen. In der Zwischenzeit 15 g Butter in einer Pfanne zerlassen, die Zwiebel darin bei sanfter Hitze glasig braten. Vom Herd nehmen und abkühlen lassen.

2 Beide Hackfleischsorten und Muskatnuss zu den Brotbröseln geben. Zwiebel und Ei untermischen, bis eine homogene Masse entstanden ist, würzen. Die Schüssel mit Frischhaltefolie abdecken und 60 Min. kühl stellen.

3 Aus der Fleischmasse mit angefeuchteten Händen golfballgroße Klößchen formen, auf eine große Platte setzen, mit Frischhaltefolie abdecken und 15 Min. kühl stellen.

4 Die restliche Butter in einer großen Pfanne bei mittlerer Hitze zerlassen. Die Bällchen darin portionsweise 10 Min. anbraten, bis sie gebräunt und durchgegart sind, dabei vorsichtig wenden. Mit einem Schaumlöffel herausnehmen und auf Küchenpapier abtropfen lassen.

5 Das Fett aus der Pfanne abgießen, dann Fond und Sahne hineingeben. Bei niedriger Temperatur unter Rühren erhitzen und 2 Min. köcheln lassen. Zum Servieren über die Fleischbällchen gießen.

Dazu passen neue Kartoffeln und gedämpfter Brokkoli, außerdem Preiselbeerkompott.

VARIANTE

Geflügelbällchen

Eine leichtere Variante erhalten Sie, wenn Sie das Rind- und Lammhackfleisch durch Hähnchen oder Pute ersetzen.

Hackbraten

Das mag die ganze Familie – und falls doch etwas übrig bleibt, kann man am nächsten Tag Brote damit belegen

- für 4 Personen
- Zub. 20 Min. • Garzeit 30 Min.
- Kastenform mit 500 g Inhalt

Sonnenblumenöl zum Einfetten
250 g mageres Rinderhackfleisch
250 g mageres Schweinehackfleisch
1 Zwiebel, fein gehackt
4 EL frische Semmelbrösel
Salz und schwarzer Pfeffer
1 TL Paprikapulver
2 TL mittelscharfer Senf
2 EL gehackte Petersilie
1 Ei, verquirlt
3 hart gekochte Eier, geschält

Sauce

1 EL Kapern, gehackt
3 Gewürzgurken, gehackt
1 EL fein gehackte Petersilie
100 g Sauerrahm

Vorbereitung Der Hackbraten lässt sich bis zum Ende von Schritt 3 einige Stunden im Voraus zubereiten und abgedeckt im Kühlschrank aufbewahren.

1 Den Backofen auf 200 °C vorheizen. Die Kastenform mit wenig Öl einfetten.

2 Beide Hackfleischsorten mit Zwiebel, Semmelbröseln, Salz, Pfeffer, Paprikapulver, Senf und Petersilie vermischen. Das verquirlte Ei zugeben und alles gründlich durchkneten.

3 Die Hälfte der Masse gleichmäßig in die Kastenform drücken, die hart gekochten Eier mittig darauf verteilen, dann mit der restlichen Fleischmasse bedecken, glatt streichen.

4 Die Form mit Alufolie verschließen und etwa 30 Min. im Ofen backen, bis der Braten fest wird. Den fertigen Hackbraten 10 Min. in der Form ruhen lassen, dann auf eine vorgewärmte Platte stürzen.

5 In der Zwischenzeit für die Sauce Kapern, Gewürzgurken, Petersilie und Sauerrahm verrühren.

6 Den Hackbraten in Scheiben schneiden und mit etwas Sauce servieren. Die restliche Sauce separat reichen.

Dazu passt ein Salat aus Rucola und Kirschtomaten.

Hamburger

Selbst gemacht sind sie am besten

- für 4 Personen
- Zub. 15 Min. • Garzeit 10 Min.
- tiefgekühlt (ungegart) 3 Mon. haltbar

500 g mageres Rinderhackfleisch
½ Zwiebel, sehr fein gehackt
1 Eigelb
Salz und schwarzer Pfeffer
Olivenöl oder Sonnenblumenöl
4 Hamburgerbrötchen mit Sesam, halbiert und leicht getoastet

1 Hackfleisch und gehackte Zwiebel in eine Schüssel geben, Eigelb hinzufügen, nach Geschmack salzen und pfeffern und gründlich vermischen.

2 Die Masse in 4 gleiche Portionen teilen und mit angefeuchteten Händen daraus 4 flache Frikadellen formen.

3 Eine Grillpfanne oder den Backofengrill auf höchster Stufe vorheizen. Die Pfanne leicht mit Öl einfetten, die Hamburger darin auf jeder Seite 3 Min., nach Belieben auch länger, grillen.

4 In den getoasteten Sesambrötchen mit verschiedenen Beigaben nach persönlichem Geschmack servieren: Zwiebelringe, Tomatenscheiben, Salatblätter, Pickles, Tomatenketchup, Mayonnaise oder Senf.

Chili-Rindfleisch aus dem Wok

Für alle, die chinesisches Essen lieben und scharf den Vorzug vor süß-sauer geben

- für 4 Personen
- Zub. 15 Min. + Wartezeit • Garzeit 10 Min.
- niedriger GI, wenn anstelle von Reis oder Nudeln Gemüse dazu gereicht wird
- Wok

- 500 g Rumpsteak, in schmale Streifen geschnitten
- 3 EL dunkle Sojasauce
- 2 EL Reisessig
- 1 EL Fünf-Gewürze-Pulver
- schwarzer Pfeffer
- 4 EL Pflanzenöl
- 1 große rote Chilischote, Samen entfernt, fein gehackt
- 1 Knoblauchzehe, durchgepresst
- 1 TL geriebener frischer Ingwer
- ½ rote Paprikaschote, Stielansatz, Samen und Scheidewände entfernt, in dünne Streifen geschnitten
- 100 g Zuckerschoten, längs halbiert
- 100 g zarter junger Brokkoli
- 1 EL Maisstärke
- 120 ml Rinderfond
- einige Tropfen geröstetes Sesamöl

1 Die Fleischstreifen mit Sojasauce, Reisessig und Fünf-Gewürze-Pulver in einer Schüssel vermischen, sodass das Fleisch ringsum überzogen ist. Mit Pfeffer würzen, die Schüssel mit Frischhaltefolie abdecken und einige Stunden oder über Nacht im Kühlschrank marinieren.

2 Die Hälfte des Öls in einem Wok erhitzen. Chili, Knoblauch, Ingwer und Paprikaschote hineingeben und 3 Min. unter Rühren braten. Zuckerschoten und Brokkoli hinzufügen und 2 Min. unter Rühren braten. Das Gemüse aus dem Wok nehmen und zur Seite stellen.

3 Das restliche Öl in den Wok geben. Das Fleisch abtropfen lassen, dabei die Marinade auffangen. Das Fleisch im Wok bei starker Hitze 1 Min. unter Rühren braten. Dann das Gemüse hinzufügen, zum Schluss die Marinade. Die Maisstärke mit dem Fond glatt rühren und nach und nach in den Wok gießen. Alles zum Kochen bringen und unter Rühren 1–2 Min. kochen lassen, bis das Gericht durch und durch heiß ist.

4 Mit Sesamöl beträufeln und sofort servieren. Dazu Reis oder Eiernudeln reichen.

Filetgulasch Stroganow

Benannt nach der russischen Adelsfamilie Stroganow

- für 4 Personen
- Zub. 15 Min. • Garzeit 25 Min.

- 700 g Filetsteak, Rumpsteak oder Sirloinsteak vom Rind, pariert
- 3 EL Mehl
- Salz und schwarzer Pfeffer
- 1 EL Paprikapulver plus Paprikapulver zum Bestreuen
- 50 g Butter oder 4 EL Olivenöl
- 1 Zwiebel, in feine Scheiben geschnitten
- 250 g kleine braune Champignons, in Scheiben geschnitten
- 300 g Sauerrahm oder Crème fraîche
- 1 EL Senf
- frischer Zitronensaft

1 Das Fleisch in schmale, 5 cm lange Streifen schneiden. Mehl mit Salz, Pfeffer und Paprikapulver mischen, die Streifen darin wenden. Eine Pfanne mit hohem Rand erhitzen, die Hälfte der Butter oder des Öls hineingeben, die Zwiebel hinzufügen und 8–10 Min. bei sanfter Hitze anschwitzen, bis sie weich und goldgelb ist. Die Pilze zugeben und einige Minuten braten, bis sie gerade weich sind.

2 Die Zwiebel-Pilz-Mischung aus der Pfanne nehmen und warm stellen. Die Temperatur erhöhen, dann die restliche Butter hineingeben und die Steakstreifen 3–4 Min. unter Rühren kräftig anbraten.

3 Zwiebel und Pilze zurück in die Pfanne geben und mit Salz und Pfeffer abschmecken. Den Pfanneninhalt 1 Min. unter leichtem Rütteln der Pfanne erwärmen.

4 Temperatur reduzieren, Sahne und Senf unterrühren und 1 Min. erhitzen, jedoch nicht kochen lassen.

5 Mit Zitronensaft abschmecken, mit Paprikapulver bestreuen.

Dazu passen Reis oder Tagliatelle.

VARIANTE

Kalbsgulasch Stroganow

Anstelle der Zwiebel 16 kleine Schalotten verwenden. Das Rindfleisch durch 700 g Kalbsfilet ersetzen. Am Ende von Schritt 3 das Gericht mit 3 EL Cognac flambieren.

Salat mit Rinderfilet

Leicht und edel

für 6 Personen

Zub. 20 Min. • Garzeit 1 Std. 5 Min.

- Olivenöl
- 600 g Rinderfilet
- 2 kleine rote Zwiebeln, in Spalten geschnitten
- 175 g Kirschtomaten
- 3 EL Balsamico-Essig
- 2 kleine rote Paprikaschoten
- 2 großzügige Handvoll junge, kleine gemischte Salatblätter

Dressing

- 100 ml natives Olivenöl extra
- 3 Knoblauchzehen, durchgepresst
- 1½ TL brauner Zucker
- 1 TL körniger Senf
- 2 TL gehackter Oregano oder Majoran
- 1 kleines Bund Basilikum
- Salz und schwarzer Pfeffer

1 Den Backofen auf 220 °C vorheizen. Etwas Öl in einer Pfanne erhitzen und das Rinderfilet darin ringsum anbraten, in einen Schmortopf setzen und 20–30 Min. im Ofen garen. Herausnehmen und zum Abkühlen beiseitestellen. Die Ofentemperatur auf 190 °C senken.

2 Die Zwiebelspalten auf ein Backblech legen und mit Olivenöl beträufeln. 20 Min. im Ofen rösten, dann die Kirschtomaten dazulegen, ebenfalls mit Olivenöl und 1 EL Balsamico beträufeln, 10 Min. rösten.

3 Den Backofengrill auf höchster Stufe vorheizen. Die Paprikaschote vierteln, von Samen und Scheidewänden befreien und mit der Hautseite nach oben unter den heißen Grill legen, bis sich die Haut schwarz färbt. In einem Folienbeutel abkühlen lassen. Die Haut abziehen, das Fleisch in Streifen schneiden.

4 Für das Dressing alle Zutaten mit dem restlichen Balsamico-Essig im Mixer glatt pürieren.

5 Das Fleisch dünn aufschneiden. Den Großteil der Salatblätter in eine Schüssel füllen, darauf das Röstgemüse und das Fleisch anrichten, mit den restlichen Salatblättern umlegen. Mit etwas Dressing beträufeln, den Rest separat dazureichen.

Rotes Thaicurry mit Rindfleisch

Höllenscharf durch Chilischoten in der Currypaste

für 4 Personen

Zub. 20 Min. • Garzeit 15 Min.

- 500 g Rumpsteak oder Sirloinsteak
- 1 Knoblauchzehe, durchgepresst
- 2–3 EL Sonnenblumenöl
- ½ Zwiebel, in dünne Scheiben geschnitten
- 1 rote Paprikaschote, Stielansatz, Samen und Scheidewände entfernt, Fruchtfleisch in Streifen geschnitten
- 200 g Champignons, in Scheiben geschnitten
- 1½ EL rote Thai-Currypaste
- 150 g Kokoscreme, mit 500 ml kochendem Wasser glatt gerührt
- 1½ EL thailändische Fischsauce
- 1 EL brauner Zucker
- 100 g Blattspinat, gewaschen und trocken geschleudert
- 30 g Basilikum, zerpflückt
- gedämpfter Reis als Beilage

1 Das Steakfleisch in Streifen schneiden und mit dem Knoblauch und 1 EL Öl mischen. Einen Wok bei hoher Temperatur erhitzen, das Fleisch darin – falls nötig portionsweise – unter Rühren anbraten. Mit einem Siebløffel herausnehmen.

2 Etwas Öl in den Wok geben und erhitzen, dann Zwiebel und Paprika darin 2 Min. unter Rühren anbraten. Die Pilze hinzufügen, 1–2 Min. rühren und alles zusammen weiterbraten, bis das Gemüse gar ist.

3 Currypaste, Kokoscreme, Fischsauce und Zucker unterrühren und unter Rühren zum Kochen bringen. Die Temperatur herunterschalten, dann Fleisch, Spinat und Basilikum hinzufügen und 3 Min. erwärmen. Heiß mit gedämpftem Reis servieren.

Rote Thai-Currypaste

lässt sich ganz einfach auch selbst herstellen. Dazu 75 g gehackte Schalotten, 2 Knoblauchzehen, 8 frische Vogelaugen-Chilischoten, ein 15 cm langes Stück Zitronengras, ein 1 cm langes Stück Galgant, 1 Kaffirlimettenblatt, ½ TL gemahlenen Koriander, ¼ TL Fischsauce, ¼ TL Kreuzkümmel und ½ TL Salz im Mixer fein pürieren. Die Paste hält sich im Kühlschrank in einem luftdichten Behälter aufbewahrt bis zu 1 Monat. Weniger feurig wird die Currypaste, wenn vor dem Pürieren Samen und Scheidewände der Chilischoten entfernt werden.

Rinderfilet Wellington

Beeindrucken Sie Ihre Gäste mit diesem Paradestück

für 6 Personen

Zub. 45 Min. • Garzeit 30–45 Min.

- 1 kg Rinderfilet aus dem Mittelstück, Fett entfernt
- Salz und schwarzer Pfeffer
- 2 EL Sonnenblumenöl
- 50 g Butter plus Butter zum Einfetten
- 2 Schalotten, fein gehackt
- 1 Knoblauchzehe, durchgepresst
- 250 g gemischte Waldpilze
- 1 EL Weinbrand oder Madeira
- 500 g Blätterteig, aufgetaut
- 1 Ei, verquirlt, zum Bestreichen

1 Den Backofen auf 220 °C vorheizen. Das Filet salzen und pfeffern. Das Öl in einer Pfanne erhitzen und das Fleisch von allen Seiten anbräunen. Das Fleisch in einen Bräter legen, für 10 Min. in den Ofen schieben, herausnehmen und abkühlen lassen.

2 Die Butter in einer Pfanne zerlassen, die Schalotten und den Knoblauch 2–3 Min. darin unter häufigem Rühren anschwitzen. Die Pilze fein hacken, in die Pfanne geben und unter Rühren 4–5 Min. braten, bis die vorhandene Flüssigkeit eingekocht ist. Den Weinbrand angießen, 30 Sek. kräftig aufkochen lassen, die Pfanne vom Herd nehmen und beiseitestellen.

3 Ein Drittel des Blätterteigs zu einem Rechteck ausrollen, das rundum 5 cm größer als das Fleischstück ist. Auf ein gefettetes Backblech legen, mit einer Gabel einstechen und 12–15 Min. backen. Aus dem Ofen nehmen und auf einem Kuchengitter abkühlen lassen.

4 Den abgekühlten Teig zurück auf das Blech legen, ein Drittel der Pilzmischung darauf verteilen. Das Filet daraufsetzen und mit der übrigen Pilzmischung bestreichen. Den restlichen Blätterteig ausrollen und das Fleisch einhüllen, die Ränder der gebackenen Teigplatte mit Ei einpinseln und alles gut verschließen.

5 Mit dem restlichen Ei bestreichen. Oben einstechen, sodass Dampf entweichen kann. Im Ofen backen: 30 Min. für *rare* (blutig), 40 Min. für *medium* (rosa) und 45 Min. für *well done* (durchgebraten). Aus dem Ofen nehmen und vor dem Servieren 10 Min. ruhen lassen.

Kalbsragout

Blanquette de veau, feines Kalbsragout nach französischer Art

für 4 Personen

Zub. 15 Min. • Garzeit 90 Min.

Schmortopf

- 675 g Kalbsschulter oder -keule, entbeint, pariert und gewürfelt
- 2 Zwiebeln, grob gehackt
- 2 Möhren, geschält und klein geschnitten
- frischer Zitronensaft
- 1 Bouquet garni
- Salz und schwarzer Pfeffer
- 75 g Butter
- 18 weiße Perlzwiebeln
- 250 g braune Champignons, geviertelt
- 2 EL Mehl
- 1 Eigelb
- 2–3 EL Sahne
- gehackte Petersilie zum Garnieren

1 Kalbfleisch mit Zwiebeln, Möhren, Zitronensaft und Bouquet garni in den Schmortopf geben, mit Wasser bedecken, salzen und pfeffern. Bei sanfter Hitze 60 Min. schmoren, bis das Fleisch gar ist.

2 In der Zwischenzeit 25 g Butter bei mittlerer Hitze in einer Pfanne zerlassen. Die Perlzwiebeln hinzufügen und unter gelegentlichem Rühren goldgelb anbraten. Weitere 25 g Butter und die Pilze zugeben und 5 Min. garen, bis sie weich sind, dabei ab und zu umrühren.

3 Vom Kalbfleisch die Kochflüssigkeit abgießen, dabei 600 ml auffangen. Das Fleisch und das Gemüse zu den Pilzen und den Zwiebeln geben, beiseitestellen und warm halten.

4 Die restliche Butter in einer großen Pfanne zerlassen, das Mehl hinzufügen und 1 Min. rühren. Die Pfanne vom Herd nehmen und die aufgefangene Garflüssigkeit nach und nach angießen. Die Pfanne zurück auf den Herd stellen, die Sauce zum Kochen bringen und rühren, bis sie eindickt.

5 Die Sauce abschmecken, vom Herd nehmen und kurz abkühlen lassen. In einer kleinen Schüssel das Eigelb mit der Sahne verquirlen und vorsichtig unter die Sauce mischen. Fleisch und Gemüse hinzufügen und 5 Min. erwärmen, dabei nicht kochen lassen. Erneut abschmecken, mit Petersilie garnieren und servieren.

Ungarisches Gulasch

Eignet sich hervorragend für Einladungen, da alles im Voraus zubereitet werden kann

- für 4 Personen
- Zub. 25 Min. • Garzeit 2½ Std.
- niedriger GI
- tiefgekühlt (ohne Sauerrahm) 3 Mon. haltbar

- 4 EL Öl
- 1 kg Rinderschmorbraten, in 2,5 cm große Würfel geschnitten
- 2 große Zwiebeln, in dünne Scheiben geschnitten
- 2 Knoblauchzehen, durchgepresst
- 2 rote Paprikaschoten, Stielansatz, Samen und Scheidewände entfernt, Fruchtfleisch fein gewürfelt
- 1 EL Paprikapulver plus Paprikapulver zum Bestreuen
- 1 Dose Tomatenstücke (400 g)
- 2 EL Tomatenmark
- 1 EL Mehl
- 300 ml Rinderfond
- 1 TL gehackter frischer Thymian
- Salz und schwarzer Pfeffer
- 150 ml Sauerrahm

1 Den Backofen auf 160 °C vorheizen.

2 Die Hälfte des Öls in einer großen Pfanne erhitzen, das Fleisch darin portionsweise anbräunen, bereits angebratenes Fleisch in einen Schmortopf legen.

3 Das restliche Öl in die Pfanne geben, die Temperatur reduzieren und Zwiebeln, Knoblauch und Paprikaschoten anbraten, bis sie weich sind. Das Paprikapulver unterrühren, 1 Min. erhitzen, dann Tomaten und Tomatenmark hinzufügen. Das Mehl mit etwas Fond glatt rühren und mit dem restlichen Fond in die Pfanne geben. Unter häufigem Rühren zum Kochen bringen. Thymian zugeben, mit Salz und Pfeffer abschmecken und die Sauce in den Schmortopf gießen.

4 Den Topf fest verschließen und für 2 Std. in den Ofen stellen, bis das Fleisch sehr weich ist.

5 Zum Servieren das Gulasch in Portionsschalen oder tiefe Teller füllen, mit Sauerrahm garnieren und mit etwas Paprikapulver bestreuen.

Dazu passen in Butter geschwenkte Bandnudeln, Kartoffel- oder Semmelklöße.

Bœuf bourguignon

Auch wenn der Name es eigentlich nahelegt - zum Schmoren muss es kein Burgunder sein

- für 4 Personen
- Zub. 25 Min. • Garzeit 2½ Std.
- niedriger GI
- tiefgekühlt 3 Mon. haltbar

- 175 g durchwachsener Speck, in Scheiben geschnitten
- 1–2 EL Öl
- 1 kg Rinderschmorbraten, in 4 cm große Würfel geschnitten
- 12 kleine Zwiebeln
- 1 EL Mehl
- 300 ml Rotwein
- 300 ml Rinderfond
- 125 g Champignons
- 1 Lorbeerblatt
- 1 TL Kräuter der Provence
- Salz und schwarzer Pfeffer
- 4 EL gehackte Petersilie

Vorbereitung Dieses Gericht kann (wie auch das Ungarische Gulasch) gut vorbereitet und zum Servieren etwa 30 Min. im 180 °C heißen Backofen aufgewärmt werden.

1 Den Backofen auf 160 °C vorheizen. Den Speck in einer beschichteten Pfanne anbräunen, auf Küchenpapier abtropfen lassen und in einen Schmortopf geben.

2 Je nachdem, wie viel Fett vom Speck in der Pfanne zurückgeblieben ist, noch etwas Öl hinzufügen, sodass insgesamt 2–3 EL vorhanden sind. Das Rindfleisch portionsweise bei starker Hitze darin anbraten, bereits angebratenes Fleisch in den Schmortopf geben.

3 Die Temperatur auf mittlere Hitze herunterschalten, die Zwiebeln anbraten und ebenfalls in den Topf geben. Das in der Pfanne verbliebene Fett mit dem Mehl verrühren. Ist die Pfanne relativ trocken, das Mehl mit wenig Wein oder Fond anfeuchten. Danach Wein und Fond angießen, aufkochen und dabei ständig rühren, bis das Mehl vollständig aufgelöst ist.

4 Pilze, Lorbeerblatt und getrocknete Kräuter hinzufügen und mit Salz und Pfeffer abschmecken, dann den Pfanneninhalt zum Fleisch und den Zwiebeln in den Schmortopf gießen. Abgedeckt 2 Std. im Ofen schmoren, bis das Fleisch zart ist.

5 Mit Petersilie bestreuen und heiß servieren.

Dazu passen Kartoffelpüree, Möhren und grünes Gemüse wie Brokkoli oder Bohnen.

Geschmortes Rindfleisch mit Pilzen

Sehr lange und sanft mit Gemüse, Speck und Rotwein gegart

- für 6 Personen
- Zub. 30 Min. • Garzeit 2 Std.
- Schmortopf mit gut schließendem Deckel
- tiefgekühlt 3 Mon. haltbar

1 kg Rinderschmorbraten

2 EL Mehl

Salz und schwarzer Pfeffer

2 EL Olivenöl

25 g Butter

100 g durchwachsener Speck (ohne Schwarte), gewürfelt

2 kleine Zwiebeln, fein gehackt

3 Knoblauchzehen, durchgepresst

1 Stange Staudensellerie, gewürfelt

3 Möhren, gewürfelt

1 EL gehackter frischer Thymian

750 ml Rotwein

2 EL Weinbrand (nach Belieben)

Schale und Saft von 1 unbehandelten Orange

175 g Champignons

25 g getrocknete Pilze

1 EL Tomatenmark

1 Das Fleisch in große Würfel schneiden. Mehl mit Salz und Pfeffer würzen und die Fleischwürfel darin wenden. Olivenöl und Butter im Schmortopf erhitzen, das Fleisch ringsum anbräunen, dann herausnehmen und warm stellen.

2 Speck, Zwiebeln, Knoblauch und Sellerie im Topf etwas Farbe annehmen lassen. Fleisch, Möhren und Thymian hinzufügen. Rotwein, Weinbrand, Orangenschale und -saft angießen; unter Rühren aufkochen, dann bei reduzierter Temperatur abgedeckt 60 Min. köcheln lassen.

3 Die Champignons putzen und in Scheiben schneiden. Die getrockneten Pilze in eine Schüssel geben und mit kochendem Wasser übergießen. 15 Min. quellen lassen, danach abgießen, trocken tupfen und klein hacken. Pilze und Tomatenmark in den Topf geben und untermischen.

4 Deckel auflegen und weitere 30 Min. köcheln lassen, bis das Fleisch butterzart ist. Heiß servieren.

Dazu passen Pellkartoffeln, Röstbrot (in Butter angebratenes, diagonal halbiertes Kastenweißbrot) und als Garnitur gehackte glatte Petersilie.

Ossobuco

Ein Küchenklassiker aus Mailand, der mit Safranrisotto am besten schmeckt

- für 4 Personen
- Zub. 15 Min. • Garzeit 1¾ Std.
- lassen Sie sich vom Metzger die Hachsen in Scheiben schneiden
- ofenfester Schmortopf
- nach Schritt 3 vollständig abkühlen lassen, dann bis zu 1 Mon. tiefkühlen; vollständig auftauen lassen, dann aufwärmen und mit Schritt 4 fortfahren

3 EL Mehl

Salz und schwarzer Pfeffer

4 Kalbshachsen, in 4 cm dicke Scheiben geschnitten

50 g Butter

4 EL Olivenöl

4 Knoblauchzehen, gehackt

½ Zwiebel, gehackt

4 EL Tomatenmark

etwa 125 ml Rinderfond oder Wasser

4 EL gehackte glatte Petersilie

2 in Öl eingelegte Sardellenfilets, abgetropft und gehackt

abgeriebene Schale von 1 unbehandelten Zitrone

Vorbereitung Ossobuco lässt sich bis zum Ende von Schritt 3 vorbereiten und bis zu 2 Tage im Kühlschrank aufbewahren.

1 Das Mehl mit Salz und Pfeffer würzen, die Hachsenscheiben darin wenden, überschüssiges Mehl abschütteln.

2 Butter und Öl im Schmortopf erhitzen. Das Fleisch hineingeben und 5 Min. anbräunen, dann herausnehmen und beiseitestellen. Knoblauch und Zwiebel in den Topf geben und unter gelegentlichem Rühren 5 Min. anschwitzen, bis beides weich, aber nicht gebräunt ist.

3 Fleisch, Tomatenmark, Fond oder Wasser, Salz und Pfeffer nach Geschmack unterrühren und zum Kochen bringen. Abgedeckt bei sanfter Hitze 90 Min. köcheln lassen, bis das Fleisch gar ist. Während des Kochens prüfen, ob weitere Flüssigkeit zugegeben werden muss. Die entstandene Bratensauce sollte dickflüssig sein.

4 Zum Servieren die Petersilie mit den Sardellen und dem Zitronenschalenabrieb in einer Schüssel vermischen und zum fertig geschmorten Ossobuco geben. Umrühren und sofort servieren.

Dazu passt Risotto milanese (Safranrisotto) oder Reis.

Steaks

Ein gut gebratenes Steak schmeckt nicht nur hervorragend, es ist auch schnell und einfach zubereitet. Zarte, saftige Steaks eignen sich besonders für schnelle Garmethoden wie Grillen oder Braten. Mit etwas Übung zaubern Sie auf diese Weise so schnell ein köstliches Essen auf den Tisch, dass sogar das Aufwärmen eines Fertiggerichts länger dauern würde.

Die richtige Wahl

Supermärkte und Metzger bieten verschiedene Arten von Steaks an, die sich in Preis und Qualität unterscheiden. Kaufen Sie ausschließlich Steaks, die frisch und leicht feucht aussehen und weiße oder cremefarbene Fettränder besitzen.

Bei sommerlich heißem Wetter sollten Sie für den Transport eine Kühltasche oder Isoliertüte verwenden; unabhängig vom Wetter gilt: zu Hause sofort kühl stellen. Steaks aus dem Supermarkt können in ihrer Verpackung belassen werden, Fleisch vom Metzger sollte ausgewickelt, auf eine tiefe Platte gelegt und mit Frischhaltefolie abgedeckt werden.

Wie rohes Fleisch allgemein, so sollten auch rohe Steaks auf der untersten Ablage im Kühlschrank aufbewahrt werden, sodass eventuell austretender Fleischsaft nicht auf andere Lebensmittel tropfen kann.

Steaks 15 Min. vor dem Garen – jedoch nicht früher – aus dem Kühlschrank nehmen, damit sie Raumtemperatur annehmen können.

Welches Fleisch für welche Zubereitung?

Steakfleisch kann man in Scheiben schneiden und grillen oder braten, darüber hinaus lässt es sich jedoch auf vielfältige Weise zubereiten. Es findet sich als Hauptzutat in den unterschiedlichsten Gerichten, angefangen bei einfachen Sandwiches bis hin zu eindrucksvollen Braten wie Filet Wellington (s. S. 325), wobei sich nicht jede Art Fleisch für jedes Gericht gleich gut eignet.

T-Bone-Steak Schmeckt am besten gegrillt oder gebraten.

Rumpsteak und **Sirloinsteak** Beide eignen sich hervorragend für die Zubereitung auf dem Grill, sind aber auch eine preiswertere Alternative zu Filetsteak in Wokgerichten oder Salaten; in Stücke geschnitten auch für Schmorgerichte eine gute Alternative.

Minutensteak Besonders fein für Sandwiches, mit Eiern gebraten für einen Brunch und gern verwendet für das klassisch französische *steak frites*.

Filetsteak Für Gerichte mit kurzer Garzeit wie Filetgulasch Stroganow (s. S. 323) und Zubereitungen im Wok, im Teigmantel oder für Salate.

MARMORIERUNG

Die qualitativ hochwertigsten Steaks weisen feine Adern von weißem Fett auf, die das Fleisch durchziehen. Das nennt man Marmorierung.

Die Marmorierung sorgt für Geschmack und Zartheit. Falls Sie sich Gedanken wegen dieses geringen Fettanteils machen, bereiten Sie das Fleisch auf dem Grill, in einer Grillpfanne oder unter dem Backofengrill zu, da das Fett dabei schmilzt und austritt.

Kaufen Sie kein Fleisch mit gelblicher Marmorierung, es stammt von einem älteren Tier und könnte zäh sein.

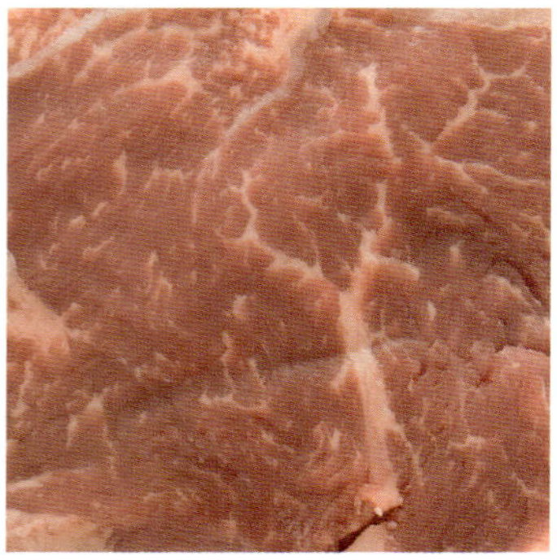

Wählen Sie Steaks mit feiner innermuskulärer Fettmarmorierung. Sie sorgt für ein saftig-zartes Ergebnis.

Steakarten

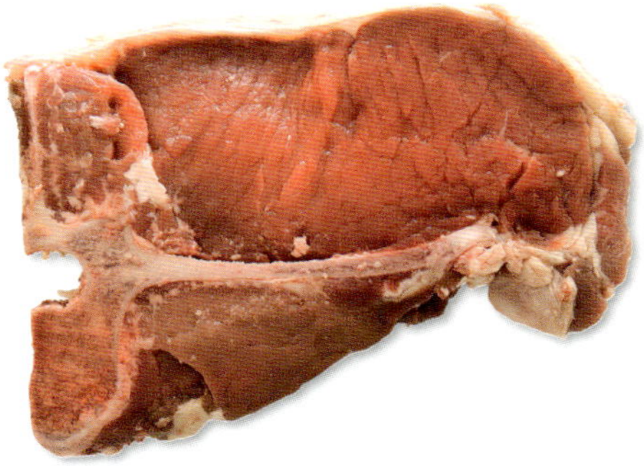

T-Bone-Steak
Es ist dicker als die meisten anderen Steaks und besitzt einen Knochen, der für zusätzliches Aroma sorgt. Es eignet sich für schnelles Garen bei starker Hitze, besonders für das Grillen auf Holzkohle. Das Porterhousesteak ist noch dicker als das T-Bone-Steak und enthält ein größeres Filetstück; die Zubereitung ist identisch.

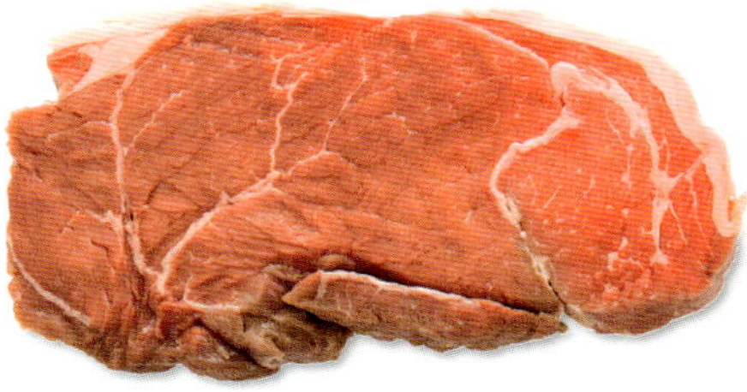

Rumpsteak
Wird aus dem Roastbeef oder aus der Rinderhüfte geschnitten. Etwas weniger zart und daher preiswerter als ein Sirloinsteak. Das Fleisch ist mager und wird häufig mariniert oder geklopft, um es weicher zu machen.

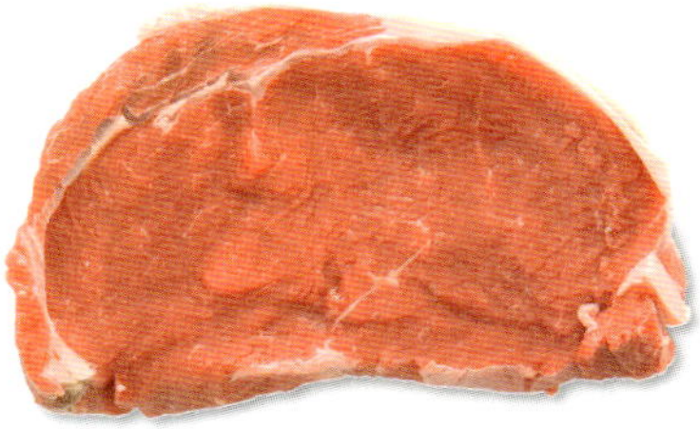

Sirloinsteak
Wird ausschließlich aus dem Roastbeef geschnitten. Mäßig teures Steakfleisch ohne Knochen von gutem Geschmack und zarter Konsistenz. Dieser Schnitt ist für alle Zubereitungsarten geeignet.

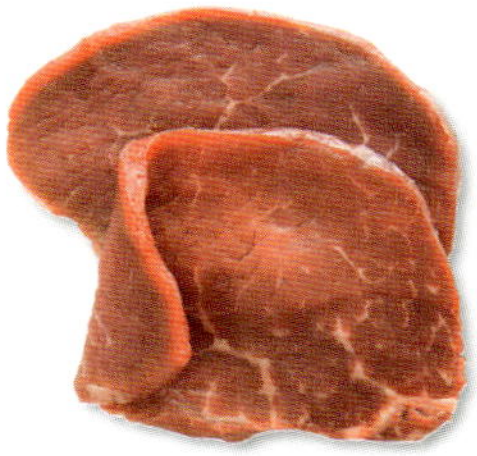

Minutensteak
Kurzbraten in der Pfanne ist für dieses besonders dünne Steak ohne Knochen die Methode der Wahl. Es muss sehr zügig gebraten werden, da es sonst zäh wird, daher auch der Name.

Filetsteak
Das zarteste und teuerste Steak. Dick geschnitten und ohne Knochen kann es unter dem Backofengrill, in der Grillpfanne oder in der Bratpfanne zubereitet werden. Es lässt sich auch auf dem Holzkohlengrill garen, robustere Fleischstücke eignen sich für diese Zubereitungsmethode jedoch besser.

Steaks zubereiten

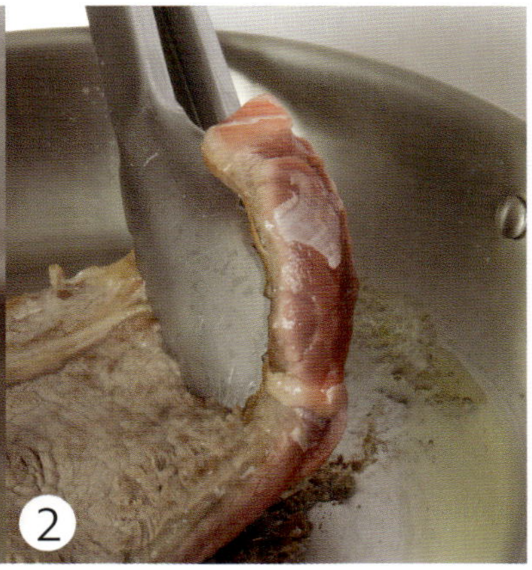

In der Bratpfanne

1 Eine Bratpfanne mit schwerem Boden bei hoher Temperatur erhitzen, bis sie sehr heiß ist. Die Pfanne sehr dünn mit Pflanzenöl einpinseln, das Steak in die Pfanne legen und für die Hälfte der unten oder im Rezept angegebenen Zeit braten.

2 Das Steak mit einer Küchenzange wenden und von der zweiten Seite genauso lange braten. Mithilfe des Drucktests (siehe unten) prüfen, wann der gewünschte Gargrad erreicht ist. Das Steak aus der Pfanne nehmen, mit Folie abdecken und vor dem Servieren 5 Min. ruhen lassen.

Auf dem Grill

Die Holzkohle früh genug entzünden. Sie sollte beim Grillen von einer grauen Ascheschicht bedeckt sein. Das Steak mit Pflanzenöl bestreichen, auf den Grillrost legen und nach den Zeitangaben unten oder im entsprechenden Rezept grillen. Nach der Hälfte der Garzeit wenden.

In der Grillpfanne

Eine gerillte Grillpfanne aus Gusseisen bei hoher Temperatur erhitzen, bis sie sehr heiß ist. Das Steak mit Öl bestreichen, in die Pfanne legen und nach den Zeitangaben unten oder im entsprechenden Rezept grillen. Nach der Hälfte der Garzeit mithilfe einer Küchenzange wenden.

Das perfekt gegarte Steak

Die unten aufgeführten Zeitangaben gelten für die Zubereitung eines 4 cm dicken Sirloin-, Rump- oder T-Bone-Steaks auf dem Holzkohlengrill, in der Grillpfanne oder unter dem Backofengrill. Die benötigte Zeit kann variieren je nach Art der Pfanne, der Temperatur und der Qualität und Dicke des Steaks. Das Steak jeweils nach der Hälfte der Garzeit wenden.

BLAU (VERY RARE)

Das Steak von beiden Seiten bei starker Hitze nur kurz anbraten oder grillen. Auf Druck fühlt sich das Fleisch sehr weich an.

- Garzeit: 2–3 Min.

BLUTIG (RARE)

Sobald an der Oberseite Blutstropfen sichtbar werden, das Steak wenden. Auf Druck fühlt sich das Fleisch weich an.

- Garzeit: 6–8 Min.

ROSA (MEDIUM)

Sobald an der Oberseite Tröpfchen von Fleischsaft austreten, das Steak wenden. Auf Druck gibt das Fleisch nur wenig nach.

- Garzeit: 10–12 Min.

DURCHGEBRATEN (WELL DONE)

Sobald an der Oberseite Tröpfchen von Fleischsaft deutlich erkennbar sind, das Steak wenden. Auf Druck fühlt sich das Fleisch fest an; das Steak ist einheitlich braun gefärbt.

- Garzeit: 12–14 Min.

DEN GARGRAD PRÜFEN

Machen Sie es wie die Profiköche und gehen Sie nach dieser einfachen Methode vor: Drücken Sie auf das Fleisch. Ein blau gegartes Steak fühlt sich an wie der Handballen am Daumenansatz, wenn die Hand entspannt ist. Ein blutig gegartes Steak fühlt sich an wie der Daumenansatz beim Zusammendrücken von Daumen und Zeigefinger, ein rosa gegartes Steak (siehe unten) wie der Daumenansatz beim Zusammendrücken von Daumen und Mittelfinger. Für ein »durchgebratenes« Gefühl den Daumen und den kleinen Finger zusammendrücken.

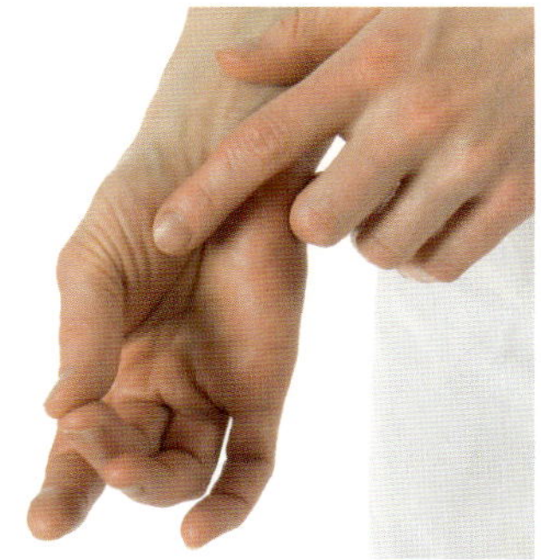

Aromakick für Steaks

Qualitativ hochwertiges Steakfleisch besitzt von sich aus ein gutes Aroma, das Sie jedoch intensivieren können, indem Sie es vor dem Garen marinieren oder mit pikanten Buttermischungen oder einer Sauce servieren.

Mit verschiedenen Buttermischungen, die man tiefgekühlt auf Vorrat halten kann, lässt sich im Handumdrehen jede Menge Abwechslung auf den Teller zaubern.

Falls eine Marinade eine säurehaltige Zutat enthält, sollten Sie eine korrosionsbeständige Schüssel verwenden und das Steakfleisch nicht länger als 2 Std. marinieren.

Sardellenbutter

Alles mischen, eine Rolle formen, in Backpapier wickeln und kühl stellen.

- 50 g weiche Butter
- 2 Sardellenfilets, fein gehackt
- ½ EL abgeriebene Zitronenschale
- 1 Prise Cayennepfeffer
- schwarzer Pfeffer

Chili-Orangen-Marinade

Alle Zutaten vermischen, den Zucker unter Rühren vollständig auflösen. Die Steaks bis zu 2 Std. marinieren.

- Saft von 2 großen Orangen
- Saft von 1 Limette
- 3 Knoblauchzehen, durchgepresst
- 1 TL brauner Zucker
- einige Tropfen Tabascosauce

Rotweinmarinade

Alle Zutaten in eine Schüssel geben. Die Steaks während des Garens mit der Marinade beträufeln.

- 500 ml trockener Rotwein
- 3 EL Rotweinessig
- 2 Knoblauchzehen, durchgepresst
- 1 Streifen Zitronenschale
- gehackte frische Kräuter

Cremige Senfsauce

Die Zutaten vermischen, abschmecken und zum Steak servieren.

- 150 ml Sauerrahm
- 4 EL Mayonnaise
- 1½ EL Senf
- ½ TL Tafelmeerrettich
- 1 Prise Zucker
- Salz

Rotweinsauce

Mit dem Rotwein den Bratensatz in der Pfanne ablöschen und auf die Hälfte einkochen. Crème fraîche und Petersilie hinzufügen, abschmecken.

- 200 ml trockener Rotwein
- 150 g Crème fraîche
- 2 EL gehackte Petersilie
- Salz und schwarzer Pfeffer

Beilagen zu Steaks

SCHMELZENDES AROMA

Wenn die Kräuterbutter schmilzt, verbindet sie sich mit dem Fleischsaft und verleiht dem perfekt gegrillten Steak ihr besonderes Aroma.

Möhren-Pastinaken-Püree mit Estragon

Eine aromatische Beilage aus Wintergemüse

25 Min. **Seite 234**

Gegrilltes Gemüse

Schmeckt heiß oder raumtemperiert zu Steaks vom Grill

30 Min. **Seite 235**

Kartoffel-Galette

Aus gekochten, geraspelten Kartoffeln, mit frischen Käutern gebraten

45 Min. **Seite 241**

Pilze in Sahnesauce

Lassen Sie das geröstete Brot weg und servieren Sie die köstlichen Pilze zu Steaks

35 Min. **Seite 250**

Gebackene Süßkartoffeln mit Sesam

Eine farbenfrohe Alternative zu Pommes frites

1 Std. **Seite 243**

Chimichurri-Sauce

In Argentinien ist diese pikante Sauce ständiger Begleiter von Steaks aller Art

5 Min. **Seite 282**

Sauce béarnaise

Diese klassische französische Sauce mit Estragon wird traditionell zu Grillsteaks serviert

15 Min. **Seite 359**

Meerrettichsauce

Rindfleisch und Meerrettich – eine Kombination, die kaum zu übertreffen ist

10 Min. **Seite 360**

Steak-Pie mit Bier

Bier macht das Fleisch zart und verleiht ihm Aroma

für 4 Personen

Zub. 20 Min. + Wartezeit • Garzeit 2 Std. 15 Min.

Pie-Form mit 1,7 Liter Inhalt

- 3 EL Mehl
- Salz und schwarzer Pfeffer
- 675 g magerer Rinderschmorbraten, in 2 cm große Würfel geschnitten
- 3 EL Sonnenblumenöl
- 1 große Zwiebel, gehackt
- 1 Knoblauchzehe, durchgepresst
- 125 g Champignons, halbiert
- 175 ml Rinderfond
- 175 ml dunkles Bier
- 1 Lorbeerblatt
- ½ TL getrockneter Thymian
- 1 EL Worcestersauce
- 1 EL Tomatenmark
- 350 g Blätterteig, Tiefkühlware aufgetaut
- 1 Ei, verquirlt, oder Milch zum Bestreichen

Vorbereitung Die Füllung lässt sich bis zu 24 Std. im Voraus zubereiten und kühl stellen.

1 Das Mehl mit Salz und Pfeffer würzen. Das Rindfleisch darin wenden, überschüssiges Mehl abschütteln.

2 In einer großen, beschichteten Pfanne 2 EL Öl erhitzen, darin das Fleisch bei starker Hitze portionsweise ringsum anbräunen, dann in einen großen Schmortopf umfüllen.

3 Das restliche Öl in die Pfanne geben, die Zwiebel darin bei mittlerer Hitze 5 Min. anschwitzen, Knoblauch und Pilze hinzufügen und unter Rühren 3–4 Min. braten, bis sie leicht gebräunt sind.

4 Zwiebeln und Pilze mit Fond, Bier, Lorbeerblatt, Thymian, Worcestersauce und Tomatenmark in den Schmortopf geben. Alles zum Kochen bringen, die Temperatur reduzieren und abgedeckt 90 Min. sanft schmoren, bis das Fleisch zart ist.

5 Mit einem Schaumlöffel das Fleisch und das Gemüse in die Pie-Form umfüllen. Vom Bratensaft 150 ml abmessen, den Rest über das Fleisch gießen. Abkühlen lassen.

6 Den Backofen auf 200 °C vorheizen. Den Blätterteig auf einer leicht bemehlten Arbeitsfläche 3 mm dick und 5 cm größer als die Pie-Form ausrollen. Rundum einen Streifen von 2 cm abschneiden, die Ränder der Pie-Form mit Wasser anfeuchten, die Teigstreifen darauf platzieren und ebenfalls mit Wasser bestreichen. Den Teig nun über die Fleischfüllung legen und an den Rändern fest andrücken. Überstehenden Teig abschneiden und zur Verzierung benutzen.

7 Die Teigränder dekorativ in Form bringen. Den Teig mit verquirltem Ei oder Milch bestreichen und mittig ein Loch in die Teigdecke stanzen, damit Dampf entweichen kann. Die Pie auf ein Backblech stellen und 25 Min. im Ofen backen. Sofort servieren, den Bratensaft separat reichen.

Chili con carne

Tex-Mex-Küche

für 4–6 Personen

Zub. 5 Min. • Garzeit 50 Min.

tiefgekühlt 3 Mon. haltbar

- 1 EL Olivenöl
- 1 Zwiebel, in dünne Scheiben geschnitten
- 2 EL Chilisauce
- 1 Knoblauchzehe, durchgepresst
- 1 TL Kreuzkümmel
- 675 g Rinderhackfleisch
- 1 Dose Kidneybohnen (400 g), abgespült und abgetropft
- 1 Dose Tomatenstücke (400 g)
- Salz und schwarzer Pfeffer
- Sauerrahm zum Servieren

1 Das Öl in einem großen Topf bei mittlerer Hitze erwärmen. Die Zwiebeln darin 5 Min. anbraten, bis sie weich sind. Chilisauce, Knoblauch, Kreuzkümmel und Hackfleisch hinzufügen und unter gelegentlichem Rühren 3 Min. anbraten, bis das Fleisch zu bräunen beginnt.

2 Kidneybohnen und Tomaten unterrühren und zum Kochen bringen. Bei reduzierter Temperatur unter gelegentlichem Rühren abgedeckt 40 Min. köcheln lassen. Nach Belieben mit Salz und Pfeffer abschmecken und mit dem Sauerrahm servieren.

Dazu passen Reis oder Nachos, dazu Guacamole und Salsa.

Rinderbraten

Der Inbegriff des Sonntagsbratens

für 4 Personen

Zub. 20 Min. + Wartezeit • Garzeit 1½–2 Std.

- 1,5 kg Rindfleisch aus dem Rippenstück
- 25 g Pflanzenfett
- Salz und schwarzer Pfeffer

Bratensauce

- 2 EL Mehl
- 500 ml Rinderfond

1 Den Backofen auf 220 °C vorheizen. Das Rindfleisch in eine Schmorpfanne setzen, mit dem Pflanzenfett bestreichen, mit reichlich schwarzem Pfeffer übermahlen und salzen. 15 Min. im Ofen garen.

2 Die Temperatur auf 190 °C senken und den Braten nach folgenden Zeitangaben fertigstellen: für *rare* (blutig) gebratenes Fleisch etwa15 Min. pro 500g plus 15 Min. extra, für *medium rare* (zwischen blutig und rosa) 20 Min. pro 500 g plus 20 Min. extra und für *well done* (durchgebraten) 25 Min. pro 500 g plus 25 Min. extra garen. Das Fleisch gelegentlich mit Bratensaft begießen.

3 Den Braten aus dem Ofen nehmen, locker mit Alufolie abdecken und an einem warmen Ort 15–20 Min. ruhen lassen.

4 Für die Zubereitung der Bratensauce den Braten auf ein Tranchierbrett legen. Das Fett, das sich in der Schmorpfanne angesammelt hat, bis auf 2 EL abgießen. Die Schmorpfanne bei mittlerer Hitze auf dem Herd erwärmen, das Mehl mit dem Fett verrühren, dabei den Bratensatz am Pfannenboden abkratzen. Den Rinderfond zugießen und rühren, bis sich die Zutaten verbunden haben. Unter ständigem Rühren zum Kochen bringen, bis eine dickflüssige, glatte Sauce entstanden ist. Durch ein Sieb in eine Sauciere abgießen und zu dem aufgeschnittenen Braten servieren.

Rindfleischsalat mit karamellisierten Walnusskernen

Lässt sich auch in großen Mengen gut zubereiten

für 6 Personen

Zub. 20 Min. • Garzeit 60 Min.

- 4 Rote-Bete-Knollen
- Olivenöl zum Beträufeln
- Salz und schwarzer Pfeffer
- 1 kg Rinderfilet, pariert
- 100 g Walnusskerne
- 1 EL flüssiger Honig
- 1 EL Zucker
- 175 g Rucola
- Balsamico-Essig zum Beträufeln
- 2 EL gehackter Schnittlauch

Meerrettichcreme

- ½ EL geriebener Meerrettich
- 6 EL Crème fraîche oder Sauerrahm
- 1 EL Zitronensaft

1 Den Backofen auf 220 °C vorheizen. Rote Bete mit Olivenöl beträufeln, salzen und pfeffern. Einzeln in Alufolie wickeln und 40 Min. backen.

2 Eine große Pfanne stark erhitzen. Das Fleisch mit Öl und Salz einreiben und beide Seiten fest in grob gemahlenen Pfeffer drücken. Das Fleisch beidseitig scharf anbraten, dann in einen Bräter geben und 15–20 Min. im Ofen fertig garen. Falls es kalt serviert wird, abkühlen lassen, fest in Frischhaltefolie wickeln und kalt stellen.

3 Die Ofentemperatur auf 200 °C senken. Walnusskerne mit Honig, Salz und Zucker vermischen und in gleichmäßigem Abstand auf einem Backblech verteilen. 3 Min. backen, aus dem Ofen nehmen und schnell auf ein kaltes Backblech schütten.

4 Kurz vor dem Servieren die Rucolablätter mit wenig Öl und Essig mischen und in eine Salatschüssel füllen. Rote Bete, Walnusskerne und Schnittlauch darauf anrichten. Das Filet dünn aufschneiden und zum Salat geben.

5 Für die Meerrettichcreme alle Zutaten sowie Salz und Pfeffer verrühren und separat zum Salat reichen.

Rinderfilet mit Walnusspesto

Ein feines Gericht für den Herbst, wenn es frische Walnüsse im Überfluss gibt

für 6 Personen
Zub. 15 Min. • Garzeit 4–8 Min.

6 Filetsteaks vom Rind à ca. 175 g
Olivenöl zum Bestreichen

Walnusspesto

100 g Walnusskerne
50 g Parmesan, gerieben
2 Knoblauchzehen
100 ml Olivenöl
30 g Estragon
30 g Petersilie
½ EL Rotweinessig
Salz und schwarzer Pfeffer

1 Für die Herstellung des Walnusskerne die Walnüsse einige Minuten ohne Fettzugabe in einer Pfanne rösten, aufpassen, dass sie nicht zu dunkel werden. Abkühlen lassen. Mit den anderen Pestozutaten in der Küchenmaschine grob pürieren. Mit Salz und Pfeffer abschmecken.

2 Eine Grillpfanne erhitzen oder den Backofengrill vorheizen. Die Steaks mit etwas Olivenöl einpinseln und kräftig salzen und pfeffern. Auf jeder Seite 2–4 Min. grillen, je nach gewünschtem Gargrad. Einige Minuten ruhen lassen, dann mit einem Löffel Pesto servieren.

Sauerbraten

Das Rindfleisch wird in Essigmarinade eingelegt und sanft geschmort, was einen herrlich zarten Braten mit sehr aromatischer Sauce ergibt

für 4–6 Personen
Zub. 30 Min. + Wartezeit • Garzeit 2–2¼ Std.
tiefgekühlt 2 Mon. haltbar

1 kg Rinderschmorbraten aus der Oberschale oder Hüfte
2 EL Sonnenblumenöl
1 Zwiebel, in Scheiben geschnitten
1 Stange Staudensellerie, gehackt
1 EL Mehl
50 g Saucenlebkuchen, zerkrümelt
Salz und schwarzer Pfeffer

Marinade

400 ml Rotwein
150 ml Rotweinessig
2 Zwiebeln, in dünne Scheiben geschnitten
1 EL brauner Zucker
½ TL geriebene Muskatnuss
4 Pimentkörner, leicht zerstoßen
4 schwarze Pfefferkörner, leicht zerstoßen
2 Lorbeerblätter
½ TL Salz

Vorbereitung Schritt 1 und 2 lassen sich 2–3 Tage im Voraus erledigen.

1 Für die Marinade Wein, Essig, Zwiebeln, Zucker, Muskatnuss, Piment, Pfefferkörner, Lorbeerblätter, Salz und 150 ml Wasser in einen Topf geben. Bei starker Hitze unter Rühren zum Kochen bringen. Die Flüssigkeit vom Herd nehmen und abkühlen lassen.

2 Den Braten in eine Schüssel legen, die kaum größer als das Fleischstück selbst ist, und mit so viel Marinade übergießen, dass es mindestens bis zur Hälfte in der Flüssigkeit liegt. Abgedeckt 2–3 Tage im Kühlschrank marinieren lassen, währenddessen zweimal pro Tag wenden.

3 Den Backofen auf 180 °C vorheizen. Das Fleisch aus der Marinade nehmen, gut abtropfen lassen und mit Küchenpapier trocken tupfen. Die Marinade durch ein Sieb gießen, die Gewürze entfernen, die Flüssigkeit aufbewahren.

4 Das Öl in einem großen, ofenfesten Schmortopf erhitzen und das Fleisch darin von allen Seiten anbräunen, herausnehmen und beiseitestellen. Zwiebel und Sellerie in den Schmortopf geben und unter ständigem Rühren 5–6 Min. anbraten, bis sie zu bräunen beginnen. Das Gemüse mit dem Mehl bestäuben, 1 Min. rühren, dann 400 ml von der aufbewahrten Marinade zugießen. Unter Rühren zum Kochen bringen.

5 Das Fleisch auf das Gemüse legen und mit der Flüssigkeit beschöpfen. Den Schmortopf dicht verschließen und 2–2¼ Std. im Ofen schmoren, bis sich der Braten mit einer Gabel zerteilen lässt.

6 Das Fleisch auf eine vorgewärmte Servierplatte legen und locker mit Alufolie abdecken. Die Garflüssigkeit durch ein Sieb in einen Topf abgießen und bei starker Hitze auf etwa 300 ml einkochen. Die Lebkuchen hineingeben und rühren, bis sie sich aufgelöst haben und die Sauce binden. Mit Salz und Pfeffer abschmecken. Das Fleisch in Scheiben schneiden und mit etwas Sauce beträufelt servieren. Die restliche Sauce separat reichen.

Dazu passen Kartoffelklöße und Rotkohl oder Röstkartoffeln und Möhren.

Reste können dünn aufgeschnitten mit Rotkohl und etwas scharfem Senf zwischen zwei Scheiben Bauernbrot verzehrt werden.

Mit Ingwer und Honig marinierte Rindfleischspieße

Fleischspieße eignen sich perfekt zum Grillen

für 4 Personen

Zub. 20 Min. + Wartezeit
• Garzeit 4–8 Min.

Holzspieße vor der Verwendung 30 Min. in kaltes Wasser legen, damit sie nicht verbrennen

8 Holzspieße

- 5 cm frischer Ingwer, geschält
- Saft von 1 Limette
- 1 EL helle Sojasauce
- 1 EL Honig
- 1 EL Olivenöl
- 3 Frühlingszwiebeln, grob gehackt
- 500 g Rinderfilet oder Sirloinsteak, in 2,5 cm große Würfel geschnitten
- 16 Kirschtomaten
- Salz und schwarzer Pfeffer

Avocadocreme

- 1 reife Avocado, geschält und entsteint
- 2 Frühlingszwiebeln, gehackt
- 1 grüne Chilischote, Samen entfernt, gehackt
- 50 g Frischkäse

1 Ingwer, Limettensaft, Sojasauce, Honig, Olivenöl und Frühlingszwiebeln in der Küchenmaschine glatt pürieren. Die Fleischwürfel in eine Schüssel legen, mit der Marinade übergießen und abgedeckt 1–2 Std. marinieren.

2 Die Zutaten für die Avocadocreme im Mixer oder in der Küchenmaschine zu einer homogenen Masse verarbeiten. Mit Salz und Pfeffer abschmecken.

3 Eine Grillpfanne stark erhitzen oder den Backofengrill vorheizen. Das Fleisch gleichmäßig auf die Spieße verteilen, je 2 Kirschtomaten pro Spieß hinzufügen.

4 Die Spieße 2–4 Min. auf jeder Seite braten oder grillen, bis sie außen gut gebräunt und innen noch rosa sind. Mit Salz und Pfeffer abschmecken und mit der Avocadocreme servieren.

Reste können in kleinere Stücke geschnitten und kalt mit Blattsalat und Avocadocreme oder einer frischen Vinaigrette serviert werden.

Rinderfilet mit Johannisbeerjus

Die kräftige dunkle Sauce verleiht dem Gericht ein wunderbar intensives Aroma

für 6 Personen

Zub. 30 Min. + Wartezeit
• Garzeit 40–70 Min.

- 100 g durchwachsener Speck, fein gewürfelt
- 600 ml Portwein
- 2 EL Johannisbeergelee
- 150 ml Rinderfond
- 1 TL Maisstärke, mit 1 EL kaltem Wasser verrührt
- 1 kg Rinderfilet (am Stück)
- Salz und schwarzer Pfeffer
- Olivenöl

Vorbereitung Die Sauce kann bis zu 2 Tage im Voraus zubereitet werden.

1 Den Backofen auf 200 °C vorheizen. Den Speck in einer beschichteten Pfanne knusprig braten, herausnehmen und auf Küchenpapier abtropfen lassen. Die Pfanne trocken reiben, Portwein, Johannisbeergelee und Fond hineingeben. 5 Min. köcheln lassen, bis alles um ein Viertel eingekocht ist. Die aufgelöste Maisstärke unterrühren, sodass die Sauce glatt und dicklich wird. Den gebratenen Speck hinzufügen und die Pfanne beiseitestellen.

2 Das Filet salzen und pfeffern. Eine Pfanne bei hoher Temperatur erhitzen, etwas Olivenöl zugeben und das Fleisch ringsum anbräunen. In einen Bräter setzen und im Ofen fertig garen: 20 Min. für *rare* (blutig), 40 Min. für *medium* (rosa) oder 50 Min. für *well done* (durchgebraten).

3 Nach dem Garen 15 Min. ruhen lassen, dann tranchieren und mit der Sauce beträufelt servieren.

Dazu passen Kartoffelgratin und grüner Spargel.

VARIANTE

Entenbrust mit Johannisbeerjus

Das Rinderfilet durch 6 Entenbrustfilets ersetzen. Anstelle von Speck 100 g Pancetta und anstelle von Portwein 600 ml Rotwein verwenden.

Schmortopf mit Schweinefleisch und Bohnen

Das brasilianische Nationalgericht *feijoada* wird mit mehreren Fleischsorten zubereitet

für 6–8 Personen

Zub. 15 Min. + Wartezeit • Garzeit 1 Std. 35 Min.

die Bohnen am Vortag einweichen

- 500 g getrocknete Augenbohnen
- 2 Schweinsfüße
- 250g geräucherte Schweinerippchen
- 175 g geräucherter durchwachsener Speck (am Stück)
- 1 Dose Tomatenstücke (200 g)
- 1 EL Tomatenmark
- 1 Lorbeerblatt
- Salz und schwarzer Pfeffer
- Öl zum Braten
- 500 g Schweinefilet oder -steak, in Stücke geschnitten
- 1 kleine Zwiebel, fein gehackt
- 2 Knoblauchzehen, fein gehackt
- 175 g Chorizo, in kleine Stücke geschnitten
- 1 frische grüne Chilischote, Samen entfernt (nach Belieben)
- 1 Orange, in Spalten geschnitten, zum Garnieren
- 3 Frühlingszwiebeln, gehackt, zum Garnieren

Vorbereitung Das Gericht kann am Vortag zubereitet und zum Verzehr aufgewärmt werden.

1 Die Bohnen abspülen, in eine Schüssel geben und mit kaltem Wasser bedecken. Über Nacht quellen lassen.

2 Am nächsten Tag die Bohnen abgießen und in einen großen Topf füllen. Mit frischem Wasser bedecken, zum Kochen bringen, 10 Min. kochen lassen, aufsteigenden Schaum abschöpfen, dann bei reduzierter Temperatur abgedeckt 60 Min. köcheln lassen.

3 In der Zwischenzeit Schweinsfüße, Rippchen und durchwachsenen Speck in einen Topf geben. Tomatenstücke samt Saft, Tomatenmark, Lorbeerblatt hinzufügen, mit Salz und Pfeffer nach Geschmack würzen. Mit Wasser bedecken, zum Kochen bringen, aufsteigenden Schaum entfernen und den Deckel auflegen. Die Temperatur senken und 50 Min. köcheln lassen.

4 Die gegarten Bohnen abgießen, dabei die Garflüssigkeit auffangen, dann die Bohnen zurück in den Topf geben. Das Fleisch samt Garflüssigkeit hinzufügen. Gerade so viel von der Bohnengarflüssigkeit zugießen, dass alles bedeckt ist. Abgedeckt bei geringer Hitze 20 Min. weitergaren.

5 In einer Pfanne 1 EL Öl erhitzen und das Schweinefilet oder -steak darin anbräunen. Zur Fleisch-Bohnen-Mischung geben und weitere 10 Min. garen oder bis alle Fleischsorten gar und die Bohnen sehr weich sind. Die Pfanne ausreiben, 1 EL Öl hineingeben und die Zwiebel und den Knoblauch bei mittlerer Hitze 3–4 Min. unter häufigem Rühren anbraten, bis sie weich und glasig sind. Chorizo und Chilischote (falls verwendet) hinzufügen und unter Rühren weitere 2 Min. braten. 2–3 EL Bohnen in die Pfanne geben und mit der Rückseite eines Löffels zerdrücken. Den Inhalt der Pfanne zur Fleisch-Bohnen-Mischung geben, umrühren und nochmals 10 Min. garen.

6 Zum Servieren die größeren Fleischstücke aus dem Topf nehmen und in kleinere Stücke schneiden. Diese mit der restlichen Fleisch-Bohnen-Mischung in eine Servierschüssel füllen und mit Orangenspalten und Frühlingszwiebeln garnieren. Sofort servieren.

Dazu passen Reis, gedämpfter oder gebratener Kohl und eine Tomatensalsa.

Frikadeller

Dänische Hackfleischbällchen mit Geflügelfleisch

für 4 Personen

Zub. 15 Min. • Garzeit 10 Min.

tiefgekühlt (roh oder gegart) 3 Mon. haltbar

- 250 g Schweinehackfleisch
- 250 g Hackfleisch vom Hähnchen oder Truthahn
- 1 Zwiebel, gerieben
- 60 g frische Semmelbrösel
- 5–6 EL Milch
- ½ TL getrockneter Thymian
- Salz und schwarzer Pfeffer
- 1 Ei, verquirlt
- Mehl zum Bestäuben
- Sonnenblumenöl zum Braten
- 1 Zitrone, in Spalten geschnitten

1 Das Hackfleisch von Schwein und Huhn mit Zwiebel, Semmelbröseln, Milch und Thymian in eine große Schüssel geben, vermischen, salzen und pfeffern.

2 Das Ei und, falls nötig, etwas mehr Milch unterrühren. Die Masse soll weich, aber nicht klebrig sein. Mit leicht bemehlten Händen 16 Bällchen daraus formen.

3 Das Öl in einer großen Pfanne erhitzen und die Fleischbällchen bei mittlerer Hitze 8–10 Min. darin goldbraun braten.

4 Auf Küchenpapier abtropfen lassen und heiß mit Zitronenspalten servieren.

Schweinekoteletts in Pfeffersauce

Milde grüne Pfefferkörner verleihen dieser cremigen Sauce eine sanfte Würze

für 4 Personen

Zub. 10 Min. • Garzeit 12–16 Min.

- 4 magere Schweinekoteletts
- Salz und schwarzer Pfeffer
- 1 EL Sonnenblumenöl
- 25 g Butter
- 1 große Schalotte, fein gehackt
- 4 EL trockener Sherry
- 1½ EL grüne Pfefferkörner in Salzlake, abgespült, abgetropft und leicht zerdrückt
- 150 ml Hühnerfond
- 4 EL Crème fraîche

Vorbereitung Die Sauce lässt sich 2 Tage im Voraus zubereiten. Vor dem Servieren sanft erhitzen.

1 Die Koteletts von überschüssigem Fett befreien, salzen und pfeffern. Das Öl bei mittlerer Temperatur in einer großen Pfanne erhitzen und die Koteletts darin je nach Dicke 6–8 Min. auf jeder Seite anbraten, bis sie goldbraun sind und austretender Fleischsaft klar ist. Aus der Pfanne nehmen, auf einen vorgewärmten Teller legen und mit Alufolie abdecken.

2 Für die Sauce die Butter in der Pfanne zerlassen und bei mittlerer Hitze die Schalotte 4–5 Min. unter Rühren anschwitzen. Den Sherry zugeben und etwa 1 Min. köcheln lassen. Pfefferkörner und Fond hinzufügen, zum Kochen bringen und 2–3 Min. köcheln lassen, bis die Flüssigkeit leicht reduziert ist.

3 Die Crème fraîche unterrühren. Die Koteletts mit der Sauce übergießen und sofort servieren.

Dazu passen Rösti und gedämpftes grünes Gemüse.

Schweinekoteletts mit Blauschimmelkäse

Die pikante und gleichzeitig leicht süßliche Füllung erhält durch Pekannusskerne einen angenehmen Biss

für 4 Personen

Zub. 10 Min. • Garzeit 12–16 Min.

Zahnstocher

- 4 magere Schweinekoteletts
- 1 EL Olivenöl
- Salz und schwarzer Pfeffer

Füllung

- 1 Tafelapfel wie Cox Orange, geschält, entkernt und fein gewürfelt
- 100 g Roquefort oder Stilton, zerkrümelt
- 50 g Pekannusskerne, gehackt
- 2 Frühlingszwiebeln, gehackt

1 Die Zutaten für die Füllung vermischen und beiseitestellen.

2 Von den Koteletts überschüssiges Fett enfernen. Mit einem kleinen, scharfen Messer an der Fettseite der Koteletts jeweils einen quer verlaufenden Einschnitt bis nahe an den Knochen heran vornehmen, sodass eine Tasche zum Füllen entsteht.

3 Die Füllung gleichmäßig auf die Taschen in den Koteletts verteilen und fest hineindrücken, dann mit Zahnstochern fixieren.

4 Den Backofengrill auf mittlerer Stufe vorheizen. Die Koteletts auf ein Backblech legen, mit Öl einpinseln und mit Salz und Pfeffer würzen. Je nach Dicke 6–8 Min. auf jeder Seite grillen, bis sie goldbraun sind und austretender Fleischsaft klar ist. Vor dem Servieren die Zahnstocher entfernen.

Dazu passen grüne Bohnen und neue Kartoffeln.

Cassoulet

Ein deftiger Eintopf mit Bohnen und Wurst aus Südwestfrankreich

für 4–6 Personen

Zub. 30 Min. + Wartezeit
• Garzeit 3 Std. 45 Min.

große, ofenfeste Form
mit 3,5 l Fassungsvermögen

- 350 g getrocknete weiße Bohnen
- 1 El Olivenöl
- 8 Saucisses de Toulouse (Schweinsbratwürste)
- 250 g durchwachsener Speck am Stück oder 1 Chorizo, in Scheiben geschnitten
- 2 Zwiebeln, fein gehackt
- 1 Möhre, klein geschnitten
- 4 Knoblauchzehen, durchgepresst
- 4 Entenkeulen
- 1 Zweig Thymian plus ½ EL gehackte Blättchen
- 1 Lorbeerblatt
- Salz und schwarzer Pfeffer
- 2 EL Tomatenmark
- 1 Dose Tomatenstücke (400 g)
- 200 ml Weißwein
- ½ Baguette vom Vortag
- 1 EL gehackte Petersilie

1 Die Bohnen in einen Topf geben, mit reichlich kaltem Wasser bedecken, zum Kochen bringen und 10 Min. kochen lassen. Vom Herd nehmen und 2–3 Std. quellen lassen, dann abgießen.

2 Das Olivenöl in einer Pfanne erhitzen, die Würste darin 7–8 Min. anbräunen, dabei gelegentlich wenden. Aus der Pfanne nehmen und beiseitestellen. Den Speck in die Pfanne geben und 5 Min. anbraten, dann herausnehmen und ebenfalls beiseitestellen. Die Zwiebeln und die Möhre 10 Min. sanft braten, bis sie weich sind. Nun drei Viertel des Knoblauchs zugeben und 1 Min. mitgaren.

3 Den Backofen auf 220 °C vorheizen. Die Entenkeulen mehrfach mit einer Gabel einstechen und 30 Min. backen. Aus dem Ofen nehmen. Das ausgetretene Entenfett aufbewahren, die Ofentemperatur auf 140 °C reduzieren.

4 In eine große, ofenfeste Form die Zutaten in folgender Reihenfolge einschichten: zunächst die Hälfte der Bohnen, dann Zwiebeln, Möhre, Würste, Speck und Entenkeulen, zum Schluss mit den restlichen Bohnen bedecken. Thymianzweig und Lorbeerblatt zwischen die Zutaten stecken. Kräftig salzen und pfeffern.

5 Tomatenmark, Tomaten und Wein mit 900 ml heißem Wasser verrühren und in die Form gießen. Im Ofen 3 Std. abgedeckt schmoren, bei Bedarf etwas Wasser zugießen.

6 Vom Baguette die Kruste abschneiden, dann das Brot in Stücke reißen und mit dem restlichen Knoblauch in der Küchenmaschine grob zerkleinern. 2 EL Entenfett in einer Pfanne erhitzen, die Brösel darin bei mittlerer Hitze 7–8 Min. goldbraun rösten. Auf Küchenpapier abtropfen lassen und mit den Kräutern vermischen. Das Cassoulet aus dem Ofen nehmen und umrühren. Mit den Kräuterbröseln bestreut servieren.

Schweinefleischpastete

Mit herzhaftem Lauch

für 4 Personen

Zub. 25 Min. + Wartezeit
• Garzeit 1 Std. 10 Min.

- 2 EL Pflanzenöl
- 500 g entbeinte Schweinesteaks, in 2,5 cm große Würfel geschnitten
- 2 Stangen Lauch, in dicke Scheiben geschnitten
- 150 g Pilze, halbiert
- 1 TL Thymianblättchen
- 150 ml Hühnerfond
- 1 EL Maisstärke, mit 1 EL Wasser verrührt
- 250 ml Apfelsaft
- 2 EL Tomatenmark
- Salz und schwarzer Pfeffer
- 250 g fertiger Mürbeteig
- 1 Ei, verquirlt, zum Bestreichen

1 Das Öl in einer Pfanne erhitzen, das Fleisch darin anbräunen, herausnehmen und beiseitestellen. Lauch, Pilze und Thymian in die Pfanne geben und 5 Min. anbraten. Fond, Maisstärke, Saft und Tomatenmark unterrühren. Das Fleisch zurück in die Pfanne geben, salzen, pfeffern und 25 Min. köcheln lassen.

2 Den Backofen auf 200 °C vorheizen. Schweinefleisch, Lauch und Pilze in eine Pie-Form füllen, die Sauce aufbewahren. Den Teig ausrollen und auf die Form legen. In die Mitte ein Loch schneiden, damit Dampf entweichen kann. Mit Ei bestreichen und 30 Min. kalt stellen. Die Pie 35 Min. backen, mit der Sauce servieren.

BBQ Spare ribs

Diese knusprigen Rippchen sind bei Groß und Klein beliebt

für 4 Personen

Zub. 5 Min. + Wartezeit • Garzeit 1 Std. 30 Min.

- 2 kg Schälrippchen vom Schwein
- Zitronenspalten zum Servieren
- Rosmarinzweige zum Servieren

Marinade

- 6 EL Mangochutney, passiert
- 6 EL Tomatenketchup
- 6 EL Weißweinessig
- 4 EL dunkle Sojasauce
- 4 TL Knoblauchpüree
- 2 EL Chilisauce
- 2 TL Paprikapulver
- 2 Dosen Tomatenstücke (à 230 g)
- 100 g brauner Zucker
- Salz und schwarzer Pfeffer

1 Die Zutaten für die Marinade vermischen. Die Spare ribs darin wenden und mindestens 30 Min. abgedeckt kalt stellen.

2 Den Backofen auf 190 °C vorheizen. Die Spare ribs nebeneinander in eine ofenfeste Form legen und mit der Marinade übergießen. Mit Folie abgedeckt 60 Min. garen.

3 Mit Marinade bestreichen und ohne Folie 30 Min. braten. Nochmals mit Marinade bestreichen, mit Zitrone und Rosmarin anrichten.

Spanischer Eintopf

Der sättigende Eintopf ist in Spanien als *cocido* bekannt

für 6–8 Personen

Zub. 25 Min. • Garzeit 2 Std. 45 Min.

- 4 EL Olivenöl
- 4 kleine Zwiebeln, geviertelt
- 2 Knoblauchzehen, gehackt
- 4 dicke Scheiben Schweinebauch, insgesamt etwa 500 g
- 4 Hähnchenoberschenkel (300 g)
- 250 g Schmorbraten vom Rind, in 4 Scheiben geschnitten
- 175 g durchwachsener Speck, in 4 Stücke geschnitten
- 4 kleine Schälrippchen vom Schwein, (150 g)
- 100 ml Weißwein
- 175 g Chorizo, in 4 Stücke geschnitten
- 175 g Morcilla (spanische Blutwurst)
- 1 kleiner Schinkenknochen
- 1 Lorbeerblatt
- Salz und schwarzer Pfeffer
- 8 kleine festkochende Kartoffeln
- 4 Möhren, längs halbiert
- 1 Dose Kichererbsen (400 g)
- 1 Wirsing oder Weißkohl, nur das Herz, geviertelt
- 3 EL gehackte Petersilie

1 In einem großen Topf 1 EL Öl erhitzen, Zwiebeln und Knoblauch darin 10 Min. anbraten, gelegentlich umrühren. Das restliche Öl in einer Pfanne erhitzen und darin Schweinebauch, Hähnchen, Rindfleisch, Speck und Schälrippchen portionsweise von allen Seiten leicht anbräunen, dann in den Topf zu den Zwiebeln geben.

2 Den Wein in die Pfanne gießen, auf die Hälfte einkochen lassen und ebenfalls in den Topf geben. Chorizo, Morcilla, Schinkenknochen und Lorbeerblatt hinzufügen, dann salzen und pfeffern. Mit kaltem Wasser bedecken. Zum Kochen bringen, dann abgedeckt 90 Min. köcheln lassen. Kartoffeln und Möhren zugeben, weitere 30 Min. garen, dann Kichererbsen und Kohl hinzufügen und nochmals 15 Min. köcheln.

3 Zum Servieren Lorbeerblatt und Schinkenknochen entfernen. Fleisch und Gemüse auf tiefe Teller verteilen, mit heißer Brühe übergießen und mit Petersilie bestreuen.

Schinken mit Honigkruste

Zuerst gekocht und dann gebraten

für 8–10 Personen

Zub. 15 Min. • Garzeit 2 Std.

- 1,5 kg entbeinter Schinkenbraten
- 1 Zwiebel, geviertelt
- 2 Lorbeerblätter
- 6 Pfefferkörner
- abgeriebene Schale und Saft von 1 unbehandelten Orange
- 3 EL Honig
- 1 Handvoll Gewürznelken

1 Den Schinken in einen großen Topf legen und mit Wasser bedecken. Zwiebel, Lorbeerblätter, und Pfefferkörner zugeben und alles 90 Min. köcheln lassen, dann das Fleisch herausnehmen und zum Abkühlen beiseitestellen.

2 Den Backofen auf 200 °C vorheizen. Mit einem scharfen Messer sorgfältig die Schwarte vom Schinken abtrennen und wegwerfen. Orangenschale, Honig und 2 EL Orangensaft verrühren und den Schinken damit bestreichen. Ein Rautenmuster in die Fettschicht schneiden, in jede Raute mittig eine Gewürznelke stecken.

3 Den Schinken in einen Bräter setzen, 10 Min. garen, dann mit der Glasur bestreichen. Weitere 20 Min. braten oder bis die Kruste goldbraun ist. Vor dem Tranchieren ruhen lassen.

Lamm-Tajine mit Couscous

Getrocknete Aprikosen und Orangensaft sorgen zusammen mit Kreuzkümmel, Koriander, Ingwer und Thymian für das typisch marokkanische Aroma

- für 4 Personen
- Zub. 10 Min. + Wartezeit • Garzeit 1 Std. 30 Min.
- ofenfester Schmortopf
- tiefgekühlt 1 Mon. haltbar; bei milder Hitze auftauen und vor dem Servieren aufkochen

1 Zwiebel, in dünne Scheiben geschnitten

1 TL gemahlener Koriander

1 TL gemahlener Kreuzkümmel

1 TL gemahlener Ingwer

1 TL getrockneter Thymian

2 EL Sonnenblumenöl oder Erdnussöl

1 kg entbeintes Lammfleisch (Schulter oder Keule), in 2,5 cm große Würfel geschnitten

2 EL Mehl

300 ml Orangensaft

600 ml Hühnerfond

120 g getrocknete Soft-Aprikosen

Salz und schwarzer Pfeffer

Minzeblätter zum Garnieren

Couscous

200 g Instant-Couscous

Salz

Vorbereitung Das Gericht kann bis zu 2 Tage im Voraus zubereitet werden.

1 Zwiebel, Koriander, Kreuzkümmel, Ingwer, Thymian und 1 EL Öl in eine große Schüssel geben und mit dem Lammfleisch vermischen. Mindestens 3 Std. oder über Nacht abgedeckt im Kühlschrank marinieren.

2 Den Backofen auf 160 °C vorheizen. Das Mehl mit dem Orangensaft glatt rühren und beiseitestellen.

3 Das restliche Öl bei hoher Temperatur im Schmortopf erhitzen. Das Lammfleisch unter häufigem Rühren 5 Min. anbraten, bis es gebräunt ist.

4 Die Mehlmischung und den Fond unterrühren. Unter Rühren zum Kochen bringen, dann den Topf vom Herd nehmen und für 60 Min. abgedeckt in den Ofen stellen.

5 Den Topf aus dem Ofen nehmen, die Aprikosen hineingeben und weitere 20 Min. abgedeckt im Ofen schmoren, bis das Lamm gar ist.

6 Das Couscous mit Salz in eine große, hitzebeständige Schüssel geben und mit so viel kochendem Wasser übergießen, dass es 2,5 cm über dem Couscous steht. Mit einem gefalteten Geschirrtuch abdecken und 10 Min. quellen lassen. Mit einer Gabel auflockern und warm stellen. Wenn das Lamm fertig ist, prüfen, ob nachgewürzt werden muss. Mit Minzeblättern bestreuen und mit dem heißen Couscous servieren.

Tajine

Der nordafrikanische Tontopf, der traditionell als eine Art tragbarer Ofen verwendet wird, eignet sich hervorragend zum Garen von Schmorgerichten wie diesem. Der kegelförmige Deckel hält besonders gut die Hitze, während die Verdickung am oberen Deckelende, sozusagen der Griff, kühl bleibt. Verwenden Sie alternativ einen Schmortopf mit dicht schließendem Deckel.

Lamm mit Blaubeeren

Eine frische und ungewöhnliche Kombination

- für 4 Personen
- Zub. 10 Min. • Garzeit 8–12 Min.

8–12 Lammnüsschen, pariert und in Form gebunden

Salz und schwarzer Pfeffer

2 EL Olivenöl

3 Frühlingszwiebeln, gehackt

1½ EL Johannisbeergelee

150 ml Lammfond

150 g Blaubeeren

2 El fein gehackte Minze

1 Die Lammnüsschen salzen und pfeffern. Die Hälfte des Öls in einer großen Pfanne mit schwerem Boden erhitzen und das Fleisch darin 4–6 Min. auf jeder Seite anbraten, bis es außen goldbraun und innen noch leicht rosa ist. Auf einen Teller legen und mit Folie abdecken.

2 Das restliche Öl in die Pfanne geben und die Zwiebeln 2–3 Min. anbraten, dann das Gelee und den Fond hinzufügen. Rühren, bis sich das Gelee aufgelöst hat und die Sauce zu kochen beginnt.

3 Die Blaubeeren hinzufügen und ohne Deckel 2 Min. köcheln lassen, dann die Minze zugeben.

4 Das Lamm mit Sauce beträufelt servieren.

Lamm-Köfte

Saftige Hackfleischbällchen mit orientalischer Note, auf Spießchen gegrillt

- ergibt 16 Stück
- Zub. 15 Min. + Wartezeit • Garzeit 8–10 Min.
- Holzspieße vor der Verwendung 30 Min. in kaltes Wasser legen
- 16 Holzspieße

1 Scheibe Weißbrot, Kruste entfernt, in kleine Stücke gezupft

3 EL Milch

500 g Lammhackfleisch

8 Stängel Koriandergrün, nur die Blätter, fein gehackt

8 Stängel Petersilie, nur die Blätter, fein gehackt

1 EL gemahlener Kreuzkümmel

1 Knoblauchzehe, durchgepresst

½ TL Salz

½ TL schwarzer Pfeffer

Pflanzenöl zum Einfetten

Sauce

120 g Salatgurke, Samen entfernt, gewürfelt

300 g Naturjoghurt

Vorbereitung Schritte 1–3 lassen sich 1 Tag im Voraus erledigen; die rohen Köfte bis zum Grillen kalt stellen. Die Sauce kann 2 Tage im Voraus zubereitet werden.

1 Die Spieße in Wasser legen. Das Brot 5 Min. in der Milch quellen lassen.

2 Das Lammhackfleisch mit Koriandergrün, Petersilie, Kreuzkümmel, Knoblauch, Salz und Pfeffer in eine große Schüssel geben. Das eingeweichte Brot ausdrücken und zugeben. Alles mit den Händen gründlich durchkneten.

3 Mit angefeuchteten Händen aus der Masse 16 Köfte formen. Diese vorsichtig einzeln auf die Holzspieße stecken.

4 In der Zwischenzeit den Backofengrill auf höchster Stufe vorheizen. Die Fettpfanne mit Aluminiumfolie auskleiden, den Grillrost mit etwas Pflanzenöl einfetten. Den Rost etwa 10 cm von den Heizstäben entfernt in den Ofen schieben.

5 Die Köfte auf den Grillrost legen, direkt darunter die Fettpfanne einschieben und unter häufigem Wenden grillen: 8 Min. für leicht rosa im Kern, 10 Min. für durchgebraten. Die Salatgurke mit Joghurt und etwas Salz vermischen und zu den gegrillten Köfte servieren.

Geschmortes Lamm

Dieses Gericht ist die reinste Aromaexplosion mit seiner Sauce aus Tomaten, Oliven und Kräutern

- für 6 Personen
- Zub. 20 Min. • Garzeit 1½ Std.
- Schmortopf
- tiefgekühlt 1 Mon. haltbar

1 kg Lammkeule, in Scheiben geschnitten

1 große Zwiebel, geschält

2 Knoblauchzehen, geschält

1 frische rote Chilischote, Samen entfernt oder ½ TL gehackte, getrocknete Chilischote

4 EL Olivenöl

125 ml Rotwein

100 g schwarze Oliven, entsteint

1 Dose geschälte Tomaten (400 g)

15 g frischer oder 1 TL getrockneter Thymian

Salz und schwarzer Pfeffer

Thymian oder Petersilie zum Garnieren

Vorbereitung Dieses Gericht kann drei Tage im Voraus zubereitet werden. Aus dem Kühlschrank nehmen, Raumtemperatur annehmen lassen und 30 Min. erwärmen.

1 Die Fleischscheiben halbieren. Zwiebel, Knoblauch und Chilischote in der Küchenmaschine zu einer groben Paste pürieren. Das Olivenöl im Schmortopf erhitzen und das Fleisch darin von beiden Seiten anbräunen, falls nötig in mehreren Portionen.

2 Das Fleisch herausnehmen und auf einen Teller legen. Die Zwiebelpaste unter Rühren 5 Min. anschwitzen. Das Fleisch zurück in den Topf geben. Rotwein, Oliven, Tomaten und Thymian hinzufügen und abgedeckt 60 Min. köcheln lassen.

3 Den Gargrad überprüfen und 30 Min. ohne Deckel köcheln lassen, bis das Fleisch sehr zart ist. Mit Salz und Pfeffer abschmecken und mit den frisch gehackten Kräutern bestreuen.

Dazu passt heißer, lockerer Couscous.

Reste können grob zerkleinert und mit etwas Sauce vermischt in Filo-Teig gebacken und als pikante Teigtaschen serviert werden.

Irish stew

Es existieren zahllose Varianten von diesem Gericht, aber Lamm und Kartoffeln sind immer dabei

für 4–6 Personen

Zub. 20 Min. • Garzeit 1 Std. 40 Min.

- 8 Lammkoteletts, insgesamt 750 g
- 800 g Zwiebeln, in Scheiben geschnitten
- 3 Möhren, in dicke Scheiben geschnitten
- 800 g mehlig kochende Kartoffeln, geschält und in dicke Scheiben geschnitten
- Salz und schwarzer Pfeffer
- 1 Zweig Thymian
- 1 Lorbeerblatt
- 600 ml Lamm- oder Rinderfond

1 Den Backofen auf 160 °C vorheizen.

2 Das Lammfleisch mit Zwiebeln, Möhren und einem Drittel der Kartoffeln lagenweise in eine ofenfeste Form schichten. Die einzelnen Lagen jeweils nach Geschmack salzen und pfeffern.

3 Thymian und Lorbeerblatt zwischen die Zutaten stecken und alles mit den restlichen Kartoffelscheiben bedecken. Mit dem Fond übergießen und abgedeckt 60 Min. im Ofen garen.

4 Den Deckel abnehmen und das Stew weitere 30–40 Min. backen, bis die Oberfläche appetitlich gebräunt ist. Heiß servieren.

Vorbereitung Das Gericht am Vortag bis Schritt 3 zubereiten.

Dazu passt frisches Gemüse wie Blattspinat, Kohl oder Brokkoli.

Lammeintopf

In den französischen *navarin d'agneau* gehört traditionell junges Frühlingsgemüse

für 4 Personen

Zub. 30 Min. • Garzeit 90 Min.

tiefgekühlt 3 Mon. haltbar

- 25 g Butter
- 1 EL Olivenöl
- 1 kg Lammnacken, in Stücken
- 2 kleine Zwiebeln
- 1 EL Mehl
- 400 ml Lamm- oder Rinderfond
- 2 EL Tomatenmark
- 1 Bouquet garni
- Salz und schwarzer Pfeffer
- 300 g kleine neue Kartoffeln
- 300 g kleine ganze Möhren
- 300 g weiße Baby-Rübchen
- 175 g grüne Bohnen

Vorbereitung Am Vortag bis zum Ende von Schritt 2 vorbereiten, dann abkühlen lassen und abgedeckt kalt stellen. Zum Kochen bringen, das Gemüse zugeben und das Gericht fertigstellen.

1 Die Butter mit dem Öl in einem großen Schmortopf erhitzen. Das Fleisch darin ringsum anbräunen. Die Zwiebeln hinzufügen und unter häufigem Rühren 5 Min. sanft anbraten.

2 Das Fleisch mit Mehl bestäuben und 2 Min. sorgfältig umrühren, bis die Stücke gleichmäßig überzogen sind. Den Fond angießen, dann Tomatenmark und Bouquet garni hinzufügen, salzen und pfeffern. Die Flüssigkeit zum Kochen bringen und 45 Min. abgedeckt köcheln lassen.

3 Kartoffeln, Möhren und Rübchen zugeben und weitere 15 Min. abgedeckt garen. Zum Schluss die Bohnen untermischen und nochmals 10–15 Min. abgedeckt garen.

Dazu passt knuspriges französisches Stangenweißbrot zum Auftunken der Sauce.

Reste lassen sich gut im Kühlschrank aufbewahren, am nächsten Tag gründlich aufwärmen.

Lammbraten mit Flageolets

Der perfekte Sonntagsbraten! Bohnen anstelle der eher traditionellen Röstkartoffeln sorgen für aromatische Abwechslung

- für 4 Personen
- Zub. 15 Min. • Garzeit 1 Std. 40 Min.

- ½ Lammkeule, etwa 1,35 kg schwer
- 2–3 Zweige Rosmarin
- 1 EL Olivenöl
- Salz und schwarzer Pfeffer
- 4 Knoblauchzehen, grob gehackt
- 250 g Kirschtomaten, halbiert
- 1 Dose Flageoletbohnen (410 g), abgetropft
- 1 EL Tomatenmark
- 150 ml trockener Weißwein

Vorbereitung Das Lamm kann einige Stunden vor dem Schmoren vorbereitet und mit Rosmarin gespickt werden.

1 Den Backofen auf 180 °C vorheizen. Die Lammkeule an der Oberfläche mit einem kleinen, scharfen Messer mehrfach tief einschneiden. In jeden Einschnitt einige Rosmarinnadeln stecken. Das Fleisch in einen Bräter setzen, mit Öl einpinseln, salzen und pfeffern. 60 Min. im Ofen braten.

2 Restlichen Rosmarin mit Knoblauch, Tomaten und Flageoletbohnen mischen. Das Lamm aus dem Ofen nehmen, das Gemüse darumlegen. Tomatenmark mit Weißwein verrühren und über das Fleisch gießen.

3 Mit Alufolie abdecken und weitere 30–40 Min. schmoren – dabei einmal umrühren –, bis das Lamm gar, der Fleischsaft jedoch noch leicht rosa ist. Das Fleisch mit Folie abdecken und vor dem Tranchieren 10–15 Min. ruhen lassen.

Lamm-Gemüse-Spieße

Das Fleisch verdankt seine unglaublich zarte Konsistenz einer einfachen, aber sehr aromatischen Marinade

- für 4 Personen
- Zub. 15 Min. + Wartezeit • Garzeit 10–15 Min.
- fettarm, niedriger GI
- 8 Holzspieße

- 500 g entbeinte Lammkeule, Lammrücken oder Lammschulter, in 2,5 cm große Würfel geschnitten
- Salz und schwarzer Pfeffer
- 16 kleine Zwiebeln, blanchiert
- 16 Kirschtomaten
- 16 Champignons
- 1 rote Paprikaschote, Stielansatz, Samen und Scheidewände entfernt, Fruchtfleisch gewürfelt
- Pitabrot zum Servieren
- Blattsalat zum Servieren

Marinade

- 90 ml Olivenöl
- Saft von 1 Zitrone
- 1 kleine rote Zwiebel, fein gehackt
- 1 EL Zitronenthymianblättchen

1 Das Lammfleisch in eine große, korrosionsbeständige Schale legen. Die Zutaten für die Marinade mischen und das Fleisch damit übergießen. Salzen, pfeffern und abgedeckt 2 Std. kalt stellen, gelegentlich umrühren. Die Holzspieße in kaltes Wasser legen.

2 Das Fleisch abtropfen lassen, die Marinade auffangen.

3 Den Grill auf mittlerer Stufe vorheizen. Das Fleisch und das vorbereitete Gemüse abwechselnd auf die Holzspieße stecken. Die Spieße 10–15 Min. grillen, dabei häufig wenden und mit der Marinade bestreichen.

4 Sofort servieren. Kurz aufgebackenes Pitabrot und Blattsalat dazu reichen.

VARIANTE

Indische Lamm-Gemüse-Spieße

Zerdrückten Knoblauch, gehacktes Koriandergrün und je 1 Prise Kreuzkümmel und Currypulver hinzufügen.

Fleisch-Kartoffel-Auflauf

Als traditionelle Resteverwertung von Braten und Kartoffeln, die vom sonntäglichen Mittagessen übrig sind, wird die *shepherd's pie* zubereitet

für 4–6 Personen
Zub. 30 Min. • Garzeit 30 Min.

750 g Lammhackfleisch oder Lammbratenreste, fein gehackt
2 EL Sonnenblumenöl
1 große Zwiebel, gehackt
1 Knoblauchzehe, durchgepresst
2 Möhren, in Scheiben geschnitten
100 ml trockener Rotwein
2 EL Mehl
250 ml Lammfond oder -bratensauce
1 EL Worcestersauce
2 EL gehackte glatte Petersilie
1 EL Rosmarin, fein gehackt
Salz und schwarzer Pfeffer

Kartoffel-Lauch-Püree

1 kg mehlig kochende Kartoffeln, geschält
2 große Stangen Lauch, längs halbiert und in halbe Ringe geschnitten
50 g Butter
150 ml Milch, erhitzt

Vorbereitung Der Auflauf kann 24 Std. im Voraus zubereitet und im Kühlschrank aufbewahrt werden. Zum Servieren vollständig erhitzen.

1 Für die Zubereitung des Kartoffel-Lauch-Pürees die Kartoffeln in große Stücke schneiden. In einem großen Topf mit Wasser bedecken und zum Kochen bringen. 12 Min. kochen, dann den Lauch zugeben und weitere 5 Min. kochen, bis die Kartoffeln gar sind, abgießen.

2 Die Kartoffeln und den Lauch zu Püree stampfen und bei geringer Hitze zurück auf den Herd stellen. Butter und Milch unterrühren, salzen und pfeffern. Den Backofen auf 200 °C vorheizen.

3 Für die Füllung das Lammhackfleisch in einer großen Pfanne 5 Min. bei mittlerer Temperatur leicht anbräunen. Das Fett abgießen, das Fleisch aus der Pfanne nehmen und beiseitestellen.

4 In derselben Pfanne das Öl erhitzen. Zwiebel und Knoblauch darin unter Rühren 3–5 Min. anbraten, bis sie weich sind, dann die Möhren zugeben. Das angebratene Hackfleisch oder das gehackte Bratenfleisch untermischen.

5 Den Wein angießen und bei hoher Temperatur 2–3 Min. erhitzen. Sobald der Wein eingekocht ist, das Mehl unterrühren. Dann Fond, Worcestersauce, Petersilie und Rosmarin hinzufügen, salzen und pfeffern. Zum Kochen bringen und bei reduzierter Hitze 5 Min. köcheln lassen.

6 Die Fleischmischung in eine große, ofenfeste Form füllen und mit dem Kartoffel-Lauch-Püree bedecken. Die Form auf ein Backblech stellen und 30 Min. im Ofen backen, bis das Püree eine goldbraune Oberfläche bekommt. 5 Min. ruhen lassen, dann in der Form servieren.

Dazu passen grünes Gemüse wie gedämpfter Brokkoli oder Erbsen mit Minze.

VARIANTE

Cottage pie

Im Grunde dasselbe Gericht mit Rindfleisch anstelle von Lamm. Die Cottage pie nach obigem Rezept zubereiten, jedoch 750 g Rinderhackfleisch verwenden, die Möhren durch 150 g Erbsen (unaufgetaut, falls tiefgekühlt) und den Rosmarin durch getrockneten Thymian ersetzen. Das Kartoffel-Lauch-Püree verwenden oder den Lauch weglassen und 2 EL Sahnemeerrettich unter das Kartoffelpüree ziehen.

Lammkoteletts mit Kräuter-Senf-Kruste

Ein einfaches Sommergericht

für 4 Personen
Zub. 10 Min. + Wartezeit • Garzeit 10 Min.

6 EL gehackte Petersilie, Thymian, Minze und Majoran
2 Knoblauchzehen, gehackt
1 EL grüne Pfefferkörner, zerdrückt
12 Lammkoteletts
8 EL Olivenöl
Saft und Schale von 1 unbehandelten Zitrone
2 TL Dijonsenf
Salz

1 Kräuter mit Knoblauch und Pfefferkörnern mischen, die Koteletts damit einreiben, beidseitig fest andrücken. Mit Olivenöl und etwas Zitronensaft beträufeln, kalt stellen und mindestens 2 Std. marinieren.

2 Den Grill auf höchster Stufe vorheizen, die Koteletts 5 Min. auf jeder Seite grillen.

3 Für das Dressing 1 EL Zitronensaft, Zitronenschale, Senf und 1 Prise Salz verrühren. Das restliche Öl unterschlagen, bis die Mischung eindickt. Die Koteletts mit dem Dressing beträufeln und servieren.

Reste können zerkleinert und mit weiteren Kräutern und Bulgur vermischt als sättigendes Taboulé serviert werden.

Honiglamm mit Möhrensalsa

Frisch, gesund und schnell gemacht

für 6 Personen

Zub. 20 Min. + Wartezeit • Garzeit 15 Min.

1 kg ausgelöster Lammrücken

Marinade

1 EL flüssiger Honig

Saft von 2 Limetten

Salz und schwarzer Pfeffer

2 EL helle Sojasauce

1 EL gehackter Rosmarin

Salsa

5 große Möhren, geraspelt

1 rote Zwiebel, in Ringe geschnitten

1 Knoblauchzehe

Saft von ½ Zitrone

1 EL Granatapfelsirup

1 EL gehackte Minze

4 EL Olivenöl

75 g Sonnenblumenkerne, geröstet

Vorbereitung Die Möhrensalsa kann am Vortag zubereitet und im Kühlschrank aufbewahrt werden. Das Lammfleisch profitiert von einigen Stunden Marinierzeit.

1 Die Zutaten für die Marinade verrühren und über das Lammfleisch gießen. Mindestens 60 Min., höchstens 24 Std. marinieren.

2 Für die Salsa alle Zutaten außer den Sonnenblumenkernen vermischen. Mit Salz und Pfeffer abschmecken. Mit Frischhaltefolie abdecken und für 60 Min. beiseitestellen. Kurz vor dem Servieren die Sonnenblumenkerne hinzufügen.

3 Den Backofen auf 200 °C vorheizen. Eine Pfanne stark erhitzen und das Fleisch darin von allen Seiten gut anbräunen. In einen Bräter legen und 10 Min. im Ofen braten, sodass es im Kern noch rosa ist. Herausnehmen und 5 Min. ruhen lassen.

4 Das Lammfleisch in Scheiben schneiden und auf vorgewärmten Tellern mit der Salsa servieren.

Schnelles Lammcurry

Verwenden Sie für dieses Gericht Reste vom Lammbraten und passen Sie die Currymenge Ihrem eigenen Geschmack an

für 4 Personen

Zub. 15 Min. • Garzeit 25 Min.

tiefgekühlt 3 Mon. haltbar

1 Zwiebel, geviertelt

3 Knoblauchzehen, in Scheiben

2,5 cm frischer Ingwer, geschält und gehackt

2 grüne Paprika, Stielansätze, Samen und Scheidewände entfernt, Fruchtfleisch geviertelt

1 grüne Chilischote, Samen entfernt

2 EL Öl

1 EL schwarze Senfsamen

1–2 EL Currypulver

1 Dose Tomatenstücke (400 g)

100 g Kokoscreme

500 g gegartes Lammfleisch, in mundgerechte Stücke geschnitten

100 g tiefgekühlte Erbsen

Salz und schwarzer Pfeffer

gehacktes Koriandergrün zum Garnieren

1 Zwiebel, Knoblauch, Ingwer, Paprika- und Chilischoten mit 1 EL Wasser im Mixer pürieren.

2 In einem großen Topf 1 EL Öl erhitzen, die Senfsamen zugeben und unter Rühren 30 Sek. anbraten, bis sie zu hüpfen beginnen. Das Zwiebelpüree hinzufügen, die Temperatur erhöhen und unter häufigem Rühren 3–5 Min. kochen lassen, bis die vorhandene Flüssigkeit verdampft und das Püree dick und ziemlich trocken ist.

3 Das restliche Öl und das Currypulver zugeben und 30 Sek. braten, dann die Tomaten samt Saft und 75 ml Wasser hinzufügen. 1 Min. unter Rühren kochen lassen, dann die Kokoscreme zugeben und rühren, bis alles gut vermischt ist.

4 Lammfleisch und Erbsen unterrühren und alles erneut zum Kochen bringen, dann die Temperatur senken und 10–15 Min. abgedeckt köcheln lassen, bis die Mischung vollständig erhitzt ist. Mit Salz und Pfeffer abschmecken und mit dem gehackten Koriandergrün bestreut servieren.

Dazu passen Reis oder Naan.

Reste können zerkleinert und aufgewärmt als köstliche Füllung für Backofenkartoffeln verwendet werden.

Moussaka

Das bekannteste Gericht Griechenlands erfreut sich auch außerhalb seiner Heimat großer Beliebtheit. Hier wird es in Portionsförmchen zubereitet

- für 4 Personen
- Zub. 30 Min. + Wartezeit • Garzeit 1 Std. 30 Min.
- ofenfeste Förmchen von etwa 4 × 8 cm
- tiefgekühlt 3 Mon. haltbar

2 große Auberginen, in 5 mm dicke Scheiben geschnitten
Salz und schwarzer Pfeffer
5 EL Olivenöl
1 große Zwiebel, gehackt
500 g mageres Lammhackfleisch
100 ml Rotwein
1 Dose Tomatenstücke (400 g)
1 TL Zucker
100 ml Lammfond
2 TL getrockneter Oregano
500 g Kartoffeln, in 5 mm dicke Scheiben geschnitten
4 EL geriebener Parmesan
4 EL Semmelbrösel

Guss

200 g griechischer Joghurt, abgetropft
3 große Eier
1 EL Maisstärke
125 g Quark
60 g Feta, zerkrümelt

Vorbereitung Die Moussaka lässt sich gut am Vortag zubereiten; bis zum Aufwärmen kalt stellen.

1 Die Auberginenscheiben auf einem Teller ausbreiten, mit reichlich Salz bestreuen und 30 Min. stehen lassen. Danach in ein Sieb geben, gründlich mit kaltem Wasser abspülen, abtropfen lassen und trocken tupfen.

2 In einer großen, tiefen Pfanne 2 EL Öl erhitzen, bei milder Hitze die Zwiebel darin unter häufigem Rühren anbraten, bis sie weich ist. Dann die Temperatur erhöhen und das Hackfleisch anbraten, bis es zu bräunen beginnt; dicke Brocken mit einem Löffel zerkleinern.

3 Den Wein angießen, 1–2 Min. köcheln lassen, dann Tomaten, Zucker, Fond und 1 TL Oregano hinzufügen, salzen und pfeffern. Die Fleischsauce 30 Min. offen köcheln lassen, bis ein Großteil der Flüssigkeit verdampft und die Sauce eingekocht ist.

4 In der Zwischenzeit die Auberginenscheiben mit dem restlichen Öl bestreichen und portionsweise in einer Grillpfanne braten, bis sie weich und auf beiden Seiten goldbraun sind. Die Kartoffelscheiben 10–15 Min. kochen, bis sie gerade bissfest sind, dann abgießen.

5 Für den Guss Joghurt, Eier und Maisstärke glatt rühren, dann Quark und Feta untermischen.

6 Den Backofen auf 180 °C vorheizen. Die Auberginenscheiben mit der Fleischmasse in die Portionsförmchen schichten, mit Aubergine beginnen und mit Fleisch abschließen. Die Kartoffelscheiben überlappend darauf anordnen.

7 Den Guss so auf den Kartoffelscheiben verteilen, dass sie komplett bedeckt sind, dann mit Parmesan, Semmelbröseln und dem restlichen Oregano bestreuen und 45 Min. backen, bis die Oberfläche goldbraun gratiniert ist.

VARIANTE

Moussaka mit Käsesauce

Anstelle des Joghurtgusses können Sie auch 450 ml Béchamelsauce verwenden, unter die Sie 2 Handvoll geriebenen Käse rühren. Vor dem Backen mit zusätzlichem Käse bestreuen.

Lamm mit Gemüse aus dem Ofen

Schnell, schlicht und voller Aroma

- für 6 Personen
- Zub. 10 Min. + Wartezeit • Garzeit 60 Min.

200 g rote Zwiebeln, geschält und geviertelt
225 g junge Möhren, geschält
200 g Pastinaken, geschält und längs halbiert
200 g neue Kartoffeln, gebürstet
1 Knoblauchknolle, in Zehen geteilt, ungeschält
Olivenöl zum Beträufeln und Braten
Balsamico-Essig zum Beträufeln
Salz und schwarzer Pfeffer
600 g ausgelöster Lammrücken, pariert

1 Den Backofen auf 200 °C vorheizen. Gemüse in eine ofenfeste Form geben. Mit Olivenöl und Balsamico-Essig beträufeln, salzen und pfeffern. 35 Min. rösten, bis das Gemüse gar ist, mehrmals wenden. Herausnehmen und warm halten.

2 Etwas Öl in einer Pfanne bei hoher Temperatur erhitzen. Das Fleisch ringsum anbräunen, in einen Bräter legen und 25 Min. im Ofen braten, sodass es im Kern noch rosa ist. Mindestens 10 Min. ruhen lassen.

3 Das Lamm in Scheiben schneiden und mit dem Backofengemüse anrichten.

Lammkoteletts mit Chermoula

Chermoula ist eine marokkanische Würzmarinade, die wunderbar zu gegrilltem Fleisch und Fisch passt

für 6 Personen

Zub. 15 Min. + Wartezeit • Garzeit 20 Min.

- 12 Lammkoteletts, pariert
- 4 reife Eiertomaten, klein geschnitten
- Salz und schwarzer Pfeffer
- 1 EL Balsamico-Essig

Marinade

- 1 rote Zwiebel, fein gehackt
- 2 Knoblauchzehen, durchgepresst
- 1 TL gemahlener Kreuzkümmel
- 1 Msp. Paprikapulver
- 1 TL gemahlener Koriander
- abgeriebene Schale und Saft von 1 unbehandelten Zitrone
- 120 ml Olivenöl plus Öl zum Beträufeln
- 1 Handvoll Minze, grob gehackt
- 1 Handvoll Koriandergrün, gehackt

Vorbereitung Das Fleisch kann bis zu 24 Std. mariniert werden.

1 Die parierten Koteletts in eine Schüssel legen. In einer weiteren Schüssel Zwiebel, Knoblauch, Kreuzkümmel, Paprikapulver, Koriander, Zitronensaft und -schale, Olivenöl und einen Großteil der gehackten Minze und des Koriandergrüns vermischen. Das Fleisch mit der Marinade einreiben und 30 Min. marinieren.

2 Die zerkleinerten Tomaten salzen, pfeffern, mit etwas Olivenöl und dem Balsamico-Essig beträufeln, dann mit dem restlichen Koriandergrün und der Minze bestreuen. Beiseitestellen.

3 Den Grill auf höchster Stufe vorheizen. Die Koteletts aus der Marinade nehmen und von jeder Seite 5 Min. grillen, bis sie knusprig sind.

4 Die Koteletts mit dem Tomatensalat anrichten.

Salat mit Lammfilet, Granatapfel und Walnusskernen

Fleisch und Dressing lassen sich vorbereiten – gut, wenn man unter der Woche Gäste zum Essen eingeladen hat

für 6 Personen

Zub. 20 Min. + Wartezeit • Garzeit 10–15 Min.

- 675 g ausgelöster Lammrücken
- 3 Handvoll junge Salatblätter
- 1 Kopf Chicorée, in Einzelblätter getrennt
- 100 g Walnusskerne, geröstet
- 1 Granatapfel, Kerne ausgelöst

Marinade

- Salz und schwarzer Pfeffer
- 3 Knoblauchzehen, durchgepresst
- 2 EL Granatapfelsirup
- 1 EL Olivenöl
- 1 Prise Cayennepfeffer
- einige Zweige Thymian

Vinaigrette

- 1 Schalotte, fein gehackt
- 1 EL Sherryessig
- 1 EL Granatapfelsirup
- 2 EL Walnussöl
- 2 EL Olivenöl

Vorbereitung Da das Fleisch mindestens 4 Std., besser über Nacht marinieren sollte, kann mit der Zubereitung bereits am Vortag begonnen werden.

1 Alle Zutaten für die Marinade vermischen, das Lammfleisch damit bestreichen. Abgedeckt mindestens 4 Std. kalt stellen.

2 Für die Vinaigrette die Schalotten in eine Schüssel geben, mit Essig und Sirup übergießen und 15 Min. stehen lassen. Walnuss- und Olivenöl unterrühren, salzen und pfeffern.

3 Den Backofen auf 190 °C vorheizen. Eine Pfanne mit schwerem Boden stark erhitzen. Das Fleisch von allen Seiten anbräunen, dann in einen Bräter setzen und 10 Min. im Ofen braten, sodass es im Kern noch rosa ist. Das Lamm 15 Min. ruhen lassen.

4 Das Fleisch in Scheiben schneiden, auf einem Salatbett anrichten und mit Walnusskernen und Granatapfelkernen bestreuen, dann mit Vinaigrette beträufeln.

Dazu passen ein Schüsselchen Joghurt und warmes Fladenbrot.

Schmorlamm mit Erbsen und eingelegten Zitronen

Dieses Gericht profitiert davon, wenn man es im Voraus zubereitet – so kann sich das Aroma besser entwickeln

- für 6 Personen
- Zub. 15 Min. + Wartezeit • Garzeit 1 Std. 25 Min.
- Schmortopf
- tiefgekühlt 3 Mon. haltbar

15 g Petersilie, gehackt, plus Petersilie zum Garnieren

15 g Koriandergrün, gehackt, plus Koriander zum Garnieren

1 kg Lammkeule, in Scheiben geschnitten

2 Zwiebeln, fein gehackt

3 Knoblauchzehen, gehackt

1 TL geriebener frischer Ingwer

9 EL Olivenöl

600 ml Fleischfond

2 eingelegte Zitronen (s. S. 205), geviertelt, Fruchtfleisch entfernt, Schale klein geschnitten

Salz (nach Belieben)

450 g tiefgekühlte Erbsen

1 unbehandelte Zitrone, Schale in lange, dünne Streifen geschnitten, zum Garnieren

Vorbereitung Das Schmorlamm kann bis zu 3 Tage im Voraus zubereitet und abgedeckt im Kühlschrank aufbewahrt werden. Zum Servieren sanft erhitzen.

1 Petersilie, Koriandergrün, Lammfleisch, Zwiebeln, Knoblauch, Ingwer und Olivenöl in eine große Schüssel geben, vermischen und mit Frischhaltefolie abgedeckt über Nacht im Kühlschrank marinieren.

2 Das Fleisch aus der Marinade nehmen, diese beiseitestellen. Das Lamm in einer heißen Pfanne ringsum anbraten, dann in den Schmortopf legen, mit der aufbewahrten Marinade übergießen, den Fond zugeben und zum Kochen bringen. Bei reduzierter Temperatur abgedeckt 60 Min. köcheln lassen.

3 Die eingelegten Zitronen hinzufügen und weitere 30 Min. köcheln, bis das Fleisch butterzart ist.

4 Falls nötig nachwürzen, dann die Erbsen zugeben und nochmals 5 Min. garen. Mit gehackter Petersilie, Koriandergrün und Zitronenzesten garnieren und heiß servieren.

Feine Lammspieße

Mit Tomatenvinaigrette

- für 6 Personen
- Zub. 10 Min. + Wartezeit • Garzeit 10 Min.
- Holzspieße vor der Verwendung mindestens 30 Min. wässern, damit sie nicht verbrennen
- Holzspieße

2 EL Koriandersamen, geröstet

4 Knoblauchzehen, durchgepresst

200 ml Olivenöl

2 TL flüssiger Honig

1 TL abgeriebene Zitronenschale

Salz und schwarzer Pfeffer

1 kg Lammfleisch, gewürfelt

2 EL Rotweinessig

6 EL gehacktes Koriandergrün

5 Tomaten, gehäutet, Samen entfernt, gehackt

1 Die Koriandersamen im Mörser zerstoßen, die Hälfte des Knoblauchs, 75 ml Olivenöl, die Hälfte des Honigs, die Zitronenschale und Pfeffer unterrühren. Das Fleisch 2 Std. in der Flüssigkeit marinieren.

2 Die Reste von Öl, Honig und Knoblauch mit dem Essig und dem Koriandergrün in einer Schüssel verrühren, die Tomaten hinzufügen und beiseitestellen.

3 Den Grill vorheizen. Das Fleisch auf die Spieße stecken, salzen und 8 Min. grillen, bis es gleichmäßig gebräunt ist. Mit der Tomatenvinaigrette anrichten.

Griechisches Osterlamm

Ein Festmahl für die ganze Familie

- für 4 Personen
- Zub. 10 Min. • Garzeit 4½ – 5 Std.

1,35 kg Lammkeule

2 EL Olivenöl

3 Knoblauchzehen, durchgepresst

1 TL Zimt

1 TL getrockneter Thymian

1 TL getrockneter Oregano oder Majoran

Saft von 1 Zitrone

Salz und 1 TL schwarzer Pfeffer

1 Zwiebel, in Ringe geschnitten

2 Möhren, längs halbiert

2 EL gehackte Petersilie

1 Den Backofen auf 150 °C vorheizen. Die Lammkeule in einen Bräter legen. Das Öl mit Knoblauch, Zimt und Kräutern verrühren, das Fleisch damit bestreichen. Mit Zitronensaft beträufeln, salzen und pfeffern.

2 Den Bräter zur Hälfte mit Wasser füllen, Zwiebeln und Möhren hinzufügen. Die Keule 3 Std. schmoren, dabei alle 30 Min. begießen; bei Bedarf Wasser nachfüllen.

3 Mit Folie abdecken und weitere 1½–2 Std. schmoren.

4 Lammkeule aus dem Ofen nehmen und 20 Min. ruhen lassen. Mit Petersilie bestreut servieren.

Lamm mit Auberginenpüree

Harissa verleiht dem Lamm eine pikante Würze, die hervorragend mit dem sanften Auberginenpüree harmoniert

für 6 Personen

Zub. 15 Min. + Wartezeit • Garzeit 40 Min.

1 kg ausgelöster Lammrücken oder Lammnüsschen
2 Auberginen
2 Knoblauchzehen, durchgepresst
3 EL frischer Zitronensaft
2 EL Tahin (Sesampaste)
120 g griechischer Joghurt
Salz und schwarzer Pfeffer
2 EL Olivenöl

Marinade

1 EL Harissa (scharfe Würzpaste)
3 EL gehackte Minze
2 EL frischer Zitronensaft
1 EL Olivenöl

Vorbereitung Das Auberginenpüree kann am Vortag zubereitet und bei Raumtemperatur serviert werden. Das Lamm kann abgedeckt im Kühlschrank bis zu 24 Std. marinieren.

1 Den Backofen auf 220 °C vorheizen. Harissa, 2 EL Minze, 2 EL Zitronensaft und 1 EL Olivenöl in einer Schüssel verrühren. Das Lammfleisch zugeben und gleichmäßig damit überziehen. Mindestens 30 Min. marinieren.

2 Die Auberginen auf ein Backblech legen, die Haut mehrmals mit einer Gabel einstechen, 30 Min. backen, bis die Haut verbrannt ist. Aus dem Ofen nehmen und die Haut abziehen. Das Fruchtfleisch in ein Sieb geben, 15 Min. ausdampfen lassen, dann mit Knoblauch, 3 EL Zitronensaft, Tahin und Joghurt in der Küchenmaschine glatt pürieren. Mit Salz und Pfeffer abschmecken.

3 Das Lamm aus der Marinade nehmen. 2 EL Olivenöl in einer ofenfesten Pfanne erhitzen, das Fleisch ringsum anbräunen. Etwa 10 Min. im Ofen braten, herausnehmen und 10 Min. ruhen lassen.

4 Das Lamm aufschneiden und mit dem Auberginenpüree auf vorgewärmten Tellern anrichten. Mit der Garflüssigkeit übergießen und mit der restlichen Minze bestreuen.

Entbeinte Lammkeule

Durch das Entbeinen kann das Fleisch besser mariniert und auf dem Grill gleichmäßig gegart werden

für 8 Personen

Zub. 15 Min. + Wartezeit • Garzeit 1 Std. 10 Min.

die Keule vom Metzger entbeinen lassen oder selbst entbeinen

1,8 kg entbeinte Lammkeule (s. S. 512)

Marinade

200 ml Rotwein
90 ml helle Sojasauce
3 Knoblauchzehen, durchgepresst
15 g Minze, gehackt

Salsa

2 EL Olivenöl
1 Knoblauchzehe, fein gehackt
1 frische rote Chilischote, Samen entfernt, fein gehackt
1 EL Majoranblättchen
4 Tomaten, gehäutet
2 rote Paprikaschoten, gegrillt, gehäutet, Samen und Scheidewände entfernt, Fruchtfleisch gehackt
Salz und schwarzer Pfeffer
2 kleine getrocknete Chilischoten, zerkrümelt

1 Überflüssiges Fett von der Lammkeule entfernen. Das Fleisch mit der Hautseite nach unten flach auf der Arbeitsfläche ausbreiten. Drei lange Einschnitte vornehmen, dabei das Fleisch jedoch nicht vollständig durchtrennen: einen Einschnitt in der Mitte und je einen rechts und links davon in die außen liegenden Teile. Das Fleisch mit Frischhaltefolie bedecken und mit einem Nudelholz flach klopfen. Das Fleisch in eine große Schüssel legen.

2 Die Zutaten für die Marinade verrühren und über das Fleisch gießen; mindestens 2 Std. marinieren.

3 Das Olivenöl in einem Topf erhitzen, darin den Knoblauch anbraten. Frische Chilischoten, Majoran und Tomaten zugeben und 30 Min. köcheln lassen, bis die Sauce eingekocht ist. Paprikaschoten hinzufügen und 10 Min. garen. Mit Salz, Pfeffer und getrockneter Chilischote würzen.

4 Einen Grill oder Backofengrill vorheizen. Das Lamm aus der Marinade nehmen und trocken tupfen. 30 Min. grillen, mehrmals wenden. Es sollte im Kern noch rosa sein. 15 Min. ruhen lassen, tranchieren und mit der Salsa anrichten.

Steak-and-Kidney-Pudding

Eher eine Pastete als ein Pudding, gefüllt mit Rindfleisch und zarten Nierenstückchen

- für 6–8 Personen
- Zub. 30 Min. • Garzeit 4 Std.
- Eine Puddingform mit 1,5 l Inhalt, ein Topf mit Dämpfeinsatz
- tiefgekühlt 3 Mon. haltbar

Teig

350 g Mehl
10 g Backpulver
½ TL Salz
150 g Rindertalg, gehackt

Füllung

675 g magerer Rinderschmorbraten
200 g Rindernieren
3 EL Mehl
Salz und schwarzer Pfeffer
1 Zwiebel, gehackt
150 g Pilze, geviertelt
2 EL Worcestersauce
200 ml Rinderfond

Vorbereitung Der Teig lässt sich 1 Tag im Voraus zubereiten und im Kühlschrank aufbewahren.

1 Für den Teig das Mehl mit Backpulver und Salz in eine Schüssel sieben und den Talg unterrühren. In die Mitte eine Mulde drücken, so viel kaltes Wasser unterkneten, bis ein weicher Teig entsteht, der nicht mehr klebt.

2 Vom Schmorbraten überschüssiges Fett abschneiden, Fleisch und Nieren in mundgerechte Stücke schneiden. Das Mehl salzen und pfeffern, dann Fleisch- und Nierenstücke im Mehl wenden, sodass sie ringsum überzogen sind. Mit Zwiebel und Pilzen vermischen.

3 Zwei Drittel des Teiges ausrollen und die Puddingform damit auskleiden. Die Fleischmischung in die Puddingform füllen und fest hineindrücken. Mit der Worcestersauce beträufeln, danach so viel Fond angießen, dass die Füllung zu zwei Dritteln bedeckt ist.

4 Den restlichen Teig rund ausrollen. Die Teigränder über der Füllung nach innen einschlagen, mit Wasser bestreichen, dann den Deckel obenauf legen und sorgfältig andrücken.

5 Die Puddingform mit einem Stück Butterbrotpapier abdecken, mit einer doppelten Lage Alufolie verschließen. Die Folie fest um die Ränder der Form falzen, falls nötig mit Schnur fixieren.

6 Die Form in den Dämpfeinsatz des dazugehörigen Topfes stellen oder auf einen umgedrehten Unterteller, der auf dem Boden eines hohen Topfes steht; den Topf bis zur Hälfte der Puddingform mit kochendem Wasser füllen. Deckel auflegen und 4 Std. dämpfen, dabei regelmäßig überprüfen, ob noch genügend Wasser vorhanden ist. Zum Servieren Folie und Papier entfernen, mit einem Messer zwischen Pudding und Formrand entlangfahren, um den Pudding zu lösen, dann den Pudding auf eine Servierplatte stürzen.

Dazu passen Wintergemüse wie Möhren, Kohl oder Lauch.

Lammnieren in Senfsauce

Die Nierchen müssen sorgfältig vorbereitet werden

- für 4 Personen
- Zub. 10 Min. + Wartezeit • Garzeit 15 Min.

4 Lammnieren
25 g Butter
1 EL Olivenöl
1 große Zwiebel, fein gehackt
2 Knoblauchzehen, durchgepresst
8 braune Champignons, in Scheiben
3 EL Wermut oder Rotwein
4 EL Gemüsebrühe
2 TL Dijonsenf
Salz und schwarzer Pfeffer

1 Von den Nieren die dünne Außenhaut abziehen, Kern und Membranen herausschneiden. Die Nieren 5–10 Min. in Milch oder Wasser legen, abtropfen lassen und trocken tupfen.

2 Die Butter mit dem Öl in einer Pfanne erhitzen, die Zwiebel darin 2–3 Min. unter häufigem Rühren anbraten. Die Temperatur erhöhen, Nieren und Knoblauch hinzufügen und unter Rühren 2–3 Min. braten.

3 Die Pilze zugeben und weitere 2–3 Min. braten, dann Wermut oder Rotwein und Brühe angießen und 1 Min. kräftig kochen lassen.

4 Bei reduzierter Temperatur abgedeckt 4 Min. garen, bis die Nieren zart sind. Den Senf unterrühren und mit Salz und Pfeffer abschmecken.

Gebratene Leber mit Speck und Zwiebeln

Zarte Streifen von der Kalbsleber, in Wermutsauce serviert

für 4 Personen

Zub. 10 Min. • Garzeit 10 Min.

- 350 g Kalbsleber
- 200 g durchwachsener Speck in dünnen Scheiben
- 1 EL Olivenöl
- 25 g Butter
- 4 Schalotten, in dünne Scheiben geschnitten
- 125 ml Wermut
- 1 TL Dijonsenf
- 1 Spritzer Worcestersauce (nach Belieben)
- Salz und schwarzer Pfeffer

1 Leber und Schinkenspeck in etwa 6 cm lange und 1,5 cm breite Streifen schneiden. Beiseitestellen.

2 Die Hälfte des Öls mit der Hälfte der Butter bei mittlerer Temperatur in einer Pfanne erhitzen, die Schalotten zugeben und unter häufigem Rühren 5 Min. weich und goldgelb braten. Aus der Pfanne nehmen und beiseitestellen.

3 Das restliche Öl und die restliche Butter in die Pfanne geben und die Temperatur erhöhen. Leber und Schinkenspeck hineingeben und 3–4 Min. unter Rühren braten, bis die Leber gar, aber im Kern noch leicht rosa ist. Mit Salz und Pfeffer würzen.

4 Die Schalotten zurück in die Pfanne geben, den Wermut angießen und 1–2 Min. kräftig aufkochen, dabei alle Rückstände vom Pfannenboden lösen.

5 Bei mittlerer Hitze den Senf und (falls verwendet) die Worcestersauce unterrühren. Sofort servieren.

Dazu passen Kartoffelpüree und grüne Bohnen, wenn die Leber als Hauptgang serviert wird, oder geröstete Weißbrotscheiben als knusprige Unterlage, wenn man sie als Vorspeise anbietet.

VARIANTE

Lammleber mit Schinkenspeck

Das Gericht wird etwas preiswerter, wenn Sie anstelle der Kalbsleber dieselbe Menge Lammleber verwenden. Ein Spritzer Tabasco gibt die nötige Würze.

In Rotwein geschmorter Ochsenschwanz

Zur würzigen Sauce schmeckt am besten ein großer Berg buttriges Kartoffelpüree

für 6 Personen

Zub. 20 Min. • Garzeit 2 - 3 Std.

tiefgekühlt 3 Mon. haltbar

- 3 kg Ochsenschwanz, in etwa 200 g schwere Stücke geschnitten
- Mehl zum Bestäuben
- 2 EL Olivenöl
- 1 EL flüssiger Honig
- 2 EL gehackter Thymian
- 2 EL gehackter Rosmarin
- Salz und schwarzer Pfeffer
- 2 Zwiebeln, gehackt
- 1 Fenchelknolle, gewürfelt
- 2 Möhren, in Stücke geschnitten
- 2 Knoblauchzehen, gehackt
- 2 rote Chilischoten, fein gehackt
- 750 ml kräftiger Rotwein
- Petersilie, gehackt zum Garnieren

Vorbereitung Das Gericht kann bis zu 2 Tage im Voraus zubereitet und kalt gestellt werden. Es profitiert davon, wenn der Ochsenschwanz über Nacht in der Garflüssigkeit ziehen kann.

1 Den Backofen auf 150 °C vorheizen. Den Ochsenschwanz mit Mehl bestäuben. In einer großen Pfanne das Olivenöl erhitzen. Den Ochsenschwanz darin ringsum kräftig anbräunen.

2 Den Ochsenschwanz herausnehmen, in einen großen Schmortopf legen, mit dem Honig beträufeln, mit den Kräutern bestreuen, salzen und pfeffern.

3 Gemüse, Knoblauch und Chilischote in der Pfanne 6 Min. anbraten. Zum Ochsenschwanz geben und mit dem Rotwein übergießen. Den Topf verschließen und das Fleisch 2–3 Std. im Ofen schmoren. Mit Petersilie bestreut servieren.

Bratwürstchen mit Bohnen

Ein Essen, das satt und glücklich macht – am besten schmeckt es an einem frostigen Winterabend

für 4 Personen
Zub. 10 Min. • Garzeit 30 Min.
tiefgekühlt 3 Mon. haltbar

- 12 kurze, dicke Schweinsbratwürste mit Kräutern
- 1 EL Olivenöl
- 1 Zwiebel, in Scheiben geschnitten
- 1 Stange Staudensellerie, gehackt
- 2 Knoblauchzehen, durchgepresst
- 75 ml Weißwein
- 1 Dose Tomatenstücke (400 g)
- 3 EL Tomatenketchup
- 1 TL Paprikapulver
- Salz und schwarzer Pfeffer
- 1 Dose weiße Bohnen (400 g)
- 1 EL gehackte Petersilie

1 Die Würste braten, bis sie vollständig durchgegart sind.

2 In der Zwischenzeit das Öl in einem Topf erhitzen und darin Zwiebel, Sellerie und Knoblauch unter Rühren sanft anbraten, bis sie weich sind. Die Temperatur erhöhen, den Wein angießen und kurz aufkochen lassen, dann die Tomaten samt Saft hinzufügen. Ketchup und Paprikapulver unterrühren, mit Salz und Pfeffer abschmecken. Zum Kochen bringen, die Temperatur senken und die Sauce etwa 20 Min. ohne Deckel köcheln lassen, bis sie etwas eingekocht ist.

3 Die abgetropften Bohnen und die gegarten Würste untermischen und weitere 10 Min. köcheln, dann mit gehackter Petersilie bestreuen und sofort servieren.

Dazu passt sahniges Kartoffelpüree oder Möhren-Kartoffel-Püree.

Reste schmecken aufgewärmt mit knusprigem Brot zum Auftunken der Sauce.

Blutwurst mit gebratenem Apfel

Süße Äpfel harmonieren hervorragend mit der deftigen, pfeffrigen Blutwurst und dem Schinkenspeck

für 4 Personen
Zub. 10 Min. • Garzeit 30 Min.

- 3 süße Tafeläpfel, geschält, Kerngehäuse ausgestochen, in Scheiben geschnitten
- 25 g Butter
- 2 TL brauner Zucker
- Pflanzenöl zum Braten
- 8 große oder 16 kleine Scheiben Blutwurst
- 4 Scheiben durchwachsener Speck, der Länge nach in dünne Streifen geschnitten
- 100 ml trockener Cidre oder Apfelwein

1 Die Apfelscheiben halbieren. Die Butter in einer kleinen Pfanne zerlassen, die Apfelstücke mit dem Zucker hineingeben und bei mittlerer Hitze unter häufigem Rühren 8–10 Min. anbraten, bis sie weich und leicht karamellisiert sind. Vom Herd nehmen und beiseitestellen.

2 Die Pfanne ausreiben, mit etwas Öl einpinseln, dann die Blutwurstscheiben portionsweise bei mittlerer Temperatur etwa 3 Min. pro Seite anbraten, bis sie leicht knusprig sind. Aus der Pfanne nehmen und warm stellen. Die Speckstreifen 3 Min. braten, dabei häufig wenden. Aus der Pfanne nehmen, die Temperatur erhöhen und den Cidre angießen. Sirupartig einkochen lassen, dabei umrühren, um den Bratensatz vom Pfannenboden zu lösen.

3 Zum Servieren je 1 Scheibe Blutwurst auf jeden Teller legen, darauf eine Lage Äpfel verteilen, dann die restlichen Blutwurstscheiben und Apfelstücke. Mit Speckstreifen belegen und mit der Garflüssigkeit beträufeln.

Dazu passen Chutney und Körnertoast. Für eine sättigendere Mahlzeit mit Kartoffelpüree servieren.

VARIANTE

Boudin blanc mit Apfel

Anstelle der Blutwurst in Scheiben geschnittene französische Weißwurst (*boudin blanc*) in der Pfanne anbraten und die gegarten Äpfel mit etwas Zitronensaft vermischen.

Fabada

Spanischer Eintopf mit pikanten Würsten und Speck; schnell gemacht dank Bohnen aus der Dose

für 4 Personen
Zub. 5 Min. • Garzeit 40 Min.

- 250 g Morcilla (spanische Blutwurst)
- 250 g Chorizo (spanische Paprikawurst)
- 250 g durchwachsener Speck, in dicke Scheiben geschnitten
- 1 EL Olivenöl
- 60 ml Rotwein
- 2 Dosen weiße Bohnen (à 400 g), abgetropft
- 1 Prise Safranpulver
- 1 Lorbeerblatt
- 500 ml Hühnerfond

1 Morcilla, Chorizo und Schinkenspeck in große Stück schneiden. Das Öl in einem großen Topf erhitzen, Würste und Speck zugeben und unter Rühren bei mäßiger Hitze 2 Min. anbraten. Die Temperatur erhöhen, den Wein angießen und 2–3 Min. kräftig einkochen lassen.

2 Bohnen, Safran, Lorbeerblatt und gerade so viel Hühnerfond hinzufügen, dass alles bedeckt ist. Zum Kochen bringen, die Temperatur senken und abgedeckt 30 Min. leise köcheln lassen. Heiß servieren.

VARIANTE

Eintopf mit getrockneten Bohnen

500 g getrocknete weiße Bohnen über Nacht einweichen. Abgießen, mit frischem Wasser bedecken und 10 Min. sprudelnd kochen lassen, abschäumen, die Temperatur senken und 2–3 Std. abgedeckt köcheln lassen. Den Wasserstand überwachen.

Pie mit Würstchen, Speck und Ei

Diese Pastete lässt sich gut transportieren und ist perfekt für ein Picknick im Park

für 6–8 Personen
Zub. 15 Min. + Wartezeit • Garzeit 50 Min.
3,5 cm tiefe ofenfeste Pie-Form mit 20 cm Durchmesser

Teig

- 350 g Mehl plus Mehl zum Bestäuben
- 175 g Butter plus Butter zum Einfetten
- Salz und schwarzer Pfeffer
- 1½ EL Tomatenketchup

Füllung

- 500 g Wurstbrät oder Schweinsbratwürste, aus der Pelle gedrückt
- ½ Zwiebel, fein gehackt
- 1 Prise geriebene Muskatnuss
- 1 Prise Macis (Muskatblüte)
- 1 EL körniger Senf
- Salz und schwarzer Pfeffer
- 6 Scheiben durchwachsener Speck
- 4 Eier
- Milch zum Bestreichen

Vorbereitung Der Teig kann am Vortag zubereitet und bis zur Weiterverarbeitung kalt gestellt werden.

1 Für die Herstellung des Teigs Mehl und Butter in die Küchenmaschine geben und durch Betätigen des Intervallknopfs zu einer krümeligen Masse verarbeiten. Salz, Pfeffer, Ketchup und 5–6 EL kaltes Wasser hinzufügen und erneut den Intervallknopf betätigen, bis sich die Krümel zu einem Teigball verbinden. 30 Min. kalt stellen.

2 Den Backofen auf 200 °C vorheizen. Die Hälfte des Teigs auf einer leicht bemehlten Arbeitsfläche dünn ausrollen und die gefettete Pie-Form damit auskleiden.

3 Das Wurstbrät mit Zwiebel, Muskatnuss, Macis und Senf vermischen, salzen und pfeffern und gleichmäßig auf dem Teigboden verteilen. Mit den Speckscheiben auslegen, dann vorsichtig die Eier aufschlagen und auf die Speckschicht geben.

4 Den restlichen Teig rund ausrollen, als Deckel auf die Pastete setzen und an den Rändern gut andrücken. Den Teigdeckel rautenförmig leicht einritzen und mit etwas Milch bestreichen.

5 Die Pastete 20 Min. backen, dann die Temperatur auf 180 °C senken und weitere 30 Min. backen. Vor dem Servieren abkühlen lassen.

Bratwurst in würziger Senfsauce

Das pure Winterglück – mit sahnigem Kartoffelpüree kombiniert ein absoluter Favorit

- für 6 Personen
- Zub. 15 Min. • Garzeit 45 Min.
- Schmortopf oder -pfanne

1 EL Olivenöl
12 Schweinsbratwürste
1 große Zwiebel, in dünne Scheiben geschnitten
250 g kleine braune Champignons
1 Kochapfel, geschält, entkernt und in Stücke geschnitten
1 Lorbeerblatt
1 EL gehackter Salbei
300 ml Hühnerfond
2 TL Dijonsenf
1 TL körniger Senf
1 TL scharfer Senf
150 g süße Sahne
Salz und schwarzer Pfeffer

1 Das Öl in der Schmorpfanne erhitzen, die Würste darin sanft goldbraun anbraten und herausnehmen.

2 Die Zwiebel hineingeben und braten, bis sie weich ist. Dann die Pilze hinzufügen und 5 Min. garen, schließlich Apfel, Lorbeerblatt, Salbei und Fond zugeben.

3 Die Flüssigkeit zum Kochen bringen; die Würste zurück in die Pfanne geben. Bei reduzierter Temperatur abgedeckt 20 Min. sanft köcheln, dabei häufig umrühren. Die Apfelstücke sollen zu Brei zerfallen und die Sauce leicht binden. Falls sie weiterhin ihre Form behalten, die Stücke mit der Rückseite eines Holzlöffels zerdrücken und unterrühren.

4 Die drei Senfsorten mit der Sahne in einer Schüssel verrühren, salzen und pfeffern. Den Inhalt der Schmorpfanne damit übergießen, die Temperatur erhöhen und 5 Min. köcheln lassen, bis die Sauce leicht eingedickt ist.

Choucroute garnie

Eine vereinfachte und schnelle Variante des Elsässer Klassikers

- für 6–8 Personen
- Zub. 30 Min. • Garzeit 3 Std.
- großer Schmorptopf

3 EL Gänseschmalz
250 g geräucherter Kochschinken am Stück, gewürfelt
500 g Schälrippchen vom Schwein, in Stücke gehackt
2 Zwiebeln, gehackt
2 Äpfel, entkernt und in Scheiben geschnitten
1 Knoblauchzehe, fein gehackt
6 schwarze Pfefferkörner, zerstoßen
6 Wacholderbeeren, leicht zerstoßen
1 langer Zweig Thymian
2 Lorbeerblätter
1 Dose Sauerkraut (600 g), gründlich abgespült und abgetropft
300 ml helles Bier oder Riesling
500 ml Hühnerfond
12 kleine neue Kartoffeln
350 g geräucherte Mettenden oder Fleischwurst, in dicke Scheiben geschnitten
Salz und schwarzer Pfeffer
Petersilie, gehackt, zum Garnieren

1 Im Schmortopf 2 EL Gänsefett erhitzen, Kochschinken und Schälrippchen darin ringsum 3–4 Min. gleichmäßig anbräunen. Das Fleisch herausnehmen und warm stellen. Die Zwiebeln 2–3 Min. anbraten.

2 Äpfel, Knoblauch, Pfefferkörner, Wacholderbeeren, Thymian und Lorbeerblätter hinzufügen. Das Sauerkraut untermischen, dann das Fleisch zurück in den Topf geben. Bier oder Riesling und Fond angießen. Die Oberfläche mit einem Stück Butterbrotpapier abdecken, einen dicht schließenden Deckel auflegen und bei sehr niedriger Hitze 2 Std. sanft schmoren.

3 Die Kartoffeln ins Sauerkraut drücken und abgedeckt weitere 50–60 Min. bei niedriger Hitze schmoren, bis sie gar sind.

4 In der Zwischenzeit das restliche Gänsefett in einer Pfanne erhitzen und die Wurst darin kräftig anbräunen; einmal wenden.

5 Die Sauerkrautmischung auf einer großen Platte verteilen, die Räucherwurst darauf anrichten. Salzen und pfeffern, mit Petersilie bestreuen und servieren.

Toad in the hole

Würstchen im Pfannkuchenteig

für 4 Personen

Zub. 20 Min. + Wartezeit
• Garzeit 40 Min.

- 125 g Mehl
- 1 Prise Salz
- 2 Eier
- 300 ml Milch
- 2 EL Pflanzenöl
- 8 kurze, dicke Schweinsbratwürste

Vorbereitung Der Teig kann bis zu 24 Std. im Voraus zubereitet und kalt gestellt werden. Vor der Weiterverwendung kurz aufschlagen.

1 Für den Teig Mehl und Salz in eine Schüssel geben. In die Mitte eine Mulde drücken, dann die Eier und etwas Milch hineingeben. Mit einem Schneebesen verrühren, dabei das Mehl in kleinen Portionen einarbeiten. Die restliche Milch zugießen und alles zu einem glatten Teig aufschlagen. Mindestens 30 Min. ruhen lassen.

2 Den Backofen auf 220 °C vorheizen. Das Öl in eine flache, ofenfeste Form träufeln. Die Würste zugeben, im heißen Öl wenden und 5–10 Min. im Ofen braten, bis sie Farbe annehmen und das Öl sehr heiß ist.

3 Die Ofentemperatur auf 200 °C senken. Den Teig vorsichtig um die Würste herum in die Form gießen und weitere 30 Min. im Ofen backen, bis der Teig aufgegangen, goldbraun und knusprig ist. Sofort servieren.

Dazu passen Zwiebelsauce, grünes Gemüse und Senf.

Provenzalisches Kaninchen

Ein französisches Bistrogericht, bei dem das gesunde und einfach zuzubereitende Kaninchenfleisch bestens zur Geltung kommt

- für 4–6 Personen
- Zub. 15 Min. + Wartezeit • Garzeit 1 Std. 15 Min.
- Schmortopf

2 EL Olivenöl

1,25 kg Kaninchen, in 10 Teile zerlegt

100 g durchwachsener Speck, gewürfelt

1 Zwiebel, gehackt

4 Knoblauchzehen, fein gehackt

1 Zweig Rosmarin plus Rosmarin zum Garnieren

3 Salbeiblätter

1 kg Tomaten, enthäutet und zerdrückt

Salz und schwarzer Pfeffer

150 ml trockener Weißwein

1 Das Öl bei mittlerer Temperatur in einem Schmortopf erhitzen, die Kaninchenteile darin 10 Min. anbraten, bis sie ringsum gebräunt sind. Aus dem Topf nehmen und auf Küchenpapier abtropfen lassen. Das Fett aus dem Topf bis auf einen kleinen Rest weggießen.

2 Speck und Zwiebel in den Schmortopf geben und unter Rühren 5 Min. anbraten, bis der Speck gebräunt und die Zwiebel weich ist. Knoblauch zugeben, 30 Sek. mitbraten, dann Rosmarin, Salbei und Tomaten hinzufügen sowie Salz und Pfeffer nach Geschmack. Unter häufigem Rühren 10 Min. garen, bis die Tomaten zerfallen und dicklich einkochen.

3 Das Kaninchenfleisch zurück in den Schmortopf geben, dann den Wein angießen. Bei mittlerer Temperatur 20 Min. schmoren, bis die Flüssigkeit leicht eingekocht ist. 200 ml kochendes Wasser hinzufügen und bei Bedarf nachwürzen. Die Temperatur senken und bei halb aufgelegtem Deckel 10–20 Min. köcheln, bis das Fleisch butterzart ist; gelegentlich umrühren.

4 Vom Herd nehmen und mindestens 10 Min. ruhen lassen. Mit Rosmarin garniert servieren.

Rehkeule mit Orangensauce

Das intensive Zitrusaroma der Sauce harmoniert perfekt mit dem kräftigen Wildgeschmack des Bratens

- für 4 Personen
- Zub. 20 Min. + Wartezeit • Garzeit 40 Min.

1,25 kg entbeinte Rehkeule, aufgerollt und gebunden

1 EL Sonnenblumenöl

3 EL Bitterorangenmarmelade

Salz

Marinade

300 ml Rotwein

1 EL brauner Zucker

1 EL Olivenöl

2 EL Orangensaft

1 EL Zitronensaft

1 Knoblauchzehe, zerdrückt

½ TL schwarze Pfefferkörner, zerstoßen

Vorbereitung Das Fleisch 1–3 Tage marinieren.

1 Das Fleisch in eine große, korrosionsbeständige Schüssel legen. Die Zutaten für die Marinade vermischen, das Fleisch damit übergießen. Abgedeckt 24–48 Std. kalt stellen.

2 Den Backofen auf 220 °C vorheizen. Das Fleisch aus der Marinade nehmen, mit Küchenpapier trocken tupfen und in einen mit Öl ausgestrichenen Bräter setzen (Marinade aufbewahren). 20 Min. auf Raumtemperatur erwärmen lassen, dann salzen.

3 Im Ofen 20 Min. braten, dann die Temperatur auf 190 °C senken. Die Marinade durch ein Sieb gießen, die Hälfte davon mit der Orangenmarmelade verrühren. Das Fleisch damit übergießen und weitere 20 Min. braten, bis der gewünschte Gargrad erreicht ist, wiederholt übergießen. (Reh wird gewöhnlich *medium rare*, zwischen rosa und blutig, serviert.)

4 Den Braten aus dem Ofen nehmen, auf eine vorgewärmte Platte legen, locker mit Alufolie abdecken und vor dem Tranchieren 10–15 Min. ruhen lassen.

5 Den Bratfond entfetten, dann die restliche Marinade zugießen. Zum Kochen bringen, 4–5 Min. sprudelnd kochen lassen, sodass die Sauce leicht einkocht. Die Sauce zum Rehbraten servieren.

Dazu passt Gemüse wie Möhren oder grüne Bohnen.

Kaninchen in Cidre

Kaninchenfleisch wird mittlerweile in vielen Supermärkten küchenfertig vorbereitet angeboten

für 4 Personen

Zub. 15 Min. • Garzeit 35–40 Min.

- 1 EL Sonnenblumenöl
- 25 g Butter
- 800 g Kaninchenfleisch, gewürfelt
- 1 große Zwiebel, in Scheiben geschnitten
- 2 Knoblauchzehen, durchgepresst
- 200 ml trockener Cidre oder Apfelwein
- 150 ml Hühnerfond
- 1 kleines Bund Thymian
- Salz und schwarzer Pfeffer
- 100 g luftgetrockneter Schinken oder durchwachsener Speck, in dünne Streifen geschnitten
- 2 EL flüssiger Honig
- 3 EL körniger Senf
- 3 EL Crème fraîche

1 Öl und Butter in einem Schmortopf erhitzen und das Fleisch darin kräftig anbräunen. Die Zwiebel zugeben und 2–3 Min. anbraten.

2 Den Knoblauch hinzufügen und 30 Sek. unter Rühren garen. Den Cidre angießen, zum Kochen bringen, dann den Fond zugeben. Die Blättchen von den Thymianzweigen zupfen, in den Topf geben, salzen und pfeffern.

3 Erneut zum Kochen bringen, die Temperatur reduzieren und das Fleisch 20 Min. abgedeckt sanft schmoren, bis es gar ist.

4 In der Zwischenzeit eine kleine Pfanne erhitzen, die Schinkenstreifen darin ohne Fettzugabe 2–3 Min. knusprig braten, dann auf Küchenpapier abtropfen lassen.

5 Honig und Senf unter die Garflüssigkeit rühren. Kurz vor dem Servieren die Crème fraîche unterziehen. Das Kaninchen mit dem knusprigen Schinken belegen und servieren.

VARIANTE

Kaninchen mit Pflaumen

Zusammen mit dem Cidre 200 g entsteinte Trockenpflaumen in die Pfanne geben, die Fondmenge auf 200 ml erhöhen und das Rezept nach obigen Anweisungen fertigstellen.

Hirschragout mit Waldpilzen

Ganz sanft und langsam geschmort, mit dem konzentrierten Aroma von Wildfleisch und Pilzen

für 4 Personen

Zub. 15 Min. • Garzeit 1½–2 Std.

Schmortopf

tiefgekühlt 3 Mon. haltbar; vor dem Aufwärmen auftauen

- 1 EL Olivenöl
- 25 g Butter
- 4 Schalotten, in Scheiben geschnitten
- 100 g durchwachsener Speck, gewürfelt
- 600 g Hirschfleisch, gewürfelt
- 1 EL Mehl
- 3 EL Weinbrand
- 250 g Waldpilze, in Scheiben geschnitten
- 250 ml Rinderfond
- 1 EL Tomatenmark
- 1 EL Worcestersauce
- 1 TL getrockneter Oregano
- Salz und schwarzer Pfeffer

1 Öl und Butter im Schmortopf erhitzen. Schalotten und Speck bei mittlerer Temperatur darin leicht anbräunen; häufig umrühren.

2 Das Hirschfleisch zugeben und 3–4 Min. anbraten, bis es ringsum gebräunt ist. Mit Mehl bestäuben und 1–2 Min. anrösten.

3 Den Weinbrand zugießen, 30 Sek. rühren, dann Pilze und Fond zugeben. Zum Kochen bringen, dabei häufig umrühren.

4 Tomatenmark, Worcestersauce und Oregano hinzufügen sowie Salz und Pfeffer nach Geschmack. Bei geringer Hitze abgedeckt 1½–2 Std. sehr sanft schmoren, bis das Fleisch butterzart ist. (Die genaue Garzeit ist vom Alter des Hirschs abhängig.) Das Ragout in eine Servierschüssel füllen und heiß auf den Tisch bringen.

Dazu passen Nudeln, Reis oder Kartoffeln.

Reste können am nächsten Tag aufgewärmt werden. Da das Gericht Pilze enthält, sollten Reste möglichst rasch abgekühlt und vor dem Verzehr noch einmal vollständig erhitzt werden.

Brotsauce

Eine milde Sauce zu gebratenem Geflügel

ergibt 500 ml

Zub. 15 Min.+ Wartezeit
• Garzeit 20 Min.

- 25 g Butter
- 1 Zwiebel, in Scheiben geschnitten
- ½ TL Salz
- 150 g süße Sahne
- 1 Lorbeerblatt
- 6 Gewürznelken
- 75 g Semmelbrösel
- 300 ml Milch
- schwarzer Pfeffer
- 1 Prise geriebene Muskatnuss

Vorbereitung Schritt 1 am Vortag ausführen, so können die Gewürze in der Sahne ziehen.

1 In einem kleinen Topf die Butter zerlassen, die Zwiebel darin 4–5 Min. bei sanfter Hitze anbraten, gelegentlich umrühren. Salz, Sahne, Lorbeerblatt und Gewürznelken hinzufügen und weitere 5 Min. erhitzen. Den Topf vom Herd nehmen und die Flüssigkeit 20 Min. ziehen lassen, damit sich das Aroma der Gewürze entfalten kann.

2 Lorbeerblatt und Gewürznelken entfernen, den Rest in der Küchenmaschine zu einem glatten Püree verarbeiten. Falls keine Küchenmaschine zur Verfügung steht, ist es besser, die rohe Zwiebel zu Beginn in sehr feine Würfel zu schneiden.

3 Semmelbrösel und Milch in eine Pfanne geben und zum Kochen bringen. Unter gelegentlichem Rühren 5–10 Min. köcheln lassen, bis eine glatte, dickflüssige Sauce entsteht. Falls Ihnen die Sauce zu dickflüssig erscheint, mit etwas Milch verdünnen.

4 Das Zwiebelpüree unterrühren, die Sauce mit Salz und Pfeffer abschmecken und mit Muskatnuss bestäuben.

Reste lassen sich zu einem schnellen, deftigen Imbiss verarbeiten. Dazu 1 verquirltes Ei und etwas geriebenen Käse untermischen, die Masse in eine gefettete Auflaufform gießen und 15–20 Min. im Ofen backen, bis sich die Oberfläche appetitlich goldbraun färbt.

Cumberlandsauce

Diese traditionelle Sauce bietet die perfekte Kombination aus Süße und Zitrusaroma

für 4–6 Personen

Zub. 10 Min.
• Garzeit 10–15 Min.

- 1 unbehandelte Zitrone
- 1 unbehandelte Orange
- 1 TL Senfpulver
- 1 kräftige Prise Cayennepfeffer
- 1 Prise Salz
- 100 ml Portwein
- 100 g Johannisbeergelee

Vorbereitung Falls die Sauce kalt serviert wird, kann sie 2 Tage im Voraus zubereitet und bis zum Verzehr abgedeckt kalt gestellt werden.

1 Von der Zitrone und der Orange jeweils die Hälfte der Schale mit einem Sparschäler dünn abschälen; darauf achten, dass keine weiße Haut mit abgeschält wird. Die Schale in sehr feine Streifen schneiden. In einem kleinen Topf Wasser zum Kochen bringen, die Schalenstreifen darin 5 Min. blanchieren, dann herausnehmen und unter fließendem kaltem Wasser abschrecken, damit sie nicht weitergaren.

2 Zitrone und Orange auspressen, den Saft in eine kleine Pfanne gießen. Senfpulver, Cayennepfeffer und Salz zugeben und rühren, bis sich das Salz aufgelöst hat. Portwein und Gelee hinzufügen, zum Kochen bringen und 5 Min. köcheln lassen, bis sich das Gelee aufgelöst hat.

3 Die Sauce durch ein Sieb gießen, die blanchierte Zitrusschale untermischen. Falls die Sauce heiß serviert werden soll, muss sie erneut erwärmt werden, falls sie kalt serviert wird, in einer Sauciere abgedeckt kühl stellen.

Passt zu Kochschinken, frittiertem Camembert und Wild.

Sauce béarnaise

Mit Estragon, schmeckt hervorragend zu Steaks

für 4 Personen
Zub. 10 Min. • Garzeit 5 Min.

- 2 kleine Schalotten, fein gehackt
- 3 EL gehackter Estragon
- 2 EL Weißweinessig
- 2 EL Weißwein
- 1 TL Pfefferkörner, zerstoßen
- 3 Eigelb
- 200 g weiche Butter, gewürfelt und auf Raumtemperatur gebracht
- Salz und schwarzer Pfeffer
- 1 EL Zitronensaft

1 Schalotten, 1 EL Estragon, Essig, Wein und Pfefferkörner in einen Topf mit schwerem Boden geben und 2 Min. kochen lassen, bis die Flüssigkeit um mindestens die Hälfte reduziert ist. Durch ein Sieb abgießen und zum Abkühlen beiseitestellen.

2 Die Eigelbe mit 1 EL Wasser in eine hitzebeständige Schüssel geben. Im Wasserbad mit dem Schneebesen erst die abgekühlte Flüssigkeit unterschlagen, dann die Butterwürfel nacheinander unterschlagen. Mit Salz, Pfeffer und Zitronensaft abschmecken. Den restlichen Estragon unterrühren und sofort servieren.

Apfelkompott

Der frische Apfelgeschmack passt nicht nur zu Reibekuchen, sondern schmeckt auch gut mit Schweinebraten

für 4 Personen
Zub. 10 Min. • Garzeit 15 Min.
tiefgekühlt 3 Mon. haltbar

- 500 g süße Tafeläpfel wie Cox Orange
- 25 g Zucker
- Saft von ½ Zitrone
- ½ Zimtstange
- 1 Prise Salz
- 25 g Butter

Vorbereitung Das Kompott kann bis zu drei Tage im Voraus zubereitet und bis zum Verzehr kalt gestellt werden.

1 Die Äpfel schälen, die Kerngehäuse entfernen und das Fruchtfleisch grob zerkleinern. Mit 150 ml Wasser, Zucker, Zitronensaft, Zimtstange und Salz in einen Topf mit schwerem Boden geben und bei mittlerer Hitze 12–15 Min. abgedeckt garen, bis die Äpfel weich, aber nicht trocken sind; den Topf gelegentlich leicht rütteln. Die Zimtstange entfernen.

2 Das Kompott vom Herd nehmen und mit einer Gabel die Butter untermischen. Heiß oder kalt servieren.

Passt zu Schweinebraten mit knuspriger Kruste, gebratener oder gegrillter Blutwurst, Kartoffelpfannkuchen oder Reibekuchen.

Cranberrysauce

Eine süß-säuerliche Sauce zum Truthahn

ergibt 300 ml
Zub. 5 Min. • Garzeit 15 Min.
tiefgekühlt 2 Mon. haltbar

- 250 g frische oder tiefgekühlte Cranberrys
- 1 kleine Schalotte, fein gehackt
- 100 g brauner Zucker
- abgeriebene Schale und Saft von 1 unbehandelten Orange
- 4 EL Rotwein oder Portwein

Vorbereitung Die Sauce ist im Kühlschrank 1 Woche haltbar.

1 Die Cranberrys mit Schalotte, Zucker, Orangenschale und -saft und Rotwein in einen Topf geben, zum Kochen bringen und umrühren, bis sich der Zucker aufgelöst hat.

2 Die Mischung 10–20 Min. köcheln lassen, bis die Cranberrys aufplatzen.

3 Die Sauce abkühlen lassen und in eine Sauciere oder ein Einmachglas abfüllen.

Passt zu Truthahn oder anderem Geflügel, schmeckt aber auch zu Eiscreme sehr lecker.

Wurstbrätfüllung

Eine klassische Füllung für Geflügel, die man aber auch separat backen kann

für 4 Personen
Zub. 10 Min. • Garzeit 30 Min.
tiefgekühlt 2 Mon. haltbar

- 2 Scheiben Weißbrot oder dunkles Weizenbrot, insgesamt etwa 50 g, Kruste abgeschnitten
- 4 EL Fond oder Milch
- 1 Ei, verquirlt
- 2 Schalotten, fein gehackt
- 1 EL gehackter Salbei plus einige ganze Blätter zum Garnieren
- 1 kleiner Apfel, geraspelt
- 400 g Schweinsbratwürste, aus der Pelle gedrückt
- Salz und schwarzer Pfeffer
- frische Cranberrys zum Garnieren
- Öl für die Form

Vorbereitung Die Füllung kann 24 Std. im Voraus zubereitet und abgedeckt im Kühlschrank aufbewahrt werden.

1 Den Backofen auf 180 °C vorheizen. Das Brot zerkleinern und in eine Schüssel geben. Mit Fond beträufeln und einige Minuten quellen lassen. Das aufgeweichte Brot mit einer Gabel zerdrücken, dann mit dem Ei vermischen.

2 Schalotten, Salbei und Apfel hinzufügen. Wurstbrät zugeben, salzen und pfeffern und alles gründlich vermischen.

3 Die Masse in eine gefettete flache Auflaufform füllen, fest andrücken und 30 Min. backen.

4 Mit Salbeiblättern und Cranberrys garnieren und heiß servieren.

Passt zu Geflügel, entweder als Beilage oder als Füllung. Für gefülltes Geflügel das Gesamtgewicht feststellen und die Garzeit entsprechend berechnen.

Reste schmecken ausgezeichnet auf Brot mit Cranberrysauce, Tomatenchutney oder Senf.

Wurstbrät

Verwenden Sie Wurstbrät oder Bratwürste bester Qualität. Die Masse eignet sich hervorragend zum Füllen eines Hähnchens oder Truthahns, da das enthaltene Fett dafür sorgt, dass das Geflügel während des Garens saftig bleibt.

Meerrettichsauce

Der perfekte Begleiter zu gekochtem Rindfleisch und Räucherfisch

ergibt 250 ml
Zub. 10 Min.

- 75 g frischer Meerrettich, gerieben
- 1 TL Senf
- 1 EL Weißweinessig
- 1 TL Zucker
- Saft von ½ Zitrone
- 150 g süße Sahne
- Salz und schwarzer Pfeffer

Vorbereitung Die Sauce kann einige Stunden im Voraus zubereitet und bis zum Servieren kalt gestellt werden.

1 Alle Zutaten in eine Schüssel geben und mit dem Schneebesen oder mit einem elektrischen Handrührgerät steif schlagen. Mit Salz und Pfeffer abschmecken.

2 In eine Servierschüssel füllen und bis zum Servieren kalt stellen.

Maronenfüllung

Maronen gehören zu den traditionellen Zutaten für eine Füllung und verleihen ihr eine süße, nussige Note

- für 4–6 Personen
- Zub. 10 Min. • Garzeit 30 Min.
- tiefgekühlt 2 Mon. haltbar

250 g geschälte gegarte Maronen, gehackt
1 EL Olivenöl
25 g Butter
1 Zwiebel, gehackt
75 g durchwachsener Speck, gewürfelt
100 g frische Weißbrotbrösel
4 EL gehackte Petersilie
Salz und schwarzer Pfeffer

Vorbereitung Die Füllung lässt sich bis zu 24 Std. im Voraus zubereiten und bis zur Weiterverwendung im Kühlschrank aufbewahren.

1 Den Backofen auf 180 °C vorheizen. Die gehackten Maronen in eine Schüssel geben, beiseitestellen.

2 In einer Pfanne Öl und Butter bei mittlerer Temperatur erhitzen, Zwiebel und Speck zugeben und 5 Min. anbraten, bis die Zwiebel weich ist und der Speck knusprig wird.

3 Den Pfanneninhalt in die Schüssel zu den Maronen geben. Brotbrösel und Petersilie hinzufügen, salzen, pfeffern und gründlich vermischen.

4 Die Masse in eine gefettete flache Auflaufform füllen, fest andrücken und 30 Min. backen.

Passt zu Geflügel, als Beilage oder als Füllung. Das gefüllte Geflügel wiegen und die entsprechende Garzeit berechnen.

VARIANTE

Maronenklößchen

Unter die Masse 1 leicht verquirltes Ei mischen. 8–12 Klößchen formen, auf ein gefettetes Backblech setzen und 30 Min. im Ofen backen.

Maisbrotfüllung

Sieht durch das goldgelbe Maisbrot besonders appetitlich aus, schmeckt aber auch mit Weißbrot sehr gut

- für 4 Personen
- Zub. 15 Min. • Garzeit 45 Min.
- tiefgekühlt 2 Mon. haltbar

300 g Maisbrot, gewürfelt
50 g Butter
1 kleine Zwiebel, gehackt
1 Stange Staudensellerie, gehackt
½ rote Paprikaschote, Stielansatz, Samen und Scheidewände entfernt, Fruchtfleisch gehackt
1 Knoblauchzehe, durchgepresst
4 EL gehackter Salbei
Salz und schwarzer Pfeffer
1 Ei, verquirlt (nach Belieben)
4 EL Hühnerfond

Vorbereitung Die Füllung kann bis zu 24 Std. im Voraus zubereitet und bis zur Weiterverwendung kalt gestellt werden.

1 Den Backofen auf 180 °C vorheizen. Die Maisbrotwürfel auf ein Backblech legen und 15 Min. im Ofen rösten, bis sie goldbraun sind. Abkühlen lassen und in eine Schüssel geben.

2 Die Butter in einer Pfanne zerlassen. Zwiebel, Sellerie und Paprikaschote zugeben und bei mittlerer Hitze 5 Min. anbraten, bis sie weich sind. Knoblauch beifügen und einige Sekunden mitbraten.

3 Den Pfanneninhalt in die Schüssel zum Maisbrot geben. Den Salbei untermischen, die Füllung salzen und pfeffern. Das Ei (falls verwendet) und den Fond hinzufügen und alles gründlich vermischen.

4 Die Masse in eine gefettete flache Auflaufform füllen, fest andrücken und 30 Min. backen.

Passt zu Braten, insbesondere vom Truthahn, als Beilage oder als Füllung.

Reste können klein gehackt und als würziges Extra über Gemüsegerichte gestreut serviert werden.

GEBÄCK UND DESSERTS

Warme Desserts

Süßer Reis mit Früchten
Beliebtes thailändisches Dessert, das mit Klebreis hergestellt wird
40 Min. Seite 377

Kirsch-Clafoutis
Ein französischer Klassiker: in Pfannkuchenteig gebackene Kirschen
55–60 Min. Seite 377

Gedämpfter Siruppudding
Köstlich, sättigend und ganz einfach zuzubereiten
1 Std. 50 Min. Seite 379

Schokoküchlein
Eine Versuchung nicht nur für Schokoholics
25 Min. Seite 380

Mandarinen-Ananas-Suppe
Erfrischendes Dessert aus Früchten und Orangensaft
40–60 Min. Seite 381

Süßer Brotauflauf
Mit Butter bestrichene Brotscheiben in feiner Vanillecreme
45–55 Min. Seite 382

Apfelstrudel
Eine der berühmtesten österreichischen Mehlspeisen, schmeckt sowohl warm als auch kalt ganz wunderbar
1 Std. 30 Min. Seite 452

Konfitürenroulade
Englisches Traditionsdessert, das hier gebacken wird, um es knuspriger zu machen
40 Min. Seite 382

Toffee-Bananen-Auflauf
Vor allem im Winter ein wunderbarer Nachtisch
15 Min. Seite 383

Torrijas
Spanische Variante der Armen Ritter, in Olivenöl ausgebacken
25 Min. Seite 384

Zimtpfannkuchen mit Aprikosen und Quark
Kleine, süße Pfannkuchen mit Früchten
60 Min. Seite 384

Pfirsichgratin mit Zabaione
Gebackene Pfirsiche, in Weinschaum gratiniert
45 Min. Seite 451

Ananasküchlein
Knusprig ausgebackene, saftige Ananasringe
30 Min. Seite 451

Pfirsiche mit Marzipan und Mandeln
Reife Pfirsiche im eigenen Saft
40 Min. **Seite 452**

Birnen in Rotwein
In gewürztem Rotwein gegarte Birnen, die warm serviert werden
35 Min. **Seite 453**

Tarte aux pommes
Französischer Apfelkuchen mit Mürbeteig, Apfelpüree und feinen Apfelscheiben
1 Std. 35 Min. **Seite 454**

Tarte Tatin
Karamellisierter Apfelkuchen aus Frankreich – in aller Welt heiß geliebt
60 Min. **Seite 456**

Karamellisierte Herbstfrüchte
Aus Pflaumen und Birnen wird mithilfe von Butterkaramell ein köstliches Dessert
30 Min. **Seite 458**

Erdbeer-Orangen-Crêpes
Unwiderstehliches Dessert aus zarten Pfannkuchen und einer cremigen Füllung
1 Std. 3 Mon. **Seite 460**

Birnen in Marsala
Reife Birnen, in Süßwein leicht pochiert
40–60 Min. **Seite 457**

Heidelbeer-Cobbler
Amerikanischer Dessertklassiker aus Sommerfrüchten
45 Min. **Seite 458**

Apfel-Charlotte
Ursprünglich für eine englische Königin erfunden
1 Std. 35 Min. **Seite 459**

Gebackene Sharonfrüchte mit Amaretti
Die reifen Früchte duften intensiv
40 Min. **Seite 460**

Schnell gezaubert

Grießpudding
Weckt Erinnerungen an Kindertage
20 Min. **Seite 379**

Schokoküchlein
Bei diesen Küchlein werden auch Dessertverächter schwach
25 Min. **Seite 380**

Zabaione
Schmeckt frisch aufgeschlagen am allerbesten
15 Min. **Seite 380**

Toffee-Bananen-Auflauf
Wunderbare Kombination von winterlichen Aromen
15 Min. **Seite 383**

Marzipanorangen
Machen sich sehr gut in Papiermanschetten zu einem Kaffee nach dem Essen
30 Min. **Seite 416**

Süßes Lassi
Beliebtes indisches Dessert aus aromatisiertem Joghurt
5 Min. **Seite 391**

Schokoladen-Milchshake
Leckerer, cremiger Milchshake, der Kinder jeden Alters begeistert
10 Min. **Seite 402**

Birnengratin
Gelingt immer und ist ganz schnell zubereitet
15 Min. **Seite 454**

Flambierte Bananen
Zum Flambieren nimmt man am besten einen guten Calvados
20 Min. **Seite 455**

Gedünstete Pflaumen
Pflaumen schmecken im Sommer und Frühherbst am besten und sind rasch gegart
35 Min. **Seite 455**

Warmes Kompott
Ideales Dessert für den Winter, wenn das Angebot an frischem Obst begrenzt ist
15–20 Min. **Seite 456**

Gratinierte Zitrusfrüchte
Perfekt, um den Gaumen am Ende einer Mahlzeit zu erfrischen
20 Min. **Seite 461**

Gebackene Feigen mit Honig
Einfach, aber sehr stilvoll
25 Min. **Seite 461**

Birnen-Trauben-Salat
Gurke ist nicht gerade eine typische Zutat für Süßspeisen, in diesen exotischen Obstsalat passen sie jedoch perfekt
15-20 Min. Seite 477

Flambierte Ananas
Mit Rum oder Weinbrand flambierte frische Ananasscheiben
25–30 Min. Seite 463

Gebackene Aprikosen mit Mascarpone
Dieses Dessert hat immer Saison
20 Min. Seite 463

Melonencocktail
Bunte Melonenkugeln mit Minze erfrischen im Sommer
15 Min. Seite 480

Erdbeermousse
Nicht nur bei kleinen Leckermäulern beliebter Nachtisch
15 Min. 3 Mon. Seite 474

Eton mess
So richtig zum Schwelgen: Süßspeise aus Erdbeeren, Sahne und Baiser
10 Min. Seite 472

Mango-Papaya-Salat
Erfrischende Früchte, zu einem exotischen Obstsalat kombiniert
25 Min. Seite 481

Beeren in Zitrusdressing
Ein intensiver Zitronen-Orangen-Sirup macht aromatische Beeren noch unwiderstehlicher
15 Min. Seite 478

Salat von Zitrusfrüchten
In den Wintermonaten liefern Orangen, Grapefruits und Mandarinen gesunde Vitamine
20 Min. Seite 484

Ananas-Milchshake
Leckeres Getränk für Kinder, das völlig ohne Zuckerzusatz auskommt
5 Min. Seite 485

Für viele Gäste

Tartuffo
Gehaltvolles, dunkles Schokoladendessert für Genießer
20–25 Min. **Seite 386**

Amerikanischer Käsekuchen
Backen Sie ihn am Vortag und sehen Sie dem letzten Gang entspannt entgegen
1 Std. 10 Min. **Seite 399**

Schwarzwälder Kirschtorte
Klassisch kombiniert: Schokolade, Kirschen und Sahne
1 Std. 35 Min. 1 Mon. **Seite 414**

Zitronentarte mit Baiser
Eine Zitronencremefüllung unter einer Baiserhaube auf knusprigem Boden
70–80 Min. **Seite 432**

Panforte
Traditionelles Gebäck aus dem italienischen Siena
60 Min. **Seite 415**

Angel food cake
So spektakulär luftig und leicht, dass man es kaum glauben kann
65–75 Min. **Seite 417**

Schoko-Mandel-Kuchen
Aus saftigem Rührteig mit einem dicken Schokoladenüberzug
55 Min. 1 Mon. **Seite 415**

Pflaumentarte mit Mandeln
Wird mit Trockenpflaumen gebacken
65 Min. **Seite 427**

Bienenstich
Frisch aus dem Ofen ein besonderer Genuss
50–55 Min. **Seite 418**

Heidelbeertarte
Saftige Heidelbeeren ergänzen perfekte die cremige Füllung
70–75 Min. **Seite 425**

Schlesischer Mohnkuchen
Warum mit Traditionen brechen, wenn sie so gut sind?
2 Std. 5 Min. **Seite 431**

Victoria-Torte
Altbewährter englischer Klassiker
40–45 Min. 1 Mon. **Seite 413**

Mandeltarte
Ein Kuchen mit knusprigem Mandelguss
65–75 Min. **Seite 426**

Zitronen-Käsekuchen
Leicht und luftig, und ganz ohne Boden gebacken
1 Std. 50 Min. 3 Mon. **Seite 400**

Tarte mit Schokoladencreme
Wer kann dazu schon nein sagen? Cremefüllung und knuspriger Boden ergänzen sich hier auf unnachahmliche Weise
40 Min. **Seite 428**

Key lime pie
Limetten sind tonangebend in der Füllung
40–45 Min. **Seite 429**

Schnelle Möhrentorte
Mit Ingwer und Orange - ein perfekter Dreiklang
35–40 Min. 1 Mon. **Seite 410**

Mandel-Orangen-Kuchen
Für alle, die weder Mehl noch Butter essen dürfen
1 Std. 20 Min. **Seite 411**

Semifreddo mit Erdbeeren
Wie in Italien – zerstoßenes Baiser verleiht dem Halbgefrorenen seine besondere Konsistenz
20 Min. 3 Mon. **Seite 403**

Cannoli
Mit kandierten Früchten und Mascarpone gefülltes Gebäck aus Sizilien
50 Min. 3 Mon. **Seite 438**

Profiteroles
Kleine Windbeutel, mit Schlagsahne gefüllt und mit warmer Schokolade übergossen
1 Std. 3 Mon. **Seite 439**

Marmorkuchen
Für die Marmorierung wird eine Gabel in einer spiralförmigen Bewegung durch den Teig gezogen
1 Std. 30 Min. **Seite 411**

Zitronentarte
Ein internationales Lieblingsdessert
1 Std. 20 Min. **Seite 431**

Süßes aus dem Backofen

Madeleines
Diese kleinen Köstlichkeiten hat der französische Schriftsteller Marcel Proust berühmt gemacht

30–35 Min. 1 Mon. **Seite 414**

Reispudding
Braucht zwar lange, gart aber ganz von allein

2 Std. 15 Min.–2 Std. 45 Min. **Seite 378**

Gedämpfter Siruppudding
Englisches Traditionsdessert, das vor allem an Wintertagen das Herz erwärmt

1 Std. 50 Min. **Seite 379**

Kirsch-Clafoutis
Klassiker aus Frankreich, der warm oder mit Zimmertemperatur serviert werden kann

50–60 Min. **Seite 377**

Konfitürenroulade
Knuspriger Teig mit köstlicher Himbeerfüllung

40 Min. **Seite 382**

Toffee-Bananen-Auflauf
Ebenso rasch zubereitet wie aufgegessen

15 Min. **Seite 383**

Quindim
Wer Kokosnüsse mag, wird Quindim lieben

40–45 Min. **Seite 389**

Milchreis mit Schokolade
So liebt man süßen Reis in Portugal

50 Min. **Seite 400**

Victoria-Torte
Einfacher Rührteig mit einer Füllung aus Konfitüre und Sahne

40–45 Min. 1 Mon. **Seite 413**

Amerikanischer Käsekuchen
Einen besseren finden Sie - wenn überhaupt - nur in New York

1 Std. 20 Min. **Seite 399**

Zitronen-Mohn-Muffins
Herrlich zum Brunch oder am Nachmittag mit einer guten Tasse Tee
30 Min. Seite 422

Mandel-Financiers
Sie tragen ihren Namen, weil sie in Form und Farbe Goldbarren ähneln
25 Min. 3 Mon. Seite 412

Vanilletörtchen
Kleiner Aufwand, große Wirkung: bunte Buttercreme und Silberperlen
30–35 Min. Seite 419

Himbeerküchlein
Fruchtige kleine Kuchen, perfekt zur Kaffeestunde
30–35 Min. Seite 419

Rosinenschnecken
Frische Hefeteilchen schmecken warm am allerbesten
60 Min. Seite 421

Pflaumen-Crumble
Süße Früchte mit leckerem Streuselbelag, dazu gehört unbedingt flüssige Sahne
40–50 Min. 2 Mon. Seite 453

Haferkekse
Schmecken nicht nur lecker, sondern sind obendrein auch noch gesund
30 Min. Seite 442

Flapjacks
Was man dazu braucht, findet sich immer im Vorratsschrank
55 Min. Seite 444

Schokoladen-Brownies
Diese Leckerei mit Walnusskernen und Schokolade schmeckt zu jeder Tageszeit
1 Std. 25 Min. Seite 445

Ingwerplätzchen
Duften köstlich nach Honig und Ingwer und schmecken nicht nur zu Weihnachten
40 Min. Seite 445

Gedeckter Apfelkuchen
Man kann ihn sowohl warm als auch kalt servieren
75–80 Min. Seite 450

Schokoladen-Muffins
Buttermilch macht diese winzigen Schokoladenkuchen wunderbar leicht
25 Min. Seite 423

Apfel-Crumble
Süße Äpfel unter einer knusprigen Teigkruste
65 Min. Seite 462

Desserts, die Eindruck machen

Flambierte Crêpes
Mit Weinbrand flambierte Pfannküchlein in Orangensauce
40–55 Min. 3 Mon. Seite 376

Orangensoufflé
Sofort servieren, sonst könnte es zusammenfallen
30–35 Min. 1 Mon. Seite 383

Sahneherzen
Werden traditionell in kleinen, herzförmigen Porzellanschüsseln zubereitet
20 Min. Seite 385

Himbeer-Charlotte
Ein Traum aus lockeren Biskuits und den schönsten Himbeeren
60 Min. Seite 387

Mandel-Orangen-Kuchen
Ohne Mehl und Butter zubereiteter Kuchen, der herrlich schmeckt, aber dennoch kalorienarm ist
70 Min. Seite 411

Klassische Pawlowa
Sahnebaiser mit frischen Früchten der Saison
1 Std. 35 Min. Seite 388

Zitronenrolle
Knuspriger Baiserteig, aufgerollt mit fruchtiger Zitronensahne
45 Min. 2 Mon. Seite 389

Schwimmende Inseln
In Milch pochierte Klößchen aus Eischnee auf einer Vanillesauce
45 Min. Seite 390

Marquise au chocolat
Nicht gerade ein Leichtgewicht, aber eine süße Sünde wert
15 Min. 3 Mon. Seite 393

Zitronen-Krokant-Baiser
Macht Eindruck, ist aber recht einfach zuzubereiten
2 Std. 5 Min. Seite 393

Paskha
Russische Osterspeise aus Quark, kandierten Früchten und Mandeln
40 Min. Seite 392

Babas mit Rum
In Sirup getränkte kleine Kuchen mit einer Sahnehaube
40 Min. 3 Mon. Seite 420

Pekannusstarte
Knackige Pekannusskerne in Ahornsirup auf einem knusprigen Boden
1 Std. 25 Min. Seite 425

Sachertorte
Eine der berühmtesten Torten der Welt kommt aus Wien – eine Füllung aus Aprikosenkonfitüre hält sie saftig und der Schokoladenüberzug mach sie unwiderstehlich
1 Std. 25 Min.–1 Std. 40 Min. 3 Mon. **Seite 416**

Torteletts mit weißer Schokolade und Beeren
Mini-Törtchen für besondere Anlässe
30 Min. **Seite 430**

Rote Grütze
Mit Vanillesauce oder flüssiger Sahne im Sommer einfach unschlagbar
15 Min. **Seite 471**

Beerencocktail
Mit aromatischen kleinen Früchten je nach Angebot
20 Min. **Seite 468**

Apfelmus
Schmeckt heiß, warm oder kalt
50–55 Min. **Seite 459**

Komposition mit exotischen Früchten
Mit duftenden Rosenblütenblättern verziert
15 Min. **Seite 472**

Birnen-Trauben-Salat
Knackiger Salat mit erfrischenden Aromen
15–20 Min. **Seite 477**

Früchteterrine
In diesem herrlichen Beerengelee vereinigen sich die Aromen des Sommers
50 Min. **Seite 474**

Litschis in duftendem Sirup
Ingwer, Limette und Sternanis aromatisieren die exotischen Früchte
20 Min. 2 Mon. **Seite 475**

Summer pudding
Britischer Klassiker, der zubereitet wird, wenn im Sommer die Beeren saftig und voller Aroma sind
25–30 Min. **Seite 476**

Kalte Nachspeisen

Mousse au chocolat
Schokoladig, schaumig, unwiderstehlich – eine Schokoladenmousse macht alle glücklich
40 Min.
Seite 385

Sahneherzen
Kleine Herzen aus Quark und Sahne, mit frischen Beeren serviert
20 Min.
Seite 385

Crème brûlée
Unter der knackigen Karamellschicht steckt eine Vanillecreme
65 Min.
Seite 392

Marquise au chocolat
Gehaltvoll und von samtiger Konsistenz
15 Min. 3 Mon.
Seite 393

Panna cotta mit Erdbeer-Coulis
Mindestens so gut wie beim Lieblingsitaliener
20 Min.
Seite 399

Vanillecreme
Kirschen sind die perfekte Ergänzung
50 Min.
Seite 401

Buttermilchcreme
Die leichte Variante der *panna cotta* enthält Buttermilch
35 Min.
Seite 401

Fruchtcreme
Wählen Sie das Obst je nach Jahreszeit, auch exotische Früchte schmecken gut dazu
40 Min.
Seite 402

Schokoladeneis
Dunkle Schokoladeneiscreme mit weißen Schokotröpfchen
40 Min. 3 Mon.
Seite 405

Schnelles Tiramisu
Eines der beliebtesten italienischen Desserts, dessen Name »zieh mich hoch« bedeutet – eine Anspielung auf den Espresso, mit dem die Biskuits getränkt werden
20 Min.
Seite 398

Espresso-Granita
Erfrischt an heißen Sommertagen
10 Min. — Seite 404

Vanilleeis
Schmeckt selbst gemacht am allerbesten
40 Min. 3 Mon. — Seite 405

Orangensorbet
Ein vorzügliches leichtes Sommerdessert
25 Min. 3 Mon. — Seite 406

Safran-Kulfi
Indisches Eisdessert aus Milch und Sahne
10 Min. 1 Mon. — Seite 406

Erdbeereis
Mit einem Hauch Exotik durch Kokosmilch, Rum und Limette
15 Min. 3 Mon. — Seite 407

Cassata-Eis
Ein absolut unwiderstehliches Dessert
35 Min. 4 Mon. — Seite 407

Pistazieneis
Köstliche Eiscreme mit knackigen Pistazienkernen
40–45 Min. 3 Mon. — Seite 409

Mangosorbet
Die Früchte müssen reif sein, damit das Sorbet sein exotisches Aroma entfaltet
25 Min. 3 Mon. — Seite 409

Passionsfruchtpudding
Süßes Milchdessert mit Passionsfrucht
25 Min. — Seite 468

Mango-Orangen-Creme
Mangos, Orangen und etwas Sahne – viel mehr braucht es nicht für diesen leichten Genuss
45 Min. — Seite 469

Sektgelee mit Passionsfrucht
Kleiner Aufwand, ganz große Wirkung
30 Min. — Seite 471

Kaltes Himbeersoufflé
Fein duftend zergeht es auf der Zunge
35 Min. 1 Mon. — Seite 470

Pfirsich Melba
Dessert für eine Diva aus Pfirsichen, Eiscreme und Himbeersauce
45 Min. 6 Mon. — Seite 476

Flambierte Crêpes

Immer wieder ein spektakulärer Abschluss für ein besonderes Essen

- für 4 Personen
- Zub. 25–35 Min. • Garzeit 15–20 Min.
- 23 cm große Crêpepfanne
- die Crêpes sind mit Zwischenlagen aus Butterbrotpapier tiefgekühlt 3 Mon. haltbar

Crêpes

- 100 g Mehl
- 2 Eier, verquirlt
- Sonnenblumen- oder Erdnussöl
- 1 Prise Salz
- 250 ml Milch
- Butter zum Braten

Sauce

- 60 g Butter
- 100 g Ahornsirup
- abgeriebene Schale und Saft von 2 unbehandelten Orangen
- 4 EL Weinbrand oder Orangenlikör

Vorbereitung Die Crêpes im Voraus zubereiten und mit Zwischenlagen aus Butterbrotpapier mit Frischhaltefolie abgedeckt kalt stellen.

1 Für den Crêpeteig das Mehl in eine Schüssel sieben und in die Mitte eine Vertiefung drücken. Eier, Öl und Salz hineingeben und untermischen. Nach und nach die Milch einrühren, um einen dünnen, glatten Teig herzustellen.

2 Die Crêpepfanne bei mittlerer Temperatur erhitzen und etwas Butter hineingeben. So viel Crêpeteig in die Pfanne gießen, dass der Boden gerade bedeckt ist. Die Pfanne schwenken, um den Teig zu verteilen. Die Crêpe 1–2 Min. backen, bis die Unterseite goldbraun ist. Den Pfannkuchen umdrehen und die andere Seite 1 Min. backen. Die Crêpe zweimal zusammenfalten, aus der Pfanne nehmen und warm stellen. Mit dem restlichen Teig ebenso verfahren.

3 Für die Sauce die Butter in einer zweiten Pfanne bei mittlerer Temperatur zerlassen. Ahornsirup, Orangensaft und Orangenschale hinzufügen und 5 Min. unter Rühren köcheln lassen, bis sich der Sirup aufgelöst hat und die Sauce etwas eingedickt ist.

4 Die Crêpes nacheinander in die Sauce legen. Den Weinbrand in eine Schöpfkelle gießen, entzünden und sofort über die Crêpes gießen.

Zitronen-Zucker-Crêpes

Diese einfachen, aber leckeren Crêpes können zu einem Brunch oder als Nachtisch serviert werden

- für 4 Personen
- Zub. 5 Min. + Wartezeit • Garzeit 10 Min.
- 18 cm große Crêpepfanne
- die Crêpes sind mit Zwischenlagen aus Butterbrotpapier tiefgekühlt 3 Mon. haltbar

- 120 g Mehl
- 1 Prise Salz
- 1 Ei
- 300 ml Milch
- etwa 3 EL Pflanzenöl zum Braten
- Zitronenspalten und feiner Zucker zum Servieren

Vorbereitung Die Crêpes können im Voraus zubereitet und mit Zwischenlagen aus Butterbrotpapier in Frischhaltefolie eingewickelt aufbewahrt werden. Vor dem Servieren im Ofen wieder erhitzen.

1 Mehl und Salz in eine große Schüssel sieben und in die Mitte eine Mulde drücken. Ei und etwas Milch hineingeben und nach und nach das Mehl unterrühren, bis ein glatter Teig entstanden ist. Die restliche Milch einrühren. Den Teig 10 Min. ruhen lassen.

2 Den Backofen auf niedrigster Stufe vorheizen. Die Pfanne bei hoher Temperatur erhitzen, bis sie heiß ist. Etwas Öl hineingeben.

3 In die Mitte der Pfanne 3 EL Teig schöpfen und die Pfanne schwenken, um ihn zu verteilen. Die Crêpe etwa 1–2 Min. backen, bis kleine Blasen erscheinen. Den Pfannkuchen mithilfe einer Palette wenden und noch einmal etwa 30 Sek. backen, bis er goldbraun ist.

4 Herausnehmen und im Backofen warm stellen. Aus dem restlichen Teig weitere Crêpes herstellen.

5 Die Crêpes mit Zucker bestreut und mit Zitronensaft beträufelt heiß servieren. Anstelle von Zitronensaft und Zucker kann man auch etwas Ahornsirup, Schokoladensauce oder Fruchtpüree über die Crêpes geben. Oder man füllt die Crêpes, etwa mit gedünstetem Obst oder in Scheiben geschnittener Banane.

Süßer Reis mit Früchten

Dieses beliebte thailändische Dessert wird aus Klebreis hergestellt

für 4 Personen

Zub. 15 Min. + Wartezeit • Garzeit 20–25 Min.

Dämpfeinsatz aus Bambus

200 g Klebreis

Bananenblätter

175 ml Kokosmilch

25 g Palmzucker oder brauner Zucker

2 Mangos, geschält, entsteint und gewürfelt oder in Scheiben geschnitten

1 Papaya, entkernt und gehackt

Saft von 2 Limetten

Vorbereitung Schritt 1 kann mehrere Stunden im Voraus oder am Vorabend ausgeführt werden.

1 Den Reis in eine Schüssel geben und 5 cm hoch mit kaltem Wasser bedecken. Mehrere Stunden oder über Nacht quellen lassen.

2 Den Dämpfeinsatz mit Bananenblättern oder einem Tuch auslegen. Den Reis abtropfen lassen, im Dämpfeinsatz verteilen und 20–25 Min. garen, bis er weich ist.

3 Kokosmilch und Zucker erhitzen, bis sich der Zucker aufgelöst hat, dann unter den Reis rühren. Den Reis 15 Min. stehen lassen.

4 Zum Servieren den Reis auf 4 Bananenblätter setzen. Die Früchte daneben anrichten und den Limettensaft darüberträufeln.

Bananenblätter

Bananenblätter sind in Asialäden erhältlich. Vor Verwendung kurz in warmes Wasser legen, damit sie weich werden.

Kirsch-Clafoutis

In Pfannkuchenteig gebackene Kirschen – besonders authentisch, wenn man die Früchte nicht entsteint

für 6 Personen

Zub. 12 Min. + Wartezeit • Garzeit 35–45 Min.

ofenfeste Form

750 g Kirschen

3 EL Kirschwasser

75 g feiner Zucker

Butter zum Einfetten

4 große Eier

1 Vanilleschote, aufgeschlitzt

100 g Mehl, gesiebt

300 ml Milch

1 Prise Salz

Puderzucker zum Bestäuben

1 Die Kirschen mit Kirschwasser und 2 EL Zucker vermischen und 30 Min. durchziehen lassen.

2 In der Zwischenzeit den Backofen auf 200 °C vorheizen. Die Form ausbuttern und beiseitestellen.

3 Die Flüssigkeit aus der Schüssel mit den Kirschen abgießen und mit Eiern, Vanillemark und restlichem Zucker verquirlen. Langsam das Mehl und dann Milch und Salz unterrühren, um einen glatten Teig herzustellen.

4 Die Kirschen in der Form verteilen und den Teig darübergießen. Die Form für 35–45 Min. in den Backofen schieben, bis die Oberfläche des Clafoutis gebräunt und der Teig fest ist.

5 Den Clafoutis mit Puderzucker bestäuben und abkühlen lassen. Warm oder mit Zimmertemperatur servieren.

Dazu passt Sahne, Crème fraîche oder Vanilleeis.

VARIANTE

Zwetschen-Clafoutis

Die Kirschen durch Zwetschen ersetzen. Wenn die Früchte sauer sind, nach Belieben die Zuckermenge erhöhen.

Plum pudding

Ein traditioneller Nachtisch zur englischen Weihnacht, hier nicht mit dem traditionellen Rindertalg, sondern mit Butter zubereitet

- ergibt 1,1 kg
- Zub. 45 Min. + Wartezeit • Garzeit 8–10 Std.
- Puddingform
- sorgfältig verpackt an einem kühlen Platz aufbewahrt oder tiefgekühlt 12 Mon. haltbar

80 g Rosinen

60 g Korinthen

100 g Sultaninen

40 g Zitronat und Orangeat, gehackt

120 g gemischte Trockenfrüchte wie Feigen, Datteln und Kirschen

150 ml Bier

1 EL Whisky oder Weinbrand

abgeriebene Schale und Saft von 1 unbehandelten Orange

abgeriebene Schale und Saft von 1 unbehandelten Zitrone

80 g Backpflaumen, entsteint und gehackt

150 ml kalter schwarzer Tee

1 Tafelapfel, gerieben

120 g Butter, zerlassen, plus Butter zum Einfetten

175 g brauner Zucker

1 EL Treacle (dunkler Zuckerrohrsirup)

2 Eier, verquirlt

60 g Mehl, mit 2 Msp. Backpulver vermischt

1 TL Lebkuchengewürz

120 g frische Semmelbrösel

60 g gehackte Mandeln

Vorbereitung Den Pudding am besten 1–2 Mon. im Voraus zubereiten. Vor dem Servieren zum Erhitzen 1½–2 Std. dämpfen.

1 Die ersten neun Zutaten in einer großen Schüssel sorgfältig vermischen. Die Backpflaumen in einer kleinen Schüssel mit dem Tee übergießen. Die Schüsseln abdecken und die Zutaten über Nacht quellen lassen.

2 Die Pflaumen abtropfen lassen, den Tee weggießen. Pflaumen und geriebenen Apfel zu den übrigen Früchten geben, dann zerlassene Butter, Zucker, Treacle und Eier sorgfältig untermischen.

3 Mehl und Lebkuchengewürz in die Schüssel sieben, die Semmelbrösel und Mandeln hinzufügen und alle Zutaten sorgfältig mischen.

4 Die Puddingform einfetten. Die Puddingmasse hineinfüllen und mit zwei Lagen Butterbrotpapier und einer Lage Alufolie abdecken. Papier und Folie mit Küchengarn sorgsam befestigen. Die Form in einen Topf mit so viel köchelndem Wasser setzen, dass sie mindestens zur Hälfte im Wasser steht. Den Pudding 8–10 Std. dämpfen, dabei regelmäßig den Wasserstand überprüfen, da er nicht zu stark absinken darf – entweder jede Stunde die Küchenuhr stellen oder einen kleinen Stein in den Topf geben, der klappert, wenn der Wasserspiegel absinkt.

Dazu passt Sahne oder Vanillesauce.

Tipp zum Dämpfen

Der Pudding kann über 2 oder 3 Tage hinweg gedämpft werden. Am ersten Tag mindestens 3 Std. dämpfen. Je länger der Pudding gedämpft wird, desto dunkler seine Farbe.

Reispudding

Schmeckt am besten, wenn er langsam gegart wird

- für 4 Personen
- Zub. 15 Min. • Garzeit 2–2½ Std.
- ofenfeste Form mit etwa 900 ml Fassungsvermögen

15 g Butter plus Butter zum Einfetten

60 g Rundkornreis wie etwa Arborio

600 ml Vollmilch

30 g Zucker

1 Prise gemahlener Zimt oder geriebene Muskatnuss

1 Die Form buttern. Den Reis unter fließendem kaltem Wasser waschen, dann gut abtropfen lassen. Mit der Milch in die Form geben und für 30 Min. beiseitestellen.

2 Den Backofen auf 150 °C vorheizen. Den Zucker unter den Reis rühren. Mit Zimt oder Muskatnuss bestreuen und mit Butterflöckchen belegen. Den Reis 2–2½ Std. im Backofen garen, bis er goldbraun ist.

Dazu passt ein Löffel Beerenkonfitüre oder Frucht-Coulis.

VARIANTE

Türkischer Reispudding

Den Reis 5 Min. in kochendem Wasser blanchieren, dann abtropfen lassen. Mit der Milch zum Kochen bringen und 15 Min. köcheln lassen. Etwas Vanilleextrakt untermischen. Den Reis abgekühlt mit Zimt bestreut servieren.

Grießpudding

Weckt Erinnerungen an Kindertage

für 4 Personen

Zub. 5 Min. • Garzeit 15 Min.

- 450 ml Milch
- 150 g Sahne
- 120 g Grieß
- 80 g Zucker
- 3 EL Rosenwasser
- 4 TL Konfitüre zum Servieren

1 Milch und Sahne in einem Topf zum Kochen bringen. Langsam den Grieß einrühren. Den Zucker hinzufügen und die Mischung wieder aufkochen, dann 3–4 Min. köcheln lassen, dabei kräftig weiterrühren.

2 Von der Kochstelle nehmen. Sollte die Masse zu dick sein, noch etwas Milch hinzufügen. Das Rosenwasser sorgfältig unterrühren.

3 Den Pudding auf vorgewärmte Servierschalen verteilen. Die Konfitüre mit kochendem Wasser glatt rühren und über den Pudding träufeln.

VARIANTE

Grießauflauf

Die Masse am Ende von Schritt 2 in eine gebutterte ofenfeste Form füllen und für etwa 30 Min. in den mittelheißen Backofen schieben, bis sie leicht gebräunt ist.

Gedämpfter Siruppudding

Ein köstliches, sättigendes Winterdessert, ganz einfach zuzubereiten

für 4–6 Personen

Zub. 20 Min. • Garzeit 90 Min.

Puddingform

- 120 g Butter plus Butter zum Einfetten
- 5 EL Golden Sirup (heller Zuckerrohrsirup)
- 1 EL frische Semmelbrösel
- 120 g Zucker
- abgeriebene Schale von 1 unbehandelten Zitrone
- 2 Eier, verquirlt
- 120 g Mehl, mit 2,5 g Backpulver vermischt
- 1 TL gemahlener Ingwer
- 60 ml Milch

1 Die Puddingform buttern. 2 EL Sirup hineingeben und die Semmelbrösel daraufstreuen. Einen großen Topf zu einem Viertel mit Wasser füllen und das Wasser zum Köcheln bringen.

2 Butter und Zucker in einer Schüssel cremig rühren. Die Zitronenschale hinzufügen, dann die verquirlten Eier nach und nach sorgfältig unterschlagen.

3 Mehl und Ingwer in die Schüssel sieben und unterheben. So viel Milch hinzufügen, dass die Masse in Tropfen vom Löffel fällt.

4 Die Masse in die Puddingform füllen. Zwei Stücke Butterbrotpapier und ein Stück Alufolie darauflegen und mit Küchengarn festbinden.

5 Die Form in den Topf mit dem köchelnden Wasser setzen, dabei darauf achten, dass sie nicht zu tief im Wasser steht. Den Pudding zugedeckt 90 Min. dämpfen, bei Bedarf kochendes Wasser nachfüllen.

6 Kurz vor dem Servieren den restlichen Sirup in einem kleinen Topf erhitzen und über den gestürzten Pudding gießen.

Dazu passt heiße Vanillesauce, Sahne oder Vanilleeis.

Schokoküchlein

Ein Hochgenuss für alle Schokoholics: Wenn man hineinsticht, fließt weiche Schokolade heraus

für 4 Personen
Zub. 10 Min. • Backzeit 15 Min.
4 ofenfeste 175-ml-Förmchen oder Dessertförmchen

- 45 g weiche Butter plus Butter für die Förmchen
- 250 g Bitterschokolade, gehackt
- 115 g Zucker
- 4 Eier
- ½ TL Vanilleextrakt
- 45 g Mehl
- 1 Prise Salz

Vorbereitung Schritt 1–3 können mehrere Stunden im Voraus ausgeführt werden.

1 Die Förmchen großzügig ausbuttern. Für den Boden jedes Förmchens einen Kreis aus Backpapier ausschneiden. Die Papiere in die Förmchen legen und ebenfalls buttern. Die Förmchen beiseitestellen. Den Backofen auf 200 °C vorheizen.

2 Die Schokolade in einer hitzebeständigen Schüssel über einem Topf mit köchelndem Wasser schmelzen. Der Schüsselboden darf das Wasser nicht berühren. Schokolade beiseitestellen.

3 Mit dem elektrischen Handrührgerät Butter und Zucker cremig rühren. Die Eier nacheinander untermischen, dann den Vanilleextrakt einrühren. Mehl und Salz in die Schüssel sieben und behutsam unterheben, anschließend die geschmolzene Schokolade hinzufügen. Die Masse auf die Förmchen verteilen. Die Förmchen werden dabei nicht ganz voll werden.

4 Die Förmchen auf einem Backblech in den Backofen schieben und die Küchlein 12–15 Min. garen, bis sie außen fest sind, sich in der Mitte aber noch weich anfühlen.

5 Ofenhandschuhe anziehen. Auf jede Form einen Servierteller setzen und beide zusammen umdrehen, um die Küchlein zu stürzen. Die Papiere entfernen und die Küchlein heiß servieren.

Dazu passt halbfest geschlagene Sahne oder heiße, mit abgeriebener Orangenschale aromatisierte Vanillesauce.

Reste können grob gehackt und mit heißer Karamellsauce über Vanilleeis gegeben werden.

Kardamonschokolade

Das Rezept kann durch Verwendung ungewöhnlich aromatisierter Schokolade wie etwa Kardamon-Orangen-Schokolade oder Chilischokolade variiert werden.

Zabaione

Angeblich im 17. Jh. in Italien entstanden, als versehentlich Wein in eine Eiercreme gelangte

für 4 Personen
Zub. 5 Min. • Garzeit 10 Min.

- 4 Eigelb
- 4 EL feiner Zucker
- 8 EL Marsala
- abgeriebene Schale von 1 unbehandelten Orange
- 8 Löffelbiskuits oder andere Kekse zum Servieren

1 In einem großen Topf Wasser zum Kochen bringen, dann die Hitze so weit reduzieren, dass es noch köchelt.

2 Eine große, hitzebeständige Glas- oder Porzellanschüssel auf den Topf mit dem köchelnden Wasser setzen. Eigelbe, Zucker, Marsala und die Hälfte der Orangenschale hineingeben und sofort mit einem Schneebesen zu schlagen beginnen. Die Mischung 5–10 Min. schlagen, bis sie schaumig und warm ist.

3 Die Zabaione in vier Cocktailgläser gießen und mit der restlichen Orangenschale garniert sofort servieren, das Gebäck dazureichen.

Korinthenpudding

Klassisch englisches Dessert, auch *spotted dick* genannt

für 4 Personen

Zub. 15 Min. • Garzeit 1½–2 Std.

- 225 g Mehl, mit 5 g Backpulver vermischt, plus Mehl zum Bestäuben
- 120 g Rindertalg, gehackt
- 30 g Semmelbrösel
- 85 g Zucker
- 175 g Korinthen
- abgeriebene Schale von 1 unbehandelten Zitrone
- 150 ml Milch
- warme Vanillesauce zum Servieren (nach Belieben)

Vorbereitung Das Dessert muss sofort gegart werden, gedämpft hält es sich aber bis zu 2 Tage. Vor dem Servieren wieder erhitzen.

1 Mehl, Talg, Semmelbrösel, Zucker, Korinthen und Zitronenschale in einer großen Schüssel sorgfältig vermischen. 100 ml Milch hinzufügen und mit einem Messer mit abgerundeter Klinge alles vermischen, nach Bedarf noch etwas Milch hinzufügen. Der Teig sollte weich, aber nicht zu feucht sein.

2 Den Teig auf der bemehlten Arbeitsfläche zu einer 18 cm langen Rolle formen. Ein Stück Alufolie und ein Stück Backpapier aufeinanderlegen. Die Teigrolle auf das Backpapier setzen und fest in Alufolie und Papier einwickeln. Die Seiten mit Küchengarn zusammenbinden, sodass das Päckchen wie ein Knallbonbon aussieht.

3 Die Rolle in einem Dämpfeinsatz in einen Topf über köchelndes Wasser legen, 1½–2 Std. dämpfen, nach Bedarf Wasser nachfüllen.

4 Den Pudding auswickeln, auf einen vorgewärmten Servierteller legen und in Scheiben geschnitten servieren, falls gewünscht mit warmer Vanillesauce.

Mandarinen-Ananas-Suppe

Viele Fruchtstücke und Orangensaft, mit Tapioka leicht gebunden

für 4–6 Personen

Zub. 10 Min. • Garzeit 30–50 Min.

- 1 Dose Mandarinorangen im eigenen Saft (300 g)
- 1 Dose Ananasscheiben im eigenen Saft (220 g)
- 450–600 ml Orangensaft
- 75 g Perltapioka
- 4 EL Zucker oder Zucker nach Geschmack
- 100 g griechischer Joghurt oder weiche Schlagsahne (nach Belieben)
- geriebene Muskatnuss oder gemahlener Zimt (nach Belieben)

1 Den Saft von Mandarinorangen und Ananas abgießen und mit Orangensaft auf 600 ml ergänzen. Beiseitestellen. Die Ananas in kleine Stücke hacken und mit den Mandarinorangen ebenfalls beiseitestellen.

2 Tapioka und Saft in einem Topf bei starker Hitze unter Rühren zum Kochen bringen. Die Mischung wird zunächst trüb sein, dann aber klar werden. Unter häufigem Rühren 30–50 Min. oder nach Anweisung auf der Verpackung köcheln lassen, bis die kleinen »Perlen« transparent werden und die Mischung dick ist und glänzt, zwischendurch mit einem Backpinsel von den Topfwänden abstreifen.

3 Den Topf von der Kochstelle nehmen, die Suppe nach Geschmack zuckern. Die Früchte unterrühren und das Dessert heiß servieren, falls gewünscht mit einem Löffel Joghurt oder Sahne und mit Muskatnuss oder Zimt bestreut.

VARIANTE

Tapiokacreme

Tapioka wie oben im Saft garen. Abkühlen lassen, dann Joghurt oder Sahne und anschließend die Früchte unterrühren. Kalt servieren.

Konfitürenroulade

Ursprünglich wurde dieses traditionelle englische Dessert in einem Tuch gedämpft, durch Backen wird der Teig aber knuspriger. Besonders gut schmeckt es mit Himbeerkonfitüre

für 4 Personen
Zub. 10 Min. • Backzeit 30 Min.

- 225 g Mehl mit 5 g Backpulver vermischt
- 115 g Rindertalg, gehackt
- 4–6 EL Konfitüre
- 1 Ei, verquirlt
- feiner Zucker zum Bestreuen
- Vanillesauce oder Sahne zum Servieren

1 Den Backofen auf 200 °C vorheizen. Ein Backblech mit Backpapier auslegen.

2 Mehl und Rindertalg in eine Schüssel geben und 100 ml Wasser hinzufügen. Die Zutaten mit einem Messer mit abgerundeter Klinge vermischen, bis ein weicher, aber nicht nasser Teig entstanden ist. Bei Bedarf noch Wasser hinzufügen.

3 Den Teig auf die bemehlte Arbeitsfläche setzen und zu einem 18 x 25 cm großen Rechteck ausrollen. Die Konfitüre in einem kleinen Topf behutsam erwärmen.

4 Den Teig mit der Konfitüre bestreichen und locker aufrollen. Mit der Nahtstelle nach unten auf das Blech legen, dann mit dem Ei bestreichen und mit etwas Zucker bestreuen. Die Roulade etwa 30 Min. backen, bis sie goldbraun und knusprig ist. Mit Vanillesauce oder Sahne servieren.

VARIANTE

Siruproulade

Anstelle von Konfitüre 4–6 EL Golden Sirup (heller Zuckerrohrsirup) verwenden.

Marmeladenroulade

In Schritt 2 dem Teig die abgeriebene Schale von 1 unbehandelten Orange beigeben. Die Konfitüre durch 4–6 EL Orangenmarmelade ersetzen.

Süßer Brotauflauf

Eine ausgezeichnete Resteverwertung für altbackenes Weißbrot

für 4 Personen
Zub. 15 Min. + Wartezeit • Garzeit 30–40 Min.

- 25 g Butter plus Butter zum Einfetten
- 5–6 Scheiben altbackenes Toastbrot, Rinde entfernt (etwa 175 g)
- 60 g Rosinen
- 3 Eier
- 300 ml Vollmilch
- 200 g Sahne
- 60 g Zucker
- 1 TL Vanilleextrakt
- 4 EL Aprikosenkonfitüre
- 2–3 EL Zitronensaft

Vorbereitung Der Auflauf muss vor dem Backen mindestens 30 Min. durchziehen, kann aber bis zu 8 Std. stehen.

1 Eine ofenfeste Form dünn ausbuttern. Die restliche Butter auf die Brotscheiben streichen. Die Scheiben schräg in jeweils vier Dreiecke schneiden.

2 Die Rosinen auf dem Boden der Form verteilen und die Brotstücke überlappend darauflegen. Eier, Milch, Sahne, Zucker und Vanilleextrakt verquirlen. Die Mischung vorsichtig über das Brot gießen. Die Form für mindestens 30 Min. beiseitestellen.

3 Den Backofen auf 180 °C vorheizen. Die Form in einen tiefen Bräter stellen und 2,5 cm hoch kochendes Wasser hineingießen. Den Auflauf für 30–40 Min. in den Backofen schieben, bis er in der Mitte noch etwas feucht, aber nicht mehr flüssig ist.

4 In der Zwischenzeit die Konfitüre mit dem Zitronensaft und 1 EL Wasser in einem kleinen Topf zum Kochen bringen, dann durch ein Sieb streichen und vorsichtig auf den heißen Brotauflauf pinseln.

VARIANTE

Fruchtiger Brotauflauf

Anstelle von Rosinen andere Trockenfrüchte wie gehackte Aprikosen, Pfirsiche, Mangos, Kirschen oder Cranberrys verwenden. Das Toastbrot durch Brioche oder Panettone ersetzen.

Orangensoufflé

Die Zubereitung eines Soufflés ist nicht schwierig, bedarf aber einiger Sorgfalt

- für 4 Personen
- Zub. 20 Min. • Garzeit 12–15 Min.
- 4 ofenfeste Förmchen
- ungebacken in den Förmchen tiefgekühlt 1 Mon. haltbar

- 50 g Butter, zerlassen
- 60 g feiner Zucker plus Zucker zum Ausstreuen
- 45 g Mehl
- 300 ml Milch
- abgeriebene Schale von 2 unbehandelten Orangen
- 2 EL Orangensaft
- 3 Eier, getrennt
- 1 Eiweiß

1 Den Backofen auf 200 °C vorheizen. Ein Backblech in den Ofen schieben.

2 Die Förmchen mit zerlassener Butter auspinseln, dann sorgfältig mit Zucker ausstreuen.

3 Die restliche Butter in einen Topf geben, das Mehl einrühren und bei schwacher Hitze 1 Min. anschwitzen. Von der Kochstelle nehmen und nach und nach die Milch unterrühren. Die Mischung wieder auf die Kochstelle setzen und unter Rühren langsam zum Kochen bringen. 1–2 Min. köcheln lassen. Von der Kochstelle nehmen und Orangenschale, Orangensaft und den Zucker bis auf 1 TL untermischen.

4 Die Eigelbe nacheinander unterrühren. Die Eiweiße schlagen, bis sich weiche Spitzen bilden, dann mit dem restlichen Zucker zu steifem Schnee schlagen. 1 EL Eischnee in die Eigelbmischung rühren, um sie zu lockern, dann den restlichen Eischnee vorsichtig unterheben.

5 Die Soufflémasse auf die Förmchen verteilen und mit einem kleinen Messer glatt streichen. Die Förmchen für 12–15 Min. in den Backofen schieben, bis die Soufflés aufgegangen und goldbraun, in der Mitte aber noch nicht ganz fest sind.

Toffee-Bananen-Auflauf

Wunderbar im Winter, und ebenso rasch gemacht wie aufgegessen

- für 6 Personen
- Zub. 5 Min. • Garzeit 10 Min.

- 110 g Butter plus Butter zum Einfetten
- 110 g brauner Zucker
- 200 g Sahne
- 6 EL Ahornsirup
- 225 g Honigkuchen mit Ingwer, in Scheiben geschnitten
- 2 große Bananen
- 60 g Pekannusskerne, gehackt

Vorbereitung Das Dessert kann mehrere Stunden im Voraus in die Form gegeben werden. Die Bananen in Zitronensaft wenden und unter den Kuchen legen, damit sie nicht braun werden.

1 Den Backofen auf 190 °C vorheizen. Butter, Zucker, Sahne und Ahornsirup in einem Topf unter ständigem Rühren behutsam erhitzen, bis die Mischung glatt ist.

2 Eine 20 x 30 cm große, ofenfeste Form dünn einfetten. Kuchenscheiben und Bananen hineinlegen, mit der Sauce übergießen und mit den Pekannusskernen bestreuen. Für 10 Min. in den Backofen schieben, bis die Sauce Blasen wirft.

Dazu passt Crème double, Vanillesauce oder Vanilleeis.

Reste können wieder erhitzt und auf Vanilleeis, gewürfelte frische Früchte oder Joghurt gegeben werden.

VARIANTE

Toffee-Bananen-Auflauf mit Rührkuchen

Den Honigkuchen durch 225 g Rührkuchen ersetzen. Da er etwas trockener ist als der Honigkuchen, den Auflauf nach Hinzufügen der Sauce 10 Min. stehen lassen, dann wie oben fortfahren. Das Rezept ist eine gute Resteverwertung für trockene Kuchen aller Art.

Torrijas

In Spanien bäckt man die Armen Ritter in Olivenöl aus

für 4 Personen
Zub. 5 Min. + Wartezeit • Garzeit 20 Min.

- 8 Scheiben altbackenes Baguette
- 750 ml Vollmilch
- 3 EL Zucker
- 1 Zimtstange
- 200 ml Olivenöl zum Braten
- 3 Eier, verquirlt
- 4 EL Puderzucker zum Bestäuben
- Ahornsirup zum Beträufeln

1 Die Brotscheiben in eine flache Form legen. Die Milch mit Zucker und Zimtstange in einem Topf unter ständigem Rühren zum Kochen bringen, dann über das Brot gießen. Die Zimtstange wegwerfen. Die Brotscheiben 15 Min. stehen lassen, damit sie die Milch aufnehmen können.

2 Das Öl in einer Pfanne bei mittlerer Temperatur erhitzen. Eine Scheibe Brot in verquirltem Ei wenden und in die Pfanne legen. Mit einer zweiten Scheibe möglichst rasch ebenso verfahren. Die Scheiben auf beiden Seiten goldbraun braten. Die restlichen Scheiben ebenso garen.

3 Die Torrijas auf Küchenpapier abtropfen lassen. Wenn sie etwas abgekühlt sind, großzügig mit Puderzucker bestäuben und mit Ahornsirup beträufeln. Noch warm servieren.

Zimtpfannkuchen mit Aprikosen und Quark

Vorzügliche Ergänzung für einen gemütlichen Brunch

ergibt 16–20 Stück
Zub. 30 Min. • Garzeit 30 Min.

- 250 g reife Aprikosen, entsteint und in Spalten geschnitten
- Saft von 1 Zitrone
- 110 g flüssiger Honig
- Quark zum Servieren

Pfannkuchen

- 200 g Mehl, mit 5 g Backpulver vermischt
- 25 g Zucker
- ½ TL gemahlener Zimt
- 2 große Eier
- 200 ml Buttermilch
- 60 g Butter, zerlassen, plus Butter zum Einfetten

Vorbereitung Die Aprikosen können im Voraus zubereitet und später wieder erhitzt werden.

1 Die Aprikosen mit Zitronensaft und Honig in einen Topf geben und einige Minuten köcheln lassen, bis sie weich sind, aber noch nicht zerfallen. Warm stellen.

2 Für die Pfannkuchen das Mehl in eine Schüssel sieben. Zucker und Zimt untermischen. Die Eier mit 4 EL Buttermilch verquirlen, zu der Mehlmischung geben und unterrühren, dann die restliche Buttermilch hinzugießen. Die zerlassene Butter untermischen.

3 Eine beschichtete Pfanne erhitzen und mit etwas Butter einfetten. 3 oder 4 EL Teig mit reichlich Abstand in die Pfanne setzen und die Pfannküchlein backen, bis die Unterseiten gebräunt sind und oben Blasen erscheinen.

4 Die Pfannkuchen umdrehen und die andere Seite bräunen. Fertige Pfannkuchen herausnehmen und in einem sauberen Küchenhandtuch warm halten, während die übrigen zubereitet werden.

5 Die Aprikosen auf die Pfannkuchen geben und einen Löffel Quark daneben setzen, dann servieren.

Mousse au chocolat

Für den ultimativen Schokoladengeschmack Bitterschokolade mit mindestens 70 Prozent Kakaoanteil verwenden

für 6 Personen

Zub. 20 Min. + Wartezeit • Garzeit 20 Min.

100 g Bitterschokolade, in Stücke gebrochen

1 EL Milch

2 Eier, getrennt

35 g Zucker

150 g Sahne

Bitterschokolade, gerieben oder gehobelt, zum Servieren

1 Die Schokolade mit der Milch in eine hitzebeständige Schüssel geben und auf einem Topf mit köchelndem Wasser schmelzen, dann mit der Milch verrühren. Von der Kochstelle nehmen, etwas abkühlen lassen.

2 Eigelbe und Zucker in einer großen Schüssel schaumig schlagen. Dann die Schokoladenmischung unterziehen.

3 Die Sahne in einer Schüssel steif schlagen. Behutsam die Schokoladenmasse unterziehen. Die Eiweiße zu steifem Schnee schlagen und ebenfalls vorsichtig unterheben.

4 Die Mousse in Portionsschalen schöpfen und für mindestens 2 Std. kalt stellen. Wenn man sie vor dem Servieren wieder auf Zimmertemperatur bringt, ist sie weicher. Die Mousse mit der geriebenen oder gehobelten Schokolade garniert servieren.

Dazu passen Biscotti, Shortbread oder etwas Schlagsahne.

VARIANTE

Helle Schokoladenmousse

Für eine hellere Schokoladenmousse Bitterschokolade mit nur 50 Prozent Kakaoanteil oder Milchschokolade verwenden. Die Mousse mit Spänen von weißer Schokolade verzieren.

Sahneherzen

Cœurs à la crème kommen aus Frankreich und werden traditionell in speziellen Porzellanförmchen zubereitet

für 4 Personen

Zub. 20 Min. + Wartezeit

4 Cœur-à-la-crème-Förmchen

225 g Hüttenkäse, abgetropft und durch ein Sieb gestrichen

300 g Crème double

60 g Puderzucker

1 TL Vanilleextrakt

2 Eiweiß

Sahne zum Servieren

frische Beeren zum Servieren

Vorbereitung Das Dessert am besten 2–3 Tage im Voraus zubereiten, da es abtropfen muss. Fertig hält es sich im Kühlschrank bis zu 5 Tage.

1 Hüttenkäse, Crème double, Zucker und Vanilleextrakt vermischen. Die Eiweiße schlagen, bis sich weiche Spitzen bilden. Den Eischnee unter die Käsemischung heben.

2 Die Mischung in die Förmchen füllen und mit Frischhaltefolie abdecken. Die Förmchen auf ein Gitter setzen, das auf einem Teller steht, und die Käsemasse im Kühlschrank 2–3 Tage abtropfen lassen.

3 Zum Servieren die Herzen vorsichtig auf Portionsteller stürzen. Mit der Sahne und frischen Beeren servieren.

Dazu passt eine fruchtige Sauce wie etwa Himbeer-Coulis oder gekühltes Kompott aus gemischten Früchten.

Förmchen

Förmchen für *cœurs à la crème* sind in guten Haushaltswarengeschäften erhältlich. Die Förmchen haben kleine Löcher, damit die Flüssigkeit gut abtropfen kann. Man kann jedoch auch beliebige Dessertförmchen verwenden. Kreise aus Butterbrotpapier auf den Boden der Förmchen legen. Die Förmchen mit der Käsemasse füllen, dann auf jedem Förmchen mit einem Gummiring ein Stück Musselin befestigen. Die Förmchen umgedreht auf ein Gitter setzen, das auf einem Teller steht, und das Dessert wie oben 2–3 Tage abtropfen lassen.

Sherry-Trifle

Ein wandelbares Rezept, das auch mit anderen Früchten zubereitet werden kann, etwa Erdbeeren, Heidelbeeren und sogar Pfirsichen aus der Dose

- für 4–6 Personen
- Zub. 25 Min. + Wartezeit • Garzeit 10 Min.
- 1,5 l fassende Servierschüssel

250 g Biskuit, in Scheiben geschnitten
110 g Himbeerkonfitüre
175 g Himbeeren
4 Amaretti, zerkrümelt
100 ml Amontillado-Sherry
300 g Sahne
2 EL Mandelblättchen oder geriebene Schokolade zum Verzieren

Vanillesauce

600 ml Milch
1 Vanilleschote
2 EL feiner Zucker plus 1 TL Zucker zum Bestreuen
4 Eigelb

Vorbereitung Das Dessert kann bis zu 24 Std. im Voraus zubereitet werden. Sahne und Mandeln aber erst kurz vor dem Servieren hinzufügen.

1 Für die Vanillesauce die Milch in einen Topf gießen. Die Vanilleschote längs aufschlitzen. Das Mark herausschaben und mit dem Zucker zu der Milch geben. Die Milch bei schwacher Hitze fast zum Kochen bringen. In der Zwischenzeit die Eigelbe in einer hitzebeständigen Schüssel verschlagen.

2 Die heiße Milch sorgfältig unter das Eigelb schlagen. Den Topf abwaschen, zur Hälfte mit heißem Wasser füllen und bei schwacher Hitze auf den Herd stellen. Die Schüssel daraufsetzen und die Sauce mit einem Holzlöffel rühren, bis sie den Löffelrücken überzieht. Die Sauce von der Kochstelle nehmen und mit 1 TL Zucker bestreuen, damit sich keine Haut bildet. Zum Abkühlen beiseitestellen.

3 In der Zwischenzeit den Biskuit mit der Konfitüre bestreichen und jeweils 2 Stücke zusammensetzen. Die Stücke in 2,5 cm große Quadrate schneiden und diese auf dem Boden der Servierschüssel verteilen.

4 Die Himbeeren in die Zwischenräume stecken. Die zerkrümelten Amaretti gleichmäßig darauf verteilen, dann mit Sherry beträufeln.

5 Die abgekühlte Vanillesauce über Biskuit und Früchte gießen. Die Schüssel bis zum Servieren in den Kühlschrank stellen.

6 Vor dem Servieren die Sahne fast steif schlagen, auf der Vanillesauce verteilen und mit Mandelblättchen oder Schokolade bestreuen.

Reste können mit Fruchtgelee oder Eiscreme oder zusammen mit Obstsalat serviert werden.

VARIANTE

Schokoladen-Bananen-Trifle

Anstelle von Himbeerkonfitüre Schokoladenaufstrich auf das Biskuit streichen. Die Himbeeren durch 1 oder 2 in Scheiben geschnittene Bananen ersetzen. Bei der Zubereitung der Sauce 200 g in Stücke gebrochene gute Schokolade dazugeben, nachdem die heiße Milch unter das Eigelb geschlagen wurde. Die Schokolade schmilzt, während die Sauce über dem Wasserbad gerührt wird.

Tartuffo

Wie ein überdimensionales Praliné – unwiderstehlich

- ergibt 8 Stücke
- Zub. 20–25 Min. + Wartezeit
- 20 cm große Springform

2 Eiweiß
85 g Zucker
250 g Bitterschokolade, in Stücke gebrochen
300 g Sahne
2 EL Weinbrand
6 Amaretti, zerstoßen
Puderzucker zum Bestäuben
Kumquats zum Servieren (nach Belieben)

1 Die Springform mit Frischhaltefolie auslegen. Eiweiße und Zucker über einem Wasserbad 5 Min. schlagen.

2 Die Schokolade über einem Wasserbad schmelzen lassen, dann unter den Eischnee heben. Die Sahne schlagen und mit dem Weinbrand ebenfalls unterheben. Die Masse in die Form füllen und für 4–5 Std. kalt stellen, bis sie fest ist.

3 Zum Servieren das Dessert auf einen Teller stürzen und die Folie abziehen. Das Dessert mit den Amaretti bestreuen, mit Puderzucker bestäuben und mit den Kumquats (sofern verwendet) servieren.

Himbeer-Charlotte

Ein Traum aus lockeren Löffelbiskuits und den schönsten Himbeeren, die Sie finden können

ergibt 6 Stücke

Zub. 50 Min. + Wartezeit • Garzeit 10 Min.

20 cm große Springform

18–20 Löffelbiskuits, halbiert

1 Vanilleschote

450 ml Milch

50 g Zucker

5 Eigelb

15 g gemahlene Gelatine

250 g Sahne

500 g frische Himbeeren

Puderzucker zum Bestäuben

1 Einen Kreis aus Backpapier auf den Boden der Springform legen. Die Löffelbiskuits mit der gezuckerten Seite nach außen in der Form verteilen.

2 Vanilleschote und Milch in einem Topf langsam zum Kochen bringen. Zucker und Eigelbe verrühren. Die heiße Milch hinzufügen und sorgfältig untermischen. Die Vanilleschote herausnehmen und die Sauce wieder in den gesäuberten Topf gießen. Die Sauce bei schwacher Hitze rühren, bis sie etwas eingedickt ist, dann durch ein Sieb in eine Schüssel streichen.

3 Die Gelatine in eine kleine, hitzebeständige Schüssel mit 4 EL Wasser streuen und 5 Min. stehen lassen, dann auf einen Topf mit heißem Wasser setzen und rühren, bis sie sich aufgelöst hat. In die Vanillesauce gießen und sorgfältig untermischen. Die Sauce kalt stellen, bis sie dick wird, dabei gelegentlich umrühren.

4 Die Sahne steif schlagen. Unter die eingedickte Vanillesauce heben und die Hälfte der Himbeeren hinzufügen. Die Mischung vorsichtig in die Form geben und kühl stellen, bis sie fest ist.

5 Die Charlotte vorsichtig aus der Form nehmen und auf eine Platte setzen. Die restlichen Himbeeren darauf verteilen und etwas Puderzucker darübersieben.

VARIANTE

Schokoladen-Charlotte

Der Milch 175 g Bitterschokolade hinzufügen, bevor sie zu den Eigelben gegeben wird. Vanilleschote und Himbeeren weglassen und die Charlotte mit geriebener Schokolade verzieren.

Baisertorte mit Mascarpone

Der braune Zucker macht das Baiser recht fest und harmoniert im Aroma mit dem Rum

ergibt 4–6 Stücke

Zub. 60 Min. + Wartezeit • Backzeit 1 Std. 30 Min.

Baiser

85 g feiner Zucker

85 g dunkler Muscovado-Zucker

3 Eiweiß

Füllung

250 g Mascarpone

25 g Zucker

125 g Bitterschokolade, gehackt

150 g Sahne

3 EL Rum

80 g geröstete und gehackte Haselnusskerne

1 Dose entsteinte Kirschen, Abtropfgewicht 115 g

Puderzucker zum Bestäuben

1 Den Backofen auf 130 °C vorheizen. Drei 18 cm große Kreise auf Backpapier zeichnen.

2 Für das Baiser beide Zuckersorten vermischen. Die Eiweiße sehr steif schlagen, dann nach und nach den Zucker unterschlagen. Den Eischnee auf die Kreise verteilen, glatt streichen und für etwa 90 Min. in den Backofen schieben. Zum Abkühlen auf ein Kuchengitter legen.

3 Für die Füllung Mascarpone und Zucker in einer großen Schüssel verrühren. Die Schokolade in einer Schüssel auf einem Topf mit köchelndem Wasser schmelzen. 10 Min. abkühlen lassen.

4 Die Schokolade unter den Mascarpone rühren. Die Sahne schlagen, bis sich weiche Spitzen bilden. Mit Rum, Nusskernen und Kirschen in die Mascarponemischung rühren.

5 Einen Baiserboden auf eine Kuchenplatte legen und die Hälfte der Füllung darauf verteilen. Einen zweiten Boden daraufsetzen. Mit der restlichen Füllung bestreichen und mit dem dritten Baiser abdecken. Den Kuchen für mindestens 30 Min. kalt stellen, dann mit Puderzucker bestäubt servieren.

Klassische Pawlowa

Die Baisertorte wurde nach der russischen Ballerina Anna Pawlowa benannt, um die Urheberschaft streiten sich Australien und Neuseeland

ergibt 6 Stücke

Zub. 15 Min. + Wartezeit • Backzeit 1 Std. 20 Min.

- 6 Eiweiß mit Zimmertemperatur
- 1 Prise Salz
- 350 g feiner Zucker
- 2 TL Maisstärke
- 1 TL Essig
- 300 g Sahne
- Erdbeeren, Kiwis und Passionsfrüchte zum Verzieren

Vorbereitung Das Baiser kann bis zu 1 Woche im Voraus hergestellt werden. In einer luftdicht verschlossenen Blechdose aufbewahren.

1 Den Backofen auf 180 °C vorheizen. Ein Backblech mit Backpapier auslegen. Eiweiße und Salz in eine saubere große Schüssel geben und steif schlagen, dann esslöffelweise den Zucker unterschlagen. Weiterschlagen, bis der Eischnee steif ist und glänzt. Maisstärke und Essig hinzufügen.

2 Die Masse auf dem Backblech zu einem 20 cm großen Kreis verstreichen und 5 Min. backen. Die Ofentemperatur auf 140 °C reduzieren und das Baiser weitere 75 Min. backen, bis es außen knusprig ist. Vollkommen abkühlen lassen, dann auf eine Servierplatte heben.

3 Die Sahne schlagen, bis sich weiche Spitzen bilden. Auf dem Baiser verteilen, mit den Früchten verzieren, dann servieren.

VARIANTEN

Zimt-Pawlowa

Dem Eischnee mit Maisstärke und Essig 2 EL gemahlenen Zimt hinzufügen. Die Schlagsahne mit Erdbeeren verzieren, im Winter auch mit Brombeeren und gedünsteten Äpfeln.

Nuss-Pawlowa

Anstelle von Maisstärke und Essig 60 g grob gemahlene Pistazien oder geröstete Haselnusskerne hinzufügen. Die Schlagsahne mit Mango oder Beeren verzieren.

Mokka-Pawlowa

3 EL kalten starken Kaffee oder Kaffee-Extrakt nach Geschmack unter den Eischnee heben. Die Schlagsahne mit 60 g geschmolzener Bitterschokolade beträufeln und zum Schluss gehobelte dunkle und weiße Schokolade darüberstreuen.

Braune Baisers

Brauner Zucker verleiht dem Baiser ein wunderbares Karamellaroma

ergibt 36 kleine Baisers

Zub. 20 Min. • Backzeit 60 Min.

- 4 Eiweiß
- 200 g brauner Zucker

Vorbereitung Das Baiser hält sich in einer luftdicht verschlossenen Dose aufbewahrt 1 Woche.

1 Den Backofen auf 130 °C vorheizen. Die Eiweiße in einer sauberen Schüssel steif schlagen, dabei nach und nach den Zucker hinzufügen.

2 Zwei Backbleche mit Backpapier auslegen und die Baisermasse esslöffelweise daraufsetzen. Die Baisers 60 Min. backen, bis sie außen knusprig und innen noch weich sind.

Dazu passt eine Füllung aus geschlagener Sahne. Die Baisers mit flüssiger Bitterschokolade beträufeln.

Knuspriges Baiser

Das Baiser im ausgeschalteten Backofen auskühlen lassen, damit es knusprig wird.

Quindim

Eine gehaltevolle Süßspeise mit Kokosgeschmack, ihre Heimat ist Brasilien

- für 4 Personen
- Zub. 15 Min. + Wartezeit • Garzeit 25–30 Min.
- 4 ofenfeste Förmchen

100 g Zucker

4 Eigelb

2 EL geriebene frische Kokosnuss

60 ml Kokosmilch

frische Kokosnuss, gerieben und geröstet, zum Bestreuen

Vorbereitung Das Dessert kann man einige Stunden im Voraus oder am Vortag zubereiten. Bis zum Servieren kalt stellen.

1 Den Backofen auf 180 °C vorheizen. Zucker und Eigelbe in einer Schüssel schaumig schlagen. Ungeröstete Kokosnuss und Kokosmilch sorgfältig untermischen. Die Mischung in die Förmchen gießen.

2 Die Förmchen in einen Bräter stellen und so viel warmes Wasser dazugießen, dass sie halb im Wasser stehen.

3 Die Quindims 25–30 Min. backen, bis sie fest sind. Aus dem Ofen nehmen und abkühlen lassen. Vor dem Servieren mindestens 3–4 Std. kalt stellen. Mit gerösteter Kokosnuss bestreuen.

Zitronenrolle

Luftiger, knuspriger Baiserteig, gefüllt mit köstlicher Zitronensahne

- ergibt 8 Stücke
- Zub. 30 Min. • Backzeit 15 Min.
- etwa 25 x 35 cm große, flache Backform
- tiefgekühlt 2 Mon. haltbar

5 Eiweiß

225 g Zucker

½ TL Weißweinessig

1 TL Maisstärke

½ TL Vanilleextrakt

250 g Sahne

4 EL Lemon curd

Puderzucker zum Bestäuben

Vorbereitung Das Baiser kann bis zu einer Woche im Voraus zubereitet und luftdicht verpackt in einer Blechdose aufbewahrt werden.

1 Den Backofen auf 180 °C vorheizen. Kuchenform oder ein Backblech Backpapier auslegen.

2 Die Eiweiße zu steifem Schnee schlagen. Mit niedrigerer Geschwindigkeit weiterschlagen und nach und nach den Zucker untermischen. Essig, Maisstärke und Vanilleextrakt vorsichtig unterheben.

3 Den Teig in der Form oder auf dem Backblech verstreichen und auf mittlerer Schiene 15 Min. backen. Auskühlen lassen.

4 In der Zwischenzeit die Sahne steif schlagen und den Lemon curd unterheben.

5 Das abgekühlte Baiser auf ein zweites Stück Backpapier stürzen und mit der Sahnemischung bestreichen, dann aufrollen. Bis zum Servieren abgedeckt kalt stellen. Mit Puderzucker bestäuben.

Quarkspeise

Rasch zubereitetes einfaches Dessert, das Sie mit Ihren Lieblingsfrüchten servieren können

für 4 Personen
Zub. 15 Min. + Wartezeit

- 225 g Quark
- 300 g Crème double
- 2 EL feiner Zucker
- 2 Eiweiß
- 225 g Himbeeren
- 30 g Puderzucker
- frische Beeren zum Servieren

Vorbereitung Mit der Zubereitung am besten am Vortag beginnen, damit die Masse genügend Zeit zum Abtropfen hat.

1 Quark, Crème double und feinen Zucker in einer Schüssel glatt rühren.

2 Die Eiweiße steif schlagen und mit einem großen Metalllöffel unter die Käsemasse heben.

3 Ein Sieb mit Musselin auslegen und auf eine Schüssel oder einen Topf setzen. Die Käsemischung hineingeben. Den Musselin über die Käsemasse schlagen und diese über Nacht in den Kühlschrank stellen.

4 Die Himbeeren mit dem Puderzucker in der Küchenmaschine pürieren, dann durch ein Sieb streichen, um die Samen zu entfernen. Die Quarkspeise auf einen Teller stürzen, dann mit Himbeer-Coulis und Beeren servieren.

Musselin

ist ein feines Baumwollgewebe. Durch die winzigen Löcher kann Flüssigkeit langsam abtropfen. Man bekommt Musselin als Meterware oder bereits zugeschnitten im Haushaltswarenladen.

Schwimmende Inseln

Bei den delikaten *îles flottantes* schwimmen zarte Klößchen aus Eischnee auf einer Vanillesauce

für 4 Personen
Zub. 15 Min. + Wartezeit
• Garzeit 30 Min.

- 450 ml Milch
- 300 g Sahne
- 175 g feiner Zucker plus 2 TL Zucker
- 1 Vanilleschote (nach Belieben)
- 2 TL Maisstärke
- 4 Eigelb
- 1 TL Vanilleextrakt
- 3 Eiweiß
- 2 EL geriebene Schokolade zum Bestreuen

1 Die Hälfte der Milch mit Sahne, 2 TL Zucker und, sofern verwendet, Vanilleschote in einem Topf zum Kochen bringen. Von der Kochstelle nehmen und 30 Min. stehen lassen, damit die Aromen verschmelzen können. Die Vanilleschote herausnehmen.

2 Die Maisstärke in einer großen Schüssel in etwas kalter Milch auflösen, dann die Milchmischung unterrühren. Die Milch wieder in den Topf gießen, unter ständigem Rühren zum Kochen bringen und 2 Min. köcheln lassen.

3 Die Eigelbe in einer Schüssel verquirlen. Unter ständigem Rühren langsam die heiße Milch hinzufügen. Die Vanillesauce sollte so dick sein, dass sie den Rücken eines Löffels überzieht. Andernfalls bei schwacher Hitze weiterrühren, bis sie dick wird, aber nicht kochen lassen, weil sie sonst gerinnt. Den Vanilleextrakt hinzufügen. Die Sauce in eine Schüssel gießen und mit angefeuchtetem Butterbrotpapier abdecken, damit sich keine Haut bildet. Abkühlen lassen.

4 Die restliche Milch mit 300 ml Wasser in einer hohen Pfanne zum Kochen bringen, dann die Hitze soweit reduzieren, dass sie noch köchelt.

5 Die Eiweiße steif schlagen. Nach und nach den restlichen Zucker zugeben. Vorsichtig 3 oder 4 EL Baisermasse in die köchelnde Milch geben und 1 Min. pochieren, dabei einmal wenden. Mit einem Schaumlöffel herausheben und auf einem Küchenhandtuch abtropfen lassen. Mit dem restlichen Eischnee ebenso verfahren. Die Klößchen abkühlen lassen.

6 Die Vanillesauce in tiefe Teller gießen und direkt vor dem Servieren jeweils ein oder zwei schwimmende Inseln hineinsetzen. Die Inseln mit der Schokolade bestreuen.

Bayrische Creme

Hier einmal mit Schokolade anstelle der üblichen Vanille; Gelatine lässt sie fest werden

für 4 Personen

Zub. 30 Min. + Wartezeit • Garzeit 20 Min.

4 Dessertförmchen

- Öl zum Einfetten
- 200 ml Milch
- 3 Eigelb
- 80 g feiner Zucker
- 140 g Bitterschokolade, fein gehackt, plus geriebene Schokolade zum Servieren
- 1½ TL gemahlene Gelatine
- 150 g Sahne
- Schlagsahne zum Servieren

Vorbereitung Abgedeckt im Kühlschrank aufbewahrt, hält sich die Creme bis zu 3 Tage, da die Gelatine dabei aber immer fester wird, das Dessert am besten am Tag der Zubereitung essen.

1 Die Förmchen dünn einölen. Die Milch in einen Topf gießen und zum Kochen bringen. Eigelbe und Zucker mit etwas heißer Milch vermischen, dann in die restliche heiße Milch rühren. Die Mischung bei schwacher Hitze weiterrühren, bis sie etwas eingedickt ist und den Rücken eines Kochlöffels überzieht – nicht kochen lassen, weil sie sonst gerinnt.

2 Die Eiercreme durch ein Sieb in eine Schüssel gießen. Die Schokolade hinzufügen und rühren, bis sie geschmolzen ist. Abkühlen lassen.

3 In eine kleine, hitzebeständige Schüssel 3 EL kaltes Wasser geben. Die Gelatine hineinstreuen und 10 Min. quellen lassen. Die Schüssel in einen Topf mit heißem Wasser setzen und rühren, bis sich die Gelatine aufgelöst hat.

4 Die Gelatine in die abkühlende Eiercreme rühren. Die Creme unter gelegentlichem Rühren weiter abkühlen lassen, bis sie zu erstarren beginnt. Die Sahne schlagen, bis sich weiche Spitzen bilden, dann unter die Schokoladenmischung heben. Die Creme in die vorbereiteten Förmchen füllen und in den Kühlschrank stellen.

5 Zum Servieren den Boden der Förmchen ganz kurz in sehr heißes Wasser tauchen. Die Cremes auf Teller stürzen und mit der geriebenen Schokolade bestreut servieren, die Schlagsahne dazureichen.

Süßes Lassi

Nichts ist besser als ein Glas kaltes Lassi, um sich nach einem feurigen Curry Kühlung zu verschaffen

für 4 Personen

Zub. 5 Min.

- 500 g dicker Naturjoghurt
- 300 ml Milch
- einige Tropfen Rosenwasser
- 1 EL feiner Zucker
- 4 EL zerstoßenes Eis
- Kardamomsamen, zerstoßen, zum Servieren

1 Joghurt, Milch, Rosenwasser und Zucker sorgfältig verrühren. Das Eis in hohe Gläser geben und die Joghurtmischung darübergießen. Oder alle Zutaten im Mixer schaumig schlagen.

2 Das Lassi in Gläser füllen und mit etwas Kardamom bestreuen, dann sofort servieren.

VARIANTEN

Salziges Lassi

Das Getränk auf die gleiche Weise zubereiten, aber Rosenwasser und Zucker weglassen. Die Ränder der Gläser mit einer Limettenspalte abreiben und in Salz drehen. Das Lassi in die Gläser gießen und servieren.

Frucht-Lassi

Die Milch ganz oder teilweise durch Saft von exotischen Früchten wie Mango oder Ananas ersetzen. Anstelle von Rosenwasser können einige Tropfen Vanille- oder Mandelextrakt verwendet werden.

Crème brûlée

Gebrannte Creme, einer der großen Dessertklassiker

für 6 Personen

Zub. 20 Min. + Wartezeit
• Garzeit 45 Min.

6 ofenfeste Förmchen

- 500 g Sahne
- 1 Vanilleschote, längs aufgeschlitzt
- 5 Eigelb
- 50 g Zucker plus 4 EL Zucker

Vorbereitung Die Creme kann ohne den Zuckerüberzug bis zu 2 Tage im Voraus zubereitet werden. Kalt stellen.

1 Den Backofen auf 140 °C vorheizen. Die Sahne mit der Vanilleschote in einen Topf geben und bei schwacher Temperatur erhitzen, bis sie gerade köchelt. Von der Kochstelle nehmen und 60 Min. stehen lassen.

2 Die Eigelbe mit 50 g Zucker in einer Schüssel sorgfältig verquirlen. Die Vanilleschote aus der Sahne nehmen. Mit der Spitze eines scharfen Messers das Mark herauskratzen und in den Topf geben.

3 Die Sahne mit den Eigelben vermischen. Die Mischung durch ein Sieb in einen Krug gießen, dann auf die Förmchen verteilen. Die Förmchen in einen zur Hälfte mit kochendem Wasser gefüllten Bräter setzen und für 40 Min. in den Backofen schieben, bis die Creme gerade fest ist. Aus dem Bräter nehmen, abkühlen lassen und kalt stellen.

4 Zum Servieren den Backofengrill auf höchster Stufe vorheizen. Auf jeder Portion gleichmäßig 2 TL Zucker verteilen. Die Förmchen unter den heißen Grill setzen, bis der Zucker karamellisiert ist.

VARIANTEN

Mit Früchten

Einen Löffel weiche Beeren oder gedünstete Früchte (etwa Aprikosen oder Rhabarber) auf den Boden jedes Förmchens geben, dann die Sahnemischung daraufgießen.

Mit Schokolade

Die Vanilleschote durch 100 g geriebene weiße Schokolade oder Bitterschokolade ersetzen und rühren, bis sie geschmolzen ist.

Mit Ingwer

Die Vanilleschote durch 3 EL geriebenen frischen Ingwer ersetzen.

Paskha

Russische Osterspeise, traditionell in einem hohen Holzgefäß zubereitet. Wir verwenden einen Blumentopf

für 4 Personen

Zub. 40 Min. + Wartezeit

sauberer, neuer, 10 cm großer Blumentopf, Musselin

- 85 g Sahne
- 1 Vanilleschote, längs aufgeschlitzt
- 1 Eigelb
- 40 g Zucker
- 60 g weiche Butter
- 350 g Quark
- 40 g kandierte Zitrusschale, gehackt, plus Zitrusschale zum Servieren
- 40 g abgezogene Mandeln, gehackt
- 40 g Bitterschokolade, gehackt

1 Die Sahne in einen kleinen Topf geben. Das Mark der Vanilleschote herauskratzen und hinzufügen. Die Sahne behutsam erhitzen, bis sie heiß ist, aber noch nicht kocht. Eigelb und Zucker in einer Schüssel verquirlen, dann sorgfältig unter die Sahne rühren. Die Mischung abkühlen lassen.

2 Butter und Quark verrühren, dann die abgekühlte Sahne hinzufügen. Kandierte Fruchtschale, Mandeln und Schokolade untermischen.

3 Den Blumentopf mit einer doppelten Lage Musselin auslegen. Die Quarkmischung in den Topf füllen und diesen auf ein Gitter setzen, das in ein Gefäß gestellt wird. Die Mischung 1–3 Tage im Kühlschrank abtropfen lassen.

4 Zum Servieren die Paskha auf eine Platte stürzen und mit kandierter Zitrusschale verzieren.

Reste können kalt mit heißer Karamellsauce oder in Stücke geschnitten und mit Eiscreme oder Obstsalat vermischt serviert werden.

Zitronen-Krokant-Baiser

Macht Eindruck, ist aber recht einfach zuzubereiten

für 6 Personen
Zub. 35 Min. • Backzeit 90 Min.

Baiser

- 3 Eiweiß
- 1 Prise Salz
- 175 g feiner Zucker

Mandelkrokant

- Öl zum Einfetten
- 60 g Zucker
- 60 g abgezogene ganze Mandelkerne
- 1 Prise Weinstein

Belag

- 150 g Sahne
- 3 EL Lemon curd
- 80 g Bitterschokolade

Vorbereitung Baisers und Mandelkrokant können am Vortag zubereitet werden.

1 Den Backofen auf 130 °C vorheizen und ein Blech mit Backpapier auslegen.

2 Die Eiweiße mit dem Salz steif schlagen. 2 EL Zucker hinzufügen und den Eischnee weiterschlagen, bis er glänzt. Den restlichen Zucker esslöffelweise sorgfältig unterschlagen. Den Eischnee in eine Spritztüte mit Sterntülle füllen und sechs 10 cm große Kreise auf das Backpapier spritzen. Für 90 Min. in den Backofen schieben, bis die Baisers knusprig sind.

3 In der Zwischenzeit den Krokant herstellen. Ein Backblech einölen. Zucker, Mandelkerne und Weinstein in einen kleinen Topf geben und bei schwacher Hitze rühren, bis sich der Zucker aufgelöst hat. Die Mischung kochen lassen, bis sich der Sirup goldbraun färbt. Die Mischung auf das Backblech gießen und vollkommen abkühlen lassen, dann grob hacken.

4 Zum Servieren die Sahne schlagen und den Lemon curd unterheben. Die Schokolade in einer hitzebeständigen Schüssel auf einem Topf mit köchelndem Wasser schmelzen lassen. Der Schüsselboden darf dabei das Wasser nicht berühren. Schokolade auf die Baisers streichen und fest werden lassen. Die Sahne daraufgeben und mit Krokant bestreuen, dann servieren.

Marquise au chocolat

Gehaltvoll und von samtiger Konsistenz

ergibt 10–12 Scheiben
Zub. 15 Min. + Wartezeit
Kastenform
tiefgekühlt 3 Mon. haltbar

- 400 g Bitterschokolade
- 175 g Butter
- 175 g Zucker
- 4 EL Kakaopulver plus Kakaopulver zum Bestäuben
- 6 Eigelb
- 500 g Crème double
- Himbeeren zum Servieren
- Heidelbeeren zum Servieren

1 Die Kastenform mit Frischhaltefolie auslegen. Die Schokolade mit Butter, Zucker und Kakaopulver in einem Topf bei ganz schwacher Hitze unter Rühren schmelzen lassen.

2 Die Eigelbe in eine Schüssel geben und unter ständigem Rühren die abgekühlte Schokolade hinzufügen. In einer zweiten Schüssel die Crème double schlagen, bis sich weiche Spitzen bilden, dann unter die Schokoladenmasse heben.

3 Die Masse in die vorbereitete Form füllen und für etwa 2 Std. kalt stellen, bis sie fest ist. Die Marquise vorsichtig auf eine Platte stürzen und nach Entfernen der Frischhaltefolie mit einem angewärmten Messer in Scheiben schneiden. Mit Himbeeren, Heidelbeeren und etwas Kakao bestäubt servieren.

Dazu passen gemischte Beeren, Obstsalat oder Sahne.

VARIANTE

Kleine Marquise au chocolat

Die Schokoladenmasse in Portionsförmchen füllen und kalt stellen. Zum Servieren Schlagsahne aufspritzen, mit einigen Himbeeren verzieren und mit Kakaopulver bestäuben.

Schokolade

Der Stoff, aus dem die süßen Träume sind: dunkel und aromatisch, zart schmelzend und verführerisch – so wird Schokolade auf der ganzen Welt geliebt. Ihre Einsatzmöglichkeiten in der Dessertküche sind nahezu unbegrenzt – man kann dunkle oder weiße Schokolade verwenden, sie schmeckt warm oder kalt, geschmolzen oder gehackt, als Füllung oder in einer Glasur.

Schokolade auswählen

Das heutige Angebot an Schokolade ist unüberschaubar und reicht von der üblichen Supermarktqualität über Bioschokolade bis hin zu Erzeugnissen aus besonderen Anbaugebieten und Ernten.

Bei der Auswahl spielt vor allem eine Rolle, ob die Schokolade so gegessen oder in der Küche verwendet werden soll. Im ersten Fall ist die Wahl einfach: Kaufen Sie, wonach Ihnen der Sinn steht. Denken Sie jedoch daran, dass Bitterschokolade, wenn überhaupt, weniger Süßungsmittel, Aromen und Milchprodukte enthält. In der Profiküche wird im Allgemeinen Kuvertüre der Vorzug gegeben, da sie reiner ist und keine unbekannten Variablen wie etwa Molkereiprodukte oder Ersatzstoffe für Kakaobutter enthält.

Schokolade wird in zahllosen Geschmacksrichtungen und Qualitäten hergestellt. Die Qualität von Schokolade wird durch ihren Kakaoanteil (einschließlich Kakaobutter) bestimmt, der bei guter Bitterschokolade bei mindestens 70 Prozent liegen sollte. Wenn hochwertige Schokolade in Stücke gebrochen wird, splittert sie nicht und es ist ein charakteristisches Knacken hörbar. In der Hand schmilzt sie rasch. Je rascher sie schmilzt, desto höher der Anteil an Kakaobutter und desto glatter die Konsistenz.

Tipp zur Aufbewahrung

Damit Schokolade nicht schmilzt und möglichst lange frisch bleibt, bewahrt man sie in ihrer Verpackung oder fest in Frischhaltefolie eingewickelt an einem kühlen, trockenen Platz auf, wo sie sechs bis zwölf Monate hält. Im Kühlschrank sollte Schokolade nicht lange bleiben, da sich sonst Feuchtigkeit bildet, wenn sie wieder auf Zimmertemperatur gebracht wird.

FAKTEN

- Basis für die Herstellung von Schokolade ist die Kakaobohne, deren botanischer Name *theobroma cacao* »Speise der Götter« bedeutet.
- Spanische Eroberer brachten die Kakaobohnen im 16. Jh. von Mexiko nach Europa. Tatsächlich leitet sich das Wort Schokolade vom aztekischen *xocólatl*, »bitteres Wasser«, ab, das ein mit Chilischote aromatisiertes, ungesüßtes Schokoladengetränk bezeichnete.
- Auch in Europa wurde die Schokolade zunächst in flüssiger Form genossen, Schokoladentafeln sind erst seit dem 19. Jahrhundert populär.
- Für Desserts und Kuchen verwendet man am besten Kuvertüre, da sie Kakaobutter enthält und besonders gut schmilzt. Sie ist in gut sortierten Supermärkten erhältlich.
- Ungesüßtes Kakaopulver verleiht Backwaren ein intensives Schokoladenaroma. Gesüßtes Kakaopulver findet für Milchmixgetränke Verwendung.
- Geschmolzene Schokolade darf nie in Kontakt mit Wasser kommen. Schon ein einziger Tropfen bewirkt, dass die Schokolade körnig und unbrauchbar wird. Wenn Schokolade geschmolzen wird, sollte dies in einer Schüssel geschehen, die fest auf einem Topf mit köchelndem Wasser sitzt, damit weder Wasser noch Dampf an die Schokolade gelangen können.
- Zum Spritzen von geschmolzener Schokolade sollten stets kleine Spritztüten aus Papier verwenden werden, da sie leichter zu handhaben sind und keine Tüllen besitzen, die verstopfen können (was bei normalen Spritzbeuteln leicht passiert, da Schokolade rasch wieder fest wird).

75 Prozent Kakaoanteil und mehr
Bitterschokolade mit 75 Prozent Kakaoanteil und mehr eignet sich für die Küche besser als für den direkten Verzehr.

Unter 75 Prozent Kakaoanteil
Zartbitterschokolade enthält mindestens 50 Prozent Kakaoanteil, doch je höher der Anteil, desto besser die Schokolade. Der Rest besteht aus Kakaobutter oder anderen Fetten und Zucker.

Milchschokolade
Milchschokolade schmeckt milder als Bitterschokolade, da sie mehr Zucker und Milchpulver enthält. Sie wird hauptsächlich direkt gegessen, eignet sich aber auch für Mousse au chocolat.

Weiße Schokolade
Eigentlich keine Schokolade, denn sie enthält keinen Kakao. Sie besteht aus Kakaobutter, Zucker, Milchpulver und Aromen wie Vanille. Sie ist für Fondues, Kuchen und Kekse geeignet.

Schokolade verarbeiten

Hacken

Die Schokolade auf ein Schneidebrett legen. Die Schneide eines Kochmessers auf der Schokolade wiegend hin- und her bewegen, bis sie im gewünschten Grad zerkleinert ist.

Reiben

Die Schokolade mit festem Druck über die Löcher der Reibe ziehen. Die Schokolade wieder oben auf die Reibe setzen und fortfahren, bis genügend geriebene Schokolade vorhanden ist.

Schmelzen

Die Schokolade hacken und in einer hitzebeständigen Schüssel über einem Topf mit heißem Wasser schmelzen, ohne dass der Schüsselboden das Wasser berührt. Die Schokolade rühren, sobald sie zu schmelzen beginnt.

Hobeln

Einen Sparschäler langsam über die Seite einer Tafel Schokolade ziehen und auf diese Weise Späne oder Röllchen herstellen. Diese bis zur Verwendung kalt stellen.

Gespritzte Verzierungen

1 Einfache Muster auf ein Stück Papier zeichnen und darauf Butterbrotpapier festkleben. Kleine Spritztüten aus Papier formen. Eine Tüte mit geschmolzener Schokolade füllen und oben umfalten, um sie zu verschließen. Die restliche Schokolade warm halten.

2 Die Schokolade den Mustern folgend gleichmäßig auf das Papier spritzen, dabei leichten Druck ausüben, aber nicht pressen. Auf Zimmertemperatur abkühlen lassen oder kalt stellen. Nach dem Festwerden die Schokolade behutsam mit einem Metallspatel abheben.

Ganache

1 Die Schokolade in einer Schüssel über köchelndem Wasser schmelzen lassen. Den Topf von der Kochstelle nehmen. Warme Sahne unter die Schokolade rühren, sie sollte aber nicht zu heiß sein, weil die Schokolade sonst eine körnige Konsistenz bekommen kann.

2 Schokolade und Sahne verrühren, bis eine glatte Masse entstanden ist. Durch sorgfältiges Rühren wird die Masse beim Abkühlen glatt und glänzend.

Schokoladenspäne

1 Abgekühlte geschmolzene Schokolade auf eine kalte Arbeitsfläche gießen und mit einer biegsamen Palette aus Metall möglichst dünn (am besten 1,5 mm dick) verteilen, ohne Löcher entstehen zu lassen. Ist die Schokolade zu dick, rollt sie sich nicht.

2 Wenn die Schokolade fest wird, parallele Linien in Breite eines Metallspachtels hineindrücken. Den Spachtel im Winkel von 45 Grad halten. Das Blatt fest auf die Arbeitsfläche drücken und die Schokolade behutsam von der Arbeitsfläche schaben.

Schokolade

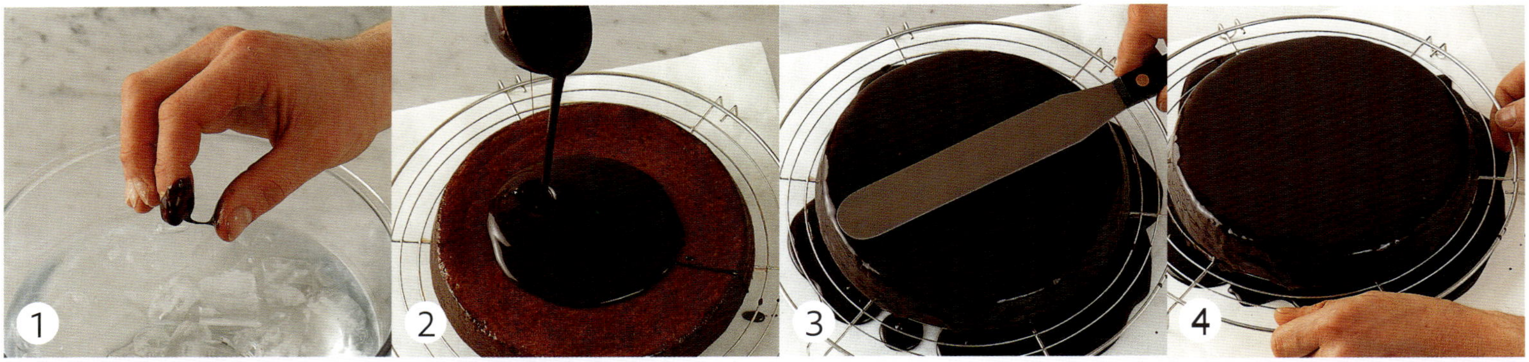

Perfekte Glasur

1 Aus 150 ml Wasser und 150 g Zucker einen farblosen Sirup kochen. 300 g fein gehackte Kuvertüre sorgfältig unterrühren, dann die Mischung auf 120 °C erhitzen. Als Test Daumen- und Zeigefinger erst in Eiswasser, dann in die Schokolade tauchen. Beim Auseinanderführen der Finger sollte ein »Faden« entstehen.

2 In der Zwischenzeit 100 g Aprikosenkonfitüre mit 4 EL Wasser verrühren und den Kuchen damit bestreichen. Den Topf mit der fertigen Glasur von der Kochstelle nehmen und auf ein Küchenhandtuch setzen. Den Topf auf den Tisch stoßen, um Lufteinschlüsse zu entfernen. Die warme Glasur auf die Mitte des Kuchens gießen.

3 Die Glasur mit einem angewärmten Metallspatel mit möglichst wenigen Strichen auf dem Kuchen verteilen. Überschüssige Glasur auf ein darunter liegendes Stück Butterbrotpapier tropfen lassen.

4 Ohne den Kuchen zu berühren, behutsam auf das Kuchengitter klopfen, um sicherzustellen, dass sich die Glasur gleichmäßig verteilt und frei von Luftblasen ist. Die Glasur 5–10 Min. fest werden lassen.

Verführerische Schokodesserts

Mousse au chocolat
Am besten, wenn man sie mit Bitterschokolade zubereitet
40 Min. **Seite 385**

Schokoladen-Mascarpone-Torteletts
Hier wird weiße Schokolade verwendet
30 Min. **Seite 430**

Bayrische Creme
Kleine Desserts aus Eiercreme, Sahne und Schokolade
50 Min. **Seite 391**

Schokofrüchte
Wählen Sie dafür frisches Obst je nach Jahreszeit
30 Min. **Seite 470**

Schwarzwälder Kirschtorte
Der unangefochtene Star auf jeder Kaffeetafel
1 Std. 35 Min. **Seite 414**

Schokoladencremekuchen
Feine, cremeartige Schokoladenfüllung mit einer knusprigen Haube
40 Min. **Seite 428**

Schokoladeneis
Dunkles Schokoladeneis mit weißen Schokotröpfchen
35–40 Min. **Seite 405**

Marquise au chocolat
Gehaltvoll und von samtiger Konsistenz
15 Min. **Seite 393**

Ultimative Schokotorte

VIELSEITIGE SCHOKOLADE
Torte aus Schokoladenteig, einer Ganache, die im Handumdrehen zubereitet ist, und Schokoladenspänen.

Crème caramel

Französischer Klassiker aus Eiercreme und einem goldbraunen Karamellüberzug

für 4 Personen

Zub. 20 Min. + Wartezeit • Garzeit 35–40 Min.

4 ofenfeste Förmchen

175 g Zucker

1 Vanilleschote

600 ml Vollmilch

4 Eier

4 Eigelb

60 g feiner Zucker

1 Den Backofen auf 160 °C vorheizen. Die Förmchen mit kochendem Wasser füllen und beiseitestellen. Etwas kaltes Wasser in eine große, hitzebeständige Schüssel füllen.

2 Den Zucker in einem schweren Topf bei niedriger Temperatur erhitzen. Sobald er sich aufgelöst hat, einen Backpinsel in Wasser tauchen und an den Topfwänden entstandene Zuckerkristalle abstreichen. Die Temperatur erhöhen und den Sirup sprudelnd kochen, bis er goldbraun ist, den Topf dabei vorsichtig schwenken. Den Topfboden in die Schüssel mit dem kaltem Wasser stellen, damit der Karamell rasch abkühlt und nicht weiterkocht.

3 Die Förmchen ausleeren und den Karamell hineingießen. Die Förmchen behutsam drehen, um den Karamell auf der unteren Hälfte der Wände zu verteilen. Zum Abkühlen beiseitestellen.

4 Die Vanilleschote mit einem scharfen Messer aufschlitzen und das Mark herauskratzen. Die Milch mit Vanilleschote und Mark in einen Topf geben und fast zum Kochen bringen, dann von der Kochstelle nehmen. Die Schote herausnehmen und wegwerfen.

5 In der Zwischenzeit Eier, Eigelbe und feinen Zucker in einer großen Schüssel verquirlen. Die warme Milch unterrühren. Die Mischung in die Förmchen gießen. Die Förmchen in einen Bräter setzen und so viel kochendes Wasser dazugießen, dass sie zur Hälfte im Wasser stehen. Für 25–30 Min. in den Backofen schieben, bis die Creme gerade fest ist. Herausnehmen, abkühlen lassen und kalt stellen.

6 Die Ränder der Cremes mit der Fingerspitze behutsam von den Wänden der Förmchen wegziehen. Servierteller auf die Förmchen setzen und die Cremes stürzen.

Schnelles Tiramisu

Der Name dieses italienischen Desserts bedeutet »zieh mich hoch«, was auf den verwendeten Espresso anspielt

für 4 Personen

Zub. 20 Min. + Wartezeit

120 ml kalter Espresso

75 ml Kaffeelikör

350 g Mascarpone

3 EL Zucker

350 g Sahne

14 Löffelbiskuits

Kakaopulver zum Bestäuben

geriebene Schokolade zum Verzieren

1 Espresso und Likör in einer großen, flachen Schüssel vermischen und beiseitestellen.

2 Mascarpone und Zucker in einer Schüssel 1–2 Min. verrühren, bis sich der Zucker aufgelöst hat. In einer zweiten Schüssel die Sahne schlagen, bis sich weiche Spitzen bilden, dann unter den Mascarpone ziehen. Einige Löffel Mascarponemischung auf dem Boden einer Servierschüssel verteilen.

3 Einen Löffelbiskuit in der Espressomischung wenden, bis er sich gerade vollgesaugt hat, dann auf den Mascarpone in der Servierschüssel legen. Mit 6 weiteren Löffelbiskuits ebenso verfahren. Die Hälfte des restlichen Mascarpones darauf verteilen, dann die übrigen Löffelbiskuits tränken und darauflegen. Mit der verbliebenen Mascarponemischung abschließen, die Oberfläche glatt streichen. Das Tiramisu mit Frischhaltefolie abgedeckt für mindestens 4 Std. kalt stellen.

4 Das Tiramisu vor dem Servieren mit Kakaopulver bestäuben und dick mit geriebener Schokolade bestreuen.

Amerikanischer Käsekuchen

Mit Frischkäse und Sahne und einem Boden aus Kekskrümeln

für 10–12 Personen

Zub. 20 Min. + Wartezeit • Backzeit 50 Min.

24 cm große Springform

- 60 g Butter plus Butter zum Einfetten
- 225 g Weizenvollkornkekse, fein zerkrümelt
- 1 EL brauner Zucker
- 675 g Doppelrahmfrischkäse mit Zimmertemperatur
- 4 Eier, getrennt
- 200 g feiner Zucker
- 1 TL Vanilleextrakt
- 500 g Sauerrahm
- Kiwischeiben zum Verzieren

Vorbereitung Der Boden kann 1 Tag im Voraus zubereitet werden. Kalt stellen.

1 Den Backofen auf 180 °C vorheizen. Den Boden der Springform dünn einfetten oder mit Backpapier auslegen.

2 Die Butter in einem kleinen Topf bei mittlerer Hitze zerlassen. Kekskrümel und Zucker hinzufügen und untermischen. Die Mischung auf dem Boden der Form festdrücken.

3 Frischkäse, Eigelbe, 150 g feinen Zucker und Vanilleextrakt in einer Schüssel sorgfältig verrühren. In einer zweiten Schüssel die Eiweiße steif schlagen, dann den Eischnee unter die Käsemasse heben. Die Masse in die Form füllen und glatt streichen.

4 Den Kuchen für etwa 45 Min. in den Backofen schieben, bis er in der Mitte gerade fest ist. Herausnehmen und etwa 10 Min. abkühlen lassen, bis er eingesunken ist. Den Backofen nicht ausschalten.

5 In der Zwischenzeit Sauerrahm und restlichen Zucker in einer Schüssel schlagen, bis der Zucker sich aufgelöst hat. Die Mischung auf den Käsekuchen geben und glatt streichen. Die Backofentemperatur auf 240 °C erhöhen. Den Kuchen wieder in den Backofen schieben und noch einmal 5 Min. backen. Auf einem Kuchengitter vollkommen auskühlen lassen, dann abgedeckt für mindestens 6 Std. kalt stellen. Vor dem Servieren mit den Kiwischeiben verzieren.

Panna cotta mit Erdbeer-Coulis

Wie beim Lieblingsitaliener. Die Sahnecreme kann auch mit anderen Früchten kombiniert werden

für 4 Personen

Zub. 20 Min. + Wartezeit

4 Puddingförmchen mit 150 ml Fassungsvermögen

- ½ Päckchen gemahlene Gelatine
- 300 g Sahne
- 3–4 EL Zucker (nach Geschmack)
- 1 EL Vanilleextrakt
- 250 g Erdbeeren, geputzt, plus einige ganze Erdbeeren zum Verzieren

Vorbereitung Die Panna cotta kann 1 Tag im Voraus zubereitet werden. In den Förmchen kalt stellen.

1 In eine kleine, hitzebeständige Schüssel 2 EL Wasser geben. Die Gelatine hineinstreuen und 3–5 Min. quellen lassen, bis sie gallertartig ist. Etwas Wasser in einen Topf füllen und zum Kochen bringen, von der Kochstelle nehmen. Die Schüssel mit der Gelatine in den Topf stellen, bis die Gelatine sich aufgelöst hat, dabei die Schüssel ab und zu bewegen.

2 In einem zweiten Topf die Sahne mit 2 EL Zucker bei mittlerer Temperatur langsam zum Köcheln bringen und rühren, bis sich der Zucker aufgelöst hat. Den Herd ausschalten. Den Vanilleextrakt unter die Sahne rühren, dann langsam die Gelatine hineingießen und unterschlagen. Die Sahnemischung in die Förmchen gießen und vollständig abkühlen lassen, dann mit Frischhaltefolie abgedeckt für mindestens 3 Std. kalt stellen, bis sie fest ist.

3 In der Zwischenzeit die Erdbeeren im Mixer oder in der Küchenmaschine pürieren und 1–2 EL Zucker (nach Geschmack) untermischen. Das Püree abgedeckt beiseitestellen.

4 Zum Servieren den Boden eines Förmchens kurz in heißes Wasser tauchen. Einen Servierteller auf das Förmchen setzen. Das Förmchen umdrehen, behutsam schütteln und abziehen. Mit den restlichen Förmchen ebenso verfahren. Das Erdbeerpüree um die Panna cotta gießen und die Desserts mit ganzen Erdbeeren garnieren.

Zitronen-Käsekuchen mit Beerenpüree

Ein leichter und luftiger Kuchen, der ganz ohne Boden gebacken wird

- für 6–8 Personen
- Zub. 20 Min. • Backzeit 90 Min. + Abkühlen
- 24 cm große Springform
- vor dem Servieren mindestens 5 Std. kalt stellen
- tiefgekühlt sind Kuchen und Fruchtpüree 3 Mon. haltbar

Butter zum Einfetten
2 unbehandelte Zitronen
300 g Hüttenkäse
300 g Frischkäse
250 g Sauerrahm
200 g Zucker
3 EL Maisstärke
4 Eier
1½ EL Mohn
Puderzucker zum Bestäuben
frische Beeren zum Verzieren

Püree

250 g frische oder konservierte Beeren wie Brombeeren, Heidelbeeren, Himbeeren oder Erdbeeren
80 g feiner Zucker

1 Den Backofen auf 150 °C vorheizen. Die Kuchenform einfetten und mit Backpapier auslegen. Die Schale der Zitronen abreiben und die Früchte auspressen. Beide Käse, Sauerrahm, Zucker, Maisstärke, Zitronenschale und zwei Drittel des Zitronensaftes in der Küchenmaschine glatt pürieren.

2 Die Eier untermischen, dann den Mohn hinzufügen. Die Masse in die Form füllen und den Kuchen etwa 90 Min. backen, bis er fest ist.

3 Für das Püree die Beeren mit dem Zucker und dem restlichen Zitronensaft in der Küchenmaschine glatt pürieren. Das Püree bis zur Verwendung abgedeckt kalt stellen.

4 Den fertigen Kuchen aus dem Backofen nehmen und mit einem Messer rund um den Rand fahren, damit er sich von der Form löst und die Oberfläche beim Abkühlen nicht reißt. Den Kuchen in der Form auf einem Kuchengitter auskühlen lassen, dann mindestens 5 Std. kalt stellen. Vor dem Servieren aus der Form nehmen, mit Puderzucker bestäuben und mit frischen Früchten verzieren, das Beerenpüree dazureichen.

Milchreis mit Schokolade

Traditionelle Süßspeise aus Portugal

- für 4–6 Personen
- Zub. 10 Min. • Garzeit 40 Min.

500 g Milchreis
1 TL Salz
900 ml Vollmilch
1 EL Kakaopulver
300 g Zucker
6 Eigelb
4 EL geriebene Bitterschokolade zum Bestreuen

1 In einem großen Topf 2 l Wasser zum Kochen bringen. Reis und Salz hineingeben und das Wasser wieder zum Kochen bringen. Die Hitze reduzieren und den Reis zugedeckt 10 Min. garen, dann in ein Sieb abgießen und abtropfen lassen.

2 Die Milch mit dem Kakaopulver in einem Topf zum Kochen bringen. Den Reis hinzufügen und bei reduzierter Temperatur ohne Deckel noch einmal etwa 30 Min. garen, bis er weich ist. Den Zucker hinzufügen und rühren, bis er sich aufgelöst hat. Den Reis von der Kochstelle nehmen und rasch die Eigelbe unterrühren.

3 Den Reis auf Portionsschalen verteilen, mit der Schokolade bestreuen und abgekühlt servieren.

VARIANTE

Milchreis mit Zimt

Kakao und Schokolade weglassen. Im zweiten Arbeitsschritt 1 Zimtstange und die Schale von 1 unbehandelten Zitrone in die Milch geben. Beides vor Hinzufügen von Zucker und Eigelben wieder entfernen. Jede Portion mit 1 Prise gemahlenem Zimt bestreuen.

Vanillecreme

Kirschen sind die perfekte Ergänzung

- für 4 Personen
- Zub. 10 Min. + Wartezeit • Garzeit 40 Min.
- 4 ofenfeste Förmchen

300 g Sahne
90 ml Milch
1 Vanilleschote, aufgeschlitzt
3 Eigelb
1 EL flüssiger Honig

Kirschgarnitur

1 Glas Kirschen (400 g)
1 EL Maisstärke
3 EL Kirschwasser

1 Den Backofen auf 160 °C vorheizen. Sahne, Milch und Vanilleschote zum Köcheln bringen, dann 30 Min. beiseitestellen.

2 Eigelbe und Honig verquirlen. Die Vanilleschote aus der Sahnemischung nehmen und diese wieder erhitzen, dann unter das Eigelb schlagen. In die Förmchen gießen.

3 Die Förmchen im Ofen im Wasserbad abgedeckt etwa 25 Min. backen, bis die Creme fest ist. Abkühlen lassen und 4 Std. kalt stellen.

4 Die Kirschen mit Saft in einen Topf geben. Die Maisstärke in etwas Kirschsaft auflösen und mit den Kirschen aufkochen, mit Kirschwasser aromatisieren. Die Kirschen zur Vanillecreme servieren.

Buttermilchcreme

Panna cotta light, mit viel Buttermilch und wenig Sahne

- für 4 Personen
- 30 Min. + Wartezeit • Garzeit 5 Min.
- niedriger GI
- 4 Dessert- oder Souffléförmchen oder Tassen

Creme

3 Blatt Gelatine
200 g Sahne
80 g Zucker
1 TL Vanilleextrakt
500 ml Buttermilch
2 EL gehackte Pistazien zum Servieren

Sauce

3 EL Ahornsirup
3 EL Orangensaft
250 g Erdbeeren, halbiert

Vorbereitung Creme und Sauce können bis zu 24 Std. im Voraus zubereitet werden. Kalt stellen.

1 Für die Creme die Gelatine 5 Min. in kaltem Wasser einweichen.

2 Sahne und Zucker in einem Topf unter Rühren zum Köcheln bringen, bis sich der Zucker aufgelöst hat. Von der Kochstelle nehmen und den Vanilleextrakt hineinrühren.

3 Die Gelatine ausdrücken und in der heißen Sahne auflösen. Die Sahne etwas abkühlen lassen, dann die Buttermilch unterrühren. Die Mischung in die ausgespülten Förmchen gießen, abkühlen lassen und kalt stellen, bis sie erstarrt ist.

4 Für die Sauce Ahornsirup, Orangensaft und Erdbeeren in einen Topf geben und 5 Min. köcheln lassen, dann von der Kochstelle nehmen und im Mixer glatt pürieren. Die Sauce bis zur Verwendung kalt stellen.

5 Die Buttermilchcreme von den Wänden der Förmchen lösen und auf Servierteller stürzen. Mit der Sauce übergießen und mit den Pistazien bestreuen.

Gelatine verwenden

Die Gelatine muss sich vor Hinzufügen der Buttermilch vollkommen aufgelöst haben, da das Dessert sonst nicht richtig fest wird.

Käsekuchen mit Erdbeeren

Im Handumdrehen zubereitet, der Backofen bleibt kalt

- für 8–10 Personen
- Zub. 15 Min. + Wartezeit
- 20 cm große Kuchenform mit herausnehmbarem Boden

50 g Butter
100 g Bitterschokolade, in Stücke gebrochen
150 g Weizenvollkornkekse, zerkrümelt
400 g Mascarpone
abgeriebene Schale und Saft von 2 unbehandelten Limetten
2–3 EL Puderzucker plus Puderzucker zum Bestäuben
250 g Erdbeeren

Vorbereitung Der Kuchen kann bis zu 24 Std. im Voraus zubereitet und kalt gestellt werden.

1 Butter und Schokolade in einem kleinen Topf bei sehr schwacher Hitze schmelzen lassen und die Kekskrümel unterrühren. Die Mischung gleichmäßig in der Form verteilen und fest andrücken.

2 Mascarpone, Limettenschale und Limettensaft in einer Schüssel verrühren. Puderzucker nach Geschmack untermischen. Die Käsemasse auf dem Boden verteilen und für mindestens 60 Min. kalt stellen.

3 Die Erdbeeren putzen, halbieren und auf den Kuchen setzen. Den Kuchen mit Puderzucker bestäuben.

Schokoladen-Milchshake

Enthält alles, was kleine Schleckermäuler besonders lieben

für 4 Personen
Zub. 8–10 Min.

- 90 g Milchschokolade, fein gehackt, plus Schokoladenspäne zum Bestreuen
- 600 ml Milch
- 4 Kugeln Schokoladeneis
- 4 Kugeln Vanilleeis

1 Die Schokolade mit 150 ml kochendem Wasser in den Mixer oder die Küchenmaschine geben und glatt pürieren.

2 Milch und Schokoladeneis hinzufügen und das Gerät laufen lassen, bis die Mischung dick, glatt und cremig ist.

3 Auf vier Gläser verteilen und jeweils 1 Kugel Vanilleeis daraufsetzen. Mit den Schokoladenspänen bestreut servieren.

Fruchtcreme

Wählen Sie die Früchte je nach Jahreszeit, auch Exoten wie Mangos oder Passionsfrüchte schmecken gut dazu

für 6 Personen
Zub. 40 Min. + Wartezeit
6 Dessertgläser

- 2 Eier, getrennt
- 75 g Zucker
- 60 ml Milch
- 250 g gemischte Himbeeren und Brombeeren plus ganze Brombeeren und Heidelbeeren zum Servieren
- 3 TL gemahlene Gelatine
- 300 g Sahne

Vorbereitung Hält abgedeckt im Kühlschrank aufbewahrt bis zu 2 Tage. Die Beeren erst kurz vor dem Servieren daraufsetzen.

1 Eigelbe, Zucker und Milch in einen Topf geben und bei schwacher Hitze rühren, bis die Mischung etwas eingedickt ist, aber nicht zum Kochen bringen. Von der Kochstelle nehmen.

2 Himbeeren und Brombeeren im Mixer glatt pürieren, durch ein Sieb streichen und zu der Milchmischung geben.

3 Die Gelatine in eine hitzebeständige Schüssel mit 3 EL kaltem Wasser streuen und etwa 5 Min. quellen lassen, bis sie gallertartig ist. Die Schüssel in einen flachen Topf mit heißem Wasser setzen und die Gelatine bei niedriger Temperatur etwa 5 Min. erhitzen, bis sie sich vollkommen aufgelöst hat, das Wasser darf aber nicht köcheln oder in die Schüssel schwappen. Die Gelatine aus dem Topf nehmen und zum Abkühlen beiseitestellen.

4 Die abgekühlte Gelatine langsam in die Fruchtmischung gießen, dabei ununterbrochen behutsam rühren. Die Sahne steif schlagen. In einer zweiten Schüssel das Eiweiß schlagen, bis sich weiche Spitzen bilden. Zuerst die Sahne, dann den Eischnee unter die Fruchtmischung heben. Die Creme in die Gläser füllen.

5 Die Creme für mindestens 3 Std. oder aber über Nacht in den Kühlschrank stellen, bis sie fest ist. Mit einigen Brombeeren und Heidelbeeren garniert servieren.

Semifreddo mit Erdbeeren

Halbgefrorenes, wie man es in Italien liebt – es erhält seine besondere Konsistenz durch zerstoßenes Baiser

- für 6–8 Personen
- Zub. 20 Min. + Wartezeit
- 20 cm große Springform oder Souffléform
- tiefgekühlt 3 Mon. haltbar

Pflanzenöl zum Einfetten

250 g Erdbeeren, geputzt, plus ganze Erdbeeren und rote Johannisbeeren zum Verzieren

250 g Sahne

50 g Puderzucker

120 g Baiser, grob zerstoßen

3 EL Himbeerlikör

Erdbeer-Coulis

250 g Erdbeeren, geputzt

25–50 g Puderzucker

1–2 EL Zitronensaft, Weinbrand, Grappa oder Balsamico-Essig

Vorbereitung Das Dessert kann am Vortag zubereitet werden.

1 Die Form dünn mit Pflanzenöl ausstreichen und Backpapier auf den Boden legen. Beiseitestellen.

2 Die Erdbeeren für das Eis im Mixer oder in der Küchenmaschine pürieren. Die Sahne mit dem Puderzucker schlagen, bis sich weiche Spitzen bilden. Erst die Sahne, dann zerstoßenes Baiser und Likör unter das Fruchtpüree heben. Die Mischung in die Form füllen, glatt streichen und mit Frischhaltefolie abgedeckt für mindestens 6 Std. in das Gefriergerät stellen, besser aber über Nacht.

3 In der Zwischenzeit die Sauce zubereiten. Die Erdbeeren im Mixer oder in der Küchenmaschine pürieren. Durch ein feines Sieb streichen, um die Samen zu entfernen, und 25 g Zucker untermischen. Das Püree kosten und bei Bedarf noch Zucker hinzufügen. Mit Zitronensaft oder einer der Alternativen abschmecken.

4 Vor dem Servieren das Semifreddo aus der Form nehmen und das Backpapier entfernen. Das Eis in Scheiben schneiden und auf Portionstellern anrichten. Mit der Sauce und ganzen Erdbeeren und Johannisbeeren verziert servieren.

Reste können tiefgekühlt 3 Mon. aufbewahrt werden.

Schokoladen-Haselnuss-Parfait

Spektakulärer Abschluss für ein festliches Essen

- für 4 Personen
- Zub. 40 Min. + Wartezeit
- 4 Metallringe, 8 cm groß

100 g Zucker

3 Eigelb

150 g Bitterschokolade, geschmolzen

200–250 g Haselnusskerne geröstet und grob gemahlen

500 g Sahne

Vorbereitung Die Parfaits können bis zu 12 Std. im Voraus zubereitet werden. Abgedeckt im Gefriergerät aufbewahren.

1 Zucker und 60 ml Wasser in einen Topf geben und bei schwacher Hitze rühren, bis sich der Zucker aufgelöst hat, dann zum Kochen bringen. An den Topfwänden entstandene Zuckerkristalle mithilfe eines Pinsels und kaltem Wasser abstreifen. Den Sirup kochen, bis er 115 °C erreicht hat und ein in kaltes Wasser gegebener Tropfen eine weiche Kugel bildet.

2 Eigelbe und Schokolade verrühren. Nach und nach den Zuckersirup hinzufügen und die Mischung weiterrühren, bis sie dick ist. 100 g Haselnusskerne unterheben.

3 Die Sahne steif schlagen und gleichmäßig unter die Schokoladenmischung heben.

4 Die Metallringe auf eine mit Backpapier ausgelegte Backform setzen. Rund um die Ringe Streifen aus Backpapier befestigen, die 2,5 cm über die Ringe hinausragen. Die Parfaitmasse in die Ringe füllen.

5 Die Masse glatt streichen und für mindestens 2 Std. in das Gefriergerät stellen, bis sie fest ist.

6 Zum Servieren die Papierstreifen entfernen. Kurz ein heißes Küchenhandtuch um die Ringe wickeln und die Ringe vorsichtig abziehen. Gemahlene Haselnusskerne an die Seiten der Parfaits drücken und darüberstreuen.

Dazu passt heiße Karamellsauce.

Zitronen-Granita

Eine fabelhafte Erfrischung an einem heißen Tag,
aber auch ein schönes Dessert nach einem üppigen Hauptgang

- für 4 Personen
- Zub. 5–10 Min. + Wartezeit • Garzeit 5 Min.
- flache, kälte- und korrosionsbeständige Schüssel
- tiefgekühlt 1 Mon. haltbar

6 unbehandelte Zitronen

120 g Zucker

Zitronenzesten zum Verzieren

Vorbereitung Das Dessert kann einige Tage im Voraus zubereitet werden. Die Servierschalen 60 Min. vor dem Servieren in das Gefriergerät stellen.

1 Das Gefriergerät auf die geringste Temperatur schalten und kältebeständige Servierschalen hineinstellen. Mit einem Kanneliermesser oder Zestenreißer die Schalen von 4 Zitronen in feinen Streifen abschneiden und beiseitestellen, von den restlichen 2 Zitronen die Schale abreiben und ebenfalls beiseitestellen.

2 Den Zucker in einem kleinen Topf bei mittlerer Hitze in 250 ml Wasser auflösen. Die Temperatur erhöhen. Das Zuckerwasser zum Kochen bringen und etwa 5 Min. kochen lassen, bis ein dünner Sirup entstanden ist.

3 Den Sirup in eine flache, kälte- und korrosionsbeständige Schüssel gießen und die abgeschnittene Zitronenschale untermischen. Zum Abkühlen beiseitestellen.

4 In der Zwischenzeit die Zitronen auspressen. Es sollten etwa 250 ml Saft vorhanden sein. Die Zesten aus dem Sirup nehmen. Zitronensaft und abgeriebene Zitronenschale unter den Sirup mischen.

5 Die Mischung für 1–2 Std. in das Gefriergerät stellen, bis sie an den Rändern ganz und in der Mitte halb gefroren ist. Nun die Granita etwa alle 30 Min. mit einer Gabel durchrühren und weitere 4 Std. tiefkühlen, bis sie die Konsistenz von zerstoßenem Eis hat. Bis zum Servieren im Gefriergerät stehen lassen. In gekühlte Gläser füllen und mit Zitronenzesten garnieren.

Dazu passen kleine Kekse.

Reste können in Fruchtsaftgetränke gemischt werden.

Espresso-Granita

Granitas sollten die Konsistenz von zerstoßenem Eis haben

- für 4 Personen
- Zub. 5 Min. + Wartezeit • Garzeit 5 Min.
- flaches, kältebeständiges Gefäß

100 g Zucker

½ TL Vanilleextrakt

300 ml sehr starker Espresso, gekühlt

Vorbereitung Die Granita kann mehrere Tage im Voraus zubereitet werden. Die Servierschalen 60 Min. vor dem Servieren in das Gefriergerät stellen.

1 Das Gefriergerät auf geringste Temperatur einstellen und kältebeständige Servierschalen oder Gläser hineinstellen. Den Zucker in einem kleinen Topf bei mittlerer Hitze in 300 ml Wasser auflösen, dann die Temperatur erhöhen. Das Zuckerwasser zum Kochen bringen und 5 Min. kochen lassen, bis ein dünner Sirup entstanden ist.

2 Den Sirup in ein flaches kältebeständiges Gefäß gießen. Vanilleextrakt und Espresso unterrühren. Die Mischung zum Abkühlen beiseitestellen.

3 Die Mischung in das Gefriergerät stellen und etwa alle 30 Min. mit einer Gabel durchrühren. Auf diese Weise 4 Std. fortfahren, bis die Granita die Konsistenz von zerstoßenem Eis hat. Servieren.

Vanilleeis

Selbst gemachte sahnige Eiscreme – davon kann man nie genug bekommen

- für 4 Personen
- Zub. 25 Min. + Wartezeit • Garzeit 12 Min.
- Eismaschine empfehlenswert
- tiefgekühlt 3 Mon. haltbar

1 Vanilleschote
300 ml Milch
3 Eigelb
85 g Zucker
300 g Sahne

1 Die Vanilleschote aufschlitzen und das Mark herauskratzen. Die Milch mit Schote und Mark in einen schweren Topf geben und fast zum Kochen bringen. Von der Kochstelle nehmen und zugedeckt für 30 Min. beiseitestellen.

2 Eigelbe und Zucker in einer Schüssel verquirlen. Die Milch unterrühren und die Mischung durch ein Sieb wieder in den Topf gießen. Bei schwacher Hitze rühren, bis sie etwas eingedickt ist und den Rücken eines Löffels überzieht, keinesfalls aufkochen, weil sie sonst gerinnt. Wieder in die Schüssel gießen und vollständig abkühlen lassen, dann die Sahne unterrühren.

3 Die Mischung in einen Gefrierbehälter füllen und für mindestens 3–4 Std. in das Gefriergerät stellen, dann durchrühren, um Eiskristalle aufzubrechen. Die Eiscreme noch einmal 2 Std. gefrieren lassen und wieder durchrühren. Bis zur Verwendung im Gefriergerät aufbewahren. Oder die Mischung in die Eismaschine gießen und nach Gebrauchsanweisung gefrieren lassen, was 20–30 Min. dauern sollte. Die Eiscreme in einen Gefrierbehälter füllen und bis zur Verwendung im Gefriergerät aufbewahren.

4 Zum Servieren die Eiscreme 20–30 Min. vor der Portionierung herausnehmen.

Dazu passen frische Beeren oder auf den Boden der Serviergläser gekrümelte Amaretti oder Cantuccini.

VARIANTE

Mokkaeis

Anstelle der Vanilleschote 2 TL Pulver für Instantkaffee in die warme Milch geben und darin auflösen.

Schokoladeneis

Himmlisch schokoladig: Eiscreme aus dunkler Schokolade mit weißen Schokochips

- für 4 Personen
- Zub. 25 Min. + Wartezeit • Garzeit 12 Min.
- Eismaschine empfehlenswert
- tiefgekühlt 3 Mon. haltbar

1 Vanilleschote
300 ml Milch
125 g Bitterschokolade, grob gehackt
3 Eigelb
85 g Zucker
300 g Sahne
175 g weiße Schokoladentröpfchen

1 Die Vanilleschote aufschlitzen und das Mark herauskratzen. Die Milch mit Vanilleschote und -mark in einem schweren Topf bei niedriger Temperatur erhitzen. Die Bitterschokolade hinzufügen und behutsam rühren, bis sie sich aufgelöst hat. Die Mischung fast zum Kochen bringen, dann zugedeckt für 20 Min. beiseitestellen.

2 Eigelbe und Zucker in einer großen Schüssel verquirlen. Die Milch unterrühren. Die Mischung durch ein Sieb wieder in den Topf gießen und bei schwacher Hitze rühren, bis sie etwas eingedickt ist und den Rücken eines Löffels überzieht, sie darf aber nicht kochen, weil sie sonst gerinnt. In eine Schüssel gießen und vollkommen abkühlen lassen, dann die Sahne unterrühren.

3 Die Eismasse in einen Gefrierbehälter gießen und mindestens 3–4 Std. gefrieren lassen, dann durchrühren. Noch einmal 2 Std. gefrieren lassen und wieder durchrühren. Die Schokoladentröpfchen untermischen und die Eiscreme bis zur Verwendung im Gefriergerät aufbewahren. Oder die Eiscreme nach Gebrauchsanweisung in der Eismaschine herstellen.

4 Die Eiscreme 10–15 Min. vor dem Servieren aus dem Gefriergerät nehmen.

Orangensorbet

In Restaurants werden Fruchtsorbets oft zwischen den Gängen serviert, um den Gaumen zu erfrischen, sie sind aber auch ein vorzügliches Sommerdessert

- für 4 Personen
- Zub. 10 Min. + Wartezeit • Garzeit 15 Min.
- Eismaschine empfehlenswert
- tiefgekühlt 3 Mon. haltbar

2 große unbehandelte Orangen

125 g Zucker

1 EL Orangenblütenwasser

1 Eiweiß

1 Mit einem Sparschäler die farbige Schale von den Orangen dünn abschälen. Den Zucker mit 300 ml Wasser in einen Topf geben und behutsam erhitzen, bis er sich aufgelöst hat. Die Orangenschale hinzufügen und 10 Min. köcheln lassen. Den Sirup etwas abkühlen lassen.

2 Die Orangen auspressen und den Saft zu dem Sirup gießen. Damit die Saftausbeute möglichst groß ist, die Früchte vor dem Auspressen in den Händen oder auf der Arbeitsfläche rollen, um sie etwas anzuwärmen.

3 Das Orangenblütenwasser in den Sirup rühren. Die Mischung durch ein Sieb in ein flaches Gefäß gießen. Das Eiweiß in einer sauberen Schüssel schlagen, bis sich weiche Spitzen bilden, dann unter den Orangensirup heben.

4 Falls keine Eismaschine vorhanden ist, die Mischung in einen Gefrierbehälter gießen und mindestens 4 Std. gefrieren lassen, bis sie beinahe fest ist. Mit einer Gabel die Eiskristalle aufbrechen und das Sorbet wieder in das Gefriergerät stellen, bis es fest ist.

Bei Verwendung einer Eismaschine nach Gebrauchsanweisung verfahren, dann das Sorbet in einen Gefrierbehälter füllen und bis zur Verwendung im Gefriergerät aufgewahren.

5 Das Sorbet 15–30 Min. vor dem Servieren aus dem Gefriergerät nehmen.

VARIANTE

Zitronensorbet

Die Orangen durch 3 Zitronen ersetzen und das Orangenblütenwasser weglassen. Das Sorbet wie oben zubereiten. Für Erwachsene nach Abseihen der Mischung 75 ml Campari hinzufügen. Mit Alkohol zubereitet, kann das Sorbet nur 1 Monat im Gefriergerät aufbewahrt werden, weil danach der Alkohol zu intensiv wird.

Safran-Kulfi

Kulfi ist ein Eis aus eingekochter Milch oder Kondensmilch, das in ganz Indien gern gegessen wird

- für 6–8 Personen
- Zub. 10 Min. + Wartezeit
- Eiswürfelschale
- tiefgekühlt 1 Mon. haltbar

1 Prise Safranfäden

60 g Pistazienkerne

450 g Kondensmilch

300 g Sahne

1 Die Safranfäden in einer kleinen Schüssel in 1 EL kochendem Wasser einweichen. Die Pistazienkerne grob hacken. Eine kleine Menge zum Verzieren beiseitestellen, den Rest sehr fein hacken.

2 Die Kondensmilch in eine Schüssel gießen und die Pistazienkerne hinzufügen. Die Safranfäden mit dem Wasser unterrühren.

3 Die Sahne schlagen, bis sich weiche Spitzen bilden, dann sorgfältig unter die Milchmischung ziehen. Die Mischung in die Eiswürfelschale füllen und in das Gefriergerät stellen. Wenn sie durchgefroren ist, die Schale in einen Gefrierbeutel verpacken. Das Kulfi bis zur Verwendung im Gefriergerät aufbewahren.

4 Zum Servieren die Schale herausnehmen. Die Würfel herauslösen, auf Teller verteilen und mit den restlichen Pistazienkernen bestreut anrichten.

Erdbeereis

Keine gewöhnliche Eiscreme, sondern ein tropischer Genuss mit Kokosmilch, Rum und Limette

- für 4 Personen
- Zub. 15 Min. + Wartezeit
- tiefgekühlt hält sich die fertige Eiscreme in einem luftdicht verschlossenen Behälter aufbewahrt 3 Mon.

- 400 ml Kokosmilch
- 200 g weiße Schokolade, gehackt
- 150 g Erdbeeren, geputzt
- 4 EL Puderzucker
- 300 g Sahne
- 2 EL weißer Rum
- Schale und Saft von 1 unbehandelten Limette
- Limettenspalten zum Servieren
- halbierte Erdbeeren zum Servieren

1 Kokosmilch und Schokolade in einem kleinen Topf unter gelegentlichem Rühren behutsam erhitzen, bis die Schokolade geschmolzen ist. Die Mischung beiseitestellen und etwas abkühlen lassen.

2 Erdbeeren und Puderzucker in der Küchenmaschine glatt pürieren. Die Sahne schlagen, bis sich weiche Spitzen bilden, dann mit Erdbeerpüree, Rum, abgeriebener Limettenschale und Limettensaft unter die Kokosmilch heben.

3 Die Mischung in einen Gefrierbehälter gießen und etwa 5–6 Std. gefrieren lassen, bis sie fest ist, dabei alle 30 Min. mit einer Gabel durchrühren. Die Eiscreme mit Limettenspalten und Erdbeerhälften verziert servieren.

Cassata-Eis

Absolut unwiderstehliche Eispezialität aus dem tiefen Süden Italiens

- für 6–8 Personen
- Zub. 25 Min. + Wartezeit • Garzeit 10 Min.
- 900 ml fassende und 600 ml fassende Puddingformen oder Schüsseln
- tiefgekühlt 4 Mon. haltbar

- 175 g Zucker
- 4 Eigelb
- 1 TL Vanilleextrakt
- 300 g Sahne, leicht geschlagen
- 60 g kandierte Kirschen, grob gehackt
- 60 g getrocknete Aprikosen, grob gehackt
- 60 g getrocknete Ananas, grob gehackt
- 30 g Pistazienkerne, grob gehackt
- 200 g frische Himbeeren

1 Den Zucker mit 120 ml Wasser in einen kleinen Topf geben und zum Kochen bringen. Etwa 5 Min. kräftig kochen lassen, bis ein dicker Sirup entstanden ist.

2 Die Eigelbe mit dem elektrischen Handrührgerät schlagen, dann langsam den heißen Sirup unterrühren, bis die Mischung schaumig ist. Vanilleextrakt und Sahne zugeben. Ein Drittel der Mischung abnehmen und mit Kirschen, Trockenobst und Pistazien vermischen. Bis zur Verwendung abgedeckt kalt stellen.

3 Die Himbeeren durch ein Sieb streichen und das Püree unter die restliche Eigelbmischung rühren. Diese Masse in die größere Puddingform füllen. Die kleinere Form in die Mitte setzen und mit Klebstreifen fixieren (die Himbeermasse wird dabei an den Wänden der größeren Form nach oben gedrückt). Für mindestens 3–4 Std. in das Gefriergerät stellen, bis sie fest ist.

4 Den Klebstreifen entfernen und etwas heißes Wasser in die kleinere Schüssel gießen, um sie herausnehmen zu können. Die Trockenobstmischung in die Mitte geben und glatt streichen. Abgedeckt über Nacht in das Gefriergerät stellen.

5 Zum Servieren die Schüssel einige Sekunden in warmes Wasser tauchen. Die Cassata auf einen Servierteller stürzen und in Stücke schneiden.

Kaffee-Pistazien-Parfait

Die Zubereitung von Eisparfait ist unaufwendig, denn es muss nicht umgerührt werden, während es gefriert

- für 8 Personen
- Zub. 20 Min. + Wartezeit • Garzeit 5–8 Min.
- 20 cm große, quadratische Kuchenform oder Gefrierbehälter
- tiefgekühlt 3 Mon. haltbar

- Öl zum Einfetten
- 1 Vanilleschote
- 225 g Zucker
- 1 EL Instantkaffeepulver
- 6 Eigelb
- 4 EL Marsala
- 300 g Sahne
- 150 g griechischer Joghurt
- 125 g Pistazienkerne, geschält und grob gehackt, plus Pistazienkerne zum Verzieren
- Rosenblütenblätter zum Verzieren

1 Die Kuchenform dünn einfetten und mit Backpapier auslegen. Die Vanilleschote aufschlitzen und das Mark in einen Topf kratzen. Mit 100 ml Wasser und dem Zucker unter Rühren behutsam erhitzen, bis sich der Zucker aufgelöst hat. Die Temperatur erhöhen und die Mischung 2 Min. sprudelnd kochen lassen, bis sie sirupartig ist. Den Kaffee in 1 EL kochendem Wasser auflösen und in den Sirup rühren. Beiseitestellen.

2 In einer Schüssel mit dem elektrischen Handrührgerät Eigelbe und Marsala schaumig schlagen. Bei laufendem Motor langsam den Kaffeesirup dazugießen. Die Mischung 6–8 Min. schlagen, bis sie ihr Volumen mindestens verdoppelt hat.

3 Die Sahne steif schlagen, mit dem Joghurt und 85 g Pistazien unter die Eigelbmasse ziehen. Die Mischung in die Form gießen, mit den restlichen Pistazien bestreuen und 4 Std. gefrieren lassen, bis sie fest ist.

4 Den Boden der Form in eine Schüssel mit warmem Wasser tauchen. Das Parfait stürzen und in Quadrate schneiden. Bis zum Servieren wieder in das Gefriergerät stellen.

5 Zum Servieren das Parfait auf gekühlten Tellern anrichten. Mit Pistazienkernen und Rosenblütenblättern bestreut servieren.

Knickerbocker glory

Ein amerikanischer Traum von einem Eisbecher, mit Früchten, Sahne und Sauce in einem hohen Glas

- für 4 Personen
- Zub. 15 Min.

- 2 Pfirsiche
- 8 EL Erdbeersauce (Fertigprodukt)
- 8 kleine Kugeln Erdbeereis
- 4 kleine Kugeln Schokoladeneis
- 150 g Sahne, geschlagen
- 1 EL bunte Zuckerstreusel
- 4 Maraschinokirschen
- Waffeln zum Servieren

1 Die Pfirsiche in einem Topf mit kochendem Wasser 30 Sek. blanchieren, um die Haut abziehen zu können. Die Früchte abtropfen lassen, halbieren, entsteinen und schälen. Das Fleisch in Spalten schneiden und einige Spalten auf dem Boden von vier hohen Gläsern verteilen. Eine Kugel Erdbeereis und etwas Erdbeersauce daraufgeben.

2 Mit restlichen Pfirsichspalten, übrigem Erdbeereis und verbliebener Erdbeersauce ebenso verfahren. Jeweils 1 Kugel Schokoladeneis daraufsetzen.

3 1 EL Sahne neben das Schokoladeneis geben, mit Zucker bestreuen und mit einer Kirsche verzieren. Das Dessert mit Waffeln servieren.

Mangosorbet

Eine exotische Erfrischung zum Abschluss eines sommerlichen Essens

- für 4 Personen
- Zub. 15 Min. + Wartezeit • Garzeit 10 Min.
- Eismaschine empfehlenswert
- tiefgekühlt 3 Mon. haltbar

2 große, reife Mangos
200 g Zucker
Saft von 1 Zitrone
1 Eiweiß

1 Das Fleisch der Mangos in zwei Stücken beidseitig vom Stein abschneiden und gitterförmig einritzen. Die Hälften nach hinten biegen, um die Würfel zu trennen. Das Fruchtfleisch von der Schale abschneiden.

2 Das Mangofleisch in der Küchenmaschine glatt pürieren, durch ein Sieb streichen und bis zur Verwendung kalt stellen.

3 In einem Topf 300 ml Wasser und den Zucker unter gelegentlichem Rühren behutsam erhitzen, bis sich der Zucker aufgelöst hat. Die Temperatur etwas erhöhen und den Sirup unter Rühren zum Kochen bringen. 1 Min. kochen lassen, dann zum Abkühlen beiseitestellen.

4 Den abgekühlten Sirup in das Mangopüree rühren, dann den Zitronensaft untermischen. Das Eiweiß schlagen, bis sich weiche Spitzen bilden, und vorsichtig unter die Mangomischung heben.

5 Die Masse in einen Gefrierbehälter füllen und mindestens 4 Std. gefrieren lassen, dann mit einer Gabel die Eiskristalle zerkleinern. Das Sorbet wieder in das Gefriergerät stellen, bis es erstarrt ist. Oder die Masse in eine Eismaschine füllen und nach Gebrauchsanweisung gefrieren lassen, dann in einem Gefrierbehälter im Tiefkühlgerät aufbewahren.

6 Das Sorbet vor dem Servieren für 15–30 Min. in den Kühlschrank stellen, dann zu Kugeln geformt in Serviergläsern anrichten.

● **Reste** können mit frischer Mango und Banane püriert werden, um einen erfrischenden Smoothie herzustellen.

Pistazieneis

Die besten Pistazien kommen aus Sizilien und der Türkei; einmal geschält, sollten sie zügig verbraucht werden

- für 4 Personen
- Zub. 25–30 Min. + Wartezeit • Garzeit 12–15 Min.
- Eismaschine empfehlenswert
- tiefgekühlt 3 Mon. haltbar

300 ml Milch
½ TL Mandelextrakt
3 Eigelb
85 g Zucker
einige Tropfen grüne Lebensmittelfarbe (nach Belieben)
175 g Pistazienkerne, geschält und grob gehackt, plus Pistazienkerne zum Verzieren
300 g Sahne, leicht geschlagen

1 Die Milch in einem Topf erhitzen, bis sie beinahe kocht. Den Mandelextrakt unterrühren.

2 Eigelbe und Zucker in einer großen Schüssel schaumig schlagen, dann die Milch zugeben. Die Mischung durch ein Sieb wieder in den Topf gießen und bei schwacher Hitze rühren, bis sie etwas eingedickt ist und den Rücken eines Löffels überzieht, sie darf aber nicht kochen, weil sie sonst gerinnt.

3 Die Mischung wieder in die Schüssel gießen. Lebensmittelfarbe (sofern verwendet) und Pistazienkerne untermischen. Die Flüssigkeit abkühlen lassen, dann die Sahne unterziehen.

4 Die Mischung in einen Gefrierbehälter gießen und 3–4 Std. gefrieren lassen, dann mit einer Gabel Eiskristalle aufbrechen. Die Eiscreme noch einmal für 2 Std. in das Gefriergerät stellen, dann wieder die Eiskristalle aufbrechen. Bis zur Verwendung im Gefriergerät aufbewahren. Oder die Eiscreme nach Gebrauchsanweisung in der Eismaschine zubereiten, in einen Gefrierbehälter füllen und im Gefriergerät aufbewahren.

5 Zum Servieren das Pistazieneis aus dem Gefriergerät nehmen und 15 Min. stehen lassen, dann zu Kugeln formen und mit gehackten Pistazienkernen bestreut servieren.

Saftiger Zitronenkuchen

Zitronen und Joghurt verdankt er seinen wunderbar frischen Geschmack

- ergibt 8 Stücke
- Zub. 15 Min. + Wartezeit • Backzeit 40 Min.
- 20 cm große, runde Backform

175 g Butter plus Butter zum Einfetten
250 g Zucker
2 unbehandelte Zitronen
3 Eier
75 g Mehl
2 TL Backpulver
150 g Mandelkerne, gemahlen
150 g Naturjoghurt

1 Den Backofen auf 170 °C vorheizen. Die Springform einfetten und den Boden mit Backpapier auslegen. Die Form beiseitestellen.

2 Butter und 150 g Zucker in einer großen Schüssel cremig rühren. Die abgeriebene Schale beider Zitronen untermischen.

3 Nacheinander die Eier unterschlagen. Falls die Mischung gerinnt, 1 TL Mehl hinzufügen.

4 Mehl, Backpulver und Mandelkerne vermischen und unter die Eimischung heben. Den Saft von 1 Zitrone und den Joghurt hineinrühren. Den Teig in die Form füllen.

5 Den Kuchen etwa 40 Min. backen, bis er in der Mitte gerade fest ist. Während der ersten 20 Min. die Backofentür nicht öffnen.

6 Den Kuchen aus dem Ofen nehmen und in der Form etwas abkühlen lassen.

7 Den restlichen Zucker und den Saft der verbliebenen Zitrone in einem Topf erhitzen. Den Kuchen mehrmals mit einem Spieß einstechen und mit dem Sirup beträufeln. Den Kuchen vollständig abkühlen lassen, dann aus der Form nehmen und servieren.

Schnelle Möhrentorte

Ein perfekter Dreiklang: Möhren, Orange und Ingwer

- ergibt 8 Stücke
- Zub. 15 Min. + Wartezeit • Backzeit 20–25 Min.
- 20 cm große Kuchenform

75 g weiche Butter plus Butter zum Einfetten
75 g Vollkornmehl
1 TL gemahlenes Piment
½ TL Backpulver
½ TL gemahlener Ingwer
2 Möhren, geschält und gerieben
75 g brauner Zucker
50 g Sultaninen
2 Eier, verquirlt
3 EL frisch gepresster Orangensaft
150 g Frischkäse
1 EL Puderzucker
Zesten von einer unbehandelten Zitrone zum Verzieren

1 Den Backofen auf 190 °C vorheizen. Die Kuchenform einfetten und den Boden mit Backpapier auslegen. Mehl, Piment, Backpulver und Ingwer in einer großen Schüssel mischen. Möhren, Zucker und Sultaninen hinzufügen.

2 Eier, 1 EL Orangensaft und Butter dazugeben und alles sorgfältig verrühren.

3 Den Teig in die Form füllen und mit einer Palette glatt streichen. Für etwa 20 Min. in den Backofen schieben, bis ein in die Mitte gestochener Spieß sauber wieder herauskommt. Den Kuchen 10 Min. in der Form abkühlen lassen.

4 Mit einem Messer rund um den Kuchen fahren. Den Kuchen auf ein Gitter stürzen und das Papier entfernen. Den Kuchen auskühlen lassen, dann waagrecht halbieren.

5 In der Zwischenzeit den Käse mit dem restlichen Orangensaft verrühren und nach Geschmack süßen. Die Schnittfläche und die Oberseite damit bestreichen. Die Zitronenzesten auf den Kuchen streuen.

Mandel-Orangen-Kuchen

Das ideale Dessert für alle, die weder Mehl noch Butter essen dürfen oder wollen

- ergibt 8 Stücke
- Zub. 10 Min. + Wartezeit • Backzeit 60 Min.
- 20 cm große, runde Kuchenform

200 g Möhren, geschält

1 EL Orangensaft, Orangenlikör oder Mandellikör

4 große Eier, getrennt

einige Tropfen Vanilleextrakt

1 unbehandelte Orange

150 g Zucker

150 g gemahlene Mandeln

Himbeeren zum Verzieren

Puderzucker zum Bestäuben

1 Den Backofen auf 160 °C vorheizen. Die Backform mit Backpapier auslegen.

2 Die Möhren in etwas Wasser garen. Abtropfen und abkühlen lassen, dann mit dem Orangensaft oder dem Likör pürieren.

3 Die Eigelbe in einer großen Schüssel mit Vanilleextrakt und der abgeriebenen Orangenschale verrühren. Nach und nach den Zucker unterschlagen, bis die Mischung schaumig ist. Möhrenpüree und gemahlene Mandeln untermischen.

4 In einer sauberen Schüssel das Eiweiß steif schlagen und unter die Eigelbmischung heben. Die Masse in die vorbereitete Form füllen und 60 Min. backen, bis ein in die Mitte eingestochener Spieß sauber wieder herauskommt.

5 Den Kuchen 10 Min. in der Form abkühlen lassen, dann auf ein Kuchengitter heben und vollständig auskühlen lassen. Die Himbeeren auf dem Kuchen verteilen, mit Puderzucker bestäuben.

Dazu passen frische Früchte wie Himbeeren, Brombeeren, Heidelbeeren oder Rote Johannisbeeren und ein Löffel griechischer Joghurt oder Schlagsahne.

Marmorkuchen

Für die Marmorierung zieht man eine Gabel durch den Teig

- ergibt 12 Stücke
- Zub. 30 Min. + Wartezeit • Backzeit 60 Min.
- etwa 23 cm große Gugelhupfform oder etwa 11 x 35 cm große Kastenform

300 g weiche Butter plus Butter zum Einfetten

300 g Zucker

einige Tropfen Vanilleextrakt

1 Prise Salz

5 Eier

380 g Mehl

4 TL Backpulver

4 EL Milch

20 g Kakaopulver

Puderzucker zum Bestäuben

1 Den Backofen auf 180 °C vorheizen. Die Backform einfetten.

2 Die Butter in einer Schüssel mit Zucker, Vanilleextrakt und Salz cremig rühren. Nacheinander die Eier unterschlagen.

3 Mehl und Backpulver in zwei Portionen in die Schüssel sieben und einrühren, zwischendurch 2 EL Milch untermischen.

4 Zwei Drittel des Teiges in die vorbereitete Form füllen. Das Kakaopulver in die Schüssel mit dem restlichen Teig sieben und mit der verbliebenen Milch unterrühren. Den dunklen Teig in die Form füllen und dann eine Gabel in spiralförmigen Bewegungen durch den Teig ziehen, damit die Marmorierung entsteht. Den Kuchen 60 Min. backen, bis er aufgegangen und goldbraun ist.

5 Den Kuchen 10 Min. in der Form abkühlen lassen, dann auf ein Kuchengitter setzen und mit Puderzucker bestäuben.

Gugelhupfform

Eine Gugelhupfform ist eine geriffelte Kranzform, die einer Legende nach den Turbanen der Heiligen Drei Könige nachempfunden sein soll.

Stollen

Aus Mitteldeutschland stammendes brotlaib- oder zopfähnliches Gebäck aus Hefeteig, das traditionell zur Weihnachtszeit zubereitet wird

- ergibt 1 Stollen
- Zub. 35 Min. + Wartezeit für Einweichen, Ruhen und Gehen • Backzeit 50 Min.
- tiefgekühlt 1 Mon. haltbar; über Nacht auftauen lassen und mit Puderzucker bestäuben

200 g Rosinen
100 g Korinthen
100 ml Rum
400 g Mehl plus Mehl zum Bestäuben
1 Päckchen Trockenhefe
60 g Zucker
100 ml Milch
einige Tropfen Vanilleextrakt
1 Prise Salz
½ TL Lebkuchengewürz
2 Eier
175 g weiche Butter
200 g Zitronat und Orangeat
100 g gemahlene Mandeln
Puderzucker zum Bestäuben

1 Rosinen und Korinthen in eine Schüssel geben, mit dem Rum übergießen und über Nacht quellen lassen.

2 Am folgenden Tag das Mehl in eine große Schüssel sieben und in die Mitte eine Mulde drücken. Hefe und 1 TL Zucker hineingeben. Die Milch behutsam erwärmen, bis sie lauwarm ist, und mit der Hefe verrühren. Die Hefe etwa 15 Min. bei Zimmertemperatur gehen lassen.

3 Restlichen Zucker, Vanilleextrakt, Salz, Lebkuchengewürz, Eier und Butter hinzufügen. Mit einem Holzlöffel oder den Knethaken des Handrührgerätes vermischen. Dann die Zutaten etwa 5 Min. kneten, bis ein glatter Teig entstanden ist.

4 Den Teig auf die leicht bemehlte Arbeitsfläche setzen. Zitronat, Orangeat, Rosinen, Korinthen und gemahlene Mandeln dazugeben und die Zutaten einige Minuten sorgfältig unterkneten, bis sie gleichmäßig verteilt sind. Den Teig wieder in die Schüssel legen und mit Frischhaltefolie abgedeckt an einem warmen Platz gehen lassen, bis er sein Volumen verdoppelt hat.

5 Den Backofen auf 160 °C vorheizen. Ein Backblech mit Backpapier auslegen. Die Teig auf der bemehlten Arbeitsfläche zu einem 25 x 30 cm großen Rechteck ausrollen. Eine der Längsseiten bis knapp über die Mitte falten, die andere darüberlegen, sodass die typische Stollenform entsteht. Den Stollen auf das Backblech legen und an einem warmen Platz gehen lassen, bis der Teig sein Volumen wiederum verdoppelt hat.

6 Den Stollen etwa 50 Min. backen, bis er aufgegangen und hell goldbraun ist. Auf ein Kuchengitter legen und auskühlen lassen, dann großzügig mit Puderzucker bestäuben. In dicke Scheiben geschnitten servieren.

Dazu passen süße Festtagsleckereien wie Marzipan und eine Tasse Kaffee oder Tee.

Reste halten sich luftdicht verpackt mehrere Wochen. Wenn man ihn einige Zeit lagert, zieht der Stollen durch und schmeckt noch besser.

Mandel-Financiers

So benannt, weil die Form Goldbarren ähnelt

- ergibt 12 Stück
- Zub. 15 Min. • Backzeit 10 Min.
- 12 Financier- oder Schiffchenformen
- tiefgekühlt 3 Mon. haltbar

Butter zum Einfetten
30 g Mehl plus Mehl zum Bestäuben
60 g gemahlene Mandeln
85 g Puderzucker, gesiebt
1 Prise Salz
85 g Butter
3 Eiweiß
½ TL Vanilleextrakt

1 Den Backofen auf 200 °C vorheizen. Die Formen gut mit Butter einfetten und mit Mehl ausstreuen.

2 Mandeln, Puderzucker, Mehl und Salz in einer Schüssel vermischen. Die Butter zerlassen, sie darf aber nicht zu heiß werden. In einer zweiten Schüssel das Eiweiß schaumig, aber nicht zu steif schlagen und mit Butter und Vanilleextrakt unter die Mandelmischung heben.

3 Die Förmchen zur Hälfte füllen. Die Financiers auf der mittleren Schiene etwa 10 Min. backen, bis sie etwas aufgegangen und goldbraun sind und auf Fingerdruck nachgeben. 5 Min. in den Förmchen abkühlen lassen, dann vorsichtig herausnehmen und auf einem Kuchengitter vollständig auskühlen lassen.

Schokoladenrolle

Fein und lecker: die Biskuitrolle im Baumstammdesign

- für 10 Personen
- Zub. 30 Min. • Backzeit 12 Min. + Wartezeit
- etwa 20x28 cm große Kuchenform
- tiefgekühlt 6 Mon. haltbar

3 Eier

85 g Zucker

85 g Mehl

3 EL Kakaopulver

½ TL Backpulver

Puderzucker zum Bestäuben

Ganache

200 g Sahne

140 g Bitterschokolade, gehackt

3 EL Himbeerkonfitüre

1 Den Backofen auf 180 °C vorheizen. Die Form oder ein Blech mit Backpapier auslegen.

2 In einer großen Schüssel Eier, Zucker und 1 EL Wasser etwa 5 Min. schlagen, bis sich weiche Spitzen bilden. Mehl, Kakaopulver und Backpulver in die Schüssel sieben und sorgfältig, aber rasch unterheben.

3 Den Teig in die Form füllen und 12 Min. backen. Er ist fertig, wenn er auf Druck nachgibt.

4 In der Zwischenzeit für Füllung und Überzug die Sahne in einen kleinen Topf gießen und zum Kochen bringen, dann von der Kochstelle nehmen. Die Schokolade hinzufügen und unter gelegentlichem Rühren schmelzen lassen. Die Mischung abkühlen lassen.

5 Den Teig auf ein sauberes Stück Backpapier stürzen. Das Papier am Boden abziehen und wegwerfen. Den Biskuit noch heiß mit dem Papier aufrollen, dann abkühlen lassen.

6 Zum Fertigstellen des Kuchens den Biskuit vorsichtig wieder entrollen und die Himbeerkonfitüre darauf verteilen. Mit einem Drittel der Schokoladenganache bestreichen und den Teig erneut aufrollen. Die Rolle mit der Nahtstelle nach unten auf ein Brett legen. Die restliche Ganache auf der Oberfläche, den Seiten und den Enden der Biskuitrolle verteilen. Mit einer Gabel Längsrillen in die Sahne ziehen. Die Biskuitrolle auf eine Servierplatte heben und kurz vor dem Servieren mit Puderzucker bestäuben.

Victoria-Torte

Altbewährter englischer Klassiker

- für 8 Personen
- Zub. 20 Min. • Backzeit 20–25 Min.
- die Zutaten sollten am besten Zimmertemperatur haben
- 2 runde Backformen, 20 cm groß
- tiefgekühlt 1 Mon. haltbar

175 g Butter plus Butter zum Einfetten

175 g Zucker

3 Eier, verquirlt

175 g Mehl, mit 1 TL Backpulver vermischt

6–8 EL Himbeerkonfitüre

150 g Sahne

Puderzucker zum Bestäuben

1 Den Backofen auf 190 °C vorheizen. Die Formen dünn einfetten und die Böden mit Backpapier auslegen.

2 Butter und Zucker cremig rühren, wobei möglichst viel Luft in die Masse gelangen sollte.

3 Die verquirlten Eier in kleinen Portionen sorgfältig unterschlagen. Das Mehl in die Schüssel sieben und mit einem großen Metalllöffel oder Spatel unterheben.

4 Den Teig gleichmäßig auf die vorbereiteten Formen verteilen, glatt streichen und 20–25 Min. backen, bis er goldbraun und ist und auf Druck nachgibt. Die Böden 5 Min. in den Formen abkühlen lassen, dann auf ein Kuchengitter stürzen. Das Papier abziehen und den Kuchen auskühlen lassen.

5 Eine der ausgekühlten Teigplatten umgedreht auf eine Servierplatte setzen und mit der Himbeerkonfitüre bestreichen. Die Sahne schlagen, bis sich weiche Spitzen bilden, und auf der Konfitüre verteilen. Die zweite Teigplatte auflegen. Den Kuchen vor dem Servieren dünn mit Puderzucker bestäuben.

VARIANTEN

Banoffee toffee cake

Die untere Teigplatte mit 4 EL *dulce de leche* (s. S. 446) bestreichen. 1 große, in Scheiben geschnittene Banane in 1 EL Zitronensaft wenden und auf die Karamellsauce legen, dann die Sahne verteilen. Die zweite Teigplatte aufsetzen und mit Kakaopulver bestäuben.

Zitronen-Käse-Kuchen

175 g fettreduzierten Frischkäse, abgeriebene Schale von 1 unbehandelten Zitrone, 2 EL Zitronensaft und 60 g Puderzucker verrühren und als Füllung verwenden. Den Kuchen mit Puderzucker bestäuben und nach Belieben mit Zitronat verzieren.

Schwarzwälder Kirschtorte

Aus der Heimat der Kuckucksuhren kommt eine unserer Lieblingstorten: Sauerkirschen und Sahne zwischen saftigem Biskuit

- für 8 Personen
- Zub. 55 Min. • Backzeit 40 Min.
- 24 cm große Springform, Spritzbeutel mit Sterntülle
- tiefgekühlt 1 Mon. haltbar; im Kühlschrank auftauen lassen

6 Eier

175 g Zucker

125 g Mehl

50 g Kakaopulver

1 TL Vanilleextrakt

85 g Butter, zerlassen, plus Butter zum Einfetten

600 g Sahne

1 Glas entsteinte Sauerkirschen (720 ml)

4 EL Kirschwasser

150 g Bitterschokolade, gerieben

Vorbereitung Der Kuchen kann 1 Tag im Voraus zubereitet werden. Im Kühlschrank aufbewahren.

1 Den Backofen auf 180 °C vorheizen. Den Boden der Form dünn einfetten und mit Backpapier auslegen. Der Rand bleibt ungefettet und ohne Papier. Eier und Zucker in eine große, hitzebeständige Schüssel geben und auf einen Topf mit köchelndem Wasser setzen. Der Schüsselboden darf das Wasser nicht berühren. Die Mischung schlagen, bis sie hellgelb und schaumig ist. Von der Kochstelle nehmen und weitere 5 Min. schlagen, bis sie etwas abgekühlt ist.

2 Mehl und Kakaopulver in die Schüssel sieben und sorgfältig unterziehen. Vanilleextrakt und zerlassene Butter ebenfalls unterheben. Den Teig in die Form gießen, glatt streichen und etwa 40 Min. backen, bis er aufgegangen ist und sich von dem Wänden der Form löst. Auf ein Kuchengitter stürzen und das Papier abziehen. Den Kuchen mit einem sauberen Tuch abdecken und auskühlen lassen.

3 Den Kuchen vorsichtig waagrecht in drei Platten teilen. Die Kirschen abtropfen lassen, den Saft auffangen. 6 EL Saft und Kirschwasser in einer Schüssel vermischen. Jeweils ein Drittel auf jede Teigplatte träufeln. Die Hälfte der Kirschen grob hacken.

4 Die Sahne steif schlagen. Eine Teigplatte auf einen großen Kuchenteller setzen und dünn mit Sahne bestreichen. Die Hälfte der gehackten Kirschen darüberstreuen. Die zweite Teigplatte aufsetzen und wieder Sahne und Kirschen daraufgeben. Die letzte Teigplatte aufsetzen. Mit einer Palette die Seiten des Kuchens rundum dünn mit Sahne bestreichen. Die restliche Sahne in einen Spritzbeutel mit Sterntülle füllen.

5 Mit einem Löffel oder einer Palette die geriebene Schokolade an den Rand der Torte drücken. Auf die Oberseite rundherum Sahnerosetten spritzen. Die restlichen Kirschen in der Mitte der Torte verteilen. Die Sahnerosetten mit der verbliebenen Schokolade bestreuen.

Madeleines

Der Schriftsteller Marcel Proust machte sie berühmt

- ergibt 16–18 Stück
- Zub. 15–20 Min. • Backzeit 14 Min.
- Madeleine-Form
- tiefgekühlt 1 Mon. haltbar

60 g Butter, zerlassen, aber nicht heiß, plus Butter zum Einfetten

60 g Zucker

2 Eier

1 TL Vanilleextrakt

60 g Mehl, mit 1 Msp. Backpulver vermischt, plus Mehl zum Bestäuben

Puderzucker zum Bestäuben

1 Den Backofen auf 180 °C vorheizen. Die Formen sorgfältig mit Butter auspinseln und mit Mehl ausstreuen.

2 Zucker, Eier und Vanilleextrakt in einer Schüssel schlagen, bis sie hellgelb und schaumig sind. Mit dem elektrischen Handrührgerät dauert dies etwa 5 Min., mit einem Schneebesen deutlich länger.

3 Das Mehl in die Schüssel sieben. Die Butter am Schüsselrand hineinlaufen lassen und rasch, aber sorgfältig unterheben, dabei darauf achten, dass keine Luft aus der Masse gedrückt wird.

4 Den Teig in die Formen füllen und 10–14 Min. backen, bis die Oberfläche golden ist. Die Madeleines herausnehmen und auf einem Kuchengitter auskühlen lassen, dann mit Puderzucker bestäuben.

Schoko-Mandel-Kuchen

Aus saftigem Rührteig mit einem dicken Schokoladenüberzug

- für 6–8 Personen
- Zub. 30 Min. • Backzeit 25 Min.
- 18 cm große Kuchenform mit herausnehmbarem Boden
- tiefgekühlt 1 Mon. haltbar

Mehl zum Bestäuben

120 g Bitterschokolade, in Stücke gebrochen

120 g weiche Butter plus Butter zum Einfetten

140 g Zucker

3 Eier, getrennt

60 g gemahlene Mandeln

30 g Semmelbrösel

½ TL Backpulver

1 TL Mandelextrakt

1 EL Weinbrand oder Rum

Überzug

120 g Bitterschokolade

60 g Butter

1 Den Backofen auf 180 °C vorheizen. Die Form einfetten. Den Boden mit Backpapier auslegen und Mehl darüberstäuben.

2 Die Schokolade in einer hitzebeständigen Schüssel auf einen Topf mit köchelndem Wasser setzen und unter gelegentlichem Rühren schmelzen lassen. Beiseitestellen.

3 Butter und Zucker cremig rühren. Die Eigelbe nacheinander sorgfältig unterschlagen, anschließend die Schokolade. Mandeln, Semmelbrösel, Backpulver, Mandelextrakt und Weinbrand oder Rum vorsichtig unterheben.

4 Die Eiweiße in einer großen sauberen Schüssel schlagen, bis sich weiche Spitzen bilden, dann unter den Teig heben.

5 Den Teig in die Form füllen und 25 Min. backen, bis ein in die Mitte gestochener Spieß sauber wieder herauskommt. Den Kuchen herausnehmen und auf einem Gitter abkühlen lassen.

6 Für den Überzug die Schokolade mit der Butter in eine Schüssel geben. Auf einem Topf mit köchelndem Wasser unter gelegentlichem Rühren schmelzen lassen. Von der Kochstelle nehmen, etwas abgekühlt mit einer Palette auf dem Kuchen verteilen und fest werden lassen.

Panforte

Dieses berühmte Gebäck wurde im 13. Jh. in Siena erfunden

- für 12–16 Personen
- Zub. 30 Min. • Garzeit 30 Min.
- 20 cm große Kuchenform mit herausnehmbarem Boden

Backoblaten oder Reispapier

120 g abgezogene ganze Mandeln, geröstet und grob gehackt

120 g Haselnusskerne, geröstet und grob gehackt

200 g Zitronat und Orangeat, gehackt

120 g getrocknete Feigen, gehackt

abgeriebene Schale von 1 unbehandelten Zitrone

½ TL gemahlener Zimt

½ TL geriebene Muskatnuss

1 Prise gemahlene Nelken

1 Prise gemahlenes Piment

75 g Reismehl oder Weizenmehl

30 g Butter

140 g Zucker

4 EL flüssiger Honig

Puderzucker zum Bestäuben

Vorbereitung Kann bis zu 3 Tage im Voraus zubereitet werden. In einem luftdicht verschlossenen Behälter aufbewahren.

1 Die Form mit Backpapier auskleiden, den Boden mit Backoblaten oder Reispapier auslegen. Den Backofen auf 180 °C vorheizen.

2 Mandeln, Haselnusskerne, Zitronat, Orangeat, Feigen, Zitronenschale, Zimt, Muskatnuss, Nelken, Piment und Mehl in einer großen Schüssel sorgfältig vermischen.

3 Butter, Zucker und Honig in einen Topf geben und bei niedriger Temperatur schmelzen lassen, dann in die Frucht-Nuss-Mischung rühren. Die Mischung in die vorbereitete Form geben und mit befeuchteten Händen gleichmäßig festdrücken.

4 Den Kuchen für 30 Min. in den Backofen schieben, dann herausnehmen. In der Form abkühlen und fest werden lassen. Den ausgekühlten Panforte aus der Form nehmen und das Backpapier entfernen, nicht aber die Backoblaten.

5 Den Kuchen dick mit Puderzucker bestäuben und in schmale Stücke geschnitten servieren.

Sachertorte

1832 erfand der 16 Jahre alte Lehrling Franz Sacher am Hofe von Fürst Klemens von Metternich in Wien diese Köstlichkeit

- für 8–12 Personen
- Zub. 40 Min. + Wartezeit • Backzeit 45–60 Min.
- 24 cm große Springform, Spritztüte aus Papier
- unverziert tiefgekühlt 3 Mon. haltbar

250 g weiche Butter

250 g Zucker

250 g Bitterschokolade, geschmolzen

½ TL Vanilleextrakt

5 Eier, getrennt

250 g Mehl

6–8 EL durch ein Sieb gestrichene Aprikosenkonfitüre

Schokoladenglasur

300 g Sahne

200 g Bitterschokolade, gehackt

einige Tropfen Vanilleextrakt

1 Den Backofen auf 180 °C vorheizen. Die Kuchenform mit Backpapier auslegen.

2 Für den Teig Butter und Zucker cremig rühren, dann Schokolade und Vanilleextrakt hinzugeben. Nacheinander die Eigelbe unterschlagen und schließlich das Mehl unterheben.

3 In einer zweiten Schüssel das Eiweiß steif schlagen. Etwas Eischnee unter die Schokoladenmischung rühren, um sie zu lockern, dann behutsam den restlichen Eischnee unterheben. Den Teig in die Kuchenform gießen und glatt streichen.

4 Den Kuchen auf der mittleren Schiene 45–60 Min. backen, bis er sich in der Mitte fest anfühlt und ein in die Mitte eingestochener Spieß sauber wieder herauskommt. Aus dem Backofen nehmen, in der Form auf ein Kuchengitter setzen und auskühlen lassen.

5 Für die Schokoladenglasur die Sahne in einem kleinen Topf zum Kochen bringen. Die gehackte Schokolade in eine Schüssel geben, mit der Sahne übergießen und rühren, bis sie geschmolzen ist. Den Vanilleextrakt hinzufügen. Die Schokolade unter gelegentlichem Rühren etwas abkühlen lassen, bis sie sich auftragen lässt. Sollte sie zu stark abkühlen und zu dick werden, kann sie behutsam wieder erwärmt werden.

6 Die Aprikosenkonfitüre in einem kleinen Topf erhitzen, bis sie flüssig ist. Den Kuchen aus der Form nehmen, waagrecht halbieren und auf die untere Hälfte eine dünne Schicht Konfitüre streichen. Die obere Hälfte wieder aufsetzen und den Kuchen rundum mit Konfitüre bestreichen.

7 Ein Kuchengitter auf ein Backblech stellen und den Kuchen auf das Gitter setzen. 3 EL Glasur zurückstellen, den Rest auf den Kuchen gießen und mit einer Palette gleichmäßig verteilen. Herabtropfende Glasur kann wiederverwendet werden. Den Kuchen an einen kühlen Platz stellen, bis die Glasur erstarrt ist.

8 Die restliche Glasur umrühren und etwas erwärmen, falls sie zu fest geworden ist. In eine kleine Spritztüte aus Papier füllen und den Schriftzug »Sacher« auf die Torte spritzen.

Marzipanorangen

In Papiermanschetten verpackt zum Kaffee servieren

- ergibt 6 Stück
- Zub. 30 Min.

150 g Marzipanrohmasse

einige Tropfen orangefarbene Lebensmittelfarbe

6 ganze Nelken zum Verzieren

1 Marzipan und Lebensmittelfarbe sorgfältig verkneten. Jeweils 25 g zu einer Kugel formen und die Kugeln über die grobe Seite einer Küchenreibe rollen. 1 Nelke in die Oberseite jeder Frucht stecken. Die Orangen mit einem Messerrücken rund um die Nelken einkerben.

VARIANTEN

Marzipanbirnen

Das Marzipan blassgrün einfärben und zu kleinen Birnen formen. In die unteren Enden eine Nelke stecken, oben als Stiele Stöckchen einsetzen.

Marzipanbananen

Das Marzipan gelb einfärben und zu Bananen formen, dann die Seiten mit dem Rücken eines Messers etwas abflachen. Mit verdünnter brauner Zuckerschrift einige Streifen und Flecken daraufmalen.

Angel food cake

So leicht und zart, dass man es kaum glauben kann

für 8–12 Personen

Zub. 30 Min. + Wartezeit • Backzeit 35–45 Min.

etwa 1,7 l fassende Kranzform, Zuckerthermometer

- 150 g Mehl
- 100 g Puderzucker
- 8 Eiweiß
- 1 Prise Weinstein-Backpulver
- 250 g Zucker
- einige Tropfen Mandelextrakt oder Vanilleextrakt
- gemischte frische Beeren

Glasur

- 150 g feiner Zucker
- 1 Eiweiß

1 Den Backofen auf 180 °C vorheizen. Mehl und Puderzucker in eine Schüssel sieben.

2 Die Eiweiße mit dem Weinstein steif schlagen, dann esslöffelweise den Zucker unterschlagen. Nach und nach das Mehl unterheben, anschließend den Mandelextrakt hinzufügen.

3 Den Teig vorsichtig in die ungefettete Form gießen und glatt streichen. Auf ein Backblech stellen und 35–45 Min. backen, bis er sich gerade fest anfühlt.

4 Herausnehmen und die Form umgekehrt auf ein Kuchengitter stellen. Den Kuchen auskühlen lassen, dann die Form abnehmen.

5 Für die Glasur den Zucker mit 4 EL Wasser in einen Topf geben und unter Rühren erhitzen, bis er sich aufgelöst hat, dann kochen lassen, bis er 114–118 °C erreicht hat oder ein wenig in sehr kaltes Wasser getropfter Sirup eine weiche Kugel bildet.

6 In der Zwischenzeit das Eiweiß steif schlagen. Sobald der Sirup die gewünschte Temperatur hat, den Topfboden in kaltes Wasser tauchen, damit der Sirup sich nicht weiter erhitzt, dann langsam unter den Eischnee schlagen, bis sich steife Spitzen bilden.

7 Den Zuckerguss mit einer Palette auf dem Kuchen verteilen, dabei rasch arbeiten, da die Oberfläche schnell fest wird. Den Kuchen mit den Beeren verziert servieren.

Früchtekuchen

Durch die Trockenfrüchte wunderbar saftig; ideal für einen Adventstee oder die weihnachtliche Kaffeestunde

für 16 Personen

Zub. 25 Min. + Wartezeit • Backzeit 2 Std. 30 Min.

20–25 cm große, quadratische Kuchenform mit hohem Rand

- 200 g Sultaninen
- 400 g Rosinen
- 350 g Trockenpflaumen, gehackt
- 350 g kandierte Kirschen
- 2 kleine Tafeläpfel, geschält, entkernt und fein gehackt
- 600 ml Cidre oder Apfelwein
- 4 TL Lebkuchengewürz
- 200 g weiche Butter
- 175 g brauner Zucker
- 3 Eier, verquirlt
- 150 g gemahlene Mandeln
- 280 g Mehl
- 2 TL Backpulver
- 400 g Marzipandecke (Fertigprodukt)
- 3 große Eiweiß
- 500 g Puderzucker
- frische Beeren zum Verzieren

Vorbereitung Die Früchte am Vortag mit dem Cidre aufkochen, abkühlen lassen und kühl stellen.

1 Sultaninen, Rosinen, Trockenpflaumen, Kirschen, Äpfel, Cidre und Gewürze, in einem Topf bei mittlerer Hitze langsam aufkochen und zugedeckt etwa 20 Min. köcheln lassen, bis die Flüssigkeit fast vollständig aufgenommen ist.

2 Von der Kochstelle nehmen und über Nacht kühl stellen.

3 Den Backofen auf 160 °C vorheizen. Die Kuchenform mit einer doppelten Lage Backpapier auslegen. In einer großen Schüssel Butter und Zucker cremig rühren, dann die verquirlten Eier unterschlagen.

4 Früchte und Mandeln unterheben, dann Mehl und Backpulver mischen und ebenfalls unterziehen.

5 Den Teig in die Form füllen, mit Alufolie abdecken und etwa 2½ Std. backen, bis ein in die Mitte eingestochener Spieß sauber wieder herauskommt. Auskühlen lassen.

6 Die Marzipandecke auf den Kuchen legen und zurechtschneiden. Etwas Eiweiß und Puderzucker abnehmen. Die frischen Beeren zunächst in Eiweiß, dann in Puderzucker wälzen, trocknen lassen. Restliches Eiweiß und Puderzucker steif schlagen, dann auf das Marzipan streichen. Mit den Beeren verzieren.

Honigkuchen

Ein einfacher Rührteig, mit Honig aromatisiert

- ergibt 10–12 Stück
- Zub. 20 Min. + Wartezeit • Backzeit 50–60 Min.
- Kastenform

225 g Butter plus Butter zum Einfetten

110 g heller Muscovadozucker

6 EL flüssiger Honig

4 Eier, verquirlt

450 g Mehl

1½ TL Backpulver

1 TL gemahlener Zimt

Zuckerguss

120 g Puderzucker

1 EL flüssiger Honig

1 Den Backofen auf 180 °C vorheizen. Die Kastenform einfetten und den Boden mit Backpapier auslegen.

2 Butter und Zucker cremig rühren. Den Honig in einem kleinen Topf erwärmen. Zur Buttermischung geben, dann die verquirlten Eier nach und nach sorgfältig unterschlagen. Falls die Mischung zu gerinnen beginnt, etwas Mehl hinzufügen.

3 Mehl, Backpulver und Zimt sieben und unter die Buttermasse ziehen. Den Teig in die Form gießen und glatt streichen. Den Kuchen auf mittlerer Schiene 50–60 Min. backen, dabei nach 40 Min. überprüfen – sollte er zu dunkel werden, die Hitze auf 160 °C reduzieren und ein Stück Backpapier auf den Kuchen legen. Er ist fertig, wenn er gut aufgegangen ist und ein in die Mitte eingestochener Spieß sauber wieder herauskommt. Den Honigkuchen aus der Form nehmen und auf einem Gitter auskühlen lassen.

4 Für den Zuckerguss Puderzucker, Honig und 1–2 EL heißes Wasser verrühren. Den Zuckerguss auf den Kuchen gießen und an den Seiten herablaufen lassen.

Bienenstich

Der traditionelle Blechkuchen in einer runden Variante

- ergibt 8–10 Stücke
- Zub. 20 Min. + Wartezeit • Backzeit 20–25 Min.
- 20 cm große Springform

140 g Mehl

15 g weiche Butter plus Butter zum Einfetten

½ EL Zucker

1 TL Trockenhefe

1 Prise Salz

1 Ei

Crème pâtissière (S. 524)

Belag

30 g Butter

20 g Zucker

1 EL flüssiger Honig

1 EL Sahne

30 g Mandelblättchen

1 TL frisch gepresster Zitronensaft

1 Das Mehl in eine Schüssel sieben. Mit den Fingerspitzen rasch die Butter einarbeiten, dann Zucker, Hefe und Salz sorgfältig untermischen. Das Ei unterrühren und so viel kaltes Wasser, dass ein weicher Teig entsteht.

2 Den Teig auf der bemehlten Arbeitsfläche 5–10 Min. kneten, bis er glatt und elastisch ist. In einer eingefetteten Schüssel, mit Frischhaltefolie abgedeckt, an einem warmen Platz 45–60 Min. gehen lassen, bis er sein Volumen verdoppelt hat.

3 Die Form einfetten und Backpapier auf den Boden legen. Den Teig kurz durchkneten, kreisrund ausrollen und in die Form legen. Mit Frischhaltefolie abgedeckt weitere 20 Min. gehen lassen.

4 Für den Belag die Butter zerlassen. Zucker, Honig und Sahne dazugeben und bei niedriger Temperatur erhitzen, bis sich der Zucker aufgelöst hat. Die Mischung zum Kochen bringen und 3 Min. köcheln lassen. Von der Kochstelle nehmen, dann Mandeln und Zitronensaft untermischen. Abkühlen lassen.

5 Den Backofen auf 190 °C vorheizen. Den Belag auf dem Teig verteilen, weitere 10 Min. gehen lassen, dann 20–25 Min. backen, er darf aber nicht zu dunkel werden. 30 Min. in der Form abkühlen lassen, dann auf ein Kuchengitter heben.

6 Den Kuchen waagrecht halbieren und mit der Crème pâtissière füllen. Den Bienenstich auf einen Servierteller heben.

Schoko-küchlein

Kinder lieben es, diese kleinen Kuchen zu verzieren

ergibt 18–20 Stück
Zub. 15 Min. • Backzeit 18 Min.
Muffin-Blech, Papierförmchen

- 225 g weiche Butter
- 225 g Zucker
- 225 g Mehl
- 2 TL Backpulver
- 4 Eier
- 2 EL Kakaopulver
- 100 g Schokoladentröpfchen
- 175 g Bitterschokolade
- Schokoladenspäne zum Verzieren

1 Den Backofen auf 180 °C vorheizen. 18–20 Papierförmchen in das Muffinblech setzen.

2 Butter, Zucker, Mehl, Backpulver, Eier und Kakaopulver in einer großen Schüssel mit dem elektrischen Handrührgerät 2–3 Min. sorgfältig verrühren, dann die Schokoladentröpfchen dazugeben. Den Teig auf die Papierförmchen verteilen und etwa 18 Min. backen, bis er gut aufgegangen ist. Die Küchlein auf einem Kuchengitter auskühlen lassen.

3 Die Bitterschokolade in einer Schüssel über einem Topf mit köchelndem Wasser schmelzen lassen und auf die Törtchen gießen. Mit Schokoladenspänen verzieren.

Himbeer-küchlein

Ein kleiner Genuss zu einer Tasse Kaffee

ergibt 18–20 Stück
Zub. 15 Min. • Backzeit 18 Min.
Muffin-Blech, Papierförmchen

- 225 g weiche Butter
- 225 g Zucker
- 225 g Mehl
- 2 TL Backpulver
- 4 Eier
- 3 EL gemahlene Mandeln
- 150 g Himbeeren plus 18–20 Himbeeren zum Verzieren
- 175 g weiße Schokolade plus geriebene Schokolade zum Verzieren

1 Den Backofen auf 180 °C vorheizen. Die Papierförmchen in das Muffinblech setzen.

2 Butter, Zucker, Mehl, Backpulver und Eier in einer großen Schüssel mit dem elektrischen Handrührgerät 2–3 Min. sorgfältig verrühren, dann Mandeln und Himbeeren hinzufügen. Den Teig in die Papierförmchen geben und etwa 18 Min. backen, bis er aufgegangen und goldbraun ist. Die Küchlein auf einem Kuchengitter auskühlen lassen.

3 Die Schokolade in eine Schüssel geben und auf einem Topf mit köchelndem Wasser schmelzen lassen, dann die Törtchen damit verzieren. Geriebene Schokolade daraufstreuen und auf jedes Törtchen eine Himbeere setzen.

Vanilletörtchen

Kleiner Aufwand, große Wirkung durch bunte Buttercreme und Silberperlen

ergibt 18–20 Stück
Zub. 15 Min. • Backzeit 18 Min.
Muffin-Blech, Papierförmchen, Spritzbeutel

- 225 g weiche Butter
- 225 g Zucker
- 225 g Mehl
- 2 TL Backpulver
- 4 Eier
- 1 TL Vanilleextrakt
- Buttercreme (s. S. 446), zartrosa und gelb eingefärbt
- Silberperlen zum Verzieren (nach Belieben)

1 Den Backofen auf 180 °C vorheizen. Die Papierförmchen in das Muffinblech setzen.

2 Butter, Zucker, Mehl, Backpulver, Eier und Vanilleextrakt in einer großen Schüssel mit dem elektrischen Handrührgerät 2–3 Min. sorgfältig verrühren. Den Teig in die Papierförmchen füllen und etwa 18 Min. backen, bis er aufgegangen und goldbraun ist. Die Törtchen auf ein Kuchengitter legen und auskühlen lassen.

3 Rosafarbene oder gelbe Buttercreme auf die Törtchen spritzen und nach Belieben mit Silberperlen verzieren.

Babas mit Rum

Perfekter Nachtisch für ein Abendessen mit Gästen, der weitgehend am Vortag zubereitet werden kann

- ergibt 4 Stück
- Zub. 20 Min. + Wartezeit • Backzeit 20 Min.
- 4 Baba-Förmchen, Spritzbeutel
- ungetränkt tiefgekühlt 3 Mon. haltbar

150 g Mehl Type 550
60 g Rosinen
1½ TL Trockenhefe
30 g Zucker
1 Prise Salz
2 Eier, verquirlt
4 EL Milch, erwärmt
60 g Butter, zerlassen, plus Butter zum Einfetten
300 g Sahne
2 EL Puderzucker
geriebene Schokolade zum Servieren

Sirup

125 g Zucker
3 EL Rum

Vorbereitung Babas und Sirup können 1 Tag im Voraus zubereitet werden. Bis zum Servieren getrennt aufbewahren.

1 Den Backofen auf 200 °C vorheizen. Das Mehl in einer Schüssel mit Rosinen, Hefe, Zucker und Salz vermischen. Eier und Milch verquirlen und zu der Mehlmischung geben. Die zerlassene Butter unterrühren und den Teig 3–4 Min. kneten. Die gut eingefetteten Förmchen zur Hälfte mit Teig füllen. Die Förmchen auf ein Backblech setzen, mit eingefetteter Frischhaltefolie abdecken und für etwa 30 Min. an einen warmen Platz stellen, bis der Teig sein Volumen verdoppelt hat und die Förmchen ausfüllt.

2 Die Babas 10–15 Min. backen, bis sie goldbraun sind und sich gerade fest anfühlen. Einige Minuten in den Förmchen abkühlen lassen, dann zum Auskühlen auf ein Kuchengitter setzen.

3 Für den Sirup den Zucker mit 120 ml Wasser in einen Topf geben und bei sanfter Hitze rühren, bis sich der Zucker aufgelöst hat. Den Sirup zum Kochen bringen und 2 Min. kräftig kochen lassen. Von der Kochstelle nehmen und abkühlen lassen, dann den Rum unterrühren.

4 Mit einem dünnen Spieß Löcher in die Babas stechen. Die Babas mit dem Sirup beträufeln.

5 Kurz vor dem Servieren die Sahne mit dem Puderzucker in einer Schüssel schlagen, bis sich weiche Spitzen bilden. Die Sahne in den Spritzbeutel füllen, in die Mitte der Babas spritzen und mit etwas Schokolade bestreuen, dann servieren.

VARIANTEN

Babas mit Beeren

Für eine leichtere, sommerliche Variante anstelle der Sahne frische Beeren in die Mitte der Babas geben.

Babas mit Armagnacpflaumen

Die Rosinen durch fein gehackte entsteinte Backpflaumen ersetzen, den Rum durch Armagnac. Anstelle der Schokolade einige entsteinte und gehackte Backpflaumen über die Sahne streuen.

Bananenkuchen

Aus saftigem Rührteig, bleibt lange frisch

- für 8–10 Personen
- Zub. 15 Min. • Backzeit 60–90 Min.
- Kastenform

250 g Mehl
1½ TL Backpulver
80 g Butter plus Butter zum Einfetten
150 g heller Muscovado-Zucker
3 reife Bananen
100 g Naturjoghurt
2 Eier
80 g Walnusskerne, gehackt

Vorbereitung In einem luftdicht verschlossenen Behälter aufbewahrt, hält sich der Kuchen 1 Woche.

1 Den Backofen auf 180 °C vorheizen. Mehl und Backpulver in eine Schüssel sieben und mit den Fingerspitzen die Butter einarbeiten, bis feine Krümel entstanden sind. Den Zucker unterrühren.

2 Die Bananen zerdrücken, mit Joghurt, Eiern und Walnusskernen zum Mehl geben und mit einem Holzlöffel sorgfältig untermischen. Den Teig in die gefettete und mit Backpapier ausgelegte Form füllen, glatt streichen und in der Mitte leicht einkerben.

3 Den Kuchen 60–75 Min. backen, bis ein in die Mitte eingestochener Spieß sauber wieder herauskommt. 5 Min. in der Form abkühlen lassen, dann auf ein Kuchengitter legen.

Rosinenschnecken

Kleine Hefeteilchen, genau das Richtige zu einer Tasse Kaffee am Nachmittag

- ergibt 9 Stück
- Zub. 30 Min + Wartezeit • Backzeit 30 Min.
- quadratische Backform
- tiefgekühlt 1 Mon. haltbar

280 g Mehl Type 550 plus Mehl zum Bestäuben
½ TL Salz
2 EL weißer Zucker
1 TL Trockenhefe
45 g Butter plus Butter zum Einfetten
1 Ei, verquirlt
100 ml lauwarme Milch
120 g Rosinen
60 g heller Muscovadozucker
1 TL Lebkuchengewürz
flüssiger Honig zum Bestreichen

Vorbereitung Das Gebäck schmeckt frisch am besten, hält in einem luftdicht verschlossenen Behälter aber bis zu zwei Tage.

1 Mehl, Salz, weißen Zucker und Hefe in einer großen Schüssel vermischen und mit den Fingerspitzen 15 g Butter einarbeiten. In der Mitte eine Mulde formen. Verquirltes Ei und Milch hineingießen und einen weichen Teig herstellen. Den Teig 5 Min. kneten, in eine dünn eingefettete Schüssel legen und mit eingefetteter Frischhaltefolie abgedeckt an einem warmen Platz 60 Min. gehen lassen, bis er sein Volumen verdoppelt hat.

2 Die Form einfetten. Den Teig auf der bemehlten Arbeitsfläche kurz durchkneten, zu einem 23 x 30 cm großen Rechteck ausrollen.

3 Die restliche Butter bei schwacher Hitze zerlassen und großzügig auf den Teig streichen, dabei an den Längsseiten einen Rand frei lassen. Rosinen, Muscovadozucker und Gewürz vermischen und gleichmäßig auf die Butter streuen. Den Teig von einer der längeren Seiten aus aufrollen, dabei das andere Ende mit etwas Wasser bestreichen. Die Rolle in neun Stücke schneiden. Die Schnecken mit gleichmäßigem Abstand in die Form legen und nochmals gehen lassen, bis das Volumen verdoppelt ist.

4 Den Backofen auf 190 °C vorheizen und die Schnecken 30 Min. backen. Herausnehmen, mit Honig bestreichen und in der Form etwas abkühlen lassen, dann auf ein Kuchengitter heben. Warm oder kalt servieren.

Safranbrötchen

Safran macht nicht nur im Kinderreim den Kuchen gelb, auch diese Brötchen verdanken ihm die goldgelbe Farbe

- ergibt 12 Stück
- Zub. 25 Min. + Wartezeit • Backzeit 15–20 Min.
- tiefgekühlt 3 Mon. haltbar

1 große Prise Safranfäden
600 g Mehl Type 550 plus Mehl zum Bestäuben
½ TL Salz
125 g Butter
85 g Zucker
1 Päckchen Trockenhefe
1 Ei
150 ml Milch
200 g Korinthen
Öl zum Einfetten

1 Den Safran in einer kleinen Schüssel mit 1 EL kochendem Wasser übergießen und ziehen lassen, bis das Wasser abgekühlt ist.

2 Mehl und Salz in eine große Schüssel sieben und mit den Fingerspitzen die Butter einarbeiten, bis feine Krümel entstanden sind. Zucker, Hefe und Safran unterrühren. Ei und Milch mit 100 ml Wasser verquirlen und in die Mehlmischung rühren, um einen weichen Teig herzustellen.

3 Den Teig auf der leicht bemehlten Arbeitsfläche 8–10 Min. kneten, bis er glatt und elastisch ist, dann die Korinthen unterkneten.

4 Den Teig in 12 Stücke teilen und zu Kugeln rollen. Die Kugeln etwas abflachen, auf ein eingeöltes Backblech legen und mit dünn eingeölter Frischhaltefolie abgedeckt an einem warmen Platz 30–40 Min. gehen lassen, bis sie ihr Volumen verdoppelt haben.

5 Den Backofen auf 220 °C vorheizen und die Brötchen auf oberster Schiene 15–20 Min. backen, bis sie hell goldbraun sind und beim Klopfen auf die Unterseite hohl klingen. Aus dem Backofen nehmen und auf ein Kuchengitter legen. Warm oder kalt servieren.

Dazu passt Butter oder Crème fraîche.

Reste können am nächsten Tag für Trifle oder in Füllungen anstelle von Brot verwendet werden.

Apfel-Muffins

Muffins schmecken immer, zum Brunch, zu einer Tasse Kaffee oder Tee ... und natürlich auch einfach so

ergibt 12 Stück
Zub. 10 Min. • Backzeit 20–25 Min.
Muffin-Blech, Papierbackförmchen

- 1 Apfel der Sorte Golden Delicious, geschält, entkernt und gehackt
- 2 TLfrisch gepresster Zitronensaft
- 115 g brauner Zucker plus Zucker zum Bestreuen
- 200 g Mehl
- 85 g Vollkornmehl
- 4 EL Backpulver
- 1 EL Lebkuchengewürz
- ½ TL Salz
- 60 g Pekannusskerne, gehackt
- 250 ml Milch
- 4 EL Sonnenblumenöl
- 1 Ei, verquirlt

1 Den Backofen auf 200 °C vorheizen. Die Papierförmchen in das Muffin-Blech setzen. Apfel und Zitronensaft in eine Schüssel geben und durchheben. 4 EL Zucker hinzufügen und die Mischung 5 Min. ruhen lassen.

2 In der Zwischenzeit beide Mehlsorten, Backpulver, Lebkuchengewürz und Salz in einer großen Schüssel vermischen. Restlichen Zucker und Pekannusskerne untermischen und in die Mitte eine Mulde drücken.

3 Milch, Öl und Ei verquirlen, dann den geriebenen Apfel hinzufügen. Die Mischung in die Mulde geben und mit den trockenen Zutaten vermischen, sodass ein dickflüssiger Teig entsteht.

4 Die Papierförmchen zu drei Vierteln mit Teig füllen. Die Muffins 20–25 Min. backen, bis sie aufgegangen und braun sind. Herausnehmen, auf ein Kuchengitter heben und mit Zucker bestreuen. Warm oder kalt servieren.

Dazu passt Butter, falls die Muffins warm serviert werden.

Zitronen-Mohn-Muffins

Zitronenschale und Mohn geben ihnen das gewisse Etwas

ergibt 12 Stück
Zub. 10 Min. • Backzeit 20 Min.
Muffin-Blech, Papierbackförmchen

- 400 g Mehl
- 1 Päckchen Backpulver
- 1 Prise Salz
- 100 g Zucker
- 2½ EL Mohn
- abgeriebene Schale von 2 großen unbehandelten Zitronen
- 2 Eier
- 250 g Sauerrahm
- 60 g Butter, zerlassen und abgekühlt
- 4 EL Sonnenblumenöl
- Puderzucker zum Bestäuben

1 Den Backofen auf 200 °C vorheizen. Die Papierförmchen in das Muffin-Blech setzen und beiseitestellen. Mehl, Backpulver und Salz in eine Schüssel sieben. Zucker, Mohn und abgeriebene Zitronenschale unterrühren und in die Mitte eine Vertiefung drücken.

2 In einer zweiten Schüssel die Eier verquirlen. Sauerrahm, Butter und Öl unterrühren und die Mischung in die Vertiefung gießen, dann kurz mit den trockenen Zutaten verrühren, sodass einen dickflüssiger Teig entsteht. Die Papierförmchen zu drei Vierteln mit Teig füllen.

3 Die Muffins etwa 20 Min. backen, bis ein in die Mitte eingestochener Spieß sauber wieder herauskommt. Die Muffins herausnehmen und noch warm mit Puderzucker bestäuben.

Schokoladen-Muffins

Lust auf Schokolade? Geben Sie der Versuchung nach, Sie werden es garantiert nicht bereuen

ergibt 12 Stück

Zub. 10 Min. • Backzeit 15 Min.

Muffin-Blech, Papierbackförmchen

- 225 g Mehl
- 60 g Kakaopulver
- 1 EL Backpulver
- 1 Prise Salz
- 115 g brauner Zucker
- 150 g Schokoladentröpfchen
- 250 ml Buttermilch
- 6 EL Sonnenblumenöl
- ½ TL Vanilleextrakt
- 2 Eier

1 Den Backofen auf 200 °C vorheizen. Die Papierförmchen in das Muffin-Blech setzen und beiseitestellen.

2 Mehl, Kakaopulver, Backpulver und Salz in eine große Schüssel sieben. Zucker und Schokoladentröpfchen unterrühren und in die Mitte eine Mulde drücken.

3 Buttermilch, Öl, Vanilleextrakt und Eier verquirlen und in die Mulde zu den trockenen Zutaten gießen. Alles kurz vermischen, sodass ein dickflüssiger Teig entsteht. Die Papierförmchen zu drei Vierteln mit Teig füllen.

4 Die Muffins etwa 15 Min. backen, bis sie gut aufgegangen sind und sich fest anfühlen. Sofort auf ein Kuchengitter legen und auskühlen lassen.

Barmbrack

Dieses Hefegebäck stammt aus Irland, wo es zu Halloween mit eingebackenen Glücksbringern serviert wird, die Ereignisse des nächsten Jahres voraussagen sollen – ein Ring etwa bedeutet, dass man heiraten wird

- für 6–8 Personen
- Zub. 15 Min. + Wartezeit • Backzeit 40–50 Min.
- 20 cm große, runde Backform
- tiefgekühlt 3 Mon. haltbar

500 g gemischte Trockenfrüchte
150 ml heißer starker Schwarztee
500 g Mehl Type 550
60 g Butter plus Butter zum Einfetten
125 g Zucker
1 TL Lebkuchengewürz
1 Päckchen Trockenhefe
½ TL Salz
150 ml lauwarme Milch
1 Ei
1 Ei verquirlt, zum Bestreichen

Vorbereitung Die Trockenfrüchte am Vortag einweichen.

1 Die Trockenfrüchte in eine Schüssel geben und mit dem Tee übergießen. Umrühren und die Früchte abgedeckt über Nacht quellen lassen.

2 Das Mehl in eine Schüssel geben und mit den Fingerspitzen die Butter einarbeiten, bis feine Krümel entstanden sind. Zucker, Lebkuchengewürz, Hefe und Salz unterrühren. Ei und Milch verquirlen und unter die Mehlmischung rühren. Sollte der Teig zu klebrig sein, noch etwas Mehl hinzufügen.

3 Den Teig auf die leicht bemehlte Arbeitsfläche setzen und etwa 8–10 Min. kneten, bis er glatt und elastisch ist. Die Trockenfrüchte mit dem Tee hinzufügen und weiterkneten, bis sie gleichmäßig verteilt sind, aber nicht zu lange bearbeiten, weil sie sonst zerfallen. Falls der Tee den Teig klebrig macht, noch etwas Mehl hinzufügen.

4 Die Kuchenform dünn ausbuttern. Den Teig zu einer Kugel formen und in die Form drücken, dann mit einem Stück eingefetteter Frischhaltefolie abgedeckt für 40–60 Min. an einen warmen Platz stellen, bis er sein Volumen verdoppelt hat.

5 Den Backofen auf 200 °C vorheizen. Das Brot mit dem verquirlten Ei bestreichen und 20 Min. backen, dann die Temperatur auf 180 °C reduzieren und das Brot weitere 20–30 Min. backen. Für die Garprobe das Brot aus der Form nehmen und auf die Unterseite klopfen: Wenn es hohl klingt, ist das Brot fertig. Sollte es zu rasch braun werden, mit einem Stück Alufolie abdecken.

6 Das fertige Brot aus dem Backofen nehmen und auf einem Kuchengitter abkühlen lassen. Warm oder kalt servieren.

Dazu passen Butter und Konfitüre.

Reste können am nächsten Tag getoastet und mit Butter serviert werden.

Pekannusstarte

Knusprige Tarte aus dem Süden der USA, wo der Anbau von Pekannüssen weit verbreitet ist

ergibt 8 Stücke

Zub. 15 Min. + Wartezeit • Backzeit 1 Std.–1 Std. 10 Min.

Tarteform mit herausnehmbarem Boden, Backbohnen

- 375 g süßer Mürbeteig (Fertigprodukt)
- Mehl zum Bestäuben
- 60 g Butter plus Butter zum Einfetten
- 150 ml Ahornsirup
- 175 g brauner Zucker
- einige Tropfen Vanilleextrakt
- 1 Prise Salz
- 3 Eier
- 200 g Pekannusskerne

1 Auf der leicht bemehlten Arbeitsfläche den Teig ausrollen und die gefettete Form damit auslegen. Die Ränder abschneiden, den Boden mit einer Gabel einstechen. Mindestens 30 Min. kalt stellen.

2 Den Backofen auf 200 °C vorheizen. Den Teig mit Backpapier abdecken und mit Backbohnen beschweren. Den Boden 10 Min. backen, dann Papier und Bohnen entfernen und den Boden noch einmal etwa 10 Min. backen, bis er goldbraun ist. Herausnehmen und die Backofentemperatur auf 180 °C reduzieren.

3 Den Ahornsirup in einen Topf gießen. Butter, Zucker, Vanilleextrakt und Salz hinzufügen. Die Zutaten bei niedriger Temperatur unter ständigem Rühren erhitzen, bis die Butter geschmolzen ist und der Zucker sich aufgelöst hat. Die Mischung von der Kochstelle nehmen und abkühlen lassen. Wenn sie lauwarm ist, nacheinander die Eier unterschlagen und die Nusskerne unterrühren. Die Mischung auf dem Teigboden verteilen.

4 Die Tarte 40–50 Min. backen, bis sie gerade fest ist. Sollte sie zu rasch bräunen, mit Alufolie abdecken.

5 Herausnehmen, auf ein Kuchengitter stellen und 15–20 Min. abkühlen lassen. Aus der Form nehmen und entweder warm servieren oder auf dem Kuchengitter vollständig auskühlen lassen.

Dazu passt Crème fraîche.

Heidelbeertarte

Saftige Beeren auf einer Frischkäsecreme

ergibt 8 Stücke

Zub. 25 Min. + Wartezeit • Backzeit 45–50 Min.

Tarteform mit herausnehmbarem Boden, Backbohnen

Teig

- 175 g Mehl plus Mehl zum Bestäuben
- 85 g Butter, gewürfelt, plus Butter zum Einfetten
- 2 EL Zucker
- 1 Eigelb

Füllung

- 120 g Frischkäse
- 60 g Sauerrahm
- 60 g Zucker
- 1 Prise geriebene Muskatnuss
- 3 Eier, verquirlt
- abgeriebene Schale von 1 unbehandelten Zitrone
- 350 g Heidelbeeren
- Puderzucker zum Bestäuben

1 Für den Teig Mehl, Butter und Zucker in der Küchenmaschine vermischen, bis feine Krümel entstanden sind, oder die Butter rasch mit den Fingerspitzen in das Mehl einarbeiten und am Schluss den Zucker hinzufügen.

2 Das Eigelb hinzufügen und kneten, sodass ein fester Teig entsteht. Den Teig auf der leicht bemehlten Arbeitsfläche ausrollen und in die gefettete Form legen. Den Boden mit einer Gabel einstechen und für mindestens 30 Min. kalt stellen. Den Backofen auf 200 °C vorheizen.

3 Den Boden mit Backpapier abdecken, mit Backbohnen beschweren und 10 Min. backen. Papier und Bohnen entfernen und den Boden noch einmal etwa 10 Min. backen, bis er goldbraun ist. Herausnehmen und die Ofentemperatur auf 180 °C reduzieren.

4 Frischkäse, Sauerrahm, Zucker, Muskatnuss, Eier und Zitronenschale sorgfältig verrühren. Die Masse auf dem Boden verteilen und mit den Heidelbeeren bestreuen. Die Tarte 25–30 Min. backen, bis sie gerade fest ist. Abkühlen lassen, auf eine Servierplatte heben und mit Puderzucker bestäubt warm oder kalt servieren.

VARIANTE

Himbeertarte

Die Heidelbeeren durch die gleiche Menge frische Himbeeren ersetzen.

Mandeltarte

Schmeckt warm als Dessert, mit einem Klecks Crème fraîche und einem Gläschen Vin Santo oder gutem Sherry

ergibt 8 Stücke

Zub. 20 Min. + Wartezeit • Backzeit 45–55 Min.

Tarteform mit herausnehmbarem Boden, Backbohnen

Teig

- 30 g gemahlene Mandeln
- 175 g Mehl plus Mehl zum Bestäuben
- 1 EL Puderzucker
- 85 g weiche Butter plus Butter zum Einfetten
- abgeriebene Schale von ½ unbehandelten Zitrone
- 1 Eigelb

Mandelfüllung

- 200 g abgezogene Mandeln
- abgeriebene Schale und Saft von 1 unbehandelten Zitrone
- abgeriebene Schale und Saft von 1 unbehandelten Orange
- 2 EL Amaretto (Mandellikör)
- 200 g Butter
- 100 g Puderzucker
- 4 Eier

zum Bestreichen

- 175 g Quittenmus oder Aprikosenkonfitüre
- etwas frisch gepresster Zitronensaft
- Puderzucker zum Bestäuben

1 Für den Teig Mandeln, Mehl und Zucker in der Küchenmaschine kurz verrühren. Die Butter untermischen, bis Krümel entstanden sind. Durch den Einfüllschacht Zitronenschale und Eigelb zugeben und kurz untermischen, bis ein glatter Teig entstanden ist. 15 Min. kalt stellen.

2 Für die Füllung die Mandeln in der Küchenmaschine grob hacken. Schale und Saft von Orange und Zitrone und den Amaretto rasch untermischen. Die Masse in einer Schüssel beiseitestellen.

3 Butter und Puderzucker in der Küchenmaschine verrühren. Nacheinander die Eier dazugeben. Die Masse sorgfältig unter die Mandeln rühren. Die Füllung beiseitestellen. Auf der leicht bemehlten Arbeitsfläche den Teig – eventuell zwischen zwei Stücken Frischhaltefolie – ausrollen und die gebutterte Form damit auslegen. Für 30 Min. kalt stellen. Den Backofen auf 180 °C vorheizen.

4 Den Teig mit Backpapier belegen, mit Backbohnen beschweren und 10 Min. blindbacken. Papier und Bohnen entfernen und den Boden weitere 5 Min. backen, dann auf einem Kuchengitter auskühlen lassen.

5 Das Quittenmus mit Zitronensaft und 1 EL Wasser in einem kleinen Topf erwärmen, bis es flüssig ist. Gleichmäßig auf dem Boden verteilen und die Mandelmischung darüber verstreichen. Den Kuchen 30–40 Min. backen, bis er goldbraun ist. 15 Min. abkühlen lassen, dann vorsichtig auf eine große Servierplatte heben und mit Puderzucker bestäubt warm servieren.

Sirupkuchen

Besonders bei Kindern beliebt

ergibt 8 Stücke

Zub. 30 Min. + Wartezeit • Backzeit 30 Min.

15 cm große Tarteform mit herausnehmbarem Boden

- 175 g Mehl plus Mehl zum Bestäuben
- 85 g Butter, gewürfelt, plus Butter zum Einfetten
- 1 TL Zucker
- 1 Eigelb
- 8 EL Golden Sirup (heller Zuckerrohrsirup)
- abgeriebene Schale von 1 unbehandelten Zitrone
- 1 TL frisch gepresster Zitronensaft
- 1 Prise gemahlener Ingwer
- 4 EL frische Semmelbrösel

1 Den Backofen auf 190 °C vorheizen. Das Mehl in eine Schüssel sieben und mit den Fingerspitzen die Butter einarbeiten, bis grobe Krümel entstanden sind. Den Zucker hinzufügen. Eigelb und 3 EL kaltes Wasser verquirlen, zu der Mehlmischung geben und einen Teig herstellen.

2 Auf der leicht bemehlten Arbeitsfläche den Teig ausrollen und die gebutterte Form damit auslegen. Den Boden mit einer Gabel einstechen und für 30 Min. kalt stellen.

3 Den Sirup mit Zitronenschale und -saft erwärmen. Den Ingwer hinzufügen. Die Semmelbrösel auf dem Boden verteilen, den Sirup darübergießen.

4 Ein Gitter aus Teigresten auf den Kuchen legen, 30 Min. backen.

Pflaumentarte mit Mandeln

Ein gute Wahl, wenn es keine frischen Pflaumen gibt

ergibt 8 Stücke

Zub. 20 Min. + Wartezeit • Backzeit 45 Min.

Tarteform mit herausnehmbarem Boden, Backbohnen

175 g Mehl plus Mehl zum Bestäuben

1 EL Zucker

85 g kalte Butter plus Butter zum Einfetten

1 kleines Ei

Mandelfüllung

200 g entsteinte Backpflaumen

2 EL Weinbrand

100 g Mandelblättchen, geröstet

85 g feiner Zucker

2 Eier

1 Eigelb

1 EL abgeriebene Schale von einer unbehandelten Orange

einige Tropfen Mandelextrakt

30 g weiche Butter

120 g Sahne

Vorbereitung Der Kuchen kann 2 Tage im Voraus zubereitet werden. Im Kühlschrank aufbewahren.

1 Mehl, Zucker und Butter in der Küchenmaschine vermischen, bis Krümel entstanden sind. Das kleine Ei untermischen und das Gerät laufen lassen, bis der Teig eine Kugel bildet. Auf der bemehlten Arbeitsfläche den Teig ausrollen und die gebutterte Form damit auslegen. Für mindestens 30 Min. kalt stellen.

2 Den Backofen auf 190 °C vorheizen. Den Boden mit Backpapier abdecken, mit Bohnen beschweren und 10 Min. backen. Papier und Bohnen entfernen und den Boden für weitere 5 Min. in den Ofen schieben. Auf einem Gitter abkühlen lassen.

3 Die Ofentemperatur auf 180 °C reduzieren. Die Pflaumen in einem Topf mit Wasser bedecken, den Weinbrand hinzufügen, 5 Min. köcheln lassen, dann beiseitestellen. Die Hälfte der Mandelblättchen mit dem feinen Zucker in der Küchenmaschine fein mahlen. Eier, Eigelb, Orangenschale, Mandelextrakt, Butter und Sahne sorgfältig unterrühren.

4 Die Pflaumen abtropfen lassen, größere Früchte halbieren. Die Mandelmischung auf den Boden gießen und die Pflaumen darauf verteilen. Mit den restlichen Mandelblättchen bestreuen und den Kuchen etwa 30 Min. backen, bis er gerade fest ist.

Mince pies

Werden in Großbritannien traditionell zu Weihnachten und zum Jahreswechsel gegessen

ergibt 18 Stück

Zub. 20 Min. + Wartezeit • Backzeit 10–12 Min.

runde Ausstechformen, 6 cm und 7,5 cm groß, Tortelettförmchen

1 kleiner Kochapfel

30 g Butter, zerlassen, plus Butter zum Einfetten

80 g Sultaninen

80 g Rosinen

50 g Korinthen

50 g Zitronat und Orangeat

50 g gehackte Mandeln oder Haselnusskerne

abgeriebene Schale von 1 unbehandelten Zitrone

1 TL Lebkuchengewürz

1 EL Weinbrand oder Whisky

30 g dunkler Muscovado-Zucker

1 kleine Banane

500 g Mürbeteig (Fertigprodukt)

Mehl zum Bestäuben

Puderzucker zum Bestäuben

Vorbereitung Die Pies können 3 Tage im Voraus zubereitet und in einem luftdicht verschlossenen Behälter aufbewahrt werden.

1 Den Backofen auf 190 °C vorheizen. Den Apfel mit Schale in eine große Schüssel reiben. Butter, Sultaninen, Rosinen, Korinthen, Zitronat, Orangeat, Mandeln, Zitronenschale, Lebkuchengewürz, Weinbrand und Zucker untermischen. Die Banane hacken und ebenfalls untermischen.

2 Auf der leicht bemehlten Arbeitsfläche den Teig 2 mm dick ausrollen und mit der größeren Ausstechform 18 Kreise ausstechen. Den restlichen Teig wieder ausrollen und 18 kleinere Kreise ausstechen.

3 Die größeren Kreise in gebutterte Tortelettförmchen legen und 1 gehäuften Teelöffel Füllung hineingeben. Die kleineren Kreise auflegen. Die Pies für 10 Min. kalt stellen, dann etwa 10–12 Min. backen, bis sie goldbraun sind. Vorsichtig aus den Formen nehmen, auf einem Kuchengitter auskühlen lassen und mit Puderzucker bestäuben.

Tarte mit Schokoladencreme

Bei diesem herrlichen, nicht gerade kalorienarmen Genuss bildet die feine, cremeartige Füllung einen schönen Kontrast zum krümeligen Boden

ergibt 8 Stücke

Zub. 30 Min. + Wartezeit • Backzeit 8–10 Min.

etwa 23 cm große Tarteform mit herausnehmbarem Boden

Boden

175 g Weizenvollkornkekse, in Stücke gebrochen

50 g Zucker

75 g Butter, zerlassen

1 TL Vanilleextrakt

Füllung

50 g Bitterschokolade, gehackt

150 g Sahne

einige Tropfen Vanilleextrakt

2 Blatt Gelatine, in kaltem Wasser eingeweicht

3 Eigelb

140 g Zucker

1 Prise Salz

2 Eiweiß

1 Prise Weinstein-Backpulver

Verzierung

200 g Sahne

2 EL Vanillezucker oder Zucker

Bitterschokolade zum Verzieren

1 Den Backofen auf 190 °C vorheizen. Für den Boden die Kekse im Mixer oder in der Küchenmaschine fein zerkrümeln. Den Zucker untermischen, dann Butter und Vanilleextrakt. Oder die Kekse in einem Folienbeutel mit dem Nudelholz zerdrücken, dann Zucker, Butter und Vanilleextrakt unterrühren. Die Mischung fest auf den Boden und an die Wände der Form drücken und 8–10 Min. backen, bis die Ränder gebräunt sind. Den Boden auf ein Kuchengitter heben und abkühlen lassen.

2 Für die Füllung die Schokolade in der Sahne bei schwacher Temperatur unter Rühren schmelzen lassen, die Sahne aber nicht zum Kochen bringen. Den Vanilleextrakt unterrühren. Die Mischung von der Kochstelle nehmen. Die eingeweichte Gelatine hineingeben und rühren, bis sie sich aufgelöst hat.

3 In der Zwischenzeit mit dem elektrischen Handrührgerät die Eigelbe mit 100 g Zucker schaumig schlagen. Das Salz hinzufügen. Langsam die Sahnemischung dazugeben und 1 Min. schlagen, bis alle Zutaten gut vermischt sind. Die Schüssel mit Frischhaltefolie abgedeckt für etwa 15 Min. kalt stellen, bis die Masse nicht mehr flüssig ist.

4 Die Eiweiße in einer großen Schüssel schlagen, bis sich weiche Spitzen bilden. Backpulver darüberstreuen und esslöffelweise den restlichen Zucker unterschlagen, bis der Schnee sehr steif ist. Den Eischnee beiseitestellen. Die gekühlte Schokoladenmischung 2 Min. aufschlagen, bis sie luftig ist. Etwas Eischnee unterrühren, dann den restlichen Eischnee unterheben. Die Masse auf dem Kuchenboden verteilen und glatt streichen.

5 In einer sauberen Schüssel die Sahne für die Verzierung schlagen, bis sie fest wird. Den Vanillezucker hinzufügen und weiterschlagen, bis die Sahne sehr steif ist. Die Sahne löffelweise auf dem Kuchen verteilen und mit einer Palette verstreichen. Die Schokolade reiben und darüberstreuen. Den Kuchen vor dem Servieren für mindestens 2 Std. kalt stellen.

Apfel-Birnen-Galette

Rustikaler Obstkuchen

ergibt 8 Stücke

Zub. 40 Min. + Wartezeit • Backzeit 45 Min.

175 g Mehl plus Mehl zum Bestäuben

30 g Pflanzenfett, gewürfelt

60 g Butter

3–5 EL Eiswasser

Belag

450 g Äpfel der Sorte Golden Delicious, geschält und entkernt

450 g reife Birnen, geschält

45 g Zucker

30 g Butter, in Flöckchen

2 EL Aprikosenkonfitüre, erwärmt

1 Mehl, Pflanzenfett und Butter zu groben Krümeln verarbeiten. Das Eiswasser hinzufügen und einen festen Teig herstellen. Den Teig in Frischhaltefolie gewickelt 30 Min. kalt stellen.

2 Den Backofen auf 220 °C vorheizen. Den Teig auf der bemehlten Arbeitsfläche zu einem 38 cm großen Kreis ausrollen und auf ein gebuttertes Backblech legen.

3 Früchte in 5 mm dicke Scheiben schneiden und ein wenig vom Rand entfernt auf den Boden verteilen. Mit Zucker und Butterflöckchen bestreuen, den Rand umschlagen.

4 Etwa 45 Min. backen, dann mit der Konfitüre bestreichen und abkühlen lassen. Warm servieren.

Bananencremetarte

Eines der beliebtesten Desserts in den Vereinigten Staaten

- ergibt 8 Stücke
- Zub. 20 Min. + Wartezeit • Backzeit 20–25 Min.
- etwa 23 cm große Tarteform, Backbohnen

- 500 g Mürbeteig (Fertigprodukt)
- Mehl zum Bestäuben
- Butter zum Einfetten
- 4 große Eigelb
- 85 g Zucker
- 4 EL Maisstärke
- 1 Prise Salz
- 450 ml Vollmilch
- 1 TL Vanilleextrakt
- 3 reife Bananen
- ½ EL frisch gepresster Zitronensaft
- 350 g Sahne
- 3 EL Puderzucker

Vorbereitung Der Boden kann einen Tag im Voraus gebacken werden. Fest in Alufolie einwickeln.

1 Den Backofen auf 200 °C vorheizen. Auf der leicht bemehlten Arbeitsfläche den Teig ausrollen und die gebutterte Form damit auslegen. Überstehende Teigränder abschneiden. Den Boden mehrfach mit einer Gabel einstechen.

2 Den Boden mit Backpapier abdecken und mit Backbohnen beschweren. Die Form für etwa 15 Min. in den Backofen schieben, bis der Teig goldbraun ist. Papier und Backbohnen entfernen. Den Boden weitere 5–10 Min. backen. In der Form auf einem Kuchengitter vollkommen auskühlen lassen.

3 In der Zwischenzeit Eigelbe, Zucker, Maisstärke und Salz schaumig schlagen. Milch und Vanilleextrakt hinzufügen. Die Mischung in einen Topf geben und bei mittlerer Temperatur fast zum Kochen bringen. Rühren, bis eine glatte, dicke Creme entstanden ist. Die Hitze reduzieren. Die Eiercreme weitere 2 Min. rühren, dann durch ein feines Sieb in eine Schüssel gießen und abkühlen lassen.

4 Die Bananen in dünne Scheiben schneiden, in Zitronensaft wenden und auf dem Boden verteilen. Die Eiercreme darübergeben. Den Kuchen mit Frischhaltefolie abgedeckt für mindestens 2 Std. kalt stellen.

5 Die Sahne steif schlagen, dabei nach und nach den Puderzucker zugeben. Die Sahne kurz vor dem Servieren auf dem Kuchen verteilen.

Key lime pie

Der Kuchen verdankt seinen Namen den kleinen Limetten, die auf den Florida Keys wachsen, von denen er stammt

- ergibt 8 Stücke
- Zub. 20–25 Min. • Backzeit 15–20 Min.
- etwa 23 cm große Tarteform mit herausnehmbarem Boden

- 100 g Butter
- 225 g Weizenvollkornkekse, zerstoßen

Füllung

- 5 unbehandelte Limetten
- 3 große Eigelb
- 1 Dose Kondensmilch (400 g)
- 1 unbehandelte Limette, in dünne Scheiben geschnitten, zum Verzieren

1 Den Backofen auf 180 °C vorheizen. Die Butter in einem Topf bei schwacher Hitze zerlassen. Die Kekskrümel sorgfältig unterrühren. Die Mischung von der Kochstelle nehmen, in die Form füllen und mit einem Metalllöffel fest auf den Boden und gegen die Wände der Form drücken. Den Boden 5–10 Min. backen.

2 In der Zwischenzeit die Schale von 3 Limetten in eine Schüssel reiben. Alle Limetten auspressen und den Saft beiseitestellen.

3 Die Eigelbe zu der Limettenschale geben und die Mischung schlagen, bis sie dick ist. Die Kondensmilch dazugießen und die Mischung weiterschlagen, mit dem elektrischen Handrührgerät 5 Min., von Hand etwas länger. Den Limettensaft unterschlagen. Die Mischung auf den Kuchenboden gießen und 15–20 Min. backen, bis sie fest ist.

4 Den Kuchen herausnehmen und auskühlen lassen. Mit den Limettenscheiben verziert servieren.

Dazu passt flüssige Sahne.

VARIANTE

Key lime pie mit Baiserhaube

Das übrig gebliebene Eiweiß steif schlagen und den Eischnee vor dem Backen auf dem Kuchen verteilen.

Torteletts mit weißer Schokolade und Beeren

Eine süße Sünde wert ist die Füllung aus weißer Schokolade und Mascarpone

ergibt 6 Stück

Zub. 15 Min. + Wartezeit
• Backzeit 15 Min.

6 Tortelettförmchen mit herausnehmbarem Boden, 10 cm groß; Backbohnen

Teig

- 250 g Mehl
- 125 g kalte Butter plus Butter zum Einfetten
- 3 EL Zucker
- 1 großes Ei

Füllung

- 200 g weiße Schokolade
- 450 g Mascarpone
- 150 g Sahne

Verzierung

- 200 g Erdbeeren
- 200 g Himbeeren
- Minzeblätter
- Puderzucker

1 Den Backofen auf 200 °C vorheizen. Für den Teig Mehl, Butter und Zucker in der Küchenmaschine vermischen, bis Krümel entstanden sind. Das Ei dazugeben und das Gerät weiterlaufen lassen, bis der Teig eine Kugel bildet.

2 Den Teig ausrollen und die gebutterten Förmchen damit auslegen. Die Förmchen 20 Min. kalt stellen.

3 Die Teigböden mit einer Gabel einstechen, mit Backpapier abdecken, mit Backbohnen beschweren und 10 Min. blindbacken. Papier und Bohnen entfernen und die Böden weitere 5 Min. backen. Herausnehmen und auskühlen lassen.

4 Für die Füllung Schokolade und 125 g Mascarpone in einer hitzebeständigen Schüssel auf einen Topf mit köchelndem Wasser setzen und rühren, bis die Schokolade geschmolzen ist. Den restlichen Mascarpone unterschlagen, bis die Masse glatt ist, dann die Sahne unterrühren.

5 Die Masse in den Torteletts verteilen und etwa 3 Std. kalt stellen, bis sie fest ist. Zum Servieren die Beeren auf die Törtchen setzen. Minzeblätter darauflegen und Puderzucker darübersieben.

Schlesischer Mohnkuchen

Mit Mohn zubereitete Süßspeisen sind in Osteuropa beliebt

ergibt 8 Stücke

Zub. 35 Min. + Wartezeit
• Backzeit 90 Min.

Springform

250 g Mehl

2 TL Backpulver

125 g Zucker

2–3 Tropfen Vanilleextrakt

1 Prise Salz

1 Ei

125 g weiche Butter plus Butter zum Einfetten

Füllung

1 l Milch

150 g Butter

200 g Grieß

200 g gemahlener Mohn

175 g Zucker

1 TL Vanilleextrakt

2 Eier

100 g Quark

50 g gemahlene Mandeln

50 g Rosinen

1 Birne, geschält und geraspelt

Puderzucker zum Bestäuben

1 Für den Teig Mehl und Backpulver in eine Schüssel sieben. Zucker, Vanilleextrakt, Salz, Ei, Butter und etwas Wasser hinzufügen und rasch zusammenkneten. Zu einer Kugel formen und beiseitestellen.

2 Milch und Butter in einem Topf zum Kochen bringen. Nach und nach Grieß und Mohn hineinrühren. Die Mischung bei schwacher Hitze unter gelegentlichem Rühren 20 Min. köcheln lassen. Von der Kochstelle nehmen und 10 Min. abkühlen lassen.

3 Den Backofen auf 180 °C vorheizen. Den Boden der Form einfetten. Die Hälfte des Teiges ausrollen und den Boden damit auslegen. Den restlichen Teig zu einem 3 cm breiten, langen Streifen ausrollen und an die Wände der Form drücken.

4 Zucker, Vanilleextrakt, Eier, Quark, Mandeln und Rosinen in die abgekühlte Mohn-Grieß-Mischung rühren. Die Birne unterheben. Die Masse gleichmäßig auf dem Boden verteilen und den Kuchen für 60 Min. in den Backofen schieben.

5 Den Mohnkuchen zum Auskühlen auf ein Kuchengitter stellen und mit einem Messer von den Wänden der Form lösen, dann den Ring abnehmen. Den Kuchen vor dem Servieren mit Puderzucker bestäuben.

Zitronentarte

Die *tarte au citron* hat von Frankreich aus ihren Siegeszug um die Welt angetreten

ergibt 8 Stücke

Zub. 35 Min. + Wartezeit
• Backzeit 45 Min.

Tarteform mit herausnehmbarem Boden, Backbohnen

175 g Mehl plus Mehl zum Bestäuben

85 g kalte Butter plus Butter zum Einfetten

45 g Zucker

1 Ei

Füllung

5 Eier

200 g Zucker

abgeriebene Schale und Saft von 4 unbehandelten Zitronen

250 g Sahne

Puderzucker

Zitronenzesten zum Verzieren

1 Mehl, Butter und Zucker in der Küchenmaschine vermischen, bis Krümel entstanden sind. Das Ei hinzufügen und das Gerät weiterlaufen lassen, bis der Teig eine Kugel bildet.

2 Auf der leicht bemehlten Arbeitsfläche den Teig zu einem großen Kreis ausrollen und die gebutterte Form damit auslegen, dann für mindestens 30 Min. kalt stellen.

3 Eier und Zucker verquirlen, bis sich der Zucker aufgelöst hat. Zitronenschale und Zitronensaft unterschlagen, anschließend die Sahne. Die Mischung für 60 Min. kalt stellen.

4 Den Backofen auf 190 °C vorheizen. Den Teig mit einer Gabel einstechen, mit Backpapier abdecken, mit Backbohnen beschweren und 10 Min. blindbacken. Papier und Bohnen entfernen und den Boden noch einmal etwa 5 Min. backen, bis er knusprig ist.

5 Die Ofentemperatur auf 140 °C reduzieren. Die Form auf ein Backblech setzen und die Zitronencreme hineingießen, dabei darauf achten, dass keine Füllung auf den Rand der Form tropft. Den Kuchen etwa 30 Min. backen, bis die Oberfläche gerade fest ist. Herausnehmen und auskühlen lassen. Zum Servieren mit Puderzucker bestäuben und die Zitronenzesten darüberstreuen.

Zitronentarte mit Baiser

Spektakulärer Effekt: Eine Haube aus süßem Vanillebaiser verbirgt hier die feine Zitronencreme

ergibt 8 Stücke

Zub. 30 Min. + Wartezeit
• Garzeit 40–50 Min.

Tarteform mit herausnehmbarem Boden, Backbohnen

45 g Butter, gewürfelt, plus Butter zum Einfetten

400 g Mürbeteig (Fertigprodukt)

3 EL Mehl

6 Eier, getrennt

3 EL Maisstärke

400 g Zucker

Saft von 3 Zitronen

1 EL abgeriebene Schale von einer unbehandelten Zitrone

½ TL Weinstein-Backpulver

½ TL Vanilleextrakt

1 Den Backofen auf 200 °C vorheizen. Die Backform einfetten. Auf der leicht bemehlten Arbeitsfläche den Teig ausrollen und die Form damit auslegen. Hineinstechen.

2 Den Boden mit Backpapier abdecken und mit Backbohnen beschweren. Die Form auf ein Backblech stellen und für 10–15 Min. in den Backofen schieben, bis der Teig hell goldbraun ist. Papier und Bohnen entfernen und den Boden noch einmal 3–5 Min. backen, bis er goldbraun ist. Auf einem Kuchengitter auskühlen lassen. Die Ofentemperatur auf 180 °C reduzieren.

3 Die Eigelbe in einer Schüssel verquirlen. In einem Topf Maisstärke, Mehl und 225 g Zucker vermischen. Nach und nach 360 ml Wasser hinzufügen und die Zutaten unter Rühren vorsichtig erhitzen, bis sich der Zucker aufgelöst hat und keine Klumpen mehr vorhanden sind. Die Temperatur etwas erhöhen und die Mischung unter Rühren 3–5 Min. köcheln, bis sie dick wird.

4 Mehrere Löffel der heißen Mischung unter die Eigelbe schlagen. Diese Mischung in den Topf gießen und den Topfinhalt unter ständigem Rühren langsam zum Kochen bringen. 3 Min. kochen lassen, dann Zitronensaft, Zitronenschale und Butter unterrühren. Die Mischung noch einmal etwa 2 Min. unter ständigem Rühren kochen lassen, bis sie dick ist und glänzt, dabei nötigenfalls von den Topfwänden abstreichen. Von der Kochstelle nehmen und abgedeckt warm stellen.

5 Die Eiweiße in einer großen Schüssel schaumig schlagen. Das Backpulver darüberstreuen und unterschlagen, dann esslöffelweise den restlichen Zucker. Mit dem letzten Löffel den Vanilleextrakt hinzufügen. Den Eischnee schlagen, bis er fest ist und glänzt.

6 Die Zitronencreme auf dem Tortenboden verteilen und mit der Baisermasse vollständig bedecken, darauf achten, dass die Baisermasse nicht auf den Teigrand gelangt, weil sich der Kuchen dann später schlecht aus der Form lösen lässt.

7 Den Kuchen auf einem Backblech in den Backofen schieben und 12–15 Min. backen, bis das Baiser goldbraun ist, dann auf einem Kuchengitter auskühlen lassen.

Zitruscreme-kuchen

Mit der geballten Frische von Zitrone und Limette

ergibt 8 Stücke

Zub. 20 Min. + Wartezeit

Tarteform mit herausnehmbarem Boden

115 g Butter, zerlassen

225 g Ingwerkekse, zerstoßen

300 g Crème double

750 g Kondensmilch

abgeriebene Schale und Saft von 4 unbehandelten Zitronen plus Zesten zum Verzieren

abgeriebene Schale und Saft von 4 unbehandelten Limetten plus Zesten zum Verzieren

Vorbereitung Der Kuchen kann am Vortag zubereitet werden. Über Nacht kalt stellen.

1 Die Butter mit den zerstoßenen Keksen vermischen. Die Mischung auf den Boden der Form drücken und für mindestens 60 Min. kalt stellen.

2 Crème double und Kondensmilch in die Küchenmaschine geben. Bei laufendem Motor langsam Zitronen- und Limettensaft dazugießen, bis die Mischung fest wird. Abgeriebene Zitronen- und Limettenschale hinzufügen und kurz untermischen.

3 Die Füllung gleichmäßig auf dem Boden verteilen und für mindestens 60 Min. kalt stellen.

4 Den Kuchen mit Zitronen- und Limettenzesten verzieren.

Katzenzungen

Ein feines, knuspriges Gebäck, das man gut zu Eiscreme oder Zabaione servieren kann

ergibt 18 Stück
Zub. 20 Min. • Backzeit 12 Min.
Spritzbeutel

175 g Sahne
3 EL Zucker
1 TL Vanilleextrakt
4 Eiweiß, geschlagen, bis sich weiche Spitzen bilden
150 g Mehl
Butter zum Einfetten

Vorbereitung Die Kekse können mehrere Tage im Voraus zubereitet werden. In einem luftdicht verschlossenen Behälter aufbewahren.

1 Den Backofen auf 190 °C vorheizen. Die Sahne mit Zucker und Vanilleextrakt schlagen, bis sie beginnt, steif zu werden. Behutsam den Eischnee unterheben. Nach und nach das Mehl hinzufügen und ebenfalls unterheben.

2 Ein Backblech dünn mit Butter einfetten. Den Teig in den Spritzbeutel füllen und mit etwas Abstand in fingerdicken Streifen auf das Blech spritzen. Die Kekse 10–12 Min. backen, bis sie goldbraun sind. In der Mitte sollten sie noch leicht feucht sein. Etwas abkühlen lassen.

3 Die Kekse mit einer Palette vorsichtig auf ein Kuchengitter legen. Vor dem Servieren vollständig auskühlen lassen.

Dazu passt eine Tasse Tee, Kaffee oder heiße Schokolade. Man kann die Kekse auch mit Schokoladenmasse bestreichen und jeweils zwei Stück zusammensetzen.

Kaiserschmarrn

Der Legende nach wurde diese leckere Süßspeise einst für den österreichischen Kaiser Franz Josef erfunden

für 4 Personen
Zub. 10 Min. • Garzeit 10 Min.

4 Eier
100 g Mehl
50 g Zucker plus 4 TL Zucker zum Bestreuen
150 ml Milch
40 g Butter
40 g Rosinen
Puderzucker zum Bestäuben
Pflaumen-, Apfel- oder anderes Obstkompott zum Servieren

1 Die Eier trennen. Eigelbe, Mehl, Zucker und Milch in einer Schüssel mit einem Schneebesen zu einem glatten Teig verrühren. In einer zweiten Schüssel die Eiweiße steif schlagen. Den Eischnee nach und nach unter den Teig heben.

2 In einer beschichteten Pfanne ein Viertel der Butter zerlassen. Wenn sie schäumt, ein Viertel des Teiges hineingeben und ein Viertel der Rosinen darüberstreuen. Den Pfannkuchen bei mittlerer Hitze 2–3 Min. backen, bis die Unterseite fest und gebräunt ist. Den Pfannkuchen wenden und auf der anderen Seite ebenfalls goldbraun backen. Beiseitestellen. Auf die gleiche Weise drei weitere Pfannkuchen zubereiten.

3 Die Pfannkuchen mit zwei Gabeln in Stücke reißen, in eine größere Pfanne geben, mit dem zusätzlichen Zucker bestreuen und bei mittlerer Hitze noch einmal 1 Min. backen, dann mit Puderzucker bestäuben und mit dem Kompott servieren.

VARIANTE

Kaiserschmarrn mit Rum

Wenn nur Erwachsene am Tisch sitzen, kann man die Rosinen in Rum einweichen, bevor sie zu den Pfannkuchen gegeben werden.

Teigarten

Fertigteige werden immer häufiger im Supermarkt angeboten und sind eine gute Lösung, wenn es schnell gehen muss. Einen frischen Teig selbst zuzubereiten, ist aber kein Problem. Mit den Grundteigen, deren Herstellung hier demonstriert wird, können Sie die meisten Backrezepte mühelos umsetzen.

Mürbeteig

Der richtige Teig für Anfänger. Er ist knusprig, einfach zuzubereiten und für süße Speisen ebenso geeignet wie für pikante Gerichte wie diese Empanadas (s. S. 47). Er kann verwendet werden für:

- Pasteten, Quiches und Tartes
- Teigtaschen
- Kleingebäck

Mürbeteig *ist knusprig und fest, aber dennoch locker.*

Blitz-Blätterteig

Dieser butterreiche blättrige Teig lässt sich rascher und einfacher zubereiten als herkömmlicher Blätterteig und eignet sich für jedes Rezept, für das Blätterteig erforderlich ist, wie für diese Flamiche mit Lauch und Käse (s. S. 224).

Er kann verwendet werden für:

- Pasteten mit Fleisch oder Fisch
- süße und salzige Kuchen
- Vol-au-vents (Pastetchen)
- Kleingebäck

Blätterteig *besteht aus zarten, buttrigen Teigschichten.*

Süßer Mürbeteig

Dieser Mürbeteig wird mit Zucker zubereitet und beispielsweise für diese klassische *tarte aux pommes* (s. S. 454) verwendet. Weitere Verwendungszwecke:

- süße Kuchen und Tartes
- Plätzchen und Kleingebäck

Süßer Mürbeteig *bildet eine knusprige Hülle für Obst- und Cremefüllungen.*

Brandteig

Im Gegensatz zu den anderen Teigarten kann Brandteig nicht ausgerollt werden und wird einfach mit einem Löffel auf ein Backblech gesetzt oder aufgespritzt. Beim Backen entstehen hohle Kugeln, in die süße oder pikante Füllungen (hier eine Käsemasse, S. 153) gegeben werden können. Er eignet sich für:

- Profiteroles oder Windbeutel
- Eclairs

Brandteig *bildet im Backofen knusprige hohle Kugeln.*

Teigarten

Mürbeteig

1 175 g Mehl und 1 Prise Salz in eine große Schüssel sieben. 85 g gewürfelte kalte Butter, Margarine oder anderes Fett hinzufügen. Die Zutaten kurz durchrühren, um das Fett mit Mehl zu überziehen.

Blitz-Blätterteig

1 250 g Mehl in eine Schüssel sieben. 85 g kalte, gewürfelte Butter und 85 g kaltes, gewürfeltes weißes Pflanzenfett hinzufügen und rühren, um es mit Mehl zu überziehen. 150 ml Eiswasser und 1 Spritzer Zitronensaft dazugeben und mit einem Messer alles gut vermischen.

Süßer Mürbeteig

1 200 g Mehl und 1 Prise Salz auf die Arbeitsfläche sieben und in der Mitte eine Mulde formen. 85 g weiche Butter, 4 EL Zucker und 1 verquirltes Eigelb hineingeben und mit den Fingerspitzen sorgfältig vermischen.

Brandteig

1 240 ml Wasser und 115 g Butter bei starker Hitze zum Kochen bringen, dann von der Kochstelle nehmen. 140 g Mehl mit 1 TL Salz und 1 TL Zucker hineinsieben und unterschlagen, bis ein glatter Teig entstanden ist.

So wird der Teig perfekt

- Eiswasser, Eier und Fett direkt aus dem Kühlschrank verwenden.
- Flüssigkeit nach und nach hinzugeben. Das Absorptionsvermögen von Mehl variiert, sodass vielleicht weniger Flüssigkeit ausreicht.
- Je weniger der Teig bearbeitet wird, desto besser.
- Mürbeteig vor dem Backen für mindestens 30 Min. kalt stellen, da er sich dann besser ausrollen lässt und später nicht »schrumpft«.
- Wenn Teig klebrig wird, hilft eine kurze Ruhepause im Kühlschrank, bevor man die Arbeit fortsetzt. 15 Min. sollten ausreichen.
- Arbeitsfläche und Nudelholz vor dem Ausrollen nur dünn mit Mehl bestäuben. Gelangt beim Ausrollen zu viel zusätzliches Mehl in den Teig, wird er hart und auch der Geschmack leidet.

zubereiten & verwenden

2 Das Fett rasch mit den Fingerspitzen in das Mehl einarbeiten, bis grobe Krümel entstanden sind. 2 EL Eiswasser dazugeben und vorsichtig untermischen.

3 Den Teig mit den Händen zusammenkneten und möglichst rasch zu einer glatten Kugel formen. Den Teig in Frischhaltefolie wickeln und für mindestens 30 Min. in den Kühlschrank legen.

2 Den Teig auf der bemehlten Arbeitsfläche zu einem Rechteck ausrollen, das dreimal so lang wie breit ist. Erst das obere Drittel, dann das untere Drittel zur Mitte klappen. Die Kanten mit dem Nudelholz zusammendrücken. Den Teig in Frischhaltefolie gewickelt 15 Min. kalt stellen.

3 Den Teig mit den Kanten oben und unten noch einmal wie in Schritt 2 ausrollen und zusammenfalten. Um 90 Grad drehen und wieder ausrollen und zusammenfalten. Diesen Arbeitsschritt noch zweimal wiederholen. Mindestens weitere 30 Min. kalt stellen.

2 Mit den Fingerspitzen nach und nach das Mehl einarbeiten, bis grobe Krümel entstanden sind. Sollten keine Krümel entstehen, weil die Mischung zu klebrig ist, noch etwas Mehl hinzufügen.

3 Den Teig zusammennehmen und ganz kurz vorsichtig kneten, bis er glatt und elastisch ist. Zu einer Kugel formen, in Frischhaltefolie einwickeln und für mindestens 30 Min. kalt stellen.

2 Den Topf wieder auf die Kochstelle setzen und den Teig rühren, bis er sich von der Topfwand löst und eine Kugel bildet. Den Topf sofort vom Herd nehmen.

3 Nacheinander sorgfältig 3–4 Eier unterrühren und so lange weiterrühren, bis der Teig glänzt und sich vom Löffel schütteln lässt. Nun kann er verwendet werden.

Besser backen

- Den Backofen auf die angegebene Temperatur vorheizen.
- Damit gedeckter Kuchen nicht feucht wird, Schlitze in den Deckel schneiden, damit beim Backen Dampf entweichen kann.
- Für Blätterteig das Blech vor dem Backen mit ein wenig Wasser bespritzen. Dadurch entsteht im heißen Ofen Dampf, der hilft, dass viele zarte Schichten entstehen.

Pikantes

Käsestangen
Für diesen beliebten Partysnack Blitz- oder Fertigblätterteig verwenden
35 Min. **Seite 55**

Quiche mit Gruyère
Eine Mischung aus Vollkornmehl und normalem Mehl verleiht dem Mürbeteig mehr Geschmack
1 Std. 10 Min. **Seite 165**

Hähnchen-Pie
Blitz-Blätterteig bildet bei diesem Rezept einen schönen Kontrast zur sahnigen Füllung
35 Min. **Seite 286**

Süßes

Pekannusstarte
Mit Mürbeteig zubereiteter amerikanischer Klassiker, der sehr sättigend ist
1 Std. 25 Min. **Seite 425**

Zitronentarte mit Baiser
Boden aus Mürbeteig mit einer cremigen Füllung und einer Haube aus Baiser
70–80 Min. **Seite 432**

Profiteroles
Klassisches Dessert aus Brandteig, mit Sahne gefüllt und mit Schokolade übergossen
60 Min. **Seite 439**

WAS TUN MIT TEIGRESTEN?

- Übrig gebliebener Mürbeteig kann zu einer Kugel geformt und in Frischhaltefolie eingewickelt bis zu drei Tage im Kühlschrank aufbewahrt oder bis zu sechs Monate eingefroren werden.
- Ungebackener Brandteig kann bis zu zwölf Stunden im Kühlschrank aufbewahrt werden.
- Ungebackener Blätterteig kann bis zu drei Tage im Kühlschrank aufbewahrt werden, Reste sind jedoch schlecht verwendbar, da beim erneuten Ausrollen die Luft aus dem Teig gedrückt wird.
- Ausgerollt und beispielsweise zu Vol-au-vents geformt, kann Blitz-Blätterteig bis zu sechs Monate tiefgekühlt und unaufgetaut gebacken werden. Die Backzeit dann jedoch um 5 Min. verlängern.

Cannoli

Sizilianische Spezialität aus knusprig frittiertem Teig und einer Ricottafüllung

- ergibt 16 Stück
- Zub. 30 Min. + Wartezeit • Backzeit 20 Min.
- Fritteuse oder halb mit Öl gefüllter großer Topf, Cannoli-Formen
- ungebacken tiefgekühlt ist der Teig 3 Mon. haltbar

Teig

- 175 g Mehl plus Mehl zum Bestäuben
- 1 Prise Salz
- 60 g Butter
- 45 g Zucker
- 1 Ei, verquirlt
- 2–3 EL trockener Weißwein oder Marsala
- 1 Eiweiß, leicht geschlagen
- Öl zum Frittieren

Füllung

- 60 g Bitterschokolade, gerieben oder sehr fein gehackt
- 350 g Ricotta
- 60 g Puderzucker plus Puderzucker zum Bestäuben
- abgeriebene Schale von 1 unbehandelten Orange
- 60 g kandierte Früchte, gehackt oder Zitrusschale

Vorbereitung Der Teig kann mehrere Stunden im Voraus zubereitet werden. Kalt stellen, vor dem Ausrollen auf Zimmertemperatur bringen.

1 Für den Teig Mehl und Salz in eine Schüssel sieben und mit den Händen die Butter einarbeiten. Den Zucker unterrühren. Das Ei und so viel Wein untermischen, dass ein weicher Teig entsteht. Den Teig kneten, bis er glatt ist.

2 Den Teig dünn ausrollen und in 16 Quadrate von jeweils etwa 7,5 cm Größe schneiden. Die Cannoli-Formen mit Mehl bestäuben. Die Teigquadrate schräg locker um die Formen wickeln. Die Ränder mit dem Eiweiß bestreichen und andrücken.

3 Das Frittieröl auf 180 °C erhitzen und die Cannoli portionsweise etwa 3–4 Min. frittieren, bis sie goldbraun und knusprig sind. Auf Küchenpapier abtropfen lassen. Wenn sie genügend abgekühlt sind, die Metallformen vorsichtig herausziehen.

4 Die Zutaten für die Füllung vermischen und in die abgekühlten Teigrollen spritzen. Die Cannoli vor dem Servieren mit Puderzucker bestäuben.

Cannoli-Formen

Sollten Cannoli-Formen nicht erhältlich sein, Edelstahlrohrstücke mit 15 cm Länge und 2 cm Durchmesser aus dem Eisenwarengeschäft verwenden.

Schoko-Nuss-Taschen

Köstliche, kleine Schokoladenleckerei

- ergibt 24 Stück
- Zub. 25 Min. + Wartezeit • Backzeit 10–12 Min.

- Öl zum Einfetten
- 120 g Haselnusskerne, gemahlen
- 2 EL Puderzucker
- 3 EL Amaretto oder anderer Mandellikör
- 75 g Bitterschokolade, gerieben
- 4 Blätter Filo-Teig, 18 x 30 cm groß
- 3 EL flüssiger Honig, erwärmt

1 Den Backofen auf 190 °C vorheizen. Ein Backblech dünn einölen. Haselnusskerne, 1½ EL Puderzucker, Amaretto und Schokolade vermischen.

2 Den Teig in 24 Quadrate von jeweils etwa 10 cm Größe schneiden. Etwas Füllung in die Mitte jedes Quadrates setzen. Die Teigränder mit Wasser bestreichen, über der Füllung zusammennehmen und festdrücken, sodass kleine Beutel entstehen.

3 Die Beutel auf das Backblech setzen und 10–12 Min. backen, bis sie goldbraun sind. Vorsichtig mit dem Honig einpinseln und 5 Min. ruhen lassen, dann mit dem restlichen Puderzucker bestäuben. Die Taschen warm oder kalt servieren.

Profiteroles

Knusprige Windbeutel, süße Sahne und warme Schokolade - ein Dessert zum Schwelgen

für 4 Personen

Zub. 30 Min. + Wartezeit • Backzeit 30 Min.

2 Spritzbeutel mit glatter Tülle, eine mit 1 cm Durchmesser, die andere mit 0,5 cm Durchmesser

ungefüllt in Gefrierbeuteln oder Gefrierbehältern tiefgekühlt, sind die Windbeutel 3 Mon. haltbar; vor dem Füllen und Servieren 30 Min. bei Zimmertemperatur auftauen lassen

Windbeutel

- 70 g Mehl
- 50 g Butter
- 1–2 Eier, verquirlt

Füllung und Sauce

- 400 g Sahne
- 200 g Bitterschokolade, in Stücke gebrochen
- 25 g Butter
- 2 EL Golden Sirup (heller Zuckerrohrsirup)

1 Den Backofen auf 220 °C vorheizen. Zwei Backbleche mit Backpapier auslegen. Das Mehl auf ein weiteres Stück Backpapier sieben.

2 Die Butter mit 150 ml Wasser in einem kleinen Topf erhitzen, bis sie geschmolzen ist, dann zum Kochen bringen. Von der Kochstelle nehmen und das Mehl hinzufügen. Die Mischung mit einem Holzlöffel kräftig schlagen, bis sie dick und glatt ist. Zurück auf die Kochstelle setzen und rühren, bis sich der Teig von der Topfwand löst und eine Kugel bildet. 10 Min. abkühlen lassen.

3 Nach und nach so viel von den verquirlten Eiern unterrühren, dass ein steifer, glatter, glänzender Teig entsteht. Teig in den Spritzbeutel mit der 1 cm großen Tülle füllen.

4 Mit reichlich Abstand walnussgroße Häufchen auf die Backbleche spritzen und etwa 20 Min. backen, bis sie aufgegangen, goldbraun und knusprig sind. Die Windbeutel aus dem Backofen nehmen und an der Seite einen Schlitz machen, damit der Dampf entweichen kann. Noch einmal für 2 Min. in den Backofen schieben, dann auf ein Kuchengitter heben und auskühlen lassen.

5 Vor dem Servieren 300 g Sahne steif schlagen. Die Sahne in den zweiten Spritzbeutel füllen.

6 Schokolade und Butter mit dem Sirup und der restlichen Sahne in einem Topf unter häufigem Rühren sehr behutsam erhitzen, bis sie geschmolzen sind. In der Zwischenzeit die Schlagsahne in die Windbeutel spritzen und diese auf einer Servierplatte aufschichten.

7 Die Sauce gut durchrühren und über die Profiteroles gießen, dann sofort servieren.

Dazu passen frische Beeren wie Erdbeeren, Himbeeren oder Heidelbeeren.

VARIANTE

Schokoladen-Eclairs

Den Teig in 5 cm langen Streifen auf die Bleche spritzen, dann wie oben backen. Er sollte zehn Eclairs ergeben. Die Eclairs auskühlen lassen und wie oben füllen, dann mit 150 g geschmolzener und etwas abgekühlter Schokolade überziehen. Vor dem Servieren einige Minuten in den Kühlschrank stellen, damit die Schokolade fest wird.

Cantucci

Knusprige Mandelkekse aus der Toskana – eingetaucht in süßen Vinsanto schmecken sie am besten

ergibt 32 Stück

Zub. 10 Min. + Wartezeit • Backzeit etwa 30 Min.

tiefgekühlt 3 Mon. haltbar; bei Raumtemperatur auftauen lassen

- Butter zum Einfetten
- 3 große Eier und 2 große Eigelb, verquirlt
- 350 g Mehl plus Mehl zum Bestäuben
- 150 g Zucker
- 150 g abgezogene Mandelkerne, grob gehackt und geröstet
- 2 TL Backpulver
- abgeriebene Schale von 1 unbehandelten Orange

Vorbereitung Der Teig kann bis einschließlich Schritt 3 vorbereitet und in Frischhaltefolie gewickelt 2 Tage im Kühlschrank aufbewahrt werden.

1 Den Backofen auf 190 °C vorheizen. Ein Backblech einfetten. 2 EL der verquirlten Eier in einer Schüssel beiseitestellen.

2 Mehl, Zucker, Mandelkerne, Backpulver und Orangenschale in einer großen Schüssel vermischen. In die Mitte eine Vertiefung drücken. Die Eier hineingeben und rühren, bis ein fester Teig entstanden ist.

3 Den Teig zu einer Kugel formen, halbieren und auf der leicht mit Mehl bestäubten Arbeitsfläche zu 5 cm breiten und 2,5 cm hohen Rollen formen. Die Rollen auf das Backblech legen, etwas flach drücken und mit dem zurückgestellten Ei einpinseln.

4 Die Rollen für 20 Min. in den Backofen schieben, bis sie goldbraun und durchgebacken sind, dann herausnehmen. Die Temperatur auf 200 °C erhöhen.

5 Die Rollen schräg in 1 cm dicke Scheiben schneiden. Die Scheiben auf das Blech legen und noch einmal etwa 8 Min. backen, bis sie goldbraun sind. Die Kekse 5 Min. auf dem Backblech abkühlen lassen, dann zum vollständigen Auskühlen auf ein Kuchengitter legen.

Dazu passt ein Glas Vinsanto zum Eintauchen oder ein Espresso.

Chocolate chip cookies

Weltweit beliebt, kinderleicht zuzubereiten und bei Kindern und Erwachsenen gleichermaßen ein Hit

ergibt 45 kleine Kekse

Zub. 15 Min. • Backzeit 15–20 Min.

- 125 g weiche Butter
- 125 g brauner Zucker
- 3 EL Golden Sirup (heller Zuckerrohrsirup)
- 1 Ei
- 225 g Mehl, mit 5 g Backpulver vermischt
- 150 g Milchschokoladentröpfchen

1 Den Backofen auf 180 °C vorheizen. Backbleche mit Backpapier auslegen.

2 Butter und Zucker cremig rühren. Sirup und Ei hineinrühren, dann das Mehl untermischen.

3 Den Teig mit reichlich Abstand in Häufchen auf die Backbleche setzen. Diese Kekse können in jeder beliebigen Größe zubereitet werden. Für große Kekse walnussgroße Häufchen, für kleine Kekse teelöffelgroße Häufchen verwenden. Die Häufchen flach drücken. Schokotröpfchen daraufstreuen und in den Teig drücken. Die Kekse 15–20 Min. backen, bis sie goldbraun sind. Auf den Blechen auskühlen lassen.

Dazu passen andere kleine Naschereien, wenn Sie einen Kaffeeklatsch planen.

VARIANTE

Kekse mit weißen Schokotröpfchen

Anstelle von Milchschokoladentröpfchen weiße Schokoladentröpfchen oder in kleine Stücke gebrochene weiße Schokolade verwenden.

Shortbread

Buttrig und mürbe – ein schottischer Klassiker für den Nachmittagstee

- ergibt 10 Stück
- Zub. 15 Min. • Backzeit 20 Min.
- 7,5 cm große Ausstechform
- in Gefrierbeuteln oder einem Gefrierbehälter verpackt und tiefgekühlt 3 Mon. haltbar; vor dem Ser-vieren bei Zimmertemperatur 30 Min. auftauen lassen

175 g weiche Butter plus Butter zum Einfetten

75 g Zucker plus Zucker zum Bestreuen

250 g Mehl

½ TL Salz

Vorbereitung Der Teig kann bis zu 24 Std. vor dem Backen zubereitet werden. Eingewickelt im Kühlschrank aufbewahren.

1 Den Backofen auf 180 °C vorheizen. In einer Schüssel Butter und Zucker cremig rühren. Mehl und Salz hinzufügen und alles sorgfältig mischen, bis ein fester Teig entsteht.

2 Den Teig auf die leicht bemehlte Arbeitsfläche setzen und behutsam kneten, bis er glatt ist. Anschließend den Teig 5 mm dick ausrollen und mit der Ausstechform zehn Kekse ausstechen.

3 Die Kekse mit etwas Abstand auf ein gebuttertes Backblech legen, mit einer Gabel einstechen und etwa 20 Min. backen, bis sie goldbraun sind. Herausnehmen, mit Zucker bestreuen und auf dem Blech auskühlen lassen.

Passt zu einer Tasse frisch aufgebrühtem Tee.

VARIANTE

Schokochip-Shortbread

Mit dem Mehl 100 g Milch- oder Bitterschokoladentröpfchen untermischen, dann wie oben fortfahren.

Spritzgebäck

Nicht nur zur Weihnachtszeit schmecken diese zarten Plätzchen

- ergibt 45 Stück
- Zub. 45 Min. • Backzeit 15 Min.
- Fleischwolf mit Gebäckvorsatz

380 g weiche Butter

250 g Zucker

einige Tropfen Vanilleextrakt

1 Prise Salz

500 g Mehl, gesiebt

125 g gemahlene Mandeln

100 g Bitter- oder Milchschokolade

1 Den Backofen auf 180 °C vorheizen. Zwei oder drei Backbleche mit Backpapier auslegen.

2 Die Butter in einer großen Schüssel mit einem Rührlöffel oder dem elektrischen Handrührgerät cremig rühren. Nach und nach Zucker, Vanilleextrakt und Salz hinzufügen und weiterrühren, bis sich der Zucker aufgelöst hat und die Mischung dick ist. Nach und nach zwei Drittel des Mehles zugeben.

3 Restliches Mehl und gemahlene Mandeln einrühren und den Teig auf der dünn bemehlten Arbeitsfläche mit den Händen bearbeiten, bis er glatt ist. Mithilfe des Fleischwolfs etwa 7,5 cm lange Streifen auf die Backbleche spritzen. Die Kekse etwa 12 Min. backen, bis sie goldbraun sind. Auf ein Kuchengitter legen und auskühlen lassen.

4 Die Schokolade im Mikrowellengerät oder in einer auf einen Topf mit köchelndem Wasser gesetzten Schüssel vorsichtig schmelzen lassen. Ein Ende der ausgekühlten Kekse hineintauchen. Das Spritzgebäck wieder auf das Kuchengitter legen, bis die Schokolade fest ist. In einem luftdicht verschlossenen Behälter aufbewahrt halten sie einige Tage.

VARIANTE

Marmorkekse

Unter ein Drittel des Teiges 2 EL Kakaopulver und 1 EL Zucker mischen. Den Spritzbeutel zu zwei Dritteln mit hellem Teig und zu einem Drittel mit Schokoladenteig füllen und wie oben fortfahren.

Himbeer-Sablés

Der Name leitet sich vom französischen Wort für »Sand« ab, da der Teig eine krümelige Konsistenz hat

- ergibt 12–16 Stück
- Zub. 15 Min. + Wartezeit • Backzeit 8–10 Min.
- runde Ausstechform
- ungebacken tiefgekühlt ist der Teig 1 Mon. haltbar

150 g Mehl plus Mehl zum Bestäuben

30 g geriebene Mandeln

85 g Puderzucker

125 g weiche Butter plus Butter zum Einfetten

1 Eigelb

½ TL Mandelextrakt

Himbeerkonfitüre

Vorbereitung In Frischhaltefolie eingewickelt und im Kühlschrank aufbewahrt, hält sich der Keksteig bis zu 1 Woche.

1 Alle Zutaten mit Ausnahme der Konfitüre in der Küchenmaschine zu einem weichen Teig vermischen. Oder Zucker, Butter und Eigelb mit einem Schneebesen verrühren, dann die restlichen Zutaten (außer der Konfitüre) unterschlagen. Die Mischung zu einem weichen Teig verkneten. Den Teig in Frischhaltefolie eingewickelt für mindestens 30 Min. kalt stellen.

2 Den Backofen auf 190 °C vorheizen. Zwei Backbleche dünn einfetten. Den Teig auf der leicht bemehlten Arbeitsfläche 3 mm dick ausrollen. Kreise ausstechen und auf die Backbleche legen. Teigreste zusammennehmen, wieder ausrollen und weitere Kreise ausstechen, bis der Teig aufgebraucht ist. Den Teig aber nicht überstrapazieren, weil die Kekse sonst hart werden.

3 Die Plätzchen 8–10 Min. backen, bis sie goldbraun sind. Auf den Blechen etwas abkühlen lassen, dann zum Auskühlen auf ein Kuchengitter legen. Die Hälfte der Kekse mit Konfitüre bestreichen, die andere Hälfte daraufsetzen.

Dazu passen frische Himbeeren und ein Klecks Schlagsahne – und schon hat man ein köstliches kleines Dessert.

Haferkekse

Nicht nur lecker, sondern auch gesund, denn sie enthalten Sonnenblumenöl anstelle von Butter

- ergibt 30 Stück
- Zub. 10 Min. • Backzeit 18 Min.

175 g Haferflocken

120 g brauner Zucker

120 ml Sonnenblumenöl plus Öl zum Einfetten

1 Ei, verquirlt

½ TL Vanilleextrakt

Vorbereitung In einem luftdicht verschlossenen Behälter aufbewahrt, bleiben die Kekse 1 Woche knusprig.

1 Den Backofen auf 160 °C vorheizen. Zwei Backbleche dünn einölen.

2 Haferflocken, Zucker und Sonnenblumenöl in einer Schüssel vermischen. Verquirltes Ei und Vanilleextrakt sorgfältig unterrühren.

3 Kleine Löffel der Mischung auf die Bleche setzen, dabei zwischen den Keksen genügend Abstand lassen, da sie auseinanderlaufen. Die Teighäufchen mit einer Gabel etwas flach drücken. Die Kekse 15–18 Min. backen, bis sie goldbraun sind.

4 Die Plätzchen herausnehmen und 1–2 Min. abkühlen lassen, dann zum vollständigen Auskühlen auf ein Kuchengitter legen.

Dazu passt ein Glas Milch. Die Kekse lassen sich gut transportieren und sind deshalb auch für unterwegs ideal.

VARIANTE

Erdnussbutterkekse

1 EL Haferflocken durch 1 EL Erdnussbutter mit Stücken ersetzen, dann wie oben fortfahren.

Florentiner

Mandelblättchen und kandierte Früchte, in Bitterschokolade getaucht

ergibt 16–20 Stück
Zub. 20 Min. • Garzeit 15–20 Min.

- 60 g Butter
- 60 g Zucker
- 1 EL flüssiger Honig
- 60 g Mehl
- 45 g Zitronat und Orangeat, gehackt
- 45 g kandierte Kirschen, gehackt
- 45 g abgezogene Mandeln, gehackt
- 1 TL frisch gepresster Zitronensaft
- 1 EL Sahne
- 175 g Bitterschokolade

1 Den Backofen auf 180 °C vorheizen. Zwei Backbleche mit Backpapier auslegen.

2 Butter, Zucker und Honig in einem kleinen Topf bei niedriger Temperatur behutsam erwärmen. Die flüssige Mischung etwas abkühlen lassen, dann die nächsten sechs Zutaten unterrühren.

3 Die Mischung mit einem Teelöffel auf die Backbleche setzen. Zwischen den Keksen genügend Abstand lassen.

4 Die Florentiner etwa 10 Min. backen, bis sie goldbraun sind, sie dürfen aber nicht zu dunkel werden. Einige Minuten auf dem Blech abkühlen lassen, dann zum Auskühlen auf ein Kuchengitter legen.

5 Die Schokolade in Stücke brechen und in einer hitzebeständigen Schüssel auf einem Topf mit köchelndem Wasser schmelzen. Die Unterseite der Kekse dünn damit bestreichen. Die Kekse mit der Schokoladenseite nach oben wieder auf das Kuchengitter legen. Wenn die Schokolade fest geworden ist, eine zweite Schicht auftragen. Kurz bevor diese fest wird, mit einer Gabel ein Wellenmuster in die Schokolade ziehen.

Backtest

Um festzustellen, ob die Mischung die richtige Konsistenz hat, einige Florentiner zur Probe backen. Sind sie etwas zu dick, der Mischung mehr Honig zufügen. Sind sie zu dünn und löchrig, mehr Mehl dazugeben.

Mandelmakronen

Außen knusprig und innen noch leicht feucht - so sieht die ideale Makrone aus

ergibt 24 Stück
Zub. 10 Min. • Backzeit 12 Min.

- 2 Eiweiß
- 225 g Zucker
- 125 g gemahlene Mandeln
- 30 g Reismehl
- einige Tropfen Mandelextrakt
- 24 abgezogene Mandelkerne
- 24 Backoblaten

Vorbereitung Die Makronen halten in einem luftdicht verschlossenen Behälter aufbewahrt einige Tage.

1 Den Backofen auf 180 °C vorheizen. In einer großen, sauberen Schüssel die Eiweiße steif schlagen, am besten mit dem elektrischen Handrührgerät. Esslöffelweise den Zucker zugeben und weiterschlagen, bis ein dicker, glänzender Eischnee entstanden ist. Gemahlene Mandeln, Reismehl und Mandelextrakt sorgfältig unterheben.

2 Die Oblaten mit genügend Abstand auf zwei Backbleche verteilen und jeweils 1 gehäuften TL Makronenmasse auf jede Oblate setzen. In die Mitte jeder Makrone 1 Mandel drücken.

3 Die Makronen auf mittlerer Schiene etwa 12 Min. backen, bis sie etwas Farbe angenommen haben.

4 Das Blech aus dem Backofen nehmen. Die Makronen auf ein Kuchengitter legen und vollständig auskühlen lassen. Bis zum Servieren in einem luftdicht verschlossenen Behälter aufbewahren.

Dazu passen andere Plätzchen für den Weihnachtsteller, etwa Florentiner, Spritzgebäck oder Spitzbuben.

VARIANTE

Haselnussmakronen

Die gemahlenen Mandeln durch gemahlene Haselnusskerne, den Mandelextrakt durch Haselnussextrakt ersetzen. Jeweils einen Haselnusskern auf die Kekse setzen. Sollte Haselnussextrakt nicht erhältlich sein, einige Tropfen Vanilleextrakt verwenden.

Spitzbuben

Was wäre ein Weihnachtsteller ohne diese Mürbeplätzchen mit Konfitürefüllung?

- ergibt 9 Stück
- Zub. 30 Min. • Backzeit 8–10 Min.
- 7,5 cm große Ausstechform, 2,5 cm große Ausstechform
- ungebacken tiefgekühlt 1 Mon. haltbar

120 g Butter, gewürfelt

120 g Zucker

1 großes Ei, verquirlt

einige Tropfen Vanilleextrakt

300 g Mehl plus Mehl zum Bestäuben

1 Prise Salz

Himbeer- oder Erdbeerkonfitüre zum Bestreichen

Puderzucker zum Bestäuben

1 Butter und Zucker in einer Schüssel cremig rühren. Nach und nach Ei und Vanilleextrakt unterschlagen, dann Mehl und Salz in die Schüssel sieben und untermischen. Der Teig sollte weich sein, aber fest genug, um ihn ausrollen zu können. Nach Bedarf etwas Mehl hinzufügen.

2 Den Backofen auf 190 °C vorheizen. Den Teig auf der leicht bemehlten Arbeitsfläche 5 mm dick ausrollen und mit der größeren Ausstechform Kreise ausstechen. Teigreste zusammennehmen und neu ausrollen. Ingesamt sind 18 Kreise erforderlich.

3 Aus neun der Kekse in der Mitte einen kleinen Kreis ausstechen. Die Kekse auf ein mit Backpapier ausgelegtes Blech geben und 8–10 Min. backen, bis sie goldbraun sind. Auf einem Kuchengitter auskühlen lassen.

4 Die ganzen Kekse mit Konfitüre bestreichen, die Ringe mit Puderzucker bestäuben, dann jeweils zwei Kekse vorsichtig zusammensetzen.

VARIANTE

Butterplätzchen

Den Teig zu walnussgroßen Kugeln formen. Mit dem Daumen eine Mulde in die Mitte drücken und diese mit Konfitüre füllen, dann eine Mandel daraufsetzen. Wie oben backen.

Tuiles

Die gebogene Form nehmen sie beim Abkühlen an

- ergibt 15 Stück
- Zub. 10 Min. • Backzeit 30 Min.

50 g weiche Butter

50 g Puderzucker

1 Ei

50 g Mehl

1 Den Backofen auf 200 °C vorheizen. Butter und Puderzucker in einer Schüssel cremig rühren. Das Ei unterschlagen, dann vorsichtig das Mehl unterheben.

2 Ein Backblech mit Backpapier auslegen. 1–2 TL Teig auf das Backblech setzen und verstreichen, sodass ein dünner Kreis mit 6–8 cm Durchmesser entsteht. Ein oder zwei weitere Kreise herstellen. Die Tuiles 5–8 Min. backen, bis sie goldbraun sind.

3 Aus dem Backofen nehmen und rasch mit einer Palette vom Papier lösen, dann auf ein Nudelholz legen, damit sie eine gebogene Form annehmen.

4 Mit dem restlichen Teig weitere Tuiles herstellen.

Andere Formen

Wenn man die Kekse nicht auf ein Nudelholz legt, sondern um den eingeölten Stiel eines Holzlöffels wickelt, entstehen feine Röllchen. Lässt man die Kekse über einem umgedrehten eingeölten Trinkglas abkühlen, erhält man kleine Schalen – ideal zum Beispiel, um Eiskugeln zu servieren.

Flapjacks

Mit wenigen Zutaten aus dem Vorratsschrank ganz schnell gemacht

- ergibt 16–20 Stück
- Zub. 15 Min. + Wartezeit • Backzeit 40 Min.
- 25 cm große, quadratische Kuchenform

225 g Butter plus Butter zum Einfetten

225 g brauner Zucker

2 EL Golden Sirup (heller Zuckerrohrsirup)

350 g Haferflocken

Vorbereitung Die Kekse können einige Tage im Voraus zubereitet werden. In einem luftdicht verschlossenen Behälter aufbewahren.

1 Den Backofen auf 150 °C vorheizen. Die Kuchenform einfetten.

2 Butter, Zucker und Sirup in einem Topf bei mittlerer Temperatur erhitzen, bis die Butter geschmolzen ist. Von der Kochstelle nehmen und die Haferflocken unterrühren.

3 Den Teig in die Form füllen, andrücken und etwa 40 Min. backen, bis er gleichmäßig goldbraun ist und an den Rändern dunkel wird.

4 Herausnehmen, 10 Min. abkühlen lassen und in Quadrate oder Rechtecke schneiden, dann in der Form vollständig auskühlen lassen.

Schokoladen-Brownies

Eine Leckerei mit hohem Suchtfaktor

ergibt 16 Stück

Zub. 10 Min. • Backzeit 1 Std. 15 Min.

20 cm große, quadratische Kuchenform

50 g Bitterschokolade, gehackt

25 g Butter plus Butter zum Einfetten

3 Eier

1 EL flüssiger Honig

225 g brauner Zucker

75 g Mehl, mit 1 Msp. Backpulver vermischt

175 g Walnusskerne, gehackt

25 g weiße Schokolade, gehackt

Vorbereitung Fest in Alufolie eingewickelt oder in einem luftdicht verschlossenen Behälter aufbewahrt 5 Tage haltbar.

1 Den Backofen auf 160 °C vorheizen. Die Kuchenform einfetten oder mit Backpapier auslegen.

2 Bitterschokolade und Butter in einer hitzebeständigen Schüssel auf einem Topf mit köchelndem Wasser unter gelegentlichem Rühren schmelzen. Der Schüsselboden darf das Wasser nicht berühren. Schokolade von der Kochstelle nehmen und etwas abkühlen lassen.

3 Eier, Honig und Zucker verrühren, dann nach und nach die Schokoladenmischung unterschlagen. Das Mehl in die Schüssel sieben, Walnusskerne und weiße Schokolade hinzufügen und alles behutsam unterheben. Den Teig in die Form füllen.

4 Im Ofen 30 Min. backen, dann locker mit Alufolie abdecken und weitere 45 Min. backen. Der Teig sollte in der Mitte noch leicht feucht sein. In der Form auf einem Kuchengitter vollkommen auskühlen lassen.

5 Auf ein Brett stürzen und das Backpapier entfernen, dann den Kuchen in Quadrate schneiden.

Dazu passt eine Kugel Vanille-, Zimt- oder Zitroneneis.

Ingwerplätzchen

Duften köstlich nach Honig und Ingwer und schmecken nicht nur zu Weihnachten

ergibt 45 Stück

Zub. 30 Min. + Wartezeit • Backzeit 8–10 Min.

Ausstechform mit etwa 7,5 cm Durchmesser

250 g Mehl plus Mehl zum Bestäuben

2 TL Backpulver

175 g Zucker

einige Tropfen Vanilleextrakt

½ TL Lebkuchengewürz

2 TL gemahlener Ingwer

100 g flüssiger Honig

1 Ei, getrennt

4 TL Milch

125 g weiche Butter

125 g gemahlene Mandeln

Haselnusskerne oder Mandelkerne, gehackt, zum Bestreuen

1 Den Backofen auf 180 °C vorheizen. Zwei Backbleche mit Backpapier auslegen.

2 Mehl und Backpulver mischen und in eine Schüssel sieben. Zucker, Vanilleextrakt, Lebkuchengewürz, Ingwer, Honig, Eigelb, Milch, Butter und gemahlene Mandeln hinzufügen. Mit den Knethaken des elektrischen Handrührgeräts oder von Hand einen weichen Teig herstellen und zu einer Kugel formen.

3 Den Teig auf der leicht bemehlten Arbeitsfläche 5 mm dick ausrollen. Kekse ausstechen und mit etwas Abstand auf die Bleche legen. Das Eiweiß schlagen, die Plätzchen damit bestreichen, dann die gehackten Nusskerne darüberstreuen. Die Kekse etwa 8–10 Min. backen, bis sie goldbraun sind.

4 Herausnehmen und 5 Min. auf den Blechen abkühlen lassen, dann zum Auskühlen auf ein Kuchengitter legen.

Dulce de leche

Südamerikanisch: karamellisierte Milch, goldbraun eingekocht

für 8 Personen
Zub. 5 Min. • Garzeit 3¼ Std.

- 3 l Vollmilch
- 600 g Zucker
- 3 EL Weißweinessig
- Vanilleeis zum Servieren

1 Milch und Zucker in einem großen Topf zum Kochen bringen. Die Hitze reduzieren, sodass die Mischung köchelt, und den Essig hinzufügen – dadurch trennt sich die Molke von den festen Bestandteilen.

2 Die Mischung etwa 3 Std. köcheln lassen, bis die Flüssigkeit verdampft und ein dickflüssiger Karamell entstanden ist. Abkühlen lassen und mit Vanilleeis servieren.

Dazu passen Eiscreme, frische Früchte, etwa in Scheiben geschnittene Bananen, oder Kompott.

Reste können in selbst gemachtes Vanilleeis gerührt werden. Die Eiscreme gefrieren lassen und in Eistüten oder kleinen Tassen servieren.

Feine Vanillebuttercreme

Unübertroffen als Füllung für feine Biskuittorten und Küchlein

ergibt 350 g
Zub. 10 Min.

- 120 g Butter mit Zimmertemperatur
- 2 EL Milch
- 1 TL Vanilleextrakt
- 225 g Puderzucker

Vorbereitung Hält sich abgedeckt im Kühlschrank aufbewahrt 2 Tage. Sollte die Masse nicht mehr streichfähig sein, noch etwas Milch unterrühren.

1 Butter, 1 EL Milch und Vanilleextrakt in einer großen Schüssel mit dem elektrischen Handrührgerät glatt rühren.

2 Den Puderzucker in die Schüssel sieben und auf niedriger Stufe weiterrühren, bis die Masse glatt und streichfähig ist, bei Bedarf noch etwas zusätzliche Milch dazugeben.

Schokoladensauce

Passt warm oder kalt serviert zu vielen Desserts; am besten Schokolade mit 70 Prozent Kakao verwenden

ergibt 300 ml
Zub. 5 Min. • Garzeit 6–7 Min.

- 225 g Bitterschokolade, in Stücke gebrochen
- 30 g Butter
- 4 EL Golden Sirup (heller Zuckerrohrsirup)
- 3 Tropfen Vanilleextrakt

Vorbereitung Hält abgedeckt im Kühlschrank aufbewahrt eine Woche. Behutsam wieder erwärmen.

1 Alle Zutaten mit 2 EL Wasser in einem kleinen Topf unter Rühren 6–7 Min. behutsam erwärmen, bis die Sauce glatt ist und glänzt.

Passt zu Eiscreme, Profiteroles und gedünstetem Obst.

VARIANTE

Schokoladen-Kaffee-Sauce

Für diese Variante der Sauce 5–6 EL starken schwarzen Kaffee, 2 EL Weinbrand und 1–3 EL Puderzucker hinzufügen.

Karamellsauce

Besonders bei Kindern sehr beliebt

ergibt 300 ml
Zub. 5 Min. • Garzeit 5 Min.

- 85 g Butter
- 115 g heller Muscovadozucker
- 200 g Sahne

Vorbereitung Hält in einem luftdicht verschlossenen Behälter im Kühlschrank 1 Woche. Löffelweise behutsam wieder erwärmen, damit sich die Sauce nicht trennt.

1 Die Butter in einem kleinen Topf zerlassen. Den Zucker hineingeben und unter gelegentlichem Rühren bei schwacher Hitze auflösen.

2 Die Sahne dazugießen und rühren, bis die Sauce glatt ist und glänzt. Die Temperatur heraufschalten. Die Sauce mit dem Schneebesen rühren und 2 Min. kochen lassen, bis sie etwas eingedickt ist. Von der Kochstelle nehmen und warm oder kalt servieren.

Passt zu Eiscreme oder Pfannkuchen mit einer Füllung aus Schlagsahne und Bananen.

Himbeer-Coulis

Frisch und fruchtig, und eine ausgezeichnete Ergänzung für Desserts aller Art

ergibt 300 ml
Zub. 10 Min.
tiefgekühlt 6 Mon. haltbar

350 g frische Himbeeren
3 EL feiner Zucker
2 TL frisch gepresster Orangen- oder Zitronensaft

Vorbereitung Die Sauce kann bis zu 2 Tage im Voraus zubereitet werden. Bis zur Verwendung im Kühlschrank aufbewahren.

1 Die Himbeeren mit Zucker, Orangen- oder Zitronensaft und 4 EL Wasser im Mixer oder in der Küchenmaschine glatt pürieren.

2 Das Püree mit einem Kochlöffel durch ein feines Sieb in eine Schüssel streichen. Nach Geschmack noch etwas Zucker oder Saft beifügen und rühren, bis sich der Zucker aufgelöst hat.

3 Bis zur Verwendung abgedeckt in den Kühlschrank stellen.

Passt zu gedünstetem Obst, Schokoladenkuchen oder Vanilleeis.

Ingwer-Sahne-Sauce

Eine aromatisierte *crème anglaise*, die sehr vielseitig verwendet werden kann

für 6 Personen
Zub. 10 Min. + Wartezeit
• Garzeit 15 Min.

900 g Sahne
125 g feiner Zucker
225 g frischer Ingwer, geschält und in Scheiben geschnitten
4 Sternanis
6 Eigelb, verquirlt
Fünfgewürzepulver zum Bestäuben

1 Die Sahne mit dem Zucker in einen Topf geben und bis fast zum Siedepunkt erhitzen. Ingwer und Sternanis hinzufügen. Den Topf vom Herd ziehen und die Gewürze in der Sahne zugedeckt 60 Min. ziehen lassen.

2 Die Sahne wieder erhitzen, bis sie beinahe kocht. Die Eigelbe in eine Schüssel geben. Die Sahne durch ein Sieb dazugießen und sorgfältig verquirlen. Gewürze wegwerfen.

3 Die Sahnemischung durch ein Sieb wieder in den Topf gießen und bei sehr schwacher Hitze unter ständigem Rühren erwärmen, bis sie dick wird. Die Sauce in kleinen Schalen mit Fünfgewürzepulver bestreut servieren.

Passt zu Herbstfrüchten wie Birnen, Äpfeln und Feigen.

Crème pâtissière

Reichhaltige süße Creme zum Füllen von Torteletts oder Windbeuteln

ergibt 300 ml
Zub. 10 Min. • Garzeit 5 Min.

- 300 ml Milch
- 2 Eigelb
- 60 g Zucker
- 20 g Mehl
- 20 g Maisstärke
- einige Tropfen Vanilleextrakt

Vorbereitung Die Creme kann 1 Tag im Voraus zubereitet werden. Bis zur Verwendung mit Frischhaltefolie abgedeckt im Kühlschrank aufbewahren.

1 Die Milch in einen Topf gießen und zum Köcheln bringen.

2 Eigelbe und Zucker in einer Schüssel verquirlen. Mehl und Maisstärke unterrühren, dann die heiße Milch zugießen und alles sorgfältig mischen.

3 Die Flüssigkeit wieder in den Topf geben und langsam zum Kochen bringen, dabei ständig rühren, bis die Sauce glatt ist. Sobald sie kocht, die Hitze reduzieren und die Creme 1–2 Min. unter Rühren köcheln lassen.

4 Die Creme etwas abkühlen lassen, dann den Vanilleextrakt unterrühren. Die Creme sofort verwenden oder abgedeckt kühl stellen.

Crème anglaise

Klassische Vanillesauce, köstlich zu warmen Süßspeisen oder kalt mit Beerenfrüchten

ergibt 300 ml
Zub. 5 Min. • Garzeit 10 Min.

- 300 ml Milch
- 1 Vanilleschote, aufgeschlitzt
- 3 Eigelb
- 3 EL Zucker
- 1 TL Vanilleextrakt (nach Belieben)

Vorbereitung Die Sauce kann am Vortag zubereitet werden. Bis zur Verwendung kalt stellen.

1 Die Milch mit der Vanilleschote in einem Topf bis fast zum Siedepunkt erhitzen. Von der Kochstelle nehmen und 10 Min. stehen lassen, damit die Milch das Aroma der Vanilleschote aufnehmen kann. Dann das Vanillemark herauskratzen und in die Milch geben.

2 In der Zwischenzeit Eigelbe und Zucker verquirlen. Die heiße Milch unterrühren und die Mischung wieder in den Topf gießen.

3 Die Sauce bei mittlerer Hitze erwärmen, dabei ständig mit einem Holzlöffel rühren, bis sie gerade so dick ist, dass sie den Löffelrücken überzieht. Die Sauce aber auf keinen Fall kochen lassen, weil sie sonst gerinnt.

4 Die Sauce durch ein Sieb in eine Schüssel gießen und, sofern verwendet, den Vanilleextrakt hinzufügen. Soll die Sauce kalt serviert werden, beim Abkühlen gelegentlich umrühren, damit sich keine Haut bildet.

Konsistenz

Das Verhältnis von Eigelb zu Milch bestimmt die Dicke der Sauce. Die Sauce in diesem Rezept lässt sich gut gießen, soll sie aber dicker sein, um etwa für Trifle verwendet zu werden, fügt man mehr Eigelbe hinzu.

Feine Schokoladensauce

Eine *crème anglaise* mit Schokolade

ergibt 350 ml

Zub. 5 Min. + Wartezeit • Garzeit 10 Min.

- 300 ml Milch
- 3 Eigelb
- 5 EL Zucker
- ½ TL Vanilleextrakt
- 120 g Bitterschokolade, fein gehackt

Vorbereitung Die Sauce kann 1 Tag im Voraus zubereitet werden. Im Kühlschrank aufbewahren. Vor der Verwendung etwas kochendes Wasser unterschlagen und die Sauce behutsam wieder erwärmen.

1 Die Milch in einem Topf bei mittlerer Temperatur erhitzen, bis sich am Rand Bläschen bilden und Dampf aufsteigt, aber nicht zum Kochen bringen.

2 Eigelbe und Zucker mit dem elektrischen Handrührgerät schaumig schlagen, dann langsam die heiße Milch unterrühren.

3 Die Mischung wieder in den Topf gießen und bei ganz schwacher Hitze unter ständigem Rühren erwärmen, bis sie den Rücken eines Löffels überzieht. Den Vanilleextrakt untermischen, dann die Schokolade hinzufügen und weiterrühren, bis sie geschmolzen ist.

4 Die Sauce von der Kochstelle nehmen und durch ein Sieb in einen Krug oder eine Schüssel gießen. Heiß servieren oder etwas abkühlen lassen.

Passt zu frischen Früchten, Biskuit oder Cremespeisen.

VARIANTE

Schokoladen-Orangen-Sauce

Im ersten Arbeitsschritt 1–2 EL abgeriebene Schale von einer unbehandelten Orange in die Milch geben. Die Milch 20 Min. stehen lassen, dann durch ein Sieb in die Eigelbmischung gießen. Wie oben fortfahren.

Custard

Wird genauso hergestellt wie eine *crème anglaise*, aber mit Sahne und Zitrone angereichert

ergibt 300 ml

Zub. 10 Min. • Garzeit 15 Min.

- 3 Eigelb
- 2 EL Zucker
- ½ TL Maisstärke
- 150 ml Milch
- 150 g Sahne
- 2–3 Streifen Schale von einer unbehandelten Zitrone

Vorbereitung Kann 1 Tag im Voraus zubereitet werden. Abgedeckt im Kühlschrank aufbewahren.

1 Eigelbe, Zucker, Maisstärke und 3 EL Milch sorgfältig verquirlen.

2 Restliche Milch, Sahne und Zitronenschale in einem Topf erhitzen. Die Mischung von der Kochstelle nehmen und 10 Min. stehen lassen. Die Zitronenschale entfernen.

Die Mischung durch ein Sieb zu den Eigelben gießen, dabei ständig schlagen. Die Mischung wieder in den Topf gießen und bei schwacher Hitze unter ständigem Rühren 6–8 Min. erwärmen, bis sie den Rücken eines Löffels überzieht. Die Creme darf auf keinen Fall kochen. In einen Krug gießen und servieren.

VARIANTE

Vanillesauce

Die Zitronenschale durch eine aufgeschlitzte Vanilleschote ersetzen. Nach dem Durchziehen die Vanilleschote herausnehmen. Das Mark herauskratzen und in die Sahnemischung geben, dann wie oben fortfahren.

Tipp für Dessertsauce

Beim Abkühlen ein befeuchtetes Stück Butterbrotpapier auf die Oberfläche legen, damit sich keine Haut bildet.

Gedeckter Apfelkuchen

Ein Apfelkuchen aus Fertigteig, um die Zubereitungszeit zu verkürzen

- ergibt 8 Stücke
- Zub. 25 Min. + Wartezeit • Backzeit 50–55 Min.
- 23 cm große Springform oder Tarteform aus Porzellan

375 g Mürbeteig (Fertigprodukt)
Butter zum Einfetten
abgeriebene Schale von 1 unbehandelten Zitrone
2 EL frisch gepresster Zitronensaft
100 g Zucker
4 EL Mehl plus Mehl zum Bestäuben
1 TL Zimt
7 Äpfel, geschält, entkernt und in dünne Scheiben geschnitten
2 EL Milch zum Einpinseln

Vorbereitung Schritt 1 kann am Vortag ausgeführt werden. Den Teig mit Frischhaltefolie abgedeckt kalt stellen.

1 Zwei Drittel des Teiges auf der leicht bemehlten Arbeitsfläche zu einem großen Kreis ausrollen und in die gebutterte Kuchenform legen. Die Teigränder über den Rand der Form hängen lassen. Den Boden mit Frischhaltefolie abgedeckt für mindestens 15 Min. kalt stellen. Den restlichen Teig zu einem 25 cm großen Kreis ausrollen, auf einen Teller legen, ebenfalls abdecken und kalt stellen.

2 In der Zwischenzeit den Backofen mit einem Backblech im Innenraum auf 200 °C vorheizen. Zitronenschale, Zitronensaft, Zucker, Mehl und Zimt in einer Schüssel vermischen und die Apfelscheiben unterheben.

3 Die Mischung in die Form füllen. Den oberen Teigrand dünn mit Wasser bestreichen und die kleinere Teigplatte auf die Füllung legen. Die Ränder der Teigplatten zusammendrücken und überschüssigen Teig abschneiden. Den Kuchen mit Milch einpinseln und einige Schlitze in den Deckel schneiden.

4 Den Kuchen auf das heiße Blech im Backofen stellen. Die Hitze auf 190 °C reduzieren und den Kuchen 50–55 Min. backen, bis er goldbraun ist. 5 Min. stehen lassen, dann in Stücke geschnitten warm servieren.

Portugiesische Apfelküchlein

Ausgebackene Apfelringe, aromatisiert mit Anisschnaps und Zimt

- ergibt 20–25 Stück
- Zub. 20 Min. + Wartezeit • Backzeit 15–20 Min.
- Fritteuse oder großer Topf

3 süße Tafeläpfel, etwa Golden Delicious
2 EL frisch gepresster Zitronensaft
4 EL Anisschnaps wie Anis del Mono, Ouzo oder Sambuca
150 g Zucker
2 Eier
150 ml Milch
75 ml Olivenöl
250 g Mehl
1½ TL Backpulver
1 Prise gemahlener Zimt
Pflanzenöl zum Frittieren
Puderzucker zum Bestäuben

1 Die Äpfel schälen, Kerngehäuse ausstechen und die Früchte in 3–4 mm dünne Ringe schneiden. In einer Schüssel mit Zitronensaft, Alkohol und 4 EL Zucker vermischen, dann für 30 Min. beiseitestellen.

2 In der Zwischenzeit für den Teig Eier, Milch, Olivenöl und den restlichen Zucker vermischen. Mehl, Backpulver und Zimt hineinsieben und unterrühren, um einen dicken, glatten Teig herzustellen. Den Teig 30 Min. ruhen lassen.

3 Das Öl erhitzen, bis ein Stück altbackenes Brot darin in weniger als 1 Min. gebräunt wird. Die Apfelringe in den Teig tauchen und portionsweise ausbacken, bis sie goldbraun und knusprig sind. Auf Küchenpapier abtropfen lassen und warm mit Puderzucker bestäubt servieren.

Dazu passt Vanilleeis. Oder die Küchlein einfach mit einer Tasse starkem Kaffee servieren.

Pfirsichgratin mit Zabaione

Ein leichtes Sommerdessert aus frischen Früchten, mit feiner Sauce gratiniert

für 4 Personen
Zub. 20 Min. • Garzeit 25 Min.

- 4 Pfirsiche
- 2 Feigen, geviertelt (nach Belieben)
- 25 g Vanillezucker
- 1 Prise gemahlener Kardamom
- abgeriebene Schale und Saft von 1 unbehandelten Zitrone
- 4 Eigelb
- 60 g Zucker
- 4 EL Süßwein

1 Den Backofen auf 200 °C vorheizen. In einem großen Topf Wasser zum Kochen bringen und eine Schüssel mit kaltem Wasser bereitstellen. Die Pfirsiche für 10–15 Sek. in das kochende Wasser legen, dann sofort in das kalte Wasser heben. Vorsichtig die Haut abziehen.

2 Die Pfirsiche halbieren und entsteinen. Die Hälften in jeweils drei Spalten schneiden. Die Spalten mit den Feigen (sofern verwendet) in einer ofenfesten Form verteilen. Vanillezucker, Kardamom, Zitronenschale und Zitronensaft darübergeben und die Pfirsiche 20 Min. backen.

3 In der Zwischenzeit für die Zabaione Eigelbe, Zucker und Wein in einer hitzebeständigen Schüssel auf einem Topf mit heißem Wasser ununterbrochen schlagen, bis die Mischung dick und schaumig ist. Das geht am besten mit dem elektrischen Handrührgerät.

4 Den Backofengrill auf höchster Stufe vorheizen. Die Früchte mit der Zabaione übergießen und 30 Sek. grillen, dann servieren.

VARIANTE

Beerengratin mit Zabaione

350 g Erdbeeren halbieren. Mit 175 g Himbeeren und 175 g Roten Johannisbeeren oder Heidelbeeren in eine ofenfeste Form geben, Zutaten zugeben und 2 Std. durchziehen lassen, dann wie oben fortfahren.

Ananasküchlein

Unbedingt essen, solange sie knusprig sind

für 4 Personen
Zub. 20 Min.
• Garzeit 10 Min.

- 1 Ananas, geschält und nach Entfernen des Strunkes in 1,5 cm dicke Ringe geschnitten
- 500 ml Pflanzenöl zum Frittieren
- Puderzucker zum Bestäuben

Teig

- 120 g Mehl
- 50 g Zucker
- 1 Prise Salz
- 1 Ei
- 1 Ei, getrennt
- 150 ml Milch

1 Für den Teig Mehl, Zucker und Salz in eine große Schüssel geben. Ganzes Ei, Eigelb und Milch rasch unterschlagen und einen glatten Teig herstellen.

2 Das Eiweiß schlagen, bis sich steife Spitzen bilden, dann unter den Teig heben.

3 Eine große Pfanne zur Hälfte mit Öl füllen. Das Öl erhitzen, bis ein Stück altbackenes Brot darin in weniger als 1 Min. gebräunt wird. Auf mittlere Hitze reduzieren. Die Ananasscheiben in den Teig tauchen, vorsichtig in das Öl legen und etwa 1–2 Min. frittieren, bis sie auf beiden Seiten goldbraun sind.

4 Herausnehmen, auf Küchenpapier abtropfen lassen und mit Puderzucker bestäubt sofort servieren.

Reste können in Stücke geschnitten mit frischen Früchten oder Eiscreme vermischt werden.

VARIANTE

Bananenküchlein

Anstelle der Ananas 4 längs halbierte Bananen verwenden.

Apfelstrudel

Keine Angst vor Strudelteig – mithilfe von guten Fertigprodukten ist die Herstellung dieses österreichischen Klassikers ein Kinderspiel

für 10–12 Personen

Zub. 50 Min. + Wartezeit • Garzeit 40 Min.

- Butter zum Einfetten
- 1 kg Tafeläpfel wie Cox Orange oder Braeburn
- abgeriebene Schale von ½ unbehandelten Zitrone
- 3 EL Rum
- 60 g Rosinen
- 100 g Zucker
- einige Tropfen Vanilleextrakt
- 60 g abgezogene Mandeln, gehackt
- 4 Platten Filo-Teig, 25 x 45 cm groß, oder Strudelteig
- 60 g Butter, zerlassen
- 60–85 g frische Semmelbrösel
- Puderzucker zum Bestäuben

1 Den Backofen auf 180 °C vorheizen. Ein Backblech einfetten. Für die Füllung die Äpfel schälen und nach Entfernen des Kerngehäuses in kleine Stücke schneiden. In einer Schüssel mit Zitronenschale, Rum, Rosinen, Zucker, Vanilleextrakt und Mandeln vermischen.

2 Eine Platte Filo-Teig (Tiefkühlware aufgetaut) auf die Arbeitsfläche legen und mit zerlassener Butter einpinseln. Eine zweite Platte darauflegen und ebenfalls mit Butter einpinseln. Mit den übrigen Platten ebenso verfahren. Strudelteig nach Anweisung auf der Packung verarbeiten.

3 Die Semmelbrösel auf den Teig streuen, dabei einen 2 cm breiten Rand lassen. Die Füllung darauf verteilen und die Ränder der kürzeren Seiten über die Füllung schlagen. Den Teig von einer der längeren Seiten aus aufrollen und das Ende fest andrücken. Den Strudel auf das Backblech heben und mit etwas Butter bestreichen.

4 Den Strudel 30–40 Min. backen, nach 20 Min. mit der restlichen Butter bestreichen.

5 Den Apfelstrudel herausnehmen und auf dem Blech abkühlen lassen. Mit reichlich Puderzucker bestäubt warm oder kalt servieren.

Dazu passt Schlagsahne oder Vanillesauce.

Äpfel vorbereiten

Um sicherzustellen, dass der Strudel nicht feucht wird, knackige und nicht zu reife Äpfel verwenden. Die Äpfel zudem nicht zu klein schneiden, da sie beim Backen weich werden.

Pfirsiche mit Marzipan und Mandeln

Nichts geht über das herrliche Aroma reifer, im Backofen gegarter Pfirsiche

für 4 Personen

Zub. 15 Min. • Garzeit 20–25 Min.

flache, ofenfeste Form

- 4 reife Pfirsiche
- 60 g Marzipanrohmasse
- 1–2 EL Sahne
- 25 g Mandelblättchen
- 1 EL flüssiger Honig
- 2 EL Zucker
- 8 EL süßer Wein oder Marsala

1 Den Backofen auf 200 °C vorheizen. Die Pfirsiche halbieren und die Steine entfernen. Die Hälften mit den Schnittseiten nach oben nebeneinander in die Form legen. Marzipanrohmasse und Sahne vermischen und in die Mitte der Pfirsiche drücken. Die Mandelblättchen über die Pfirsiche streuen und den Honig darüberträufeln.

2 Die Pfirsiche mit dem Zucker bestreuen, mit dem Wein übergießen und 20–25 Min. backen, bis sie gerade weich sind. Aus dem Backofen nehmen, abdecken und 5 Min. stehen lassen.

Dazu passt Crème fraîche.

Pflaumen-Crumble

Eine Art Streuselkuchen ohne Teigboden – für ein Essen mit der Familie ebenso geeignet wie für Gäste

für 4 Personen
Zub. 10 Min.
• Backzeit 30–40 Min.
tiefgekühlt 1 Mon. haltbar

600 g Pflaumen, entsteint und halbiert
Ahornsirup oder Honig zum Beträufeln

Crumble

150 g Mehl
100 g kalte Butter, gewürfelt
75 g brauner Zucker
60 g Haferflocken

Vorbereitung Die Crumble-Mischung kann bis zu 1 Monat im Voraus zubereitet werden. Bis zur Verwendung tiefkühlen.

1 Den Backofen auf 200 °C vorheizen. Für die Streusel das Mehl in eine große Schüssel geben und mit den Fingern die Butter einarbeiten, bis die Mischung an Brotkrümel erinnert, sie sollte aber nicht zu fein sein, weil die Oberfläche sonst zu homogen wird. Zucker und Haferflocken untermischen.

2 Die Pflaumen in eine ofenfeste Form geben. Mit Ahornsirup beträufeln und die Streusel darüberkrümeln. 30–40 Min. backen, bis die Oberfläche gebräunt ist.

VARIANTE

Rhabarber-Crumble

Anstelle von Pflaumen 750 g in Stücke geschnittenen Rhabarber verwenden. Den Rhabarber großzügig mit Honig und etwas Orangensaft beträufeln, dann die Streusel darübergeben. Wie oben backen.

Birnen in Rotwein

Wein verleiht den Früchten aromatische Tiefe

für 4 Personen
Zub. 5 Min. • Garzeit 30 Min.

4 feste Birnen
200 ml Rotwein
50 g Zucker
1 EL frisch gepresster Zitronensaft
1 Zimtstange
1 Prise geriebene Muskatnuss
4 Nelken

Vorbereitung Die Birnen können 3 Tage im Voraus zubereitet werden. Im Kühlschrank aufbewahren.

1 Die Birnen schälen und unten eine kleine Scheibe abschneiden, damit sie beim Servieren aufrecht stehen, die Stiele aber nicht entfernen.

2 Wein, Zucker, Zitronensaft und Gewürze in einem Topf unter Rühren behutsam erhitzen, bis sich der Zucker aufgelöst hat. Die Birnen hinzufügen.

3 Den Deckel auflegen und die Birnen etwa 20 Min. kocheln lassen, bis sie weich sind, dabei häufig mit Wein beschöpfen.

4 Die Birnen herausnehmen und beiseitestellen. Zimtstange und Nelken wegwerfen.

5 Den Topf wieder auf den Herd setzen und die Flüssigkeit sprudelnd kochen lassen, bis sie um etwa ein Drittel reduziert und sirupartig ist.

6 Die Birnen mit dem Sirup übergießen und heiß servieren oder im Sirup abkühlen lassen und vor dem Servieren kalt stellen.

Dazu passt Joghurt, Crème fraîche oder Eiscreme.

VARIANTE

Birnen in Weißwein

Den Rotwein durch Weißwein oder Cidre ersetzen, durch den die Birnen eine hellere, eher goldene Farbe erhalten. Trockenen Weißwein oder Cidre verwenden oder die Zuckermenge im Rezept reduzieren.

Tarte aux pommes

Wer sie perfekt zubereiten will, braucht zwei verschiedene Apfelsorten:
Kochäpfel für das Püree und Tafeläpfel für die feinen Scheiben

- ergibt 8 Stücke
- Zub. 20 Min. + Wartezeit • Backzeit 1 Std. 15 Min.
- Tarteform mit herausnehmbarem Boden, Backbohnen
- tiefgekühlt 1 Mon. haltbar

- 375 g Mürbeteig (Fertigprodukt)
- Mehl zum Bestäuben
- 50 g Butter plus Butter zum Einfetten
- 750 g Kochäpfel, geschält, entkernt und gehackt
- 125 g Zucker
- abgeriebene Schale und Saft von ½ unbehandelten Zitrone
- 2 EL Calvados oder Weinbrand
- 2 Tafeläpfel
- 2 EL Aprikosenkonfitüre, durch ein Sieb gestrichen

1 Auf der leicht bemehlten Arbeitsfläche den Teig ausrollen und die gebutterte Form damit auslegen. Überstehende Ränder abschneiden. Den Boden mit einer Gabel einstechen und für mindestens 30 Min. kalt stellen.

2 Den Backofen auf 200 °C vorheizen. Den Teig mit Backpapier abdecken und Backbohnen darauf verteilen, dann 15 Min. backen. Papier und Bohnen entfernen und den Boden noch einmal etwa 5 Min. backen, bis er goldbraun ist.

3 Die Butter in einem Topf zerlassen. Die Kochäpfel hinzufügen und zugedeckt bei schwacher Hitze unter gelegentlichem Rühren 15 Min. garen, bis sie sehr weich sind.

4 Die Äpfel durch ein Sieb streichen, um ein glattes Püree herzustellen, dann wieder in den Topf geben. 1 EL Zucker zurückstellen, den Rest zu dem Püree geben. Zitronenschale und Calvados unterrühren. Das Püree wieder auf die Kochstelle setzen und unter ständigem Rühren köcheln lassen, bis es dick wird.

5 Das Püree auf dem vorgebackenen Boden verteilen. Die Tafeläpfel schälen, entkernen, in dünne Scheiben schneiden und kreisförmig auf dem Apfelpüree verteilen. Mit dem Zitronensaft bestreichen und den zurückgestellten Zucker darüberstreuen.

6 Den Kuchen 30–35 Min. backen, bis die Apfelscheiben weich sind und goldbraun werden.

7 Die Aprikosenkonfitüre erwärmen und die Äpfel damit bestreichen. Den Kuchen in Stücke schneiden und servieren.

Birnengratin

Auch für absolute Anfänger kein Problem

- für 4 Personen
- Zub. 10 Min. • Garzeit 3–5 Min.

- 4 reife Comice-Birnen
- 150 g Brombeeren
- 60 g Walnusskerne, grob gehackt
- 225 g Mascarpone
- 30 g brauner Zucker

1 Den Backofengrill auf höchster Stufe vorheizen. Die Birnen vierteln und das Kerngehäuse entfernen. Die Birnen mit der Schale nach unten in eine flache, ofenfeste Form legen. Brombeeren und Walnusskerne darüberstreuen.

2 Den Mascarpone in Häufchen auf die Birnen setzen und den Zucker darüberstreuen. Die Form für 3–5 Min. unter den Grill setzen, bis der Mascarpone heiß ist und Blasen wirft und der Zucker zu karamellisieren beginnt.

Dazu passen knusprige Butterplätzchen.

VARIANTE

Birnen-Himbeer-Gratin

Die Brombeeren durch Himbeeren ersetzen. Anstelle von Zucker eine Handvoll gesüßtes Müsli darüberstreuen.

Flambierte Calvados-Bananen

Beim Flambieren verdampft der Alkohol und das Dessert erhält ein wunderbar intensives Aroma

für 4 Personen
Zub. 10 Min. • Garzeit 10 Min.

- 2 unbehandelte Orangen
- 4 reife Bananen
- 60 g Butter
- 85 g brauner Zucker
- Saft von 1 Limette
- 3 EL Calvados
- Crème double zum Servieren (nach Belieben)

1 Mit einem Sparschäler von ½ Orange die Schale abschneiden und sehr fein hacken. Die Orangen auspressen.

2 Die Bananen schälen und längs halbieren. In einer großen, beschichteten Pfanne 40 g Butter erhitzen und die Bananen darin rasch braten, bis sie auf beiden Seiten leicht gebräunt sind. Herausnehmen und abgedeckt warm stellen.

3 Die restliche Butter in der Pfanne zerlassen. Den Zucker hineinstreuen und unter gelegentlichem Rühren behutsam erhitzen. Limettensaft, Orangenschale und Orangensaft hinzufügen und alles zugedeckt bei starker Hitze 2–3 Min. kochen lassen.

4 Den Calvados dazugeben, mit einem Streichholz entzünden und kochen lassen, bis die Flammen erlöschen. Die Bananen hinzufügen und in der Sauce wenden, um sie behutsam wieder zu erhitzen.

5 Die Bananen heiß servieren, nach Belieben mit Crème double.

Gedünstete Pflaumen

Wenn die Pflaumen im Spätsommer und Frühherbst Hochsaison haben, ist die beste Zeit für Kompott

für 4 Personen
Zub. 5 Min. • Garzeit 20 Min.

- 500 g reife rote Pflaumen, halbiert und entsteint
- 75 g Zucker
- 1 Sternanis
- ½ Zimtstange
- Schale und Saft von 1 unbehandelten Orange

Vorbereitung Die Pflaumen können bis zu 2 Tage im Voraus zubereitet werden. Kalt stellen.

1 Den Zucker mit 300 ml Wasser, Sternanis und Zimtstange, Orangenschale und ausgepresstem Orangensaft in einen Topf geben und unter häufigem Rühren behutsam erhitzen, bis er sich aufgelöst hat.

2 Die Pflaumen hinzufügen und vorsichtig rühren, um sie mit dem Sirup zu überziehen. Je nach Reifegrad 8–15 Min. köcheln lassen, bis sie weich sind, aber noch nicht zerfallen. Sternanis, Zimtstange und Orangenschale herausnehmen und wegwerfen.

Dazu passen griechischer Joghurt und flüssiger Honig.

VARIANTE

Gedünstete Aprikosen

500 g Aprikosen halbieren, entsteinen und in einen Topf geben. 150 ml kaltes Wasser, 75 g Zucker und ½ TL gemahlenen Zimt vermischen und über die Früchte geben. Die Mischung zum Kochen bringen und die Aprikosen zugedeckt bei schwacher Hitze 10–15 Min. köcheln lassen. 4 EL Crème double darüberschöpfen und vorsichtig unterrühren. Zum Servieren mit Mandelblättchen bestreuen.

Tarte Tatin

Unübertroffen: karamellisierte Äpfel auf knusprigem Teig

ergibt 8 Stücke

Zub. 30 Min. + Wartezeit • Backzeit 30 Min.

große, runde, feuer- und ofenfeste Form mit festem Boden

Teig

150 g Butter

50 g Zucker

225 g Mehl plus Mehl zum Bestäuben

1 Ei, verquirlt

Belag

150 g weiche Butter

200 g Zucker

6 große Tafeläpfel, etwa Granny Smith, geschält, entkernt und geviertelt

Vorbereitung Der Teig kann bis zu 24 Std. im Voraus zubereitet werden. In Frischhaltefolie eingewickelt im Kühlschrank aufbewahren.

1 Für den Teig Butter und Zucker cremig rühren. Nach und nach das Mehl hinzufügen, dann das Ei untermischen. Den Teig auf die leicht bemehlte Arbeitsfläche setzen und kneten, bis er glatt ist. In Frischhaltefolie eingewickelt für mindestens 60 Min. kalt stellen.

2 Den Backofen auf 220 °C vorheizen. Für den Belag die Butter in der Form bei mittlerer Temperatur zerlassen. Den Zucker hinzufügen. Die Temperatur etwas erhöhen und die Mischung erhitzen, bis sie Blasen wirft, dabei gelegentlich umrühren. Unter gelegentlichem Rühren weitere 5 Min. kochen, bis der Karamell hellbraun ist. Von der Kochstelle nehmen.

3 Die Apfelstücke mit der Außenseite nach unten dicht an dicht in die Form legen.

4 Den Teig etwas größer als die Form ausrollen und auf die Äpfel legen. Die Ränder in die Form schieben. Den Kuchen etwa 30 Min. backen, bis der Teig hellbraun ist. Die Tarte 10 Min. stehen lassen, dann vorsichtig auf eine große Servierplatte stürzen und noch warm servieren.

Dazu passt ein Löffel Schlagsahne, Crème fraîche oder Eiscreme.

VARIANTE

Tarte aux poires

Die Äpfel durch Birnen ersetzen, je nach Größe durch 6–8 Stück. Kleine Birnen eignen sich für diese Tarte am besten.

Warmes Kompott

Ideal, wenn wenig frisches Obst im Angebot ist

für 4 Personen

Zub. 10 Min. • Garzeit 5–10 Min.

25 g Butter

6 Backpflaumen, entsteint und gehackt

6 Trockenaprikosen, gehackt

2 große Äpfel, geschält und nach Entfernen des Kerngehäuses gehackt

1 feste Birne, geschält und nach Entfernen des Kerngehäuses gehackt

1 Zimtstange

2 TL Zucker

2 TL frisch gepresster Zitronensaft

Joghurt und Honig zum Servieren

Vorbereitung Das Kompott kann bis zu 3 Tage im Voraus zubereitet werden. Abgedeckt kalt stellen.

1 Die Butter in einem schweren Topf bei mittlerer Hitze zerlassen. Früchte und Zimtstange hinzufügen und unter häufigem Rühren behutsam garen, bis die Früchte weich sind.

2 Den Zucker hinzufügen und einige Minuten rühren, bis er sich aufgelöst hat. Zimtstange entfernen.

3 Das Kompott von der Kochstelle nehmen, mit dem Zitronensaft beträufeln und warm mit 1 Löffel Joghurt und etwas Honig servieren.

Gedünstete Äpfel

Wunderbar einfaches Dessert für jede Gelegenheit

für 4 Personen

Zub. 15 Min. • Garzeit 15 Min. + Wartezeit

fettarm

1,3 kg süße Dessertäpfel, etwa Cox Orange oder Braeburn, geschält, entkernt, in dünne Scheiben geschnitten

150 ml Apfelsaft

1 EL Ingwersirup

3 Stücke in Sirup eingelegter Ingwer, fein gehackt

Vorbereitung Die Äpfel können bis zu 5 Tage im Voraus zubereitet werden. In einem luftdicht verschlossenen Behälter kalt stellen.

1 Äpfel, Saft und Sirup in einem Topf bei mittlerer Hitze zum Kochen bringen und nach Reduzieren der Temperatur zugedeckt 15 Min. köcheln lassen, dabei ein- oder zweimal umrühren.

2 Von der Kochstelle nehmen und den gehackten Ingwer unterrühren. Abkühlen lassen, dann servieren.

Dazu passt ein Löffel Sahne oder Mascarpone.

Bratäpfel mit Walnüssen

Der richtige Nachtisch, wenn es draußen stürmt und schneit

für 4 Personen
Zub. 10–15 Min. • Garzeit 30 Min.
fettarm

4 große Äpfel der Sorte Golden Delicious
1 Spritzer frisch gepresster Zitronensaft
80 g Walnusskerne
1 EL Rosinen
1 EL brauner Zucker
25 g Butter
1 Prise gemahlener Zimt

1 Den Backofen auf 180 °C vorheizen. Von jedem Apfel oben eine 2,5 cm dicke Scheibe abschneiden und beiseitelegen. Mit einem Apfelausstecher oder kleinen scharfen Messer die Kerngehäuse der Äpfel entfernen. Mit Zitronensaft beträufeln.

2 Walnusskerne und Rosinen mit Zucker, Butter und Zimt in die Küchenmaschine geben und grob zerkleinern.

3 Die Mischung in die Äpfel füllen und die »Deckel« wieder auflegen. Die Äpfel in eine flache, ofenfeste Form setzen, in der sie aufrecht stehen bleiben, und 1 cm hoch Wasser in die Form füllen.

4 Die Äpfel für etwa 30 Min. in den Backofen schieben, bis sie sich mit der Spitze eines Messers leicht einstechen lassen. Herausnehmen, in der Form etwas abkühlen lassen, vorsichtig auf Teller heben und heiß servieren.

Dazu passt ein großer Löffel Crème fraîche, Vanillesauce oder Sahne.

Reste schmecken aufgewärmt mit Sahne oder Vanillesauce, aber auch kalt.

Birnen in Marsala

Für dieses italienische *dolce* eignen sich auch Pflaumen, Pfirsiche oder Aprikosen

für 4–6 Personen
Zub. 10 Min. • Garzeit 30–50 Min.

6 reife Birnen, geschält und halbiert
100 g Zucker
250 ml trockener Marsala
1 TL Vanilleextrakt
1 Zimtstange
250 g Sahne
2 EL Puderzucker

Vorbereitung Die Birnen können am Vortag zubereitet und behutsam erwärmt, die Sahne 60 Min. im Voraus geschlagen werden.

1 Den Backofen auf 150 °C vorheizen. Die Birnen mit den Schnittflächen nach oben in eine ofenfeste Form legen. Zucker, Marsala und Vanilleextrakt darübergeben, dann 250 ml Wasser angießen. Die Zimtstange hinzufügen.

2 Die Birnen je nach Reifegrad 30–50 Min. garen, bis sie weich sind, zwischendurch ab und zu testen und mit der Garflüssigkeit begießen.

3 In der Zwischenzeit die Sahne schlagen, bis sich steife Spitzen bilden, dabei nach und nach den Puderzucker hinzufügen. Die Birnen warm oder kalt in der Garflüssigkeit servieren, die Schlagsahne dazureichen.

Dazu passen Löffelbiskuits oder Amaretti.

VARIANTE

Aprikosen in Marsala

Die Birnen durch geschälte, halbierte und entsteinte Aprikosen oder Pflaumen ersetzen. Die Früchte 20–40 Min. backen, bis sie weich sind. Anstelle von Marsala passt auch halbtrockener Sherry oder Portwein sehr gut.

Heidelbeer-Cobbler

Klassisches amerikanisches Sommerdessert

für 4 Personen
Zub. 15 Min. • Garzeit 30 Min.

- 500 g Heidelbeeren
- 2 große Pfirsiche oder Tafeläpfel, entkernt und in Scheiben geschnitten
- abgeriebene Schale von ½ unbehandelten Zitrone
- 2 EL Zucker

Cobbler

- 225 g Mehl
- 3 TL Backpulver
- 75 g Zucker plus 1 EL Zucker zum Bestreuen
- 1 Prise Salz
- 75 g kalte Butter, gewürfelt
- 1 Ei
- 100 ml Buttermilch
- 1 Handvoll Mandelblättchen

1 Den Backofen auf 190 °C vorheizen. Heidelbeeren und Pfirsiche auf dem Boden einer flachen, ofenfesten Form verteilen und mit Zitronenschale und Zucker bestreuen.

2 Mehl, Backpulver, Zucker und Salz in eine Schüssel sieben. Mit den Händen die Butter einarbeiten, bis feine Krümel entstanden sind.

3 Ei und Buttermilch sorgfältig verquirlen und unter die trockenen Zutaten mischen, um einen weichen, klebrigen Teig herzustellen. Den Teig mit etwas Abstand in walnussgroßen Häufchen auf die Früchte setzen. Mit den Fingern etwas flacher drücken, dann Mandelblättchen und 1 EL Zucker darüberstreuen.

4 Das Dessert etwa 30 Min. backen, bis es goldbraun ist und Blasen wirft. Sollte es zu rasch braun werden, locker mit Alufolie abdecken. Es ist fertig, wenn ein hineingestochener Spieß sauber wieder herauskommt. Vor dem Servieren etwas abkühlen lassen.

Dazu passt ein Löffel Vanillesauce oder Crème double.

Karamellisierte Herbstfrüchte

Köstlicher Nachtisch aus herbstlichen Früchten

für 6 Personen
Zub. 10 Min. • Garzeit 20 Min.

- 3 Äpfel der Sorte Granny Smith
- 3 feste Conférence-Birnen
- 4 feste rote Pflaumen
- 60 g Butter
- 60 g Zucker
- 2 EL Orangensaft oder Wasser

1 Äpfel und Birnen schälen und vierteln, dann die Kerngehäuse entfernen. Die Pflaumen vierteln und entsteinen.

2 Für den Karamell die Butter in einer Pfanne bei mittlerer Temperatur erhitzen. Zucker und Orangensaft hinzufügen und rühren, bis sich der Zucker aufgelöst hat. Die Temperatur erhöhen und den Karamell kochen lassen, bis er goldbraun ist.

3 Die Äpfel hinzufügen und unter Rühren sanft garen, bis sie weich werden. Die Birnen dazugeben und ebenfalls garen, bis sie weich sind.

4 Die Pflaumen hinzufügen und die Früchte unter gelegentlichem Rühren weitergaren, bis alle mit Karamell überzogen und weich sind, aber noch nicht zerfallen. Warm servieren.

Dazu passt Sahne, Eiscreme oder Crème brûlée. Man kann die karamellisierten Herbstfrüchte aber auch mit selbst gemachtem Shortbread oder Baisers servieren.

VARIANTE

Karamellisierte Sommerfrüchte

Die Herbstfrüchte durch Sommerfrüchte wie Aprikosen, Pfirsiche, Quitten und Brombeeren ersetzen.

Apfel-Charlotte

Soll für die englische Königin Charlotte erfunden worden sein

für 6–8 Personen
Zub. 50 Min. • Garzeit 40–45 Min.
23 cm große Springform

- 1,3 kg Kochäpfel, geschält, entkernt und in Scheiben geschnitten
- abgeriebene Schale und Saft von 1 unbehandelten Zitrone
- 75 g Sultaninen
- 125 g Zucker
- 140 g Butter plus Butter zum Einfetten
- 1 Weißbrot
- ½ TL gemahlener Zimt
- Puderzucker zum Bestäuben

1 Die Äpfel mit Zitronenschale, Zitronensaft, Sultaninen und 85 g Zucker in einem großen, schweren Topf bei schwacher Hitze zugedeckt etwa 8–10 Min. garen, bis sie zu zerfallen beginnen, dabei den Topf ab und zu rütteln.

2 Den Backofen auf 190 °C vorheizen. Die Butter in einem Topf zerlassen. Die Form mit etwas Butter auspinseln. Die Rinde vom Brot entfernen und das Brot in 14 Scheiben schneiden. Die Scheiben beidseitig mit Butter einpinseln. Restlichen Zucker und Zimt vermischen und auf eine Seite der Brotscheiben streuen.

3 3 Scheiben zurechtschneiden, sodass sie den Boden der Form bedecken. Mit der gezuckerten Seite nach unten hineinlegen. 8 Scheiben halbieren und mit der gezuckerten Seite nach außen leicht überlappend um den Rand der Form legen.

4 Das Apfelkompott in die Form füllen. Mit den restlichen Brotscheiben, gezuckerte Seite nach außen, abdecken. Die Scheiben am Rand über die Charlotte biegen. Die Charlotte 30–35 Min. backen, bis sie knusprig und goldbraun ist. Herausnehmen und mindestens 5 Min. in der Form stehen lassen, dann auf einen Teller stürzen und mit Puderzucker bestäubt servieren.

Apfelmus

Schmeckt heiß, warm oder kalt

für 4 Personen
Zub. 15 Min. • Garzeit 35–40 Min.
fettarm

- 1,2 kg Kochäpfel
- 1 EL frisch gepresster Zitronensaft
- 100 ml Apfelsaft
- 75 g Zucker
- griechischer Joghurt zum Servieren (nach Belieben)
- rotschaliger Tafelapfel, in Scheiben geschnitten und in Zitronensaft gewendet, zum Servieren (nach Belieben)

Vorbereitung Das Apfelmus kann bis zu 3 Tage im Voraus gekocht und kalt gestellt werden.

1 Die Kochäpfel schälen, nach Entfernen des Kerngehäuses in dünne Scheiben schneiden, in einen Topf geben und mit Zitronensaft beträufeln, damit sie nicht braun werden.

2 Apfelsaft und Zucker hinzufügen. Die Zutaten bei mittlerer Temperatur langsam zum Kochen bringen und nach Reduzieren der Hitze zugedeckt 35–40 Min. köcheln lassen, bis die Äpfel zerfallen sind, dabei gelegentlich umrühren.

3 Das Apfelmus von der Kochstelle nehmen und etwas abkühlen lassen, dann durch ein Sieb streichen.

4 Das Apfelmus auf Portionsgläser verteilen. Falls gewünscht, etwas Joghurt daraufgeben und mit Apfelscheiben verzieren.

Dazu passt anstelle des Joghurts auch Eiscreme oder Schlagsahne.

Erdbeer-Orangen-Crêpes

Die zartesten Pfannkuchen der Welt – mit ihrer cremigen Füllung zergehen sie auf der Zunge

für 4 Personen

Zub. 30 Min. + Wartezeit • Garzeit 30 Min.

die Crêpes sind tiefgekühlt 3 Mon. haltbar

Crêpes

125 g Mehl

1 Prise Salz

½ EL Zucker

2 Eier, verquirlt

250 ml Milch

25 g Butter, zerlassen, plus Butter zum Backen

Füllung

500 g Ricotta

1–2 EL flüssiger Honig

abgeriebene Schale von ½ unbehandelten Zitrone

350 g Erdbeeren, geputzt und in Scheiben geschnitten

2 Orangen, filetiert

1 Für die Crêpes Mehl und Salz in eine Schüssel sieben und den Zucker untermischen. In die Mitte eine Vertiefung drücken. Die Eier mit etwas Milch hineingeben und unterschlagen, um einen glatten Teig herzustellen. Nach und nach zunächst die restliche Milch und dann die Butter unterrühren. Den Teig 30 Min. ruhen lassen.

2 Eine Pfanne bei mittlerer Temperatur erhitzen und etwas Butter hineingeben. Wenn die Butter schäumt, ein wenig Teig in die Pfanne gießen und die Pfanne schwenken, um ihn zu verteilen. Den Pfannkuchen backen, bis die Unterseite goldbraun ist, dann umdrehen und noch einmal 1–2 Min. backen. Auf einen Teller gleiten lassen und warm stellen. Weitere sieben Crêpes herstellen, bei Bedarf noch etwas Butter in die Pfanne geben.

3 Für die Füllung den Ricotta mit Honig nach Geschmack süßen und die Zitronenschale unterrühren. Die Crêpes mit dem Ricotta bestreichen und die Hälfte der Früchte darauf verteilen.

4 Die Crêpes zusammenfalten und mit den restlichen Früchten servieren.

Gebackene Sharonfrüchte mit Amaretti

Die Sharonfrucht ist eine Kaki-Züchtung aus Israel. Für dieses Dessert sind leicht überreife Früchte erforderlich

für 4 Personen

Zub. 20 Min. • Garzeit 20 Min.

4 Sharonfrüchte, nach Entfernen der Stiele halbiert

25 g Butter

1 EL flüssiger Honig

75 g Amaretti, zerstoßen

abgeriebene Schale und Saft von 1 unbehandelten großen Orange

225 g Mascarpone

50 g Zucker

1 Den Backofen auf 180 °C vorheizen. Die Sharonfrüchte mit den Schnittflächen nach oben in eine flache, ofenfeste Form legen. Die Butter in Flöckchen daraufsetzen und den Honig darüberträufeln. Die zerstoßenen Kekse in die Mitte geben. Die Früchte mit dem Orangensaft übergießen und für 20 Min. in den Backofen schieben.

2 In der Zwischenzeit Mascarpone, Orangenschale und Zucker verrühren. Bis zum Servieren kalt stellen.

3 Die gebackenen Früchte heiß oder warm mit einem Löffel Mascarpone servieren.

Brown Betty

Ein Auflauf aus Früchten und Brotresten – typisch für die einfache Küche der amerikanischen Kolonialzeit

für 4 Personen

Zub. 30 Min. • Garzeit 35–45 Min.

1,2 l fassende ofenfeste Form

- 85 g Butter
- 175 g frische Semmelbrösel
- 1 kg Äpfel, etwa Bramley, Granny Smith oder Golden Delicious
- 85 g brauner Zucker
- 1 TL gemahlener Zimt
- ½ TL Lebkuchengewürz
- abgeriebene Schale von 1 unbehandelten Zitrone
- 2 EL frisch gepresster Zitronensaft
- 1 TL Vanilleextrakt

1 Den Backofen auf 180 °C vorheizen. Die Butter zerlassen und die Semmelbrösel untermischen.

2 Die Äpfel schälen und vierteln, die Kerngehäuse entfernen. Die Viertel in Scheiben schneiden und mit Zucker, Zimt, Lebkuchengewürz, Zitronenschale, Zitronensaft und Vanilleextrakt in einer Schüssel sorgfältig vermischen.

3 Die Hälfte der Apfelmischung in die Form geben und mit der Hälfte der Semmelbrösel bedecken. Mit den restlichen Zutaten ebenso verfahren.

4 Den Auflauf für 35–45 Min. in den Backofen schieben. Nach 35 Min. überprüfen – sollte er zu braun werden, mit Backpapier abdecken und die Temperatur auf 160 °C reduzieren. Er ist fertig, wenn die Brösel goldbraun und die Äpfel weich sind. Warm servieren.

Dazu passt mit etwas Puderzucker leicht geschlagene Sahne.

Gratinierte Zitrusfrüchte

Wenn der Gaumen eine Erfrischung braucht

für 4 Personen

Zub. 15 Min. • Garzeit 5 Min.

4 ofenfeste Förmchen

- 2 rosafleischige Grapefruit, filetiert
- 2 gelbfleischige Grapefruit, filetiert
- 2 Orangen, filetiert

Zabaione

- 1 Ei
- 2 Eigelb
- 60 g Zucker
- 100 ml Marsala oder süßer Sherry

1 Den Backofengrill auf höchster Stufe vorheizen. Die Früchte auf die Formen verteilen.

2 Ei und Eigelbe in einer hitzebeständigen Schüssel mit dem elektrischen Handrührgerät schaumig schlagen. Zucker und Marsala hinzufügen. Die Mischung auf einem Topf mit köchelndem Wasser etwa 3–4 Min. weiterschlagen, bis sie sehr dick ist. Die Zabaione über die Früchte gießen und für etwa 1 Min. unter den Grill stellen, bis sie goldbraun ist.

VARIANTE

Gegrillte Zitrusfrüchte

Anstelle der Zabaione etwas braunen Zucker über die Früchte geben und diese 3–4 Min. grillen.

Gebackene Feigen mit Honig

Rasch zubereitet, aber stilvoll

für 4 Personen

Zub. 2–3 Min. • Garzeit 20 Min.

- 6 feste Feigen
- 2 EL flüssiger Honig
- 2 EL Weinbrand oder Rum
- gemahlener Zimt zum Bestreuen

1 Den Backofen auf 180 °C vorheizen. Die Feigen halbieren und dicht nebeneinander in eine flache, ofenfeste Form legen.

2 Honig und Weinbrand darüberträufeln und auf jede Feigenhälfte eine große Prise Zimt geben.

3 Die Feigen etwa 20 Min. backen, bis sie weich sind, aber bereits nach 10 Min. überprüfen, da die Garzeit von ihrem Reifegrad abhängig ist. Warm oder mit Zimmertemperatur servieren.

Dazu passt Mascarpone, Vanilleeis oder Crème fraîche.

Reste können 2 Tage im Kühlschrank aufbewahrt werden.

Apfel-Streusel-Kuchen

Der leckere Belag aus Streuseln macht aus einem einfachen Apfelkuchen etwas Besonderes

- ergibt 8 Stücke
- Zub. 30 Min. + Wartezeit • Backzeit 45–50 Min.
- 20 cm große Springform oder runde Kuchenform
- eingepackt tiefgekühlt 6 Mon. haltbar

175 g Butter plus Butter zum Einfetten

2 säuerliche Tafeläpfel

175 g heller Muscovadozucker

abgeriebene Schale von 1 unbehandelten Zitrone

3 Eier, verquirlt

175 g Mehl, mit 5 g Backpulver vermischt

3 EL Milch

Streusel

115 g Mehl

85 g heller Muscovadozucker

2 TL gemahlener Zimt

85 g Butter, gewürfelt

1 Für die Streusel Mehl, Zucker und Zimt vermischen, dann die Butter einarbeiten. Die Mischung zu einer Kugel formen und in Frischhaltefolie eingewickelt für 30 Min. kalt stellen.

2 Den Backofen auf 190 °C vorheizen. Die Kuchenform einfetten und den Boden mit Backpapier auslegen. Die Äpfel schälen, entkernen und in Spalten schneiden.

3 Butter und Zucker cremig rühren. Zitronenschale hinzufügen, dann nach und nach die Eier unterschlagen. Mehl und Milch untermischen.

4 Die Hälfte des Teiges in der Form verteilen und die Hälfte der Apfelscheiben daraufgeben. Den übrigen Teig in die Form geben, dann die restlichen Äpfel. Die Streuselmasse grob reiben oder zerkrümeln und auf dem Kuchen verteilen.

5 Den Kuchen auf der mittleren Schiene 45–50 Min. backen, bis ein in die Mitte eingestochener Spieß sauber wieder herauskommt. 5 Min. abkühlen lassen, dann auf ein Kuchengitter setzen. Warm servieren.

Apfel-Crumble

Da Dessertäpfel beim Garen nicht zerfallen, sind sie für diese Süßspeise ideal

- für 4 Personen
- Zub. 20 Min. • Backzeit 45 Min.

500 g Tafeläpfel wie Cox Orange, geschält, entkernt und in dünne Scheiben geschnitten

1 EL Zitronensaft

Crumble

110 g Mehl

75 g Butter

60 g Haferflocken

100 g Demerarazucker

1 Den Backofen auf 190 °C vorheizen. Die Äpfel in einer ofenfesten Form sorgfältig mit dem Zitronensaft vermischen, damit sie sich nicht braun färben, dann beiseitestellen.

2 Für den Belag Mehl und Butter in eine Schüssel geben und zwischen den Fingerspitzen reiben, bis grobe Krümel entstanden sind. Haferflocken und Zucker untermischen.

3 Die Streusel gleichmäßig auf den Äpfeln verteilen und leicht andrücken. Das Dessert für etwa 45 Min. in den Backofen schieben, bis die Oberfläche goldbraun und knusprig ist, dann heiß servieren.

Dazu passt warme Vanillesauce oder gekühlte Sahne.

VARIANTE

Apfel-Brombeer-Crumble

200 g Äpfel durch Brombeeren ersetzen, dann wie oben fortfahren.

Flambierte Ananas

Stilvoll: mit Rum oder Weinbrand flambierte frische Ananasscheiben

für 4 Personen
Zub. 15–20 Min.
• Garzeit 10 Min.

- 1 Ananas
- 4 EL brauner Rum oder Weinbrand
- 2 EL frisch gepresster Limettensaft
- 50 g gesalzene Butter
- 50 g brauner Zucker
- geschlagene Sahne zum Servieren
- gemahlener Zimt zum Bestäuben

1 Die Ananas schälen und in dünne Scheiben schneiden. Mit der Spitze eines scharfen Messers oder einem kleinen, runden Ausstecher den Strunk entfernen.

2 Ananasscheiben und ausgetretenen Saft mit Rum oder Weinbrand und Limettensaft in einer Pfanne erhitzen. Den Alkohol mit einem Streichholz entzünden und warten, bis die Flammen erloschen sind.

3 Die Butter in Flöckchen auf die Ananas setzen und den Zucker darüberstreuen. Die Pfanne bei schwacher Hitze vorsichtig schütteln, bis die Butter geschmolzen ist, der Zucker sich aufgelöst hat und die Ananasscheiben glasiert sind. Die Ananas mit einem Löffel Schlagsahne und mit Zimt bestäubt servieren.

Dazu passt Mascarpone oder Eiscreme.

VARIANTE

Flambierte Aprikosen

10 halbierte und entsteinte Aprikosen in 50 g Butter etwa 3–4 Min. garen, bis sie weich sind. 50 g braunen Zucker und den Saft von ½ Zitrone untermischen. In einer Schöpfkelle 4 EL Apricot Brandy entzünden und über die Aprikosen gießen. Die Flammen vor dem Servieren erlöschen lassen.

Ananas auswählen

Eine frische Ananas hat eine gleichmäßig braune Schale ohne dunkle Flecken und einen frischen Duft. Eine Ananas, die nicht duftet, ist nicht reif. Aus einer reifen Frucht lässt sich ein Blatt aus dem Schopf leicht herausziehen. Auf einem sonnigen Fensterbrett kann man unreife Früchte nachreifen.

Gebackene Aprikosen mit Mascarpone

Mit Früchten aus der Dose kann dieses italienische Dessert das ganze Jahr hindurch zubereitet werden

für 4 Personen
Zub. 10 Min. • Garzeit 10 Min.

- Butter zum Einfetten
- 1 Dose Aprikosen (400 g), abgetropft
- 3 EL flüssiger Honig
- 3 EL Mandelblättchen
- 1 Prise gemahlener Ingwer oder Zimt
- 150 g gekühlter Mascarpone zum Servieren

Vorbereitung Das Dessert kann mehrere Stunden im Voraus in die Form gegeben werden. Erst kurz vor dem Servieren unter den Grill setzen.

1 Den Backofengrill auf höchster Stufe vorheizen. Eine ofenfeste Form dünn ausbuttern.

2 Die Aprikosenhälften mit den Schnittflächen nach oben in die Form legen, mit Honig bestreichen, mit den Mandelblättchen bestreuen und dünn mit gemahlenem Ingwer oder Zimt bestäuben.

3 Die Aprikosen etwa 10 Min. grillen, bis sie sich mit der Spitze eines Messers leicht einstechen lassen und die Mandelblättchen geröstet sind. Die Früchte heiß oder abgekühlt mit dem Mascarpone servieren.

Dazu passt statt Mascarpone auch Vanilleeis oder Schlagsahne.

Konfitüre

Angesichts des großen Angebotes an hochwertigen Produkten im Handel mag das Einkochen von Konfitüre wie eine Tätigkeit aus längst vergangenen Tagen erscheinen. Doch ein Glas selbst zubereitete Konfitüre macht jedes Frühstück zu etwas Besonderem.

Früchte auswählen

Die Zubereitung von Konfitüre ist eine altbewährte Methode, um Obst während der Saison zu konservieren. Früchte, die für ihre Größe schwer sind, enthalten gewöhnlich am meisten Saft. Verzichten sollte man auf Früchte, die beschädigt, schimmelig oder feucht sind oder muffig riechen.

Lagerung

Reifes Obst verdirbt rasch und sollte möglichst wenig angefasst werden. Zu Hause die Früchte auspacken und in den Kühlschrank legen, um den Reifeprozess zu verlangsamen. Viele Früchte kann man auch einfrieren und später zu Konfitüre verarbeiten, dabei beim Einfrieren auf dem Etikett das Gewicht notieren, um die richtige Menge Zucker und Geliermittel hinzufügen zu können.

Äpfel
Äpfel sollten schwer sein für ihre Größe und eine glatte, glänzende Schale haben. Sie enthalten viel Pektin und gelieren gut.

Pflaumen
Für Konfitüre sind säuerliche rote Pflaumen ideal. Pralle, runde Früchte mit glatter Haut wählen, die leichtem Druck nachgeben.

Cranberrys
Die besten Cranberrys für Konfitüre sind leuchtend rot, prall und rund.

Erdbeeren
Kaufen Sie Erdbeeren, die leuchtend rot sind und glänzen. Der Stielansatz muss grün sein und frisch wirken.

Ausstattung und Vorbereitung

Arbeitsgerät

Verwenden Sie am besten einen großen Edelstahltopf, der so tief ist, dass Sie sich nicht an der kochenden Konfitüre verbrennen können, und der einen schweren Boden hat, der die Hitze gleichmäßig verteilt. Durch ein an der Topfwand befestigtes Zuckerthermometer lässt sich leicht feststellen, wann die Konfitüre 104 °C und damit den Gelierpunkt erreicht hat. Andernfalls machen Sie wie ganz rechts gezeigt eine Gelierprobe.

Langstielige Löffel verhindern, dass Sie sich beim Rühren und Abschöpfen des Schaumes verbrennen. Ein kurzer, breiter Trichter reduziert das Risiko, sich beim Einfüllen der heißen Konfitüre in Gläser Verbrennungen zuzuziehen.

Gläser

Am besten sind Gläser mit Schraubdeckeln, die das Eindringen von Bakterien verhindern, was sehr wichtig ist, wenn Konfitüre längere Zeit aufbewahrt werden soll.

Alle Gläser und Deckel müssen unbeschädigt und sauber sein und vor dem Füllen sterilisiert werden. Dazu Gläser und Deckel mit heißem Seifenwasser abwaschen und mit heißem Wasser nachspülen oder in der Geschirrspülmaschine reinigen. Gläser und Deckel auf einem Gitter in einen großen Topf setzen, ohne dass sie sich gegenseitig oder die Topfwand berühren. Mit kochendem Wasser bedecken und das Wasser 10 Min. sprudelnd kochen lassen. Gläser und Deckel mit einer Küchenzange aus dem Wasser heben und umgedreht auf sauberen Küchenhandtüchern abtropfen lassen, dann zum Trocknen für 15 Min. in den 100 °C heißen Backofen stellen.

WAS KONFITÜRE GELIEREN LÄSST

Pektin und Säure sind zwei natürliche Substanzen, die in verschiedenen Früchten in unterschiedlichen Mengen vorkommen. Damit Konfitüre richtig geliert, muss sie bestimmte Mengen Pektin, Säure und Zucker enthalten. Pektin ist in der Schale und den Samen von Früchten konzentriert. Leicht unreife Früchte enthalten die größten Mengen Pektin und Säure. Bei Rezepten für Früchte, die wenig Pektin oder Säure haben, wird Pektin in Pulverform oder Säure in Form von Zitronensaft hinzugefügt.

MENGEN

Betrachten Sie die Angaben in Bezug auf die zu erwartende Menge in den Rezepten für Konfitüre als Orientierungshilfe. Tatsächlich kann es aber letztlich etwas mehr oder weniger sein. Die Menge hängt von mehreren Faktoren ab, etwa von der Größe der Früchte oder von ihrem Reifegrad.

Konfitüre kochen

Stachelbeeren
Am besten eignen sich große Stachelbeeren, die rötlich überhaucht sind.

Himbeeren
Sie sollten prall sein und gleichmäßig gereift, ohne Blätter oder Stiele.

Brombeeren
Verwenden Sie Brombeeren, die eine tief blauschwarze Farben haben und duften.

Nektarinen
Die Haut soll glatt und rötlich-gelb sein, das Fruchtfleisch nicht mehr hart.

Heidelbeeren
Die besten sehen prall und blaugrau »bereift« aus und fühlen sich fest an.

Feigen
Gut sind schwere Früchte, die auf leichten Druck etwas nachgeben. Weiche oder säuerlich riechende Exemplare meiden.

Rote Johannisbeeren
Die Beeren müssen gleichmäßig gefärbt und unbeschädigt sein.

Konfitüre zubereiten

1 Früchte vorbereiten Bei jeder selbst zubereiteten Konfitüre besteht der erste Schritt darin, die Früchte vorzubereiten. Für Erdbeerkonfitüre (s. S. 466) die Erdbeeren zunächst waschen und putzen. Andere Früchte wie etwa Aprikosen entsprechend vorbereiten.

2 Zucker hinzufügen Die Früchte in den Topf geben und weich werden lassen, dann den Zucker hinzufügen und bei schwacher Hitze mit einem Holzlöffel rühren, bis sich der Zucker vollständig aufgelöst hat. Die Mischung zum Kochen bringen. Wenn Sie nicht sicher sind, ob der Zucker aufgelöst ist, den Löffel durch die Mischung ziehen, dann am Löffelrücken prüfen, ob noch Zuckerkristalle zu sehen sind.

3 Schaum abschöpfen Nach der Gelierprobe (rechts) die Konfitüre von der Kochstelle nehmen und den Schaum abschöpfen. Die Konfitüre in sterilisierte Gläser füllen. Die Gläser abkühlen lassen und etikettieren. In luftdicht verschlossenen Gläsern hält sich Konfitüre an einem kühlen, dunklen Platz aufbewahrt ein Jahr. Nach dem Öffnen sollte sie in den Kühlschrank gestellt werden.

GELIERPROBEN

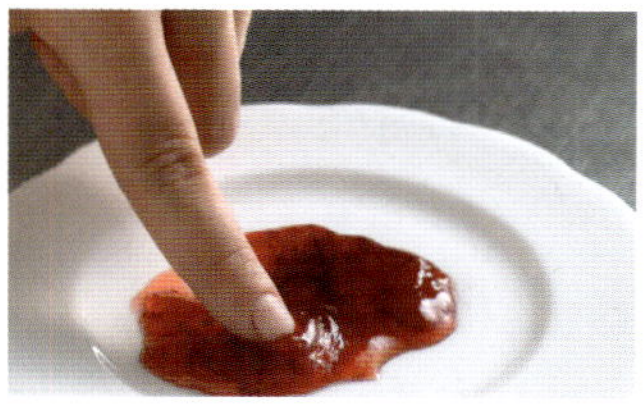

Kalter Teller Etwas Konfitüre auf einen gekühlten Teller geben und abkühlen lassen. Kräuselt sich die Oberfläche dann beim Zusammenschieben, ist die Konfitüre fertig.

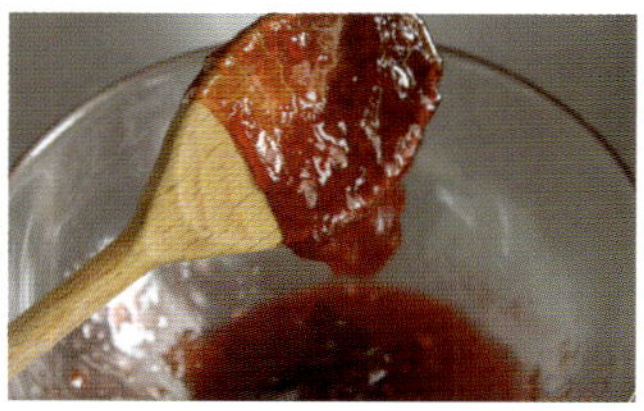

Tropfentest Etwas Konfitüre auf einem Holzlöffel einige Sekunden über eine Schüssel halten, dann den Löffel drehen. Die Konfitüre sollte in großen Tropfen herunterfallen.

Konfitüre

Erdbeerkonfitüre

ergibt 7–8 Gläser

Zub. 10 Min. • Garzeit 20–25 Min.

großer Edelstahltopf, korrosionsbeständige große Schüssel, 7–8 sterilisierte Gläser mit 500 g Fassungsvermögen

- 2 kg Erdbeeren
- 6 EL Zitronensaft
- 1,8 kg Zucker

1 Zu Beginn einen kleinen Teller im Kühlschrank kalt stellen. Die Erdbeeren waschen, putzen und abwiegen – es sollten 1,8 kg geputzte Beeren vorhanden sein. Die Beeren halbieren, in die Schüssel geben und mit einer großen Gabel leicht zerdrücken.

2 Die Beeren mit ihrem eigenen Saft und dem Zitronensaft in den Topf geben und zum Kochen bringen, dann auf schwache Hitze reduzieren. Die Beeren 5–10 Min. unter Rühren köcheln lassen, bis sie weich sind.

3 Den Zucker hinzufügen und rühren, bis er sich vollkommen aufgelöst hat. Die Temperatur heraufschalten und die Mischung ohne Rühren etwa 15 Min. kräftig kochen lassen, bis sie den Gelierpunkt erreicht hat. Von der Kochstelle nehmen und eine Gelierprobe machen.

4 Mit einem großen Metalllöffel den Schaum abschöpfen. Die Konfitüre etwas abkühlen lassen, damit sich eine dünne Haut bildet und die Beeren gleichmäßig in der Konfitüre verteilt sind. Die Gläser bis 3 mm unter den Rand füllen, verschließen, abkühlen lassen und beschriften. Die Konfitüre an einem kühlen, dunklen Platz aufbewahren, nach dem Öffnen in den Kühlschrank stellen.

Aprikosenkonfitüre

ergibt 4–5 Gläser

Zub. 15 Min. • Garzeit 40 Min.

großer Edelstahltopf, 4–5 trockene, sterilisierte Gläser mit 500 g Fassungsvermögen

- 1,4 kg Aprikosen
- 2 EL Zitronensaft
- 1,4 kg Zucker

1 Vor Beginn einen kleinen Teller im Kühlschrank kalt stellen. Die Aprikosen halbieren und entsteinen. Einige Steine aufknacken und die Kerne herausnehmen. Die Kerne in eine hitzebeständige Schüssel geben, mit kochendem Wasser bedecken und 60 Min. stehen lassen, dann in eine Schüssel mit kaltem Wasser heben. Abtropfen lassen und mit den Fingern die Haut abreiben.

2 Aprikosen, Kerne, Zitronensaft und Wasser in den Topf geben und zum Kochen bringen, dann die Hitze reduzieren. Die Mischung etwa 25 Min. unter gelegentlichem Rühren köcheln lassen, bis sie um ein Drittel eingekocht ist und die Aprikosen weich sind.

3 Den Zucker hinzufügen und rühren, bis er sich vollkommen aufgelöst hat. Die Temperatur heraufschalten und die Mischung ohne Rühren etwa 10 Min. kochen lassen, bis sie den Gelierpunkt erreicht hat. Von der Kochstelle nehmen und eine Gelierprobe machen.

4 Mit einem großen Metalllöffel den Schaum abschöpfen und die Aprikosenkerne herausnehmen. Die vorbereiteten Gläser bis 3 mm unter den Rand mit Konfitüre füllen, verschließen, abkühlen lassen und beschriften. Die Konfitüre an einem kühlen, dunklen Platz aufbewahren, nach dem Öffnen in den Kühlschrank stellen.

Heidelbeerkonfitüre

ergibt 5–6 Gläser

Zub. 5 Min. + Wartezeit • Garzeit 15–20 Min.

großer Edelstahltopf, korrosionsbeständige große Schüssel, 5-6 sterilisierte Gläser mit 500 g Fassungsvermögen

- 1,8 kg Heidelbeeren
- 1,35 kg Zucker
- Saft von 2 Zitronen
- 1 Prise Salz

1 Die Heidelbeeren mit der Hälfte des Zuckers, Zitronensaft und Salz in der Schüssel vermischen und abgedeckt bei Zimmertemperatur 5 Std. stehen lassen. In der Zwischenzeit einen kleinen Teller im Kühlschrank kalt stellen.

2 Den Schüsselinhalt in den Topf geben und den restlichen Zucker hinzufügen. Den Topfinhalt bei niedriger Temperatur unter Rühren erhitzen, bis sich der Zucker vollständig aufgelöst hat.

3 Die Temperatur erhöhen und die Mischung 10–12 Min. ohne Rühren kräftig kochen lassen, bis sie den Gelierpunkt erreicht hat. Von der Kochstelle nehmen und eine Gelierprobe machen.

4 Mit einem großen Metalllöffel den Schaum abschöpfen und die Konfitüre etwas abkühlen lassen, dann die vorbereiteten Gläser bis 3 mm unter den Rand füllen, verschließen, abkühlen lassen und beschriften. Die Konfitüre an einem kühlen, dunklen Platz aufbewahren, nach dem Öffnen in den Kühlschrank stellen.

Konfitüre verwenden

SICHERE LAGERUNG
Nachdem die Konfitüre abgefüllt wurde, darauf achten, dass die Gläser sauber beschriftet und mit Datum versehen werden. An einem kühlen, dunklen Platz aufbewahren und nach dem Öffnen in den Kühlschrank stellen.

Köstliche Rezepte für Konfitüre

Konfitürenroulade
Seelentröster, der nicht nur mit Erdbeerkonfitüre wunderbar schmeckt
40 Min.
Seite 382

Sherry-Trifle
Kann durch Verwendung verschiedener Konfitüren beliebig variiert werden
35 Min.
Seite 386

Victoria-Torte
Gefüllt mit selbst gemachter Konfitüre und Schlagsahne
40–45 Min.
Seite 413

Himbeer-Sablés
Eine dünne Schicht Konfitüre verbindet zwei buttrige Kekse
20–25 Min.
Seite 442

Passionsfruchtpudding

Ein exotischer Genuss ist das mit Passionsfrucht aromatisierte Milchdessert

für 4 Personen

Zub. 15 Min. + Wartezeit
• Garzeit 10 Min.

4 Dessertförmchen mit 300 ml Fassungsvermögen

85 g Maisstärke

1 l Milch

60 g Zucker

4 Passionsfrüchte

1 Die Maisstärke mit etwas Milch in einer mittelgroßen Schüssel glatt rühren. Die restliche Milch in einen großen Topf geben und langsam zum Kochen bringen. Die kochende Milch zu der angerührten Maisstärke in die Schüssel gießen und alles gut vermischen. Die Mischung zurück in den Topf gießen. Unter ständigem Rühren langsam wieder zum Kochen bringen und bei reduzierter Hitze 5 Min. köcheln lassen.

2 Den Topf von der Kochstelle nehmen und den Zucker hineinrühren. Die Förmchen mit kaltem Wasser ausspülen.

3 3 Passionsfrüchte halbieren. Saft und Samen herauskratzen und durch ein Sieb streichen. Den Saft in die Milchmischung rühren und diese auf die Förmchen verteilen. Auf jeden Pudding ein Stück Frischhaltefolie drücken. Die Puddinge für mindestens 2 Std. kalt stellen, bis sie fest sind.

4 Zum Servieren die Böden der Förmchen kurz in heißes Wasser tauchen und die Puddinge auf Teller stürzen. Samen und Saft aus der restlichen Passionsfrucht kratzen und über die Desserts geben.

Beerencocktail

Leuchtend rot und tief dunkelblau mischen sich die frischen Beeren zu einem sommerlichen Nachtisch

für 4 Personen

Zub. 15 Min. + Wartezeit
• Garzeit 5 Min.

100 g Zucker

abgeriebene Schale und Saft von 1 unbehandelten Zitrone

750–800 g Erdbeeren, Himbeeren und Heidelbeeren

Vorbereitung Die Früchte sollten mindestens 60 Min. vor dem Servieren zubereitet und kalt gestellt werden.

1 Den Zucker mit 300 ml Wasser in einen Topf geben.

2 Den Topfinhalt bei mittlerer Temperatur erhitzen und rühren, bis sich der Zucker aufgelöst hat. Die Temperatur erhöhen. Den Sirup zum Kochen bringen und 1–2 Min. kräftig kochen lassen, vom Herd nehmen.

3 Abgeriebene Zitronenschale und Zitronensaft unterrühren und den Sirup abkühlen lassen.

4 Große Erdbeeren nach Belieben in Stücke schneiden. Die Früchte in eine Schüssel geben, mit dem Sirup übergießen und behutsam durchheben, um sie mit Sirup zu überziehen. Den Cocktail bis zum Servieren kalt stellen.

Dazu passt ein Löffel Schlagsahne.

VARIANTE

Wintercocktail

In Scheiben geschnittene Äpfel und filetierte Orangen verwenden. Oder für eine exotische Variante Papaya und Mango und statt der Zitrone 1 Limette.

Mango-Orangen-Creme

Leicht und erfrischend

für 4 Personen

Zub. 40 Min. + Wartezeit
Garzeit 5 Min.

2 große, reife Mangos

abgeriebene Schale und Saft von 1 unbehandelten Orange

60 g Zucker

2 TL gemahlene Gelatine

1 Prise Salz

1 Eiweiß

150 g Sahne

1 Die Mangos halbieren, entsteinen und schälen. ¼ Mango beiseitestellen, das restliche Fleisch klein schneiden, mit dem Orangensaft in der Küchenmaschine glatt pürieren und in eine Schüssel füllen. Orangenschale und Zucker unterrühren.

2 In eine kleine Schüssel 3 EL Wasser geben. Die Gelatine hineinstreuen und 5 Min. quellen lassen. Die Schüssel in eine halb mit kochendem Wasser gefüllte größere Schüssel setzen und rühren, bis sich die Gelatine vollkommen aufgelöst hat. Etwas abkühlen lassen, dann unter das Mangopüree rühren.

3 In einer sauberen, großen Schüssel das Eiweiß mit dem Salz schlagen, bis sich steife Spitzen bilden. Den Eischnee unter die Mangomischung heben.

4 Die Sahne schlagen und die Hälfte unter die Fruchtmasse heben. Die Creme auf vier Dessertgläser verteilen und etwa 60 Min. kalt stellen, bis sie fest ist.

5 Zum Servieren jeweils einen Löffel von der restlichen Sahne auf jede Portion setzen und mit der zurückgestellten, in Scheiben geschnittenen Mango garnieren.

Kaltes Himbeersoufflé

Fein duftend zergeht es auf der Zunge

- für 4 Personen
- Zub. 30 Min. • Garzeit 5 Min.
- 4 Dessertförmchen
- unverziert offen eingefroren und anschließend in Gefrierbeutel verpackt tiefgekühlt 1 Mon. haltbar

1 EL Sonnenblumenöl

4 EL Rosenwasser

1 EL gemahlene Gelatine

350 g frische Himbeeren

1 EL frisch gepresster Zitronensaft

80 g Puderzucker, gesiebt

450 g Sahne

4 Eiweiß

Minzeblätter zum Verzieren

1 Vier doppelte Streifen Backpapier, die 5 cm über die Ränder der Förmchen hinausstehen, um die Förmchen herumlegen und mit Klebstreifen befestigen. Die überstehenden Ränder innen dünn einölen.

2 Das Rosenwasser in eine hitzebeständige Schüssel geben. Die Gelatine hineinstreuen und etwa 2 Min. quellen lassen, bis sie gallertartig wird. Einen Topf zur Hälfte mit kochendem Wasser füllen. Die Schüssel hineinstellen und rühren, bis sich die Gelatine aufgelöst hat. Die Gelatine etwas abkühlen lassen.

3 8 Himbeeren beiseitestellen. Die restlichen Himbeeren in der Küchenmaschine pürieren und durch ein Sieb streichen. Die Samen wegwerfen. Zitronensaft und Zucker unter das Püree rühren, dann nach und nach die Gelatine untermischen. Die Mischung an einen kühlen Platz stellen, bis sie fest zu werden beginnt.

4 Die Sahne schlagen, bis sich weiche Spitzen bilden, und unter die Himbeermasse heben. In einer zweiten Schüssel die Eiweiße steif schlagen und dann unter die Himbeersahne heben. Die Masse in die vorbereiteten Förmchen füllen und kalt stellen, bis sie fest geworden ist.

5 Vorsichtig das Backpapier von den Förmchen entfernen. Die Soufflés mit den zurückgestellten Himbeeren und den Minzeblättern verzieren.

Reste können als Füllung zwischen Baisers gegeben werden.

VARIANTE

Kaltes Brombeersoufflé

Die Himbeeren durch Brombeeren ersetzen, dabei besonders sorgsam darauf achten, dass sich keine Kerne mehr in dem Püree befinden, wenn die Schlagsahne untergehoben wird.

Schokofrüchte

Ein kleiner Leckerbissen zum Kaffee

- für 4 Personen
- Zub. 20 Min. • Garzeit 10 Min.

12 Physalis (Kap-Stachelbeeren)

12 Erdbeeren

100 g Bitterschokolade

Vorbereitung Die Früchte können 24 Std. im Voraus zubereitet werden. Im Kühlschrank aufbewahren.

1 Die papierartigen Kelchblätter der Physalis zurückziehen. Die Stiele der Erdbeeren nicht entfernen. Ein Tablett oder einen Teller mit Backpapier auslegen.

2 Die Schokolade in Stücke brechen und in einer hitzebeständigen Schüssel auf einem Topf mit köchelndem Wasser unter gelegentlichem Rühren 8–10 Min. erwärmen, bis sie geschmolzen ist.

3 Die Früchte an den Stielen festhalten, in die Schokolade tauchen und auf das Blech legen, dabei rasch arbeiten, da die Schokolade schnell wieder fest wird.

4 Die Früchte kalt stellen, bis die Schokolade fest geworden ist.

Sektgelee mit Passionsfrucht

Für besondere Gelegenheiten wird man Champagner verwenden, sonst erfüllt ein guter Sekt den Zweck

- für 6 Personen
- Zub. 20 Min. + Wartezeit • Garzeit 10 Min.
- 6 Sektschalen oder Glasschälchen mit 200 ml Fassungsvermögen

8 Blatt Gelatine

1 Flasche Sekt (750 ml)

Saft von 1 Zitrone

100 g Zucker

2 große oder 3 kleine Passionsfrüchte, halbiert

unbehandelte, duftende Rosenblütenblätter

1 Die Gelatine in einer kleinen Schüssel mit etwas kaltem Wasser 10 Min. einweichen.

2 In der Zwischenzeit 100 ml Sekt mit Zitronensaft und Zucker in einem kleinen Topf bei niedriger Temperatur erhitzen und rühren, bis sich der Zucker aufgelöst hat.

3 Die Gelatine ausdrücken und in dem erwärmten Sekt auflösen. Die Mischung etwas abkühlen lassen, dann den restlichen Sekt unterrühren und die Flüssigkeit vollständig abkühlen lassen.

4 Saft und Samen der Passionsfrüchte mit einem Löffel herauskratzen und auf die Gläser verteilen. Etwas Sektmischung in jedes Glas gießen und kalt stellen, bis sie geliert.

5 Die restliche Sektmischung auf die Gläser verteilen und für etwa 2 Std. kalt stellen, bis sie fest geworden ist. Das Gelee mit den Rosenblütenblättern verziert servieren.

Rote Grütze

Mit frischen Beeren und süßen Kirschen im Sommer einfach unschlagbar

- für 4 Personen
- Zub. 10 Min. • Garzeit 5 Min.

250 g Kirschen, entsteint

175 g Himbeeren

150 g Rote Johannisbeeren

125 g Brombeeren

125 g Erdbeeren, große Früchte geviertelt

50 g Zucker

2 EL Maisstärke

Vorbereitung Das Dessert kann einen Tag im Voraus zubereitet werden. Mit etwas Zucker bestreuen, damit sich keine Haut bildet, abkühlen lassen und mit Frischhaltefolie abgedeckt in den Kühlschrank stellen.

1 Alle Früchte mit 150 ml Wasser in einen Topf geben und langsam zum Kochen bringen.

2 Zucker und Maisstärke mit 2 EL kaltem Wasser glatt rühren und nach und nach unter die Früchte mischen. Die Grütze unter Rühren sanft garen, bis sie andickt.

3 Die Grütze abkühlen lassen und auf Portionsschalen verteilen.

Dazu passt warme Vanillesauce oder Schlagsahne.

Komposition mit exotischen Früchten

Duftende Rosenblütenblätter machen diesen rasch angerichteten Teller zu etwas ganz Besonderem

- für 4 Personen
- Zub. 15 Min.
- die verwendeten Rosen dürfen nicht mit Pestiziden oder anderen Chemikalien behandelt sein

1 reife Mini-Ananas

1 reife Mango, geschält, entsteint und in dicke Spalten geschnitten

175 g Erdbeeren, halbiert

1 reife Feige, geviertelt

1 Kiwi, in Stücke geschnitten

2 Passionsfrüchte, halbiert

Rosensahne

1 duftende rote Rose

150 g Sahne

1 EL feiner Zucker

1 EL frisch gepresster Zitronensaft

150 g Crème double

duftende rosa Rosenblütenblätter zum Servieren

Vorbereitung Die Sahne kann bis zu 24 Std. im Voraus zubereitet werden. Abgedeckt kalt stellen.

1 Die Ananas mitsamt Blattschopf längs vierteln und mit einem scharfen Messer vorsichtig Schale und Fruchtfleisch trennen. Das Fruchtfleisch in Scheiben schneiden, aber in der Schale lassen.

2 Zerstoßenes Eis auf einer Servierplatte verteilen. Ananas und alle anderen Früchte auf dem Eis anrichten.

3 Die Blütenblätter der roten Rose abzupfen. 3 Blätter als Verzierung beiseitelegen, die übrigen mit Sahne und Zucker im Mixer glatt pürieren. Den Zitronensaft hinzufügen. Die Crème double schlagen, bis sich weiche Spitzen bilden, dann die Rosenblütensahne unterschlagen, bis sich wiederum weiche Spitzen bilden. Die Sahne in eine Servierschüssel füllen und mit den zurückgestellten roten Blütenblättern verzieren.

4 Die Früchte mit den rosa Blütenblättern bestreuen und servieren, die Sahne dazureichen.

Reste können mit Joghurt oder frisch gepresstem Fruchtsaft im Mixer zu einem erfrischenden Getränk verarbeitet werden.

Eton mess

Soll entstanden sein, als ein Schuljunge einen Picknickkorb fallen ließ

- für 4 Personen
- Zub. 10 Min.

350 g reife Erdbeeren, in Scheiben geschnitten

2 EL Zucker

2 EL frisch gepresster Orangensaft oder Orangenlikör

300 g Sahne

125 g Baiser

Vorbereitung Schritt 1 und 2 können mehrere Stunden im Voraus ausgeführt werden. Das Dessert kurz vor dem Servieren fertigstellen.

1 Die Erdbeeren mit Zucker und Orangensaft in eine Schüssel geben und mit einer Gabel zerdrücken.

2 Die Sahne schlagen, bis sich steife Spitzen bilden. Baiser in kleine Stücke brechen.

3 Die Baiserstücke in die Schlagsahne rühren. Die Beeren mit Saft darübergeben und kurz untermischen, dann sofort servieren.

Dazu passen frische Himbeeren oder Heidelbeeren, die über das Dessert gestreut werden.

Toffee-Äpfel

Süße, saftige Äpfel mit einem leckeren Überzug aus knackigem Butterkaramell

für 4 Personen

Zub. 15 Min. • Garzeit 10 Min.

Eisstäbchen aus Holz oder Schaschlikspieße

- 4 kleine Tafeläpfel, Stiele entfernt
- 225 g Demerarazucker
- 25 g Butter
- 1 TL Weißwein- oder Apfelessig
- 1 TL Golden Sirup (heller Zuckerrohrsirup)
- Öl zum Einfetten

Vorbereitung Die Äpfel können 2 Tage im Voraus zubereitet werden. Kühl und trocken aufbewahren.

1 In das Stielende jedes Apfels ein Eisstäbchen drücken.

2 Die übrigen Zutaten mit Ausnahme des Öls in einem schweren Topf erhitzen, bis sich der Zucker aufgelöst hat, dann ohne Rühren 5–10 Min. kochen lassen. Zwischendurch ab und zu einen Backpinsel in kaltes Wasser tauchen und die Topfwände abstreichen, damit sich keine Zuckerkristalle bilden.

3 Ein Glas mit kaltem Wasser füllen und 1 TL Karamell hineintropfen lassen – er sollte eine Kugel bilden. Wenn sich die Kugel zwischen den Fingern rollen lässt und fest, aber nicht brüchig ist, kann der Karamell verwendet werden. Andernfalls den Karamell noch einmal 1 Min. kochen lassen und erneut testen.

4 Den Topf von der Kochstelle nehmen. Ein Backblech mit Backpapier auslegen und das Papier dünn einölen. 1 Apfel in den Karamell tauchen, um ihn zu überziehen, bei Bedarf den Topf schräg halten. Den Apfel aufrecht auf das Backblech setzen. Mit den restlichen Äpfeln ebenso verfahren, dabei möglichst rasch arbeiten.

5 Die Äpfel stehen lassen, bis sie vollkommen abgekühlt sind und der Karamell hart geworden ist.

Orangen mit Karamellsauce

Süßer Karamell ergänzt die Früchte perfekt

für 4 Personen

Zub. 10 Min. + Wartezeit • Garzeit 15 Min.

- 4 unbehandelte Orangen
- 225 g Zucker
- Crème fraîche zum Servieren

Vorbereitung Das Dessert kann bis zu 2 Tage im Voraus zubereitet werden. Im Kühlschrank aufbewahren.

1 Mit einem Sparschäler von 1 Orange die äußere Schale dünn abschälen und in feine Zesten schneiden; beiseitestellen.

2 Alle Orangen sorgfältig schälen. Die Früchte in Scheiben schneiden. Die Scheiben wieder zusammensetzen und die Orangen in eine Schüssel legen.

3 Den Zucker mit 150 ml Wasser in einen Topf geben und behutsam erhitzen, bis er sich aufgelöst hat. Die Temperatur erhöhen und den Sirup 8–10 Min. kochen lassen, bis er goldbraun wird, zwischendurch einen Backpinsel in kaltes Wasser tauchen und die Topfwände abstreichen, damit sich keine Zuckerkristalle bilden. Langsam und vorsichtig weitere 150 ml Wasser unter den Karamell rühren (Vorsicht, er wird ein wenig spritzen).

4 Die zurückgestellten Orangenzesten untermischen und etwa 4–5 Min. garen, bis sie weich sind. Die Orangen mit dem Karamell übergießen und über Nacht durchziehen lassen.

5 Jeweils 1 Orange auf einem Servierteller fächerförmig anrichten, mit dem Karamell beträufeln und mit 1 Löffel Crème fraîche servieren.

Reste können gehackt und auf Obstsalat oder Zitronen- und Orangengelee gegeben werden.

Früchteterrine

In diesem herrlichen Beerengelee vereinigen sich alle Aromen des Sommers

- für 4–6 Personen
- Zub. 45 Min. + Wartezeit • Garzeit 5 Min.
- beschichtete Kastenform

75 g Zucker
90 ml Holunderblütensirup
Saft von 1 Zitrone
2 EL gemahlene Gelatine
225 g Himbeeren
120 g Rote Johannisbeeren
140 g Heidelbeeren
225 g reife Erdbeeren, geviertelt
weitere Früchte zum Verzieren

Vorbereitung Die Terrine kann 1 Tag im Voraus zubereitet werden. Im Kühlschrank aufbewahren.

1 Den Zucker mit 450 ml Wasser behutsam erhitzen, bis er sich aufgelöst hat. Die Mischung zum Kochen bringen und 1–2 Min. sprudeln lassen. Etwas abkühlen lassen, dann Holunderblütensirup und Zitronensaft unterrühren.

2 In eine kleine, hitzebeständige Schüssel 4 EL warmes Wasser geben. Die Gelatine hineinstreuen und 2 Min. quellen lassen. Die Schüssel in einen Topf mit heißem Wasser setzen und rühren, bis sich die Gelatine aufgelöst hat, dann in den warmen Sirup rühren.

3 Die Kastenform in einen Bräter setzen. Zerstoßenes Eis um die Form verteilen, sodass sie zur Hälfte in Eis steht. Etwas Wasser über das Eis gießen. Die Himbeeren auf dem Boden der Form verteilen und mit Sirup bedecken. Den Sirup fest werden lassen.

4 Johannisbeeren und Heidelbeeren in der Form verteilen und ebenfalls mit Sirup bedecken. Die Schicht fest werden lassen. Zum Schluss die Erdbeeren verteilen und mit dem restlichen Sirup bedecken. Die Form im Bräter für mindestens 3 Std. in den Kühlschrank stellen, bis die Terrine fest geworden ist, besser aber über Nacht.

5 Zum Stürzen die Form einige Sekunden in heißes Wasser tauchen, dann die Terrine auf einen Teller stürzen. Vorsichtig die Form abziehen. Die Terrine mit den zusätzlichen Früchten verzieren.

Dazu passt Schlagsahne, Crème fraîche oder mit Zitrone aromatisierter griechischer Joghurt.

Reste können für Trifle verwendet oder in Scheiben geschnitten und mit Vanilleeis serviert werden.

Erdbeermousse

Schnell zubereitet und nicht nur bei Kindern beliebt

- für 4 Personen
- Zub. 15 Min. + Wartezeit
- in kältebeständigen Förmchen tiefgekühlt ist die Creme 3 Mon. haltbar

500 g reife Erdbeeren
170 g Kondensmilch, gut gekühlt
25 g Zucker
200 g griechischer Joghurt sowie Joghurt zum Servieren

Vorbereitung Die Mousse kann mehrere Stunden im Voraus zubereitet werden.

1 Eine Erdbeere in Scheiben schneiden und als Verzierung beiseitestellen. Die Hälfte der Erdbeeren halbieren und auf vier Dessertgläser verteilen, die übrigen in der Küchenmaschine glatt pürieren oder mit einer Gabel zerdrücken. Das Püree durch ein Sieb streichen, um die Samen zu entfernen.

2 Die Kondensmilch mit dem elektrischen Handrührgerät in einer großen Schüssel 6–8 Min. schlagen, bis sie ihr Volumen verdoppelt hat. Den Zucker unterschlagen, dann Erdbeerpüree und Joghurt sorgfältig unterrühren. Die Creme auf die Gläser verteilen und für 15–20 Min. kalt stellen.

3 Jede Portion mit etwas Joghurt und den zurückgestellten Erdbeerscheiben verziert servieren.

Beeren-Mascarpone-Creme

Mit frischen Beeren je nach Angebot

für 4 Personen
Zub. 15 Min. + Wartezeit

350 g Beeren wie Brombeeren, Erdbeeren, Heidelbeeren, Himbeeren

140 g Zucker

Saft von 1 Zitrone

150 g Sahne

80 g Mascarpone

Minzeblätter zum Verzieren (nach Belieben)

Vorbereitung Das Dessert kann am Vortag zubereitet werden. Kalt stellen.

1 Einige Beeren als Verzierung zurückstellen. Die restlichen Beeren mit dem Zucker in der Küchenmaschine oder im Mixer pürieren und durch ein feines Sieb streichen, um die Samen zu entfernen. Das Püree sollte recht dick sein. Den Zitronensaft hinzufügen.

2 Die Sahne schlagen, bis sich weiche Spitzen bilden. Den Mascarpone von Hand glatt rühren, dann behutsam unter die Sahne heben. Die Hälfte des Beerenpürees ebenfalls unterheben.

3 Das restliche Beerenpüree auf vier Gläser verteilen und die Sahnemischung daraufgeben. Das Dessert mit den zurückgestellten Beeren und, falls gewünscht, mit einem Minzeblatt verzieren. Vor dem Servieren für mehrere Stunden kalt stellen.

Fruchtpüree

Sollte keine Küchenmaschine zur Verfügung stehen, die Beeren mit dem Stabmixer oder von Hand pürieren, was aber etwas mehr Arbeit macht: Die Früchte mit einer Gabel zerdrücken und durch ein feines Sieb streichen, um ein glattes Püree herzustellen.

Litschis in duftendem Sirup

Frische Litschis haben im Winter Saison, sie sind der perfekte Abschluss nach einem asiatischen Hauptgericht

für 4 Personen
Zub. 10 Min. • Garzeit 10 Min.
fettarm
tiefgekühlt 2 Mon. haltbar; 2–3 Std. bei Zimmertemperatur auftauen lassen

abgeriebene Schale und Saft von 1 unbehandelten Limette

75 g Zucker

1 Sternanis

600 g Litschis

2 Stücke in Sirup eingelegter Ingwer

Vorbereitung Kann bis zu 2 Tage im Voraus zubereitet werden. Abgedeckt im Kühlschrank aufbewahren.

1 Limettenschale, Limettensaft, Zucker, Sternanis und 150 ml Wasser in einem Topf unter Rühren erhitzen, bis sich der Zucker aufgelöst hat. Die Temperatur erhöhen und die Mischung 5–10 Min. kochen lassen, bis sie sirupartig eindickt. Von der Kochstelle nehmen.

2 In der Zwischenzeit die Litschis schälen, falls gewünscht entsteinen und in eine Schüssel geben. Den eingelegten Ingwer hacken und mit etwas Ingwersirup zu den Litschis geben.

3 Den abgekühlten Zuckersirup durch ein Sieb über die Früchte gießen. Das Dessert vollständig abkühlen lassen und anschließend bis zur Verwendung kalt stellen. Der Sternanis kann als Verzierung verwendet werden.

Dazu passt etwas Sahne oder Vanilleeis.

Summer pudding

Britischer Klassiker, der zubereitet wird, wenn im Sommer die Beeren saftig und voller Aroma sind

für 6 Personen

Zub. 20–25 Min. + Wartezeit • Garzeit 5 Min.

1 l fassende konische Schüssel

- 12 Scheiben Toastbrot, Rinde entfernt
- 125 g Schwarze Johannisbeeren
- 125 g Rote Johannisbeeren
- 150 g feiner Zucker
- 250 g gemischte Beeren wie Erdbeeren, Himbeeren, Brombeeren und Heidelbeeren

Vorbereitung Dieses Dessert schmeckt besser, wenn es am Vortag zubereitet wird. Im Kühlschrank ist es bis zu 3 Tage haltbar.

1 Die Schüssel mit Brot auslegen. Mit einem zurechtgeschnittenen Kreis für den Boden beginnen, weitere Scheiben überlappend an die Wände setzen.

2 Die Johannisbeeren mit dem Zucker garen, bis sie weich sind und Saft abgeben. Die anderen Beeren hinzufügen und etwa 1 Min. garen, bis sie weich werden.

3 Mit dem ausgetretenen Saft die Brotscheiben beträufeln. Dann die Beeren in die Schüssel füllen. Mit Brotscheiben abdecken, sodass die Oberfläche vollkommen glatt ist.

4 Die Schüssel auf einen Teller setzen, um eventuell austretenden Saft aufzufangen. Das Dessert mit Frischhaltefolie abdecken. Einen kleinen Teller daraufsetzen und mit einem Gewicht beschweren. Die Schüssel über Nacht kalt stellen.

5 Zum Servieren das Dessert auf eine Platte stürzen.

Dazu passt Eiscreme oder Sahne.

Pfirsich Melba

Von Auguste Escoffier für die Opernsängerin Nellie Melba geschaffen

für 4 Personen

Zub. 20 Min. • Garzeit 25 Min.

die Himbeersauce ist tiefgekühlt 6 Mon. haltbar

- 280 g Zucker
- 4 Pfirsiche
- 250 g Himbeeren
- 1 EL Puderzucker
- etwas frisch gepresster Zitronensaft
- 1 TL Pfeilwurzelmehl
- 4 Kugeln Vanilleeis

1 Den Zucker mit 600 ml Wasser in einem Topf langsam erhitzen, bis er sich vollkommen aufgelöst hat, dann zum Kochen bringen und bei reduzierter Temperatur 5 Min. köcheln lassen.

2 In der Zwischenzeit die Pfirsiche für 15–30 Sek. in kochendes Wasser tauchen und die Haut abziehen. Die ganzen Pfirsiche in den Sirup legen und bei schwacher Hitze etwa 15 Min. garen, bis sie weich sind, dabei gelegentlich wenden.

3 Himbeeren, Puderzucker und Zitronensaft in einen Topf geben. Das Pfeilwurzelmehl mit etwas Wasser verrühren und ebenfalls in den Topf geben. Den Topfinhalt zum Kochen bringen, dann durch ein Sieb streichen. Bei Bedarf mehr Zucker oder Zitronensaft hinzufügen. Pfirsiche und Himbeersauce abkühlen lassen, dann die Pfirsiche halbieren und die Steine entfernen.

4 Zum Servieren eine Kugel Eiscreme in jede Servierschale geben, zwei Pfirsichhälften dazulegen und mit etwas Himbeer-Coulis begießen.

VARIANTE

Birne Melba

Auch wenn dies nicht authentisch ist, können anstelle der Pfirsiche 4 Birnen verwendet werden. Die Birnen schälen, halbieren, nach Entfernen des Kerngehäuses pochieren und wie oben servieren.

Sauce andicken

Je nachdem, wie saftig die Himbeeren sind, kann die Konsistenz der Sauce variieren. Wenn sie zu dünnflüssig erscheint, etwas mehr Pfeilwurzelmehl hinzugeben.

Birnen-Trauben-Salat

Gurke ist nicht gerade eine typische Zutat für Süßspeisen, in diesen Obstsalat passt sie jedoch perfekt

für 4 Personen
Zub. 10 Min. • Garzeit 5–6 Min.

- 1 Salatgurke
- 2 Stängel Zitronengras
- 80 g Zucker
- 2 reife rotschalige Birnen
- 125 g kernlose grüne Weintrauben
- 125 g kernlose rote Weintrauben
- 1 kleine Handvoll Minzeblätter

Vorbereitung Der Salat kann bis zu 2 Tage im Voraus zubereitet werden. Im Kühlschrank aufbewahren.

1 Die Enden der Gurke abschneiden. Die Gurke halbieren und mit einem Teelöffel die Samen herausschaben. Das Fruchtfleisch in dünne Scheiben schneiden. Die harten äußeren Schichten des Zitronengrases entfernen, den Rest längs halbieren und mit dem Nudelholz zerdrücken.

2 Das Zitronengras mit Zucker und 200 ml Wasser in einem Topf erhitzen, bis sich der Zucker aufgelöst hat. Die Mischung zum Kochen bringen und 1 Min. kochen lassen, dann vom Herd nehmen und die Gurke hineinrühren. Abkühlen lassen.

3 Das Zitronengras wegwerfen. Die Birnen vierteln und die Kerngehäuse entfernen. Das Fleisch in Spalten schneiden und mit den Trauben zu der Gurke geben. Die Minzeblätter darüberstreuen.

Dazu passt Naturjoghurt oder griechischer Joghurt.

Birne Helene

Klassischer Nachtisch aus gedünsteten Birnen und dicker Schokoladensauce

für 4 Personen
Zub. 10 Min. • Garzeit 30 Min.

- 80 g Zucker
- 1 Vanilleschote
- 4 Birnen mit Stiel
- 125 g Bitterschokolade, in Stücke gebrochen
- 100 g Sahne

Vorbereitung Birnen und Sauce halten sich in getrennten Behältern abgedeckt im Kühlschrank aufbewahrt mehrere Tage. Die Sauce vor dem Servieren behutsam wieder erhitzen.

1 In einem großen Topf den Zucker mit 300 ml Wasser erhitzen und rühren, bis er sich aufgelöst hat. Die Vanilleschote aufschlitzen und hinzufügen. Die Mischung langsam zum Kochen bringen, dann die Temperatur reduzieren.

2 Die Birnen schälen, Stiele intakt lassen. Die Früchte in den Sirup legen. Zugedeckt etwa 20 Min. köcheln lassen, bis sie weich sind. Mit einem Schaumlöffel herausheben und abkühlen lassen. Die Vanilleschote entfernen (sie kann abgespült, getrocknet und wiederverwendet werden), den Sirup beiseitestellen.

3 Für die Schokoladensauce die Schokolade in einer Schüssel auf einem mit heißem Wasser gefüllten Topf schmelzen lassen. Die Sahne mit 4 EL Sirup in einem kleinen Topf fast zum Kochen bringen, dann von der Kochstelle nehmen. Die Schokolade hinzufügen und sorgfältig unterrühren.

4 Etwas Sauce über die Birnen gießen und sofort servieren. Die restliche Sauce separat reichen.

Dazu passt Eiscreme oder 1 Löffel Schlagsahne.

Beeren in Zitrusdressing

Frische Beeren schmecken in einem intensiven Zitronen-Orangen-Sirup besonders köstlich

- für 4 Personen
- Zub. 5 Min. + Wartezeit • Garzeit 10 Min.
- fettarm

500 g gemischte rote Beeren wie Himbeeren, Erdbeeren und Rote Johannisbeeren

125 g Zucker

Zesten von 1 unbehandelten Zitrone

1 EL frisch gepresster Orangensaft

1 Handvoll Minzeblätter

Vorbereitung Das Dessert kann 60 Min. im Voraus zubereitet werden.

1 Die Beeren auf eine Servierplatte geben und beiseitestellen.

2 Den Zucker mit 120 ml Wasser in einen Topf geben und langsam unter gelegentlichem Rühren erhitzen, bis er sich aufgelöst hat. Die Temperatur erhöhen und den Sirup 5 Min. kochen lassen. Von der Kochstelle nehmen und abkühlen lassen, dann Zitronenzesten und Orangensaft unterrühren.

3 Den Sirup über die Beeren träufeln und die Minzeblätter hinzufügen. Die Beeren vor dem Servieren 10 Min. durchziehen lassen.

Dazu passt Schlagsahne oder Eiscreme.

Reste können mit Naturjoghurt, Apfelsaft oder Eis im Mixer zu einem köstlichen Smoothie verarbeitet werden.

Ananas mit Minze

Erfrischender Abschluss nach einem üppigen Hauptgang

- für 4 Personen
- Zub. 20 Min. + Wartezeit
- fettarm

1 große, reife Ananas

1 Granatapfel

abgeriebene Schale und Saft von 1 unbehandelten Limette

25 g Minzeblätter, gehackt

2 EL brauner Zucker

Vorbereitung Der Obstsalat kann 2–3 Std. im Voraus zubereitet werden. Kalt stellen

1 Die Ananas mit einem scharfen Messer schälen, vierteln und nach Entfernen des harten Strunkes in dünne Scheiben schneiden. Die Scheiben auf einem Servierteller anrichten.

2 Den Granatapfel halbieren und die Kerne herauslösen. Die Kerne über die Ananas streuen und alles mit Limettensaft beträufeln.

3 Minze, Limettenschale und Zucker in einer kleinen Schüssel sorgfältig vermischen und gleichmäßig über die Früchte geben. Das Dessert mindestens 60 Min. kalt stellen. Vor dem Servieren wieder auf Zimmertemperatur bringen.

Dazu passt halb steif geschlagene Sahne oder griechischer Joghurt.

VARIANTE

Ananas mit Chilischote

4 EL Zucker in 120 ml Wasser auflösen, 1 fein gewürfelte Chilischote hinzufügen und 10 Min. köcheln lassen. Den Sirup über die Ananas gießen und servieren.

Orangentarte mit Rosmarin

Der Rosmarin verleiht dem Kuchen besonderes Aroma

ergibt 6–8 Stücke

Zub. 30 Min. + Wartezeit • Backzeit 60 Min.

Tarteform mit herausnehmbarem Boden; Backbohnen

Teig

225 g Mehl

115 g kalte Butter plus Butter zum Einfetten

2 EL gehackter Rosmarin

2 EL Puderzucker

1 Ei, verquirlt

Füllung

500 ml frisch gepresster Orangensaft

2 Zweige frischer Rosmarin

abgeriebene Schale von 2 unbehandelten Orangen

175 g Zucker

4 Eier

120 g Crème double

Zesten von einer unbehandelten Orange zum Verzieren (nach Belieben)

1 Den Backofen auf 180 °C vorheizen. Für den Teig Mehl, Butter und Rosmarin in der Küchenmaschine vermischen, bis sich Krümel bilden. Zucker und Ei kurz untermischen, bis eine Teigkugel entstanden ist. Bei Bedarf etwas Wasser hinzufügen. Den Teig in Frischhaltefolie eingewickelt für 20 Min. kalt stellen.

2 Teig ausrollen und die gebutterte Form damit auslegen. Den Boden mit einer Gabel einstechen, mit Backpapier abdecken, mit Backbohnen beschweren und 10 Min. blindbacken. Papier und Bohnen entfernen und den Boden weitere 10–15 Min. backen, bis er goldbraun ist. Temperatur auf 160 °C reduzieren.

3 In der Zwischenzeit für die Füllung den Orangensaft mit dem Rosmarin in einen Topf geben, zum Kochen bringen und köcheln lassen, bis er dicklich und reduziert ist. Abkühlen lassen und durch ein Sieb gießen.

4 Abgeseihten Saft, Orangenschale, Zucker, Eier und Crème double verrühren und auf den Tortenboden gießen. Den Kuchen auf mittlerer Schiene etwa 35 Min. backen, bis er gerade fest ist. Abkühlen lassen und bis zur Verwendung kalt stellen. Sofern verwendet mit den Orangenzesten verziert servieren.

Holunderblütengelee

Holunderblütensirup verleiht diesem Gelee einen zarten Duft

für 4 Personen

Zub. 15. Min. + Wartezeit • Garzeit 5 Min.

75 ml Holunderblütensirup

4 Blatt Gelatine

geschlagene Sahne zum Servieren

kernlose grüne Weintrauben zum Servieren

Vorbereitung Das Gelee kann bis zu 48 Std. im Voraus zubereitet werden. Kalt stellen.

1 In einen Krug 600 ml kaltes Wasser füllen und den Sirup unterrühren. Die Gelatine mit 4 EL Sirupmischung in eine kleine, hitzebeständige Schüssel geben und 10 Min. quellen lassen, bis sie sehr weich ist. Die Schüssel auf einen Topf mit köchelndem Wasser setzen und rühren, bis sich die Gelatine vollständig aufgelöst hat.

2 Die Gelatine sorgfältig unter die Sirupmischung rühren und diese auf vier Gläser verteilen. Für mindestens 2–3 Std. kalt stellen, bis das Gelee fest ist, dann mit Sahne und Weintrauben verziert servieren.

Gelatine

Bei Blattgelatine ist gewährleistet, dass das Gelee klar wird. Bei Verwendung gemahlener Gelatine kann es trüb werden.

Melonencocktail

Kleine Kugeln aus saftigen, reifen Melonen erfrischen im Sommer

- für 4 Personen
- Zub. 15 Min. + Wartezeit
- fettarm
- Kugelausstecher

600 g Wassermelone

600 g Kantalupmelone

600 g Honigmelone

2–3 EL in feine Streifen geschnittene Minzeblätter plus Minzeblätter zum Verzieren

2 EL Honig

Vorbereitung Kann bis zu 4 Std. im Voraus zubereitet werden. Kalt stellen.

1 Das Fruchtfleisch mit einem Kugelausstecher ausstechen oder in 2 cm große Würfel schneiden und in eine große Schüssel geben. Minzestreifen und Honig hinzufügen und die Zutaten behutsam durchheben, bis die Melonenstücke gleichmäßig mit Honig überzogen sind.

2 Den Cocktail abgedeckt für mindestens 30 Min. kalt stellen, zwischendurch immer wieder durchheben, damit die Melonenbällchen die Aromen von Honig und Minze aufnehmen.

3 Zum Servieren Melonenbällchen und Saft auf Portionsschalen verteilen und jede Portion mit etwas Minze verzieren.

Passt zu einem gehaltvollen Menü als Dessert, aber auch als erfrischende Vorspeise.

VARIANTE

Exotischer Cocktail

Eine Melonensorte sowie beliebige in Stücke geschnittene Früchte wie Sternfrüchte, Ananas, Kiwi, Mango, Heidelbeeren und Erdbeeren verwenden.

Herbstlicher Obstkuchen

Mit den letzten Früchten aus dem Garten

- ergibt 6 Stücke
- Zub. 20 Min. + Wartezeit • Backzeit 60 Min.
- 20 cm große Form mit herausnehmbarem Boden, Backbohnen

Teig

175 g Mehl plus Mehl zum Bestäuben

1 EL Zucker

85 g kalte Butter, gewürfelt, plus Butter zum Einfetten

1 Ei

Füllung

4 Tafeläpfel oder Tafelbirnen

3 große Eigelb

4 EL brauner Zucker

200 g Sahne

1 TL Vanilleextrakt

1 Handvoll Brombeeren, entsteinte Pflaumen oder Heidelbeeren

1 TL gemahlener Zimt

2 EL feiner Zucker

1 Für den Teig Mehl, Zucker und Butter in der Küchenmaschine vermischen, krümelig rühren. Das Ei hinzugeben und das Gerät laufen lassen, bis eine Teigkugel entstanden ist. Den Teig ausrollen und die gebutterte Form damit auslegen. Mehrmals mit einer Gabel einstechen und für 30 Min. kalt stellen.

2 Den Backofen auf 190 °C vorheizen. Den Teig mit Backpapier abdecken, mit Backbohnen beschweren und 10 Min. blindbacken. Papier und Bohnen entfernen und den Boden weitere 10 Min. backen, herausnehmen und abkühlen lassen.

3 Die Äpfel oder Birnen schälen, entkernen und in dünne Scheiben schneiden. Eigelbe, braunen Zucker, Sahne und Vanilleextrakt verquirlen. Die Früchte auf dem Teigboden verteilen und die Sahnemischung darübergießen. Den Kuchen mit Zimt und feinem Zucker bestreuen und 40–45 Min. backen, bis er fest ist. In der Form abkühlen lassen.

Dazu passen 1 Löffel Sahne und einige zusätzliche Beeren.

Mango-Papaya-Salat

Eingelegter Ingwer setzt einen geschmacklichen Akzent, Granatapfelkerne sorgen für Farbe

- für 4 Personen
- Zub. 15 Min. • Garzeit 10 Min.
- fettarm

1 Stück in Sirup eingelegter Ingwer, in dünne Streifen geschnitten
2 EL Ingwersirup
2 EL Zucker
abgeriebene Schale und Saft von 1 unbehandelten Zitrone
1 Granatapfel, halbiert, die Kerne herausgelöst
1 große, reife Mango
1 große, reife Papaya
1 kleine Ogenmelone
Limettenspalten zum Servieren

Vorbereitung Der Sirup kann bis zu 2 Tage, das Obst bis zu 24 Std. im Voraus zubereitet werden. Beides im Kühlschrank aufbewahren.

1 Ingwer, Ingwersirup, Zucker und 120 ml Wasser in einen Topf geben und unter gelegentlichem Rühren behutsam erhitzen. Zum Kochen bringen und 5–6 Min. köcheln lassen. Von der Kochstelle nehmen und Zitronenschale, Zitronensaft und Granatapfelkerne unterrühren.

2 Die Mango schälen. Das Fruchtfleisch mit einem scharfen Messer von dem Stein abtrennen und in Scheiben schneiden. Die Papaya halbieren und nach Entfernen der Kerne in Spalten schneiden. Die Melone halbieren, entkernen, schälen und in mundgerechte Stücke schneiden. Die Früchte auf einer großen Servierplatte anrichten.

3 Den Sirup über die Früchte gießen und den Salat mit Limettenspalten zum Beträufeln servieren.

Dazu passt griechischer Joghurt oder Schlagsahne.

Aprikosenpüree

Passt auch sehr gut auf ein Brunch-Buffet

- für 6 Personen
- Zub. 5 Min. + Wartezeit • Garzeit 25–30 Min.
- fettarm
- tiefgekühlt 3 Mon. haltbar

350 g getrocknete Soft-Aprikosen
300 ml Orangensaft
griechischer Joghurt
Müsli
gehackte Pistazienkerne zum Servieren

Vorbereitung In einem Behälter im Kühlschrank aufbewahrt, hält sich das Püree bis zu 5 Tage.

1 Die Aprikosen mit dem Orangensaft in einem Topf bei mittlerer Hitze zum Kochen bringen und nach dem Reduzieren der Temperatur zugedeckt 25–30 Min. köcheln lassen, bis sie sehr weich sind.

2 Die Aprikosen etwas abkühlen lassen, dann im Mixer oder in der Küchenmaschine glatt pürieren. Falls das Püree zu dick ist, noch etwas Orangensaft hinzufügen.

3 Das Püree mit Joghurt und Müsli in Gläser geschichtet und mit einigen Pistazienkernen bestreut warm oder kalt servieren.

VARIANTE

Pfirsichpüree

Anstelle von Aprikosen 350 g getrocknete Pfirsiche verwenden. Mit etwas Saft oder Likör verdünnt, ist das Püree auch eine leckere Sauce zu Eiscreme.

Birnentarte mit Mascarpone

Knackig geröstete Haselnusskerne kontrastieren mit der weichen Füllung

- ergibt 8 Stücke
- Zub. 20 Min. + Wartezeit • Backzeit 50 Min.
- 23 cm große Form mit herausnehmbarem Boden, Backbohnen

Teig

150 g Mehl plus Mehl zum Bestäuben

60 g Zucker

1 TL abgeriebene Schale von einer unbehandelten Zitrone

60 g kalte Butter, gewürfelt, plus Butter zum Einfetten

1 Ei

Füllung

125 g Mascarpone

100 g Zucker plus Zucker zum Bestreuen

1 Ei

1 Eigelb

1 TL Vanilleextrakt

2–3 EL Milch

4 Birnen aus der Dose, in Scheiben

50 g Haselnusskerne, geröstet und gehackt

2 EL Aprikosenkonfitüre

1 Für den Teig Mehl, Zucker und Zitronenschale in die Küchenmaschine geben. Die Butter hinzufügen und rühren, bis die Mischung krümelig ist. Das Ei dazugeben und das Gerät laufen lassen, bis eine Teigkugel entstanden ist. Den Teig auf der leicht bemehlten Arbeitsfläche ausrollen, in die gebutterte Form legen und für 30 Min. kalt stellen.

2 Den Backofen auf 190 °C vorheizen. Die Form auf ein Backblech setzen. Den Teig mit Backpapier abdecken, mit Backbohnen beschweren und 10 Min. blindbacken. Papier und Backbohnen entfernen und den Boden weitere 10 Min. backen. Auf einem Kuchengitter abkühlen lassen.

3 Die Ofentemperatur auf 160 °C reduzieren. Mascarpone, Zucker, Ei, Eigelb, Vanilleextrakt und Milch glatt rühren und in die Form füllen. Die Birnen darauflegen und die Haselnusskerne darübergeben. Den Kuchen mit dem Zucker bestreuen und etwa 30 Min. backen, bis er gerade fest ist.

4 Die Aprikosenkonfitüre mit etwas heißem Wasser verrühren und vorsichtig auf die Tarte streichen. Den Kuchen auskühlen lassen.

Dazu passt Schlagsahne oder Eiscreme.

Roter Smoothie

Smoothies sind gesund und schmecken zu jeder Tageszeit

- für 4 Personen
- Zub. 5 Min.

1 Banane, in Stücke gebrochen

3 EL Naturjoghurt

120 g tiefgekühlte gemischte Beeren

600 ml Ananassaft oder naturtrüber Apfelsaft

1 Banane, Joghurt, Beeren und Saft in den Mixer oder in die Küchenmaschine geben und glatt pürieren.

2 Zum Servieren den Smoothie auf vier Gläser verteilen.

Reste können im Kühlschrank kalt gestellt und später getrunken werden.

VARIANTE

Beeren-Smoothie

Wer frische Beeren bevorzugt, kann nach Belieben Himbeeren, Brombeeren, Erdbeeren, Johannisbeeren oder Heidelbeeren zusammen mit 2 oder 3 Eiswürfeln verwenden. Für eine dickere Konsistenz eine zweite Banane hinzufügen.

Orangengelee

Bringt im Winter Sonnenschein auf den Tisch und ist leicht, erfrischend und nicht zu süß

- für 4 Personen
- Zub. 20 Min. + Wartezeit • Garzeit 10 Min.
- 4 Dessertgläser mit 200 ml Fassungsvermögen

4 Orangen

850 ml Orangensaft, frisch gepresst oder aus der Flasche

6 Blatt Gelatine (etwa 10 g)

4 EL griechischer Joghurt

Vorbereitung Mindestens 2 Std. im Voraus zubereiten, maximal 48 Std. im Voraus. Abgedeckt kalt stellen.

1 Von den Orangen mit einem scharfen Messer sorgfältig die Schale entfernen und die weiße Haut vollständig abschneiden. Die Früchte über einem Krug mit 1 l Fassungsvermögen filetieren. Die Filets von 1 Orange als Verzierung beiseitestellen, die übrigen Filets auf vier Dessertgläser verteilen. Den Saft im Krug mit weiterem Orangensaft auf 900 ml ergänzen.

2 Die Gelatine in einer kleinen, hitzebeständigen Schüssel mit 50 ml Saft übergießen und 10 Min. oder nach Anweisung auf der Verpackung quellen lassen, bis sie sehr weich ist. Die Schüssel auf einen kleinen Topf mit köchelndem Wasser setzen und rühren, bis sich die Gelatine vollständig aufgelöst hat.

3 Die Gelatine in den Krug gießen und sorgfältig unterrühren. Die Mischung auf die vier Gläser verteilen und die Gläser für mindestens 2 Std. in den Kühlschrank stellen. Vor dem Servieren jede Portion mit zurückgestellten Orangefilets und einem Klecks Joghurt verzieren.

VARIANTE

Grapefruitgelee

Die Orangen durch 1 oder 2 Grapefruits (je nach Größe) ersetzen. Grapefruitsaft oder eine Mischung aus Grapefruitsaft und Orangensaft verwenden.

Gestürztes Gelee

Wenn das Dessert gestürzt werden soll, das Gelee in Dessertförmchen gießen und die Böden vor dem Servieren kurz in heißes Wasser tauchen, damit sich das Gelee leichter stürzen lässt.

Apfel-Mandel-Torteletts

Mandelkerne und Äpfel sind für dieses Dessert das perfekte Paar

- für 6 Personen
- Zub. 20 Min. + Wartezeit • Backzeit 35 Min.
- 6 Tortelettförmchen mit herausnehmbarem Boden, Backbohnen
- tiefgekühlt 3 Mon. haltbar

Teig

250 g Mehl plus Mehl zum Bestäuben

125 g kalte Butter, gewürfelt, plus Butter zum Einfetten

2 EL Zucker

1 großes Eigelb

Füllung

4 Eier

300 g Sauerrahm oder Crème fraîche

2 EL Ahornsirup

120 g brauner Zucker

2 EL Mandellikör

1 TL Vanilleextrakt

120 g gemahlene Mandeln

3 säuerliche Tafeläpfel wie Granny Smith, geschält, entkernt und in Scheiben geschnitten

1 EL feiner Zucker

1 Für den Teig Mehl, Butter und Zucker in der Küchenmaschine vermischen, bis Krümel entstanden sind. Das Eigelb hinzufügen, um einen glatten Teig herzustellen. Falls er zu trocken ist, etwas kaltes Wasser zugeben. Den Teig auf der bemehlten Arbeitsfläche ausrollen und die gebutterten Tortelettförmchen damit auslegen. Abgedeckt für 30 Min. in den Kühlschrank stellen.

2 Den Backofen auf 190 °C vorheizen. Die Torteletts mit einer Gabel einstechen, mit Backpapier abdecken, mit Backbohnen beschweren und 10 Min. blindbacken. Papier und Backbohnen entfernen und die Böden weitere 5 Min. backen. Herausnehmen und etwas abkühlen lassen.

3 Für die Füllung alle Zutaten mit Ausnahme von Äpfeln und feinem Zucker sorgfältig verquirlen. Die Mischung auf die Böden gießen. Die Äpfel darauflegen und mit dem feinen Zucker bestreuen. Die Torteletts etwa 20 Min. backen, bis sie fest sind. Herausnehmen und auskühlen lassen.

Dazu passen Vanilleeis und etwas Ahornsirup.

Baisertorte mit Rhabarberfüllung

Ingwer würzt die Rhabarbersahne zwischen den luftigen Baiserböden

für 6–8 Personen

Zub. 30 Min. + Wartezeit • Backzeit 65 Min.

Baiser

4 Eiweiß

1 Prise Salz

225 g feiner Zucker

Füllung

600 g Rhabarber, geschält und gehackt

100 g Zucker

4 Stücke eingelegter Ingwer, gehackt

½ TL gemahlener Ingwer

250 g Sahne

Puderzucker zum Bestäuben

Vorbereitung Das Baiser kann bis zu 1 Woche im Voraus gebacken werden. Luftdicht verpackt aufbewahren.

1 Den Backofen auf 180 °C vorheizen. Zwei Backbleche mit Backpapier auslegen.

2 Für das Baiser die Eiweiße mit Salz und 115 g Zucker in einer großen Schüssel schlagen, bis sich steife Spitzen bilden. Esslöffelweise den restlichen Zucker unterschlagen.

3 Die Baisermasse auf den Backblechen zu zwei 18 cm großen Kreisen verstreichen und backen: zunächst 5 Min. bei 180 °C, dann weitere 60 Min. bei 130 °C. Die Backofentür öffnen und das Baiser auskühlen lassen.

4 In der Zwischenzeit Rhabarber, Zucker, gehackten Ingwer und gemahlenen Ingwer mit etwas Wasser in einen Topf geben und den Rhabarber bei schwacher Hitze zugedeckt etwa 10 Min. garen, bis er weich ist. Abkühlen lassen. Sollte zu viel Flüssigkeit vorhanden sein, etwas davon abgießen. Den Rhabarber bis zur Verwendung kalt stellen.

5 Die Sahne steif schlagen und den Rhabarber unterheben. Einen Baiserboden auf eine Platte legen, mit der Füllung bestreichen, den zweiten Boden daraufsetzen. Mit Puderzucker bestäubt servieren.

Salat von Zitrusfrüchten

In den Wintermonaten liefern Orangen, Grapefruits und Mandarinen gesunde Vitamine

für 4 Personen

Zub. 20 Min.

fettarm

3 Orangen

1 gelbe Grapefruit

1 rosa Grapefruit

2 Clementinen oder Mandarinen

Saft von 1 Limette

1–2 EL Zucker (nach Belieben)

Zesten von einer unbehandelten Limette zum Verzieren (nach Belieben)

Vorbereitung Der Salat kann bis zu 24 Std. im Voraus zubereitet werden. Bis zum Servieren abgedeckt kalt stellen.

1 Orangen und Grapefruit mit einem kleinen, scharfen Messer sorgfältig schälen, dabei die weiße Haut vollständig abschneiden. Die Früchte entlang der Trennhäute einschneiden und die Filets herauslösen.

2 Das Fruchtfleisch in eine Schüssel geben. Die Trennhäute über der Schüssel ausdrücken und wegwerfen.

3 Die Clementinen schälen, in Segmente teilen und in die Schüssel geben. Den Limettensaft hinzufügen und unterheben. Zucker nach Geschmack (sofern verwendet) über den Salat streuen. Den Salat bis zum Servieren in den Kühlschrank stellen.

4 Vor dem Servieren überschüssigen Saft abgießen. Falls gewünscht, mit Zesten bestreuen.

Reste können grob gehackt und als Beilage zu kalter Ente oder kaltem Hähnchen oder mit Naturjoghurt serviert werden.

VARIANTE

Süßer Zitrussalat

Den Salat wie oben zubereiten, die Grapefruits jedoch durch 1 Pomelo ersetzen. Da diese Früchte von Natur aus süßer sind, kann auf Zucker verzichtet werden.

Birnen-Ingwer-Tarte mit Anisguss

Ideales Dessert für den Winter

für 6–8 Personen

Zub. 30 Min. + Wartezeit • Backzeit 45 Min.

23 cm große Kuchenform mit herausnehmbarem Boden

tiefgekühlt 1 Mon. haltbar

Teig

175 g Mehl plus Mehl zum Bestäuben

85 g kalte Butter plus Butter zum Einfetten

1 Stück in Sirup eingelegter Ingwer, abgetropft und in Scheiben geschnitten, oder ½ TL gemahlener Ingwer

1 großes Eigelb

Füllung

300 g Sahne

5 Sternanis

30 g Butter

30 g brauner Zucker

4 Conférence-Birnen, geschält, entkernt und in Scheiben geschnitten

3 Eigelb

60 g feiner Zucker

1 Für den Teig Mehl und Butter in der Küchenmaschine zu Krümeln verarbeiten. Den Ingwer und dann das Eigelb hinzufügen. Die Maschine laufen lassen, bis eine Teigkugel entstanden ist.

2 Die Form dünn einfetten. Auf der bemehlten Arbeitsfläche den Teig ausrollen und die Form damit auslegen. Kalt stellen.

3 Die Sahne mit den Anissternen in einem Topf bei schwacher Hitze bis kurz vor dem Siedepunkt erhitzen. Vom Herd nehmen und zugedeckt mindestens 60 Min. ziehen lassen.

4 Die Butter in einer Pfanne zerlassen. Den braunen Zucker darin auflösen. Die Birnen hinzufügen und 5 Min. karamellisieren lassen.

5 Den Backofen auf 190 °C vorheizen und ein Backblech hineinschieben. Den Sternanis aus der Sahne nehmen. Eigelbe und feinen Zucker unter die Sahne rühren.

6 Die Birnen mit dem Karamell auf dem Teig verteilen, die Sahnemischung darübergießen. Den Kuchen 25–30 Min. backen, bis er goldbraun und fest ist. Auskühlen lassen und kalt servieren.

Mango-smoothie

Limettensaft verleiht ihm einen exotischen Kick

für 4 Personen

Zub. 5 Min.

2 Mangos, geschält, entsteint und gehackt

2 Bananen, gehackt

200 ml Orangensaft

Saft von 1 Limette

4 EL Naturjoghurt

1 Alle Zutaten im Mixer oder in der Küchenmaschine glatt pürieren, dann den Smoothie sofort servieren.

Passt zu Muffins für ein Wohlfühl-Frühstück.

VARIANTE

Passionsfruchtsmoothie

Den Orangensaft durch 200 ml Ananassaft ersetzen, anstelle des Limettensaftes das Fruchtfleisch von 2 Passionsfrüchten hinzufügen.

Ananas-Milchshake

Kommt völlig ohne Zucker aus

für 2 Personen

Zub. 5 Min.

2 reife Bananen, gehackt

150 ml kalte Milch

2 Scheiben Ananas aus der Dose, gehackt

2–3 EL Ananassaft aus der Dose

1 Kugel Vanilleeiscreme

1 Alle Zutaten im Mixer oder in der Küchenmaschine glatt pürieren. Das Getränk in hohen Gläsern servieren. Sollte es nicht kalt genug sein, Eiswürfel hinzufügen.

KOCHSCHULE

Kochschule Eier

Eier trennen

Für viele Rezepte wird nur Eigelb oder Eiweiß benötigt. Riechen Sie an den aufgeschlagenen Eiern, um die Frische zu prüfen.

1 Die Schale eines gekühlten Eis an den Rand der Schüssel schlagen. Mit den Fingerspitzen in den entstandenen Riss greifen und die beiden Schalenhälften vorsichtig auseinanderziehen. Dabei läuft bereits ein Teil des Eiweißes in die Schüssel.

2 Das Eigelb nun mehrmals behutsam von einer Schalenhälfte in die andere geben, sodass das restliche Eiweiß ebenfalls in die Schüssel tropfen kann. Darauf achten, dass das Eigelb nicht verletzt wird und ausläuft. Das Eigelb in eine zweite Schüssel geben und beiseitestellen. Eventuell abgebrochene Schalenteile entfernen.

Eiweiß steif schlagen

Das beste Ergebnis erhalten Sie, wenn Sie eine Schüssel mit rundem Boden und einen großen Schneebesen verwenden.

1 Das Eiweiß in eine Schüssel geben und langsam aufschlagen, dabei zunächst nur kleine Bewegungen ausführen.

2 In gleichmäßigem Tempo mit dem Aufschlagen fortfahren, dabei nun größere Bewegungen mit dem Schneebesen ausführen, bis die Eiweiße Bläschen bilden.

3 Möglichst viel Luft einarbeiten, dazu die Rührgeschwindigkeit erhöhen und die Bewegungen vergrößern, bis die Eiweiße das gewünschte Volumen angenommen haben.

4 Prüfen Sie, ob das Eiweiß fest genug ist: Der Eischnee ist fertig, wenn sich feste, glänzende Spitzen mit hängenden Enden bilden.

Eier pochieren

Nur ganz frische Eier verwenden, da diese kompakteres Eiweiß besitzen und beim Pochieren besser fest werden.

Pochierwasser

Wenn das Wasser kocht, 1 TL Weißweinessig pro Liter Wasser hinzufügen. Die Essigzugabe gewährleistet eine bessere Gerinnung des Eiweißes, wodurch es beim Pochieren an den Rändern weniger ausfranst. Kein Salz zugeben, da Salz die Gerinnung hemmt.

1 Ein Ei in einen kleinen Teller oder eine Tasse aufschlagen, dabei das Eigelb nicht verletzen, und in köchelndes, mit Essig versetztes Wasser gleiten lassen (siehe Pochierwasser).

2 Mit einem Sieblöffel das Eiweiß um das Eigelb legen, bis es gestockt ist. Die Temperatur anpassen, sodass das Wasser sanft köchelt, die Eier 3–5 Min. pochieren, bis das Eiweiß vollständig gegart ist.

3 Die Eier für 30 Sek. in einen zweiten Topf mit köchelndem Wasser geben, um den Essiggeschmack zu beseitigen. Die Eier kurz auf einem sauberen Geschirrtuch oder auf einem Sieblöffel abtropfen lassen.

Eier kochen

Eier sollten stets in nur leise siedendem Wasser gegart werden.

Weich gekocht

Das Eiweiß ist gestockt, das Eigelb bleibt flüssig. Einen Topf verwenden, in dem die Eier nebeneinander Platz finden. Die Eier mindestens 5 cm mit kaltem Wasser bedecken, bei starker Hitze zum Kochen bringen. Bei reduzierter Temperatur 2–3 Min. köcheln lassen.

Hart gekocht

Sowohl Eiweiß als auch Eigelb sind gestockt. Nach dem Aufkochen weitere 10 Min. bei reduzierter Temperatur köcheln lassen. Sobald das Ende der Garzeit erreicht ist, den Topf unter fließendes kaltes Wasser stellen, um den Garprozess zu beenden. Die Eier schälen.

Rühreier zubereiten

Durch entsprechendes Rühren entsteht eine grobe, mittelfeine oder sehr feine Konsistenz.

1 Die Eier in eine Schüssel aufschlagen; darauf achten, dass keine Schalenreste zurückbleiben. Die Eigelbe mit einer Gabel öffnen, dann die Eier verquirlen, salzen und pfeffern.

2 Eine beschichtete Pfanne bei mittlerer Temperatur erhitzen. So viel Butter darin schmelzen, dass sie den Pfannenboden leicht überzieht. Die verquirlten Eier hineingießen.

3 Mit einem Kochlöffel das bereits am Pfannenrand gestockte Ei in die Pfannenmitte ziehen. Für eine eher grobe Konsistenz erst relativ spät mit dem Rühren beginnen.

Cremigeres Rührei erhalten Sie, wenn Sie bei Schritt 1 etwas Milch zugeben oder am Schluss etwas Sahne untermischen.

Omelett braten

Ein Omelett aus drei Eiern ist am einfachsten zuzubereiten; mehr als sechs sollten es nicht sein.

1 Die Eier verquirlen und würzen. In einer beschichteten Pfanne bei mäßiger Temperatur etwas Butter zerlassen. Die Eier hineingeben, die Pfanne schwenken, sodass sich die Eimasse gleichmäßig ausbreitet.

2 Mit einer Gabel umrühren, um die Eimasse zu verteilen. Sobald die Masse zu stocken beginnt, mit dem Rühren aufhören. Die Ihnen zugewandte Seite des Omeletts zur Mitte umschlagen.

3 Mit einem scharfen Ruck am Pfannengriff die Pfanne so bewegen, dass die andere Omelettseite ebenfalls zur Mitte klappt.

4 Die Pfanne schräg halten, sodass das Omelett mit den umgeklappten Seiten nach unten auf den Teller gleitet. Sofort servieren.

Kochschule Früchte und Nüsse

Zitronenzesten herstellen

Feine Streifen aus unbehandelter Zitrusschale werden gern als aromatische Zutat und Dekoration verwendet.

1 Mit einem Sparschäler die Schale in dünnen Streifen von der Frucht schneiden; möglichst wenig von der bitteren weißen Haut mit abschälen.

2 Falls noch etwas von der weißen Haut anhaftet, diese mit einem scharfen Messer parallel zur Schale entfernen. Die Schale mit einer wiegenden Messerbewegung in feine Streifen schneiden.

Äpfel schälen und vorbereiten

Verwenden Sie feste, unbeschädigte Äpfel mit süßem Duft; die Schale sollte prall und unversehrt sein.

Kerngehäuse und Schale entfernen

1 Den Apfelausstecher von oben mittig in den Apfel (mit dem Stiel als Mittelpunkt) bis zum unteren Ende durchstoßen, das Kerngehäuse durch Drehen lösen und mit dem Ausstecher herausziehen.

2 Mit einem Sparschäler oder einem kleinen Schälmesser die Apfelschale spiralförmig rundum entfernen.

Apfelringe herstellen

Den entkernten Apfel auf einem sauberen Schneidebrett auf die Seite legen und gut festhalten. Mit einem scharfen Messer gleichmäßig dicke Scheiben abschneiden.

Äpfel würfeln

Apfelscheiben aufeinanderlegen und mit dem Messer längs in Stäbchen schneiden, danach die Stäbchen quer in Würfel teilen. Darauf achten, dass die Stücke jeweils gleich groß geschnitten werden.

Zitrusfrüchte filetieren

Durch Filetieren erhalten Sie makellose und akkurate Zitrusfruchtfilets für eine gelungene Dekoration.

1 Mit einem scharfen Messer das obere und untere Ende der Frucht abschneiden und die Frucht aufrecht auf die Arbeitsfläche stellen. Entlang der natürlichen Rundung der Frucht die Schale vom Fruchtfleisch abtrennen, dabei die Frucht gut festhalten und möglichst viel von der weißen Haut entfernen.

2 Direkt neben den Trennhäuten ins Fruchtfleisch schneiden, um die Fruchtsegmente dazwischen auszulösen.

Mangos vorbereiten

Am besten lässt sich das Fruchtfleisch auslösen, wenn man es an beiden Seiten des Steins abtrennt.

1 Die Mango auf die Seite legen und längs am Stein vorbei schneiden; auf der anderen Seite wiederholen, sodass eine Scheibe Fruchtfleisch, die den Stein umschließt, zurückbleibt.

2 Die beiden Hälften mit dem Fruchtfleisch nach oben auf die Arbeitsfläche legen. Das Fruchfleisch längs in Streifen und nochmals quer in Würfel schneiden, die Schale dabei jedoch nicht durchtrennen. Die Schale so nach außen wölben, dass die Mangowürfel hervortreten. Die Würfel mit einem Messer direkt über der Schale abschneiden.

Ananas schälen und vorbereiten

Ananas schmeckt frisch am besten und die Vorbereitung ist gar nicht schwierig.

Ananasringe

1 Mit einem scharfen Messer das obere und untere Ende der Frucht abschneiden. Die Ananas aufrecht auf das Schneidebrett stellen und die Schale in langen Streifen von oben nach unten abschneiden.

2 Um Ringe zu erhalten, die Ananas auf die Seite legen und in Scheiben schneiden. Mit einem Ausstecher die holzige Mitte entfernen.

Ananasspalten

1 Die Frucht vierteln, jeweils der Länge nach die holzige Mitte herausschneiden. Das Messer an der Blattkrone ansetzen und zwischen Fruchtfleisch und Schale entlangschneiden.

2 Das Fruchtfleisch quer zur Schale in gleichmäßig große Scheiben schneiden. Die restlichen Ananasviertel auf dieselbe Weise vorbereiten.

Weiche Früchte enthäuten

Für viele Desserts, Saucen und Pürees ist es nötig, Pfirsiche, Nektarinen oder Aprikosen zu enthäuten.

1 Mit einem scharfen Messer den Boden der Frucht in der Mitte kreuzweise einschneiden, dabei nur die Haut durchtrennen. Den Vorgang auf der Oberseite wiederholen.

2 Die Frucht in eine hitzefeste Schüssel legen und mit kochendem Wasser übergießen. Die Frucht mit einem Schaumlöffel aus dem Wasser nehmen und in eine Schüssel mit Eiswasser geben. Sobald die Frucht soweit abgekühlt ist, dass man sie anfassen kann, diese aus dem Wasser nehmen und die Haut mit den Händen sorgfältig abziehen.

Früchte pochieren

Wählen Sie feste, nicht zu reife Früchte, da diese nicht so leicht zerfallen.

Steinobst in Zuckersirup pochieren

1 Die Früchte halbieren, entsteinen und in köchelnden Zuckersirup geben. Achten Sie darauf, dass die Früchte vollständig von Sirup bedeckt sind.

2 Die Früchte 10–15 Min. pochieren, bis sie weich sind, dann mit einem Schaumlöffel herausnehmen. Den Sirup etwas einkochen lassen, durch ein Sieb gießen und zum Servieren über die Früchte träufeln.

Birnen in Wein pochieren

1 Rotwein mit Würzzutaten (Zitronenschale, Zimtstangen, Ingwer oder Vanilleschote) und Zucker erhitzen, bis sich der Zucker aufgelöst hat. Die vorbereiteten Birnen hineingeben und den Wein langsam zum Köcheln bringen. 15–20 Min. pochieren, bis die Birnen weich sind.

2 Den Topf vom Herd nehmen und die Birnen in der Flüssigkeit abkühlen lassen. Danach mit einem Schaumlöffel herausnehmen, den Sirup aufkochen und leicht reduzieren. Die Sauce zu den Birnen servieren.

Sauce für Crêpes zubereiten

Diese Sauce eignet sich am besten für süße Crêpes, die warm serviert werden. Eine Sauce zum Flambieren finden Sie auf S. 376.

1 In einer großen Pfanne 2 EL Orangen- oder Zitronensaft mit 1 EL Zucker und einem kleinen Stück Butter bei niedriger Temperatur erhitzen. Die Sauce 5 Min. köcheln lassen, bis sie etwas eingedickt ist.

2 Die Crêpes einzeln in die Pfanne legen und gleichmäßig mit der Sauce überziehen.

3 Die Crêpe zweimal zusammenfalten und auf einen Teller legen. Mit den restlichen Crêpes ebenso verfahren.

Flambieren

Flambierte Crêpes sind immer ein eindrucksvolles Dessert. Dazu hochprozentigen Alkohol in einer Pfanne sanft erwärmen, vom Herd nehmen und anzünden; dabei die Pfanne vom Körper weg halten. Die Crêpes sofort mit dem brennenden Alkohol übergießen und servieren, sobald die Flammen erloschen sind.

Maronen schälen

Die Maronen sollten ein glatte, glänzende Schale besitzen und sich für ihre Größe schwer anfühlen.

Maronen blanchieren

Um die Maronen aus ihren Schalen zu lösen, kann man sie auch blanchieren. Dazu die Maronen einritzen, in einen Topf geben, mit reichlich kaltem Wasser bedecken und zum Kochen bringen. Wenn die Schalen aufspringen, die Maronen abgießen, auf Küchenpapier abtropfen lassen und schälen, sobald sie soweit abgekühlt sind, dass man sie anfassen kann.

1 Mit einem kleinen, scharfen Messer die Maronen an der spitz zulaufenden Seite einschneiden, damit sie beim Erhitzen nicht platzen.

2 Die Maronen etwa 3 Min. grillen oder frittieren, bis sich die Schale in zwei Hälften teilt. Sobald sie genügend abgekühlt sind, äußere und innere Schale entfernen.

3 Falls die Maronen für eine Füllung verwendet werden, das Fruchtfleisch mit einem scharfen Messer grob hacken.

Mandeln vorbereiten

Statt bereits fertig zerkleinerte Mandeln zu kaufen, kann man sie selbst blanchieren, blättrig schneiden oder hacken.

1 Zum Blanchieren die Mandeln in eine Schüssel geben und mit so viel kochendem Wasser übergießen, dass sie bedeckt sind. 1 Min. stehen lassen, dann abgießen.

2 Die Haut mit den Fingerspitzen zusammendrücken und abstreifen. Alternativ die Mandeln zwischen Küchenpapier reiben, um die Haut zu entfernen.

3 Für Mandelblättchen die Mandeln mit einem großen, scharfen Messer in beliebig dicke Scheibchen schneiden. Für Mandelsplitter Mandeln längs in Stifte schneiden.

4 Für gehackte Mandeln die Mandeln mit einem großen, scharfen Messer in Stücke der gewünschten Größe hacken. Dabei das Messer entlang der Fingerknöchel führen.

Nüsse knacken

Walnuss- und Pekannusskerne stecken in einer harten Schale.

Zum Knacken der Schale einen Nussknacker verwenden. Die innere Haut lässt sich schwer entfernen, kann aber mitgegessen werden.

Pistazien enthäuten

Wie bei den Mandeln muss die braune Haut enfernt werden.

Die Pistazienkerne in einen Topf geben, mit reichlich kaltem Wasser bedecken und zum Kochen bringen. Sobald die Häute aufplatzen, die Pistazienkerne abgießen und zwischen zwei sauberen Geschirrtüchern abreiben, bis sich die Häute lösen.

Reis kochen nach der Absorptionsmethode

Den Reis vor dem Kochen immer einweichen und abspülen.

Perfekter Reis

Für ein perfektes Ergebnis stets hochwertigen Reis kaufen und einen Topf mit gut schließendem Deckel verwenden. Der Reis sollte mit der 1 ½-fachen Menge Wasser gekocht werden. Wer sichergehen will, dass die Reiskörner nicht brechen, fügt dem Kochwasser kein Salz hinzu. In diesem Fall kann man das Wasser durch Fond ersetzen.

1 Den Reis mit Wasser und Salz in einen großen Topf geben. Bei mittlerer Hitze aufkochen, umrühren, die Temperatur reduzieren. Ohne Deckel 10–12 Min. köcheln lassen, bis die Flüssigkeit aufgenommen ist.

2 Den Topf vom Herd nehmen und mit einem Deckel verschließen, zwischen Topf und Deckel ein sauberes, zusammengefaltetes Geschirrtuch klemmen. Den Reis 20 Min. stehen lassen.

3 Das Geschirrtuch entfernen, den Deckel wieder auflegen und den Reis weitere 5 Min. ruhen lassen. Danach die Körner mit einer Gabel auflockern und den Reis servieren.

Risotto zubereiten

Für einen guten Risotto braucht man einen aromatischem Fond und viel Ausdauer beim Rühren.

1 Den Fond in einem Topf erhitzen, bis er köchelt. In einem zweiten, größeren Topf Öl und Butter erhitzen. Wenn die Butter geschmolzen ist, die Zwiebel darin anschwitzen. Den Reis unterrühren, sodass die Körner vom Fett überzogen sind.

2 Den Wein angießen, köcheln lassen und rühren, bis der Reis die Flüssigkeit aufgenommen hat. Eine Schöpfkelle Fond zugeben und wiederum rühren, bis alles aufgenommen ist. Die Fondzugabe nach dieser Methode – immer nur eine Schöpfkelle auf einmal – über einen Zeitraum von 25 Min. unter ständigem Rühren wiederholen, bis der Reis gar, aber nicht breiig ist.

3 Butter und etwas Parmesan unterrühren. Mit Salz und Pfeffer abschmecken und vom Herd nehmen. Den Risotto vor dem Servieren 2 Min. abgedeckt ruhen lassen.

Risotto sollte eine cremige – aber keinesfalls breiige – Konsistenz mit einzeln auszumachenden Reiskörnern besitzen. Verwenden Sie Rundkorn- oder Mittelkornreis, da diese beim Aufquellen die Form behalten. Ergänzen Sie den Risotto mit Fisch, Schalentieren, Fleisch, Huhn oder Gemüsebrühe, um zusätzliches Aroma ins Spiel zu bringen.

Polenta zubereiten

Maismehl ist aus der italienischen Küche nicht wegzudenken und vielseitig einsetzbar.

Weiche Polenta

1 In einem großen Topf Wasser mit Salz zum Kochen bringen. Die Polenta langsam einrieseln lassen, dabei ständig und schnell rühren, damit eine glatte Masse ohne Klümpchen entsteht.

2 Bei niedriger Temperatur 40–45 Min. garen, bis die Masse sich vom Topfrand löst; gelegentlich mit dem Schneebesen durchrühren. Butter und Parmesan zugeben und abschmecken.

Polentaschnitten

1 Polenta ohne Butter und Käse zubereiten. Nach dem Eindicken in eine gefettete Form gießen, mit einem Teigschaber verstreichen und erstarren lassen. (Sie hält sich 4 Tage abgedeckt im Kühlschrank.)

2 Die abgekühlte Polenta auf ein Brett stürzen und in Stücke schneiden. Die Stücke mit Olivenöl bestreichen und in einer heißen Grillpfanne 3–5 Min. pro Seite anbraten.

Pasta kochen

Getrocknete Pasta sollte immer im Vorratsschrank sein, sie ist die Basis für viele schnelle Gerichte.

1 Einen großen Topf mit Wasser füllen, Salz zugeben, zum Kochen bringen und die Nudeln hineingeben.

2 Nach der Zeitangabe auf der Packung ohne Deckel kochen bzw. bis die Nudeln *al dente* sind.

3 Die Nudeln in ein Sieb schütten, dieses rütteln, um überschüssiges Wasser zu entfernen.

Der Al-dente-Test

Al dente heißt wörtlich »zum Zahn«, was soviel bedeutet wie »mit Biss«. Damit wird die Konsistenz beschrieben, die einerseits weich (im Sinne von gar) sein soll, andererseits den Zähnen noch einen gewissen Widerstand entgegensetzt. Um die gewünschte Bissfestigkeit zu erhalten, ist es sicherer, öfter zu probieren, als sich auf die angegebene Kochzeit auf der Packung zu verlassen.

Asiatische Nudeln kochen

Asiatische Nudeln müssen vor ihrer Weiterverwendung in heißem Wasser eingeweicht oder kurz gekocht werden.

1 Zum Kochen von Eier-, Weizen- oder Buchweizennudeln einen großen Topf mit Wasser zum Kochen bringen. Die Nudeln hineingeben und etwa 2 Min. kochen, bis sie weich und elastisch sind.

2 Die Nudeln in ein Sieb geben und unter fließendes kaltes Wasser halten. Mit etwas Öl vermischen, damit sie nicht zusammenkleben, dann mit dem gewählten Rezept fortfahren.

Kochschule Gemüse

Dämpfen

Eine gesunde Art, Gemüse zuzubereiten – zu lange gedämpftes Gemüse verliert jedoch Farbe und Aroma.

1 In einen Dampfgartopf so viel Wasser einfüllen, dass es 2½ cm hoch steht. Das Gemüse in den Dämpfeinsatz legen, den Einsatz in den Topf einsetzen.

2 Sobald Dampf aufsteigt, einen gut schließenden Deckel auflegen und das Gemüse dämpfen, bis es gerade gar ist.

Garen im Wok

Für diese fettarme Garmethode wird sehr wenig Öl benötigt, das Gemüse behält so sein natürliches Aroma und ist schnell gar.

Richtig garen im Wok

Für das beste Ergebnis das Gemüse in möglichst gleich große Stücke schneiden. Gemüse oder Fleisch mit längerer Garzeit immer zuerst in den Wok geben. Das Gericht am Ende mit Salz, Pfeffer, Sojasauce, chinesischer Chilisauce oder Chiliflocken abschmecken.

1 Den Wok erhitzen und Sonnenblumen-, Raps- oder Erdnussöl hineingeben. Sobald das Öl sehr heiß ist, Knoblauch, Ingwer, Chilischote oder Frühlingszwiebeln anbraten.

2 Gemüse hinzufügen und mit dem Pfannenwender in Bewegung halten. Falls Fleisch gegart werden soll, dieses vor dem Gemüse in den Wok geben und weniger stark rühren, damit das Fleisch besser garen kann.

3 Manche Gemüsesorten wie Brokkoli profitieren von einer zusätzlichen Dämpfphase. Dazu einige Esslöffel Wasser in den Wok geben, den Deckel auflegen und das Gemüse wenige Minuten bissfest dämpfen.

Möhren in Bâtonnets schneiden

Bâtonnets sind 5 mm breite und 5–6 cm lange Stäbchen.

1 Die Möhren schälen und quer halbieren. Mit dem Messer oder mit einer Mandoline in 5 mm dicke Scheiben schneiden. Dazu mit der einen Hand die Mandoline festhalten und mit der Handfläche der anderen Hand die Möhre fest andrücken; darauf achten, dass die Finger dem Hobelmesser nicht zu nahe kommen. Die Möhren durch Auf- und Abbewegung in gleich große und gleich dicke Scheiben hobeln.

2 Die Scheiben in der Reihenfolge, in der sie aus der Mandoline kommen, aufstapeln, dann die abgerundeten Ränder mit einem scharfen Messer begradigen. Nun die Möhren der Länge nach in Stäbchen von gleicher Breite schneiden.

Zwiebeln schälen und würfeln

Nach dieser Methode lassen sich Zwiebeln schnell zerkleinern, was manche Träne erspart.

1 Die Zwiebel längs halbieren, dann die Schale abziehen. Den Wurzelansatz nicht abschneiden, da dieser die Schichten zusammenhält.

2 Eine Hälfte mit der Schnittseite nach unten auf das Schneidebrett legen und mehrmals waagrecht bis zum Wurzelansatz einschneiden.

3 Mit der Messerspitze die Zwiebelschichten senkrecht durchschneiden, bis nahe an den Wurzelansatz heran, aber ohne ihn zu durchtrennen.

4 Die Zwiebel quer zu den gerade vorgenommenen Schnitten so schneiden, dass gleichmäßig große Würfel entstehen.

Lauch waschen und in Julienne schneiden

Lauch, der mildeste Vertreter der Zwiebelfamilie, schmeckt wunderbar in Suppen und Saucen.

1 Mit einem scharfen Messer den Wurzelansatz und einen Teil der dunkelgrünen Blattenden abschneiden. Die Lauchstange längs halbieren, dann die verschiedenen Schichten behutsam aufspreizen, unter fließendem kaltem Wasser abspülen und überschüssiges Wasser abschütteln.

2 Für Julienne den grünen Teil vollständig abschneiden, den hellen Teil quer in gleich lange Stücke schneiden. Diese mit der Schnittseite nach unten auf ein Schneidebrett legen und in etwa 3 mm breite Streifen schneiden.

Knoblauch schälen und hacken

Knoblauch ist eine unverzichtbare Zutat; das Schälen geht blitzschnell, wenn man die richtige Technik beherrscht.

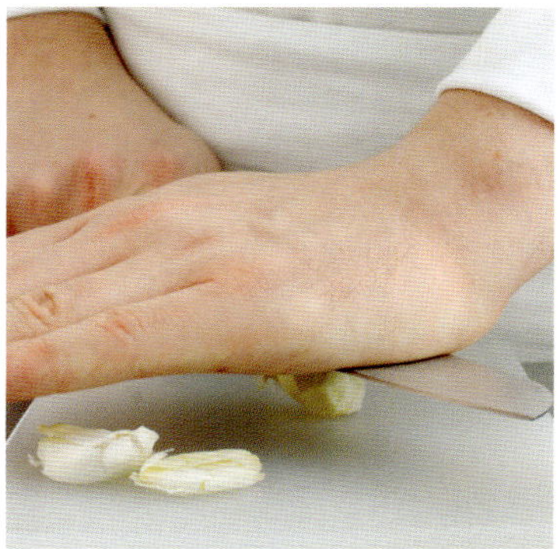

1 Eine breite Messerklinge auf die Knoblauchzehe legen und mit der Handfläche daraufdrücken.

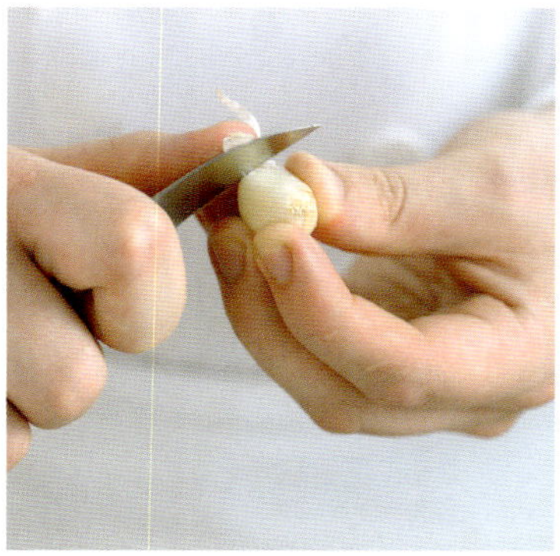

2 Die Schale abstreifen und die Enden der Knoblauchzehe abschneiden.

3 Die Knoblauchzehe der Länge nach in Scheibchen, dann quer in feine Würfel schneiden. Die Würfel aufhäufeln und fein hacken.

Knoblauch auswählen

Wählen Sie feste, kompakte Knollen aus. Die Schale sollte an der Unterseite glatt anliegen und nicht beschädigt sein. Knoblauch lässt sich zwar bis zu 2 Monate an einem kühlen, dunklen Ort lagern, man sollte jedoch vor der Verwendung kontrollieren, ob die Zehen noch fest sind und ob sich ein Keim entwickelt hat. Bewahren Sie Knoblauch niemals im Kühlschrank auf.

Tomaten enthäuten und von Samen befreien

Tomaten, die für Saucen oder Suppen verwendet werden, müssen zuvor geschält und von den Samen befreit werden.

1 Den Stängelansatz entfernen, die Unterseite der Tomate kreuzweise einritzen, Tomate 20 Sek. in kochendes Wasser legen oder bis sich die Haut ablöst.

2 Die Tomate mit einem Schaumlöffel aus dem Wasser heben und zum Abkühlen in eine Schüssel mit Eiswasser legen.

3 Sobald die Tomate soweit abgekühlt ist, dass man sie anfassen kann, die Haut mit einem Schälmesser abziehen.

4 Die Tomate halbieren. Die Samen über einer Schüssel aus den Hälften herausdrücken und wegwerfen.

Brokkoli vorbereiten

Wie Brokkoliröschen vom Strunk abgetrennt werden.

1 Den Brokkoli flach auf ein Schneidebrett legen und den dicken Teil des Strunks abschneiden.

2 Um die einzelnen Röschen abzutrennen, das Messer zwischen den kleineren Stängeln hindurchstecken und die Röschen abschneiden.

Blumenkohl vorbereiten

Wie Blumenkohlröschen vom Strunk abgetrennt werden.

1 Den Blumenkohl mit dem Strunk nach oben auf ein Schneidebrett legen. Den dicken Strunk und noch vorhandene Blätter abschneiden.

2 Mit einem kleinen Schälmesser die einzelnen Röschen vorsichtig am Stängelende abtrennen.

Blattgemüse putzen

Robuste Blattgemüse wie Mangold oder Kohl müssen vor dem Garen geputzt und zerkleinert werden.

1 Welke und verfärbte Blätter entfernen. Die Mittelrippe herausschneiden und wegwerfen.

2 Einige Blätter locker aufrollen. Die Rolle quer in Streifen von beliebiger Breite schneiden.

Avocado entsteinen und schälen

Um an das wunderbar cremige, reichhaltige Fruchtfleisch zu gelangen, muss die Avocado geschält und entsteint werden.

1 Mit einem großen Messer die Avocado ringsum bis auf den Stein einschneiden.

2 Die beiden Hälften so gegeneinander verdrehen, dass sie sich voneinander lösen.

3 Mit der Schneide des Messers kräftig in den Stein hacken, sodass sie stecken bleibt, dann das Messer anheben, um den Stein zu entfernen.

Avocados aufbewahren

Die Früchte an einem kühlen, dunklen Ort, jedoch nicht im Kühlschrank aufbewahren. Die Schnittflächen verfärben sich rasch, wenn sie nach dem Aufschneiden mit Sauerstoff in Kontakt kommen. Um dies zu vermeiden, die Avocados mit Zitronensaft abreiben. Die Schnittflächen mit Frischhaltefolie abdecken und die Früchte bis zur Verwendung kühl stellen.

4 Mithilfe eines Holzlöffels den Stein vorsichtig von der Messerschneide lösen und wegwerfen.

5 Die Avocado in Viertel schneiden, dann mit einem Schälmesser die Schale abziehen; die Schale wegwerfen.

6 Soll die Avocado in Würfel geschnitten werden, die Frucht zunächst der Länge nach in gleichmäßig große Scheiben, danach die Scheiben längs in Stäbchen und dann quer in Würfel schneiden.

Alternativ können Sie die Avocado auch in Scheiben scheiden. Dazu die Frucht zuerst halbieren, dann den Stein entfernen. Mithilfe eines Teigspatels das Fruchtfleisch aus der Schale heben. Auf ein Schneidebrett legen und in Scheiben oder Spalten schneiden.

Spargel schälen

Für den Genuss möglichst zarter Stangen muss der Spargel sorgfältig geschält werden.

1 Mit einem scharfen Messer das untere Ende der Spargelstangen abschneiden oder abbrechen.

2 Mit einem Spargelschäler (oder Sparschäler) die Stangen ringsum dünn schälen, dabei die Stangen drehen.

Artischocken vorbereiten

Artischocken können im Ganzen mit den Blättern oder als Artischockenböden serviert werden.

Im Ganzen servieren

1 Die Artischocke am Stängel festhalten, dann mit einer Küchenschere die Blattspitzen abschneiden.

2 Mit einem Kochmesser den Stängel direkt am Blattansatz abtrennen.

3 Die Spitze abschneiden und dunkel verfärbte äußere Blätter abzupfen.

Hilfe gegen Verfärbung

Die Artischockenblätter und -böden färben sich rasch braun, wenn sie nach dem Aufschneiden mit Sauerstoff in Kontakt kommen. Dies lässt sich verhindern, indem man die Schnittflächen mit einer aufgeschnittenen Zitrone abreibt.

Artischockenböden auslösen

1 Alle Blätter von der Artischocke abtrennen oder abzupfen, dann den Stängel direkt am Blattansatz abschneiden.

2 Mit einem scharfen Messer den weichen Blattkegel über dem ungenießbaren Heu entfernen.

3 Die Schnittfläche mit Zitronensaft einreiben, damit sie nicht braun anläuft. Die Blätter an der Unterseite mit einem Schälmesser abschneiden.

4 Das ungenießbare Heu sollte entfernt werden, bevor der Artischockenboden zum Garen zerteilt wird.

Rote Bete im Backofen garen

Wurzel- und Knollengemüse können ebenso wie Kartoffeln im Ofen gebacken werden.

1 Den Backofen auf 200 °C vorheizen. Die Knollen waschen und trocken tupfen, salzen und einzeln in Alufolie wickeln.

2 Die Rote-Bete-Knollen in eine ofenfeste Form setzen und 45 Min. backen oder bis sie gar sind (Messerprobe).

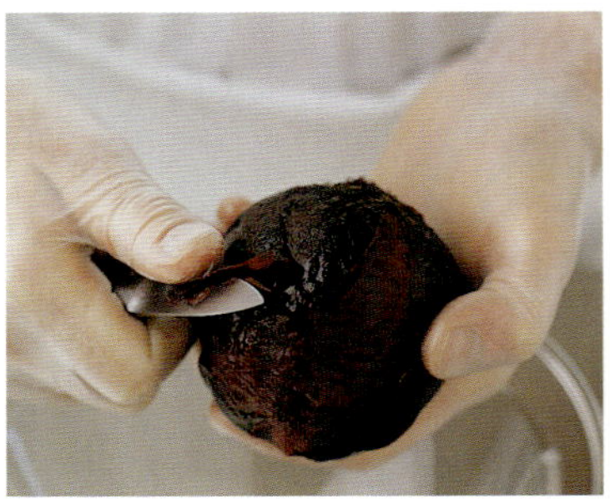

3 Sobald sie soweit abgekühlt sind, dass man sie anfassen kann, mit einem Schälmesser die Haut abziehen. Der austretende Saft ist stark färbend.

4 Die Knollen abspülen und in Scheiben schneiden. Mit Salz und Pfeffer bestreuen, mit Olivenöl und Zitronensaft beträufeln.

Gemüsepaprika vorbereiten

Paprikaschoten in Rot, Grün, Orange und Gelb verleihen vielen Gerichten Farbe, Süße und besondere Aromen.

1 Das obere und untere Ende abschneiden. Die Paprikaschote aufrecht auf das Schneidebrett stellen und längs halbieren. Stielansatz und Samen entfernen.

2 Die Hälften aufklappen und flach auf das Schneidebrett legen. Das Messer parallel zur Paprika führen und die hellen, fleischigen Scheidewände herausschneiden.

3 Die Paprikahälften entlang der Einkerbungen in der Paprika in kleinere Teilstücke schneiden. Nun kann die Paprika je nach Verwendung im Gericht zerkleinert werden.

Zum Füllen den Stiel samt Ansatz kreisförmig herausschneiden. Verbliebene Samen abspülen, Paprika trocken tupfen.

Gemüsepaprika rösten und schälen

Nach dem Rösten lässt sich die Haut einfach entfernen, es intensiviert zudem das Aroma und die Süße.

1 Die Paprikaschote über einer offenen Flamme drehen, sodass die Haut ringsum verbrennt. Alternativ unter dem Backofengrill rösten.

2 In einen Plastikbeutel geben, den Beutel fest verschließen und zum Abkühlen beiseitelegen.

3 Wenn die Paprikaschote vollständig abgekühlt ist, die verbrannte Haut abziehen.

4 Den Stiel herausziehen, Samen und Scheidewände entfernen, das Fruchtfleisch in Streifen schneiden.

Chilischoten vorbereiten

Chilischoten enthalten das Alkaloid Capsaicin, das für die feurige Schärfe verantwortlich ist.

1 Die Chilischote der Länge nach halbieren. Mit der Messerspitze die Samen herauskratzen, den Stiel und die Scheidewände entfernen.

2 Die Chilischote mit der Handfläche flach drücken und längs in Streifen schneiden.

3 Um Würfel zu erhalten, die Streifen dicht nebeneinander legen und quer in gleich große Würfel schneiden.

Vorsicht!

Nachdem Sie Samen und Scheidwände einer scharfen Chilischote angefasst haben, sollten Sie auf keinen Fall Augen oder Nase berühren, da die Schleimhäute durch die Schärfe schmerzhaft gereizt werden. Waschen Sie Ihre Hände sofort nach der Verarbeitung oder tragen Sie bei der Verarbeitung Küchenhandschuhe.

Kürbis schälen

Kürbisse besitzen eine dicke Schale, die entfernt werden muss; das Fruchtfleisch wird in Stücke oder Würfel geschnitten.

Die richtige Wahl

Den richtigen Kürbis auszuwählen ist nicht einfach, da man erst beim Aufschneiden sieht, ob das Innere unversehrt ist. Bevorzugen Sie schwere Kürbisse und achten Sie darauf, dass die Schale keine Risse oder weichen Stellen aufweist. Kürbis ist einige Wochen haltbar, solange er bei Raumtemperatur und an einem trockenen Ort gelagert wird. Sobald er angeschnitten ist, mit Frischhaltefolie abgedeckt im Kühlschrank aufbewahren.

1 Den Kürbis auf ein Schneidebrett legen und mit einem Kochmesser längs halbieren, dabei das Messer am Stängelansatz ansetzen und bis zum unteren Ende durchschneiden.

2 Die Samen und Fasern mit einem Löffel aus den Hälften herauskratzen und wegwerfen.

3 Die Schale mit einem Sparschäler oder einem Messer abschälen.

Getrocknete Pilze verwenden

Durch Trocknen werden Pilze nicht nur haltbar gemacht, es intensiviert auch den Geschmack.

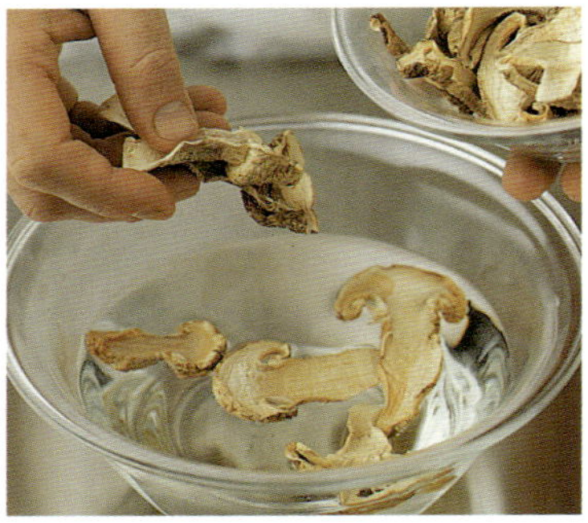

1 Getrocknete Wild- oder Zuchtpilze müssen vor der Verwendung mindestens 15 Min. in einer Schüssel mit heißem Wasser eingeweicht werden.

2 Die Pilze mit einem Schaumlöffel aus dem Einweichwasser herausnehmen. Falls das Wasser im Rezept verwendet werden soll, dieses durch einen Kaffeefilter oder ein Musselintuch gießen, um Sand oder andere Verunreinigungen zu entfernen.

Gemüsechips herstellen

Alle Gemüsesorten mit hohem Stärkeanteil, wie Kartoffeln, Süßkartoffeln oder Pastinaken, lassen sich gut frittieren.

1 Das Öl in einem Topf oder in der Fritteuse auf 160 °C erhitzen. Die geschälten Kartoffeln in dünne Scheiben schneiden oder hobeln.

2 Sobald das Öl heiß ist, eine Portion Gemüsescheiben mit einem Schaumlöffel hineingeben.

3 Etwa 2 Min. frittieren, bis die Chips auf beiden Seiten goldbraun sind. Herausnehmen und auf Küchenpapier abtropfen lassen.

4 Die noch warmen Chips nach Belieben mit Salz bestreuen.

Kohl vorbereiten

Kohl wird meist in Streifen geschnitten verarbeitet; vor allem Rotkohl ist eine attraktive Beilage.

1 Den Kohlkopf auf ein Schneidebrett legen, gut festhalten und mit einem scharfen Messer halbieren, sodass der Strunk durchtrennt wird.

2 Die Hälften auf dieselbe Weise nochmals halbieren, dann den Strunk aus den Vierteln herausschneiden.

3 Nun die Stücke zerkleinern. Dazu die Viertel mit einer Schnittseite flach auf das Schneidebrett legen und quer in Streifen schneiden.

Schnitttechnik

Die beste Kontrolle und die geschickteste Messerführung beim Zerkleinern von Kohl erreichen Sie, wenn Sie die Messerspitze auf dem Schneidebrett aufliegen lassen und lediglich die Schneide mit Auf- und Abbewegungen durch den Kohl gleiten lassen. Dabei die Schneide an den Fingerknöcheln der anderen Hand entlangführen.

Maiskörner vom Kolben ablösen

Frisch zubereitet, schmeckt der wunderbar süße Zuckermais am allerbesten.

1 Vom Maiskolben die Hüllblätter und die seidigen Fäden abziehen, dann den Kolben unter fließendem kaltem Wasser abspülen.

2 Den Kolben mit dem stumpfen Ende auf das Schneidebrett stellen. Mit einem scharfen Messer die Körner dicht am Strunk abtrennen.

3 Zur Gewinnung der »Milch« den Kolben aufrecht in eine Schüssel stellen und mit dem Messer ringsum an den Seiten entlangschaben.

Einkaufstipp

Beim Kauf von frischem Zuckermais sollten Sie immer die Hüllblätter an der Spitze des Maiskolbens leicht aufbiegen, um zu prüfen, ob darunter braun verfärbte oder verfaulte Körner zu finden sind. Will man die Kolben im Ganzen grillen oder kochen, empfiehlt es sich, die Hüllblätter nicht zu entfernen.

Kräuter hacken

Frische Kräuter immer erst direkt vor der Verwendung hacken, um das Aroma zu erhalten.

1 Blätter von den Stängeln zupfen und zu einem dichten Stapel aufschichten. Große Blätter aufeinanderlegen und zusammenrollen.

2 Die Kräuter mit einem großen, scharfen Messer klein schneiden, diese dabei mit der anderen Hand gut festhalten.

3 Die Kräuter aufhäufeln und zerkleinern, dazu das Messer mit einer wiegenden Bewegung führen.

Bouquet garni

Ein Kräutersträußchen, das verwendet wird, um Suppen oder Schmorgerichte zu aromatisieren, bei denen die Kräuter nach Beendigung der Garzeit entfernt werden sollen. Ein klassisches Bouquet garni besteht aus Petersilie, Thymian und Lorbeerblatt. Je nach Verwendungszweck kann auch Oregano, Rosmarin, Zitronenschale oder Lauch hinzugefügt werden.

Fische ausnehmen

Fische nimmt man durch die Bauchhöhle oder durch die Kiemen aus.

durch die Bauchhöhle

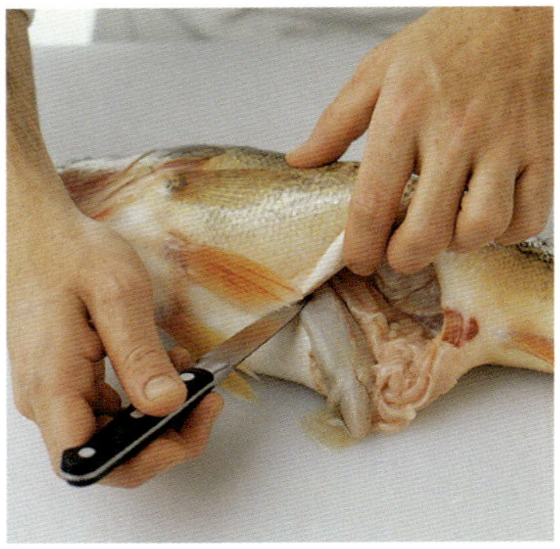

1 Den Fisch auf eine saubere Arbeitsfläche legen. Auf der Bauchseite einen nicht zu tiefen Einschnitt von kurz vor der Afterflosse bis zum Kopf vornehmen, dabei den Fisch gut festhalten. Dafür kann ein kleines Kochmesser oder eine scharfe Küchenschere verwendet werden.

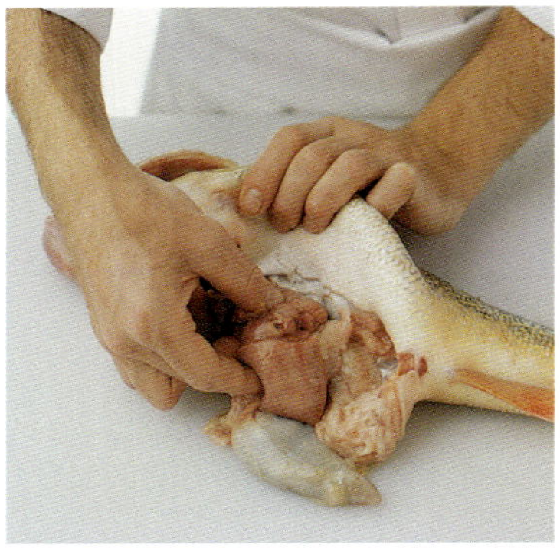

2 Die Eingeweide mit der Hand herausziehen. Fall nötig, den Einschnitt vergrößern. Die Kiemen vorsichtig herausschneiden – sie können scharfkantig sein, sodass man sich an ihnen verletzt.

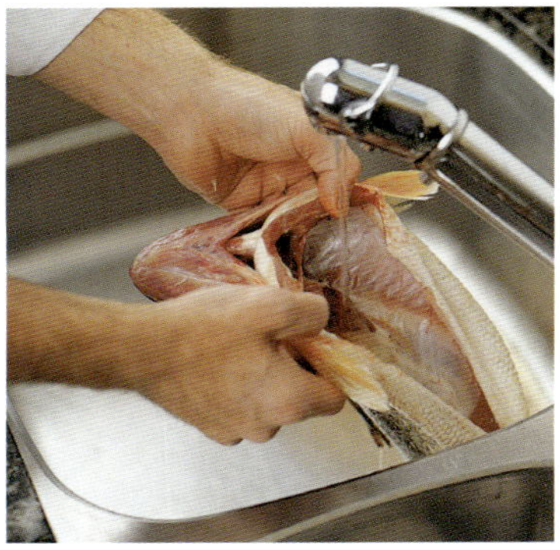

3 Die gesamte Bauchhöhle unter fließendem kaltem Wasser reinigen, um Reste von Blut und Eingeweiden abzuspülen. Den Fisch mit Küchenpapier trocken tupfen. Nun kann man ihn schuppen und die Flossen entfernen.

durch die Kiemen

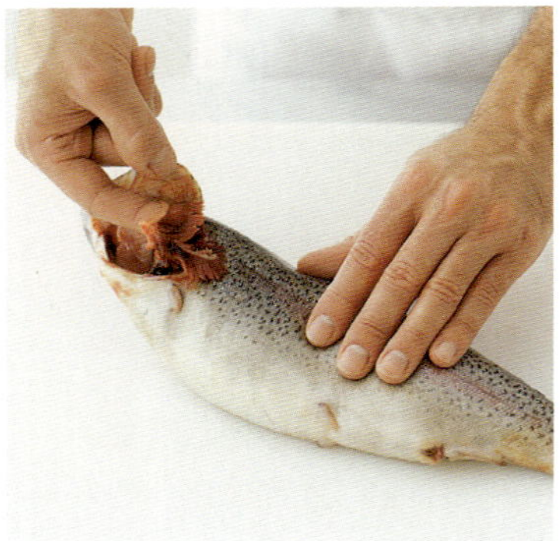

1 Den Zeigefinger vorsichtig hinter den Kiemen einhaken, diese herausziehen und mit einer scharfen Küchenschere oder einem Filetiermesser abtrennen und wegwerfen.

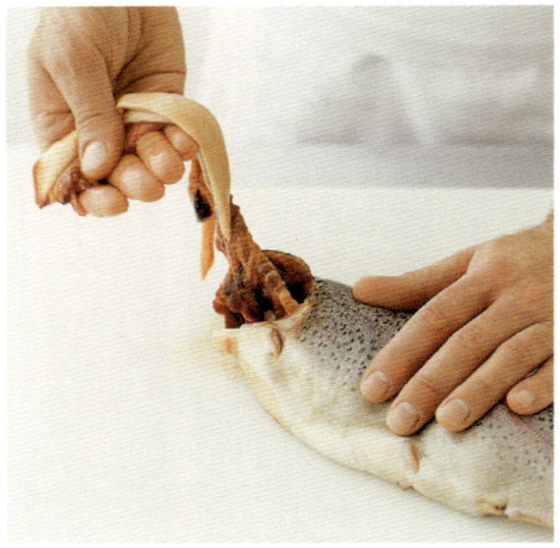

2 Mit den Fingern durch das entstandene Loch in den Körper greifen und die Eingeweide herausziehen.

3 Mit einer Küchenschere einen kleinen Einschnitt an der Afteröffnung vornehmen. Mit den Fingern die noch im Körper verbliebenen Eingeweide durch diese Öffnung herausziehen. Den Fisch unter fließendem kaltem Wasser reinigen. Nun kann kann man ihn schuppen und die Flossen entfernen.

Schuppen und Flossen entfernen

Will man den Fisch mit der Haut verarbeiten, muss er zunächst geschuppt werden.

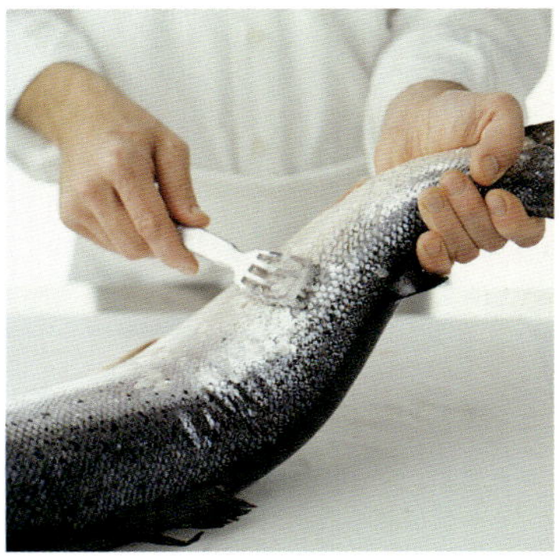

1 Den Fisch auf eine saubere Arbeitsfläche legen. Den Fisch am Schwanz festhalten, dann die Schuppen mit einem Fischschupper oder mit dem Rücken eines Kochmessers in Richtung Kopf abschaben.

2 Mit einer Küchenschere die Rückenflosse, die Bauchflossen und die beiden Brustflossen rechts und links vom Kopf abschneiden.

Filetieren und enthäuten

Falls die Fischfilets enthäutet werden, ist ein vorheriges Schuppen nicht nötig.

1 Den Fisch durch die Bauchhöhle ausnehmen, dann mit einem großen Kochmesser einen schrägen Einschnitt am Kopf, direkt hinter den Kiemen, vornehmen und bis zur Mittelgräte schneiden. An der Mittelgräte entlang das Filet auslösen, dann den Fisch wenden und den Vorgang auf der anderen Seite wiederholen.

2 Das Filet mit der Hautseite nach unten auf eine saubere Arbeitsfläche legen. Ein Filetiermesser am Schwanzende ansetzen und schräg, fast parallel zur Haut, zwischen Haut und Filet führen, sodass die Haut vom Filet abgetrennt wird; dabei die Haut gut festhalten.

Plattfische entgräten

Zu den beliebtesten Plattfischarten zählen Scholle, Seezunge, Steinbutt und Glattbutt.

Plattfische enthäuten

Damit der Fisch seine Form behält, wird die helle Haut am Fisch belassen. Die dunkle Haut kann jedoch entfernt werden. Den Fisch mit der hellen Seite nach oben hinlegen und am Schwanz zwischen der dunklen Haut und dem Fleisch einen kleinen Einschnitt vornehmen. Das Messer flach an der Haut entlangführen, diese dabei mit der anderen Hand gut festhalten und sauber vom Fisch abtrennen.

1 Den Fisch mit der dunklen Seite nach oben auf die Arbeitsfläche legen. Vom Kopf bis zum Schwanz entlang der Mittelgräte ein-, aber nicht durchschneiden. Jeweils eine Hälfte auslösen, sodass die Mittelgräte und zwei Filets freigelegt sind. Die Mittelgräte vom Fleisch lösen.

2 Die Mittelgräte am Kopf- und am Schwanzende mit der Küchenschere abschneiden, dann die Gräte auch in der Mitte durchtrennen.

3 Die Mittelgrätenstücke von den Filets lösen und wegwerfen. Vor dem Füllen des Fischs prüfen, ob alle Gräten entfernt sind.

Rundfische entgräten

Nach dem Ausnehmen, Schuppen und Entfernen der Flossen lässt sich ein Rundfisch durch die Bauchhöhle entgräten und füllen.

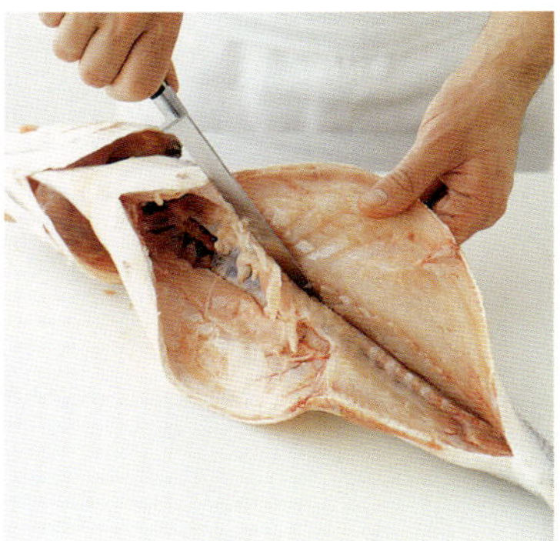

1 Den Fisch durch einen Einschnitt vom Schwanz bis zum Kopf öffnen. Mit einem Messer die Mittelgräte (die quer verlaufenden Gräten) auf der Oberseite lösen, dann den Fisch wenden, um sie von der anderen Seite zu lösen.

2 Mit der Küchenschere die Mittelgräte am Kopf- und Schwanzende durchtrennen und vom Schwanzende ausgehend herausziehen und wegwerfen. Vor dem Füllen sorgfältig prüfen, ob alle Gräten entfernt sind.

Garen *en papillote*

Der französische Begriff *en papillote* bedeutet »in der Papierhülle« und bezeichnet eine besonders schonende Garmethode.

1 Aus Butterbrotpapier ein Herz ausschneiden, das 5 cm größer als der Fisch ist. Das Papier mit Öl bestreichen und die eine Seite des Herzens mit dem Fisch, Kräutern und Gemüse belegen. Mit Weißwein beträufeln.

2 Die andere Herzhälfte darüberklappen und die Ränder so umknicken, dass ein dicht verschlossenes Päckchen entsteht. Mit den restlichen Fischstücken ebenso verfahren. Die Päckchen auf ein Backblech legen und 15–20 Min. bei 180 °C im Backofen garen.

Krebsfleisch auslösen

Bevor man das Fleisch auslösen kann, muss der Taschenkrebs in kochendem Wasser gegart werden.

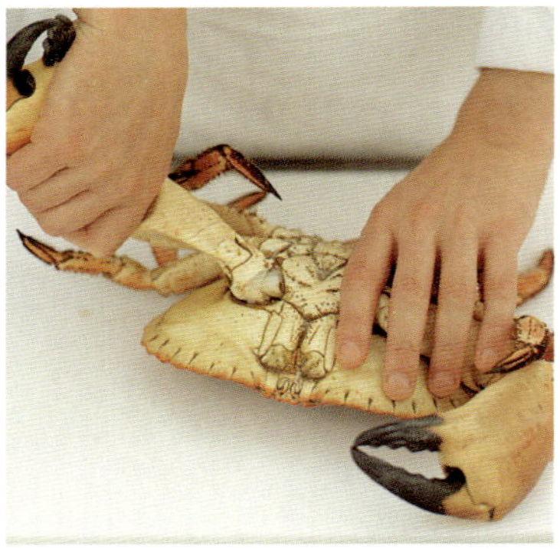

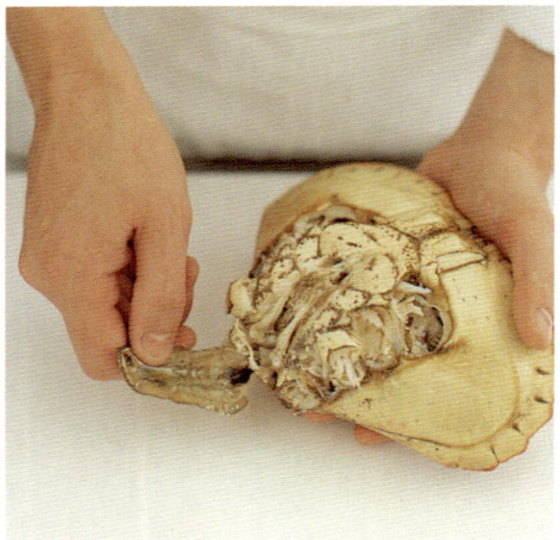

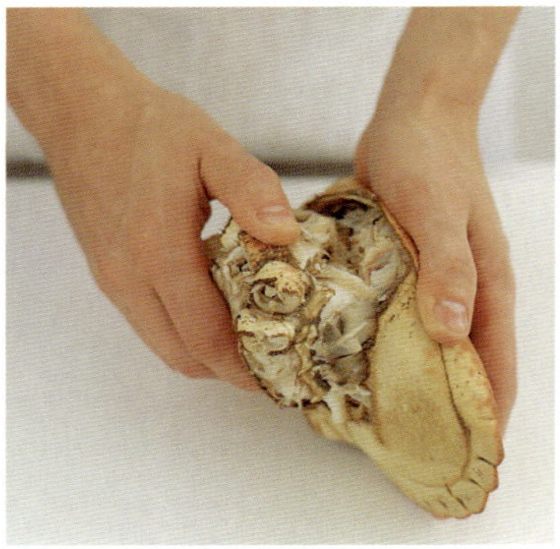

1 Den gegarten Krebs mit der Bauchseite nach oben auf ein Schneidebrett legen, dann die Scheren und Beine mit einer kräftigen Drehbewegung abtrennen.

2 Auf der hinteren Unterseite die dreieckige Schwanzplatte anheben, abdrehen und wegwerfen.

3 Das Mittelstück aus der Schale brechen und herausheben. Das weiße Fleisch mit einem Teelöffel oder einer Gabel herauslösen.

4 Mit den Fingern die Kiemen vom Mittelstück abziehen und wegwerfen. Die Eingeweide aus der Krebsschale oder vom Mittelstück entfernen und wegwerfen.

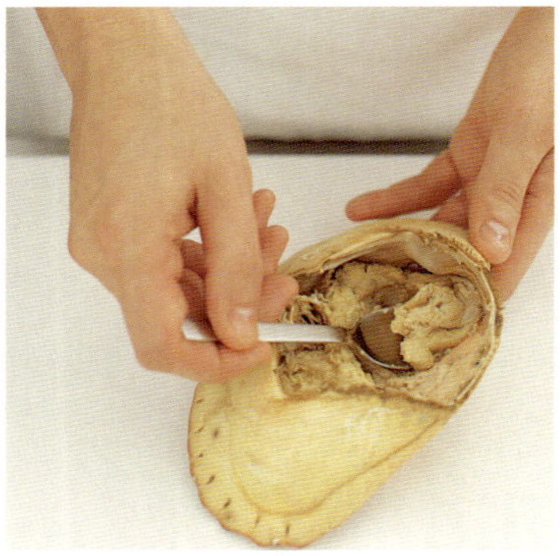

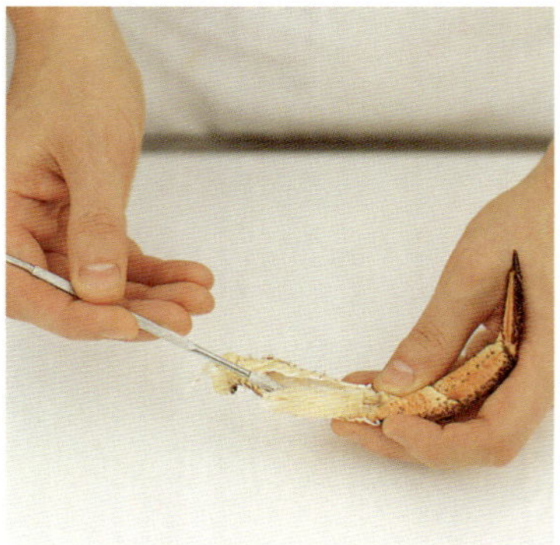

5 Das Mittelstück mit den Händen zerbrechen oder mit einem schweren Messer in Stücke teilen. Mit einer Hummergabel oder einem Spieß das weiße Fleisch vollständig auslösen und in einer Schüssel beiseitestellen.

6 Das braune Fleisch mit einem Teelöffel aus der Krebsschale lösen und zum weißen Fleisch geben. Den Magensack entfernen und wegwerfen. Corail (Rogen), der sich in der Krebsschale befindet, kann ebenfalls verwendet werden.

7 Die Beine lassen sich mit der Rückseite eines schweren Messers aufbrechen. Das Fleisch mit einer Hummergabel in einem Stück herausziehen und in die Schüssel mit dem weißen Fleisch geben.

8 Mit einer Hummerzange oder einem Nussknacker die Scheren aufbrechen. Das weiße Fleisch auslösen und Schalenreste entfernen.

Miesmuscheln vorbereiten

Miesmuscheln müssen abgebürstet und entbartet werden.

1 Die Muscheln unter fließendem kaltem Wasser abbürsten. Auf der Schale sitzende Seepocken mit einem kleinen Messer abkratzen. Geöffnete Muscheln aussortieren.

2 Zum Entbarten die dunklen, bartähnlichen Fäden mit den Fingern herausziehen und wegwerfen.

Jakobsmuscheln öffnen

Jakobsmuscheln sind lebend oder bereits ausgelöst im Handel.

1 Die Muschel mit der flachen Seite nach oben gut festhalten, ein Messer mit flexibler Klinge einführen, am Rand der flachen Schale entlangführen und den Muskel durchtrennen.

2 Mit dem Messer das in der unteren Schale liegende Muschelfleisch ringsum lösen. Den dunklen Rand abtrennen. Fleisch und Corail (Rogen) abspülen.

Austern öffnen

Auch hier gilt: Übung macht den Meister. Schützen Sie Ihre Hände mit einem Handtuch vor der scharfkantigen Schale.

1 Halten Sie die Auster mit der gewölbten Seite nach unten in einem Handtuch. Die Spitze eines Austernbrechers am Scharnier zwischen die Schalen schieben, um die Muschel aufzuhebeln. Dabei die Klinge an der oberen Schale entlangführen, um das Austernfleisch nicht zu verletzen. Den Muskel durchtrennen und die obere Schale entfernen.

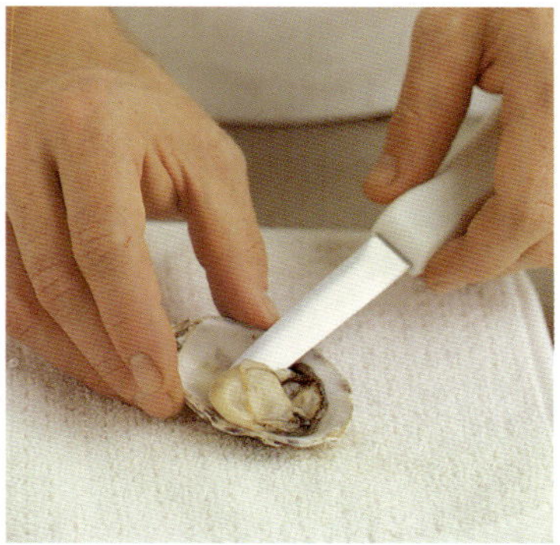

2 Die Auster von der unteren Schalenhälfte lösen, indem Sie mit der Klinge des Austernbrechers vorsichtig unter die Auster fahren. Die Austern können roh in der Schalenhälfte serviert werden (dazu müssen die Schalen vor dem Öffnen sorgfältig abgebürstet werden) oder aus der Schale genommen und gegart werden.

Venusmuscheln öffnen

Die sandigen Venusmuscheln müssen gewässert werden.

1 Die Hände mit einem Tuch schützen, die Messerklinge zwischen die Schalenhälften schieben und diese aufhebeln.

2 Den Muskel durchtrennen und das Muschelfleisch auslösen. Falls Große Sandklaffmuscheln verwendet werden, dunkle Teile entfernen.

Garnelen schälen und entdarmen

Den Darm entfernen, da er körnige Bestandteile enthalten kann.

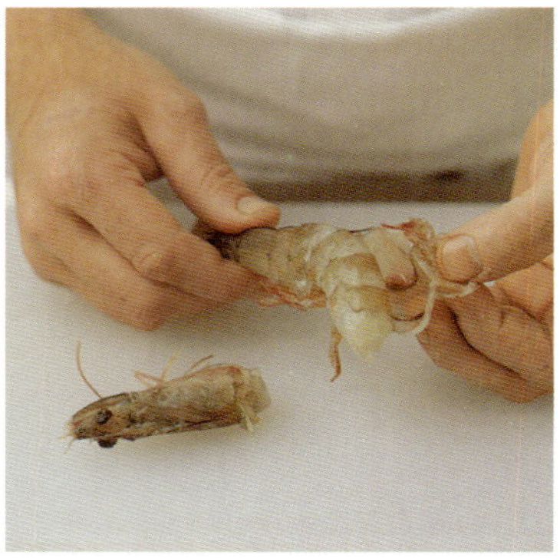

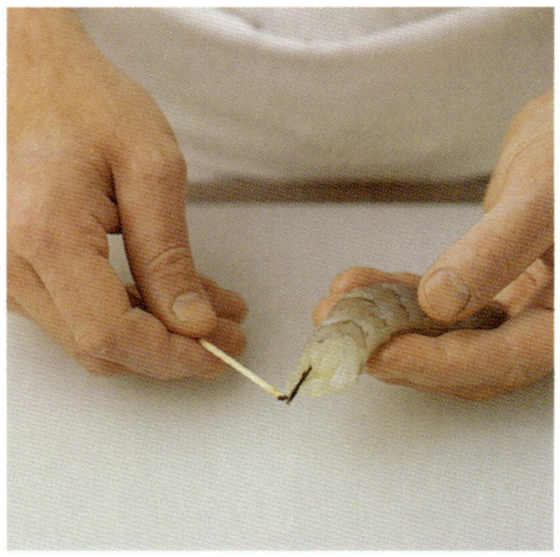

1 Kopf und Beine mit den Fingern abziehen, dann die Schale entfernen; sie kann für einen Fond verwendet werden.

2 Mit der Spitze eines Schälmessers oder mit einem Zahnstocher den Darm am Kopfende festhalten und behutsam herausziehen.

Ein Hähnchen zerlegen

Für bestimmte Zubereitungsarten muss das Geflügel in vier oder acht Teile zerlegt werden.

Gabelbein entfernen
Mit einem scharfen Messer das Fleisch vom Gabelbein abschaben, dann das Gabelbein mit den Fingern freilegen.

1 Das Gabelbein entfernen, das Geflügel mit der Brust nach oben auf ein Schneidebrett legen. Einen Schnitt durch das Oberschenkelgelenk vornehmen, um die Keule vom Körper abzutrennen.

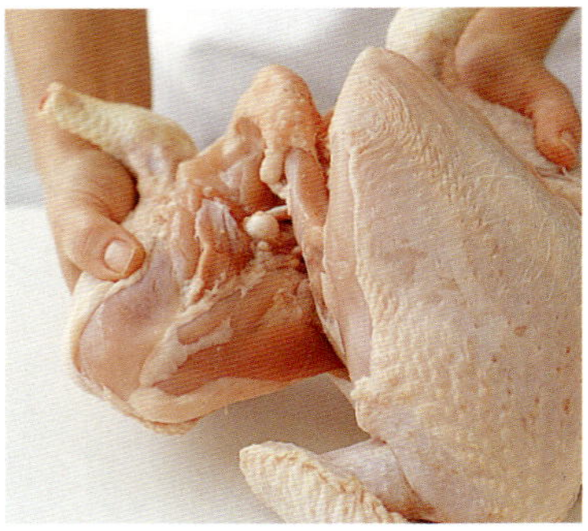

2 Die Keule nach hinten biegen, sodass das Kugelgelenk mit einem knackenden Geräusch aus der Gelenkpfanne springt.

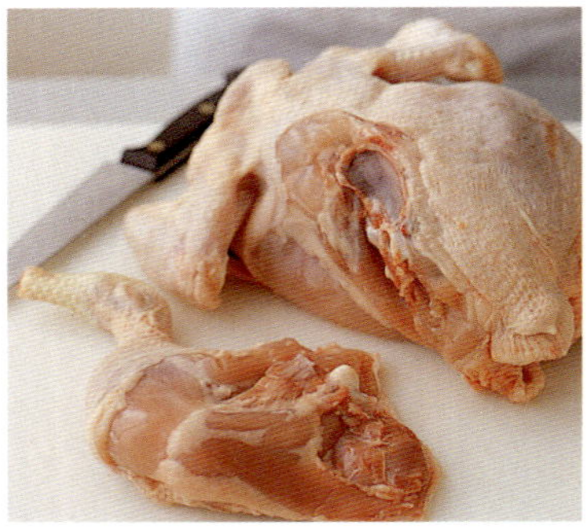

3 Noch mit dem Körper verbundene Haut oder Fleisch mit dem Messer durchtrennen. Die zweite Keule ebenfalls abtrennen. Die Keulen können jeweils in Ober- und Unterschenkel zerteilt werden (siehe unten).

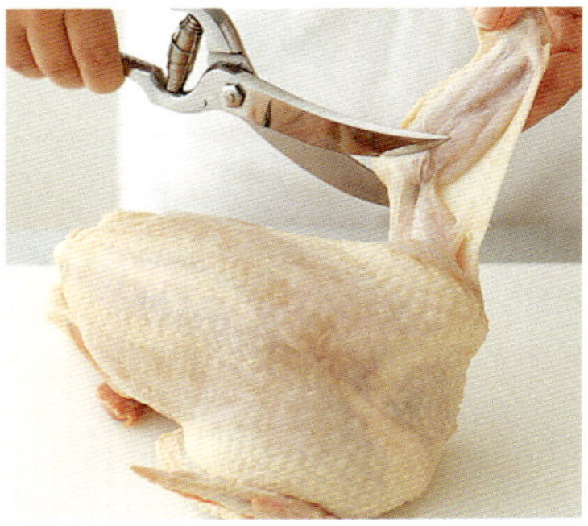

4 Einen Flügel vollständig abspreizen, dann mit einer scharfen Geflügelschere die Flügelspitze am Mittelgelenk abschneiden. Die zweite Flügelspitze ebenfalls entfernen.

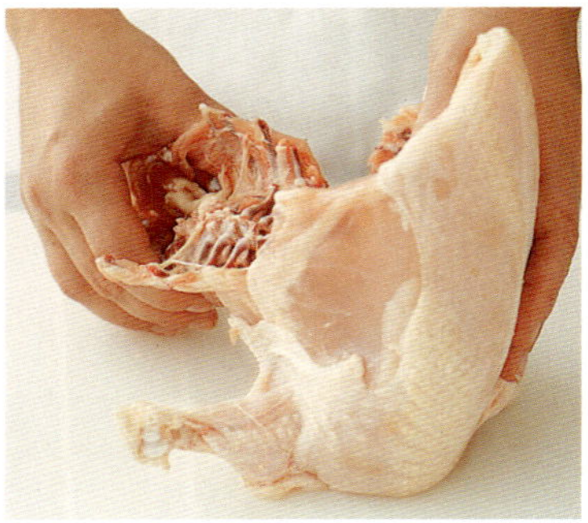

5 Das Rückgrat mit den Händen gut festhalten und vom oberen Teil (bestehend aus beiden Brüsten und den anhängenden Flügeln) ablösen.

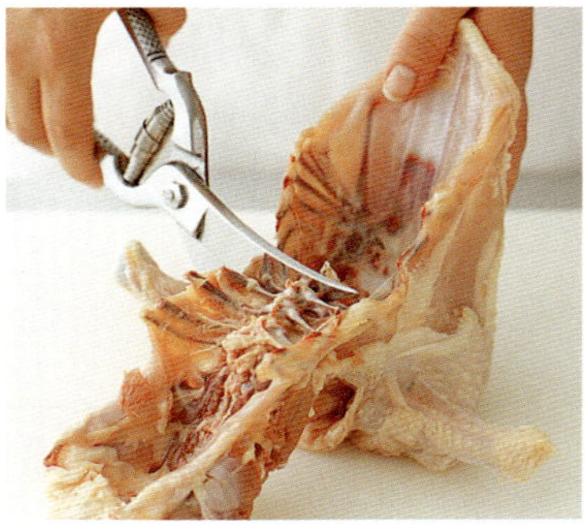

6 Mit der Geflügelschere das Rückgrat vom oberen Teil abtrennen.

7 Die Geflügelschere an der Halsöffnung ansetzen und durch das Brustbein schneiden, um die Brüste zu trennen.

8 Das Hähnchen ist nun in 4 Teile zerlegt. Ausgelöste Knochen (wie das Rückgrat) können für einen Geflügelfond verwendet werden.

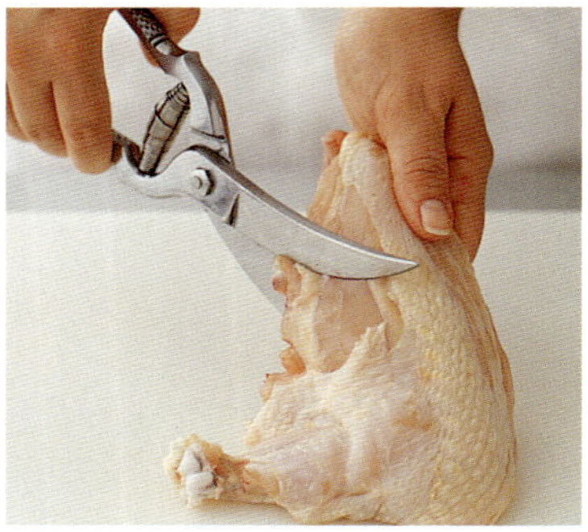

9 Die Brüste mit der Geflügelschere diagonal halbieren, sodass ein Brustteil und ein Flügelteil entsteht. Die zweite Brust nach derselben Methode zerlegen

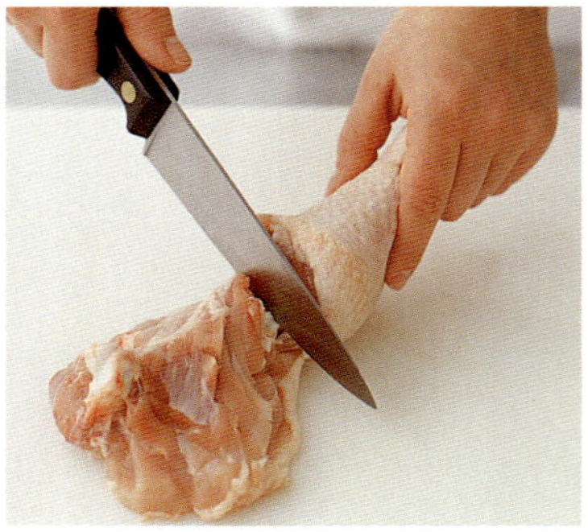

10 Die Keule am Kniegelenk zwischen Ober- und Unterschenkel durchtrennen, sodass sie in Oberschenkel und Unterschenkel zerteilt ist. Mit der zweiten Keule ebenso verfahren.

11 Das Hähnchen ist nun in 8 Teile zerlegt.

Geflügel entbeinen

Ausgelöstes Geflügelfleisch kann man kurzbraten, panieren, aufrollen oder füllen.

Brust auslösen

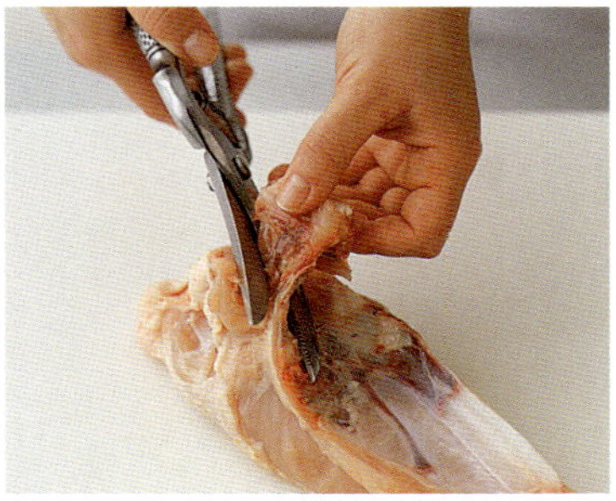

1 Mit der Geflügelschere am dicken Ende, das mit dem Flügel verbunden ist, ansetzen und in Richtung schmalem Brustende schneiden, sodass die Rippen und die Wirbelsäule entfernt werden.

2 Mit einem scharfen Messer am Brustbein entlangschneiden und das Fleisch sauber abtrennen.

Das richtige Handwerkszeug

Um das Fleisch von den Knochen zu lösen, benötigen Sie ein Ausbeinmesser. Die Klinge ist dünn und kurz, wodurch es sich leicht mit der Messerspitze arbeiten lässt, der beim Entbeinen und Durchtrennen von Fleisch und Sehnen nur ein kleiner Wendekreis zur Verfügung steht. Die Klinge sollte flexibel sein. Schneiden Sie damit niemals Knochen, da die Messerklinge stumpf würde. Eine Geflügelschere ist beim Zerlegen und Entbeinen von Geflügel ebenfalls unverzichtbar. Die gekrümmten Schneiden und langen Griffe ermöglichen das kraftvolle Durchtrennen von Brustkorb und Rückgrat. Verwenden Sie die Geflügelschere zum Durchschneiden und nicht zum Auslösen von Knochen.

Keule entbeinen

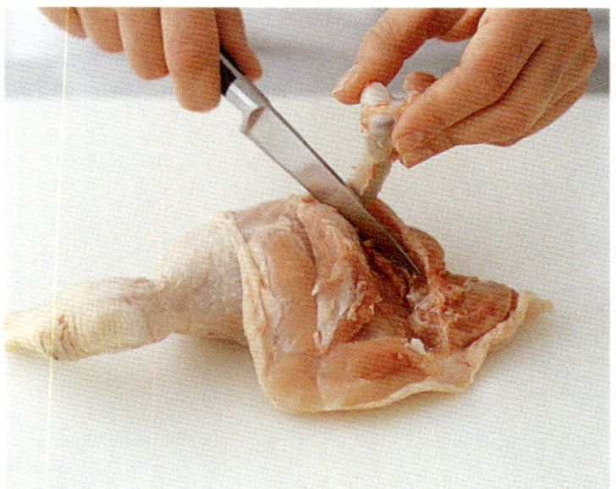

1 Die Keule mit der Hautseite nach unten auf ein Schneidebrett legen. Mit einem scharfen Messer das Fleisch vom oberen Ende des Oberschenkelknochens ablösen, dann den restlichen Knochen freilegen.

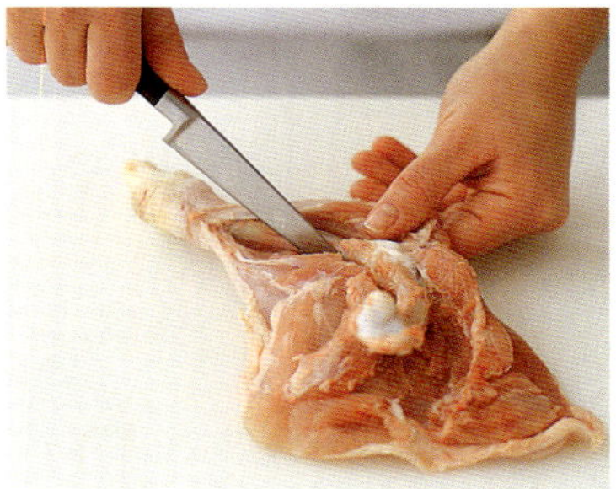

2 Nach derselben Methode das Messer am Gelenk ansetzen und den Unterschenkelknochen freilegen.

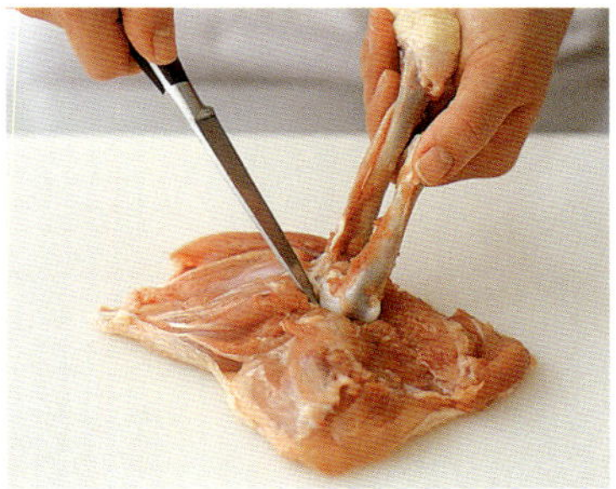

3 Die beiden Knochen, die noch am Gelenk miteinander verbunden sind, anheben und mit der Messerspitze mit kurzen Schnitten vom Fleisch abtrennen.

Oberschenkel entbeinen

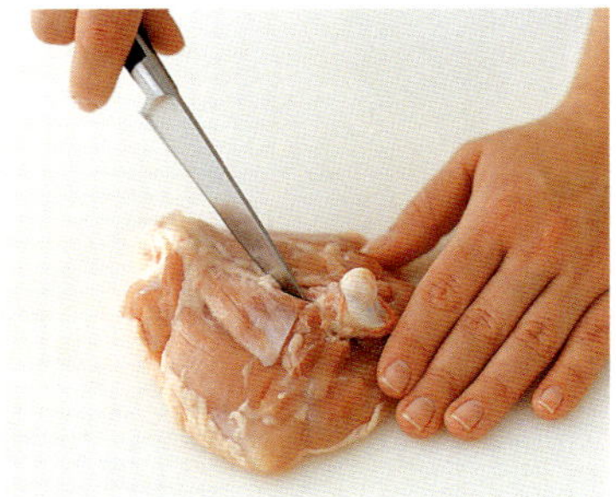

1 Den Oberschenkel mit der Hautseite nach unten auf ein Schneidebrett legen. Mit einem kleinen, scharfen Messer den Oberschenkelknochen freilegen.

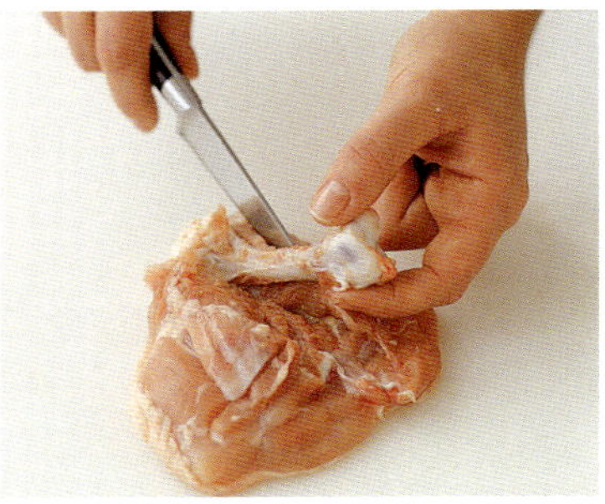

2 Am freigelegten Knochen entlang einen Einschnitt vornehmen. Um den Knochen herum schneiden, dann den Knochen vom Fleisch ablösen und wegwerfen oder für einen Fond verwenden.

Unterschenkel entbeinen

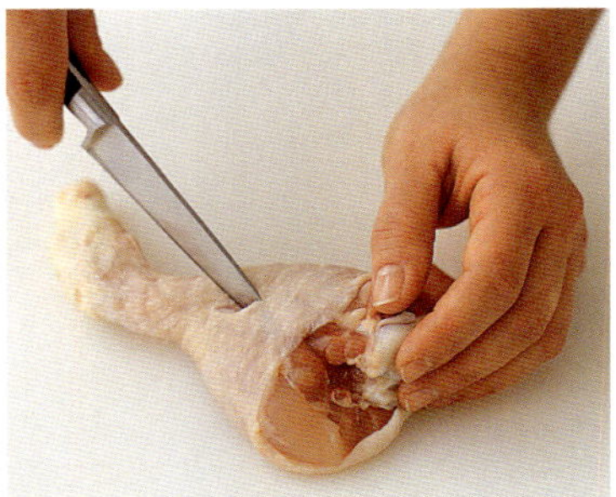

1 Das Messer in der Mitte des Unterschenkels einstechen, bis die Spitze den Knochen berührt. Am Knochen entlang in beide Richtungen schneiden, um den Knochen vollständig freizulegen.

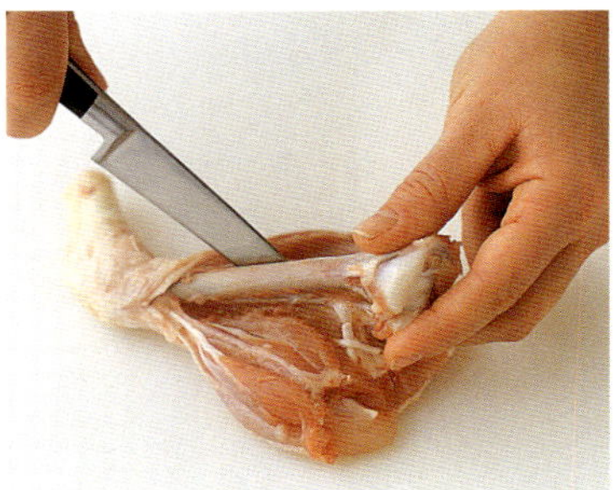

2 Das Fleisch auseinanderklappen, den Knochen sauber herauslösen und wegwerfen oder für einen Fond verwenden.

Geflügel teilweise entbeinen

Besonders für kleineres Geflügel, das auf dem Grill gegart werden soll, eine geeignete Methode.

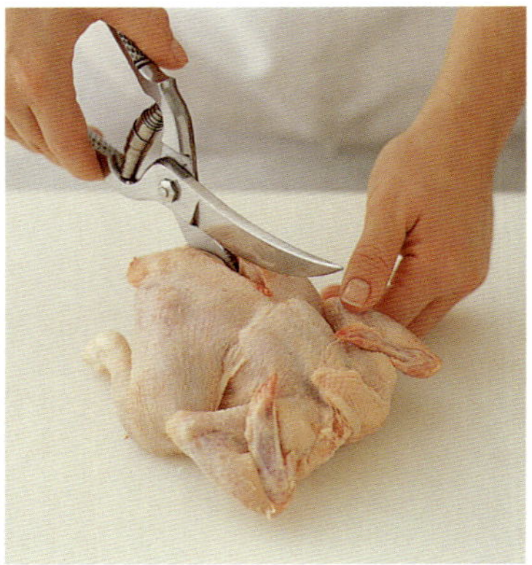

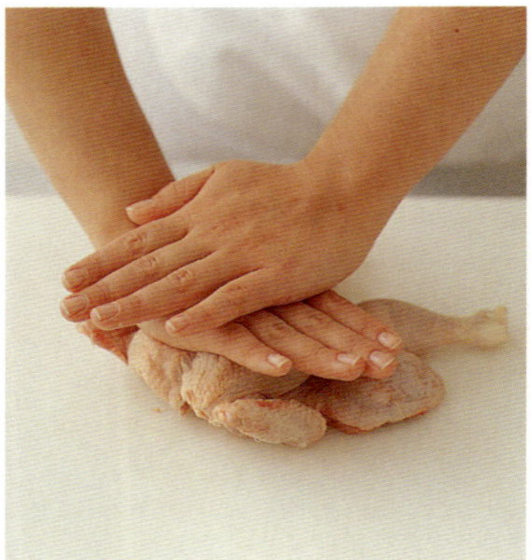

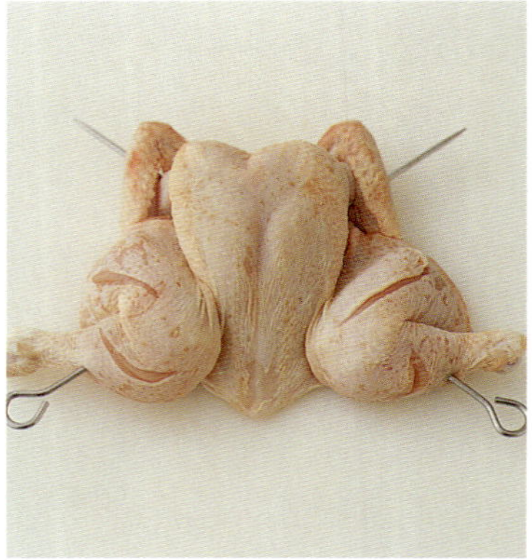

1 Das Geflügel mit der Brustseite nach unten auf die Arbeitsfläche legen. Mit der Geflügelschere beidseitig am Rückgrat entlangschneiden, dann das Rückgrat entfernen.

2 Mit beiden Händen das Brustbein fest nach unten drücken, um es zu brechen. Mit einem scharfen Messer Schlitze in das Keulenfleisch schneiden, was ein gleichmäßiges Garen fördert.

3 Einen Metallspieß vorsichtig diagonal von der linken Keule bis zum rechten Flügel durchstechen, danach einen zweiten Spieß von der rechten Keule bis zum linken Flügel.

4 Falls gewünscht, kann das Geflügel nun mit einer Marinade bestrichen und dann gegrillt oder im Ofen gebraten werden.

Ein Hähnchen marinieren

Die Marinade macht das Geflügel noch zarter und aromatischer.

Die Zutaten für die Marinade in einer Schüssel vermischen. In einer zweiten Schüssel, die so groß sein muss, dass das ausgebreitete Hähnchen ausreichend Platz hat, das Geflügel mit der Marinade bestreichen, dabei wenden, bis alles gut mit Marinade bedeckt ist. Die Schüssel mit Frischhaltefolie abdecken und mindestens 1 Std. in den Kühlschrank stellen, abhängig von der Art der Marinade und der zur Verfügung stehenden Zeit.

Gut zu wissen

Geflügel kann auf zwei Arten mariniert werden, die jeweils ein anderes Ziel verfolgen.

Bei einer **Marinade auf Säurebasis** (wie Rotwein oder Essig) werden Eiweiße im Fleisch aufgespalten, was das Fleisch zarter macht. Das Geflügel nicht länger in der Marinade lassen, als im Rezept angegeben.

Marinaden auf Ölbasis mit würzenden Zutaten (wie Knoblauch, Chilischote oder Ingwer) werden ausschließlich verwendet, um dem Fleisch zusätzliches Aroma zu verleihen. Geflügel kann mehrere Stunden oder über Nacht in einer Marinade auf Ölbasis durchziehen.

Hähnchenbrust füllen

Nicht zuviel Füllung hineingeben, sonst besteht das Risiko, dass etwas herausläuft.

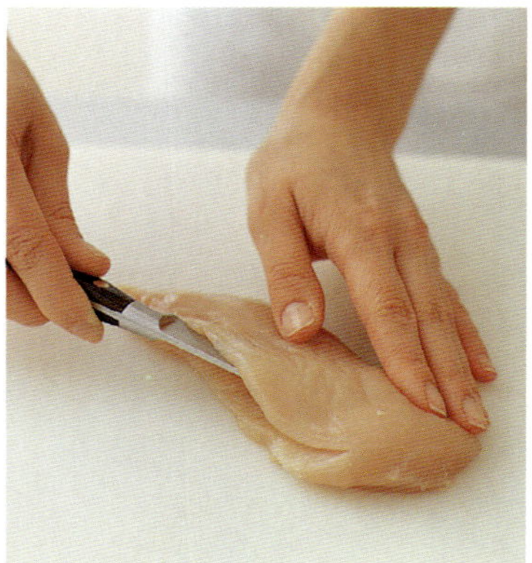

1 Mit einem scharfen Messer eine etwa 4 cm tiefe Tasche in eine Seite des Hähnchenbrustfilets schneiden. Den Schnitt so ausführen, dass die Tasche auf beiden Seiten die gleiche Dicke aufweist, damit das Fleisch gleichmäßig gart.

2 Die Füllung behutsam in die Tasche drücken, dann das Fleisch an der Öffnung schließen und mit einem Zahnstocher fixieren. Wenn das Filet vor dem Garen mit Semmelbröseln paniert wird, trägt dies zur besseren Versiegelung bei.

Fleisch panieren

Diese Methode eignet sich für dünne Scheiben von der Hähnchenbrust, aber auch für Kalb- oder Schweinefleisch.

1 Das Fleisch zwischen zwei Lagen Frischhaltefolie legen und mit einem Rollholz flach klopfen, bis es sowohl größer als auch gleichmäßig flach geworden sind.

2 Die Folie entfernen und das Fleisch mit Salz, Pfeffer und frisch gehackten Kräutern würzen. Dann in verquirltem Ei wenden, sodass es beidseitig gleichmäßig damit bedeckt ist.

3 Das Fleisch in Semmelbröseln wenden, dabei die Brösel sorgfältig andrücken, sodass das Fleisch gleichmäßig ummantelt ist.

Anbraten Das Öl 1 cm hoch in eine Bratpfanne gießen und erhitzen. Das Fleisch darin 4–5 Min. pro Seite anbraten, bis es durchgebraten ist.

Geflügel tranchieren

Alle Geflügelarten mit weißem Fleisch inklusive Truthahn und Stubenküken können nach dieser Methode tranchiert werden.

1 Das gegarte Geflügel nach der Ruhezeit mit der Brust nach oben auf ein Tranchierbrett legen. Die Keule möglichst dicht am Körper abtrennen, dazu das Gelenk durchschneiden. Dann die Keule in Ober- und Unterschenkel teilen. Mit der zweiten Keule ebenso verfahren.

2 Mit einer Fleischgabel das Geflügel festhalten, dann auf einer Seite des Brustbeins das Brustfleisch entlang des Knochens von der Karkasse lösen. Das Brustfleisch auf der anderen Seite des Brustbeins ebenso auslösen.

3 Das Bruststück leicht schräg halbieren, dabei eine nicht zu kleine Portion Brustfleisch am Flügel belassen. Das zweite Bruststück nach derselben Methode teilen.

Brustfleisch tranchieren Soll das Brustfleisch in Scheiben geschnitten werden, das Geflügel mit der Fleischgabel festhalten und einen waagrechten Schnitt unter dem Brustfleisch und über dem Flügel bis ans Brustbein vornehmen. Die Brust in gleichmäßige Scheiben schneiden, dabei das Messer parallel zum Brustkorb führen. Auf der anderen Brustseite ebenso verfahren.

Lammkeule entbeinen und vorbereiten

Die Lammkeule enthält drei Knochen: Becken-, Oberschenkel- und Unterschenkelknochen (Hachse).

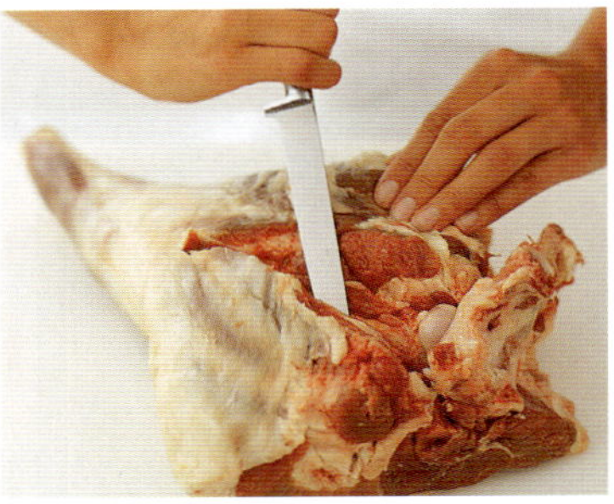

1 Die Lammkeule mit der fleischigeren Seite nach unten auf ein Schneidebrett legen. Den Beckenknochen am breiten Ende der Keule lokalisieren, gut festhalten und mit einem scharfen Messer mit langer Klinge um den Knochen herum schneiden, sodass er freigelegt wird.

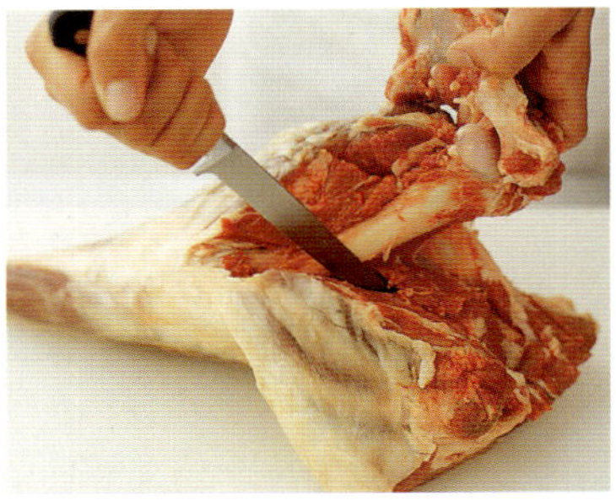

2 Vom Beckenknochen bis zum anderen Keulenende entlang der Knochen einen Einschnitt vornehmen, dabei bis auf den Knochen schneiden. Das Fleisch mit kurzen, schabenden Bewegungen (um es nicht zu verletzen) dicht am Knochen abtrennen.

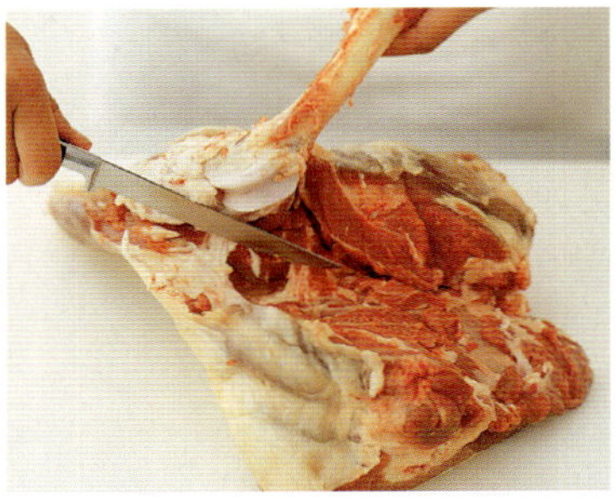

3 Auf dieselbe Weise die Keule weiter in Längsrichtung bearbeiten. Das Fleisch erst vom Kniegelenk, dann von der Hachse lösen.

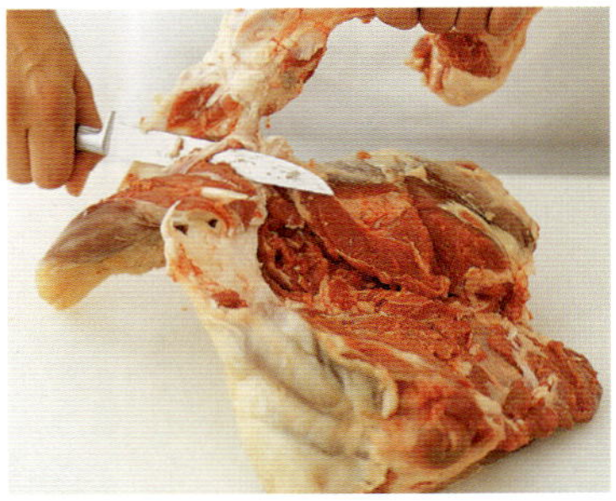

4 Am unteren Ende der Keule die Sehnen durchtrennen, damit sich der Unterschenkelknochen (Hachse) vollständig vom Fleisch löst. Alle drei Knochen (Beckenknochen, Oberschenkelknochen und Unterschenkelknochen) sollten sich nun an einem Stück entfernen lassen.

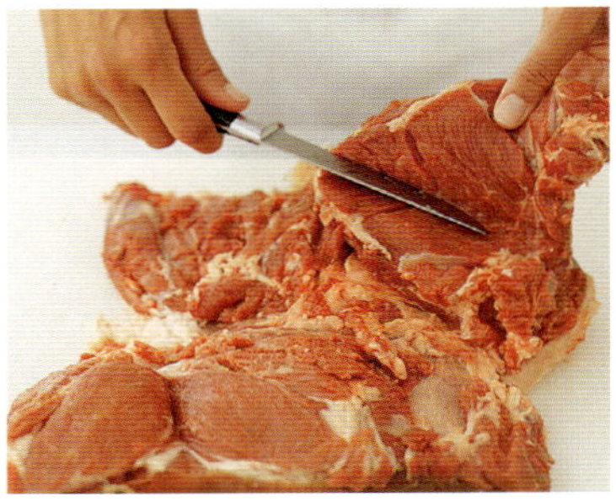

5 Die ausgelöste Lammkeule flach auf dem Schneidebrett ausbreiten. Die dicken, fleischigen Seitenteile mit kurzen Messerbewegungen einschneiden, sodass sie sich nach außen aufklappen lassen.

6 Das Fleischstück flach ausbreiten. Falls es an manchen Stellen unterschiedlich dick sein sollte, die dickeren Stellen einschneiden, sodass sich das Fleisch über die dünneren Stellen klappen lässt, damit alles gleichmäßig garen kann.

Lammrücken entbeinen

Nach dem Entfernen der Knochen eignet er sich wunderbar zum Füllen.

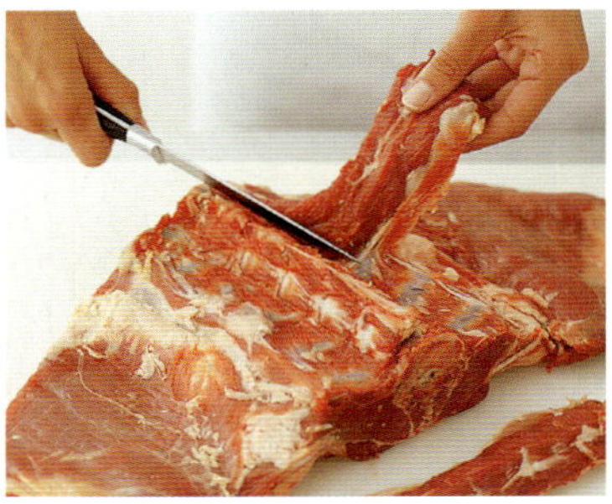

1 Mit einem scharfen Messer die Haut von der Fettseite entfernen, dann den Rücken umdrehen und auf ein Schneidebrett legen. Das Messer in der Mitte ansetzen und mit kurzen Bewegungen die beiden Filets rechts und links des Rückgrats auslösen, aufbewahren und anderweitig verwenden.

2 Den äußeren Rand des Rückgrats mit kurzen Schnitten lösen, dabei vom seitlichen Rand in Richtung Mitte arbeiten und so die eine Seite des Rückgrats freilegen. Die andere Seite nach derselben Methode freilegen.

3 Am einen Ende beginnend das Rückgrat mit kurzen Schneidbewegungen auslösen, dabei unter dem Rückgrat und um das Rückgrat herum schneiden. Sobald der Knochen freigelegt ist, diesen herausheben und losschneiden, wo er noch mit dem Fleisch verbunden ist.

4 Von den äußeren Bauchlappen das Fleisch und das Fett abtrennen, dabei von innen nach außen arbeiten. Wenn die Bauchlappen frei von Fleisch und Fett sind, die Ränder begradigen. Den Rücken wenden, das Fett rautenförmig und nicht zu tief einschneiden und nach Belieben zubereiten.

Rippenbraten zubereiten

Dieser Klassiker ist einfach zuzubereiten, hinterlässt jedoch bleibenden Eindruck, wenn er perfekt gegart ist.

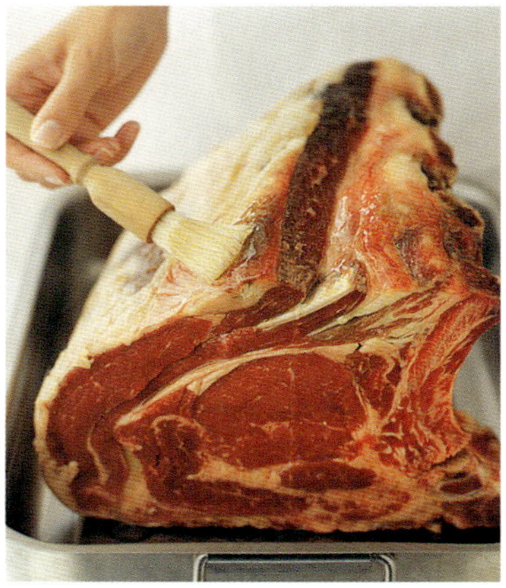

1 Das Fleisch rechtzeitig aus dem Kühlschrank nehmen, damit es Raumtemperatur annehmen kann. Den Backofen auf 230 °C vorheizen. Das Fleisch mit Öl bestreichen und mit frischen Kräutern wie Thymian oder Rosmarin bestreuen. Alternativ die Fettschicht mehrmals einschneiden und mit Knoblauchstiften und Kräutern spicken. Das Fleisch mit den Rippen nach unten in einen Bräter legen und in den Ofen stellen.

2 Nach 20 Min. die Temperatur auf 160 °C reduzieren und den Braten im Ofen lassen, bis die berechnete Garzeit beendet ist, gelegentlich begießen. Am genauesten lässt sich der erreichte Gargrad mit einem Fleischthermometer feststellen (50 °C für *medium rare*, zwischen blutig und rosa). Vor dem Tranchieren den Braten 20–30 Min. mit Alufolie abgedeckt ruhen lassen.

Rippenbraten tranchieren

Der Braten muss nach dem Garen 20–30 Min. ruhen, nur so kann sich der Fleischsaft gleichmäßig verteilen.

1 Den Braten mit den Rippenenden nach oben auf ein Tranchierbrett legen. Das Fleisch mit der Fleischgabel festhalten und die Knochen mit einer sägenden Bewegung vom Fleisch trennen.

2 Die Knochen entfernen und den Braten mit der Fettschicht nach oben auf das Schneidebrett legen. Mit einer sägenden Bewegung den Braten quer zur Faser in beliebig dicke Scheiben schneiden. Den in der Pfanne verbliebenen Fleischsaft für die Zubereitung einer Bratensauce verwenden.

Steaks in der Grillpfanne zubereiten

Zarte Fleischstücke eignen sich besonders für die Zubereitung auf dem Grill oder in einer Grillpfanne.

1 Die Grillpfanne (alternativ den Backofen- oder den Holzkohlengrill) bei hoher Temperatur erhitzen. Die Steaks auf beiden Seiten mit Öl einpinseln, dann mit Salz und frisch gemahlenem schwarzem Pfeffer würzen.

2 Wenn die Grillpfanne sehr heiß ist, die Steaks quer zu den Rillen hineinlegen. 1 Min. anbraten, dann die Steaks um 45 ° drehen und weitere 1–2 Min. braten, dabei ab und zu mit einer Küchenzange anheben, um den Bräunungsgrad zu überprüfen. Die Steaks wenden und auf dieselbe Weise braten, sodass sie auch von der anderen Seite das typische Muster erhalten. Die Steaks aus der Pfanne nehmen und vor dem Servieren kurz ruhen lassen.

Hamburger zubereiten

Verwenden Sie stets bestes Hackfleisch vom Metzger, um ein optimales Ergebnis zu erzielen.

Leckere Hamburger

Machen Sie aus gewöhnlichen Hamburgern etwas Besonderes, indem Sie Kalbfleisch, Schweinefleisch, Lammfleisch, Wurstbrät oder sogar Gänseleber mit dem Rinderhackfleisch vermischen. Probieren Sie einmal gehackte Zwiebeln oder Schalotten und eine Kombination aus frischen Kräutern wie Thymian oder Petersilie. Würzen Sie Ihre Hamburger immer mit Salz und frisch gemahlenem schwarzem Pfeffer.

1 Das Hackfleisch in eine Schüssel geben. Schalotten, Semmelbrösel und, falls gewünscht, Kräuter hinzufügen. Mit Salz und frisch gemahlenem schwarzem Pfeffer würzen und mit den Händen verkneten.

2 Die Fleischmasse in gleich große Portionen teilen, diese zu Kugeln formen. Die Kugeln etwas flach drücken und mindestens 30 Min. kalt stellen. So behalten die Hamburger beim Anbraten besser ihre Form.

3 Die Grillpfanne bei mittlerer Temperatur erhitzen. Die Hamburger 6–7 Min. braten, dabei einmal wenden. Um zu prüfen, ob die Hamburger durchgegart sind, einen in der Mitte aufschneiden.

Schinkenbraten zubereiten

Beim Vorkochen gibt der Schinken Salz ab, das er durch das Pökeln aufgenommen hat.

Vorkochen

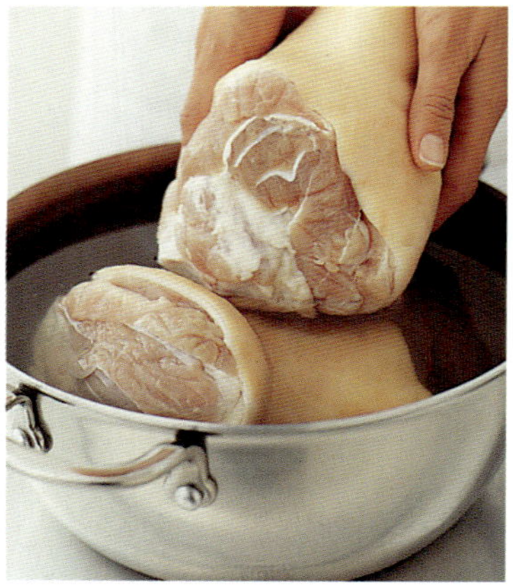

1 Den Schinken in eine große Schüssel legen, mit kaltem Wasser bedecken und mindestens 24 Std. im Kühlschrank ruhen lassen, um die salzige Pökellake herauszuziehen.

2 Den Schinken herausnehmen und unter fließendem kaltem Wasser abspülen. In einen großen Topf legen, mit kaltem Wasser bedecken und zum Kochen bringen. 5 Min. kochen lassen oder bis sich Schaum an der Oberfläche absetzt. Abgießen, erneut abspülen und in einen sauberen Topf legen. Fond und Gewürze hinzufügen, zum Kochen bringen und bei sanfter Hitze 2½ Std. abgedeckt köcheln lassen. Nun ist das Fleisch butterzart.

Glasieren

1 Den gekochten Schinken abtropfen lassen und trocken tupfen. Die Schwarte mit einem scharfen Messer rautenförmig einschneiden. Dadurch kann die Glasur ins Fleisch eindringen und ihr Aroma abgeben.

2 Die Glasur zubereiten. Dazu braunen Zucker mit scharfem Senf erwärmen, bis der Zucker geschmolzen ist. Die Schwarte gleichmäßig mit der Glasur bestreichen, sodass sie in die Einschnitte läuft. Den Braten locker mit Alufolie abdecken und nach Rezept garen. Die Folie 30 Min. vor Ende der Garzeit entfernen, damit die Schwarte bräunen kann.

Perfekte Kruste

Die Schwarte eines Schweinebratens während des Garens nicht begießen, sonst wird sie nicht knusprig.

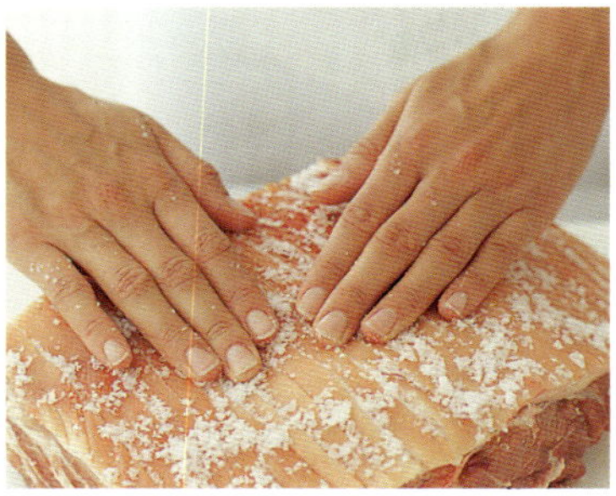

1 Mit einem sehr scharfen Messer die Schwarte auf einer Schweineschulter parallel einschneiden, dabei in der Mitte beginnen.

2 Reichlich Meersalz in die Schwarte einmassieren, dann die ganze Schulter mit etwas Öl einreiben. Das Fleisch nach Rezept garen.

3 Nach der Ruhezeit direkt unter der Schwarte am Braten entlangschneiden, sodass die Kruste in einem Stück abgehoben werden kann.

4 Die Kruste mit einer Küchenschere oder einem scharfen Messer quer halbieren und zu den Bratenscheiben servieren.

Nieren vorbereiten

Eine Kalbsniere von 500 g reicht für 4 Personen.

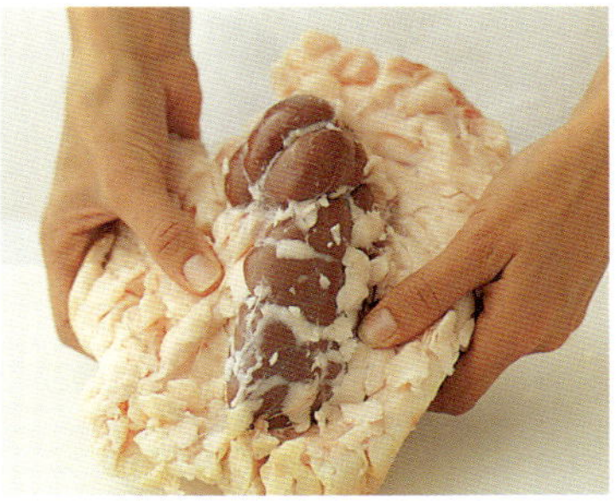
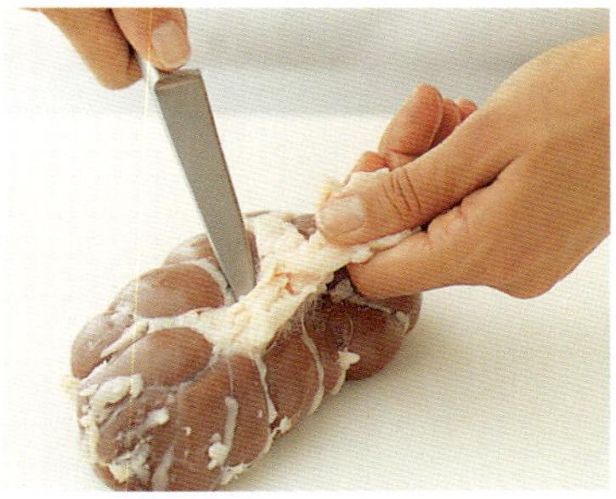
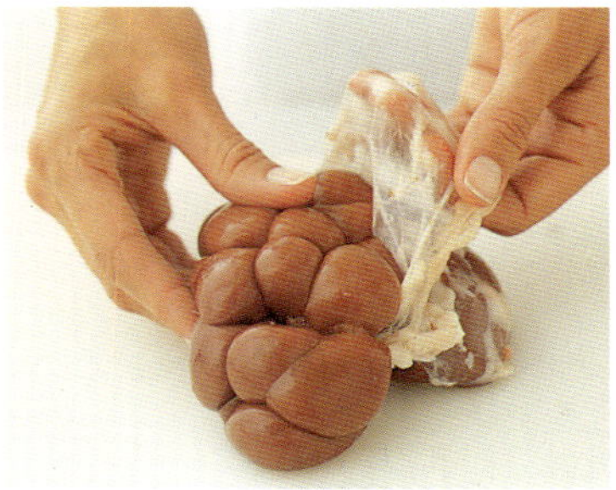
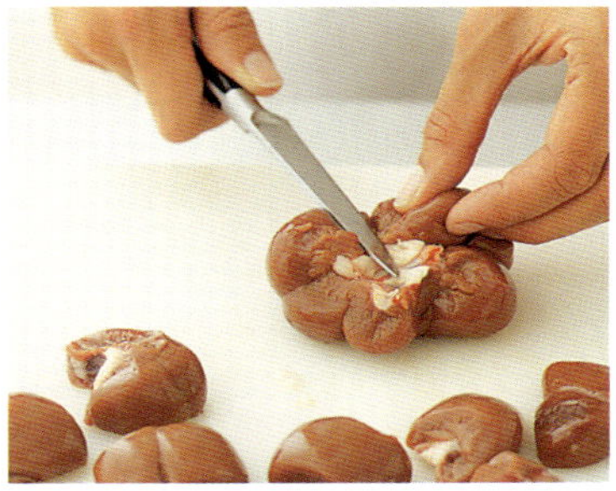

1 Mit den Händen das Fett (Talg), in das die Niere eingebettet ist, behutsam auseinander ziehen, entfernen und wegwerfen.

2 Die Niere mit dem Fettkern nach oben auf die Arbeitsfläche legen. Mit der Spitze eines scharfen Messers den Kern heraustrennen.

3 Nun kann die Außenhaut mit den Fingern abgezogen werden.

4 Die Niere mithilfe eines scharfen Messers entlang der vorgegebenen Einbuchtungen in ihre Einzelteile zerlegen und nach Belieben zubereiten.

Einen Bräter ablöschen

In der Form zurückgebliebener Bratensatz bildet die Grundlage für eine kräftige Sauce.

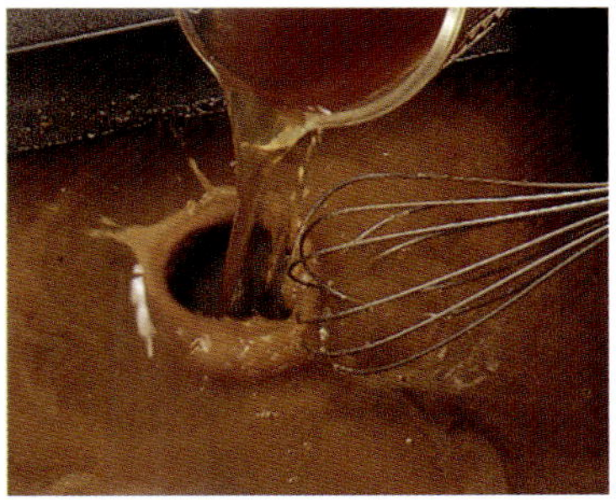

1 Das Fett bis auf 2 EL abgießen, dabei Fleischsaft und Rückstände am Boden in der Form belassen. Den Bratensatz zum köcheln bringen, dann 2 EL Weizenmehl unterrühren.

2 Die Hand mit einem Küchentuch schützen, dann die heiße Form schräg anheben, sodass sich die Flüssigkeit in einer Ecke sammelt. Den Boden und die Ränder abschaben.

3 Nach und nach Fond zugießen, dabei weiterrühren, bis eine glatte Sauce entstanden ist, dann aufkochen und abschmecken.

Perfekte Bratensauce

Um eine sämige Bratensauce ohne Klümpchen zu erhalten, die Sauce sorgfältig durchrühren. Für eine dickflüssige Bratensauce weniger Fond zugeben. Bevor der Fond angegossen wird, einen Schuss Rotwein hinzufügen oder die Sauce mit etwas Worcestersauce aromatisieren. Abschmecken; vorsichtig salzen.

Sauce hollandaise zubereiten

Eine gute Sauce hollandaise sollte leicht, feinsäuerlich und von locker-schaumiger Konsistenz sein.

1 In einem kleinen Topf mit schwerem Boden 2 EL Essig, 2 EL Wasser und 1 EL leicht zerstoßene weiße Pfefferkörner zum Kochen bringen. Bei reduzierter Temperatur 1 Min. köcheln lassen oder bis die Mischung um ein Drittel eingekocht ist.

2 Den Topf vom Herd nehmen und den Inhalt vollständig abkühlen lassen. Die Flüssigkeit in eine hitzebeständige Schüssel abseihen, 4 Eigelb hinzufügen und mit dem Schneebesen aufschlagen.

3 Die Schüssel auf einen Topf mit köchelndem Wasser setzen. (Das Wasser sollte bis knapp unterhalb der Schüssel reichen, sie jedoch nicht berühren.) Die Mischung 5–6 Min. aufschlagen, bis die Sauce eindickt und eine cremige, glatte Konsistenz annimmt.

4 Die Schüssel auf ein feuchtes Geschirrtuch stellen (um ein Wegrutschen oder Verbrennen zu vermeiden). 250 g geklärte Butter in dünnem Strahl zugießen, dann die Sauce aufschlagen, bis sie dickflüssig ist und eine glatte, glänzende Konsistenz aufweist.

5 Den Saft von ½ Zitrone behutsam unterschlagen, dann nach Belieben mit Salz, frisch gemahlenem weißem Pfeffer und Cayennepfeffer abschmecken. Sofort servieren. Dieses Rezept ergibt 600 ml.

Vinaigrette auf klassische Art zubereiten

Die Qualität einer Vinaigrette hängt von der Harmonie der Zutaten ab: die Säure soll den Geschmack ergänzen, nicht dominieren.

1 In einer sauberen Schüssel 2 TL Dijonsenf, 2 EL hochwertigen Essig (Balsamico-, Champagner- oder Weißweinessig) und frisch gemahlenen schwarzen Pfeffer vermischen.

2 Nach und nach 120 ml natives Olivenöl extra unterschlagen, bis sich die Zutaten zu einer Emulsion verbunden haben.

3 Als Salatdressing oder anstelle einer reichhaltigeren Sauce zu Fisch oder Geflügel servieren. Dieses Rezept ergibt 150 ml.

Vinaigrette-Varianten

Statt Essig kann man den Saft einer Zitrone verwenden, für bestimmte Gerichte eignet sich auch Reisweinessig sehr gut. Frische Kräuter, Schalotten oder Knoblauch verleihen der Vinaigrette zusätzliches Aroma. Die Kombination mit Früchten ist sehr empfehlenswert, probieren Sie beispielsweise Orange und Rosmarin, Honig und Ingwer oder Zitrone und Paprika.

Mayonnaise zubereiten

Bei der Zubereitung von Emulsionen ist es wichtig, dass alle Zutaten Raumtemperatur angenommen haben.

1 In einer Rührschüssel 2 Eigelbe, 1 TL Dijonsenf und 2 TL Weißweinessig behutsam aufschlagen. Eine Prise Salz und, je nach Geschmack, frisch gemahlenen schwarzen oder weißen Pfeffer hinzufügen.

2 Die Schüssel auf ein feuchtes Geschirrtuch stellen, um zu vermeiden, dass sie wegrutscht. Nun unter ständigem Schlagen nach und nach 300 ml Sonnenblumen- oder Rapsöl zugießen – zu Beginn nur tröpfchenweise, später in dünnem Strahl.

3 Sobald die Sauce einzudicken beginnt, das Öl in gleichmäßigem, dünnem Strahl zugießen, dabei weiterschlagen, damit die Emulsion stabil bleibt.

4 Sobald das Öl vollständig eingearbeitet und eine glatte, dicke Mayonnaise entstanden ist, 2 TL frisch gepressten Zitronensaft unterrühren und nach Belieben abschmecken. Das Rezept ergibt 360 ml.

Geronnene Mayonnaise retten

1 Mayonnaise kann aus mehreren Gründen gerinnen: Die Eigelbe oder das Öl waren bei ihrer Verarbeitung zu kalt, die Rührschüssel war nicht richtig sauber, das Öl wurde zu schnell zugegeben oder es wurde zu viel Öl verwendet. Wenn sich die Mischung trennt bzw. das Eigelb ausflockt, ist dies ein sicheres Zeichen dafür, dass Ihre Mayonnaise geronnen ist.

2 Die Mayonnaise kann jedoch leicht gerettet werden. Dazu 1 Eigelb in eine saubere Rührschüssel geben und die geronnene Mayonnaise unter ständigem Schlagen sehr langsam hinzufügen.

3 Mit dem Aufschlagen fortfahren, bis die geronnene Masse vollständig eingearbeitet und vollkommen glatt ist.

Saucen auf Mayonnaise-Basis

Die klassische Mayonnaise ist Grundlage zahlreicher emulgierter Saucen.

Zur Herstellung einer **Aioli** 4 zerdrückte Knoblauchzehen zu den Eigelben geben, dann das Rezept fertigstellen. Als Dip zu Gemüse oder Fisch servieren.

Zur Herstellung einer **Rouille** unter die fertig zubereitete Aioli (siehe oben) 1 Prise Safran und ¼ TL Cayennepfeffer mischen. Zur mediterranen Fischsuppe und Bouillabaisse servieren.

Zur Herstellung einer **Sauce tartar** 1 TL Dijonsenf, 25 g gehackte Gewürzgurke, 25 g abgespülte und gehackte Kapern, 2 EL gehackten Kerbel und 2 fein gehackte Schalotten unter die fertig zubereitete Mayonnaise mischen. Zu Backfisch oder Fischküchlein servieren.

Béchamelsauce zubereiten

Die Königin der weißen Saucen wird auf der Basis einer Mehlschwitze zubereitet.

1 Eine kleine, halbierte Zwiebel mit 4 Gewürznelken spicken und mit 600 ml Vollmilch und 1 Lorbeerblatt in einen Topf geben. Bis fast zum Siedepunkt erhitzen, dann die Temperatur senken und 4–5 Min. köcheln lassen. Die Gewürze in der Milch ziehen lassen, bis diese erkaltet ist.

2 In einem zweiten Topf 50 g Butter bei schwacher Hitze zerlassen. 50 g Mehl hinzufügen und etwa 30 Sek. anschwitzen, dabei Butter und Mehl mit einem Kochlöffel sorgfältig verrühren.

3 Den Topf vom Herd nehmen. Die Milch durch ein Sieb zur Mehlschwitze gießen und dabei kräftig schlagen, bis sie glatt ist. Den Topf bei mittlerer Hitze zurück auf den Herd stellen und unter ständigem Schlagen 4–5 Min. erhitzen, bis die Sauce kocht.

4 Die Temperatur senken und die Sauce 5 Min. köcheln lassen, bis sie dicklich eingekocht ist und schön glänzt. Nach Belieben mit Salz, weißem Pfeffer und Muskatnuss abschmecken. Das Rezept ergibt 600 ml.

Butter klären

Beim Erhitzen trennen sich Butterfett und Milcheiweiß. Die geklärte Butter eignet sich besonders für die Saucenzubereitung.

1 Die Butter würfeln und bei niedriger Temperatur in einem Topf erhitzen. Dabei die Butter nicht aus den Augen lassen, damit sie nicht verbrennt, da dies den frischen Buttergeschmack zerstört.

2 Sobald sich das Milcheiweiß vom Butterfett abgesetzt hat, das schaumige Milcheiweiß abschöpfen und den Topf vom Herd nehmen. Die geklärte Butter vorsichtig in eine Schüssel abgießen; darauf achten, dass das restliche Milcheiweiß, das sich auf dem Boden abgesetzt hat, in der Kasserolle zurückbleibt.

Tomatensauce aus frischen Tomaten zubereiten

Mit nur wenigen weiteren Zutaten lässt sich aus Tomaten eine leckere und vielseitig verwendbare Sauce zaubern.

1 25 g Butter, 2 gehackte Schalotten, 1 EL Olivenöl, 1 Lorbeerblatt und 3 zerdrückte Knoblauchzehen sanft erhitzen. Umrühren, einen Deckel auflegen und die Zutaten 5–6 Min. anschwitzen.

2 1 kg reife Flaschentomaten hacken, dabei die Samen entfernen, und mit 2 EL Tomatenmark und 1 EL Zucker in den Topf geben. 5 Min. unter Rühren garen, dann 250 ml Wasser zugießen und aufkochen.

3 Bei reduzierter Temperatur 30 Min. köcheln lassen, dann mit Salz und Pfeffer abschmecken. Die Sauce durch ein Sieb passieren. Die Sauce vor dem Servieren erneut erhitzen. Das Rezept ergibt 600 ml.

Saucenvarianten

Eine würzigere, eher rustikale Sauce erhalten Sie, wenn Sie nur das Lorbeerblatt vor dem Servieren entfernen und die Sauce nicht passieren. Geben Sie frischen Thymian zu. Probieren Sie auch einmal frisch gehacktes Basilikum oder Oregano. Pikanter wird die Sauce durch eine gehackte scharfe Chilischote.

Fonds kochen

Selbst gekochte Fonds gehören zu den nützlichsten Zutaten, die man auf Vorrat halten sollte.

Hühnerfond

1 In einen großen Suppentopf Hühnerknochen, eine ganze Karkasse oder Knochen und Abschnitte von einem bereits gegarten Huhn legen. Möhren, Staudensellerie, Zwiebeln und ein Bouquet garni hinzufügen.

2 Mit Wasser bedecken und zum Kochen bringen. Die Temperatur reduzieren und den Fond 2–3 Std. köcheln lassen, dabei häufig abschäumen. Durch ein feines Sieb gießen und abschmecken. Abkühlen lassen.

3 Durch das Kühlen wird noch vorhandenes Fett, das sich an der Oberfläche abgesetzt hat, fest. Es kann nun mithilfe eines Schaumlöffels problemlos abgehoben und entfernt werden.

Schnell entfetten Ein Stück Küchenpapier über die Oberfläche des heißen Fonds ziehen – auf diese Weise wird das Fett vom Küchenpapier aufgenommen.

Fischfond

1 Die Fischgräten und -abschnitte in gleich große Stücke schneiden und zum Wässern oder Entfernen von Blut in eine Schüssel mit kaltem, gesalzenem Wasser legen. Abgießen und die Gräten und Abschnitte in einen großen Suppentopf geben.

2 Möhren, Staudensellerie und Zwiebeln in gleich große Stücke schneiden und (zusammen mit weiteren beliebigen Würzzutaten) ebenfalls in den Suppentopf geben. Mit Wasser bedecken und alles zum Kochen bringen.

3 Nach dem Aufkochen die Temperatur reduzieren und den Fond 20 Min. köcheln lassen (nicht länger, da er sonst bitter wird). Den Schaum, der sich an der Oberfläche abgesetzt hat, mit einem Schaumlöffel abschöpfen.

4 Den Fond durch ein feines Sieb gießen, dabei die festen Bestandteile gut ausdrücken, um möglichst viel Flüssigkeit zu extrahieren. Mit Salz und frisch gemahlenem schwarzem Pfeffer abschmecken.

Gemüsefond

1 Gehackte Möhren, Staudensellerie, Zwiebel und ein Bouquet garni in einen großen Suppentopf geben. Mit Wasser bedecken und zum Kochen bringen, dann die Temperatur senken und die Brühe bis zu 1 Std. köcheln lassen.

2 Die Flüssigkeit durch ein feines Sieb abseihen, dabei das Gemüse kräftig ausdrücken, um möglichst viel Flüssigkeit zu extrahieren. Mit Salz und frisch gemahlenem schwarzem Pfeffer abschmecken.

Backform vorbereiten

Butter, Mehl und Backpapier sorgen dafür, dass sich der fertige Kuchen leicht aus der Backform löst.

1 Butter zerlassen und den Boden sowie die Seiten der Backform mithilfe eines Backpinsels gleichmäßig dünn ausstreichen; darauf achten, dass auch die Ritzen und Ränder sorgfältig eingefettet sind.

2 Etwas Mehl in die Backform geben. Die Form leicht rütteln und schräg im Kreis drehen, sodass das Innere sowie die Seiten gleichmäßig mit Mehl bedeckt sind. Die Form umdrehen und überschüssiges Mehl herausklopfen.

3 Falls anstelle des Mehls Backpapier verwendet wird, das zugeschnittene Papier direkt auf den eingefetteten Formboden legen und andrücken.

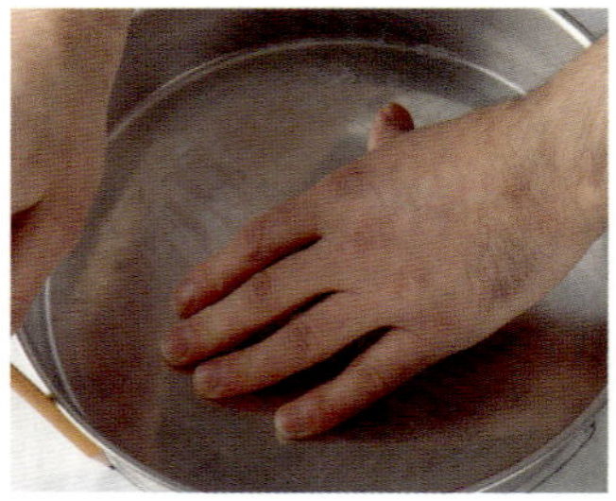

Backpapier zuschneiden
Die Backform auf das Papier stellen, die Umrisse mit einem Bleistift nachzeichnen, dann knapp innerhalb des Umrisses ausschneiden.

Mürbeteig zubereiten

Nach der Ruhezeit kann der Teig sofort verwendet oder in Frischhaltefolie gewickelt 2 Tage im Kühlschrank aufbewahrt werden.

Von Hand

1 375 g Butter Raumtemperatur annehmen lassen, dann mit 1 Eigelb und 1½ TL Salz vermischen. In einer zweiten Schüssel 100 ml Milch mit 2 TL Zucker verrühren, dann nach und nach mit der Buttermasse vermischen.

2 500 g Weizenmehl in eine Schüssel sieben, dann portionsweise unter die Buttermischung arbeiten. Sobald das Mehl vollständig zugegeben ist, die Zutaten mit einem Kochlöffel oder von Hand behutsam vermischen.

3 Die Arbeitsfläche mit Mehl bestäuben, den Teig mit den Handflächen rasch verkneten. Das Rezept ergibt 1 kg Mürbeteig.

4 Den Teig zu einer Kugel formen, in Frischhaltefolie wickeln und mindestens 2 Std. kalt stellen. Während des Kühlens kann sich das Protein im Mehl entspannen, was ein späteres Schrumpfen des Teigs im heißen Ofen verhindert.

In der Küchenmaschine

1 Das Schneidmesser in die Küchenmaschine einsetzen. Butter, Salz, Eigelb, Zucker und Milch in die Küchenmaschine geben und zu einer glatten Masse verarbeiten. Das Mehl in eine separate Schüssel sieben, dann portionsweise hinzufügen.

2 Den Impulsschalter betätigen, bis die Mischung homogen wird; sobald sich eine Kugel bildet, ist der Teig fertig. Den Teig in Frischhaltefolie wickeln und mindestens 2 Std. kalt stellen.

Mürbeteig blindbacken

Mürbeteig muss vorgebacken werden, falls die Füllung gar nicht oder nur kurz gebacken wird.

1 Die Backform mit dem Teig auskleiden, den Boden mehrmals mit einer Gabel einstechen. Dadurch kann im Teig eingeschlossene Luft beim Backen entweichen.

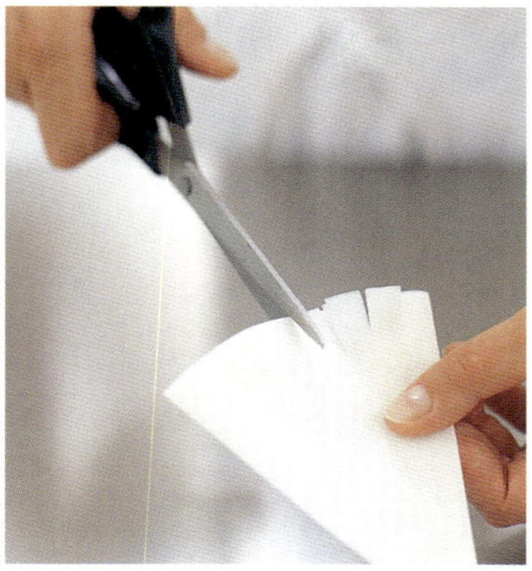

2 Einen Kreis aus Backpapier ausschneiden, der etwas größer als die Backform ist. Den Papierkreis dreimal zur Hälfte falten, dann die schmale Seite in regelmäßigen Abständen mit einer Schere einschneiden.

3 Das Backpapier auf dem Teigboden ausbreiten und mit einer Lage getrockneter Bohnen oder Keramik- oder Metallerbsen zum Blindbacken füllen. 15–20 Min. bei 180 °C backen.

4 Sobald sie ausreichend abgekühlt sind, die Bohnen und das Backpapier entfernen. Wenn der Teig vollständig durchgebacken sein soll, für weitere 5–8 Min. in den Ofen schieben.

Backform auslegen und Teigränder dekorieren

Bevor Tartes und Pies gebacken werden, überstehenden Teig abtrennen.

Backform auslegen

Den ausgerollten Teig sanft in die Backform drücken; die Teigränder ringsum überstehen lassen. Nun mit dem Nudelholz kräftig über die Form rollen und den überstehenden Teig abtrennen.

Strichmuster

Den Teigrand ringsum mit einer Gabel andrücken, sodass durch die Zinken ein gleichmäßiges Strichmuster entsteht.

Seilmuster

Den Teigrand zwischen Daumen und Zeigefinger zusammendrücken, dann den Daumen in die Ausbuchtung legen, den der Zeigefinger hinterlassen hat, und den Vorgang wiederholen, bis der gesamte Teigrand einem Seil ähnelt.

Wellenmuster

Mit dem Zeigefinger der einen Hand von außen und mit Zeigefinger und Daumen der anderen Hand von innen gegen den Teigrand drücken, sodass eine Ausbuchtung entsteht. Mit dem restlichen Teigrand ebenso verfahren; dabei nach jeder Ausbuchtung eine gleich große Lücke lassen.

Pizzateig zubereiten und formen

Einen gleichmäßig dünnen Boden herzustellen ist eine Kunst. Ein Grundrezept für Pizzateig finden Sie auf S. 98.

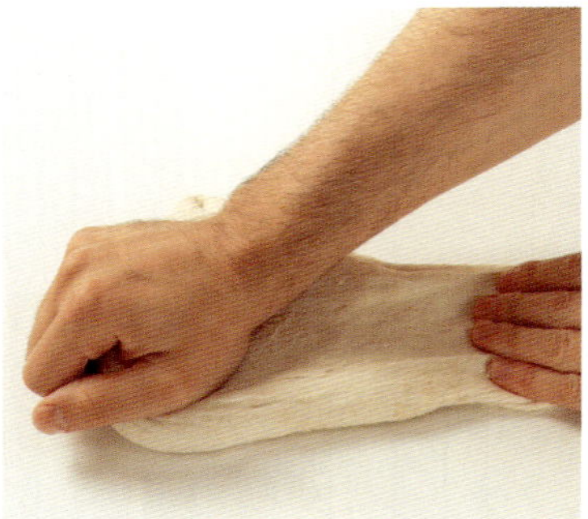

1 Eine Mulde in die Mitte des Mehls drücken, die flüssigen Zutaten in die Mulde geben, dann immer mehr Mehl vom Rand mit der Flüssigkeit vermischen.

2 Den Teig 10 Minuten kneten oder bis er geschmeidig ist. Den Teig in eine Schüssel legen, mit Frischhaltefolie abdecken und gehen lassen.

3 Wenn der Teig sein Volumen verdoppelt hat, auf der bemehlten Arbeitsfläche kreisrund ausrollen. Wenden und auf die gewünschte Größe ausrollen.

4 Den fertig ausgerollten Teig vorsichtig auf ein leicht geöltes und bemehltes Backblech legen. Mit Daumen und Zeigefinger ringsum einen kleinen Rand formen.

Hefeteig zubereiten

Die Zutaten müssen gründlich vermischt und zu einem seidigen, elastischen Teig verknetet werden.

1 Das Mehl und die anderen trockenen Zutaten in eine große Schüssel geben. Eine Mulde in die Mitte drücken und die flüssigen Zutaten nach und nach hineingeben.

2 Die flüssigen und die trockenen Zutaten mit den Fingern vermischen, dabei auch Mehlreste, die sich auf dem Schüsselboden abgesetzt haben, mit verkneten und den Teig zwischen den Fingern zusammendrücken, um sicherzugehen, dass die Flüssigkeit vollständig vom Mehl aufgenommen wurde. Der Teig sollte weich, aber nicht klebrig sein.

3 Nun den Teig auf eine bemehlte Arbeitsfläche geben und mit eingeölten Händen die hintere Hälfte der Teigmasse über die vordere Hälfte ziehen.

4 Mit dem Handballen sanft, aber mit Druck den Teig von der Mitte ausgehend gleichzeitig zusammen- und von sich wegdrücken, damit er gedehnt und verdichtet wird.

5 Den Teig anheben, um 90 ° drehen und den Vorgang (Teig übereinander falten, zusammendrücken und um 90 ° drehen) zehn- bis zwölfmal wiederholen.

6 Den Teig nach Rezept ruhen lassen, dann erneut durchkneten. Bei jedem weiteren Knetvorgang ist weniger Öl nötig und der Teig wird zusehends elastischer.

Gebäck versiegeln und glasieren

Es gibt verschiedene Möglichkeiten, Gebäck feucht zu halten oder ihm eine glänzende Oberfläche zu verleihen.

Tartes mit Früchten

Sobald die Tarte aus dem Ofen kommt, die Früchte mit erwärmtem Gelee, Konfitüre oder hellem Karamell überziehen, um den Früchten einen appetitlichen Glanz zu verleihen.

Gefüllte Teigtaschen

Gefüllte Teigtaschen vor dem Backen mit einer Mischung aus 1 Eigelb, 1 EL Wasser und 1 Prise Salz bestreichen, wodurch sie eine tiefgoldene Farbe und einen schönen Glanz erhalten.

Teigränder

Teigränder lassen sich mit verquirltem Eiweiß versiegeln, der Teigdeckel erhält eine Glasur aus verquirltem Ei.

Teigboden

Den vorgebackenen Boden dünn mit geschmolzener weißer oder dunkler Schokolade bestreichen. Sie verhindert, dass die Füllung den Boden aufweicht.

Briocheteig zubereiten

Der Teig ist ziemlich klebrig und lässt sich am besten in der Küchenmaschine verarbeiten. Genaue Angaben finden Sie auf S. 70.

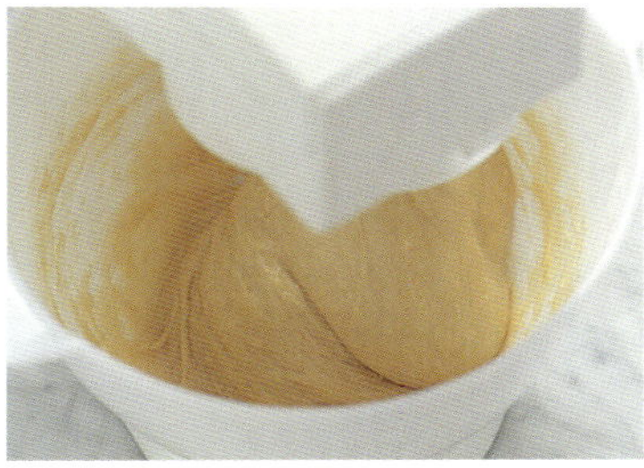

1 Das Mehl in die Rührschüssel der Küchenmaschine füllen. Zucker, Salz und Trockenhefe zugeben. Knethaken einsetzen und die Maschine auf mittlere Geschwindigkeit schalten, nach und nach Milch und Eier hinzufügen. Zu einer homogenen Masse verarbeiten.

2 Wenn sich der Teig vom Schüsselrand zu lösen beginnt , die in Stücke geschnittene weiche Butter hinzufügen. Erneut kneten, bis sich der Teig wieder vom Schüsselrand löst und eine geschmeidige Konsistenz annimmt.

3 Den Teig in eine große Schüssel umfüllen, diese mit Frischhaltefolie abdecken und den Teig bei Raumtemperatur 2–3 Std. gehen lassen, bis er sein Volumen verdoppelt hat. Alternativ kann man ihn auch über Nacht im Kühlschrank gehen lassen. Der aufgegangene Teig ist sehr klebrig.

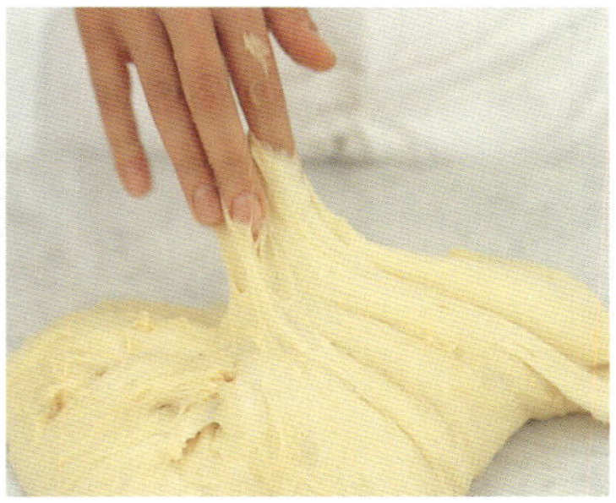

4 Auf der bemehlten Arbeitsfläche den Teig abschlagen (mit Faustschlägen die Luft herausdrücken), sodass er wieder sein ursprüngliches Volumen erhält. In die Schüssel legen, mit Frischhaltefolie abdecken. Für 1½ Stunden in den Kühlschrank stellen. Danach ein weiteres Mal abschlagen, in Formen geben und backen.

Blinis zubereiten

Mit Räucherfisch serviert sind die kleinen Hefepfannkuchen perfekt zum Aperitif. Ein genaues Rezept finden Sie auf S. 44.

1 Hefe und Flüssigkeit in einer Rührschüssel vermischen, dann gesiebtes Mehl und Salz unterrühren, bis ein glatter Teig entstanden ist. Geschmolzene Butter und Eigelb unterschlagen. In einer weiteren Schüssel das Eiweiß steif schlagen, bis es weiche Spitzen bildet. Das Eiweiß behutsam unter den Teig heben.

2 Eine beschichtete Pfanne mit schwerem Boden erhitzen, dann den Teig portionsweise hineingeben, zu kleinen Kreisen verstreichen und backen, bis die Ränder bräunen und Bläschen an der Oberfläche sichtbar werden. Die Blinis wenden und weitere 2–3 Min. backen, bis sich auch die andere Seite goldbraun färbt.

Kochschule Gebäck und Desserts

Sahne schlagen

Je nach Rezept kann Sahne halb steif oder steif geschlagen werden. Schneebesen, Schüssel und Sahne vor dem Schlagen kühlen.

1 Die Sahne aus dem Kühlschrank nehmen. Sie sollte zur Verarbeitung eine Temperatur von 5 °C haben Mit langsamen Bewegungen – etwa 2 pro Sekunde – zu schlagen beginnen (oder auf niedrigster Stufe beim Handrührgerät), bis die Sahne eindickt. Soll die Sahne halb steif geschlagen werden, nun bei mäßiger Geschwindigkeit mit dem Schlagen fortfahren.

2 Soll die Sahne steif geschlagen werden, etwas länger mit dem Schlagen fortfahren. Heben Sie den Schneebesen an, um zu prüfen, ob die Sahne entsprechend die Form behält.

Cremes dressieren

Der Spritzbeutel lässt sich nicht nur für Cremes und Schlagsahne, sondern auch für Baiser oder Teig verwenden.

1 Die Tülle in den Spritzbeutel (oder Dressiersack) einsetzen und durch Zusammendrehen des Beutels fest hineindrücken.

2 Nun mit der einen Hand den Spritzbeutel direkt über der Tülle halten, mit der anderen Hand den Beutel umstülpen, dann die Creme einfüllen.

3 Den Beutel zu zwei Drittel füllen. Das obere Ende zusammendrehen, um eventuell eingeschlossene Luft herauszudrücken. Die Creme wird nun an der Spitze der Tülle sichtbar.

4 Das zusammengedrehte Ende des Beutels mit der einen Hand straff festhalten, mit der anderen Hand sanften Druck ausüben, sodass die Creme aus der Tülle gepresst wird.

Crème pâtissière zubereiten

Mit der klassischen Konditorcreme werden Profiteroles, Éclairs und viele andere Süßspeisen zubereitet.

1 Bei niedriger Temperatur in einem Topf 250 ml Vollmilch, 25 g Maisstärke, 2 Vanilleschoten (ausgekratztes Mark und Schoten) und 30 g Zucker unter Schlagen zum Kochen bringen.

2 In einer Schüssel 3 Eigelbe mit 30 g Zucker aufschlagen. Weiterschlagen, dabei langsam die heiße Milch zugießen. In den Topf umfüllen und unter ständigem Schlagen erhitzen, bis die Mischung gerade kocht.

3 Den Topf sofort vom Herd nehmen und in eine Schüssel mit Eiswasser stellen; die Vanilleschoten entfernen. Während des Abkühlens 25 g raumtemperierte Butter in Stücke schneiden.

4 Sobald die Sauce abgekühlt ist, die Butterstückchen hinzufügen und kräftig unter die Sauce schlagen, bis sie glatt und glänzend ist. Am besten sofort weiterverwenden. Das Rezept ergibt 300 ml.

Gelierprobe für Konfitüre

Am Abend vor der Zubereitung der Konfitüre die Früchte putzen, von den Stielen befreien und mit Zucker vermischen.

Mit einem Kochlöffel etwas Konfitüre aufnehmen. Den Löffel einige Sekunden lang zum Abkühlen über die Schüssel halten. Den Löffel kippen – die Konfitüre sollte nicht am Stück herunterfließen, sondern tropfenweise vom Löffel fallen.

Etwas Konfitüre auf einen vorgekühlten Teller geben und abkühlen lassen. Dann die Konfitüre mit der Fingerspitze in eine Richtung drücken. Lässt sie sich zusammenschieben und bildet an der Oberfläche Falten, ist die Konfitüre fertig.

Früchte-Crumble zubereiten

Frische Früchte plus knusprige Streusel – fertig ist ein schnelles und einfaches Dessert. Rezepte finden Sie auf S. 453 und 462.

1 Die Butter in das Weizenmehl reiben, bis es groben Brotbröseln ähnelt. Zucker und Haferflocken untermischen.

2 Frische Früchte zerkleinern und in eine Auflaufform geben. Die Crumble-Mischung darauf verteilen und im Ofen goldbraun und knusprig backen.

Perfekte Streusel – gewusst wie

Der perfekte Crumble-Belag besteht aus groben Streuseln. Feinere Streusel verbinden sich beim Backen zu einer kuchenartigen Masse und nicht zu den erwünschten knusprigen Streuseln. Achten Sie darauf, dass Sie gut gekühlte Butter verwenden und dass Ihre Hände beim Verkneten ebenfalls so kühl wie möglich sind. Kühlen Sie sie unter fließendem kaltem Wasser ab, falls sie zu warm werden, oder stellen Sie die Schüssel für kurze Zeit in den Kühlschrank, damit die Mischung abkühlt.
Die fertigen Streusel können in einen Gefrierbeutel gefüllt und bis zur Weiterverwendung tiefgekühlt werden. Zum Backen die Streusel in gefrorenem Zustand auf den Früchten verteilen. Das verhindert, dass sie beim Backen zusammenkleben und Klumpen bilden.

Pudding dämpfen

Gedämpfter Pudding bleibt sehr saftig. Ein Rezept finden Sie auf S. 379.

1 Etwas gute Konfitüre mit trockenem Sherry und gehackten Trockenfrüchten vermischen und in eine Puddingform füllen.

2 Den Teig darübergeben. Ein Stück Butterbrotpapier doppelt legen und die Puddingform damit abdecken. Das Papier um den Außenrand legen und mit Küchengarn fixieren.

3 Damit kein Dampf eindringen kann, das Wachspapier mit gefalteter Alufolie abdecken. Die Folie um den Außenrand legen und den Pudding in einen Dämpfeinsatz über kochendem Wasser garen.

4 Den Pudding herausnehmen. Sobald er genügend abgekühlt ist, Alufolie und Papier entfernen. Einen Teller auf die Form legen, den Pudding stürzen und die Form abheben. Mit Crème anglaise servieren.

Eiscreme zubereiten

Rezepte finden Sie auf den Seiten 403–409.

Vanilleeis-Varianten

Das Besondere an der Vanille ist, dass sie mit nahezu allen anderen Geschmacksrichtungen kompatibel ist. Geben Sie während des Rührens doch einmal frische oder tiefgekühlte Früchte dazu und zaubern Sie ein Erdbeer- oder Pfirsicheis. Hacken Sie Ihre Lieblingsschokolade und mischen Sie sie zusammen mit 2 EL Kakaopulver unter die Eiscrememasse. Oder verfeinern Sie die Grundmasse mit etwas Instantkaffeepulver, ein wenig Zucker und ein paar Mandelkernen.

1 Eine Crème anglaise (Rezept auf S. 448) zubereiten und im Eiswasserbad abkühlen lassen, dabei die Mischung rühren, damit sich keine Haut bildet.

2 Weiterrühren, damit die Masse eine glatte Konsistenz erhält. 240 ml Sahne unterziehen und behutsam rühren, bis sie sich mit der Crème anglaise verbunden hat.

3 Die Mischung in eine Eismaschine füllen und nach Gebrauchsanweisung verarbeiten. Die fertige Eiscreme sofort servieren oder im Tiefkühlgerät aufbewahren.

Granita zubereiten

Die gefrorene Kombination aus aromatischem Sirup und Wasser oder Wein ergibt ein leichtes, erfrischendes Dessert.

1 Einen Sirup zubereiten. Dazu Zucker, Fruchtsaft, Wasser und/oder Wein bei milder Hitze zum Kochen bringen und 2–3 Min. unter Rühren köcheln lassen. Vom Herd nehmen, abkühlen lassen, dann die Flüssigkeit in eine flache Schale füllen und gefrieren lassen. Wenn sie halb gefroren ist, die Eiskristalle mit einer Gabel aufbrechen. Den Vorgang ein- bis zweimal wiederholen, bis die Granita gleichmäßig durchgefroren ist.

2 Die Granita 5–10 Min. vor dem Servieren aus dem Gefriergerät nehmen, damit sie leicht antauen kann. Die gefrorene Granita mit einem Löffel abschaben und in vorgekühlten Gläsern servieren.

Ein Schaumomelett zubereiten

Die gesüßte Eigelbmasse wird mit Eischnee aufgelockert und das Omelett zum Schluss kurz unter dem Grill gebräunt.

1 2 Eier trennen. Die Eigelbe mit 1 EL extrafeinem Zucker, 1 EL Wasser und ¼ TL Vanilleextrakt aufschlagen. Die Eiweiße steif schlagen, dann eine kleine Menge der Eigelbmasse unterziehen. Wenn sie sich vollständig mit dem Eischnee verbunden hat, die restliche Eigelbmasse behutsam unter den Eischnee heben.

2 Eine ofenfeste Pfanne bei mäßiger Temperatur erhitzen, dann so viel Butter zerlassen, dass der Boden leicht überzogen ist. Die Eimasse hineingeben und garen, bis sie gestockt ist und die Unterseite gerade zu bräunen beginnt. Unter den vorgeheizten Backofengrill stellen, bis die Oberseite eine goldbraune Färbung annimmt. Rasch mit einer süßen Füllung bedecken, zusammenfalten und sofort servieren.

Crêpes zubereiten

Zwei Dinge sind dabei entscheidend: die richtige Temperatur und der perfekte Teig. Mengenangaben finden Sie auf S. 376.

1 Etwas geklärte Butter in einer Crêpepfanne erhitzen, eventuell überschüssige Butter abgießen. Die Pfanne leicht schräg halten und etwas Teig hineingeben.

2 Etwas mehr Teig in die Pfanne geben, dabei die Pfanne kippen und schwenken, damit der Pfannenboden dünn und gleichmäßig mit Teig überzogen wird.

3 Wenn die Crêpe auf der Unterseite eine goldgelbe Färbung angenommen hat, diese mit einem Palettmesser anheben und wenden.

4 Crêpe auf der zweiten Seite goldgelb backen. Auf Backpapier legen; fertige Crêpes aufeinanderlegen und jeweils mit einem Blatt Backpapier trennen.

Crêpes falten oder rollen

Traditionell werden Crêpes fächerförmig gefaltet, andere Varianten sind jedoch nicht minder ansprechend.

Crêpes mit 1 TL Konfitüre, eingekochtem Obst oder Schokoladensauce füllen. Nach Belieben falten oder rollen und sofort servieren.

Fächer

Für Crêpe-Fächer die Crêpe in der Mitte zusammenklappen, dann nochmals in der Mitte falten.

Pannequets

Für Pannequets oder Quadrate zwei gegenüberliegende Seiten über die Füllung klappen, sodass sie sich in der Mitte berühren. Die anderen beiden gegenüberliegenden Seiten ebenfalls nach innen einschlagen. Mit der gefalteten Seite nach unten servieren.

Rollen

Für Rollen zwei gegenüberliegende Seiten über die Füllung klappen, sodass sie sich in der Mitte berühren. An der einen Schmalseite beginnend die Crêpe aufrollen; darauf achten, dass sie nicht zu straff aufgerollt wird, da sonst die Füllung herausquillt.

Brandteig zubereiten

Gut für knuspriges, luftiges Gebäck mit Füllungen geeignet. Mengenangaben finden Sie auf S. 439.

1 Butter und Wasser erhitzen, bis die Butter schmilzt. Die Temperatur erhöhen und lebhaft kochen lassen. Das Mehl zugeben, vom Herd nehmen und kräftig durchrühren.

2 Sobald sich eine glatte Masse gebildet hat, den Topf zurück auf den Herd stellen. Die Masse trocknet etwas ab und bildet einen Kloß, der sich vom Topfrand lösen sollte.

3 Den Topf erneut vom Herd nehmen und die Eier einzeln unterrühren. Beim Rühren möglichst viel Luft einarbeiten.

4 Mit dem Rühren fortfahren, bis eine sehr geschmeidige Masse entstanden ist. Der Brandteig kann nun in eine beliebige Form gebracht werden.

Brandteig formen

Brandteig lässt sich in jeder Form wunderbar mit Creme oder Sahne füllen.

Windbeutel

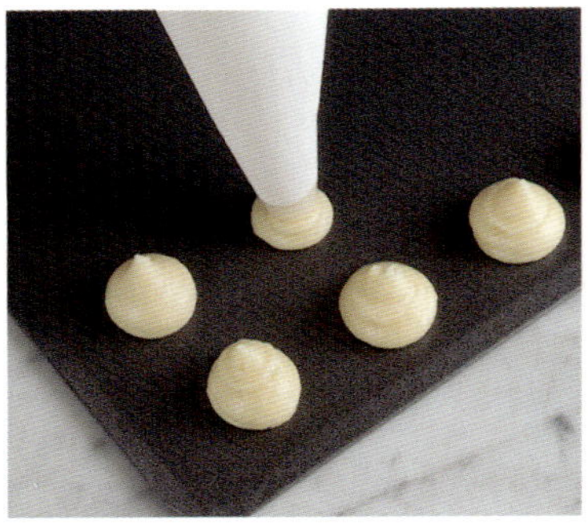

1 Gleich große, akkurate Kugeln mit dem Spritzbeutel auf ein mit Backpapier ausgelegtes Backblech spritzen, dabei nach Aufspritzen der Kugeln die Tülle sanft in den Teig drücken, damit sich keine Spitzen bilden.

2 Sollten sich doch Spitzen gebildet haben, eine Gabel in verquirltes Ei tauchen und die Spitzen behutsam damit flach drücken. Die Windbeutel mithilfe eines Teigpinsels mit wenig verquirltem Ei bestreichen und backen.

3 Nach dem Backen sollten die Windbeutel schön aufgegangen und goldgelb sein. In jeden Windbeutel einen kleinen Schlitz schneiden, damit der Dampf entweichen kann, auf einem Gitter abkühlen lassen.

4 Die Windbeutel nach dem Abkühlen auf der Unterseite einschneiden und mit dem Spritzbeutel (mit glatter Lochtülle) mit Sahne oder Schokolade füllen.

Éclairs

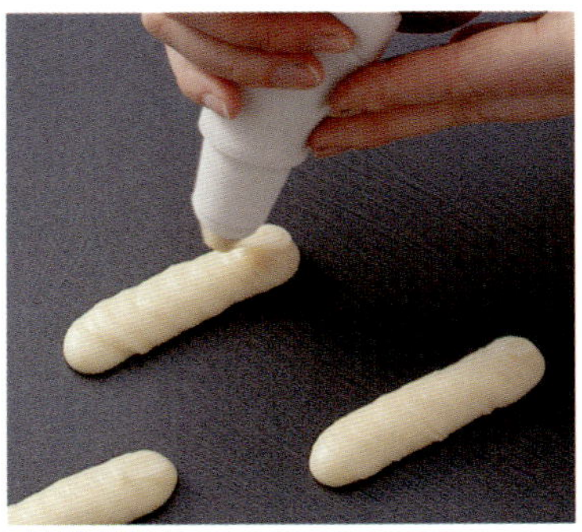

Den Brandteig mit einem Spritzbeutel (mit glatter Lochtülle) in gleich langen Streifen auf das Backblech spritzen. Backen, einritzen und auf einem Kuchengitter abkühlen lassen. Dann horizontal halbieren, den Boden füllen und den Deckel aufsetzen.

Brandteigringe

Auf Backpapier Kreise in der gewünschten Größe markieren, dazu eine runde Ausstechform in Mehl tauchen und mit Abstand aufs Blech setzen. Den Teig (mit gezackter Lochtülle) aufspritzen. Die Ringe backen, einritzen und auf einem Kuchengitter abkühlen lassen. Die Ringe aufschneiden, mit Creme füllen und wieder zusammensetzen.

Tortenboden zubereiten

Ein lockerer Biskuit eignet sich wunderbar für Torten. Durch die Zugabe von Butter wird der Teig stabiler.

1 Den Backofen auf 190 °C vorheizen. Den Boden einer Springform mit Backpapier auslegen. 200 g Mehl sieben und beiseitestellen. Eine hitzefeste Schüssel auf einen Topf mit kochendem Wasser setzen, sodass das Wasser die Schüssel nicht berührt. 6 Eier, 20 g Honig und etwas Salz in die Schüssel geben und mit dem Handrührgerät bei mäßiger Geschwindigkeit cremig aufschlagen, bis sich das Volumen verdoppelt hat.

2 Die Schüssel aus dem Topf nehmen und mit dem Handrührgerät nun bei hoher Geschwindigkeit weiterschlagen, bis die Mischung eingedickt und abgekühlt ist. Die abgeriebene Schale von ½ unbehandelten Zitrone zugeben und dann noch 15 Min. bei niedriger Geschwindigkeit schlagen. Das Mehl unterheben. Einige Esslöffel der Masse unter 60 g geschmolzene Butter ziehen, dann vorsichtig unter die Eimasse heben.

3 Den Teig in die Form füllen und in den Ofen stellen. Die Temperatur auf 175 °C senken und 30–40 Min. backen, bis der Biskuit goldbraun ist und auf leichten Druck elastisch nachgibt. Aus dem Ofen nehmen und in der Form 10 Min. abkühlen lassen. Den Biskuit ringsum vom Rand der Form lösen, auf ein Kuchengitter stürzen, die Springform entfernen. Das Backpapier abziehen und den Biskuit auf dem Gitter abkühlen lassen.

4 Zum Zerteilen eine Hand zum Stabilisieren fest auf die Oberfläche legen, dann mit einem scharfen Messer mit Wellenschliff und langer Klinge rings um den Kuchen eine Rille markieren. Entlang dieser Rille den Biskuit horizontal durchschneiden. Mit einem Palettmesser den Tortenboden vorsichtig anheben und beiseitelegen. Den Biskuit füllen. Nach Belieben kann der Biskuit – je nach Größe – in mehrere Böden geteilt werden.

Eine Biskuitrolle herstellen

Eine Biskuitrolle bricht weniger schnell, wenn sie in noch warmem Zustand gefüllt und aufgerollt wird.

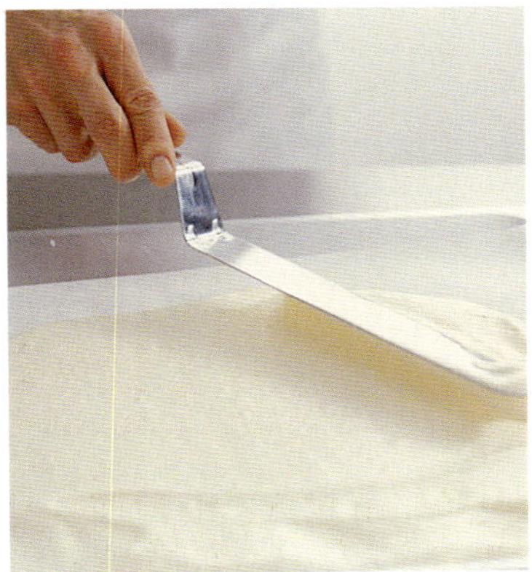

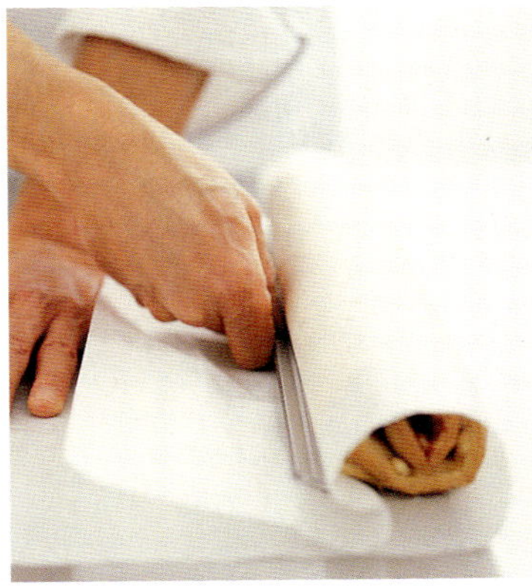

1 Den Biskuitteig zubereiten; darauf achten, dass die Eiweißmischung sehr vorsichtig untergehoben wird, damit der Teig sein Volumen behält.

2 Den Teig auf ein mit Backpapier ausgelegtes Backblech gießen und mit einer Palette gleichmäßig bis in die Ecken verstreichen. Backen, bis sich der Teig goldgelb gefärbt hat und bei leichtem Druck mit der Handfläche elastisch nachgibt. Mit etwas extrafeinem Zucker bestreuen und mit einer Lage Backpapier bedecken. Den Biskuit vorsichtig stürzen.

3 Das Backpapier langsam von der Unterseite abziehen, dabei vorsichtig vorgehen, damit der Kuchen nicht bricht. Mit der gewünschten Füllung bestreichen und mithilfe des nach dem Backen aufgelegten Backpapiers den Biskuit mit sanftem Druck aufrollen.

4 Eine Hälfte des Backpapiers über die Rolle schlagen, sodass sich die Rolle in der Mitte des Papierbogens befindet. Die untere Papierhälfte festhalten, mit der anderen Hand die obere Papierhälfte mithilfe eines langen Lineals spannen, sodass die Rolle fest zusammengepresst wird. Backpapier entfernen, die Rolle von außen bestreichen, Ränder begradigen.

Baisermasse zubereiten

Dieses Baiser ist außen knusprig karamellisiert und innen weich und zart schmelzend. Mengenangaben finden Sie auf S. 388.

1 In einer großen Rührschüssel die Eiweiße mit der Hälfte des Zuckers und dem Vanillemark bei mittlerer Geschwindigkeit aufschlagen.

2 Mit dem Schlagen fortfahren, bis die Eiweißmasse geschmeidig, glänzend und fest wird.

3 Mit einem Gummispatel den restlichen Zucker vorsichtig unter die Eiweißmasse heben, damit sie ihr Volumen behält. Das Baiser in die gewünschte Form bringen.

4 Nach Rezeptangabe backen, bis es im Kern gerade golden gefärbt ist, die Backofentür sollte dabei einen Spaltbreit offen bleiben. Im ausgeschalteten Ofen trocknen lassen.

Verschiedene Baiserformen

Mithilfe eines Spritzbeutels mit unterschiedlichen Tüllen lässt sich Baiser in die verschiedensten Formen bringen.

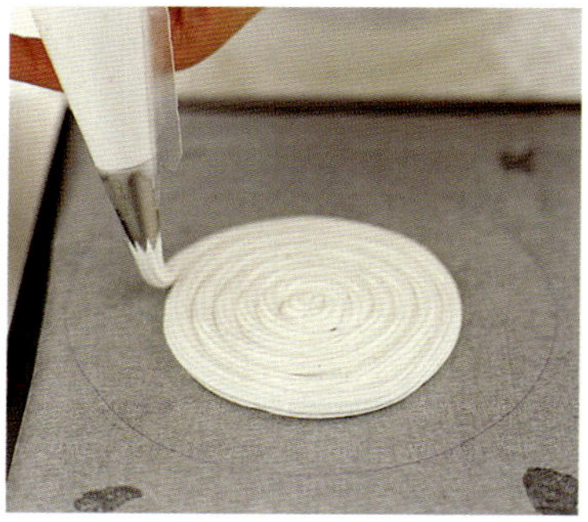

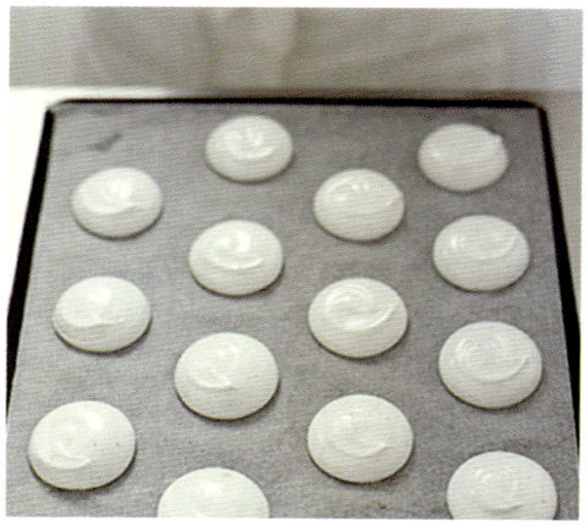

Für runde **Scheiben oder Böden** das Baiser mit einem Spritzbeutel mit Sterntülle spiralförmig von innen nach außen auf ein mit Backpapier ausgelegtes Blech spritzen. 1 Std. 20 Min. backen, dann trocknen lassen.

Für **Baiserschalen** einen Spritzbeutel mit Lochtülle verwenden; die Baisermasse gleichmäßig kugelförmig aufspritzen, dann 1 Std. und 10 Min. backen und anschließend trocknen lassen.

Für **Baiserstäbchen** einen Spritzbeutel mit Lochtülle verwenden; die Baisermasse in dünnen, gleichmäßigen Streifen aufspritzen und mit Puderzucker bestäuben. 30–35 Min. backen, trocknen lassen.

Für eine **Baiserhaube** einen Spritzbeutel mit Sterntülle verwenden; die Baisermasse als dekoratives Muster auf den Kuchen spritzen. Mit Puderzucker bestäuben und unter dem vorgeheizten Grill bräunen.

Blattgelatine verwenden

Sowohl Blattgelatine als auch Gelatinepulver muss vor der Verwendung in kaltem Wasser eingeweicht werden.

1 Blattgelatine (3 Blätter entsprechen 1½ TL gemahlener Gelatine) in eine Schüssel geben und mit kaltem Wasser bedecken, mindestens 10 Min. quellen lassen. Vor der Verwendung die Blätter gut ausdrücken.

2 In einem kleinen Topf 3 EL Wasser kurz aufkochen. Vom Herd nehmen, die Gelatine zugeben und unter Rühren auflösen. Nach Rezept verwenden.

Karamell herstellen

Um zu verhindern, dass der Zucker auskristallisiert, etwas Glukosesirup zugeben.

Karamellsirup

1 150 g Wasser, 330 g extrafeinen Zucker und 120 g Glukosesirup in einem Topf mit schwerem Boden bei milder Hitze erwärmen, dabei häufig mit einem Kochlöffel umrühren. Die Topfwände gelegentlich mit einem feuchten Backpinsel säubern, um die Ablagerung von Zuckerkristallen zu vermeiden. Sobald sich der Zucker aufgelöst hat, die Flüssigkeit zum Kochen bringen.

2 Wenn der Sirup eine goldbraune Färbung angenommen hat und soweit eingedickt ist, dass er die Rückseite eines Teelöffels überzieht, den Topf mit dem Sirup sofort in ein ausreichend großes Eiswasserbad setzen, um den Kochvorgang zu unterbrechen. Das Rezept ergibt 500 ml.

Karamellsauce

Den Topf nach 1 Min. aus dem Eiswasserbad nehmen; der Sirup sollte noch warm sein. Ein Stück Butter und geschlagene Sahne oder Crème fraîche unterziehen. Aufschlagen, bis die Sauce eingedickt, leicht klebrig und geschmeidig ist. Den Topf bei niedriger Temperatur erneut auf den Herd stellen und erwärmen, bis die Sauce sanft kocht oder eine Temperatur von 103 °C erreicht hat.

Die **Temperatur des Karamells** lässt sich mithilfe eines Zuckerthermometers exakt bestimmen.

Schokolade vorbereiten

Die Schokolade vor dem Hacken und Reiben kühlen, da sie durch die Körperwärme schnell schmilzt.

Hacken

Zum Hacken die Schokolade von Hand in kleine Stücke brechen, einige Minuten ins Gefriergerät legen. Die gekühlte Schokolade auf ein Schneidebrett legen. Mit einem scharfen Messer zerkleinern. Dazu die Schokolade mit einer Wiegebewegung hacken und das Messer mit der anderen Hand an der Spitze festhalten.

Reiben

Die gekühlte Schokolade auf einer groben Reibe zerkleinern. Sobald die Schokolade zu schmelzen beginnt, erneut ins Gefriergerät legen. Wenn sie wieder hart geworden ist, mit dem Reiben fortfahren, bis die gewünschte Menge erreicht ist.

Schmelzen

Einen Topf mit Wasser füllen, zum Kochen bringen, dann die Temperatur auf herabstellen. Die gehackte Schokolade in eine hitzefeste Schüssel füllen und über das leicht köchelnde Wasser setzen. Die Schokolade schmelzen, mit einem Kochlöffel umrühren, bis sie eine cremige Konsistenz angenommen hat.

Schokoladenspäne

Für Späne oder Locken geschmolzene Schokolade auf eine kühle Marmorfläche streichen, erstarren lassen und mit einem Kochmesser abschaben, sodass sie sich zu Locken oder Spänen aufrollt.

Register

A

B

C

D

E

F

G

H

I

J

K

L

M

N

O

P

T

U

V

W

Y

Z

Für Carroll & Brown Limited

Projektleitung Chrissie Lloyd
Projektbetreuung Chrissa Yee
Bildredaktion John Casey

Koordination Lektorat Susie Johns
Cheflektorat Helen Barker-Benfield
Lektorat Louise Coe, Beverly LeBlanc, Kate Pollard, Wanda Allardice, Rhona Kyle, Lucy Jessop, Ian Wood, Michele Clarke, Jacqueline Bellefontaine

Art-Direktion Anne Fisher, Denise Brown, Luis Peral-Aranda, Tracy Stewart-Murray, Ruth Hope
Gestaltung Emily Cook, Richard Walsh, Paul Stradling, Oliver Keen
Technische Beratung George Taylor

Food Styling Teresa Goldfinch, Wendy Strang, Sarah Lee, Liz Cambio, Lizzie Harris, Marie-Ange Lapierre, Jane Oliver, Brian Brooke, Sam Squire, Madeleine Cameron, Katie Giovanni, Liz Franklin, Patricia Dunbar, Viv Gill, Lorna Brash, Tonia George

Fotografie Carole Tuff, Tony Cambio, William Shaw, Stuart West, David Munns, David Murray, Adrian Heapy, Nigel Gibson, Kieran Watson, Roddy Paine, Gavin Sawyer, Ian O'Leary

Rezeptentwicklung Christine France, Caroline Marson, Lorna Brash, Clare Lewis, Catherine Atkinson, Liz Ashworth, Jacqueline Bellefontaine, Beverly LeBlanc, Susie Johns, Tomaz Zaleski, Helen Barker-Benfield, Wendy Sweetzer, Kathryn Hawkins, Fiona Burrell, Sue McMahon, Viv Gill, Nicky Sanderson de la Peña und Victoria Blashford-Snell

Register Marie Lorimer

Wir danken außerdem **Denby Pottery**, deren Produkte wir für die Fotos nutzen konnten, und dem Handmodell Jonathan Worth.

Chefredaktion

Victoria Blashford-Snell arbeitete als Köchin in renommierten Restaurants in Bath und Wiltshire und lernte auf ausgedehnten Reisen die Aromen der Welt zwischen Mittelmeer, Great Barrier Reef und dem Himalaja kennen. Heute ist sie Inhaberin eines erfolgreichen Cateringunternehmens sowie Autorin zahlreicher Kochbücher, tritt regelmäßig in Kochshows in den USA und Kanada auf und gibt Kochkurse in Großbritannien.

Löffelmaße

1 EL Mehl	10 g
1 EL Zucker	15 g
1 EL Salz	15 g
1 EL Stärke	10 g
1 EL Butter	10 g
1 EL Sahne	10 g
1 EL Crème fraîche	15 g
1 EL Kräuter	5 g
1 EL Senf	15 g
1 EL Tomatenmark	15 g
1 EL Honig	20 g
1 EL gemahlene Mandeln	5 g
1 EL gehackte Mandeln	10 g

Haltbarkeit in Kühlschrank und Gefriergerät (Richtwerte)

Lebensmittel	Kühlschrank	Gefriergerät (3-Sterne Fach)
Geflügel, Fisch, Fleisch, roh (kleine Stücke)	2–3 Tage	3–6 Monate
Rinder- und Geflügelhackfleisch, roh	1–2 Tage	3 Monate
Ganzer Braten, ganzes Geflügel, gegart	2–3 Tage	9 Monate
Geflügelteile, gegart	1–2 Tage	1 Monat (in Fond oder Sauce 6 Monate)
Brot	-	3 Monate
Eiscreme	-	1–2 Monate
Suppen und Eintöpfe	2–3 Tage	1–3 Monate
Schmorgerichte	2–3 Tage	2–4 Wochen